总第22卷

常德年鉴

2021

CHANGDE YEARBOOK

常德市人民政府 主办

常德市地方志编纂室 编

方志出版社
Publishing House of Local Records

图书在版编目（CIP）数据

常德年鉴.2021/常德市地方志编纂室编. -- 北京：方志出版社，2021.10

ISBN 978-7-5144-4829-0

Ⅰ.①常… Ⅱ.①常… Ⅲ.①常德—2021—年鉴 Ⅳ.①Z526.43

中国版本图书馆CIP数据核字（2021）第230130号

常德年鉴（2021）

编　　者：常德市地方志编纂室
责任编辑：罗　滔

出 版 者：方志出版社
地址　北京市朝阳区潘家园东里9号（国家方志馆4层）
邮编　100021
网址　http://www.zgfzcb.cn
发　　行：方志出版社图书经销中心
电话　（010）67110500
经　　销：各地新华书店
印　　刷：岳阳鑫容印刷有限公司

开　　本：889×1194　1/16
印　　张：31
字　　数：1002千字
版　　次：2021年10月第1版　2021年10月第1次印刷
印　　数：0001～1000册

ISBN 978-7-5144-4829-0　　定价：298.00元

《常德年鉴（2021）》编纂委员会

《常德年鉴（2021）》编辑部

编辑说明

一、《常德年鉴》是全面、客观、系统记述常德市自然、政治、经济、文化、社会等方面概貌和发展情况的年度资料性文献，是由常德市人民政府主办、常德市地方志编纂室编纂的综合性年鉴。

二、《常德年鉴（2021）》以马克思列宁主义、毛泽东思想、邓小平理论、“三个代表”重要思想、科学发展观、习近平新时代中国特色社会主义思想为指导，坚持辩证唯物主义和历史唯物主义的立场、观点和方法。记述2020年1月1日至12月31日常德市发生的大事、新事和具有年度特色的事；作为背景材料，有个别条目内容或表格数据涉及年度之前或之后的情况，为保持事物发展的连续性和资料的完整性，本年鉴仍予以记载。

三、《常德年鉴（2021）》采用分类编辑法，设类目、分目、条目3个层次，条目为记述基本单元。全书共设29个类目，293个分目，1118个条目。正文体例有概况、条目、图表等，正文前插排彩色专版。

四、《常德年鉴（2021）》所载稿件内容和数据均由各部门、各单位提供，并经撰稿单位领导审核；凡涉及常德经济和社会发展全局的数据，均以常德市统计局提供的资料为依据；由于四舍五入原因，个别总数与分数相加之和略有出入；计量单位采用国务院公布的公制和国际单位制，少数遵从习惯。

五、《常德年鉴（2021）》收录的市领导、市直副处级以上单位负责人名录由中共常德市委组织部提供；中央、省驻常德单位和部分市属企业负责人名录由相应撰稿单位提供，名录均以2020年12月31日在职者为准。

常德市行政区划图

1:850 000

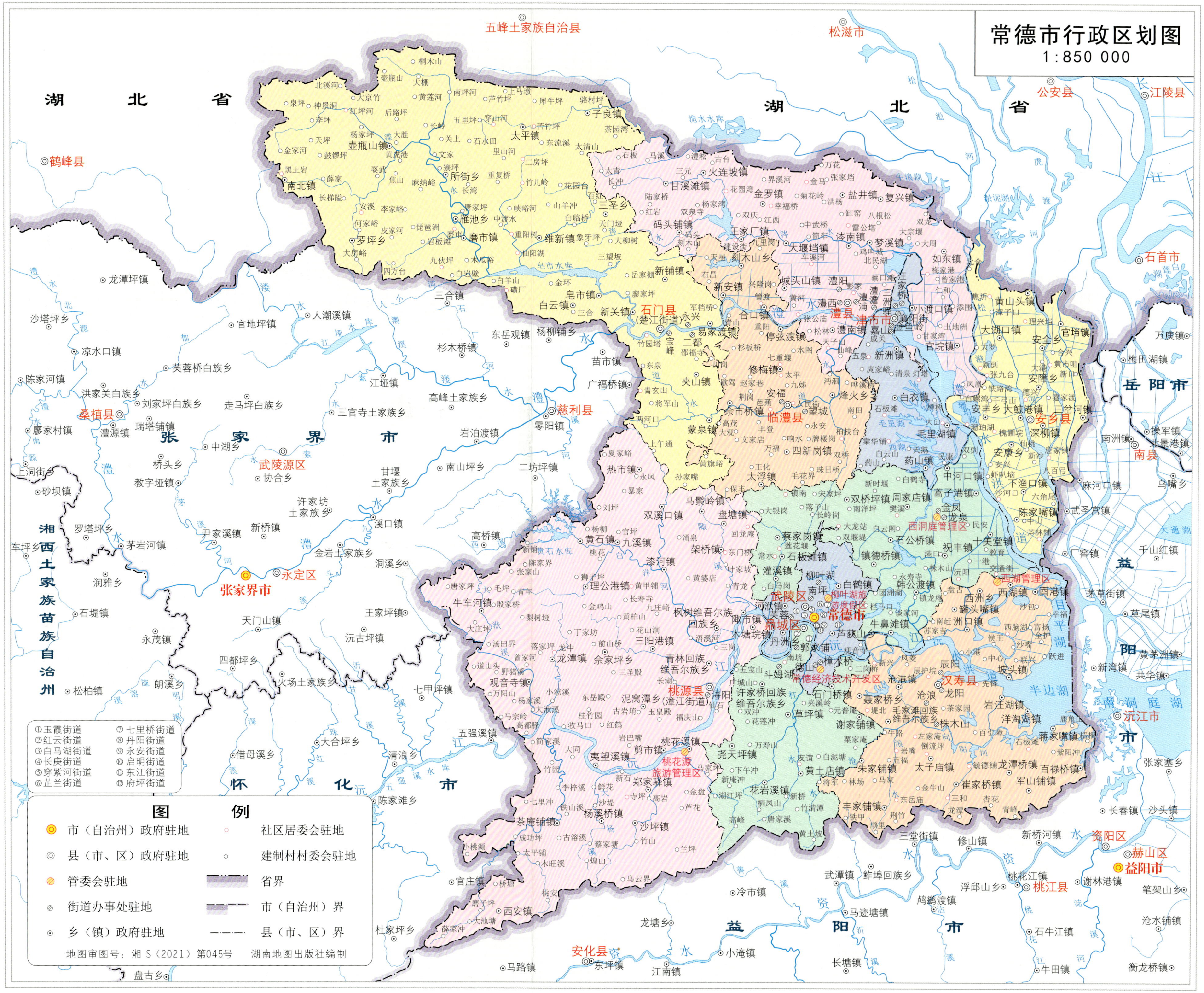

地图审图号：湘 S（2021）第045号　湖南地图出版社编制

常德市中心城区图

武陵区
鼎城区
市人大
市政协
市政府
市委
南坪街道
穿紫河街道
芷兰街道
七里桥街道
长庚街道
丹阳街道
白马湖街道
府坪街道
永安街道
启明街道
红云街道
玉霞街道
郭家铺街道
樟木桥街道
德山街道
河洑镇
丹洲乡
芦荻山乡
火车站
常德汽车总站
柳叶湖汽车站
汽车北站
五运汽车站
常南汽车总站
汽车东站
柳叶湖旅游度假区
常德经济技术开发区
沅江
柳叶湖
穿紫河
丁玲公园
白马湖文化公园
滨湖公园
诗墙公园
德山森林公园
孤峰公园
湖南文理学院
湖南文理学院芙蓉学院
湖南应用技术学院
湖南应用技术学院（西校区）
常德职院
常德外事职业学校
市一中
市二中
市三中
市四中
市六中
市七中
市一医院
市二医院
市三医院
市四医院
市五医院
市六医院
市七医院
沅水大桥
常德沅江大桥
德山大桥
石长铁路
常益长高铁
地图审图号：湘S（2021）第045号
湖南地图出版社编制
图　　例
市政府驻地
县（市、区）政府驻地
管委会驻地
乡（镇）政府（街道办事处）驻地
社区居委会驻地
建制村村委会驻地
汽车站
火车站
学校
医院
机关事业单位

数 2020 说常德

土地总面积	18177平方千米	粮食作物种植面积	588.6千公顷
年末户籍人数	599.29万人	粮食总产量	372.4万吨
地区生产总值	3749.1亿元	建筑业增加值	318.1亿元
第一产业增加值	464.6亿元	社会消费品零售总额	1428.8亿元
第二产业增加值	1543.7亿元	交通运输、仓储和邮政业增加值	160.1亿元
第三产业增加值	1740.8亿元	旅游总收入	479.5亿元
三次产业结构	12.4：41.2：46.4	实际引进内外资总额	1090.1亿元
一般公共预算收入	286.8亿元	海关进出口总额	158.4亿元
地方一般公共预算收入	187.9亿元	本外币年末各项存款余额	3614.4亿元
公共财政预算支出	614亿元	本外币年末各项贷款余额	2512.9亿元
公路通车里程	2.3万千米	高新技术产业增加值	479.4亿元
新增城镇就业人员	5.4万人	卫生机构	5069个
新增农村劳动力转移就业	3.9万人	卫生技术人员	41526人
城镇居民人均可支配收入	35469元	全市森林覆盖率	48%
农村居民人均可支配收入	17957元	全社会用电量	128亿千瓦时

——摘自《常德市2020年国民经济和社会发展统计公报》

常德名片

国际湿地城市（2018）

全国“城市双修”试点城市（2017）

国家智慧城市试点城市（2016）

国家森林城市（2016）

全国双拥模范城（2016）

全国绿化模范城市（2016）

全国无障碍建设示范市（2015)

全国首批海绵城市建设试点城市（2015）

国家节水型城市（2011）

全国文明城市（2011）

全国交通管理模范城市（2005）

国际花园城市（2005）

中国魅力城市（2004）

中华诗词之市（2003）

国家园林城市（2003）

国家卫生城市（2002）

中国优秀旅游城市（2001）

石门县南北镇金河村“天路”　　（杨昌伟 摄）

俯瞰常德江北、江南城区 （市政府新闻办 供图）

常德高新区装备制造配套产业园　（常德高新区宣传信息中心 供图）

2020年7月24日，全省产业项目建设推进现场观摩会在常德举行，省委书记、省人大常委会主任杜家毫（前排右二）等领导考察常德高新区湖南中联重科建筑起重机械有限责任公司，市委书记、市人大常委会主任周德睿（前排右一）等陪同　　（常德高新区宣传信息中心 供图）

2020年7月24日，全省产业项目建设推进现场观摩会在常德举行，省委副书记、省长许达哲（前排右二）等领导考察常德高新区湖南中联重科建筑起重机械有限责任公司

（常德高新区宣传信息中心 供图）

2020年10月22日，常德中车制件车间成立暨正式投产仪式　　（德源公司 供图）

2020年12月13日上午8点，2020常德柳叶湖马拉松赛在白马湖公园鸣枪开跑　　（市广播电视台 供图）

2020年8月20日，第四届“中国创翼”创业创新大赛常德市选拔赛暨常德市2020年度创业大赛决赛在常德市创业孵化基地举行

（市人力资源和社会保障局 供图）

2020年9月5日，中国桃花源第二届擂茶文化节暨擂王挑战赛在桃花源景区五柳馆举行

（刘伯源 摄）

2020年9月23日，常德品牌·中国品质——沅澧共庆2020“中国农民丰收节”暨消费扶贫优质农产品产销对接会在柳叶湖太阳谷主会场举行（裴维维 摄）

2020年9月底，常德卷烟厂异地搬迁收官，图为新址车间（市政府新闻办 供图）

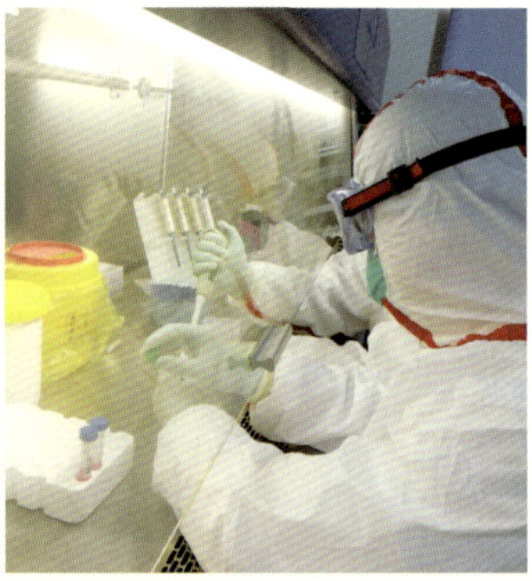

2020年1月30日，市疾控中心检验组检测新冠病毒

（郑伟峰 摄）

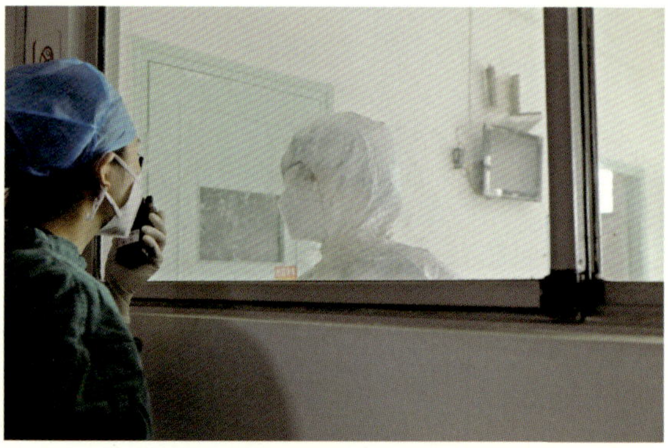

2020年1月30日，新冠病房感染病区与外界完全隔离，病人所有生活上的照顾全部由护士完成，图为护理人员餐前一个多小时询问患者饮食需求 （市第二人民医院 供图）

2020年2月6日，湖南安邦制药携手常德武陵贰零公益援助中心爱心捐赠活动

（市新冠肺炎疫情防控指挥部 供图）

2020年2月8日，市第一中医医院6名医护人员驰援武汉

（市新冠肺炎疫情防控指挥部 供图）

2020年2月15日，市第一人民医院30名医务人员驰援武汉 （市新冠肺炎疫情防控指挥部 供图）

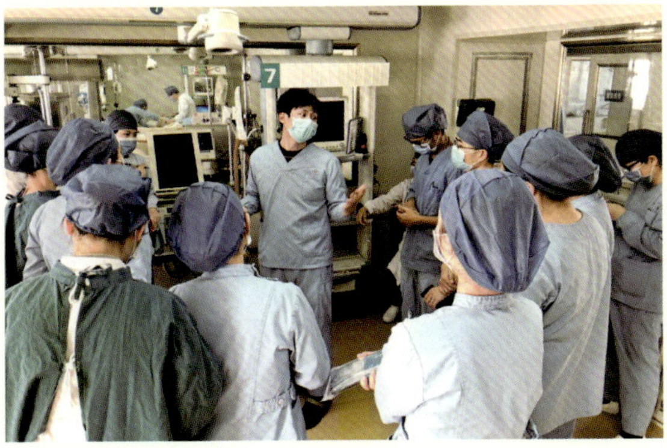

2020年2月17日，农工党党员、常德市第一中医医院副院长李振龙对医护人员进行新冠肺炎防控知识培训 （农工党常德市委会 供图）

2020年2月21日，湘雅常德医院35名医护人员增援武汉

（市新冠肺炎疫情防控指挥部 供图）

2020年2月22日，市疾控中心两名疾控人员驰援湖北黄冈

（市新冠肺炎疫情防控指挥部 供图）

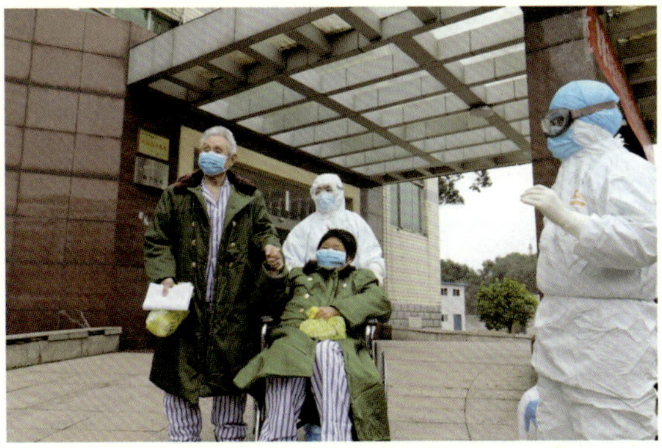

2020年3月6日，常德市最后一批出院患者（夫妻俩）在医护人员陪同下离开隔离病区

（市新冠肺炎疫情防控指挥部 供图）

2020年5月31日，市妇女联合会在市妇女儿童发展中心举办援鄂一线医护人员“六一”亲子活动

（市妇女儿童发展中心 供图）

澧县火连坡镇边山河有机生态蔬菜种植基地与澧淞村共同打造扶贫加工车间。图为2020年6月9日，村民在扶贫车间工作

桃花源旅游管理区建档立卡贫困户在游船上扮演武陵渔郎、武陵渔姑。图为2020年8月10日，“头牌渔郎”肖兵在秦溪畔对同事进行日常培训

石门县中医医院选派医生入驻壶瓶山镇桐木山村。图为2019年2月28日，驻村医生梁申喜出诊时为村民讲解防病知识，提供健康服务

2020年6月24日，鼎城区草坪镇三角堆村，82岁的渔鼓传承人张桃初表演原创鼓曲《脱贫致富谢党恩》

光伏扶贫工程。图为2018年6月13日，石门县新铺乡光伏发电基地

茶产业助力脱贫致富。图为2016年11月9日，石门县白云山有机茶场

本栏图片由市乡村振兴局提供

1986年，常德花鼓戏《嘻队长》在中南海演出

1999年，常德城区俯瞰图

2004年，甘露寺批发市场

2017年9月22日，世界杂交水稻之父袁隆平在城头山农耕园　（李学友 摄）

以上图片由市委全面小康办、市档案馆提供

2019年8月16日，湖南省首座“五塔矮塔斜拉桥”——常德市沅水四桥正式通车　（市政府新闻办 供图）

2020年3月6日，常德市第一人民医院　　（市政府新闻办 供图）

2020年3月20日，行驶在常德的动车　　（市政府新闻办 供图）

2020年6月13日，位于常德经济技术开发区的国家级科技企业孵化器

（常德经济技术开发区 供图）

2021年4月3日，常德卡乐星球欢乐世界主题公园 （胡世安 摄）

目 录

特 载

专 文

大 事 记

常德概况

中国共产党常德市委员会

常德市人民代表大会

常德市人民政府

中国人民政治协商会议常德市委员会

中共常德市纪律检查委员会 常德市监察委员会

民主党派

群众团体

法　治

军 事

交通·邮政·通信

旅 游

城乡建设与管理

工业和信息化

园区经济

农业·林业·水利

商 务

金 融

财政·税务

国有资产经营与监管

生态环境

经济管理与监督

科学技术与科技服务

教　育

文化·新闻·体育

卫生健康

社会生活

区县市·开发区·度假区·管理区

人　物

附　录

索　引

CONTENTS

特 载

常德市抗击新冠肺炎疫情纪实

市卫生健康委员会

（2021年3月25日）

2020年新型冠状病毒肺炎（以下简称新冠肺炎）疫情发生后，常德市坚决贯彻习近平总书记重要讲话和重要指示批示精神，认真落实中央和省委、省政府各项工作部署，始终把人民群众生命安全和身体健康放在第一位，全力以赴抗击疫情，坚决守好湖南“北大门”，牢牢守住医务人员零感染、院感事件零发生、确诊病例零死亡、境外疫情零输入的底线红线，整个疫情防控工作得到各级督查组的充分肯定，获得市委、市政府的高度评价，赢得人民群众的一致好评，市疾控中心等2个集体、李德辉等3名个人获中共中央、国务院表彰，市卫健委等17个集体、张恩等55名个人获省委、省政府表彰，2020年疫情防控和经济社会发展取得双胜利。

战 略 篇

疫情发生后，常德市坚持以统一高效的“战时”领导指挥体系，制定科学战略策略，担当好打赢疫情防控总体战、阻击战、人民战的重大政治责任。

——统一思想。2020年1月23日，湖南省启动重大突发公共卫生事件一级响应后，常德市迅速进入战时状态。市委、市政府高频次召开市委常委会（扩大）会议、市政府常务会议、专题会议等，传达学习习近平总书记重要指示批示和中央、省委、省政府有关会议精神，研究部署防控工作。市委、市政府鲜明提出“七个到时候了”（到了彰显家国情怀的时候，到了党员干部发挥先锋模范作用的时候，到了责任上肩、狠抓落实的时候，到了群防群治群控的时候，到了体现领导水平和能力的时候，到了妇孺皆知、上下同心的时候，到了严管与厚爱的时候），组织全市上下同时间赛跑、与病魔较量，将全市干部群众思想行动统一到疫情防控人民战争、总体战、阻击战上来。

——统一领导。迅速成立市委新冠肺炎疫情防控工作领导小组，市委书记周德睿任第一组长，市长曹立军任组长。领导小组下设疫情防控指挥部和13个工作组，4个机动防控分队，2个医疗专家组，迅速构建起坚强有力、分工明确、高效有序的组织领导体系。在领导小组的统一领导下，全市上下围绕“五不”目标任务（不出现死亡病例，不发生院感事件，不出现集聚性扩散，不发生大面积负面舆情，不影响社会大局稳定），全力以赴做好防控工作。

——统一调度。将省委抓好疫情防控工作11条具体举措，细化为18项具体工作，明确时间节点、工作要求，分解到责任部门、责任人员。市疫情防控指挥部坚持一天一碰头、一天一会商、一天一调度，书记市长坚持一线调度、靠前指挥，优化完善防控措施，增强防控措施针对性和实效性。市委常委、副市长、疫情防控指挥部指挥长涂碧波坚守阵地、坐镇指挥，市委常委管线联县包片，副市长、市级领导牵头工作组，疫情防控相关责任单位实行24小时坐班值守，全力投入疫情防控工作，坚决做到六个“一个不漏”（进一步加强宣传引导，务必让防控知识家喻户晓，做到一个不漏；进一步全面动员，务必排查检测全覆盖，做到一个不漏；进一步加强流动人口调查，务必全面准确查清密切接触者信息，做到一个不漏；进一步加强追踪管理，务必及时发现感染症状并立即送定点医院诊断治疗，做到一个不漏；进一步强化管控，务必对相关人员管得住、控到位，做到一个不漏；进一步完善组织措施，务必科学调度、有序指挥，及时会商解决相关问题，全面落实各项防控措施，抓紧抓实各个环节，做到一个不漏）。

战术篇

按照“坚定信心、同舟共济、科学防治、精准施策”和“统筹推进疫情防控和经济社会发展”的总要求，科学有效、精准精细抓好疫情防控和经济社会发展各项工作。

——坚持统筹兼顾。把战时与平时统筹起来，慎终如始、常态长效抓紧抓实疫情防控各项工作。把外防与内防统筹起来，外防输入、内防扩散、反弹；把防牢与放活统筹起来，一手抓“病根子”的切除，一手抓“命根子”的保住；把当前与长远统筹起来，既立足当前抓疫情防控，更着眼长远抓短板补齐和能力提升。

——坚持协同作战。坚持部门协同，公安局、交通运输、卫健等部门全面开展人员摸排、体温检测、环境消杀工作，筑牢疫情防控“第一道”防线；工信、市场监管、财政等部门全面发动、全球抢购，全面保障全市防疫物资需求。坚持干群协同，印发《致从湖北返（抵）常朋友的公开信》和《致全市人民的公开信》，发动干部群众参与疫情防控。坚持湘鄂协同，安乡、澧县、石门三县，分别与公安、石首、五峰等县市区建立协作联动机制，及时互享疫情信息，加强管控协作。

——坚持分类施策。实行地区分级防控，以县域为单位，实施“预防为主、外防输入、内防局部扩散”策略，分区分级采取差异化防控措施。实行人员分类管理，根据居民旅居史、健康状况、病例密切接触史等判断其传播风险，根据健康码的红黄绿将居民划分为高、中、低风险人员，采取针对性的管控措施。特别是在疫情初始阶段，对涉汉涉鄂的来常德人员，采取最严格的防控措施，抵达常德后一律实行集中隔离、核酸检测。全市设立14个定点酒店，定点接待湖北来常德人员。

——坚持因时制宜。战疫第一阶段，按照“外防输入、内防扩散”的策略，构筑交通卡点、基层摸排、医院筛查三道防线，最大限度遏制疫情输入和扩散。战疫第二阶段，坚定执行“两手抓”决策，在严防死守疫情前提下，出台加大信贷投放、降低融资成本、优化金融服务等十项政策措施，有序推动企业复工复产。战疫第三阶段，针对境外新冠肺炎病例高发多发的严峻形势，抽调相关人员组成工作专班，主动对接境外回常人员信息，严格实行落地管控、闭环转运。战疫第四阶段，抓紧抓实抓细常态化防控，逐渐把重点放在“外防输入、内防反弹”上来，严格落实“三嵌入两闭环一纳入”，建立健全快速报告、快速应对、快速处置机制，加强宣传引导，推广应用健康码，保持疫情防控形势持续向好态势。

战场篇

面对新冠疫情的暴发，常德在多个战场“全面发力”，打好疫情防控总体战。

——聚力疫情防控。从1月24日以来，在机场、车站、高速公路出口设立36个检测站点，实行逢车必查、逢人必检。加强社区“网格化管理”，发动广大基层党组织、共产党员、志愿者，以及小区物业公司等各方面力量，对所有外来人员开展拉网式、地毯式排查，建立健康台账，实行跟踪管理，实现疫情防控“纵向到底、横向到边”。针对靠近湖北一线的澧县、安乡、石门，以及中心城区武陵区的特殊地理位置和严峻防控形势，进一步加强四个区县的防控措施。全面落实“五个一律”［全市境内所有文化娱乐场所（网吧、娱乐场所、电影院）公众聚集活动一律暂停经营，所有酒店、乡村赈酒集中活动一律取消，所有旅游团队活动一律暂停，各类招聘会、商业促销活动等公众聚集活动一律取消，所有民营医院发热门诊一律关闭］要求，以多种手段避免人员聚集和交叉感染，坚决斩断传播链条。

——聚力医疗救治。严格落实“四个集中”，市县确定10家定点医院，开设发热门诊，对来自疫区有相似症状的患者实行强制留观。1月27日，全市所有确诊病例和疑似病例，统一转至市级定点医院市第二人民医院，实施集中救治。市第二人民医院迅速将床位增加至300张，在全市抽调呼吸内科、ICU、传染病科等相关专业人员，对重症和危重患者实行“一人一团队、一人一方案”救治。全面推广中西医结合，中药参与率100%。全市累计收治疑似病例295例、确诊病例82例，其中重症11例，3月6日全部治愈清零，守住了医务人员零感染、院感事件零发生、确诊病例零死亡、境外疫情零输入的底线红线。

——聚力复工复产。率先在全省出台应对新冠肺炎疫情支持中小微企业稳定发展的十项政策措施，收集编印《应对新冠疫情支持企业复工复产扶持政策汇编》，向全市企业推送国家和省市扶持政策“干货”122条；

强化金融帮扶，设立总规模50亿元的中小微企业融资担保基金，实行全续保、不抽贷、不断贷、不压贷，减半收取担保费；实施减税降费，为78家企业办理出口退（免）税8150万元，为8243家参保单位减免社会保险费3.7亿元；加大企业复产用工保障力度，通过网上、视频、电话招聘等方式，开展灵活多样的招聘活动，发布招聘岗位信息9.97万个，达成就业意向1.67万人；选派驻企防疫联络员1391人，对1368家规模企业医用物资进行重点保障；为1204家企业发放中药汤剂42万人份，全力保障复工复产安全；创新开启“云招商”模式，举行招商项目网络集中签约活动，现场签约11个项目，总投资额25亿元。全市1368家规模工业企业3月1日前已全面复产，102个在建亿元工业项目3月5日前已全面复工，工业企业复工率、员工到岗率稳居全省前3位。一季度，全市规模工业增加值逆势增长2%，增速全省第一。

——聚力运转保障。在全市范围内高效配置资源，全力保障防疫物资和生活必需品等供应。助力两家口罩企业增加生产线，实现日产口罩27万只，药品医疗器械经营单位开门营业率100%。协调多家医药连锁销售公司，采购50多万元口罩投放市场。同时，通过多种渠道，筹集口罩863万个、N95口罩7万个、防护服6.2万套、隔离服2.2万套，提供坚实防疫物资保障。狠抓春耕生产，落实粮食生产面积60万公顷、生猪出栏计划350万头，加大对农贸市场、超市、餐饮单位等薄弱环节执法检查力度，将米面油等13种生活必需品和口罩等20多种防疫药品物资纳入重点监控品种，保障市场供应、稳定市场价格，疫情防控期间物价总体平稳，人民生活安定有序。

——聚力关心关爱。全面落实上级关心关爱一线医务人员和社区工作人员政策措施。出台“一全面、四免费、五优先”（全面落实政策；免费送出卡券、免费市内旅游、免费提供物资、免费照料服务；优先子女就学、优先送教上门、优先看病就医、优先学习研修、优先提拔重用）政策，为一线医务人员提供“保姆式”服务，落实最严格的医护人员防护措施，防止医院感染发生。全面落实薪酬待遇、临时性工作补助434.13万元，定点救治医院急救转运、ICU病房或负责救治工作的医务人员一次性慰问补助42万元。火线重用1名疫情防控工作突出的党员干部，对表现优秀的20名干部职级晋升为二级调研员。

——聚力宣传引导。新媒体+传统媒体“火力全开”，全市权威媒体共开设各种抗疫专栏73个、市县级媒体31个，各类固定标语宣传、“千车村村到”移动宣传、“喇叭村村响”循环宣传立体覆盖，引导公众正确理性看待疫情，增强自我防范意识。采取“人防+技防”方式，累计核查、澄清网络舆情事件718起，发布或转发辟谣文章79篇，为疫情防控和复工复产工作营造良好的网络舆论环境，工作经验获得省委网信办肯定和推介。充分报道联防联控措施成效，让民众始终了解党和政府正在做什么、还要做什么，广泛宣传76个典型事例和人物，凝聚抗击疫情的强大精神力量。

战线篇

常德市广泛发动干部群众，广泛动员社会力量，形成“万众一心、众志成城”的局面，筑牢抗击疫情的坚固统一战线。

——干部冲锋一线。全市党员干部深入一线、冲锋在前，所有基层干部取消春节休假。在防控工作一线成立842个临时党组织，派出3165支党员突击队，选派311名第一书记进村入户，动员6671名机关事业单位党员干部进驻281个社区，32万党员干部捐款320多万元。

——医护奋战一线。广大医务工作者无论生死、不计报酬，投身新冠肺炎疫情救治工作。810名专业医护人员，组成3个医疗梯队，分期分批集中在市级定点医院开展救治工作。号召和发动医务人员积极组建“援鄂医疗队”，共计5批81名医务人员驰援湖北，奋战在全国抗疫主战场。

——群众守卫一线。常德市坚持群防群控，依靠和发动群众打赢疫情防控的人民战争。全市3700多名青年志愿者组建150多支青年突击队，奋战在抗疫第一线，开展全方位的志愿服务。社区、村居群众主动投入，主动担当防控政策宣传员、疫情信息核报员、排查管控组织员、联防联控劝导员、爱心捐赠联系员，积极投身到抗疫防疫中，牢牢守住疫情防控的“最后一千米”。

——社会支援一线。疫情发生后，社会各界全力参与支持疫情防控。常德在外侨胞、侨商、侨领及侨团组织时刻跟踪对接，积极协助政府开展防护物资海外采购和捐赠，侨界向常德支援防护服1.8万套、医用口罩35.4万个、医用手套6万双。民营企业家纷纷慷慨解囊，累计捐赠善款现金2334.8万元，防疫物资折合人民币约4295.87万元，合计6630.67万元。新的社会阶层人士踊跃捐款捐物，通过不同渠道捐赠各类医用防护物资，捐款40万余元。

启示篇

抗击新冠肺炎疫情过程中，获得一些宝贵的经验、深刻的启示。

——党的领导是根本保证。办好中国的事情，关键在党。疫情发生后，在以习近平同志为核心的党中央集中统一领导下，包括常德在内的全国各地方、各部门、各领域、各群体各司其职、靠前作战，形成强大的战疫合力，凸显中国速度、中国效率、中国力量，彰显中国共产党领导和中国特色社会主义制度的显著优势。

——经济发展是重要保障。疫情防控是一场阻击战，没有坚实的经济基础作保障，再多的“弹药”也会“弹尽粮绝”，再大的“家业”也会“坐吃山空”。在确保疫情防控到位的前提下，必须有序推动复工复产，恢复生产生活秩序。在这个过程中，决不能顾此失彼，决不能只顾抗疫不顾发展。只有坚持一手抓疫情防控，一手抓复工复产，才能为抗疫前线提供源源不断的“粮草”和“弹药”，才能最大限度保重点、保供应，保安全、保稳定。

——人民至上是核心价值。习近平总书记指出：做好疫情防控工作，必须始终把人民群众生命安全和身体健康放在第一位。坚持“应收尽收、应治尽治”，尽最大努力防止更多群众被感染，尽最大可能挽救每一位患者生命，得到人民群众和社会各界的广泛赞誉。深刻感受到，只有把群众放心上，把群众当亲人，才能以心换心、以情换情，才能获得群众的认可，才能得到群众的支持，才能做到让人民满意。

——科学防治是关键所在。抗击新冠肺炎疫情的斗争，既是一场意志和勇气的大较量，也是一场科学和智慧的大角逐。为防控疫情，党中央审时度势、综合研判，科学决策，果断采取系列措施，推动疫情防控取得重大胜利，推动生产生活秩序加快恢复。在党中央的坚强领导下，坚持系统防治、综合防治、源头防治，不断提高防控工作科学化、专业化水平，取得疫情防控重大战略成果。越是紧要关头、危急时刻，越要指挥科学、调度有力，救援迅速、管控及时，最大限度减少病亡和损失。

——依靠群众是重要法宝。人心齐，泰山移。紧紧依靠群众，是抗击疫情的重要法宝。新冠肺炎疫情暴发后，广大群众高度理解、充分支持、广泛参与，该居家的居家，该隔离的隔离，该复工的复工，做到闻令而动、令行禁止，凝聚起万众一心、克难制胜的磅礴力量。

——补齐短板是当务之急。这次疫情防控暴露公共卫生治理体系和治理能力存在的短板。比如，传染病防控依法治理的力度不够、重大疫情防控救治体系不健全、重点卫生防疫物资储备严重不足等。市委、市政府高度重视疫后能力建设，重点推进“五大体系五大中心”建设，市本级公共卫生中心将于2021年5月开工建设，全面推进完善医疗卫生服务体系加强医疗卫生服务能力建设三年行动，明确18项具体任务。全市上下正抓紧补短板、堵漏洞、强弱项，该坚持的坚持，该完善的完善，该建立的建立，加快构建跟得上群众需求、跟得上发展步伐的公共卫生应急管理体系。

常德援鄂医务人员

（人数：81人）

常德市第一人民医院（30人）

肖　伟　王天立　丁志祥　刘　笋　龚　芳　张小波　郭　宁　成　龙　贾哲勇　曾景亭
黄　慧　李栋炜　丁广湘　谢志惠　张可萌　熊　文　汪　洋　欧　蓉　李明霞　郭美蓉
周　波　要嘉茜　雷　静　刘　宁　孙　娟　杨永强　黄费洋　何学帆　王　鑫　蒯淑芬

常德市第一中医医院（6人）

唐明杰　刘春园　夏沛瑶　蒋含钰　孙　慧　蒋　莉

湘雅常德医院（35人）

范爱德　欧阳波　陈梦蝶　胡婷婕　向开旺　唐秋林　戴　敏　方　磊　曾小明　丁　源
刘安娜　万　李　张　艳　王　印　胡　蕾　曾　乾　缪江华　程家玉　马　咪　杨　顺
党芝蓉　刘　刚　王天文　陈浩琦　张利辉　卢　娟　李丹凤　郭　蓉　龙献芳　杨小曼
黄雅雯　辛梦雪　盛欢欢　何　珊　李　霞

常德市疾控中心（2人）

滕德智　程思杰

常德惠民医院（6人）

杨　姣　李海花　张译文　许春雪　邬红桃　罗　一

常德军创医院（2人）

刘　倩　李梦娟

常德市高质量打赢脱贫攻坚战纪实

市乡村振兴局

（2021年5月7日）

2020年年底，常德市现行标准下44.3万农村贫困人口全部脱贫，1个贫困县石门县摘帽，396个贫困村全部出列！

2021年2月25日，北京人民大会堂，在全国脱贫攻坚总结表彰大会上，来自常德的郭碧勋、徐兴庭、唐海平、陈璐、陈志刚、王婷被评为脱贫攻坚先进个人，常德市扶贫开发办公室、澧县农业农村局、中共桃源县黄石镇委员会、湖南湘佳牧业股份有限公司作为脱贫攻坚先进集体，受到大会表彰。

2021年2月25日，国家乡村振兴局正式挂牌；2021年5月7日，常德市乡村振兴局正式挂牌。

谋划总攻略

从扶贫开发到高质量脱贫，聚力“四大片区”，沅澧大地同频共振奏壮歌。

20世纪80年代大规模开发式扶贫，20世纪90年代八七扶贫攻坚，21世纪前十年扶贫开发……风雨无阻，一路走来，贫困村和贫困人口大幅减少。

转折与加压，自2011年开始。《中国农村扶贫开发纲要（2011—2020年）》出台，新的贫困标准线划定，经过甄别后的全市贫困数据让人倍感压力——1个贫困县石门县、44.3万农村贫困人口、396个贫困村赫然在列。

必须要下真功夫，真扶贫，扶真贫！随着脱贫攻坚战的纵深推进，常德的“作战版图”变得更加清晰——在区位、资源、交通等因素的制约下，常德的贫困人口集中分布，形成四大片区：石门西北山区、桃源武陵山雪峰山板块、澧县甘码片区、环洞庭湖低湖低洼区。这些片区的共同特点是生态环境脆弱、基础设施薄弱、生存条件恶劣、社会事业滞后，贫困发生率较市内其他地方要高很多。市委、市政府深入分析研判，决定将重点放在求精准、抓巩固、增后劲、防返贫上。

2013年11月3日，习近平总书记跨越崇山峻岭，来到湘西十八洞村考察，提出“精准扶贫”的重要论述。省委书记许达哲，省委副书记、省长毛伟明，省委副书记乌兰等领导多次到常德，调研指导脱贫攻坚。历届和现任市领导积极开展“三走访三签字”活动，调研督导脱贫攻坚工作，要求全市上下保持定力，一鼓作气，尽锐出战，坚决攻克最后的贫困堡垒，用心用情用力做好群众工作，解决好群众反映的突出问题，奋力夺取决胜全面小康、决战脱贫攻坚的全面胜利。

2013年以来，常德市委、市政府精心谋局，统揽全局，主要领导作为市扶贫开发领导小组双组长，接连作出了办好“六件实事”、打好“六场硬仗”、推进“三扶三基”、实施“六大提升工程”等重大部署，形成了高质量打赢脱贫攻坚战的总攻路线和作战方案。

常德市扶贫开发办公室充分发挥全市脱贫攻坚统筹中心、调度中心、服务中心作用，精心谋划战局，不断创新战法，压实各级责任，督导重点难点，推动形成高质量脱贫的“常德实践”。2020年，狠抓“十大问题清零”，确保贫困人口、贫困村退出任务全部完成。

心齐泰山移

“天路”绕悬崖，水厂居“山顶”，电网升级进万户，基础设施建设“啃”下硬骨头。

石门县南北镇金河村，曾是常德市最贫困的村落之一。全村没有一分水田，村民以土豆、玉米为主粮。白竹山片是金河村最偏远的组，也是常德市最后一个通公路的自然村。2017年2月23日，公路动工。1000多万元资金全靠各级财政自筹和老百姓自发捐献。2019年春节前，“天路”通车！村民们历时2年，在白竹山顶凿出的一条19千米的“长龙”，在山间云海里蜿蜒盘旋。2020年年底，“天路”完成11.8千米的水泥硬化。路通了，人心齐了，干劲足了。漫山遍野的生态野茶卖到1000多元/斤，野蜂蜜、金钱柳、烤烟、魔芋供不应求。村民人均纯收入从2014年的不足3000元增加到了2020年的14142元。

“十三五”期间，常德市实施农村公路提质改造工程4105千米；完成自然村通水泥路5860千米，全省里程最长，全市所有自然村实现“组组通”；完成农村危桥改造686座。

距离金河村车程约2个小时的石门县白云镇白羊山村，全村445户人家全部散居在平均海拔600米以上的山顶。2014年，石门县派驻扶贫工作队，在白羊山村建了4个蓄水池、铺设3000米水管，解决256户村民的饮用水问题。距离取水点最远的高家尖蓄水池，将水提升了足足157米，相当于50层楼的高度。2019年年底，在常德市派驻扶贫工作队的努力下，白羊山村饮水项目正式动工，包括对原有储水设备的改造升级，和为没有解决饮水问题的189户村民新建水厂。2020年10月，耗资170多万元的白羊山村新水厂正式投入使用，老百姓终于告别了靠天吃水、靠肩挑水的历史。

为了让农村尤其是偏远山区和环洞庭湖低洼地区老百姓喝上干净水，常德市从2006年开始着手农村安全饮水工作，率先在全省实现农村安全饮水全覆盖。

2019年启动的农村安全饮水“三年提质改造行动”，更是解决了部分农村水厂水质不达标、供水不正常、管理不规范等问题。

2013年以前，桃源县有黄石镇、竹园水电站、戈尔潭水库发电站、西安镇四个地方属于电网自供区，电网基础薄弱。老百姓家的白炽灯常常只看得到红丝，日光灯根本启不动，电饭煲煮饭不熟，抽水机、打米机、洗衣机“有气无力”，电器买回来就成了废铁。因为要负担线路老化造成的损耗，有的地方电费达到了3元/千瓦时，是城镇居民电价的5倍。全市尚未进行农村电网改造的234个村和32个农场、渔场，几乎都面临相同的困境。2013年以来，桃源供电公司先后投入1.1亿元，对69个贫困村进行农网改造提质工程。四个电网自供区陆续实现统一直供，彻底解决历史遗留问题。2017年，常德市基本完成贫困村电网改造任务，为396个贫困村投资4.5亿元进行农网改造，极大改善了农村生产生活用电条件。2016年11月22日，全市第一个分布式光伏发电扶贫项目，在石门县维新镇观峰山村并网发电。随后，190个光伏发电项目陆续在更多村庄建起，将“阳光红利”源源不断地传入电网，为村集体带来稳定收入，也成了脱贫户的“光伏银行”。仅2020年，国网常德供电公司就结算光伏扶贫电费403.07万元，支付补贴59万元。

打好民生牌

不让一个人住危房，不让一个人看不起病，不让一个学生辍学，民生保障体系有密度更有温度。

澧县甘溪滩镇古北村徐顶虎、徐文军父子住在年久失修的两间土砖屋。2014年，徐文军不慎从没有护栏的楼梯上摔下来，脊椎主神经受损，生活不能自理。“两不愁三保障”，被纳入建档立卡贫困户后，徐家父子，加上户口上在徐家的孙儿徐世杰，都享受了每人每月390元农村最低生活保障。徐文军还能领到每月140元护理费。2017年，靠政府危房改造补贴2.8万元和亲朋好友的资助，徐顶虎和儿子终于从土砖屋里搬进了宽敞明亮的新房。从2017年开始，徐文军的两个儿子均享受每年1000元的教育扶贫资助。

资助全覆盖。乡村两级对3岁至23岁的贫困人口建立台账，扶贫办、教育部门双线排查，逐人核实去向，全市贫困户子女没有一人辍学。近五年来，全市共发放各项助学资金近20亿元，资助学生近1000万人次。医疗有保障。全市6.88万贫困人口被纳入低保或特困供养。贫困人口全部纳入城乡居民基本医疗保险、大病保险和医疗救助保障范围。全面实行“先诊疗后付费”“一站式”结算和家庭医生签约服务，贫困人口县域内定点医院实际报销比例达90%。喜圆安居梦。2014年以来，全市有39295户建档立卡贫困户，告别风雨飘摇的危房，住进了坚固、宽敞的家。137个生产生活便利、服务管理完善的易地搬迁集中安置点，让10910户搬离了生存条件恶劣、生态环境脆弱、自然灾害频发的居住地，过上安居乐业的生活。

找寻“金钥匙”

产业扶贫项目落地生根，32万贫困人口年均增收1000元，多样帮扶模式迸发强大生命力。

近年来，常德市委、市政府聚焦贫困人口、选好带动主体、培育特色产业、突出利益联结，探索出了许多宝贵的经验，如“龙头企业+基地+贫困户”“合作社+贫困户”“美丽乡村建设+公司+贫困户”。山窝窝里飞出了“致富鸡”。石门湘佳牧业创新“石门土鸡”产业扶贫模式，公司统一发放鸡苗，统一提供技术，统一负责销售。石门县新铺镇岳家棚村利用1公顷荒地，把产业扶贫专项资金和小额信贷资金整合，率先新建标准化养鸡场。鸡场建好后交给湘佳牧业托管，每年可出笼商品鸡40万羽以上，村集体每年可获得分红24万元，27个贷款贫困户年均增收4000元。人在深山有远亲。2016年年初，武陵区成为全省首批、全市唯一的全面小康达标区（县）。2月，该区对口帮扶石门县壶瓶山镇的青山溪、中岭、九岭、天坪4个贫困村（社区），以最快的速度派出4个驻村帮扶工作队。5年来，武陵区为壶瓶山镇四村投入脱贫攻坚帮扶资金6000万元，解决了基础设施建设、村部建设、产业发展等诸多难题。

为强力推进扶贫产业，消费扶贫工作也快马加鞭，渐入佳境。从2020年下半年开始，常德市城区人口密集的地方，都摆有印有“扶贫专柜”字样的立体售卖机，里面陈列着常德香米、蜂蜜、咖啡、羊肚菌等农产品。自2014年以来，常德市发展产业扶贫项目4073个，项目覆盖、带动劳动人口32.35万人，年人均增收1000元以上。

热血写担当

村帮扶工作队奔赴一线，党员干部、乡贤能人冲锋在前，汗水书写担当，使命铸就丰碑。

2021年2月25日，全国召开脱贫攻坚总结表彰大会，郭碧勋、唐海平、陈璐、陈志刚、王新法、王婷获评“全国脱贫攻坚先进个人”，受到隆重表彰。

2013年11月，习近平总书记作出“精准扶贫”的重要指示，波澜壮阔的脱贫攻坚战打响了，石门县委书记郭碧勋全程领导、参与了这个贫困县的涅槃。石门县，成为第一个在湖南省启动涉农资金整合的县。8年来，石门县共统筹整合各级各类资金50多亿元，实施扶贫项目1.1万多个，实现每个贫困村平均投入达到1500万元以上，石门县贫困人口人均纯收入由2014年的2079元增加到2020年的14691.7元，增长了7倍！2018年8月6日，石门县成功脱贫摘帽，彻底结束了32年贫困县的历史！防返贫、抓产业、强基础，2020年4月26日，该县的脱贫故事在央视大型扶贫纪录片《承诺》第一集播出。影响全国的“石门样本”被打造出来！

2017年3月，唐海平来到新成立的津市市扶贫办，组建工作队伍，创新工作机制，推动脱贫攻坚工作，向津市市委、市政府提出以委托帮扶的形式，大力发展葛果扶贫产业；以直接帮扶的模式在全市贫困户、边缘户的房前屋后种植“一亩经济林”。

临澧县最偏远的乡镇刻木山乡，“80后”党委书记陈璐隔三岔五就来到橘园，与镇、村干部商量着打造“美橙之乡”的乡村振兴计划。升级转型、产品提质、节会经济，2020年年底，市场低迷的情况下，全乡500万千克脐橙销售一空。

2013年，刚从石家庄市公安局退休的王新法和他的几位老战友们，来到革命老区石门县最贫困的薛家村，成立“与民共富军人团队”，立志要为扶贫做些事。他在海拔1200米高的六塔山顶建起烈士墓园和村民公墓；修建、拓宽村道10多千米，修建桥梁6座，改善当地基础设施；请专家为茶园“把脉”，成立茶叶专业合作社，注册“名誉村长”茶叶商标，提升村民种茶收益。在他的带领下，村民变富裕了。乡亲们开始种植有机茶叶，兴办民宿餐饮，人均年收入从2013年的不足2000元增长到2017年的7000多元，实现了贫困村出列。2017年2月23日，王新法突发心梗，倒在了薛家村第七座便民桥的施工工地。2018年1月，王新法被追授为“全国脱贫攻坚模范”。

2017年的秋天，王婷放弃了北京的工作来到薛家村。薛家村生态茶厂是王婷和支村“两委”班子筹备三年的项目。工厂占地0.733公顷，一期厂房面积约2100多平方米，年加工干茶500吨。

常德市委派驻安乡县大湖口镇安福村工作队队长、第一书记陈志刚主持建设的村葡萄产业园2020年8月丰收，实现集体经济收入约200万元；新建的10公顷瓜篓产业园，当年也实现了集体经济收入约30万元。

派驻驻村帮扶工作队，常德走在全省之先。8年来，常德市先后派出工作队3279个、工作队员9537名，参与结对帮扶的干部达到20.2万名。

2020年8月5日下午，在太平街社区参加石门县脱贫攻坚紧急调度视频会后，陈敏独自驾车2个半小时回石门县城。8月6日上午，陈敏在县里汇报脱贫攻坚工作情况后，突发心肌梗死倒在了办公室，生命永远定格在47岁。8月7日，陈敏被追授“石门县优秀共产党员”称号。刘永照、盛忠炳、罗绍平……一个个扶贫英雄先后倒在全市脱贫攻坚一线。

双手绘锦绣

激发内生动力，从“要我脱贫”到“我要脱贫”，一批脱贫户成为小康路上“领头雁”。

一辆辆“务工直通车”从家门口开到厂门口，帮助近5万名贫困劳动力返岗复工；一则则用工、求职信息，被点对点送给求职者和企业，全市1万多名贫困劳动力实现了就近就地务工；乡村道路维护、乡村环境保洁等10432个公益性岗位，让部分贫困劳动力有了稳定收入。2020年，面对疫情大考，全市贫困人口务工就业人数达到12.95万人。

桃源县夷望溪镇易地扶贫搬迁安置小区“幸福苑”扶贫车间，因意外失去了一只胳膊的黄光辉是2014年建档立卡贫困户，2018年春节和父亲黄顺德搬进了“幸福苑”，在扶贫车间有了稳定工作，月工资可拿到2500元～4000元。像这样的就业扶贫车间，全市共有187个，吸纳了贫困劳动力1692人就近就业。

西湖管理区西洲乡是绿色防控示范区，脱贫户易梦斗是有名的农业植保无人机飞手。2018年，他和54名脱贫户一起，拿到植保无人机从业资格证。第二年，仅参加新疆、河南两次作业，就拿到了近7万元报酬。

汉寿县洋淘湖镇冲天村，“鸭司令”肖金良2008年因冰冻灾害，一夜之间背负了上百万元的债务。2014年，肖金良被识别为建档立卡贫困户。结对帮扶人曾祥力鼓励他东山再起，尝试稻鸭共生连作项目。2017年，肖金良参加系统学习培训，牵头成立盈通生态种养专业合作社。经过一番摸索，养鸭数量达到5万余羽，稻鸭共生稻田面积156.533公顷，年产值突破3000万元。肖金良成了有名的致富领头人，辐射带动周边农户近1000户，90%的合作社成员采用稻鸭连作模式，亩均增收2600元。

鼎城区草坪镇三角堆村建档立卡贫困户许正国，找到脱贫致富的门路，主动当起了邻居肖运六的师傅，为他提供黑山羊养殖技术指导。

壶瓶山镇壶瓶山村的李群芳靠开网店脱贫后，为全镇100多个贫困户当起了“山货代言人”，一年销售100多万元本地农特产品。

西洞庭管理区金凤街道望洲社区，双手和右腿天生残疾的贫困户潘云峰，靠公益性岗位和农村低保、入股分红等，年收入超过2.5万元。他爱岗敬业，负责的区域在街道20多个片区卫生考核排名中，总是名列前三；他热心公益，担任民间河长不拿一分钱报酬，连续10年坚持无偿献血，还经常为别人捐款。

在扶贫贷款的帮助下，临澧县脱贫户陶小林发展花卉苗木种植，家庭年收入超过8万元。72岁的潘华举是安乡县黄山头镇一名脱贫户，生活上脱贫之后，加入了村里的诗词协会，结识了一群诗友，实现了精神上的脱贫。

振兴在路上

产业兴、生态美、善治理、活力强，乡村渐次蝶变，打造洞庭湖畔乡村振兴的“常德样板”。

2014年，鼎城区草坪镇三角堆村有67户211人建档立卡贫困对象，6年来，通过强有力的帮扶，均已实现脱贫。村里通过发展优质稻、种植火龙果、建设黄花菜加工基地等项目，2017年集体经济收入达到6万元，退出贫困村序列。2020年，村级集体经济收入突破30万元。2020年年底，被评为“市级美丽乡村”“省级文明乡村示范村”。

桃源县沙坪镇赛阳村实现从贫困村到省级美丽乡村示范村的蜕变。强化党建引领，年轻的大学生夏志明回到老家当上了村支书，成为带头人；精准定位，发挥资源禀赋优势，赛阳村的一切产业都围绕做大旅游转，发展高端水果采摘产业园33.333多公顷，建设大小农庄13家，可同时接待游客300多人；打造村集体合作社、光伏发电站、花源里旅游公司三大造血源，村集体牵头的合作社总资产达1000多万元，村集体经济实现了从无到有到强，每年可达10多万元；修订完善《赛阳村规民约》，将“移风易俗、厚养薄葬、尊老重教”等写入规约，推进乡风文明建设，打造文明村（居）。先后获评“全国休闲农业与乡村旅游示范点”“湖南省美丽乡村示范村”“湖南省乡村振兴示范村”“省级水利风景名胜区”“省级生态旅游示范区”

2021年2月20日，市委农村工作会议就聚焦“三农”大局、全面推进乡村振兴提出了“促衔接、培产业、抓建设、治生态、增活力、重治理”的总要求，未来五年过渡期内，保持现有的帮扶政策、现有的资金支持和帮扶力量总体稳定，实现巩固拓展脱贫攻坚成果同乡村振兴有效衔接，是摆在各级各部门面前的重大实践课题。

攻克这一课题，常德在全省先行先试。从2020年12月开始，常德市积极推进防返贫致贫监测管理平台建设，建立三重风险排查机制防返贫致贫，平台根据风险的等级程度进行黄色、橙色和红色预警，并建立了返贫致贫风险化解流程。监测管理平台已经通过省里审核，4月25日开始在全省推广使用。

“东风好作阳和使，逢草逢花报发生。”武陵山下、洞庭湖畔、沅澧大地，正大笔写就着一篇篇华丽蝶变的诗章，“民亦劳止，汔可小康”的千年梦想照进现实。

常德市全面小康评估监测报告

市委全面小康办　市统计局

（2021年7月1日）

党的十八大提出“全面建成小康社会”宏伟目标以来，市委、市政府认真贯彻落实中央、省委的部署，稳步推进各项工作，奋力书写全面建成小康社会的常德答卷，绘就了人民群众对美好生活追求的沅澧画卷，市县两级全面建成小康社会目标如期完成，全市全面建成小康社会工作圆满收官。

一、全面建成小康社会总体情况

（一）全市全面建成小康社会目标顺利实现

1.全面建成小康社会实现程度取得决定性胜利。以《湖南省市州全面建成小康社会监测考评指标体系》测算，2020年全市贫困人口全面清零，全面建成小康社会实现程度达到98.3%，超过达标认定标准3.3个百分点［根据湖南省全面建成小康社会推进工作领导小组《关于市州和县市区全面建成小康社会达标标准及达标认定的意见》（湘康〔2017〕1号）文件精神，市州全面小康的达标认定标准为：全面小康实现程度达到95%以上且所辖县市区的贫困发生率均在2%以下］，取得了全面建成小康社会的决定性胜利。全市小康水平不仅仅体现在总体实现程度上，更体现在“全面”上，从分类指标看，全市经济发展、民主法治、文化建设、人民生活、生态文明五大发展领域实现程度均超过了95%，其中民主法治、生态文明实现程度达到100%，人民生活实现程度99.9%，文化建设实现程度96%，经济发展实现程度95%。从细项指标看，41项小类指标中有35项指标实现程度达到100%，有3项指标实现程度超过95%，全市小康建设水平更加协调、更加全面、更加完善，先后2次获得全省全面小康综合优秀奖、1次全省全面小康管理成效优秀奖。

2.全面建成小康社会提升幅度实现了跨越式迈进。党的十八大以来，我市小康社会建设进入到一个新的发展时期，发展速度、惠及广度都取得了长足进步。与2013年相比，2020年全市全面建成小康社会实现程度提高17.8个百分点，其中文化建设提升最快，7年间提高35.2个百分点，生态文明、民主法治两项建设达标最快，7年间分别提高19.6个、19.3个百分点，均实现了100%达标，另外经济发展也取得了巨大的成就，实现程度提高16个百分点，人民生活领域由于2013年起点较高（91.4%），7年间提高8.5个百分点，实现程度接近100%。

（二）各区县市同步实现全面小康

1.实现程度全面达标。2020年9个区县市全面建成小康社会补短板监测平均实现程度达到96.7%，其中一类县武陵区实现程度达到96.1%，二类县津市、鼎城、澧县、汉寿、临澧、安乡、桃源实现程度分别为99.35%、98.1%、97.09%、96.4%、95.96%、94.9%、93.1%。三类县石门县实现程度达到100%，在全省48个三类县中排名第1位。根据湖南省达标认定标准，全市9个区县市总实现程度均达到90%以上，且贫困发生率、居民收入、环境质量等指标均符合达标要求，9个区县市实现了同步全面小康。

2.提升幅度显著进步。2020年全市9个区县市全面小康平均实现程度比2013年提高23.2个百分点，高于同期全省122个县市区平均提升幅度1.4个百分点。与2013年实现程度相比，9个区县市中有2个区县市提升幅度超过25%，有6个区县市提升幅度超过20%，其中一类地区武陵区提升幅度21.7个百分点，高于同期全省27个一类县平均提升幅度3.4个百分点，二类地区7个区县市平均提升幅度24.4个百分点，高于同期全省47个二类县平均提升幅度2.4个百分点。2014—2020年全省47个二类县提升幅度考评中，全市相关区县6次获得同类县提升幅度考评第1名。

3.创先夺牌成果丰硕。从2014年全省全面建成小康社会统计监测考评以来，七年间，9个区县市共获得19块全省全面小康奖牌，其中石门县先后获得4次全面小康推进工作优秀县奖，津市获得3次全面小康优秀县奖、1次全面小康快进县奖，桃源县获得1次全面小康快进县奖、2次全面小康先进县奖，汉寿获得2次全面小康先进县奖、1次全面小康经济快进县奖，澧县获得1次全面小康快进县奖、1次全面小康先进县奖，安乡、鼎城、临澧各获得1次全面小康先进县奖。

二、全面建成小康社会取得辉煌成就

党的十八大以来，全市上下以习近平新时代中国特色社会主义思想为指导，坚决贯彻新发展理念，紧扣全面建成小康社会目标任务，坚持以人为本、因地制宜、分类指导、统筹协调，深入推进产业立市、开放强市战略，经济发展稳步向好，民主法治稳步前行，人民生活稳步提高，社会事业稳步发展，生态文明稳步提升，全面建成小康社会取得辉煌成就。

（一）经济发展稳步向好

1.综合实力节节攀升。2012年以来，全市经济总量不断跨越新台阶，除受疫情影响的2020年外，GDP增速始终保持8%以上，2017年全市GDP突破三千亿大关，2020年GDP达到3749.1亿元，总量稳居全省第3位。以可比价计算，2020年全市GDP相当于2010年的2.4倍，超额完成全面小康GDP翻一番目标。财政收入总量连连攀升，2015年全市一般公共预算收入突破200亿元，2020年达到286.8亿元；地方一般公共预算收入2020年达到187.9亿元。金融机构存款余额从2013年年末的1631.3亿元增加到2020年年末的3614亿元，实现了翻番，贷款余额从798.7亿元增加到2513亿元，增加了2.1倍。

2.发展质量明显提升。2013年以来，全市人均GDP连续跨越4万元、5万元、6万元关口，从2013年的39169元增加到2020年7万多元。城镇化率从2013年的44.38%提升到56.22%，7年提升了11.84个百分点。产业结构不断优化，2020年第三产业增加值达到1740.8亿元，占GDP比重达到46.4%，较2013年提升9.4个百分点。

3.开放步伐不断加快。开放通道不断扩大。2020年全市高速公路通车里程达到430千米，初步形成了“一环六射”“一横一纵一复线”高速公路骨架网络。桃花源机场旅客吞吐量从2013年的28.3万人次增长到2020年的96.6万人次。黔张常铁路开通运营，常益长高铁全面开工建设，区域交通枢纽中心初见雏形。开放经济不断增长。进出口总额7年间增长3倍，达到22.8亿美元。招商引资不断向好。2020年全市实际利用外资17亿美元，引进市外境内资金971.2亿元，分别相当于2013年的3.3倍、2.2倍。

4.创新驱动明显增强。高新技术产业增加值从2013年的153.8亿元增加到2020年的479.4亿元，增长2.12倍。每万人口有效发明专利拥有量从2013年的0.606件增加到2020年的3.65件，增长了5倍，高新技术企业达到360家。

（二）民主法治稳步前行

党的十八大以来，全市加快推进依法治市、依法行政，加强社会主义民主建设，民主法治建设取得长足进步，2017年民主法治实现程度率先达到100%，成为五大类指标中第一个实现达标的指标，2020年全市民主法治持续巩固，实现程度始终保持在100%。

1.法治建设稳步推进。全市不断加快法治建设步伐，加强政府立法工作，扎实推进“六五”“七五”普法，法治观念深入人心；深入开展“扫黑除恶”“禁毒会战”“平安创建”以及打击拐卖、传销、两抢一盗、网络犯罪、电信诈骗等系列整治行动，社会大局保持安定，群众安全感不断增强。2020年公众安全感民意调查常德市得分92.94分，高于省平0.95分，连续5年位居全省前列，人民群众安全感和满意度持续提升。

2.民主建设不断完善。充分发挥民主监督作用，基层民主参选率保持高位，群众自我管理、自我服务、自我教育、自我监督作用不断加强。妇女参政议政不断加强，村委会委员中女性比例从2013年的31.3%提升至2019年的42.98%，市州女性人大代表数从2013年的77人提升至159人。

3.社会大局和谐稳定。煤矿百万吨死亡人数从2013年的2.3人下降至2020年零死亡，亿元GDP生产安全事故死亡人数从2013年的0.09人下降至2019年的0.012人，同比下降87%。2020年火灾事故造成的财产损失比2013年下降25%。

（三）社会事业稳步发展

1.文旅产业持续繁荣。文体设施加快普及。2020年全市博物馆、纪念馆13个，比2010年增加5个，广播综合人口覆盖率达到99.96%，电视综合人口覆盖率达到99.57%，比2013年提高3.47个百分点，社区体育健身设施覆盖率达92%。全市2262个村（社区）均设有村级文化中心。旅游产业高速增长。常德桃花源成功晋级国家AAAAA级旅游景区，柳叶湖成功晋级为国家级旅游度假区，2020年接待国内外游客人数5841.9万人，比2013年增长1.4倍。文化产业快速发展。2019年全市文化产业增加值占GDP比重达到4.2%，比2013年提高1.5个百分点。

2.教育水平明显提升。全市始终秉承尊师重教传统，不断推进教育强市建设，教育水平得到明显提升。小学适龄儿童净入学率、小学毕业生升学率始终保持在100%，高考成绩连续多年位居全省前列，2020年普通高等学校达到5所，招生数2.12万人，在校生6.27万人，毕业生1.53万人，分别比2013年增长48.3%、40.8%、

23.4%。

3.卫生事业快速发展。群众就医条件不断改善，看病难、看病贵问题逐步得到缓解，2020年全市拥有卫生事业机构5069个，其中村卫生室3393个；执业医师和执业助理医师17825人，比2013年增长69%，注册护士18527人，相当于2013年的2倍，病床数3.8万张，比2013年增长52%，每千人口拥有执业（助理）医师数3.4人，比2013年增长85.8%。

（四）人民生活稳步提高

1.脱贫攻坚取得历史性成就。七年来，全市始终把脱贫攻坚作为最大的政治责任、最大的民生工程，聚焦“两不愁三保障”，坚持精准施策、合力推进，先后建设产业扶贫项目8021个，易地扶贫搬迁3.6万人，新增贫困劳动力转移就业3.84万人。2020年年底，全市44.3万农村贫困人口全部脱贫，396个贫困村全部退出，沅澧大地历史性消除了绝对贫困。

2.居民收入实现跨越式增长。全市农民人均可支配收入从2013年的不足万元（9629元），增长到2020年的17957元。城镇居民人均可支配收入从20260元增长到35469元。城乡居民收入差距连续缩小，由2013年的2.10：1下降到2020年的1.98：1。

3.生产生活条件大幅度改善。2013年全市互联网宽带用户只有49.6万户，到2020年全市互联网宽带用户达到159.9万户，七年间增长2.2倍；移动电话用户则从2013年的348.8万户增加至2020年的529.6万户，达到“人手一机”水平。私人轿车保有量从2013年的不到11.1万辆增加到2020年的34.5万辆，每百人拥有私人轿车达到6.5辆。

4.社会保障体系进一步完善。截至2020年年末，全市失业、工伤保险参保人数分别达到33.2万人、53万人，比2013年分别增加8.9万人、9万人，基本养老参保人数达到433.5万人，参加基本医疗保险人数556.32万人，其中职工医保59.3万人、居民医保497.02万人，社会保障水平稳步提高。

（五）生态文明稳步提升

1.节能降耗成效显著。全市加快淘汰落后产能，加大污染治理力度，节能降耗形势良好。2015—2019年，全市单位GDP能耗累计下降22.7%，2020年全市能耗水平继续下降，超额完成“十三五”节能目标。

2.污染防治力度空前。全市深入推进蓝天、碧水、净土保卫战，坚决打好污染防治攻坚战，加大污水处理力度和黑臭水体整治力度，加大洞庭湖生态环境专项治理，深化大气面源污染综合防治，加大农村环境综合整治力度，市县城区黑臭水体整治全面完成，乡镇污水处理设施实现全覆盖，市城区的污水处理率基本上达到100%，洞庭湖水环境质量持续改善。

3.环境质量明显改善。全市主要污染物减排效果明显，水气土各项监测指标持续向好，市城区大气环境不断改善，空气质量优良天数从2013年的271天提高到2020年的310天。森林覆盖率从2013年的46.05%提升至2020年的48%。2020年沅、澧两水水质稳定III类以上，13个县级及以上饮用水水源地水质全部达标，湿地保护率达71.7%，耕地保护数量、质量居全省第一。

三、全面建成小康社会的主要经验

（一）始终坚持党的领导。全面建成小康社会是中华民族千百年来的夙愿，是中国共产党确定的第一个百年奋斗目标。在以习近平总书记为核心的党中央集中统一领导下，在省委的统一部署下，全市上下强化思想和行动自觉，充分发挥党组织在全面小康建设中统揽全局、协调各方的作用，深入贯彻落实创新、协调、绿色、开放、共享五大发展理念，统筹推进经济、政治、文化、社会、生态建设。始终整体联动，努力构建“以县为主、市级统筹、市直帮扶、齐抓共建”的工作推进机制，一级带一级，层层抓落实，高质量推进全市全面建成小康社会。七年多来，市委、市政府先后出台了《关于深入推进新常德新创业加快全面建成小康社会的若干意见》《常德市全面小康决胜年行动实施方案》等多个指导性文件，并且每年出台一个考核细则、每年开展一次考核评价、每年表彰一批先进区县，推动全面建成小康社会在沅澧大地上生根发芽，开花结果。

（二）始终坚持以人民为中心。坚持以人民为中心是全面建成小康社会的出发点和落脚点。在全面建成小康社会过程中，市委、市政府始终坚持人民利益至上，坚持把群众满意度作为全面建成小康社会的重要标尺，把人民群众对美好生活需求作为奋斗目标，着力解决群众最关心、最直接、最现实的利益问题，着力解决群众身边的急难愁盼问题，全面打响民生升温战役，全力实施教育卫生行动计划、创业带就业行动计划、全民参保计划等民生计划，着力推进老旧小区改造、农村公路建设、敬老院新改扩建、普惠性幼儿园建设、农村卫生厕所建设、城乡低保提标、孕产妇免费产前筛查等省市重点民生实事，全市财政支出中民生支出占比持续提高，近十年财政支出中民生支出累计达到3250亿元，为推动幼有所育、学有所教、劳有所得、病有所医、老有所养、住有所居、弱有所扶打下了坚实基础。

（三）始终坚持产业支撑。发展是解决一切问题的基础和关键。在全面建成小康社会过程中，市委、市政府始终坚持把产业发展作为重中之重，把产业项目作为重要抓手，不断夯实全面建成小康社会的产业支撑和物质基础。从“新常德新创业”到“开放强市、产业立市”，再到“招大引强”，市委、市政府坚持一张蓝图绘到底，咬定产业发展不放松，加快产业转型升级，深入推进园区提质，全力抓好项目建设，大力实施“1115”工程、产业立市三年行动计划，先后培育了500亿企业1家、百亿企业2家、上市公司6家、“四上”单位3620家，常烟、中联、益丰、金健、恒安、华电、中车、湘佳等一大批龙头企业在常德开花结果，装备制造、生物医药、烟草制品、文旅康养等产业在常德蓬勃发展。

（四）始终坚持问题导向。市委、市政府深入贯彻落实习近平总书记关于全面小康补短板的指导精神，科学评估全市全面建成小康进展情况，认真梳理短板弱项，着力补齐重要群体、重要领域、重要区域短板。聚焦重要群体补短板，坚持把脱贫攻坚作为全面建成小康社会的底线任务来抓，着力办好“六件实事”、打好“六场硬仗”、推进“三扶三基”、实施“六大提升工程”，形成了高质量打赢脱贫攻坚战的总攻路线和作战方案，全面实现了“两不愁”“三保障”。聚焦重点领域补短板，出台人才新政、科技强市建设实施意见、科学技术奖励办法等一系列政策措施，举办“智汇洞庭·科创常德”等一系列科创活动，着力打造创新平台，常德高新区顺利晋级为国家级高新区，省级高新区达到5家，努力补齐科创短板，实施开放强市战略，出台《常德“开放崛起”五大行动方案》《扶持开放型经济发展办法（试行）》等政策措施，深入推进招商引资、“破零倍增”、平台提质、德商返乡等开放行动，努力补齐开放型经济短板。聚焦重点区域补短板，以贫困地区、落后地区为重点，强化对口支援、政策扶持等措施，石门县脱贫攻坚顺利摘帽并成为全国样板，2020年全面建成小康社会实现程度位居全省3类地区首位。

（五）始终坚持统筹兼顾。在推进全面建成小康社会过程中，市委、市政府始终坚持统筹协调、分类指导、整体推进。一是坚持分类指导。充分考虑每个区县市不同的发展基础、发展条件、发展状况，将9个区县市分为一、二、三类县，每个类别赋予不同的目标值、明确不同的工作重点，为市直6区量身设立简便易行、操作性强、针对性强、科学合理的发展目标，确保横向有可比性、纵向有持续性，让每个地区都能够跳起来摘桃子，最大限度激发各区县市积极性和创造性。二是强化督导调度。建立一月一分析、一季一调度、一年一监测的工作体系，综合运用会议调度、领导重点调度、全面小康办上门调度、市直单位与区县市对接会商等形式，指导督促全市上下全面达标、创先争优。三是突出考评激励。将全面建成小康社会工作纳入重点工作绩效评估，将绩效评估纳入全面小康奖项评选，推动考评双向加压、双向问责。将区县市指标纳入市直单位责任指标体系，将市本级指标分解到区县市，形成市县联动、双轮驱动的动力源泉。四是重点突破。对短板比较大、问题比较多、工作比较难的区域、领域，实行集中攻坚行动，举全市之力，补重点短板，确保全面小康路上，不让一个人、一个地区掉队。

专 文

市委经济工作会议报告

市委书记、市人大常委会主任　周德睿

（2020年12月28日）

同志们：

这次市委经济工作会议的主要任务是：认真贯彻落实中央、省委经济工作会议和省委十一届十二次全会、市委七届九次全会精神，总结2020年工作，分析当前经济形势，部署2021年工作。

“所当乘者势也，不可失者时也。”站在开启全面建设社会主义现代化新征程的历史起点，面对复杂严峻的外部环境，我们要迎难而上、乘势而上，积极有为做好各项工作，沉着有力应对各种风险，化压力为动力，化来势为胜势，坚定不移推进开放强市产业立市，奋力实现“十四五”高质量发展良好开局。

一、迎难而上、乘势而上，要以稳中向好的发展来势开启新征程

即将过去的2020年，是“十三五”收官之年，是全面小康和脱贫攻坚决战决胜之年，也是应对新冠肺炎疫情的大考之年。在以习近平同志为核心的党中央和省委、省政府坚强领导下，市委、市政府团结带领全市人民，保持战略定力，采取扎实举措，有效应对困难挑战，推动了经济社会持续健康发展。预计全年实现地区生产总值3750亿元，增长4.2%，总量稳居全省第三；地方一般公共预算收入187亿元，增长1.6%；固定资产投资增长9.5%；规模工业增加值增长4.5%；居民人均可支配收入增长6.5%。

回顾今年来极不平凡的发展历程，我们付出了艰辛努力，交出了满意答卷。一年来，最凝聚人心的是：深入学习贯彻习近平总书记考察湖南重要讲话精神，人民领袖的思想伟力、人格魅力和为民情怀浸润人心，在沅澧大地凝聚起砥砺奋进的磅礴力量。一年来，最鼓舞人心的是：开放强市产业立市再上台阶，生物医药与健康食品成为第二个千亿产业集群，常德烟厂易地技改、中车新能源项目建成投产，湘佳牧业成功上市，全省产业项目建设推进现场观摩会在我市召开。一年来，最感

动人心的是：面对突如其来的新冠肺炎疫情，全市上下风雨同舟、众志成城，“天使白”“橄榄绿”“守护蓝”“志愿红”迅速集结、冲锋在前，展示了非常时期的常德担当，谱写了感人至深的生命赞歌，市疾控中心党总支被评为“全国抗击新冠肺炎疫情先进集体”和“全国先进基层党组织”，3名同志被评为“全国抗击新冠肺炎疫情先进个人”。一年来，最振奋人心的是：常德蝉联“全国文明城市”“全国双拥模范城”，获评全省平安建设（综治工作）先进市、全省安全生产和消防工作优秀单位，桃花源成功创建国家AAAAA级旅游景区，柳叶湖旅游度假区被评为国家级旅游度假区，湖南文理学院实现省内“一本”招生。一年来，最温暖人心的是：三大攻坚战取得决定性成就，历史性消除了绝对贫困，“六覆盖”（义务教育、社会保障、农村安全饮水、基层公共服务、农村危房改造、农村通组道路）基本实现，全面建成小康社会胜利在望。可以说，过去一年的成绩来之不易、可圈可点，经济社会发展稳中有进、稳中向好。

1.夺取了疫情防控和经济发展双胜利。坚持一手抓“病根子”的切除，一手抓“命根子”的保住，积极应对疫情冲击，推动生产生活有序恢复、经济发展企稳回升。从疫情防控来看：坚持人民至上、生命至上，第一时间成立疫情防控指挥机构，科学制定“十条措施”，迅速打响了疫情防控人民战争、总体战、阻击战。坚持联防联控、群防群治，构筑起“纵向到底、横向到边”的严密防线，守住了湖南“北大门”。坚持应收尽收、应治尽治，全市共报告确诊病例82例，实现了“确诊病例零死亡、医务人员零感染、境外疫情零输入”。坚持常态长效、慎终如初，时刻绷紧常态化疫情防控这根弦，毫不放松抓好“外防输入、内防反弹”，保持了疫情防控稳定向好态势。从复工复产来看：实施“稳企十条”惠企政策，发放中小微企业过桥资金19亿元，选派驻企联络员帮助企业复工复产，规模工业企业复工率、员工到岗率在全省率先达到100%。全力组织春耕生产，粮食播种面积59.467万公顷，总产376万吨，生猪年末存栏290万头，确保了“米袋子”“菜篮子”稳定供应。从经济增长来看：扎实做好“六稳”工作、全面落实“六保”任务，着力稳工业、扩投资、促消费、增动力，主要经济指标逐月回升。三季度地区生产总值增速由负转正，增长2.7%，较一季度回升4.5个百分点，牢牢稳住了经济发展基本盘。

2.实现了产业发展体量和质量双提升。紧紧扭住产业项目建设“牛鼻子”，持续推进产业立市行动，为高质量发展提供了强力支撑。产业项目加快推进。全年新引进、新开工、新投产亿元以上产业项目分别达到286个、220个、150个，签约落地10亿元以上产业项目35个。超额完成纳入全省“5个100”重大产业项目和省市重点项目建设任务，武陵酱酒技扩改、中联建起二期、国际农产品物流园、重庆药友等一批在建项目有序推进，中联恒通智能装备产业园、嘉士利食品、经世新材料、杰新纺织等一批重大项目竣工投产。产业格局优化升级。新增规模工业企业190家、国家级“小巨人”企业6家。装备制造业完成产值665亿元，增长14.7%，成为工业经济增长最大引擎。国家级和省级农业龙头企业分别达到6家和91家，“常德红茶”“常德甲鱼”“常德米粉”获得国家地理标志登记保护，完成农产品加工业产值1780亿元。旅游、金融、商贸、物流、电商等服务业加快复苏，“金融超市”上线运行，社会消费品零售总额增速高于全国全省平均水平。产业园区发展壮大。完成规模工业产值2120亿元，增长7.5%。建成标准化厂房195万平方米，水电路、文教卫、住购娱等基础设施更加完善。4个园区综合评价进入全省30强，经开区互联网文化创意产业园、津市生物医药产业园入围省级特色园区，汉寿高新区、临澧经开区获评省新型工业化产业示范基地，常德（陬市）现代物流产业园获评省级示范物流园。

3.推动了创新驱动和改革开放双引领。坚持以改革添活力、以创新增动力、以开放聚合力，经济发展新动能更加强劲。科技创新力度加强。全社会研发投入增长20%以上，高新技术产业增加值增长10%以上。申报高新技术企业152家，迪文科技、飞沃新能源等一批高新技术企业加快发展。全面深化改革稳步推进。圆满完成年初确定的40大项93小项改革任务，连续七年推出10项自主改革，在全省率先完成从事生产经营活动事业单位改制，率先落地首批100件“一件事一次办”改革，群团改革、国企国资改革、供销社综合改革、园区管理体制改革等形成常德经验。开放引进步伐加快。创新“云洽谈”“云磋商”“云推介”等招商形式，强化网络招商、基金招商、驻点招商、产业链招商等举措，成功引进国科控股、东方雨虹等一批战略投资者，引进省外境内资金690亿元，增长19.2%。对外贸易逆势上扬，进出口总额增长19.8%，增幅居全省第三。

4.促进了城市提质和乡村建设双同步。统筹城乡协调发展，推动形成互促互补、融合发展新格局。城镇建设有新亮点。市城区北部新城、城东新区、江南城区、高铁新城等区域加快建设，建设路和建设桥改扩建、芙蓉公园东区建设、人民路东延线改造顺利完成。各县市城区品质明显提升，污水处理设施实现建制镇全覆盖，安乡县黄山头镇获批国家农业产业强镇示范镇，西湖牧业小镇入选全省首批特色产业小镇。乡村振兴有新发展。“4+9”示范片区建设成效更加凸显，成功申报全国“一村一品”示范村2个、省级休闲农业示范村2个。开展村庄清洁行动，农村改厕任务超额完成，生活垃圾、面源污染得到有效管控，津市全域创建美丽乡村通过省级验收。着力加强平安乡村、乡风文明建设，村规民约、居民公约实现全覆盖，乡村面貌和精神风貌更新更好。基础设施有新突破。常益长高铁、高铁枢纽站、官新高速、炉慈高速加快推进，益常高速复线、石澧航道和常鲇航道整治具备开工条件，安慈高速石门至慈利段即将通车。完成农村公路提质改造244千米，危桥改建88座。水利、通信、能源等基础设施建设取得新成效，5G基站、公用充电桩等“新基建”取得新进展。

5.确保了人民群众幸福感和安全感双增强。坚持以人民为中心，全力保障和改善民生，切实维护社会大局稳定，人民群众获得感成色更足、幸福感更可持续、安全感更有保障。脱贫攻坚圆满收官。紧扣保脱贫、防返贫、防致贫目标，开展脱贫质量“回头看”，实现“三保障”问题清零、贫困户稳收增收，各县市区满分通过省实地考核，国家普查现行标准达标率、明显改善率均达100%，剩余1.43万名贫困人口实现全面脱贫。民生福祉持续增进。城镇新增就业5.5万人、农村劳动力转移就业3.9万人，养老、失业、工伤保险新增扩面16.7万人次。各级各类教育均衡发展，高考清华北大上线人数创历史新高。加强公共卫生服务能力建设，市第一人民医院综合大楼、市第一中医医院异地新建等重点项目进展有序。公共文化服务体系进一步完善。第七次人口普查工作顺利推进。生态环境不断改善。抓好中央和省督办交办的突出生态环境问题整改，实施“洞庭清波”专项行动，全面推进长江流域禁捕退捕，有序启动垃圾分类试点，大气质量、水环境质量、土壤环境质量稳步向好。社会大局安定有序。深入开展平安常德、法治常德建设，启动市域社会治理现代化试点，纵深推进扫黑除恶专项斗争，深化“无上访村（社区）”建设，“众创平安”“雪亮工程”工作经验在全国推介。市级国有平台公司完成整合重组，债务风险管控有力，综合债务率持续下降，守住了不发生系统性金融风险底线。以创建“国家安全发展示范城市”为抓手，全力推进安全生产专项整治，是全省未发生较大及以上安全事故的两个市之一。科学应对洪涝地质灾害，实现了不溃一堤一垸、不垮一库一坝、不因灾死亡一人。维护民族宗教领域安全稳定，被评为“全国少数民族流动人口服务管理示范城市”。

6.推进了干部队伍能力和作风双过硬。坚持严管和厚爱结合、激励和约束并重，各级党组织和干部队伍建设得更加坚强有力。坚持凝心聚魂。市委先后召开2次全会，就贯彻中共中央总书记习近平考察湖南重要讲话精神和中共十九届五中全会精神作出部署，认真抓好《习近平谈治国理政》第三卷学习宣传贯彻，推动党的创新理论在沅澧大地落地生根、开花结果。强化政治建设考察结果运用，引导全市上下增强“四个意识”、坚定“四个自信”、做到“两个维护”，营造了风清气正的政治生态。加强舆论阵地管控，意识形态领域保持向上向好态势。坚持配优培强。树立重实干、重实绩、重担当的用人导向，提拔重用了一批在疫情防控、脱贫攻坚等工作中表现突出的干部。统筹推进干部调整配备和职级晋升，干部队伍结构更优、活力更强。开展多批次、多领域教育培训，引导广大党员干部筑牢理想信念，增强执政本领，提升品行作风。坚持固本强基。以“智慧党建”平台建设为抓手，推动基层公共服务（一门式）全覆盖，基层治理能力和治理水平不断提高。强化基层保障，乡村两级基本运转经费和干部待遇逐年增加。坚持正风肃纪。创新完善“5+2”监督体系，一体推进不敢腐、不能腐、不想腐体制机制建设，保持惩治腐败高压态势。坚守政治巡察定位，持续彰显巡察利剑作用。深入推进扶贫、工程建设项目招投标、基本民生保障等领域腐败和作风问题专项治理，扎实开展形式主义、官僚主义整治，党风政风和干部作风持续好转。

今年以来，我们广泛凝聚发展合力，充分调动各方面积极因素，爱国统一战线进一步巩固发展壮大，党对人大、政协工作的领导全面加强，党管武装工作取得新的进步，国防动员、国防教育、“双拥”工作走在全省乃至全国前列，全市上下齐心协力干事业的氛围更加浓厚、成效更加显现。

在肯定成绩的同时，我们也要清醒认识发展中存在的问题。比如：产业转型升级压力还很大，支柱产业支撑力不足，规模化、集群化程度有待提升；影响发展动力活力的因素比较多，产业发展外向度不高，引进大项目好项目不多，科技创新带动力不强，县域经济没有根本性进步；制约发展的瓶颈依然明显，人才、土地、资金、交通等要素瓶颈有待突破；优化经济环境任重道远，企业融资难、招工难等问题仍然比较突出；思想观念、能力素质与新发展要求还有差距，改进工作作风还需持续用力。对此，我们要深挖问题根源，敢于动真碰硬，大力破瓶颈、补短板，推动经济社会发展再创新业绩。

二、迎难而上、乘势而上，要以清晰明确的发展目标开启新征程

一切伟大成就都是接续奋斗的结果，一切伟大事业总在继往开来中推进。市委七届九次全会紧跟新形势、把握新要求、谋划新跨越，集中研究“十四五”发展重大问题，审议通过了规划《建议》，旗帜鲜明提出“一个中心、两个枢纽、三个基地”总体要求。“一个中心”，就是把常德建设成为现代化区域中心城市；

“两个枢纽”，就是建设区域性现代综合交通枢纽和现代物流枢纽；“三个基地”，就是打造“全国重要先进制造业基地”“全国生态农产品基地”“全国大健康产业基地”。“一个中心、两个枢纽、三个基地”，是中共十九届五中全会和省委十一届十二次全会精神在常德的具体化，是“十四五”推进开放强市产业立市的新要求。全市上下要按照全会决策部署，加强前瞻性思考、全局性谋划、战略性布局、整体性推进，把全会精神转化为本地区本单位的工作目标和重点项目，奋力推动“十四五”宏伟蓝图变为美好现实。

2021年是中国共产党成立100周年，是“十四五”开局之年，是现代化建设进程中具有特殊重要性的一年。做好明年经济工作，要以习近平新时代中国特色社会主义思想为指导，全面贯彻党的十九大、十九届二中、三中、四中、五中全会精神，坚决落实习近平总书记关于湖南工作系列重要讲话指示精神和中央、省委经济工作会议精神，坚持稳中求进工作总基调，立足新发展阶段，贯彻新发展理念，构建新发展格局，以推动高质量发展为主题，以深化供给侧结构性改革为主线，以改革创新为根本动力，以满足人民日益增长的美好生活需要为根本目的，坚持系统观念和底线思维，更好统筹发展和安全，认真贯彻“三高四新”战略，深入推进开放强市产业立市，突出破瓶颈、抓产业、优结构、强队伍，扎实做好“六稳”（稳就业、稳金融、稳外贸、稳外资、稳投资、稳预期）工作、全面落实“六保”（保居民就业、保基本民生、保市场主体、保粮食能源安全、保产业链供应链稳定、保基层运转）任务，推动经济平稳健康运行和社会和谐稳定，确保“十四五”开好局，以优异成绩庆祝中国共产党成立100周年。

市委考虑，明年经济社会发展的主要预期目标是：地区生产总值增长8%以上，地方一般公共预算收入增长4%以上，规模工业增加值增长8.5%以上，固定资产投资增长10%以上，社会消费品零售总额增长10%以上，居民人均可支配收入增长8.5%以上，居民消费价格涨幅3%以内，城镇调查失业率控制在省定目标以内，完成上级下达的能耗“双控”目标，确保粮食播种面积和产量稳定。

围绕预期目标，做好明年工作，重中之重是要坚持目标导向、问题导向、需求导向和结果导向，认真落实好“破瓶颈、抓产业、优结构、强队伍”工作要求。“破瓶颈”，就是要破除交通瓶颈、要素瓶颈、开放瓶颈、县域经济瓶颈，着力解决发展难点痛点堵点问题；“抓产业”，就是要狠抓支柱产业培育、产业项目引进、产业园区建设、产业转型升级，推动产业发展迈上新台阶；“优结构”，就是要优化经济结构、城乡区域结构和重点领域体制机制，不断提高发展质量效益；“强队伍”，就是要建强领导班子、基层组织、党员干部和人才队伍，为高质量发展提供高质量保障。

要正确处理“危”与“机”的关系。明年经济形势仍然比较复杂，困难面前只有临危不乱、危中寻机，才能化危为机、抢占先机。要抢抓区域战略机遇，主动对接“一带一路”、长江经济带、中部崛起、洞庭湖生态经济区等国家战略，争取更大政策支持；抢抓产业升级机遇，融入新一轮科技和产业革命，推动产业数字化、网络化、智能化转型；抢抓内需市场机遇，把握居民消费升级、公共服务和基础设施补短提质需求，充分发挥内需对经济增长的拉动作用，努力在危机中育先机、变局中开新局、逆势中取胜势。

要正确处理“稳”与“进”的关系。稳是主基调、是大局，进是目的、是取向。只有“稳”的基础更牢，才能保证“进”的步伐更实。我们既要保持“稳”的战略定力，把握好政策的时度效，不搞一刀切、急转弯，更加扎实有效地做好“六稳”工作、落实“六保”任务；又要保持“进”的积极态势，进一步优化产业结构、破除瓶颈制约、改善民本民生，确保“稳”得牢靠、“进”得有力，努力实现更有质量、更有效益、更可持续的发展。

要正确处理“供”与“需”的关系。中央经济工作会议提出“要紧紧扭住供给侧结构性改革这条主线，注重需求侧管理”，目的是促进供给和需求互为驱动。要把提高供给体系质量作为主攻方向，改造提升传统产业，做优做强优势产业，培育壮大新兴产业，推动产业升级、链条延伸、供给提质。要把扩投资和促消费作为重要支撑，谋划推进一批强基础、增功能、利长远的重大项目，补齐公共服务和民生保障短板，贯通生产、分配、流通、消费各环节，形成需求牵引供给、供给创造需求的更高水平动态平衡。

要正确处理“内”与“外”的关系。构建以国内大循环为主体、国内国际双循环相互促进的新发展格局，必须一手稳内需、一手扩外需，不断拓展高质量发展空间。要坚持内需为本，抓住国家实施城市更新行动、推进乡村振兴、加大新基建投资力度、合理增加公共消费等政策机遇，以扩大内需为战略节点畅通双循环。要坚持外需为要，完善对外开放平台，推进外资、外经、外贸、外事、外宣“五外联动”，提高经济发展外向度，推动内外双循环实现良性互动，在构建新发展格局中展现新作为。

要正确处理“点”与“面”的关系。做好经济工作必须坚持系统观念，在全面铺开、整体推进的基础上，善抓主要矛盾和矛盾的主要方面，做到点面结合、以点带面。要从全局出发找准重点部位和关键环节，集中力量打造产业发展亮点、激活交通建设热点、攻克科技创新难点、培植城乡发展示范点，通过“点上突破”带动“面上开花”，提高工作整体性、系统性和协调性，奋力实现经济社会发展目标任务。

三、迎难而上、乘势而上，要以守正创新的发展举措开启新征程

惟守正者进，惟创新者强，惟守正创新者胜。我们要在守正中巩固好的来势，在创新中开拓新的局面，推动高质量发展行稳致远。明年要着力抓好九个方面重点任务。

1.集中精力培育壮大支柱产业。紧跟省委、省政府“打造国家重要先进制造业高地”决策部署，按照市委七届九次全会要求，着力培育壮大工程机械、烟草、生物医药、大健康四大支柱产业，挺起产业高质量发展的“脊梁”。明确主攻方向。工程机械产业要以中联重科、三一重工等重点企业为龙头，延伸拓展上下游产业链，提高本地配套率。烟草产业要以常德卷烟厂为依托，加快提质老品、研发新品，提升“芙蓉王”品牌影响力。生物医药产业要以溢多利、重庆药友、洞庭药业、中国中药等企业为重点，构建从研发、中试、生产到销售的完整产业链条，形成优势产业集群。大健康产业要紧盯“全国大健康产业基地”目标，充分发挥常德生态宜居优势，统筹发展医疗保健、文旅康养等产业，加快产业融合，促进功能互补。强化项目支撑。力争新开工亿元以上产业项目200个以上，新投产亿元以上产业项目100个以上。开工建设西洞庭非织造布、石门湘佳产业链扩能延伸、桃源正邦生态农业循环产业园等项目，加快推进中科储能与微电网产业园、武陵酱酒技扩改、汉寿中联智能装备配套产业园等项目，确保重庆药友原料药产业基地、湖南航天磁电石门产业园等项目竣工投产。坚持向上争取、向外借力、向内挖潜，破除项目建设土地、资金、人才、配套等方面瓶颈，为产业项目建设提供良好条件。培强企业主体。实施领军企业倍增计划，培育一批竞争力强、带动力强的龙头企业、骨干企业，力争新增1家上市企业。实施中小微企业成长工程，推进“个转企”“企入规”，新增规模工业企业120家、省级“小巨人”企业20家以上。实施暖企惠企行动，落实减税降费政策措施，推进“金融超市”创新服务实体经济，让政策“白纸黑字”变成惠企“真金白银”。夯实园区平台。聚焦主特产业布局，引导优势产业、优质项目、知名企业向园区汇聚，着力建设“专精特新”园区，培育一批“镇园之宝”，力争新增省级新型工业化产业示范基地1个。抓好园区设施配套，完成基础建设投入100亿元，新建标准化厂房100万平方米以上。继续深化园区改革，支持园区当家做主，形成更加灵活高效的体制机制，让园区内生动力充分涌流。

2.坚持不懈向改革创新要动力。改革永远在路上，创新没有休止符。要坚持变中求新、变中求进、变中突破，为高质量发展蓄力赋能。增强科技创新能力。积极创建国家创新型城市，支持企业创建企业技术中心、工程技术中心、院士专家工作站、重点实验室等创新平台，努力实现国家级科研平台“零的突破”。稳步发展新材料、新能源与新能源汽车、人工智能与电子信息等新兴产业，加快建设以5G、数据中心、工业互联网为主的“新基建”，培育发展新技术、新业态、新模式，力争认定高新技术企业100家。大力实施“三名”工程，建设科技创新服务中心，促进科技创新成果更好转化利用。完善科技人才发现、培养、激励、评价机制，激发人才创新活力。深化重点领域改革。对标中央和省委决策部署，聚焦群众期盼和关切，重点推进产权制度改革、财税体制改革、国企国资改革、农村改革、供销社综合改革等关键性改革，确保各项改革举措落地生根，形成一批可复制、可推广的标志性成果。优化经济发展环境。持续推进“一件事一次办”，用好用活信息化政务服务平台，实现关联事项“打包办”、高频事项“提速办”、所有事项“简便办”。落实公平竞争审查制度，加强反垄断执法，保护知识产权，营造公平竞争的市场环境。落实领导干部和部门单位联系企业制度，在帮扶上有求必应，在检查上无事不扰，及时解决企业燃眉之急、经营之困、发展之需，积极构建“亲清”政商关系。

3.多措并举补齐开放短板。主动融入国家和省对外开放大局，坚持高质量引进来和高水平走出去相结合，努力建设更高水平开放型经济。全力招商引资。以对接“三类500强”、总部经济项目为主方向，突出招大引强，为产业发展引入“硬核力量”。以提升优势产业链为主引擎，聚焦四大支柱产业延链补链强链，形成“一个”牵“一串”的倍增效应。以沟通亲情乡情为主渠道，主动伸出“诚邀之手”，推动“引凤还巢”、资本回流。以领导干部、产业园区和专业招商机构为主力军，大胆“走出去”，热情“请进来”，结账“看实效”，力争实际利用外资增长15%以上，引进亿元以上产业项目230个，其中“三类500强”项目20个以上。强化开放支撑。打造多层次、多样化开放平台，加快常德港国际集装箱码头建设，申建常德保税物流中心，争取桃花源机场航空口岸再次临开，支持泰中东盟经贸合作园建设省级示范园区。加强外贸综合服务体系建设，创造更加便捷、高效的通关环境，推动优势产能走出去、特色产品引进来。发展外经外贸。开展外贸“破零倍增”行动，优化外贸融资服务，大力发展跨境电商，积极支持“德品出境、德企出海”。

4.全面推动交通建设大提速。坚持率先部署、率先进攻、率先突破，掀起交通建设新一轮热潮，进一步完善现代交通体系，提升常德辐射带动力、资源吸纳力、开放影响力。铁路建设方面：积极谋划打造国家高速铁路网区域性枢纽，加快常益长高铁、高铁枢纽站等重点项目建设，加强对上汇报衔接，千方百计争取襄常高铁尽快开工、武贵高铁过境设站。公路建设方面：聚焦高速成网、干线升级、村组畅通目标，建成安慈高速，加快推进官新高速、炉慈高速建设，确保益常高速复线尽快开工，力争安汉高速、石盘高速、张桃高速、沙安高速等重大项目纳入上级规划笼子；建成沅澧干线1号大道临澧段、2号大道澧县段，推进国省干线建设；继续抓好“四好农村路”建设，促进城乡客运一体化发展。水运建设方面：完成常德港总体规划编制，推动石澧航道、常鲇航道整治，力争松虎航道开工建设。深化与深圳盐田港战略合作，推进德山港区、津市港区二期工程建设，完善港区配套设施，积极构建畅通、高效的现代水运体系。

5.顺应群众美好生活期待推动消费升级。牢牢扭住扩大内需战略基点，实施消费升级行动计划，增加消费有效供给，增强消费对经济发展的基础性作用。促进城市和乡村消费提质扩容。重点依托城市综合体、特色商业街，活跃城市商圈人气，提升城市消费热度。畅通电商、快递进农村通道，拓展农村消费市场，补齐乡村消费短板。建设一批商贸物流中心和物流园，推动商品更快更好流通，新增限上商贸流通企业90家以上。加速商品和服务消费潜力释放。把握消费升级趋势，加大高品质产品和服务供给力度，打响一批区域公用品牌，适当增加公共消费，更好满足群众高质量消费需求。文化旅游是消费新蓝海。要发挥桃花源国家AAAAA级旅游景区、柳叶湖国家级旅游度假区品牌优势，推进文旅融合发展，激发消费潜力，促进消费增长。推动传统和新型消费创新融合。拓展消费新业态新模式新场景，推动线上线下消费深度融合，发展夜间经济，积极营造安全放心的消费环境，加快培育消费新增长点。

6.把推进乡村振兴放在优先位置。以实施乡村振兴战略为总抓手，持续推动农业产业升级、农村环境改善、农民稳定增收。突出全域振兴。重点推进乡村振兴“4+9”示范片区建设，积极创建省级美丽乡村示范村和特色精品乡村，打造示范样板，健全长效机制，逐步由集中建设转向全域推进。抓实稳产保供。全面落实国家粮食安全战略，加强种质资源保护和利用，加大高标准农田建设力度，坚决守住耕地和永久基本农田红线。稳步恢复生猪产能，保障生猪供应与市场稳定。聚力提质增效。深入推进农业供给侧结构性改革，扎实构建现代农业产业体系，推动农业由增产导向转为提质导向。持续推进“三品工程”（品种改良、品质提升、品牌打造），强化科技支撑，提升农副产品精深加工水平。抓好“国家农业产品质量安全市”“国家食品安全示范城市”创建工作，打造“全国生态农产品基地”，提高农业效益和竞争力。注重新型职业农民培养，通过发展合作社等形式把农民有效组织起来。开展乡村建设。完善农田水利、乡村物流、通信网络等基础设施，建设“两西”、临澧澧北、澧县杨花桥等大水厂，规范农村建房，因地制宜推进空心房整治、农村改厕、生活垃圾处理和污水治理，推动人才、土地、资本、信息等各类要素在城乡之间双向流动。巩固脱贫成效。严格落实“四个不摘”（摘帽不摘责任、摘帽不摘政策、摘帽不摘帮扶、摘帽不摘监管）要求，保持现有帮扶政策、资金支持、帮扶力量总体稳定，加强监测预警，壮大扶贫产业，做好困难群体兜底保障，实现脱贫攻坚与乡村振兴有效衔接。

7.推进以人为核心的新型城镇化。朝着打造群众高品质生活空间的方向，优化城市空间和功能布局，提高承载力辐射力，促进市城区、县城和小城镇协调发展。抓好规划这个龙头。统筹城市布局的经济需要、生活需要、生态需要、安全需要，高质量编制国土空间规划，科学编制城东新区、高铁新城、德山新港等重点片区规划。强化规划监督实施，严格审批和监管，确保一张蓝图干到底。抓好提质这个重点。实施城市更新行动，有序推进老旧小区和棚户区改造、生态修复和功能完善、防洪排涝能力建设，提升人居环境质量和市民生活质量。建设“城市大脑”，增强城市管理综合统筹能力，提高科学化、精细化、智能化管理水平，让人民群众生活更方便、更舒心、更美好。坚持房子是用来住的、不是用来炒的定位，促进房地产市场平稳健康发展，加强保障性住房建设，规范发展长租房市场，推动非户籍人口在城市落户。抓好协调发展这个关键。积极稳妥推进津澧融合，实施市城区行政区划调整改革，加快构建“一城三区”的主城区发展格局。围绕落实全省特色县域经济强县工程，深化扩权强县改革，支持县城提质扩容，推动县域经济高质量发展。引导特色小镇有序发展，集中培育一批中心镇、卫星镇和产业强镇。

8.以更大力度打好污染防治攻坚战。坚持以习近平生态文明思想为指导，按照国家碳达峰行动要求，继续开展污染防治行动，推动生产生活方式绿色转型，让绿水青山更好造福常德人民。持续改善环境质量。驰而不息打好蓝天碧水净土保卫战，守护好常德的蓝天白云、绿水青山、良田沃土。推进大气污染联防联控联治，提高环境空气质量优良率。推进黑臭水体治理、城镇污水治理、工业园区污水治理、饮用水水源保护，提升“一湖两水”综合治理质效。推进受污染耕地和建设用地治理，守好土壤安全底线。加强生态保护修复。坚持“共抓大保护、不搞大开发”，切实抓好长江经济带生态环境保护修复，坚决落实长江“十年禁渔”重大任务，守护好一江碧水。统筹山水林田湖草系统治理，实施生态治理重点工程，加强重要生态功能区保护。整治突出环境问题。以坚定的决心、过硬的举措，不折不扣完成中央、省督办交办的突出生态环境问题整改销号。对工业废水排放、垃圾处理、船舶污染、农业面源污染、废弃矿山和尾矿库等领域问题进行“拉网式”排查，做到彻底整治、动态销号、常态长效。推动绿色低碳发展。强化生态空间管控，推进生活垃圾分类，倡导绿色低碳生活方式。发展循环、绿色、低碳经济，完善生态补偿机制，逐步提高能源效率，推动生态要素向生产要素转变、生态财富向物质财富转变。

9.全力保基本民生保安全稳定。坚持人民至上、生命至上，扎实办好各项民生事业，有效防范化解各类风险隐患，确保人民群众安居乐业、社会大局安定和谐。用心用情惠民生。强化就业优先政策，加大重点群体就业帮扶力度，保障农民工合法权益。完善社会保障体系，实施养老保险全民参保计划，推进医疗保险和生育保险市级统筹。抓好公办幼儿园建设、农村学校和普通高中学校改造提质，支持财经机电职业技术学院升格和芙蓉学院转设。全面深化综合医改，加强市县两级疾控中心能力建设，着力建好标准化村（社区）卫生机构，推动中医药事业高质量发展。丰富群众文体生活，广泛开展文化惠民活动，精心办好重大体育赛事。常态长效防风险。加强隐性债务化解，着力控增量、化存量，加快推进平台公司市场化转型。压紧压实安全生产责任，深入开展安全生产专项整治三年行动，坚决遏制各类生产安全事故发生。持续做好“外防输入、内防反弹”疫情防控工作，确保人民群众生命安全和身体健康。全力以赴保稳定。以中国共产党成立100周年维稳保安为主线，坚定维护政治安全、社会安定、人民安宁、网络安靖，建设更高水平的平安常德。深入推进重大决策社会稳定风险评估，有效防范化解和妥善处置群体性事件。深化“无上访村（社区）”建设，努力把矛盾纠纷化解在萌芽状态。常态化开展扫黑除恶，加强重点行业整治，彻底铲除涉黑涉恶违法犯罪滋生土壤。

四、迎难而上、乘势而上，要以抓铁有痕的发展力度开启新征程

没有离开经济的政治，也没有离开政治的经济。各级党组织要加强对经济工作的领导，更好发挥把方向、谋大局、定政策、促改革作用，广大党员干部要提高驾驭能力和治理水平，推动各项目标任务落地见效。

1.要政治坚定。政治上过得硬，事业上才靠得住。加强政治建设，推动政治建设考察全覆盖、常态化，锤炼各级领导班子和领导干部政治能力，引领广大党员干部对党绝对忠诚，自觉把增强“四个意识”、坚定“四个自信”、做到“两个维护”落实到行动上，体现在工作中。强化思想引领，深入学习贯彻习近平新时代中国特色社会主义思想，坚持不懈推动党的创新理论入脑入心；围绕庆祝中国共产党成立100周年开展系列宣传教育活动，从党的百年光辉历史中汲取不忘初心、砥砺奋进的精神力量；严格落实意识形态工作责任制，扎实做好网络舆情管控工作。提升党性修养，推动不忘初心牢记使命制度化常态化，教育广大党员干部坚定理想信念、传承红色基因，永葆共产党人政治本色。

2.要提升能力。越是形势严峻，越是环境复杂，越要提高领导经济发展的能力和水平。要系统加强干部能力水平建设，强化思想淬炼、政治历练、实践锻炼、专业训练，让党员干部在摸爬滚打中经风雨、见世面、壮筋骨、长才干。各级领导干部要增强紧跟形势的时代感，进一步解放思想、实事求是、与时俱进，坚决破除思维定式、工作惯性和路径依赖，提高把握方向、把握大势、把握全局的能力本领。要增强补课充电的紧迫感，带头学经济、懂经济、抓经济，尤其要学深悟透习近平经济思想，努力成为贯彻新发展理念、推动高质量发展的行家里手。经济工作是实打实的，一深入就具体，一具体就深入。要增强狠抓落实的责任感，锤炼真抓的实劲、敢抓的狠劲、善抓的巧劲、常抓的韧劲，以钉钉子精神做实做细做好各项工作。

3.要担当作为。广大党员干部要做起而行之的行动者、不做坐而论道的“清谈客”，当攻坚克难的奋斗者、不当怕见风雨的“泥菩萨”，勇于在改革发展主战场冲锋在前、建功立业。增强知重负重的内生动力，变“要我干”为“我要干”，变“催着干”为“争着干”，变“推着干”为“比着干”，以战士的担当、战斗的姿态，推动各项工作“接地气、冒热气、有生气”。增强克难奋进的工作魄力，勇于挑最重的担子，敢于啃最硬的骨头，善于接最烫手的山芋，全力以赴为经济社会发展打通“肠梗阻”、铲除“绊脚石”、扫清“拦路虎”。增强创先争优的深厚功力，敢于同最强者比拼，与最快者赛跑，做就做成最好，干就干到极致，走就走在前列，推动各项工作市内创品牌、省内争先进、全国有影响。增强久久为功的战略定力，紧盯改革发展目标任务，蓄积滴水穿石的精神、善作善成的毅力、老牛爬坡的耐性，一锤接着一锤敲，一仗接着一仗打，不获全胜决不收兵。

4.要夯实基础。基层组织坚强有力，执政基础才能坚如磐石。要持之以恒抓基层、打基础、固根本，进一

步建强基层战斗堡垒。要树牢“风向标”，坚持大抓基层、大抓基础鲜明导向，继续抓好省委“1+5”文件落实落细，促进工作重心向基层下移、干部力量向基层充实、财政投入向基层倾斜，推动基层建设全面进步、全面过硬。要选好“领头雁”，扎实做好村（社区）“两委”换届工作，稳妥推进村（社区）主职“一肩挑”，确保选出好支书、配出好班子、换出好风气。要建强“主阵地”，巩固拓展党支部“五化”建设成果，积极创建“让党中央放心、人民群众满意的模范机关”，深入推进两新党建“双百工程”，用好用活“智慧党建”平台，不断提升基层治理能力和服务能力。

5.要弘扬正气。正气充盈，则万众归心；正气不彰，则事业难成。全市上下要大力弘扬新风正气，以昂扬的精神状态坚定不移办好自己的事情。坚持正确用人导向，科学严谨规范做好县乡党委换届工作，选优培强领导班子，把那些真心干事、善于干事、干净干事的干部及时选出来，切实让吃苦者吃香、优秀者优先、实干者实惠。激励干部干事创业，旗帜鲜明为担当的干部担当，为负责的干部负责，为干事的干部撑腰，引导各级干部在大是大非面前敢于亮剑，在急难险重面前敢于冲锋，在失误错误面前敢于担责，在歪风邪气面前敢于斗争。广泛凝聚各方力量，支持人大、政协围绕中心大局、依法依章履行职能职责，充分发挥统一战线各界代表人士以及群团组织作用，巩固军政军民团结大好局面，汇聚起团结一心干事业、凝心聚力抓发展的磅礴力量。

6.要守住底线。坚持底线思维，着力补齐短板、加固底板，千方百计“托底”“守底”“保底”，为推动高质量发展提供有力保障。守住工作底线，凡事从坏处准备，努力争取最好结果，下好先手棋，打好主动仗，牢牢守住“六稳”“六保”、安全稳定、生态环境等各类工作底线，保持经济社会持续健康发展。守住作风底线，锲而不舍落实中央八项规定精神，持续发力纠治“四风”，坚决破除“督检考”事项过多、以会议落实会议、以文件落实文件等问题，坚决制止舌尖上的腐败和浪费，推动党风政风持续向好。守住廉洁底线，扎实抓好“5+2”监督体系建设，深化运用监督执纪“四种形态”，稳步推进巡察全覆盖，坚决查处重点领域和群众身边腐败问题，一体推进不敢腐、不能腐、不想腐，不断巩固和发展反腐败斗争压倒性胜利。各级党员干部要把纪律规矩挺在前面，自觉练就“金刚不坏之身”，坚决守住政治品质，守住政治责任，守住政治生命线。

同志们，新目标催人奋进，新征程任重道远。让我们更加紧密地团结在以习近平同志为核心的党中央周围，全面贯彻“三高四新”战略，深入推进开放强市产业立市，群策群力、尽心尽力，迎难而上、乘势而上，推动“十四五”高质量发展开好局、起好步，以优异成绩迎接中国共产党成立100周年！

市人民代表大会常务委员会工作报告

市人大常委会党组书记、副主任　余怀民

（2021年1月7日）

各位代表：

我受常德市第七届人民代表大会常务委员会的委托，向大会报告工作，请予审议。

2020年工作回顾

2020年是新中国历史上极不平凡的一年，是“十三五”规划收官之年。一年来，市人大常委会坚持以习近平新时代中国特色社会主义思想为指导，全面贯彻党的十九大、十九届二中、三中、四中、五中全会精神和习近平总书记考察湖南重要讲话精神，在市委的坚强领导下，依法履职，锐意进取，为促进全市经济社会发展、推进民主法治建设作出了积极贡献。

——我们持之以恒，在优化环境评议中展现了政治担当。2020年，我们旗帜鲜明服从市委领导，全力以赴服务发展大局，紧紧围绕市委优化经济发展环境工作评议“三年全覆盖”的总体要求，继续坚持市县联动、整体发力，在实地调研、明察暗访和问题交办中，用脚步丈量实情、用行动助推发展，督促相关部门有效解决各类问题376个。在市人大常委会、全体代表和市政府的共同努力下，连续三年评议优化经济发展环境工作圆满完成，全市营商环境便利指数位居全省前列。

——我们问计于民，在地方立法过程中凝聚社会共识。2020年，我们秉持科学立法、民主立法和依法立法原则，不断完善党委领导、人大主导、政府依托、各方参与的立法工作格局，在《常德市大气污染防治若干规定》和《常德市农村村民住房建设管理条例》两部地方性法规起草、审议和修改过程中，注重以工匠精神铸造精品良法。为确保规定、条例立得住、有特色、合民意、可操作，推行开门立法，探索网络问计，充分汇集立法智慧，有序表达公众诉求，共收集立法意见、建议15000多条，对完善工业企业准入管理、秸秆综合利用、餐厨油烟管控和农村住房“谁能建”“建哪里”“怎么建”“谁来管”等方面的制度设计发挥了重要作用。这两部地方性法规已于2021年1月1日正式实施。

——我们回应民声，在促进民生改善中诠释为民情怀。2020年，我们坚持察民情、顺民意、惠民生，持续聚焦“一老一小”，重点关注特困帮扶，助推关系老百姓切身利益的普惠民生不断改善。围绕养老服务，认真开展专题视察，积极督办居家和社区养老服务工作审议意见落实情况，助推《常德市新建住宅小区养老服务用房建设管理办法》及时出台。围绕学前教育，多次组织视察、调研活动，提出增加公办园位、优化资源配置、促进平衡发展等一系列审议意见，学前教育发展不平衡不充分问题正在逐步解决。围绕特困帮扶，听取和审议计划生育特殊困难家庭综合保障工作情况报告，促进对计生特困家庭精神慰藉、走访慰问和志愿服务等活动制度化、规范化。

——我们率先作为，在抗击新冠疫情中践行初心使命。2020年，面对突如其来的新冠疫情，我们在全省率先向五级人大代表、三级人大干部发出抗疫倡议，主动投身抗疫一线，积极筹措防疫物资，全市各级人大代表累计捐款1500余万元，捐赠医用、生活物资价值近1300万元，切实践行人大“一切为了人民”的初心使命。主任会议成员围绕疫情防控和复工复产，带队深入区县乡镇、企业车间，一线督导、一线调研、一线问计，及时形成《关于进一步加强我市疾控体系建设的调查报告》，为市委、市政府科学决策提供了有力参考。我们全面落实党中央、全国人大决策部署，扎实开展食品安全法、野生动物保护法以及全国人大常委会《关于全面禁止非法野生动物交易、革除滥食野生动物陋习、切实保障人民群众生命健康安全的决定》等执法检查，为阻断疫情蔓延传播、保障群众生命安全作出了人大努力。

——我们对标对表，在夯实基层基础中注重了统筹兼顾。2020年，我们严格落实省人大工作部署，采取以会代训、以学代训方式，及时召开全市乡镇人大工作和建设推进会，认真贯彻《湖南省乡镇人民代表大会工作条例》，促进乡镇人大依法履职、规范履职。我们稳步推进民生实事项目代表票决工作，制定出台《全市乡镇人大推行民生实事项目人大代表票决制工作方案》，县乡人大票决的116个涉及修路架桥、路灯安装、厕所改建等民生实事项目得到群众广泛认可。

各位代表，过去的一年，是常委会履职用心用情用力的一年，也是常委会工作落细落小落实的一年。全年，共召开常委会会议10次、主任会议16次，听取和审议专项工作报告36个，组织开展执法检查3次、集中视察3次，审议通过地方性法规2部，交办审议意见、视察意见20件，作出决议决定4个，市七届人大四次会议确定的各项工作任务顺利完成。

一、提高政治站位，全面落实党对人大工作的领导

坚持党的领导是人民代表大会制度的本质要求和最大优势，是做好人大工作的根本保证和关键所在。常委会紧跟市委决策履职、紧扣发展大局行权、紧贴群众期盼代言，确保人大工作方向正确、立场坚定。

切实强化理论武装。坚持把加强理论学习作为首要政治任务，深入学习贯彻习近平新时代中国特色社会主义思想、十九届五中全会精神和习近平总书记考察湖南重要讲话精神，专题学习研讨《习近平谈治国理政》第三卷等理论知识，及时学习传达中央、省委和市委重要会议精神，全年开展各类政治理论学习40余次，进一步树牢“四个意识”、坚定“四个自信”、坚决做到“两个维护”。成功承办湖南省人民代表大会制度研究会第二次会员大会暨“讲好党言党语、法言法语”理论研讨会，认真组织全市人大制度理论研讨，人大代表、人大干部用党的最新理论武装头脑、指导实践、推动工作的能力水平不断提升。

坚决贯彻党委决策。坚持以党的方向为方向、以党的意志为意志，自觉把党的领导贯穿人大工作全过程、各方面。认真落实重大事项请示报告制度，凡是涉及立法、监督、决定等方面的重要工作都及时向市委请示汇报，全年共向市委请示报告工作25次。旗帜鲜明贯彻党管干部原则，依法行使选举任免权，全年加开常委会会议2次、代表大会1次，圆满完成重要人事补选任务，顺利实现组织人事意图，全年共任免国家机关工作人员83人次，接受辞职12人次。

倾力服务发展大局。坚持人大履职与党委同向、与政府同行、与人民同心，顾全大局有为有位、服务发展有力有效。助推产业升级，紧扣产业立市三年行动，牵头推进专项小组工作，听取和审议工业园区建设情况报告，认真督办全域旅游工作审议意见研究处理情况，推动装备制造、文旅康养等产业快速发展。促进开放发展，听取和审议开放型经济发展情况报告，围绕完善顶层设计、建设开放平台、扶持龙头企业等工作提出审议意见。助力乡村振兴，听取和审议农村饮水安全、养殖业发展和自然保护区工作等情况报告，推进美丽乡村示范点建设，促进农村产业兴旺、生态宜居、生活富裕。聚焦目标实现，听取和审议国民经济和社会发展计划执行、年度城乡规划实施、年度环境状况和环境保护目标完成、市本级重大项目执行和投资项目计划安排等情况报告，密切关注项目开工率、投资完工率、空气优良率，全力支持市政府完成年度经济社会发展目标。紧盯规划编制，注重前瞻性思考、全局性谋划，及时组织全市重大交通项目建设工作视察，多层次、全方位参与“十四五”规划和二〇三五年远景目标纲要编制调研，及时提出审议意见，经过市人大常委会和市政府的共同努力，全市人民高度关注的荆州至常德高铁建设项目进入国家铁路建设规划。

二、坚持依法有效，全面推进工作监督和法律监督

常委会紧紧围绕经济社会发展目标、人民群众重点关切和依法治市建设要求，精选议题，深入调研，认真审议，积极督办，推动“一府两院”（人民政府、人民法院和人民检察院）依法行政、公正司法。

不断强化财政监督。聚焦重点领域、重要项目和重大工程，督促市政府及其相关部门规范财政收支管理，提高资金使用绩效。对照中央“六稳六保”工作要求和省委市委“过紧日子”工作部署，听取和审议预算执行、预算调整、预算专项资金绩效管理、行政事业性国有资产管理等情况报告，审查批准市级财政决算、市级预算调整方案，督促出台《常德市本级预算绩效运行监控管理办法》。加大预算联网监督力度，开设专项资金监督模块，对84个事业发展类专项资金进行联网监督。狠抓审计问题整改，听取和审议财政收支审计、审计查出问题整改等情况报告，并首次将国有企业审计整改落实情况与政府部门审计整改落实情况一同纳入人大监督范畴、一同进行满意度测评，推动被审计单位整改问题92个、资金6.83亿元。

持续助力民生改善。牢固树立人民至上理念，努力顺应人民群众对美好生活的向往。围绕精准脱贫，积极督办脱贫攻坚产业扶贫审议意见研究处理情况，逐条推动问题整改，促进产业扶贫政策、措施落实落地；坚持主任会议成员办点示范，机关委室联村包户，人大代表献计出力，高质量完成扶贫点村脱贫攻坚任务；积极开展扶贫助学公益活动，募集资金45.5万元，有效缓

解少数民族贫困家庭学生就学困难。围绕医保安全，听取和审议医保基金监督管理工作情况报告，推动市政府着力解决欺诈骗保现象多发、对公立医疗机构投入不足等问题。围绕生活宜居，听取和审议老旧小区改造情况报告，开展《常德市城乡生活垃圾管理条例》执法检查，推动市政府及时修订《常德市既有住宅增设电梯管理办法》并出台实施条例，促进城乡人居环境质量持续改善。统筹推进环保世纪行、农产品质量安全行、农民健康行和民族团结进步行动，全市人民的获得感、幸福感、安全感不断提升。

加快依法治市进程。坚持全面依法治国，是中国特色社会主义国家制度和国家治理体系的显著优势，常委会不遗余力构筑制度之治和依法治市根本保障。强化司法监督，扎实开展司法公正常德行、“两官”（法官、检察官）履职评议，听取“两院”适用认罪认罚从宽制度工作情况报告，听取和审议市人民检察院公益诉讼工作情况报告，依法作出《关于加强检察公益诉讼工作的决议》，修订完善《监督司法工作的若干规定》，督促“两院”提升司法质量，促进公平正义。助力平安建设，按照中央扫黑除恶专项斗争三年行动计划，听取和审议“一府两院”专项工作情况报告，推进全市扫黑除恶工作常态化、长效化。严格备案审查，听取和审议规范性文件备案审查工作情况报告，加强备案审查制度和能力建设，依法审查报送备案的规范性文件37件，做到了“有件必备、有备必审、有错必纠”。推进普法教育，听取“七五”法治宣传教育决议执行情况报告，推动“七五”普法工作顺利完成。规范信访维稳，热心接待、依法办理来信来访177批次，积极为人民群众排忧解难，切实维护社会和谐稳定。

三、尊重主体地位，全面提升代表履职服务水平

人大代表是代表大会的主体和常委会工作的基石。常委会着眼发挥代表作用，改进服务方式，强化服务保障，全面汇集更广泛、更强劲的代表力量。

着力提升代表素质。强化代表履职培训，除开职务代表，全面完成本届市人大代表轮训任务。加强代表履职监督，完成4次代表辞免增补工作，累计依法终止35名市人大代表职务，其中罢免1名、责令辞职1名；增补22名市人大代表。

全力督办代表建议。坚持高位推进代表建议办理工作，确保件件有回音、事事有着落。常委会改进工作方式，强化跟踪问效，市七届人大四次会议期间和闭会期间代表提出的307件建议全部按期办复。其中，主任会议成员牵头的律师权利保障、小区物业管理、药物规范使用等9个重点建议办理成效明显。扎实开展代表建议办理评议，6个政府工作部门建议办理工作满意度测评全部达标。

致力丰富代表活动。坚持以提升实效为目标，以民生关切为导向，积极开展并规范代表小组活动，首次组织18位市级领导以普通代表身份参加小组活动，围绕“推进疫情防控和经济社会发展”“武陵区旧城改造”“江南城区教育条件改善”“非物质文化遗产传承保护”“港口航道水运建设”等主题进行视察调研，一批群众关心关注的焦点问题得到逐步解决。严格落实《常委会组成人员联系市人大代表的意见》和《市人大代表联系原选举单位和人民群众的意见》，积极组织驻常全国、省和部分市人大代表开展“全力推动开放强市产业立市战略的实施”专题调研，密切了常委会与代表、代表与人民群众的联系。

大力宣传代表事迹。强化代表履职宣传，突出三级人大全参与、四级媒体全响应、五级代表全覆盖，对在疫情防控、脱贫攻坚和模范履职中表现优秀的左菲、杜美霜、张敏、蒯爱华、贺明、黄中银等人大代表进行集中宣传，重点推介。精心组织人大干部“讲代表故事，展履职风采”演讲比赛，充分展示王怀军、汤光明、胡丽、皮坤宁等代表的履职担当、奋斗激情和民生情怀，用优秀引导优秀，用实干激励实干，在全市凝聚起了推动开放强市产业立市的磅礴力量，让全社会看到了人大代表的靓丽风采。

四、加强自身建设，全面树立常德人大模范形象

常委会对照新时代新形势新要求，持续推进政治能力、组织能力和履职能力建设，不断激发全市人大机关、人大代表和人大工作者的凝聚力、战斗力和创造力。

强化党建引领。坚持以党的建设为统领，完善组织机构，推进支部标准化建设，持续巩固不忘初心、牢记使命主题教育成果。严守政治纪律和政治规矩，落实从严治党主体责任，全力配合市委巡察，积极支持纪检监察工作。认真落实中央八项规定及其实施细则精神和省委市委相关要求，坚持不懈、驰而不息纠“四风”、转作风，忠诚履职、干净干事已经成为人大队伍的鲜明标识。

突出能力提升。坚持把开展调查研究作为提升干部能力素养的重要途径，全年紧扣市委决策部署、政府中心工作和人大履职实践，完成调研课题40个，开展会前学法4次，确保常委会建言有据、立法有序、解难有策。认真落实《中国共产党宣传工作条例》和意识形态工作责任制，制定出台常委会《重大舆情应对处置办法》，成立新闻宣传机构和网络评论队伍，提升了人大舆论处置能力和新闻宣传工作水平。

提升文明形象。扎实开展“让党中央放心、让人民群众满意的模范机关”创建工作，全面规范人大机关物业管理，着力启动人大工作展示馆建设，推动老干活动中心和食堂升级改造，精心组织全市人大系统首届“人大杯”乒乓球赛，机关管理水平和办公环境不断提升，全国文明单位的辨识度、影响力显著增强。

加强联系指导。自觉接受上级人大的指导和监督，高效接待视察调研活动20余次。全面落实主任会议成员联系区县市、常委会委员联系乡镇（街道）工作机制，召开区县市人大常委会主任座谈会，促进市县人大在地方立法、监督审议、执法检查、工作调研中并肩携手，整体提升。

这一年，市县两级人大同心同向、同频共振，推动各项工作与时俱进、创新发展。武陵区紧盯防范化解重大风险，加强对政府全口径预决算的审查监督，为确保债务风险安全可控发挥了重要作用；鼎城区着力夯实基层基础，深入贯彻《湖南省乡镇人民代表大会工作条例》，制定出台《贯彻落实条例实施细则》和编印条例应知应会50条；汉寿县强化人大新闻舆论引导，精心拍摄《代表风采》专题片、主动对接《湖南日报》等主流媒体，致力讲好代表故事、展示人大风采；桃源县紧扣形势发展，及时将疫情防控工作纳入常委会议题，促进全县重大公共卫生事件应急管理有效强化；临澧县加强代表履职阵地建设，在全县镇街高标准建成了人大代表联系群众工作室，接待群众来访1800人次，收集意见建议1200余条；石门县全面参与脱贫攻坚战，扎实推进23个贫困村1128户贫困对象精准脱贫，高质量通过国家普查验收；澧县高度关注生态环境治理，组织开展澧阳平原生态环境保护专题视察、专题询问，持续助力“蓝天碧水净土”保卫战；津市市强化探索创新，率先全面推行市镇两级民生实事项目代表票决制工作，为全市整体推进提供了有益借鉴。

各位代表，一年来，常委会在工作中实现的发展、取得的进步，得益于市委的坚强领导；得益于“一府一委两院”的大力支持；得益于全体人大代表和常委会组成人员的共同努力；得益于区县市人大的紧密配合；得益于全市干部群众和社会各界的充分信任。在此，我代表市人大常委会表示衷心的感谢和崇高的敬意！

奋进新时代、担当新使命，我们也清醒认识到，对标法定职能和岗位职责，对照市委要求和人民期盼，常委会的工作还有不少差距，主要是：监督刚性不足，立法后的普法、实施和评估工作还要进一步加强；视察检查调查的精准程度、审议意见的督办力度还要进一步提高；代表主体作用的有效发挥、代表建议的跟踪督办还要进一步用心；自身履职能力、担当意识还要进一步增强。对于这些问题，我们将采取措施，着力改进。

2021年工作安排

2021年是开启全面建设社会主义现代化国家新征程的第一年，是“十四五”开局之年，也是中国共产党成立100周年。做好今年的工作，责任重大，意义深远。今年，常委会工作的总体要求是：以习近平新时代中国特色社会主义思想为指导，全面贯彻党的十九大和十九届二中、三中、四中、五中全会精神，坚决落实习近平总书记考察湖南重要讲话精神，始终坚持党的领导、人民当家作主和依法治国有机统一，在市委的坚强领导下，守正创新、干在实处、走在前列，深入推进开放强市产业立市，严格落实“破瓶颈、抓产业、优结构、强队伍”工作要求，依法履职，担当作为，为发展社会主义民主政治，推动全市经济平稳健康运行、社会和谐稳定贡献人大力量。

对照以上总体要求，我们将遵循五个“毫不动摇”的工作原则，致力推动人大工作全面进步。

——毫不动摇坚持制度自信。人民代表大会制度，是我们党把马克思主义基本原理同中国具体实践相结合的伟大创造，是中国人民在人类政治制度史上的伟大创造，是支撑国家治理体系和治理能力的根本政治制度。我们必须坚定不移坚持党的领导、坚定制度自信，全面、持续、深入学习贯彻落实习近平总书记关于坚持和完善人民代表大会制度的重要思想，用以统领和推进新时代人大工作。

——毫不动摇服务发展大局。围绕中心、服务大局是人大工作的使命所在、职责所系，更是人大工作的永恒主题、价值体现。我们必须立足国家“双循环”新发展格局、全省“三高四新”新发展战略和全市“一个中心、两个枢纽、三个基地”新发展定位，进一步强化核心意识、发展意识和服务意识，正确处理与“一府一委两院”的关系，深入调查研究，积极建言献策，为推动全市经济社会健康发展发挥人大作用。

——毫不动摇推动民生改善。人大工作的根基在人民，发挥作用的力量在人民，依法履职的归宿也在人民。我们必须坚持以人民为中心的发展思想，聚焦人民群众普遍关心关注的“急难愁盼”问题，采取更有针对性、实效性的措施，一件一件抓落实，一年一年接着干，让人民群众获得感、幸福感、安全感更加充实、更有保障、更可持续。

——毫不动摇强化守正创新。守正，就是要坚持党的领导，守人大常委会法定职责之正。创新，就是要开拓工作思路，创工作手段、工作方法之新。两者有机统一，不可或缺。我们必须立足人大工作定位，推进思路创新、机制创新和方式创新，提升议决能力水平，推动全市人大工作不断迈上新台阶。

——毫不动摇发扬优良作风。作风建设永远在路上。我们必须坚持把政治纪律和政治规矩挺在前面，不断强化政治担当、事业担当、作风担当，大力弘扬求真务实、雷厉风行和争创一流的工作作风，一切工作向前看，撸起袖子加油干。

根据总体要求和工作原则，今年常委会将重点抓好以下五个方面的工作：

一、坚决维护党委权威。党政军民学、东西南北中，党是领导一切的。强化思想引领，深入学习贯彻习近平新时代中国特色社会主义思想，增强“四个意识”，坚定“四个自信”，坚决做到“两个维护”，自觉在思想上政治上行动上同以习近平同志为核心的党中央保持高度一致。紧扣落实发力，围绕市委决策部署思考、谋划和推进人大各项工作，依法行使立法、监督、决定和任免等法定职权，通过法定程序把市委主张转化为全市人民的共同意志和自觉行动，推动治理体系和治理能力现代化建设跑出“沅澧加速度”。筑牢制度根基，着力改进调查研究方式方法，扎实开展人大制度理论研究和新闻舆论宣传工作，坚持问题导向，注重实践探索，推出一批高质量的研究成果，为完善和丰富人民代表大会制度提供理论依据，推动国家根本政治制度更加深入人心。

二、全面提升履职水平。推进科学民主立法，深入学习贯彻习近平法治思想，坚持党对立法工作的领导，紧扣党委决策和群众关切，探索创新民主立法途径，充分运用网络、媒体问计于民，最大限度汇集民情、民意、民智。今年，将重点推进《常德市文明行为促进条例》《常德市城市养犬管理条例》等立法工作，以良法促进发展、保障善治。增强依法监督实效，聚焦经济发展，听取和审议国民经济和社会发展计划执行、市级重大项目执行及市级投资项目计划安排、开放平台建设等情况报告。聚焦财政监督，听取和审议市级决算执行、预算执行、预算调整、金融企业国有资产管理、财政收支审计及查出问题整改等情况报告。聚焦民生改善，听取和审议环境状况和环境保护目标完成、城市规划年度计划实施、粮食产业发展、医疗卫生防控救治能力建设、医养融合工作等情况报告，继续开展养老服务工作视察，认真组织文旅康养产业发展、市城区户外广告管理、服务新侨创新创业创投等课题调研。聚焦依法治市，听取《关于加强检察公益诉讼工作的决议》执行情况报告，听取和审议基层公安派出所和公安交警大队执法规范化建设、规范性文件备案审查等情况报告；严格对标省人大常委会，适时听取市监委相关专项工作情况报告。坚持主题引领，持续推进司法公正常德行、环保世纪行、农产品质量安全行、农民健康行和民族团结进步行动。抓好重大事项决定和人事任免，围绕市委中心工作和全市发展大局，及时对事关全市经济社会发展的重大事项、重要工作，深入调查研究，依法作出开展“八五”法治宣传教育等决议决定。坚持党管干部和人大依法任免有机结合，严格依法办事，圆满实现各项人事意图。

三、着力改进代表工作。尊重代表主体地位，注重发挥代表作用，加强代表履职服务。密切常委会同代表、代表同群众的联系，积极发挥镇（村）代表联系群众工作平台作用，有序推进代表向原选举单位述职，适时启动新当选代表的初任培训和新一届代表轮训，进一步增强代表履职的责任感、使命感和荣誉感。认真开展代表闭会期间活动，精选主题，规范方式，实化举措，高质量组织省市人大代表参加小组活动、国省人大代表开展专题调研和集中视察，努力推动具体问题解决，确保代表小组活动取得实际成效。着力提高代表建议质量，继续抓好代表建议督办落实。扎实推进乡镇民生实事项目人大代表票决制工作全覆盖，努力打造服务大局、服务群众、有常德标识的品牌工作。

四、依法推进换届选举。今年，是集中换届之年。要坚持党的领导，把党的领导贯穿于市县乡三级人大换届选举工作全过程、各方面，充分发挥党总揽全局、协调各方的领导核心作用，确保人大换届选举工作在党委统一领导下依法有序进行。要优化代表结构，按照选举法的规定，及时确定县乡人大代表名额基数，切实保障基层代表特别是一线工人、农民、专业技术人员代表比例，协助把好代表候选人的政治关、素质关、结构关，充分保证代表的广泛性、代表性和先进性。要依法依规办事，坚持教育在先、警示在先、预防在先，充分汲取辽宁、四川南充和湖南衡阳等地发生的拉票贿选案、破坏选举案的深刻教训，严肃换届纪律，严明选举程序，严格工作督查，确保人大换届选举工作风清气正、圆满成功。

五、切实加强自身建设。认真落实政治机关、权力机关、工作机关和代表机关建设要求，切实加强政治理论、法律法规和专业知识的学习培训，努力在学懂弄通做实上下功夫，不断提高常委会审议质量。坚持目标导向和问题导向，积极优化组织制度、工作制度和议事程序，着力提高人大工作规范化、法治化水平。认真落实意识形态工作责任制，切实履行从严治党主体责任，坚持不懈抓好党风廉政建设，推动不忘初心、牢记使命制度化、常态化，不断巩固文明单位、模范机关创建成果。加强对县乡人大工作的联系、指导和监督，贯彻落实《湖南省乡镇人民代表大会工作条例》，提升全市人大工作整体水平。

各位代表，站在1.8万平方千米的沅澧大地上，我们肩上的使命无比光荣，前进的步伐无比坚定，奋斗的力量无比充盈！让我们更加紧密地团结在以习近平同志为核心的党中央周围，在市委的坚强领导下，依法履职，砥砺奋进，努力实现圆满收官、顺利换届、精彩开局，以优异成绩庆祝中国共产党成立100周年！

市政府工作报告

市　长　邹文辉

（2021年1月6日）

各位代表：

现在，我代表市人民政府，向大会报告工作，请予审议，并请各位政协委员和其他列席人员提出意见。

一、“十三五”时期及2020年工作回顾

“十三五”时期是我市发展极不平凡、极为重要的五年。面对严峻复杂的国际形势、艰巨繁重的改革发展稳定任务，特别是面对新冠肺炎疫情严重冲击，我们坚持以习近平新时代中国特色社会主义思想为指导，在省委、省政府和市委的坚强领导下，在市人大、市政协的监督支持下，大力实施开放强市产业立市战略，着力打好三大攻坚战，全市经济社会发展取得巨大成就，决胜全面建成小康社会和“十三五”规划圆满收官，为开启全面建设社会主义现代化新征程奠定了坚实基础。

过去五年，是综合实力大跨越的五年。全面小康实现程度位居全省第一方阵，市县两级全部达标。地区生产总值达到3750亿元（预计数，下同），比2015年增加1000亿元以上，三次产业结构调整为12.6：39.4：48。固定资产投资累计突破1万亿元。地方一般公共预算收入达187.86亿元，进入全省前三，收入质量稳居全省前列。社会消费品零售总额接近1500亿元，是2015年的1.6倍。全体居民人均可支配收入达26274元，年均增长8.7%。金融机构存贷款余额分别突破3600亿元、2500亿元，存贷比提高21个百分点。常德位居中国城市综合经济竞争力排行榜72位。武陵区挺进全国百强区50强，桃源县跻身全省县域经济10强。

过去五年，是产业发展大迈进的五年。产业格局大幅优化。生物医药与健康食品等产业迈上千亿台阶，烟草、文旅康养产业产值分别达633亿元、910亿元，产业格局从“一烟独秀”向“多极支撑”转变。产业升级成效明显。电子信息与人工智能产业产值突破200亿元，中联建起、益丰大药房成为新的百亿企业，规模工业企业达1520家，上市公司达6家，国省“小巨人”企业达95家。粮食等大宗农产品生产保持稳定，国省级龙头企业达98家，农产品加工转化率达48%。“常德品牌·中国品质”亮相大江南北，新增国家地理标志保护产品6个、国省区域公用品牌15个，常德成为粤港澳大湾区“菜篮子”重要生产基地。成功创建国家AAAAA级旅游景区1家、国家级旅游度假区1家，新增AAAA级景区3家，卡乐星球开业运营，打造了万达广场、友阿国际、和瑞欢乐城等新商业中心，新落户银行、保险等金融机构17家，建成全省第二家基金小镇，电子商务、现代物流、共享经济等快速发展，汉寿、石门、临澧获评全国电商进农村综合示范县。产业项目支撑增强。累计新开工亿元以上产业项目664个，其中10亿元以上42个，烟厂易地技改、中车新能源汽车、中国中药产业园等438个亿元以上项目建成投产。产业园区实力提升。常德经开区成为千亿园区，常德高新区晋升国家级园区，4个园区进入全省综合评价30强，石门经开区跻身全省10强。建成6个特色产业园区，形成了中联建起、迪文科技、溢多利生物等一批“1+N”优势产业链。园区基础建设累计投入500亿元，建设标准化厂房1150万平方米。建成5个国家级农业产业园。

过去五年，是改革开放大突破的五年。开放合作更加深入。德商恳谈会、驻外招商服务中心、商协会等招商平台作用有效发挥，累计到位内外资总额4293亿元，中国中车、中国中药、华为、上海复星等战略投资者落户常德。桃花源机场跻身全国机场百强并实现航空口岸临时开放，泰中东盟经贸合作园建成运营。进出口总额达150亿元，是2015年的2.9倍。新增2个国际友好合作城市。改革推进更加有力。供给侧结构性改革、机构改革、“放管服”改革等走在全省前列，城市“双修”（生态修复、城市修补）、社会信用体系建设、“营改

增”、农宅合作社改革等创造常德经验，城市管理体制改革、园区管理体制改革等形成常德特色。创新动能更加强劲。发明专利每万人拥有量增长2.2倍，高新技术企业由103家增加到360家，高新技术产业增加值由218亿元增加到450亿元。国家生物酶制剂特色产业示范基地和国家现代装备制造高新技术产业化基地快速推进，成功创建国家级科技企业孵化器2家，常德国家生活用纸产品质量监督检验中心成为我市首个国检中心。“三名”（园企、企业与名校、名院和名所对接）工程深入推进，“智汇洞庭·科创常德”“教授博士沅澧行”等活动取得实效。

过去五年，是城乡面貌大蝶变的五年。城镇提质加快推进。北部新城、城东新区、江南城区、西部城区等片区开发深入推进，太阳大道、阳明大道、丹溪路等一批骨干道路建成使用，沅江隧道、沅水四桥竣工通车，常德画墙建成面世，“一江两岸”（沅江及江北、江南）协调发展呈现新局面。城市管理、社区治理水平持续提升。海绵城市建设形成常德模式。实施城乡建设用地增减挂钩，保障了重大项目用地需求。县城承载和集聚能力明显提升，培育形成了一批工业强镇、商贸重镇、旅游名镇。澧县成为全国新型城镇化补短板强弱项示范县。改造城镇棚户区16.37万户、老旧小区493个。市县城区黑臭水体整治全面完成，乡镇污水处理设施实现全覆盖。城镇化率达57%，提高9个百分点。乡村振兴深入实施。实现镇村规划全覆盖。农村人居环境整治取得实效，“4+9”示范片区和100个省市美丽乡村建设深入推进，完成农村改厕28.3万户、危房改造8.86万户，拆除“空心房”300万平方米。改造农村公路4105千米、危桥699座，自然村通硬化路实现“组组通”。临澧成为“四好农村路”全国示范县。建设农村集中供水工程418处、分散供水工程3.95万处，农村饮水安全问题基本解决。提前一年完成新一轮农村电网改造升级工程。建设高标准农田29.4 万公顷。乡村特色产业蓬勃发展，获评国家级特色示范镇5个，汉寿、安乡、西洞庭建成国家级农村产业融合发展示范园，澧县成为国家农业可持续发展试验示范区，西湖获评全国农村创业创新典型县（区）。乡村治理更加有效，乡风文明持续提升。基础条件不断夯实。黔张常铁路建成通车，石长铁路实现动车运营公交化。常安高速、安慈高速石门至慈利段建成通车，实现县县通高速。新建改建干线公路620千米，沅澧快速干线基本形成。完成沅水桃源至常德、澧水澧县安乡至茅草街千吨级航道整治，德山新港区千吨级码头投入使用，津市港开港运营。除险加固蓄洪垸堤防8个、大型水闸6座、水库563座。管道天然气实现“县县通”。光纤宽带、4G网络实现镇村全覆盖。

过去五年，是生态环境大改善的五年。污染防治力度空前。全力打好污染防治攻坚战，中央、省交办的突出生态环境问题整改达到时序进度，汉寿西洞庭湖欧美黑杨清理、安乡珊珀湖治理等取得明显成效。市城区环境空气质量优良率提高8个百分点。河湖长制有效落实，13个县级及以上饮用水水源地水质全部达标，沅澧两水水质稳定在Ⅱ类以上。耕地保护数量、质量居全省第一，土壤污染综合防治先行区建设经验全国推介。节能减排推进有力。全市煤矿、纸浆、黏土砖厂、落后钢铁生产企业全部关闭。常德经开区获评国家级绿色园区，安乡获评国家循环经济示范县。减排指标任务全面完成，主要污染物排放量低于省控指标。生态创建成效显著。完成人工造林7.447万公顷，森林覆盖率保持在48%以上，建成国家级自然公园9个，湿地保护率达71.7%，获评国际湿地城市、国家森林城市、中国美丽山水城市。

过去五年，是民生福祉大提升的五年。民生支出累计完成1996亿元，是“十二五”时期的1.6倍。累计办成省市重点民生实事88件。脱贫攻坚目标任务如期完成。把脱贫攻坚作为最大的政治责任、最大的民生工程，聚焦“两不愁三保障”，坚持精准施策、合力推进，整合投入财政资金49.7亿元，建设产业扶贫项目8021个，易地扶贫搬迁3.6万人，新增贫困劳动力转移就业3.84万人，44.3万农村贫困人口全部脱贫，396个贫困村全部退出，石门县顺利摘帽并成为全国样板，涌现出全国脱贫攻坚模范王新法等先进典型。今天的沅澧大地，历史性消除了绝对贫困，在全面建成小康社会的路上，没有一户落下，没有一人掉队。社会保障不断加强。城镇新增就业29.4万人，新增农村劳动力转移就业20万人。城乡居民基本养老保险、基本医疗保险实现全覆盖，累计支付各类社保待遇709亿元，企业职工月人均养老金达2167元。城乡低保、特困人员、优抚对象、残疾人等补助标准持续提高。社会事业全面进步。新建改建各类学校1300多所，普惠性幼儿园覆盖率达84.7%。所有区县市提前建成全国义务教育发展基本均衡县，高中阶段教育基本普及，职业教育和高等教育加快发展，常德大学城初具规模。新建改建各类医疗机构2321家，湘雅常德医院开业运营，6家医院升格为三级医院，乡镇卫生院、村卫生室标准化建设达标率分别为97.6%、98.8%。5部作品获省“五个一工程”奖，新增6处全国重点文物保护单位，8个项目列入国家级“非遗”保护名录，柳叶湖国际马拉松赛被评为金牌赛事。国资、统计、机关事务、民族宗教、侨务、公共资源交易、住房公积金、老年、方志、档案、慈善、志愿服务等工作取得新进步，工会、共青团、妇联、科协、侨联、社科联、贸促会、红十字会等群团组织作用充分发挥。社会大局保持稳定。政府债务化解稳步推进，打击处置非法集资成效明显，守住了不发生区域性金融风险的底线。扫黑除恶专项斗争取得重大成果，打掉涉黑涉恶犯罪组织和团伙161个。新一轮禁毒人民战争深入开展。无上访村（社区）建设卓有成效，信访问题源头治理经验全省推介。未发生重大及以上生产安全事故和食品安全事故。常德成为中国最安全城市之一。武陵区多年保持“全国平安区县”称号。

过去五年，是政府职能大转变的五年。依法行政不断强化。加强政府立法工作，提请市人大常委会审议出台地方性法规5件，制定政府规章3件。接受市人大及其常委会的法律监督、工作监督以及市政协的民主监督，执行市人大及其常委会的决议决定，积极研究处理各类审议意见，办理市人大代表建议1343件、市政协提案1558件。在全省率先推行行政执法“四项制度”。“七五”普法顺利完成。政务服务持续优化。常德市民之家建成使用，“互联网+政务服务”一体化平台上线运行，实现基层公共服务（一门式）全覆盖。获批全国首批基本公共服务标准化综合试点。率先落地全省200件“一件事一次办”改革事项，企业开办时间压缩至1个工作日，净增各类市场主体13.6万户。累计为企业减负229.6亿元，暖企惠企经验入选国家典型案例，营商环境便利指数位居全省前列。政风作风明显改进。政府系统党的建设全面加强，“两学一做”学习教育、“不忘初心、牢记使命”主题教育扎实开展。驰而不息纠“四风”，会议文件有效压减，考核评比逐步规范，“三公”经费持续下降。省政府真抓实干表扬激励事项位居全省前列，7项工作获国务院真抓实干督查激励。审计监督全面覆盖，党风廉政建设和反腐败工作扎实推进，政府公信力不断提升。

刚刚过去的一年，困难比预料的多，挑战比预想的大，但成效比预期的好。面对突如其来的新冠肺炎疫情，我们认真贯彻落实党中央国务院、省委、省政府决策部署，按照市委“收好官、守底线、抓产业”的要求，扎实做好“六稳”工作，全面落实“六保”任务，打好打赢三大攻坚战，奋力夺取疫情防控和经济社会发展“双胜利”，较好完成了各项目标任务。

这一年，我们众志成城、共克时艰，交出了疫情防控优异答卷。坚持人民至上、生命至上，迅速打响疫情防控人民战争、总体战、阻击战，用27天实现本土病例零新增、41天实现确诊病例清零，做到了确诊病例零死亡、医务人员零感染、境外疫情零输入。全面加强重点环节、重点部位、重点场所、重点人群排查管控，有效遏制了疫情输入扩散。坚持“四个集中”救治原则，做到应收尽收、应治尽治，最大限度保护了人民生命安全和身体健康。全面发动、全员动员、全球采购，有效保障了各类防控和救治物资。扎实开展常态化疫情防控，严格落实“三嵌入两闭环一纳入”，保持了经济社会秩序稳定。6批次83名医务工作者驰援湖北，展现了非常时期的常德担当。市疾控中心党总支被评为全国抗击新冠肺炎疫情先进集体和全国先进基层党组织，3名同志被评为全国抗击新冠肺炎疫情先进个人。

这一年，我们真抓实干、稳中求进，保持了经济高质量发展态势。把收好官作为主要目标，大力推动经济运行企稳回升，预计地区生产总值增长4.2%，主要经济指标位居全省前列。把复工复产作为重大任务，在全省率先出台“稳企十条”、设立中小企业续贷中心，与6家省级金融机构签署战略合作协议，新增银行贷款突破400亿元，选派机关干部驻企服务，全力做好务工人员返岗工作，在全省较早实现重点建设项目、规模工业企业全面复工，成为全省规模工业持续正增长的两个市州之一。坚持抗疫不误农时，扛牢粮食安全责任，实现播种面积和产量双增长。把扩大有效投资作为主要抓手，推动重大项目落地见效，固定资产投资预计增长9.5%，高新技术产业投资、民生工程投资保持40%以上高速增长。把激活消费作为主攻重点，举办“全城消费·福满常德”购物节、亿元优惠补贴购房季等活动，推动消费市场全面复苏，社会消费品零售总额增速高于全国全省平均水平。

这一年，我们迎难而上、奋发作为，取得了一批新的重大突破。生物医药与健康食品产业成为第二个千亿产业集群，新增规模工业企业210家、国家级“小巨人”企业6家。湘佳牧业成功上市，“金融超市”上线运行。新投产、新开工、新引进亿元以上产业项目分别达150个、220个、286个，中科常德储能与微电网产业园等35个10亿元以上产业项目签约落地，与盐田港、国科控股等达成战略合作，全省产业项目建设推进现场观摩会、中国生物医药健康产业发展大会在我市召开。常益长高铁基本完成架梁施工，益常高速复线即将开工。市级国有平台公司完成整合重组。桃花源成功创建国家AAAAA级旅游景区，柳叶湖晋升国家级旅游度假区。常德获评全国营商环境创新创优标杆城市。

这一年，我们坚守初心、一心为民，保障了人民生活幸福安宁。脱贫成果得到巩固提升，剩余1.43万贫困人口全面脱贫。蓝天碧水净土保卫战有力推进，“夏季攻势”任务全面落实。科学应对洪涝地质灾害，打赢了涔水保卫战、安乡保卫战，实现了不溃一堤一垸、不垮一库一坝、不因灾死亡一人，石门县特大山体滑坡地质灾害零伤亡成为自然资源部典型范例。省市重点民生实事全面完成。城镇新增就业5.35万人，新增农村劳动力转移就业3.9万人，社会保险新增扩面16.7万人次。第七次人口普查顺利推进。设立乡村学校教师特殊岗位津贴，新增公办幼儿园园位13704个，义务教育大班额全面清零，湖南文理学院实现省内一本招生。全面推进长江流域禁捕退捕，退捕渔民得到妥善安置。市体育中心、市博物馆、市规划展示馆完成提质改造。成功蝉联全国文明城市、全国双拥模范城。推进安全生产专项整治三年行动，巩固提升扫黑除恶成果，平安常德建设取得新成效。

各位代表！

五年的历程充满艰辛，五年的成就来之不易。这些成绩的取得，是党中央国务院、省委、省政府和市委坚强领导的结果，是市人大、市政协监督支持的结果，是全市人民团结奋斗的结果。在此，我代表市人民政府，向为常德经济社会发展付出辛劳的广大干部群众、驻常部队和武警官兵，向中央、省驻常单位，向各位人大代表和政协委员，向各民主党派、各人民团体和各界人士，向所有关心支持常德发展的同志们、朋友们，表示衷心的感谢！

成绩令人鼓舞，经验弥足珍贵。五年的丰富实践，让我们深深体会到：任何时候都必须旗帜鲜明讲政治，增强“四个意识”、坚定“四个自信”、做到“两个维护”，以习近平新时代中国特色社会主义思想指导常德发展实践，推动党中央国务院和省委、省政府决策部署在常德落地生根。任何时候都必须凝心聚力抓发展，坚持新发展理念，大力推进开放强市产业立市，最大限度发挥优势、补齐短板、突破瓶颈，推动经济社会高质量发展。任何时候都必须真抓实干强担当，以踏石留印、抓铁有痕的作风和钉钉子的精神，一张蓝图干到底，一以贯之抓落实，推动各项工作干在实处、走在前列。任何时候都必须坚持以人民为中心的发展思想，把增进民生福祉、促进人的全面发展作为一切工作的出发点和落脚点，以干部的辛苦指数换取群众的幸福指数，不断实现人民对美好生活的向往。

在看到成绩的同时，我们也清醒地认识到，我市经济社会发展和政府工作仍然存在一些问题和不足。发展质效有待提升，创新能力有待增强，产业链生态系统有待优化完善；实体经济特别是小微企业困难较多；开放型经济总量不大，开放平台建设需要进一步加强；城市集聚效应还不强，人口结构性问题相对突出；财政平衡困难，政府债务化解压力较大；安全生产、防灾减灾存在薄弱环节；民生改善仍有不足，群众“急难愁盼”的一些问题还没有得到很好解决；少数干部改革创新、服务群众、狠抓落实的本领有待增强；个别领域不正之风和腐败问题仍然存在。对此，我们将高度重视，采取有力措施，切实加以解决。

二、“十四五”时期主要目标和任务

“十四五”时期是开启全面建设社会主义现代化国家新征程、向第二个百年奋斗目标进军的第一个五年。进入新阶段、面向新目标、奋进新征程，我们必须在应对新形势中开创新局面。当今世界正经历百年未有之大变局，新冠肺炎疫情影响广泛深远。我国发展仍然处于重要战略机遇期，但机遇和挑战都有新的发展变化。我们要准确识变、科学应变、主动求变，在危机中育先机、于变局中开新局。我们必须在构建新格局中增创新优势。新发展格局中，国内市场主导国民经济循环的特征会更加明显，经济增长的内需潜力会不断释放，常德作为内陆城市，在中部地区崛起、长江经济带发展、洞庭湖生态经济区等国家战略的带动下，必将迎来更多更高效的资源配置、更大更广阔的市场空间。我们要把握主动、积极融入，把发展潜能转化为发展优势。我们必须在落实新要求中实现新作为。习近平总书记在湖南考察时勉励湖南打造“三个高地”、践行“四新”使命，从战略和全局高度为我们作出了科学指引。我们要努力在全省“三高四新”战略和区域经济发展格局中找准位置、作出贡献，推动常德高质量发展取得新成就。

“十四五”发展的指导思想是：高举中国特色社会主义伟大旗帜，深入贯彻党的十九大和十九届二中、三中、四中、五中全会精神，坚持以马克思列宁主义、毛泽东思想、邓小平理论、“三个代表”重要思想、科学发展观、习近平新时代中国特色社会主义思想为指导，全面贯彻党的基本理论、基本路线、基本方略，深入落实习近平总书记对湖南工作系列重要讲话指示精神，统筹推进经济建设、政治建设、文化建设、社会建设、生态文明建设总体布局，协调推进全面建设社会主义现代化国家、全面深化改革、全面依法治国、全面从严治党战略布局，坚定不移贯彻新发展理念，坚持稳中求进工作总基调，以推动高质量发展为主题，以深化供给侧结构性改革为主线，以改革创新为根本动力，以满足人民日益增长的美好生活需要为根本目的，统筹发展和安全，推进治理体系和治理能力现代化，全面贯彻落实“三高四新”战略，深入推进开放强市产业立市，加快建设现代化区域中心城市，在推动高质量发展上闯出新路子，在建设秀美富饶大湖经济区上走在前列，为谱写新时代坚持和发展中国特色社会主义的湖南新篇章作出常德贡献。

“十四五”发展要重点把握以下要求：

明确“一个中心”发展目标。大力提升城市资源集成力、城市辐射力，积极承担全省对接成渝地区双城经济圈桥头堡、泛湘西北地区核心增长极职能，围绕区域产业中心、消费中心、科技创新中心、教育中心、医疗中心和金融中心，致力建设现代化区域中心城市。

构建“两个枢纽”发展优势。强化铁路、公路、水运、航空交通体系支撑，着力建设高铁“一枢纽四通道”、高速“五通道四连线”、水运“一港两区三航道”。强化物流设施支撑，打造标志性平台，畅通内畅外联网络。建设区域性现代综合交通枢纽和现代物流枢纽，全力提升区域竞争力。

打造“三个基地”发展平台。落实湖南打造国家重要先进制造业高地战略要求，立足常德制造业基础和优势，全力打造全国重要先进制造业基地；围绕保障国家粮食安全、推进乡村振兴，立足常德传统优势，大力发展农产品精深加工，提升“洞庭鱼米之乡”美誉，全力打造全国生态农产品基地；顺应人民群众健康生活新期待，发挥常德区位、生态、文化优势，布局发展以医疗、康养、文旅、度假为主体的大健康产业，全力打造全国大健康产业基地。

“十四五”发展的主要目标任务是：

发展质效持续提升。高质量发展体系全面建立，创新成为产业转型升级的主要动力，开放成为产业发展的必由之路，品牌成为产业发展的价值追求，营商环境成为城市的亮丽名片，高质量发展水平位居全省第一方阵，地区生产总值达到5300亿元以上。经济结构更加优化，制造业增加值占GDP比重达32%。自主创新能力明显提升，全社会研发经费投入占GDP比重提高0.7个百分点。产业迈向中高端，支柱产业加快壮大，培育形成一批新兴优势产业链，全国重要先进制造业基地建设取得重大进展。农业基础更加稳固，农产品加工百亿企业实现“零突破”，“常德品牌”生态农产品供给能力明显提升。城乡区域发展协调性显著增强，加快形成市城区“一城三区”发展格局，积极稳妥推进津澧融合，县域经济加速壮大。

改革开放持续深化。社会主义市场经济体制更加完善，高标准市场体系基本形成，市场主体更加充满活力，各项改革任务稳步推进。高铁形成区域枢纽，常德水运加快振兴，航空客货运能力明显提升，高速路网更加完善，对外开放通道全面贯通。全面融入国内重大区域战略布局和全球经贸体系，建成一批标志性开放平台，引进重大战略投资者取得更大成效，开放型经济实现高质量发展，成为全省开放经济的重要一极。

文明程度持续提高。社会主义核心价值观深入人心，人民思想道德素质、科学文化素质和身心健康素质明显提高。公共文化投入持续增加，文化惠民工程深入实施，公共文化服务体系和文化产业体系更加健全，基本公共文化服务标准化全面实现，培育形成一批骨干文化企业和产业园区。人民精神文化生活日益丰富，优秀常德文化得到传承弘扬，文化软实力和影响力明显提升。

人居环境持续改善。统筹布局生态、农业、城镇等功能空间，国土空间开发格局得到优化。以人为核心的新型城镇化深入推进，城镇化率达到63%，城市更健康、更安全、更宜居。农业农民有效组织起来，乡村建设行动富有成效。生产生活方式绿色转型成效显著，能源资源利用效率大幅提高，重点环境问题得到有效整治，生态环境持续改善，生态安全屏障更加牢固，“十四五”末，市城区环境空气质量优良率达到90%，省控及以上地表水考核断面水质优良率达到95.7%，城乡人居环境质量明显提升。

民生福祉持续增进。实现更加充分更高质量就业，城镇调查失业率控制在5.5%以内。居民收入增长和经济增长基本同步，分配结构明显改善，全体居民人均可支配收入达到3.9万元。基本公共服务均等化水平明显提高，全民受教育程度不断提升，多层次社会保障体系更加健全，卫生健康体系更加完善，人均预期寿命达到78.5岁。脱贫攻坚成果巩固拓展，乡村振兴战略全面推进，形态最美、环境最美、文明最美、生活最美成为普遍共识。

治理效能持续增强。社会主义民主法治更加健全，社会信用体系更加完善，社会公平正义进一步彰显。政府作用更好发挥，行政效率和公信力显著提升。平安常德建设迈上新台阶，防范化解重大风险体制机制不断健全，突发公共事件应急能力显著增强，自然灾害防御水平明显提升，发展安全保障更加有力。社会治理特别是基层治理水平明显提高，形成具有常德特色的社会治理新模式。

三、2021年工作安排

今年是我国现代化建设进程中具有特殊重要性的一年。我们肩负的发展和改革任务十分繁重，必须以中央、省委、市委经济工作会议精神为指针，坚持稳中求进工作总基调，按照“破瓶颈、抓产业、优结构、强队伍”工作要求，巩固拓展疫情防控和经济社会发展成果，扎实做好“六稳”工作，全面落实“六保”任务，推动经济平稳健康运行、社会和谐稳定，确保“十四五”开好局，以优异成绩庆祝中国共产党成立100周年。经济社会发展的主要预期目标是：地区生产总值增长8%以上，规模工业增加值增长8.5%以上，固定资产投资增长10%以上，地方一般公共预算收入增长4%以上，全体居民人均可支配收入增长8.5%以上，全社会研发经费投入占GDP比重达1.7%。

实现以上目标任务，要抓好以下九个方面的工作：

1.坚持优化产业生态，培育先进制造业新优势。对标全省打造国家重要先进制造业高地，努力完善产业生态系统，改善产业发展条件，提高制造业占GDP比重和在全省的位置。

培强产业优势。大力培育工程机械、烟草、生物医药、大健康等支柱产业，加快发展新材料、新能源、人工智能及电子信息等新兴产业，打造优势产业链。对重点企业实行“一企一策”对口服务，提升产业链龙头企业带动能力。推进质量强市行动，提升产品市场竞争力。实施“双倍增”计划，培育一批“单项冠军”“隐形冠军”“小巨人”企业，新增规模工业企业120家以上，力争飞沃科技上市。

狠抓产业项目。全力推进一批重大项目，以项目大建设推动先进制造业大发展。开工建设西洞庭非织造布、石门湘佳产业链扩能延伸等亿元产业项目200个以上，力争重庆药友原料药产业基地、湖南航天磁电石门产业园等100个以上亿元产业项目竣工投产，加快推进中科常德储能与微电网产业园、汉寿中联智能装备配套产业园等项目建设，推动中车新能源汽车、华为光猫生产基地、中联恒通智能装备产业园等新增长点发力见效。完成技改投资450亿元以上、工业投资780亿元以上。

壮大产业园区。引导高端产业、优质项目、知名企业在园区合理布局，推动特色园、园中园加快发展，培育一批“镇园之宝”，支持创建省级以上示范基地和绿色园区、智慧园区。创新园区绩效考核指标体系，推动园区高效率、差异化发展，提高单位面积产出，增强园区竞争力。激励园区争先进位，力争更多园区进入全省30强。加快产城融合，完善园区各类配套设施，为企业生产和员工生活创造良好环境，力争完成基础建设投入100亿元以上、新建标准化厂房100万平方米以上。

促进产业融合。推动工业与信息化、制造业与服务业融合，助力制造业加快转型升级。加快制造业数字化、智能化、绿色化发展，创建一批智能制造示范企业和示范车间，拓展工业互联网融合创新应用，引导中小企业“上云上平台”。大力发展数字产业。推动生产性服务业向专业化和价值链高端延伸，积极发展研发设计、检测检验等服务，大力发展多式联运、高效物流。加强资金、技术、土地等产业要素配套，强化普惠金融服务。

实体经济是现代产业体系的战略支撑，民营企业是高质量发展的重要力量。我们要保持产业发展定力，始终与企业共成长，不断激发市场主体活力，持续优化营商环境，积极为民营企业健康发展、民营企业家健康成长提供坚实保障。

2.坚持创新驱动发展，激发高质量发展动能。对标全省打造具有核心竞争力的科技创新高地，致力创建国家创新型城市。

加强创新能力建设。强化企业创新主体地位，引导企业加大研发投入，支持建设行业研究院、技术创新联盟和自主研发机构，推动产学研深度融合。认定高新技术企业100家以上，科技型中小企业突破500家。推进科技园区、孵化器、众创空间等平台建设，实现中开院创新孵化基地、潇湘科技要素市场建成运营。

激发人才创新活力。兑现落实人才政策，推行柔性引才、环境留才，加大各类优秀人才引进培养力度，引进博士硕士研究生600名以上。深化职业教育产教融合，支持联合办班办学，培育本土技能人才。持续开展“沅澧创新人才”“常德工匠”等评选活动，营造劳动光荣、技能宝贵、创造伟大的浓厚氛围。

推动科技成果转化。积极对接知名高校、科研院所和院士专家团队，持续开展“智汇洞庭·科创常德”系列活动。建立健全科技贷款风险补偿、贴息贴费、科技保险政策体系，探索设立科技天使基金、科技成果转化基金。加强知识产权创造、保护和运用，优化知识产权质押融资服务，推动更多科技成果转化落地。

改革创新体制机制。实行零基预算，完善政府采购管理、国库集中支付制度，建立财政审计联动机制，促进预算绩效管理落地见效。稳步推进机关事业单位国有资产集中统一管理。落实国有企业改革三年行动方案。积极推动园区“去行政化”改革，赋予园区更多自主权。深化农村集体产权制度改革，探索宅基地管理制度改革，持续推进供销社综合改革。完成国家基本公共服务标准化综合试点任务。

3.坚持融入新发展格局，建设内陆地区开放强市。对标全省打造内陆地区改革开放高地，对接自贸区建设，积极扩大内需、稳定外需，推动更高水平开放。

推动消费升级。提升传统消费，培育新型消费，新增限上商贸流通企业90家以上，社会消费品零售总额增长10%以上。创建国家文化和旅游消费试点城市，办好常德桃花源旅游节等节会活动，创新宣传营销，深化区域协作，加强重点景区、精品线路建设，实现桃源热市云顶温泉度假区、汉寿野生动物园建成开业，力争旅游总收入达到550亿元以上。引进品牌门店，发展夜间经济，提升城市综合体、特色商业街和商贸中心人气。支持武陵移动互联网产业园、常德经开区电商企业加速器等加快发展，推动线上线下消费。畅通电商、快递进农村通道，拓展农村消费市场。增加优质消费产品供给，打响常德香米、常德红茶等区域公用品牌。完善社会信用体系，营造放心消费环境。

强化投资拉动。巩固提升“老基建”，布局推进“新基建”，实施重点建设项目200个，完成投资800亿元以上。建成安慈高速、沅澧快速干线1号大道临澧段和2号大道澧县段、S311桃源火车站至龙潭公路、安乡张九台大桥，加快常益长高铁、常德高铁枢纽站、官新高速、炉慈高速、张公庙澧水特大桥建设，开工建设益常高速复线、澧水石门至澧县航道和沅水常德至鲇鱼口航道整治等重点工程，加快襄常高铁荆州至常德段、松虎航道等重大项目前期工作。抓好重点垸堤防加固、大型灌区改造、大中型水库除险加固、河湖水系连通整治等水利工程建设。推动石门电厂三期开工建设。建成5G基站2000个，实现市县城区、园区5G网络基本覆盖。加快冷链物流、充电桩等基础设施建设。

狠抓招商引资。强化招商主体责任，提高项目落地能力，重点考核履约率、开工率、资金到位率。持续开展节会招商，办好“迎老乡、回故乡、建家乡”系列招商活动，积极参加“进博会”“港洽周”等活动。加强产业链招商，紧盯产业龙头、总部经济，精准发力、招大引强。深入推进委托招商、园区招商、基金招商。发挥驻外招商服务中心和异地商会作用，主攻京津冀、长三角、粤港澳等重点区域，积极承接产业转移。全年实际利用外资增长15%以上，引进“三类500强”项目20个以上、亿元产业项目230个以上，其中过10亿元30个以上。

提升开放水平。大力建设多层次开放平台，推进常德港国际集装箱码头建设，争取桃花源机场航空口岸再次临开，申建常德保税物流中心（B型）和跨境电商示范园，支持泰中东盟经贸合作园建设省级示范园区。复制推广自贸区试点经验。加强外贸综合服务、融资服务，促进破零倍增、业绩回流，新增外贸实绩企业20家以上。引导优势产业和企业参与共建“一带一路”，开展对外工程承包和劳务合作。推动名优特新产品走出去、引进来。全年进出口总额增长15%以上。

4.坚持农业农村优先发展，全面推进乡村振兴。以更有力的举措、汇聚更强大的力量推进乡村振兴，促进农业高质高效、乡村宜居宜业、农民富裕富足。

提高农业发展质效。保障粮食安全，遏制耕地“非农化”、防止“非粮化”，新建高标准农田3.333万公顷以上，确保粮食播种面积和产量稳定。发展蔬菜、烟叶、油茶等优质高效特色农业。力争创建省级现代农业产业园3个、省级以上区域公用品牌2个，新增“两品一标”农产品50个以上，持续提升常德品牌农产品影响力和市场竞争力。大力培育农业产业化龙头企业，力争农产品加工销售收入突破2000亿元。建立完善农民利益联结机制和土地所有权、承包权、经营权“三权”分置机制，扶持新型经营主体发展壮大，将农户融入农业产业链。加快建设深圳国际食品谷常德产业园。促进农业与文化旅游、生态休闲深度融合。完善农业社会化服务体系。加强特色良种保护推广。恢复生猪生产。做好动植物疫病防控工作。

实施乡村建设行动。强化镇村规划引领，落实《常德市农村村民住房建设管理条例》，推广装配式建筑，提升农房建设质量。实施“三区”安全饮水工程，建设临澧澧北、澧县杨花桥等大水厂，支持城镇供水管网向农村延伸。继续抓好“四好农村路”建设，积极推进城乡客运一体化三年行动。大力实施渡改桥工程。健全农村人居环境整治长效机制，支持农民群众开展村庄清洁和绿化行动，加强农村改厕、生活垃圾处理和农业面源污染治理。实施乡村人才振兴行动计划，培养壮大“土专家”“田秀才”和致富带头人队伍。规范农村集体资产管理，大力发展集体经济。加强村规民约建设，培育文明乡风、良好家风、淳朴民风。

巩固拓展脱贫成果。推动巩固拓展脱贫攻坚成果同乡村振兴有效衔接，促进减贫战略和工作体系平稳转型。严格落实“四个不摘”要求，保持现有帮扶政策、资金支持、帮扶力量总体稳定。健全防止返贫监测和帮扶机制，确保及时发现、及时帮扶、动态清零。发展壮大扶贫产业，让脱贫人口稳定分享产业增值收益。强化易地搬迁后续扶持，确保搬迁群众稳得住、有就业、逐步能致富。加强社会保障、社会救助、教育培训等综合性制度机制建设，有效阻断致贫因子，筑牢防贫“底板”。

5.坚持建设精致城市，提升城镇集聚和承载能力

强化规划引领。高质量编制国土空间规划，完成“三区三线”划定、国土空间规划大纲编制等工作。以推进精明增长、建设精致城市、实现精算平衡为取向，加强城市规划工作，促进空间平衡、产城融合、便民利民。科学编制重点片区规划，做好城市天际线规划设计。强化规划执行，杜绝边规划边建设、随意变更规划设计、项目主导规划等行为。

完善城市功能。坚持人民群众在城市建设发展中的主体地位，大力实施城市更新行动。加快城东新区、高铁新城、德山新港等片区开发建设，提高特色街区资产运营水平。推进太阳大道贯通工程、沾天湖南环路、沅水六桥等骨干路网建设。加快推进北部新城环城水系、阳明湖水系等治理项目，加强排水管网和设施建设维护，提升城镇排水防涝能力。加快沅北水厂迁建，完善城市供水管网。推进污水管网建设。实施城区建筑垃圾资源化利用、餐厨垃圾无害化处置项目建设。依法依规统筹推进危房、老旧小区和棚户区改造。打造15分钟生活圈。大力开展城市“微改造”，让城市更加精致精美、干净清爽。

加强精细管理。推进市容环境综合整治，有序推行市城区生活垃圾分类试点工作。规范出租车、网约车、共享单车和电动车管理。完善公共停车设施，优化道路交通组织，缓解“停车难”“行车堵”问题。成功创建公交都市。建设“城市大脑”，赋能市场、服务市民。全面推进交地即交证、交房即交证，完善住房市场体系和保障体系，促进房地产市场平稳健康发展。支持建筑业转型发展。持续抓好控违拆违、城市养犬管理、农贸

市场改造等工作。巩固提升城市创建成果，让文明成为常德亮丽名片。

健全城镇体系。进一步优化城镇建设发展格局，不断增强城镇集聚、承载和配置资源要素的能力。积极稳妥推进津澧融合，支持西湖西洞庭加快发展。深入推进扩权强县，激励县域经济对标赶超、争先进位。加快培育特色产业小镇，支持重点镇、卫星镇、口子镇发展。

6.坚持推动绿色发展，促进生态环境持续改善

打好污染防治攻坚战。坚持精准、科学、依法治污，推进突出生态环境问题整改销号。落实《常德市大气污染防治若干规定》，确保市城区环境空气质量优良率达到80%以上。落实长江“十年禁渔”，巩固禁捕退捕成果。全面落实河湖长制，提升河湖管护水平。加强洞庭湖生态环境治理，狠抓饮用水水源保护、黑臭水体整治，确保省控及以上地表水考核断面水质优良率达到89%以上。开展重金属污染耕地治理、绿色矿山建设，推进全域土地综合整治试点。夯实“四严四基”（严督察、严执法、严审批、严监控，构建基本格局、夯实基础工作、强化基本数据、提升基本能力），坚持“谁污染谁治理、谁破坏谁恢复、谁损害谁赔偿”，加快构建大生态环境保护格局。

提升生态系统质量。编制好生态保护红线、环境质量底线、资源利用上线和生态环境准入清单。加强湿地保护修复，加快建设全流域生态涵养带。严格自然资源管理，推进自然资源保护性开发和集约高效利用。开展国土绿化行动，实施天然林保护、退耕还林工程，建设市域生态廊道，推行林长制。积极创建国家节水型城市。加强野生动植物保护。

增加生态产品供给。加强生态产品开发，维护生态产品“原产地”安全。充分利用资源、环境优势和产品特色，因地制宜发展生态农产品生产、乡村特色生态旅游，不断提升生态产品供给能力，真正让绿水青山变成金山银山。

推动绿色低碳发展。抓好工业企业清洁生产和超低排放改造，加强重点耗能企业节能管理。大力发展新能源，积极发展循环经济和节能环保产业。完善主要污染物排放交易、企业环境污染责任保险、绿色信贷机制。倡导简约适度、绿色低碳生活方式。推进节能环保产业城、国家低碳生态城（镇）试点。

7.坚持以人民为中心，改善城乡群众生活品质

办好重点民生实事。在全面完成省重点民生实事的同时，突出办好11件市重点民生实事。①农村交通事故易发多发点改造整治全覆盖。②新改造城镇老旧小区230个并实现物业管理全覆盖。③建设特困人员供养机构5家。④完成农村公路危桥改造三年行动计划。⑤完成农村学校建设三年行动计划。⑥残疾儿童康复救助800人。⑦定向免费培养乡村医生100名、乡村教师400名。⑧实现基本医疗保险市域内异地就医医疗费用直接结算。⑨完成行政村农网改造102个。⑩全面提升乡镇专职消防队消防救援能力。⑪巩固提升农村饮水安全。

加强就业和社会保障。落实就业优先政策，促进重点群体多渠道就业，城镇新增就业5万人，新增农村劳动力转移就业3万人。推进企业职工基本养老保险全国统筹、工伤保险省级统筹，加强医保基金监管，启动医保DIP国家试点。提高城乡低保标准和救助水平，加强特困群体兜底保障。深入开展根治欠薪专项行动，保障农民工合法权益。实施积极应对人口老龄化国家战略，建立完善养老、孝老、敬老政策体系，推进居家和社区养老服务改革试点，满足多元化、多层次养老服务需求。大力发展慈善事业。关心关爱残疾人、计生特困家庭、农村留守人员。

优先发展教育事业。启动全国义务教育发展优质均衡县、学前教育普及普惠县创建工作。新增公办幼儿园园位1.3万个、中小学学位1.5万个，基本消除普通高中大班额。推进中职学校标准化建设。支持高校“双一流”建设，推进常德财经机电职业技术学院升格，实施芙蓉学院等独立学院转设，高水平建设常德大学城。支持民办教育、特殊教育、继续教育发展。推动县管校聘改革，激发校长和教师队伍活力，减轻教师和学生负担。加强师德师风和平安校园建设，重视青少年身体素质和心理健康教育。规范校外培训和托管机构管理。

推进健康常德建设。全面深化综合医改，加快医疗资源优化提质和区域均衡布局，加强公立医院建设和管理考核，落实分级诊疗制度。完善公共卫生体系和临床医疗体系，推动医疗领域特色专科、优势学科发展，提升医疗卫生服务能力。改善疾控基础条件，建立健全公共卫生事件监测预警和平战转换机制。加强医疗人才队伍建设。深入开展爱国卫生运动。传承创新发展中医药事业。加强计生优质服务。

繁荣发展文体事业。传承弘扬红色文化，保护利用红色资源。加强文艺精品创作，广泛开展文化惠民活动，支持常德丝弦、常德汉剧、常德鼓书发展。加强文物和非物质文化遗产保护利用。广泛开展全民健身活动，举办市第八届运动会，办好常德柳叶湖国际马拉松赛。实施市滨湖剧场、市图书馆、市游泳馆、社区全民健身中心等工程建设。

统筹发展其他事业。做好统计、民族宗教、住房公积金、方志、档案、保密、气象等工作。支持工会、共青团、妇联等群团组织工作。加强社会组织管理。完成第三次国土调查。推动革命老区振兴发展。深化双拥共建，加强退役军人和其他优抚对象优待工作，抓好国防动员、国防教育、军事设施保护、人民防空和民兵预备

役等工作。

8.坚持统筹发展和安全，建设更高水平的平安常德

抓好常态化疫情防控。强化“外防输入、内防反弹”措施，抓好分区分级精准防控，落实落细“三嵌入两闭环一纳入”。实施网格化管理，筑牢联防联控、群防群控工作体系。严格人员管控、医院管理和冷链物流检疫等工作，加强物资、技术储备，提升应急处置能力，持续巩固疫情防控成果。

防范化解重大风险。落实隐性债务化解措施，坚决遏制增量，妥善化解存量，平滑缓释债务风险。积极争取地方政府债券资金，规范政府专项债券管理。加快平台公司市场化转型，健全现代企业制度。优化金融生态环境，依法打击和处置非法集资，积极稳妥防控涉众型非法经营稳定风险，维护区域金融稳定。

切实加强安全生产。以国家安全发展示范城市标准落实工作、提升水平。加强安全监管执法，压实企业主体责任。坚持“隐患即事故”理念，推进安全生产专项整治三年行动，继续开展交通问题顽瘴痼疾集中整治，深入排查整治安全风险隐患，建立健全问题隐患和制度措施清单，有效防范和遏制较大以上事故。

维护社会和谐稳定。完善基层群众自治制度，完成村（居）委会换届选举。推动扫黑除恶常态化，打好新一轮禁毒人民战争，打击突出违法犯罪活动，不断增强群众安全感。坚持和发展新时代“枫桥经验”，健全信访工作机制，完善调解联动工作体系，把矛盾纠纷化解在基层。抓好“双安双创”工作（创建国家食品安全示范城市、创建国家农产品质量安全市），保障食品药品和农产品质量安全。突出堤垸防洪、水库防守、城镇防涝等重点，科学应对水旱灾害。抓好防震减灾、消防、森林防火等工作。

9.坚持讲政治敢担当抓落实，打造服务型政府。牢记初心使命，处理好政府与企业、群众的关系，把政府摆在“店小二”“服务员”位置，尽心竭力为人民服务、让人民满意。

把讲政治作为第一责任。各级政府及其工作人员要把讲政治放在更加突出位置，增强“四个意识”、坚定“四个自信”、做到“两个维护”，严守政治纪律和政治规矩，不折不扣贯彻习近平总书记重要讲话和指示批示精神，贯彻党中央国务院、省委、省政府和市委决策部署。增强政治判断力、领悟力、执行力，善于用政治眼光观察和分析经济问题，把牢经济发展正确方向。

把抓落实作为第一任务。大力推行“六步工作法”，抓好政策设计、工作部署、干部培训、督促检查、追责问责、总结反馈六个环节，形成推动工作落实的完整闭环。大力倡导真抓实干，落实责任清单和底线清单，健全容错纠错机制，关心爱护乡村干部，切实减轻基层负担，形成干事创业的浓厚氛围。大力推动创先争优，实行奖勤罚懒、奖优罚劣，激发工作主动性和创造性，让吃苦者暖心、让实干者吃香、让有为者出彩。

把依法行政作为第一准则。带头尊法学法守法用法，提高运用法治思维和法治方式深化改革、推动发展、化解矛盾、维护稳定能力。启动“八五”普法工作。严格规范公正文明执法，推行轻微违法行为免罚制度，规范行政执法自由裁量权。做好相关立法工作，依法接受市人大及其常委会的法律监督和工作监督，执行市人大及其常委会的决议决定，认真研究处理各项审议意见，自觉接受市政协的民主监督，高质量办理人大代表建议和政协提案，积极听取各民主党派、工商联、无党派民主人士的意见建议，提升政府工作科学化、民主化、法治化水平。

把优化环境作为第一优势。着力打造具有常德特色的最优综合营商环境，让市场更有效、政府更有为。大力推进“一件事一次办”，抓好优化营商环境100项改革举措落地见效，推动更多服务事项网上办、就近办、掌上办，努力做到审批更高效、办事更便捷、成本更低廉。提高政策服务能力，加强惠企惠民政策梳理、宣传、培训和落实，让企业和群众获取信息充分、享受政策到位。深入开展专项整治，切实解决项目建设、中介服务、办事环境等方面的痛点堵点问题。

把清正廉洁作为第一底线。深入抓好政府系统党风廉政建设，认真履行“一岗双责”。严格执行改进作风各项规定，力戒形式主义和官僚主义。压减一切不必要的政府投资和行政开支，保障民生支出稳定增长，以政府的“紧日子”换取百姓的“好日子”。自觉接受党内监督，强化审计监督。完善财政资金使用、公共资源交易、国有资产管理等重点领域内控制度，切实强化廉政风险管理。坚决整治群众身边的不正之风，严防严惩各类腐败问题，维护政府系统清正清廉的良好形象。

各位代表！新的目标已经确定，新的蓝图已经绘就，新的征程已经开启。让我们更加紧密地团结在以习近平同志为核心的党中央周围，在省委、省政府和市委的坚强领导下，全面贯彻落实“三高四新”战略，深入推进开放强市产业立市，为推动常德高质量发展、建设现代化区域中心城市而努力奋斗！

市政协第七届委员会常务委员会工作报告

市政协主席 李爱国

（2021年1月5日）

各位委员、同志们：

现在，我代表中国人民政治协商会议常德市第七届委员会常务委员会，向大会报告工作，请予审议，并请列席会议的同志提出意见。

2020年工作回顾

2020年，是全面建成小康社会和“十三五”规划的收官之年，也是常德政协事业继往开来、奋发有为的重要一年。在中共常德市委的坚强领导下，市政协常委会全面贯彻中央、省委和市委政协工作会议精神，牢牢把握专门协商机构的性质定位，注重建言资政和凝聚共识双向发力，努力克服新冠肺炎疫情带来的不利影响，紧紧围绕市委、市政府中心工作务实履职、创新履职，全市政协工作迈上了新台阶、展现了新作为、干出了新样子。

一年来，我们突出思想政治引领，更加自觉地坚持党的全面领导。以党的政治建设统领政协党的各项建设，着力深化理论武装，着力夯实基层基础，着力推进正风肃纪，确保政协事业方向坚定、行稳致远。

加强创新理论学习。把学习贯彻党的创新理论作为思想武装的重中之重，进一步落实党组理论学习中心组引领学、常委会议专题学、机关碰头会集中学等理论学习制度，举办各类学习活动32场次，推进理论学习常态化。以专家辅导、学习研讨、心得交流等形式，深入学习中共十九届五中全会精神、《习近平谈治国理政》第三卷和习近平总书记考察湖南重要讲话精神，促进学习贯彻往深里走、往心里走、往实里走。

推动党建实践探索。认真抓好习近平总书记关于加强和改进人民政协工作的重要思想实践基地建设，推动政协党的组织和党的工作从“有形”覆盖向“有效”覆盖转变。建立市政协党组与各党派团体联席会议制度，对过去市政协党组定期走访党派团体机关的做法进行总结和提炼，探索了共同学习提高、共同探索创新、共同研究探讨、共同深度合作、共同夯实思想政治基础“五个共同”的联动机制，先后被人民政协报、湘声报予以推介。探索中共党员委员与党外委员结对制度，组织中共党员委员与党外委员采取“一对一”或“一对多”等方式结成对子，围绕夯实共同思想政治基础、提高履职能力、涵养文化底蕴、增强履职实效等四个方面开展互帮互促，推动委员履职更有担当、更有活力、更有实效。

强化从严治党责任。严格落实《党委（党组）落实全面从严治党主体责任规定》，坚定不移压实管党治党主体责任。驰而不息抓好作风建设，制定出台党风廉政建设责任制工作要点，组织开展集中整治形式主义官僚主义专项行动，扎实开展例行谈心谈话和“两同时”谈话，积极配合市委巡察组对机关党组的政治巡察，进一步营造了风清气正的政治生态。坚持把意识形态工作抓在手上、落实在行动上，专题研究落实意识形态工作责任制，建立意识形态工作分析研判机制，加大政协舆论宣传阵地管控力度，牢牢把握意识形态工作的领导权和主动权。

一年来，我们聚焦改革发展大局，更加务实地助推开放强市产业立市。坚持把政协履职融入全市改革发展全局中去谋划、去考量，紧紧围绕党委政府关心、人民群众关注的重点难点问题履职尽责。

聚焦推动经济高质量发展集中议政。牢固树立新发展理念，把助推高质量发展作为政协履职的重要着力点，做到党政工作推进到哪里，政协履职就跟进到哪里、智慧力量就汇聚到哪里。围绕“促进乡村特色产业发展”开展常委会议协商，提出的加强顶层设计、加强激励扶持、加强要素保障等建议，进入了市委、市政府决策层面。围绕“加快发展开放型经济”开展主席会议协商，提出了完善政策机制、搭建经贸平台、强化人才支撑等建议，得到了市委、市政府主要领导肯定性批示。围绕“缓解我市企业用工难”开展主席会议协商，从完善人才政策、深化校企合作、优化从业环境等方面献计献策，引起了市委、市政府高度重视。

聚焦助推产业立市三年行动开展监督。以“助推产业立市三年行动计划落实”为主题，由7个专委会牵头组建7个民主监督小组，分别对常德经开区、常德高新区、市发展改革委、市商务局、市工信局、市文旅广体局、市政府金融办等7个单位进行“一对一”监督，重点监督园区发展、项目建设、招商引资、企业服务等方面情况。各监督小组坚持监督与支持并重，认真履行监督职责，扎实推进监督工作，走访企业90多家，调研座谈30多场次，提出监督建议20多条。召开重点事项监督评议会开展小组点评、民主测评和集中交办，将政协民主监督意见转化成了市委、市政府工作部署和要求。

聚焦民生领域重要问题发声建言。坚持人民政协为人民的价值追求，建言民生热点，反映民生关切，让人民群众切实感受到政协很近、委员很亲。以“推动常德高等教育快速发展”为主题开展常委会议协商，提出了加大政策支持、做强优势学科、完善共建机制等建议，协商成果得到有效转化运用。以“市民之家政务服务”“农村人居环境整治”“市城区水环境保护”“市城区体育场馆设施建设”为主题开展主席会议视察，提出了一批有价值、可操作的建言成果。通过提交提案、提交微建议、反映社情民意信息等方式，为民建言、为民代言，立案提案323件、提交微建议92条、编报社情民意信息103期，促成了一批事关人民群众切身利益的民生问题有效解决。

一年来，我们紧跟党委决策部署，更加主动地服务党政中心工作。坚持党委有号召、政协有响应，党委有要求、政协有行动，始终与党政中心工作同轴运转、同向推进。

积极投身新冠肺炎疫情防控。面对突如其来的新冠肺炎疫情，市政协第一时间响应中央和省委、市委号召，把战疫情、促发展作为重大政治任务，迅速动员全市各级政协组织和广大政协委员主动参战。广大政协委员秉持为国履职、为民尽责的情怀，闻令而动、逆行而上，积极投身抗疫一线、救治一线，尽力帮助筹措资金、抢购物资，累计为疫情防控捐款捐物1800多万元；政协机关干部连续作战，积极做好物资供应、社区防控、应急值守等工作，用实际行动展现了政协人的担当与作为。以“加快突发公共卫生事件应急体系建设”为主题开展主席会议协商，提出了坚持预防为主、平战结合、科学布控、综合救治等建议，为进一步完善全市突发公共卫生事件应急体系，贡献了政协智慧、提出了政协方案。

积极助力决战决胜脱贫攻坚。坚决落实中央、省委、市委决策部署，主动参与脱贫攻坚，为助力打赢脱贫攻坚战贡献了实实在在的政协力量。着力推进“三个一”扶贫大回访，各主席会议成员牵头带领一个组、各专委会组织本委委员，分别对结对贫困村和贫困户进行上门回访，了解实际情况、落实帮扶举措、解决具体问题。着力实施“湖南政协人助力巩固脱贫攻坚成果万户帮扶行动”，全市各级政协委员和机关干部共组成721个帮扶小组，结对帮扶721个贫困户，采取主席会议成员联点包县、全市政协系统上下联动、帮扶小组挂图作战等举措，为决战决胜脱贫攻坚出劲出力。着力抓好主席会议成员扶贫点村的迎检验收工作，主席会议成员联系的10个贫困村顺利通过国检和省检，全部实现脱贫摘帽。

积极服务重点项目建设。按照市委统一部署，牵头抓好文旅康养专项小组工作，配合做好烟草、交通物流、新能源、纺织服装等专项小组工作，协调推动政策落实，协调督促项目落地。以“园区攻坚”为主题开展主席会议视察，为重点项目推进呼吁建言、出谋划策。以“助力化解疫情影响，我为发展建功建言”为主题开展委员走访月活动，引导企业界委员安全稳妥做好复工复产工作，动员职务委员立足本职岗位落实落细惠企政策，力所能及地帮助委员企业解决了物流、用工、融资等一批实际困难，协助市委、市政府做了一些强信心、暖人心的工作。

一年来，我们坚持大团结大联合，更加广泛地汇聚团结奋进强大合力。突出团结和民主两大主题，把实现中国梦的常德篇章作为奋斗动力源和方向标，坚定不移做好凝心聚力的工作，努力画出最大同心圆。

推进合作共事。发挥人民政协作为实行新型政党制度重要政治形式和组织形式的作用，邀请党派团体成员参与政协开展的重点课题调研、重点事项监督、主席会议视察、政协理论研讨等重大履职活动，更好促进了政协工作与党派团体工作有机融合、相得益彰，党派团体履职的积极性进一步提高，服务经济社会发展的作用进一步彰显。一年来，各党派团体提交大会发言材料9篇、社情民意信息115篇、提案187件，其中被市委、市政府领导签批重要履职成果43件。

广泛团结联谊。注重加强与住常省政协委员的联系服务，邀请住常省政协委员列席重要会议、参加重要活动。注重强化与旅外委员的联系联谊，引导旅外委员在助力疫情防控、助推常德发展中主动作为。注重发挥人民政协在团结民族宗教界人士中的独特作用，走访民族宗教界代表人士，定期开展民族宗教界委员的界别活动，及时反映少数民族同胞和信教群众的意见诉求，为促进民族团结、宗教和睦、社会和谐作出了积极贡献。

强化文史征集和新闻宣传。坚持以文化人、以史资政，编辑出版《常德非物质文化遗产》《常德古建之韵》传统文化丛书，较好发挥本土历史文化存史、资政、团结、育人的作用；协助全国政协、省政协广泛征集"抗击新冠肺炎疫情"和"亲历扶贫"文史资料，有效推介常德的先进典型。加强新闻宣传工作，抓好政协网站、微信公众号、常德政协刊物等宣传阵地建设，在市级以上媒体发表各类新闻稿件400多篇，被人民政协报评为"宣传工作先进单位"，进一步讲好常德发展的故事，讲好协商民主的故事，讲好政协委员的故事。

一年来，我们强化履职能力建设，更加有力地推动政协工作提质增效。主动适应新时代新要求，着眼于作风之实与履职之能的有机结合，持续推进履职能力现代化建设。

优化政协履职平台。用好用活政协云，引导政协委员和政协干部运用政协云学习履职，政协云活跃度和微建议办复率均居全省市州前列；精心组织委员线上值班活动，点击量、评论数分别达到32万次、5521条，得到省政协李微微主席的充分肯定；继续探索开展网络协商议政，组织开展2次远程协商会议，把协商从会场延伸到网上，拓展委员参与面，增强履职便利度，打造不受时空限制的协商平台。按照"成熟一批、推介一批、发展一批"的思路，深入推进委员工作室规范化建设，着力打造服务基层群众的新载体、践行协商民主的新平台，4个市级委员工作室、7个县级委员工作室被评为全省示范性委员工作室。注重发挥老委员咨询团的智库作用，强化老委员的政协情怀，引导老委员继续为常德改革发展和政协事业发展献计出力。

加强整体协同联动。认真落实关于加强市县政协联动协作的实施意见，邀请区县市政协主席列席市政协重要会议，召开区县市政协主席例会、区县市政协秘书长联席会议、专委会对口业务会议，定期交流工作，分享履职成果，形成了上下联动的良好态势。在全市政协系统开展委员读书活动，通过组织委员参加线下读书会、专家讲座、委员讲堂等方式，引导委员把读书的收获转化为履职尽责的过硬本领。

提升机关服务水平。以创建"让党中央放心、让人民群众满意的模范机关"为抓手，巩固深化机关文明创建成果，持续抓好机关自身建设，全国文明单位成功保牌。坚持用制度管人管事，修订完善公车使用、公务接待、财务管理、绩效评估等内部管理制度，切实强化制度的执行力和约束力，机关工作更加规范，机关运转更加高效。狠抓中青年干部能力提升，以中青年干部读书会为载体，召开中青年干部座谈会，开展"一月一讲座""世界读书日"读书分享、"政协文化青年谈"等活动，活跃了机关氛围，提升了能力水平。

一年来，各区县市政协认真履行三项职能，创造性地开展工作，形成了一些亮点。武陵区政协从制度建设入手，推动党建工作迈向制度化、规范化。鼎城区政协建立党组成员、机关党员联系委员制度，进一步加强与委员的联系联谊。汉寿县政协紧扣政策堵点和民生热点开展民主监督，增强了监督的针对性和实效性。桃源县政协建立提案者、承办单位、提案委三方协商办理工作机制，提案落实率大幅提升。临澧县政协建立微建议办理的规范流程，实现了微建议的高效办理、高效回复。石门县政协强化机关干部驻村蹲点扶贫责任，在石门脱贫摘帽的征程上留下了政协厚重的身影。澧县政协实施乡镇（街道）政协联络处"六有"（有活动场所、有工作人员、有办公设施、有工作制度、有办公经费、有履职档案）标准化管理，确保基层政协工作规范有序开展。安乡县政协创新委员学习机制，持续举办"百堂讲座"，提升了委员履职能力。津市市政协探索政协协商向社区延伸，在社区共建共治中体现了"有事好商量"的协商精神。各区县市政协扎实有效的工作，为提高全市政协工作整体水平、推动全市政协事业发展，发挥了积极作用。

各位委员，过去的一年极不平凡。能够取得这些成绩，是市委高度重视的结果，是市政府及社会各界大力支持的结果，是各参加单位、各级政协组织和广大政协委员倾情付出的结果。在此，我代表市政协常委会表示衷心的感谢！

回顾一年来的履职实践，我们深切地体会到：

——做好新时代人民政协工作，必须始终坚持党的全面领导、担负起政协党组的政治责任。我们把加强党的领导贯穿政协工作的全过程和各方面，自觉在市委领导下履行职能、推进工作，注重发挥市政协党组把方向、管大局、保落实的重要作用，确保了人民政协事业坚定正确的政治方向。

——做好新时代人民政协工作，必须始终坚持围绕中心服务大局、与党委政府同频共振。只有与市委、市政府同举发展旗、共谋发展事，政协履职才能有成效、有价值。我们坚持把围绕中心、服务大局作为政协工作的主题主线，找准市委、市政府正在谋划的重大问题、正在实施的重要战略、正在推进的重点工作，深度调研、广泛议政、有效监督，做到市委想什么、政协议什么，政府抓什么、政协帮什么。

——做好新时代人民政协工作，必须始终坚持在履职中创新、在创新中履职。崇尚创新、勇于创新是政协工作提质增效的持续动力。我们在传承历届政协成功经验的基础上，紧跟时代发展步伐，建立完善一系列工作制度，探索一些新方法，打造一些新亮点，推动社会主义协商民主在常德的生动实践。

——做好新时代人民政协工作，必须始终坚持强化委员责任担当、发挥委员主体作用。我们注重加强委员履职管理、搭建委员履职平台、优化委员履职服务，进一步强化委员责任心、增强委员使命感，充分发挥了广大委员在本职工作中的带头作用、在政协工作中的主体作用、在界别群众中的代表作用。

在肯定成绩的同时也要清醒地看到，我们的工作仍然存在一些薄弱环节和不足之处。主要是：建言资政的针对性还有待增强，一些涉及全局性前瞻性的问题需要看得更准、想得更深；加强思想政治引领、广泛凝聚共识的方式方法还需要进一步探索；界别特色优势和作用的发挥还不够充分；基层政协基础工作薄弱、人员力量薄弱的问题，还缺少行之有效的解决办法，等等。我们必须坚持问题导向，在今后的工作中认真研究解决。

2021年工作任务

2021年，是中国共产党成立100周年，是“十四五”开局之年，是现代化建设进程中具有特殊重要性的一年，也是市政协承上启下的换届之年。市政协工作总体要求是：坚持以习近平新时代中国特色社会主义思想为指导，认真学习贯彻中共十九大和十九届二中、三中、四中、五中全会精神，深入贯彻习近平总书记考察湖南重要讲话精神和中央、省委、市委经济工作会议精神，把服务“三高四新”战略作为第一要务，紧紧围绕“一个中心、两个枢纽、三个基地”发展要求，认真履职，主动作为，为实现“十四五”经济社会发展良好开局作出积极贡献。

1.深化党的创新理论武装。坚持把理论学习摆在更加突出的位置，持之以恒地用党的创新理论武装头脑。认真领会习近平新时代中国特色社会主义思想。完善习近平新时代中国特色社会主义思想学习制度，综合运用常委会议集体学习、理论研讨会、委员学习培训等形式，深刻领会《习近平谈治国理政》第三卷和十九届五中全会精神，持续在学懂弄通做实上下功夫。深入贯彻习近平总书记考察湖南重要讲话精神。把贯彻习近平总书记考察湖南重要讲话精神，与政协工作实际紧密结合起来，与推动履职实践紧密结合起来，切实把思想和行动统一到习近平总书记提出的打造“三个高地”、担当“四新”使命、落实五项重点任务的具体要求上来。准确把握习近平总书记关于加强和改进人民政协工作的重要思想。巩固提升习近平总书记关于加强和改进人民政协工作的重要思想学习研究成果，提请市委出台新时代加强和改进人民政协工作的实施意见，配合市委对贯彻中央、省委、市委政协工作会议和中央40号文件精神情况开展专题督查，推动中央和省委、市委关于政协工作的新要求在常德政协落实落地。

2.发挥专门协商机构作用。聚焦协商主责主业，把开展协商作为主要工作，把搭建协商平台作为主要工作方式，着力在推动专门协商机构“专”出特色、“专”出质量、“专”出水平上下功夫。精选协商课题。以助推“十四五”高质量发展为主线，以助力打造全国重要先进制造业基地、全国生态农产品基地、全国大健康产业基地为重点，围绕推进农产品精深加工、加强水源地保护，开展2次常委会议协商；围绕加快发展民营经济、加强义务教育阶段师资队伍建设、保护挖掘民族文化资源，开展3次主席会议协商。以专委会为基础，以界别为依托，组织开展14次对口协商和界别协商。营造协商氛围。坚持“有事好商量、众人的事情由众人商量”，尊重不同观点的存在，鼓励不同意见的发表，支持各种意见的交流交锋交融，做到相互尊重、平等协商而不强加于人，遵循规则、有序协商而不各说各话，体谅包容、真诚协商而不偏激偏执，形成既畅所欲言、各抒己见，又理性有度、合法依章的良好协商氛围。增强协商实效。完善协商于决策之前和决策实施之中的落实机制，探索提高协商议政质量的模式和方法，健全协商议政质量体系和评价标准。建立重要协商议政成果督办问效、跟踪反馈机制，按照“谁提交、谁跟进”的原则，通过调研、走访、座谈等形式开展“回头协商”，促进协商成果有效转化。

3.加强和改进民主监督工作。进一步强化政协民主监督职能，改进监督方式，拓宽监督渠道，扩大监督影响。推进重点事项监督。以“助推‘六稳’‘六保’政策落地落实”为主题开展重点事项监督，由专委会牵头组建7个民主监督小组，对市发展改革委、市财政局、市人社局等14个单位进行监督，重点监督责任落实、工作推进、政策执行、作风效能等方面情况。改进视察监督。把视察作为促进知情明政、履行监督职能的重要途径，围绕宗教场所规范化管理、文旅康养产业发展、乡村振兴、国家农业科技园区建设、城镇生活垃圾处理等课题，以现场看、现场听、现场议等方式，组织开展5次主席会议视察。各专委会要围绕经济发展和民生改善中的热点问题，组建委员视察团，开展一些小型务实的视察活动。强化提案监督。增加监督性提案比重，引导委员围绕重大改革举措、重要决策部署的贯彻执行情况，涉及群众切身利益问题的解决落实情况，提出高质量的监督性提案。完善提案工作制度，制定提案监督实施办法，规范监督程序和形式，确保提案监督有章可循、有据可依。同时，注重把反映社情民意信息、提交微建议作为民主监督的有效形式，引导委员开展“一事一议”式监督，更好地发挥民意“直通车”、党群“连心桥”作用。

4.推动政协工作创新发展。坚持把创新作为引领政协事业发展的第一动力，持续加强薄弱环节、改进不足之处，推动政协工作守正出新、与时俱进。持续抓好实践基地建设。进一步完善市政协党组与各党派团体联席会议制度，在“五个共同”联动合作上加大探索力度，努力形成一批创新实践成果。进一步完善中共党员委员与党外委员结对制度，细化互帮互促举措，搭建互帮互促平台，开展互帮互促活动，切实发挥中共党员委员的先锋模范作用。持续深化政协云建设使用。加大政协云二期的推广使用力度，推动委员履职与互联网深度融合，让委员学习在线、智慧连线、履职不断线，着力打造“指尖上的委员履职平台”。创新委员工作室运行模式，建设一批规范化线上委员工作室，推进委员线上值班与线下履职有机结合。持续加强政协基层基础工作。以市县政协换届为契机，积极争取市委支持，选优配强政协领导班子和机关干部，严把委员入口关，着力解决区县市政协基础工作薄弱、人员力量薄弱问题，推动政协事业持续健康发展。探索政协工作向基层延伸，指导建设“有事好商量”村民议事室或居民议事厅，紧紧围绕老百姓的操心事、烦心事、揪心事开展基层协商，努力把政协制度优势转化为基层治理效能。加强对县级政协工作的联系指导，通过思想共引、履职共推、队伍共建，强化市县政协联动协作，提升政协工作整体水平。

5.加强思想政治引领、广泛凝聚共识。认真落实全国政协关于进一步加强和促进人民政协凝聚共识的意见，坚持把加强思想政治引领、广泛凝聚共识作为中心环节，多做一些增助力、添合力的工作，为全市改革发展汇聚强大正能量。在强化新型政党制度优势中强引领、聚共识。深化同各党派团体的合作共事，支持各党派团体在政协参与全市重大事项的讨论协商，对各党派团体在政协发表意见、提出建议作出机制性安排，切实为各党派团体在政协更好发挥作用创造条件。在夯实共同思想政治基础中强引领、聚共识。建立健全重大政策宣讲制度，围绕贯彻落实党委政府大政方针政策、重大决策部署，结合改革发展稳定面临的新形势新任务，开展形式多样的宣讲活动，组织委员深入界别、深入基层，协助党委政府做好政策宣传、解疑释惑、理顺情绪、提振信心的工作。在汇聚改革发展智慧力量中强引领、聚共识。发挥政协联系广泛的优势，加强与非公有制经济人士、新的社会阶层人士、民族宗教界人士的沟通联系，加强与旅外委员及各界商会、行业协会的交流联谊，为招商引资、招才引智搭建桥梁，不断扩大常德发展的朋友圈、凝聚常德发展的向心力。

6.以党的建设为统揽加强政协自身建设。认真贯彻新时代党的建设总要求，把党的领导贯穿政协工作各方面，着力构建以党建促履职、带队伍的良好格局。强化委员责任担当。政协委员是界别群众的代表，影响大、荣誉高、责任重，一言一行广受关注，担当尽责义不容辞。要讲规矩，坚决把牢政治方向，做到政治立场不含糊、政治原则不动摇。要尽责任，珍惜荣誉，知责思进，自觉投身凝心聚力、决策咨询、协商民主、国家治理的第一线。要强本领，积极参与委员读书活动，多读书、读好书、善读书，增强当好专门协商机构成员的基本功。要守纪律，知敬畏、重品行、正操守，切实维护好人民政协的良好形象。发挥专委会基础性作用。创新专委会工作方式，更好发挥专委会联系委员、联系界别的桥梁纽带作用。着力提升专委会服务界别工作水平，组织开展界别委员学习座谈、界别协商等各具特色的活动，探索跨界别联合调研、联合视察，进一步凸显专委会特色工作品牌。打造模范政协机关。对标“让党中央放心、让人民群众满意的模范机关”建设要求，切实加强政协机关建设和干部队伍建设，从严教育、从严要求、从严管理，努力造就一支高素质的政协干部队伍。

各位委员、同志们，站在“两个一百年”奋斗目标历史交汇点上，人民政协前景广阔、大有可为。让我们更加紧密地团结在以习近平同志为核心的中共中央周围，在中共常德市委的坚强领导下，同心同德、群策群力，用实干树立政协形象，用实绩彰显政协担当，为助推开放强市产业立市、建设现代化区域中心城市作出新的更大贡献！

关于常德市2020年国民经济和社会发展计划执行情况与2021年国民经济和社会发展计划（草案）的报告（节选）

市发展和改革委员会

（2021年1月6日）

一、2020年计划执行情况

2020年是极不平凡的一年。面对严峻复杂的国内外形势，市政府积极应对新冠肺炎疫情等不利影响，认真贯彻落实中央和省各项决策部署，扎实做好“六稳”工作，全面落实“六保”任务，按照市委“收好官、守底线、抓产业”要求，深入推进开放强市产业立市，决胜全面建成小康社会和“十三五”规划圆满收官。市七届人大四次会议确定的六大类21项计划指标，有15项超额完成或基本完成。全年工作和成效主要体现在以下六个方面：

（一）统筹疫情防控，加速复工复产，经济运行平稳有序。完成地区生产总值3750亿元，增长4.2%（预计数，下同）；完成地方一般公共预算收入187.86亿元，增长2.36%。

1.防控疫情科学有力。始终把人民群众生命安全和身体健康放在第一位，第一时间启动重大突发公共卫生事件一级响应，有效遏制疫情输入扩散，做到了确诊病例零死亡、医务人员零感染、境外疫情零输入。扎实开展常态化防控，严格落实“三嵌入两闭环一纳入”（指把疫情防控工作嵌入人民群众日常工作生活、工厂企业日常生产经营、部门单位日常服务管理，实行人防、物防双闭环管理，纳入安全生产考核评价体系并与绩效考核挂钩），坚持“外防输入、内防反弹”各项措施。对重要民生商品和防疫物资价格及其供应情况开展实时监测，物价水平保持总体稳定。全市共拨付抗疫资金5.5亿元。

2.复工复产积极有为。第一时间成立全市投资项目和生产企业复工复产工作专项小组，在全省较早实现重点建设项目、规模工业企业全面复工复产，工作做法获中央办公厅和国务院办公厅联合调研组高度评价。率先在省内出台支持中小微企业稳定发展十条政策措施。85家企业入围国省疫情防控重点保障企业名单，20家企业获得专项优惠贷款5亿元。“点对点”返岗服务帮助72.49万返乡农民工有序返岗。

3.稳定投资务实有效。全力以赴抓项目扩投资稳预期，全年固定资产投资增长9.5%，增速始终稳居全省前三，其中产业投资增长17%左右。全年新投产、新开工亿元以上产业项目分别达到150个、220个；227个重点建设项目和27个省“五个100”项目（指100个重大产业建设项目、100个科技创新项目、100个重大产品创新，引进100个500强企业、100个科技创新人才）均超额完成年度目标任务。常德卷烟厂易地技改工程、中车新能源汽车扩能等一批重大产业项目相继投产，中联建起产业基地二期工程、国际农产品交易中心等一批重大在建项目加快推进。全年累计争取上级投资75亿元（发改口径），地方政府专项债78.76亿元，企业债券55.1亿元，抗疫特别国债15.5亿元。

（二）保持战略定力，壮大实体经济，产业实力稳步增强。全省产业项目建设推进现场观摩会在常召开，我市工作成效赢得良好口碑和各方赞誉。

1.坚持园区特色化，工业经济稳中有进。规模工业增加值增长4.5%以上，高新技术产业增加值增长10%以上。新增规模工业企业210家，新认定高新技术企业150家。烟草、生物医药与健康食品三大产业分别完成产值633亿元、1137亿元、1008亿元。4个园区进入全省综合评价30强，湘佳牧业成功上市。津市生物医药产业园、武陵互联网文化创意产业园被评为我市首批省级特色产业园，新增汉寿高新区、临澧高新区2个省级新型工业化产业示范基地。

2.坚持产业现代化，农业发展稳中增效。狠抓粮食安全省长责任制落实，保质保量完成国省下达的储备粮收储任务。全年粮食播种面积达58.867万公顷，粮食总产量达372.5万吨；生猪出栏335万头、存栏290万头，超额完成省定任务。规上农产品加工企业达581家，农业增加值增长4%以上。深圳国际食品谷常德产业园等项目加快推进，新增“两品一标”（绿色食品、有机农产品和农产品地理标志）认证产品73个，“常德米粉”“常德香米”“临澧黄花鱼”获批国家地理标志证明商标。

3.坚持结构均衡化，第三产业稳中提质。服务业增加值增长3.5%以上，规上服务业企业营业收入达370亿元，社会消费品零售总额接近1500亿元。互联网、软件信息、居民服务等服务业营业收入均保持两位数增长。常德（陬市）现代物流产业园被评为省级示范物流园。桃花源、柳叶湖分别获评为国家AAAAA级旅游景区、国家级旅游度假区，华侨城常德卡乐星球开业运营。文旅康养产业稳定发展，完成产值910亿元。与6家省级金融机构签署战略合作协议，新增银行贷款突破400亿元。

（三）坚持问题导向，聚焦三大攻坚，狠抓目标任务落实。切实强化使命担当，全力打好脱贫攻坚、污染防治和防范化解重大风险三大攻坚战。

1.脱贫攻坚任务如期完成。紧紧围绕“一保两防”（“一保”指保脱贫，“两防”指防返贫、防致贫）目标，聚焦“一超过两不愁三保障”（“一超过”指贫困户当年人均纯收入稳定超过4000元，“两不愁”指不愁吃、不愁穿，“三保障”指义务教育、基本医疗、住房安全有保障），不断巩固脱贫成果，国家普查现行标准达标率、明显改善率均达100%。“十三五”全市易地扶贫搬迁任务全面完成，脱贫率和搬迁群众满意度均达100%，石门县等6个典型案例入选全国“十三五”时期易地扶贫搬迁典型案例。稳定就业6个月以上人数占已就业贫困人口97.7%。认真落实第九轮对口支援工作，扎实推进对隆子县、古丈县等地帮扶援建。

2.污染防治工作扎实推进。狠抓长江经济带生态环境问题整改，14个省长江办交办的“举一反三”问题全部完成整改并销号。23个省控及以上考核断面水质优良率达到95.7%，13个县级及以上饮用水水源地水质全部达标。“夏季攻势”（指从2017年开始，省委、省政府每年统一安排，利用5月至9月天气晴好的有利时段，集中攻克突出环境问题，加快补齐生态环境质量短板）任务全面落实，市城区环境空气质量优良率、$PM_{2.5}$平均浓度分别达到84.7%、40微克/立方米。扎实做好禁捕退捕工作，8个任务区县市全面完成退捕任务，所有退捕渔民得到妥善安置。全市湿地保护率、森林覆盖率分别达到71.7%、48%。

3.债务风险得到有效防控。牢固树立过“紧日子”思想，切实加强政府性投资项目管理。158个市级政府投资计划项目完成年度投资89亿元；59个专项债券项目开工率达98.3%。积极化解市级隐性债务，提前超额完成年度任务。大力推进平台公司市场化转型，按照防化债工作目标处置资产20亿元。

（四）注重规划引领，优化区域布局，城乡发展更加协调。不断加快新型城镇化步伐，常住人口城镇化率达57%。

1.科学编制战略规划。紧跟国省工作部署，深入开展课题研究，广泛发动市民建言献策，科学描绘“十四五”发展蓝图。围绕助力全省“三高四新”战略实施，聚焦“一个中心、两个枢纽、三个基地”，阐明全市中长期战略意图和发展定位。注重和强化重大项目谋划储备，深入分析国家政策导向，系统编制全市“十四五”规划重大建设项目库。

2.着力提升城市品质。“城市大脑”建设快速推进，高铁新城、城东新区、江南城区等重点城市板块建设有序展开，新河水系北段环境整治工程、江南大道等重点项目进展顺利。有力推进保障性住房建设，累计为棚改、公租房、老旧小区基础设施配套等项目争取上级资金8.93亿元。落实物业管理联席会议制度，推动物业管理属地管理。稳步推进生活垃圾分类试点，市城区公共机构垃圾分类实现全覆盖。

3.加快推进乡村振兴。实施农村饮水安全巩固提升工程66处，90个乡镇污水处理设施建设任务全部完成，全市行政村黑臭水体消除比例达70%。提质改造农村公路244千米，开通城乡公交线路40余条。新（改）建农村危桥88座、农村集贸市场65处。汉寿县、安乡县成功创建第二批国家农村产业融合发展示范园，黄山头镇成为国家农业产业强镇示范镇，新安镇、壶瓶山镇分别获批省级特色工业小镇、省级特色文旅小镇。

（五）全面深化改革，扩大对外开放，市场活力不断释放。获评全国营商环境创新创优标杆城市，市场主体总量增长16.7%。

1.重点改革深入推进。17家国有企业整合为城发、经投、财鑫、德源等4大集团并全部完成内部重组。省级及以上产业园区76项区域评估事项工作已完成96%，完成率居全省前列。市直事业单位和国企公车改革圆满完成，区县市事业单位公车改革进入扫尾阶段。社会信用体系建设稳步推进，社会信用市场价值显著提升，发放信用贷款253.56亿元。农业水价改革、农宅合作社改革、常德经开区“大部制”改革等有序推进。

2.开放水平不断提高。全年进出口总额增长15%。新引进亿元以上产业项目286个，其中中科常德储能与微电网产业园等10亿元以上项目达35个。先后与深圳盐田港集团、国科控股有限公司等达成战略合作。常益长高铁基本完成架梁施工，益常高速复线、澧水石门至澧县航道和沅水常德至鲇鱼口航道整治即将开工，桃花源机场通航点增至21个。有序推进襄常高铁等重大项目前期工作；安慈高速石门至慈利段建成通车，实现县县通高速；官新高速、炉慈高速等交通项目加快建设。

3.营商环境持续优化。持续深化“放管服”改革，制定发布《常德市优化营商环境2020版》。深入推进工程建设项目招投标突出问题专项整治，面向社会通报两批次共计84名违规评标专家。“金融超市”上线运行。率先在全省设立企业续贷中心，为小微企业办理无还本续贷29.69亿元。积极推动“暖企行动”，省立项涉企行政事业性收费实现“零收费”，降低企业用电用气成本1.26亿元，为8760家企业减免社会保险费12.6亿元。

（六）着力改善民生，提升公共服务，社会大局团结安定。坚持以民为本，努力提升群众获得感、幸福感、安全感。

1.就业形势总体向好。坚决实施就业优先战略，全市城镇新增就业5.35万人，新增农村劳动力转移就业3.9万人，城镇登记失业率3.2%，全体居民人均可支配收入增长6.5%。累计发放培训补贴7823万元，发放创业担保贷款3亿元。三项社会保险新增扩面16.7万人次，发放价格临时补贴超8300万元、受惠群众达202万人次。

2.民生事业全面发展。获批国家首批基本公共服务标准化综合试点城市。新增公办幼儿园园位13704个，完成省定目标任务140.28%。高考成绩稳居全省前列，再次收获全省文科最高分。湖南文理学院实现省内本科一批招生。老年人服务设施城市社区、农村覆盖率分别达到100%、80%。全面取消公立医院耗材加成，完成建制乡镇卫生院2名全科医生全覆盖。每万人有效发明专利3.59件，同比增长29.89%。

3.社会大局和谐稳定。扫黑除恶专项斗争纵深推进，社会治安形势持续好转。扎实开展安全生产专项整治三年行动，全市安全生产事故起数、受伤人数、经济损失实现“三下降”。面对罕见暴雨洪峰，全市未溃一堤一垸、未垮一库一坝、不因灾死亡一人。全年没有发生重大食品、药品、产商品和特种设备安全事故。成功蝉联全国文明城市、全国双拥模范城，获评全国少数民族流动人口服务管理示范城市，信访事项办理满意率稳居全省前列。第七次人口普查顺利推进。统筹抓好审计、统计、侨务、档案、保密、气象、老年、工会、共青团、妇联等工作任务落实，社会大局安定和谐。

各位代表，少数预期性经济指标尽管未能实现年初预期，但总量或增速仍位居省内市州前列。取得这样的成绩实属不易。这是市委、市政府科学研判、积极调度、强力推进的结果，是市人大、市政协监督支持、鞭策鼓励、建言献策的结果。同时，必须清醒认识到，疫情变化和外部环境存在诸多不确定性，经济恢复基础尚不牢固，我市推动经济社会高质量发展还面临一些突出问题，部分领域还存在明显短板，主要是：常住人口城镇化率低于全国全省平均水平；县域经济实力不强，实缴税金5000万元以上工业企业不多，制造业增加值占地区生产总值比重较低；创新驱动能力不足，全社会研发经费投入占地区生产总值比重远低于全国平均水平；经济外向度不高，外贸龙头企业不多，进出口总额与我市经济体量不匹配。对于这些问题，我们将进一步深入分析研究，采取有力措施加以解决。

二、2021年计划（草案）

今年是中国共产党成立100周年，是我国现代化建设进程中具有特殊重要性的一年，也是“十四五”规划开局之年。根据中央、省委和市委决策部署，2021年全市经济社会发展工作坚持以新发展理念为引领，突出高质量发展鲜明导向，力争高质量发展综合评价位居全省前列。主要预期目标是：地区生产总值增长8%以上，规模工业增加值增长8.5%以上，固定资产投资增长10%以上，地方一般公共预算收入增长4%以上，全体居民人均可支配收入增长8.5%以上，全社会研发经费投入占地区生产总值比重达1.7%。

为实现以上目标，重点抓好以下五个方面的工作：

1.坚定不移兴产业，构建高质量发展产业体系。聚焦实体经济发展，深入推进开放强市产业立市，着力提升产业竞争力和产业链现代化水平。一是聚焦园区主战场，加快推进新型工业化。坚持以园区集群化、特色化、智能化、绿色化发展为导向，努力完善产业生态系统。加快发展新材料、新能源、人工智能及电子信息等新兴产业，增强产业链供应链抗风险能力。聚焦5G、大数据等加快产业融合步伐。完善园区各类配套设施，为企业生产和员工生活创造良好环境，力争完成园区基础设施建设投入100亿元以上、新建标准化厂房100万平方米以上。有针对性培育一批“单项冠军”（指长期专注于制造业某些特定细分产品市场，生产技术或工艺国际领先，单项产品市场占有率位居全球前列的企业）、“隐形冠军”（指那些不为公众所熟知，却在某个细分行业或市场占据领先地位，拥有核心竞争力和明确战略，其产品、服务难以被超越和模仿的中小型企业）、“小巨人”（指业绩良好，发展潜力和培育价值处于成长初期的小企业，通过培育推动其健康成长，最终成为行业中或本地区的“巨人”）企业，新增规模工业企业120家以上，力争飞沃科技上市。二是聚焦锻造高品质，加快推进农业现代化。深入贯彻国家粮食安全战略，全面落实粮食安全省长责任制和“菜篮子”市长负责制，确保粮食稳产保供。发展壮大农业龙头企业，着力培育新型农业经营主体，力争创建省级现代农业特色产业示范园3个以上，农产品加工销售收入突破2000亿元。深入推进精细农业发展，新建高标准农田3.333万公顷以上，建成高档优质稻基地20万公顷、优质油菜基地20万公顷、优质水果基地2万公顷、优质茶叶基地0.667万公顷、优质中药材基地1万公顷以上。依托农业产销对接活动，积极推介“常德香米”“常德红茶”“常德茶油”等区域公用品牌，提升常德农产品品牌影响力和竞争力。三是聚焦消费新需求，加快发展现代服务业。合理引导市场消费，推动生活性服务业向高品质和多样化升级，力争社会消费品零售总额增长10%以上。加快发展研发设计、电子商务等服务业，推动现代服务业与先进制造业深度融合发展，力争全市服务业增加值增长9%。健全物流设施、开放平台、城乡配送、供应链信息网络，着力建设以“三区四网”（“三区”是指德山及斗姆湖片区、津澧新城片区、西部新城片区。“四网”是指物流设施网、开放平台网、城乡配送网、物流供应链信息网）为支撑的现代物流枢纽，积极争取纳入国家物流枢纽承载城市布局。加快热市温泉康养综合开发、清水湖旅游度假区等文旅项目建设，力争全年旅游总收入达到550亿元以上。

2.持之以恒抓项目，强化高质量发展项目支撑。发挥好投资对经济增长的关键作用，着力优化投资结构，全年完成技改投资450亿元以上、工业投资780亿元以上。一是大力推进项目建设。实施重点建设项目200个，完成投资800亿元以上。其中，产业项目120个，完成投资420亿元以上；工业项目新开工100个以上、新投产70个以上。重点推动重庆药友原料药产业基地、武陵酱酒技扩改工程、中联智能装备配套产业园、湖南航天磁电石门产业园等一批重大产业项目建设。二是着力加强项目管理。全年推进重大前期项目100个。抓好省市重点项目、中央（省）预算内投资项目、地方政府专项债券项目调度管理。科学编制并实施好市级政府投资年度计划，建立健全政府投资绩效考评体系。聚焦工程机械、烟草、生物医药、大健康等支柱产业，加大产业链招商、专业招商和市场化招商力度，全年引进“三类500强”项目20个以上、亿元以上产业项目230个以上，其中10亿元以上项目30个以上。以项目履约率、开工率、资金到位率为重点，切实提高招商引资质效。三是全力保障项目要素。准确把握国省资金投向，完善优化中央投资、专项债、产业融资三类项目库，全年争取上级专项资金和项目投入占全省份额10%以上。聚焦项目业主单位诉求，坚持问题导向，提升项目建设服务效能。着力加强电力项目建设对经济社会发展的保障力度，力争批回土地0.133万公顷，协助做好多元化融资工作，确保重点建设项目要素需求。

3.深化改革促开放，增强高质量发展内生动力。主动对接融入国内国际双循环新格局，以改革创新增强发展内生动力，力争全市市场主体达到40万户。一是全面深化改革激活力。进一步深化国有企业改革，推动企业市场化转型，加快处置低效闲置资产。认真落实市场准入负面清单制度和国省各项减税降费政策举措。打造营商环境“常德品牌”，深化要素市场化配置改革，进一步加强“金融超市”建设。深入推进常德经开区、桃源高新区、临澧高新区体制机制改革试点工作，推动园区区域评估工作落地见效。协同推进农村集体产权制度改革、供销社综合改革等工作。提升社会信用市场价值，努力申创国家信用示范城市。完成国家基本公共服务标准化综合试点任务。二是坚持扩大开放挖潜力。加快常益长高铁、常德高铁枢纽站、益常高速复线、官新高速、炉慈高速等对外通道建设，推动襄常高铁荆州至常德段、松虎航道等重大项目前期工作取得实质性进展，力争安乡至汉寿、石门至盘塘、张家界至桃花源等重大交通项目纳入国省规划。支持骨干企业参与“一带一路”建设，新增外贸实绩企业20家以上。全年进出口总额增长15%以上，实际利用外资增长15%以上。加快常德港国际集装箱码头等项目建设，积极申建常德保税物流中心（B型）和跨境电商示范园，争取桃花源机场航空口岸再次临开，支持泰中东盟经贸合作园（指位于泰国巴吞他尼府，由泰国筑泰集团有限公司和常德市三屹进出口贸易有限责任公司合作共建的全市首家境外经贸合作园区，已于2019年11月25日正式开园）建设省级示范园。三是突出创新驱动增动力。加强中开院常德创新孵化基地、潇湘科技要素（常德）市场等创新平台建设，新增省级以上创新创业平台10家以上。着力培育创新主体，力争认定高新技术企业100家以上，科技型中小企业突破500家，全市技术合同成交额达到40亿元以上，高新技术产业增加值增长10%以上。探索设立科技天使基金、科技成果转化基金，推动更多科技成果在常德转化落地。加大各类优秀人才引进培养力度，力争全年引进博士硕士研究生600名以上。

4.统筹城乡一体化，优化高质量发展人居环境。加快推进以人为核心的新型城镇化，力争常住人口城镇化率达到58%。一是着力提升城市建设管理水平。大力推进城东新区、高铁新城、德山新港等片区开发建设。加快沅北水厂迁建，完善城市供水管网，推进污水管网建设。促进房地产市场平稳健康发展，实施老旧小区改造

3.9万户、城镇棚改4700户。建成5G基站2000个。加快建设“城市大脑”，提高城市精细化、智能化、科学化管理水平。完善市城区公共停车设施，积极推进城乡客运一体化三年行动。力争“公交都市”创建成功。有序推进市城区生活垃圾分类试点工作。积极稳妥推进津澧融合，着力打造“一城三区”发展格局。二是全面推进乡村振兴战略实施。巩固拓展脱贫攻坚成果，抓好脱贫攻坚与乡村振兴有效衔接，坚决防止发生规模性返贫现象，促进减贫战略和工作体系平稳转型。强化易地扶贫搬迁后续扶持。大力发展乡村产业，强化镇村规划引领，加快特色产业小镇建设。着力开展农业科技创新，大力发展“互联网+农业”。抓好重点垸堤防加固、大型灌区改造、大中型水库除险加固等水利工程建设。完成行政村农网改造102个。持续改善农村环境，加强农村生活垃圾和生活污水治理，力争全市农村垃圾无害化处理率达到95%以上。三是持续加强生态环境保护治理。坚持绿水青山就是金山银山理念，深入推进污染防治。狠抓长江经济带生态环境警示片披露的2个突出问题整改。围绕资源环境承载力约束性指标，加强自然资源资产管理。聚焦耕地保有量等资源利用和生态环境保护类约束性指标，进一步完善污染防治工作监督机制和体系。着力加强饮用水水源保护、黑臭水体整治，确保省控及以上地表水考核断面水质优良率达89%以上。严格执行国家产业政策，高质量完成省下达的节能减排目标任务。巩固退捕禁捕成果，全面落实河湖长制，统筹抓好河湖水系连通整治工程等项目建设。确保市城区环境空气质量优良率达80%以上。扎实推进重金属污染治理、尾矿库治理等领域生态建设。

5.兜牢底线惠民生，共享高质量发展普惠成果。把实现好、维护好、发展好最广大人民根本利益作为发展的出发点和落脚点。一是千方百计稳定就业。全面落实中央、省就业创业有关政策措施，加大援企稳岗、企业用工和重点群体就业等工作力度，打造一批“双创”示范基地。城镇新增就业5万人，新增农村劳动力转移就业3万人，确保全市就业局势总体稳定。持续落实社会救助和保障标准与物价上涨挂钩联动机制。确保常住人口基本医疗保险参保率稳定在95%以上、法定人员基本养老保险参保率达到100%。二是统筹推进民生事业。加快推进常德市第一人民医院妇幼急救中心、常德市第一中医院异址新建和常德市妇幼保健院升级改造等医卫项目建设，打造省级区域医疗中心。新建农村学校教师周转房950套，新增公办幼儿园园位1.3万个、中小学学位1.5万个，基本消除普通高中大班额。加快常德大学城建设，实施湖南文理学院芙蓉学院等独立学院转设。加快推动养老服务业发展，提升文化体育公共服务水平，办好常德柳叶湖国际马拉松赛。加强对重要民生商品和防疫物资价格常态化监测监管，严防并依法打击哄抬物价等违法行为。三是维护社会大局稳定。统筹安全和发展，确保人民安居乐业。坚持常态化抓好疫情防控，实时监测疫情动态，持续巩固疫情防控成果。牢牢守住不发生区域性金融风险底线，维护区域金融稳定。严格执行隐性债务化解方案，确保完成年度化债任务。持续抓好安全生产专项整治三年行动，着力防范化解重大安全风险。加快国家食品安全示范城市创建，健全食品安全体系。全力以赴做好国家安全、应急救援、国防动员、防汛抗旱、防震减灾、防火除患、信访维稳、人民防空、退役军人事务、档案、保密、禁毒等工作。支持工会、妇联、共青团、残联等群团组织工作，确保社会大局安定和谐。

各位代表，站在新的起点，开启新的征程。让我们在市委的坚强领导下，在市人大、市政协的监督支持下，齐心协力，锐意进取，以更加昂扬的斗志和扎实的作风，全面贯彻落实“三高四新”战略，深入推进开放强市产业立市，为建设现代化区域中心城市而努力奋斗！

关于常德市2020年预算执行情况与2021年全市及市级预算（草案）的报告（节选）

市财政局

（2021年1月6日）

一、“十三五”时期全市财政工作简要回顾

“十三五”时期，全市各级政府及其财政部门坚持以习近平新时代中国特色社会主义思想为指导，在市委的坚强领导和市人大、市政协的监督支持下，积极应对错综复杂的经济财政形势和新冠肺炎疫情严重冲击，大力实施开放强市产业立市战略，全力打好三大攻坚战，全市财政运行比较平稳，有力支持和促进了全市经济社会健康稳定发展。

财政实力登上新台阶。2020年全市地方一般公共预算收入187.86亿元，进入全省前三，比2015年增长26.39%，“十三五”期间年均增长4.79%；全市地方一般公共预算收入中税收比重比2015年提高5个百分点以上，收入质量稳居全省市州前列。2017—2019年，在全省真抓实干改善财政收入质量等财政管理考核中，常德市连续三年获得奖励，在全省市州中成绩最为突出。

服务大局呈现新作为。以服务开放强市产业立市战略为重点，“十三五”期间市财政投入超过50亿元，支持园区建设、工业发展、农业产业、品牌行动、文旅产业、外经外贸、航班航线、交通发展等方面取得大的突破；引导和支持财鑫担保等政府性融资担保机构发展，“十三五”期间帮助各类创业主体获得担保贷款500多亿元，支持缓解了企业“融资难、融资贵”的问题。

防控风险打开新局面。以2018年全面启动防范和化解政府性债务工作为标志，全市打响了防化债工作攻坚战，支出责任划分、隐性债务化解、平台公司整合转型、债务风险缓释等工作扎实推进，全市牢牢守住了不发生债务风险的底线，2018、2019年全市防化债工作考核连续两年居全省市州前列。

民生保障得到新改善。2020年全市一般公共预算支出614.83亿元，比2015年增长44.15%，“十三五”期间年均增长7.59%。过去五年，公共安全、教育、文化体育与传媒、社会保障和就业、医疗卫生、节能环保、农林水事务、住房保障等与民生密切相关的支出累计投入1996亿元，是“十二五”时期的1.6倍，财政支出的民生导向持续增强。

财政改革取得新突破。预算绩效管理改革深入推进，全面覆盖预算单位，“花钱必问效、无效必问责”的绩效理念和绩效意识逐步建立；政府会计制度改革、政府采购管理改革、国库集中支付电子化和放管服改革、非税收入收缴电子化管理改革、行政事业单位资产管理制度改革、财政投资评审管办分离改革成效明显，内控制度建设、财政监督不断加强，财政管理水平不断提升。全市营业税改征增值税试点全面完成，个人所得税、环保税、资源税等税制改革平稳实施。省与市县在水利、基本公共服务、医疗卫生、教育、科技、交通等领域的财政事权和支出责任划分完成，市与市辖管理区的财政管理体制逐步完善。

二、2020年全市预算执行情况

2020年，全市各级各部门认真贯彻市委经济工作会议和市七届人大四次会议精神，统筹推进疫情防控与经济社会发展的各项工作，扎实做好“六稳”工作，全面落实“六保”任务，打好打赢三大攻坚战，较好地完成了目标任务，预算执行情况总体稳健。

（一）2020年预算收支执行情况

1.一般公共预算

2020年，全市地方一般公共预算收入187.86亿元，比2019年增长2.36%（以下简称增长或下降），加上上级补助等转移性收入499.81亿元，收入合计687.67亿元。全市一般公共预算支出614.83亿元，加上上解上级等转移性支出48.53亿元，结转下年24.31亿元，支出合计687.67亿元，当年收支平衡。

市级地方一般公共预算收入85.35亿元，增长1.17%，加上上级补助等转移性收入136.67亿元，收入合计222.02亿元。市级一般公共预算支出123.22亿元，加上上解上级等转移性支出93.79亿元，结转下年5.01亿元，支出合计222.02亿元，当年收支平衡。

收入预算执行情况：全市各级财税部门及相关收入征管单位紧盯全年地方一般公共预算收入增幅转正、非税占比不高于2019年的目标任务，努力克服经济下行压力期、减税降费政策翘尾期叠加疫情影响，加强收入征管，压实工作责任，通过共同努力，扭转了财政收入负增长的局面，全市地方一般公共预算收入187.86亿元，增长2.36%，其中，地方税收收入123.63亿元，增长2.44%；非税收入64.23亿元，增长2.23%，非税收入占地方一般公共预算收入比重34.19%，占比低于2019年。

支出预算执行情况：全市各级各部门严格落实“过紧日子”要求，压减非重点、非刚性支出，大力盘活存量资金，加强全口径预算统筹，积极服务发展大局，为落实中央、省、市重大决策部署，维护全市经济社会发展稳定大局提供了坚实保障。全市一般公共预算支出614.83亿元，增长1.03%，剔除企业养老保险实行省级统筹因素，同口径增长7.57%；市级一般公共预算支出123.22亿元，下降5.04%，剔除企业养老保险实行省级统筹因素，同口径增长4.07%。

2.政府性基金预算

全市政府性基金预算收入253.79亿元，加上上级补助98.52亿元，上年结转30.01亿元，收入合计382.32亿元。全市政府性基金预算支出265.52亿元，加上上解上级、补助下级及调出资金87.6亿元，结转下年29.2亿元，支出合计382.32亿元，当年收支平衡。

市级政府性基金预算收入91.65亿元，加上上级补助31.8亿元，上年结转22.87亿元，收入合计146.32亿元。市级政府性基金预算支出76.17亿元，加上上解上级、补助下级及调出资金47.97亿元，结转下年22.18亿元，支出合计146.32亿元，当年收支平衡。

3.国有资本经营预算

市级国有资本经营预算收入2868万元。市级国有资本经营预算支出2008万元，加上调出资金860万元，支出合计2868万元，当年收支平衡。

4.社会保险基金预算

市级社会保险基金共5项，包括：机关事业单位基本养老保险、城镇职工基本医疗保险、城乡居民基本医疗保险、工伤保险和失业保险。其中，城镇职工基本医疗保险、城乡居民基本医疗保险实行市级统筹管理，其余3项实行分级管理。

市级社会保险基金预算收入66.31亿元，其中，保险费收入34.25亿元，利息收入0.57亿元，财政补贴收入29.88亿元，下级上解等收入1.61亿元。市级社会保险基金预算支出64.71亿元，其中，社会保险待遇支出60.52亿元，大病保险支出3.05亿元，上解上级以及补助下级等支出1.14亿元。收支相抵，当年结余1.6亿元，加上上年结余47.36亿元，年末滚存结余48.96亿元。

需要说明的是，上述预算执行情况都是快报数，在决算编制汇总后会有一些变化，届时再向市人大常委会报告。

（二）主要支出政策落实情况

全力保障防疫支出。建立疫情防控应急专项资金审核审批机制和紧急采购机制，开通资金支付绿色通道，确保应急专项资金的安全高效使用。全市共拨付抗疫资金5.5亿元，重点支持医疗设备和防控物资采购、公共救治中心建设、患者医疗救治、疫情防控人员补助等。

服务经济发展大局。市级安排11.55亿元支持开放强市产业立市，其中安排8.48亿元支持工业及园区发展、科技创新、文旅产业、现代农业、品牌战略等，安排3.07亿元支持开放型经济、航线航油补贴、交通建设等。

稳步提高社保水平。市级发放稳岗返还补贴2324万元，保障234家企业2.62万名职工稳定就业；发放失业保险金、失业补助金2917万元，惠及6840人。企业退休人员基本养老金实现“十六连增”。城市、农村低保月人均补助水平分别提高到391元、246元，特困人员基本生活标准分别提高到8760元/年、6000元/年；计划生育独生子女伤残家庭和死亡家庭特别扶助标准分别提高到700元/月、850元/月；残疾人困难生活补贴和重度残疾人护理补贴标准统一提高到70元/人·月，各项社会救助政策稳步提标。

支持教育公平发展。市级安排基础教育经费4.27亿元，重点支持消除义务教育大班额、农村学校建设三年行动、学前教育普惠行动，加快推进荷花中学、武陵区第一小学等新建学校项目和市第一中学等城区学校提质改造项目；安排职业教育经费3.53亿元，主要用于常德大学城建设、市直公办职业学校发展、职业教育政策性资金配套等。

强化公共卫生服务。市级筹措资金11.14亿元用于支持市第一人民医院、市第一中医医院和市康复医院能力建设；安排3123万元用于市辖区基本公共卫生服务配套补助及市直公立医院药品零差率补助；安排368万元用于全市行政村卫生室标准化建设和运行补助。

支持决胜脱贫攻坚。市级安排5900万元支持贫困村基础设施建设及产业发展，打赢精准脱贫攻坚战；扎实开展扶贫资金动态监控，加强扶贫资金绩效评价，提高资金使用效益；积极运用政府采购政策支持消费扶贫，全市共采购贫困地区农副产品2202万元。

支持生态环境保护。市级拨付污染防治、生态环保资金4.7亿元，重点支持污水及黑臭水体整治、垃圾处理、秸秆禁烧等；与怀化市、张家界市签订沅、澧水流域横向生态保护补偿协议，实现了全市流域横向生态保护补偿机制全覆盖；完成全市两批次共16个物种、313家陆生野生动物养殖户的退出补偿审核工作，共落实补偿金额7410万元。

各位代表，在新冠肺炎疫情持续反复、经济下行压力持续加大以及减税降费政策短期减收效应持续显现等因素影响下，全市地方一般公共预算收入增幅等相关指标尽管未能实现年初预期，但成功扭转了收入负增长的颓势，财政实力仍稳居全省第一方阵，取得这样的成绩实属不易。这是市委、市政府科学研判、积极调度、强力推进的结果，是市人大、市政协监督支持、鞭策鼓励、建言献策的结果，是各级各部门团结协作、奋力拼搏的结果。同时，必须清醒认识到：经济形势仍然严峻复杂，中央特殊时期的特殊政策不可持续，当前我市新兴财源培育有待进一步加强，财政收入增长较为乏力；而保“三保”、政府债务还本付息等刚性支出、高铁等重点项目支出持续增长，财政收支矛盾更加突出；财税体制改革等重点改革任务繁重艰巨，财政管理的绩效和水平有待进一步提升。对此，我们将高度重视，采取有力措施，切实加以解决。

三、2021年全市及市级预算草案

2021年是中国共产党成立100周年，是“十四五”规划开局之年。根据中央、省、市的有关要求，结合财政收支形势，2021年预算编制的指导思想是：以习近平新时代中国特色社会主义思想为指导，深入贯彻党的十九大和十九届二中、三中、四中、五中全会精神，坚持稳中求进工作总基调，立足新发展阶段，贯彻新发展理念，以推动高质量发展为主题，以深化供给侧结构性改革为主线，以改革创新为根本动力，以满足人民日益增长的美好生活需要为根本目的，紧紧围绕深入推进开放强市产业立市，贯彻落实积极财政政策，调整优化支出结构，切实保障“三保”支出，扎实做好“六稳”工作，全面落实“六保”任务，全力支持市委、市政府重大决策部署；全面实施预算绩效管理，推进预算支出标准体系建设，提高财政资金使用绩效；坚持以收定支、量入为出，科学预测全年收支预期，贯彻零基预算理念，强化预算法治意识，硬化预算刚性约束，推进预算信息公开，着力构建全面规范透明、标准科学、约束有力的预算制度。

根据上述指导思想，2021年预算编制的基本原则是：一是保重点。坚持“先基本支出、后项目支出”，优先保障“三保”支出，重点保障“六稳”“六保”、产业发展以及市委、市政府确定的其他重点支出，集中财力办大事。二是控一般。建立“过紧日子”长效机制，大力压减一般性支出和非刚性、非重点项目支出，严控“三公”经费、会议费和培训费支出。三是提绩效。强化绩效评价结果的运用，大幅压减低效支出，坚决取消无效支出，着力调整优化支出结构。四是守底线。牢牢守住库款管理、债务风险底线，严格债务总量管控，严禁新增隐性债务。

（一）主要支出政策

根据上述指导思想和基本原则，2021年支出预算安排紧紧围绕开放强市产业立市，更加注重提质增效和结构调整，更好服务全市经济社会高质量发展。

产业发展方面。持续加大对产业发展支持力度，大力扶持工程机械、烟草、生物医药、大健康等支柱产业，支持园区发展壮大。围绕产业结构转型升级，引导企业加大研发投入，加大对科技成果转化的支持力度。支持外贸企业破零倍增、外贸融资服务等工作，助推开放型经济发展，提升开放水平。

教育方面。支持办好人民满意教育，推进学前教育发展，持续扩增普惠性教育资源，缓解“入学难、入学贵”的问题。推动城乡义务教育均衡发展，持续推进义务教育薄弱环节改善与能力提升工程、消除大班额专项行动、农村学校建设三年行动。着力提高乡村教师待遇，设立乡村教师人才津贴制度。完善高中教育经费投入机制，改善普通高中办学条件。支持职业教育优质发展，深入推进产教融合。

社会保障和就业方面。支持就业创业，鼓励个人创业，继续加强对高校毕业生及就业困难对象的就业帮扶。保障社保待遇，稳步提高城乡低保水平和救助水平，做好特困群体兜底保障工作。落实市辖区城市低保资金配套补助政策。支持引导社会化养老服务，落实高龄补贴、孤儿救助、大病慈善救助、残疾儿童康复救助等民生政策。

卫生健康方面。支持推进健康常德建设，不断提升卫生健康服务水平。建立稳定的公共卫生事业投入机制，加强医疗人才队伍建设。落实药品零差率补助机制，支持深化综合医改。支持生物医药与中医药事业的发展。

乡村振兴方面。推动脱贫攻坚成果与乡村振兴有效衔接，保持现有资金支持规模、力度总体稳定。推进农村人居环境整治，促进美丽乡村建设。支持农村公路危桥改造等基础设施建设。支持发展特色农业产业，持续提升“常德品牌”生态农产品影响力和市场竞争力。支持重点水利工程建设及农村安全饮水提质改造。

生态环境保护方面。支持打好污染防治攻坚战，推进突出生态环境问题的整改销号。支持洞庭湖流域生态环境修复治理，深化河湖长制，落实禁捕退捕，狠抓黑臭水体整治，切实改善重点区域生态环境。支持大气环境监测监管能力建设、挥发性有机物治理、饮用水源地监测监管及耕地周边重金属管控。

基础设施补短板方面。通过积极争取上级专项资金、专项债券支持，以及PPP模式等途径解决公共服务领域重点项目资金需求，重点推进城东新区、高铁新城等片区开发项目建设，加快推进常益长高铁、常德高铁枢纽站、益常高速复线等交通项目建设，加快振兴常德水运。支持推进城镇老旧小区和农村危房改造，改善人民群众居住环境。

（二）收入预计及支出安排

1.一般公共预算

全市地方一般公共预算收入安排195.37亿元，增长4%，其中，税收收入131.14亿元，增长6.07%；非税收入64.23亿元，与上年持平；加上上级补助等转移性收入424.12亿元，收入合计619.49亿元。全市一般公共预算支出安排548.96亿元，比2020年预算增长5%，加上上解上级等转移性支出52.1亿元，结转下年支出18.43亿元，支出合计619.49亿元，当年收支平衡。

市级地方一般公共预算收入安排88.76亿元，增长4%，其中，税收收入55.1亿元，增长6.6%；非税收入33.66亿元，与上年持平；加上上级补助等转移性收入109.11亿元，收入合计197.87亿元。市级一般公共预算支出安排121.73亿元，比2020年预算增长5%，加上上解上级等转移性支出72.89亿元，结转下年支出3.25亿元，支出合计197.87亿元，当年收支平衡。

2.政府性基金预算

全市政府性基金预算收入安排208.95亿元，加上上级补助收入0.7亿元，上年结转29.2亿元，收入合计238.85亿元。全市政府性基金预算支出187.35亿元，加上上解上级、补助下级及调出资金28.14亿元，结转下年23.36亿元，支出合计238.85亿元，当年收支平衡。

市级政府性基金预算收入安排92.88亿元，加上上级补助收入0.08亿元，上年结转22.18亿元，收入合计115.14亿元。市级政府性基金预算支出85.52亿元，加上上解上级、补助下级及调出资金11.88亿元，结转下年17.74亿元，支出合计115.14亿元，当年收支平衡。

3.国有资本经营预算

市级国有资本经营预算收入安排3975万元，全部为利润收入。市级国有资本经营预算支出安排2783万元，加上调出资金1192万元，支出合计3975万元，当年收支平衡。

4.社会保险基金预算

市级社会保险基金预算收入安排72.45亿元，其中，保险费收入38.09亿元，利息收入0.6亿元，财政补贴收入31.41亿元，下级上解等收入2.35亿元。市级社会保险基金预算支出安排69.06亿元，其中，社会保险待遇支出63.41亿元，大病保险支出3.21亿元，上解上级以及补助下级等支出2.44亿元。收支相抵，当年结余3.39亿元。

需要说明的是，由于大部分区县市人民代表大会没有召开，现在提请审查的全市预算是按惯例由市里代编的，待各区县市人民代表大会审查批准当地2021年预算后，再向市人大常委会报告。

四、切实做好2021年财政改革发展工作

根据2021年预算草案编制指导思想、基本原则和主要目标任务，全市财政改革发展重点抓好以下四个方面的工作：

（一）以稳速提质为目标，积极组织财政收入。加强政策研究，重点关注地方税、直接税改革动向，积极对接落实税收征管制度改革。建成用好财税综合信息平台，着力推进财税综合治税体系建设，进一步挖掘税收增长潜力。规范非税收入征缴，压实相关收入征管单位责任，强化收入入库管理。加强协调联动，积极归集土地出让收入。通过凝聚各方工作合力，确保全市地方财政收入稳定增长、收入质量稳步提升。

（二）以保民生促发展为目标，积极做好支出保障。调整优化财政支出结构，兜牢民生保障底线，加强普惠性、基础性、兜底性民生建设，让发展红利更多惠及人民群众。聚焦开放强市产业立市重点任务，优化财政投入模式，充分发挥财政资金杠杆作用，支持完善政府性融资担保体系，进一步放大常德政府性融资担保的品牌效应；大力支持以产业基金为主导的招商引资，采用后补助、风险补偿、财政贴息等方式撬动更多金融资本、民间资金、社会资源参与支持产业发展。

（三）以防范化解风险为目标，积极做好债务管理工作。做好“控增量、化存量、防风险、推转型、开前门”工作，落实隐性债务化解措施，坚决遏制增量，妥善化解存量，平滑缓释债务风险。继续推进平台公司市场化转型，健全现代企业制度。规范政府专项债券管理，更好地发挥专项债券在补短板、惠民生、促消费、扩内需中的作用。

（四）以加快建立现代财政制度为目标，积极推进财政改革。深化预算管理改革，落实“过紧日子”要

求，强化实施“零基预算”，持续推进专项资金实质性整合，深入推进项目库管理，建立健全项目入库评审机制和项目滚动管理机制；规范预算执行管理，加强结余结转资金统筹，大力盘活财政存量资金。深入实施预算绩效管理，强化绩效评价结果应用，提升预算绩效管理实效。推进财政事权与支出责任划分改革，严格对照省与市县相关领域财政事权和支出责任划分方案，进一步明晰市与区县市有关财政事权和支出责任，着力推动市与市辖区财政事权和支出责任划分改革，促进区域内基本公共服务均等化。大力加强财政法治建设，严格贯彻落实《中华人民共和国预算法》及其实施条例，严肃财经纪律，坚决守紧财政管理“六条红线”，建立健全财政工作“四项机制”，确保财政健康平稳运行；进一步加大预决算公开力度，充分发挥财政监督、会计监督作用，纵深推进内部控制体系建设，切实加强政府采购管理、投资评审管理、资产管理，着力打造阳光财政、法治财政。

各位代表，2021年，我们将在市委的坚强领导下，自觉接受市人大监督，认真听取市政协建议，锐意进取、奋发有为，深入推进开放强市产业立市，为全市“十四五”顺利开局、建设现代化区域中心城市而努力奋斗！

大事记

1月

2日　《中国推介》首页推介常德桃花源。

3日　常德市召开2019年度各民主党派市委、市工商联和无党派人士参政议政专题调研成果汇报会。市委副书记、市长曹立军主持汇报会。

同日　常德市第一人民医院举行急救中心妇儿中心综合大楼开工奠基典礼。该大楼位于市城区建设东路与贺八巷交会处，占地约1.6公顷，建筑面积7.7万平方米，总投资6.9亿元。

同日　常德市安乡县三岔河镇梅家洲村、鼎城区草坪镇三角堆村、澧县城头山镇詹家岗村、汉寿县岩汪湖镇金盆岭村4个村被评为全国乡村治理示范村镇。

4日　由《小说选刊》杂志社、中国微型小说（小小说）创作基地、武陵区纪委监委、武陵区委宣传部、武陵区文联举办的2019“善德武陵杯·全国微小说”精品奖评选揭晓。戴希的《穿袜还是戴帽》、蔡中锋的《中华神耳》和文敬芳的《面子》3篇微小说获一等奖，聂鑫森的《昨夜无故事》等7篇微小说获二等奖，赵淑萍的《梨花白》等10篇微小说获三等奖。

同日　石门县壶瓶山镇北溪河村举办第五届年猪节活动，湘鄂两省边界10多个市县的2000多名游客参与、观看传统“杀年猪”“吃杀猪饭”等系列活动。

7日　常德市2020年优质农产品产销对接暨首届农产品电商PK赛在常德河街春秋广场开幕。

8日　中联重科股份有限公司与常德财经机电职院（筹）共建中联产业学院签约及揭牌仪式举行。

9日　常德市召开“不忘初心、牢记使命”主题教育总结会，深入学习贯彻习近平新时代中国特色社会主义思想，全面落实中央和全省“不忘初心、牢记使命”主题教育总结大会精神，认真总结主题教育成果和经验，进一步推动全市主题教育走深走实。

15日　常德市第一中医医院成功申报省中医骨伤临床医疗技术示范基地，成为全省8家临床医疗技术示范基地之一，是全市唯一一家中医骨科医疗技术示范基地。

16日　常德市地方志编纂室被中国地方志指导小组办公室评为2019年度“全国地方志工作先进集体”。

18日　省委常委、省委宣传部部长张宏森到常德市走访慰问部分困难党员和困难群众。市委书记、市人大常委会主任周德睿参与慰问。

同日　常德卡乐星球欢乐世界主题公园开园。

20日　市七届人大常委会召开第二十八次会议，市人大常委会党组书记、副主任余怀民主持会议。会议听取常德市第七届人民代表大会常务委员会代表资格审查委员会关于个别代表的代表资格审查报告；市人大常委会秘书长李绍霞传达学习省十三届人大三次会议政府工作报告主要精神、省人大常委会工作报告主要精神和省委书记、省人大常委会主任杜家毫在闭幕会上的讲话精神以及省委副书记、省长许达哲在常德代表团的讲话精神。

21日　市委书记、市人大常委会主任周德睿主持召开市委常委会会议，传达学习习近平总书记关于新型冠状病毒感染的肺炎疫情防控工作的重要批示精神以及全国、全省新型冠状病毒感染的肺炎疫情防控工作会议精神；传达学习中央、全省有关会议和讲话精神，研究常德市贯彻落实意见。

同日　市委副书记、市长曹立军主持召开市政府第44次常务会议，传达学习全省两会和省政府全会精神，传达贯彻全国、全省新型冠状病毒感染的肺炎疫情防控工作会议精神，安排部署当前重点工作。

22日　国家林业和草原局公布全国第一批国家森林乡村名单。常德市武陵区芦荻山乡芦山社区、白鹤镇梁山社区；鼎城区草坪镇三角堆村、石板滩镇毛栗岗村；桃源县双溪口镇洞湾村、沙坪镇赛阳村；石门县罗坪乡长梯隘村、南北镇薛家村；临澧县佘市桥镇雅林村；安乡县三岔河镇梅家洲村；澧县澧南镇仙峰村、复兴镇双堰村；汉寿县龙潭桥镇莲荷塘村；津市市白衣镇白衣庵社区等14个乡村获评“国家森林乡村”。

23日　市委副书记、市长曹立军主持召开全市新型冠状病毒感染的肺炎疫情防控工作领导小组第一次会议，对全市疫情防控工作进行调度部署。

24日　市委副书记、市长曹立军主持召开会议，传达贯彻省委书记杜家毫视频督导疫情防控工作的指示要求和省委副书记、省长许达哲在省政府疫情防控工作视频调度会议上的讲话精神，就进一步做好常德市新型冠状病毒感染的肺炎疫情防控工作进行紧急会商。

同日　市新型冠状病毒感染的肺炎疫情防控工作领导小组启动常德市重大突发公共卫生事件一级响应。

2月

1日　常德市湘粤冷暖设备有限公司选派17名30～50岁的管道、通风工程方面的骨干员工赴武汉援建“雷神山”医院。

2日　常德市卫生健康委员会通报，2月1日0时至24时，全市新增确诊病例3例，新增重症病例1例（澧县1例），累计报告确诊病例42例（澧县15例，武陵区9例，安乡县5例，鼎城区、桃源县各3例，汉寿县、津市市、石门县各2例，临澧县1例），危重病例2例，重症病例2例，累计死亡病例0例，累计治愈出院病例0例。新增疑似病例27例，累计疑似病例48例。下午，市委副书记、市长曹立军主持召开疫情防控会商会，对当前疫情形势分析研判，并对下阶段防控工作进行安排部署。曹立军要求，要严格诊断把关，各区县市医院要切实遵照诊断标准，规范疑似病例诊断和报送，提高疑似病例诊断的准确率，卫健部门要严格审核把关，减轻市第二人民医院集中救治压力，减少医疗防护器材消耗，防止出现交叉感染。要强化防控措施，宣传发动要更深入，务必真正做到家喻户晓、人人皆知，让广大群众切实遵照执行；人员排查要更到位，切实做到防死、查清、控住；防控措施要更严格，对疫情较为严重的地区要升级防控举措，必要时对确诊病例、疑似病例较为集中的地方分类实行封闭管理。要加强科学指导，根据疫情发展变化，及时调整完善防控举措，力求精准到位，要明确一批防控重点区域，相关部门要对中央空调、电梯等设施设备的使用，以及下水道、化粪池的消毒处置进行科学指导，便于基层科学开展防控工作，做到精准施策。

4日　市委常委会召开扩大会议，传达学习2月3日中共中央政治局常务委员会会议精神、国务院关于复工复产的部署要求以及省委常委会、全省市州委书记视频会议等精神，研究常德市贯彻落实意见；听取防控有关情况的汇报，研究部署下阶段疫情防控工作。市委书记、市人大常委会主任周德睿主持会议，市委副书记、市长曹立军出席并讲话。

同日　市委副书记、市长曹立军主持召开市政府第46次常务会议。会议传达学习中共中央政治局常委会会议、中央应对新型冠状病毒感染的肺炎疫情工作领导小组会议、全省市州委书记视频会议精神。市政府印发《常德市应对新型冠状病毒感染的肺炎疫情支持中小微企业稳定发展的十条政策措施》。

5—6日　省委常委、省委统战部部长、省委第四指导组组长黄兰香到常德指导检查疫情防控工作，看望奋战在抗疫一线的工作人员，并召开情况反馈会，会商工作中遇到的困难问题。5日上午，黄兰香到常德市疫情最严重的澧县指导疫情防控工作。

8日　常德市第一中医医院6名医护人员组成的医疗小组应召出征，驰援武汉。

10日　国务院应对新型冠状病毒肺炎疫情联防联控工作机制湖南指导组一行到常德市指导疫情防控工作，并召开工作汇报会。指导组组长何翔一行听取常德市疫情防控工作情况汇报，并对常德市下一步防控工作作出研判分析指导。

同日　湖南常德牌水表制造有限公司向市政府捐赠100万元现金购买防疫物资，益丰大药房连锁股份有限公司向市政府捐赠价值100万元的防疫物资，支援全市新冠肺炎疫情防控工作。副市长汤祚国出席捐赠仪式，并为两家捐赠企业颁发捐赠证书。

11日　以视频形式召开全市决战脱贫攻坚暨防控新冠肺炎阻击战推进会，两场战役一起动员部署，深入学习贯彻中央、省里相关部署要求，动员全市上下鼓舞斗志、振奋精神，集中精力、攻坚克难，全力打好疫情防控阻击战，向脱贫攻坚最后堡垒发起全面总攻，确保全市社会大局安全稳定，确保全面建成小康社会目标顺利实现。市委书记、市人大常委会主任周德睿，市委副书记、市长曹立军出席并讲话。市委副书记朱水平主持会议。全体市委常委，市人大、市政府、市政协和常德军分区的相关领导，市直相关部门单位的主要负责人在主会场参加会议，各区县市党政主要负责人及乡镇党委书记、市派驻村工作队队长、县派驻村工作队队长在分会场参加会议。

11—12日　省委常委、省委统战部部长、省委第四指导组组长黄兰香带领指导组前往安乡县调研指导疫情防控工作。

12日　副省长何报翔到常德市督导检查疫情防控工作和企业复工复产工作。市委书记、市人大常委会主任周德睿，市委副书记、市长曹立军，市领导汤祚国、杨成英等参加督导检查。

13日　市委书记、市人大常委会主任周德睿主持召开市委常委会会议，传达学习中央和省疫情防控有关会议精神，听取常德市新冠肺炎疫情防控工作等情况的汇报，进一步研究部署常德市下一阶段疫情防控工作。会议听取市人大常委会、市政府、市政协、市中级人民法院、市人民检察院党组2019年度工作情况汇报，审议2020年相关工作要点。市委副书记、市长曹立军参加会议。

14日　市委书记、市人大常委会主任周德睿主持召开市委常委议事协调会议，专题研究部署政府性债务风险防控及平台公司规范整合工作，解决重点难点问题，研究部署下阶段工作。

同日　常德市贸促会为常德达门船舶有限公司出具首份新冠肺炎疫情不可抗力事实证明书。

15日　常德市第一人民医院30名医护人员紧急集结，出征武汉战“疫”，市委书记、市人大常委会主任周德睿为医护人员送行，市委副书记、市长曹立军主持出征仪式。

同日　常德军分区召开切实做好民兵参与打赢疫情防控阻击战政治工作推进会。常德军分区政委董亮出席并讲话，常德军分区副司令员徐赞军出席。

17日　中共常德市委、常德市人民政府、常德军分区向全市广大民兵颁发“民兵参加打赢疫情防控阻击战动员令”。

21日　湘雅常德医院在医院前坪举行简单而隆重的出征仪式，为即将奔赴湖北武汉的35名湘雅常德医院医护人员壮行。这是常德市派出的第三批医疗队，加上首批医疗队市第一中医医院的6人，第二批医疗队市第一人民医院的30人，常德市支援湖北医务人员达71人。市委书记、市人大常委会主任周德睿出席出征誓师仪式并讲话，市委副书记、市长曹立军主持仪式。

22日　常德市首次选派2名疾控人员出征湖北黄冈，增援湖北抗疫。

同日　常德惠民医院6名护士和常德军创医院2名护士作为“白求恩血液透析医疗队”志愿者，作为常德市民营医院的代表自发增援武汉，参与救治武汉感染新冠肺炎的尿毒症患者。

25日　市委副书记、市长曹立军主持召开市政府第48次常务会议。传达学习习近平总书记在统筹推进新冠肺炎疫情防控、经济社会发展工作部署会议上的重要讲话精神和省委常委会会议精神，研究城市绿化、城市供水、农村宅基地确权颁证等工作。会议审议《常德市城市绿化管理办法（草案）》；听取市沅北水厂迁建项目有关情况的汇报，原则通过沅北水厂项目选址和建设方案，确定“公益性项目、市场化运作”的基本思路；听取全市农村宅基地和集体建设用地房地一体确权登记颁证工作的情况汇报。

同日　常德市餐厨垃圾无害化处置工程PPP项目在武陵区签约。

27日　湖南天心种业股份有限公司和常德市西湖管理区正式签约，双方确定在西洲乡黄泥湖村二组建设800头能繁母猪养殖基地，为常德境内最大的能繁母猪养殖项目。

28日　以视频会议形式召开全市生态环境保护工作会议暨市生态环境保护委员会2020年第一次全体会议。

3月

1日　市委副书记、市长曹立军主持召开疫情防控会商会，就常德市疫情防控工作进行评估研判，安排部署下阶段工作。至2月29日24时，全市累计报告新冠肺炎确诊病例82例，累计出院病例72例，疑似病例0例。

同日　在疫情防控的关键阶段，常德市增派1126名机关事业单位干部进入281个社区，与社区干部共同筑牢疫情防控防线，共同打赢疫情防控人民战争、阻击战、总体战。

2日　副省长吴桂英率领省卫健委医疗专家到常德调研督导新冠肺炎疫情防控工作，看望慰问定点救治医院医护人员及患者。

3日　市委书记、市人大常委会主任周德睿主持召开市委常委会会议，传达学习中共中央政治局常务委员会会议、省委常委会会议及相关文件精神；传达学习省委副书记、省长许达哲到常德调研指示精神；听取常德市新冠肺炎疫情防控、企业复工复产、春季农业生产等工作情况汇报；研究讨论《关于进一步保护和关心爱护疫情防控一线医务人员的若干措施（审议稿）》等文件。会议传达学习省委书记、省人大常委会主任杜家毫在全面小康决胜年“六覆盖”工作座谈会上的讲话精神；传达学习全省机构改革总结会议、全省机构编制工作会议、省委农村工作会议精神；听取党委办公室工作情况汇报；研究并审议《中共常德市委常委会2020年工作要点（讨论稿）》等文件。

4日　中国共产党常德市第七届纪律检查委员会第五次全体会议召开。市委书记、市人大常委会主任周德睿出席会议并讲话，市委副书记、市长曹立军主持会议。市委常委、市纪委书记、市监委主任罗翠林代表市纪委常委会作题为《发扬斗争精神 提升监督效能 为决胜全面建成小康社会提供坚强保障》的工作报告。

同日　湖南燕老三食品有限公司的固定污染源排污登记回执在系统上正式生成，成为常德市启动环保“一证式”监管后，第一张排污登记回执。

5日　市委以“多会合一”形式召开全市党委系统工作会议，总结通报2019年度全市党委系统工作，安排部署2020年全市党委系统工作。市委书记、市人大常委会主任周德睿出席会议并讲话，市委副书记、市长曹立军主持会议并讲话。

同日　常德2020年一季度重点建设项目集中开工仪式主会场在常德经开区智能电子产业园三期工程项目建设现场举行，各区县市分别在分会场举行开工仪式。全市集中开工重点建设项目76个，总投资411.87亿元，其中产业项目7个，总投资315.86亿元，占全部开工项目的3/4以上。

6日　截至当天，常德市82例冠肺炎患者治愈出院，全市确诊病例动态清零，治愈率达100%，以“患者零死亡、医护人员零感染”的记录，实现新冠肺炎阻击战阶段性胜利。

同日　据中国民用航空局2019年民航机场生产统计公报，常德桃花源机场年度旅客吞吐量110.6万人次，同比增长52.3%，全国排名第100位，跻身全国机场百强。

14—16日　国家调研工作组到常德市调研复工复产工作。市委书记、市人大常委会主任周德睿参加座谈。市委副书记、市长曹立军陪同调研。

17日　省委常委、省委政法委书记李殿勋一行深入常德市调研推进社会治理创新工作和汉寿县脱贫攻坚工作情况。先后到桃源县漳江街道白佛阁社区调研社会治理创新、桃花源公安分局调研雪亮工程建设、汉寿县罐头嘴镇福兴村调研脱贫攻坚工作。

22日　市妇幼保健院生殖中心一例单角子宫试管妈妈成功分娩。

22—23日　省委常委、省纪委书记、省监委主任傅奎到石门县、澧县、安乡县调研督导脱贫攻坚、疫情防控和春耕生产工作。

25日　常德市13名一线教师赴西藏支教。其中，“市本级援藏计划”6名教师对口支援隆子县中学，为期一年半；“组团式援藏计划”3名教师对口支援山南市第三小学，“万人援藏计划”4名教师，均为期三年。

27日　市人民政府七届八次全体会议暨全市政府系统工作会议召开。会议贯彻落实党中央国务院、省委、省政府和市委决策部署，对2020年全市产业发展、项目建设、城市提质、乡村振兴、民生改善、安全稳定、环境保护、脱贫攻坚等重点工作进行全面部署。市委副书记、市长曹立军主持会议并讲话。

同日　常德市桃花源旅游景区、常德诗墙公园、石门县夹山旅游区、鼎城区红烨景区、桃源县枫林花海景区、柳叶湖旅游度假区6个景区获2019年省文明风景旅游区公示。

29日　市政府再次重奖“功臣”企业。54家为全市经济社会发展作出突出贡献的优秀企业喜获市政府颁发的“增长卓越奖”“税收贡献奖”“就业贡献奖”“科技创新奖”“技改扩规奖”5项个性化奖励，共同分享奖金2625万元。

30日　全国农牧渔业丰收奖评审，常德市有9个项目获奖，其中二等奖1项、三等奖2项，6人获个人贡献奖。“籼型三系不育系贺50A及其系列杂交水稻组合的选育与推广应用”获得农业技术推广成果奖二等奖，湖南省贺家山原种场为第一完成单位，李智谋为第一完成人；“常德市优质稻丰产技术集成与推广应用”获得农业技术推广成果奖三等奖，常德职业技术学院为第一完成单位，王朝晖为第一完成人；“大白菜新品种引进示范与绿色高质高效栽培技术推广”获得农业技术推广成果奖三等奖，常德市农林科学研究院为第一完成单位，田军为第一完成人。石门县农业农村局董世平、石门县秀坪园艺场杜洪波、桃源县农业农村局刘茂秋、桃源县农业科学研究所伍中胜、桃源县理公港镇农业和农村经营管理服务站简春盛、安乡县粮油作物工作站田祖庆6人获得农业技术推广贡献奖。

4月

4日　市委、市政府在市新冠肺炎疫情防控指挥部举行集体哀悼活动，市委常委、副市长涂碧波出席。市委、市政府有关部门负责人及指挥部值班工作人员全体肃立，默哀3分钟，向为抗击疫情而牺牲的英雄们致敬，向在疫情中不幸逝世的同胞表示深切缅怀。

6日　鼎城区花岩溪国家森林公园首次发现国家一级保护动物白颈长尾雉，林业部门对其进行密切观察和保护。

9日　常德高铁枢纽站南北广场项目建设正式启动。

同日　由市公安局警官培训中心教官团队研发的“一种可收纳的安全防护盾牌”项目，被国家知识产权局授予实用新型专利权。

10日　常德高新区的智能装备产业化研发试验平台项目、津市高新区的生物医药公共技术服务平台项目和临澧高新区的新材料产业公共技术服务平台项目获得569万元省预算内资金支持，争资项目数居全省各市州第一位。

12日　全省春耕生产暨农机装备产业转型升级现场推进会在常德召开。

13—15日　省委副书记乌兰到常德市调研。到全国脱贫攻坚模范王新法生前工作的石门县南北镇薛家村，并利用晚上时间与村民代表及王新法家属进行座谈。前往湖南斯盛新能源公司、正大润滑油产品研发生产项目、中联建起等企业，对复工复产推进情况和自主创新等情况进行调研。

14日　津市市入选全国水系连通及农村水系综合整治试点县（市）。

15日　市委书记、市人大常委会主任周德睿主持召开市委常委会会议，传达学习中共中央政治局常务委员会会议精神、习近平总书记对安全生产作出的重要指示精神，以及中共中央关于"不忘初心、牢记使命"主题教育有关报告精神，听取相关工作汇报，审议相关文件。

17日　石门农产品上榜首批"全国扶贫产品名单"。

19日　桃花源入选2019湖南十大文旅地标。

同日　常德市人民政府和张家界市人民政府正式签订澧水流域横向生态保护补偿协议，标志着常德市在流域横向生态保护补偿机制建设上取得"零的突破"，将对稳定和改善澧水流域水质、保护长江流域水环境发挥积极作用。

22日　省委常委、常务副省长谢建辉一行到常德调研，并主持召开全省重点项目洞庭湖推进会。

同日　常德召开全市脱贫攻坚工作约谈暨脱贫攻坚质量"回头看"推进会。对脱贫质量"回头看"工作进行再部署再调度。进一步传递压力，凝聚共识，全力以赴抓好问题整改和脱贫质量"回头看"工作，确保打赢脱贫攻坚收官之战。

24日　常德市企业湖南湘佳牧业股份有限公司股票首次在深圳证券交易所上市，是继金健米业、大湖股份、佳沃股份、益丰药房之后，常德第五家A股上市公司，也是中国生鲜家禽第一股。

26日　共青团常德市七届二次全委（扩大）会议召开。

28日　常德市推动智慧党建暨基层公共服务（一门式）全覆盖工作会议在津市市召开。

同日　集智绿色生物科技产业园项目暨常德市2020年二季度重点建设项目集中开工仪式在常德高新区举行，各区县市分别在分会场举行开工仪式。

同日　市第一中医医院煎药中心·湖南一方（常德）智能配送中心启动仪式在湖南一方天江药业有限公司质检楼大厅前坪举行，标志着常德市首家中药代煎配送中心正式投入运营。

同日　石门县南北镇薛家村获2020年湖南省文化和旅游扶贫示范村授牌。

28—29日　市七届人大常委会召开第三十次会议，市委书记、市人大常委会主任周德睿，市人大常委会党组书记、副主任余怀民，副主任王先蒙、罗少挟、戴君耀、杨新辉、宋云文，秘书长李绍霞出席会议。会议听取和审议市人民政府关于2019年环境状况和环境保护目标完成情况、市人民政府关于2019年市级政府投资项目执行情况与2020年计划安排（草案）情况、农村饮水安全工作情况、贯彻实施《中华人民共和国食品安全法》情况的报告；听取和审议市人大常委会执法检查组关于检查《中华人民共和国食品安全法》实施情况的报告；审议市人民政府关于提请审议《常德市柳叶湖旅游度假区条例（草案）》的议案；听取和审议市人民政府关于《常德市人民代表大会常务委员会关于市物业管理工作情况报告的审议意见》《常德市人民代表大会常务委员会关于居家和社区养老服务工作情况报告的审议意见》研究处理情况报告；审议市人民政府关于《常德市人民代表大会常务委员会关于我市农村人居环境整治工作情况报告的审议意见》《常德市人民代表大会常务委员会关于全域旅游工作情况报告的审议意见》研究处理情况报告；审议表决有关人事事项。

30日　常德市集中慰问支援湖北医疗队和一线医务人员、劳模工匠代表、三八红旗手代表，并召开青春战"疫"先进典型座谈会。

同日　常德"国企品牌'惠'进万家"品牌推广活动仪式在常德柳园锦江酒店举行，推出近千款国企品牌产品及总价值约百万元的优惠福利。

5月

2—4日　省委副书记、省长许达哲到常德石门调研经济社会发展工作，到多个乡镇了解基层运转、脱贫攻坚情况，检查节日旅游市场。市委书记、市人大常委会主任周德睿，市委副书记、市长曹立军参加座谈。

4日　常德市创业孵化基地、常德市电商创业孵化园、湖南文理学院大学生创新创业孵化基地被评为省级优秀创业孵化基地。

同日　常德财经机电职业技术院（筹）学生高源佐获"中等职业教育国家奖学金"。

6日　临澧县丁玲学校、石门县思源实验学校成功入选2019年度全国防震减灾科普示范学校。

同日　城东公交站正式启用。城东公交站位于市城区东江街道新坡社区，占地3.27公顷，建筑面积2700平方米，设置有综合楼、维修车间、洗车间等功能性场所。站内共建有190个公交车停车位，配备充电桩60根，可一站式实现车辆停放、中转、充电、维修保养及办公调度等功能，大幅度满足公交车辆入场充电需求，提升城市公交进场率。

7日　市文联四届十次全会暨第六届常德原创文艺奖颁奖大会召开，21个设奖类项全部开评，评出《半世繁华半世劫》等获奖作品41件。

同日　汉寿县人民政府与中国移动常德市分公司、中国电信常德市分公司、中国联通常德市分公司、中国铁塔常德市分公司，举行汉寿县5G试点城市建设项目签约仪式，总投资5.09亿元，汉寿县成为常德市首家5G试点城市建设县。

7—9日　省政协副主席戴道晋率领省政协调研组到常德市，调研落实社会保障兜底扶贫政策、建立解决农村相对贫困的长效机制和加强乡村人才队伍建设、推动乡村振兴两项工作，并召开专题座谈会。

13日　央视《新闻联播》播出常益长铁路沅江特大桥首节大直径双壁钢围堰顺利下水的画面。沅江特大桥双壁钢围堰总高50.4米，内径35米，分为6节，为当前中国内陆深水领域最高的双壁钢围堰。

14日　第二十五届湘西北汽车博览会在柳叶湖汽车营地开幕，67家汽车销售公司的72个汽车品牌参与，活动持续至5月17日。

同日　市委书记、市人大常委会主任周德睿主持召开市委常委会会议，传达学习4月29日、5月6日中共中央政治局常务委员会会议精神，以及省委副书记、省长许达哲到常德调研讲话和全省市州长座谈会精神，听取2019年度全市绩效评估和全市食品安全等工作情况汇报，研究部署常德市贯彻落实意见。会议听取2019年度全市绩效评估结果情况和全市统计及第七次全国人口普查工作情况汇报；听取2019年度拟以“两办”名义发文通报的单项工作考核结果汇总及2020年度市级考核奖励项目初审情况。

15日　常德市杜佩臻家庭和黄慧家庭获评全国抗疫最美家庭。

17日　“常德人游常德”系列推介活动启动仪式在常德河街举行，全市各区县市文旅广体局、全域旅游中心、景区及旅游企业现场推介旅游线路产品、发布优惠政策，直通车合作旅行商、战略合作旅行商以及省内旅行社代表100余人参会。

18日　全球首个百兆瓦级多电源融合技术实验验证平台在常德经开区开工建设。

19日　常德市国土空间规划编制工作动员会召开，全市国土空间规划编制工作正式启动。

同日　2020中国旅游日湖南宣传活动暨2020桃花源文化旅游节在常德桃花源开启帷幕。

21日　副省长朱忠明前往汉寿县、武陵区等地，对常德市人社、民政等工作进行调研。

22日　常德市企业联合会、常德市企业家协会授予常德财鑫金融控股集团有限公司等10家企业为“常德市第十三届十佳优秀企业”，授予陶红等10人为“常德市第十三届十佳优秀企业家”称号。

同日　柳叶湖清科基金小镇“基金沅澧行”集中签约仪式在市产业办举行。6家常德本土优质企业获得1.85亿元的直接投资。

同日　由市人社局、市就业服务中心、桃花源旅游管理区管委会联合举办的“一村一主播”首期村播创业训练营暨桃花源文旅主播训练营开营。

23日　由湖南省文联、湖南省总工会组织的2020年“到人民中去”第七个中国文艺志愿者服务日活动在常德启动。

29日　市第一人民医院与彭孝军院士团队在芷园会堂签约，正式成立“彭孝军院士肿瘤精准诊疗研究院”。

6月

1日　常德市召开脱贫攻坚问题清零推进会。

2日　由常德市委宣传部（常德市人民政府新闻办）出品、常德日报社制作的常德城市形象宣传画册《常德·2020》电子版首发。

同日　市恒德社会工作服务中心、常德鸿志中等职业技术学校、武陵区大康倍融康复教育中心、石门县康乐福居家养老服务教育中心、石门县康乐福居家养老服务中心等17家常德社会组织被评为全省第一批“十百千”示范社会组织。

3日　省政协副主席胡旭晟一行到常德市就“落实支持政策，助推港澳台侨企业高质量发展”课题开展监督调研。

4日　常德军地应急力量联合行动检验性演练在桃源县双洲公园附近水域举行。

5日　第49个世界环境日，以“美丽中国我是行动者”为主题的“湘”约桃花源2020年“六五”环境日湖南主场活动在常德举行。副省长陈文浩出席活动。会上，为“第二届湖南最美基层生态环保铁军人物”颁奖。

5—6日　副省长陈文浩一行到常德市调研老旧小区改造、智慧党建工作，前往津市市澧县等地，督导检查防汛抗旱工作。

11日　副省长陈飞到常德市调研特色、支柱工业产业。市委副书记、市长曹立军参加调研。

12日　在“全国交通运输系统先进集体、劳动模范和先进工作者”表彰大会上，常德市交通运输局被授予“全国交通运输系统先进集体”称号。

同日　由常德路桥集团施工建设的罗湾大桥改扩建工程通过竣工验收。工程于2018年4月正式动工建设，2020年1月试通车。改造后桥梁总宽度为36米（原桥梁宽度18米）双向八车道，全长1033.847米。

15日　市委常委会召开扩大会议，安排部署产业项目建设、脱贫攻坚、生态环保、防汛备汛、落实河（湖）长制、完善基层公共卫生体系、食品安全、安全生产、社会大局稳定、党风廉政建设10项重点工作。

16日　市政协主席李爱国主持召开第七届第51次主席会议，专题协商加快突发公共卫生事件应急体系建设。

19日　常德市举行生物医药产业项目签约仪式，20个生物医药产业项目集中签约。

21日　“魅力常德·城市花园”2020常德地产招商推介会在长沙梅溪湖举行，全国各地130余家的知名房地产开发企业应邀出席。

22—23日　副省长隋忠诚一行到常德调研考察脱贫攻坚、禁捕退捕及粮食生产工作。

23日　中国共产党常德市第七届委员会第八次全体（扩大）会议召开。会议主要任务是贯彻落实习近平总书记考察湖南重要讲话和省委十一届十一次全会精神，听取市委常委会工作报告，总结全市前三季度工作，安排部署第四季度工作，动员全市上下坚定不移沿着习近平总书记指引的方向前进，深入推进开放强市产业立市，圆满完成全年各项目标任务。市委书记、市人大常委会主任周德睿代表市委常委会作工作报告。市委副书记、市长邹文辉主持会议。

26日　市委书记、市人大常委会主任周德睿主持召开市委常委会会议，传达学习习近平总书记对新时代民营经济统战工作作出的重要指示精神、全国民营经济统战工作会议、省委统战部有关会议精神；听取常德市立法工作有关情况和召开常德市第六次少代会情况的汇报，研究常德市贯彻落实意见。

27日　临澧县宋庆莲、桃源县谢桂林（笔名谢鸾）2名作家获冰心儿童文学新作奖。

28日　市委书记、市人大常委会主任周德睿主持召开市委常委会（扩大）会议，安排部署疫情防控、脱贫攻坚、防汛抗灾、产业项目建设等重点工作，听取全市早稻收购工作、“十四五”规划编制等有关情况汇报。会议听取关于湖南文理学院芙蓉学院转设工作、关于出台市江北城区新购商品房购房补贴政策、关于常德市自然保护地整合优化和野生动物人工繁育主体退出补偿及动物处置工作等情况的汇报。

同日　常德东方红文博园开园仪式在常德河街举行。

29日　在两年一届的“沪洽周”会上，旭辉集团投资的常德市城东城市综合体及金融中心项目和北京科益丰生物技术发展有限公司投资的常德市甾体激素制剂项目签约。

30日　市委书记、市人大常委会主任周德睿主持召开市委常委会会议，传达学习习近平总书记关于防汛救灾工作重要指示精神、国家脱贫攻坚普查电视电话会议精神、省脱贫攻坚普查动员视频会议精神和省委书记杜家毫在县委书记抓党建促决战决胜脱贫攻坚培训班开班式上的讲话精神等，研究常德市贯彻落实意见。会议传达学习全省领导干部个人有关事项报告专项整治工作部署会议精神；听取党校工作、关于赴安徽省亳州市学习调研“互联网+政务服务”工作、全市扫黑除恶专项斗争工作等情况的汇报；审议《2020年常德市绩效评估实施方案》《常德市直属机关创建“让党中央放心、让人民群众满意的模范机关”实施方案》。

7月

1日　市委书记、市人大常委会主任周德春主持召开市委常委会会议，传达学习省委常委会会议精神、省委书记杜家毫关于全省“三保”（保基本民生、保工资、保运转）和稳就业保居民就业工作的讲话精神，以及全省长江经济带生态环境突出问题整改情况汇报会精神，研究常德贯彻落实意见。

同日　全市扶贫领域腐败和作风问题专项治理工作调度会召开。

2日　市政协主席李爱国主持召开第七届第52次主席会议，专题协商开放型经济发展。副市长杨成英应邀出席会议并讲话。会议审议通过《加快发展开放型经济的建议函（草案）》。

3日　市委新冠肺炎疫情防控工作领导小组（扩大）会议召开，传达学习习近平总书记在专家学者座谈会上的重要讲话精神和在中央深改委第十三次会议上关于提高应急物资保障能力、第十四次会议上关于增强卫生健康治理体系整体效能的重要讲话精神。市委书记、市人大常委会主任周德睿主持会议并讲话。会议对校园安全、防汛抗灾、“三保”工作、脱贫攻坚、生态环保、政府性债务风险防控、公共卫生服务体系建设等重点工作进行安排部署。

同日　市七届人大常委会第64次主任会议召开。市人大常委会党组书记、副主任余怀民主持会议。会议讨论市人大常委会关于2019年度行政事业性国有资产管理情况专项报告的审议意见（草案）、关于2019年市级预算执行和其他财政收支的审计工作报告的审议意见（草案）、关于全市学前教育工作情况报告的审议意见（草案）、关于养殖业发展情况报告的审议意见（草案）、关于城乡规划2019年度实施计划的实施情况报告的审议意见（草案）、关于医保基金监督管理工作情况报告的审议意见（草案）。

5日、12日　中央电视台“社会与法”频道先后以系列节目《从心开始》之《回归》上下集，专题报道常德市大力开展戒毒脱贫攻坚，帮助涉毒人员回归社会的创新经验。

6日　市委常委会（扩大）会议召开，传达上级会议精神和领导批示要求，专题研究常德市生态环保工作，分析当前存在的问题，安排部署下阶段工作，进一步传导责任、传导压力，加快整改、加快落实。市委书记、市人大常委会主任周德睿主持会议并讲话。

同日　2020年“创客中国”中小微企业创新创业常德大赛开幕。大赛分为企业组和创客组。经过激烈角逐，湖南金富力新能源股份有限公司的动力电池三元正极材料项目获企业组特等奖；正大国际科技（常德）集团有限公司的正大植物基润滑油项目获创客组特等奖。

7日　中共常德市委召开全市领导干部大会，省委组织部常务副部长李民出席会议并宣布省委关于常德市有关领导干部调整的决定：邹文辉任中共常德市委委员、常委，副书记。

7—8日　省委书记、省人大常委会主任杜家毫到常德市石门县，调研指导脱贫攻坚、防汛抗灾等工作，领办群众反映的突出问题信访件。省委常委、省委秘书长张剑飞，市委书记、市人大常委会主任周德睿参加调研。市委副书记、市政府党组书记、市长候选人邹文辉参加座谈。

8日　副省长、澧水河长陈文浩一行赴安乡县督导防汛工作。先后到安乡县安造大垸、安障乡德兴社区等地，考察晋丰滑坡堤段整治和防守工作，督导防汛物资储备等工作，指导拉网式防汛巡逻工作，并召开座谈会听取安乡县防汛工作汇报。

14日　市委书记、市人大常委会主任周德睿在常德博物馆开馆暨常德抗疫见证物、疫情防控展开展仪式上宣布常德博物馆重新开馆，市委副书记、市政府党组书记、市长候选人邹文辉参加活动并讲话。

15日　常德市第七届人民代表大会常务委员会第三十二次会议召开，市委书记、市人大常委会主任周德睿主持会议并讲话。会议决定任命邹文辉为市政府副市长，决定其为市政府代理市长。市人大常委会党组书记、副主任余怀民出席会议。会议接受曹立军辞去常德市人民政府市长职务。市委常委、市委组织部部长梁仲就人事事项作相关说明。在颁发任命书后，邹文辉面对宪法庄严宣誓。

同日　桃花源路至德山门站次高压管道和在役管道成功接驳，标志着历时5年建设的次高压管道工程完成施工，常德城区次高压环网基本形成，为用气高峰时稳定供气提供保障。

16日　常德移动与湖南湘佳牧业股份有限公司签署5G+智慧农业融合发展战略合作。

18日　副省长陈文浩到常德督导检查防汛抗灾工作。强调要全力以赴，压实责任，突出重点，精准施策，坚决实现“不死一人、不垮一坝一堤一垸”的目标。

19日至8月10日　按照国家脱贫攻坚普查工作部署，692名普查人员对桃源、石门两县脱贫攻坚成效进行普查。两县42769户普查对象生产生活状况“明显改善”率100%。

20日　由湖南省语言文字培训测试中心、湖南省语言文字工作者协会主办，常德市语言文字工作委员会、常德市教育局承办，武陵区教育局和武陵区第一小学协办的“湘语时光・遇见”诵读大会在武陵区第一小学举行。省教育厅副厅长王玉清，市委常委、副市长涂碧波及全省各地州市语言文字工作相关负责人、各高校普通话测试站负责人共500余人参加大会。

22日　在湖南省农业产业化龙头企业发展推进会上，安乡龙利、桃源柏盛、澧县景明等9家家庭农场获得“全省家庭农场100佳”称号。

22—23日　省人大常委会党组副书记、副主任黄关春一行到常德市调研精细农业发展情况。市委书记、市人大常委会主任周德睿，市委副书记、代市长邹文辉分别参加调研。市人大常委会党组书记、副主任余怀民参加调研并主持座谈会。

24—25日　全省产业项目建设推进现场观摩会在益阳、常德举行。24日下午，省领导、各市州党政主要领导和分管负责人、省直有关单位负责人、各县（市）区委书记或县（市）区长先后观摩常德中车新能源汽车有限公司、中烟常德卷烟厂、湖南中联重科建筑起重机械有限责任公司、湖南现代装备制造配套产业园等产业项目。25日上午，在锦江酒店召开会议，省委书记、省人大常委会主任杜家毫，省委副书记、省长许达哲出席会议并讲话，省委常委、常务副省长谢建辉主持会议，常德市委书记、市人大常委会主任周德睿作交流发言，市委副书记、市政府代市长邹文辉，市政府副市长汤祚国参加会议。

27日 市卫健委、市邮政管理局、中国邮政集团有限公司常德分公司在湘雅常德医院举办抗疫纪念邮折捐赠仪式，向常德市驰援湖北医务人员3名代表赠送《众志成城抗击疫情》定制邮折。

28日 常德市人民政府与湖南省药品监督管理局就生物医药产业发展签订合作协议。

同日 省公安机关第二届警用无人机实战技能比武活动在市公安局警官培训中心开幕。

29日 西湖管理区西湖镇被全国爱国卫生运动委员会命名为国家卫生乡镇（县城）。

同日 “工运先驱者的初心与使命——黄爱思想生平学术研讨会”在常德市召开。

同日 市政府召开七届九次全体会议，贯彻落实党中央国务院各项决策部署和全省产业项目建设推进现场观摩会议、省政府第六次全体会议精神，按照市委“收好官、守底线、抓产业”的工作要求，分析总结上半年经济社会发展情况，安排部署下半年政府工作。代市长邹文辉主持会议并讲话。

30日 位于临澧县佘市桥镇蒋家村黑胡子冲的丁玲故居完成修缮并正式开馆，面向社会免费开放。丁玲故居是省级文物保护单位、丁玲文学创作基地、常德市爱国主义教育基地。

8月

3日 常德品牌·中国品质生活馆暨常德市乡村创业电商孵化基地、常德市消费扶贫电商运营中心开馆。

3—4日 省人大常委会副主任周农到常德开展《湖南省警务辅助人员条例（草案）》立法调研。先后走访武陵公安分局快警平台、柳叶湖公安分局白鹤派出所、柳叶湖卡乐星球警务室、市交警支队直属一大队二中队宏达路口执勤点。

4日 2019年，常德市金融生态建设工作在全省人民银行系统年度考核中位列地州市第一。

5日 常德首批市管企业监察专员上任。

6日 石门扶贫干部陈敏以身殉职。9月21日，市委常委会决定追授陈敏“常德市优秀共产党员”称号。

7日 常德市经投集团“经常用”APP上线仪式在常德河街春秋广场举行。“常德品线上购”首届经常用购物狂欢节同步拉开帷幕。

8日 全民健身日。湖南省体育局、常德市实施全民健身计划指导委员会主办，常德市文旅广体局承办的为期3天的2020年“全民健身日湖南分会场活动暨第二届常德亲水健身节”活动在诗墙举行。

13日 《全市城区关闭活禽交易宰杀工作方案》正式出台。9月1日起，市中心城区内（常德市城区高速环线以内区域）农贸市场、超市、门店、宾馆、餐饮饭店、机关企事业单位食堂等场所，不得从事包括鸡、鸭、鹅、肉鸽、鹌鹑等活禽交易宰杀。

14日 市委书记、市人大常委会主任周德睿会见香港铜锣湾集团董事局主席陈智一行，双方就加强战略合作、促进互利双赢进行座谈交流。

15日 石门县南北镇中心学校教师唐海亮入选国家培养奖励计划。

18日 常德市举行城东新区开工仪式。城东新区范围为双拥路以北、沅安路及紫缘路以东、常德大道以西、高专路以南区域，总规划用地面积4.91平方千米，其中启动区范围为人民路以北、紫缘路以东、常德大道以西、高专路以南区域，规划用地面积1.81平方千米。

19日 在湖南省第三个“中国医师节”庆祝大会上，常德市第二人民医院抗疫医师团队，裴文军、肖伟等16名医师获通报表彰。

20日 市人大常委会党组成员、一级巡视员、市总工会主席谭弘发为常德公交首批职工驿站揭牌。常德公交首批职工驿站在所属一分公司、二分公司、三分公司、快速公交、湘雅常德医院5处公交场站及线路集中首末站点设立投用。

21日 9时29分，随着太阳山地面模拟电视发射机总电源的关闭，常德无线模拟电视节目结束46载播出，正式退出历史舞台，标志着常德市全面进入数字电视时代。观众可免费收看公益转播的中央13套和省、市各级10多套地面数字电视节目。

同日 常德市新时代文明实践中心专业志愿服务队授旗仪式在市文化馆举办。

24日 代市长邹文辉主持召开市政府第55次常务会议。会议传达学习习近平总书记重要指示和中央、省有关会议文件精神，并就厉行节约制止餐饮浪费、政府工作抓落实等工作进行研究部署。

25日 常德市第七届人民代表大会第五次会议在市工人文化宫开幕。市人大常委会党组书记、副主任、大会执行主席余怀民主持会议。会议表决通过《常德市第七届人民代表大会第五次会议补选办法（草案）》，听取大会主席团关于提名常德市人民政府市长、常德市第七届人民代表大会常务委员会副主任、常德市第七届人民代表大会常务委员会委员人事事项的说明。会议补选常德市人民政府市长，常德市第七届人民代表大会常务委员副主任1人，常德市第七届人民代表大会常务委员会委员3人。下午，市七届人大五次会议在市工人文化宫举行第二次全体会议，选举产生市人民政府市长、市七届人大常委会副主任1名、市七届人大常委会委员3名。会议由市委书记、市人大常委会主任、大会执行主席周德睿主持。会议通过无记名投票方式选举邹文辉为市人民政府市长；选举杨易为市七届人大常委会副主任；选举李百艳、陈卫平、涂贤春为市七届人大常委会委员。会上，举行宪法宣誓仪式。新当选的常德市人民政府市长邹文辉，市七届人大常委会副主任杨易以及市七届人大常委会委员分别向宪法宣誓。

31日　炉红山（湘鄂界）至慈利高速公路开工。

同日　市中心城区活禽交易宰杀关闭。

9月

1日　公交公司将8路、14路、33路纳入“地铁式发班”（原有高峰时间段10～12分钟发车间隔缩短至6～8分钟），加上原有1路、5路、6路、7路、9路、19路、47路、H13线，共计11条线路实行“地铁式发班”。

同日　市商务局、市发展改革委、市财政局联合下发《关于做好住宿餐饮行业应对疫情影响加快复工复业新增就业补贴的通知》（以下简称《通知》）。根据《通知》精神，2020年6月30日前恢复营业的住宿和餐饮企业、个体经营户，如符合条件，最高可领取到每人1000元的一次性新增就业补贴。

4日　津市市毛里湖镇青苗社区、桃源县枫树维回乡维回新村被评为全国乡村旅游重点村。

7日　常德市首针国产二价HPV疫苗在常德市第一中医医院预防接种门诊接种，14岁女孩晶晶成为全市首位接种者。

8日　全国抗击新冠肺炎疫情表彰大会在北京人民大会堂举行。常德市第一人民医院党委委员、副院长、主任医师李德辉（土家族），常德市疾病预防控制中心检验科科长、主任技师谢朝梅（女），常德市武陵区芙蓉街道落路口社区党委书记杨军被评为全国抗击新冠肺炎疫情先进个人；常德市疾病预防控制中心党总支被评为全国抗击新冠肺炎疫情先进集体和全国先进基层党组织。

9—10日　省人大常委会党组书记、副主任刘莲玉率省人大常委会执法检查组到常德，就常德市贯彻落实《湖南省中小学校幼儿园规划建设条例》工作情况开展执法检查。

10日　由市公安局交通警察支队、市市场监督管理局、市交通运输局、市城市管理和综合执法局4个职能部门联合签发的《关于加强常德市城区电动车摩托车管理的通告》开始实施。

11日　在2020第十二届湖南茶业博览会上，“常德红茶”“桃源红茶”被评为湖南茶叶“精准扶贫十大区域公共品牌”，石门县被评为湖南茶叶“十大精准脱贫先进县（市）”。

同日　2020年常德市“黄炎培职业教育奖”创业规划大赛主体赛暨颁奖仪式举行。大赛由市委统战部、市教育局共同主办，全市19所中职学校43支代表队参赛，经过综合模拟专项赛和主体赛的两轮比拼，最后产生一等奖4个、二等奖9个、三等奖15个。

18日　市长邹文辉主持召开市政府第56次常务会议，学习传达习近平总书记重要指示批示和全国全省有关会议精神，研究深化“放管服”改革优化营商环境、脱贫攻坚、整治农村乱占耕地建房问题等工作。会议审议并原则同意《常德市人民政府办公室关于印发〈常德市改革完善医疗卫生行业综合监管制度实施方案〉的通知（草案）》。

同日　市政协召开七届十九次常委会议，专题协商“促进乡村特色产业发展”。会议审议通过《关于促进乡村特色产业发展的建议案（草案）》。市政协主席李爱国主持会议并讲话，副市长龚德汉应邀出席会议并讲话。

27—28日　在桃源县召开的全省园区产业高质量发展经验交流会（洞庭湖地区）上，石门经济开发区、桃源高新技术产业开发区、津市高新技术产业开发区获得2019年度湖南省园区产业高质量发展奖励。汉寿高新技术产业园区、临澧经开区被批准为第四批湖南省新型工业化产业示范基地。

28日　常德市人民政府与中国邮政集团有限公司湖南省分公司签署战略合作协议，双方将在农村电商、物流配送、服务中小企业、旅游文化宣传等方面开展全方位合作，力争将常德打造成为全国、全省邮政服务节点城市之一。

同日　市纪委监委举办的“不忘初心·传廉声”经典廉洁诗词美文品读会落幕。5月，“不忘初心·传廉声”经典廉洁诗词美文品读会正式启动。作品选择经典廉洁诗、词、文，进行创意场景表演，并拍摄成小视频报送。活动开展4个月，共收到全市361家单位456件作品，评审出50件优秀视频作品，先后择优在学习强国、廉洁常德等平台上进行展播。

29日　在北京举行的抗击新冠肺炎疫情全国三八红旗手（集体）表彰云发布会上，湘雅常德医院重症医学科护士长刘安娜获评抗击新冠肺炎疫情全国三八红旗手；武陵区穿紫河街道贾家湖社区红色娘子军志愿服务队获评抗击新冠疫情全国三八红旗集体。

10月

9日　由省政府命名的第六批省全民国防教育基地名单公布，常德市王尔琢旧居、常德泰顺国防园、常德国防教育会基地3家单位获省全民国防教育基地称号。

15日　2020年常德首届艺术节开幕。涵盖专业舞台艺术展演、群众文化节目展演、美术书法摄影作品展览、文创及“非遗”产品展示四大主体活动，包含美术、书法、摄影、戏剧、曲艺、歌舞等10多个艺术门类。

16日　2020年常德市“最美扶贫人物”“自立自强示范户”表彰暨脱贫攻坚先进人物事迹报告会在市文化馆举行。活动表彰杨俊等130人为常德市“最美扶贫人物”，孙昌文等100人为常德市“自立自强示范户”，以及7名湖南省“最美扶贫人物”。

17日　2020第二十届湖南石门柑橘节暨文化旅游季活动在夹山国家森林公园禅茶文化广场启幕。

20日　在全国双拥模范城（县）命名暨双拥模范单位和个人表彰大会上，常德市再获评“全国双拥模范城”称号。

22日　湖南中烟常德卷烟厂新工厂正式落成启用。湖南中烟常德卷烟厂易地技改项目于2016年3月拉开帷幕，2020年9月竣工，随后完成整体搬迁工作。

23日　中国共产党常德市第七届委员会第八次全体（扩大）会议召开。会议主要任务是，贯彻落实习近平总书记考察湖南重要讲话精神和省委十一届十一次全会精神，听取市委常委会工作报告，总结全市前三季度工作，安排部署第四季度工作，动员全市上下坚定不移沿着习近平总书记指引的方向前进，深入推进开放强市产业立市，圆满完成全年各项目标任务。市委书记、市人大常委会主任周德睿代表市委常委会作工作报告。市委副书记、市长邹文辉主持会议。

26日　常德市举行庆祝湖南省第二十五届环卫工人节暨优秀城市美容师表彰大会，50名环卫系统的先进典型受表彰。

28日　省委常委、省委宣传部部长张宏森到石门县，以省人大代表身份参加省人大代表石门小组活动，并围绕“以文旅融合促脱贫攻坚和乡村振兴”主题开展调研。市委书记、市人大常委会主任周德睿陪同调研。

30日　常德市第六届市直机关运动会开幕式暨市体育中心改造竣工对外开放仪式在市体育中心举行。第六届市直机关运动会有55支代表队、1500余名运动员参赛，设置广播体操、男子篮球、乒乓球、羽毛球、围棋、男子五人制足球等比赛项目。

11月

3日　省委副书记、省副总河长、沅水干流河长乌兰巡查沅水干流常德段，并主持召开沅水干流省级河长会议。乌兰考察鼎城区西站码头砂石场清理整治现场，并乘船巡河，详细了解沅水保护与治理情况。

4日　常德市人民政府与深圳市盐田港股份有限公司签订战略合作框架协议。

8日　2020年“全民健身挑战日健康湖南E起来”常德站系列赛在市体育中心举行。

10日　中国文明网发布第六届全国文明城市入选城市名单和复查确认保留荣誉称号的前五届全国文明城市名单，常德市顺利通过复查，确认保留全国文明城市荣誉称号。

13日　市政府与中国科学院控股有限公司（以下简称国科控股）签订战略合作协议。

15日　在第三届中国国际进口博览会上，常德市与参展外商达成13项采购进口意向协议，涉及金额3000多万美元。

16日　中国民营企业合作大会考察团组织部分企业到常德市投资合作考察。市委副书记、市长邹文辉会见国家市场监督管理局个私协会秘书长庹登夫带领的考察团一行。

17日　国医大师熊继柏工作室揭牌暨收徒拜师仪式、中医经典学习班在常德柳园锦江酒店举行，市第一中医医院5名医务人员正式拜熊继柏为师，研修中医。副市长周代惠出席活动并致辞。

17—18日　由商务部主办，常德市人民政府、常德市招商促进事务中心承办的2020中国·常德生物医药健康产业发展大会在常德市召开。商务部投资促进事务局、省医保局、省商务服务中心相关负责人出席会议并讲话。

18日　2020年中国生物医药健康产业发展大会在常德市召开。全国各地近200名生物医药健康产业专家、投融资机构代表、知名生物医药健康企业代表汇聚一堂，共商生物医药产业发展大计。商务部投资促进事务局局长刘殿勋，省政府副秘书长陈献春，市委书记、市人大常委会主任周德睿参加会议。

19日　常德市召开人才引进政策兑现大会，为249名高学历、高职称、高技能人才集中发放人才补贴1168.4万元。

20日　常德市保险三年公众宣传启动会在中国人寿常德分公司召开。

同日　2020年常德市首届全民健身知识大赛在市广播电视台演播厅举行。14个区县市代表队分为A、B两个小组进行第一阶段复赛，各小组前4名的队伍晋级第二阶段决赛。西湖管理区、桃源县代表队夺得一等奖。

同日　市直公共机构生活垃圾分类示范样板单位设施配置工作调度会在市政府召开。8家单位按相关要求，配置生活垃圾分类设施，形成带头示范效应。市机关事务管理局负责组织推进市直公共机构生活垃圾分类工作。

21日　由省体育局举办、市文旅广体局和鼎城区人民政府承办的2020中国·湖南第五届花岩溪帐篷节在花岩溪国家森林公园开幕。全省近5000名户外运动选手参加户外赛事活动，近千名游客体验帐篷露营。

同日　在第五届亚太茶茗大奖评选大会上，石门澧峰名茶有限公司选送的“澧峰”牌“常德红茶”“石门银峰”和湖南石门澧峰生态茶业专业合作社选送的“石门小红茶”3个茶品获得第五届亚太茶茗大奖特别金奖，常德市匠者茶业有限公司选送的“红金芽”获得银奖。

23日　由常德市公安局教官团队研发的《易伪装的警用抓捕战术背包》亮相中国国际警用装备博览会。

24日　省委书记许达哲到安乡县珊珀湖检查调研水环境整治工作。省委常委、常务副省长谢建辉，省委常委、省委秘书长张剑飞，副省长陈文浩参加调研。市委书记、市人大常委会主任周德睿，市委副书记、市长邹文辉，市委常委、市委秘书长罗先东陪同调研。

同日　在北京召开的全国劳动模范和先进工作者表彰大会上，国网石门县供电公司宝峰供电所所长覃道周、湖南中烟工业有限责任公司常德卷烟厂一车间电气技术员袁建华、湖南三特机械制造有限公司技术部长邱宝珠、安乡县天喜水稻种植专业合作社理事长聂天喜获评全国劳动模范。常德芷兰实验学校督学黄克勤、常德市第一人民医院重症医学科主任黄绍华获评全国先进工作者。

同日　常德市第四届“爱我国防”主题演讲决赛在市文化馆剧场落幕。武陵区选手全玉麒演讲的《松骨峰英雄旗》获大赛一等奖。

26日　在由环球时报、环球网主办的“2020环球趋势大会”上，常德市获评2020年度营商环境创新创优标杆城市称号。

同日　湖南省劳动模范和先进工作者表彰大会上，张明仲、肖敏、魏仲山、杨志、刘仁超等26人被授予湖南省劳动模范称号，何胜娟、符志勇、唐云武等10人被授予湖南省先进工作者称号。

同日　在湖南省优秀新闻作品和优秀新闻工作者表彰会上，常德市11件新闻作品获2019年度湖南新闻奖，常德广播电视台周敬峰获评第十五届湖南省优秀新闻工作者。

同日　2020年“宜生无忧杯”全国残疾人岗位精英职业技能竞赛暨2020年全国残疾人就业服务机构工作人员职业指导竞赛在广东省深圳市落下帷幕。常德市在该类竞赛中首次夺冠，选手张青云获得美容项目第一名。

27日　中国少年先锋队常德市第六次代表大会召开。

同日　《常德市农村村民住房建设管理条例》《常德市大气污染防治若干规定》在省十三届人大常委会第21次会议上获得批准，于2021年1月1日正式施行。

27—30日　第十八届中国国际农产品交易会在重庆开幕，常德14家农业企业组团参展，常德香米、常德茶油、常德红茶等特色农产品纷纷亮相。

28日　政协常德市第七届委员会常务委员会第二十一次会议召开。市委副书记、市长邹文辉，市委常委、市纪委书记、市监委主任罗翠林应邀出席会议。市政协党组书记、市政协主席提名人选朱水平出席会议，市政协副主席何英平主持会议。会议第一阶段，罗翠林通报2020年全市党风廉政建设和反腐败工作情况。会议第二阶段，市政府秘书长李正才通报2020年市政协建议案、建议函等重要履职成果转化运用情况。会议第三阶段，审议通过市政协有关人事事项，审议通过市政协七届五次会议有关事项。

同日　重大历史题材电影《蒯伯赞》在桃源县枫树维回乡维回新村举行开机仪式并实景开拍。

29日　常德市民之家二期建筑工程和常德市沅江过江隧道项目获湖南省建筑工程芙蓉奖。

30日　常德“十四五”规划专家座谈会在长沙召开，听取各领域专家对常德市“十四五”规划发展定位和经济社会重大事项的意见和建议。

同日　在长沙召开的湖南省抗击新冠肺炎疫情表彰大会上，常德市于奎等55名同志获“湖南省抗击新冠肺炎疫情先进个人”称号；常德市第二人民医院党委等17个集体获“湖南省抗击新冠肺炎疫情先进集体”称号；澧县人民医院新冠肺炎救治一线临时党支部等6个党组织获“湖南省先进基层党组织”称号；贵大旺等8人获“湖南省优秀共产党员”称号。

12月

1日　在湖南省第六届生态文明论坛永定年会上，西洞庭管理区获第二批省级生态文明建设示范县（市、区）称号。

4日　常德市留学生联谊会之家揭牌。

6日　“常德米粉”获批国家地理标志证明商标。

7日　第十一届洞庭湖国际观鸟节（常德分会场）暨西洞庭湖青山湖候鸟苑举行开园仪式。

10日　第十一届丁玲文学奖颁奖典礼在常德举行。

13日　2020常德柳叶湖马拉松赛开跑。

14日　中国共产党常德市第七届委员会第九次全体（扩大）会议开幕。全会审议通过《中共常德市委关于制定常德市国民经济和社会发展第十四个五年规划和二〇三五年远景目标的建议》《中国共产党常德市第七届委员会第九次全体会议公报》。市委书记、市人大常委会主任周德睿出席会议并讲话。市委副书记、市长邹文辉就《中共常德市委关于制定常德市国民经济和社会发展第十四个五年规划和二〇三五年远景目标的建议（审议稿）》向全会作起草说明。会议由市委常委会主持。市领导朱水平、李爱国、余怀民、黄清宇、陈华、罗翠林、罗毅君、梁仲、罗先东、康重文等出席会议。出席全会的市委委员应到51人，实到48人；市委候补委员应到8人，实到8人，符合规定人数。不是市委委员、市委候补委员的在职市级领导、区县市党政主要负责同志，市直有关单位、中央、省驻常有关单位党员主要负责同志，市纪委委员、市监委委员，部分基层党代表和专家学者、部分乡镇（街道）党委（工委）书记以及其他有关方面负责同志列席会议。

15日　市政协主席李爱国主持区县市政协主席例会暨示范性政协委员工作室授牌仪式。全市12家政协委员工作室被授予省示范性政协委员工作室。其中，“紫菱”委员工作室是全省唯一省级政协委员工作室。杨挥钧委员工作室等4家市级政协委员工作室、武陵区政协穿紫河街道委员工作室等7家县区级政协委员工作室现场授牌。

17日　常德市人民政府发布节约用电倡议书，从当日起，市城区开始关停半夜路灯，除城区部分道路采取节能改造措施路灯外，其他路段均采取间隔亮灯方式，市非重点区域亮化设施全部关停。市城区冬季路灯开灯为15时38分，关灯为第二天早上7点10分。

19日　教育部中小学名校长领航工程“谢英校长工作室”授牌仪式暨武陵区首届中小学教育信息化创新应用发展论坛在武陵区第一小学举行。

22日　常德市政协机关召开领导干部会议。市委书记、市人大常委会主任周德睿到会并讲话。会议宣读省委、市委有关任免决定：朱水平任市政协党组书记，李爱国不再担任市政协党组书记。

同日　沅水常德到鲇鱼口航线2000吨级航道建设工程正式获得省发改委核准，取得“开工路条”。

23日　沅水六桥（含接线）项目前期工作调度会召开，市发展改革委、市自然资源规划局、市住建局（市人防办）等部门就项目设计方案和前期工作部署进行讨论交流，副市长尹正锡出席会议并讲话。沅水六桥及连接线位于德山大桥与二广高速沅水特大桥之间，北起武陵区芦荻山乡，南至常德经济术开发区，长约8.2千米，其中主桥长约2千米。

26日　常德金融超市上线启动，24家金融机构入驻，102款金融产品上线。市委副书记、市长邹文辉宣布启动，省地方金融监督管理局局长张世平参加启动仪式。

同日　第四届中国硒乡（湖南·桃源）富硒功能农产品博览会暨首届年货节在桃源县文化体育中心开幕。省委农办副主任、省农业农村厅副厅长唐道明，副市长龚德汉等领导出席开幕式并共同宣布活动启动。

26—28日　以“创新·体验·成长”为主题的第十九届常德市青少年科技创新大赛在常德市第七中学举行。

28日　市委经济工作会议在市工人文化宫召开。会议主要任务是认真贯彻落实中央、省委经济工作会议和省委十一届十二次全会、市委七届九次全会精神，总结2020年工作，分析当前经济形势，部署2021年工作。市委书记、市人大常委会主任周德睿发表讲话。

同日　柳叶湖旅游度假区晋级国家级旅游度假区。

29日　市七届人大常委会召开第三十七次会议。市人大常委会党组书记、副主任余怀民出席会议，并主持相关会议。会议决定任命张经伟为常德市中级人民法院副院长，并决定其为代理院长。余怀民向其颁发任命书。

30日　桃花源晋升国家AAAAA级旅游景区。

同日　安慈高速公路石门至慈利段通车运营仪式在石门收费站举行。

同日　常德市反电诈中心在市公安局举行揭牌仪式。

常德概况

地理

【位置】　常德位于北纬28°24′—30°07′、东经110°29′—112°18′之间。地处中国的中南部，长江中游，湖南省的西北部。东临洞庭，西接黔渝，南通长沙，北连荆襄。东部为开阔平原，西北、西、南三面环山，地貌以平原为主，山、丘、岗、湖兼有。地势自西向东倾斜，地貌类型多样。境内雪峰山余脉延展于南部，武陵山脉绵伸在西北，沅澧两水自西向东贯穿全境。

【土地面积】　全市土地总面积18177平方千米，占全省土地总面积的8.58%。其中：农用地144.99万公顷，占全市土地总面积的79.77%；建设用地18.96万公顷，占全市土地总面积的10.43%；未利用地17.82万公顷，占全市土地总面积的9.80%。2020年，全市共有耕地面积50.61万公顷（土地变更调查数据），占全市土地总面积的27.84%，位列全省第一。

（黄威耀）

【地质地貌】　常德处于雪峰、武陵隆起东北端及中–新生代洞庭凹陷西南部，域内影响较大的构造运动有雪峰、武陵、加里东、燕山和喜山运动，其中以燕山运动最强烈、喜山运动次之。从构造形态在空间展布的特征来看，区内分成东、西两部：东部为洞庭湖喜山期凹陷，中、新生代沉积物广泛分布，凹陷基底零星暴露、并制约着红色盆地的展布；西部地质构造以燕山期褶皱、断裂为主体，控制山脉和水系的延伸方向。

常德从地形地貌上可分为两个截然不同的区域：石门县北部，桃源县西部及西南为中、低山侵蚀构造地形，地形切割强烈，V形谷发育，地形坡度陡峻，海拔最高2099米，一般500米～1000米，相对高差500米～1200米；南部及东部为洞庭湖平原区，地势低平，地面标高一般在45米～120米，最低35米。全市地势自西北向东南倾斜。西北部地势高耸，群山峭立，峡谷幽深；东南部地势低平开阔，丘岗交错，河湖纵横密布。按地貌成因和形态特征可分为侵蚀构造中低山、溶蚀构造低山丘陵、剥蚀构造丘陵、侵蚀堆积丘岗、堆积平原五类。

（杨宏润）

【矿产资源】　常德市矿产以建材和化工原料等非金属为主，素有“非金属之乡”的美誉。已发现矿产59种，占全省已发现矿种数143种的41.3%；已探明资源储量矿产33种，占全省已探明101种矿产的32.7%，列入湖南省矿产资源储量表的矿种22种。磷矿、金刚石、石膏、建筑石料用灰岩、玻璃用砂岩、膨润土、水泥配料用泥岩等8种矿产探明储量居全省首位，磷矿资源储量为141040.2万吨，石膏为219137.3万吨，膨润土为9222.3万吨；岩盐、水泥用灰岩、海泡石黏土、水泥配料用砂岩、重晶石、钒矿6种矿产资源储量居全省前列。石煤、石膏、磷矿、芒硝、水泥用灰岩、重晶石、高岭土、膨润土等矿产主要分布在澧县、石门县、临澧县、桃源县；煤矿、铁矿主要分布在澧县、石门县；金矿主要分布在桃源县、鼎城区、汉寿县。

（孙　鹏）

【野生动物资源】　常德地处西部武陵山地，地域辽阔，野生动物资源丰富，西南与云贵高原相连，西北与川鄂山地相接，是华中地区天然动植物宝库；东部洞庭湖平原自古为云梦泽，与江汉平原相接，湖区水域辽阔，江河湖泊密布，水草资源丰富，是水禽、鱼类的天然乐园。通过林业、科研部门在典型区域（石门壶瓶山、桃源乌云界、汉寿西洞庭湖）进行全国野生动植物普查、全国第一次及第二次湿地普查、相关林业工程项目可行性研究等科学考察，截至2021年2月，全市共有野生动物资源464种，其中两栖类30种、爬行类50种、鸟类312种、哺乳类72种。

国家重点野生保护动物。常德市现有国家Ⅰ级保护野生动物21种，Ⅱ级保护野生动物78种。

哺乳类。Ⅰ级保护（9种）：云豹、华南虎、林麝、豹、豺、金猫、大灵猫、小灵猫、穿山甲。Ⅱ级保护（13种）：猕猴、藏酋猴、黑熊、青鼬、水獭、斑林狸、獐、鬣羚、斑羚、毛冠鹿、赤狐、貉、豹猫。

鸟类。Ⅰ级保护（12种）：白鹤、东方白鹳、黑鹳、中华秋沙鸭、金雕、白尾海雕、白颈长尾雉、白冠长尾雉、小青脚鹬、卷羽鹈鹕、青头潜鸭、黄胸鹀。Ⅱ级保护（61种）：白琵鹭、鸳鸯、小天鹅、大天鹅、白额雁、鸢、松雀鹰、黑冠鹃隼、苍鹰、赤腹鹰、普通鵟、白尾鹞、凤头鹰、雀鹰、大鵟、白腹鹞、白头鹞、鹊鹞、蛇雕、鹗、游隼、红隼、灰背隼、燕隼、小隼、阿穆尔隼、红腹锦鸡、红腹角、勺鸡、灰鹤、小杓鹬、红翅绿鸠、褐翅鸦鹃、小鸦鹃、草鸮、红角鸮、领角鸮、雕鸮、短耳鸮、领鸺鹠、斑头鸺鹠、灰林鸮、渔鸮、长耳鸮、鹰鸮、栗头蜂虎、棉凫、鸿雁、花脸鸭、小白额雁、斑头秋沙鸭、水雉、白腰杓鹬、大杓鹬、云雀、画眉、红嘴相思鸟、橙翅噪鹛、眼纹噪鹛、棕噪鹛、白喉林鹟。

两栖类。Ⅱ级保护（3种）：大鲵、虎纹蛙、峨眉髭蟾。

爬行类。Ⅱ级保护（1种）：角原矛头蝮。

湖南省地方保护野生动物。常德市有湖南省地方保护野生动物217种。

哺乳类（29种）。普通刺猬、缺齿鼹、褐山蝠、普通伏翼、东方蝙蝠、普氏蹄蝠、大蹄蝠、马铁菊头蝠、中菊头蝠、小菊头蝠、皮氏菊头蝠、华南兔、白腹巨鼠、赤腹松鼠、隐纹花松鼠、豪猪、帚尾豪猪、红白鼯鼠、银星竹鼠、中华竹鼠、黄鼬、黄腹鼬、鼬獾、狗獾、猪獾、果子狸、食蟹獴、野猪、小麂。

鸟类（117种）。小䴙䴘、凤头䴙䴘、普通鸬鹚、池鹭、绿鹭、大白鹭、中白鹭、白鹭、苍鹭、牛背鹭、草鹭、夜鹭、黄苇鳽、栗尾鳽、紫背苇鳽、黑鳽、东方白鹳、豆雁、灰雁、翘鼻麻鸭、赤膀鸭、琵嘴鸭、赤颈鸭、赤麻鸭、罗纹鸭、绿头鸭、针尾鸭、白眉鸭、绿翅鸭、凤头潜鸭、斑嘴鸭、普通秋沙鸭、灰胸竹鸡、环颈雉、白胸苦恶鸟、董鸡、黑水鸡、骨顶鸡、凤头麦鸡、环颈鸻、丘鹬、白腰草鹬、红脚鹬、青脚鹬、矶鹬、黑腹滨鹬、针尾沙锥、扇尾沙锥、红嘴鸥、珠颈斑鸠、山斑鸠、火斑鸠、四声杜鹃、大杜鹃、中杜鹃、噪鹃、鹰鹃、夜鹰、白腰雨燕、小白腰雨燕、短嘴金丝燕、普通翠鸟、蓝翡翠、三宝鸟、戴胜、蚁䴕、斑姬啄木鸟、大斑啄木鸟、星头啄木鸟、黑枕绿啄木鸟、栗啄木、家燕、金腰燕、赤红山椒鸟、黑短脚鹎、绿鹦嘴鹎、白喉红臀鹎、白头鹎、黄臀鹎、红尾伯劳、虎纹伯劳、棕背伯劳、黑枕黄鹂、灰卷尾、黑卷尾、发冠卷尾、八哥、松鸦、红嘴蓝鹊、喜鹊、灰喜鹊、大嘴乌鹊、白颈鸦、小燕尾、黑背燕尾、紫啸鸫、乌鸫、斑鸫、红胁蓝尾鸲、棕头鸦雀、锈脸钩嘴鹛、棕颈钩嘴鹛、黑领噪鹛、黑脸噪鹛、寿带、大山雀、黄腹山雀、红头长尾山雀、绿背山雀、普通䴓、蓝喉太阳鸟、暗绿绣眼鸟、树麻雀、金翅雀、黑尾蜡嘴、黑头蜡嘴、黄喉鹀。

两栖类（25种）。无斑肥螈、黑斑肥螈、中华大蟾蜍、小角蟾、淡肩角蟾、无斑树蟾、黑斑蛙、花臭蛙、崇安湍蛙、华南湍蛙、棘腹蛙、棘胸蛙、弹琴蛙、峨眉林蛙、沼蛙、泽蛙、绿臭蛙、湖北侧褶蛙、隆肛蛙、金甫泛树蛙、大泛树蛙、斑腿泛树蛙、小弧斑姬蛙、饰纹姬蛙、花姬蛙。

爬行类（46种）。大头平胸龟、乌龟、中华鳖、多疣壁虎、石龙子、铜蜓蜥、北草蜥、脆蛇蜥、草腹链蛇、纹花林蛇、钝尾两头蛇、翠青蛇、黄链蛇、赤链蛇、王锦蛇、玉斑锦蛇、紫灰锦蛇、黑眉锦蛇、红点锦蛇、中国水蛇、小头蛇、饰纹小头蛇、山溪后棱蛇、钝头蛇、福建颈斑蛇、横纹斜鳞蛇、斜鳞蛇、灰鼠蛇、虎斑颈槽蛇、黑头剑蛇、环纹华游蛇、赤链华游蛇、华游蛇、渔游蛇、乌梢蛇、眼镜蛇、银环蛇、丽纹蛇、舟山眼镜蛇、双全百环蛇、尖吻蝮、短尾蝮、烙铁头、山烙铁、菜花原矛头蝮、竹叶青。

世界濒危野生动物物种。常德市记载有世界濒危野生动物78种。

Ⅰ级濒危野生动物（18种）：猕猴、藏酋猴、黑熊、水獭、豹猫、云豹、华南虎、金猫、豹、金钱豹、林麝、苏门羚（鬣羚）、东方白鹳、白尾海雕、游隼、白颈长尾雉、白鹤、大鲵。Ⅱ级濒危野生动物（44种）：穿山甲、豺、黑鹳、白琵鹭、花脸鸭、鸢、松雀鹰、黑冠鹃隼、苍鹰、赤腹鹰、普通鵟、金雕、白尾鹞、凤头鹰、雀鹰、大鵟、白腹鹞、白头鹞、鹊鹞、蛇雕、鹗、红隼、灰背隼、燕隼、小隼、阿穆尔隼、灰鹤、草鸮、红角鸮、领角鸮、雕鸮、短耳鸮、领鸺鹠、斑头鸺鹠、灰林鸮、褐渔鸮、长耳鸮、鹰鸮、画眉、红嘴相思鸟、大头平胸龟、舟山眼镜蛇、眼镜蛇、虎纹蛙。Ⅲ级濒危野生动物（16种）：黄鼬、黄腹鼬、青鼬（黄喉貂）、大灵猫、小灵猫、果子狸、牛背鹭、大白鹭、白鹭、针尾鸭、斑嘴鸭、绿翅鸭、赤颈鸭、白眉鸭、白眼潜鸭、乌龟。

有重要生态、科学、社会价值陆生野生动物。常德市记载有重要生态、科学、社会价值陆生野生动物273种。

哺乳类（20种）：普通刺猬、华南兔、赤腹松鼠、隐纹花松鼠、珀氏长吻松鼠、豪猪、帚尾豪猪、红白鼯鼠、灰背大鼯鼠、复齿鼯鼠、银星竹鼠、中华竹鼠、黄鼬、黄腹鼬、鼬獾、狗獾、猪獾、果子狸、野猪、小麂。

鸟类（182种）：小䴙䴘、凤头䴙䴘、普通鸬鹚、池鹭、绿鹭、大白鹭、中白鹭、白鹭、苍鹭、牛背鹭、草鹭、夜鹭、黄苇鳽、栗尾鳽、紫背苇鳽、大麻鳽、黑鳽、东方白鹳、豆雁、灰雁、斑背潜鸭、翘鼻麻鸭、赤膀鸭、琵嘴鸭、赤颈鸭、赤麻鸭、罗纹鸭、绿头鸭、针尾鸭、白眉鸭、绿翅鸭、红头潜鸭、凤头潜鸭、斑嘴鸭、白眼潜鸭、普通秋沙鸭、灰胸竹鸡、环颈雉、白胸苦恶鸟、普通秧鸡、董鸡、黑水鸡、蓝胸秧鸡、骨顶鸡、红胸苦恶鸟、小田鸡、灰头麦鸡、凤头麦鸡、金斑鸻、金眶鸻、环颈鸻、灰斑鸻、丘鹬、黑尾塍鹬、白腰草鹬、林鹬、鹤鹬、红脚鹬、泽鹬、青脚鹬、三趾鹬、矶鹬、中杓鹬、黑腹滨鹬、长趾滨鹬、针尾沙锥、大沙锥、扇尾沙锥、黑翅长脚鹬、海鸥、渔鸥、红嘴鸥、红嘴巨鸥、须浮鸥、普通燕鸥、珠颈斑鸠、山斑鸠、火斑鸠、四声杜鹃、大杜鹃、中杜鹃、噪鹃、鹰鹃、夜鹰、白腰雨燕、小白腰雨燕、短嘴金丝燕、普通翠鸟、蓝翡翠、三宝鸟、戴胜、大拟啄木鸟、蚁䴕、斑姬啄木鸟、大斑啄木鸟、星头啄木鸟、头绿啄木鸟、小云雀、家燕、金腰燕、崖沙燕、白鹡鸰、黄鹡鸰、山鹡鸰、灰鹡鸰、树鹨、山鹨、水鹨、田鹨、红喉鹨、暗灰鹃贝鸟、灰山椒鸟、粉红山椒鸟、赤红山椒鸟、灰喉山椒鸟、黑短脚鹎、白喉红臀鹎、白头鹎、黄臀鹎、领雀嘴鹎、橙腹叶鹎、红尾伯劳、契尾伯劳、虎纹伯劳、棕背伯劳、黑枕黄鹂、灰卷尾、黑卷尾、发冠卷尾、八哥、丝光椋鸟、北椋鸟、灰椋鸟、红嘴蓝鹊、喜鹊、灰喜鹊、灰树鹊、鹊鸲、斑鸫、红胁蓝尾鸲、黑喉石即、虎斑地鸫、乌灰鸫、矛纹草鹛、黑脸噪鹛、白颊噪鹛、黑领噪鹛、白喉噪鹛、灰头鸦雀、大苇莺、黄眉柳莺、黄腹柳莺、黄腰柳莺、极北柳莺、冠纹柳莺、褐柳莺、寿带、乌鹟、北灰鹟、大山雀、黄腹山雀、红头长尾山雀、煤山雀、绿背山雀、蓝喉太阳鸟、暗绿绣眼鸟、树麻雀、山麻雀、金翅雀、朱雀、酒红朱雀、黑尾蜡嘴、黑头蜡嘴、燕雀、黄眉鹀、三道眉草鹀、黄喉鹀、灰头鹀、小鹀、田鹀、凤头鹀、栗耳鹀。

两栖类（23种）：无斑肥螈、黑斑肥螈、中华大蟾蜍、小角蟾、淡肩角蟾、无斑树蟾、黑斑蛙、花臭蛙、崇安湍蛙、华南湍蛙、棘腹蛙、棘胸蛙、弹琴蛙、沼蛙、日本林蛙、泽蛙、绿臭蛙、隆肛蛙、金甫泛树蛙、大泛树蛙、斑腿泛树蛙、小弧斑姬蛙、饰纹姬蛙、花姬蛙。

爬行类（48种）：大头平胸龟、乌龟、中华鳖、多疣壁虎、石龙子、蓝尾石龙子、铜蜓蜥、北草蜥、脆蛇蜥、草腹链蛇、绞花林蛇、钝尾两头蛇、翠青蛇、黄链蛇、赤链蛇、王锦蛇、玉斑锦蛇、紫灰锦蛇、黑眉锦蛇、红点锦蛇、中国水蛇、黑背白环蛇、小头蛇、饰纹小头蛇、山溪后棱蛇、钝头蛇、福建颈斑蛇、横纹斜鳞蛇、鳞蛇、花尾斜鳞蛇、灰鼠蛇、虎斑颈槽蛇、颈槽颈槽蛇、黑头剑蛇、环纹华游蛇、赤链华游蛇、华游蛇、渔游蛇、乌梢蛇、眼镜蛇、银环蛇、丽纹蛇、舟山眼镜蛇、尖吻蝮、短尾蝮、山烙铁头、莱花原矛头蝮、竹叶青。

【野生植物资源】 截至2021年2月，全市记录维管束植物3420种，隶属235科，蕨类植物39科92属367种，裸子植物9科23属39种，被子植物187科911属3014种，是湖南省维管束植物物种最丰富的地方。常德市自然、半自然的植被类型，主要有针叶林、阔叶林（含常绿阔叶林、常绿落叶混交林、落叶阔叶林）、竹林、灌丛、草丛、沼泽水生植被等类型，此外，还有人工的栽培植被类型。区内有珙桐、光叶珙桐、红豆杉、南方红豆杉、银杏、钟萼木等国家一级保护植物，鹅掌楸、连香树等国家二级保护植物35种，省重点保护植物56种，列入CITES附录的植物92种。

国家重点保护植物（35种）：苏铁、南盘江苏铁、银杏、金钱松、黄杉、水杉、篦子三尖杉、红豆杉、南方红豆杉、巴山榧树、榧树（香榧）、白豆杉、鹅掌楸、厚朴、凹叶厚朴、水青树、连香树、樟树、闽楠（楠木）、金荞麦、大叶榉、光叶榉、红椿、伞花木、钟萼木（伯乐树）、喜树（旱莲木）、珙桐、光叶珙桐、长果秤锤树、香果树、中华结缕草、台湾水青冈（巴山水青冈）、野大豆、花榈木、红豆树、崖白菜。

湖南省地方重点保护植物（56种）：铁坚油杉（铁坚杉）、黄山松（台湾松）、铁杉、竹柏、罗汉松、乐昌含笑、多花含笑、金叶含笑、黄心夜合、巴东木莲、武当玉兰、乐东拟单性木兰、领春木、沉水樟、少花桂（山桂皮）、川桂、黄樟、猴樟、竹叶楠、尾囊草、川鄂獐耳细辛、睡莲、小八角莲（红八角莲）、六角莲、八角莲、尾叶紫薇、川黔紫薇、紫茎、中华猕猴桃、毛花猕猴桃、天师栗、瑶山梭椤树、红继木、香桦、水青冈、台湾水青冈（巴山水青冈）、赤皮青冈、青檀、长穗桑（湘桂桑）、五棱苦丁茶、柑橘、血皮槭、毛果槭、金钱槭、银鹊树（瘿椒树）、湖南山核桃、青钱柳（摇钱树）、竹节参（大叶三七）、刺楸、龙舌草（水白菜、水车前）、巴山重楼、矮重楼、壶瓶重楼、香蒲（东方香蒲）、方竹、紫竹。

列入CITES附录的植物（92种）：苏铁、领春木、宝兴吊灯花、花叶芦荟、无柱兰、黄花白芨、白芨、短距苞叶兰、广东石豆兰、麦斛、斑唇卷瓣、泽泻虾脊兰、流苏虾脊兰、剑叶虾脊兰、虾脊兰、钩距虾脊兰、反瓣虾脊兰、三棱虾脊兰、金兰、独花兰、杜鹃兰、三慈姑、建兰、蕙兰、多花兰、春兰、寒兰、绿花杓兰、扇脉杓兰、离萼杓兰、大花杓兰、钩状石斛、罗河石斛、细茎石斛、铁皮石斛、广东石斛、单叶厚唇兰、大叶火烧兰、长距美冠兰、毛萼山珊瑚天麻、大花斑叶兰、小斑叶兰、斑叶兰、绒叶斑叶兰、毛葶玉凤花、鹅毛玉凤花、裂瓣玉凤花、橙黄玉凤花、叉唇角盘兰、镰翅羊耳蒜、小巧羊耳蒜、小羊耳蒜、羊耳蒜见血清、香花羊耳蒜、长唇羊耳蒜、柄叶羊耳蒜、葱叶兰、长叶山兰、狭穗阔蕊兰、阔蕊兰、黄花鹤顶兰（斑叶鹤顶兰）、鹤顶兰、细叶石仙桃、云南石仙桃舌唇兰、尾瓣舌唇兰、小舌唇兰、独蒜兰、朱兰、缘毛鸟足兰、苞舌兰、绶草、小叶白点兰、小花蜻蜓兰、西南齿唇兰、艳丽齿唇兰、金线兰细花虾脊兰、大黄花虾脊兰、大叶杓兰、绿天麻、光萼斑叶兰、银兰、昙花、仙人掌、乳浆大戟、泽漆、飞扬草、地锦草、湖北大戟（西南大戟）、通奶草、大戟、钩腺大戟、千根草。

（朱益帜）

人口

【概况】　截至2020年年末，全市户籍人口599.29万人。城镇化率为56.22%。其中，武陵区（含常德经开区、柳叶湖旅游度假区）61.51万人，鼎城区（含西洞庭管理区）78.6万人，安乡县52.83万人，汉寿县（含西湖管理区）86.46万人，澧县90.67万人，临澧县43.88万人，桃源县（含桃花源旅游管理区）96.22万人，石门县66.12万人，津市市23万人。

【人口结构】　截至2020年年末，全市常住人口中，男性占50.13%；女性占49.87%。全市0～14岁人口占14.87%；15～59岁人口占60.1%；60岁及以上人口25.02%；65岁及以上人口占19.16%。

（周　梅　胡　稳）

表1　　2020年常德市行政区划情况统计表

单位：个

县市区	街道	乡	镇	村委会	社区居委会
武陵区	11	2	1	25	103
鼎城区	4	1	17	203	93
汉寿县	4	2	15	193	88
桃源县	2	4	22	336	77
石门县	4	4	13	247	84
临澧县	2	2	7	94	66
澧　县	4	0	15	198	93
安乡县	0	4	8	115	57
津市市	5	0	4	39	37
常德经开区	2	0	1	15	14
柳叶湖	2	0	1	5	23
西　湖	0	1	1	20	2
西洞庭	2	0	1	8	10
桃花源	0	0	1	15	2
总　计	42	20	107	1513	749

行政区划

【概况】 2020年，常德市共辖武陵、鼎城、安乡、汉寿、澧县、临澧、桃源、石门、津市6县2区1市，辖127个乡镇、42个街道、749个社区居委会、1513个村委会。

【行政区域界线管理】 2020年，常德市开展县级以上行政区域界线联检工作，其中市级界线常怀线1条、长178.62千米，界桩8颗。县级界线4条、长167.51千米，界桩23颗。

【地名管理】 2020年，根据《关于进一步清理整治不规范地名的通知》（湘民发〔2019〕14号）文件精神，对不规范地名管理体制与现状进行前期摸底。8月26日，组织召开市城区地名管理工作推进会，常德市城区新一轮地名标识牌清理修复工作正式开展。对市城区路名牌修复维护，对全市主次干道800多块路名牌统一修复。

（李帛霖）

气候特征

【概况】 2020年，常德市年平均气温正常，年降水量偏多，年日照时数偏少。入春入夏时间明显提前，冬季偏短，春夏秋三季偏长。

【气温】 2020年，常德市年平均气温17.4℃，较常年偏高0.3℃，属正常范畴。

空间分布：各地年平均气温

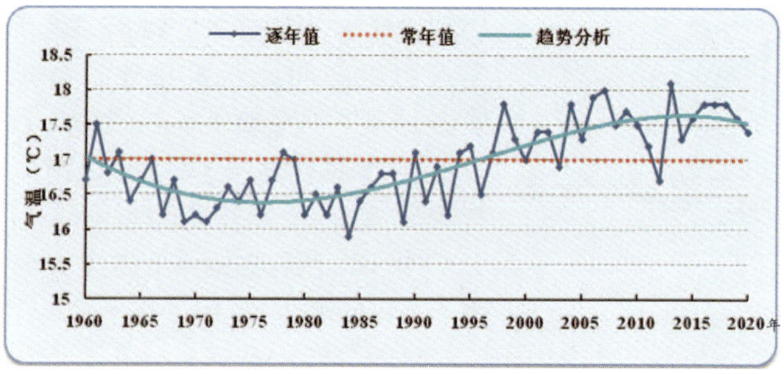

常德市年平均气温历年变化及趋势分析图

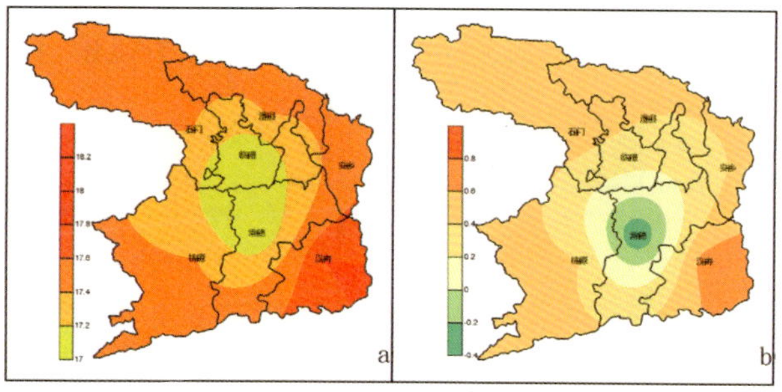

常德市2020年年平均气温（a）和年平均气温距平（b）示意图

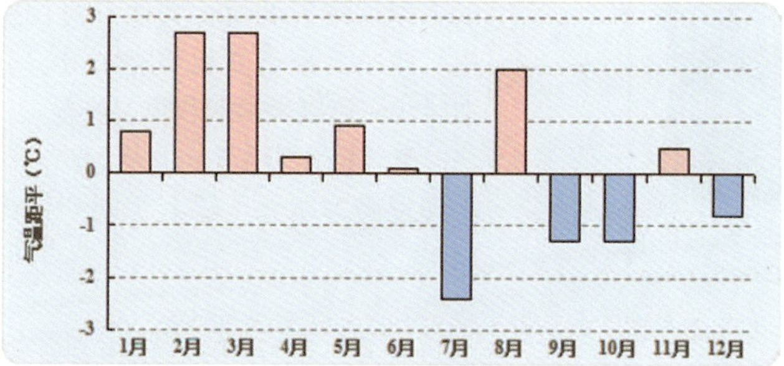

常德市2020年各月气温距平分布图

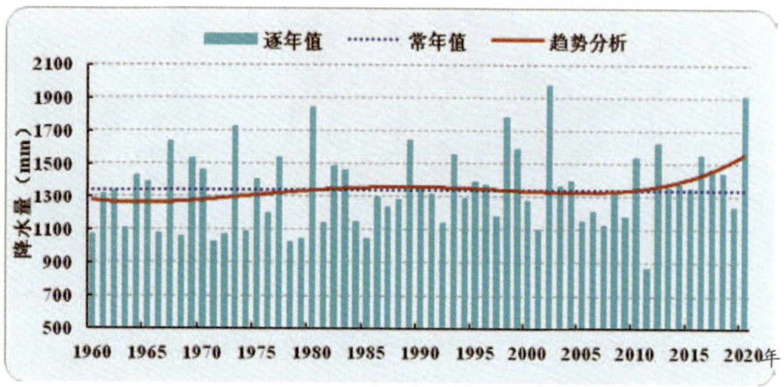

常德市年平均降水量历年变化及趋势分析图

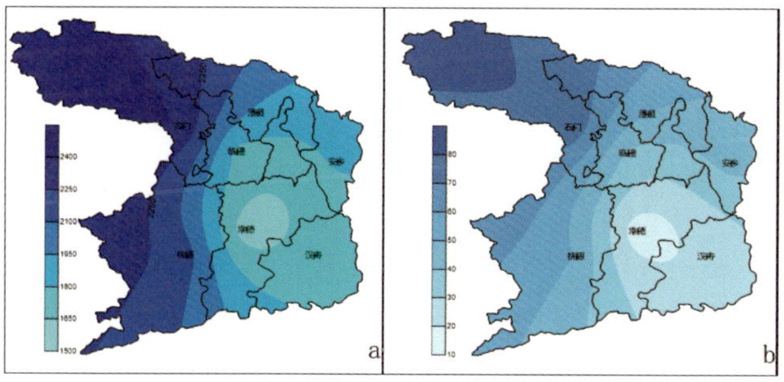

常德市2020年年降水量（a，毫米）和年降水量距平百分率（b，%）空间分布图

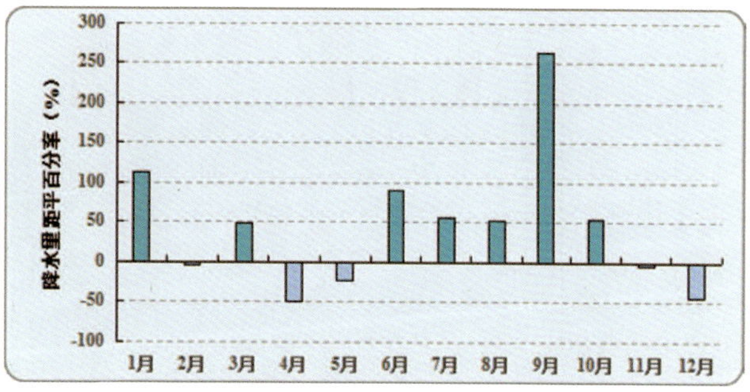

常德市2020年各月降水量距平百分率示意图

17.0℃（常德、临澧）~17.8℃（汉寿），呈中间低四周高的分布态势，与常年同期比较，常德站偏低0.4℃，其余各地偏高0.3℃（临澧）~0.7℃（汉寿）。按照气温等级评定标准，除汉寿偏高外，其余各地均正常。与上年比，各地偏低0.1℃（澧县）~0.5℃（安乡）。

时间分布：与常年同期比，除7月、9月、10月和12月偏低外，其余各月均偏高，冬春偏高明显。其中2月、3月和8月分别偏高2.7℃、2.7℃和2.0℃，分别居1961年以来第八、第二和第五高值，7月气温偏低2.4℃，居1961年以来第一低值。冬季气温位居1961年以来第三高值。

年内无严寒期，全年日极端最低气温-2.5℃（临澧，12月31日），日极端最高气温38.8℃（桃源，8月5日），全市平均高温日数20.0天，全市大部地区出现两段高温天气，分别在8月1—9日以及12—18日，达轻度高温热害标准。

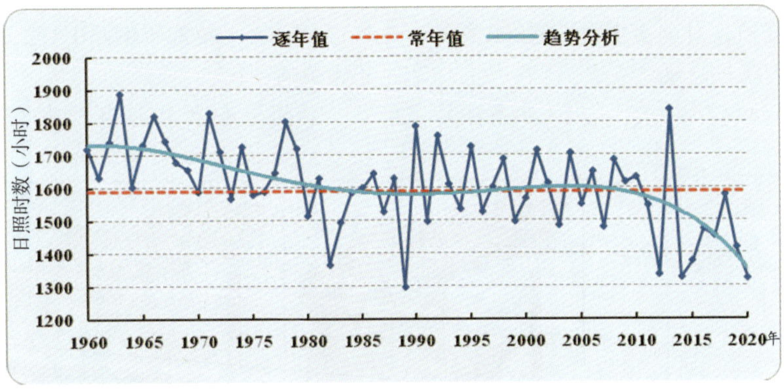

常德市年平均日照时数历年变化及趋势分析图

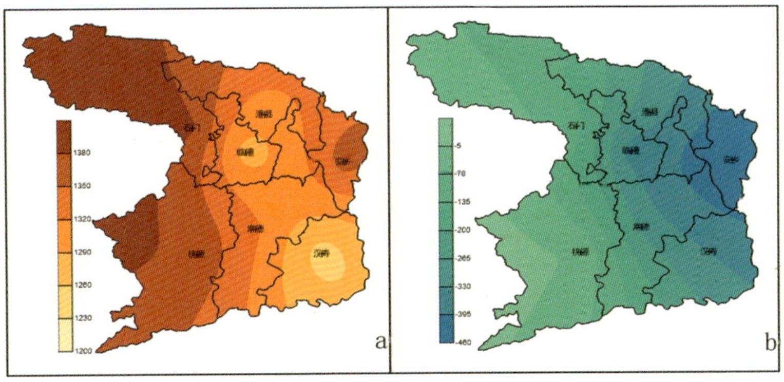

常德市2020年年日照时数（a）和年日照时数距平（b）空间分布图（单位：小时）

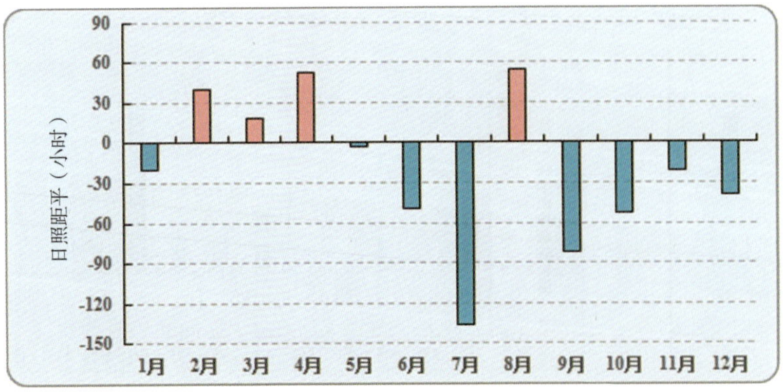

常德市2020年各月日照时数距平分布图

【降水】 2020年，全市年平均降水量1909.3毫米，较常年（1344.5毫米）偏多42%，属偏多范畴，与上年（1237.9毫米）相比偏多54.2%，为1961年来第二高值。汛期（4—9月）降水量1345.2毫米，较常年偏高49.8%，最大日降水量156.6毫米（石门，9月9日）。

空间分布：各地总降水量在1554.9毫米（常德）~2387.3毫米（石门）之间，与常年比，各地偏多13.8%（常德）~77.7%（石门）。按照降水等级划分标准，常德正常，其余各地均偏多。与上年相比，各地偏多8.5%（常德）~116.2%（石门）。

时间分布：从逐月分布来看，1月、6月和9月降水偏多明显，分别居1961年以来同期第二、第三和第三高值；4月偏少明显，位居1961年以来同期第五低值；其他月份偏差相对较小。全市夏秋季降水量，分别居1961年以来第四和第二高值。

全年降水日数164.0天，较常年同期偏多21.8天，较上年同期偏多24.4天。

【日照】 2020年，全市年平均日照时数1324.1小时，较常年偏少16.7%，属偏少范畴，与上年比偏少6.5%，居1961年来历史第二低值（最低值1295.2小时，1989年）。

空间分布：全年各地总日照时数在1245.4小时（汉寿）~1384.7小时（石门）之间，大体呈西多东少的分布态势，较常年相比，各地偏少15.8小时（桃源）~454.7小时（安乡）。按照日照多寡划分标准，桃源正常，其余各地偏少。与上年相比，除安乡和桃源分别偏多

52.7小时和88.3小时外，其余各地偏少62.0小时（石门）~227.3小时（临澧）之间。

时间分布：从全市逐月平均日照时数分布来看，与常年同期比，除2月、3月、4月和8月偏多外，其余各月份均偏少，其中7月、9月和10月偏少明显（7月、9月均创1961年以来历史同期新低，10月居1961年以来第三低值），全年日照时数居1961年来历史第二低值，尤其秋季全市平均日照时数创1961年以来历史新低。

（王阳阳）

气候事件

【概况】 2020年，常德市气候表现为冬季暖湿特征明显；冬春季2次寒潮降温幅度大；强对流天气早发频发；暴雨频发，夏秋汛情严重；盛夏高温热浪；秋季湿冷型寒露风和连阴雨天气。总体来看，2020年常德市气象灾害多发频发，因灾损失较重，为较差气候年景。

【冬季暖湿】 2019—2020年冬季，全市平均气温显著偏高，为1961年以来历史同期第三高值；降水量较常年同期偏多，为1961年以来历史同期第十一高值，暖湿特征明显，与2001/2002年、2003/2004年及2006/2007年冬季相类似。

【寒潮】 2020年度冬春季全市共出现2次区域性寒潮过程，分别出现在2月14—15日、3月26—28日。其中3月寒潮正值清明前夕，对明前茶影响较大。

2月14日下午开始出现降温降雨天气，并伴有大风、冰雹等强对流天气，48小时内降温幅度剧烈，最高气温下降14℃，平均气温下降10℃，最低气温在0℃以下，伴随出现6级偏北大风持续近24小时，此外，石门、鼎城等地出现冰雹雷电强对流天气。大风对房屋屋顶、高杆油菜、蔬菜大棚及电线（网络）杆等造成一定破坏。

3月26—28日，72小时内降温幅度接近13℃，并伴随出现6级偏北大风持续近24小时，石门县西北部高寒山区出现短时强降雨和雷暴大风等强对流天气，温度骤降至0℃以下，4个乡镇受到不同程度低温冷害及大风灾害。大风对农房、高杆油菜、蔬菜大棚及电线（网络）杆等有一定破坏性。该过程发生在清明前夕，正是茶叶价值最高的清明茶采摘期间，新茶被冻住，茶叶种植损失严重。

【倒春寒】 3月27日至4月5日受持续冷空气影响，全市平均气温10.5℃，较常年同期偏低3.7℃，前十天平均气温17.8℃，全市各区县市均达到倒春寒标准（连续10天平均气温较常年同期偏低2℃以上，并低于前10天平均气温）。4月17日至26日连续十天，常德站平均气温16.4℃，较常年同期偏低2.3℃，前十天平均气温17.1℃，再度发生倒春寒。倒春寒天气对全市农业生产造成一定影响。

【夏秋暴雨】 2020年全市迎来16轮暴雨天气过程，国家站共出现44站次暴雨，其中10站次大暴雨。日最大降水量156.6毫米（石门，9月9日），其次为152.9毫米（安乡，6月13日）。时间分布上，暴雨日在6—7月最多，共出现11天、27站次暴雨；空间分布上，石门最多（9天），常德最少（3天）。

春季，常德市先后出现2次暴雨过程，分别是在5月4—5日和13—15日。

夏季，常德市先后出现12次暴雨过程，分别在6月2—4日、7—9日、12—14日、21—23日、27—29日，7月1—4日、5—11日、17—19日、26—27日，8月9—10日、19—21日、24—25日。数次暴雨过程叠加影响，导致全市大部出现气象洪涝，其中石门、澧县等地达到重度气象洪涝标准。

秋季，常德市出现2次暴雨过程。9月9日和13—17日，其中9月中旬的过程造成秋汛的发生。9月13—17日，全市普降大到暴雨，部分大暴雨，全市累计面雨量130.4毫米，最大累计雨量为259.5毫米（鼎城区韩公渡）。降水主要集中在湘中以北的沅水、澧水流域以及洞庭湖区，面雨量分别为101.9毫米，123毫米和114.6毫米。受上游降雨和全市强降雨叠加影响，常德市部分县、区出现内涝，沅水流域保持高水位运行，五强溪16日20时加大下泄流量至19900立方米/秒，17日17时沅水桃源站水位达44.03米，超警戒水位1.53米，为该轮过程最高；常德市区水位为39.06米，超警戒水位0.06米。持续强降水、高水位导致武陵区、桃源县、临澧县、石门县和常德经开区、桃花源旅游管理区等6县区出现渍涝，紧急转移325人，农作物受灾2898.9公顷，未出现人员死亡（失踪）人员。9月16日14时沅水流域启动防汛三级响应。

【强对流】 2月14—15日受冷空气影响出现一次风雹天气。14日下午石门、鼎城等地出现冰雹雷电等强对流天气，15日中午全市转为纯雪，为2020年第一场雪。该轮过程出现6级以上偏北大风且持续时间长（14日傍晚到15日下午），常德站极大风速达到23米/秒，对房屋屋顶、高杆油菜、蔬菜大棚及电线（网络）杆等有一定破坏。

早春季节雷暴大风、局地冰雹和短时强降水等强对流天气频发：3月下旬，受西南暖湿气流、低层切变和东路冷空气影响，在3月21日傍晚至22日、25—26日，常德市

表2　　2020年常德市汛期各控制站最高水位统计表

单位：毫米

序号	暴雨过程	主要影响区域	暴雨站次	大暴雨站次	最大日降水	过程平均降水	过程最大降水
1	0504—0505	沅水流域	1	1	107.8	33.0	109.2
2	0513—0515	全市	1	0	55.5	38.4	56.1
3	0602—0604	全市	1	0	53.8	41.2	68.9
4	0607—0609	全市	1	0	56.0	51.5	89.3
5	0612—0614	全市	7	3	152.9	116.6	157.4
6	0621—0623	澧水流域	1	0	88.2	60.2	108.4
7	0627—0629	沅水流域	4	1	104.3	65.3	107.8
8	0701—0704	澧水流域	2	2	126.0	70.4	146.9
9	0705—0708	全市	4	0	68.8	98.4	119.0
10	0717—0719	全市	6	0	73.7	66.2	85.2
11	0726—0727	汉寿	1	0	66.1	21.1	67.5
12	0809—0810	沅水流域	2	0	67.7	49.7	114.6
13	0819—0821	全市	1	0	85.3	51.4	99.7
14	0824—0825	全市	6	2	135.1	81.1	135.1
15	0909	澧水流域	2	1	156.6	42.9	156.6
16	0913—0917	全市	4	0	70.3	145.9	156.6

说明：数据来源于全市7个国家站降水资料

部分区县出现降雹，并伴有短时强降雨、大风、雷电等强对流天气。降雹最明显主要出现在21日傍晚至夜间桃源县西南部，26日傍晚石门西北部，且前一次降雹持续时间更长、冰雹直径更大、破坏性更大。前一轮过程大风破坏力较强，临澧站和常德站极大风速达到14米/秒以上，阵风风力强导致民房和大棚损坏较多，共造成常德市鼎城、汉寿、澧县、桃源、石门和桃花源等6个县区的35个乡镇不同程度受灾，高秆油菜、烟叶等经济农作物倒伏较明显，冰雹致茶叶损失较大。

5月4日21时，在常德市鼎城区和桃源县部分乡镇出现冰雹和雷暴大风等灾害天气，共造成常德市武陵、鼎城、安乡、汉寿、澧县、桃源、津市、常德经开区、西洞庭9个县市区的56个乡镇不同程度受灾。

8月25日，常德市武陵、鼎城、汉寿等3区县的18个乡镇（街道）受强降雨和雷击天气影响出灾。

【夏季轻度高温热浪】　2020年8月常德市平均气温29.8℃，较常年同期偏高2℃，与上年同期持平，居1961年以来第二高值。全市大部地区在8月1—9日和12—18日出现两段高温天气，过程日极端最高气温38.8℃（桃源，8月5日），两个阶段全市均达轻度高温热害标准（高温日数连续5～10天）。

【湿冷寒露风】　9月14—29日全市大部分日平均气温在18℃～20℃之间，达到中度以上寒露风标准，部分地区（桃源、常德和汉寿）达重度寒露风标准。其间平均气温较历年同期偏低2.8℃，平均雨日达11.6天，累积平均雨量171毫米，较历年同期偏多4倍，为典型湿冷寒露风。

【秋季连阴雨】　2020年秋季多连阴雨，主要出现在10月中旬和11月中下旬。10月13—20日，受冷空气与南海低压外围云系和高空槽共同影响，全市大部地区出现连阴雨天气，雨日在7～9天左右，达轻度连阴雨标准。10月气温偏低，阴雨寡照持续时间长，对双季晚稻灌浆成熟和油菜育苗造成明显影响。

11月16—26日，受冷空气和高空槽共同影响，全市大部地区出现阴雨寡照天气。其中常德市北部（石门、澧县、津市、安乡）雨日在11天左右，达中度连阴雨标准；

南部（常德、桃源、汉寿）雨日在8天左右，达轻度连阴雨标准。

【空气质量】 2020年，常德市年平均累计降水量1909.3毫米，地面平均风速1.8米/秒，平均混合层高度1186.6米，分别较2019年偏多54.2%，偏大4%，偏低9.2%。全市降水清除条件都较好，北部地区降水偏多明显，均比上年偏多60%以上，其中石门县较上年偏多1倍以上，水平扩散条件较2019年明显偏好；垂直扩散条件比2019年偏差。2020年，常德市7个县（区）4至10月平均累计日照时数884.3小时，较2019年偏少17.8%，有利于臭氧形成的太阳辐射条件有所减弱。

（王阳阳）

气候影响

【概况】 2020年，常德市气温正常，降水偏多，日照偏少。年内出现的寒潮、暴雨洪涝、冰雹雷雨大风、高温热浪、寒露风、连阴雨和雾霾等灾害性天气，给全市工农业生产及人体健康等造成一定的影响。

【气候与农业】 2020年，常德市年平均气温正常，年平均降水量偏多且时空分布不均，年平均日照偏少。年内出现的暴雨洪涝、高温热浪、寒露风和连阴雨等灾害性天气，给全市农业生产造成一定的影响。总体而言，常德市农业气候属于较差年景。

【气候与林业】 年内气温正常，降水日数偏多，日照偏少。综合分析2020年气候条件对森林火险的影响发现，4级及以上高森林火险气象等级日数较2019年增多，其主要分布在3—4月、10—11月。

在地域分布上，1级低森林火险气象等级132天（石门）~158天（临澧），2级较低森林火险气象等级52天（安乡）~72天（石门），3级中等森林火险气象等级89天（常德）~119天（石门），4级高森林火险气象等级35天（石门）~54天（桃源），5级极高森林火险气象等级4天（常德）~16天（安乡）。

【气候与防汛抗旱】 2020年汛期（4—9月），全市平均降水量1345.2毫米，较常年同期偏多49.8%，较上年同期多13.6%。空间分布上，4—9月各地降水量1010.9毫米（常德）~1822.2毫米（石门），其中石门、桃源和澧县分别为1961年以来历史同期第一、第二和第三，临澧和安乡均为历史同期第四。与常年同期相比各地偏多13%（常德）~91.7%（石门）。降水时间分布不均匀，6月和9月降水偏多明显。

2020年最强降雨过程发生在6月28日8时—7月8日8时，全市平均降雨量227毫米，暴雨中心位于石门县北部，受强降雨影响及上游来水影响，涔水袁家港站、西洞庭湖区安乡站于7月3日先后出现超警戒水位的洪水过程，澧水流域石门站及以下于7日出现超警戒水位的洪水过程，沅江流域桃源站及以下于9日出现超警戒水位的洪水过程。沅、澧水与长江来水碰头，洞庭湖区整体水位偏高，使得湖区安乡站持续超警30天。

2020年度常德市降雨量较历年同期偏多，没有出现明显旱情。

【气候与交通】 2020年，常德市有利于交通出行（1~2级）的天数为221天，占全年60.4%，比2019年（229天）减少9天，不利于交通出行（3级及以上）的天数为145天，占全年39.6%，比2019年（136天）增加9天，其中非常不利于交通出行（4~5级）的时段主要集中在秋冬和盛夏。

【气候与电力】 对常德城区2020年逐日气象敏感用电量等级分析发现，4级气象尖峰敏感用电量天数为15天，较2019年减少1天，主要集中在8月上旬和下旬；3级气象高敏感用电量天数有22天，较2019年减少14天，主要集中在6月下旬到7月中旬；2级气象较高敏感用电量天数有110天，较上年增加7天，主要集中在1—2月、6月初、7月中旬、9月初和12月；其他时段为1级气象低敏感用电量等级，共有219天，主要集中在2月中下旬至5月、9—11月，较上年增加9天。

在地域分布上，通过对常德市2020年气象敏感电量不同等级天数及百分比分析发现，1级气象低敏感用电量212天（澧县）~227天（石门），2级气象较高敏感用电量92天（汉寿）~110天（常德），3级气象高敏感用电量22天（常德）~30天（安乡和汉寿），4级气象尖峰敏感用电量12天（临澧）~30天（汉寿）。

【气候与旅游】 春节期间受新型冠状病毒感染的肺炎疫情影响，常德市旅客运输量呈断崖式下跌；“五一”小长假期间（5月1—5日）前晴后雨，假期文化旅游市场人气回暖；端午假期（6月25—27日）以多云间晴天为主，常德节日市场稳定、消费回暖，疫情影响逐步降低；国庆、中秋双节长假期间（10月1—8日）受持续阴雨天气等影响，常德境内出行人数较往年有所下降，但市民出游出行热情依然高涨，文化和旅游市场的复苏呈现加速态势。

对2020年常德市城区旅游气象指数等级分析发现，指数适宜及以上占46%，其主要分布在3—6月和8—10月，其中4月和5月分别以7天和5天的一级非常适宜指数占第一、二位；1月、7月和11月不适宜以上天数最多，其中1月以6天的五级非常不适宜指数排名第一。

【气候与人体健康】 以市城区为例，研究分析2020年气候条件对人体舒适感指数影响发现人体感觉舒适日数81天，较上年增加2天，较舒适日数129天，较上年增加5天，人体感觉舒适、较舒适日数占全年总日数的57.4%。不舒适日数98天，较上年减少5天，很不舒适日数58天，较上年减少1天，总体上不舒适、很不舒适日数较上年减少6天。

从常德市城区人体舒适度日数逐月分布分析发现：人体感觉舒适的时段主要分布在5月、9月，其中5月舒适日数达26天，较舒适日数主要分布在3—4月、6月以及10—11月，不舒适日数主要分布在2月（寒潮风雹）、8月（高温热浪）、12月（天气寒冷，风力较大），很不舒适日数出现在1月（低温雨雪）以及12月（天气寒冷，风力较大）。

夏秋季节在高温高湿或强辐射热的气象条件下，人们长时间在户外活动，很容易导致体温调节功能障碍，进而发生中暑。中暑不仅与气温有关，还与空气湿度、风等有关。利用日最高气温、日平均相对湿度及日平均风速来计算常德市城区2020年5—9月的逐日中暑指数。分析常德市城区中暑指数逐日变化发现，容易或极易中暑（中暑指数M≥65）时段主要分布在8月，与常德市高温日出现时段较为吻合。

【气候与环境】 2020年，全市大雾平均日数46.7天，较常年偏多26.5天；全年平均霾日34.4天，较常年偏多21.3天，大雾和霾日数均呈现增多的趋势。全市年平均降水日数164天，较常年偏多21.8天。2020年各污染物平均值为：SO_2（7微克/立方米），NO_2（19微克/立方米），O_3-8H（127微克/立方米），CO（1.1毫克/立方米），PM_{10}（50微克/立方米），$PM_{2.5}$（41微克/立方米）。2020年与2019年同期相比，1—12月，六项主要污染物平均浓度有不同程度的下降，其中CO的下降幅度最大。首要污染物频率最高的是$PM_{2.5}$，其次是O_3，贡献率最低的是SO_2。

【气候与人民生活】 采用气象行业标准《QXT385—2017穿衣气象指数》计算常德2020年穿衣气象指数。将穿衣气象指数1～2级归类为厚冬装，3～5归类为夹克等春秋初冬装，6～7归类为轻薄夏装。可以发现全年适宜着厚冬装（指数1～2）的时间占比为35%，春秋装（指数3～5）为35%，夏装（指数6～7）为30%。

从时间分布来看，1月至3月上旬与12月适宜着冬装，9月中下旬至11月适宜着春秋装，6月至9月上旬适宜着夏装，其中7月降水偏多，气温异常偏低，个别时段需要着春秋装，而3月中旬至5月指数来回变化，天气变化反复，春季是全年最难着装的时段，需要留意天气变化，及时增减衣物。

（王阳阳）

水文

【概况】 常德市位于洞庭湖水系沅江下游、澧水中下游和西洞庭湖区，境内河网密布，水资源充沛，水能资源较为丰富。河长5千米以上，流域面积10平方千米以上的干支河流432条；流域面积50平方千米以上的河流134条，水面面积1平方千米以上湖泊82个。其中洞庭湖水系四大水系有沅、澧两水，长江三口水系7支有6支流经常德市，另外境内还有冲柳、南湖和涔澹三大撇洪河流入西洞庭湖。

全市境内沅江干流长118千米，澧水干流长76.2千米，两大水系支流稠密，沿岸有数百条溪河汇入。常德市地下水分布面积1.76万平方千米，占全区总面积的96.5%，地下水类型以基岩裂隙水分布最广，在石门县和桃源县部分山区有岩溶水分布，全市共有地下水暗河139条，地下热水（温泉）13处。

【主要河流】 沅水发源于贵州省东南部，有南北二源，南源龙头江，出自贵州省都匀市云雾山鸡冠岭，北源重安江出自贵州省麻江、平越间大山，两源在贵州省炉山县汊河口汇合称清水江，从芷江县的金紫进入湖南省境内，至黔城镇汇合舞水后始称沅水。东流经芷江、会同、黔阳、怀化、溆铺、辰溪、泸溪、沅陵在麻伊伏进入常德市桃源县境内，再经桃源、常德，至德山为入湖河口，全长1033千米，流域面积89163平方千米，其中流经常德境内118千米，流域面积5601平方千米，河流坡降平均为0.0254%，多年平均年径流量656.4亿立方米，年均流量2065立方米/秒。沅江沿途接纳渠水、舞水、巫水、辰水、溆水、酉水等支流，最后在常德的德山注入洞庭湖，省境外面积占流域面积的42.7%。

澧水又称九澧，位于湖南西北部。干流及主要支流皆自西北流向东南。澧水源头在桑植县南岔以上，分北、中、南三源，北源出自湖南省桑植县八大公山杉木界，中源为主源，出自湘鄂边界的八大公山东麓，名绿河，南源出自湖南省永顺县万枯山，名上峒河。三源在南岔汇合后往南经桑植、永顺，再向东流，在永定境内纳茅溪，经慈利纳溇水，至石门纳渫水，经临澧至澧县纳道水、涔水，流至津市小渡口注入洞庭湖。澧水干流全长390千米，流域面积18496平方千米（湖南境内15505平方千米），多年平均径流量131.2亿立方米。流域内共有一级支流74条，上游的主要支流有南岔河、郁水、茅溪、狮头溪、九渡溪（又名九都溪）、溇水（又名后江）、零溪河，中下游主要有渫水、道水、澹水、涔水等。

松滋河源于长江松滋口，主干分东西两支，其中西支在湖南境内歧出一支，称中支。松滋西支经毛家汊至濠口注入七里湖与澧水交汇，西支全长113千米（青龙窖至濠口又称官垸河，长27千米）。松滋中支从三汊脑起，至小望角与松滋东支汇合，中支全长38千米。松滋东支全长162千米，其中湖南境内长80千米，从甘家厂至小望角长44千米，又名大湖口河；小望角至小河口长17千米，又称安乡河；小河口以下19千米称松虎洪道。

虎渡河源于长江太平口，全长110.7千米，流经安乡境内42.7千米。

藕池河源于长江藕池口，共分三支，东支全长106千米，不流经常德市。中支自东支黄金岔歧出，经南鼎垸的陆家岭分成东西两河入南县境内，至下柴市与西支汇合，长54.2千米，安乡境内42.7千米。藕池河西支以称官当河，自康家岗分流，在下柴市与中支汇合，从茅草街注入西洞庭湖，全长86.6千米，安乡境内36.4千米。

渫水河位于湖南省常德市石门县，上游支流众多：百溪河、高桥河、金家河、上延河、黄连河、干沟河等，一路蜿蜒东南流，沿途又纳入狮子溪、发人溪、黄虎港河、石家河、黄福溪、麻纳溪、竹溪河、商溪河、小河、黄水、仙阳河、南溪等大小支流146条（含渫水），历经壶瓶山镇、所街乡、雁池乡、磨市镇、维新镇、皂市镇，在新关镇的喻家河口注入澧水，全长163千米，流域面积3125.5平方千米。

大洑溪为沅水一级支流，位于沅水左岸，发源于慈利县五里垭，经桃源县牛车河、观音寺至燕家坪大洑溪村注入沅水，全长80.5千米，沿途纳入2～3级支流9条，流域面积615平方千米。

夷望溪流域地处桃源县西部，流域主干流发源于沅陵县与安化县交界处的胡家岭，流经沅陵县三渡水、桃源县西安、茶庵铺、太平铺至兴隆街乡水心寨汇入沅水，溪流全长70.2千米，计有23条2～3级支流汇入。为沅水一级支流，流域总面积734平方千米。

水溪流域地处桃源县南部沅水右岸，流域主干流发源于安化县黄毛尖，流经桃源县芦花潭、龙虎等乡，至桃花源镇乔望嘴注入沅水，溪流全长37.5千米，计有6条2～3级支流汇入。为沅水一级支流，流域总面积288平方千米。

延溪位于沅水左岸，发源于桃源县黄甲铺乡鸽子垭，流经三阳镇、深水港乡至漳江镇烟溪口注入沅水，全长44.9千米，沿途纳入2～3级支流14条，流域面积456平方千米。

白洋河位于沅水下游左岸，属沅水一级支流。发源于慈利县云潮山，流域总面积1719平方千米，全长121千米。

渐河属沅水下游支流，渐水撇洪河工程主要拦截常德市江北防洪圈西北部山丘岗地山洪，干流段上有7条较大截流沟，集雨面积284平方千米。

枉水流域位于湖南省常德市鼎城区南部，地理位置位于北纬28°41′54″—29°01′54″、东经111°28′21″—111°39′54″。枉水为沅水一级支流，位于沅水尾闾，流经常德鼎城和德山。枉水发源于港二口、途径红岩嘴、草坪、响水垱和毛湾，在常德老码头入沅水。枉水总集雨面积484平方千米，全长57千米，河流坡降1.24‰。枉水有一级支流4条，分别为肖家坪、黄土店、叶家桥和王家湾。

东风河始建于1973年，以撇洪为主，兼作灌溉，自鼎城青龙坝起，经高岭、杨家桥、汪家溶、檀树坪、樟木桥、何家坪、五一至和

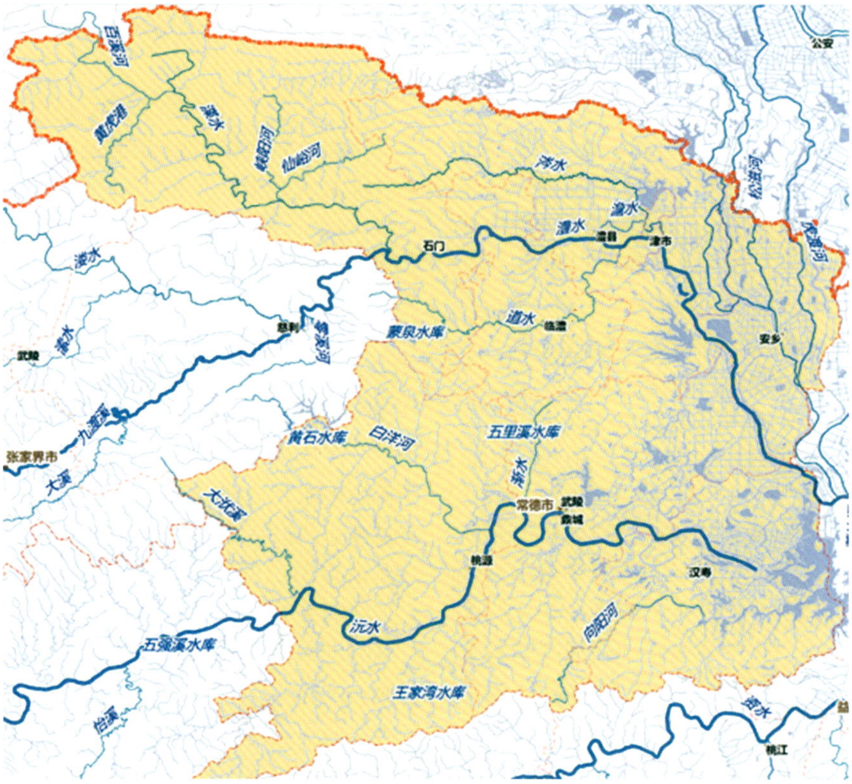

常德市水系图

尚桥入沅水。东风河全长10.8千米，另有李保冲、杨家桥、汪家溶、柏油库、龚家冲、红星、新包垸等支流水系注入东风河，流域总面积达63平方千米。

马家吉又称冲柳低水，流域分三大部分：一部分为马家吉河，发源于北部太阳山及白云山山区，自东北流向西南，从冲天湖至马家吉电排流入沅江，该流域地势北高南低，较为平缓。北面经冲柳闸和伍甲拐闸与冲柳高水相连，西面经新河口闸与柳叶湖、沾天湖相连，北面与冲天湖、土硝湖相连。总河长41.15千米，流域面积604.58平方千米。

冲柳高水流域位于常德市城区东郊，发源于北部太阳山及白云山山区，主要流经常德市鼎城区冲柳垸、民主阳城垸和八官崇孝垸，1975年冲柳围垸撇洪工程竣工，高水河由北方山区降水南流汇聚，从苏家吉排入沅水，高水河长55.4千米，两岸堤长142千米，流域面积257.51平方千米。

新河西起丹洲乡石灰村长港水域，流经丹洲乡、护城乡、河洑镇、灌溪乡、南坪乡，注入沾天湖。新河控制集雨面积约57.6平方千米。新河水系南起北桥头公园水域，由南往北经新河渠—费家湖—白马湖—反修河，最后注入反帝河。新河水系中游位置有杨桥河（全场约5千米）支流汇入。反帝河水流由西往东，全长约11千米，在下游汇入新河水系后一起注入沾天湖。

穿紫河水系位于常德市城区北部，西起竹叶港，东至南碚。途经新河渠、费家湖、仁智当、李仁当、白马湖、长港、穿紫桥河、姻缘桥河、三闾港、沙河等沟港。全长17.3千米，是常德市一条环城水系。由于随着城市的发展现状水系已经分成几块，规划为西至皂果树，南至南碚电排，东至常德大道姻缘河桥，长约8.6千米。

仙阳河为澧水二级支流，仙阳河属渫水河一级支流，仙阳河发源于石门北部高山密林之中，仙阳河流经的最大集镇为维新镇，集水面积550平方千米。

涔水属澧水支流，发源于石门县黑天坑，流经刘家湾、莲花堰、王家厂、大堰垱、梦溪、涔南、永丰，在小渡口注入澧水。河流长度114千米，流域面积1525.75平方千米。

道水系澧水一级支流，属九澧之一。道水有南北两支，南支发源于慈利五雷山麓，北源多系溪涧组合，发源于慈利苗市桃树垭东麓，全长102千米，集水面积1362.8平方千米。

西湖高水内江位于西湖垸内，汉寿县部分发源于鼎城区的罗家铺，流经汉寿县罐头嘴镇、洲口镇、文蔚乡、鸭子港乡、西港镇，在赵家河注入目平湖。河流长度81千米，流域面积439.54平方千米。区划河长44.23千米。

南湖撇洪河发源于沧山，人工河起于谢家铺、经蒋家嘴入西洞庭湖，全长92.45千米，其中人工河长40.7千米，流域总面积1633.16平方千米。

【水文站网】 常德水文中心在全市范围内共设有322个监测站点，其中水文站25个、水位站95个、雨量站184个。另外，常德水文中心还设有1个水环境监测分中心、6个水环境监测站、2个水质自动监测站、2个泥沙分析站、4个蒸发观测站、11个土壤墒情站、17处地下水监测井、28处水质监测断面。

常德水文中心已经建成较为完善的雨水情自动测报系统，其中局属自动测报站点149个，县级山洪灾害预警系统站点173个，站网基本实现到乡镇一级的全覆盖，为常德市防洪减灾工作提供及时准确的情报。常德市水环境监测分中心的监测断面覆盖全市主要水功能区、大中型水库、小（1）型水库、部分小（2）型水库（农村安全饮水工程水源）和0.067万公顷以上大型湖泊，为全市水环境保护和农村安全饮水工程水源保护工作提供准确可靠的水质监测数据。

（吴震中）

【雨情】 2020年常德市累计降雨1924.2毫米，较历年同期均值1434.9毫米偏多34.1%；其中汛期4月至9月累计平均降雨1353.5毫米，较历年同期均值994.1毫米偏多36.2%。

区县分布上，桃源县累计平均降雨2102.1毫米为最大，较历年同期均值1604.7毫米偏多31%；石门县累计平均降雨2097.4毫米次之，较历年同期均值1526.9毫米偏多37.4%；澧县累计平均降雨1914.6毫米第三，较历年同期均值1216.9毫米偏多57.3%；临澧县累计平均降雨1877.4毫米，较历年同期均值1267毫米偏多48.2%；鼎城区累计平均降雨1873.8毫米，较历年同期均值1398.3毫米偏多34%；津市市累计平均降雨1843毫米，较历年同期均值1236.8毫米偏多49%；武陵区累计平均降雨1831毫米，较历年同期均值1398.3毫米偏多30.9%；汉寿县累计平均降雨1552毫米，较历年同期均值1409.7毫米偏多10.1%；安乡县累计平均降雨1532毫米最小，较历年同期均值1246.2毫米偏多22.9%。

2020年汛期降雨特性分析：

汛期降雨量总体偏多，时间分布前少后多。汛期全市累计平均降雨1353.5毫米，较历年同期均值994.1毫米偏多36.2%。从时间上来看，2020年汛期4月、5月降雨偏少，8月降雨基本持平，6月、7月、9月降雨偏多。其中，7月累计平均降雨359.8毫米，占整个汛期降雨的26.6%；9月降雨较历年同期均值偏多191.8%，在历史上同期排名靠前。降雨最小的月份为4月的71.9毫米，占汛期降雨的5.3%。

暴雨覆盖范围较大，空间分布不均。2020年汛期暴雨覆盖范围较大，除汉寿县面平均雨量为971.7毫米，其余各区县面平均雨量均在1000毫米以上，最大为石门县面平均雨量达1586.1毫米，比汉寿县面平均雨量多63.2%。2020年汛期，澧水流域累计平均面雨量较沅江流域偏多12.4%，较西洞庭湖区偏多43.7%，沅江流域累计平均面雨量较西洞庭湖区偏多27.9%，空间分布上不均，呈北多南少态势。

暴雨强度较大，持续时间较长。2020年，1小时最大降雨为石门县三圣乡陈家榜站1小时最大降雨96.5毫米（8月9日15时至16时），3小时最大降雨为津市市石龟山站150.5毫米（6月14日5时至8时），6小时最大降雨为桃源县牛车河乡龙凤山站193毫米（6月13日4时至10时）。1小时最大降雨超过50毫米的站点有79站，占所有站数的22%；3小时最大降雨超过70毫米的站点有151站，占所有站数的42.1%；6小时最大降雨超过100毫米的站点有80站，占所有站数的22.3%。

2020年6月中旬至7月中旬，主雨带长达一个月稳定位于湘西北，6月28日8时至7月8日8时，常德市发生2020年最强降雨过程，暴雨中心位于澧水流域、沅水中游支流西水，使得常德市出现2020年第一次澧水、沅江先后超警、湖区持续超警的洪水过程。9月，受副热带高压南撇影响，常德市再次频繁出现明显降雨过程，9月雨日多达24日，占全月的80%。

（张婉柔）

【水情】 2020年汛期，常德市境内沅、澧两水及西洞庭湖区均出现超过警戒水位的洪水过程。

主要洪水过程如下：

沅江。2020年7月7日至13日，受西洞庭湖底水顶托及沅江流域五强溪水库加大出库影响，沅江桃源站及以下发生超警戒水位的洪水过程。五强溪水库自7日1时起涨，至9日4时出现最高库水位102.82米，拦蓄洪水6.07亿立方米，最大入库为8日20时2.62万立方米/秒，最大出库为9日2时1.86万立方米/秒，削峰率29%。由于干流出峰时间晚，五强溪入库洪水主要是西水凤滩水库下泄流量及武水河溪站流量加上库区降水。9日4时45分，沅江控制站桃源站出现洪峰水位43.5米，超警戒水位1米，相应流量1.76万立方米/秒。7月16日，受西洞庭湖底水顶托及五强溪水库腾库泄洪影响，周文庙站后续还出现一次达到警戒水位的洪水过程，洪水过程中，沅江桃源站、常德站水位处于警戒水位以下。9月15日至17日，受五强溪库区以上强降雨影响，五强溪水库15日11时起涨，至16日17时出现最高库水位107.82立方米/秒，拦蓄洪水3.39亿立方米，最大入库为16日15时2.13万立方米/秒，最大出库为16日20时1.99万立方米/秒，削峰率6.6%。19日0时35分，沅江控制站桃源站出现洪峰水位44.04米，超警戒水位1.54米，相应流量2.02万立方米/秒，为该站2020年最高洪水位。

澧水。2020年7月5日至9日，受西洞庭湖底水顶托、江垭、皂市水库加大下泄及区间内强降雨影响，澧水石门站及以下发生超警戒水位的洪水过程。江垭水库自7月6日1时起涨，至10日10时出现最高库水位223.34米，拦蓄洪水2.21亿立方米，最大入库为6日7时3290立方米/秒，最大出库为4日19时1710立方米/秒，削峰率48%。自4日13时起，江垭水库出库持续按1700立方米/秒控制下泄，6日23时，出库流量加大至2400立方米/秒。皂市水库自7月6日2时起涨，至9日7时出现最高库水位132.07米，拦蓄洪水2.26亿立方米，最大入库为6日11时4470立方米/秒，最大出库为7日4时2020立方米/秒，削峰率54.8%。自4日16时起，皂市水库出库持续按1400立方米/秒控制，7日4时，出库流量加大至2000立方米/秒。7月7日4时45分，澧水控制站石门站出现洪峰水位58.93米，超警戒水位0.43米，相应流量1.07万立方米/秒。7日16时44分，澧水干流澧县站出现洪峰水位44.06米，超警戒水位0.56米，为2008年建站以来最高水位。

西洞庭湖区。7月2日8时，三峡水库加大下泄至3.6万立方米/秒，受上游来水及区间内降雨影响，安乡站于3日9时到达警戒水位并呈上涨态势。7日至9日，澧水下游、沅江下游相继发生超过警戒水位的洪水过程，沅、澧两水与长江来水碰头，湖区底水持续偏高，7月9日14时，安乡站出现洪峰水位38.92米（2020年最高水位），超警戒水位1.92米。7月18日至19日，城陵矶站离保证水位仅0.5米左右。19日12时，三峡水库加大下泄至4万立方米/秒。受上游来水及区间内降雨和底水过高影响，7月20日18时，安乡站出现洪峰水位38.48米，超警戒1.48米，持续超警719小时。8月2日8时，安乡站退出警戒水位。8月16日12时起，三峡水库不断加大下泄，到8月19日19时加大下泄至4.9万立方米/秒。而城陵矶站仍在警戒水位以上，长江干流水位过高造成洞庭湖水量排出不畅，安乡站于21日2时达到警戒水位且呈上涨态势，26日4时出现洪峰水位37.62米，超警戒水位0.62米。后续因三峡水库减小出库且长江干流水位降低，湖区安乡站于28日4时退出警戒水位，超警持续170小时。

（吴震中）

【水情服务】 常德水文中心在2020年汛期坚持领导带班，水情人员24小时值班制度，密切监视沅水、澧水及西洞庭湖区的雨水情形势，积极开展水情预警预报工作，共发布洪水预警32次（黄色预警10次、蓝色预警22次），完成水情预测材料93期、水情快报55期、水情

表3　　2020年常德市汛期各控制站最高水位统计表

河名	站名	最高水位（米）	发生时间（月、日）	相应流量（立方米/秒）	警戒水位（米）	超警（米）	历年最高（米）	发生时间（年、月、日）
沅　江	五强溪	61.34	9月16日	21100			64.50	2014-7-17
	桃花源	47.41	9月17日		45.00		48.60	
	桃　源	44.04	9月17日	20200	42.50		47.37	2014-7-17
	常　德	39.82	7月9日		39.00		42.49	1996-7-19
大杨溪	杨溪桥	89.35	8月25日		89.00		90.82	1996-7-12
溇　水	雁　池	141.01	7月6日	3340			143.88	2011-6-18
	皂　市	79.60	7月7日	1630			81.59	2012-6-27
澧　水	石　门	58.93	7月7日	10700	58.50		62.66	1998-7-23
	合　口	48.58	7月7日		48.50		49.03	2010-7-11
	澧　县	44.06	7月7日		43.50		44.06	2020-7-7
	津　市	42.97	7月7日		41.00		45.02	2003-7-11
道　水	临　澧	46.21	7月3日	429	47.30		47.87	2012-7-18
湖　区	安　乡	38.92	7月9日	5010	37.00		40.44	1998-7-24
	石龟山	40.22	7月8日	7930	38.50		41.89	1998-7-24
	牛鼻滩	38.75	7月10日				40.57	1996-7-19
	周文庙	37.36	7月10日		36.00		38.79	1996-7-20

说明：桃花源站为2015年新建站点

表4　　2020年中小河流站点最高水位统计表

序号	站名	河名	最高水位（米）	发生时间（月、日）	历年最高（米）	发生时间（年、月、日）
1	伍家拐	冲柳撇洪河	34.74	7月11日	35.51	2016-7-3
2	三间桥	冲柳撇洪河	32.76	6月14日	33.67	2016-7-5
3	柳叶湖	冲柳撇洪河	33.22	9月17日	34.07	2016-7-3
4	新河口	马家吉河	34.02	8月27日	34.02	2020-8-27
5	土硝湖	冲柳撇洪河	33.99	8月27日	33.99	2020-8-27
6	安乡城关	松滋洪道	39.11	7月9日	39.11	2020-7-9
7	新洲	澧水洪道	41.68	7月7日	40.35	2016-6-29
8	金盆	竹溪河	172.55	7月6日	172.00	2016-7-20
9	南坪河	石家河	288.24	8月24日	290.54	2014-9-10
10	安溪	黄虎港河	357.96	7月6日	357.96	2020-7-6
11	朱家铺	沧水	42.50	7月27日	43.67	2017-6-24
12	杜家岗	仙阳河	138.29	7月2日	138.29	2020-7-2
13	双合	溇水	278.32	7月19日	278.55	2016-6-19

续表4

序号	站名	河名	最高水位（米）	发生时间（月、日）	历年最高（米）	发生时间（年、月、日）
14	灌溪	渐河	42.11	7月9日	42.70	2017-7-3
15	南阳嘴	南湖撇洪河	35.50	7月28日	35.69	2016-7-6
16	深水港	延溪	44.28	9月17日	45.48	2017-7-2
17	理公港	兰溪	64.73	7月2日	66.30	2016-7-18
18	观音寺	大洑溪	62.94	6月22日	65.89	2016-7-18
19	黄石坝下	白洋河	57.53	7月4日	57.53	2020-7-4
20	松阳坪	夷望溪	105.11	6月24日	108.00	2017-6-24
21	白洋湖	道水	60.21	6月22日	61.46	2016-7-2
22	青岩	溇水	84.89	7月6日	84.89	2020-7-6
23	临安	沙溪河	46.89	6月14日	48.30	2017-6-24

说明：常德市中小河流站点从2014年起开始运行；有下列站更名：2015年五宝山更名为朱家铺、江坪更名为双合、维新厂更名为杜家岗；2016年黄石更名为黄石坝下、茶庵铺更名为松阳坪

会商材料50期、洪水预报单4期，发送水情实时短信1万多条、预报短信1500多条，参与省市防指防汛会商会100多次，接听地方单位和社会公众电话问询300多次，参加防汛应急响应7次。

【旱情】 2020年，受长江梅雨锋南移、弱冷空气南下遇副高边缘暖湿气流，加上中低层低涡切变线共同影响，7月中旬常德市频繁出现强降雨过程。8月中下旬降雨集中期结束，但9月受副热带高压南撤影响，常德市再度持续遭遇雨水天气，及时遏制8月底即将出现的旱情。2020年度全市降雨量较历年同期偏多，没有出现明显旱情。

（张婉柔）

【水资源量】 降水及分布。2020年全市年平均降水量1922.4毫米，折合水量349.6亿立方米，较上年增加50.6%，比多年平均偏多34%，属丰水年。各区县市分布：其中汉寿、西湖比多年平均偏多0～20%；桃源、桃花源、武陵区、鼎城区、安乡、经开区比多年平均偏多20～40%；临澧、石门、澧县、津市比多年平均偏多40%以上。主要河流降水分布：资水区年降水量0.7828亿立方米，与多年平均比较偏多23.1%；沅江区（浦市镇以下）年降水量102.9亿立方米，与多年平均比较偏多28.2%；澧水区年降水量126.7亿立方米，与多年平均比较偏多44.9%；洞庭湖环湖区年降水量119.24亿立方米，与多年平均比较偏多28.8%。

降水量地域分布。全市最小降水量为汉寿县周文庙站，年降水量为1188.5毫米；最大降水量为桃源县王家湾站，年降水量为2580毫米，极值比达2.2。地域分布呈二高一低，由西向东递减。高值区：澧水上游的以南镇、南坪为中心高值区，因武陵山脉北支影响，年降水量在2300毫米以上；沅江五强溪—桃源区间的黄土湾、王家湾高值区，年降水量在2200毫米以上。低值区：四口水系中的松滋河入湖区间，年降水量在1800毫米以下。

降水量年内分配。全年降水主要集中在汛期，全市汛期（4—9月）降水占年降水量的73%，连续最大4个月降水量（6—9月）占全年的62%左右。与历年同期相比，澧水流域4—5月降水偏少，较历年同期偏少30%以上，1月、9月较历年同期偏多200%以上；沅江五强溪以下4月降水严重偏少，较历年同期偏少60%以上，9月较多年平均偏多200%以上。

地表水资源量。2020年全市地表水资源（天然河川径流）量183.25亿立方米，比上年偏多50.7%，较多年平均偏多39.7%，折合径流深1007.6毫米，径流系数0.53。各区、县（市）地表水资源量与多年平均比较：武陵区-26.7%、鼎城区53.6%、安乡128.1%、汉寿50.3%、澧县90.1%、临澧83.8%、桃源-16.6%、石门51.8%、津市127.7%、经开区65.5%、柳叶湖1.2%、西湖38.8%、西洞庭65.5%、桃花源-16.6%。分区各水系与多年平均比较：按流域分区统计其中资水区域偏多28.6%、沅江五强溪以下区域偏少17.8%、澧水区偏多

表5　　2020年分区年降水量与上年、多年平均比较情况表

分区名称		计算面积（平方千米）	年降水量		上年降水量（亿立方米）	与上年比较（%）	多年平均降水量（亿立方米）	与多年平均比较（%）
			（毫米）	（亿立方米）				
行政分区	武陵区	226	1800.0	4.070	3.395	19.9	3.125	30.2
	鼎城区	2234	1854.3	41.43	30.78	34.6	31.26	32.5
	安乡	1087	1650.3	17.94	10.31	73.9	13.55	32.4
	汉寿	2019	1547.6	31.24	24.64	26.8	28.38	10.1
	澧县	2075	1839.5	38.17	20.21	88.9	25.25	51.2
	临澧	1203	1843.9	22.18	12.71	74.5	15.24	45.5
	桃源	4300	2051.7	88.21	69.09	27.7	68.99	27.9
	石门	3970	2170.0	86.15	45.87	87.8	60.61	42.1
	津市	558	1888.4	10.537	5.847	80.2	6.902	52.7
	经开区	54	1866.6	1.008	0.7454	35.2	0.7609	32.5
	柳叶湖	139	1824.9	2.533	2.021	25.3	1.932	31.1
	西湖	70	1679.6	1.181	0.854	38.3	1.065	10.8
	西洞庭	110	1866.6	2.053	1.518	35.2	1.550	32.5
	桃花源	142	2051.7	2.923	2.290	27.7	2.286	27.9
流域分区	资水	42	1875.0	0.7828	0.6288	24.5	0.6361	23.1
	沅江（浦市镇以下）	5086	2023.1	102.89	80.66	27.6	80.28	28.2
	澧水	6235	2032.2	126.71	68.45	85.1	87.45	44.9
	洞庭湖环湖区	6824	1747.3	119.24	82.39	44.7	92.54	28.8
常德市（合计）		18187	1922.4	349.6	232.1	50.6	260.9	34.0

64.6%、洞庭湖环湖区偏多73.4%。

地表水资源分布。年径流深分布与降水不同，呈一高一低。高值区：是澧水中上游区石门以上，年径流深在1300～1600毫米。低值区：是沅江五强溪以下区域，年径流深600～800毫米。分配不均。全市大部分水文站连续最大四个月径流量占全年的57.5～69.7%，澧水流域连续最大四个月径流量集中在6—9月，沅江流域连续最大四个月径流量集中在6—9月。径流系数大。因降雨集中、暴雨强度大、土壤前期饱和，常德市平均产水系数达0.53。

地下水资源量。2020年全市地下水资源量37.96亿立方米（其中洞庭湖环湖区14.57亿立方米），比上年增加21.8%，地下水径流模数20.87万立方米/平方千米·年。

水资源总量。水资源总量指评价区内当地降水形成的地表、地下产水总量（不包括区外来水量）。2020年全市水资源总量186.1亿立方米，较上年偏多49.8%。较多年平均偏多39.1%。

蓄水动态。全市有大型水库6座，中型水库38座。2020年各类蓄水工程年末蓄水量25.0472亿立方米，比2019年年末增加11.5528亿立方米，其中大型水库年末蓄水量16.4927亿立方米，比2019年年末增加8.1699亿立方米，中型水库年末蓄水量5.1324亿立方米，比2019年年末

增加1.7097亿立方米。

水资源质量状况。总体水质状况。2020年在全市主要江河湖库上布设水质监测断面34个，其中包括8个重要饮用水源地断面，26个重要江河湖库断面，其中有1个市州界断面、2个省界断面。采用《地表水环境质量评价标准》（GB 3838—2002），采用单因子法分全年期、汛期和非汛期进行评价。水质符合Ⅱ—Ⅲ类标准、达到优及良好的监测河段33个，占总评价河段的

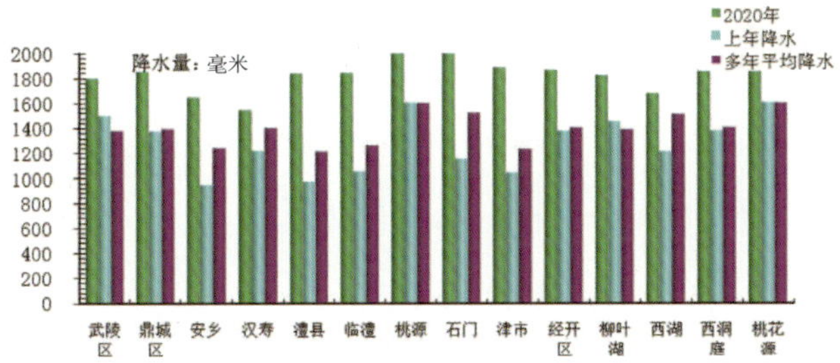

2020年行政分区年降水深与上年、多年平均比较图

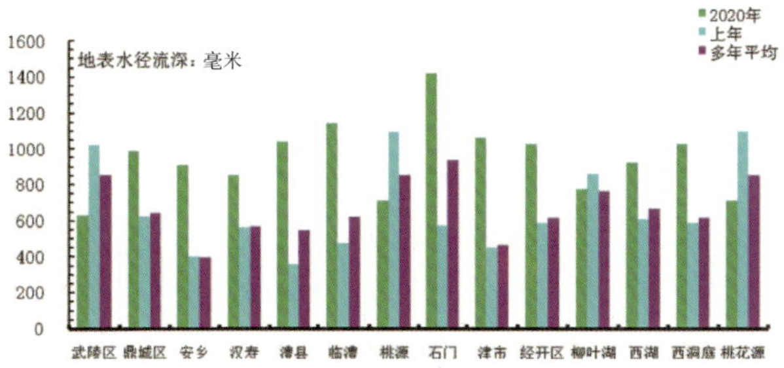

2020年各行政分区地表水径深与上年、多年平均比较图

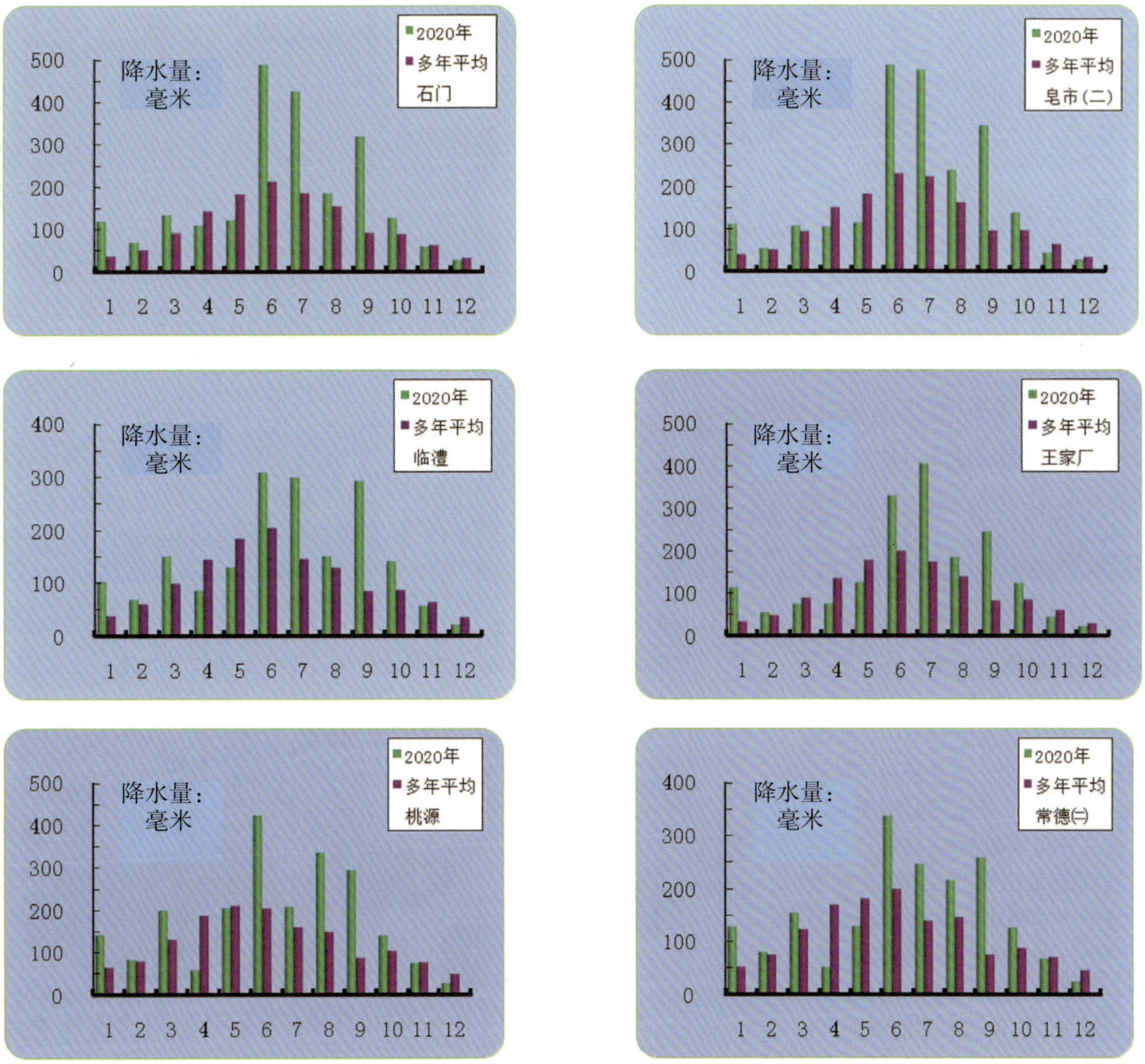

2020年主要河流代表站月降水量分布图

表6　　2020年常德市地表水资源量与上年、多年平均比较情况表

分区名称		计算面积（平方千米）	当年地表水资源量（亿立方米）	上年地表水资源量（亿立方米）	与上年比较（%）	多年平均地表水资源量（亿立方米）	与多年平均比较（%）
行政分区	武陵区	226	1.416	2.310	-38.7	1.931	-26.7
	鼎城区	2234	22.07	13.98	58.0	14.37	53.6
	安　乡	1087	9.870	4.394	124.6	4.327	128.1
	汉　寿	2019	17.217	11.383	51.3	11.46	50.3
	澧　县	2075	21.592	7.394	192.0	11.36	90.1
	临　澧	1203	13.760	5.753	139.2	7.486	83.8
	桃　源	4300	30.62	47.01	-34.9	36.72	-16.6
	石　门	3970	56.37	22.74	147.9	37.12	51.8
	津　市	558	5.908	2.512	135.2	2.594	127.7
	经开区	54	0.5544	0.3175	74.6	0.3350	65.5
	柳叶湖	139	1.077	1.193	-9.7	1.064	1.2
	西　湖	70	0.6494	0.4282	51.7	0.4680	38.8
	西洞庭	110	1.1293	0.6468	74.6	0.6823	65.5
	桃花源	142	1.015	1.558	-34.9	1.217	-16.6
流域分区	资　水	42	0.4655	0.4374	6.4	0.3619	28.6
	沅江（浦市镇以下）	5086	35.73	54.91	-34.9	43.44	-17.8
	澧　水	6235	80.26	31.88	151.8	48.82	64.4
	洞庭湖环湖区	6824	66.79	34.37	94.3	38.52	73.4
常德市（合计）		18187	183.3	121.6	50.7	131.1	39.7

97.1%。各水期水质状况。全年期：Ⅱ类水质监测断面26个，占总评价河段的76.5%；Ⅲ类水质监测断面7个，占总评价河段的20.6%；Ⅳ类水质监测断面1个，占总评价河段的2.9%。汛期：Ⅱ类水质监测断面23个，占总评价河段的69.17%；Ⅲ类水质监测断面10个，占总评价河段的30.3%。非汛期：Ⅱ类水质监测断面23个，占总评价河段的67.6%；Ⅲ类水质监测断面10个，占总评价河段的29.4%；Ⅳ类水质监测断面1个，占总评价河段的2.9%。

水系水质状况。沅江五强溪以下。全年期：Ⅱ类水质监测断面8个，占总评价河段的80%，Ⅲ类水质监测断面2个，占总评价河段的20%。澧水中下游。全年期：Ⅱ类

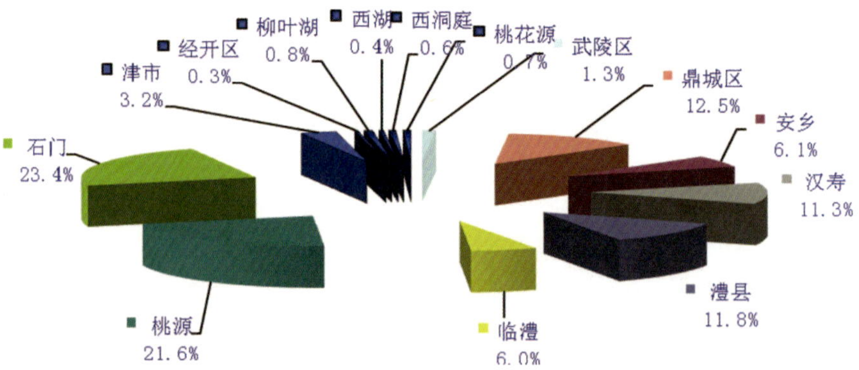

2020年分区地下水资源分布图

水质监测断面11个，占总评价河段的84.6%，Ⅲ类水质监测断面2个，占总评价河段的15.4%。其中，澧水：Ⅱ类水质监测断面2个，占总评价河段的100%；道水：Ⅱ类水质监测断面2个，占总评价河段的100%。洞庭湖环湖区。全年期：Ⅱ类水质监测断面13个，占总评价河段的100%。湖泊、水库。全年期：Ⅱ类水质监测断面4个，占总评价河段的36.4%，Ⅲ类水质监测断面6个，占总评价河段的54.5%；Ⅳ类水质监测断面1个，占总评价河段的9.1%。供水水源地水质状况。全年期：Ⅱ类水质监测断面8个，占总评价河段的100%。2020年常德市监测评价的省界河流断面2个，全年、汛期水、非汛期质均为Ⅱ类。

（吴震中　何建平）

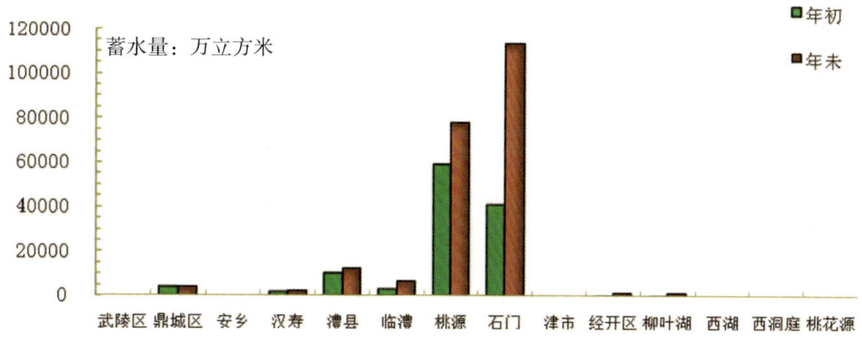

2020年行政分水利工程蓄水量统计图

表7

2020年常德市分区水资源总量情况表

分区名称		计算面积（平方千米）	年降水量（亿立方米）	地表水资源量（亿立方米）	地下水资源量（亿立方米）	重复计算量（亿立方米）	水资源总量（亿立方米）	产水系数
行政分区	武陵区	226	4.070	1.416	0.4796	0.4796	1.416	0.35
	鼎城区	2234	41.43	22.07	4.739	3.856	22.96	0.55
	安　乡	1087	17.94	9.870	2.306	1.810	10.366	0.58
	汉　寿	2019	31.24	17.22	4.282	3.369	18.13	0.58
	澧　县	2075	38.17	21.592	4.490	4.271	21.811	0.57
	临　澧	1203	22.18	13.760	2.294	2.283	13.772	0.62
	桃　源	4300	88.21	30.62	8.199	8.199	30.62	0.35
	石　门	3970	86.15	56.37	8.901	8.901	56.37	0.65
	津　市	558	10.537	5.908	1.2086	0.9906	6.126	0.58
	经开区	54	1.0080	0.5544	0.1145	0.0900	0.5789	0.57
	柳叶湖	139	2.533	1.077	0.2944	0.2643	1.107	0.44
	西　湖	70	1.181	0.6494	0.1491	0.1200	0.6785	0.57
	西洞庭	110	2.053	1.1293	0.2333	0.1800	1.1826	0.58
	桃花源	142	2.923	1.015	0.2717	0.2717	1.015	0.35
流域分区	资　水	42	0.7828	0.4655	0.0886	0.0886	0.4655	0.59
	沅江（浦市镇以下）	5086	102.89	35.73	9.849	9.849	35.73	0.35
	澧　水	6235	126.71	80.26	13.454	13.454	80.26	0.63
	洞庭湖环湖区	6824	119.24	66.79	14.57	11.693	69.67	0.58
常德市（合计）		18187	349.6	183.3	37.96	35.08	186.1	0.53

表8　　2020年常德市大、中型水库蓄水统计表

单位：万立方米

项目		大型水库				中型水库			
分区名称		水库座数	年初蓄水量	年末蓄水量	蓄水变量	水库座数	年初蓄水量	年末蓄水量	蓄水变量
行政分区	武陵区								
	鼎城区					5	3704	3486	–218
	安　乡								
	汉　寿					3	1334	1926	593
	澧　县	1	5170	3160	–2010	4	4409	8732	4323
	临　澧					5	2846	6014	3168
	桃　源	4	50288	64899	14611	9	8225	12881	4656
	石　门	1	27770	96868	69098	10	12843	16424	3582
	津　市								
	经开区					1	525	1055	530
	柳叶湖					1	341	805	464
	西　湖								
	西洞庭								
	桃花源								
流域分区	资　水								
	沅江（浦市镇以下）	4	50288	64899	14611	16	12795	18228	5432
	澧　水	2	32940	100028	67088	19	20098	31170	11072
	洞庭湖环湖区					3	1334	1926	593
常德市（合计）		6	83228	164927	81699	38	34227	51324	17097

表9　　2020年常德市供水水源地水质情况表

水系	评价河段	汛期	非汛期	全年
沅江	双洲头	Ⅱ	Ⅱ	Ⅱ
	常德市三水厂	Ⅱ	Ⅱ	Ⅱ
	汉寿二水厂	Ⅱ	Ⅱ	Ⅱ
澧水	七松	Ⅱ	Ⅱ	Ⅱ
	滟洲电站	Ⅱ	Ⅱ	Ⅱ
	大石桥	Ⅱ	Ⅱ	Ⅱ
道水	九龙水厂	Ⅱ	Ⅱ	Ⅱ
松滋河	安乡	Ⅱ	Ⅱ	Ⅱ

表10　　2020年常德市省界河流水质评价状况一览表

省界站流向			汛期	非汛期	全年
流向关系	上游（左岸）	下游（右岸）			
上下游	公安县	安乡县	Ⅱ	Ⅲ	Ⅱ
上下游	公安县	安乡县	Ⅱ	Ⅱ	Ⅱ

常德市2020年国民经济和社会发展统计公报

2020年，面对疫情的强烈冲击和持续影响，面对极其复杂和严峻的经济形势，在市委、市政府坚强领导下，全市上下坚持以习近平新时代中国特色社会主义思想为指导，立足新发展阶段，贯彻新发展理念，构建新发展格局，坚决落实党中央国务院和省委、省政府各项决策部署，全面推动经济社会高质量发展，决战决胜全面建成小康社会，扎实做好“六稳”工作，全面落实“六保”任务，大力实施开放强市产业立市战略，奋力完成全年经济社会发展目标，为良好开局“十四五”、扎实起步“三高四新”营造了良好氛围。

一、综合

经初步核算，2020年全市实现地区生产总值3749.1亿元，比上年增长3.9%；其中，第一产业增加值464.6亿元，增长4.1%，对经济增长的贡献率为10.4%；第二产业增加值1543.7亿元，增长4.7%，对经济增长的贡献率为53.2%；第三产业增加值1740.8亿元，增长3.1%，对经济增长的贡献率为36.4%。

全市三次产业结构调整为12.4∶41.2∶46.4。第一产业比重提升1.5个百分点，第二产业比重提升0.8个百分点，第三产业比重下降2.3个百分点。

全市完成一般公共预算收入286.8亿元，比上年增长1.8%。地方一般公共预算收入187.9亿元，增长2.4%，其中税收收入123.6亿元，增长2.4%；非税收入64.2亿元，增长2.2%。一般公共财政预算支出614亿元，增长0.9%，其中社会保障和就业支出85.7亿元，减少21%；教育支出81.5亿元，增长6.6%；农林水事务支出97亿元，增长6.5%；医疗卫生支出61.3亿元，增长9.4%；城乡社区事务支出56.2亿元，增长0.8%。

年末公路通车里程2.3万千米，其中高速公路里程430千米。新增城镇就业人员5.4万人，新增农村劳动力转移就业3.9万人。落实义务教育保障资金5.5亿元，发放中职国家助学金820.2万元，资助中职学生8204人。

全市居民消费价格指数为102.2%，商品零售价格指数为100.9%，按类别分，医疗保健类上涨1.8%；食品烟酒类上涨7.3%，居住类下降1%；衣着类上涨0.1%，交通和通信类下降3.2%，教育文化和娱乐类上涨1.1%；其他用品和服务类上涨6%；生活用品及服务类下降0.2%。

二、农业

初步测算，全年农林牧渔业总产值831亿元，比上年增长4.3%。其中农业实现产值339.8亿元，增长5.8%，林业实现产值20.7亿元，增长9.4%，牧业实现产值347.3亿元，增长1.6%，渔业实现产值69.63亿元，增长3.5%。

全市粮食作物种植面积588.6千公顷，棉花种植面积41.7千公顷，油料种植面积304.8千公顷，蔬菜种植面积122.3千公顷；全年粮食总产量372.4万吨，棉花产量5.5万吨，油料产量61.1万吨，蔬菜产量346.2万吨，茶叶产量2.8万吨，水果产量140.5万吨。

全年生猪出栏比上年下降0.04%，存栏比上年增长44.6%；出栏牛、羊分别比上年下降0.06%、2.1%；全年禽蛋产量比上年增长2.6%。

全市拥有农产品加工企业5886家，其中国家级及省级龙头企业97家。农产品加工企业实现销售收入1725亿元，增长14.1%；休闲农业经营收入41.5亿元，增长5.11%；农民专业合作社7231个，增长11.9%，社员44万户，增长5%。专业大户29283户，下降1%，家庭农场9106个，增长50.5%。“二品一标”农产品认证个数320个，其中绿色食品258个、有机食品51个、农产品地理标志11个。

三、工业和建筑业

全市工业增加值比上年增长4.6%。其中，规模以上工业增加值增长4.6%。非公有制规模以上工业增加值增长7.4%，占规模以上工业增加值的比重为41%。高加工度工业和高技术制造业增加值分别增长18.9%和16.9%，占规模以上工业增加值的比重分别为22.3%和5.3%，分别比上年提升2.9和0.3个百分点。六大高耗能产业增加值增长0.4%，占规模以上工业的比重为15.1%，比上年上升0.8个百分点。省级以上园区规模以上工业增加值增长5.5%，占规模以上工业比重为88.4%，比上年提升0.7个百分点。

全市规模以上工业主要产品中，发电量135.9亿千瓦时，下降10.1%，大米219.9万吨，增长5.9%，原盐74.4万吨，增长73.1%，精制食用植物油59.3万吨，下降36.6%，饲料104.2万吨，下降2.8%，水泥1377万吨，增长16.1%，平板玻璃170万重量箱，下降1%。卷烟160.4万大箱，下降0.3%，起重机112.4万吨，增长81.2%，集成电路17.4万块，增长1299.7%，变压器239.6万千伏安，增长10.1%。

全市规模以上工业企业产品销售率为98.1%，比上年下降1.6个百分点；实现主营业务收入3148.8亿元，增长5.8%；实现利润207.6亿元，增长15.2%。

全年完成建筑业增加值318.1亿元，增长5.4%。

四、固定资产投资

全市固定资产投资比上年增长9.6%。按经济类型分，国有投资增长13.2%；非国有投资增长7.8%，民间投资增长7.3%。按产业分，第一产业投资增长82.8%；第二产业投资增长18.1%；第三产业投资增长1.5%。按投资方向分，工业投资增长17.6%；民生投资增长1.8%；生态投资增长4.6%；基础设施投资增长0.8%；房地产开发投资增长4.6%。

全市亿元以上项目814个，其中新开工项目427个，亿元以上项目本年实际完成投资增长21%。

全市商品房屋销售面积626.3万平方米，增长0.8%。商品房屋销售额358.6亿元，增长9.2%。

五、国内贸易

全市社会消费品零售总额1428.8亿元，下降2.4%。分地域看，城镇社会消费品零售额1237.7亿元，下降2.3%；乡村社会消费品零售额191.1亿元，下降3.1%。

限额以上法人批发和零售业商品零售额357.9亿元，增长6.3%，其中网上零售额增长27.2%。分商品类别看，粮油、食品类增长18.9%，服装、鞋帽、针纺织品类增长10.3%，化妆品类增长7.7%，中西药品类增21.3%，家用电器和音像制品类下降5.1%，汽车类增长4.5%，石油及制品类下降4.2%，文化办公用品类增长21.5%。

六、交通运输、邮电和旅游业

全市完成交通运输、仓储和邮政业增加值160.1亿元，比上年增长1.2%。实现水运货运量2261.5万吨，下降1.4%，货物周转量78.9亿吨千米。实现公路客运量3597.5万人，下降47.1%，旅客周转量27.2亿人千米，下降45.3%。机场运输起降架次10562次，增长2.3%，运送旅客96.6万人，下降12.7%。

全年完成邮政行业业务总量17.8亿元，同比增长34%，快递业务量3833.7万件，同比增长49.6%。年末固定电话用户32.37万户，同比下降15.5%，年末移动电话用户529.6万户，同比增长1.4%，年末互联网宽带用户数159.9万户，同比增长6.4%。

全年接待国内旅游人数5481.9万人次，同比下降9.6%；接待境外入境人数0.6万人次，同比下降96.3%。全年实现旅游总收入479.5亿元，同比下降8%，其中国际旅游外汇收入0.02亿美元，同比下降97.7%。年末全市拥有国家旅游等级区（点）41家，其中国家AAAA级及以上旅游景区11家；全市星级宾馆18家，旅行社55家。

七、招商引资和对外贸易

全年实际引进内外资总额1090.1亿元，新批外商投资项目18个。合同使用外资金额2.3亿美元，实际利用外资资金17亿美元，同比增长19.6%，分产业类别看，第二产业到位外资10亿美元，第三产业到位外资7亿美元；新批境外投资企业3家。引进境内市外资金971.2亿元，同比增长14.5%。

全年完成海关进出口总额158.4亿元，同比增长19.9%，其中出口139.4亿元，增长17.8%；进口19亿元，增长37.9%。分贸易方式看，一般贸易出口132.7亿元，增长18.7%，加工贸易出口6.7亿元，增长3%；分重点商品看，机电产品出口59亿元，增长33.3%。

八、银行、保险和证券

全市金融机构本外币年末各项存款余额为3614.4亿元，同比增长9.5%，其中非金融企业存款515.2亿元，同比下降2.7%；住户存款2497.4亿元，同比增长12.4%。金融机构本外币年末各项贷款余额为2512.9亿元，同比增长19.5%。分贷款对象看，企（事）业单位贷款1424.4亿元，同比增长22.3%；住户贷款1088.3亿元，同比增长16%，其中消费贷款824.8亿元，同比增长19.3%，经营贷款263.5亿元，同比增长7.4%；中小微企业贷款1070.5亿元，同比增长12.5%。

年末全市保险机构85家，其中财险公司17家、寿险公司23家、代理公司45家。全年保费收入共116.2亿元，其中财险保费收入35.7亿元，增长1.1%；寿险保费收入80.5亿元，增长7.6%。赔款支出38亿元，其中财险赔付22.9亿元，寿险给付15.1亿元（不含退保金）。

年末全市上市公司数量6家，其中境内上市公司5家、境外上市公司1家。辖区共有证券公司营业部14家，全年证券交易额3231.5亿元，期货公司2家，全年成交金额2077.4亿元。

九、教育和科学技术

年末全市有普通高校5所，招生2.1万人，同比增长10.7%，在校学生6.3万人，同比增长9.7%，毕业学生1.5万人，同比增长6.5%。中等职业学校43所，招生1.8万人，同比下降3.4%，在校学生4.9万人，同比增长3.5%，毕业学生1.4万人，同比增长0.2%。普通高中43所，招生

2.7万人，同比下降0.7%，在校学生7.8万人，同比增长2.1%，毕业学生2.5万人，同比下降4.8%。初中学校237所，招生5.1万人，同比增长4.6%，在校学生14.7万人，同比增长4.7%，毕业学生4.4万人，同比增长0.1%。普通小学422所，招生5.1万人，同比下降2.2%，在校学生31.1万人，同比增长0.7%，毕业学生5万人，同比增长4.1%。小学适龄儿童入学率100%。特殊教育学校6所，招生223人，在校1275人，毕业73人。幼儿园在园幼儿14.4万人，同比增长2.2%。各类民办学校664所，在校生16.5万人，同比下降3.7%。民办普通高校2所，在校生1.9万人，同比增长16.8%。

年末，全市有检验监测机构139个，其中国家产品质量监督检验中心1个。法定计量检定机构9个，强制检定计量器具17万件。特种设备生产单位48个，生产特种设备3.2万台。组织制定地方标准25项。重点工业产品质量监督抽查1074批次，抽查合格率94.4%。

全年高新技术产业增加值479.4亿元，同比增长13.6%。年末全市有省级工程（技术）研究中心31个，国家级科技企业孵化器2个，省级科技企业孵化器8个。登记各类科技成果17项，认定技术合同574项。全年专利申请10482件，同比增长76.9%，授权专利3891件，同比增长45.6%。

十、文化、卫生和体育

年末全市拥有艺术表演团体1653个，群众艺术馆、文化馆10个，公共图书馆9个，博物馆、纪念馆13个，广播电台8座，广播综合人口覆盖率达到100%；电视台9座，电视综合人口覆盖率达到99.9%，有线电视用户42.4万户。国家级非物质文化遗产保护目录7个，省级非物质文化遗产保护目录20个。

全市拥有卫生机构5069个，其中医院108个，乡镇卫生院177个，妇幼保健院10个，专科疾病防治院22个，社区卫生服务中心128个，诊所、卫生所、医务室1075个，村卫生室3393个。卫生技术人员41526人，其中执业医师和执业助理医师17825人，注册护士18527人。全市拥有疾病预防控制中心（防疫站）14个，卫生技术人员共491人；卫生监督所（中心）12个，卫生技术人员181人。医院、卫生院拥有床位总数3.8万张，其中乡镇卫生院拥有床位数1.2万张。

全市有体育场地9013个，运动场83个，各种训练房812个，体育馆11座。开展全民健身项目48项次，全市经常参加体育锻炼人数251万人。全年获得全国冠军8个。

十一、资源环境和安全生产

全市森林覆盖率48%，全年完成造林面积1.1万公顷，荒地造林面积0.8万公顷，年末实有封山（沙）育林面积1.8万公顷。自然保护区8个，面积19.1万公顷，其中国家级自然保护区3个，分别为壶瓶山、西洞庭、乌云界国家级自然保护区；省级自然保护区2个，分别为鼎城区花岩溪、桃源县望阳山省级自然保护区。已发现的矿种59种，探明资源储量的矿种33种。实施省以上土地综合整治项目63个，整治土地2.8万公顷。市城区空气质量达标率84.7%，空气质量达到二级标准的区县市7个。

全社会用电量128亿千瓦时，比上年增长2.6%，其中工业用电量61.1亿千瓦时，同比增长2.7%，城乡居民生活用电量39.3亿千瓦时，同比增长2.1%。

十二、居民生活和社会保障

2020年全市城镇居民人均可支配收入35469元，比上年增长4.6%；城镇居民人均消费支出26990元，增长1.4%。农村居民人均可支配收入17957元，增长8.9%；农村居民人均消费支出17044元，增长8%。

全市年末参加城镇基本养老保险职工人数142.2万人，其中，参保职工92.5万人，参保离退休人员49.7万人。城乡居民基本医疗保险参保人数493.6万人，城镇职工基本医疗保险参保人数58.7万人。参加工伤保险职工人数53.1万人。参加生育保险职工人数35.4万人。参加失业保险职工人数33.4万人。获得政府最低生活保障的城镇居民3.2万人，获得政府最低生活保障的农村居民11.6万人。年末各类收养性社会福利单位床位数2.5万张；城镇建立各类社区服务设施3954个；全市销售社会福利彩票3亿元，筹集社会公益金0.2亿元。新改建公办养老机构7所。

注：1.本公报中资料均为初步统计数（快报数），部分数据因四舍五入的原因，存在着与分项合计不等的情况。

2.全市生产总值和各产业增加值的绝对数为现价，增长速度按可比价计算。

3.人口数据以全市第七次全国人口普查主要数据公报为准。

常德市及市直副处级以上单位负责人名录

市级

中共常德市委员会

书记、市人大常委会主任　周德睿
副书记、市政府市长、党组书记　邹文辉
副书记、市委党校（常德行政学院、市社会主义学院）校（院）长　黄清宇
常委、统战部部长、市政协党组副书记　陈　华
常委、市纪委书记、市监察委员会主任　罗翠林
常委、市政府副市长（常务）、党组副书记　罗毅君
常委、组织部部长　梁　仲
常委、秘书长、市委办主任、市直机关工委书记　罗先东
常委、宣传部部长　康重文

常德市人大常委会

主任、市委书记　周德睿
副主任（正厅长级）、党组书记　余怀民
副主任、党组副书记　王先蒙
副主任、党组成员　罗少扶
副主任、党组成员　戴君耀
副主任（驻会）、民建市委主委　杨新辉
副主任、党组成员　宋云文
副主任、党组成员　杨　易

常德市人民政府

市长、党组书记、市委副书记　邹文辉
副市长（常务）、党组副书记、市委常委　罗毅君
副市长、党组成员　尹正锡
副市长、党组成员　龚德汉
副市长、党组成员　汤祚国
副市长、致公党市委主委　杨成英
副市长、党组成员、市公安局党委书记、局长、督察长　李　忠
副市长、党组成员　周代惠

政协常德市委员会

主席、党组原书记　李爱国
主席提名人选、党组书记　朱水平
副主席、党组副书记　何英平
副主席、民革市委主委、市审计局副局长　陈位明
副主席（驻会）、民盟市委主委　傅绍平
副主席、党组成员　彭孟雄
副主席、党组成员　洪振海
副主席、党组成员　熊国建
副主席、市工商联主席　张业梅
副主席、民进市委主委　张　力

市中级人民法院

党组书记、副院长、代院长　张经伟

市人民检察院

检察长、党组书记　余湘文

市直

市纪委、市监委

书记、市监察委员会主任、市委常委　罗翠林
副书记、市监察委员会副主任　向才焰
副书记、市监察委员会副主任　汤　杰
副书记、市监察委员会副主任　谭登平
常委、市监察委员会委员　铁明方
常　委　万长华
常委、市监察委员会委员　徐超云
常委、秘书长　吴永兴
市监察委员会委员　柳立武
市监察委员会委员　刘朝明

市委巡察工作领导小组办公室

主　任　袁万明
副主任　龚德村
副主任　丁俊辉
第一组组长　杨旭峰
副组长　李　智
第二组组长　许世林
副组长　裴国富
第三组组长　李德智
副组长　王　平
第四组组长　谭晓文
副组长　陈兴波
第五组组长　戴　平
第六组组长　王宏斌

市　委

秘书长、市委办主任、市委常委、市直机关工委书记　罗先东
常务副秘书长、市委办常务副主任（兼）　胡祖国
副秘书长、市委办副主任（兼）、市档案局局长（兼）　张　帆
副秘书长、市委办副主任（兼）　黄修林
副秘书长、市委办副主任（兼）　朱文红

副秘书长、局长（正处级领导职务）（援藏） 李 进

市委办

市纪委市监委驻市委办纪检监察组组长 殷依峰
市委外事工作委员会办公室专职副主任 施才明
市委办专职副主任 张 琳
市委办副主任（援藏） 孙彬彬
市委秘书长会议成员 方林辉
市委督查专员 曾海英
市委督查专员 陈 建
市对外友好协会专职副会长 雷 鸣
市专用通信局局长 程 关

市委保密委员会办公室

主 任 郑利红
副主任 向 荣
副主任 覃 波

市接待服务中心

党组书记、主任 袁 文
党组成员、副主任 谢 梦
党组成员、副主任 鲁观峰

市档案馆

馆 长 何志祥
副馆长 何名松
副馆长 杨淑芬
副馆长 邹益群

市委党史研究室（市地方志编纂室）

主 任 郑文廷
副主任 周 波

市委组织部

部长、市委常委 梁 仲
常务副部长 鲁晓凤
副部长（兼）、市人社局党组书记、局长、二级巡视员 马业文
副部长、市委非公有制经济组织和社会组织工委书记 董建华
副部长、市公务员局局长（兼） 姚敦科
副部长（兼）、市委老干部局局长 杨文惠
副部长 徐东远
市纪委市监委驻市委组织部纪检监察组组长 肖少球
党员教育中心主任 杨 鹰
市委基层党建办主任 黄秋云

市委非公有制经济组织和社会组织工委

书记、市委组织部副部长 董建华
专职副书记 苏 平
副书记（兼）、市民政局党组副书记、副局长 殷宗仁
副书记（兼）、市工商联党组成员 徐玲英

市委老干部局

局长、市委组织部副部长（兼） 杨文惠
副局长 娄振华
副局长 张宇辉
市关心下一代工作委员会副主任（专职） 姜 飞

市老干活动中心

党支部书记、主任 黄海萍

市委编委办

主 任 辛春生
副主任 曾祥文
副主任 蒋晓勇
副主任 杨晓庆

市机构编制事务中心

主 任 喻长春

市直机关工委

书记、市委常委、秘书长、市委办主任 罗先东
常务副书记 马永忠
副书记 金行国
副书记 童成立
副书记 陈永军
委 员 曹健华
市直纪检监察工委书记、市直机关工委委员 黄 河

市总工会

主席，市人大常委会党组成员、一级巡视员 谭弘发
党组书记、副主席 覃志云
党组成员、副主席 胡元琴
党组成员、副主席 赵 鑫
党组成员、副主席 杨 峰
党组成员、经审会主任 朱艺敏
副主席（挂职）、常德财校副校长 王夏一
副主席（兼）、湖南华南光电（集团）有限责任公司研发中心科试班班长 谭祖安
副主席（兼）、湖南云锦集团股份有限公司工程师、机电车间主任 宋奇峰
经贸工会主任 曾 波
女工委主任 刘 翔

团市委

书 记 魏 翔
副书记 吴雅倩
副书记 彭 琪
副书记（挂职） 廖炎平
副书记（兼）、湖南文理学院马克思主义学院院长助理 董树军
副书记（兼）、市广播电视台新闻中心记者 袁铭嵘

市妇联

党组书记、主席 宋 磊
党组成员、副主席 金桂兰
党组成员、副主席 唐 莹
党组成员、副主席（挂职）、市残联四级调研员 罗 姿
副主席（兼）、鼎城区红云街道花船社区党支部书记、社区主任 许 会
副主席（兼）、常德市东风纺织服装有限责任公司董事长 高绪秀

市委党校

校长、（常德行政学院、市社会主义学院）校（院）长、市委副书记 黄清宇
常务副校长、二级巡视员 杨琦明
副校长 李曜宏
副校长 杨亚妮
教育长 刘章福
副校长 李雅苹

市委宣传部

部长、市委常委 康重文
常务副部长、一级调研员、市新闻出版局（市版权局）局长（兼） 袁天鹏
副部长、市精神文明建设指导委员会办公室主任（兼） 李清彪
副部长 宁毅刚
副部长、市政府新闻办公室主任（兼） 陈志强
副部长 贵学军
部务委员 葛 锐
部务委员 彭仔明
市纪委市监委驻市委宣传部纪检监察组组长 王宏伟

市社科联

党组书记、主席 李云峰
党组成员、副主席 饶金山
党组成员、副主席 欧子成

市委网络安全和信息化委员会办公室

主 任 金晓年
副主任 周 高
副主任 彭美君

市文化旅游广电体育局

党组书记、局长 杨 俊
党组副书记、副局长 王陵书
党组成员、副局长 罗东秋
党组成员、副局长、三级调研员 杨成先
副局长 陈宏元
党组成员、总工程师 江 勇
党组成员、副局长 岳克己
党组成员 薛永春

市文化市场综合行政执法支队

党委书记、支队长 伍千喜

市全民健身服务中心

党支部书记、主任 彭文斌

市文联

党组书记 张海卿
主席、民盟市委副主委 杨 莉
党组成员 叶建华
党组成员、副主席 谢 伟
党组成员、副主席 周碧华

市广播电视台

党组书记、台长 唐直秋
总编辑、党组副书记 徐礼美
党组成员、副台长 胡元祖
党组成员、副台长 周慧华
党组成员、纪委书记 刘群伟
党组成员、副台长 傅冠权
党组成员、工会主席 关 健

常德调频转播台

台 长 刘泉礼
党支部书记 罗淮蓉

常德日报社

社长、总编辑、常德日报传媒集团党组书记、董事长、总经理 任民政
副社长、常德日报传媒集团党组成员 俞鸿钧
副社长、常德日报传媒集团党组成员 鞠 林
常德日报传媒集团党组成员、纪委书记 刘 军
常德日报传媒集团党组成员、工会主席 熊夏明
副社长、常德日报传媒集团党组成员 唐卫平
编辑委员会专职委员 陈言谟
编辑委员会专职委员 魏仙耘

市委政法委

常务副书记、二级巡视员 胡 文
副书记、二级调研员 王汉桃
副书记 彭智明
副书记 汪 云
政治部主任 孙文红
委 员 廖星源
委 员 欧阳健仕
市纪委市监委驻市委政法委纪检监察组组长 尹志辉
委员、四级调研员 熊 斌
市法学会专职副会长 孙晓波

市中级人民法院

党组书记、副院长、代院长 张经伟
党组副书记、副院长 饶南丙
党组成员、副院长 黄天伏
党组成员 王正清
党组成员、政治部主任 谢迎春
党组成员、副院长、二级高级法官助理 龙超兵
副院长 孙权新
市纪委市监委驻市中级人民法院纪检监察组组长、市中级人民法院党组成员 易湘平
审判委员会专职委员 张清华
审判委员会专职委员 祁圣友

市人民检察院

检察长、党组书记 佘湘文
党组副书记、副检察长 荣 明
副检察长 郑朝兵
党组成员、副检察长 卜学宏
党组成员、政治部主任、二级调研员 王忠银
党组成员、工会主席 何本凡
党组成员、检察委员会专职委员 陈 辉
市纪委市监委驻市人民检察院纪检监察组组长、市人民检察院党组成员 江辉武
检察委员会专职委员 阙兴中

白洋堤检察院

检察长、党组书记 郭建国

党组副书记、副检察长　杨昌文
党组副书记、纪检组组长、二级高级警长　杨文武
党组成员、副检察长、四级高级检察官助理　蒋　天
党组成员、政工室主任　李　敬

市公安局

党委书记、局长、督察长、市政府副市长、党组成员　李　忠
常务副局长、党委副书记、一级高级警长　曾　勇
党委副书记、副局长、一级高级警长　李培桂
市纪委市监委驻市公安局纪检监察组组长、二级调研员、市公安局党委委员　祁圣平
党委委员、二级高级警长　冉黎明
党委委员、副局长、二级高级警长　彭　勇
党委委员、政治部主任、二级高级警长　王朝春
党委委员、副局长、警务技术二级主任　戴海洲
党委委员、副局长、二级高级警长　罗永锋

市交警支队

党委书记、支队长、三级高级警长　戴林忠
政委、二级高级警长　刘元春

市巡警特警支队

党委书记、支队长、三级高级警长　易惠权
政委、二级高级警长　刘向阳

市司法局

党组书记、局长　王　鳌
党组副书记、副局长　石　林
党组成员、副局长　余小萍
党组成员、政治部主任　张修超
党组成员、副局长　刘洋廷
常德仲裁委秘书处秘书长　黄译弘

市民政局

党组书记、局长、二级巡视员　龚美爱
党组副书记、副局长、市委非公有制经济组织和社会组织工委副书记（兼）　殷宗仁
党组成员、副局长　沈绪国
副局长　沈英琼

市殡葬事务中心

党总支部书记、主任　沈　勇

市康复医院

党总支部书记　王丽群
院　长　彭　宏

市社会救助事务中心

党支部书记、主任　卞德荣

市社会福利院

党支部书记　曾志明
院　长　黎　英

市委统战部

部长、市委常委、市政协党组副书记　陈　华
常务副部长　邹亚平
副部长、市工商联党组书记　李宏岸
副部长、市政府侨务办公室主任（兼）　张智慧
市纪委市监委驻市委统战部纪检监察组组长　程友忠
副部长　余仁辉
副部长　魏　云

市工商联

主席、市政协副主席　张业梅
党组书记、市委统战部副部长　李宏岸
党组副书记、副主席　张耀忠
党组成员、副主席　黄明中
党组成员、市委非公有制经济组织和社会组织工委副书记（兼）　徐玲英

民革市委

主委、市政协副主席、市审计局副局长　陈位明
副主委、武陵总支主委、武陵区科技局局长　张华欣
副主委、武陵区政府副区长　张　恩
副主委、市残联康复科科长　程本群

民盟市委

主委、市政协副主席（驻会）、一级巡视员　傅绍平
副主委（专职）　刘丽艳
副主委、常德日报文化生活部副主任　陈集亮
副主委、市文联主席　杨　莉
副主委、湖南文理学院芙蓉学院文学与社会科学系主任　李宝斌

民建市委

主委、市人大常委会副主任（驻会）　杨新辉
副主委（专职）　陈　芳
副主委、民建津市市委主委、津市市文广新体局局长　易　旭
副主委、常德广播电视大学校长　陈　华
副主委、益丰大药房连锁股份有限公司董事长　高　毅

民进市委

主委、市政协副主席、市教育局调研员　张　力
副主委（专职）　车立平
副主委、常德财校副校长　黄阳辉
副主委、安乡县政府副县长　张益源
副主委、湖南文理学院文史学院历史学教研室主任　熊　英

农工民主党市委

主委、市财政局副局长　郑维菊
副主委（专职）　陈　钰
副主委、市疾控中心主任　刘凤姣
副主委、市第一人民医院心胸外科副主任、农工党市第一人民医院总支部主委　胡剑鹏

副主委、市第一中医医院心胸外科主任　章光明

致公党市委

主委、市政府副市长　杨成英
副主委（专职）　胡碧波
副主委、市第一人民医院副院长　尹明祥
副主委、常德职业技术学院思想政治理论课教学部讲师　徐　岚
副主委、常德东方红博物馆馆长　黄明军

九三学社市委

主委、市生态环境局局长　呙滨辰
副主委（专职）　肖超银
副主委、湖南文理学院体育学院副教授　于冀民
副主委、市第一人民医院内分泌科主任　朱惠平
副主委、石门县人大环境与资源保护委员会主任委员　戴海蓉

市委政研室

主　任　张见明
副主任　周清华
市委全面深化改革委员会办公室专职副主任　赵晓波
副主任　唐　耘

市农业农村局

党组书记、局长、一级调研员　石玉林
党组成员、副局长　贺立新
党组成员、副局长　蒋宗灼
党组成员、副局长　罗卫华
党组成员、总农艺师　易宗云
副局长　郑海涛
市纪委市监委驻市农业农村局纪检监察组组长、市农业农村局党组成员　邹　凯
党组成员　潘　磊
市委农村工作领导小组办公室专职副主任　程望生

市农民教育办公室

党支部书记、主任　唐淑琼

市农业综合行政执法支队

党总支部书记　邹劲松
支队长　蹇斯炎

市水利局

党组书记、局长、一级调研员　胡世满
党组副书记、副局长、一级调研员　唐西新
党组成员、总工程师　李传军
党组成员、副局长　王孝奇
副局长　陈佩荣
党组成员　张　勇

市水旱灾害防御事务中心

党支部书记、主任　王敦雷

市库区移民事务中心

党支部书记、主任　王孟武

市江北城防处

党支部书记　周金辉
主　任　刘从宏

市农机事务中心

党总支部书记、主任　肖轻云

市畜牧水产事务中心

党委书记、主任　吴新涛
党委委员、副主任　刘凤姣
党委委员、副主任　朱德新

市林业局

党组书记、局长　关建锋
党组副书记、副局长　周　进
党组成员、副局长、二级调研员　黄贵生
总工程师　盛晓丽

市医疗保障局

党组书记、局长　曹　慧
党组副书记、副局长　李绍南
党组成员、副局长　张丽华

市供销社

党组书记、理事会主任、二级巡视员　戴作凡
党组副书记、监事会主任　唐成模
党组成员、理事会副主任　邓明彪
党组成员、理事会副主任　钟福明
党组成员、理事会副主任　王贤成

市扶贫开发办

党组书记、主任　徐兴庭
党组副书记、副主任　文定红
党组成员、副主任　刘孟春
党组成员　贵立军
党组成员、副主任　刘康清

市农村经营服务站

党支部书记、站长　刘少华

市农林科学院

党委书记　徐郁平
党委副书记、院长　杨　鸿
副院长　张平喜
副院长　何　岩
党委委员、工会主席　张曙光
党委委员、副院长　朱益祥
党委委员、纪委书记　王宏武
党委委员提名人选、总农艺师　王　俊

常德国家农业科技园区

党工委书记　钱正龙
管委会主任　童胜春

市政府

秘书长、党组成员、市政府办党组书记、主任、二级巡视员　李正才
副秘书长、市政府办党组副书记　郭　杰

副秘书长、市政府办一级调研员　谢朝君
副秘书长　胡以军
副秘书长　彭家明
副秘书长、市信访局党组书记、局长　陈兆前
副秘书长　王海波
副秘书长　李卫民
副秘书长　陈蔚民

市政府办

党组成员、副主任　苏　逸
市纪委市监委驻市政府办纪检监察组组长、市政府办党组成员　万政观
市政府督查专员　喻文飞
党组成员、市优化办主任　周　平
市政府督查专员　黄立政

市财政局

党组书记、局长、二级巡视员　杨天生
党组副书记、副局长　蒋金华
市纪委市监委驻市财政局纪检监察组组长、二级调研员、市财政局党组成员　陆振岩
党组成员、副局长　郝介球
副局长、农工民主党市委主委　郑维菊
党组成员、副局长　吴先军
党组成员、副局长　陈绪华
党组成员、总会计师　王建辉
市纪委市监委驻市财政局纪检监察组副组长、四级调研员　吴月娥

市财政事务中心

党支部书记、主任　徐联凤

市住房公积金中心

党组书记　梅　宏
主　任　钱盛霞
党组成员、副主任　刘图强
党组成员、副主任　陈雨晖
党组成员、副主任　李友德

市国库集中支付核算中心

党支部书记、主任　杨　俊

市审计局

党组书记、局长、二级巡视员　张克武
党组副书记、副局长　李　卫
副局长、民革市委主委、市政协副主席　陈位明
党组成员　鄢辉霞
党组成员、市经济责任审计工作联席会议办公室主任　刘　丹
总审计师　詹卫红

市退役军人事务局

党组书记、局长　王茛睿
党组成员、副局长　伍子科
党组成员、副局长　左振益

市军干所

党总支部书记　王冠华
所　长　余　芳

市应急管理局

党委书记、局长　张铁牛
党委副书记、副局长　彭晓林
党委委员、政治部主任　关　蕾
党委委员、副局长　郭道胜
党委委员、副局长　张　伟
党委委员、副局长　田胜华
总工程师　徐述全

市地震局

党支部书记、局长　揭正亚

市城市管理和综合执法局

党组书记、局长　李雨初
党组副书记、副局长　宋立明
党组成员、副局长，局长（正处级领导职务）（援藏）　裴　平
党组成员　杨永红
党组成员、副局长　蒋劲松
党组成员、副局长　刘振华

市城市管理综合行政执法支队

党支部书记、支队　孙志远

市城市管理事务中心

党委书记　黎镇斌
主　任　朱绪兆

常德火车站广场管理处

党支部书记　曾国赋
主　任　徐宏波

市行政审批服务局

党组书记、局长　李　芳
党组副书记、副局长　罗邦明
党组成员、副局长　魏俊辉
党组成员　张晓君
副局长　刘建民

市政务中心

党委书记、主任　程　节

市政府金融工作办公室

党组书记、主任　周　胜
党组副书记、副主任　王　旭
党组成员、副主任　孙子乐
党组成员、副主任　孙永贵

市机关事务管理局

党组书记、局长　谢建平
党组副书记、副局长　夏立权
党组成员、副局长　康继军
党组成员、副局长　曹阳波

市政府研究室

党组书记、主任　杨明波
党组成员、副主任　沈雄飞

市信访局

党组书记、局长、市政府副秘书长　陈兆前
党组副书记、副局长　唐京华
党组成员、副局长　黄正清
党组成员、副局长　彭健民
党组成员、副局长　王明浩

市侨联

党组书记、主席 郭震宇
党组成员、专职副主席 李雨芳
党组成员、秘书长兼办公室主任、四级调研员 戴郁静

市公共资源交易中心

党组书记 贺圣国
主　任 刘保湘
党组副书记、副主任 丰朝晖
党组成员、副主任 黎　娟
党组成员、副主任 覃祖福

市无线电管理处

党支部书记、主任 曾凡明

市政府驻北京联络处

主　任 郭劲夫

市政府驻上海联络处

主　任 刘冠西

市政府驻深圳联络处

主　任 晏丰儒
副主任 蓢熔桦

市政府驻长沙联络处

主　任 胡　丹

市红十字会

专职副会长 姜建龙

市发改委

党组书记、主任、市粮食和物资储备局局长（兼） 徐　苠
党组副书记、副主任 雷光承
党组成员、副主任 任绪义
党组成员、副主任 陈谋建
党组成员、副主任 陈法利
党组成员 易继军
党组成员、副主任 杨定波
党组成员 李树全
市纪委市监委驻市发改委纪检监察组组长、市发改委党组成员 龙清安
市洞庭湖生态经济区建设协调办公室专职副主任 莫海洋

市重点建设项目事务中心

党支部书记、主任 张　凯

市工业和信息化局

党组书记、局长 卢　岳
党组成员、副局长 王淑华
党组成员、副局长、三级调研员 尹明先
党组成员、副局长 谭丽平
市纪委市监委驻市工业和信息化局纪检监察组组长、市工业和信息化局党组成员 蒋山峰
党组成员、副局长 孙全平
总经济师 田功文

市散墙办

党支部书记、主任 林云利

市工信局退管处

党总支部书记 罗育玲
主　任 刘　敏

市中小企业服务中心

党支部书记、主任 詹志平

市教育局

党组书记、局长、二级巡视员、市委教育工委书记 唐汇诰
党组成员、副局长、一级调研员 庹朝君
党组成员、副局长 张　林
市纪委市监委驻市教育局纪检监察组组长、市教育局党组成员 陈　勇
党组成员、副局长 苏宏元
党组成员、副局长 覃道勇
主任督学 李呈喜

市教科院

党支部书记 毛善新
院　长 熊延海

市教育考试院

院　长 李高松

市科技局

党组书记 杨　帆
局　长 马　慧
党组副书记、副局长 王超辉
副局长 罗功大
党组成员、副局长 高永亮
党组成员、副局长 胡　军

市人社局

党组书记、局长、二级巡视员、市委组织部副部长（兼） 马业文
党组成员、副局长 罗宗红
市纪委市监委驻市人社局纪检监察组组长、市人社局党组成员 余普阳
党组成员、工会主席 夏吉军
党组成员、总经济师 张小东
党组成员、副局长 龙　伟
党组成员、副局长 唐立新
副局长 朱碧文

市人力资源开发交流中心

党支部书记、主任 谭　勇

市人力资源考试院

党支部书记、院长 袁春霞

市就业服务中心

党支部书记、主任 潘　平

市社会保险服务中心

党委书记、主任 杨为明

市医疗保障事务中心

党总支部书记、主任　夏建国

市工伤保险服务中心

党支部书记、主任　胡育禾

市劳动人事争议仲裁院

党支部书记、院长　曾召盛

市住建局（市人防办）

党组书记、市住建局局长、市人防办主任　刘兴华
党组副书记、市住建局副局长、市住建局（市人防办）一级调研员　陈昌玉
党组副书记、市住建局副局长　沈明莉
党组成员、市住建局副局长　熊新平
党组成员、市住建局副局长、市住建局（市人防办）二级调研员　姜守维
党组成员、市人防办副主任　王　龙
党组成员　唐述安
党组成员、市住建局总工程师　伍和平
市纪委市监委驻市住建局纪检监察组组长、市住建局（市人防办）党组成员　陈家海

市住房保障服务中心

党委书记、主任　程灵敏
党委副书记、副主任　谭　勇
党委委员、副主任　张萼芬
党委委员　宁　慧
党委委员　杨金海

市海绵城市建设服务中心

党委书记　付忠革
主　任　刘　华

市园林绿化服务中心

党委书记、主任　肖汉友

市诗墙管理处

党总支部书记　王承欣
主　任　罗晓红

市交通运输局

党组书记、局长　龚霞波
副局长　唐西英
党组成员、副局长　肖　异
党组成员、副局长　彭德友
党组成员、总工程师　杨丽华
党组成员、副局长　王国军
市纪委市监委驻市交通运输局纪检监察组组长、市交通运输局党组成员　苏　毅
党组成员、副局长　熊汉澍
副局长（兼）、市邮政管理局党组书记、局长　袁大斌

市水运事务中心（市船舶检验中心）

党委书记、主任　罗艳华

市道路运输服务中心

党委书记、主任　朱卫兵

市交通建设质量安全监督站

党支部书记　杜自力
站　长　谢大明

市交通运输综合行政执法支队

党委书记、支队长　彭艳芳

市商务局

党组书记、局长　曾　莉
党组成员、副局长、三级调研员　王新军
党组成员、副局长　谈远灯
党组成员　严利民
市纪委市监委驻市商务局纪检监察组组长、市商务局党组成员　李寿喜
党组成员、副局长　曾　群

市商务局退管

主　任　黄　英
党总支部书记　王继虎

市市场服务中心

党总支部书记　丁利民
主　任　罗勇政

市招商促进事务中心

党组书记、主任　戴林军
党组副书记、副主任　曹　鹏
党组成员、副主任　贺　胜

市卫生健康委员会

党组书记、主任、一级调研员　王兴钊
党组副书记、副主任　蔡胜猛
党组成员、副主任　曹学美
党组成员、副主任　邹立新
市纪委市监委驻市卫生健康委员会纪检监察组组长、市卫生健康委员会党组成员　杨庭贵
党组成员、副主任　戴文权
市计生协会副会长（专职）　王　珂

市卫生计生执法局

党支部书记、局长　尹　昭

市疾控中心

党总支部书记　王　杰
主任、农工民主党市委副主委　刘凤姣

市国资委

党委书记、主任、二级巡视员　陈彰波
党委副书记、副主任　邓朝晖
党委委员、副主任　陈建军
党委委员、副主任　伍中福
党委委员、副主任　张丽群
市纪委市监委驻市国资委纪检监察组组长、市国资委党委委员　刘昌松

市自然资源和规划局

党组书记、局长　陈爱喜
党组副书记、副局长　杨文平
党组副书记、副局长　胡少华
党组成员、副局长　张　辉
党组成员、总工程师　尹东风

总规划师 向　进
市纪委市监委驻市自然资源和规划局纪检监察组组长、市自然资源和规划局党组成员 任　一

市国土资源储备中心

党支部书记、主任 肖建中

市土地开发整理中心

党支部书记、主任 高　健

市国土资源规划测绘院

党支部书记、院长 陈志刚

市国土资源执法监察支队

党支部书记、支队长 罗克明

市不动产登记中心

党支部书记、主任 周　刚

市自然资源事务中心

党支部书记、主任 陈世锋

市生态环境局

党组书记 李宏秋
局长、九三学社市委主委 呙滨辰
党组副书记、副局长 万　勇
党组成员、副局长、一级调研员 丁指南
党组成员、副局长 王德贵
党组成员、副局长 何书元
党组成员、总工程师 许　平
市纪委市监委驻市生态环境局纪检监察组组长、市生态环境局党组成员 陈志明

市生态环境事务中心

党支部书记、主任 邓　艳

市生态环境保护综合行政执法支队

党支部书记、支队长 赵晋弘

市统计局

党组书记、局长 胡彬彬
党组副书记、副局长 罗　慧
党组成员、副局长 汤光元
党组成员、总统计师 叶征鹏
党组成员、副局长 周　舟

市市场监督管理局

党组书记、局长 董明辉
党组副书记、副局长 王黎明
党组副书记、副局长、市知识产权局局长（兼） 曾　遥
副局长、二级调研员 熊连初
党组成员 康　凯
党组成员 谭玉龙
党组成员、副局长 周　轶
党组成员、总工程师 申昌欣
党组成员、副局长，桃花源风景名胜区管理局党委委员、副局长（挂职） 袁超云
市纪委市监委驻市市场监督管理局纪检监察组组长、市市场监督管理局党组成员 施立清

市食品药品检验所

党总支部书记 贺云彪
所　长 彭文进

市市场监管综合行政执法支队

党委书记 钟昌宏
支队长 戴卫军

市公路建设养护中心

党委书记、主任 高金平
党委副书记、副主任 孙　勇
党委委员、副主任、二级调研员 顾　晓
党委委员提名人选、副主任 贺跃斌

市科协

党组书记、主席 谭卿平
党组成员、副主席 夏小雯
党组成员、副主席 李　凤

市残联

党组书记、执行理事会理事长 田大春
党组副书记、执行理事会副理事长、一级调研员 陈义佳
党组成员、执行理事会副理事长 张世湘
党组成员、执行理事会副理事长 黄　杰

市贸促会

党组书记 舒兆兰
会　长 刘寅初
党组成员、副会长 刘艺峰
党组成员、副会长提名人选 黄稔芯

市人大常委会

秘书长、党组成员、办公室主任、机关党组书记 李绍霞
副秘书长、办公室副主任（兼）、机关党组副书记、市人大常委会委员 杨建华
副秘书长、办公室副主任（兼）、机关党组成员、市人大常委会委员 陈育斌

市人大办公室

专职副主任、机关党组成员 邓业军
市纪委市监委驻市人大机关纪检监察组组长、市人大常委会机关党组成员 王超轩

市人大常委会联工委

主任、一级调研员、市人大常委会机关党组成员、市人大常委会委员 吴　为
副主任、市人大常委会委员 马湘秦

市人大常委会研究室

主任、市人大常委会机关党组成员、市人大常委会委员 龚玉文
副主任 陈志辉

市人大民族华侨外事委

主任委员、市人大常委会委员 胡秋兰
副主任委员 俞 烽

市人大监察和司法委

主任委员、市人大常委会委员 郭伟勋
副主任委员 李新河
委 员 刘 高

市人大法制委

主任委员、市人大常委会法工委主任、市人大常委会委员 董高群
副主任委员、市人大常委会法工委副主任 吴慧敏
副主任委员、市人大常委会法工委副主任 方建春

市人大财经委

主任委员、市人大常委会预算工委主任、一级调研员、市人大常委会委员 刘德军
副主任委员、市人大常委会预算工委副主任 陈 成
副主任委员、市人大常委会预算工委副主任 向明华

市人大教科文卫委

主任委员、市人大常委会委员 董文书
副主任委员 严海清

市人大环境与资源保护委

主任委员、一级调研员、市人大常委会委员 涂贤春
副主任委员 张星瑜

市人大农业委

主任委员、二级巡视员、市人大常委会委员 李百艳
副主任委员 刘伏沅

市人大社会建设委

主任委员、市人大常委会委员 陈卫平
副主任委员 李宏伟

市政协

秘书长、党组成员、办公室主任、机关党组书记、市政协办公室二级巡视员 吴德新
副秘书长、办公室副主任（兼）、机关党组副书记 游灯华
副秘书长、办公室副主任（兼）、机关党组成员 周 艳

市政协办公室

专职副主任、机关党组成员 王书娥
副主任（援藏） 李祎珉
市纪委市监委驻市政协机关纪检监察组组长、市政协机关党组成员 潘 洁

市政协研究室

主任、市政协机关党组成员 夏孝涛
副主任 刘 飞

市政协委员学习联络委

主任、市政协机关党组成员 向君承
副主任 易 蓉

市政协提案委

主 任 褚 敏
副主任 谢科家

市政协经济科技和外事委

主 任 邓铁强
副主任 邱 涛

市政协农业和农村委

主 任 陈建国
副主任 覃仕新

市政协人口资源环境委

主 任 贺用伟
副主任 熊原甄

市政协文教卫体和文史委

主 任 邢化明
副主任 祝 娟

市政协社会法制和民族宗教委

主 任 邓 红
副主任 覃世红

学校、医院

湖南文理学校

党委副书记、校长 龙献忠
党委副书记 龚卫明
党委委员、纪委书记 曾 言
党委委员、副校长 郭国强
党委委员、副校长 李红革
党委委员、副校长 刘春晕

常德职业技术学院

党委书记 黄云新
院长、党委副书记 张大顺
党委副书记 徐 翔
党委委员、副院长 陈 翔
党委委员、纪委书记 邹纯旭
党委委员、副院长 詹学明
党委委员、副院长 王朝晖
党委委员、副院长 翟振才
党委委员提名人选 汤建华

湖南应用技术学院

党委副书记、董事长 李少夫
党委副书记 刘孟初
党委委员 高作梅
党委委员 李友谊
副董事长 齐淑兰
董 事 李绍祥
董 事 张德福

董　事　刘　彬
董事、院长　李旋旗
党委委员、常务副院长　李　敏
党委委员、副院长　王文龙
党委委员、副院长　李新华
副院长　贺修裕
工会主席　谢自强
董事、院长助理　李子毅
院长助理　汪金良

湖南高尔夫旅游职业学院

党委书记、政府督导专员　罗新湘
执行董事、党委副书记、校长　陈巨红
副校长　周华庭
副校长　王友明
党委副书记、纪委书记　刘万保
财务总监　唐　颖

湖南幼儿师范高等专科学校

党委书记　朱　明
校长、党委副书记　曹桂清
党委原书记　赵　星
党委副书记　游百春
副校长　赵淑君
工会主席　张爱华
纪委书记　杨　涛
副校长　李旺国
党委委员提名人选、副校长　曾健坤

常德广播电视大学

党委书记　朱立春
校长、民建市委副主委　陈　华
副校长　陈仕洪
党委委员、纪委书记　聂先道
党委委员、副校长　陈富华
党委委员提名人选、副校长　冯家其
党委委员提名人选　余晓斌

湖南广播电视大学津市分校

校　长　周志波
党总支委员、副校长　卢　鹰
党总支委员、副校长　路典清
党总支委员、纪检书记　马　鸣

常德财校

党委书记、常德汽车机电学校党委书记　蹇斯勇
党委副书记、校长、常德汽车机电学校党委副书记、校长　周华
副校长、民进市委副主委　黄阳辉
党委委员、副校长　夏春波
副校长、市总工会副主席（挂职）　王夏一
工会主席　张广明
党委委员、副校长　朱立波
党委委员提名人选、纪委书记、常德汽车机电学校党委委员提名人选、纪委书记　高　敏
党委委员提名人选　颜学全

常德汽车机电学校

党委书记、常德财校党委书记　蹇斯勇
党委副书记、校长、常德财校党委副书记、校长　周　华
党委委员提名人选、副校长　林志杰
党委委员、副校长　李法胜
党委委员提名人选、纪委书记、常德财校党委委员提名人选、纪委书记　高　敏

常德技师学院

党委书记　毛泽陆
党委副书记、院长　姜协武
党委副书记　高广安
工会主席　陈本校
副院长　龙　艳
副院长　田淑平
党委委员提名人选　陈明哲

市体育运动学校

党支部书记　冯光武
校　长　黄绍南

市一中

党委书记　唐会荣
校　长　李世明

市二中

党委书记　朱年生
校　长　王　林

市六中

党委书记　程光明
校　长　李井岗

市七中

党委书记　黄大祥
校　长　李健均

市第一人民医院

党委书记　向勇志
党委副书记、院长　邓志明
党委委员　彭　进
党委委员　陈　颖
党委委员　叶拥军
纪委书记　杨名军
副院长　吴吉明
芷园宾馆党总支部书记、党委委员　万家红
副院长、党委委员　徐立新
副院长、党委委员　李德辉
芷园宾馆总经理、党委委员提名人选　朱江霞
副院长、致公党市委副主委　尹明祥

市第一中医医院

党委书记　钟发平
党委副书记、院长　张　勇
党委副书记、副院长　车雄宇
副院长　刘开英
工会主席　成　健
党委委员　曾庆森
党委委员、纪委书记　李　波
副院长、党委委员　段建辉
副院长　李振龙

市第二人民医院

党委书记　卜　隆
院　长　屈贵顺

市妇幼保健院

党委书记　曹正清
院　长　马明祥

中央、省驻常德单位及部分市属企业负责人名录

国家税务总局常德市税务局

党委书记、局长　梁文辉
党委委员、副局长　黄　海
党委委员、副局长　田光辉
党委委员、副局长　涂　强
党委委员、纪检组长　何东彪
党委委员、总会计师　蒋云锋
党委委员、总经济师　黎　萍
党委委员、总经济师　贺姝红

中国人民银行常德市中心支行

党委书记、行长　刘新华
党委委员、副行长　向际忠
党委委员、副行长　钟昌彪
党委委员、副行长　王晓军
党委委员、工会主任　张文成
党委委员、纪委书记　贺朝晖

中国银行保险监督管理委员会常德监管分局

党委书记、局长　周　兵
党委委员、副局长　孙孝文
党委委员、副局长　袁　娟
党委委员、纪委书记　李四平

国家统计局常德调查队

党组书记、队长　陈　梗
党组成员、副队长　陈客然
党组成员、副队长　王运建
党组成员、纪检组长　徐智勇

市气象局

党组书记、局长　李东阳
党组成员、副局长　郇建祥
党组成员、副局长　袁　首
党组成员、纪检组长　张红珍

市水文局

党委书记、局长　李炳辉
党委委员、副局长　范道强

湖南省棉花科学研究所

党委书记、所长　张志刚
党委副书记、副所长　赵瑞元
党委委员、副所长　丁世勇
党委委员、总农艺师　李育强
党委委员、纪委书记　肖才升
党委委员、所长助理　梅正鼎
党委委员、政工人事科科长　毛红玲

贺家山原种场

党委书记、场长　邵泽毅
党委副书记、副场长、总农艺师　李建彬
党委委员、纪委书记　杨　明
党委委员、副场长　刘小满
党委委员、副场长　谭旭生
党委委员、副场长　彭亦文

常德海关

党委书记、关长　叶国忠
党委委员、常德海关缉私分局局长　金树柏
党委委员、长沙海关第七派驻纪检组组长　刘红望
党委委员、副关长　刘晓初
党委委员、副关长　于　青
党委委员、副关长　贾　博

湖南机场股份有限公司常德桃花源机场分公司

党委书记　彭　鸥
党委副书记、总经理　杨　智
党委副书记、副总经理　郭高生
党委委员、纪委书记　周新丽
党委委员、副总经理、工会主席　陈志钢

广铁（集团）公司长沙车务段常德火车站

站　长　陈　军
党委书记　王　嵘
副站长、工会主席　曹君华
副站长　郭向荣
副站长　吴新庭
副站长　杨　君

市邮政管理局

党组书记、局长　袁大斌
党组成员、副局长　蔡光武
党组成员、办公室主任　周建军

中国邮政集团公司常德市分公司

党委书记、总经理，寄递事业部总经理　高昌华
党委委员、副总经理、工会主席　陈明君
党委委员、副总经理，寄递事业部常务副总经理　王志春
党委委员、副总经理，纪委书记　吴长松

常德市烟草专卖局（公司）

党组书记、局长、经理 颜　玫
党组成员、副经理 宁尚辉
党组成员、副局长 李云华
党组成员、副经理 骆　华
党组成员、纪检组长 陈　灿
总农艺师 罗新斌
副经理 杨丕华

湖南中烟工业有限责任公司常德卷烟厂

党委书记、厂长 向晓芳
党委副书记、工会主席 龙海英
党委委员、副厂长 刘兴明
党委委员、副厂长 吴　元
党委委员、副厂长 江正明
党委委员、副厂长 李正平
党委委员、副厂长 彭中雷
党委委员、纪委书记 廖振宇

常德烟草机械有限责任公司

董事长、总经理、党委委员 周诗伟
党委书记 秦继玉
党委委员、纪委书记、工会主席 王　健
党委委员、副总经理 鲁方霞
党委委员、副总经理 严重阳
党委委员、副总经理 李　钧

常德纺织机械有限公司

党委书记、总经理 陈　鹏
副总经理 张　烨
党委副书记 谢　军
财务总监 梁　平
副总经理 陈海军
副总经理 李白文

国网常德供电公司

总经理、党委副书记 刘正谊
副经理、党委书记 黄定疆
副经理、党委委员 孟朝晖
副经理、党委委员、工会主席 姜坤山
副经理、纪委书记 皮振宇
副经理、党委委员 叶会生

中国电信股份有限公司常德分公司

党委书记、总经理 裴　杰
党委委员、副总经理 郭　勇
党委委员、纪委书记、副总经理 陈士勇
党委委员、副总经理、工会负责人 安志国
党委委员、副总经理 刘　涛
党委委员、副总经理 杨　斌

中国移动通信集团湖南有限公司常德分公司

党委书记、总经理 吴英杰
党委委员、纪委书记、副总经理 李定平
党委委员、副总经理 欧秀峰
党委委员、副总经理 高江晖

中国联合网络通信有限公司常德市分公司

党委书记、总经理 熊杰毅
党委委员、副总经理 周海华
党委委员、副总经理 范文波
党委委员、副总经理 廖兵鑫
党委委员、副总经理 刘　婷

中国铁塔股份有限公司常德市分公司

党支部书记、总经理 郑维华
副总经理 丁微华
副总经理 张中辉

湖南华南光电（集团）有限责任公司

党委书记、董事长 万　毅
总经理、党委副书记 时勤功
副总经理 张小利
总会计师 童建忠
副总经理 李海平

中国石化销售股份有限公司湖南常德石油分公司

党委副书记、总经理 卜德安
党委委员、副总经理 冯　钢
党委委员、纪委书记、副总经理 王立翔
党委委员、副总经理 徐建波

新华书店

党委书记、总经理 蔡立乐
党委副书记、纪委书记、副总经理 蔡　云
党委委员、副总经理 胡大明
党委委员、副总经理 张　勇
党委委员、副总经理 李寿春

农业发展银行常德分行

党委书记、行长 李红涛
党委委员、纪委书记、副行长 郑秋武
党委委员、副行长 李国六
党委委员、副行长 李建平

工商银行常德分行

党委书记、行长 侯军
党委委员、副行长 万立民
党委委员、副行长 李俊厚
党委委员、副行长 张　诚
党委委员、纪委书记、工委主任 徐健康

农业银行常德分行

党委书记、行长 欧阳光明
党委委员、副行长 黄大银
党委委员、副行长 郑立峰
党委委员、副行长 苏　虹
党委委员、副行长 吴小辉
党委委员、纪委书记 尹群芳

中国银行常德分行

党委书记、行长 彭　勃
党委委员、纪委书记 屈国勇
党委委员、副行长 陈春晖
党委委员、副行长 杨友副
党委委员、副行长 王　立
高级经理 余拥军

建设银行常德市分行

党委书记、行长 唐　勇

高级风险经理　施新华
党委委员、副行长　程　诚
党委委员、驻行纪检组组长　张　纲
党委委员、副行长　刘志卓
党委委员、副行长　高　洁
党委委员、副行长　曾文浩

交通银行常德分行

党委书记、行长　袁　丽
党委委员、副行长　胡　琼
党委委员、行长助理　宋承列
党委委员、行长助理　蒋孝平

常德农村商业银行

党委书记、董事长　万助鸿
党委副书记、副董事长、行长　程　健
党委委员、纪委书记、监事长　欧阳俊军
党委委员、副行长　李刚鸣
党委委员、副行长　周晓峰
党委委员、副行长　周德宗
党委委员、副行长　洪　斌

平安银行常德分行

行长　李思颍
行长助理　彭友宝
行长助理　蒋和清

中国太平洋财产保险股份有限公司常德中心支公司

党委书记、总经理　陈冬元
党委委员、副总经理、纪检委员　虞钉炀
党委委员、副总经理、工会主席　胡承前
党委委员、总经理助理　钟　成

富德生命人寿保险股份有限公司常德中心支公司

总经理　佘文清
总经理助理　郭　勇

常德市城市发展集团有限公司

党委书记、董事长　周　枭
党委副书记、总经理　杨　宇
党委副书记、副总经理　欧　成
党委委员、纪委书记、监察专员　曹正良

常德市经济建设投资集团有限公司

党委书记、董事长　曾克非
党委副书记、总经理　高　见
党委副书记、副总经理　秦雷刚
党委委员、纪委书记、监察专员　郑晓营
党委委员、财务总监　蒋向明
党委委员、副总经理　雷元才
党委委员、工会主席　段　军
党委委员、总经济师　向臻玉

常德财鑫金融控股集团有限责任公司

党委书记、董事长　余　俞
党委副书记、总经理　尹　翔
党委委员、纪委书记、监察专员　辛　龙
党委委员、副总经理　王　剑
党委委员、监事会主席　黄　军
党委委员、副总经理　王　霞
党委委员、副总经理　曾　红
副总经理　易　勤
副总经理　王红光
副总经理　刘　毅
党委委员、工会主席　王梅珍
党委委员、总经理助理　袁宏友

常德市德源投资集团有限公司

党委书记、董事长　熊　正
党委副书记、总经理　胡建新
党委副书记、副总经理　杨　明
党委委员、副总经理　陈　亮
党委委员、纪委书记、监事会主席　李先明
党委委员、副总经理　蔡　进

中国共产党常德市委员会

综述

【概况】 2020年，是“十三五”收官之年，是全面小康和脱贫攻坚决战决胜之年，也是应对新冠肺炎疫情的大考之年。2020年，开放强市产业立市再上台阶，生物医药与健康食品成为第二个千亿产业集群，常德烟厂易地技改、中车新能源项目建成投产，湘佳牧业成功上市，全省产业项目建设推进现场观摩会在常德市召开。市疾控中心党总支被评为“全国抗击新冠肺炎疫情先进集体”和“全国先进基层党组织”，3名同志被评为“全国抗击新冠肺炎疫情先进个人”。常德蝉联“全国文明城市”“全国双拥模范城”，获评全省平安建设（综治工作）先进市、全省安全生产和消防工作优秀单位，桃花源成功创建国家AAAAA级旅游景区，柳叶湖旅游度假区被评为国家级旅游度假区，湖南文理学院实现省内“一本”招生。

疫情防控。第一时间成立疫情防控指挥机构，科学制定“十条措施”，全市共报告确诊病例82例，实现“确诊病例零死亡、医务人员零感染、境外疫情零输入”。复工复产。实施“稳企十条”惠企政策，发放中小微企业过桥资金19亿元，选派驻企联络员帮助企业复工复产，规模工业企业复工率、员工到岗率在全省率先达到100%。全力组织春耕生产，粮食播种面积59.47万公顷，总产376万吨，生猪年末存栏290万头，确保“米袋子”“菜篮子”稳定供应。着力稳工业、扩投资、促消费、增动力，主要经济指标逐月回升。三季度地区生产总值增速由负转正，增长2.7%，较一季度回升4.5个百分点。产业项目。全年新引进、新开工、新投产亿元以上产业项目分别达到286个、220个、150个，签约落地10亿元以上产业项目35个。超额完成纳入全省“5个100”重大产业项目和省市重点项目建设任务，武陵酱酒技扩改、中联建起二期、国际农产品物流园、重庆药友等一批在建项目有序推进，中联恒通智能装备产业园、嘉士利食品、经世新材料、杰新纺织等一批重大项目竣工投产。产业格局。新增规模工业企业190家、国家级“小巨人”企业6家。装备制造业完成产值665亿元，同比增长14.7%，成为工业经济增长最大引擎。国家级和省级农业龙头企业分别达到6家和91家，“常德红茶”“常德甲鱼”“常德米粉”获得国家地理标志登记保护，完成农产品加工业产值1780亿元。旅游、金融、商贸、物流、电商等服务业加快复苏，“金融超市”上线运行，社会消费品零售总额增速高于全国全省平均水平。产业园区。完成规模工业产值2120亿元，同比增长7.5%。建成标准化厂房195万平方米，水电路、文教卫、住购娱等基础设施更加完善。4个园区综合评价进入全省30强，经开区互联网文化创意产业园、津市生物医药产业园入围省级特色园区，汉寿高新区、临澧经开区获评省新型工业化产业示范基地，常德（陬市）现代物流产业园获评省级示范物流园。科技创新。全社会研发投入增长20%以上，高新技术产业增加值增长10%以上。申报高新技术企业152家，迪文科技、飞沃新能源等一批高新技术企业加快发展。全面深化改革。圆满完成年初确定的40大项93小项改革任务，连续7年推出10项自主改革，在全省率先完成从事生产经营活动事业单位改制，率先落地首批

100件“一件事一次办”改革，群团改革、国企国资改革、供销社综合改革、园区管理体制改革等形成常德经验。开放引进。创新“云洽谈”“云磋商”“云推介”等招商形式，强化网络招商、基金招商、驻点招商、产业链招商等举措，成功引进国科控股、东方雨虹等一批战略投资者，引进省外境内资金690亿元，同比增长19.2%。对外贸易逆势上扬，进出口总额同比增长19.8%，增幅居全省第三。

城镇建设。市城区北部新城、城东新区、江南城区、高铁新城等区域加快建设，建设路和建设桥改扩建、芙蓉公园东区建设、人民路东延线改造顺利完成。各县市城区品质明显提升，污水处理设施实现建制镇全覆盖，安乡县黄山头镇获批国家农业产业强镇示范镇，西湖牧业小镇入选全省首批特色产业小镇。乡村振兴。“4+9”（市直4小区：柳叶湖旅游度假区、西湖管理区、西洞庭管理区、桃花源旅游管理区；9个区县市，下同）示范片区建设成效更加凸显，成功申报全国“一村一品”示范村2个、省级休闲农业示范村2个。开展村庄清洁行动，农村改厕任务超额完成，生活垃圾、面源污染得到有效管控，津市全域创建美丽乡村通过省级验收。着力加强平安乡村、乡风文明建设，村规民约、居民公约实现全覆盖，乡村面貌和居民精神风貌更新更好。基础设施。常益长高铁、高铁枢纽站、官新高速、炉慈高速加快推进，益常高速复线、石澧航道和常鲇航道整治具备开工条件，安慈高速石门至慈利段即将通车。完成农村公路提质改造244千米，危桥改建88座。水利、通信、能源等基础设施建设取得新成效，5G基站、公用充电桩等“新基建”取得新进展。脱贫攻坚。紧扣保脱贫、防返贫、防致贫目标，开展脱贫质量“回头看”，实现“三保障”问题清零、贫困户稳收增收，各县市区满分通过省实地考核，国家普查现行标准达标率、明显改善率均达100%，剩余1.43万名贫困人口实现全面脱贫。民生福祉。城镇新增就业5.5万人、农村劳动力转移就业3.9万人，养老、失业、工伤保险新增扩面16.7万人次。各级各类教育均衡发展，高考清华北大上线人数创历史新高。加强公共卫生服务能力建设，市第一人民医院综合大楼、市第一中医医院异地新建等重点项目进展有序。公共文化服务体系进一步完善。第七次人口普查工作顺利推进。生态环境。抓好中央和省督办交办的突出生态环境问题整改，实施“洞庭清波”专项行动，全面推进长江流域禁捕退捕，有序启动垃圾分类试点，大气质量、水环境质量、土壤环境质量稳步向好。社会大局。深入开展平安常德、法治常德建设，启动市域社会治理现代化试点，纵深推进扫黑除恶专项斗争，深化“无上访村（社区）”建设，“众创平安”“雪亮工程”工作经验在全国推介。市级国有平台公司完成整合重组，债务风险管控有力，综合债务率持续下降，守住不发生系统性金融风险底线。以创建“国家安全发展示范城市”为抓手，全力推进安全生产专项整治，是全省未发生较大及以上安全事故的两个市之一。科学应对洪涝地质灾害，实现不溃一堤一垸、不垮一库一坝、不因灾死亡一人。维护民族宗教领域安全稳定，被评为“全国少数民族流动人口服务管理示范城市”。各级党组织和干部队伍建设。市委先后召开2次全会，就贯彻习近平总书记考察湖南重要讲话精神和中共十九届五中全会精神作出部署，认真抓好《习近平谈治国理政》第三卷学习宣传贯彻。强化政治建设考察结果运用，引导全市上下增强“四个意识”、坚定“四个自信”、做到“两个维护”，营造风清气正的政治生态。加强舆论阵地管控，意识形态领域保持向上向好态势。树立重实干、重实绩、重担当的用人导向，提拔重用一批在疫情防控、脱贫攻坚等工作中表现突出的干部。统筹推进干部调整配备和职级晋升，干部队伍结构更优、活力更强。开展多批次、多领域教育培训，引导广大党员干部筑牢理想信念，增强执政本领，提升品行作风。以“智慧党建”平台建设为抓手，推动基层公共服务（一门式）全覆盖，基层治理能力和治理水平不断提高。强化基层保障，

2020年4月28日，常德市推动智慧党建暨基层公共服务（一门式）全覆盖工作会议在津市市召开
（裴维维 摄）

乡村两级基本运转经费和干部待遇逐年增加。创新完善“5+2”监督体系，一体推进不敢腐、不能腐、不想腐体制机制建设，保持惩治腐败高压态势。坚守政治巡察定位，持续彰显巡察利剑作用。深入推进扶贫、工程建设项目招投标、基本民生保障等领域腐败和作风问题专项治理，扎实开展形式主义、官僚主义整治，党风政风和干部作风持续好转。

【市委七届八次全体（扩大）会议】 10月23日，中共常德市第七届委员会第八次全体（扩大）会议召开，会议贯彻落实习近平总书记考察湖南重要讲话精神和省委十届十一次全体会议精神，报告2020年市委常委会的主要工作，安排部署下一阶段工作，动员全市上下坚定不移沿着总书记指引的方向前进，深入推进开放强市产业立市，圆满完成全年各项目标任务。常德市委书记、市人大常委会主任周德睿讲话，常德市委副书记、市长邹文辉主持会议。

【市委七届九次全体（扩大）会议】 12月14日，中国共产党常德市第七届委员会第九次全体（扩大）会议开幕。全会审议通过《中共常德市委关于制定常德市国民经济和社会发展第十四个五年规划和二〇三五年远景目标的建议》《中国共产党常德市第七届委员会第九次全体会议公报》。市委书记、市人大常委会主任周德睿出席并讲话。市委副书记、市长邹文辉就《中共常德市委关于制定常德市国民经济和社会发展第十四个五年规划和二〇三五年远景目标的建议（审议稿）》向全会作起草说明。

（游智雄）

市委办公室工作

【概况】 2020年，中共常德市委办公室（以下简称市委办）深入学习贯彻习近平新时代中国特色社会主义思想，大力践行“五个坚持”根本要求，用心用情做好“三服务”工作，扎实开展“让党中央放心，让人民群众满意”的模范机关创建，各项工作取得积极成效。

市委办系统通过中心组学习、主题征文、专题讲座等形式，深入学习习近平总书记考察湖南重要讲话和中共十九届五中全会精神，不断强化思想自觉和行动自觉。举办元旦、国庆升国旗仪式和革命烈士公祭仪式，派出多名干部下沉一线参与疫情防控工作。协助市委总结工作经验，一批经验材料在《工作情况交流》和《城市经济论坛》发表。积极宣传推介常德，协助市委领导撰写的一批署名文章在《人民日报》《湖南日报》等中央和省级主流媒体刊发。积极反映常德市贯彻落实中央、省委决策部署过程中遇到的新情况新问题，多篇信息被中办和省委办公厅采用。电子政务内网有序推进，全市党委和政府电视电话会议系统顺利迁入。机关工作生活环境不断优化，全年无事故，机关人员安全感、幸福感不断增强。老干部生活更加多彩，财务工作更加规范，公车使用更加安全，各项工作运转更加顺畅。坚持把提升业务能力摆在重要位置，修订完善制度和流程。开展“业务大练兵”活动，“85后”干部轮流到文字综合、办文办会、督促检查等党办基本业务职能部门脱产跟班学习，补齐工作短板，增强全局意识和配合意识。采取举办培训班、开展“业务工作大家谈”、到市委办跟班学习等多种形式，提高基层党办业务水平。廉政建设。以接受市委第八轮巡察为契机，全面梳理意识形态、党建、党风廉政、财经工作，不断加强反腐教育，不断提高防腐拒变能力。敢于刀刃向内，不护短、不避丑，对违纪事件严肃处理。用好用活协同办公平台考勤打卡系统和出差请假系统，及时掌握全办工作作风和干部个人重大事项。文化建设。推进党员志愿者活动，坚持开展“关爱留守儿童”志愿服务活动，将温暖送给留守儿童。开展“我们的节日”、道德讲堂、团建等活动，持续推进家文化建设，在干部家属工作、就医、就学等方面提供帮助，得到干部及家属的一致好评。连续20年举办市委机关排球赛，拉近机关干部距离，得到机关干部的高度认可。

统筹协调。充分发挥党办总揽全局、协调各方的作用，确保市委各项工作有序推进。会议活动统筹。建立健全几大家秘书长联席会议机制，通过编发《月安排》和《周安排》对全市各项工作进行统筹安排。高质量承办全省产业项目建设推进现场观摩会。大力精简文山会海，2020年以市委、市政府名义召开的全市性会议数量较2019年下降10%，以市委或市委办名义下发文件数量较2019年下降5%。绩效考核统筹。出台2020年度全市绩效评估实施方案，市委、市政府领导牵头组织召开3次落实省绩效评估指标任务的专题调度会，并以《常德绩效》名义下发3期通报，实行指标任务完成情况周报制度，强力推动工作落实落细，全力以赴创先争优。外事港澳工作统筹。召开市委外事工作委员会全体会议，疫情期间第一时间召开涉外疫情防控工作调度会，协助发布《关于进一步加强国（境）外疫情输入防控工作的通告》，编辑外事、港澳工作速览，为领导科学决策当好参谋助手。点村工作统筹。坚持把精准扶贫、精准脱贫作为战略性任务，帮助贫困群众增产增收。黑斑蛙养殖成效显著，进一步巩固脱贫成果，响应消费扶贫专项行动，号召后盾单位采购扶贫产品，助力打赢脱贫攻坚战。

工作运行。信息建设。2020年，全市协同办公平台完成市县乡村四个层面的安装部署工作，通过加强业务培训，各级党政机关及企事业单位除收发文外，陆续启用单位内部功能模块，协同办公平台逐步替代原有的办文、办会、办事模式，达到“纵向到底、横向到边，全市一张网、一盘棋，上下左右互联互通”的目的，极大地提升工作效率。流程建设。制定印发《中共常德市委办公室业务工作流程（第三版）》，完善绩效评估、专用通信、档案管理等方面流程。围绕“打造一流模范机关”目标，完善机关硬件、提升服务软件，开展垃圾分类，机关运转保障更加有序高效。

（张　骏）

【值班接待】　2020年，常德市委值班室共承办市委七届八次、九次全会、市委经济工作会议、全省产业项目建设推进现场观摩会、全市开放强市产业立市流动现场会、2020常德柳叶湖国际马拉松赛、市委机关庆祝中华人民共和国成立71周年升国旗仪式等重大会议活动120多次。全年共接待刘奇葆、郑建邦、孟建柱三位国家领导人到常德考察3次，省级领导杜家毫、许达哲、乌兰等到常德督导、考察、调研38次，服务市委主要领导、市委秘书长赴区县市考察调研43次，行程遍及71个乡镇（街道）、97个村（社区）。全年共承办市委常委会会议33次，撰写市委常委会会议纪要36期、常委议事协调会议纪要11期、市委大事记12期、编发《全市主要工作重要活动月安排》12期、《市委主要领导周安排》45期、专项安排4期。

（杜俉茜）

【督查工作】　围绕疫情防控、易地扶贫搬迁、交通顽瘴痼疾整治、禁毒工作、缓解企业用工难、防汛工作、产业项目建设、污染防治、全国文明城市创建、省委巡视整改、全市公共机构节电节气等工作开展重大督查活动24次。对36期市委常委会会议纪要、11期市委常委议事协调会议纪要落实情况进行督办，编发督查通报及报告47期。督办人大代表建议20件、政协委员提案50件，办理省委督查室交办件4件，回复人民网留言9条，督办领导批示件177件，完成《产业立市专项小组和区县市党政主职工作情况专报》的编发任务。先后9次配合中央、省委督查组开展疫情防控、复工复产、春耕生产等督查调研。牵头制定《常德市集中整治基层反映强烈的形式主义官僚主义突出问题实施方案》《2020年常德市督查检查考核年度计划》等文件，“常德降压减负放开干事创业手脚”的经验做法得到《人民日报》推介。

（曾海英）

【信息工作】　全年共向中办报送信息53篇、省办报送信息3400余篇，在全省年度总得分4742分，居全省第2位，较2019年前进2个名次。桃源县、津市市、石门县进入全省先进行列。正面推介。全年共有89篇（条）信息被省委办信息刊物单篇（条）采用，其中正面推介68篇（条），占比达76.4%。常德市关于疫情防控、复工复产、早稻生产、防汛抗灾、禁捕退捕等中心工作的经验做法均获全省单篇推介。服务决策。全年14篇（条）信息进入省、市领导决策视野，其中《信息专报》出刊11期，获市级领导批示5期，批示率达45.5%。《疫后我市社会保障“兜底”对象面临的困境分析》得到市委书记周德睿批示，成为书记心头最挂念的事；《常德的蔬菜为什么卖不赢永州》上市政府常务会议，相关企业得到真金白银的支持。

（靡资平）

组织工作

【概况】　2020年，全市组织系统认真践行新时代党的组织路线，坚持向中心聚焦、为大局聚力，立足本职、积极履责，各项工作取得新进展、新突破、新成效。

服务大局。疫情防控。坚持党建引领，在新冠肺炎疫情防控一线成立842个临时党组织，选派3165支党员突击队、311名第一书记、3万多名党员干部、1416名驻企联络员深入疫情防控、复工复产一线。全市广大党员自愿捐款，累计3296.8万元。凝聚“两新”组织力量，募集捐款1442.21万元、各类物资价值2250.17万元。积极对接战疫贷款政策，协助多家企业获得政策性贷款共6900万元，拨付人才专项资金950万元。政务下沉。全力推动数据融合、简政赋能，将与群众密切相关的52项审批权限下放至乡村，归集整合38.9亿条政府数据，梳理274个事项，200多项“三务”事项“指尖可办”、触网即办。融合智慧党建平台与“互联网+政务服务”一体化平台，打通27个部门业务系统，下沉政务服务事项实现一网通办、刷脸可办和无证明可办。全面组建乡镇（街道）政务服务中心，设置“一门式”服务窗口统筹办结。脱贫攻坚。选优配强驻村帮扶队伍，调整工作队队员48人。严格驻村帮扶工作队教育管理，开展培训4期，强化督导确保每月驻村20天以上。召开省市脱贫攻坚重点帮扶调度会，为10个重点帮扶村（社区）筹资420万元，市管党费下拨经费100万元。

【锻造队伍】 政治建设考察。全面整改政治建设考察反馈问题，相关工作经验在全省组织部长会议上作书面交流。在干部大数据系统中研发设立政治建设考察模块，实现领导班子和领导干部政治表现情况精准推送。深化拓展考察成果，提请市委提拔重用42名干部，对评为“优秀”等次的26名干部优先晋升职级，调整交流5名表现一般的干部。出台《党外干部担任正职单位党政正职工作有关规则》，在学校、医院等党政分设事业单位明确党组织书记主持全面工作。干部选拔任用。牵头组织11批735人次的市管干部调整配备和职级晋升，其中提拔92人，重用45人，晋升二级巡视员24人。注重在脱贫攻坚、疫情防控一线考察干部，分别发现使用优秀干部7人、21人。加强选调生培养管理，举办“常青论坛”2期线下活动，编发推送87期微信公众号文章。党的理论武装。全市举办主体班9期、网络专题培训班6期、对口援助单位干部培训班5期。对标“三百工程”，向省委党校推荐6个“攻坚克难”优秀案例。强化党性教育宣传，制作《红色足迹——常德市党性教育宣传画册》。系统推进“扶贫楷模”王新法党性教育基地提质升级，基地列入省委组织部备案目录。干部监督。全年共受理54批次干部选任事项报告，审批事项69项，涉及干部78人。抽查核实334名领导干部报告的个人有关事项，诫勉处理16人。抓好选人用人举报查核、专项检查，受理举报54件，函询1人，发现选人用人问题153个。抓好信访举报查核，处置信访件48件。开展领导干部经济责任审计与因私出国（境）专项清理，诫勉7人，党纪政务处分6人。公务员管理。加快推进公务员分类招录，面向基层定向招录公务员120名，招录比例历年最高。常态化推进公务员职务与职级并行，全年审批市直单位273批次职级晋升方案。解决人员编制遗留问题，完成常德日报社42人、电视台80人进编手续。稳步推进综合执法领域改革，完成相关领域人员转隶。

【基础建设】 组织体系。率先完成9个试点乡镇（街道）、97个村（社区）换届选举试点工作。持续实施“123”村级后备人才培养计划，储备后备力量4323人。排查整顿73个软弱涣散村（社区）党组织。持续抓好“两新”组织“两个覆盖”，党组织覆盖率达70%以上，党的工作覆盖率达100%。创新实施“双百工程”，在全市创建100家左右标杆性党组织，培育100名左右党建领军人才。智慧党建。坚持党建引领、党管数据、党务推动，相关经验被人民日报内参、全省改革调研专报报道。注重功能发挥，累计解答回复基层反馈的问题和意见建议1000余条。加大平台推广力度，“我的常德”手机APP在职60岁以下党员覆盖率达98.85%。远程调度防疫工作，累计召开各类线上培训1000余次。保障力度。落实省委“1+5”文件［“1”指《中共湖南省委关于全面加强基层建设的若干意见》文件；“5”指的是为贯彻落实该文件而出台的5个细化方案，分别是“规范乡镇（街道）职责权限、拓宽基层干部晋升通道、提升基层干部待遇、促进人才向基层流动、切实减轻基层负担”］要求，相关做法得到省委组织部主要负责人批示。乡镇（街道）基本运转保障经费超过100万元，村、社区分别达到20万元、27万元。严格落实基层干部年休假、健康体检等制度，持续保障村主干养老保险补贴，稳步提升基层干部工资待遇，村、社区干部平均工资分别达3.9万元、6万元。着力打通基层服务人员成长通道，研究制定《关于2020年度从服务基层项目人员中招聘乡镇（街道）事业单位工作人员的实施方案》。制定城市社区专职工作者管理办法，为社区工作者量身定制“三岗十八级”。党员管理。严格发展党员，推行多部门政审联审制度。优化“两新”组织党建力量，重新选派专兼职党建指导员1266名。党代表联络服务工作。补贴46万元新建“六有”标准化党代表工作站17个、示范室4个。坚持典型带动，累计宣传一线典型1400多名，在抗疫一线发展党员43人，编印完成2020年《党代表讲党课（选编）》。

【人才建设】 人才体制。强化效能评估，提高对区县市党政领导班子综合考核指标体系中人才工作专项考核权重。完善制度体系，出台全市人才工作创先争优办法等6个制度。推进人才大数据平台建设，将人才数据采集、政策兑现等工作由线下搬到线上，实现人才数据分析“一键生成”、人才服务“一网通办”。人才发展。积极引进高学历人才，岗位报录比例较2019年增长20%。聚焦1680家知名企业组织开展“春风行动”，线上求职达7.5万人次。深入实施乡村振兴人才计划，选派339名省市县科技特派员，引进100多名知名教授、60多个专家团队，工作经验被《人民日报》、“新湖南”报道。服务保障。全面推行“一窗受理、集中办理、专员服务、全程跟踪”的人才服务模式。全面兑现人才优惠政策，为全市企业新引进的249名高学历、高职称、高技能人才集中发放人才补贴1168.4万元，10名高层次人才拎包入住人才公寓，工作经验被中组部《组工信息》、湖南卫视推介。

（王　涛）

宣传工作

【概况】 2020年，常德市宣传思想工作紧扣五大使命任务，坚持守正创新，主动担当作为，呈现出常规工作有亮点、难点工作有突破、重点工作有品牌的良好态势。

习近平新时代中国特色社会主义思想学习宣传。市委常委会和市委理论学习中心组44次专题学习习近平总书记系列重要讲话精神。聚焦中共十九届五中全会和习近平总书记考察湖南重要讲话精神，采取中心组、宣讲团、微宣传、屋场会、实践站等形式广泛学习宣传，其中集中宣讲200场，直接受众8万余人、云上听讲30多万人。发行《习近平谈治国理政》第三卷23万册，达任务数的137%，完成率居全省第一，工作经验被省委宣传部推介；全市30万人下载使用学习强国平台，日均活跃用户16万多人，活跃度、上稿量居全省前列。

疫情防控和经济社会发展宣传。围绕疫情防控、复工复产加强宣传引导，在央媒上稿669篇（条）、省级主媒上稿2351篇（条），《人民日报》及其客户端发稿数与点击量、《湖南日报》版面头条和优稿评定均居全省前列，宣传推介的桃源县个体运输司机龙兵作为抗疫先进典型，参加习近平总书记主持召开的基层代表座谈会并发言。“无人机‘喊话’”、防疫灯光秀等硬核宣传被新华社、《人民日报》等主流媒体报道，央视《新闻周刊》推介常德市政务服务“刷脸办”助力老年人健康出行。摄影作品《你的样子，就是中国的样子》被央视元宵晚会采用。及时发布疫情信息和防控进展，网友点赞常德是“全省信息公开最透明的市州”。省委宣传部7次推介常德市经验做法。围绕开放强市产业立市、高质量发展、三大攻坚战等主题，策划推出“开放强市产业立市三年成就巡礼”“优化营商环境”“坚决打赢脱贫攻坚战”“产业项目建设年”等专题专栏，推出报道1700多篇，推出《乘风破浪的常德园宝》系列微视频等融媒体产品，获得网友点赞好评，为“奋进新征程、创造新业绩”营造良好舆论氛围。媒体融合纵深推进，鼎城区等5家县级融媒体中心顺利通过省委宣传部检查验收。

“决战决胜”主题宣传。开设“决战决胜脱贫攻坚”“高质量发展看常德”等专题专栏，举办“留存扶贫印记记录扶贫历程”活动，推出《脚印——讲述50位基层扶贫人物的故事》大型年度报道，开展“洞庭湖畔看小康”和“寻找最美笑脸”等网络主题宣传活动，在央媒、省媒推出宣传报道900余篇（条），其中《人民日报》25篇，央视《新闻联播》14条、《湖南日报》头版头条12个，“扶贫车间”“夜色经济”等特色经验被央视、《人民日报》、新华社等主流媒体报道，央视《焦点访谈》《新闻联播》等重点推介石门县南北镇山体滑坡“零伤亡”的工作方法。

文化事业和文化产业。举办2020年常德艺术节暨百团大赛，1123支文艺团队参赛，创作文艺节目2023个，演出203场，形成“五十万观众到现场，百万观众在线上”观看的壮观场面，实现文创产品销售收入500多万元，取得社会效益和经济效益双丰收。出台扶持文化创意产业发展“十条措施”，推动文旅行业加快复苏，2020年前10个月，共接待游客3980.54万人次，增速全省第一；实现旅游总收入339.2亿元，增速全省第二；柳叶湖旅游度假区成功创建成为湖南第二个国家级旅游度假区。鼓盆歌《扶贫佳话》等5件作品入围中国曲艺牡丹奖。“湘观影”和“光影铸魂”电影党课活动购券单位338家，居全省第一；购券金额346万元，居全省第二。农家书屋管理员宋庆莲作为全省唯一人选，被中宣部评为2020年“乡村阅读榜样”。

社会主义核心价值观培育。探索落实“一《条例》两《纲要》”（《中国共产党宣传工作条例》和《新时代公民道德建设纲要》《新时代爱国主义教育纲要》）的常德路径，举办电视知识大赛，组织“潇湘家书”征集、抗疫最美家庭评选活动。以全省同类城市排名第2的成绩，顺利通过中央文明办组织的全国文明城市复查，文明创建常态化经验在全省宣传部长座谈会上作典型推介。津市、汉寿新时代文明实践中心全国试点工作扎实推进，全市建成实践中心4个、实践所41个、实践站402个，工作经验受到省委宣传部、省文明办8次推介。《湖南津市“三本存折”推进文明实践常态长效》被中宣部《每日要情》刊发。丁玲纪念馆、帅孟奇故居入选湖南省爱国主义基地。持续推进移风易俗，劝阻赈酒1.2万余起，引导丧事简办1062起。刘茂云、覃玉华获评全国文明家庭。组织近50万名志愿者投身抗疫，6人被评为全省最美疫情防控志愿者，3家单位被评为全省先进单位。

“四力”教育实践工作。创新开展“抓学习、强‘四力’、增活力”活动。开展全面建成小康社会“百城千县万村”调研活动，市级调研报告被中宣部《思想政治工作研究》刊发，桃源县调研报告被中宣部评为优秀调研报告。承办完成中宣部重大委托调研课题“社会主要矛盾变化对宣传思想文化工作的影响”。省委宣传部内刊上稿居全省第一。舆情信息直报工作受到中宣部肯定，得到最高档次资助，被确定为“重大专题舆情分析工作发挥重要作用单位”。习近平总书记有关重要讲话在常德市企业家中引发热烈反响的舆情，被中宣部综合采用，专报习近平总书记。参加全省“好记者讲好故事”活动，获得一、二、三等奖，居全省第一，代表湖南参加全国比赛。

【2020年常德艺术节】 2020年常德艺术节暨百团大赛自3月启动，分为策划宣传、选拔申报、展演颁奖、公开巡演四个阶段，内容涵盖群文、专业舞台艺术展演、美术书法摄影作品展、文化创意和“非遗”产品展三大主体活动，共历时8个月。经专家评审，共评选出专业舞台艺术类新创大戏优秀剧目奖3个、一等奖6个、二等奖7个、三等奖10个、优秀奖8个；群文舞台艺术类一等奖14个、二等奖16个、三等奖27个、优秀奖33个，优秀民间文艺团体30个；美术书法摄影类一等奖15件、二等奖36件、三等奖60件，优秀奖189件。全市共有1123个文艺团队，21000多名演员参加展演选拔，共创作生产文艺节目2023个，重点创作常德花鼓戏《七里坳》、荆河戏《花开詹家岗》、常德汉剧《蒯伯赞》3部大戏，整个活动共演出203场，形成“五十万观众在现场，百万观众在线上”的壮观场面；美术书法摄影展共展出各类作品300余幅；文化创意及“非遗”产品展展出35个项目、20多个门类的100多件作品（产品），实现销售收入500多万元，取得社会效益和经济效益的双丰收。

【文化服务乡村振兴】 推进新时代文明实践中心建设，建立文明实践站所443个，组建理论宣讲志愿服务队650多支。将移风易俗纳入村规民约，建立红白理事会、村民议事会等自治组织，疫情防控期间，全市劝阻赈酒1.2万余起，引导丧事简办1062起。全市建成乡镇文化站167个、村综合文化服务中心1548个、农家书屋1633个，实现全覆盖；全市文化馆和图书馆分馆设置率65.2%、村服务网点设置率50.7%，远远高于全省规定标准；实施农村广播“村村响”工程，安装喇叭4.3万多只。石门县新华书店被中宣部评为全国服务农民、服务基层文化建设先进集体。举办2020年常德艺术节暨百团大赛，演员大多是当地农民。湘北大鼓《赈酒也烦恼》获中国艺术节群星奖金奖。出台《常德市乡村文化遗产保护规划》，全市共有登录在册的文物点1692处。2020年丁玲纪念馆、帅孟奇故居入选湖南省爱教基地，3个村入选中国传统村落名单，6个村获评省级历史文化名村。建成桃花源景区“百床馆”、石门县村史馆等文化展馆39个，其中郑家驿镇木雕刺绣馆集收藏、展览、研发于一体，每年观众超过600万人次。遴选13个文化特色鲜明的乡镇。临澧县新安镇在保留古城遗迹、稻作文化遗址的基础上，建设特色民居，入选“全国特色小镇”；桃源县维回新村等3个村将民俗文化、宗教文化与自然风光融合，获评“中国少数民族特色村寨”。出台扶持乡村旅游发展“十条意见”，打造10多条乡村旅游精品线路，举办柑橘节、桃花节等110多场乡村旅游节。桃花源成功创建国家AAAAA级旅游景区，柳叶湖晋升国家级旅游度假区，安乡县仙桃村等3个村入选全国乡村旅游重点村。开发常德麻质画、桃源刺绣、李烽烙画等“非遗”产品。全市共有农村演艺团体2400多家，从业人员10万余人，每年演出15万多场，经营收入达6亿元。桃花源景区推出大型溪流漫游实景剧《桃花源记》，其中95%的演员是当地农民，他们“白天忙种田，晚上当演员”，人均月收入超过3000元。市财政每年安排200多万元，支持张锡良、黄士元等名人工作室建设，鼓励名师进村授徒传艺，培养乡土文艺人才。与湖南幼师、桃源职专联合办学，为农村培养常德丝弦、汉剧高腔演员。依托各类“非遗”项目，建立“非遗”扶贫就业工坊12家，培育“非遗”传承人100余名，带动300多户贫困户就业。

【新时代文明实践中心建设】 2019年10月，常德市汉寿县、津市市被纳入全国第二批新时代文明实践中心建设试点县（市），开展为期一年的试点工作。2019年11月18日，常德市委常委会议听取市委宣传部、市文明办关于新时代文明实践中心建设试点工作的情况汇报。召开2020年全市文明委第一次全会。汉寿县、津市市按照试点工作要求，成立县（市）委书记担任组长的新时代文明实践中心建设试点工作领导小组，研究出台试点工作方案，以县、乡（镇）、村（社区）三级为单元，分级建设中心、所、站，由县（市）委主要领导担任中心主任，乡（镇）党委书记担任所长，村（社区）党支部书记担任站长。在集中精力抓好2个全国试点的同时，将武陵区、石门县确定为市级新时代文明实践中心建设试点县，探索在城市社区、城乡接合部乡镇及边远乡村推进新时代文明实践中心建设。成立隶属市委宣传部的正科级事业单位常德市新时代文明实践中心。由市文明办牵头，成立10支新时代文明实践中心专业志愿服务队。2020年8月21日，常德市举行新时代文明实践中心专业志愿服务队授旗仪式。

（罗方志）

统战工作

【概况】 2020年，全市统一战线主动作为、开拓进取，积极投身疫情防控和经济社会发展，服务决胜全面建成小康社会、决战脱贫攻坚，助力开放强市产业立市。市委统战部进一步健全党外代表人士信息库，制定党外干部中长期规划。全市各类商协会发展到近50家，市县两级均成立新的社会阶层人士联谊会。广泛收集整理资源、政策、程序、制度“四个清单”。2020年，全市共获得省级统战工作实践创新奖3项，获评全省统战理论调研工作先进单位。中共常德市委统一战线工作部获全国文明单位称号。

常德市被国家民委评为第四批少数民族流动人口服务管理示范城市。常德市鼎城区许家桥回族维吾尔族乡人民政府、石门县南北镇薛家村民委员会被授予全省民族团结进步模范集体称号，常德市委统战部副部长张智慧、桃源县青林回族维吾尔族乡人民政府乡长张鸽、汉寿县毛家滩回族维吾尔族乡教门岗村党总支书记史志忠被评为全省民族团结进步模范个人称号。常德市统一战线抗疫翻译志愿服务小分队（常德留学生联谊会）获“湖南省抗击新冠肺炎疫情先进集体”称号，成为全省唯一获此殊荣的社会团体。13名统战成员被授予“湖南省抗击新冠肺炎疫情先进个人”。丁碧燕获评2020年全省“百名最美扶贫人物”，陈永强等5人获评2020年常德市“最美扶贫人物”。常德市委统战部干部詹万平获评“温暖工程优秀项目责任人”。常德市柳叶湖旅游度假区太阳谷、临澧县修梅镇高桥村、安乡县深柳镇官保村被评为省级同心美丽乡村，津市市新洲镇万寿宫社区被评为省级同心社区。

【参政议政调研成果专题汇报会】 1月3日，2019年度各民主党派市委、市工商联和无党派人士参政议政专题调研成果汇报会在市委机关1号楼二楼常委会扩大会议室召开。常德市委书记、市人大常委会主任周德睿出席会议并讲话，市委副书记、市长曹立军主持会议。会议听取9个调研课题汇报，通报2019年度各民主党派市委、市工商联和无党派人士参政议政专题调研成果采纳落实情况，交办2019年度参政议政专题调研成果采纳落实工作任务。

【首次全市统一战线各界代表人士政情通报会】 1月7日，常德市统一战线各界代表人士政情通报会召开。常德市委书记、市人大常委会主任周德睿，市委副书记、市长曹立军与全市统一战线各界代表人士欢聚一堂，喜迎新春，共谋发展。十二类统战成员近500人参会。

【“看巨变、凝共识、谋发展”学习考察】 9月8—9日，常德市委常委、市委统战部部长陈华与统战代表人士考察团一行近百人，在市城区、常德经开区、桃源县，走进工厂车间、亲近万亩茶园、观摩前沿科技、探访同心产业，感受发展变化，凝聚政治共识。考察过程中，陈华与各界代表人士进行交流，并建议大家立足各自岗位、借用不同平台、发挥特点优势，建言献策、出智出力，为助推常德高质量发展贡献统战力量。

【民营经济代表人士交流谈心】 7月21日，市委常委、市委统战部部长陈华带队，走访武陵区、汉寿县、柳叶湖旅游度假区、西洞庭管理区几家民营企业，与民营经济代表人士交流谈心，了解新冠肺炎疫情对企业生产经营造成的影响以及企业面临的困难，引导民营经济代表人士坚定发展信心。

【2020年常德市“黄炎培职业教育奖”创业规划大赛】 9月11日，2020年常德市“黄炎培职业教育奖”创业规划大赛主体赛暨颁奖仪式在湖南应用技术学院会展中心举行。市委常委、市委统战部部长陈华出席并颁奖。2012年，常德市成立中华职业教育社，并启动“黄炎培职业教育奖”创业规划大赛。2020年度大赛由常德市委统战部、市教育局共同主办，常德市中华职业教育社承办，湖南应用技术学院协办。常德市19所中职学校43支代表队参赛，经过综合模拟专项赛和主体赛的两轮比拼，最后产生一等奖4个、二等奖9个、三等奖15个。

【全市统一战线“讲述常德故事”展演活动】 11月15日，由常德市委统战部主办的全市统一战线“讲

2020年11月15日，全市统一战线“讲述常德故事”展演活动在市广播电视台举行

（市委统战部 供图）

述常德故事”在市广播电视台举行。全国政协副主席、民革中央常务副主席郑建邦出席活动。活动以“谈巨变、凝共识、谋发展”为主题，组织全市统一战线代表人士讲述常德经济社会发展故事，用统战视角呈现全市干部群众在脱贫攻坚、产业发展、乡村振兴、同心抗疫中的感人事迹，获得充分肯定和广泛好评。

【“万企大走访 同心促发展”活动】 落实省委统战部、省工商联要求，开展“万企大走访同心促发展”活动，成立46个调研工作组（其中市级工作组13个，县级工作组33个），全年参与走访调研人员153人。通过“线上线下”相结合方式宣传惠企政策，实地走访企业378家、商（协）会28家，组织开展座谈会35场次，涉及企业583家、园区和部门13个，共收集问题353个，协调有关单位推动解决298个。

（唐 菲）

外事工作

【概况】 2020年，市县两级外事干部深入学习习近平外交思想的主要内容、核心要义，集中开展中英文理论测试，优秀等次占比65%；每月编辑2期外事工作速览，呈报市委常委阅览；严格外籍人员到常德邀请初审把关，做到任务实、资料全、审核严；召开全市涉外酒店业务培训会，编印《中华人民共和国出境入境管理法》和《中华人民共和国香港特别行政区维护国家安全法》中英文合订本，广泛发放涉外酒店以供阅览学习。

积极与各友好城市、驻外使领馆及海外友好人士联系，共募集医用防护口罩14万只、医用手套10万双、各种防疫物资总计80多万元，有效缓解疫情初期一线医护人员防疫物资紧缺压力；召开境外到常德人员疫情防控工作调度会，发布《关于进一步加强国（境）外疫情输入防控工作的通告》；坚持对到常德外国人、常德籍海外人员每天摸排、每天上报，2020全年共排查到常德外籍人员347人（涉及26个国家）、常德籍海外公民返回常德5647人，确保境外疫情零输入、零感染；全市15名外事干部参与黄花机场值勤轮换，为筑牢疫情防线贡献外事力量。

助力复工复产。在省办的支持下，成功开辟包机直航服务，参与组织英国、韩国、印度包机业务4次，30人次，积极为企业申办APEC商务旅行卡，缓解企业疫情期间申请部分亚太国家签证难、签证慢的问题。通过墨西哥华人协会、驻外使馆建立电商销售平台，常德企业可以通过该销售平台出口产品。

对外交往。疫情期间，市委书记周德睿第一时间向常德市友城德国汉诺威市、日本东近江市、墨西哥阿帕斯科市、澳大利亚伊普斯维奇市、美国优洛郡、斯里兰卡阿努拉达普拉市发出慰问信，并向德国汉诺威市捐赠防护服1000套、医用外科口罩4万只、普通医用口罩2万只，向日本东近江市捐赠普通医用口罩5万只，向墨西哥阿帕斯科市政府捐赠普通医用口罩5万只，接受捐赠地主流媒体对常德人民的爱心和善举进行大篇幅报道，兄弟城市的友谊不断加深。2020年共向友城政府发送《新冠肺炎健康防护手册》5000册，捐赠口罩20万只，并向13个国家21个海外侨团捐赠医用口罩12万只。

【市委外事工作委员会第二次全体会议】 5月6日，市委书记、市人大常委会主任、市委外事工作委员会主任周德睿主持召开市委外事工作委员会第二次全体会议，深入学习贯彻习近平新时代中国特色社会主义外交思想，落实中央、省委外事工作会议精神，总结2019年工作，分析研判形势，安排部署2020年工作。

【参加驻汉堡总领馆在线节庆活动】 9月22日，市委外办专职副主任施才明应邀参加驻汉堡总领馆举办的在线节庆活动及地方合作论坛。驻汉堡总领馆首次举办大型线上活动，共商后疫情时代中德地方合作面临的新发展。参加活动的有汉堡总领馆领区四洲政府及主要城市代表，国内与领区四洲有友城交往的省市外事办主要领导，德方嘉宾汉诺威市副市长朔尔茨对常德市外办致力于两市友好交流所做的贡献给予高度评价。

（卜海峰）

港澳台工作

【概况】 开展“暖企行动”，慰问走访驻常港澳资企业，加强与港澳资企业的常态联系；制定《汉寿蔬菜进粤港澳大湾区的工作方案》，与省港澳办、香港特区政府驻湖南联络处以及香港和澳门果蔬协会沟通并达成初步合作意向；组织学习《中华人民共和国香港特别行政区维护国家安全法》，编印《中华人民共和国香港特别行政区维护国家安全法》宣传小册子发放各区县市港澳工作部门、驻常德港澳资企业和在常德港澳居民，在常德市主流媒体及门户网站登载《中华人民共和国香港特别行政区维护国家安全法》，进行广泛宣传。

台贸台资。全年引进台资项目3个，台资3.2亿元；完成对台贸易3.2亿元，逆势同比增长60.8%。2020年4月23日，投资1.2亿元的台湾梅百华食品加工项目落户汉寿县，并于11

月投产，当年签约、当年建设、当年投产。

【涉台疫情防控】 在常德台胞台企自发助力疫情防控，先后向全市各级防疫部门捐赠现金28万元和价值8万元的各类物资。全市各级领导干部走访慰问台资企业，并为企业送上亟需的各类防疫物资。市本级先后向台资企业无偿发放口罩1万余只，消毒液、医用酒精2吨，各区县市也根据实际情况为辖区台资企业无偿支援防疫物资。做好入境台胞服务管控，实现涉台领域“零输入”“零感染”；助力台资企业复工复产，落实惠台惠企政策，全市无一家台资企业因疫情影响倒闭。创新开展《同心抗疫·为爱发声》线上交流活动，两岸青年、教师、常德籍台胞近百人声援湖湘人民抗击疫情，短视频在两岸40余家媒体播放，浏览量超15万。

【涉台交流与服务】 台湾联合报系旗下各媒体联手开展《湖南常德·人间仙境桃花源》专题报道，浏览量超4300万人次；创新开展“台商沅澧行”活动，组织在常德台商代表到园区、企业、乡村考察交流，坚定发展信心。全年对台宣传全省市州第三。积极搭建台湾同胞投资权益保障、法律援助、涉台仲裁等服务平台，编制印发《台湾人在常德·生活手册》，妥善调处台胞房屋拆迁、证件遗失、遗产继承等问题，涉台领域总体和谐稳定。

【会馆揭牌】 7月10日，常德市台湾同胞投资企业协会会馆暨台湾产品展示中心揭牌仪式在常德河街举行，省委台办主任肖祥清，市委常委、市委秘书长罗先东为常德市台资企业协会会馆暨台湾产品展示中心揭牌。常德市台协相关工作经验获全省推介。

（卜海峰　冯琪智）

民族宗教工作

【概况】 2020年，常德市有51个民族，其中少数民族人口53万多人，占全市总人口的9%。除汉族外，还有土家族、回族、苗族、维吾尔族、壮族、侗族、瑶族、白族、布依族、满族、彝族、黎族、仡佬族、蒙古族、土族、哈尼族、畲族、佤族、傣族、水族、朝鲜族、仫佬族等少数民族（人口总数100人以上，按多少排序），其中土家族、回族、苗族人口总数过万。

2020年，全市登记开放的宗教活动场所498处，民间信仰活动场所22处。认定备案的宗教教职人员417人，市县两级宗教团体30个。

2020年，协助做好“十四五”民族团结进步事业发展规划编制和项目对接，争取省级民族专项（散居）资金196万元，协调市本级安排少数民族发展专项资金100万元，对少数民族和民族地区发展发挥积极作用。成功推荐石门县维新镇大兴场村申报全国首批少数民族乡村振兴试点乡村。汉寿县毛家滩回族维吾尔族自治乡被命名为第四批全国少数民族特色村镇。壶瓶山镇被省文旅厅、省民宗委命名为湖南省特色文旅小镇。全年共完成普通高校招生享受民族优惠政策考生资格审核4965人、公民更改民族成分41人，全部实现审核“零差错”。

2020年新冠肺炎疫情期间，全市宗教界严格执行“两个暂停”，全市未举办一起聚集性宗教活动，全市宗教活动场所和民间信仰活动场所实现疫情防控“零感染”。全市宗教界动员各级宗教团体、宗教活动场所、教职人员及广大信教群众共捐款近80万元。

理论培训。7月，市委党校（市社会主义学院）举办一期民族宗教干部业务培训班，时间7天，全市60名基层民宗干部参加培训。市委党校主体班开设宗教政策理论课。各区县市组织开展宗教政策理论培训工作。11月2日，省委统战部副部长、省民宗委主任向恩明在市委理论学习中心组第11次集中学习会议上专题讲授统战、民族、宗教政策理论课。

【参加湖南省第五届少数民族文艺调演】 2020年12月，选送土家族曲艺节目《二姐赶牛》参加湖南省第五届少数民族文艺调演，获银奖。

【国家民委领导调研民族团结工作】 12月28日，国家民委党组成员、副主任赵勇深入桃源县枫树维吾尔族回族自治乡调研民族团结工作，对枫树维吾尔族回族自治乡的民族团结工作给予高度肯定，要求常德深入挖掘民族团结故事，认真总结民族团结经验，打造全国民族团结样本。

【获评“五进五好”先进】 全市宗教界持续开展“五进五好”（中共十九大精神、国旗国歌、社会主义核心价值观、政策法规、中华优秀传统文化进宗教活动场所，宗教教职人员努力做到政治品格好、守法遵规好、文明友善好、传承文化好、服务社会好）活动，经省委统战部、省民宗委评选，市天主教爱国会获评优秀组织单位，神父彭楚忠、阿訇张常斌获评先进个人，桃源县枫树清真寺、柳叶湖旅游度假区普光寺获评“示范宗教活动场所”。

（唐　菲）

互联网信息化管理

【概况】 2020年，市委网信办共办理或回复网民留言11208条，回复率超过90%，工作经验被网信湖南、红网等多次推介。6月3日，中共常德市委书记周德睿在湖南省委“加强网上舆论宣传、做好互联网工作交流会”上作题为“凝聚网络正能量 推进治理现代化”的典型发言，推介常德市经验做法。

业务培训。4月24日，常德市委网信办机关“业务轮讲”学习班开班。11月10—13日，举办2020年全市网信工作培训班，市直及中央、省驻常单位，大中专院校的政务新媒体分管负责人，市县网信部门负责人及业务骨干，部分新闻网站和新媒体采编人员等200余人集中培训。

宣传活动。5—12月，“洞庭湖畔看小康·寻找最美笑脸”，突出“最美笑脸”，聚焦“人民眼中的小康”，展示常德市全面建成小康社会的生动实践、显著成就和成功经验。主题活动累计推出相关报道2716条，策划推出融媒体专题61个，点击量达3713万+。8月下旬，百度大型文旅特色资源推介活动“宝藏中国”系列IP之“宝藏湖南”到常德堪景，桃花源、柳叶湖、常德河街等景点以“平台化+品质化”的慢直播方式向全国宣传推介。

【全市网信办主任座谈会】 3月12日，全市网信办主任座谈会召开，会议传达学习习近平总书记系列重要讲话精神，全国网信办主任会议、省委网信委第三次全会、全省网信办主任会议精神，总结成绩，分析形势，研究部署2020年网信工作。

【常德市新媒体暨网友座谈会】 12月24日，2020年常德市新媒体暨网友座谈会召开，全市新媒体人士、网络名人代表、网信部门和融媒体主要负责人共80余人参加会议，就如何“网”聚正能量、唱响常德好声音、助力常德高质量发展进行深入研讨。

（王　华）

机构编制工作

【概况】 2020年，常德市机构编制部门按期完成市县全面深化改革中期督查扫尾工作，对市本级239个议事协调机构进行清理规范，全市经营类事业单位全面通过省里验收，全力保障人才引进编制需求，各类人才引进比例达76%，事业单位法人年度报告审核通过率100%。市委编办获省级文明单位荣誉称号。调研成果《新时代基层政府机构职能体系问题研究——以经济发达镇为例》受到中央编办通报表彰。依据《中国共产党机构编制工作条例》，加强配套制度建设，拟定《市委编办审批权限和程序清单》，完成15个大项、32个小项的审批和服务工作流程的初步编制工作。

【贯彻落实《中国共产党机构编制工作条例》】 推动《中国共产党机构编制工作条例》（以下简称《条例》）纳入市级理论学习中心组学习内容，邀请省委编办副主任周文以“学习贯彻《中国共产党机构编制工作条例》着力助推国家治理体系和治理能力现代化”为题在市委理论中心组第11次集体学习中作专题辅导报告。与市委党校对接，将《条例》学习纳入党校主体班教学计划，将《条例》释义纳入规定学习教材。《条例》出台后，市委编办领导干部到市直单位和区县市宣讲达16次，市委编办副主任杨晓庆围绕学习贯彻《条例》先后为第85期科级干部、第83期县处级领导干部进修班作专题辅导。

【重点领域改革工作】 党政机构改革。督导市县乡三级职能调整到位、内设机构设置并挂牌到位、中层骨干和工作人员配备到位、整章建制、改革总结及评估准备工作到位，按期完成市县乡全面深化改革中期督查扫尾工作。研究下发有关市自然资源和规划局部分特定区域分局机构编制调整事项、市生态环境局部分特定区域分局机构编制调整事项等文件，实现各领域机构职能体系运转有序；开展议事协调机构清理，理顺和优化相应机构和职能设置，退出不属于职责范围或不适合参与的议事协调机构，对市本级239个机构进行清理规范，调整保留183个，精简率为23.4%。落实省委有关全面加强基层建设的要求，助推基层公共服务（一门式）全覆盖，对区县提出处理意见和建议，全市169个乡镇（街道）均按“6+3+1+1”模式调整规范机构设置，共撤销基层议事协调机构134个、减少加挂牌子44块，为构建简约高效的基层管理模式提供体制保障。事业单位分类改革。指导各地各单位对事业单位机构设置、职能配置及人员编制情况进行全面清理，遵循“部门统筹负责、机构先并再撤、人员先转再减、编制逐步核销”的思路，按照“成熟一个、推进一个”的原则稳步推进名存实亡单位撤并调整，督导相关区县市发文撤销9家经营类事业单位建制，并按职责分工做好人员编制调整。对于部分区县市暂未分类或名存实亡的事业单位实行专账管理，指导逐一研究提出分类或调整意见，结合资产债务、在编人员等情况，稳妥有序落实机构和人员编制调整任务。根据全省统一部署调整经营类事业单位改革任务分工，8月在全省率先完成经营类事业单位改革工作。综合执法体制改革。推进“一支队伍管执法”，制发市直六个领域执法支队“三定”文件，全面梳理六个领域行政权力事项和执法职能，将分散在多个部门或单位内部的执法、监管事项进行全面整合，实现“一个领域一支队伍”。督导各区县市出台农业、市场监管、文化、交通领域综合行政执法机构“三定”规定，按照“局队合一”体制挂牌运行，跟进开展城市管理领域综合执法改革。厘清市与武陵区三个领域综合执法权责边界，多次牵头协调解决市场监管、交通运输、农业三个领域执法权下放有关问题，印发常德市交通运输、农业、市场监管三个领域市与武陵区综合行政执法权责清单，厘清市区行政执法边界。配合推进综合执法人员转隶，以市委全面深化改革委员会办公室名义下达五大领域市级综合执法机构人员编制锁定数，为人员转隶提供文件样本。督导落实机构编制冻结管理要求，落实改革任务。其他重点领域改革。完成市总工会、团市委、市残联、市红十字会等群团机关改革，对民革等七个民主党派常德市委机关处级领导职数实行动态管理。明确区县市森林公安管理体制及编制调整、党委国家安全委员会及其办事机构设置等事项。清理核实未纳入国家目录由市县自行设置的园区管理机构情况，参与省委编办清理规范开发区管理机构实施方案起草及征求意见工作，完成市安全生产和自然灾害类应急管理体制调整等前瞻性调研工作。根据“六稳”“六保”工作部署，加大有关领域和行业机构编制保障工作调研力度，启动医疗保险基金市级统筹改革前期调研。

【机构编制管理】　编制资源统筹。重点推动编制资源向医疗卫生、应急管理、基础教育、产业发展等重点民生领域倾斜。服务人才引进。市委编委批准设立的人才引进专项编制，投放到开放强市产业立市重点工作涉及部门（单位），占比达66%。市直非参管事业单位除补充领导干部外，各类人才引进比例达76%。控制数管理。从制度层面规范和优化市直事业单位人员控制数管理，出台《常德市市直事业单位人员控制数管理和使用暂行办法》，明确和规范使用控制数人员工资福利、职称评定等事项及使用控制数人员转入编内的办理事宜。事业单位法人登记。开展事业单位登记管理、机关群团赋码工作，继续推行“不见面”审批，试行事业单位法人简易注销登记。事业单位法人年度报告审核通过率达100%。市直单位临时用工管理。与市人社局、市财政局联合印发《关于市直单位临时用工管理工作的通知》，严格按程序开展计划审核报批工作，全年办结两批共38家单位临时用工申报事项。

（刘　侃）

政策研究工作

【概况】　2020年，市委政研室（市委改革办）省级文明标兵单位通过复核，常德改革工作获评全省优秀等次，全面小康实现程度和提升幅度均位居全省第一方阵，市县两级全部达标。

【以文辅政】　参与起草市委全会报告、市委经济工作会议报告、市委主要领导讲话稿、经验汇报材料10余篇。牵头起草《关于支持常德经济技术开发区改革创新加快高质量发展的意见（草案）》《关于推进“津澧合一及市城区改设三区”行政区划调整改革的请示》等重要文件、文稿。针对老旧小区改造等热点难点问题开展专题调研，形成调研报告8篇，其中《建设国家食品安全城市，保障人民群众“舌尖上的安全”》调研报告得到市委书记周德睿肯定性批示。以“回望‘十三五’、谋划‘十四五’、奋进新征程”为主题，在全市范围内开展专题调研，形成调研成果39篇。统筹规范全市调研活动，建立全市性重大调研课题台账，开展优秀调研成果收集评选活动，编印《全市优秀调研报告汇编》。编印《政研内参》10期，就推动常德高质量赶超发展、建设紧密医共体等提出建议，为市委、市政府科学决策提供参考。编辑出刊12期《常德通讯》，编辑《我推荐》8期、《我思考》3期，在《湖南工作》《新湘评论》发表领导署名文章2篇。

【深化改革】　年度要点确定的40大项93小项改革任务均完成目标任务，常德市获评全国“2020年度营商环境创新创优标杆城市”，《人民日报》头版推介常德保护生态环境经验，常德农村承包地确权登记颁证工作受到中央农办、农业农村部通报表扬，在全省率先完成从事生产经营活动事业单位改制工作，在全省成立首家企业续贷中心，在全省率先落地首批100件“一件事一次办”改革事项，全省紧密型县域医共体建设试点工作推进会在常德召开。在全省市州率先出台2020年改革工作要点，推出十大自主改革项目。改革责任压紧压实，在实现责任“六明确”的基础上，实行“五个一”推进机制。围绕综合医改等热点难点改革进行专题调研，刊发《打造医改升级版建设紧密医共体——常德市县域医共体运行情况调研报告》，得到市长邹文辉批示。召开3次市委深改委会议、2次市委机构改革工作会议及1次全市绩效评估考核工作暨全面小康、全面深化改革工作推进会，研究审议贸促会、残联、法学会、红十字会、工商联五大领域综合执法等改革文件方案，听取市委党的建设制度改革专项小组和桃源县委改革工作情况汇报，审议制发文件13个，印发市委深改委会议纪要3期。联合市委督查室、编办、工信、农业、卫健等部门，对9个区县市及部分市直单位，重点就医药卫生体制改革、机构改革、整治形式主义官僚主义及大面改革等情况进行中期督察，下发督察通报1期、督办函2份。对区县市实行反向扣分，对市直单位实行分类考核，以市委办、市政府办名义表彰全市全面深化改革办公室及全市全面深化改革工作优秀单位，并给予1万元~5万元物质奖励。开展“湖南基层改革探索100例”征集活动，收集汇总改革案例80个，向省委改革办推介上报案例15个，入围全省优秀改革案例7个。在省委《改革简报》《改革调研专报》《城市经济论坛》上稿7篇。在《常德通讯》开辟“改革办主任话改革”“优秀改革案例”专栏，在《常德日报》开辟“沅澧改革进行时”专栏，编发市委《改革简报》27期。

【全面小康】 起草《2020年全面小康创先争优调研分析报告》，得到市委、市政府领导批示。协调组织市直相关单位，对“公办幼儿园在园幼儿占比”“农产品加工产值与农业总产值比重”“城乡居民收入”等重点短板指标进行调研，提出对策建议和决策参考。研究制定《2020年全市全面小康推进工作考核组织实施细则》《2020年全市全面小康目标任务及责任分解表》，督促指导各级各有关单位落实落细目标责任。举办全市全面小康工作业务培训班，邀请省统计局相关领导现场授课。市直指标监测单位强化市县“一盘棋”思想，发挥部门优势支持区县市创先争优，全市形成“市级统筹、市直帮扶、以县为主、市县联动”良好格局。建立健全指标数据预判预警机制，对大分值指标、突出的短板指标，特别是重点区县市的重点指标，定期开展数据监测分析和预研预判，发现缺口及时调度，发现问题及时解决，确保相关指标往前排、快提升。区县市围绕“争先获奖”或“提升进位”年度目标，健全完善动态监测机制、督办调度机制、考核问责机制，保障各项工作有力推进。市本级全面小康实现程度达到98.2%，较2019年提升0.5个百分点；9个区县市平均实现程度达到97.52%，较2019年提升1.8个百分点。

【财经工作】 制定下发《市委财经办2020年工作要点》，明确3个方面10项重点工作任务。定期通报、会商经济运行情况，研讨财经工作重大问题，就防范化解政府债务风险、“十四五”规划纲要编制情况等，与相关职能部门深入沟通和交换意见，及时掌握工作动态、提出工作建议。组织召开财经委会议、经济形势分析会、重大经济问题调研座谈会等会议，建立全市主要经济工作部门参与的常态化经济形势分析机制，形成《1—2月经济形势及新冠疫情影响分析报告》《省委经济形势分析座谈会之常德经济运行情况》《前三季度全市经济形势分析及政策建议》等分析报告。聚焦全市经济社会发展中的重点难点问题和短板指标，组织开展一批重点课题调研，形成《关于推进常德高质量赶超发展的思考——比较优势及路径选择》等调研成果，有关建议被市委、市政府政策性文件采纳。

（王　祥）

市直机关党的建设

【概况】 2020年，市直机关工委选优培强党组织负责人，调整47家涉改单位基层党组织设置，指导完成换届选举，调整38名机关党委专职副书记，配齐28名直属机关纪委专职副书记。11月举办为期一周的党支部书记培训班。完善纪律作风监督机制。创新建立市直纪检监察工委专家咨询委员会、兼职委员制度，对重大案件进行集体分析、共同论证。共受理科级及以下违纪案件48起，审结42起，党纪政纪处分42人。坚持志愿服务，引导党员干部主动担当作为。发动市直单位党员志愿者积极参与疫情防控、脱贫攻坚、平安创建、进社区报到服务。疫情期间，市直单位派出300名党员进驻武陵区92个社区协助工作，《履行政治职责，彰显使命担当》工作经验和《“疫”然前行的先锋力量》通讯被中央和国家机关工委“旗帜网”推介。坚持党建带群建，建立健全党委群团工作联席会议制度、群团干部管理制度、考评考核制度、工作经费保障制度，先后承办第六届市直机关运动会、第五届“公仆杯”羽毛球赛。

机关党建。开展机关党建责任制落实行动。落实机关党建责任制是省直机关工委2020年重大研究课题，作为课题牵头单位，撰写高质量调研论文，承办全省课题组研讨会，省委宣传部等26家省直单位参会发言，落实机关党建责任制课题获得特别奖。开展支部“五化”达标创优行动。9月召开支部“五化”建设现场观摩会，12月在市直机关1242个党支部全面达标基础上，评选100个示范党支部，进一步发挥典型引领作用，切实把全面从严治党要求落实到基层。开展理论武装以考促学行动。将《习近平谈治国理政》第三卷的一些重要观点、重要论断进行梳理，汇编成300个党员干部必须牢记的基本知识点，先发动学习再线上测试。市直37个机关党委14078名党员干部参考，在职党员参考率100%，平均成绩94.4分。开展党建业务融合发展行动。10月，发起党建业务融合发展理论研究与案例征集活动，引导党务工作者主动思考、主动实践、主动总结，逐步提升机关党建质量。79个单位报送109篇理论研究课题和187个典型案例。开展优化营商环境从我做起行动。出台《优化营商环境从我做起三年行动方案》。各机关支部把学习《营商环境条例》列入支部学习内容，把优化营商环境工作列入年度支部生活会对照检查内容，让“人人都是营商环境、事事关系营商环境”理念深入人心。

市直机关党组织和党员队伍。归口机关工委管理的基层党委108个、党总支41个、党支部1242个，党员27191人，其中市直机关单位党员16011人，中央及省驻常企事业单位党员11180人。

机关党建宣传。把学习习近平新时代中国特色社会主义思想作为首要政治任务，组织市直单位征订《习近平谈治国理政》第三卷1.2万册。围绕学习《党组（党委）落实全面从严治党主体责任规定》和《中国共产党党和国家机关基层组织工作条例》，抽考46家单位的党组（党委）书记、机关党委书记、党支部书记326人，平均得分95.4分。在红网开办“百名书记话党建”专栏，组稿5篇并推送至“学习强国”平台。在市广播电台开办“榜样”专栏，先后播出“抗击疫情 我们在行动”“话青春”“信仰的力量”“军人的荣光”4个专题15期。常德机关党建网采编报送稿件863篇，机关党建微信公众号推送文章680篇。

【市直单位党组（党委）书记述职】 2月3日，常德市委召开2020年度市直单位党组（党委）书记履行党建工作责任暨落实意识形态工作责任制述职评议会议。市委书记、市人大常委会主任周德睿出席并讲话。市委副书记黄清宇主持会议。市中级人民法院、市住建局、市城管局、市第二人民医院等市直10家单位党组（党委）书记先后口头述职，并接受周德睿现场逐一点评和与会人员的测评。

【市直属单位党支部“五化”建设推进会】 9月10日，常德市直机关工委组织召开市直属单位党支部“五化”建设推进会。市直机关100余家单位的机关党委书记参加会议。与会人员现场观摩市人社局、市第一人民医院、市电信公司、市交警一大队党支部“五化”建设情况，在芷园宾馆召开大会。会议听取市市场监管局、市第一人民医院、市地震局、新华书店、昆仑燃气5家单位党组织负责人的情况介绍，市直机关工委副书记马永忠总结市直属单位取得的主要成绩、存在的突出问题，结合当前新冠疫情防控的形势，对2020年工作进行全面安排部署。会议印发《市直单位党组织落实基层党建工作责任清单》。

【湖南省机关党建理论研讨会在常德召开】 9月28—29日，2020年度湖南省机关党建理论研讨第三课题组研讨会在常德市召开，省直工委、省法院、省委宣传部等26家单位课题组参加会议，市直机关工委常务副书记马永忠以“风正潮涌劲扬帆——推动落实机关党建责任制的探索与思考”为题作研讨发言。省直机关工委一级巡视员、省委离退休干部工委副书记杨勇权出席会议并讲话，市委常委、市委秘书长、市直机关工委书记罗先东参加会议并致辞。

【市直属机关创建模范机关工作现场观摩会】 11月6日，市直机关工委在市公安局组织召开市直属机关创建模范机关工作现场观摩会，观看市直6个单位党建视频展播，对模范机关创建工作进行再动员再部署。市委常委、市委秘书长、市直机关工委书记罗先东出席会议并讲话，副市长、市公安局局长李忠介绍市公安局创建经验。

【市第五届“公仆杯”羽毛球赛】 12月3日，常德市第五届“公仆杯”羽毛球赛开赛。球赛为期2天，共有来自区县市、市直机关以及中央、省驻常德单位的37支代表队，140余名运动员参赛。比赛设双打（男女混合）项目，采取分组循环、淘汰赛的混合赛制确定最后名次，奖励前八名。

（胡雪婷）

老干部工作

【概况】 截至2020年12月31日，全市共有离休干部517人。其中：市直单位187人，区县市257人，中央、省驻常德单位73人（抗战时期17人，享受副省级医疗待遇2人）。厅级离退休干部185人，处级退休干部2537人。全市离退休干部党支部1085个，离退休干部党员3.9万人。2020年，常德市4个集体、8名老干部分别获得全省离退休干部先进集体、先进个人称号；7个离退休干部党支部被评为全省第五批示范离退休干部党支部。

疫情防控。2020年新冠肺炎疫情蔓延之初，市委老干部局、市委离退休干部工委、市关工委及时发出倡议，号召全市广大老干部争当阻止疫情蔓延的生力军、社会和谐稳定的维护者、健康生活方式的带头人。“万元夫妻”郑德淦、陈世平夫妇分别向所在党组织捐款1万元；市政协原副主席张新民网上发文抗疫的事迹被中组部老干部局宣传；市老干部网宣协会会员发文发帖4000余篇。转变工作模式和服务方式，将传统的上门祝寿、入院探视等工作模式与电话、短信、微信等“指尖”服务方式相结合，为老干部送祝福、送慰问，以实际行动助力疫情防控。

【“美在金秋”老党员之家】 8月，在全市范围内开展“美在金秋”老党员之家品牌建设活动。全市共创建91家，其中市直21家、区县市70家。围绕市本级“美在金秋”老党员之家建设，对朝阳湖水体及周边景观进行恢复，对护城河中心段进行提质改造，对活动中心院落进行绿化升级。新建集排球训练、太极培训、门球比赛于一体的多功能运动场。

（尹　茗）

党校工作

【概况】 2020年，党校创建省级文明标兵单位，打造“让党中央放心、让人民群众满意”的模范机关，统筹抓好疫情防控和复工复学。从严治校的经验做法被湖南省委党校工作通讯刊发，在全省社会主义学院系统教学比赛中获得第一名。

党校培训。统筹推进常态化防控和非常态化办班，于4月25日在全省党校系统率先复学。全年开展各类培训共4164人次。其中，党校主体班14期，培训593人（包括：处干班3期138人，中青班1期46人，科干班2期98人，乡镇长班1期48人，西藏山南市城市管理和行政执法干部业务培训班2期60人，西藏隆子县基层干部素质能力常德培训班1期40人，西藏隆子县农牧实用人才常德培训班1期21人，党外年轻人才培训班1期50人，选调生班1期47人，古丈县中青班1期45人）。社会主义学院办班2期，培训119人。部门专题班22期，培训3452人次。培训采取山上山下相结合、市内市外相合作等方式，拓展培训资源，扩大党校影响。推进学员管理信息化，通过面部识别、指纹识别、门禁系统、微信定位系统等方式，规范学员住校打卡。积极探索班主任专职化建设，专门负责班级管理和各类活动的组织。坚持严管厚爱相结合，充分发挥学员临时党支部和班委会的作用，成立气排球、乒乓球、健步行等兴趣小组，组织学员开展文艺演出、气排球赛、读书心得交流等多种活动活跃气氛。

教学改革。把习近平新时代中国特色社会主义思想作为核心内容，贯穿党校教学的全过程，全年组织新课试讲2次，开发新专题19个，新课占比达到26.4%，理论教育和党性教育占比达到74.6%，其中党性教育占比达到29.2%。把“用学术讲政治”作为提高教学质量的“一号工程”，通过学术评审委员会论证审定，个人、部门和学校三级备课，新课试讲、教学测评、听课评课等一系列制度规范，把好课程质量关。打造示范精品课，组织全市党校系统“习近平新时代中国特色社会主义思想好课程”和“党性教育精品课程”录制上报，评选出好课程11堂，精品课4堂，结集出版校本教材《市委党校精品课》。组织全省“三百工程”的评审，录制优秀教师课程7堂，报送讲稿14份，优秀课程5堂，攻坚克难典型案例6个。开发挖掘地方资源，组建师资团队打造薛家村党性教育基地课程，形成现场教学8堂、体验式教学1堂、访谈式教学1堂、讲授式教学1堂、其他形式教学3堂，编印《王新法党性教育基地讲稿汇编》。外请教学33堂课，其中厅级领导7堂，外请率达17.4%。

科研咨询。修订《中共常德市委党校科研人员社会调查管理办法》《科研课题经费使用管理办法》《科研管理制度》，引导教研人员开展深入扎实的调查研究和学术探讨活动。聚焦市情市策，发挥理论优势和智库功能，编发4期《决策参考》。围绕疫情防控、机构改革、干部教育、全域旅游、精准扶贫、公共服务、产业发展、人才引进等领域，报送99篇信息稿件。组织省社科、省委党校社科、省社会主义学院社科和常德市社科4次课题申报，市县共申报课题立项和结项55个。组织团队完成“精准扶贫在常德”和“机关党建责任制研究”等省级课题。积极参与省委党校、长江经济带三峡生态经济合作区党校协作会、市委宣传部、市社科联征文活动，共有18人次获奖。在市直机关工委举办的“突出党建引领，推进党建业务深度融合”理论研究与案例征集活动中，申报9个理论研究与1个案例征集选题。为迎接中国共产党成立100周年和纪念林伯渠135周年诞辰，组织科研团队围绕林伯渠的统一战线、政权建设、财经工作、廉政实践等13个方面开展深入研究，形成30多万字《林伯渠研究文集》。

落实条例。市委常委会专题听取党校工作汇报，就贯彻落实《中国共产党党校（行政学院）工作条例》（以下简称《条例》）和全国、全省党校校长会议精神提出要求。市委理论学习中心组（扩大）召开会议专门学习《条例》。市委副书记、校长朱水平专程到党校召开校委会，研究部署贯彻举措。校内通过理论学习中心组、全员政治理论学习、全市党校系统常务副校长例会，以及学习笔会等途径，进行分级分类学习、研讨，为推动《条例》落实落细奠定思想基础。起草市、县党校建设发展5年规划，通过明确发展目标，突出重点关键，强化工作措施，为全面贯彻落实《条例》，推动市、县党校标准化建设和规范化办学提供抓手。11月下旬，市委组织部、市委党校组成联合督查组对各地贯彻落实《条例》全面督查，督查促整改落实。

（梁卓鑫）

【获全省社会主义学院系统教学比赛一等奖】 7月19日，第四届全省社会主义学院系统教学比赛上，常德市社会主义学院魏驰的“传承红色基因，弘扬英烈精神——重温王尔琢的‘托孤书’”课程获综合组一等奖，张超群的“在斗争中巩固和发展爱国统一战线”课程获统战组三等奖，市社会主义学院获组织奖。常德市社会主义学院连续3届获全省社院系统教学比赛一等奖。

（钟　霓）

【全市党校（行政学院）校（院）长会议】 9月17日，全市党校（行政学院）校（院）长会议召开。深入学习贯彻习近平总书记关于党校工作的系列重要论述，贯彻落实全国、全省党校校长会议精神，推动《中国共产党党校（行政学院）工作条例》落地落实。市委副书记、市委党校校长朱水平出席会议。

（李　白）

接待工作

【概况】 2020年，常德市接待服务中心共接待到访常德宾客267批次，其中省部级以上领导59批次，警卫接待任务3批次，完成全省产业项目建设推进现场观摩会、省“六五”环境日活动、2020年沅水干流省级河长会议、全省人大制度研究会第二次会员大会暨“讲好党言党语、法言法语”理论研讨会、驻湘解放军选举省十三届人大代表调研、第十一届丁玲文学奖颁奖典礼、桃花源旅游节等大型接待任务。2020年受到湖南省委办公厅接待服务中心表彰。

【重要接待】 3月2日，省委副书记、省长许达哲到常德调研脱贫攻坚、防汛备汛、春耕生产和“三农”工作。4月14—15日，省委副书记乌兰到常德调研扶贫和产业发展工作。6月17—18日，全国政协副主席刘奇葆一行到常德调研。7月7—8日，省委书记杜家毫到常德调研脱贫攻坚、防汛抗灾等工作。7月23—25日，全省产业现场观摩会在常德召开，杜家毫、许达哲等省领导参加。11月14—16日，全国政协副主席郑建邦到常德参加教育基金会捐赠仪式、考察民革党员之家。11月18日，全国人大常委会副主任孟建柱一行到常德视察工作。11月23日，省委书记许达哲考察洞庭湖生态环境情况。

（李培玉）

档案工作

【概况】 2020年，常德市档案馆被评为省级文明单位。该馆建筑面积3340平方米，其中库房1680平方米，办公用房1660平方米。馆藏档案约60万卷，主要由机关事业单位档案、改制企业档案、公证档案和特色档案等构成。2020年，投入约150万元，改造升级馆库消防设施，为库房整体加装气体消防装置，提升消防安全等级；改造配电房、查阅接待室，更换库房照明设施，增设电子监控点，对漏水区域防水改造。新馆建设纳入常德市“十四五”发展规划。

机构改革。制定下发《关于明确市委办公室（市档案局）档案行政职能和工作联系方式的函》，市县档案行政职能均划转到党委办公室并挂牌，市县档案局局长全部发文明确，均配备2名以上档案行政执法人员。将“贯彻执行档案法律法规工作”纳入对市直单位的绩效考核范围。

业务指导。举办2020年全市档案业务培训班，组织参加“新修订档案法公益大讲堂”培训。指导参加全省经济科技档案工作创新案例征集活动，3个案例获奖。参与农村土地承包经营权确权登记颁证档案验收和重大水利项目验收。密切配合市档案局开展业务指导，制定相关工作规范，为全市档案工作规范

2020年4月16日，市档案馆接受市第一人民医院捐赠抗疫档案资料

（市档案馆 供稿）

化建设和完美社区、美丽乡村、精准扶贫、土地确权、疫情防控、污染源普查等专项工作档案管理提供准绳。

职称评审。2020年10月制定初、中级评审工作方案和评分细则，建立职称评审评委库，12月召开全市档案系列初、中级职称评审会进行集中评审，评定初级职称4个、中级职称18个。

宣传教育。组织开展“6·9”国际档案日系列宣传活动，在2020年“档案见证小康路、聚焦扶贫决胜期”全国征文活动和全省主题演讲活动中，全市获得全国一等奖1名、全省二等奖1名、其他奖项若干名，两个活动获奖人数均居全省第一，市委办（市档案局）两次获优秀组织奖。参加全国“追寻先烈足迹”短视频征集活动，《老战士林伯渠》获个人创作优秀作品（全国共20部），是全省唯一获奖作品。盘活馆藏资源，全年举办“档案见证小康路”和“小康之路——档案见证常德小康建设”2次专题展览。

档案监督检查。开展全市档案行政执法检查，抽取15家机构改革涉改单位进行实地检查，现场反馈检查结果并要求限期整改。市委办（市档案局）联合市消防救援支队对市档案馆档案安全工作进行实地检查，并督促县级档案主管部门积极开展档案行政执法检查和综合档案馆安全检查。

档案信息化建设。申报“党政机关电子公文单套制归档管理研究和实践”获得省档案局立项。电子公文单套制建设草案已经市委秘书长会议研究通过。抓好“互联网+政务服务”一体化平台管理工作，明确专人负责，及时梳理监管事项目录、政务服务实施清单。

【档案处置】 涉改单位档案处置。对涉改单位进行实地指导，提出工作建议。完成市自然资源规划局（原规划局）、市行政审批局（原电子政务办）、市财政事务中心（原非税局）、市农业农村局（原农开办）、市社会保险服务中心（原社保处、机关社保）5家单位档案接收进馆，年内接收档案资料1.6万余件。国企退休人员社会化管理档案处置。制定企业退休死亡人员人事档案整理规范和移交流程，主动对接开展业务指导，接收20家企业5000余份人事档案进馆。

【档案征集】 加大常德诗墙作品、常德抗战史料、常德细菌战档案、红色档案、民国档案、家谱家训、疫情防控等专题档案的保管、征集、挖掘力度。为全国优秀共产党员田工创建名人档案，在常德全媒、常德发布、文明常德微信公众号、常德文明网上发布新冠疫情档案征集公告，征集电子照片600多张、音频、视频40多个、实物档案33件。征集革命历史档案50余件。

（李　霞　赵　凡）

党史工作

【概况】 2020年，市委党史研究室被评为全省党史工作先进单位。

党史正本编纂。《中国共产党常德历史（第一卷）》（修订）经三轮修订，年初完成终审。《中国共产党常德历史（第三卷）》年内进行第三轮修改，室领导班子与编写专家组召开4次会议，对书稿进一步修改完善进行探讨，在结合省党史研究院专家意见基础上，年底形成评审稿。

党史资料征编。编纂出版党史专题书籍。《常德百年党史人物（上）》经过3轮修改，形成40余万字初稿，收录林伯渠、朱务善、王尔琢、丁玲等87名常德籍新民主主义革命时期的重要党史人物。提供党史资料服务。全年共为组织部、军分区、退役军人事务局、文物局等部门的场馆建设、书籍出版、展板陈设、革命遗址、宣传视频等涉及党史的内容审查30余件。为报社、高职院、文旅广体局、柳叶湖管委会、普通市民等提供相关党史资料和线索。

党史联络。2020年，由市委编办下文明确在市委党史工作领导小组下设党史联络组，改变常德党史联络组没有明确机构编制的状况。

史志宣教。《常德古今》期刊全年共刊载文字资料15万字，图片50帧。常德史志网站全年共发布各类信息354条，上传史志书籍2部、视频3个。常德史志微信公众号共上稿307篇。常德史志微博更新信息296条。11月，市委党史研究室主任郑文廷在市委党校主体班讲授常德党史教育课。

【召开黄爱思想生平学术研讨会】 7月29日，由中共湖南省委党史研究院、湖南省中共党史人物研究会主办，中共常德市委宣传部、市委党史研究室、市总工会协办，中共常德市武陵区委员会、常德市武陵区人民政府承办的“工运先驱者的初心与使命——黄爱思想生平学术研讨会”在武陵区召开。黄爱是中国工人运动的先驱，湖南早期工人运动的先行者和领袖，他和庞人诠是中国无产阶级最早为革命牺牲的烈士。2020年是黄爱烈士参与创立的湖南最早的工会组织——湖南劳工会创始100周年。学术研讨会共收到全国各地的论文50余篇，各位专家、学者从多维度、广角度对黄爱生平、思想和精神进行深入研究探讨。

（曾庆思）

常德市人民代表大会

综述

【概况】 2020年，面对突如其来的新冠疫情，常德市人民代表大会常务委员会（以下简称市人大常委会）在全省率先向五级人大代表、三级人大干部发出抗疫倡议，主动投身抗疫一线，积极筹措防疫物资，全市各级人大代表累计捐款1500余万元，捐赠医用、生活物资价值近1300万元，切实践行人大“一切为人民”的初心使命。主任会议成员围绕疫情防控和复工复产，带队深入区县乡镇、企业车间，一线督导、一线调研、一线问计，及时形成《关于进一步加强我市疾控体系建设的调查报告》，为市委、市政府科学决策提供有力参考。全面落实党中央、全国人大决策部署，扎实开展食品安全法、野生动物保护法以及全国人大常委会《关于全面禁止非法野生动物交易、革除滥食野生动物陋习、切实保障人民群众生命健康安全的决定》等执法检查，为阻断疫情蔓延传播、保障群众生命安全做出努力。

自身建设。2020年，常委会对照新时代新形势新要求，持续推进政治能力、组织能力和履职能力建设。强化党建引领。坚持以党的建设为统领，完善组织机构，推进支部标准化建设，持续巩固“不忘初心、牢记使命”主题教育成果。严守政治纪律和政治规矩，落实从严治党主体责任，全力配合市委巡察，积极支持纪检监察工作，坚持不懈、驰而不息纠“四风”、转作风。突出能力提升。坚持把开展调查研究作为提升干部能力素养的重要途径，全年紧扣市委决策部署、政府中心工作和人大履职实践，完成调研课题40个，开展会前学法4次。提升文明形象。扎实开展“让党中央放心、让人民群众满意的模范机关”创建工作，全面规范人大机关物业管理，着力启动人大工作展示馆建设，推动老干活动中心和食堂升级改造，精心组织全市人大系统首届“人大杯”乒乓球赛，机关管理水平和办公环境不断提升，全国文明单位的辨识度、影响力显著增强。加强联系指导。自觉接受上级人大的指导和监督，高效接待视察调研活动20余次。全面落实主任会议成员联系区县市、常委会委员联系乡镇（街道）工作机制，召开区县市人大常委会主任座谈会，促进市县人大在地方立法、监督审议、执法检查、工作调研中并肩携手，整体提升。

【人事任免】 旗帜鲜明贯彻党管干部原则，依法行使选举任免权，全年加开常委会会议2次、代表大会1次，圆满完成重要人事补选任务，顺利实现组织人事意图，全年共任免国家机关工作人员83人次，接受辞职12人次。

（王 超）

重要会议

【市七届人大五次会议】 2020年8月25日，市七届人大五次会议在市工人文化宫开幕。市委书记、市人大常委会主任周德睿出席会议并主持第二次全体会议；市人大常委会党组书记、副主任、大会执行主席余怀民主持第一次、第三次全体会议。会议选举邹文辉为市人民政府市长，杨易为市人大常委会副主任，涂贤春、李百艳、陈卫平3人为市七届人大常委会委员。会议应到代表475人，因事因病请假33人，实到442人，符合法定人数。大会执行主席周德睿、邹文辉、朱水平、余怀民、罗翠林、梁仲、王先蒙、罗少挟、戴君耀、杨新辉、宋云文、杨易在主席台前排就座。第一次全体会议表决通过大会补选办法（草案），听取市委常委、市委组织部部长梁仲所作的大会主席团关于人事事项的说明。第二次全体会议通过总监票人和监票人名单（草案），宣布总计票人和计票人，随后，进行大会人事选举事项。第二次全体会议表决通过常德市第七届人民代表大会环境与资源保护委员会主任委员名单（草案）、农业与农村委员会主任委员名单（草案）、社会建设委员会主任委员名单（草案）。在宣布大会人事选举结果后，新当选的国家工作人员举行向宪法宣誓仪式。在闭幕会上，新当选的市人民政府市长邹文辉发表就职讲话。周德睿代表市委向当选的同志表示热烈祝贺。他寄语新一任市政府领导班子和领导同志，不忘初心、牢记使命，从严治政、依法履职，团结奋斗、积极进取，在新的历史起点上不断开创新的工作业绩，决不辜负全体代表和全市人民的信任与重托。

2020年8月25日，常德市第七届人民代表大会第五次会议在市工人文化宫开幕

（裴维维 摄）

【市七届人大常委会会议】 1月20日，市七届人大常委会召开第二十八次会议，市人大常委会党组书记、副主任余怀民主持会议。会议听取常德市第七届人民代表大会常务委员会代表资格审查委员会关于个别代表的代表资格审查报告；市人大常委会秘书长李绍霞传达学习省十三届人大三次会议上政府工作报告主要精神、人大常委会工作报告主要精神、省委书记、省人大常委会主任杜家毫在闭幕会上的讲话精神以及省委副书记、省长许达哲在常德代表团的讲话精神。市人大常委会党组副书记、副主任王先蒙，副主任罗少挟、戴君耀、杨新辉，秘书长李绍霞出席会议。

3月20日，市人大常委会党组书记、副主任余怀民主持召开市七届人大常委会第二十九次会议。会议通过《常德市人民代表大会常务委员会2020年工作要点》《常德市人大常委会2020年评议市人民政府优化经济发展环境工作方案》，听取部分市人大常委会组成人员关于2019年履职情况的报告，审议表决有关人事事项。市人大常委会副主任王先蒙、罗少挟、戴君耀、杨新辉、宋云文，秘书长李绍霞出席会议。

4月28日至29日，市七届人大常委会召开第三十次会议，市委书记、市人大常委会主任周德睿，市人大常委会党组书记、副主任余怀民，副主任王先蒙、罗少挟、戴君耀、杨新辉、宋云文，秘书长李绍霞出席会议。28日，市人大常委会党组副书记、副主任王先蒙主持召开第一次全体会议，听取市人民政府关于贯彻实施《中华人民共和国食品安全法》情况的报告，市人大常委会执法检查组关于检查《中华人民共和国食品安全法》实施情况的报告，市人民政府关于2019年市级政府投资项目执行情况与2020年计划安排（草案）情况的报告，市人大财经委（常委会预算工委）相关调查情况的报告。会议听取市人民政府关于农村饮水安全工作情况的报告，和市人大农业委相关调查情况的报告。28日，市人大常委会副主任罗少挟主持召开第二次全体会议，听取市人民政府关于提请审议《常德市柳叶湖旅游度假区条例（草案）》的议案及其说明，听取市人大教科文卫委相关审议意见的报告；听取市人民政府关于2019年环境状况和环境保护目标完成情况的报告；听取市人民政府关于《常德市人民代表大会常务委员会关于市城区物业管理工作情况报告的审议意见》研究处理情况的报告及市人大环资委相关工作评价报告；听取市人民政府关于《常德市人民代表大会常务委员会关于居家和社区养老服务工作情况报告的审议意见》研究处理情况的报告以及市人大社会委相关工作的评价报告。29日，市委书记、市人大常委会主任周德睿主持召开第三次全体会议。会上进行联组审议；开展《中华人民共和国食品安全法》执法检查专题询问并审议表决有关人事事项。

6月22日至23日，市七届人大常委会召开第三十一次会议，市人大常委会党组书记、副主任余怀民，副主任王先蒙、罗少挟、戴君耀、杨新辉、宋云文，秘书长李绍霞出席会议。22日，市人大常委会副主任戴君耀主持第一次全体会议，听取市人民政府关于城乡规划2019年度实施计划的实施情况的报告及市人大环资委相关调查报告；市人民检察院关于开展公益诉讼工作情况的报告及市人大监察和司法委相关调查报告；市人大常委会主任会议关于提请审议《常德市人民代表大会常务委员会关于加强检察公益诉讼工作的决议（草案）》的议案及其说明；市人民政府关于医保基金监督管理工作情况的报告及市人大社会委相关调查报告；市人民政府关于养殖业发展情况的报告及市人大农业委相关调查报告。23日，市人大常委会副主任杨新辉主持第二次全体会议，听取市人民政府关于2019年市级决算（草案）的报告，市人民政府关于2019年市级预算执行和其他财政收支的审计工作报告，市人大财经委关于2019年市级决算（草案）的审查报告；市人民政府关于2019年度行政事业性国有资产管理情况的专项报告及市人大财经委相关调查报告；市人民政府关于全市学前教育工作情况的报告及市人大教科文卫委相关调查报告。23日，市人大常委会党组书记、副主任余怀民主持第三次全体会议，审议表决《常德市人民代表大会常务委员会关于批准2019年市级决算的决议（草案）》《常德市人民代表大会常务委员会关于加强检察公益诉讼工作的决议（草案）》。

7月15日，市七届人大常委会第三十二次会议召开。市委书记、市人大常委会主任周德睿主持会议。会议决定任命邹文辉为市人民政府副市长，决定副市长邹文辉为代理市长。市人大常委会党组书记、副主任余怀民出席会议，市委常委、组织部部长梁仲列席会议，市人大常委会副主任王先蒙、罗少挟、戴君耀、杨新辉、宋云文，秘书长李绍霞出席会议。

7月24日，市七届人大常委会召开第三十三次会议，市人大常委会党组书记、副主任余怀民，市人大常委会副主任王先蒙、戴君耀、杨新辉、宋云文，秘书长李绍霞出席会议。24日，市人大常委会副主任宋云文主持第一次全体会议。会议听取市人民政府关于提请审议《常德市农村村民住房建设管理条例（草案）》《常德市大气污染防治若干规定（草案）》的议案及其说明，以及市人大环资委对《常德市农村村民住房建设管理条例（草案）》《常德市大气污染防治若干规定（草案）》相关审议意见的报告。随后，进行分组审议。24日，市人大常委会党组书记、副主任余怀民主持第二次全体会议，会议对《常德市农村村民住房建设管理条例（草案）》《常德市大气污染防治若干规定（草案）》进行联组审议。

8月19日至20日，市七届人大常委会召开第三十四次会议，市人大常委会党组书记、副主任余怀民，副主任王先蒙、罗少挟、戴君耀、杨新辉、宋云文，秘书长李绍霞出席会议。19日召开第一次全体会议，市人大常委会党组副书记、副主任王先蒙主持。会议审议表决《常德市人大常委会关于召开常德市第七届人民代表大会第五次会议的决定（草案）》；听取市人大监察和司法委关于《常德市人民代表大会常务委员会监督司法工作若干规定（修订稿）》修改情况的汇报；听取市人民政府关于2020年1—7月全市国民经济和社会发展计划执行情况的报告；听取市人民政府关于2020年1—7月全市及市级预算执行情况的报告；听取市人民政府关于老旧小区改造工作情况的报告及市人大环资委相关调查报告；听取市人大法制委关于《常德市农村村民住房建设管理条例（草案）》修改情况的汇报；听取市人大法制委关于《常德市大气污染防治若干规定（草案）》修改情况的汇报。20日，市人大常委会党组书记、副主任余怀民主持召开第二次全体会议。经过联组审议，表决《常德市人民代表大会常务委员会监督司法工作若干规定（修订稿）》。审议表决有关人事事项，听取有关代表资格审查报告，会议审议市七届人大五次会议筹备工作、会议议程（草案）、日程（草案）；审议通过市七届人大五次会议有关人员名单（草案）和补选办法（草案）等。市人民政府副市长尹正锡、龚德汉、汤祚国、李忠，市中级人民法院院长廖具之，市人民检察院、市监委相关负责人列席会议。

10月27日至29日，市七届人大常委会第三十五次会议在市人大常委会机关召开，听取和审议15项报告，审议表决2部地方性法规、有关人事事项等；对相关部门审计查出问题整改情况进行满意度测评，对部分法官、检察官履职情况和相关单位办理市人大代表建议工作开展评议；表决通过有关人事事项，经投票表决，决定任命罗毅君、周代惠为市人民政府副市长。市委书记、市人大常委会主任周德睿出席并主持第四次全体会议。市人大常委会党组书记、副主任余怀民，副主任王先蒙、罗少挟、戴君耀、杨新辉、宋云文，秘书长李绍霞出席会议。市委副书记、市长邹文辉，市委常委、市纪委书记、市监察委员会主任罗翠林列席第四次全体会议。市人民政府副市长龚德汉、杨成英、李忠分别列席28日、27日、29日会议。市中级人民法院院长廖具之，市人民检察院检察长余湘文，市监察委员会及有关单位负责同志列席会议。

11月19日，市七届人大常委会

第三十六次会议召开，会议听取市人民政府关于常德市优化经济发展环境工作的报告；听取18个被评议单位关于优化经济发展环境工作情况的报告；市人大常委会评议领导小组办公室关于优化经济发展环境工作评议开展情况的报告；对18个被评议单位开展专题询问；审议表决《常德市人大常委会关于召开常德市第七届人民代表大会第六次会议的决定（草案）》。市人大常委会党组书记、副主任余怀民，副主任王先蒙、罗少挟、戴君耀、杨新辉、宋云文、杨易，秘书长李绍霞出席会议。市委常委、市人民政府常务副市长罗毅君，市中级人民法院院长廖具之，市人民检察院检察长余湘文，市监察委员会以及相关部门负责人列席会议。

【市七届人大常委会主任会议】

3月3日，常德市七届人大常委会举行第57次主任会议和2020年第2次工作调度会，市人大常委会党组书记、副主任余怀民主持会议。主任会议分别听取市委组织部、市人民检察院和市人大常委会联工委有关人事事项的报告，讨论市七届人大常委会第二十九次会议议程（草案）、日程（草案），听取市人大常委会组成人员履职报告有关情况的汇报、市人大常委会有关审议意见研究处理督办情况的报告，讨论《2020年市人大常委会组成人员联系市人大代表工作方案（草案）》和《市人大常委会开展〈中华人民共和国食品安全法〉执法检查工作方案（草案）》。工作调度会听取各委室2月工作完成情况和3月主要工作安排，讨论常委会领导3月主要工作重要活动预安排。市人大常委会党组副书记、副主任王先蒙，市人大常委会副主任罗少挟、戴君耀、杨新辉、宋云文，市人大常委会党组成员谭弘发，秘书长李绍霞出席会议。

3月19日，市人大常委会党组书记、副主任余怀民主持召开市七届人大常委会第58次主任会议，听取《常德市人大常委会2020年评议市人民政府优化经济发展环境工作方案（草案）》修改情况的报告。市人大常委会党组副书记、副主任王先蒙，副主任罗少挟、戴君耀、杨新辉、宋云文，秘书长李绍霞出席会议。

4月1日，市七届人大常委会召开第59次主任会议和2020年第3次工作调度会，市人大常委会党组书记、副主任余怀民主持会议，市人大常委会副主任王先蒙、罗少挟、戴君耀、杨新辉、宋云文，秘书长李绍霞出席会议。主任会议听取关于调整《常德市人大常委会2020年立法计划》的报告，讨论市人大常委会主任会议重点督办的市七届人大四次会议建议（草案）和关于在全市乡镇人大推行民生实事项目人大代表票决制工作的方案（草案）。工作调度会听取各委室3月工作完成情况和4月主要工作安排，讨论常委会领导4月主要工作重要活动预安排。

4月17日，市七届人大常委会召开第60次主任会议，市人大常委会党组书记、副主任余怀民主持会议，市人大常委会副主任王先蒙、罗少挟、戴君耀、杨新辉、宋云文，秘书长李绍霞出席会议。会议听取市人大常委会联工委有关人事事项的报告、市人大常委会有关审议意见研究处理督办情况的报告（《常德市人民代表大会常务委员会关于市城区物业管理工作情况报告的审议意见》《常德市人民代表大会常务委员会关于我市农村人居环境整治工作情况报告的审议意见》《常德市人民代表大会常务委员会关于居家和社区养老服务工作情况报告的审议意见》《常德市人民代表大会常务委员会关于全域旅游工作情况报告的审议意见》）；讨论市人大常委会执法检查组关于检查《中华人民共和国食品安全法》实施情况的报告（草案）（含专题询问方案），以及市七届人大常委会第三十次会议议程（草案）、日程（草案）。

5月6日，市七届人大常委会第61次主任会议和2020年第4次工作调度会召开。市人大常委会党组书记、副主任余怀民主持会议，市人大常委会副主任罗少挟、戴君耀、杨新辉、宋云文，秘书长李绍霞出席会议。主任会议阶段讨论常德市人民代表大会常务委员会关于2019年环境状况和环境保护目标完成情况报告的审议意见（草案）、关于2019年市级政府投资项目执行情况与2020年计划安排（草案）情况报告的审议意见（草案）、关于检查《中华人民共和国食品安全法》实施情况报告的审议意见（草案）、关于农村饮水安全工作情况报告的审议意见（草案）。工作调度会阶段，各委室相关负责人汇报4月工作完成情况和5月主要工作安排，与会人员讨论常委会领导5月主要工作重要活动预安排。

6月2日，市七届人大常委会召开第62次主任会议和2020年第5次工作调度会，市人大常委会党组书记、副主任余怀民主持会议，党组副书记、副主任王先蒙，副主任罗少挟、戴君耀、杨新辉、宋云文，秘书长李绍霞出席会议。主任会议阶段讨论市人大常委会视察市城区学前教育工作实施方案（讨论稿）、市人大常委会关于开展法官、检察官履职评议的工作方案（讨论稿）、市七届人大常委会第三十一次会议议程（草案）、日程（草案）；听取市人大常委会有关立法工作情况的汇报；通报有关情况，与会人员交流意见建议。工作调度会阶段，各委室负责人汇报5月工作完成情况和6月主要工作安排，讨论常委会领导6月主要工作重要活动预安排。

6月19日，市七届人大常委会召开第63次主任会议。市人大常委会党组书记、副主任余怀民主持会议。会议听取市人大法制委（常委会法工委）有关立法工作情况的报告；讨论市七届人大常委会第三十一次会议议程（草案）、日程（草案）；听取市人大常委会联工委《关于组织2020年市级领导干部中的市人大代表开展“参加代表小组活动、推进疫情防控和经济社会发展”主题活动的方案（草案）》的报告。市人大常委会副主任王先蒙、戴君耀、杨新辉、宋云文，秘书长李绍霞出席会议。

7月3日，市七届人大常委会第64次主任会议和2020年第6次工作调度会召开。市人大常委会党组书记、副主任余怀民主持会议，副主任王先蒙、罗少挟、戴君耀、杨新辉、宋云文，秘书长李绍霞出席会议。会议讨论市人大常委会关于2019年度行政事业性国有资产管理情况专项报告的审议意见（草案）、关于2019年市级预算执行和其他财政收支的审计工作报告的审议意见（草案）、关于全市学前教育工作情况报告的审议意见（草案）、关于养殖业发展情况报告的审议意见（草案）、关于城乡规划2019年度实施计划的实施情况报告的审议意见（草案）、关于医保基金监督管理工作情况报告的审议意见（草案）。会议听取各委室6月工作完成情况和7月主要工作安排。

7月13日，市七届人大常委会第65次主任会议召开。市人大常委会党组书记、副主任余怀民主持会议，副主任王先蒙、罗少挟、戴君耀、杨新辉、宋云文，秘书长李绍霞出席会议。会议听取市人大常委会联工委有关人事事项的报告，讨论市七届人大常委会第三十二次会议议程（草案）、日程（草案）。

7月21日，市七届人大常委会召开第66次主任会议，市人大常委会党组书记、副主任余怀民主持会议，副主任王先蒙、戴君耀、杨新辉、宋云文，秘书长李绍霞出席会议。会议讨论市七届人大常委会第三十三次会议议程（草案）、日程（草案）。

8月17日，市七届人大常委会召开第67次主任会议。市人大常委会党组书记、副主任余怀民主持会议，副主任王先蒙、罗少挟、戴君耀、杨新辉、宋云文，秘书长李绍霞出席会议。会议听取市人大监察司法委关于《常德市人民代表大会常务委员会监督司法工作若干规定（修订稿草案）》修改情况的报告；听取市人大法制委关于《常德市农村村民住房建设管理条例（草案）》和《常德市大气污染防治若干规定（草案）》修改情况的报告；听取市人大环资委关于《常德市人民代表大会常务委员会关于开展〈常德市城乡生活垃圾管理条例〉执法检查的方案（草案）》的报告；听取市人大常委会联工委有关人事事项的报告；讨论市七届人大常委会第三十四次会议议程（草案）、日程（草案）；讨论常德市第七届人民代表大会第五次会议日程（草案）、议程（草案）、工作日程；讨论常德市第七届人民代表大会第五次会议有关人员名单（草案）；讨论常德市第七届人民代表大会第五次会议补选办法（草案）；讨论市七届人大五次会议选举国家工作人员向宪法宣誓方案。

9月2日，市七届人大常委会召开第68次主任会议和2020年第8次工作调度会，市人大常委会党组书记、副主任余怀民主持会议，党组副书记、副主任王先蒙，副主任罗少挟、戴君耀、杨新辉、宋云文、杨易，秘书长李绍霞出席会议。主任会议阶段讨论《常德市人民代表大会常务委员会关于2020年1—7月全市国民经济和社会发展计划执行情况报告的审议意见（草案）》《常德市人民代表大会常务委员会关于2020年1—7月全市及市级预算执行情况报告的审议意见（草案）》《常德市人民代表大会常务委员会关于老旧小区改造工作情况报告的审议意见（草案）》以及常德市人大常委会开展重大交通项目建设工作视察方案（草案）。工作调度会阶段，各委室负责人汇报8月工作完成情况和9月主要工作安排，讨论常委会领导9月主要工作重要活动预安排。

10月10日，市七届人大常委会第69次主任会议和2020年第9次工作调度会召开，市人大常委会党组书记、副主任余怀民主持会议，市人大常委会副主任王先蒙、罗少挟、戴君耀、杨新辉、宋云文、杨易，秘书长李绍霞出席会议。主任会议阶段，听取市人大常委会联工委有关人事事项的报告；讨论市七届人大常委会第三十五次会议议程（草案）、日程（草案），《市人大常委会视察养老服务工作方案（草案）》《市人大常委会关于重大交通项目建设工作的视察意见（草案）》。工作调度会阶段，听取各委室9月份工作完成情况和10月份主要工作安排，讨论常委会领导10月份主要工作重要活动预安排。

11月3日，市人大常委会党组书记、副主任余怀民主持召开市七届人大常委会第70次主任会议和2020年第10次工作调度会。市人大常委会副主任王先蒙、罗少挟、戴君耀、杨新辉、宋云文、杨易，秘书长李绍霞出席会议。主任会议阶段讨论常德市人民代表大会常务委员会关于开放型经济发展情况报告的审议意见（草案）、关于养老服务工作的视察意见（草案）、关于扫黑除恶工作情况报告的审议意见（草案）、关于规范性文件备案审查工作情况报告的审议意见（草案）、关于计划生育特殊困难家庭综合保障工作情况报告的审议意见（草案）、关于检查《常德市城乡生活垃圾管理条例》实施情况的审议意见、关于自然保护区工作情况报告的审议意见（草案），讨论2020年优化经济发展环境工作评议会议评议阶段方案和市七届人大常委会第三十六次会议议程（草案）、日程（草案）和常德市第七届人民代表大会第六次会议议程（草案）、日程（草案）。会议审议通过《常德市人大常委会2021年立法计划（草案）》，根据立法计划，2021年市人大常委会将计划制定《常德市文明行为促进条例》和《常德市城市养犬管理条例》。工作调度会阶段听取各委室10月工作完成情况和11月主要工作安排，讨论常委会领导11月主要工作重要活动预安排。

【其他重要会议】 1月13日，市人大常委会机关召开“不忘初心、牢记使命”主题教育总结会议，市人大常委会党组副书记、副主任王先蒙，副主任罗少挟、戴君耀、宋云文，秘书长李绍霞参加会议。

1月29日，市人大常委会机关召开新型冠状病毒感染的肺炎疫情防控工作调度会，市人大常委会党组副书记、副主任王先蒙主持会议，市人大常委会副主任戴君耀、杨新辉、宋云文，秘书长李绍霞参加会议。

11月3日，市人大常委会机关召开会议，传达学习中共十九届五中全会精神。市人大常委会党组书记、副主任余怀民出席会议并讲话，副主任王先蒙、罗少挟、戴君耀、杨新辉、宋云文、杨易，党组成员谭弘发出席会议。

11月11日至12日，湖南省人大制度研究会第二次会员大会暨“讲好党言党语、法言法语”理论研讨会在常德召开，省人大常委会党组副书记、副主任王柯敏出席会议，省人大常委会研究室主任王向前主持会议。会议分为视察调研和座谈两个部分。市委书记、市人大常委会主任周德睿，市人大常委会党组书记、副主任余怀民陪同视察调研。

11月30日至12月1日，全市乡镇人大工作和建设推进会召开。会议通过视察、讲座、座谈等方式，交流总结乡镇人大工作经验，谋划下阶段全市乡镇人大工作的重点和思路，推进全市乡镇人大工作制度化、规范化。市人大常委会党组书记、副主任余怀民，副主任王先蒙、戴君耀、杨新辉、宋云文、杨易，秘书长李绍霞出席会议。

（王　超）

立法工作

【概况】 坚持科学立法、民主立法和依法立法原则，不断完善党委领导、人大主导、政府依托、各方参与的立法工作格局，在《常德市大气污染防治若干规定》《常德市农村村民住房建设管理条例》2部地方性法规起草、审议和修改过程中，注重以工匠精神铸造精品良法。为确保规定、条例立得住、有特色、合民意、可操作，推行开门立法，探索网络问计，充分汇集立法智慧，有序表达公众诉求，共收集立法意见、建议1.5万多条，对完善工业企业准入管理、秸秆综合利用、餐厨油烟管控和农村住房“谁能建”“建哪里”“怎么建”“谁来管”等方面的制度设计发挥重要作用。2部地方性法规2021年1月1日正式实施。

【立法会议】 4月1日，市七届人大常委会召开第59次主任会议，听取关于调整《常德市人大常委会2020年立法计划》的报告。6月2日，市七届人大常委会召开第62次主任会议，听取市人大常委会有关立法工作情况的汇报。6月19日，市七届人大常委会召开第63次主任会议，会议听取市人大法制委（常委会法工委）有关立法工作情况的报告。

11月3日，市人大常委会党组书记、副主任余怀民主持召开市七届人大常委会第70次主任会议，会议审议通过《常德市人大常委会2021年立法计划（草案）》，根据立法计划，2021年市人大常委会将计划制定《常德市文明行为促进条例》和《常德市城市养犬管理条例》。

12月30日，市委全面依法治市委员会立法协调小组召开会议，安排部署2021年全市立法工作。市人大常委会副主任、市委全面依法治市委员会立法协调小组组长罗少挟出席会议。

【立法调研】 4月21日，市人大财经委接待省人大财经委一行，召开《湖南省实施〈中华人民共和国中小企业促进法〉办法》（修订）立法调研座谈会，市人大常委会副主任宋云文出席会议。

5月7日至8日，省人大法制委主任委员王刚一行到常德市开展公共文化服务保障立法调研，市人大常委会党组书记、副主任余怀民，市人大常委会副主任罗少挟陪同调研。

6月30日至7月1日，省人大常委会委员、教科文卫委副主任委员詹鸣，省人大常委会法工委副主任胡雪清带队到常德开展立法调研，针对省人大常委会拟审议出台的《湖南省实施〈反恐怖主义法〉办法》《湖南省现场救护规定》2部地方性法规征集立法意见和建议，市人大常委会副主任杨新辉陪同调研。

8月3日至4日，省人大常委会副主任周农带队到常德开展立法调研，就《湖南省警务辅助人员条例（一审・草案）》征集立法意见和建议。市人大常委会党组书记、副主任余怀民、市人民政府副市长李忠、市人大常委会秘书长李绍霞陪同调研。

11月5日至6日，省人大法制委副主任委员、常委会法工委主任吴秋菊带队到常德开展洞庭湖保护立法调研。市人大常委会党组书记、副主任余怀民，副主任罗少挟，秘书长李绍霞陪同调研。

12月16日，省人大法制委主任委员王刚一行带队，到常德开展《湖南省河道采砂管理条例（草案二审修改稿）》立法调研，市人大常委会党组书记、副主任余怀民，副主任罗少挟，秘书长李绍霞陪同调研。

【立法考察】 8月9日至10日，内蒙古自治区呼和浩特市人大常委会党组书记、主任云建东一行到常德考察湿地保护地方立法，市人大常委会副主任王先蒙、市人大常委会秘书长李绍霞陪同考察。

（王　超）

监督工作

【概况】 2020年，市人大常委会紧紧围绕全市经济社会发展大局，聚焦中心，创新方式，努力做到依法监督、正确监督、有效监督。完成工作评议。旗帜鲜明服从市委领导，全力以赴服务发展大局，紧紧围绕市委优化经济发展环境工作评议“三年全覆盖”的总体要求，继续坚持市县联动、整体发力，在实地调研、明察暗访和问题交办中，督促相关部门有效解决各类问题376个。在市人大常委会、全体代表和市人民政府的共同努力下，连续3年评议优化经济发展环境工作圆满完成，全市营商环境便利指数位居全省前列。

【经济运行监督】 助推产业升级，紧扣产业立市三年行动，听取和审议工业园区建设情况报告，督办全域旅游工作审议意见研究处理情况，推动装备制造、文旅康养等产业快速发展。促进开放发展，听取和审议开放型经济发展情况报告，围绕完善顶层设计、建设开放平台、扶持龙头企业等工作提出审议意见。助力乡村振兴，听取和审议农村饮水安全、养殖业发展和自然保护区工作等情况报告，推进美丽乡村示范点建设，促进农村产业兴旺、生态宜居、生活富裕。聚焦目标实现，听取和审议国民经济和社会发展计划执行、年度城乡规划实施、年度环境状况和环境保护目标完成、市本级重大项目执行和投资项目计划安排等情况报告，密切关注项目开工率、投资完工率、空气优良率，全力支持市政府完成年度经济社会发展目标。紧盯规划编制，注重前瞻性思考、全局性谋划，及时组织全市重大交通项目建设工作视察，多层次、全方位参与“十四五”规划和二〇三五年远景目标纲要编制调研，及时提出审议意见，经过市人大常委会和市政府的共同努力，全市人民高度关注的荆州至常德高铁建设项目进入国家铁路建设规划。强化预算审查监督。对照中央“六稳六保”工作要求和省委、市委“过紧日子”工作部署，听取和审议预算执行、预算调整、预算专项资金绩效管理、行政事业性国有资产管理等情况报告，审查批准市级财政决算、市级预算调整方案，督促出台《常德市本级预算绩效运行监控管理办法》。加大预算联网监督力度，开设专项资金监督模块，对84个事业发展类专项资金进行联网监督。狠抓审计问题整改，听取和审议财政收支审计、审计查出问题整改等情况报告，首次将国有企业审计整改落实情况与政府部门审计整改落实情况一同纳入人大监督范畴、一同进行满意度测评，推动被审计单位整改问题92个、资金6.83亿元。

【民生改善监督】 推动民生持续改善。坚持察民情、顺民意、惠民生，持续聚焦“一老一小”，重点关注特困帮扶，助推关系老百姓切身利益的普惠民生不断改善。围绕养老服务，认真开展专题视察，积极督办居家和社区养老服务工作审议意见落实情况，助推《常德市新建住宅小区养老服务用房建设管理办法》及时出台。围绕学前教育，多次组织视察、调研活动，提出增加公办园位、优化资源配置、促进平衡发展等一系列审议意见，学前教育发展不平衡不充分问题正在逐步解决。围绕特困帮扶，听取和审议计划生育特殊困难家庭综合保障工作情况报告，促进对计生特困家庭精神慰藉、走访慰问和志愿服务等活动制度化、规范化。围绕精准脱贫，积极督办脱贫攻坚产业扶贫审议意见研究处理情况，逐条推动问题整改，促进产业扶贫政策、措施落实落地；坚持主任会议成员办点示范，机关委室联村包户，人大代表献计出力，高质量完成扶贫点村脱贫攻坚任务；积极开展扶贫助学公益活动，募集资金45.5万元，有效缓解少数民族贫困家庭学生就学困难。围绕医保安全，听取和审议医保基金监督管理工作情况报告，推动市政府着力解决欺诈骗保现象多发、对公立医疗机构投入不足等问题。围绕生活宜居，听取和审议老旧小区改造情况报告，开展《常德市城乡生活垃圾管理条例》执法检查，推动市政府及时修订《常德市既有住宅增设电梯管理办法》并出台实施条例，促进城乡人居环境质量持续改善。统筹推进环保世纪行、农产品质量安全行、农民健康行和民族团结进步行动，全市人民的获得感、幸福感、安全感不断提升。推动依法治市工作。

【司法监督】 听取“两院”适用认罪认罚从宽制度工作情况报告，听取和审议市人民检察院公益诉讼工作情况报告，依法作出《关于加强检察公益诉讼工作的决议》，修订完善《监督司法工作的若干规定》，督促“两院”提升司法质量，促进公平正义。助力平安建设，按照中央扫黑除恶专项斗争三年行动计划，听取和审议“一府两院”专项工作情况报告，推进全市扫黑除恶工作常态化、长效化。严格备案审查，听取和审议规范性文件备案审查工作情况报告，加强备案审查制度和能力建设，依法审查报送备案的规范性文件37件，做到“有件必备、有备必审、有错必纠”。

（王　超）

代表工作

【概况】 2020年，市人大常委会充分尊重代表主体地位，优化服务，强化管理，全力支持和保障代表依法履职。着力提升代表素质。实施代表轮训计划，组织110余名省市人大代表，分批赴浙江大学、厦门大学集中学习，人大代表的政治素养、履职水平明显提高。继续推进代表联系群众工作平台建设，制定出台《常委会组成人员联系市人大代表的意见》《市人大代表联系原选举单位和人民群众的意见》，常委会同代表、代表同群众的联系更加密切。强化代表经费制度保障，制定出台《市人大代表活动经费管理使用办法》。认真开展“五个一”代表活动（“五个一”指：开展一次以上专题调研、提出一件以上优质建议、参与一次以上群众接待、进行一次以上联系走访、参加一次以上重要活动），紧扣“聚力开放强市，加快推进襄常高铁和益常高速公路复线建设”主题，组织驻常德全国、省人大代表开展专题调研，邀请代表列席常委会会议、参加执法检查，代表参与常委会工作更加深入。

【代表建议督办】 市七届人大四次会议期间和闭会期间代表提出的307件建议全部按期办复。其中，主任会议成员牵头的律师权利保障、小区物业管理、药物规范使用等9个重点建议办理成效明显。扎实开展代表建议办理评议，6个政府工作部门建议办理工作满意度测评全部达标。

【代表活动与宣传】 首次组织18位市级领导以普通代表身份参加小组活动，围绕“推进疫情防控和经济社会发展”“武陵区旧城改造”“江南城区教育条件改善”“非物质文化遗产传承保护”“港口航道水运建设”等主题进行视察调研，一批群众关心关注的焦点问题得到逐步解决。大力宣传代表事迹。强化代表履职宣传，对在疫情防控、脱贫攻坚和模范履职中表现优秀的左菲、杜美霜、张敏、蒯爱华、贺明、黄中银等人大代表进行集中宣传，重点推介。精心组织人大干部“讲代表故事，展履职风采”演讲比赛，充分展示王怀军、汤光明、胡丽、皮坤宁等代表的履职担当、奋斗激情和民生情怀。

（王　超）

视察活动

【视察调研】 6月16日，市人大常委会党组书记、副主任余怀民带领市人大常委会组成人员，专题视察市城区学前教育工作。市人大常委会党组副书记、副主任王先蒙，副主任戴君耀、杨新辉、宋云文，秘书长李绍霞参加视察；市人民政府副市长杨成英及政府相关部门负责人陪同视察。

9月18日，市人大常委会党组书记、副主任余怀民带领常委会组成人员一行，视察调研常德市重大交通项目工程。市人大常委会副主任王先蒙、罗少挟、戴君耀、杨新辉、宋云文、杨易，秘书长李绍霞参加视察活动。市人民政府副市长汤祚国陪同。常委会组成人员先后视察常德火车站北广场、常益长高铁沅江特大桥、常益长高铁汉寿制梁场等重大交通项目建设现场。

【专题视察】 10月15日，市人大常委会对全市养老服务工作进行专题视察。先后视察常德市福寿颐康园、东方嘉园长者服务中心、武陵区德养颐康综合为老服务中心、德景园小区、紫桥社区等养老服务工作开展情况；召开市人大常委会视察养老服务工作汇报会。市人大常委会党组书记、副主任余怀民，副主任王先蒙、戴君耀、杨新辉、宋云文，秘书长李绍霞参加视察活动。市人民政府副市长龚德汉陪同视察。

（王　超）

执法检查

【市级执法检查】 3月18日，市人大常委会副主任宋云文带领市人大财经委工作人员，到市市场监管局开展食品安全法执法检查前期调研。3月24日，市人大常委会副主任宋云文带队到津市、澧县开展食品安全法执法检查和农产品质量安全行活动督查。3月30日，市人大常委会副主任杨新辉率市人大常委会食品安全法执法检查第五组，到汉寿县、西湖管理区开展《中华人民共和国食品安全法》执法检查集中抽查。4月2日，市人大常委会副主任戴君耀带队，到安乡县、西洞庭管理区开展《中华人民共和国食品安全法》执法检查。4月7日，市人大常委会党组书记、副主任余怀民带领市人大常委会《中华人民共和国食品安全法》执法检查第一组，到鼎城区、常德经开区开展执法检查。同日，市人大常委会副主任罗少抶率市人大常委会《中华人民共和国食品安全法》执法检查第三组，到武陵区、柳叶湖旅游度假区开展执法检查。同日，市人大常委会秘书长李绍霞带领市人大常委会《中华人民共和国食品安全法》执法检查第七组，到桃源县、桃花源旅游管理区开展执法检查。4月8日、10日，市人大常委会党组副书记、副主任王先蒙带领市人大常委会《中华人民共和国食品安全法》执法检查组第二组，分别到石门县、临澧县开展执法检查。6月12日、15日、17日、18日，受省人大常委会委托，市人大常委会党组书记、副主任余怀民，副主任王先蒙、戴君耀、宋云文分别带领执法检查组到鼎城区、桃源县、澧县和石门县开展《全国人民代表大会常务委员会关于全面禁止非法野生动物交易、革除滥食野生动物陋习、切实保障人民群众生命健康安全的决定》和《中华人民共和国野生动物保护法》执法检查。

【省级执法检查】 7月21日至24日，省执法检查组前期工作组到常德市武陵区、石门县开展《湖南省中小学校幼儿园规划建设条例》执法检查前期调研，市人大常委会副主任杨新辉陪同调研。9月9日至10日，省人大常委会党组书记、副主任刘莲玉率领省人大常委会执法检查组，到常德开展《湖南省中小学校幼儿园规划建设条例》执法检查，市委书记、市人大常委会主任周德睿，市委副书记、市人民政府市长邹文辉，市人大常委会党组书记、副主任余怀民，市委常委、市委秘书长罗先东，市人大常委会副主任杨新辉、杨易，市人民政府副市长杨成英，市人大常委会秘书长李绍霞陪同检查或参加座谈会。

（王　超）

常德市人民政府

综述

【概况】 2020年，常德市完成地区生产总值3749.1亿元、增长3.9%；地方一般公共预算收入187.9亿元，增长2.4%；固定资产投资增长9.6%；进出口总额增长19.3%；规模工业增加值增长4.6%；居民人均可支配收入增长6.5%。

疫情防控。迅速打响疫情防控人民战争、总体战、阻击战，全面推进联防联控、群防群治，用27天实现本土病例零新增、41天实现确诊病例清零，做到确诊病例零死亡、医务人员零感染、境外疫情零输入。扎实开展常态化疫情防控，严格落实“三嵌入两闭环一纳入”措施，疫情防控态势保持稳定向好。

复工复产。在全省率先出台“稳企十条”、设立中小企业续贷中心，与6家在常金融机构省级分行签署战略合作协议，新增银行贷款突破400亿元，较早实现重点建设项目、规模工业企业全面复工。把确保粮食安全作为重要责任，粮食播种面积和产量实现双增长，分别增加3.11万公顷、13.97万吨，粮食收储任务全面完成。加快消费复苏，举办“全城消费·福满常德”购物节、亿元优惠补贴购房季等活动，社会消费品零售总额增速高于全省平均水平。

产业发展。产业升级。新增规模工业企业210家、国家级“小巨人”企业6家，生物医药与健康食品产业成为第二个千亿产业集群。农产品加工业实现产值1780亿元，“常德红茶”“常德甲鱼”“常德米粉”获得国家地理标志登记保护。湘佳牧业成功上市，“金融超市”上线运行。桃花源成功创建国家AAAAA级旅游景区，柳叶湖晋升国家级旅游度假区。产业项目。新投产、新开工亿元以上产业项目分别达150个、220个，重庆药友等项目加快建设，烟厂易地技改等重大项目建成投产，全省产业项目建设推进现场观摩会在常德召开。产业园区。建成标准化厂房195万平方米。建成2个省级特色园区，4个园区进入全省综合评价30强。

改革开放。改革创新。40大项93小项改革任务全面完成，获批全国首批国家基本公共服务标准化综合试点。申报高新技术企业152家，高新技术产业增加值增长10%以上，全社会研发投入增长20%以上。开放引进。新引进亿元以上产业项目286个，35个10亿元以上产业项目签约落地，与华为、盐田港、国科控股等达成战略合作。引进省外境内资金增长24.5%，进出口总额增长19.3%。对外通道。安慈高速石门至慈利段建成通车，常益长高铁、常德高铁综合枢纽站、官新高速等加快建设，益常高速复线、石澧航道和常鲇航道整治等前期工作扎实推进。

城乡建设。城镇提质。城市“三开”“三网”“三改”顺利推进，各县市城区品质和承载集聚能力明显提升，乡镇污水处理设施实现全覆盖。乡村振兴。“4+9”示范片区建设成效更加凸显，农村人居环境整治成效明显，乡村特色产业蓬勃发展，乡村治理更加有效，乡风文明持续提升。基础设施。完成农村公路提质改造244千米，危桥改建88座。管道天然气实现“县县通”，光纤宽带、4G网络实现镇村全覆盖，5G基站、公用充电桩等“新基建”取得新进展。

民生改善。脱贫攻坚。紧扣“一保两防”目标，巩固脱贫成果，提高脱贫质量，剩余1.43万贫困人口全面脱贫，常德历史性消除绝对贫困。民生实事。在全面完成省重点民生实事的同时，高质量办好17件市重点民生实事。社会保障。城镇新增就业5.5万人、农村劳动力转移就业3.9万人。社会保险新增扩面16.7万人次，城乡低保、特困人员供养标准、残疾人两项补贴等稳步提高。社会事业。设立乡村学校特殊岗位津贴，新增公办幼儿园园位13704个，义务教育大班额全面清零，湖南文理学院实现省内一本招生。公共卫生服务体系不断完善，市第一人民医院综合大楼、市第一中医医院异地新建等重点项目加快建设。市体育中心、市博物馆、市规划展示馆完成提质改造。成功蝉联全国文明城市、全国双拥模范城。

风险防范。环境质量。突出生态环境问题整改均达到时序进度，大气质量、水环境质量、土壤环境质量持续改善。全面推进禁捕退捕，所有退捕渔民均得到妥善安置。有序启动垃圾分类试点。化解政府债务。稳步推进市级国有平台公司整合转型，加强财政资金预算和政府性投资项目管理。积极化解存量、严格遏制增量，守住平台公司资金不断链、债务风险预警不升级的底线。财政“三保”。坚持政府过紧日子，“三公”经费持续下降。严格预算安排和执行，落实落细县级“三保”工作常态化监管。维护安全稳定。科学应对洪涝地质灾害，打赢涔水保卫战、安乡保卫战，实现不溃一堤一垸、不垮一库一坝、不因灾死亡一人。深入开展平安常德建设，扎实推进安全生产专项整治三年行动，全年未发生较大及以上安全事故，获评全省平安建设（综治工作）先进市、全省安全生产和消防工作优秀单位。

行政效能。政务服务。加快建设服务型政府，树牢与企业共成长理念，深入推进“放管服”改革，实施《常德市优化营商环境2020版》，努力降低市场主体的生产成本、居民的生活成本，着力打造具有常德特色的最优综合营商环境，获评全国营商环境创新创优标杆城市。依法行政。严格依程序按规矩办事，认真贯彻落实民主集中制，切实做到科学依法民主决策。积极主动向市委、市人大报告工作，自觉接受市人大、市政协和社会各界监督，全年办理人大代表建议280件、政协提案293件。政风作风。严格执行改进作风各项规定，力戒形式主义官僚主义。在政府系统大力推行“六步工作法”，完善政府工作部门责任清单和底线清单，建立效能建设红黄牌警示和重大决策部署清单化管理督办落实制度，有力推动真抓实干、争先创优。在2020年度省政府真抓实干成效明显地区表扬激励中获奖项目排名全省第一，蝉联全省市州重点工作绩效评估一类地区第一名并获评优秀市州。

（周业楚）

【推进产业立市三年行动】 截至2020年12月31日，《常德市推进产业立市三年行动计划》（常办发〔2017〕19号）实施期满。2017年9月，市委七届四次全会决定实施开放强市产业立市战略，成立由书记、市长挂帅的高规格指挥部，深入推进产业立市三年行动计划，从壮大企业、培育产业、提升园区、推进项目、扩大开放等五个方面发力，做大产业发展规模、促进产业均衡布局、提升产业整体素质，推动产业高质量发展取得阶段性成果。企业培育。2018—2020年，全市新增产值过10亿元企业23家，总数达到43家；新增中联建起、益丰大药房等百亿企业2家，中车新能源投产后可超百亿元；新增纳税过1000万元企业33家，总数达到152家（不含房地产、建筑企业，下同）；新增税收过亿元企业7家，总数达到17家。湘佳牧业成功上市，填补常德市中小板上市企业空白，全市上市企业达到6家。产业实力。2020年全市工业及文旅康养产业实现总产值4817.5亿元，比2017年增加1711亿元、增长55.1%。其中，烟草产业实现产值633亿元；生物医药与健康食品产业实现产值1008亿元，成为常德市第二个千亿产业；文旅康养产业实现产值909.5亿元，稳步迈向千亿规模；纺织建材纸品化工产业实现产值810亿元，电子信息与节能环保产业实现产值320亿元，非烟工业占全市规模工业增加值的比重从三年前的40%上升到60%，全市产业格局从“一烟独秀”向“多点开花”“多极支撑”强势转型。园区提质。全市园区三年累计完成投入322亿元，新建标准化厂房714.3万平方米，园区基础条件不断改善。常德经开区技工贸总收入突破千亿大关，石门、桃源、常德经开区、常德高新区等4个园区跻身全省园区综合排名前30强，石门经开区跻身全省10强。园区“镇园之宝”加速培育，形成中联系“1+20”、迪文科技“1+11”、溢多利生物“1+9”等一批优势产业链。桃源、津市、临澧、澧县4家市级特色产业园累计落户企业205家，全年完成产值近230亿元；津市生物医药特色产业园、常德经开区互联网文化创意特色产业园入围2020年省级特色园区。项目建设。全市三年累计新引进10亿元以上产业项目106个、“3类”500强项目45个；新开工亿元以上产业项目630个，其中10亿元以上42个；新投产亿元以上产业项目424个，其中10亿元以上18个。烟厂异地技改、中联建起、中国中车、中国中药、中通物流、中联恒通、首衡农产品交易中心、华为光猫、重庆药友、金海钢构、金康光电等，都是三年引进建成的重大项目。对外开放。桃花源机场年旅客吞吐量突破百万人次，航空口岸首次临开国际航班。石长铁路接入长株潭城铁网并实现动车运营公交化，常益长高铁加快建设，黔张常高铁建成通车，常德迈进高铁时代。安慈高速进展顺利，益常复线开工。沅江隧道、沅水四桥建成通车，“一江两岸”协调发展局面形成。各类开放平台稳步提升，积极组织和参与各类投资洽谈、经贸博览活动；全市11个工业园区与25个沿海发达园区达成友好合作联盟；在德国设立汉诺威常德中心，在泰国设立“泰中东盟建材产业经贸园”，常德对外开放的大门越开越大。

（徐敬尧）

重要会议

【市政府常务会议】 1月8日，第43次市人民政府常务会议召开。会议传达学习中办通报第31期、全省制造强省建设工作会议、内部情况通报第137期、中办发〔2019〕52号、中发〔2019〕40号等文件和会议精神，审议《常德市人民政府关于禁止燃放烟花爆竹的通告（草案）》《常德市人民政府关于实施“三品”工程促进乡村产业振兴的实施意见（草案）》，听取2019年全市知识产权工作情况汇报。市级领导曹立军、罗少挟、尹正锡、涂碧波、龚德汉、汤祚国、杨成英、李忠、黎建平、邹如龙，市政府秘书长李正才参加会议。

1月21日，第44次市人民政府常务会议召开。会议传达学习省十三届人大第三次会议、省政协十二届三次会议和省政府第五次全体会议精神，听取关于贯彻落实全国、全省新型冠状病毒感染的肺炎疫情防控工作会议精神情况汇报，部署当前重点工作。市级领导曹立军、尹正锡、涂碧波、龚德汉、汤祚国、杨成英、李忠、黎建平、邹如龙，市政府秘书长李正才参加会议。

1月30日，第45次市人民政府常务会议召开。会议传达学习中共中央政治局常务委员会和中央应对新型冠状病毒感染肺炎疫情工作领导小组会会议精神，习近平总书记、李克强总理等中央领导讲话和批示精神，省委常委会议和市州委书记、市州长视频会议精神，省委书记杜家毫、省长许达哲讲话和批示精神，安排部署新型冠状病毒感染的肺炎疫情防控工作。市领导曹立军、尹正锡、涂碧波、龚德汉、汤祚国、杨成英、李忠、黎建平，市政府秘书长李正才参加会议。

2月4日，第46次市人民政府常务会议召开。会议传达学习中共中央政治局常委会议、中央应对新型冠状病毒感染的肺炎疫情工作领导小组会议、全省市（州）委书记视频会议精神，听取关于支持中小微企业在疫情防控期间稳定发展的情况汇报。市级领导曹立军、尹正锡、涂碧波、龚德汉、汤祚国、杨成英、李忠、黎建平、邹如龙，市政府秘书长李正才参加会议。

2月17日，第47次市人民政府常务会议召开。会议传达学习2月10日习近平总书记在北京市调研指导新冠肺炎疫情防控工作时的重要讲话和指示、2月12日中央政治局常委会议、省委通报第5期省委书记杜家毫讲话精神，听取新冠肺炎疫情防控工作情况汇报。市级领导曹立军、尹正锡、涂碧波、龚德汉、汤祚国、杨成英、李忠、黎建平、邹如龙，市政府秘书长李正才参加会议。

2月25日，第48次市人民政府常务会议召开。会议传达学习中央统筹推进新冠肺炎疫情防控和经济社会发展工作部署电视电话会议、省委常委会会议精神，审议《常德市城市绿化管理办法（草案）》，听取沅北水厂迁建项目、全市农村宅基地和集体建设用地房地一体确权登记颁证工作情况汇报。市级领导曹立军、尹正锡、涂碧波、龚德汉、汤祚国、杨成英、李忠、黎建平、邹如龙，市政府秘书长李正才参加会议。

3月11日，市政府第49次常务会议召开。会议传达学习中央政治局常委会会议精神、中央办公厅关于中央八项规定贯彻执行情况的有关通报精神、习近平总书记在决战决胜脱贫攻坚座谈会上的重要讲话精神、中发〔2020〕1号文件和省委书记、省人大常委会主任杜家毫在岳阳调研春耕生产、疫情防控、脱贫攻坚座谈会上的讲话精神，听取全市脱贫攻坚、2019年市政府工作要点完成情况和2020年市政府工作要点分解、对2019年度真抓实干成效明显地区予以表扬激励、统计工作暨第七次全国人口普查工作、市级平台公司2020年防化债务工作考核、信访工作情况汇报。市级领导曹立军、董亮、戴君耀、尹正锡、涂碧波、龚德汉、汤祚国、杨成英、李忠、黎建平、邹如龙，市政府秘书长李正才参加会议。

4月13日，市政府第50次常务会议召开。会议审议《中共常德市委 常德市人民政府关于推进全市农业农村高质量发展的意见（草案）》《常德市特护期污染天气应急减排方案（草案）》《常德市电网建设协调领导小组关于进一步支持电网发展的通知（草案）》，听取贯彻落实《湖南省农村住房建设管理办法》、污染防治攻坚战、防汛备汛工作、调整全市2020年城乡低保、特困供养及残疾人“两项补贴”标准、禁毒、《2020年常德市“项目推进年”工作方案》编制、脱贫攻坚等工作情况汇报。市级领导涂碧波、董亮、杨新辉、尹正锡、龚德汉、汤祚国、杨成英、李忠、黎建平、邹如龙，市政府秘书长李正才参加会议。

4月26日，市政府第51次常务会议召开。会议审议《常德市柳叶湖旅游度假区条例（草案）》，传达学习省政府食品安全工作会议精神和省委、省政府有关文件精神，听取食品安全、实施医疗保障市级统筹工作情况汇报。市领导曹立军、涂碧波、董亮、尹正锡、汤祚国、杨成英、李忠、黎建平，市政府秘书长李正才参加会议。

5月22日，市政府第52次常务会议召开。会议审议《常德市人民政府办公室关于对2020年度真抓实干成效明显地区加大激励支持力度的通知（草案）》《常德市人民政府关于印发〈常德市扶持中药材种植基地建设的政策措施〉的通知（草案）》，听取全市集中化解房地产办证信访突出问题专项行动、创建国家安全发展示范城市、贯彻落实全省新时代县域警务工作会议精神工作情况汇报。市领导曹立军、涂碧波、董亮、尹正锡、龚德汉、汤祚国、杨成英、李忠、黎建平，市政府秘书长李正才参加会议。

5月29日，市政府第53次常务会议召开。会议传达学习《湖南省深化整治形式主义官僚主义10条措施》文件精神，审议《常德市优化营商环境2020版（草案）》《常德六月消费节活动方案（讨论稿）》，听取全市打击治理电信网络新型违法犯罪、常德国家农业科技园区迎接科技部综合评估、支持特色产业示范乡镇建设发展工作情况汇报。市领导曹立军、董亮、尹正锡、龚德汉、汤祚国、杨成英、李忠、黎建平，市政府秘书长李正才参加会议。

7月16日，市委副书记、市政府代市长邹文辉主持召开第54次市人民政府常务会议。会议审议《常德市大气污染防治若干规定（草案）》《常德市农村村民住房建设管理条例（草案）》《常德市人民政府　怀化市人民政府〈关于沅水流域上下游横向生态补偿协议（代拟稿）〉》，听取全省贯彻落实《新时代爱国主义教育实施纲要》暨革命文物保护利用工作会议精神及常德市相关工作、常德市与怀化市建立沅水流域横向生态补偿机制、全市重点水域禁捕退捕、迎接国家森林城市监测评价工作情况汇报。市领导涂碧波、董亮、尹正锡、龚德汉、汤祚国、杨成英、李忠、黎建平，市政府秘书长李正才参加会议。

8月24日，市委副书记、市政府代市长邹文辉主持召开市政府第55次常务会议。会议传达学习习近平总书记重要指示和中央、省有关会议文件精神，就厉行节约制止餐饮浪费、政府工作抓落实等工作进行研究部署。传达学习习近平总书记对制止餐饮浪费行为作出的重要指示精神，听取《常德市厉行节约制止餐饮浪费行为工作方案（草案）》情况的汇报；省委、省政府贯彻落实《新时代公民道德建设实施纲要》《新时代爱国主义教育实施纲要》的两个《实施意见》精神；国务院、省政府廉政工作会议和全国、全省安全生产工作会议精神。会议审议《常德市政府系统推进工作落实“六步工作法”实施办法（草案）》（“六步工作法”：指市政府在全市政府系统全面推行的包括政策设计、工作部署、干部培训、督促检查、追责问责、总结反馈六个环节的工作方法）。会议听取常益长铁路常德枢纽站综合开发用地、支持相关住宅产业化项目建设等情况汇报。

9月18日，第56次市人民政府常务会议召开。会议审议《常德市人民政府办公室关于印发〈常德市改革完善医疗卫生行业综合监管制度实施方案〉的通知（草案）》《市级平台公司及部分市属国有企业整合转型工作方案（送审稿）》《常德市人民政府与深圳市盐田港股份有限公司战略合作框架协议（讨论稿）》，听取贯彻落实全国、全省“放管服”改革优化营商环境电视电话会议精神、学习贯彻《优化营商环境条例》《湖南省优化经济发展环境规定》及全国营商环境评价、脱贫攻坚、农村乱占耕地建房问题整治、市级平台公司及部分市属国有企业整合转型、市公安局大数据智能化项目建设等情况汇报。市级领导邹文辉、董亮、尹正锡、龚德汉、汤祚国、杨成英、李忠、匡加才、黎建平、邹如龙，市政府秘书长李正才参加会议。

10月16日，第57次市人民政府常务会议召开。会议审议《常德市人民政府办公室关于优先发展公共交通创建公交都市的实施意见（草案）》《常德市人民政府办公室关于印发〈常德市江北城区窨井盖管理办法〉的通知（草案）》《常德市人民政府办公室关于印发〈常德市支持生物医药产业高质量发展的十条政策措施〉的通知（草案）》，研究贯彻落实《湖南省扶贫开发领导小组关于贯彻落实习近平总书记在湘视察时对脱贫攻坚工作重要指示的实施意见》、安全生产近期重点工作、湖南文理学院芙蓉学院转设工作情况汇报、常德市生态保护红线评估调整结果、“十四五”规划编制等有关工作。市民政局书面汇报鼎城区灌溪镇撤镇设街道、桃源县佘家坪乡撤乡设镇工作情况，市国资委书面汇报国有企业退休人员社会化管理工作情况。市级领导邹文辉、罗毅君、张冬果、尹正锡、龚德汉、汤祚国、杨成英、李忠、周代惠、匡加才、黎建平、邹如龙、向才焰，市政府秘书长李正才参加会议。

11月11日，第58次市人民政府常务会议召开。会议听取市政府各工作部门关于“十四五”规划编制工作情况汇报，与会人员围绕未来五年常德发展战略定位及“三个重大”等进行充分讨论，并结合部门和行业发展实际提出意见建议。会议听取贯彻落实《湖南省扶贫开发领导小组关于贯彻落实习近平总书记在湘视察时对脱贫攻坚工作重要指示的实施意见》有关情况汇报。听取安全生产近期重点工作情况汇报。会议审议《关于优先发展公共交通创建公交都市的实施意见（草案）》《常德市窨井盖管理办法（草案）》《关于支持生物医药产业高质量发展的十条政策措施（草案）》；听取湖南文理学院芙蓉学院转设工作、常德市生态保护红线评估调整工作等情况汇报。市级领导邹文辉、罗毅君、张冬果、尹正锡、龚德汉、汤祚国、杨成英、李忠、周代惠、匡加才、黎建平、邹如龙、向才焰，市政府秘书长李正才参加会议。

12月9日，市委副书记、市长邹文辉主持召开第59次市人民政府常务会议。会议传达学习省政府92次常务会议关于突出生态环境问题交办整改有关精神，审议《常德市人民政府办公室关于公布〈常德市食品生产加工小作坊禁止生产加工的食品品种目录〉的通知（草案）》《常德市人民政府关于常德米粉产业发展的指导意见（草案）》《常德市人民政府办公室关于印发〈常德市防范和处置非法集资工作实施方案〉的通知（草案）》《常德市人民政府办公室关于印发〈健康常德行动实施方案〉的通知（草案）》《中共常德市委办公室 常德市人民政府办公室关于印发〈常德市推进医疗卫生事业高质量发展行动方案〉的通知（草案）》《常德市安全生产委员会常德市减灾委员会关于印发〈常德市自然灾害和安全生产类突发事件应急处置办法（暂行）〉的通知（草案）》《常德市人民政府办公室关于印发〈常德市市本级行政审批中介服务事项清单（2020年版）〉的通知（草案）》《常德市城乡生活垃圾治理专项规划（2020—2035）（草案）》《常德市"三线一单"生态环境管控基本要求暨环境管控单元生态环境准入清单（草案）》，听取常德市城乡生活垃圾治理专项规划编制、市城区基准地价更新、2021年市重点民生实事项目征集工作情况汇报。市级领导罗毅君、张冬果、尹正锡、龚德汉、汤祚国、杨成英、周代惠、匡加才、黎建平、邹如龙，市政府秘书长李正才参加会议。

【其他重要会议】 3月27日，召开市政府七届八次全体会议暨全市政府系统工作会议。会议贯彻落实党中央国务院、省委、省政府和市委决策部署，对2020年全市产业发展、项目建设、城市提质、乡村振兴、民生改善、安全稳定、环境保护、脱贫攻坚等重点工作进行全面部署。会议就进一步抓好当前疫情防控、复工复产、"三农"工作、安全生产等工作进行强调部署。市委副书记、市长曹立军主持会议并讲话。市级领导涂碧波、尹正锡、龚德汉、汤祚国、杨成英、李忠、邹如龙，市政府秘书长李正才参加会议。

7月29日，市政府召开七届九次全体会议，贯彻落实党中央国务院各项决策部署和全省产业项目建设推进现场观摩会议、省政府第六次全体会议精神，按照市委"收好官、守底线、抓产业"的工作要求，分析总结上半年经济社会发展情况，安排部署下半年政府工作。市委副书记、市人民政府代市长邹文辉主持会议并讲话。

（祝爽薇）

市政府办公室工作

【概况】 2020年，市政府办公室获评全省优化营商环境工作先进单位、全省政府督查工作先进单位、全省政务信息工作先进单位、全省建议提案办理工作目标管理优秀单位、红网网民留言办理工作先进单位，市长热线获评全省优秀市州热线，全省重点民生实事办理工作获评优秀等次。7名干部被省、市相关部门表彰。

重点工作。协调抓好一批全市重点工作，水稻保险工作赢得群众好评，复工复产总体进度位居全省前列，芙蓉学院转设工作取得重大突破，入境人员和进口冷链物流管控等工作成效显著，金融超市正式上线运行，部分问题楼盘的处置等历史遗留问题得到较好解决。完成省政府领导到常德调研、湘佳牧业股份有限公司上市、常德高铁枢纽站前广场开工等重大活动的组织服务工作。

政务服务创新。优化对口服务模式。出台《对口联络服务市政府领导工作规则》，提出规范程序、精细服务、提高效率、严守纪律等工作要求。加大服务基层力度。对文件、会议、督查实行计划管理，持续压减数量，完成全年压减任务。按季度对各区县市政府和市政府工作部门发文数量进行统计，对出现文件超发苗头的及时预警。深化以文辅政服务。及时总结提炼工作中形成的经验和做法，《常德市创新实施红黄牌警示制度提高政府系统工作效能》等得到市政府领导批示。不断深化信息服务，全年被国办、省办采用信息156条，在全省14个市州中排名第二。

疫情防控。在加强机关院内疫情防控的基础上，先后抽调多名干部深入疫情防控一线开展工作。坚决落实疫情防控指挥部工作要求，抓好疫情防控工作的督办落实，印发疫情防控通报（专报）43期，交办问题452个。牵头对疫情发生以来发布的政策进行梳理汇总，为常德市率先在全省实现复工复产、交出疫情防控优异答卷做出贡献。

市长热线工作。通过政府采购

公开招标的方式，将市长热线整体外包，做到政务服务“一号对外”“一站式服务”。2020年，市长热线接听市民电话32.8万个，受理市长信箱投诉687件，处理人民网“地方领导留言”投诉35件，红网“问政湖南”投诉306件，湖南省“12345”监督平台投诉23件，均全部办结。组织74家单位主要负责人参加直播接话接访活动，群众诉求办结率达100%。

建议提案办理。牵头负责全市建议提案办理工作，2020年全市政府系统共承办省代表建议4件、省政协提案2件，市代表建议和政协提案580件（建议287件、提案293件）。进一步提高解决率，A类建议解决率从2015年的10%提高到2020年的39.3%；A类提案解决率从2015年的15%提高到2020年的41.6%。

资源交易监管。建立公共资源交易失信联合惩戒发起响应反馈机制，2020年发布失信行为名单3批次，公开通报90名综合评标专家和7家招标代理机构的违规行为，并对49名评标专家依法作出解聘或暂停评标一年的处理。

【民生实事】 全面完成承担的省重点民生实事12件20个指标以及市重点民生实事17件28个指标，其中省重点民生实事完成情况：增加公办幼儿园学位13704个；完成政府补贴性职业技能培训65132人次，农村转移就业劳动者培训28345人次；127个建制乡镇卫生院配备254名全科医生，保障村卫生室运行经费919.8万元，孕产妇免费产前筛查28078人次，农村及城镇适龄低保妇女“两癌”免费检查104957人次，新改扩建特困人员供养服务机构4所，新增特困人员供养服务机构床位700张，其中护理型床位610张，城镇老旧小区开工改造121个；自然村通水泥路（沥青）公路1406.047千米，提质改造农村公路253.803千米，巩固和新增农村通自来水人口12.29万人，完成行政村配电网改造投资6200万元，改（新）建农村户用厕所125757个，农村公厕121个；农村低保标准达到4680元/年～7500元/年、人均救助水平不低于246元/月，困难残疾人生活补贴和重度残疾人护理补贴标准达到70元/人·月，康复救助残疾儿童892名，训练总量达到5623.36人·月。市重点民生实事完成情况：新建教师周转房1024套、塑胶运动场40个、新建和改扩建学生食堂2.4万平方米；改造农村危桥88座；改造整治农村交通事故易发多发点80处；改造老旧小区260个；整治规范无证小作坊228家，完成小餐饮“明厨亮灶”3525家，设立小摊贩集中经营点174个，发放小摊贩登记表190张，已禁止校园大门两侧100米范围内食品摊贩经营，食品摊贩底数建档率100%，食品摊贩监管覆盖率100%，食品摊贩无无证经营情况；提高生活垃圾、餐厨废弃物无害化处理和资源化利用水平，开工建设市城区餐厨垃圾无害化处置项目、常德市生活垃圾焚烧发电厂置换工程、汉寿县生活垃圾焚烧发电厂、桃源县生活垃圾焚烧发电厂，4个生活垃圾填埋场完成问题整改；完成镇（乡）规划编制50个、村庄规划编制630个，实现镇村规划编制全覆盖；完工农村饮水安全提质工程47处；完成乡镇卫生院标准化建设124个，行政村卫生室标准化建设1514个；改造行政村农网180个；新建7家区域性中心敬老院；康复救助0～6岁残疾儿童883人；107所义务教育阶段公办学校开展中小学生校内课后服务；建设普惠性幼儿园46所；扩大网上办事范围，区县市政务服务事项网上可办数达到15970项；新增物业管理覆盖老旧小区工作任务103个，住宅小区业主满意度调查率达到74.53%；规范城市养犬行为，设立城市养犬登记（免疫）点46个、城市养犬留检场所16处，全市犬伤门诊人次比2019年下降16%。

【政府督查】 做好迎接国务院第七次大督查、省政府综合大督查相关工作，积极展现常德工作特色、工作成效；扎实做好国、省真抓实干督查激励工作，获得国务院真抓实干表扬激励4项、省政府真抓实干督查激励44项（次）；按时办理销号国务院“互联网+督查”平台留言事项29批53件，跟踪督办市长批示件453件、交办件22件；建立“六步工作法”“红黄牌警示”“重要情况报告”等制度机制，其中“六步工作法”“红黄牌警示”被省政府办公厅《政务要情》推介；启动市政府网上督查管理平台，强力推动线上线下并举的信息化督查模式。

【优化经济发展环境】 持续优化营商环境。制定《常德市优化营商环境2020版》，细化为20个指标100项具体改革措施，成为全市优化营商环境的“目标指南”。强化工作督导，组织优化营商环境监督员开展暗访暗查，督促整改问题70余个。强化投诉办理，全年共办理各类投诉205件，满意率99.5%。狠抓营商环境评价，代表湖南参加全国营商环境评价，组织40多个部门723人次到长沙参加集中填报，圆满完成评价工作任务。在2020年全省营商环境评价中继续位列先进。在由《环球时报》、环球网主办的“2020环球趋势大会”上获评“2020年度营商环境创新创优标杆城市”。

（祝爽薇）

发展和改革工作

【概况】 2020年，市发展改革委获全国价格认定工作先进机构、全省政策性粮食库存数量和质量大清查先进单位、全省脱贫攻坚对口帮扶工作先进单位、全省示范离退休干部党支部和全省离退休干部先进集体等多项荣誉；复工复产经验做法得到中办、国办联合调研组高度评价并被国务院网站、新华社在全国推介，固定资产投资工作、粮食安全省长责任制工作、高质量发展工作（武陵区）获省政府真抓实干督查激励。

项目建设。全市227个重点建设项目累计完成投资1060.72亿元，占年计划的125.98%，23个省重点建设项目和7个纳入省“五个100”重大产业项目投资均大幅超额完成年度任务。聚焦国省预算内资金、项目建设招投标等领域，深入推进突出问题专项整治，面向社会通报2批次共84名违规评标专家。大力推进并联审批、多规合一和园区区域评估，175个项目审批事项实现零差错、零投诉、零“红黄牌”，76个区域评估事项完成进度排名全省前列。加强国省新一轮投资政策研判分析，保持与国省的密切对接汇报，累计争取上级投资79.74亿元，地方政府专项债78.76亿元，企业债券55.1亿元，抗疫特别国债15.5亿元，争资额度均在全省排名前列。2020年，全市固定资产投资增长9.6%，增速始终稳居全省前三。

产业立市。牵头筹办全省产业项目建设推进现场观摩会，产业建设成效和会务组织工作赢得各方点赞。2020年，全市新开工、新投产亿元以上产业项目分别为220个、150个，4个园区进入全省综合评价30强，津市生物医药产业园、武陵互联网文化创意产业园被评为常德市首批省级特色产业园。积极实施优质粮油工程，新增“湖南好粮油”产品9个。深入推进放管服改革，阶段性降低企业用电用气成本1.26亿元，减轻服务性收费负担1.1亿元，全市实现省立项涉企行政事业性收费“零收费”。

发展战略和规划。牵头完成“十四五”规划编制，围绕助力全省“三高四新”战略实施，聚焦“一个中心、两个枢纽、三个基地”，阐明全市中长期战略意图和发展定位，谋划形成7大工程、707个项目、1.22万亿元投资的项目总盘子。统筹专项规划和区域规划编制，38个专项规划和15个区域规划编制工作有序推进。

国民经济综合和运行调节。坚持每月调度全市经济运行情况，开展经济形势分析，定期编发《发改专报》向市委、市政府报告。率先在全省建立服务高质量发展经济运行监测联席会议制度，第一时间掌握全省高质量发展综合绩效评价体系并形成专题分析报告，得到市主要领导肯定和批示。代表市政府向市人大报告《2020年1—7月国民经济和社会发展计划执行情况》和《2020年国民经济和社会发展执行情况与2021年发展计划》，为全市经济健康运行提供坚实保障。

农村经济。扎实做好易地扶贫搬迁工作，累计投入资金33.5亿元，建成住房10910套，36037名搬迁群众全部入住，全面完成“十三五”全市易地扶贫搬迁任务。石门县等6个典型案例入选全国“十三五”时期易地扶贫搬迁典型案例，常德市易地扶贫搬迁工作经验获省委办公厅推介。积极开展驻点帮扶，创新推出“太青厨房”套餐，累计为当地贫困户创收近10万元。

工业和高科技产业。年初面对疫情，综合运用产能动员、物资储备等多种手段，推动口罩、熔喷布等重点物资扩产增能，全市口罩日产量高峰期达到370万只。组织企业向市场供应平价医用熔喷布142吨、儿童口罩111万只，免费为施工现场发放中药预防汤剂42万人份。认真组织国家级双创示范基地申报工作，桃源高新区获批2020年省级双创示范基地。

基础设施建设。城市建设。截至2020年年底，开工项目71个，开工率达91.03%。高铁广场及配套、桃花源大桥北端棚户区改造配套基础设施建设、太阳大道西延线等项目均按进度推进，顺利完成年度投资计划。交通建设。常益长高铁基本完成架梁施工，益常高速复线、澧水石门至澧县航道和沅水常德至鲇鱼口航道整治即将开工，桃花源机场通航点增至21个，有序推进襄常高铁等重大项目前期工作，安慈高速石门至慈利段建成通车，实现县县通高速，官新高速、炉慈高速等交通项目加快建设。

经济贸易。疫情期间对全市近300家物流企业复工复产情况建立“一日一调度、一日一协调、一日一反馈”的工作机制。推动常德争创国家物流枢纽承载城市工作，完成常德创建国家物流枢纽承载城市课题研究。牵头制定《2020年常德市实施乡村振兴战略实绩考核评分细则——农产品冷链物流》《关于推进县乡村三级物流配送体系和农产品冷链物流设施建设工作的实施方案》，提出《湖南省促进冷链物流业高质量发展的若干政策措施》落实责任分解方案。指导推荐常德（陬市）现代物流产业园获批省级示范物流园。

节能监管和能源管理。积极推进节能降耗，完成石门电厂升级项目前期工作。积极申报2020年国家光伏项目建设年度计划，共有6个项目、350兆瓦纳入国家2020年光伏建设项目名单，占全省26%，排名全省第一。单位GDP能耗累计下降幅度超出省定目标4个百分点。能源消耗总量和强度“双控”目标责任管理工作获省政府办公厅通报表彰。

长江经济带和洞庭湖生态经济区建设。深入开展洞庭湖生态环境专项整治，突出推进农业面源污染防治、黑臭水体治理、沟渠清淤疏浚等重点领域治理，各项目标任务基本实现。狠抓长江经济带生态环境2个突出问题整改，中央环保督察反馈的蒋家嘴断面水质问题达到考核标准。《湖南省推动长江经济带发展工作简报》对常德市长江经济带生态环境突出问题整改工作经验做法在全省推介。

社会民生。强化教育、殡葬、养老、涉企服务等领域价格收费监管，全力开展保价稳供工作，全年发放价格临时补贴超8300万元，受惠群众达202万人次。积极推进项目成本监审和价格认证，开展价格认定案件53起、标的物总金额116.8万元，未发生一起复核案件。按计划对地方储备粮油进行轮换和核验，累计轮换和新增计划量18.02万吨，全面完成省、市任务。完成早稻和中晚稻收购工作，通过探索推进“五个统一”处置措施，确保所有超标粮无法流向口粮市场。推动应急供应综合保障体系建设，率先在全省开展粮食出库大排查，及时完成问题整改。

【对口支援】 牵头落实第九轮对口支援工作，扎实推进对隆子县、古丈县等地帮扶援建，筹集援建资金2300万元助力当地经济社会发展。以扶贫领导小组名义向各有关单位下发《2020年度常德市古丈县扶贫协作工作计划》，调度受援地区项目建设进度，2019—2020年常德市帮扶古丈县产业合作项目13个全部完成。组织开展互访交流活动，接待受援地区代表到常德市衔接工作、学习培训，牵头赴隆子县实地调研，为隆子县编制“十四五”规划提供指导。

【经济体制改革】 全方位、多层次推进供给侧结构性改革、培训疗养机构改革、市场准入负面清单、国家基本公共服务标准化综合试点等重大改革任务，加快完成公车改革扫尾工作，对符合条件的1764名涉改人员发放车补。加强社会信用体系建设，将信用建设纳入政府系统考核奖励项目目录，实施奖优罚劣。7月13日，作为唯一市州代表在全省“信易贷”工作会上作典型发言。全年引导各类金融机构和中小微企业入驻“信易贷”，推出“信易贷”产品41个，为2735家企业发放贷款24.3亿元。

（龚志超　黄　河）

重点工程

【概况】 2020年，全市227个重点建设项目，累计完成投资1060.72亿元，占年计划的125.98%。118个新开工项目累计完成投资457.15亿元，占年计划的129.05%。23个省重点建设项目累计完成投资344.78亿元，4个省重点单体考核项目，累计完成投资125.4亿元，19个省重点打捆项目，累计完成投资219.38亿元，均超额完成年度任务目标，获评全省重点项目建设优秀市州。产业发展。146个产业项目，累计完成投资686亿元，占年计划的129.2%。其中，芙蓉王现代新城、中车新能源汽车、中联建起、中联恒通等一批重大产业项目已竣工投产或将竣工投产；桃源县湘西北现代装饰建材商贸城项目、石门愿景新材料、津市宁能热电、津市引航生物酶催化及酶发酵等项目加快推进。城市提质。27个城市提质项目，累计完成投资113.26亿元，占年计划的116.97%。交通跨越。16个交通跨越项目，累计完成投资101亿元，占年计划的113.29%。其中，常益长高铁黄家冲隧道于6月15日率先贯通；安乡至慈利高速公路石门至慈利段竣工通车；安乡县张九台大桥累计完成年度计划投资的154.15%，主体建设基本完成。社会民生。38个社会民生项目，累计完成投资160.46亿元，占年计划的128.46%。

【前期项目】 2020年，全市100个重大前期项目中有68个项目具备开工条件，62个项目提前开工建设，总投资206亿元。其中，产业发展项目41个，估算总投资146亿元。2020年储备前期项目345个，其中114个项目开工建设，为重大前期项目工作提供强有力支撑。项目策划开发。2020年全市有254个项目明确策划开发方向，其中产业发展项目141个、基础设施项目46个、生态环保项目18个、社会民生项目49个，估算总投资1400亿元以上；在254个策

2020年3月6日，常德经开区智能电子产业园三期工程暨常德市2020年一季度重点建设项目集中开工仪式
（裴维维　摄）

划项目中有144个项目完成立项或签约，56个项目开工建设，其中10个开工项目投资额达5亿元。

【协调调度】 2020年，全市组织举行七次大型开工仪式活动，累计集中开工重点建设项目213个，总投资946亿元，其中产业项目 158个，总投资755亿元。按照全省“项目高质量，勇夺双胜利”劳动竞赛活动部署，积极组织省重点建设项目开展劳动竞赛，常益长铁路项目开展“攻坚会战二季度，全力以赴保任务”专项劳动竞赛活动，安全高质量完成当月业主下达计划任务的120%；安慈高速项目启动“大干60天”劳动竞赛活动，共完成施工产值6.07亿元，比2019年同期增长约20%。2020年，对专项交办的64个重点项目的84个问题，其中61个项目的77个问题得到解决或明确具体解决时间。

（覃　磊）

粮食工作

【概况】 2020年，常德市明确将粮食安全责任制落实情况纳入市政府督查激励奖励范围。常德市粮安考核办严格对照省考核细则和具体工作部署，加强上下对接及部门协调，抓好省政府对常德市粮食安全省长责任制考核工作以及对区县市政府（管委会）落实粮食安全责任制年度考核。常德市2020年度落实粮食安全责任制考核获评全省优秀市州第一名，受省政府真抓实干督查激励表彰。常德连续5年获评优秀市州，连续3年获省政府激励表彰。

粮食收储。面对2020年严峻的收购形势，全市牢牢守住“农民种粮卖得出”底线，采取积极措施做好粮食政策性和市场化收购工作，切实做到应收尽收。全市仓容充足，申报最低收购价库点43个，指定地方临储粮收储企业10家，配备快检设备70台，协调农发行落实7亿元资金保障最低收购价粮和各级储备粮增储、轮换收购。截至2020年年底，全市共收购粮食275.9万吨（不含中储粮数据和托市粮），其中从生产者购进68.7万吨，从企业购进207.2万吨。销售粮食278.3万吨（含转化用粮109.9万吨），其中销往省外16.5万吨。采取分片负责、定期公布进度、末位约谈等措施，落实地方储备粮油规模，优化储备品种结构，确保数量真实、储存安全。2020年完成轮入计划任务18.02万吨（新增9.10吨，轮换7.28万吨，补库1.64万吨），至年底，全市地方储备粮（省市县三级）计划总量达25.95万吨。

粮食调控。做好疫情防控期间粮油保障供应，确保数量充沛、质量安全和价格稳定。春节期间，全市规模以上粮食加工企业开工39家，确保市场供应。推进应急供应综合保障体系建设，共建立市级应急加工企业15家、市级供应网点18家、市级配送中心15家、市级储运企业16家、市级主食加工企业2家。

【粮食产业发展】 2020年全市粮油工业总产值达到230.34亿元。市级以上粮食龙头企业67家（其中国家级3家、省级34家）。2020年是“优质粮油工程”第一轮的收官之年，常德市4个“中国好粮油”行动计划国家级示范县、省级示范企业1家完成各项目标任务，总投资49477.2万元，其中中央投资8000万元，地方及企业自筹41477.2万元。2020年，全市9款粮油产品入选“湖南好粮油”，5款粮油产品入选“中国好粮油”。全市2020年共建设粮食产后服务中心27个，其中澧县12个、津市10个、汉寿5个，新增日烘干能力4800多吨，总投资8104.4万元，其中中央投资1850万元，企业自筹6254.54万元。2020年获粮油千亿产业专项资金扶持项目共7个，该专项资金全省共3632万元，常德争取440万元，占全省份额12.11%。2020年，全市3个项目获得中央预算内粮食安全保障调控和应急设施项目扶持，争取中央资金2720万元。

【粮食监督检查】 定期组织开展粮食收储和销售出库政策执行情况大排查，对超期储存玉米销售出库和定向销售粮食出入库加工转化情况进行严格监管，杜绝不符合食品安全标准粮食流入口粮市场。开展全市涉粮问题整改“回头看”专项行动。涉及粮食企业35家、库点102个。企业自查发现问题194个，市级普查发现问题100个，均整改到位。制定推行《全市粮食监督检查工作实施细则（试行）》，探索建立长效监管机制。粮食监督检查科胡凌冰撰写的《打造“粮储湘军”推动行业发展》，在省粮食和物资储备局“打造粮储湘军”主题征文活动中，获得主题征文优秀奖，展现常德市粮食监督检查队伍良好风貌。

【粮食质量监管】 2020年度共完成粮油监督抽检样品1104批次，开展市级新收获粮食风险监测样品864批次，为企业粮食质量安全提供技术支撑，为政府实时准确全面掌握全市粮食质量安全状况提供有效数据；完成对石门县、安乡县粮食质监体系建设项目验收工作，成为全省唯一构建全覆盖的粮油质监体系的地州市；建立粮食质量安全管理联席会议制度，加强部门联动，有力地推动全市粮食质量安全信息共享，更好地保障粮食质量安全。2020年，常德市粮油食品质量检测中心被评为全国粮食质量安全管理工作取得突出成绩的典型单位，被省粮食和物资储备局等6家单位联合授予“湖南省食品安全宣传教育基地”。

（侯绍倩）

统计工作

【概况】 2020年，常德市统计局获评省级文明单位。驻村干部符志勇获评“2020年湖南省先进工作者”。

常规调查。开展各统计专业的月、季、年报工作，严把数据质量关，切实做到数出有据，及时用统计数据反映经济发展趋势，为保障经济健康平稳运行提供统计信息参考。统一核算改革。学习核算改革方案，组织核算改革培训，发放培训手册。建立完善核算改革机制，市政府发文建立统一核算部门联席会议制度，按时召开联席会议，形成部门联动工作机制。企业和项目入规入库。加大“四上”企业的申报入规和投资、房地产项目的入库工作力度。1—12月，全市共新增“四上”单位195家，新入库5000万元以上投资项目722个，5000万元以下投资项目1029个，房地产项目82个。年度新增“四上”单位达到475家。统计服务水平。加强经济运行跟踪监测分析，2020年常德市统计局向市委、市政府信息办投稿100余篇，其中采用18篇；撰写统计分析30多篇，专题报告20余篇，其中得到市领导批示10余篇；调研课题论文10余篇，其中胡彬彬课题组申报的“常德市产业立市三年行动计划的实施效果研究”被列入常德市哲学社会科学规划项目课题。

服务大局。脱贫攻坚。切实履行牵头后盾单位职责，选派1名干部任村支部第一书记，局机关30名党员干部“一对一”结对帮扶30户贫困户。乡村振兴。贯彻实施市委乡村振兴决策部署，派出1名干部驻村工作，主动融入桃花源镇黄土坡村的乡村振兴建设。优化经济环境。针对市人大交办的优化经济发展环境问题，市统计局成立领导小组，制定工作方案，迅速全面整改，以优化经济发展环境评议为契机，市县两级联动，着力提升全市统计系统抓环境优化、促统计服务的工作水平。

【人口普查】 将人口普查列入2020年市政府重点工作，成立普查领导机构。市政府常务会议、市委常委会议先后听取“七人普”（第七次全国人口普查）工作汇报。市政府召开全市“七人普”工作推进会，专题动员和部署人口普查工作。区县市按照全市统一部署对人口普查登记工作进行逐级组织动员和业务培训。由宣传部门牵头，分别于9月1日和11月1日开展两轮人口普查宣传。联合教育部门在各类学校开展“四个一”“小手牵大手”活动，通过师生影响市民。与三大运营商签订协议，向全市范围内的手机用户投放海量人普宣传信息。全市共安排人口普查经费6360.7万元（含市本级），人均普查经费为11元，区县市安排“两员”补助经费3824.5万元，平均“两员”补助经费1599元/人。为提升普查工作的积极性和主动性，市本级单列200万元经费作为各区县市人普工作考核奖励。采取网上督办、现场督查的方式，推进普查工作。建立日调度、周通报工作机制，坚持每天一会商，每周通报各区县市工作进展情况。

（胡　稳）

民政

【概况】 2020年，常德市民政工作各项考核指标均排在全省前列，分别获得2020年全省民政重点工作综合评估优秀单位、2020年度全省支持和促进革命老区建设发展先进单位、全国民政系统抗击新冠肺炎疫情先进集体和先进个人称号，获2020年度全国老区宣传工作先进单位二等奖等。

疫情防控。2020年新冠肺炎疫情期间，常德市共有490个社会组织、12837名志愿者、266名社工参与新型肺炎疫情防控工作，服务各类对象78.84万人次。全市接收22家慈善组织和社会各界爱心人士捐赠的疫情防控资金4393.53万元、物资（折价）1221.49万元，全部用于疫情防控工作。其中，2月18日，市慈善总会向市新冠肺炎疫情防控指挥部捐赠医用防护服7350套、抗疫资金200万元。

社会保障。2020年，全市城乡低保保障标准达到4680元/年～7500元/年；城乡月人均救助水平分别达到391元和246元；城乡特困人员基本生活标准分别提高到8760元/年和6000元/年，特困供养护理补贴按照全护理6000元/年、半护理3000元/年、全自理1550元/年执行；残疾人两项补贴提高到70元/月；集中供养、散居孤儿基本生活费分别提高到1350元、950元。全市城乡低保人数148535人，特困供养人员40438人，事实无人抚养儿童1216人，留守儿童44413人，孤儿532人。完成7所特困供养机构建设，新增养老床位1100张，其中护理床位960张。春节期间，市、县（市、区）、乡镇（街）、村（居）四级联动，对城市贫困对象，低保家庭、分散供养特困人员、困境儿童、建档立卡贫困户、禁捕退捕困难渔民、因病因残因灾因疫导致生活出现困难的家庭开展春节前走访慰问，为其送去党和政府的温暖。以人文关怀为主题，以群众需求为导向，重点对全市因疫情“子女不能返乡”的空巢老人和“父母不能返乡”的留守儿童，采取志愿帮扶、邻里互助、投亲靠友、政府安排等形式为他们提供送年夜饭、代购物、照料、送医等服务保障，真心真意、用心用情帮助他们温暖过年。牵头完成全省《居民家庭经济状况核对工作规范》编写工作，并纳入地方标准，形成行业标杆。

社会治理。全市社会组织2821个，其中社会团体1414个、民办非企业单位1390个、基金会17个。市本级社会组织778个，其中社会团体453个、民办非企业单位315个、基金会10个。2020年有266家行业协会商会纳入脱钩名单。70家被撤销注销，196家通过脱钩评估验收。提升村（居）民家园自治的主动性和创造性，扎实推进村规民约、居民公约的制定、评选和奖励活动，通过“我制定、我遵守、我监督、我处罚”活动，真正实现良风美俗共建共享，为村（社区）自治、法治、德治相结合提供机制保障。石门县夹山镇的“治家格言”就是其中突出代表。“两约”在全市1513个村和749个社区做到全覆盖，在婚丧嫁娶、文明礼仪等乡风文明治理方面发挥积极作用。在全省民政工作会议上作典型发言。强制火化区火化率达到100%。

社会服务。2020年，不断拓展常德民政民生服务综合应用平台业务内容，开发“常德民政”微信公众号、“常德民政”微信小程序、民政民生服务综合应用平台、民政数据统计分析平台和民政数据质量管理平台五大子平台和19个分系统，实现低保、残疾人“两补”、养老服务等各类数据实时共享，覆盖社会组织、社会救助、社会事务、社会福利、社会治理等五大业务领域，基本实现民政“全业务、全流程、全关联”。申请人通过“我的常德”APP、“常德民政”微信公众号即可办理相关民政业务。清明期间，在微信公众号上开通“网上祭扫”功能，一上线就引起群众的高度关注，仅3天时间，“网上祭扫”人数就达到近千人。举办第2届全市社会组织公益创投活动，对优秀的公益创投项目分别提供1万元～5万元的定向扶持资金，让项目进基层，指导和服务当地产业发展。社会工作者职业水平考试通过率全省第一；“全国志愿服务信息系统”注册人数居全省前三；打造“民政+社会工作”品牌项目，投入22万元与深圳社工学院签订《乡镇（街道）社工站能力支持项目》协议。实现康养产业产值100.965亿元，完成计划目标100.965%。2020年，常德市确定桃源热市温泉、汉寿清水湖、禾田居度假酒店、大唐司马、德人牧业、灵犀茶油小镇、常德市第三福利院老年养护中心、湖南快娱网络科技有限公司等8大在建项目和大湖康养产业园、中央新影影视文化科技产业园2大招商项目为全市文旅康养产业重点项目。其中，由市民政局牵头的康养项目是常德市第三福利院老年养护中心，完成主体第15层模板安装。每千名老年人拥有养老床位数37.9张。老年人活动场所城市社区建成率100%，农村覆盖率达80%，全市取得国家资格证的养老护理员达1200多人。

【社会组织监督管理】 4月9日，正式启动全市行业协会商会与行政机关脱钩工作。是自2016年启动的第三批行业协会商会与行政机关脱钩工作。2020年，全市196个行业协会商会全面完成脱钩改革任务。

【重点民生实事项目】 2020年新建武陵区黄爱敬老院、鼎城区蒿子港镇中心敬老院、桃源县漆河镇中心敬老院、安乡县安全乡中心敬老院、石门县中心敬老院、石门县皂市镇中心敬老院、澧县码头铺镇敬老院7所敬老院，新增养老床位1100张，护理型床位达960张。

（李帛霖）

人力资源和社会保障

【概况】 2020年，常德市在全国城乡居民基本养老保险培训班上作经验介绍。宣传报道工作获人社部表彰。桃源县促进就业、汉寿县禁捕退捕工作获得省政府真抓实干表扬激励。石门县就业扶贫工作经验在全省推广。市人力资源和社会保障局成功创建省级文明单位。

人社扶贫。就业扶贫。开展百日攻坚行动，全市组建110个扶贫工作小分队，帮扶贫困劳动力13.9万名，2020年有劳动能力且有就业意愿的未脱贫贫困劳动力就业率达100%。全市就业扶贫车间达到187个，提供岗位1161个，吸纳就业1.13万人，其中贫困劳动力1692人；省、市两级就业扶贫基地达到56个，吸纳841名贫困劳动力就业；全市开发扶贫公益性岗位1.02万个。培训贫困劳动力6898人、贫困家庭“两后生”582人。为建档立卡贫困劳动力发放转移就业交通补助、一次性求职创业、培训等各类补贴3253.6万元。石门县就业扶贫工作经验在全省推广。社保扶贫。全面落实社保扶贫要求，精准实施好建档立卡未标注脱贫的贫困人口、低保对象、特困人员、重度残疾人员以及其他缴费困难人员代缴政策，为9.06万人代缴城乡居民基本养老保险费906.3万元。驻村帮扶。全市人社系统扶贫联系点全部摘帽脱贫，贫困发生率、“两不愁三保障”等问题全面清零，基础设施、公共设施得到较好改善，群众满意度长期保持在99%以上。

服务建设。推进人社服务快办行动，59个经办服务项目有34个为即时或即日办结，其余25个均在法定时限上提速30%以上。切实加大人社统一公共服务平台建设力度，80项功能在网上办事大厅上线运行。落实基层公共服务全覆盖（一门式）下沉社区的11个人社事项，服务更加便民。在银行持卡缴费的基础上开发手机微信缴费功能，参保群众足不出户就能完成企业职工基本养老保险缴费。积极拓展人社业务领域社保卡线上应用功能，加快待遇入卡、全民用卡进程，全市即时制卡网点达110个，实现社保卡制发卡“立等可取”。“12333”咨询服务中心接听各类群众咨询来电4.92万个、回复网站和微信互动留言1200余条。办理市人大代表建议13件，市政协提案17件，加大规范性文件清理力度，审查各类政策性文件、会议纪要等663份。

【就业创业】 2020年，全市城镇新增就业5.35万人，新增农村劳动力转移就业3.88万人，均超额完成年度目标任务。城镇登记失业率3.11%左右，控制在4.5%目标范围内。常德市稳就业工作被《湖南日报》头版头条报道推介，市政府专门下发通报对人社部门扎实开展稳就业工作予以表扬。重点企业用工。采取市县联动的方式，持续开展“百家重点企业用工服务年”活动，对150家重点企业实施台账管理，配备用工服务专员，多渠道发布重点企业岗位信息，帮助企业招工1.77万人。在做好疫情防控的基础上，全市举办线上线下招聘会349场，发布招聘岗位信息26.6万个，进场求职人员18.02万人次，达成就业意向5.69万人。农民工返岗复工。采取成立工作专班、开展“点对点”服务、组建就业服务小分队等举措，推动农民工特别是贫困劳动力有组织、成规模、分批次有序返岗、平安就业。全市共组织专车、专列585辆次，输送农民工1.96万人，返岗农民工达72.49万人，返岗复工率99.8%。常德市有序推动农民工返岗复工等工作被央视、《人民日报》、《经济日报》等国家级媒体密集报道。企业稳定就业岗位。提前启动失业保险稳岗返还，简化申办流程，提高返还标准，全市共为1028家企业发放稳岗返还4021万元，稳定就业岗位7.66万个。加大稳岗补贴力度，为湖南海利常德农药化工公司等195家受疫情影响的企业发放稳岗专项补贴共2638万元。创业带动就业。打造功能完备的主播孵化基地，开展主播培训创业训练营活动，为扩大就业、带动地方产品销售提供新型职业人才支撑，促进全市高校毕业生、返乡人员创业就业。全市共举办48期训练营活动，共培训2000余人，带动就业5000余人。加大创业扶持力度，对到期的创业担保贷款适当展期，全市共发放创业担保贷款3.5亿元，直接扶持1816人创业，带动和稳定就业1.76万人。举办市创新创业大赛，共有600多个项目报名参赛，营造良好创业氛围。重点群体就业。突出做好重点群体就业服务工作，加强退捕渔民信息采集，完善实名制台账，通过开展专场招聘、鼓励企业和扶贫车间、扶贫基地吸纳等方式帮扶退捕渔民就业，全市已建档立卡的4158名退捕渔民，有就业意愿者全部实现就业；通过组织家访、集中送岗、百场服务、扶持创业等十大活动，促进高校毕业生就业创业；按照“托底线、救急难”的原则，利用公益性岗位对就业困难人员进行就近就地兜底安置，全市通过公益性岗位兜底安置困难人员就业5272人，补贴资金4647万元。

2020年7月17日，2020年度常德市人社系统窗口单位业务技能练兵比武大赛决赛

（市人力资源和社会保障局 供图）

【社会保障】 坚持保障民生和服务发展并重，不断完善社会保障体系，更好发挥经济发展“调节器”和民生“安全网”的作用。参保扩面。全面实施全民参保计划，全市基本养老、失业、工伤保险参保人数分别达到447.4万人、33.4万人、53.1万人。全市三项社会保险新增扩面21.8万人次。社会保障卡持卡人数539.4万人，占常住人口的93%。符合条件的退捕渔民全部参加基本养老保险，落实养老保险补贴资金1.13亿元。社保改革。不断巩固企业职工基本养老保险省级统筹成果，基础数据清理开展有序，为全国统筹打下较好基础；机关事业单位职业年金全面落地落实，实现应缴尽缴、应发尽发目标；城乡居民基本养老保险实现“全覆盖”，参保率和缴费率均达到100%。工伤保险落实省级统筹，实现“六统一”；加快伤残等级审核速度，改进病退鉴定工作流程，全市完成伤残等级鉴定1920人次，完成病退鉴定820人次。失业保险全面落实扩大保障范围政策，失业保险金实现全域网上申领，有力保障失业人员的基本生活。社保费征收职责划转税务部门改革任务整体完成，企业和机关事

业单位社保费及职业年金征收指标完成情况排名全省第一。完成10家经营类事业单位改革，核销事业编制615个。全市共为8846家参保单位减免社会保险费13.2亿元。待遇水平。全市机关事业单位退休人员月人均养老金增加174.78元，企业退休人员月人均养老金增加124.5元，城乡居民基础养老金最低标准提高至每人每月113元。失业保险金待遇调至最低工资标准的90%，市城区、区县市每月分别达到1386元、1242元。上调一次性工亡补助金至84.72万元。全市共发放基本养老金163.65亿元，发放失业保险金0.66亿元、失业补助金837万元，发放各类工伤保险待遇2.91亿元。

【人事人才管理】 人才引进。全市引进科技创新人才10名，引进正高级职称人才5人，全日制博士研究生40名，全日制硕士研究生443名；2名专家获评享受国务院政府特殊津贴；推荐金天钛业设立博士后科研工作站。安全有序组织各类人事考试62场次，参考人数达5.1万人次。人才培养。全市累计开展培训7.02万人，发放培训补贴7823.3万元。开展全市汽车维修工、保安员等职业技能竞赛。评选表彰一批“常德工匠”“常德杰出工匠”“常德技能大师工作室”“常德职业培训优秀教师”。组织各类职业技能鉴定3.03万人次。常德技师学院招生规模持续扩大，在籍学生达4600人。组团参加第九届全国数控技能大赛湖南选拔赛，获得2个一等奖、2个二等奖、2个三等奖的好成绩。人事管理。全市完成公开招聘事业单位工作人员2927人。在全省率先开展事业单位新聘人员岗前培训。创新专业技术人员继续教育培训机制，到区县市、进单位开设专场培训57场次，累计培训1.15万余人。按13～15%的比例提高乡镇事业单位工作人员工资水平，3.16万人受惠，补发金额9213.6万元。对4975名一线医务、防疫人员核发临时性工作补助、防疫津贴1267.6万元，对77名援鄂人员核发两倍薪酬245万元，对市直卫健系统1990名参与疫情防治的医务人员核增一次性绩效工资295.5万元，为全市疫情防控工作提供有力支持。组织开展国、省抗击新冠肺炎疫情先进集体和先进个人的推荐工作，评选推荐国家级表彰先进个人3名、先进集体1个，推荐省级表彰先进个人55名、先进集体17个。完成全市1345名抗美援朝出国作战70周年纪念章申报对象的汇总上报和纪念章发放工作。加强市级考核奖励项目的审核和整合，减少至61项。

【劳动关系】 风险防控。建立多部门参与的构建和谐劳动关系联席会议机制，加强对全市劳动关系形势的分析研判，加大重点隐患的排查力度，制定切实可行的风险处置措施。启动劳动关系“和谐同行”能力提升三年行动计划，开展“共建共治共享、携手和谐同行”劳动关系能力提升主题活动。建立农民工服务保障社会协作机制，举办“湘融湘爱·心系农民工”主题系列活动。常德市有3人被评为“全国优秀农民工”。根治欠薪。切实加大保障农民工工资支付力度，着眼源头治理，构建长效机制，加强检查排查，强化联合打击，召开专题会议进行协调调度。贯彻实施《保障农民工工资支付条例》，加大宣传力度，健全欠薪零容忍的制度体系、监管有效的工作格局、惩处有力的执法机制。全市共立案处理投诉案件94件，为739名劳动者追发工资待遇558.6万元。争议调解。积极应对疫情影响，加强劳动关系政策宣传，主动上门做好服务工作，减少劳动争议。全市共处理劳动人事争议案件2029件，涉及劳动者2490人，涉案金额1.13亿元；当期结案1005件，结案率99.7%，其中以调解方式结案631件，调解成功率62.8%。市县两级结案率、调解成功率均完成省定目标任务。

（周　峰）

行政审批服务

【概况】 2020年，市行政审批服务局深入推进大数据和行政审批服务事业，升级打造政务服务标准化、综合窗口改革、网上“中介超市”“我的常德”“常德快贷”“刷脸办”等创新成果，获国家标准化管理委员会批准开展公共服务平台建设标准化试点，获全省“放管服”和“一件事一次办”改革工作真抓实干督查激励第二名。

数据共享应用。机构建设。设立市大数据服务中心，作为市行政审批服务局所属正科级公益一类事业单位，为常德市大数据发展的工作需要提供人才支撑和机制保障。平台支撑能力。加大数据归集深度广度，平台已汇集68个单位2186个目录40亿条数据，为一体化平台提供37个目录、5.9亿条数据支撑，支撑的跨部门重点应用达53个。区县市不动产信息上传至市共享平台区县分节点，在省内首次形成全市统一的不动产信息库1200万条。数据规范治理。制定《常德市公共数据管理办法》；全市基础数据核实工作正式启动，对户籍、婚姻、不动产信息实行全面核查；完成市共享平台的数据资产梳理与分类分级、数据库安全防护体系、数据动态（静态）脱敏体系、数据审计系统建设，并对共享平台、政府网站群、一体化平台、财税综合信息平台、农户信用信息体系等进行监测应用，为政务数据安全提供可靠保障。破除部门壁垒。编制完成系统对接清单，明确公安、民政等35个

2020年9月7日，常德市市民之家“一件事一次办”持续为民服务

（市行政审批服务局 供图）

重点业务系统对接任务，成功对接省公安服务平台，实现公安部门电子证照调用；完成市住房公积金、自来水、民政等业务平台与一体化平台对接，实现公积金提取、自来水报装、低保办理等业务在一体化平台的直接受办。电子证照应用。建设电子证照管理系统，完成96类证照电子化，实现身份证、驾驶证、户口簿10余类电子化证照与政务服务平台关联应用，在全省首家唯一推出“刷脸办”，群众刷脸可办1819个事项，获得央视“新闻周刊”栏目推介。

行政审批。放权赋权。组织市直部门及时调整行政权力事项，调整完善市县乡村四级事项库和实施清单，协调12个市直部门通过委托授权方式，向柳叶湖旅游度假区管委会集中赋权137项。推进基层政务（便民）服务机构和职能建设，改造提质县乡村政务（便民）服务中心，形成线下四级“连锁”政务服务网点，提升基层服务能力。推动镇街成立政务服务中心（行政审批办公室），推出基层“一枚印章管审批（服务）”；发布第二批《下沉乡村受办政务服务事项指导目录》，全市统一下沉65项服务事项；不断提升乡村两级“就近办”服务质量。综合窗口改革。落实专区、专窗、专人、专责，完成全省工程建设项目审批服务的示范窗口建设；落实惠企便民措施，主动服务复工复产，梳理配置政策兑现事项27项，完成市、县（区）两级“复工复产政策兑现窗口”设置并启动运行；组织设立“六稳六保”政策兑现综合服务窗口，梳理服务事项并编制服务指南，建立业务运行机制，助力民生政策落实落地。

政务服务。编制“一件事”地方标准。全省“一件事一次办”13个地方标准12个来源于常德市，完成总则、“一件事”命名与分类、事项梳理规范、“一次表单”编制与管理要求等规范的编制草拟工作，打造全省“一件事”地方标准样板，获得省政务管理服务局的感谢信。推进“一件事一次办”改革。完成省定一、二批200件“一件事一次办”事项配置，办件总量达到38.7万件。拓展一体化平台功能。全市“互联网+政务服务”一体化平台应用单位达7016个，平台办理业务221.83万件，办结218.93万件，办结率98.68%，服务群众225万多人次，群众办事满意率达到100%；平台功能进一步拓展，网上中介平台入驻30类371家中介企业，上线中介事项90个，注册用户7946个，办理业务536项；完成“我的常德”APP、“智慧党建”与常德政务服务平台对接，打造“三务合一”总门户，“我的常德”APP实名注册用户突破150万人。创新政务服务形式。开发上线“刷脸”功能，市民无须携带身份证、驾驶证、户口本等，“刷脸”即可办事；疫情期间推出“不见面审批”服务，办理服务事项9.2万件；升级“我的常德”缴学费功能。

【智慧城市建设】 完成顶层规划编制。发放问卷调查1万余份，走访全市30多个委办局、重点企业及部分区县市，广泛开展调研、座谈，充分了解行业信息化建设现状，听取社会各界意见，为编制常德新型智慧城市建设总体规划收集资料；完成《常德市新型智慧城市需求调研报告》《常德市新型智慧城市顶层设计（2021—2023）》《常德市新型智慧城市三年行动计划（2021—2023）》的编制。完成年度专项计划编制。制订2020年智慧常德专项资金计划，续建项目20个，合计金额7289万元，新建项目5个，合计金额1711万元。项目统筹管理。跟进重点项目，项目按进度落地实施；完成常德云计算中心存量服务项目谈判、采购、续签，完成政务云网络安全监管平台服务项目建设，常德市政府数据中心机房建设进入扫尾阶段，政务信创云项目年底完成采购；协调公安、政法、住建等部门，智慧小区、视频云、KA等重点项目建设有序推进；加强对财政性投资项目的全流程管理，全年共完成项目评审95个，验收项目75个。

【政务公开和网站工作】 规范化引导。印发《常德市基层政务公开标准化规范化实施方案》《关于贯彻落实〈湖南省2020年政务公开工作要点〉扎实做好全市政务公开工作的通知》等文件，全面完成基层政务公开本地化事项目录梳理工作，12月底前全面实现常德市26个领域政务公开事项本地化目录和内容网上公开。常态化监测。建立统一日志监控追查机制、栏目数据更新预警机制、大屏幕监测统计系统，网站统计信息、普查检测点实现可视化展示。集约化管理。整合全市580家政务新媒体至90家，打造政务新媒体矩阵，实现对基层的减负。对全市政务新媒体进行分类管理、实时监测、统一发布、协同发声。上线政务新媒体云监管系统，实时监控解决更新超期、严重错别字等问题。前三季度全省政府网站与政务新媒体检查情况的通报中，常德市检查合格率为100%。

（熊　韬）

地方志

【概况】　2020年，常德市地方志编纂室被湖南省地方志编纂院评为“全省地方志工作先进集体”。

部门志编修。受2020年年初疫情影响，市地方志编纂室采取线上指导方式持续推进第二轮部门志指导编修工作，通过电话对接、微信、邮件对9家单位进行编修“云督导”。全年共评审部门志稿2部、终审验收2部，共组织联络专家撰写志书评审意见6篇2.8万字。截至2020年12月31日，全市规划的58部部门志完成书稿55部，出版48部，尚有3部部门志稿未完成编纂工作。

旧志点校。2020年11月，由市地方志编纂室点校的《清同治元年〈武陵县志〉校注》由吉林人民出版社公开出版。该点校本为“常德文库”系列丛书（甲编）第5个子项目，原本48卷、约70万字，点校本分上、下两册，约120万字，为“常德文库”建设最新成果。2020年12月，汉寿县地方志编纂室组织整理、点校的《清同治龙阳县志》校注本（孤本），经团结出版社公开出版。

年鉴编纂。2020年，《鼎城年鉴（2019）》获评第七届湖南省地方志优秀成果（年鉴类）县级综合年鉴一等奖，《常德年鉴（2019）》获评市州级综合年鉴二等奖。2020年，全市共出版综合年鉴10部，其中市级年鉴1部、县级年鉴9部，完成国务院、中指组规定的“一年一鉴、公开出版”全覆盖任务。《常德年鉴（2020）》全书共120万字，设32个类目，283个分目，807个条目，收录地图2幅，各类图片173张，表格51张。

理论研究。2020年，市地方志编纂室组织参加首届全国方志论坛征文活动，共投稿高质量研究论文6篇。郑文廷以“从三个维度看常德老区在中国革命史上的重要地位和作用”为题在市委党校主体班上进行授课，孟韵撰写的《方志学在中国特色哲学社会科学体系中的角色定位分析》入选第十届中国地方志学术年会优秀论文并被邀以文参会，蓢甜撰写的《旧志整理之浅见——以常德市近年旧志点校及利用为例》获湖南省2019年“湘志杯”地方志理论征文二等奖。7月29日，黄爱思想生平学术研讨会在常德召开，形成论文结集。

信息化建设。市地方志编纂室“1+2”信息化宣教平台建设稳步推进。2020年，“常德史志网”共发布各类信息354条，上传史志书籍2部、视频3个，新增“学习雷锋”“创建模范机关单位”2个栏目。“常德史志”微信公众号全年共上稿307篇，并首次在公众号上应用文字语音朗读播放软件。“常德史志”微博更新信息296条。

【对口援藏修志】　2020年4月，西藏自治区隆子县派员到常德申请对《隆子县志（2001—2010）》（终审稿）进行修改指导。市地方志编纂室派出由副主任周波与方志编研部组成的指导组进行为期10天的专门指导。8月，市地方志编纂室副主任周波受湖南省政府办公厅和湖南省地方志编纂院指派，作为湖南省地方志专家组组长前往西藏自治区山南市进行为期2个月的《山南地区志（2001—2015）》书稿审查、修改工作，共提出建议3000多条，形成近10万字审改批注。2020年9月底，《山南地区志（2001—2015）》顺利通过西藏自治区终审。

【编辑出版《常德古今》】　2020年，《常德古今》全年出刊2期，刊登文章50篇、简讯7篇，总计15万余字，采用图片50帧。封面精选展现常德自然风光的画作《德山古韵》《花溪鹭渚》，封三采用与封面对应的名人诗词碑刻，目录采用古典中式+水墨画风格，刊物整体风格更清爽、大气、文雅。栏目上，增设“走遍常德”及专栏“常德抗疫进行时”。内容编排上，结合年初疫情防控和巩固深化“不忘初心、牢记使命”主题教育成果，采写常德战“疫”故事、常德“不忘初心、牢记使命”先进事迹报告团成员故事；结合常德“乡村振兴”建设主题展示常德乡镇风采。

（孟　韵　曾小玲）

退役军人事务

【概况】　2020年，常德市退役军人事务系统深入贯彻习近平总书记关于退役军人工作的重要论述精神和各级关于退役军人工作的部署安排，建强保障体系、深化双拥共建、优化服务保障、防范风险隐患，确保疫情防控、全国两会、社保接续、纪念抗战胜利75周年、抗美援朝出国作战70周年等重要时间节点退役军人队伍总体稳定。常德市再次成功创建“全国双拥模范城”，石门县、澧县蝉联“湖南省双拥模范县”，市退役军人事务局、武陵区人武部以及3名个人获评全省双拥模范单位和模范个人，军休社会化服务全省推广。

根据常德市委、市政府、军分区联合出台的《关于进一步做好新时代拥军优属工作的意见》，制定《关于建立“常德市远程服务退役军人和支援保障战斗力之家”的具体措施》，常态开展情系边海防官兵家庭“您在前线打胜仗、家中事情交给我”活动，开通24小时服务热线，远程为常德籍赴湖北一线抗疫官兵、边海防官兵家庭排忧解难；26家企事业单位加入社会化拥军联盟，覆盖交通、餐饮、银行等十大行业，为广大退役军人提供优待优惠服务；深入推进军休社会化服务，提升军休所服务保障能力，促进全社会尊崇尊重氛围进一步浓厚。

春节、“八一”“9·30”、志愿军入朝作战70周年期间，市委、市政府主要领导带头走访慰问驻常部队、功臣模范、烈士亲属、困难退役军人。清明开展网上祭扫英烈活动，号召全体市民积极参与；“八一”期间，市、县、乡、村四级全覆盖召开退役军人座谈会2000多场次；9月始，按照“全城迎送、全域行动、全民参与”要求，市、县、乡、村四级联动在全市范围内开展“送新兵迎老兵”系列活动，持续擦亮“市长接老兵回家”名片；市财政安排200万元专项资金“关爱子弟兵每一天”，圆满完成3次军供保障任务。

在《常德日报》、常德电视台、常德市政府网站开辟双拥宣传专栏；军地领导接老兵回家图片刊登《中国双拥》杂志封面，《战斗在“风暴之眼”》刊发《退役军人事务系统和广大退役军人抗击新冠疫情实录》；常德双拥工作典型做法在央视军事频道、部省厅官网、中国双拥网、《中国民兵》杂志、《湖南日报》等主流媒体宣传20余篇；各区县市普遍开展军地领导送立功喜报、“最美军嫂”“最美退役军人”评选表彰活动；国防教育宣传“进机关、进军营、进学校、进企业、进社区”实现全覆盖，双拥工作传播力建设得到加强。

2020年7月9日，常德市首届退役军人创业创新大赛决赛

（市退役军人事务局 供图）

优抚安置。开展新一轮烈士和优抚对象核查，优待抚恤资金按时发放，自然增长机制常态落实。定期组织重点优抚对象、烈士父母赴市康复医院和省荣军医院进行短期疗养。按规定落实伤残等级调整、伤残军人接收转移、补评残以及审批带病返乡、参战参试人员认定等工作。全市共为1.46万名符合政策补缴条件退役士兵办理养老保障补缴手续。按照“阳光安置”原则，军转干部、符合政府安排工作条件的退役士兵、随军随调家属全部按政策安置到位。

【退役军人服务中心（站）】 制定《退役军人服务中心（站）规范化建设标准》《退役军人服务中心（站）规范化运行手册》，全市9个县级退役军人服务中心，183个乡镇（街道）、2259个村（社区）退役军人服务站“五有”基础更加扎实，按照市级“一厅十室”、县级“一厅三室一家”、乡级“二室一家一窗口”、村级“一家一窗口”标准统一规范布局，对工作职责、机制、流程、台账进行全面优化，成功创建110个省级示范型退役军人服务中心（站），打造一批示范型退役军人服务之家。

【常态化联系机制】 建立市、县、乡、村四级退役军人服务保障机构工作人员常态化联系机制；医药费报销、帮扶解困、走访慰问等事权下放到乡镇，方便退役军人就近办事；乡、村服务站为退役军人提供个性化、精准化、上门式服务。

【扶持就业】 持续推进退役军人就业创业“千百十工程”；搭建校企“直通车”，与常德技师学院、常德高职院、中联重科、湖南飞沃新能源等院校和企业合作，因人施策、精准扶持，开展“订单式”“定向式”“定岗式”培训。成立常德市退役军人就业创业导师工作室，聘请导师每月开展一次大型活动，精准指导广大退役军人就业创业。联系1500家企业发布网上招聘信息36期，累计举办线上线下专场招聘会5期，扶持“双带双促”企业48家、培训示范基地5家、退役军人创新创业孵化示范区1个，为部分退役军人解决就业问题。

（谭辉滢）

应急管理

【概况】 2020年，市应急管理局创建国家安全发展示范城市，开展安全生产专项整治三年行动。2020年全市共发生生产安全事故47起，死亡47人，受伤20人，经济损失2009.5101万元，同比事故起数减少3起、下降6%，死亡人数同比增加3人、增长6.8%，受伤人数同比持平，经济损失同比减少1252.5599万元、下降38.4%。2020年，常德市获评落实省安全生产等政策措施成效明显的市州和湖南省2020年度安全生产和消防工作优秀市州。常德市应急管理局获评全省防汛救灾先进集体、全省市州防震减灾工作综合考核先进单位、湖南省2020届省级文明单位、全国应急管理新闻宣传暨“学报用报”先进单位、第二届全国应急管理普法知识竞赛决赛优秀组织奖。市应急管理局在全省应急指挥和救援预案工作视频会议上作典型发言。

交通问题顽瘴痼疾和马路市场整治。按照省、市统一部署，不断深化交通问题顽瘴痼疾和马路市场整治，截至2020年10月，全市232处马路市场全部整治完成，整治率达100%。全市计划新建、改建的65处（新建32处、改建33处）农村集贸市场，全部完成。中央、省、市媒体多次推介报道常德市马路市场整治工作典型经验，其中，中央级媒体3篇（《中国应急管理报》《人民公安报》《中国消费报》各1篇）、省级媒体5篇（《湖南日报》1篇、《新湖南》2篇、《安全与防灾》杂志1篇、《湖南新闻联播》1篇）。

安全监管“强执法防事故”行动。深入开展安全监管“强执法防事故”行动，重点突出对非煤矿山、烟花爆竹、危险化学品等行业领域的专项整治，着力解决监管执法“宽松软”等问题。2020年，全市应急管理系统共检查企业12401家，现场检查34406次，下达责令限期整改通知书14679份，立案533起，责令停产停业整顿51家，罚款761.66万元。

安全生产专项整治三年行动。对标国、省安全生产专项整治三年行动工作部署要求，结合常德实际，制定“1+2+9”模式的《常德市安全生产专项整治三年行动实施方案》，即1个总方案、2个专题方案和9个专项整治方案，明确专项整治重点工作内容和任务分解表。从住建、交通、应急、消防、交警等部门抽调专人，组成三年行动工作专班，实现集中办公，确保专人专事。截至2020年年底，市委书记、市长、分管副市长等市级领导分别以市委常委会、市政府常务会、市安委全会、专题调度会等形式召开8次会议专门研究部署安全生产专项整治三年行动工作。各级电视台、电台设立专题，共报道安全生产专项整治三年行动588次，电台报道441场，在《常德日报》《常德晚报》设立三年行动专版，登载88期，在市政府网站和常德应急公众号设立三年行动专栏，及时发布三年行动各类动态消息，连载发布宣传信息28期，相关文章330余篇。全年全市共排查并建档一般隐患6105处，整改5702处，整改率93%，建档重大隐患272处，整改203处，整改率75%。

安全生产违法典型案例和重大安全隐患曝光。强化安全生产违法典型案件和重大安全隐患常态化曝光机制和安全生产约谈制度。全年，市安委办曝光典型案例7期47个、事故隐患52期239处。开展安全生产约谈3次，分别对隐患整治不力的石门县、津市市、西洞庭管理区，车辆交通违法较多的15家运输企业及一般事故多发的津市市进行约谈。

防汛救灾工作。2020年汛期，常德市共遭遇24轮强降雨过程，共发生并处理堤垸险情296处、地质灾害险情369处，先后打响涔水保卫战、山洪地质灾害防御战、安乡保卫战等一系列攻坚战。防汛响应期间，全局干部取消周末和节假日休息，实行24小时全员值班值守。深入安乡、澧县、津市等地一线督查暗访，指导服务防汛抗灾，调度全市14支防汛相关专业应急救援队伍做好防汛人员和装备应急准备，实现“未溃一堤一垸、未垮一库一坝、未发生因灾死人事件”的工作目标，取得防汛抗灾工作全面胜利。防灾减灾。结合国家安全发展示范城市创建，新改建避难场所13处，对25个市级应急物资储备库全面摸底造册，并及时做好灾情上报、灾后救助等工作。积极争取中央、省级救灾和恢复重建资金9530万元，各类救灾物资5688件（套）。市、县完成2030万元的救灾物资采购和储备，搭建紧急转移人员临时安置帐篷793顶，全市重建359户（其中特困107户、一般困难重建户252户），损房维修1713户，冬春需救助底数43.8万余人。4月13日，省应急管理厅厅长李大剑率调研组到常德市调研应急管理防汛备汛工作。7月17日至18日，副省长陈飞到常德市安乡县、汉寿县等地督导检查防汛抗灾工作。7月18日，副省长陈文浩到常德督导检查防汛抗灾工作。

【森林防火工作转隶】 2020年，森林防火工作由市林业局转隶市应急管理局，完成森林防灭火指挥部及相关职能职责的转隶。开展野外火源专项治理，对发现的58个问题挂牌督办，要求限期整改到位，通过大宣传、大排查、大整治，全市森林防灭火存在的一批突出问题得到整治，人民群众防火意识不断增强。全年全市未发生一起森林火灾，实现森林防火工作平稳过渡。

2020年7月15日，紧急处置市城区建设桥机埠大型翻砂鼓水险情

（市应急管理局 供图）

【市安委会会议】 1月2日，常德市召开市安委2020年安全生产务虚会暨第一次安委全会。市政府副市长、市安委会副主任汤祚国出席会议并讲话，市政府副秘书长朱文斌主持会议。市安委成员单位分管负责人汇报2019年工作开展情况及2020年工作部署，听取安委办提出的建议意见。全市安全生产工作健全责任体系、应急救援体系、执法管理体系，在重点领域、重点行业进行专项整治行动，并实现常态化的“强执法、防事故”行动，积极推动平安创建工作，推进应急能力三年建设行动，在全市范围内开展安全生产巡查。市安委成员单位分管负责人，市应急管理局全体局领导参加会议。3月3日，市委副书记、市长、市安委会主任曹立军主持召开市安委会全体会议。会议传达贯彻习近平总书记关于安全生产的重要指示和省安委会全体会议精神，总结2019年安全生产工作，分析当前形势，安排部署2020年工作。

【全国防灾减灾日系列宣传】 5月12日是全国第12个全国防灾减灾日，主题是“提升基层应急能力，筑牢防灾减灾救灾的人民防线”。5月9日至15日防灾减灾宣传周期间，常德市开展一系列宣传活动，牢固树立风险管理和安全发展理念，不断提高灾害防治能力。宣传周期间，通过广播、电视、网站媒体播放防灾减灾知识公益广告，城区各电子显示屏投放防灾减灾的公益视频，在社区公告栏或明显位置张贴防灾减灾宣传画，运用流动宣传车进行防灾减灾常识流动宣传。市应急管理部门通过报纸、微信公众号、微博等推送安全教育宣传动画，普及防灾减灾专业知识和技能；利用志愿者活动向社区和民众宣传发放应急手册，推动防灾减灾安全宣传进企业、进农村、进社区、进学校、进家庭。

【创建国家安全发展示范城市】 6月2日，常德市创建国家安全发展示范城市全城全员行动暨安全生产月启动仪式在白马湖文化公园广场举行。市委副书记、市长曹立军宣布启动。副市长汤祚国宣读常德市创建国家安全发展示范城市全城全员行动倡议书。9月17日，市委副书记、市长邹文辉在国家安全发展示范城市创建工作第三次视频推进会上作典型发言。截至年底，47大项132小项创建任务完成43项125小项，完成率为94.7%，自评得分为97.2分（总分105分），符合国家安全发展示范城市要求，复核申请以市政府名义递交省安委。根据应急部党委书记黄明的批示以及2020年12月23日应急部协调司在南京组织召开的安全发展示范城市调研座谈会的会议精神，国家安全发展示范城市创建先试点后评选。常德市拟被纳入全国22个试点城市之一。

【省联合检查组检查常德建设工程地震安全】 6月22日至23日，湖南省地震局党组书记、局长燕为民带领省住建厅、省教育厅等部门人员组成联合检查组，到常德市开展建设工程地震安全监管检查工作。副市长汤祚国参加汇报会。省联合检查组实地查看武陵区恒大华府小学、市第一中医医院异地新建项目、市第一幼儿园分园、恒大天玺项目，查阅抗震设防要求审批材料、建设工程设计图纸资料。召开汇报会，听取常德有关部门关于建设工程地震安全监管检查情况的汇报。

【国家减灾委到常德开展自然灾害防治综合督查检查】 10月25日，国家自然灾害防治工作第四督查检查组第三小组、省应急管理厅、住建厅、自然资源和规划厅就常德市自然灾害防治工作进行综合督查检查。市应急管理局党组书记、局长张铁牛，总工程师徐述全和市水利局、市自然资源和规划局有关人员随同检查。督查检查组一行先后察看澧县小渡口泵站建设项目、延溪桃源县二期治理工程，详细了解常德市防灾减灾救灾及自然灾害防治等方面工作开展情况。澧县、桃源县水利部门负责人对工程建设情况、投入运行情况、抵御水患灾害情况进行详细介绍。督查组对常德市自然灾害防治工作给予中肯评价。

【常德市民安全教育学校暨湘西北安全技能培训基地落成揭牌】 12月2日，常德市民安全教育学校暨湘西北安全技能培训基地在常德财经机电职业技术学院揭牌成立。市政府副市长汤祚国、市应急管理局党组书记、局长张铁牛出席揭牌仪式。常德财经机电职业技术学院和市应急管理局共建的安全技能培训基地是湖南省培训人员最多的市级培训基地之一。2020年6月，培训基地整体搬迁至大学城新校区，占地2公顷，可使用场地建筑面积近1.5万平方米，涵盖客房标准间88间、套房4间，可同时入住180人，餐厅可同时接纳330人就餐。基地有大小阶梯教室2个、多媒体教室3间、机房4间、会议室1个，各类实训设施设备齐全，具备各类大型培训和会议的接待能力。为创建国家安全发展示范城市，按照市安委会的工作安排，常德财经机电职业技术学院在安全技能培训基地基础上建立常德市民安全教育学校，以承担全市安全生产监管干部的综合培训任务，承担全市行政、事业及企业单位负责人，企业安全生产负责人和安全生产管理人员，承担中小学生及社区居民的安全教育任务。

（欧彦君）

无线电管理

【概况】 2020年，常德市无线电管理处获评省级文明单位，党支部被省级主管部门推选为先进党支部上报国家工信部无线电管理局，无线电管理业务工作在全省继续保持领先地位。6月5日，副市长汤祚国带队专题调研常德市无线电管理工作。

日常频谱监测。累计实施各类无线电频谱监测8000余小时。重点对调频广播、航空、铁路、公众通信、5G等频率进行专项重点监测，开展打击治理“黑广播”“伪基站”累计监测900小时，圆满完成国家、省办下达的无线电监测任务和日常监测计划。

频率台站管理。全年共登记备案移动基站8058个，甚高频台站1个，高铁GSM-R基站26个，录入台站数据8095个，变更台站数据1501个，注销台站数据4458个，办理换发无线电台执照27个。共收缴无线电频率占用费5.5万元。对公众移动通信基站、广播电视设备、航空通信和导航台站等部分基站进行设备抽检，对地基民用航空通信和导航台站的站址及相关设备信息进行现场核查，共完成12个民航台站核查和50个在用无线电发射设备的抽检工作。积极推行“互联网+政务服务”工作，规范优化行政审批（频率申报）工作流程，对互联网政务服务平台进行清理录入，共清理录入审批服务事项7个。

无线电行政执法。组织开展集中打击“黑广播”“伪基站”违法犯罪专项行动，保障设台大户和重要部门用频安全，及时排查无线电干扰申诉。全年全市共受理无线电干扰申诉10起，排查干扰9起，收缴非法设置的无线电发射设备4套。依法查处“黑广播”3起，协调湘鄂边界疑似“黑广播”1起，重点处置民航、铁路干扰2起，排查公众通信干扰3起。深入开展“村村响”广播发射设备对民航专用频率的干扰专项整治行动，分组分片区对鼎城、津市、桃源、临澧等相关区域进行现场测试和排查协调，联合市文旅广体局和区县市政府共同协调整改；组织技术人员对桃花源机场民用航空专用频率进行保护性监测，确保民用航空飞行安全。

5G基站建设。组织移动、电信、联通和铁塔4家公司先后召开无线电台站清理核查工作会、5G基站建设座谈会和进度调度会。建立并完善5G建设月报制度，加强事中事后监管，通过调研走访、现场抽查等方式了解和掌握全市5G基站建设相关情况，每月上报5G基站建设进度。

活动保障。完成26场考试的无线电安全保障工作，累计出动技术人员220人次、无线电监测车辆67台次、信号压制系统67套次以及多套便携式无线电监测设备，发现和成功阻断作弊信号3起，有效防范和打击利用无线电设备的作弊行为，保证考试公平、公正。在春节、国庆、全国两会等重要时期启用3个固定站实施24小时监测，同时主动联系辖区各广播电视台等重点保障单位，组织对部分设台单位进行安全检查，确保重大节日和重要会议期间无线电安全有序。

技术演练培训。全年举办业务培训和技术演练5次，圆满承办湘北片区2020年全省无线电监测技术演练竞赛，100余人参加活动。参加国家和省级主管部门、市委、市政府

2020年11月2日，全省无线电监测技术演练竞赛湘北片区启动仪式现场

（刘司梦 摄）

组织的各类业务培训45人次，其中1名技术骨干参与全省业务培训三年行动计划重点课题研究，3名技术人员被列为全省无线电管理机构专业技术骨干重点培养对象。

无线电科普宣传。全年全市累计发放各类宣传资料逾10万份，摆放宣传展板90余块，制作宣传视频5个，发送公益宣传短信20万条。加强群众对无线电法律法规和科普知识的进一步了解，在“2·13”世界无线电日、“5·17”世界电信日，9月“全国无线电管理宣传月”，联合通信运营商和重点设台单位，在全市范围通过多种形式对无线电科普、法律法规、依法设台等进行宣传。

【全省无线电工作会议推介常德经验】 3月27日，全省无线电管理工作会议在长沙以视频会议的形式召开，常德市无线电管理处主任曾凡明作《以培训提素质，以演练促技能，着力锻造高水平无线电管理技术人才队伍》的典型发言，推介常德的工作经验。

【承办全省无线电监测技术湘北片区演练竞赛】 11月2—6日，全省无线电监测技术湘北片区演练竞赛在常德举行。省监测站、常德、岳阳、益阳、湘西州、张家界6支参赛队，以及省工信厅无线电管理处、湖南省无线电公共技术服务平台和业余无线电协会共100余名“电波卫士”参加活动。常德参赛队在演练竞赛中获团体第二名。

（刘司梦）

信访工作

【概况】 2020年，常德市信访工作绩效考核和责任目标管理考核成绩名列全省第一；完成全国两会和省两会特护期信访服务保障工作，被省局评为工作先进单位。深入开展“无上访村”创建工作，有临澧县、澧县、津市市、经开区、西湖和西洞庭管理区6个县市区获评省信访工作“三无”创建达标县市区（省政府真抓实干激励奖励），数量位居全省第一；全市共有109个乡街、2126个村居达到“无上访”乡街、村居标准，分别占全市总数的65%、94%。人民群众对信访事项办理工作的回访满意率达80%，始终保持全省领先。

责任落实。完善信访工作机制。市委、市政府主要领导带头履行第一责任。形成四级书记抓信访的工作机制，信访工作纳入区县市党委书记党建述职内容，乡镇（街道）党委书记、村（社区）支部书记成为化解本区域突出信访问题的第一责任人。推行“三议三报”机制，把信访工作纳入社会治理大背景来谋划，构建信访责任体系，大力推动信访共治局面的形成。落实区县市领导坐班接访与领导包案工作。市、县党政领导坐班接访安排，向社会进行公开并分季度上报省信访联席办备案。开展源头预防坚持就近化解。在乡村两级推行双“四个一”工作模式，乡镇（街道）建强一个平台（信访接待中心或矛盾调处中心），完善一本矛盾纠纷调解卷宗，建立一部（老户）台账，形成一套机制。村（社区）成立一个接谈组，设立一个调解室，备好一个矛盾纠纷调解记录本，建立一套责任制，推动问题及时解决。

提升回访核查满意率。创建满意窗口。改善接待场所条件，更新视频监控系统，更换老旧服务设施，公布常用便民服务电话，为上访群众提供安全、有序、整洁、舒适、方便的外部环境。进一步优化接访流程尽量让群众少跑路。完善市直部门主要负责人轮流坐班接访制度，每周四常态化接访多年不变，通过联合接访解决疑难信访问题。加强回访核查。把所有初信初访纳入回访核实范围，建立网上日巡查制度，由各业务科室及时督办、及时回访，做到凡案必督、凡督必核、逐案回访。采取局领导联片、科长联区县的方式实行“一对一”督导，帮助把好信访事项办理时效关、程序关、质量关。对于回复中事实认定不清、适用政策不当、群众不满意的一律要求重办，及时纠偏纠错。通过回访核查，促进问题及时解决，得到群众信任和认可。

服务大局。2020年，全市信访系统认真贯彻中央、省关于信访工作的决策部署，较好完成全国、全省两会及重要节庆活动的信访保障任务，实现信访工作目标管理考核排名全省第一的工作目标，为开放强市产业立市营造良好发展环境。

【专项行动】 开展化解房地产办证和物业管理信访突出问题专项行动。成立由市长任组长的领导小组，启动新建商品房“交房即交证”改革，全市共摸排房地产办证难问题项目180个，2020年推动化解128个。8月31日，国家信访局微信公众号以微视频形式宣传报道常德市解决办证难工作情况。开展“春风行动”“秋季攻坚”、集中治理重复信访、化解信访积案专项行动。

【“无上访村（社区）”建设】 以建设“无上访村（社区）”为抓手，在常德推广“枫桥经验”，努力实现“小事不出村、大事不出乡、矛盾上不交”。健全考核奖惩机制。经市委常委会会议同意，在全市经济工作会议上表彰优秀区县市5个，乡镇（街道）42个（其中优秀乡街6个、良好乡街36个），村（社区）130个（其中优秀村社20个、良好村社110个）；通报挂牌乡镇（街道）4个。强化源头治理。开展乡村两级书记兜底调解，把书记引领矛盾调解工作纳入无访考核重要指标。明确司法所工作人员调解指数，完成情况实现一月一结账、一月一排名。

（王舒菲）

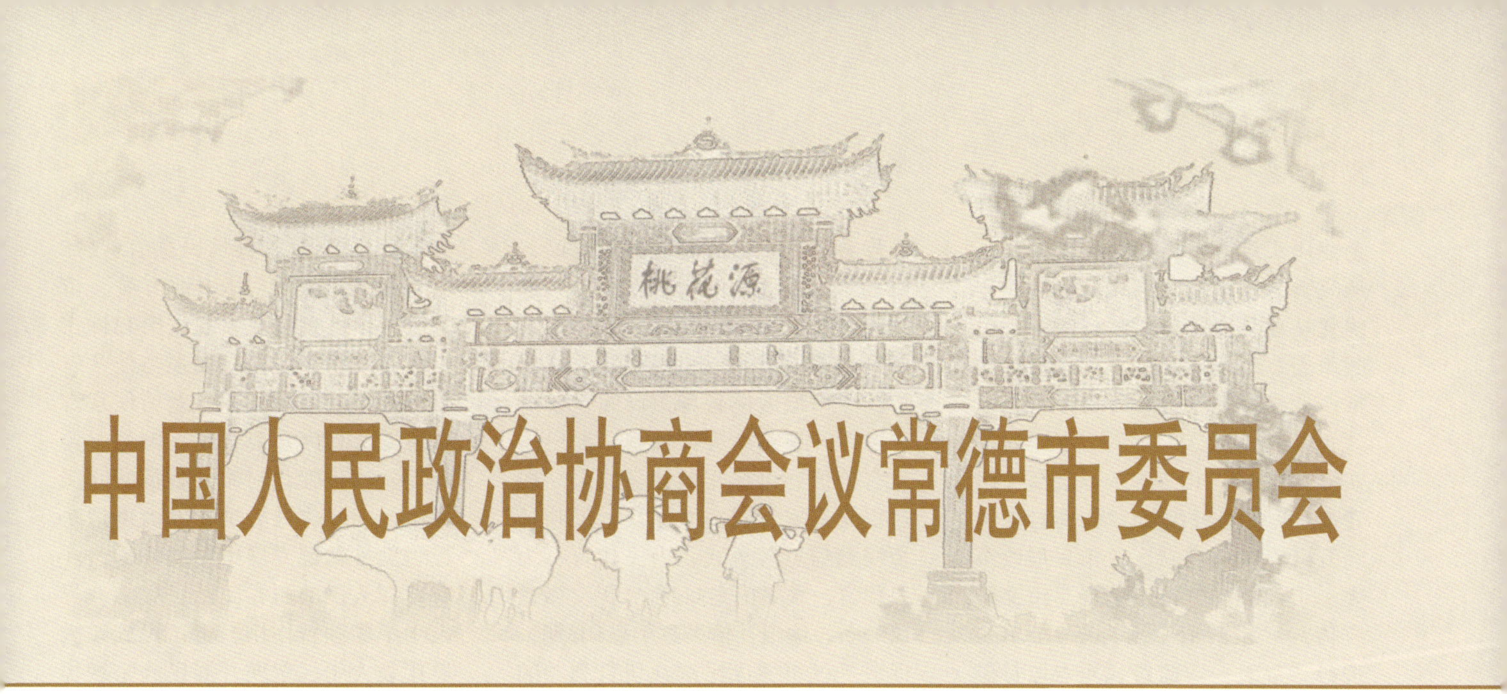

中国人民政治协商会议常德市委员会

综述

【概况】 2020年，市政协常委会在中共常德市委的坚强领导下，全面贯彻中央、省委和市委政协工作会议精神，牢牢把握专门协商机构的性质定位，注重建言资政和凝聚共识双向发力，努力克服新冠肺炎疫情带来的不利影响，紧紧围绕市委、市政府中心工作务实履职、创新履职，全市政协工作迈上新台阶、展现新作为、干出新样子。

思想引领。以党的政治建设统领政协党的各项建设，着力深化理论武装，着力夯实基层基础，着力推进正风肃纪，确保政协事业方向坚定、行稳致远。加强创新理论学习。把学习贯彻党的创新理论作为思想武装的重中之重，进一步落实党组理论学习中心组引领学、常委会议专题学、机关碰头会集中学等理论学习制度，举办各类学习活动32场次，推进理论学习常态化。以专家辅导、学习研讨、心得交流等形式，深入学习中共十九届五中全会精神、《习近平谈治国理政》第三卷和习近平总书记考察湖南重要讲话精神，促进学习贯彻往深里走、往心里走、往实里走。推动党建实践探索。认真抓好习近平总书记关于加强和改进人民政协工作的重要思想实践基地建设，推动政协党的组织和党的工作从“有形”覆盖向“有效”覆盖转变。建立市政协党组与各党派团体联席会议制度，对过去市政协党组定期走访党派团体机关的做法进行总结和提炼，探索共同学习提高、共同探索创新、共同研究探讨、共同深度合作、共同夯实思想政治基础“五个共同”的联动机制，先后被《人民政协报》《湘声报》予以推介。探索中共党员委员与党外委员结对制度，组织中共党员委员与党外委员采取“一对一”或“一对多”等方式结成对子，围绕夯实共同思想政治基础、提高履职能力、涵养文化底蕴、增强履职实效等四个方面开展互帮互促，推动委员履职更有担当、更有活力、更有实效。强化从严治党责任。严格落实《党委（党组）落实全面从严治党主体责任规定》，坚定不移压实管党治党主体责任。抓好作风建设，制定出台党风廉政建设责任制工作要点，组织开展集中整治形式主义官僚主义专项行动，扎实开展例行谈心谈话和“两同时”谈话，积极配合市委巡察组对机关党组的政治巡察，进一步营造风清气正的政治生态。坚持把意识形态工作抓在手上、落实在行动上，专题研究落实意识形态工作责任制，建立意识形态工作分析研判机制，加大政协舆论宣传阵地管控力度，牢牢把握意识形态工作的领导权和主动权。

聚焦改革发展。坚持把政协履职融入全市改革发展全局中去谋划、去考量，紧紧围绕党委政府关心、人民群众关注的重点难点问题履职尽责。聚焦推动经济高质量发展集中议政。牢固树立新发展理念，把助推高质量发展作为政协履职的重要着力点，做到党政工作推进到哪里，政协履职就跟进到哪里、智慧力量就汇聚到哪里。围绕“促进乡村特色产业发展”开展常委会议协商，提出的加强顶层设计、加强激励扶持、加强要素保障等建议，进入市委、市政府决策层面。围绕“加快发展开放型经济”开展主席会议协商，提出完善政策机制、搭建经贸平台、强化人才支撑等建议，得到市委、市政府主要领导肯定性批示。围绕“缓解我市企业用工难”开展主席会议协商，从完善人才政策、深化校企合作、优化从业环境等方面献计献策，引起市委、市政府高度重视。聚焦助推产业立市三年行动开展监督。以“助推产业立市三年行动计划落实”为主题，由7个专委会牵头组建7个民主监督小组，分别对常德经开区、常德高新区、市发展改革委、市商务局、市工信局、市文旅广体局、市政府金融办等7个单位进行“一对一”监督，重点监督园区发展、项目建设、招商引资、企业服务等方面情况。各监督小组坚持监督与支持并重，认真履行监督职责，扎实推进监督工作，走访企业90多家，调研座谈30多场次，提出监督建议20多条。召开重点事项监督评议会开展小组点评、民主测评和集中交办，将政协民主监督意见转化成市委、市政府工作部署和要求。聚焦民生领域重要问题发声建言。坚持人民政协为人民的价值追求，建言民生热点，反映民生关切，让人民群众切实感受到政协很近、委员很亲。以“推动常德高等教育快速发展”为主题开展常委会议协商，提出加大政策支持、做强优势学科、完善共建机制等建议，协商成果得到有效转化运用。以“市民之家政务服务”“农村人居环境整治”“市城区水环境保护”“市城区体育场馆设施建设”为主题开展主席会议视察，提出一批有价值、可操作的建言成果。通过提交提案、提交微建议、反映社情民意信息等方式，为民建言、为民代言，立案提案323件、提交微建议92条、编报社情民意信息103期，促成一批事关人民群众切身利益的民生问题有效解决。

团结联合。突出团结和民主两大主题，把实现中国梦的常德篇章作为奋斗动力源和方向标，坚定不移做好凝心聚力的工作，努力画出最大同心圆。推进合作共事。发挥人民政协作为实行新型政党制度重要政治形式和组织形式的作用，邀请党派团体成员参与政协开展的重点课题调研、重点事项监督、主席会议视察、政协理论研讨等重大履职活动，更好促进政协工作与党派团体工作有机融合、相得益彰，党派团体履职的积极性进一步提高，服务经济社会发展的作用进一步彰显。2020年，各党派团体提交大会发言材料9篇、社情民意信息115篇、提案187件，其中被市委、市政府领导签批重要履职成果43件。广泛团结联谊。注重加强与住常省政协委员的联系服务，邀请住常省政协委员列席重要会议、参加重要活动。注重强化与旅外委员的联系联谊，引导旅外委员在助力疫情防控、助推常德发展中主动作为。注重发挥人民政协在团结民族宗教界人士中的独特作用，走访民族宗教界代表人士，定期开展民族宗教界委员的界别活动，及时反映少数民族同胞和信教群众的意见诉求，为促进民族团结、宗教和睦、社会和谐作出积极贡献。强化文史征集和新闻宣传。坚持以文化人、以史资政，编辑出版《常德非物质文化遗产》《常德古建之韵》传统文化丛书，较好发挥本土历史文化存史、资政、团结、育人的作用；协助全国政协、省政协广泛征集“抗击新冠肺炎疫情”和“亲历扶贫”文史资料，有效推介常德的先进典型。加强新闻宣传工作，抓好政协网站、微信公众号、常德政协刊物等宣传阵地建设，在市级以上媒体发表各类新闻稿件400多篇，被《人民政协报》评为“宣传工作先进单位”，进一步讲好常德发展的故事，讲好协商民主的故事，讲好政协委员的故事。

2020年3月20日，市政协召开第七届第49次主席会议，专题视察市民之家政务服务（颜　开　摄）

【服务中心工作】　坚持党委有号召、政协有响应，党委有要求、政协有行动，始终与党政中心工作同轴运转、同向推进。积极投身新冠肺炎疫情防控。面对突如其来的新冠肺炎疫情，市政协第一时间响应中央和省委、市委号召，把战疫情、促发展作为重大政治任务，迅速动员全市各级政协组织和广大政协委员主动参战。广大政协委员秉持为国履职、为民尽责的情怀，闻令而动、逆行而上，积极投身抗疫一线、救治一线，尽力帮助筹措资金、抢购物资，累计为疫情防控捐款捐物1800多万元；政协机关干部连续作战，积极做好物资供应、社区防控、应急值守等工作，用实际行动展现政协人的担当与作为。以"加快突发公共卫生事件应急体系建设"为主题开展主席会议协商，提出坚持预防为主、平战结合、科学布控、综合救治等建议，为进一步完善全市突发公共卫生事件应急体系，贡献政协智慧、提出政协方案。积极助力决战决胜脱贫攻坚。坚决落实中央、省委、市委决策部署，主动参与脱贫攻坚，为助力打赢脱贫攻坚战贡献实实在在的政协力量。着力推进"三个一"扶贫大回访，各主席会议成员牵头带领一个组、各专委会组织本委委员，分别对结对贫困村和贫困户进行上门回访，了解实际情况、落实帮扶举措、解决具体问题。着力实施"湖南政协人助力巩固脱贫攻坚成果万户帮扶行动"，全市各级政协委员和机关干部共组成721个帮扶小组，结对帮扶721个贫困户，采取主席会议成员联点包县、全市政协系统上下联动、帮扶小组挂图作战等举措，为决战决胜脱贫攻坚出劲出力。着力抓好主席会议成员扶贫点村的迎检验收工作，主席会议成员联系的10个贫困村顺利通过国检和省检，全部实现脱贫摘帽。积极服务重点项目建设。按照市委统一部署，牵头抓好文旅康养专项小组工作，配合做好烟草、交通物流、新能源、纺织服装等专项小组工作，协调推动政策落实，协调督促项目落地。以"园区攻坚"为主题开展主席会议视察，为重点项目推进呼吁建言、出谋划策。以"助力化解疫情影响，我为发展建功建言"为主题开展委员走访月活动，引导企业界委员安全稳妥做好复工复产工作，动员职务委员立足本职岗位落实落细惠企政策，力所能及地帮助委员企业解决物流、用工、融资等一批实际困难，协助市委、市政府做一些强信心、暖人心的工作。

【履职能力建设】　主动适应新时代新要求，着眼于作风之实与履职之能的有机结合，持续推进履职能力现代化建设。优化政协履职平台。用好用活政协云，引导政协委员和政协干部运用政协云学习履职，政协云活跃度和微建议办复率均居全省市州前列；精心组织委员线上值班活动，点击量、评论数分别达到32万次、5521条，得到省政协主席李微微的充分肯定；继续探索开展网络协商议政，组织开展2次远程协商会议，把协商从会场延伸到网上，拓展委员参与面，增强履职便利度，打造不受时空限制的协商平台。按照"成熟一批、推介一批、发展一批"的思路，深入推进委员工作室规范化建设，着力打造服务基层群众的新载体、践行协商民主的新平台，4个市级委员工作室、7个县级委员工作室被评为全省示范性委员工作室。注重发挥老委员咨询团的智库作用，强化老委员的政协情怀，引导老委员继续为常德改革发展和政协事业发展献计出力。加强整体协同联动。认真落实关于加强市县政协联动协作的实施意见，邀请区县市政协主席列席市政协重要会议，召开区县市政协主席例会、区县市政协秘书长联席会议、专委会对口业务会议，定期交流工作，分享履职成果，形成上下联动的良好态势。在全市政协系统开展委员读书活动，通过组织委员参加线下读书会、专家讲座、委员讲堂等方式，引导委员把读书的收获转化为履职尽责的过硬本领。提升机关服务水平。以创建"让党中央放心、让人民群众满意的模范机关"为抓手，巩固深化机关文明创建成果，持续抓好机关自身建设，全国文明单位成功保牌。坚持用制度管人管事，修订完善公车使用、公务接待、财务管理、绩效评估等内部管理制度，切实强化制度的执行力和约束力，机关工作更加规范，机关运转更加高效。狠抓中青年干部能力提升，以中青年干部读书会为载体，召开中青年干部座谈会，开展"一月一讲座"、"世界读书日"读书分享、"政协文化青年谈"等活动，活跃机关氛围，提升能力水平。

（杨　锦）

重要会议

【政协常委会会议】　3月27日，市政协召开七届十七次常委会议，邀请4名参加抗疫一线的人员，通过现场讲述和远程视频的方式，作疫情防控工作报告。市政协主席李爱国主持会议，市政协副主席何英平、陈位明、彭孟雄、洪振海、熊国建、张业梅、张力，市政协秘书长吴德新、市政协办公室二级巡视员李长春参加会议。

5月29日，市政协主席李爱国主持召开市政协七届十八次常委会议，采取场内和远程视频相结合的方式，专题协商推动常德高等教育快速发展。市委常委、副市长涂碧波应邀出席会议并讲话。市政协副主席何英平、陈位明、傅绍平、彭孟雄、洪振海、张力，市政协秘书长吴德新出席会议。

9月18日，市政协召开七届十九次常委会议，听取市政府关于经济社会发展情况通报，专题协商"促进乡村特色产业发展"。市政协主席李爱国主持会议并讲话，市政府副市长龚德汉应邀出席会议并讲话。市政协副主席陈位明、傅绍平、彭孟雄、洪振海和秘书长吴德新出席会议。

10月14日，市政协主席李爱国主持召开市政协七届二十次常委会议，市政协副主席何英平、陈位明、傅绍平、洪振海、张力和秘书长吴德新出席会议。会议传达学习习近平总书记在湖南考察时的重要讲话精神、省委领导干部大会精神及省委十一届十一次全体会议精神；邀请湖南文理学院马克思主义学院院长黄向阳围绕学习《习近平谈治国理政》第三卷作专题辅导。

12月28日，市政协召开七届二十一次常委会议，听取全市政情、党风廉政建设和反腐败工作情况通报，审议通过市政协七届五次会议有关事项。市委副书记、市长邹文辉应邀出席会议并讲话，市政协党组书记、市政协主席提名人选朱水平出席会议并讲话，市委常委、市纪委书记、市监委主任罗翠林应邀出席会议并通报有关工作情况。会议由市政协副主席、党组副书记何英平主持，市政协副主席陈位明、傅绍平、彭孟雄、洪振海、张力，市政府秘书长李正才，市政协秘书长吴德新出席会议。

【政协主席会议】 1月19日，市政协召开第七届第47次主席会议，研究《政协常德市委员会常务委员会2020年工作要点及责任分解（草案）》。市政协主席李爱国主持会议并讲话，市政协副主席何英平、陈位明、傅绍平、彭孟雄、洪振海、熊国建、张业梅、张力，市政协秘书长吴德新出席会议。

2月26日，市政协主席李爱国主持召开市政协党组2020年第3次（扩大）会议暨市政协第七届第48次主席会议，传达学习习近平总书记重要讲话精神，部署疫情防控工作和政协履职活动。市政协副主席何英平、陈位明、傅绍平、彭孟雄、洪振海、熊国建、张业梅、张力和市政协秘书长吴德新参加会议。

3月20日，市政协召开第七届第49次主席会议，专题视察市民之家政务服务。市政协主席李爱国主持会议并讲话，市人民政府副市长尹正锡应邀出席会议，市政协副主席何英平、陈位明、彭孟雄、洪振海、熊国建、张业梅、张力和市政协秘书长吴德新出席会议。

5月12日，市政协主席李爱国主持召开市政协第七届第50次主席会议，专题视察农村人居环境整治，副市长龚德汉应邀出席会议并讲话，市政协副主席何英平、陈位明、傅绍平、彭孟雄、洪振海、张力和秘书长吴德新参加会议。

6月16日，市政协主席李爱国主持召开市政协第七届第51次主席会议，专题协商加快突发公共卫生事件应急体系建设，审议通过《加快突发公共卫生事件应急体系建设的建议函（草案）》。市委常委、副市长涂碧波应邀出席会议。市政协副主席何英平、陈位明、傅绍平、洪振海、张业梅、张力，市政协秘书长吴德新出席会议。

7月2日，市政协召开第七届第52次主席会议，专题协商加快发展开放型经济。市政协主席李爱国主持会议并讲话，市人民政府副市长杨成英应邀出席会议，市政协副主席何英平、陈位明、傅绍平、彭孟雄、洪振海、熊国建、张业梅、张力，市政协秘书长吴德新出席会议。

7月16日，市政协主席李爱国主持召开市政协第七届第53次主席会议，专题视察市城区体育场馆设施建设情况，市政协副主席何英平、陈位明、傅绍平、彭孟雄、洪振海、熊国建、张业梅、张力和秘书长吴德新出席会议。

8月27日，市政协召开第七届第54次主席会议，对园区发展情况开展专题视察。市政协主席李爱国主持会议并讲话，市政府副市长尹正锡应邀出席会议并讲话，市政协副主席何英平、陈位明、傅绍平、洪振海、熊国建、张业梅、张力和市政协秘书长吴德新出席会议。

9月28日，市政协召开第七届第55次主席会议，专题协商缓解企业用工难。市政协主席李爱国主持会议并讲话，市政府副市长龚德汉出席会议并讲话，市政协副主席何英平、陈位明、洪振海、张力和秘书长吴德新出席会议。

10月29日，市政协主席李爱国主持召开市政协第七届第57次主席会议，专题视察市城区水生态环境保护工作。市政府副市长尹正锡应邀列席。市政协副主席何英平、陈位明、傅绍平、彭孟雄、洪振海、张力，市政协秘书长吴德新参加会议。

11月30日，市政协主席李爱国主持召开市政协第七届第58次主席会议，市政协副主席何英平、陈位明、傅绍平、彭孟雄、洪振海、张业梅、张力和市政协秘书长吴德新出席会议。会议审议通过《政协常德市第七届委员会第五次会议筹备工作方案（草案）》《政协常德市第七届委员会常务委员会第二十一次会议方案（草案）》《2020年优秀市政协委员评选方案（草案）》《2020年市政协先进委员工作组（活动组）评选方案（草案）》，研究2021年市政协重点事项监督建议课题和市政协"委员风采"宣传人选建议名单等事项。

12月25日，市政协召开第七届第59次主席会议，市政协党组书记、市政协主席提名人选朱水平出席会议并讲话，会议由市政协副主席、市政协党组副书记何英平主持，市政协副主席陈位明、傅绍平、洪振海、张业梅、张力，秘书长吴德新出席会议。会议审议市政协有关人事事项、市政协常委会工作报告（草案）、市政协常委会关于七届四次会议以来提案工作情况的报告（草案）、市政协七届五次会议有关程序性事项和表彰事项，协商通过《常德市国民经济和社会发展第十四个五年规划和2035年远

2020年10月27日，市政协召开“助推产业立市三年行动计划落实”重点事项监督评议会议 （何加贝 摄）

景目标纲要（草案）》、市政协七届五次会议主持人及报告人安排，研究确定2021年市政协重点协商课题和主席会议视察课题。

【其他重要会议】 4月10日，市政协党组与各民主党派市委、市工商联、市知联会召开2020年第一次联席会议，市政协主席、党组书记李爱国带领市政协党组成员，与各民主党派团体负责人面对面交流，探索建立经常性的联系、研讨、合作机制，共同推动全市政协工作再上新水平、再上新台阶。市委常委、统战部部长陈华应邀出席会议并讲话。

9月25日，市政协召开2020年民主评议提案办理工作会议，总结通报2020年全市提案办理工作情况，民主评议2020年提案办理工作。市委副书记朱水平，市政协主席李爱国，市政府副市长李忠出席会议并讲话，市政协副主席何英平主持会议，市政协副主席洪振海出席会议。

10月27日，市政协主席李爱国主持召开“助推产业立市三年行动计划落实”重点事项监督评议会议，市委副书记朱水平，市委常委、市委统战部部长陈华，市委常委、市政府党组副书记罗毅君，市政协副主席何英平、陈位明、傅绍平、洪振海、张力，市政协秘书长吴德新出席会议。

12月17日，市政协主席、党组书记李爱国主持召开市政协党组与各民主党派市委、市工商联、市党外知识分子联谊会2020年第二次联席会议。市委常委、市委统战部部长、市政协党组副书记陈华，市政协领导何英平、陈位明、傅绍平、彭孟雄、洪振海、张业梅、张力、吴德新出席会议。

12月22日，市政协召开领导干部大会，市委书记、市人大常委会主任周德睿主持会议并讲话。会议宣布省委、市委有关任免决定：朱水平任市政协党组书记；李爱国不再担任市政协党组书记职务。市领导陈华、梁仲、罗先东、何英平、陈位明、傅绍平、彭孟雄、洪振海、张业梅、张力，市政协秘书长吴德新，市政协机关副处级以上干部参加会议。

（杨　锦）

政治协商

【概况】 全面贯彻落实习近平新时代中国特色社会主义思想和中共十九届四中全会精神，深入贯彻落实习近平总书记关于加强和改进人民政协工作的重要思想，进一步推动协商民主广泛、多层、制度化发展，切实发挥人民政协作为社会主义协商民主重要渠道和专门协商机构的作用。在充分听取市政协各参加单位意见的基础上，2020年，市政协共开展协商19次，其中以“推动高等教育加快发展”“促进乡村特色产业发展”为主题开展议政性常委会议协商2次，以“总结新冠肺炎防控工作经验教训，完善公共卫生服务体系建设”“加快发展外向型经济”“缓解企业‘用工难’”为主题开展主席会议专题协商3次，以“推进城乡垃圾分类处理”“加强无偿献血工作”“治理农村陈规陋习，促进乡风文明”等为主题开展对口协商和界别协商14次。

【常委会会议协商】 5月29日，市政协主席李爱国主持召开市政协七届十八次常委会议，采取场内和远程视频相结合的方式，专题协商推动常德高等教育快速发展。为做好协商，市政协文教卫体和文史委牵头成立课题调研组，通过座谈、走访等形式开展调研，并吸纳省内有可比性市州的办学经验，形成调研报告。截至2019年年底，常德市基本形成公办为主、民办补充，普通高等教育和高等职业教育协同发展的高校格局，形成一批优势专业学科和办学特色，各高校基础设施建设、教学设施设备逐步完善，为常德经济社会发展提供智力支持和人才支撑。针对目前高等教育发展中存在的问题，调研报告分析原因并提出相应的建议对策。会上，委员们提出加大政策支持、做强优势学科、实施人才战略、完善共建机制等建议，协商成果得到有效转化运用。会议在认真研究、充分吸纳所有发言人的合理化意见和建议后，表决通过《关于推动常德高等教育快速发展的建议（草案）》，该建议作为市政协常委会报送中共市委、市政府的第1号建议案。

9月18日，市政协召开七届十九次常委会议，听取市政府关于经济社会发展情况通报，专题协商“促进乡村特色产业发展”。市政协农业农村委负责人代表课题组汇报调研情况。5名市政协委员围绕促进乡村特色产业发展作协商发言，从不同角度提出意见建议。市政协主席会议成员作协商发言，提出聚焦主体产业、培育主导品牌、激活创新动能等建议。会议审议通过《关于促进乡村特色产业发展的建议案（草案）》。

【主席会议专题协商】 6月16日，市政协主席李爱国主持召开市政协第七届第51次主席会议，专题协商加快突发公共卫生事件应急体系建设。根据省政协有关要求，常德市政协成立“加快突发公共卫生事件应急体系建设”课题调研组，先后召开2场座谈会，深入市疾控中心等现场调研，并赴江西等地学习考察，形成调研报告。常德市着力完善卫生应急机制，应对突发公共卫生事件的能力和水平显著提高。调查报告针对常德市突发公共卫生事件应急体系中的一些短板和不足，提出相对应的建议和意见。会议审议通过《加快突发公共卫生事件应急体系建设的建议函（草案）》。

7月2日，市政协召开第七届第52次主席会议，专题协商加快发展开放型经济。市政协经济科技和外事委主任邓铁强汇报关于加快发展开放型经济的调研报告。近三年，常德市开放强市战略成效初显，全市开放型经济呈现出良好的发展态势。常德市发展对外贸易，开放水平稳步提升；实施招大引强，开放格局加快形成；打造立体交通，开放基础不断夯实。全市外贸总额从2015年的7.8亿美元增长到2019年的19.1亿美元，增长率达144.8%。但同时存在开放总量不大、力度不够、环境不优等问题。调研组提出提高思想认识，不断完善政策机制；搭建开放平台，不断拓宽发展空间；强化人才支撑，不断激发开放活力；提升服务质量，不断优化发展环境等对策建议。3名市政协委员进行协商发言。市发改委、市财政局、市商务局等市直有关单位和常德海关、港务集团等中央驻常单位、市属企业负责人在听取委员的发言后，现场对委员提出的问题作出解答，并提出相应的意见建议。会议审议通过《关于加快发展开放型经济的建议（草案）》。

9月28日，市政协召开第七届第55次主席会议，专题协商缓解企业用工难。常德市委市政府和有关部门高度重视企业用工问题，出台惠企助企政策，采取一系列举措，取得显著成效。然而，随着招商引资力度的加大、承接产业转移的企业增多，常德企业的用工缺口加大；在开放强市产业立市战略推动下，企业在转型升级过程中也出现一些新的用工难题。会上，市政协委员学习联络委相关负责人汇报针对企业“用工难”现状的调研报告，高等院校、企业界的政协委员代表，常德经开区、常德高新区以及各部门与会代表，主席会议成员何英平、张力等，从各个角度展开协商发言。市政协主席会议成员作协商发言，提出鼓励学校引导学生在本地企业就业、重视地方企业用工机制建设、完善用好人才政策、优化地方企业用工环境等意见建议。会议审议通过《关于缓解我市企业用工难的建议（草案）》。

10月29日，常德市政协主席李爱国主持召开第七届第57次主席会议，专题协商市城区水生态环境保护工作。与会人员前往柳叶湖旅游度假区查看柳叶湖主要水系来源、水质状况以及太阳山石煤矿区生态环境综合治理项目。会上，常德市生态环境局、柳叶湖旅游度假区管委会相关负责人分别汇报市城区水生态环境保护情况和柳叶湖旅游度假区水生态环境治理情况。主席会议成员和有关单位与会代表进行协商发言。

【对口协商和界别协商】 2020年，市政协7个专门委员会共开展对口协商和界别协商14次，其中，委员学习联络委以“推进城乡垃圾分类处理”“加强无偿献血工作”为主题开展协商，提案委以“治理农村陈规陋习，促进乡风文明”“加快推进公交都市创建”为主题开展协商，经济科技和外事委以“打响常德地标品牌，做强常德茶油产业”“加快美丽乡村建设，推进农村经济快速发展”为主题开展协商，农业和农村委以“加快村级产业发展”“加强农村公路管护”为主题开展协商，人口资源环境委以“加强餐厨垃圾处理”“加强柳叶湖水环境保护”为主题开展协商，文教卫体和文史委以“推动乡村文化振兴”“促进我市医疗保障体系统一管理”为主题开展协商，社会法治和民族宗教委以“推动保健品行业规范健康发展”“推进全民健身计划”为主题开展协商，各个专门委员会组织市政协委员开展调研、协商，形成一批有价值的履职成果。

（杨　锦）

民主监督

【概况】 2020年，市政协以“助推产业立市三年行动计划落实”为主题，由市政协7个专门委员会从各党派界别人士中组建7个监督小组，对市发展改革委、市工信局、常德经开区、常德高新区等7个部门和园区进行监督。4月开始，各监督小组本着客观公正、实事求是的原则，通过实地走访、问卷调查、座谈协商、网上征询等方式深入调研，累计开展走访活动50余次，走访企业90多家，召开座谈会28次，发放调查问卷1200多份，通过归纳梳理，共综合反映问题24个。市政协坚持围绕党政中心选题，以组织化方式开展重点事项民主监督，注重问题导向，进一步突出民主监督的实效性，突出民主监督的协商性，确保帮助被监督单位达到改进工作的目的，强化多方参与，进一步突出民主监督的联动性，共同形成做好民主监督的强大合力，为推进开放强市产业立市向纵深发展贡献政协力量。

【现场评议】 10月27日，召开民主评议大会，由市政协常委会议组成人员、各监督小组成员对7个被监督部门和园区在产业立市三年行动中目标落实、园区发展、项目建设、招商引资、企业服务、行政效能、工作作风等方面进行现场评议。监督评议意见作为当年绩效评估、领导班子和干部队伍建设、党风廉政建设、统战工作、优化经济发展环境等方面年度考核的重要参考。

（杨　锦）

提案建议

【概况】 2020年，全市政协委员、政协各参加单位积极通过提案建言献策，共提交提案392件，经合并、审查，最终立案323件（大会提案313件、闭会提案10件）。其中，经济建设类提案66件、政治建设类提案50件、文化建设类提案36件、社会建设类提案144件、生态文明建设类提案27件。立案提案中有29件提案得到市委、市政府领导签批60件次。截至2020年8月，所有提案全部办复，综合整体办理情况，提案所提问题得到解决或部分解决的A类提案132件，占40.9%；所提问题正在解决或列入计划逐步解决的B类提案182件，占56.3%；所提问题因政策或其他条件限制不能解决的C类提案9件，占2.8%。

2020年9月25日，市政协召开2020年民主评议提案办理工作会议

（何加贝 摄）

【重点提案办理】 2020年，市政协提案委根据《政协常德市委员会重点提案遴选与督办暂行办法》，确定9件提案由市政协主席会议成员领衔督办，7件提案由市政协各专委会对口督办，有效发挥重点提案办理的良好示范作用，进一步深化提案办理协商，促进提案办理落实。

针对委员提出的《关于加强公办、普惠性幼儿园建设的提案》，市政府及相关部门充分吸纳委员意见，进一步加大教育工作投入力度，2020年全市实际增加公办园学位13614个，完成年度总任务的139.4%，其中通过建设增加3106个、小区配套园回收增加420个、盘活公办资源增加10088个。公办园在园幼儿占比较上年提高14个百分点。

针对多名委员联名提出的《关于开通常德至惠州飞机航班的提案》，相关部门积极予以落实，通过加大工作力度，新开宁波⇌常德⇌北海、南京⇌常德⇌惠州两条航线，并于2020年10月25日成功实现常德直飞惠州、宁波航班首航。

针对委员提出的《关于推行就诊卡“一卡通”的提案》，市卫生健康委加速推进电子健康卡环境改造，全市21家二级及以上公立医院和16家基层医疗卫生机构完成电子健康卡环境改造，全市所有二级以上公立医院将取消院内诊疗卡、证，实现电子健康卡看病就医全覆盖。

（杨　锦）

调研交流

【概况】 2020年，常德市政协围绕各协商课题、政协基础工作等主题，由相关副主席或专门委员会牵头，赴外地、全市各区县市开展多次调研，了解全市相关工作情况，学习借鉴外地先进工作经验，在此基础上，形成一批有价值的履职成果。

【调研督查】 5月7日至9日，省政协副主席戴道晋率调研组到常德，就“落实社会保障兜底扶贫政策，建立解决农村相对贫困的长效机制”和“加强乡村人才队伍建设，推动乡村振兴”两项工作进行调研，并召开专题座谈会。市委书记、市人大常委会主任周德睿，市政协主席李爱国，市政府副市长龚德汉，市政协副主席彭孟雄分别参与调研或座谈会。

6月3日，省政协副主席胡旭晟一行到常德，就“落实支持政策，助推港澳台侨企业高质量发展”课题开展监督调研。市政协主席李爱国，市人民政府副市长汤祚国，市政协副主席张业梅陪同调研或参加座谈会。

9月18日，省政协副主席戴道晋一行就贯彻落实中央、省委政协工作会议和有关文件精神到常德开展专项督查，市委副书记朱水平，市委常委、市委组织部部长梁仲，市政协副主席何英平参加督查及座谈会。

11月2日至3日，省政协副主席赖明勇带队到常德开展调研宣讲活动。市政协主席李爱国，市政府副市长尹正锡，市政协副主席何英平、陈位明、傅绍平、彭孟雄、洪振海、张力、张业梅和秘书长吴德新陪同调研或参加宣讲活动。

12月15日至16日，省政协副主席胡旭晟率部分省政协港澳委员到常德，围绕贯彻落实习近平总书记在湖南考察时提出的“三个高地”战略，助推湖南对接长江经济带和粤港澳大湾区，助力常德“加快对接融入，打造开放高地”开展调研，并召开座谈会。省政协常委、省政协港澳台侨和外事委员会主任王玉立主持会议。市委副书记、市长邹文辉作市情推介，市委副书记朱水平，市政协主席李爱国，市委常委、市政府常务副市长罗毅君，市政协副主席何英平、陈位明、彭孟雄、洪振海、张业梅、张力和秘书长吴德新陪同调研或出席座谈会。

【考察交流】 2020年，常德市政协共接待外地政协到常德考察调研20余次，省外辽宁省大连市、山东省菏泽市、江西省九江市、安徽省六安市等地政协，以及省内岳阳市、邵阳市、益阳市、张家界市等地政协，到常德就政协工作以及专项工作开展情况等进行交流。

（杨　锦）

中共常德市纪律检查委员会
常德市监察委员会

综述

【概况】 2020年，全市各级纪检监察机关坚持稳中求进工作总基调，主动服务全市大局，发挥监督保障执行、促进完善发展作用，全力推动纪检监察工作高质量发展，为深入推进开放强市产业立市提供坚强纪律作风保障。

坚持把学习贯彻习近平新时代中国特色社会主义思想和习近平总书记考察湖南重要讲话精神作为第一位的政治任务，将相关部署要求细化为20项任务清单，狠抓跟踪督导落实。护航疫情防控，第一时间严明抗疫纪律，建立信访举报通道和快查快处机制，严查玩忽职守、“表格抗疫”、截留挪用等行为，围绕推动落实“六稳”“六保”，赴企业和基层调研督导，强化对复工复产、减税降费、深化“放管服”改革等政策措施落实情况的跟进监督、精准监督、全程监督，千方百计帮助企业排忧解难。全力落实习近平总书记“守护好一江碧水”重要指示精神，牵头开展“洞庭清波”专项行动，强化禁捕退捕专项监督，全市共问责党员干部247人。组织开展违建别墅、农村乱占耕地建房等专项整治，严查贯彻落实不力背后的腐败和作风问题。

坚守政治巡察定位，坚持有形覆盖和有效覆盖相统一，分两轮对59个党组织集中进行巡察，共发现问题593个，移交问题线索223条。七届市委巡察覆盖率达到89.3%。以配合省委巡视常德市部分区县为契机，联动开展巡视巡察。坚持市县巡察对象同选同步、违纪线索共享共助、整改运用联动联查，加强巡察机构与纪检监察机关、组织、宣传、审计等部门协调联动，以上促下、联动贯通的工作格局初步形成。压实被巡察党组织整改责任，健全巡察整改日常监督常态化长效化机制，推动边巡边查、立行立改，前七轮巡察反馈问题整改完成率达99.3%。

全面加强政治建设，建立“不忘初心、牢记使命”长效机制，认真组织学习《习近平谈治国理政》第三卷和习近平总书记考察湖南重要讲话精神。全面落实党建工作责任制，深化文明创建，市纪委市监委机关获评全国文明单位。深化“结对练兵”、实战培训，开展业务能手和精品案件评选活动，全面加强案管机构建设，队伍能力素质和案件质量全面提升，20余名干部抽调到上级纪委监委参与查办大要案件。出台严管厚爱干部17条具体措施，抓好内部督查及督促整改。

【2020年纪检监察实战业务培训班】 10月27日，市纪委市监委2020年纪检监察实战业务培训班开班。培训为期四天，主要学习贯彻习近平总书记到湖南考察时的重要讲话精神，切实提升市纪委市监委全体干部政治素养和业务能力。市委常委、市纪委书记、市监委主任罗翠林在开班式上围绕“深学细悟习近平总书记重要讲话精神，持续深入推进全市纪检监察工作高质量发展”主题，提出要求。市纪委常务副书记、市监委副主任向才焰主持开班式，市纪委市监委领导班子成员和委机关、派驻纪检监察组、市委巡察机构等全体干部和市管企业纪委书记、监察专员参加培训。

（伍俞吉）

重要会议

【市第七届纪委第五次全体会议】 3月4日，中国共产党常德市第七届纪律检查委员会第五次全体会议召开。出席全会的市纪委委员30人，列席166人。市委书记、市人大常委会主任周德睿出席全会并发表讲话。市委常委，市人大常委会、市政府、市政协领导同志出席会议。全会以习近平新时代中国特色社会主义思想为指导，深入贯彻党的十九大和十九届二中、三中、四中全会精神，按照十九届中央纪委四次全会、十一届省纪委五次全会部署和市委要求，总结2019年纪检监察工作，部署2020年任务，审议通过罗翠林代表市纪委常委会所作的《发扬斗争精神，提升监督效能，为决胜全面建成小康社会提供坚强保障》工作报告。

【决战扶贫领域腐败和作风问题入村督查培训会】 5月8日，市纪委市监委召开决战扶贫领域腐败和作风问题入村督查培训会，市委常委、市纪委书记、市监委主任罗翠林出席会议并讲话，要求纪检监察干部把入村督查当作工作作风的一次检验、工作能力的一次历练，政策上做到“三个学会”，即学会看对象台账，学会查政策台账，学会算收入账；工作上聚焦“三个落实”，即围绕责任落实、政策落实、工作落实，有针对性地制定督查计划。要把工作重点要放到入户走访上来、放到帮扶解难上来，聚焦“一超过两不愁三保障”，深入群众、与群众面对面交谈，实地了解社情民意，着力发现扶贫领域腐败和作风问题，特别是“微腐败”问题线索。要严格执行中央八项规定精神，吃住在村，并按标准支付伙食费，不得接受任何形式的宴请，不得收受任何形式的馈赠；要力戒形式主义官僚主义，一律采取“四不两直”方式开展督查，切实减轻基层负担。

【特约监察员座谈会】 11月26日，市纪委市监委召开特约监察员座谈会。市纪委常务副书记、市监委副主任向才焰参加会议并讲话，市纪委常委、秘书长吴永兴主持会议并通报2020年全市纪检监察系统工作情况，部分特约监察员及相关室部主要负责同志参加座谈会。叶冬生、孙胜、刘连松、吉琴、李勇义、陈瑛、欧阳大喜、钟力云、胡小明、侯奇伟、赵金秋等特约监察员发言，并围绕国企管理、监督问责、整治形式主义官僚主义等方面提出意见建议。

【深化整治形式主义官僚主义工作调度会】 12月2日，常德市召开深化整治形式主义官僚主义工作调度会，市委常委、市纪委书记、市监委主任罗翠林主持会议，市委常委、市委秘书长罗先东出席会议。会议传达学习省委办公厅、省专项工作机制办公室《深化整治“两个主义”蹲点调研报告》精神，宣读《常德市集中整治基层反映强烈的形式主义官僚主义突出问题实施方案》，听取整治行动各工作组的工作情况汇报。2020年，全市各级各部门认真落实中央、省委和市委决策部署，做好问题整治、监督督查、宣传引导、机制完善等各项工作，深化整治形式主义、官僚主义，取得明显成效。

（伍俞吉）

纪检监察体制改革

【常德市多家监察工作委员会挂牌成立】 在省纪委省监委和省委编办的统一部署安排下，经市委研究决定：由常德市监察委员会向常德经开区、常德高新区、柳叶湖旅游度假区、西湖管理区、西洞庭管理区派出监察工作委员会，与纪（工）委合署办公，履行纪检、监察两项职能。监工委作为市监委的派出监察机构，对市监委负责并报告工作。根据市监委的授权，可采取谈话、函询、查询、调取等调查措施。2020年1月20日，常德市首家监察工作委员会——常德市监察委员会西湖管理区监察工作委员会挂牌成立。2月20日，常德市监察委员会常德经济技术开发区监察工作委员会挂牌成立。4月28日，常德市监察委员会西洞庭管理区监察工作委员会挂牌成立。6月29日，常德高新区纪律检查工作委员会、监察工作委员会揭牌仪式在常德高新区管委会大楼前举行。

【首批市管企业监察专员上任】 8月4日，市属企业纪检监察体制改革推进会召开，常德市第一批市管企业监察专员上任，分别为市城投集团、市经投集团、市财鑫投集团纪委书记、监察专员。向市管企业设立监察专员办公室任命监察专员是贯彻落实全面从严治党，深化纪检监察体制改革，着力推动监察职能向市属企业延伸，实现监察全覆盖的一项重要举措。经过授权，市管企业监察专员办公室可依法实施谈话、函询、查询、调取等措施，并行使其他监察权限。推进会上，市委常委、市纪委书记、市监委主任罗翠林为这三家市管企业监察专员办公室授牌并讲话。市委组织部、市财政局、市国资委有关负责人和市纪委市监委相关部室、派驻纪检监察组负责人，市属国有企业党委、纪委负责人参加会议。

（伍俞吉）

监督执纪

【日常监督】　严格贯彻执行《党委（党组）落实全面从严治党主体责任规定》，督促各级党组织抓早抓小，强化日常监督。探索开展政治生态监测评估，认真绘制领导干部“廉政画像”，推行党风廉政建设主体责任清单化管理，严把党风廉政意见回复关。深入开展谈心谈话，全市共开展谈心谈话38.9万人次。深化纪检监察体制改革，向5个管理区、产业园区派出监察工作委员会，向157个乡镇（街道）派出监察办公室，在3家市管企业设立监察专员办公室，进一步推进监察全覆盖。

【专项监督】　关注民生。把决战决胜脱贫攻坚作为全年工作主线，认真落实“四个严查”要求，严惩贪污侵占、虚报冒领、截留挪用等违纪违法行为，严查数字脱贫、虚假脱贫等形式主义官僚主义问题。采取“一人一村、四不两直、吃住在村”方式，组织全市495名纪检监察干部开展进村入户督查。深入开展工程建设项目招投标突出问题专项整治，坚持打击犯罪、线索办理、敦促自律、强化监管同步发力。持续开展教育领域侵占群众利益问题专项整治，扎实推进人防系统、城市社区、民生保障等重点领域腐败和作风问题专项治理。严治“四风”。扎实开展形式主义官僚主义集中整治，重点治理“文山会海”、过度留痕、检查考核过多过频、指尖上的形式主义等顽瘴痼疾，全市共查处形式主义官僚主义问题124起。严格落实中央八项规定精神和省委“约法三章”，开展“一张函、一间房、一张卡、一张表、一份回复”专项整治，全市共查处违反中央八项规定精神问题251起。创新设立作风建设观察点，通过“点对点”监督、蹲点调研等方式，靶向开展整治，推动作风建设走深走实、常态长效。

【出台《纪律处分决定执行工作规范》】　5月中旬，常德市纪委出台《纪律处分决定执行工作规范》，规避处分决定执行“打白条”问题，为处分决定执行安装“导航仪”。根据《纪律处分决定执行工作规范》，明确处分决定执行工作事项；厘清处分决定执行工作责任；统一处分决定执行工作标准；建立处分决定执行监督台账。全市严格落实《纪律处分决定执行工作规范》，确保纪律处分全面及时、不折不扣的执行，切实维护纪律严肃性和权威性，充分发挥纪律处分的惩戒、警示、教育作用。

【重点治理城市社区腐败和作风突出问题】　5月，常德市纪委市监委印发《关于开展城市社区腐败和作风突出问题专项治理的工作方案》，重点治理381个城市社区的民生领域、集体“三资”管理、征地拆迁和棚户区改造、工程建设、公共服务、疫情防控和复工复产等六个方面突出问题。专项治理由市群众身边腐败和作风问题专项整治领导小组牵头，各地按照“集中自查自纠、全面抽查核查、精准执纪问责、强化制度建设”步骤稳步推进，意在通过发现、整改突出问题，增强社区治理能力。专项治理工作中，纪检监察机关通过与职能部门共享数据，提高发现问题效率，取得较好监督效果。专项治理结合巡察监督开展，增强治理效能。开展城市社区腐败和作风突出问题专项治理，建立健全制度，堵上制度漏洞，扎紧制度笼子，健全社区治理体系。针对专项治理中发现的社区财务管理不规范这一普遍问题，各地加强相关制度建设。鼎城区、安乡县制定完善《村级财务代理服务中心备用资金管理制度》《村级财务代理服务中心岗位责任制度》等制度，社区财务管理规范化水平进一步提高。

（伍俞吉）

惩腐倡廉

【概况】　坚持有腐必惩、有案必查，紧盯“一把手”和重要岗位领导干部，向项目资金富集领域的深层次腐败亮剑，严肃查处刘某荣、刘某波、黄某兵、高某松、蹇某武等严重违纪违法案件。深入开展无越级信访举报乡镇创建工作，全市检举控告类信访举报量、重复信访量和越级信访量分别下降。扎实做好案件查办“后半篇文章”，全市发出纪检监察建议书178份，对近两年受到处分的党员干部进行回访教育。改进处分决定宣布工作，将处分决定宣布从“一张纸”变成警示教育“一堂课”。编发违纪违法党员干部警示录，摄制警示片，组织开展“不忘初心·传廉声”经典廉洁诗词美文品读会，在全市上下营造崇廉尚洁的浓厚氛围。

【举行“不忘初心·传廉声”经典廉洁诗词美文品读会】　9月28日，常德市“不忘初心·传廉声”经典廉洁诗词美文品读会举行。经典廉洁诗词美文品读会视频作品征集活动自5月开展，共收到全市361家单位456件作品，经过专家评审，共评选出50个优秀视频作品，10个最佳组织奖，20个单项视频作品奖，5个最佳视频作品奖。部分优秀视频作品在活动现场集中展播。市委书记、市人大常委会主任周德睿，市委副书记、市长邹文辉出席活动并为获奖作品颁奖。

（伍俞吉）

巡察工作

【概况】 2016年11月，中共常德市委员会根据《中国共产党巡视工作条例》、中共中央办公厅《关于市县党委建立巡察制度的意见》的有关精神，建立巡察制度。

中共常德市委巡察工作领导小组办公室（以下简称市委巡察办）是中共常德市委巡察工作领导小组（以下简称市委巡察工作领导小组）的日常办事机构，作为市委工作机关，为正处级，设在市纪委。主要负责向市委巡察工作领导小组、省委巡视工作领导小组办公室报告巡察工作情况，传达贯彻中央和省委、省委巡视工作领导小组及市委、市委巡察工作领导小组的决策和部署；承担巡察工作有关政策研究、制度建设等工作；统筹、协调、指导市委巡察组开展工作；协调指导区县市党委开展巡察工作；对市委、市委巡察工作领导小组决定的事项及巡察移交事项进行督办；配合有关部门对巡察工作人员进行培训、考核、监督和管理；完成市委和市委巡察工作领导小组交办的其他事项。市委设立4个巡察组，主要负责贯彻市委关于巡察工作的决议、决定，向市委巡察工作领导小组负责并报告工作；承担巡察工作具体任务，在市委巡察办统筹协调指导下开展巡察工作、形成综合报告、反馈巡察意见、督促整改落实；研究巡察成果的运用，提出相关意见、建议，发现并移交违纪违法问题线索；负责集中巡察期间巡察组人员的教育、管理和监督；承担市委巡察工作领导小组及其办公室交办的其他事项。

2020年，市委巡察办深入贯彻习近平总书记关于巡视工作重要论述，全面落实中央和省委关于巡视巡察工作的新精神新要求，坚守政治巡察定位，准确把握巡察方针，持续推进巡察工作高质量发展。

政治巡察。市委自觉扛起巡察工作主体责任，及时听取中央和省市巡视会议精神，及时研究贯彻落实意见。市委书记、市人大常委会主任周德睿多次听取情况报告，提出明确要求，点人点事97条。因时因势调整监督重点，将巡察监督工作重心从“六围绕一加强”调整为“三个聚焦”。按照市委要求，市委巡察工作领导小组严格落实组织实施责任，印发《巡察工作实施方案》，将巡察内容与“两个维护”、落实“六稳”“六保”目标要求、统筹疫情防控和经济发展深度契合，部署推动第七轮、第八轮巡察工作。在不到7个月的时间，分两轮对59个党组织开展常规巡察，全覆盖完成率达89.3%，各区县市共巡察1143个党组织，全覆盖完成率达90.3%。

联动巡察。以省委巡视武陵区、桃源县、临澧县和汉寿县，以及对津市市开展巡察工作专项检查为契机，安排区县派出1～2个巡察组专门配合省委巡视工作，并对标省委巡视的工作要求，进一步健全配合机制建设。着力打造“巡察+N”综合监督平台，出台《建立纪检监察、组织人事、巡视巡察与审计监督沟通协调机制暂行办法》，协助制定《常德市经济责任审计工作联席会议议事工作规则》《常德市经济责任审计工作联席会议办公室工作规则》，建立健全与纪检、组织、宣传、审计等职能部门协作配合机制。加快构建系统集成、协同高效的联动机制，进一步完善组内会商、组办会商、巡纪会商机制，加强对问题线索的分析研判。

整改落实。坚持快查快结、优先办理，第七轮巡察向市纪委市监委和市委组织部门移交线索75条，根据前七轮移交线索给予党纪政务处分、组织处理，领导干部因严重违纪违法被移送司法机关。落实联系市级领导和主管部门牵头督办、巡察组和巡察办督查督办、纪委监委和组织部门长期日常监督督办的巡察整改落实监督机制，督促被巡察党组织从巡察进驻第一天开始立行立改、即知即改，通过两轮巡察，共向被巡察党组织移交立行立改事项99件。截至2020年年底，共

2020年7月21日，市委巡察工作领导小组听取市委第七轮巡察情况汇报
（市委巡察办 供图）

向被巡察党组织反馈问题2890个，已整改问题2877个，问题整改完成率达99.5%。

【七届市委第七轮巡察工作动员部署会】　4月21日，七届市委第七轮巡察工作动员部署会召开，市委常委、市纪委书记、市监察委主任、市委巡察工作领导小组组长罗翠林作动员讲话，市委常委、市委组织部部长、市委巡察工作领导小组副组长梁仲主持会议。会议传达中央、省委和市委关于巡视巡察工作的指示精神，宣读市委第七轮巡察授权决定及任务分工，对第七轮巡察工作进行部署，决定对市人大机关党组、市政协机关党组等20个单位党组织开展常规巡察。

【第七轮巡察情况汇报】　7月21日，市委巡察工作领导小组召开专题会议，听取市委第七轮巡察情况汇报。市委常委、市纪委书记、市监察委主任、市委巡察工作领导小组组长罗翠林讲话。市委常委、市委组织部部长、市委巡察工作领导小组副组长梁仲主持会议。会议听取各巡察组巡察情况汇报，并对相关问题线索提出处置意见。书记专题会议听取市委第七轮巡察情况汇报。8月19日，市委书记、市人大常委会主任周德睿主持召开书记专题会议，听取市委第七轮巡察情况汇报。会议研究第七轮巡察成果运用意见，对工作高质量发展提出要求。会议强调要严肃巡察反馈，扎实做好巡察整改“后半篇文章”。会议审阅第七轮被巡察单位领导干部情况汇总材料。市领导邹文辉、朱水平、罗翠林、梁仲出席会议。

【七届市委第八轮巡察工作动员部署会】　9月10日，七届市委第八轮巡察工作动员部署会召开，市委常委、市纪委书记、市监察委主任、市委巡察工作领导小组组长罗翠林作动员讲话，市委常委、市委组织部部长、市委巡察工作领导小组副组长梁仲主持会议。会议传达中央和省委关于巡视巡察工作的新精神、新要求，宣读市委第八轮巡察授权决定及任务分工，决定对市委办、市委宣传部、市委统战部等39个单位党组织开展常规巡察。会议强调，各区县市巡察机构要以接受省委巡视为契机，积极配合省委巡视工作，不断提升巡察工作规范化水平。

【第八轮巡察情况汇报】　11月26日，常德市委巡察工作领导小组召开专题会议，听取市委第八轮巡察情况汇报。市委常委、市纪委书记、市监察委主任、市委巡察工作领导小组组长罗翠林讲话。市委常委、市委组织部部长、市委巡察工作领导小组副组长梁仲主持会议。会议听取各个巡察组的情况汇报，研究问题线索处置意见，强调要严格落实底稿制度，增强问题线索精准性。书记专题会议听取市委第八轮巡察情况汇报。12月15日，市委书记、市人大常委会主任周德睿主持召开书记专题会议，听取市委第八轮巡察情况汇报，研究成果运用意见。会议肯定巡察工作取得的成效，全市政治生态逐步向善向好。会议强调要严格落实巡察整改主体责任和日常监督责任，督促被巡察党组织严肃对待巡察反馈。会议审阅第八轮被巡察单位领导干部情况汇总材料。市领导邹文辉、朱水平、罗翠林、梁仲出席会议。

（朱海文）

民主党派

中国国民党革命委员会常德市委员会

【概况】 2020年，中国国民党革命委员会常德市委员会（以下简称民革常德市委）被民革中央《团结报》授予发行征订工作二等奖。全省目标量化考核中宣传对台工作获第二名；参政议政工作获第三名；办公室工作获第三名。副主委张恩被评为湖南省抗疫先进个人。民革党员胡丽绚被评为民革全省十佳志愿者。

【参政议政】 重点课题调研。民革常德市委承接民革湖南省委课题，重点开展“常德市精品农业、智慧农业、绿色农业、现代农业”课题调研，自主开展“关于我市农村人居环境”的课题调研。全面深入考察，调研座谈，多方位了解学习后形成调研成果。与民革省委联合调研撰写的《关于湖南高校毕业生在湘就业情况分析与建议的报告》得到中共省委副书记、省长许达哲和中共省委副书记乌兰、副省长谢建辉的亲笔批示。打造“精品”提案。民革界别政协委员全年共提交提案14件，其中集体提案2件，提交的《打造人才“洼地”，推进就业创业》和《关于深化行政审批制度改革》提案得到市领导签字批示和相关部门的采纳。全国人大代表、民革党员王怀军提交的《关于将革命老区的“常石鹤恩”扶贫高速公路列入国家交通建设重点工程的建议》得到全国人大常委会副委员长张春贤批示。反映社情民意。全年提交20多篇建议材料，市政协上稿5篇，涉及经济、社会、法律、医卫等领域。委员张恩调研撰写的《关于在市城区西片规划建设一所市直中学的建议》，委员张华欣调研撰写的《关于进一步理顺市城区物业管理体制机制的建议》《穿紫河街道护栏损毁严重亟待重视和解决》，委员胡军和代表王怀军调研撰写的《关于加快推进烤烟种植业高质量发展的建议》《关于加强贫困地区乡村教师队伍建设的建议》在市政协上稿并得到相关部门的高度重视和采纳。推进重点事项监督。按照市政协要求，民革政协工作组以“助推产业立市三年行动计划落实”作为监督主题，对市工信局在产业立市三年行动中目标落实、园区发展、项目建设、招商引资、企业服务以及行政效能工作作风等方面情况进行监督。10月，委员胡丽绚代表市政协农业农村委在市政协重点事项监督会议上进行点评。

【组织建设】 基层组织换届。2020年，常德民革3个总支、22个支部全部完成换届工作，组织工作顺利交接。11月成立“民革党员之家”，全国政协副主席、民革中央副主席郑建邦和中共市委书记周德睿揭牌。规范发展党员。共考察报批15名新党员。2020年年底，常德民革共有3个总支22个基层组织，党员319人。推荐干部。从基层组织中选拔50人进入后备人才库，并保持动态调整。8月，民革常德市委会与中共常德市委统战部协商，推荐邹吉茂、杜鹏、张恩、夏金梅、万勇平、程本群、胡军、陈若兰、游振、胡丽绚、张思韵11名民革党员为市级层面代表人士。9月，万勇平被提拔重用到石门县政府副县长岗位。11月，张华欣被任命为武陵区民政局局长。示范支部创建和民革党员之家建设。2020年，桃源县支部和德山行政支部达标示范支部，其中德山行政支部被评为民革中央第一批民革示范支部。

【社会服务】　关爱抗战老兵。全年累计开展关爱抗战老兵志愿服务行动10次以上，发放关爱老兵资金近50万，在传统节日例行组织民革志愿者们开展节日慰问老兵活动。扶助社会弱势群体。民革常德市委持续关注社会弱势群体，致力带去社会的温暖和关爱。1月，民革常德市委机关全体干部走访慰问困难党员毛自富、周兴山，送去新春祝福和节日慰问金。3月，湖南民革志愿者中心常德分中心前往汉寿县开展“法润三湘·民革同行”暨“情暖高墙·关爱孩子”志愿服务活动，为3位受助孩子送去慰问金、学习生活用品，鼓励孩子努力学习，积极乐观面对生活。5月，民革石门县支部联合湖南柯程服装有限公司开展“博爱·牵手　情暖六一”爱心助学活动，为苏市学校的全体学生发放春夏季服装（共480套，价值6万元），给孩子们送去节日的问候和祝福。9月，民革常德市委会联合石门县司法局社区矫正局开展“法润三湘·情暖高墙”助学活动，为在常德服刑人员特困家庭未成年子女提供爱心捐助、心理疏导、法律援助等公益服务。10月，民革常德市委开展“九九”重阳慰问老党员和抗战老兵活动。郑洞国教育基金品牌。11月，协助民革中央、民革湖南省委开展郑洞国教育基金第十三届园丁奖、助学金颁发活动，共奖励石门县一中、磨市镇洞国学校、夹山镇完小180名学生，25个老师，共发放园丁奖、助学金71.6万元。抗击疫情，助力复工复产。2020年年初，新冠肺炎疫情发生后，民革常德市委会第一时间转发中共常德市委统战部发表的《致全市统一战线广大成员的倡议书》，呼吁广大民革党员以“担当”践行政治使命，以“实干”彰显统战作为，积极参与新冠肺炎的防控工作。在组织的抗击疫情专项捐款活动中，民革党员共捐赠善款29300元，民革党员在其他组织平台捐款捐物共计239830元。2月，民革常德市委组织骨干党员前往常德市第二人民医院抗击疫情现场慰问，为奋战在一线的医务人员送上500千克常德香米，前往扶贫点村澧县涔南镇曾家河社区看望政府、社区、驻村工作人员以及结对贫困户，并为他们送去防疫物资。3月，民革常德市委机关干部为助力抗疫自愿无偿献血。民革德山总支志愿者助力常德经开区“春风行动”系列招聘会，缓解企业“招工难”问题，帮助企业顺利复工复产。5月，组织机关干部前往常德市第一中医医院慰问援鄂医疗队员，向队员们发放护士节节日慰问品。脱贫攻坚。2月、3月，民革常德市委组织机关干部和骨干党员前往扶贫点村澧县涔南镇曾家河社区开展扶贫工作，为5个贫困户送去口罩、84消毒液、水果、油等防疫物资和生活物资，制定切实可行的“一户一策”帮扶措施。4月，民革常德市委主委陈位明赴澧县涔南镇曾家河社区参加问计乡贤谋发展座谈会，听取扶贫工作队队长的工作汇报和工作部署，征询乡贤们对脱贫攻坚工作的建议。6月，组织李志强委员工作室部分委员赴澧县涔南镇曾家河社区开展助力巩固脱贫成果万户帮扶行动，给5个贫困户送去产业扶贫金、助学扶贫金、米和油等慰问品，扎实履行帮扶后盾单帮扶责任，持续巩固脱贫成果。7月，组织民革工作小组再次深入扶贫点村进行脱贫攻坚“回头看”走访活动，对贫困户基础信息，“三保障”政

2020年11月15日，湖南省郑洞国教育基金会2020年度园丁奖助学金颁发仪式　　（民革常德市委 供图）

策享受情况，贫困户政策知晓度以及脱贫认可度等方面内容进行一次“过筛式”回头望，全力消除扶贫过程中的弱项短板。5次扶贫走访行动共送去防疫物资1万元、工作经费2.5万元、贫困户慰问物资8500元，共计4.35万元。

【对台工作】 认真学习中共中央一系列对台工作方针和决策部署，全面贯彻中共中央总书记习近平在《告台湾同胞书》发表40周年纪念会上的重要讲话精神，坚持“和平统一，一国两制”方针，坚持一个中国原则，坚持稳中求进总基调。开展两岸交流。发挥与台胞紧密联系的优势，努力推动两岸关系和平发展，推进祖国和平统一进程，多次开展两岸民间交流联络活动。7月，民革常德市委组织部分市政协委员前往桃源县台商企业湖南智博现代农业发展有限公司开展调研活动。了解企业需求，发挥民革与台湾联系广泛的优势，多为台商企业发展建言献策，鼓励台商在常德市稳步健康发展，促进两岸经济文化交流。

（胡　军）

中国民主同盟常德市委员会

【概况】 2020年，中国民主同盟常德市委员会（以下简称民盟常德市委会）被民盟中央授予“民盟社会服务工作先进集体”荣誉称号，民盟汉寿活动小组被民盟中央评为“民盟思想政治建设和宣传工作先进集体”。民盟市委会被民盟省委会评为“宣传工作先进集体”和“反映社情民意信息工作先进集体二等奖”。

【思想政治建设】 民盟常德市委会组织开展盟员战“疫”先进事迹宣讲会，杨晶、程治元分别讲述抗疫的动人故事。周密密参加民盟省委会“讲好中国故事”宣讲会，发挥盟员战“疫”先进典型的示范带头作用。举办2020年宣传思想工作业务培训班，副主委陈集亮为全市骨干盟员讲授《新闻采访与写作》。举办第一期“民盟大讲堂”，邀请盟员、湖南民盟书画院名誉院长、中南大学教授、中国当代楹联泰斗余德泉作《认识中庸》专题讲座。联合民盟益阳市委会组织青年盟员，赴南县厂窖惨案遇难同胞纪念馆参观凭吊。选派6名盟员参加全市统一战线“看巨变·凝共识·谋发展”学习考察活动。组织全市65名骨干盟员赴衡阳、郴州、株洲三地，开展“重走长征路·点燃爱国心”学习考察活动。同心扶贫故事《同心涌出幸福泉》被《党报头条》转载，浏览量达5.2万次。组织盟员书画家参加中共省委统战部组织的“同心筑梦小康路——湖南统一战线书画展”作品征集工作，全市共3幅盟员绘画作品入选。全年共100多篇新闻稿件分别被民盟中央网站、三湘统战网站、民盟省委会网站、《常德日报》、常德政协微信公众号、常德智慧统战微信公众号、常德文明网等多家媒体采用。陈薇被民盟中央评为“民盟思想政治建设和宣传工作先进个人”，被民盟省委会评为“宣传工作先进个人”，被中共常德市委统战部评为“统战宣传工作业务能手”。民盟常德市委会编印第13期内刊《常德民盟》。2020年，民盟常德市委会共完成上报统战理论文章4篇，其中，刘丽艳、彭梅华申报的《关于培养民主党派成员家国情怀积极参政履职报效国家研究》获民盟省委会2020年统战理论研究课题结项成果三等奖。

【参政履职】 2020年，民盟常德市委会围绕“粮食安全”和“心理健康”问题，分别确立《担起“产粮大市”责任，为保障粮食安全贡献常德力量》和《加强心理健康服务体系建设，助力“健康常德行动”》两大调研课题，成立专题调研组，扎实开展调查研究。“心理健康”课题组邀请市卫健委、市委政法委等多个部门召开专题座谈会听取情况介绍，到汉寿县、市康复医院、市青少年活动中心、常德职

2020年11月10—12日，民盟常德市委会组织部分盟员骨干赴衡阳、郴州、株洲三地，开展“重走长征路，点燃爱国心”学习考察活动　　（陈　薇　摄）

业技术学院等地实地调研，并赴江西赣州学习心理健康体系建设的先进经验，调研成果作为2020年度各民主党派专题调研成果向中共常德市委、市人民政府提交。“粮食安全”课题组邀请市发改委、市农业农村局等多个部门召开专题座谈会听取情况介绍，到澧县、桃源等县实地调研，赴黑龙江省哈尔滨市学习粮食安全工作的先进经验，调研成果作为市政协七届五次全会大会协商材料，由陈集亮代表民盟市委会作大会协商发言，获得市长的现场批示。围绕“推动高等教育加快发展”课题，主委傅绍平率部分教育界、文化界的盟员政协委员开展专题调研。傅绍平代表民盟市委会就《常德市国民经济和社会发展第十四个五年规划和二〇三五年远景目标纲要》和《政府工作报告》积极建言。2020年省两会上，盟员省人大代表、省政协委员共2件建议案和6件提案立案。市人大七届四次会议上，9件建议案立案。市政协七届四次会议上，29件提案立案，其中6件集体案立案。李宝斌等盟员政协委员提出的《关于助推湖南文理学院“双升”、促进经济社会快速发展》《关于加强农业人才队伍建设、促进农业强市发展》等4件提案被评为优秀提案。陈集亮、张国友、胡诗词、周欢、彭梅华、高锋、王柯7人被评为2020年度优秀市政协委员。张国友创建的委员工作室被授予“湖南省示范性政协委员工作室（市级）”荣誉称号。市政协民盟工作组被市政协评为“先进委员工作组”。民盟常德市委会机关被中共常德市委统战部评为“全市统战调研工作优秀单位”。2020年，民盟常德市委会高度重视社情民意信息工作，反映与疫情防控相关的社情民意信息40多条。举办2020年盟员议政建言论坛，16名盟员在论坛上建言。《共享单车管理面临三大问题需解决》《农村自建房乱象多隐患重须引起重视》等建言成果被市政协采纳。社情民意《当前农村一二三产业融合发展存在三个现实问题应予重视》被全国政协和民盟中央采用，《建议加强学生校外托管场所安全风险防控》被民盟中央采用；《新冠肺炎对企业外贸订单影响及应对建议》《关于设立“全国防疫日”及陈列馆的建议》《建议加大优质农产品扶持力度》等3条社情民意被省政协采用；《建议加强疫情期间舆论正面引导工作》等10条社情民意被市政协采用；《尽快发布全国统一的自驾返程“路条”标准》等5条信息被中共常德市委办公室采用；《建议进一步加大肉价调控力度》等12条信息被中共常德市委统战部采用。盟员政协委员积极参与“微建言”活动，14条“微建言”被市政协“政协云”采纳，其中《大小河街等地国旗悬挂不规范现象应予纠正》得到采纳并被“省政协力量湖南”报道。2020年，王黛、杨晶等提出的《建议加大优质农产品扶持力度》《市城区步行街内存在消防隐患亟待整改》等6条社情民意被市政协评为优秀社情民意信息。王黛被省政协评为“反映社情民意信息工作先进个人”。佘建军被民盟省委会评为“反映社情民意信息工作先进个人”。彭梅华被中共常德市委统战部评为“统战信息工作业务能手”。主委傅绍平带领盟员市政协委员，以“助推产业立市三年行动计划落实”为主题，重点对文旅康养产业的牵头单位市文旅广体局在目标落实、园区发展、项目建设、招商引资、企业服务、行政效能、工作作风等方面的情况进行考察监督，提出问题清单和整改建议，促进各项工作。

【社会服务】 主委傅绍平作为联点市领导，带队赴安乡县官垱镇护安村开展“暖冬”行动，现场调度脱贫攻坚工作，为点村筹措扶贫资金。刘丽艳、李昌雄等先后7次到护安村，走访慰问易忠化、李金珍、易利为3户结对贫困户，制定帮扶措施，送去慰问物资。2020年春节前夕，民盟常德市委会组织盟员爱心企业家和盟员书画家赴汉寿县龙潭桥镇龙王村开展迎新春“送温暖、送文化”活动，为30户贫困户送去3万元慰问金，为村民书写春联送吉祥。民盟常德市委会机关春节前走访慰问武陵区光荣路社区贫困，送去米、油等物资和慰问金。2020年新冠肺炎疫情发生后，全市各个盟组织和广大盟员积极主动以多种方式参与战“疫”行动，共捐赠现金22.09万元，捐赠口罩1.9万个，防护服100套，医用手套2.8万副，消毒液0.75吨、医用酒精4.5吨，其他各类防疫、生活物资价值共21.83万元。前往武陵区白马湖街道新建巷社区开展以“同心助力悦读，书香浸润人生”为主题的图书捐赠暨关爱留守儿童活动，为新建巷社区捐赠图书600余册，为社区7名留守儿童送去书包、图书、文具等学习用品。盟员黎海兵、高静芬、覃跃香奔赴西藏山南市参加对口援藏工作，为当地城市规划管理和教育事业发展做出积极贡献。

【组织建设】 2020年是常德民盟“基层组织换届年”，民盟常德市委会制定《关于做好2020年基层组织换届工作的意见》，19个市直基层组织完成换届工作。直属支部被民盟中央评为“盟务工作先进基层组织”。周振波被民盟省委会评为“组织工作先进个人”。全年新发展盟员30名，其中，硕士研究生以上学历5人（博士1人），占全年发展数的16.67%；文化教育主界别21人，占全年发展数的70%。举办2020年新盟员培训班，对新盟员开展盟史教育和社情民意信息培训。副主委杨莉参加中央党校第3期青年干部培训班。选派周振波参加湖南省第22期民主党派骨干进修班；杨晶、丁英杰参加民盟省委会2020年民主监督暨基层组织负责人培训班；郭芳、胡晓星参加民盟省委会2020年新盟员培训班；彭飞（武陵）、彭飞（常德职院）、王黛、成小兵、刘汉军、田栩赫和杨晶参加中共常德市委统战部举办的民主党派骨干培训班；吴涛、蔡昌明、周颖和刘维黎参加全市党外优秀人才培训班。民盟常德市委会被评为市级文明标兵单位。民盟常德市委会机关组织开展庆“三八”云上家庭厨艺秀活动，近200位女盟员参与。组织盟员教师和盟员书画家赴澧县溪上美术馆参观，欢庆第36个教师节。赴株洲醴陵开展盟务工作和书画艺术交流，增进两地民盟组织的了解和友谊。

（戴　忠）

2020年7月31日，民建常德市自然资源和规划支部成立大会

（民建常德市委 供图）

中国民主建国会常德市委员会

【概况】 2020年，中国民主建国会常德市委员会（以下简称民建常德市委）取得一系列成绩。民建常德市委副主委高毅获评民建中央抗击新冠肺炎疫情先进个人。民建柳叶湖支部被民建省委评为全省抗疫先进集体，民建会员易旭、陈永强、李沙玲、李军获评全省抗疫先进个人。民建津市市委、经贸二支部、武陵工委被民建省委评为全省脱贫攻坚先进集体，民建会员陈华、陈芳、彭德强、刘玉龙获评全省脱贫攻坚先进个人。民建常德市委界别委员工作室获评全省示范性政协委员工作室。

【思想建设】 推进中国特色社会主义学习实践活动。主题学习活动。围绕中共十九届五中全会、中共中央总书记习近平系列重要讲话精神组织会员多层次、多形式学习。以“不忘合作初心，继续携手前进”为主题开展系列活动：民建常德市委组织市委委员、骨干会员前往湘潭韶山市毛主席故居、郴州市汝城县沙洲村“半条被子”故事发生地、湘南起义纪念馆开展“追寻红色记忆，弘扬长征精神”活动。学习培训。专职副主委陈芳、民营二支部主委李沙玲参加民建省委疫情防控和脱贫攻坚先进事迹报告会并发言，专职副主委陈芳、秘书长刘斌参加民建省委举办的骨干会员培训班、机关干部培训班；副主委易旭，会员梁文利、袁张力等分别参加市社会主义学院科干部、处干部、青年人才培训班，会员曹利、李军等7人参加市委统战部举办的全市民主党派骨干代表人士培训班。宣传引导。2020年，向各级各类媒体报送宣传信息80余篇，其中民建省委、常德市政府网、常德统一战线网共采用50余篇，在“三湘统战网”上稿9篇，创历史新高，“常德民建”微信公众号发布宣传中央、省、市有关会议精神，会务动态，会员风采等信息100余篇，继续成为会员及社会了解常德民建的重要渠道。

【组织建设】 会员发展。全年共新发展成员24名，平均年龄34.6岁，其中，大学本科以上学历15人，经济界人士20人，从界别和年龄上对会员结构实现优化。基层组织建设年。7月31日，成立民建自然资源和规划支部；民建常德市委组织前往民建津市市委、武陵工委、鼎城工委开展基层组织调研，完成民建综合一、老龄、市直一等支部换届；根据《民建湖南省委关于推动建设“会员之家”的方案》精神，制定常德民建会员之家实施方案，在民建柳叶湖支部和鼎城工委建成2个会员之家。民主监督。11月，组织监督委员会前往民建湘潭市委学习会内监督工作；12月，召开市委会主委班子民主生活会，共收集对民建常德市委班子及成员意见建议17条，全部安排整改落实。

【参政议政】 建议提案。市政协常德市第七届委员会第五次会议上，市政协民建界别工作组共提交集体提案2篇，个人提案12篇，民建会员佘冰卉代表民建常德市委作口头发言。集体提案《关于创新我市招商引资模式、提升招商引资成效的提案》《关于聚力我市企业营销、助推产业发展的提案》，个人提案《关于城区小区用电全面实行“专变”改“公变”的提案》等4篇被评为优秀提案。《关于扩大社会医疗保险卡个人账户使用范围的建议》等3篇社情民意信息被评为优秀社情民意信息二等奖；《市体育中心众商家渴盼早日复工复运》等2篇社情民意信息被评为优秀社情民意信息三等奖。民建工作组被评为先进委员工作组。易旭、雷杰、易赛君、佘淑娴、李刚被评为优秀政协委员。课题调研。围绕市委、市政府中心工作确定5个重点调研课题，形成一批高质量的调研报告。《补生产性服务业短板　助力振兴实体经济》课题为“党委出题，党派调研”专题调研课题；《推进我市装备制造业发展　助力打造“三个高地”》课题为市政协全会发言课题；《关于建立五方合作联动机制，实现脱贫攻坚向乡村振兴稳步提质》调研课题作为民建湖南省委重点调研课题，经民建省委验收转化为民建省委集体提案提交省政协。社情民意。共反映社情民意信息20余条。副主委易旭撰写的《关于扩大社会医疗保险卡个人账户使用范围的建议》被省政协采编，综合一支部主委陈卿撰写的《关于市体育中心施工进度缓慢影响广大群众运动健身》的社情民意得到市委常委、市政府副市长涂碧波签批，经贸一支部主委朱碧文撰写的《贫困户未成年子女心理健康问题亟待重视》、柳叶湖支部主委易赛君撰写的《关于对太阳山景区交通秩序实行规范化管理的建议》《建议进一步完善全市各学校传染病防控机制》《查酒驾消毒棒卫生问题亟待解决》、鼎城工委主委杨善军撰写的《建议科学设置疫情期间中小学生居家学习计划》等多篇社情民意信息被市政协采编。

【社会服务】　抗击疫情。民建会员共计捐赠物资及现金折合600余万元：民建常德市委副主委高毅带领全国近5000家益丰门店，2.5万名员工全力奋战，向全国紧急追加采购市场最紧缺物资口罩910万余个，酒精、84消毒液55万余瓶，各种体温计（含额温枪）21.5万支，尽最大努力满足社会需求；民营二支部主委李沙玲在英国探亲期间，积极与市疫情防控指挥部对接，全力购买1928件防护服和50套护目镜支援医院供给。脱贫攻坚。民建常德市委主委带队前往扶贫点村石门县壶瓶山镇鼓锣坪村开展精准扶贫工作5次，走访慰问结对帮扶贫困户，调度点村产业扶贫工作，召开村支“两委”、党员代表座谈会，持续推动点村在基础设施建设、产业发展以及教育扶贫等方面工作开展，实现全村建档立卡64户全体高质量脱贫。助学帮困。民建常德市委和民营二支部联合开展“温暖加衣”爱心助学活动，为汉寿县毛家滩小学68名贫困学生送去量身定制的羽绒服。民建柳叶湖支部组织贫困学子到卡乐星球欢度“六一”儿童节，捐赠学习用品和生活物资；民建鼎城工委组织会员在十美堂紫流村开展美丽乡村创建活动，支持该村产业发展、图书馆建设，为该村贫困学子捐款捐物共2万元；民建桃源支部前往茶庵铺镇开展走访慰问“事实孤儿”活动。服务会员企业。走访会员企业武陵酒厂、响箭重工、飞沃新能源、斯盛新能源、亲零嘴食品，详细了解会员企业发展情况，解决企业发展现实困难；新冠肺炎疫情期间，常德民建微信公众号每天推送一期复工复产政策信息，积极与民建省委企业家联谊会对接购买防护口罩3.8万只，助力会员企业复工复产；民建津市市委对接联系会员企业，为津市抗疫指挥部调拨紧缺物资口罩50万只，联系民建会员所在湘淮村镇银行为12家中小微企业复工复产贷授信3050万元；民建柳叶湖支部组织民建企业家招商沙龙活动，增进会员企业家间的沟通交流，创造合作良机。

（刘　斌）

中国民主促进会常德市委员会

【概况】　2020年，中国民主促进会常德市委员会（以下简称民进常德市委）被授予“民进全国履职能力建设先进集体”“民进湖南省委会务工作一等奖”称号。民进会员刘伟被授予“民进全国脱贫攻坚民主监督先进个人”“民进全国会史工作先进个人”称号，会员李秘秘被评为“湖南省三八红旗标兵”。

疫情防控。重视新冠肺炎疫情防控工作，传达民进湖南省委、中共常德市委常委（扩大）会议精神，向全市民进会员发起关于助力打赢疫情防控阻击战的倡议。民进会员积极响应号召，为抗击疫情做出贡献，筹集善款8.05万元，捐款5万元定向用于市二医院新冠肺炎防疫救治工作和德山公共卫生救治中心项目（常德“小汤山”医院）建设，3.05万元善款全部转交民进省委会用于疫情防控工作。肖鹏举、罗如园、余进、刘其琛等企业家会员通过其他渠道捐款捐物12万元。车立平、郭灵芝、刘其琛、陈智勇、童杰、彭进武等会员奋战抗疫第一线。疫情期间，常德民进特色社会服务品牌“近心帮”开启免费公益咨询热线，帮助广大市民排解焦虑情绪，缓解心理危机，渡过心理难关。

【参政议政】 调研成果。承办民进湖南省委“社区治理能力”“加强农业产业人才队伍”“加强饮用水水源保护”等三项专题课题，分别形成《发挥社会组织作用，提升社区治理能力》《建强农业产业人才队伍应“引进与培养”并举》《加强饮用水源保护，改善惠及民生》等调研报告。市政协七届五次全会上，多项履职成果获得表彰，获社情民意信息工作先进单位三等奖，民进工作组被评为先进委员工作组；民进常德市委提交的《加强农业产业人才队伍建设，促进农业强市发展》获优秀调研报告一等奖；会员陈平提交的《民主党派优势在政协协商中的实现路径探析》获优秀理论研究文章一等奖；民进会员熊英、刘伟利、朱文伟、刘琪琛、毛雅琴被评为优秀市政协委员。聚焦“社区治理能力”开展专题调研，形成调研报告《关于进一步提升我市社区治理能力的调查与思考》，在中共常德市委民主党派工商联参政议政成果汇报会上进行专题汇报。拓宽渠道，主动作为，逐步形成“精准交办、合力共办、跟踪督办”的社情民意工作新模式。2020年，民进常德会员积极反映社情民意信息46篇，《关于设立抗击“新冠肺炎”特殊贡献奖的建议》《疫情防控期禁止宣传发布研究中的传染病特定治疗药物和方法的建议》被民进中央采编；《建议发挥“厂医”作用，护航企业生产》被中共湖南省委办公厅内刊、中共常德市委统战部、常德市政协采用；《关于疫情防控期间分类出具复工复学证明的建议》被湖南省政协、常德市政协采编；《我市水稻“扩双压单”亟需加大扶持力度》《关于完善学生军训内容的建议》《建议重点关注疫情期间贫困户的生活》被常德市政协采编。

【自身建设】 积极组织引导广大会员深入学习习近平新时代中国特色社会主义思想、贯彻落实中共十九届五中全会精神、习近平在湖南考察时的重要讲话精神、全国两会精神、省市全会精神、各级经济工作会议精神、各级统战工作会议精神，进一步凝聚人心，汇聚力量。2020年是民进中央“履职能力建设”主题年。为全面提升会员履职能力，就“如何反映社情民意和提高课题调研质量”为主题，举办参政议政培训班，提升基层组织参政议政能力。以中国民主促进会成立75周年为契机，开展征文活动，会员们踊跃投稿。4月，承办民进湖南省委“我身边的先进”巡回宣讲，李勇义、蒯梅玲、何春贞等常德民进优秀会员，分享在本职岗位、会务工作中的先进事迹，激励会员们做“同心有为”民进人。各支部积极开展学习，民进常德市三中支部、市七中支部联合组织赴丁玲纪念馆，感悟丁玲精神，争做时代有为青年；直属二支部走进石门县红色教育基地，开展革命精神主题教育，重温革命精神。在常德市统一战线“讲述常德故事”中，民进武陵区总支部主委郭灵芝以《我与常德共生长》为题进行展演。

【社会服务】 1月，带领民进鼎城区支部开展“春联万家”活动，为当地群众送去新春祝福；组织会员前往桃花源敬老院、常德市福寿颐康园开展“我们的节日·春节”慰问敬老院活动，送去米、油等物资；联合兄弟党派开展“我们的节日·端午节”主题活动，将亲手包好的爱心粽子送到社区贫困户家中，送去节日慰问与祝福；带领民进直属二支部会员到安乡县开展“法律进校园”、助学帮困等系列社会服务活动；承办“文化惠民·同心共进”石门行活动，到石门县湘北职业中专学校、壶瓶山镇中学、壶瓶山卫生院等开展“一家一”温暖工程、爱心助学、送医送药、捐赠图书等系列社会服务活动。支部社会公益活动。民进鼎城区支部开展送冬衣活动、送医送药送文化下乡活动、民进武陵区总支部持续开展“近心帮”公益心理咨询和“教育帮扶”活动。2020年，市政协副主席、民进常德市委主委张力多次带队深入高峰村调度脱贫攻坚，设立专项经费，投入6.5万元

2020年1月14日，民进常德市委会在桃花源敬老院开展“关爱老人 温暖社会”春节慰问活动
（民进常德市委 供图）

助力高峰村产业发展。

（刘　伟）

中国农工民主党常德市委员会

【概况】　2020年，农工党中央授予农工民主党常德市委会“农工党抗击新冠肺炎疫情先进集体”荣誉称号，授予丁源“农工党抗击新冠肺炎疫情先进个人”荣誉称号。在纪念中国农工民主党成立90周年表彰活动中，农工党中央授予市委会“先进集体”荣誉称号，授予杨鑫、石佳鑫“先进个人”荣誉称号。在全省庆祝农工党成立90周年系列表彰活动中，农工民主党常德市委会获评全省“先进市级组织”综合奖，获评全省宣传工作和社会服务工作“先进市级组织”两个单项奖。农工民主党津市市委会获评全省社会服务“先进县级组织”，卫生支部等6个基层组织获评全省“先进基层组织”，齐平香等27人获评全省“优秀党员”，尹慧霖等8人获评全省“优秀党务工作者”。

疫情防控。新冠肺炎疫情防控战打响后，农工民主党常德市委会助力抗疫大局，组织全市各级组织和党员参与，270名党员奋战在医疗救治、疫情排查、捐款捐物、宣传报道一线，全市农工党党员向一线累计捐款捐物价值195.1万元，熊延兵、罗蓉、文毅等27人获评全省“新冠肺炎疫情防控工作先进个人”。全市党员中共95人参与前线救治，168人参与一线防控，126人参与捐款捐物。组织捐款捐物，展现农工爱心。2月6日，农工民主党市委会向全市党员发出捐款倡议，为医疗一线传递爱心。农工民主党常德市委会班子成员带头捐款，桃源支部、鼎城总支、津市市委、武陵总支等基层组织第一时间组织实施，98名党员捐款26.5万元。农工民主党市委会第一时间将捐款通过市防控指挥部集中采购防护物资，捐赠给市第一人民医院，桃源、安乡和津市人民医院。农工民主党常德市委会协调争取农工党中央价值8万多元的防护药品分别捐赠给津市、安乡两家基层卫生院；通过农工党省委会，成功联合著名公益组织长沙群英会为武陵区800名环卫工人，发放价值8万多元的医用防护物资。医卫界党员冲锋在抗疫前线。70多名党员医护人员递交“请战书”。丁源作为常德市民主党派医务人员援鄂唯一一人驰援武汉金银潭医院。市二医院ICU传染病区主任罗林，与10多名农工党员奋战在疫情重灾区。市第一人民医院ICU主任黄绍华，作为全市专家组重症抢救组组长，火线支援市二医院重症抢救的最前沿。市第一中医医院副院长李振龙作为全市中医药专家组组长，带领同组的3名农工党员，奋战在中医救治和中药防护前线。实业界党员奔忙于捐赠接力，服务保障，累计向一线捐赠价值168.6万元的医疗防护和生活保障物资。

【思想建设】　为庆祝农工党成立90周年，在农工民主党常德市委会的统一部署下，全市各基层组织结合工作实际，利用各种形式积极开展“不忘合作初心，继续携手前进”主题教育活动。7月，全体党员参与全省庆祝农工党成立90周年党史党章知识竞赛，周丹妮等3人获得一等奖，王茜、朱冯薇等16人分获二、三等奖，农工民主党常德市委会获得优秀组织奖。9月至10月，各基层组织深入开展中共中央总书记习近平在湖南考察时的重要讲话精神学习，不断强化使命担当。10月，开展重阳节主题教育活动，弘扬中华民族尊老敬老的优良传统，重温初心使命，共叙农工情谊。11月，组织全体机关干部学习贯彻中共十九届五中全会精神，与农工民主党张家界市委会共同开展“重温历史不忘初心，牢记使命砥砺前行”实践教育活动。各基层组织赴农工党党史教育基地接受党性教育、结合脱贫攻坚赴精准扶贫首倡地十八洞村和扶贫点村开展形式多样的主题教育。加强意识形态引领，进一步规范微信公众号、网站和微信群等领域的信息发布。在新冠肺炎防疫抗疫战斗中，集中力量组织记录“最美逆行者”的身影，引领党内舆论方向。在各类媒体累计刊发“抗击新型冠状病毒感染的肺炎疫情，常德农工党在行动”系列报道13期，刊发“最美党员——奋战在抗疫一线的常德农工党员”专题报道7期。《湖南日报》、“三湘统战网”和“湖南农工”等10多家主流媒体共报道常德市农工党员先进事迹60余篇次。鼓励党员用文艺作品为抗疫勇士壮行。傅跃进、史毅军等7名党员创作15首诗作、歌曲、视频，致敬“最美逆行者”。医护“夫妻党员”王玉山、李亚红共战疫情，同创诗作。7月，组织党员朱冯薇、朱华娟、彭薇凝等参与创作讲述常德抗疫故事作品，11月15日，抗疫诗朗诵《铭记你的风采——致常德抗疫的勇士们》，在全市统战系统“讲述常德故事”展演活动中获得一等奖。

【组织建设】　党员发展。择优发展24名年纪轻、综合素质高的新党员。其中人口资源、生态环境界别发展4名。新党员中4人具有硕士以上学历，5人具有副高以上职称，平均年龄37.3岁。党员培养。全年先后组织50多名党员参加省市各类学习培训。12月，农工民主党常德市委会组织2020年度新党员以及骨干党员开展农工党党史教育、多党合作理论学习以及参政议政能力培训。6月，市委会机关干部和曹丽、彭薇凝等8名基层组织负责人走进韶山干部学院，接受全省机关干部和基层组织主委培训班学习培训。11月，张小清、李昊骏等7名党员参加全市民主党派骨干代表人士培训班学习；丁伟民等9名新党员参加全省新党员培训班学习；12月，组织新党员及骨干党员赴林伯渠故居开展革命传统教育等。实职推荐。2020年全市农工党员晋升晋级20多人次，在本职岗位方面获各级各类奖励200多人次。市第一人民医院总支党员黄绍华获评“全国先进工作者”，贵春梅、李宏云晋升主任医师，曹艳林在全省第一届“湘杏杯”形态学竞赛中获个人赛二等奖，敖琼获评医院“从医30年荣誉医生”；直属支部党员张涛任市工信局中小企业服务中心运行监测部部长，刘婷婷任市市场监管综合行政执法支队指挥中心主任，记三等功1次，蹇军任市科技情报研究所所长；武陵总支党员赵红卫获市政府嘉奖；安乡支部党员周晋、王颖晋升主任医师，刘平晋升副主任医师；津市市委会党员李贤楔获评“湖南省先进工作者”；湘雅常德医院支部党员卢超、沈菊晋升主任医师，汤金城晋升副主任医师，沈菊、汤金城获评医院“十佳医生”等等。农工民主党常德市委会积极协调争取资金，为特殊党员排忧解难。8月，市委会为安乡支部卓东莲、龚光勇两名困难党员成功申报农工党中央“佐农”公益资金2万元，缓解医药费用压力。

【参政议政】 2020年，围绕新冠肺炎防控课题，农工民主党常德市委会组织完成调研报告《疫情大考下对地市疾控体系建设的思考》，被农工民主党湖南省委会采用后得到中共省委常委、统战部部长黄兰香批示；在“加快突发公共卫生事件应急体系建设”的课题下，组织完成加强常德市疾控人才队伍建设和完善中医药防控体系两个子报告，报告全文在《常德政协》刊发。围绕“脱贫攻坚完成后继续发挥健康托底作用”和“全民健康”课题，形成《建立防止返贫长效机制，发挥健康托底保障作用》以及《由治病为主向防病为主转变，加快我市全民健康步伐》2篇重点调研报告。全年共报送社情民意信息30多篇，被中央采用2篇次，被市级采用17篇次，获各级领导批示8件次。陈钰报送的《参政党组织参与协商民主亟需破解五道难题》被农工党中央采用；郑心怡报送的《亟需建构战“疫”心理防护网》被农工党中央和市政协采用。党员钱攀、唐洁、文懿缙、尹惠霖等报送的有关禁止活禽宰杀、问题口罩处置、应急物资储备和发展直播带货等建言，分别得到市政协、市委统战部采用和市领导签批。农工民主党常德市委会被省委会评为全省社情民意信息工作先进集体，多名党员获评各级先进个人。陈钰、杨鑫被农工党中央评为“反映社情民意信息工作先进个人”。党员围绕参政党建设积极撰写理论文章10多篇，市委会主委郑维菊撰写的《民主党派地市组织如何助力推动建言资政和凝聚共识双向发力》被市政协评为2020年度优秀理论研讨文章一等奖。该文和陈思伶撰写的《突发公共卫生事件中统一战线优势作用发挥问题研究》等4篇论文，共同入选《农工党湖南省委会庆祝农工党成立90周年理论文集》。党员苏桂元代表市委会报送的研讨文章《强化自身能力建设，履行民主党派职能》获评“全市统战理论研究三等奖”。6月，农工民主党常德市委会专职副主委陈钰在省社院第22期全省民主党派骨干进修班宣讲《民主党派基层组织建设“三难”与“十法”初探》的理论成果，基层组织工作的十种方法受到广泛认同。8月，市委会获评农工党湖南省委会“庆祝中国农工民主党成立90周年理论征文活动”优秀组织奖。

【社会服务】 5月，农工民主党常德市委会组织市第一中医医院支部、桃源支部和武陵总支10多名医疗专家，赴桃源县观音寺镇道山头村开展医疗援助。12月21日，市委会向上级争取的乙肝患者药物免费援助项目在安乡县中医院正式启

2020年2月5日，农工党党员、常德市大成医药有限公司董事长熊延兵向市四医院捐赠医用消毒物资现场交接仪式 （农工党常德市委会 供图）

动，首批捐赠药物价值300万元。各基层组织也发挥自身资源优势进行医疗援助服务。市第一人民医院总支赴汉寿县太子庙中心医院，开展“不忘合作初心，助力乡镇医疗”示诊带教活动；市第一中医医院支部联合市卫生支部，赴柳叶湖旅游度假区七里桥社区，开展“不忘合作初心，助力健康常德”医疗服务进社区活动等。副主委章光明、胡剑鹏到市委党校、市直机关单位以及津市园区企业道德讲堂开展急救健康知识宣讲。2020年，农工民主党常德市委会参与由市司法局主办的“法润三湘·情暖高墙”微善风助学行动，组织15名医疗专家作为志愿者深入关爱对象家庭，提供爱心医疗志愿服务。6月，农工民主党常德市委会为桃源、石门县偏远山区服刑人员和戒毒人员特困家庭未成年子女，定向捐赠40个价值3000元的家庭小药箱。10月22日，组建医疗服务队赴西洞庭管理区祝丰镇彭家洲村开展医疗服务，共接诊300多人次，发放宣传资料300份，免费发放药品1.5万元。为助力同心美丽乡村建设，农工民主党常德市委会与安乡县委统战部联合申报同心创建工程，2020年，安乡县官保社区墨莊堂生态项目获评省级同心项目。

（陈思伶）

2020年11月19日，致公党常德市委抗击疫情主题宣讲

（致公党常德市委 供图）

中国致公党常德市委员会

【概况】 2020年，致公党常德市委被致公党中央授予“抗击新冠肺炎疫情先进集体”光荣称号；“网络助学，圆寒门学子之梦”助学故事入选致公党中央“助力脱贫攻坚”主题宣讲故事汇；年度工作获得致公党省委综合考核一等奖，思想宣传工作和参政议政工作分别获得特等奖、社会服务工作和机关工作分别获得一等奖。

疫情防控。新冠肺炎疫情暴发后，致公党常德市委把疫情防控和复工复产作为最紧迫的政治任务和工作重点，动员全市广大党员积极参与，为疫情防控阻击战胜利贡献致公力量。疫情期间，致公党党员共捐款100470元、口罩38300个、防护服800件、护目镜20副。发挥党派特色和党员优势，引捐善款80.3万元，口罩100万个、手套8000只，防护服8252件，以及价值15万元的牛奶、5.82万余元的消毒液、洗手液、浴巾和700余吨大米、蔬菜、水果、米粉等。

组织建设。全年考察发展7名致公党新党员，其中3名海归，2名具有硕士研究生学历，1名正科级实职，按发展程序对新党员进行考察，举办新党员入党仪式。

【参政议政】 全年共有10条社情民意信息被中央、省、市相关部门采纳。其中全国政协采纳1篇、省政协采纳1篇、省委办公厅采纳1篇、湖南致公《社情民意精选》采纳1篇、市委办采纳2篇、市政协采纳2篇，常德统战建言采纳2篇。3名委员被评为优秀市政协委员。6篇提案被市政协评为优秀提案。2篇社情民意被市政协评为优秀社情民意信息。政协云平台委员值班得到省政协主席李微微评价点赞。委员撰写的《推进基层政协协商民主建设的路径思考》和《发挥界别作用，推进政协工作》纳入2020年市政协理论研究论文汇编。围绕《抢抓生物医药产业发展新机遇，打造产业立市新高地》《美丽乡村，美好生活》开展重点课题专题调研，形成调研成果。配合省委开展“落实支持政策，助推港澳台侨企业高质量发展”和“后疫情时代的农产品电商运营对策”课题调研。

【民主监督】 致公党委员通过听取情况、走访调研、召开座谈会、问卷调查等方式对市发改委在助推产业立市三年行动计划落实方面的工作进行民主监督。到澧县就“建设美丽乡村、助力乡村振兴”开展民主监督。协助省委开展党风廉政建设与反腐败工作民主监督。

【社会服务】 致公党常德市委引捐20万元，在桃源职业中专开设

"致公·携康班"。先后3次与相关单位负责人前往贫困点村石门县三圣乡樱桃岗村现场办公，安排工作经费5万元用于扶贫点村的基础设施建设及产业帮扶；在三圣乡小学开展助学活动。向湖南省妇女儿童基金会争取3万元资金及100个爱心邮包，用于点村洪水灾后重建。到临澧县鳌山村革命老区开展义诊活动，接待就诊咨询村民200余人次，向村民赠送价值5000余元的药品。全年开展5次"爱心妈妈"活动。"七一"前夕，主办"决战脱贫攻坚，共奔全面小康"送文艺进社区惠民演出和东方红文博园开园仪式，为中国共产党成立99周年献礼。致公书画院书画家赴桃源开展采风写生活动，创作多幅反映脱贫攻坚成果的书画作品。联合致公党省委文体委员会在临澧县斋阳小学主办"冠军家乡行"社会服务活动。常德夏日动漫展被市委统战部评为市级同心项目。"德商乡恋"爱心企业家开展疫情防控专项行动，被致公党中央组织处编进《致公党基层组织活动案例选编》。

【侨海联络】 疫情暴发之后，致公党党员利用海外资源，筹措极其紧缺的医用防控物资，在全市党员中开展关爱海外侨胞抗击新冠疫情的专项行动，为海外侨胞捐赠捐善款20420元、口罩1.1万个、护目镜20副。走访调研海归党员企业，组织青年海归代表赴致公党岳阳市委考察调研，召开青年海归创新创业座谈交流会。

（许 晓）

九三学社常德市委员会

【概况】 2020年，九三学社常德市委被社中央评为"社会服务先进集体"，被社省委评为"优秀市级组织"，万欣等13人被社省委评为优秀社员。武陵区支社被社中央评为"全国优秀基层组织"；土木支社、桃源县支社被社省委评为"优秀基层组织"。

2020年11月11日，九三学社常德市委与九三学社上海闵行区委开展"春申连心 闵德同行"结对活动 （九三学社常德市委 供图）

抗击疫情。动员全市社员捐款10多万元，积极筹集医用口罩等防疫物资折款达73万元。社内人大代表、政协委员和广大社员提交关于疫情防控、物资供应等方面的信息28篇。社员周峰被九三学社中央评为抗击新冠疫情先进个人。

【参政议政】 全年共提交提案25件，其中集体提案6件。《让低空经济成为常德经济发展生力军》被市政协第七届五次会议选作口头发言材料。组织社内市政协委员开展社区矫正工作考察活动。围绕开放强市产业立市战略，提交11个调研课题中标社省委招标课题，高质量完成相关调研报告。全年共提交社情民意信息80多条。

【社会服务】 组织开展招商引智暨企业法律知识宣讲活动。走访常德浙江商会深入开展座谈交流。邀请院士印遇龙到常德开展走访和科技咨询活动；精心打造"九三讲堂"品牌。邀请社省委副主委、省政协经科委主任吴金明到常德开展助力企业发展主题沙龙活动。赴汉寿县崔家桥镇举办"谷仓计划"基层青少年素质教育公益课品牌活动。抓好点村扶贫和"四同"创建工作。鼎城区支社赴下陈湾村召开"同心美丽乡村"建设座谈会，为该村13名贫困学生送去助学金，下陈湾村成功创建为市级同心美丽乡村。在澧县职业中专成功开办1个"一家一"同心班。社市委与社上海市闵行区委开展结对工作，助力全市招商引智工作。

【组织建设】 完成基层组织换届。全市14个基层组织全部换届，共选举产生68名基层组织班子成员，进一步增强基层组织班子的活力。全年共发展15名优秀人才入社，推荐23名社员参加省、市统战部门组织的各类教育培训活动。

（毛 武）

群众团体

市总工会

【概况】 2020年，市总工会下设9个区县市总工会和1个国家级园区总工会（常德经开区总工会）、5个派出机构（柳叶湖旅游度假区、西湖管理区、西洞庭管理区、桃花源旅游管理区及市直机关工会工作委员会）、4个产业工会和9个行业工会。全市有基层工会组织4056家、会员54.8万人。市总工会经审工作规范化建设考核获得全省特等奖，优秀审计项目分别获得省内审协会和省总一等奖，被全国总工会评为市级工会财务工作先进单位。

（李国丛）

【组织建设】 5月27日，常德市总工会在共和酒店召开市总工会第七届委员会第四次全体（扩大）会议，推进“八大群体”集中入会、百人以上非公有制企业建会专项行动。全年新增工会组织275家，新增会员22843人，农民工动态入会率达71%。增设市农业农村合作组织工会、市交通邮政物流工会、市教育工会、市医药卫生健康工会4个产业工会。理顺组织管理体系，将32家市直和中央、省驻常德单位工会组织的隶属关系下放。

（孙秀卫）

【职工职业技能竞赛】 2020年，常德市总工会组织开展全市工会系统“唱响劳动主旋律·争做文明工会人”趣味运动会，参赛队伍15支，参与干部职工达300人次。联合市委宣传部、市发改委开展以“项目高质量，勇夺双胜利”为主题的全省百万职工重点建设项目劳动竞赛，全市226个省、市重点建设项目，参赛职工近10万人。联合市人社部门举办钳工、焊工、钢筋工等12个工种的市级一类竞赛；配合相关市直单位和行业部门开展金融、审计、电力等10个工种的市级二类竞赛，参赛职工近万人。组织广大职工积极参加群众性创新活动，全年新建市级以上劳模和工匠人才创新工作室20个，完成高技能领军人才和劳模工匠师徒“结对子”181对。

（贺计算）

【维护职工合法权益】 2020年，常德市总工会联合市司法局、市律协开展“遵法守法·携手筑梦”农民工法治宣传服务活动16场次，为1000多名农民工提供法律咨询服务。组织开展学习《中华人民共和国民法典》进机关、进园区、进企业活动，举办各类学习宣讲30余场，惠及职工上万人。开展“情系女职工·法在你身边”网上知识有奖竞答活动，参加竞答人数达5万多人。开展法律援助服务，办理职工法律援助案件70多件。配合相关部门开展农民工工资支付专项检查行动，圆满办结省总工会交办的农民工秦某某等人异地欠薪系列维权案，涉案农民工30多名，追回被拖欠四年之久的工资（含利息）共25万多元。

（张艳明）

【服务职工群众】 2020年，开展“湘悦读·工力量”全市职工主题阅读活动，举办各类读书活动近200场次，参与职工6万多人。加强职工书屋建设，市第一人民医院职工书屋被全国总工会评为“全国工会职工书屋示范点”。完成城市困难职工解困脱困工作任务，近1500名困难职工接收省总工会、全国总工会开展的城市困难职工解困脱困工作第三方全面评估会议，全市1591

2020年11月24日，全国劳动模范和先进工作者表彰大会在北京人民大会堂召开。黄绍华（左一）、黄克勤（左四）获评全国先进工作者；袁建华（左二）、覃道周（左三）、聂天喜（左五）、邱宝珠（左六）获评全国劳动模范。会后六人在天安门广场合影　（曾　颖　摄）

户建档立卡困难职工全部实现解困脱困。开展“送清凉”活动，筹集资金近190万元，慰问高温一线职工9600多人。开展“金秋助学”活动，筹集资金700多万元，帮扶困难职工家庭子女2400多人。开展“送温暖”活动，筹集资金近1700万元，慰问、帮扶劳模和困难职工1.5万多名。全年共组织17.5万多名职工参加第九期职工医疗互助活动，筹集互助金1234.7万多元。年度互助期内为9600多名患病职工发放补助、救助金1300多万元。开展“一户一产业工人”培训活动，全市工会系统共组织各类培训班80多期，培训人数近4000人。“一户一产业工人”培养工程助推解困脱困的工作先后被全国总工会、省扶贫领导小组办公室推介展示。推动服务职工阵地建设基层化、大众化、便利化，联合相关部门（单位）建成“公交职工驿站”“工会爱心驿站”“户外劳动者驿站”“职工健康小屋”等服务站点19家。

（张艳明）

【评选劳动模范】　2020年，常德市总工会面向基层一线，通过基层工会层层推选，评选表彰市五一劳动奖章67个、市五一劳动奖状14个、市工人先锋号19个，向上级推荐全国劳动模范和先进工作者6名、省劳动模范和先进工作者36名，分别受到党中央、国务院和省委、省政府表彰。开展“劳模助力乡村振兴”行动，建立劳模助力乡村振兴示范基地11个。联合人民银行市中心支行开展“抗疫金融惠企行动”，推出“战疫劳模贷”，为劳动模范发放生产贷款近2.2亿元，《工人日报》3月15日头版予以推介。

（贺计算）

共青团常德市委

【概况】　2020年，共青团常德市委在全省率先建立市县两级青年工作联席会议机制，完成市少工委换届，预青考评在全省名列前茅，新媒体工作持续保持领先，“暖冬行动”手语宣传片被共青团中央推介。

青少年思想引领。学习传达习近平总书记考察湖南重要讲话精神，召开专题会议落实习近平总书记“六一”寄语和致中国少年先锋队第八次全国代表大会的贺信精神。举办“绽放战疫青春·坚定制度自信”和学习宣传中共十九届五中全会精神主题宣讲会37场。广泛开展青年大学习，累计开展线上学习34期，参与学习人数510.5万人次，学习率位居全省前列。开展典型选树，推选市级青年“五四”奖章49人、青年“五四”奖章集体25个、青年文明号集体30个、优秀少先队员100名、优秀少先队辅导员50名、优秀少先队集体50个。落实全团带队工作职责，召开中国少年先锋队常德市第六次代表大会。

服务党政中心。青年创新创业。举办2020年市青年企业家新春茶话会和“常德市青年创业就业深圳推介会”，为20多家企业争取200余万元青年创新创业扶持资金。联合举办“中国创翼”创业创新大赛常德选拔赛暨2020年度常德市创业大赛。参与第九届“挑战杯”湖南省大学生创业计划竞赛，团市委获评优秀组织奖；青年助力脱贫攻坚。推进“千校万岗”行动，做好建档立卡家庭毕业生就业精准帮扶相关工作。开展希望工程圆梦行动，筹集资金87.3万元，资助贫困青少年689名。联合开展寻找“我们村里的年轻人”活动，推介15名优秀农村青年典型事例，号召农村青年参与脱贫攻坚、乡村振兴战略；参与疫情防控。成立130多支青年突击队，共有5269人参与消毒、运输、慰问、社区服务等防疫工作。开通应对疫情心理援助专线，为200多人次的青少年提供心理咨询。开展清华学子和常德学子“面对面”直播分享交流活动，向宅在家的常德青年学子分享学习方法和经验，直播人气峰值88270人。开展“同舟共济青春偕行”关爱帮扶受新冠肺炎疫情影响青少年特别行动，市本级共募集防疫款物200多万元，下拨10万元专项团费，慰问1890名一线医务人员和青年志愿者，救助1400名受疫情影响导致生活困难的建档立卡、城市低保贫困青少年。

服务青年成长发展。青少年公共服务供给能力。在全省率先建立市县两级青年工作联席会议机制，贯彻落实中长期青年发展规划。举办“117在一起”婚恋交友系列活动。“七彩青春”青少年公益艺术课堂提质升级，为2000多名青少年提供优质的公益课程服务。参与第七届湖南省青年文化艺术节，获优秀组织奖。志愿服务。建立赛会、医疗、卫生、消防等多支专业志愿服务队。完成全省项目建设现场观摩会会务志愿服务和全国人大代表到常德视察会务志愿者服务工作。组织新时代文明实践中心青年志愿者服务队开展送文化下村（社区）活动10次。招募青年志愿者1200名，为常德马拉松赛事提供疫情防控、交通维护、物资运输、秩序维护、资料登记等赛会服务。开展“众创平安　青春同行”常德青年志愿者助力平安建设行动，招募1000名青年志愿者，筹措资金40万元，在市城区40个试点社区开展为期一年的结对志愿服务行动。“大权益”工作格局。召开市未成年人保护委员会全体会议。开展青少年法治教育，做好《中华人民共和国民法典》《中华人民共和国未成年人保护法》《中华人民共和国预防青少年违法犯罪法》等法律法规的宣传，青少年禁毒宣教馆全年接待参观单位213家。开展“青春自护・暑期安全”暑假青少年自护教育活动、中高考减压等主题活动，参与青少年约5.3万人次。

自身建设。召开全市基层组织规范化建设工作推进会，压实全团大抓基层工作责任，提升团的组织力。2.1万人次参加团前教育，发展1.09万名新团员并建立电子档案，团员学社衔接率稳定超过93%。指导成立常德高新技术产业开发区团工委、新建市县两级“青年之家”21家，县级团代表联络站实现全覆盖。团市委机关调入省委选调生2名，配备挂职干部2名。召开常德共青团系统2020年党建和党风廉政建设工作会议，完成市委巡察整改。

2020年11月27日，中国少年先锋队常德市第六次代表大会在武陵天济喜来登酒店开幕　（团市委　供图）

【中国少年先锋队常德市第六次代表大会】　11月26日至27日，中国少年先锋队常德市第六次代表大会在武陵天济喜来登酒店召开，全市256名代表参会，市委副书记朱水平出席开幕会并作重要讲话，团市委副书记廖炎平代表中国少年先锋队常德市第五届工作委员会向大会作题为《高举队旗跟党走、童心逐梦新时代，为助力开放强市产业立市时刻准备着》的报告。市政府副市长汤祚国主持开幕会并当选为市少工委主任，刘冠西、李清彪、庹朝君、廖炎平、朱金凤、张琴、徐绍妮、秦兰当选为副主任。市领导戴君耀、傅绍平、徐赞军，团省委副书记（兼职）刘雯、少年部部长陈艳英出席开幕会。会议学习传达全国第八次少先队代表大会精神，表彰2020年度全市“十佳少先队员”“十佳少先队辅导员”“十佳少先队集体”。

【“众创平安　青春同行”常德青年志愿者助力平安建设行动】　10月21日，“众创平安　青春同行”常德青年志愿者助力平安建设行动启动仪式在常德市白马湖公园广场举行。市委副书记朱水平宣布行动启动，市委常委、政法委书记黄清宇讲话。团市委在全市各级团组织和青年社会组织中招募1000名青年志愿者，组成40支志愿服务大队，将在市城区40个试点社区开展为期一年的结对志愿服务，服务项目涵盖情暖家庭・重点青少年群体关爱帮扶、困境老人关爱帮扶、青少年自护教育主题活动、社区便民服务等项目。

【常德市青年工作联席会议第一次全体会议】　11月10日，常德市青年工作联席会议第一次全体会议在共和酒店召开。市政府副市长汤祚国出席会议并讲话，市政府副秘书长刘冠西主持会议。会议传达中长期青年发展规划实施工作部际、厅际联席会议第一次全体会议的主要精神，报告《中长期青年发展规划（2016—2025年）》（以下简称《规划》）常德市实施的相关情况，研究部署下阶段工作重点，市委组织部等19家《规划》联席会议成员单位的负责人出席会议。

（李玉华）

【市青少年教育活动发展中心】 常德市青少年教育活动发展中心（以下简称活动中心）是共青团常德市委下属正科级单位。活动中心位于武陵区柳叶大道3031号，建筑面积8947.36平方米，使用面积6416.92平方米。内设常德市青少年禁毒宣传教育馆，配置攀岩、舞蹈、声乐、书法、绘画、陶艺等20个活动室。

2020年，在共青团常德市委的领导下，活动中心坚持公益性、知识性、参与性原则，为全市青少年提供权益维护、兴趣社团、艺术培训、文化教育等服务。“12355”心理咨询热线。咨询热线来电时间主要集中在新冠肺炎疫情防控紧张阶段，问题主要有人际关系、学习障碍、情绪障碍等。青年社会组织工作。探索青年社会组织与共青团工作深入融合，以政府购买服务的形式，分别与致善社会工作服务中心和常德市民生社会工作服务指导中心合作开展“守护成长·‘12355’与你同行”专项活动和青少年公益课堂增设心理讲座。省青少年才艺大赛。大赛于2020年9月宣传发动，10月中旬比赛，常德市有8个区县市共325个个人项目、8个集体项目共121人报名参加，其中，249个个人项目参加视频复赛，入围选手140人。集体项目进入决赛。禁毒馆接待工作。常德市青少年活动中心禁毒馆作为常德市禁毒教育基地，全年共接待参观单位213家、中小学生团体31家。

（罗名亚）

市妇女联合会

【概况】 2020年，常德市妇女联合会（以下简称市妇联）立足引领服务联系的职能定位，坚持围绕中心、服务大局，坚持积极履职、担当作为，团结带领广大妇女听党话、跟党走，竭尽所能为妇女群众办实事、解难事，推动妇女儿童事业和经济社会协调发展，带领全市300万妇女姐妹在开放强市产业立市中发挥“半边天”作用。

思想引领。全市各级妇联接续奋斗，持续宣传宣讲，持续传递主流声音，用百姓话说百姓事，培树典型、挖掘亮点，全年共举办大讲堂100场次，3000支基层巾帼宣传队活跃在群众身边，开展集中宣传宣讲活动1.2万场次，引领巾帼心向党。

防疫抗疫。由4万名执委和5万名巾帼志愿者组成的疫情防控“五员”队伍，在新冠肺炎战疫中发挥重要作用，“抗击新冠疫情全国三八红旗集体”贾家湖社区红色娘子军志愿服务队是其中典型代表。

改革破难。抓住村（社区）妇联换届的契机，通过精神激励、政治激励、项目激励等方式，着力探索基层妇联执委发挥作用的有效路径，其中，各级执委领办公益项目成为“我为妇女群众办实事”的重要抓手，形成常德特色，在全省产生一定影响。

脱贫成果。全市各级妇联克服疫情影响，为贫困妇女群众、“妇”字号困难企业、滞销产品“打CALL”，市妇联第一时间为企业捐赠防疫物资27.7万元，直播带货销售扶贫产品累计金额200万元。湘妹子能量家园注册人数近十万、“两癌”免费检查104957人，救助金588万元，全省当先。

家庭建设。全市各级妇联主动发挥“两个独特作用”，评选市级“最美家庭”100户，市级“文明家庭”30户。做实做优家庭教育阵地，督促指导全市村（社区）按照“十有”标准建好家长学校，建设率达100%。打造“美家美妇”工作品牌，引领妇女广泛参与“美丽庭院”建设、垃圾分类和制止餐饮浪费，率先垂范作表率。

权益保护。实施绽放关爱行动，春节期间推出“七暖措施”，

2020年9月11日，常德市妇联第七届三次执委会召开 （市妇联 供图）

为留常女性和家庭、留守老人和儿童送去“娘家人”的温暖，获得社会广泛好评。年内开展女童权益保护宣讲100场，培训女童保护公益教育讲师50名。在全省率先开发留守儿童和重点家庭线上安全排查程序，网上发声引导、网下联动部门，把对妇女儿童伤害降低到最小化。

【市领导共庆“三八”妇女节】 3月8日，市委副书记黄清宇、副市长周代惠率队赴市妇女儿童发展中心为全市优秀女性集体（个人）代表授奖，考察指导常德市妇女儿童工作，与全市妇女姐妹共同过节。庆祝第111个“三八”国际妇女节，搭建党和政府联系妇女群众的桥梁，激励全市广大妇女为开放强市产业立市贡献巾帼力量。黄清宇等会见2020年度市级“三八红旗手（集体）”、市级巾帼建功先进集体（个人）和全市首届“妇情日记”获奖者共116人，为其中25名典型代表现场授奖。黄清宇代表市委、市政府向获奖者及全市广大妇女致以节日的问候。黄清宇一行详细了解女性素质提升、女性技能培训、家庭教育、妇儿维权等工作情况，参观妇女儿童中心的手工编织、养老护理、亲子烘焙、茶艺等10多类公益课堂和儿童体验馆。

【市妇联第七届执委三次全体会议】 9月11日，常德市妇联召开第七届执行委员会第三次全体会议。会议由市妇联党组成员、副主席金桂兰主持，增替补市妇联第七届执行委员会常委及委员，选举市妇联第七届执行委员会主席。市妇联第七届全体执行委员会委员出席。市委组织部四级调研员、干部一科科长苏平传达市委关于市妇联第七届执行委员会人事调整的精神。会议增替补市妇联第七届执行委员会委员2名，替补常委1名。选举市妇联主席，宋磊全票当选。

【开展县级妇情恳谈活动】 9月14—17日，按照市妇联创建“模范机关”工作要求，结合县级妇联改革破难行动，进一步了解全市妇女工作现状，倾听基层妇联组织所思所想，着力解决妇女群众普遍反映的热点难点问题。常德市妇联党组书记、主席宋磊带领分管副主席和相关科室负责人，分别深入全市9个县区市开展妇情恳谈活动。调研组采取看现场、上门走访、召开座谈等形式，对全市所有区县市妇联组织的工作情况进行详细了解。共召开座谈会9次，察看村（社区）家长学校、儿童之家12个，婚调委7个，巾帼示范基地6个，妇女儿童活动中心、家政服务培训学校5个。

（彭璎子）

【市妇女儿童发展中心】 常德市妇女儿童发展中心（以下简称妇儿中心）是常德市妇女联合会下属正科级事业单位。妇儿中心建筑面积11026.69平方米，使用面积7908.18平方米。2020年，妇儿中心以服务妇女儿童，促进妇女儿童全面发展为宗旨，围绕妇女儿童素质提升、亲子教育、女性就业技能培训等开展线上与线下结合的公益课程和公益活动，共开设公益课程约200节次，接待学员3530余人次。公益微课堂剪辑推送公益微课视频约60个。技能培训共开设14期，培训学员272名，其中：开设母婴护理班（考证、自用）开设7期，培训学员135名，30名学员考取育婴员等级证书；插花员培训2期，培训学员35名；茶艺师培训5期，培训学员102名。手工编织技能培训，近200组社区家庭参与，受益社区达13个。在万达商场争取15个文创集市摊位，免费提供给手工编织创业的妇女姐妹，助力妇女家门口就业创业。完成常德市妇联女农民工培训500人计划。主题活动。2020年，配合市妇联举行主题活动3场。5月23日，配合市妇联开展援鄂医护单身女性专场联谊活动；5月31日，配合市妇联举办援鄂一线医护人员“六一”亲子活动；12月6日，配合市妇联开展垃圾分类亲子活动。宣传工作。设置宣传展板，分别在妇儿中心三楼、五楼设置社会主义核心价值观、拥军、“讲文明树新风”、新冠疫情常态化防控等宣传展板。7月29日，参与常德市“爱军拥军从军强军”主题宣传活动；8月24日，市妇儿中心在步行街开展公益课程和节约粮食宣传活动：节约粮食宣传展板摆放、现场宣传中心并接受群众咨询、发放宣传折页、拍照。

（张英杰）

市科学技术协会

【概况】 2020年，市科学技术协会（以下简称市科协）承担省绩效考核工作全面完成，通过省级文明单位复查。9—11月，接受市委第二巡察组的例行巡察。

科协基层组织建设。2020年，常德市实现9个区县市、六小区所辖乡镇（街道）、村（社区）、国家（省）级园区、高校科协组织全面覆盖；推动农技协、企业科协，特别是高新技术企业科协组织建设迈上新台阶。9月8—9日，省科协党组书记、副主席刘小明一行到常德市开展调研。10月10日，长沙市科协党组书记、副主席李范坤一行专程到常德学习交流。

学会建设。市科协继续推进学会服务能力提升项目计划。经过自主申报、择优评选，26个学会、高校科协共获得36万元资金支持。内容涵盖党的建设、咨询建言、学术交流、科学普及、科技服务、人才托举等多个方面。

学术交流。各学会、高校先后开展“优质稻绿色生态种养”“三品工程推进高峰论坛”“神经介入学术论坛”等学术交流活动。9月22—23日，以“常德品牌·中国品质”为主题，市科协与湖南应用技术学院科协在常德市柳叶湖大酒店联合举办“院士专家常德行暨乡村振兴背景下农业产业高峰论坛”，中国工程院院士、中国农业大学教授康绍忠，国际有机联盟世界理事亚洲理事会主席周泽江，中国农业大学有机农业技术研究中心主任杜相革出席论坛，康绍忠在论坛会议上作《依靠科技创新驱动，促进我国农业绿色提质增效》的报告。印遇龙院士助理李瑞博士作《生态养殖模式的现状与趋势》的报告；中国农业大学有机农业专家杜相革教授作《有机农业创新理论》的报告，常德市委书记、市人大常委会主任周德睿，市委副书记、市长邹文辉等出席活动。

【青少年科普】 科普传播品牌。组织2020年常德市青少年创意编程和智能设计大赛。2020年，市科协首次联合市教育局共同组织赛事。最终评出一等奖6项、二等奖9项、三等奖14项、优秀指导教师10名，优秀组织单位10个。根据疫情防控工作相关要求，赛事采取线上问辩形式，组织规范有序。青少年科技创新大赛。参与第41届湖南省青少年科技创新大赛，全市53个项目参赛，获得一等奖13项、二等奖16项、三等奖16项。第十九届常德市青少年科技创新大赛于2020年12月25—27日在常德市第七中学举行。赛事共收到9个县市区和市直学校选拔推荐的作品825项，共评选出一等奖44项、二等奖141项、三等奖256项，优秀组织奖10个，十佳科技教师10名。选拔的优秀项目将参加2021年下半年第42届全省青少年科技创新大赛。全市科技辅导员队伍建设。在桃源举办2020年全市科技辅导员培训，省科协青少年科技中心活动科科长刘志平、湘潭大学电气工程专业教授易灵芝、长沙市特级教师曹晓敏、市科技馆唐文耀分别针对科技创新成果和科技实践活动内容作专题辅导，全市青少年科技教育组织工作者及科技教师150余人参加培训。骨干科技创新教师团队建设。继续开展青少年科技骨干教师队伍建设，召开骨干教师团队建设座谈会，利用市科技馆创新实验室平台，组织骨干教师开展交流研讨、技术培训等活动，培养集聚青少年科技创新专家团队。学科竞赛。对接相关学校做好生物、化学、物理和数学四门学科奥赛的网上申报工作、赛事组织和证书发放工作，实现工作零失误。云上高校科学营。组织全市50名优秀学子参加中国科协组织的线上高校科学营活动。市科协被评为全省优秀组织单位，2位优秀营员的心得体会被省科协推荐至中国科协参赛，5位带队老师被评为优秀带队老师。鼎城区第一中学教师周子春在全省的交流研讨会上作典型交流发言。公益青少年科普品牌。8月，市青少年科普夏令营在常德桃花源开营。首次走到户外，开展野外露营、行星观测等活动。11月22日，开展主题为《探秘古代科技》的户外亲子科学越野赛，共250组家庭参加，实现参赛人数和规模的连续增长。

【全民科学素质纲要实施】 8月4日，市科协组织科学素质纲要成员单位召开2020年常德市科学素质纲要实施推进工作会议。通报常德市“十三五”科学素质纲要工作实施情况，对省、国家科学素质纲要调研评估事项进行安排部署。8月18日，省纲要办相关领导到常德市进行实地调研评估。调研组对常德市五年的纲要实施工作给予充分肯定。

【疫情防控应急科普】 2020年，市科协制定下发《常德市科学技术协会关于开展新型冠状病毒感染的肺炎疫情应急科普工作的通知》；通过各类平台广泛传播市科协编写的《科学防护、战“疫”必胜》科普手册；充分利用“科普常德”“科普临澧”“科普桃源”“科普武陵”“科普津城”等微信平台，第一时间传播官方权威部门发布的相关信息，组织科普信息员开展科学传播，微信平台累计推送疫情科普信息600多条，累计阅读量达60万人次；2月4日起，常德市科协举办为期17天的“科学防疫 全民参与”常德市网络科普知识有奖竞答活动，利用“科普常德”平台向市民科普防疫知识，累计有15万多人次参与答题。

【科普宣传】 建设科普信息员队伍。通过市、县、乡、村四级科协组织上下联动，注册人数超过18万人，注册比例达3%（以604万人口计算），传播量近400万人次。注册人数、传播量均稳居全省第一（占到全省的20%左右），多个区县和个人排在全省注册和信息传播前列。利用网络赛事服务全民科普。联合市农业农村局、市总工会、团市委、市妇联下发《关于组织参与全省科学素质大赛的通知》文件，在各系统广泛宣传动员，形成以赛促学的浓厚氛围。在第三届、第四届全省科学素质大赛中，常德市科协等4个市直单位连续两年获评市州优秀组织单位奖，鼎城区、武陵区、临澧县、桃源县、澧县、安乡县和津市市科协等单位获评县市区优秀组织奖。利用大型科普活动服务全民科普。9月22日，举行“决胜全面小康，践行科技为民”2020年全国科普日常德（武陵）主场活动。主场活动以“科普阅读”为主题，活动现场学生代表宣读科普阅读活动倡议书，为武陵区第一小学、武陵区工农小学、武陵区东风小学、武陵区李白溪小学捐赠科普图书。启动式后举行科普表演秀，青少年科普知识竞赛、科普知识宣传展，众多学生踊跃参与。全市注册1.1万名科技志愿者，累计开展活动70多场次。依托科技馆服务全民科普。围绕挖掘科技馆展品的故事主题，市科协在科普常德公众号上累计推出30多期科学知识分享。疫情期间，发布《抗疫不闭馆，科普学不停》《科学复工——你所要了解的那些事》《关于无症状感染者，我们需要知道这些》等科普视频，受到广泛好评。赴耒阳开展日环食观测活动，在抖音和微信公众号平台进行现场直播。

【科技工作者日活动】 5月15日，由市科协主办的“5·30”全国科技工作者日活动启动式在安乡县三岔河镇南堤拐村举行。活动以乡村产业科技扶贫为主题，市科协组织多名市科普讲师团特聘专家，开展种养殖培训。5月29日，常德市“全国科技工作者日”座谈会议召开。全市多条战线的先进科技、科协工作者代表共80余人参加座谈。多名优秀科技工作者代表，就在抗疫一线、复工复产等方面的工作、感人事迹发言，慰问表彰20名先进科技工作者。6月11日，市科协联合市第一中医院、市妇幼保健院，组织20多名医疗专家和医务工作者，前往扶贫点村开展义诊和免费送药活动，免费发放各类药品价值1万多元。

（陈漫薇）

市工商业联合会

【概况】 2020年，常德市工商业联合会认真贯彻中共中央总书记习近平对新时代民营经济统战工作重要指示和全国民营经济统战工作会议精神，真抓实干、开拓创新，积极服务“两个健康”，各项工作取得扎实成效。获评省级文明单位等综合性荣誉。

政治引领。认真学习贯彻中共中央总书记习近平关于促进民营经济发展的重要讲话精神，组织引导广大民营经济人士加强政治理论学习，进一步增强“四个意识”、坚定“四个自信”、做到“两个维护”。发动广大民营企业及民营经济人士投身战“疫”行动，累计捐赠现金3400.43万元，捐赠N95口罩、防护服、消毒液等紧缺物资折合总计5567.38万元。常德市女企业家商会获评全国工商联系统抗击新冠肺炎疫情先进商会组织；大湖股份罗订坤被评为“全省抗击新冠肺炎疫情先进个人”。组建市级100人、县级50人的工商联宣传员队伍。全力抓好民营经济统战工作，沈洋等4名企业家代表全市民营经济人士在市直统战系统“讲述常德故事”展演中获三等奖；与常德电视台一道，开展《天南地北常德人》栏目拍摄，共报道60多期近百名常德籍在外企业家创业事迹，取得良好的社会反响。

中心履职。复工复产。开展“万企大走访·同心促发展”活动，走访企业近千家，宣传“稳企十条”政策，组织召开座谈会35场次，收集民营企业在复工复产、法律政策、原材料供应等方面面临的具体困难和问题353个，解决300余个，帮助企业共渡难关。组织完成《民营企业复工复产稳产情况调查》等相关调研问卷任务，被评为“全国工商联2020年民营企业调查点工作基层先进单位”。建言献策。高质量完成《充分发挥商协会组织平台作用 助推常德经济社会高质量发展》市委参政议政调研课题。连续5年在市政协全会上作大会发言，《培优休闲农业增长极 打造乡村振兴新高地》在市政协七届五次全会发言。《高质量推动建言资政和凝聚共识“双向发力”》获全国工商联“做好新时代调查研究工作”主题征文优秀奖。获2020年全市提案办理工作先进单位。发挥民营经济人士中特约监督员、人民陪审员、仲裁员作用，引导其有序参与社会事务管理。发挥异地常德商会作用，出台《常德市工商联关于加强异地常德商会联络服务指导的实施办法》，深圳常德商会牵头引进总投资10亿元的博高汽车SKD总装产业园项目成功落户高新区，北京常德企业商会引进总投资75亿元的新能源商用车制造项目落户经开区，总投资30亿元的全球首个百兆瓦级多电源融合技术实验验证平台开工建设。长沙常德商会引进总投资12亿元的常德装配式新材料科技产业园项目注册成立公司。推动德品出湘，组织西安常德商会会员代表与市直有关部门进行工作交流，西安—常德商务航线复航，常德米粉、德山酒等德品成功“入陕”。促成惠州—常德首航。助力脱贫。继续开展“万企帮万村”“户帮户亲帮亲·互助脱贫奔小康”活动，鼓励引导民营企业参与扶贫和公益事业，大湖股份履行企业社会责任被推荐为全国工商联优秀案例，陈永强等7人获2020年常德市“最美扶贫人物”称号。全市共有653家民营企业精准帮扶贫困村423个，投资帮扶资金3.2亿元，帮扶贫困人口3.5万余人；685家民营企业或个体结对帮扶1259户贫困户。组织引导24家异地常德商会，累计投入1700多万元参与家乡扶贫建设，惠及当地贫困户8900多人。大力推进消费扶贫，采取“以购代捐”“农企对接”“商会和企业团购”“网上订单”“扶贫专柜”“爱心集市”等模式，有力解决疫情下农产品销售问题。在全国首批粤港澳大湾区“菜篮子”生产基地认定名单中，常德有15个基地入选，接近全省一半，辐射带动大批贫困户有效脱贫。双拥工作。扎实履行市双拥工作成员单位职责，指导民营经济组织开展拥军优属活动，鼓励、倡导民营企业接受安置退役士兵。加强双拥工作各项制度建设，助力常德获评“全国双拥模范城”。

平台搭建。银企对接平台。有效开展“银行行长结对服务中小企业三年计划”，开展融资需求对接服务50场次，参与企业3913家，授信52.96亿元，1749家企业获得贷款48.8亿多元。政企沟通。走访非公有制经济领导小组成员单位，加强互动沟通。建立民营经济联席会议机制，推动党委、政府主要负责同志采取与民营企业和行业商协会代表座谈恳谈等方式，形成督办和反馈机制。法律服务。与市委政法委共商建立“维护民企合法权益工作联席会议机制”。推进诚信体系建设，依托湖南云济律师事务所开展以《中华人民共和国民法典》为主要内容的普法教育。探索开展商会调解，成立常德市首家商会商事调解中心——常德市装饰建材行业协会商事调解中心。加强个案沟通协调，协调处理工伤认定等个案10余起，挽回经济损失上千万元，有效维护企业的合法权益。公共服务。承建的常德市非公有制经济公共服务平台进入推广应用阶段，“企业诉求”小程序成功上线运行，反映良好。

基础巩固。党建促会建。从严落实支部“三会一课”、组织生活、谈心谈话、民主评议等基本制度，机关党支部“五化”建设全面达标。举办3期业务培训班，选派4名兼职党建指导员指导商协会党建工作。新成立3家商协会党支部；选树常德市装饰建材行业协会党支部等4家党组织作为标杆引领，打造特色鲜明的党建品牌。指导企业发展新党员9名。会员队伍建设。每月2～3名副主席（副会长）轮值驻会，指导开展会员交流活动。积极做好会员发展工作，湖南名家医药、湖南优思码科等24家有代表性、有影响力的企业，常德市网商协会等2个团体加入工商联。商（协）会改革发展。在全市范围内开展争创“四好”商会和“四好”标杆商会活动，常德市女企业家商会等11家优秀商协会获评省“四好”商会。全程跟踪指导常德市异地商会、异地常德商会成立、换届工作，新成立湘西州、杭州市常德商会和常德市信息化服务行业协会，张家界市常德商会、常德市青年企业家商会等成功换届，武汉、梅州、佛山、郑州等地有序推进商会筹备。县级工商联建设。对标“五好”工商联标准，开展“互学互评互促”活动，“一对一”相互学习，共同提高。强化目标绩效管理，临澧县工商联获评全省“五好”标兵县级工商联，武陵、鼎城、津市3个区（市）工商联获评全省“五好”县级工商联。注重加强对外交流合作，与河北衡水市工商联（总商会）缔结为友好商会。

【2020年常德市非公有制经济代表人士迎春茶话会】 1月7日，“初心耀沅澧·使命催征程”2020年常德市非公有制经济代表人士迎春茶话会在共和酒店会议中心召开。近500名政商代表欢聚一堂，共同盘点2019年发展成果，携手展望2020年光明愿景，同心同德汇智聚力续写“开放强市产业立市”战略发展新辉煌。湖南省工商联党组成员、秘书长祝拥军应邀出席会议；常德市委常委、市委统战部部长陈华出席会议并讲话；市人民政府副市长汤祚国，市人大常委会党组成员、市总工会主席谭弘发出席会议；市政协副主席、市工商联主席、市总商会会长张业梅作主题工作报告；市委统战部副部长、市工商联党组书记李宏岸主持会议。

【发出战“疫”倡议书】 1月28日，常德市工商联向各区县市工商联，常德市各商协会、全国异地常德商会、市工商联直属分会，广大民营企业，发出关于全力支持打赢新型冠状病毒感染的肺炎疫情防控阻击战的倡议书。倡议书发出后，广大民营企业及民营经济人士投身战“疫”行动，累计捐赠现金3400.43万元，捐赠N95口罩、防护服、消毒液等紧缺物资折合总计5567.38万元。常德市女企业家商会获评全国工商联系统抗击新冠肺炎疫情先进商会组织；大湖股份罗订坤被评为“全省抗击新冠肺炎疫情先进个人”。

【民营经济人士思想状况调研】 12月14日，省委统战部副部长、省工商联党组书记陈潇率省工商联调研组到常德开展民营经济人士思想状况调研并召开座谈会。常德市委统战部副部长、市工商联党组书记李宏岸主持调研座谈会。调研组一行先后实地走访湖南飞沃新能源科技股份有限公司、湖南常德牌水表制造有限公司、大湖水殖股份有限公司，了解企业发展以及党建工作开展、社会责任履行情况。调研组在市工商联开展民营经济人士思想状况调研座谈暨政策宣讲会。全市不同行业、各个年龄段的30位民营经济代表人士参加座谈会。

【衡水常德缔结友好商会】 12月28日至29日，河北省衡水市工商联主席李兴华带领企业家代表到常德开展考察交流活动，衡水常德两地工商联（总商会）缔结为友好商会。中共常德市委统战部副部长、市工商联党组书记李宏岸主持座谈签约仪式。与会人员就深化工商联改革、加强商协会组织建设、促进“两个健康”（促进非公有制经济健康发展和非公有制经济人士健康成长）、服务中心工作等深入交流，围绕发挥两地优势、推动两地商会筹建、助推两地经贸合作等深度探讨。衡常双方签订两地工商联（总商会）《缔结友好商会战略合作协议书》。

（肖　海）

市文学艺术界联合会

【概况】　2020年，市文学艺术界联合会（以下简称市文联）着力建设创新文联、担当文联、活力文联、书香文联、幸福文联，致力出人才、出作品、出口碑，突出主职主业，切实履职尽责，助力开放强市、产业立市发展。获评湖南省文联系统2020年度先进市州文联，武陵区文联、桃源县文联获评先进县市区文联，市文联办公室主任洪琼获评先进个人。

抗击新冠肺炎疫情主题创作。2020年1月27日，省文联发出开展抗疫主题文艺创作活动的通知，市文联积极组织主题文艺创作活动，累计创作上万件文艺作品，为疫情防控发挥强信心、暖人心、聚民心的重要作用。先后在常德融媒平台推出专辑6期，多件作品被中国文艺网、学习强国等媒介推送。常德市文联被省文联评为“阻击新冠肺炎主题文艺创作”优秀组织单位，《春天之痛》等9件作品获优秀作品。

文艺扶贫、文艺惠民、文艺志愿服务活动。深入开展文艺惠民和志愿服务活动。春节期间组织“三下乡”送万福书万联进万家活动30余次，活动覆盖至10多个县乡村和社区。市文联与省文艺志愿者协会、常德市总工会共同承办2020年“到人民中去”第七个中国文艺志愿者服务日活动启动仪式暨“笑满三湘”湖南文艺志愿服务团走进常德专场演出活动，成立常德市文艺志愿服务团，组织书法、摄影、音乐专场培训活动，将文艺真正送到基层、送到复工复产第一线，为助力开放强市、产业立市贡献文艺力量。

文艺阵地建设。推荐优秀青年文艺人才参加各类培训，催生精品力作。满慧文、孙开国、许玲加入中国作协。全年全市发表、出版、展演的各类文艺作品2000多件（部）。常德丝弦《陈毅拜师》《昭君出塞》、说鼓《审八斤》、渔鼓《法门寺》、鼓盆歌《扶贫佳话》入围第十一届中国曲艺牡丹奖，占全省入围作品的一半；宋暮云、杨羹华2位演员入围牡丹奖大赛新人奖。李万军报告文学《万家渡口》，李志伟、郭方忠鼓盆歌《扶贫佳话》，杨昌伟短视频《爱在远方》获湖南省脱贫攻坚主题文艺创作优秀奖；周建国花鼓戏《三嫂子告状》，谈雅丽小说《阳光玫瑰》，周少剑书法《脱贫致富贵在立志》，张楠、申象泉歌曲《你别走》获湖南省脱贫攻坚主题文艺创作提名奖。易兵《己亥冬至，做一个坚定的普通人》获评湖南省优秀“潇湘家书”。宋庆莲获评全国乡村阅读榜样。周碧华扶贫组诗《陈家湾组诗》被《诗刊》2020年第10期选登，并受邀作为湖南诗人代表出席“走向小康与驻村诗人”座谈会。青年作家寂寞读南华被评为“第二届湖南十大网络文学作家”。刘少一短篇小说《穿越》被《小说选刊》第1期转载；李万军的中篇报告文学《万家渡口》发表于《中国作家》2期，唐益红诗歌《要允许人间还有这样一种际遇》发表在《诗刊》2020年第5期、中国诗歌网每日好诗栏目，唐波清的小小说《喜大姐》被《小说选刊》2020年第4期选登；胡平诗歌《空坛子》被《诗刊》2020年第2期选登；许玲的中篇小说《向阳粉馆》被《芳草》2020年第1期刊载；黄劲松的散文诗《为谁而歌》（两章）发表于《散文诗世界》（月刊）2020年第2期；龙向枚童话《闪电里的薄荷糖》获《儿童文学》擂台赛“温泉杯”全国短篇童话大赛银奖，童话《我真的是一条鱼》获首届“儿童时代文学新势力”三等奖。

【《桃花源》杂志创刊四十周年】　11月27—28日，举办《桃花源》杂志创刊四十周年座谈会暨全国名刊编辑常德改稿会，邀请省内外有影响的期刊编辑到常德看稿、选稿，举行讲座，为作者搭建与编辑交流的平台。

【第七届常德原创文艺奖】　第七届常德原创文艺奖于2020年7月15日启动，历时4个月。共收到文学创作、艺术创作、文艺评论三大门类十二个专业共169件作品。12月5日公布评奖结果，47件作品获奖。

【第十一届丁玲文学奖评选工作】　承办第十一届丁玲文学奖颁奖系列活动。2019年，丁玲115周年诞辰之际，第十一届丁玲文学奖评选活动在北京启动，《文艺报》《人民文学》《诗刊》《小说选刊》四家学术支持单位组织开展各门类评选工作，经过初评、复评、终评，最终评出成就奖4名、作品奖12名、新锐奖12名，王蒙、张承志、汤养宗、张炯、叶兆言、阿来、葛水平、范小青、彭程等获奖。2020年12月10日晚，第十一届丁玲文学奖颁奖典礼在常德举行，全国政协常委、中国作家协会副主席白庚胜宣布获奖作者名单。中国作家协会副主席廖奔为获奖作者颁奖。《人民日报》《光明日报》《文艺报》等多家媒体报道，有效地宣传常德。

【2020年常德艺术节美术书法摄影作品展】　2020年，围绕打赢抗

疫阻击战、脱贫攻坚奔小康、庆祝中国共产党成立100周年等重大主题进行创作，共征集到作品300余件，评出三大门类等次奖111件，其中美术类作品一等奖5件（《世外桃源》《建设中的黄虎港大桥》《一湾鸡声报富贵》《疫痕4》《空山雨后》），摄影类作品一等奖5件（《争分夺秒抓复产》《澧州荆河戏传承》《栖》《龙吸水奇观》《湿地恋歌》），书法类作品一等奖5件。9月29日至10月30日进行为期一个月的公开展览，促进常德文艺界出精品出人才。

（苏　里）

市归国华侨联合会

【概况】　2020年，市归国华侨联合会（以下简称市侨联）被中国侨联评为“全国侨联系统抗击新冠肺炎疫情先进集体”，主管的市留学生联谊会被省委、省政府评为“湖南省抗击新冠肺炎疫情先进集体”。

疫情防控。2020年，新冠肺炎疫情暴发，创建市侨联指挥体系，建立8个微信海外工作群，24小时全球搜寻物资。大年初三（2020年1月27日），在全省市州侨联系统第一个发出倡议书，积极倡议广大华商侨领和侨社团捐赠与协助采购防疫物资。海外侨胞、留学生群体和市侨商会积极响应号召驰援抗疫一线。截至2020年5月底，侨界捐赠抗疫物资折合人民币337.29万元，捐赠现金175万元，及时协助市政府采购物资折合人民币237.52万元。积极向市政府申请、争取企业捐赠，向海外14个国家和地区22个侨社团捐赠14.4万个医用口罩，帮助海外侨胞和留学生抗疫。在中共常德市委统战部的牵头指导下，组建由46人组成，涵盖11个语种的留学生外文资料翻译志愿小分队，在33天时间内，抗疫翻译志愿服务队24小时无时差，通过微信翻译确认近三千批次、来自全球52个国家、1万多份抗疫物品说明翻译以及医疗级别鉴定。助力复工复产。及时传达市委、市政府关于企业复工复产的精神与优惠政策，加大对企业复工复产的引导和支持力度，准确摸排和解决企业复工复产中的难题。

扶贫帮困。4月，全市侨联系统开展“精准脱贫光明行”公益救助活动，通过医疗救助助力精准脱贫工作，帮助广大贫困眼疾者重见光明，至年底完成1600余例手术。5次前往点村开展扶贫慰问走访，了解结对户真实情况，协助驻村扶贫队解决生产生活中的问题。市侨商会向石门县三圣乡百红村捐赠善款10万元用于村级道路拓宽，解决转山公路弯急路险问题，为300多个村民出行及学生上学带来便利。

走访慰问。春节期间，市委常委、市委统战部部长陈华等走访慰问陈伯山、胡立铭等部分归侨侨眷，致以节日的问候和美好祝愿，向远在国外的亲属们转达春节的问候和美好祝福，希望侨眷侨胞充分发挥自身资源，向海内外亲朋好友进一步宣传侨务政策，鼓励回乡投资创业，为常德经济发展做出贡献。2020年，全市侨联系统在春节、端午等传统节假日期间共走访慰问100余户贫困归侨侨眷，发放慰问金14万余元。

【联谊引资引智】　完善扩大侨务信息库，在全市侨联系统持续开展重点侨情调研，进一步掌握广泛的海外人脉资源信息和招商引资信息；建立微信工作群，搭建招商引资信息宣传平台，瞄准海外知名人士和海外留学生的高新技术产业，邀请相关人士到常德参观考察投资。2020年，对接安徽中科大国祯信息有限责任公司，引进总投资5亿元的城市云大数据中心产业基地项目，7月28日，在常德经开区正式签约。配合开展市级招商引资工作，多次组织海外华商侨领参加“云洽谈”“云磋商”活动，拓宽招商引资渠道。

【侨企发展】　引导建设银行常德市分行深入开展银企合作，共同推进“常德市侨界智慧平台”“侨胞之家特色服务区”等项目，2020年，在市城区及各区县市建设银行网点建立10个“侨胞之家”，在全省市州侨联系统第一个实现阵地建设全覆盖。“建行侨胞之家”为涉侨企业和常德市归侨侨眷同胞提供专属金融服务，加大侨资企业金融支持力度，助力经济发展。

【联络联谊】　启动“德侨风采”专题宣传。陆续报道海外华人华侨、归侨侨眷的先进事迹，讲述“德侨”故事，推介侨界典型。开展“侨为常德建一言”活动。发动全市侨界人大代表、侨联界别政协委员以及常德籍及与常德有渊源的归侨侨眷、海外侨胞等为常德市经济社会发展和常德侨联工作等方面提出意见建议，共收集到相关意见建议147条。开展“侨爸爸·侨妈妈移动大讲堂”，弘扬中华优秀传统文化，涵养优质侨务资源，打造凝聚侨心侨智的文化交流平台。活动专题讲授国学、亲子、励志教育等内容。2020年，在武陵区、鼎城区、临澧县、市第一人民医院等地举办5场，共2200余人次参加聆听。开展“云诵读”活动。以文促联、以文会友，推动海内外青少年之间的联络联谊，开展常德市第一届海内外青少年云诵读圣贤经典活动，得到海内外青少年群体积极响应，共收到报送作品176份。

【调整法律顾问委员会和参政议政委员会成员】　对市侨联法律顾问委员会、参政议政委员会组成人员和职责分工进行调整，进一步做好维护侨胞合法权益、参政议政的工作。调整后的法律顾问委员会成员共12名，按照职责开展侨法宣传、提供政策咨询，协助处理涉侨信访维权、诉讼案件，帮助侨界群众维护合法权益。调整后的参政议政委员会成员共10名，按照职责开展调研，倾听广大归侨侨眷和海外侨胞的呼声，积极反应侨情民意，注重提出增强经济和社会发展的议案、提案和侨情专报。

（李林峰）

市社会科学界联合会

【概况】 2020年，市社会科学界联合会（以下简称市社科联）被省社科联评为全省市州社科联工作优秀单位。

社会组织管理。着眼社会组织党建、学术、科普能力建设等重点，启动能力培育提升计划，印发《关于申报2020年常德市社科类社会组织能力培育提升计划项目的通知》，引导社科类社会组织创新发展，市国学教育研究会、市名人研究会等首批11个社会组织申报的项目入选并完成验收。督促指导社会组织年检工作，对德商文化研究会、茶叶文化礼仪协会等“僵尸”社会组织及时督促办理注销手续，严格按事前、事中、事后全过程把关。社会组织登记注册审查，登记成立市茶禅文化研究学会、清风红色文化培训中心、天舟心理援助与发展研究中心3家社会组织。积极开展社会组织脱钩工作，市环境卫生工作协会、市收藏协会、市企业培训师协会等4家单位完成脱钩。引导社科类社会组织开展抗疫捐赠，市炎黄文化研究会、市香文化研究会、市知青艺术团等社会组织积极响应，为一线医卫人员、环卫工人、交通运输人员捐赠现金8.875万元和价值15.196万元的抗疫物资。推进社会组织党建，选派5名党建联络员，分片负责社会组织党组织党建联络指导工作，市国学教育研究会入选全市“两新”组织“标杆引领”计划。

意识形态工作。新修订《市社科联落实意识形态责任制实施方案》。加强对所属社科类社会组织的延伸管控，对历史文化研究会、名人研究会、宋教仁研究会、国学教育研究会、国防教育学会等所属社科类社会组织印刷刊物、举办的理论论坛和报告会等活动实行申报审批，严把授课人身份关、授课内容政治关、授课现场言论导向关。同步建立和完善《市社科联网络意识形态工作方案》，市社科联主办的“常德社科网”“常德智库”和《常德论坛》等宣传平台，严格实行“三审制”。

【社会科学研究】 2020年，围绕开放强市产业立市战略部署，确定年度立项课题164项，其中合作课题6项、资助课题51项、自筹课题107项。研究确立重大研究课题，发动理论研究与实践部门开展联合攻关。《高质量发展视角下常德开发区产业发展研究》《如何破解“三品”工程的制约瓶颈促进乡村振兴》《常德市产业立市三年行动计划的实施效果研究》《精准扶持小微企业促进民营经济高质量发展》4份专报被市委书记周德睿圈阅，其中《高质量发展视角下常德开发区产业发展研究》获副市长罗毅君、副市长汤祚国签批，转给各区县市、德山经济开发区、工信局学习研判，《常德市产业立市三年行动计划的实施效果研究》研究报告部分被纳入常德“十四五”规划；《融媒时代城市经济形象的窘境及传播策略》被市委常委、市委宣传部部长康重文、副市长周代惠签批，并转相关部门进行研究。明确《疫情背景下推进健康常德体医融合建设研究》《突发情况下应急物流问题与对策研究》《常德乡村振兴战略实施的对策研究》等课题，为服务科学决策提供有效支持。市社科联党组书记、主席李云峰主持的《湖南农村养老服务对策研究》纳入民政部《民政文选》，《湖南农村居家养老支持对策研究》被省政府领导签批给省民政厅采用。幼专张爱华资助课题《沈从文经典作品与沅水流域文化研究》出版专著。发挥《常德论坛》的理论载体作用，完成6期编辑，印刷量达8000余册，依托《常德智库》公众微信号，发布和转载社会科学研究前沿信息动态、各项理论研究成果文章300余篇。探索开展社科研究培训，赴湖南应用技术学院、湖南幼儿师范高等专科学校、市委党校开展“高等院校如何搞好社科研究工作”的专题讲座，在岗教师员工300余人接受培训。

【社会科学普及】 以“科普助力建设大美常德，坚定信心共奔全面小康”为题，举办2020年社科普及主题活动月启动式，坚持线上与线下相结合的普及模式。创办“沅澧人文”微信公众号，全年推出50期200余条信息。举办科普活动300余场，参与群众10万余人，制作110块社科知识展板进行线上线下同步展出，组织开展线上社科知识抢答赛，上万人点击参与。组织“常德社科大讲堂”活动，先后邀请湖南省政府参事、中共湖南省委党史研究室原主任张志初和中南大学教授、中南大学人力资源研究中心主任颜爱民到常德市开展“不断铸就中华文化新辉煌——谈谈文化自信”“中国文化自信的根基、内涵与管理机制”主题宣讲。承办“湖湘大学堂进常德活动”，邀请国务院国资委研究中心特聘专家王连祥到常德财经机电职业技术学院讲座。组织“大学生党的理论宣讲团”深入机关社区开展宣讲活动。加强社科普及基地建设，新授牌常德善德书城、翦伯赞故居、帅孟奇故居陈列馆等8家单位为常德市第六批社会科学普及基地，实现社科普及基地在区县的全覆盖；加强社科普及基地推荐工作，石门县逸尔阁书院获评省级社科普及基地。推荐社科普及读物，《七十二个村庄》获省社科普及读物出版资助立项。参与全省“决战脱贫攻坚　决胜全面小康”主题征文活动，市社科联党组成员、副主席欧子成主持的《统筹城乡发展，构建常德乡村振兴新格局研究》获评一等奖。

（马雅莉）

市残疾人联合会

【概况】　2020年，全市残疾人工作在0～6岁残疾儿童抢救性康复全覆盖工作、残疾人数据动态更新工作、残疾人群体疫情防控工作、第三代残疾人证换发工作、提案办理工作、残疾人家庭无障碍设施改造工作等方面取得良好成绩，常德市残疾人公共服务体系不断健全，残疾人事业发展环境不断优化，为“十三五”规划完美收官打好坚实基础。

【残疾人扶贫工作】　2020年，先后两次召开全市残疾人脱贫攻坚调度会，对县市区残疾人脱贫攻坚工作进行全面督导。全市共资助残疾高中生和残疾家庭高中生1755人、资助残疾大学生和残疾家庭大学生2410人。将10809名残疾人纳入特困供养，将25756名城乡残疾人纳入低保。为51276名困难残疾人发放生活补贴，为82620名重度残疾人发放护理补贴，标准由2019年的每人每月65元提高至每人每月70元。为39881名残疾人购买养老保险，为104578名残疾人购买医疗保险。

【残疾人康复工作】　2020年，常德市实现0～6岁残疾儿童康复救助全覆盖。累计完成残疾儿童康复883名，训练时长5110个月。残疾人精准康复稳步推进。为4811名精神病患者免费送药、为273名贫困精神病患者提供免费住院服务；开展白内障筛查4117例，提供免费复明手术1135例；完成成人康复396人，完成家庭医生签约18233人。全市建档立卡有康复需求的贫困残疾人8125名，按清零要求，基本兑现康复服务。

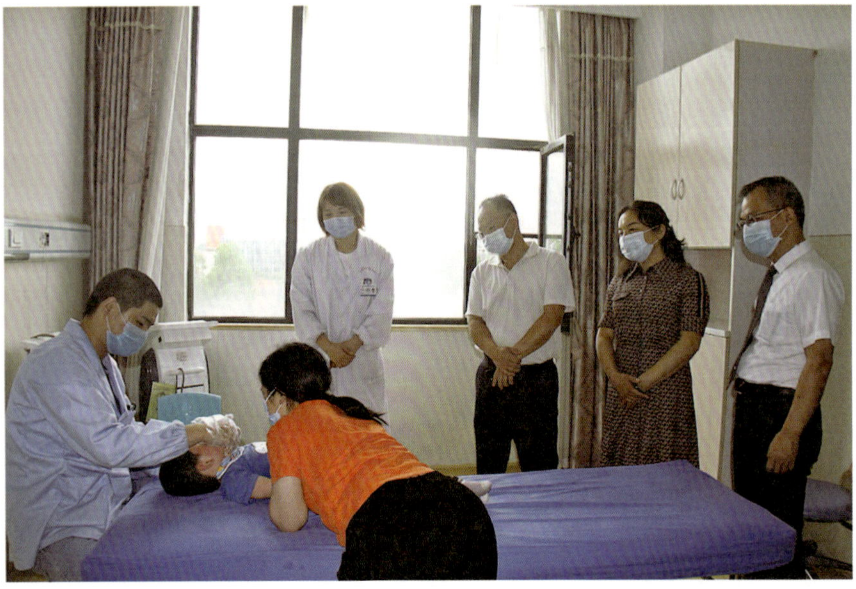

2020年5月27日，省残联副理事长陈毅华（右三）在市残联理事长田大春（右二）陪同下在常德市督导调研残疾儿童康复救助工作　（市残联 供图）

【残疾人培训就业】　市县两级共组织各类技能培训班12期，培训残疾人1221名。全市共扶持残疾人集中用人单位16家，安置400名残疾人就业；扶持各类残疾人就业扶贫基地27家，帮扶2000多名残疾人。市本级全年支持集中用人单位26万元复工复产，投入110.5万元扶持基地和残疾人创业，投入26.5万元帮扶点村残疾人。受疫情影响，市残联与市人社局举办线上2020年就业援助月公益招聘会。

【残疾人宣传工作】　充分发挥网络宣传助推器作用，2020年，市残联共上稿件164篇，其中市政府网站和市残联网站97篇、省残联网站22篇、各类媒体宣传信息、通讯45篇。市级微信公众号共推出145期，378篇宣传稿件。积极对接常德电视台、电台、《常德日报》《常德晚报》、常德融媒、风尚传媒等媒体。通过展板、橱窗、张贴宣传标语1000余条，发放宣传画册、单页5000余份。第三十次“全国助残日”期间，市本级组织市中小微企业商会积极响应国家和省委、省政府消费扶贫号召，组织爱心义卖，开展精准帮扶，切实解决省、市级残疾人就业扶贫基地合作社经营中的困难。

（唐能能）

市贸促会

【概况】　2020年，市贸促会紧紧围绕中央、省、市决策部署，聚焦贸易投资促进主责主业，充分发挥“亦官亦民”职能优势，各项工作高效有序推进，获全省贸促系统“2020年度贸易投资促进工作先进单位”称号。

【招商引资】 积极招引新项目。紧盯市委、市政府重点打造的“四个千亿”产业，三类500强企业及行业内知名企业，全年收集招商信息50余条，外出考察6次。赴深圳、东莞、珠海、江门、长沙等地“上门招商”，共促成新华联集团、深圳爱格丽科技公司、深圳晴方控股投资集团、上海舟基集团、广东力宇集团等10多个项目、客商50多人次到常德考察洽谈，签订框架合同1个，总投资60亿元。跟踪服务引进项目。多次为招商引进已开工建设的太平洋建设石门项目和已签约常德高新区的湖南世凯胜超级电容项目协调有关问题，为项目加快推进发挥积极作用。

【境内展会】 围绕全市产业发展和企业需求，以多元化的形式共筹办、参加各类展会活动8次。9月，举办常德市秋冬服装农副产品博览会，展会占地面积约4000平方米，展位200余个，参展商140多家，拉动消费5000多万元。组织湖南朗州茶叶、仁禾茶业、武陵酒业、垄上行食品、泥头山茶油、伍大姐风味食品等80多家企业参加广州国际食品食材展、中部（湖南）农业博览会、中国（湖南）国际绿色发展博览会、中国国际进口博览会、中国（贵州）国际酒类博览会、湖南醴陵国际瓷业博览会等境内展会，助推企业逆势突围。参展企业扩大影响，拓宽市场，取得良好收益，其中：朗州茶叶实现销售订单4000余万元；垄上行食品实现销售订单1000余万元；泥头山茶油实现销售订单200万元。

【开放交流】 10月22日，举行中德论坛网上视频交流活动，40多家中德企业代表参与交流讨论，活动介绍常德市情、常德企业复工复产、重点招商引资产业情况等，推介湖南飞沃新能源和湖南浩天翼航空技术公司两家典型企业，进一步深化拓展两地交流合作。因疫情影响，欧洽周暨汉诺威工业展、迪拜世博会延期举办，市贸促会及时调整思路，利用网络平台发布线上展会信息，帮助湖南铭裕无纺布在线上参加境外防护用品展，达成意向采购合同2000多万元。

2020年7月10日，全市开放型经济综合业务培训会在临澧县召开

（市贸促会 供图）

【助力企业】 完成一般原产地证出证252份，商事证明书领事认证4份。下厂核查10余次，完成商事法律咨询50余人次，为企业走出去提供法律保障。主动协助常德达门船舶有限公司、胜美达电机（常德）有限公司、诺森贸易等外贸企业办理新冠肺炎疫情不可抗力商事证明书，帮助企业避免损失近3000万元。5月27日至28日，湖南省贸促会党组书记、会长贺坚，副会长伍登国一行到常德调研，先后前往湖南洞庭药业、湖南飞沃新能源、湖南响箭重工、湖南浩天翼、高新区管委会、德国小镇、卡乐星球主题公园、柳叶湖国际会展中心建设现场等地，现场调研企业复工复产、园区建设以及产业发展工作情况，副市长杨成英陪同调研。6—9月，对全市范围内百余家外经外贸企业开展调研走访活动，有效掌握企业发展第一手资料，加强市贸促会与各区县市人民政府联系与合作。7月10日，组织全市百余家外经贸企业在临澧县召开全市开放型经济综合业务培训会，提升企业业务水平，助推企业应对疫情抱团发展。

（吴振华）

市红十字会

【概况】 2020年，常德市红十字会市、县上下联动，完善红十字会备灾、报灾、救灾体系，争取上级红十字会物资援助，共向受灾区县市发放救灾物资118.33万元，接收爱心企业捐赠13.22万元药品，慰问21492名灾民；向上级红十字会申报临澧县烽火乡沔泗村博爱家园项目

20万元，争取中国红十字基金会援建石门县皂市镇廖家坪村博爱卫生站项目15万元；接收常德市丰华房地产公司5万元援建村级道路建设；接收常德供电分公司爱心捐赠12.2万元，捐赠给石门县麻风村、津市爱心家园敬老院、望仙村小学、津市特殊学校、残障人士及贫困学生；助力美丽乡村建设，援建3个公益民生项目（社区平台、村级公路和村卫生室）共22万元。

年初，全市各级红十字会积极响应党中央号召，全力参与疫情防控，共募集2400余万元抗疫款物支援疫情防控；市、县两级红十字会强化公信力建设，加强对抗疫捐赠款物的监管，及时向社会公布抗疫捐赠款物接收和发放情况，所有捐赠款物均通过审计部门的审计。

人道救助。向省红十字会上报人道救助需求139人，85人获得救助资金共计44万元；在重大节日期间开展扶贫帮困活动，全年共发放慰问金20.44万元；上报小天使基金救助资料24人次，报批16人次（含往年），获批14岁以下白血病患儿救助资金47万元；援助6个寒门学子2.3万元；临时救助人员6人。

救护培训。全年共培训红十字救护员496人，普及性培训30343人。11月10日至12日，受中国红十字基金会和爱心企业委托，与市教育局、市第一人民医院联合举办市城区中小学校医培训班，对130名校医进行红十字应急救护知识和学校公共卫生管理专项培训，取得良好效果。

2020年11月6日，欢送市第二人民医院志愿者赴长沙捐献造血干细胞

（钱　岳摄）

公益品牌。连续九年开展“博爱满人间”社会募捐活动，2020年全市共募集爱心款147万元，其中市本级76万元，募捐效果整体提升比较明显，募捐金额与往年相比有较大幅度的增长。

【无偿献血】　市、县两级红十字会联动，全年共组织49317人次参与无偿献血，献血总量达15.56吨。2020年2月，常德市被评为全国无偿献血先进城市。

【干细胞捐献】　全年共招募造血干细胞志愿者202人并全部入库，完成高分采集5人，体检2人，成功实施捐献2人，回访捐献志愿者5人。造血干细胞无偿捐献工作社会影响力进一步扩大。

【器官捐献】　持续推动全市人体器官（组织）捐献工作开展。2020年6月，召开全市人体器官捐献工作推进会。全年共完成人体器官捐献42例，遗体捐献1例，角膜捐献26例，回访器官捐献者家庭3次，缅怀1次。

（康　敏）

法治

综述

【概况】 2020年，全市社会大局持续平稳，有效维护全国两会等重大特护期稳定，是全省最稳定市州之一；2020年全省综治民调常德市得分92.94分，名列全省第一，平安建设综合考评得分名列全省第一，连续多年获评全省综治优秀市州。扫黑除恶专项斗争位列全省第一方阵，文某宏、王某涉黑组织案件被评为全省十大精品案件，得到全国扫黑办、公安部的充分肯定，桃源莫某力涉黑团伙案，成为环洞庭湖涉砂领域治理中被打掉的第一个涉黑团伙。市域社会治理现代化试点全面铺开，众创平安、雪亮工程、微信群、智慧平安市县乡村一体化实战平台等典型经验在全国、全省推介。在全国政法工作第五次创新交流会上，常德市作题为《市域统筹 多元自治 筑牢疫情防控铜墙铁壁》的典型发言。突出深化司法体制改革，不断将改革优势转化为效能优势、服务优势，执法监督经验做法在全省政法领域全面深化改革推进会上作典型发言。在2020年全市司法公信力调查问卷中，群众整体满意度达94%。

风险防控。新冠肺炎疫情期间，一手抓疫情防控，一手抓维稳保安，确保广大市民的身体健康和生命安全，维护全市社会政治大局的持续安全稳定。全面推进县域警务，对全市169个乡镇（街道），围绕9大领域重大风险开展“拉网式”摸排，掌控重大风险隐患。全面提升社会面安全防控等级，全市32个“快警平台”实行“1、3、5”分钟快速应急反应，组织打击整治专项行动15次，办理涉“黄赌毒”案件1910起，刑事拘留3338人。深化无上访村（社区）、司法所规范化建设，加强三调联动，全年共调解各类矛盾4.1万件，无上访村（社区）占比93.9%。

扫黑除恶。紧盯宣传发动、线索核查、案件侦办、打财断血、打“伞”破“网”、基层组织建设等

2020年7月22日，常德市市域社会治理现代化工作现场推进会

（市委政法委 供图）

重点工作，深入推进“6+1”专项打击整治、洞庭春雷、“黄赌毒”、电信网络诈骗、十大行业领域专项整治、“六清”等打击整治行动，建立健全“四长负责制”、大要案件“挂图作战”，专家指导、挂牌督办、案件会商、督查评查等制度机制，积极谋划常态化开展扫黑除恶斗争“六建”新思路新机制。

【社会治理】 将社会治理现代化试点工作列入重要议事日程，落实平安建设领导责任制，分解试点工作任务，形成齐抓共管格局。全面规范市县乡村综治中心建设，配备专门人员，整合公安、司法、信访等部门人员进驻中心，发挥信访接待、矛盾调解、数据集成、研判分析、指挥调度等功能。科学划分网格，推动乡村干部、政法干警、平安志愿者等力量进网格，开展矛盾纠纷排查、特殊人群管理、安全隐患排查等工作。按照“群众一户一人”入群原则，建立1.4万个平安网格微信群，共发布政策法规等信息12.1万条，收集矛盾隐患1.83万件，受理群众求助1.72万人次。开展“情暖家庭”关爱活动，严格执行保安“着装、持械、守纪”执勤规定，维护公共安全。完善市域“雪亮工程”平台，联网接入市县乡村公共探头10万路，发动安装家庭探头12万路，开展视频巡查，确保视频监控在线率95%。建立“红管家”“和事佬”“五老理事会”“近心帮”“平安之星”等社会组织2942个，发展志愿者100万余人，健全“19志愿日”制度，开展全市众创平安之星评选活动，弘扬公序良俗、社会正气。

【服务社会】 全面落实司法责任制，深入推进诉讼制度改革、认罪认罚从宽制度、“一窗办结”改革、“互联网＋公安政务服务”改革。规范办理涉企案件执法活动，健全落实执法司法平等保护机制，健全生态环境工作保障机制。深入开展“百千万”活动，开展宣讲500余次、典型类案评议会100余次，评查案件1232件，法院系统公布裁判文书10042件、开展庭审直播1145件，检察机关实现案件信息全公开，公安机关推送信息17542条、行政处罚文书18865条。

【制度规范】 深入开展《中国共产党政法工作条例》宣讲学习，引导政法干警精准掌握主要内容、工作原则和具体要求。配齐配强乡镇（街道）政法委员，建立健全党委领导政法工作机制、党委政法委员会领导机制、重大事项请示报告制度、决策和执行机制、监督和责任追究机制。强化理论学习、随岗训练、实战练兵、技能比武等多元化教育培训，不断提升素能。常态化开展警示教育，做到以案为鉴、以案释纪、以案促改、以案促建，进行“点穴式”提醒、批评式帮带。

（卢述进）

法治政府建设

【概况】 2020年，常德市印发《常德市贯彻落实〈法治政府建设实施纲要（2015—2020年）〉实施方案》，将120项具体任务和44项工作指标，分解落实到81个部门单位，成立2个督查组进行专项评议，并将结果纳入全市绩效考核内容。全市司法行政部门就政府决策共提出法治审查意见227份。

【依法行政】 2020年累计开展3部地方性法规和2部地方政府规章的立法工作，其中《常德市城市绿化管理办法》《常德市大气污染防治若干规定》《常德市农村村民住房建设管理条例》已施行。完善备案审查工作机制。2020年，市本级共备案审查各区县市政府规范性文件104件，审查登记市直部门规范性文件70件，按时按程序向省政府和市人大常委会备案市政府规范性文件15件。

【优化服务】 对权责清单实施动态化管理，共清理并动态调整市县两级权责清单事项8793项，在全省率先完成乡（镇）、街道权责清单清理事项153项。不断提高公共服务能力。“12348”公共法律服务热线平台、“如法网”稳步运行，全市公共法律服务站点实现全覆盖。持续优化营商环境。出台《常德市优化营商环境（2020版）》《关于优化法治化营商环境的工作方案》，普法宣传深入人心。

【强化监督】 市政府按规定向市委、市人大常委会报告年度法治政府建设推进情况，积极办理市人大代表建议570件、市政协提案624件。对常德政府门户网站中属于行政执法监督范围的55起投诉举报，及时查处，回应社会关切。

【化解矛盾】 加强行政复议案件办案业务指导，通过将行政负责人出庭应诉纳入法治建设考核和督察内容，被诉行政负责人出庭应诉率大幅度提升，2020年，全市累计办理行政复议案件229件，其中，市本级办理86件行政复议案件，已审结57件，未审结24件。

（刘璐颖）

公安

【概况】 2020年，常德市公安机关深入贯彻“四个大抓”警务战略（大抓教育和管理、大抓主责和主业、大抓改革和科技、大抓基层和基础），按照“12345”工作思路，积极履职尽责，全市社会大局持续平稳，平安建设连续2年“零扣分”，刑事、治安案件和交通事故连续3年下降，公众安全感、满意度持续提升，公安民调排名全省第一；“两个争优目标”全部实现，市公安局被省公安厅评为2020年度绩效评估优秀单位、法治公安建设成绩突出单位、命案积案攻坚成绩突出单位。

社会维稳。交通问题顽瘴痼疾集中整治，2861处隐患路段全部整改，连续25个月未发生较大以上交通事故，整治成效全省第二，被省政府督查奖励激励。开展校园周边环境专项整治行动和学生防溺水工作，涉校案件下降明显，学生溺水死亡率较往年下降50%。开展“枫桥式派出所”创建活动，在137个治安复杂派出所设立调解室，矛盾纠纷排查化解率达95%以上。开展“千案攻坚”，全市涉警访下降25.7%，信访工作排名全省第一。扫黑除恶。深入开展“六清”行动（“线索清仓”行动、“逃犯清零”行动、“案件清结”行动、“伞网清除”行动、“黑财清底”行动、“行业清源”行动），2020年共打掉涉黑组织、涉恶集团团伙44个，破获涉黑涉恶案件494起，工作成效全省第一，“7·18”专案获评全省十大精品案例，汉寿、安乡、石门、西洞庭扫黑除恶成效排名全市前列。健全完善打击犯罪新机制，八类重大刑事案件破案率为88.74%，全市破获命案积案18起，武陵、桃源、鼎城、临澧、安乡命案积案攻坚成效显著。挂牌成立市反电诈中心，全市侦破电诈案件同比上升333.33%，武陵、鼎城、汉寿、临澧、津市、德山打击治理电信网络新型犯罪工作成效明显。缉毒禁毒。深入推进“净边2020”“百日会战”等专项行动，组织开展吸毒人员“三清”和毛发检测，破获部省督目标案件7起，鼎城破获特大贩卖毒品案缴获毒品5.4千克，汉寿、安乡禁毒工作成绩突出，全市外流贩毒人数同比下降76%，全年未发生吸毒人员肇事肇祸事件。专项行动。深入推进云剑行动、断链行动、昆仑2020、“毒黄赌”行动、“十年禁捕”等，“7·5”特大生产销售假酒案被省公安厅表彰。建立“122”工作机制，津市“3·3”专案摧毁境外赌博网站800余家，办案经验在全省推介。

服务大局。疫情防控。坚持外防输入、内防反弹，严防死守临鄂防线，因时因势动态调整应对措施，组织开展出境未归及“三非”外国人排查专项行动（查处非法就业、非法居留、非法入境的外国人专项行动），防范境外疫情输入。着力防范化解“疫后综合征”，及时推出服务复工复产的十项便利措施。政务服务。公安业务“一窗通办”实现全覆盖。大力推广湖南公安服务平台，与常德市“互联网+政务服务”一体化平台对接，推动实现“刷脸办”。服务企业。深入开展“百万警进千万家”活动，持续开展重点工程、重点企业治安环境专项整治行动，全市涉企行政、刑事案件、矛盾纠纷持续下降。

规范执法。执法质量。狠抓六项执法制度落实，开展优秀主办侦查员评选表彰，全市绝对不捕不诉率考核排名全省第一，公诉率同比上升11个百分点。全面完成建议提案办理，代表委员满意率100%。集中整治。组织开展执法顽瘴痼疾集中整治和取保候审、监视居住突出问题专项整治，挂牌整治11个执法问题突出派出所，执法顽瘴痼疾问题整改率99.93%。场所改造。建成2个高标准执法办案管理中心和执法办案区。启动执法大数据智能监管平台建设，推广运用政法跨部门大数据办案平台，网上流转率达95%以上。

基础建设。县域警务。制定出台《关于贯彻“四个大抓”战略推进县域警务现代化的实施意见》，106项具体举措，全面完成年度任务。基础设施。全力推进派出所建设三年行动计划，全市新建、改扩建派出所20个，津市完成所有派出所新建或改扩建任务。2个县市区公安局业务技术用房新建完成，市局监管中心一期、警务技能实战训练基地二期启动建设。科技建设。创新警用航空实战应用，全省警用无人机实战技能比武在常德举行，常德获团体第一。防控体系。大力推进前端感知系统建设，强化重点部门安防，三防建设达标率100%。抓实治安领域实名制和户口整顿，“一标三实”（标准地址、实有人口、实有房屋、实有单位）信息采集排名全省前列。

市局警官培训中心被评为全国公安机关全警实战大练兵标兵集体，澧县特巡警大队被评为全国公安系统抗击新冠肺炎疫情先进集体，武陵区府坪派出所被评为全国公安机关执法示范单位、全省十佳公安基层单位，津市市公安局党委被评为湖南省抗击新冠肺炎疫情先进集体、湖南省先进基层党组织，鼎城区公安局被评为全省十佳公安局，武陵公安分局被省公安厅评为新时代县域警务工作成效突出单位，临澧县公安局被评为全省打击电诈成绩突出单位，桃源县公安局被评为全省侦破命案成绩突出单位。涌现出全国“平安英雄”曾祥富，公安部一等功臣、全省最美基层民警朱国章，全国禁毒工作先进个人郭作全、全国公安机关“110”工作成绩突出个人陈敏、全国公安机关全警实战大练兵标兵个人卜忠飞、李松毫等先进典型。治安支队胡宗波等4名民警被评为湖南省抗击新冠肺炎疫情先进个人，巡特警支队申玉明被评为湖南省优秀共产党员。

（郭 禹）

【维护社会大局稳定】 2020年公安民调排名全省第一。交通安全严管重罚，顽瘴痼疾整治全省第二，连续25个月未发生较大以上交通事故，全市刑事、治安案件和交通事故连续三年下降，2020年群众对社会治安评价值93.21，同比上升2.2个百分点。推出主办侦查员、案件审核审批、集体研究、请示汇报、重大事项法制审核等6项制度，全面规范民警执法行为，未发生重大涉警负面舆情。公安维稳专班与信访联席办实体对接，“枫桥式”派出所创建与无上访村创建全面对接，无上访村占比90%以上；治安调解与人民调解、司法调解联动对接，调处矛盾纠纷4.1万起。实行公安入园、民警入企，对全市工业园区、百大项目实行点对点服务，涉企案件、矛盾纠纷下降40%以上。

（何红星）

【法治公安建设】 执法顽瘴痼疾。重点针对有案不立、压案不查、有罪不究、久扣不处等突出执法问题，实行挂图作业，对账销号，逐案核查整改，先后召开2次全市执法顽瘴痼疾集中整治部署、推进会，整改执法顽瘴痼疾1516个，全市整改率达99.61%。执法质量。全市公安机关公诉率达71.67%，同比上升11个百分点，全省排名第五；绝对不捕不诉率为0，全省排名第一；行政快办结案率35%，全省排名第八。完成1个执法办案管理中心建设和12个执法办案区升级改造任务。市公安局被评为全省公安机关法治公安建设成绩突出单位，在2021年全省公安局长会议上就“法治公安建设”作典型经验发言。

（周　师）

【机构改革】 呈报批准成立常德市公安局高新分局。2019年，根据市政府第81次专题会议精神，市公安局牵头成立市公安局高新区分局筹建工作组。7月，省公安厅批复同意设立常德市公安局高新分局。12月，市委编办批复同意设立常德市公安局高新区分局，为市公安局正科级派出机构。2020年3月，市政府第29次专题会议议定以2018年12月31日为时间节点，鼎城区公安局灌溪派出所、樟树湾派出所、石板滩派出所、交警大队三中队连人带编整体划转至市公安局高新区分局。11月12日，市委编办批复同意市公安局高新区分局更名为市公安局高新分局，设4个内设机构（指挥中心、刑事侦查大队、治安管理大队、交通警察大队）和3个派出机构（灌溪派出所、樟树湾派出所、石板滩派出所）。12月29日，市公安局组织召开高新公安分局工作交接会，推进高新公安分局各项工作步入正轨。完成市森林公安局管理体制调整转隶。根据中共中央办公厅、国务院办公厅部署要求，在全国实行森林公安管理体制改革。2020年11月4日，市委编办下发《关于市森林公安局管理体制调整有关事项的通知》（常编办复〔2020〕71号），明确市县两级森林公安机关由林业、公安部门双重管理调整为公安部门直接领导管理，在业务上接受林业部门的指导，市森林公安局管理体制调整为市公安局内设机构，名称不变。11月19日，市委、市政府各相关部门召开市森林公安局管理体制调整移交会议，市森林公安局正式完成管理体制调整转隶。市公安局巡特警支队由独立法人单位变更为局属二层机构。根据《中共常德市委机构编制委员会会议纪要》（〔2019〕1号）文件精神，常德市公安局巡警特警支队由独立法人单位变更为市公安局内设二层机构，人、财、物交由市公安局统一管理。2019年10月8日，市委编办批复，对市公安局巡警特警支队内设机构进行调整，明确撤销市公安局巡警特警支队办公室、政治处、装备行政科、警务督查科等综合科室，设立警务督导大队、内务大队、监察留置看护管理大队，机构级别均为正科级。2020年1月1日，市公安局巡警特警支队按照市公安局内设二层机构模式全面开展工作。

（罗梦龙）

【公安基础设施建设】 常德市公安基础设施建设项目纳入国家“十三五”规划共36个项目（其中县级及县级以上公安业务技术用房项目5个，公安看守所项目3个，公安拘留所项目3个，公安强制隔离戒毒所项目2个，乡镇派出所项目22个，毒品实验室项目1个）。截至2020年年底，完成项目建设任务27个，其他9个项目因中央投资未到位全部结转到“十四五”规划。市局重点项目建设。常德市公安局监管中心项目完成立项、征地拆迁、全过程咨询招标、周边基础设施建设协调和设计、施工总承包招标工作，2021年开工建设，该项目建设规模6.8万平方米，投资规模近4亿元。市局警务技能实战训练基地二期项目完成立项、土地调规、征地拆迁、代建招标和设计招标工作，正在进行方案设计和施工设计，该项目建设规模2.69万平方米，投资规模2.66亿元。基层业务技术用房建设。石门、临澧、津市业务技术用房建成投入使用，汉寿、西湖业务技术用房主体完工启动装修，桃花源业务技术用房完成项目立项。全市公安机关新建、改扩建基层派出所20个，均按要求同步建设“五小工程”，落实省厅绩效评估和派出所三年行动计划的建设任务。桃源“三所合一”监所建设项目2021年完成装修投入使用。

（朱　敏）

【户口清理整顿和户籍制度改革】 2020年，全市人口管理以第七次全国人口普查为契机开展工作。户口清理整顿，解决户籍管理中的“错重假”问题。重点开展出生人口户口未及时登记、死亡人口户口未及时注销、户籍照片错误、重假户口注销、16周岁以上人口未办身份证、身份证错证、身份证指纹采集错误、身份证指纹未采集、指纹相似、图像相似人员进行清理，共清理17批98842人。以第七次全国人口普查为契机，6月开始试点，7月全面启动，截至9月5日，常德市公安局户口整顿工作全面完成。通过户口整顿，澄清人口底数，户口登记项目更加齐全，户籍档案资料更加完整，人口信息更加准确，“一标三实”实有人口信息更加全面，客观真实呈现全市人口状况，为第七次全国人口普查提供翔实资料。7月，根据省委要求，在全市公安机关部署开展“一人多证”专项清理工作，共对全市1276家单位27616人身份进行逐一核查并开展人像比对，全部完成。全面推进二代证指纹补采专项行动，提升户籍信息质量，全年共采集指纹2174340人。户籍制度改革，提升户籍人口城镇化率。调整和下放58项户口受理、审批权限，规范减免证明材料、简化手续优化流程，推行一件事一次办。妥善解决户口登记中的重点、难点问题。严禁设立不符合户口登记规定的任何前置条件，超计划生育、非婚生育的婴儿申报户口的，先依法及时为其办理出生登记，再按有关规定通报当地卫生计生部门；坚决落实无户口人员落户政策，不管无户口问题是什么时候、什么原因造成的，都无条件加以解决；及时修订户政业务“只跑一次”清单。大力实施宽松落户政策，探索实行农业转移人口“宜城则城、宜乡则乡、来去自由”的落户政策，加快推进农村转移人口市民化。探索非省会城市常居地落户制度，完善审批程序。

（黄雄英）

【出入境与往来港澳管理】 2020年，全面落实“全国通办”新政，全面梳理“互联网＋政务服务平台”事项清单，对出入境窗口进行提质升级改造，开设军人优先、农民工优先、老人优先窗口，推出服务防疫防控和企业复工复产十项便利措施，继续推行自助办、免费办、一次办等便民服务举措。疫情防控。严格执行停止签发港澳旅游签注的调控措施，认真落实对持有有效出国境证件人员开展提示劝阻工作，落实关于劝导居民减少非必要出国出境活动的工作，安排专人轮流值守，落实每日口岸防疫数据的处理，开展“出境未归”人员专项排查，严厉打击非法出入境行为。“清淤”专项行动。制定《常德市公安机关治理防控居民境外违法犯罪活动专项行动工作方案》，开展数据分析和情报研判，部署开展近五年持证重点人员实地核查，建立警种协作联动工作机制，提高人口与出入境部门办案能力，全年办理35起行政案件、2起刑事案件。出国境证件办理实质性审查。下发《关于执行护照“实质性审查”的解读（一）》《出入境证件询问核查登记表》及实质性审查工作指南等指引性操作规范，强化办理出入境证件背景审查，集中力量开展弄虚作假骗取护照违法案件的办理和深挖，转变窗口受理工作模式，提高窗口审查水平。推进出入境重点关注人员分类管控工作，完善出入境重点关注人员管控平台，有效防范常德市公民持用护照出国境从事违法犯罪活动。出国境业务监管。严格出国境业务受理审批。对出国境办证数据定期开展统计分析，定期抽查出国境业务档案，针对护照、赴港澳定居、港澳商务备案受理审批等业务重点监管，严防出国境业务与往来港澳违规办理。公职人员出国境管理。配合纪检和组织部门稳步推进国家工作人员“一人多证”专项清理工作线索核查，配合组织人事部门做好领导干部个人事项申报抽查，配合监察委案件查办，及时准确办理限制出境措施，有效防范公职人员违规出国境。

（汪 抒）

【巡特警工作】 2020年，常德市公安局巡警特警支队共出动警力435人（次），执行维稳处突任务12起。其中，参与处置各类突发性案（事）件4起；参与涉黑人员抓捕、涉黑专案犯罪嫌疑人转监押送任务、城区设卡行动等专项行动8次。警卫保卫。共出动警力630人次，出色完成党和国家领导人到常德考察、省旅游节、重大涉黑案件庭审、新能源汽车拉力赛、全省无人机比赛、2020常德柳叶湖国际马拉松赛等警保卫9起，全市两会等安检任务3起。治安防控。共出动警力10830人（次），全年无间断开展特警3人战斗小组和特警武警联勤小组反恐巡逻；赴共建单位组织开展反恐应急培训、反恐防暴演练、高考保卫、单位治安隐患排查等平安建设活动42次；组织“警营开放日”活动1次；前往杨桥社区、青林社区开展义务巡逻25次，有效增强治安防控效能。留置看护。出台《留置看护人员管理办法》和《留置看护人员管理制度和操作手册》等规范性制度，对违纪人员严格按照管理办法执行。2020年防疫期间，市纪监委案管中心采取全封闭管理措施，民辅警全天候24小时轮值轮守，共为纪监委看护留置对象49人，累计看护时间5128天次，成功处置突发性事件2起，确保留置场所全年“零事故”“零泄密”事件的目标。实战训练。结合公安部大练兵要求开展队伍大比武活动，制定《常德市公安局特巡警支队全警实战大练兵比武活动实施方案》，开展1000米、引体向上、水上泅渡、战术射击、武装越野、综合体技能

6项比武，通过实战大练兵比武竞赛，以赛促训，全面提升队员综合素质。疫情防控。疫情防控期间，巡警特警支队派出一名副大队长带队，随市防疫指挥部成员一道，前往黄花机场从事境外进入常德人员疫情管控工作；先后派出10余名警力到市拘留所，从事监所疫情防控隔离羁押看守工作。

（胡　峰）

【公安警用航空建设】　警用无人机配备。以县域警务建设为契机，市局推动一、二、三级风险县市区分别按照4台次、3台次、1台次配备警用无人机。截至2020年年底，全市公安机关共配备能满足执行空中侦察、空中巡逻、大型活动安保等任务的各类警用无人机48台。专业人才培养。2020年9月，常德市公安局举办首期警用无人驾驶航空器驾驶员培训班，市公安局各业务警种及15个县市区公安（分）局共46名学员报名参训，全部通过公安部考核，创造全国公安机关警用无人驾驶航空器培训班首个100%通过的好成绩。警航实战应用。常德市公安局确定桃源县公安局为试点单位，推动警用无人机在实施县域警务战略中的实战应用，力争通过试点以点带面，全面铺开，落实《公安部关于进一步加强警用航空工作的意见》要求，在3年至5年内切实提升全市公安机关立体化作战和风险防控能力。常德警航建设被省公安厅警保部确定为“构建警航实战应用新模式”类别的重大典型单位。2020年7月，常德市公安局在全省公安第二届警用无人驾驶航空器实战技能比武中获团体一等奖。

（陈军华）

【县域警务工作】　2020年4月，常德市公安局紧跟省公安厅党委决策部署，针对县域风险防控和加强公安工作现代化两大目标，推进新时代县域警务工作。9月2日，市委书记、市人大常委会主任周德睿到市公安局调研，督导推进全市县域警务工作。市政府召开常务会专题研究县域警务工作，将公安大数据建设纳入常德市“十四五”规划编制和“智慧城市”建设范畴，将66个派出所、5个交警大队和25个交警中队营房建设纳入全市“十四五”规划和城乡基础设施建设一体规划。市平安建设领导小组将县域警务风险防控责任制纳入《2020年度常德市区县市平安建设（综治工作）考评办法》。制定出台《常德市公安局关于贯彻“四个大抓”战略推进县域警务现代化的实施意见》《常德市县域警务现代化具体措施责任分解清单》，形成106项具体措施，实行清单式管理，项目化推进。举办示范项目大赛，实现“示范带动、典型引路、以点带面、整体推进”的良好格局。武陵、汉寿、桃源、安乡、西湖、西洞庭等地公安机关积极对接党委政府、行业部门，推动县域警务工作领导小组提级升格，以党政相关部门名义出台八大机制建设实施意见、工作方案，建立考核评价体系，压实行业部门抓风险防控的职责职能。武陵、汉寿、桃源3个一类风险区县党政领导高度重视，解决县域警务、打击破案、视频监控、警务保障等专项经费上千万元。开展县域警务专题调研活动，围绕省厅重点课题，以及“学精神、查风险、保平安”主题开展深度调研，形成调研文章，与县域警务示范项目紧密结合，促进成果转化。副市长、市公安局局长李忠署名调研文章《公安机关应发挥主力军作用助力提升市域社会治理成效》在公安部《公安调研》刊发。

（李　松）

【扫黑除恶专项行动】　2018—2020年，常德市公安局打掉涉黑犯罪组织19个，涉恶犯罪集团46个，涉恶犯罪团伙108个，刑拘2277人，破案1835起，查封冻结扣押涉案资产22.45亿元。连续2年被评为全省公安机关扫黑除恶专项斗争成绩突出单位，侦办“8·24”文某宏涉黑案和“10·29”王某涉黑案两起全国扫黑办挂牌督办案件，“8·24”专案组被公安部记集体一等功。召开15次党委会专题研究部署，120余次调度会，下发局长督办令52条，推动设立线索举报奖励、大要案件办理、公检法三长联席会议、与纪检监察同步上案等30余项工作机制，纵深推进扫黑除恶专项斗争。抽调民警2300余人次，打掉鼎城贾某、桃源何某胜、西洞庭詹某等一批涉黑组织，一审判处死刑3人，破获命案积案4起。核查办结2923条举报线索，抓获全部24名目标逃犯。与行业主管部门密切配合，对涉黑涉恶问题开展综合治理，三年实现全市刑事案件、治安案件同比下降31.27%、27.86%。

（李中伟）

【常德市反电诈中心揭牌】　12月30日，常德市反电诈中心在市公安局成立，市政府副市长、市公安局局长李忠出席揭牌仪式并致辞。反电诈中心正式揭牌是落实公安部、省公安厅工作部署要求，提升常德市打击电信网络新型违法犯罪效能，积极回应群众关切的具体举措。常德市反电诈中心建设紧紧围绕查处违法犯罪嫌疑人数明显上升、破案数明显上升、发案数明显下降、人民群众财产损失明显下降的“两升两降”目标，坚持“侦查打击、重点整治、防范治理”三位一体，是集接警、止付、研判、侦查、防范、宣传等功能为一体的实战化平台。2020年，全市共侦破电诈案件295起，挽回损失2000余万元，及时预警劝阻4.3万余人。

（李中伟）

检察

【概况】　2020年，常德市检察系统统一规范设置市县两级检察院内设机构，机构整体精简28.5%。全市刑事检察“案件比”为1：1.54，“件”同比下降0.43。适用认罪认罚从宽制度办结案件3443件5367人，适用率90%。确定刑量刑建议提出率为82.3%，采纳率为97%，一审服判率94.6%。全省检察业务考评中，常德市检察绩效位列全省第一。21个集体和42名个人获省级以上表彰。市检察院获评全国文明单位、“法治进校园”全国巡讲活动先进单位、全国检察机关检务保障先进单位，在全省性会议作典型发言、经验介绍5次。

疫情防控。提前介入侦查涉疫刑事案件9件，批捕7人，起诉12人。向监狱、看守所提出检察建议10件，均被采纳，把疫情阻挡在高墙之外，相关防控措施和经验被最高人民检察院推介。开展“医疗废弃物清理”专项监督，督促生态环境、卫生健康主管单位依法履职33件。在抓好自身防疫的同时，选派298名干警深入企业、社区，助力复工复产，参与联防联控。

依法保障企业经营。依法打击侵害企业利益犯罪，批捕侵犯知识产权、强迫交易等犯罪嫌疑人36人，起诉92人。对涉案企业负责人及关键岗位人员，依法不批捕23人，不起诉51人，保障企业正常生产经营。对认为确有错误的涉企民事生效裁判加强监督，帮助企业挽损1.26亿元。现场调研常益长铁路建设项目，开展廉政专题讲座，设立检企联络室。

扫黑除恶专项斗争。提前介入侦查204件次，批捕240人，起诉744人。贯彻最高人民检察院“是黑恶犯罪一个不放过，不是黑恶犯罪一个不凑数”要求，对侦查机关以涉黑恶移送审查起诉的，依法不认定20件；未以涉黑恶移送的，依法认定18件。发现并移送“保护伞”线索91条，起诉6人。提出并被采纳社会治理、行业监管检察建议105件。市检察院和5个基层检察院被省人民检察院表彰为扫黑除恶先进集体，文某宏涉黑案专案组被省人民检察院记集体二等功。

反腐败。与市纪委监委就职务犯罪案件衔接建立长效工作机制。提前介入监察机关办理的职务犯罪案件31件。受理监察机关移送审查起诉职务犯罪51人，已起诉46人，不起诉1人。依法履行对司法工作人员涉嫌刑讯逼供、徇私枉法等14种职务犯罪侦查权，共立案侦查4人。

依法打击严重刑事犯罪。共批捕各类犯罪嫌疑人2284人，起诉4995人。其中严惩严重暴力犯罪，起诉121人；依法惩治群众反映强烈的黄赌毒、盗抢骗、食药环等犯罪，起诉3384人。

未成年人司法保护。严厉打击侵害未成年人的犯罪，起诉194人。起诉涉罪未成年人104人，不起诉22人，附条件不起诉55人。与市新安学校共建未成年人观护帮教基地，与市妇联、市教育局联合开展“女童权益保护”百场宣讲，联合9家市级单位会签侵害未成年人案件强制报告制度实施办法，推动建立“一站式取证”场所2处。开展法治进校园74场次，参与师生、家长3万余人。最高人民检察院调研组对常德市落实“一号检察建议”工作予以肯定。

化解社会矛盾纠纷。组织检察长接待日289次，没有发生赴省进京涉检上访情况。对264件群众来信全部做到7日内程序回复，对属于检察机关管辖的241件群众来信做到3个月内办理过程或结果答复。组织律师代理申诉132件。对96件不支持当事人监督申请的民事案件释法说理，对38件拟不起诉等案件公开听证，促进案结事了。

【刑事检察】　监督侦查机关立案89件、撤案60件。追捕99人，追诉205人。对认为确有错误的刑事裁判，提出抗诉21件，同比上升91%；法院审结20件，其中采纳抗诉意见14件。纠正减刑、假释、暂予监外执行不当472件。纠正刑事执行活动违法、监外执行活动违法

2020年6月9日，信访法治宣传活动　（市人民检察院 供图）

254件，纠正财产刑执行履职不当18件。开展病犯收押收监专项清理整治行动。落实“四号检察建议”，推动住建部门排查消除窨井盖安全隐患，市政府办公室出台窨井盖管理办法。

【民事检察】 对认为确有错误的民事生效裁判，提请抗诉21件，提出抗诉11件，同比分别上升31.3%、57.1%，法院已再审11件，其中改判7件、调解2件、和解撤诉1件；提出再审检察建议20件，法院已裁定再审19件。民事诉讼审判程序违法监督。提出检察建议30件，法院采纳31件（含上期结转）。民事执行监督。提出检察建议49件，法院采纳50件（含上期结转），同比分别上升104.2%、163.2%。办理虚假诉讼监督案件21件，对涉嫌犯罪的批捕4人。

【行政检察】 开展行政非诉执行监督，发出检察建议57件，全部被采纳。发出检察建议122件，采纳129件（含上期结转）。化解21起久诉不息的行政争议案件。

【公益诉讼】 立案办理公益诉讼案件763件，同比上升157.8%，其中办理行政公益诉讼701件，向行政机关发出检察建议685件，已回复整改710件（含上年结转），通过诉前程序实现保护公共利益的目的。部署开展“公共租赁住房清理整顿”专项监督，向全市9个区县市政府发出检察建议。在安全生产、公共卫生等新领域，办理公益诉讼案件4件。

（皮雅君）

法院

【概况】 2020年，全市法院共受理各类案件66295件，结案65947件，法定审限内结案率99.97%。其中市中级人民法院（以下简称市中院）受理7930件，结案7921件，法定审限内结案率99.82%；员额法官年人均办案138.1件。共有28个集体和89名个人受到市级以上表彰，40余项工作经验被省级以上报刊、网站等媒体推介。市中院、武陵法院、桃源法院和王某案一审团队、文某宏案执行团队被评为“全省法院扫黑除恶专项斗争工作突出集体”，鼎城、临澧法院被评为“全省法院基本解决执行难工作先进集体”；卜玉平、戴小军、姜业涛、张旭升、朱敏等被评为省级以上审判执行工作先进个人。

执行攻坚。巩固“基本解决执行难”成果，不断完善执行工作长效机制。共执结案件23534件，执行到位金额35.51亿元。构建综合治理大格局。加强长效机制建设，初步形成“党委领导、政法委协调、人大监督、政府支持、法院主办、部门联动、社会参与”的执行难综合治理工作大格局。推进社会诚信体系建设，强化与智慧常德、信用常德云平台对接，促进社会信用体系基础信息建设。鼎城、安乡、临澧、汉寿等法院先后出台文件，积极构建“综治网格管理+执行”工作模式，基层综治网格员共协助法院查找被执行人628人，顺利执结案件252件。攻克执行难题。针对涉黑恶犯罪、民生、金融、拖欠民营企业账款等群众反映强烈的热点问题，集中开展专项执行行动。全市法院共执结涉黑恶案件527件，执行到位14.73亿元；执结涉民生案件2202件，执行到位1.25亿元；执结涉工程机械行业案件1359件，执行到位3.27亿元；执结涉民营中小企业案件2721件，执行到位5.25亿元。市中院在执行中综合施策，依法支持安乡县政府收回珊珀湖水面养殖使用权。失信惩戒。加大对失信被执行人的打击力度，全市法院共司法拘留469人次，罚款599人次，刑事制裁35人次；发布失信被执行人4936例，限制高消费12596例，872名失信被执行人主动履行义务。汉寿法院执结的熊某与刘某民间借贷纠纷案，刘某因担心列入失信名单影响子女高考，主动履行应还债务15万元。

司法改革。便民诉讼服务。坚持“便民、高效、智能”原则，加快一站式诉讼服务体系和智慧法院建设。不断完善“智审、智执、智服、智管”，让群众打官司更便捷。大力推广“云审判”、远程视频庭审、智能语音庭审、智能文书编写、网络查控、政法跨部门大数据办案平台等网上办案应用，推进审判执行办案信息化。推广运用“人民法院调解平台”“湖南移动微法院”“司法送达平台”，共开展网上立案2709件，平台调解案件15632件，网络送达184612次，实现让“群众少跑腿，数据多跑路”。强化“零距离”服务群众，石门、安乡等法院开展巡回审判292场次。诉源治理工作。坚持和发展新时代“枫桥经验”，以一站式多元解纷为着力点，大力推进诉源治理工作。主动融入党委政府主导的基层社会治理体系，推动诉源治理和万人起诉率纳入平安建设考核。加强“三调”联动，联合政府有关部门成立物业、医疗等多个专业调解委员会。依托基层治理网格化管理，建立诉源治理工作站86个，推动“无讼社区”建设。整合社会力量，市中院开展老法官特邀调解，武陵法院推行律师调解，桃源法院探索“五老解纷”“五长联席”特色调解。完善诉调对接，确保矛盾纠纷引得出、导得入，办理司法确认案件668件。开展积案化解专项行动，化解信访积案231件。积极开展司法救助，全市法院共办理司法救助案件189件，发放司法救助金883.19万元，其中市中院办理26

2020年1月14日，常德中院在石门县所街乡开展“新春送法进乡村”活动

（文左龙 摄）

件，发放司法救助金114.5万元。

司法责任制改革。制定职责和权限清单，明确员额法官、法官助理、书记员权限和责任，压实院庭长对“四类”案件监督职责。推广应用类案检索机制，帮助法官总结审判经验，促进裁判尺度的统一。强化内部监督管理，深入开展“审判质量、效率和公信力巩固年”活动，实行主要绩效指标月通报、季督导、年总结。加强对基层法院业务指导，出台民商事审判业务指导意见。完善案件质量评查机制，随案评查与专项评查、重点评查相结合，随案评查率达100%。推进案件繁简分流、轻重分离、快慢分道，办理速裁案件16312件。健全专业法官会议与审判委员会案件讨论工作衔接机制，津市法院“四点聚焦+靶向对表”工作经验获省高院肯定。落实新型审判团队建设指导意见，培养“专科医生”式员额法官，市中院设立破产专业审判团队。

司法能力建设。开展《中华人民共和国民法典》学习培训。召开全市法院民商事审判暨人民法庭工作（培训）会议，研究讨论民商事法律适用疑难问题。参加全国法院“2020年度优秀案例分析评选”活动，市中院马桂芳、王婉婷编写的案例获二等奖。加强法官职业保障，全市法院组织法官心理健康教育和疏导活动6次。开展司法作风问题专项整治，开展“以案释德、以案释纪、以案释法”警示教育，引导广大干警筑牢拒腐防变的思想防线。开展“三个规定”落实情况专项整治，落实任职回避规定专项清理。严惩司法腐败，全市法院涉嫌违纪违法立案调查12人。

公信建设。主动接受人大及其常委会监督。坚决落实人大常委会重要工作部署，扎实开展司法公正常德行活动，认真组织法官履职评议工作。认真执行市人大及其常委会的决定决议，及时报告重大工作部署和依法履职情况，向市人大常委会专题报告工作6次。办理市人大代表建议3件，均表示满意。办理市人大常委会及专门委员会交办、督办件3件，期限内均已办结。拓宽代表联络渠道，通过上门征求意见、邀请旁听庭审、召开座谈会等方式，听取代表意见485人次。主动接受政协民主监督及检察监督。主动向市政协、各民主党派通报法院工作情况，办理市政协委员提案1件。认真办理检察机关抗诉案件和检察建议，邀请检察长列席审判委员会32次，审结抗诉案件18件，其中改判、发回重审13件。主动接受媒体监督及社会监督。开展网络庭审直播17559场，可公开裁判文书上网率达100%。组织“公众开放日”活动。通过法院官网、微信公众号、新浪微博等平台发布信息，全方位公布法院动态、多渠道接受监督。

【刑事审判】 共审结各类刑事案件6067件。扫黑除恶。克服新冠肺炎疫情造成的提审难、开庭难，涉黑恶案件一审审结319件，二审审结111件，结案数居全省第一。依法从重惩处，判处五年以上有期徒刑、无期徒刑和死刑358人，判处财产刑18.91亿元。全力办好大要案，审结王某、贾某、李某明等8件央督、省督案件，王某涉黑案在全国扫黑办新闻发布会上通报，文某宏涉黑案被编入最高院典型案例汇编。注重“打伞破网”，审理“保护伞”案件11件。积极参与行业综合治理，发出司法建议42份。维护社会稳定。对严重危害社会治安、扰乱社会秩序犯罪依法严惩，审结故意杀人、故意伤害、抢劫等严重暴力犯罪案件332件，审结盗窃、诈骗等多发性侵财犯罪案件882件，审结走私、贩卖、运输、制造毒品犯罪案件578件。市中院审结全国影响较大的“滴滴车司机遇害案”。惩治腐败。积极配合监察体制改革，畅通协调沟通渠道，审结职务犯罪案件58件。对罪行严重的职务犯罪依法严惩，市中院开庭审理省直机关工委原副书记周某柏受贿案。严厉打击“微腐败”“小官巨贪”，桃源法院审结该县自然资源局矿产资源管理股原股长邓某受贿案。加强人权司法保障。积极推动认罪认罚从宽制度，审结被告人认罪认罚案件2562件。依法保障被告人诉讼权利，推进刑事案件律师辩护全覆盖，全市法院为1228名被告人联系法律援助机构指定援助律师。依法办理减刑、假释案件2488件。

【民商事审判】 共审结各类民商事案件32431件。服务疫情防控。落实依法防控要求，疫情期间采取“云审判”、网上远程开庭审结案件526件。依法支持企业复工复产，妥善化解涉企劳动纠纷案件752件。石门法院裁定解封破产酒店，春节期间集中接收湖北籍旅客，支援疫情防控；鼎城法院建立“院银企”联席会议工作机制，帮助企业走出经营困境。积极参与联防联控，全市法院累计提供志愿者服务1100余人次，走访居民940余户，协助排查和劝导居民2万余人次。助力“三大攻坚战”。依法化解重大风险。审理金融纠纷案件1405件，维护金融安全；加强柔性司法，慎用强制措施，确保企业正常生产经营。依法保障精准脱贫。落实落细服务乡村振兴司法政策，审结涉扶贫领域案件332件，为经济困难农民缓、减、免诉讼费。市中院完成石门县所街乡迎驾垭社区对口扶贫任务。依法保护生态环境。开展“常德法院·环保沅澧行”专项行动，重拳打击污染环境、破坏资源等行为，审结案件165件。市中院成立驻市生态环境局法院联络室；武陵、桃源、澧县、临澧等法院审结非法捕捞野生动物、水产品刑附民公益诉讼案7件；石门、汉寿法院审理的2件案件入选最高院环境资源典型案例。营造法治营商环境。深入开展护企暖企专项行动，市中院组织送法进企业活动26次，实地走访调研中联重科、金帛化纤、德成建设等企业60次。加强知识产权司法保护，服务创新驱动发展，审结商标、著作权等知识产权案件152件。依法保护民营企业健康发展，妥善化解涉企合同纠纷3000余起。市中院促成广东奥园投资管理集团与湖南炳屹建筑集团合同纠纷案达成调解，避免企业因查封陷入破产。推进府院联动，服务供给侧结构性改革，审结破产案件31件，综合运用破产清算、重整、和解等手段促进企业转型升级，推动“僵尸企业”有序退出市场。鼎城法院以7亿元成功网拍“德江南”破产财产，促使项目重现生机。促进社会和谐。妥善处理离婚、赡养、抚养等家事纠纷案件5668件，调撤率达58.13%；津市法院“家事和”工作经验获最高院肯定；制裁家庭暴力行为，发出人身保护令8份。维护军人、军属合法权益，审结涉军案件128件。回应社会关切，积极探索人身损害赔偿“同命同价”改革，出台机动车交通事故责任纠纷案件中统一适用城镇居民人身损害赔偿标准的意见，审结相关案件2730件。积极参加“护薪”行动，对拖欠农民工工资案件快审快执，对拒不支付劳动报酬罪从严惩处。加强未成年人权益保护，积极开展法治宣传，组织送法进校园活动12场。

【行政审判】 共审结各类行政案件1556件，执结非诉行政案件552件，审理国家赔偿案件3件。保护行政相对人合法权益。继续推进立案登记制和一审行政案件集中管辖改革。以保障和改善民生为重点，依法审结涉及土地征收、房屋拆迁、劳动与社会保障等与群众切身利益密切相关的案件379件。采取“审前沟通、审中协调、审后疏导”工作模式，促成行政争议实质性化解，原告主动撤诉案件同比上升25.88%。监督行政机关依法行政。坚持合法性审查原则，加大对行政权的司法监督力度。持续推动行政机关负责人出庭应诉，澧县法院一审行政机关负责人出庭应诉率达85%，工作经验获最高院推介。通过分析研判，总结行政执法中的问题及原因，向行政机关发送司法建议26份。依法支持项目建设和环境保护。加强对重大项目工程、生态环境整治等提供司法服务保障。对依法征地拆迁给予司法支持，妥善办理棚户区改造、园区建设、交通跨越等类型行政案件246件。支持行政机关依法履行环境保护职责，妥善办理平垸行洪等涉环境整治案件45件。

【艾艳萍获评“全国法院办案标兵”】 艾艳萍2007年进入桃源县人民法院工作，先后在刑事审判庭、办公室、行政审判庭、漆河法庭、桃花源法庭、陬溪法庭等部门工作，任陬溪法庭庭长、员额法官。先后获评“全省信息工作先进个人”“常德市巾帼建功标兵”“全市法院办案能手”等荣誉，立三等功2次、嘉奖4次。2020年，艾艳萍被最高人民法院评为“全国法院办案标兵”。

（伍梦霞）

劳动人事争议仲裁

【概况】 2020年，全市调解仲裁部门累计处理各类劳动人事争议2029起，涉及劳动者2490人，涉案金额1.13亿元。其中，全市调解组织、仲裁机构共调解争议纠纷1665起，调解成功率为81.57%；市、县两级仲裁机构立案受理案件993件，上年结转案件15件，当期结案1005件（含上期末转结案件），结案率为99.7%。其中，以调解方式结案631件，仲裁调解率为62.8%。结案率、调解率均完成省定目标任务；全市处理十人以上的集体争议17件，共涉及劳动者272人，较2018年减少7件，降幅为29.17%。

组织领导。坚持全市仲裁工作“一盘棋”，将部、省、市人社工作会议精神落实到仲裁工作之中。4月22日，召开全市劳动人事争议调解仲裁工作和党风廉政建设座谈会，会议通报2019年度调解仲裁工作考核结果，总结2019年工作，部署2020年工作，深入分析仲裁工作面临的形势任务，号召全市仲裁部门适应新时代要求，迈开信息化建设步伐。6月底，市人社局主要领导现场办公，专门听取仲裁工作情况汇报，局党组高度重视并形成会议纪要，在增强人员力量、调整使用干部、完善工作机制等事项上给予有力支持。

抗击疫情。面对新冠肺炎疫情严峻形势，针对疫情暴发期、生产恢复期、防疫常态化等不同阶段特点，坚持从群众需求出发，运用网络信息手段，做到申诉窗口不打烊、仲裁服务不断线，确保劳动纠纷不向信访、司法渠道蔓延。2月3日，以仲裁委员会名义发布《关于疫情防控期间劳动人事争议调解仲裁有关事宜的通告》，实行“一案一群”微仲裁服务，为特殊时期劳动力流动提供法律保障。3月中旬，研究编印《劳动者劳动争议五十问》和《新冠肺炎防控期间劳动仲裁有关问题解答》，加强对全市仲裁办案指导，统一裁量标准。积极响应上级号召，先后组织4名党员赴基层社区协同抗疫、日夜值勤，为联系社区赠送口罩500枚。

上门服务。受疫情影响，部分企业实行错峰上班、长期放假、减产裁员等应对措施，对劳动关系形成冲击。为稳定企业用工，仲裁院提前预警、主动服务，将重大集体争议消除在萌芽状态。4月下旬，常德市某公司停产裁员，86名劳动者组织代表到市仲裁院咨询政策，准备提出申请。面对重大争议苗头，市仲裁院迅速组成专门工作小组，向劳动者代表释法说理、回应诉求、控制局面，与企业沟通，释明法律规定，指导其依法落实经济性裁员程序，帮助该企业裁员问题走上正轨。2020年，组织业务骨干力量先后到10余家企业上门提供政策咨询。

宣传仲裁法规。针对企业在劳动法规适用上存在模糊问题、难点问题，部分劳动者对仲裁程序不熟悉、维权能力弱等问题，编写《企业劳动争议五十问》《劳动者仲裁五十问》两本“口袋书”，为企业答疑解惑，为劳动者提供维权工具手册。利用招聘会、培训会等时机，向企业和劳动者发放5000余册。结合全市“劳动关系协调员”培训活动，积极宣讲《劳动合同法》《劳动争议调解仲裁法》等法律法规，让企业人资管理骨干熟悉仲裁法规。2020年，市仲裁院先后3次赴区县市专题授课，培训企业相关专业人员300人次。

【“智慧仲裁”项目建成】 贯彻落实人社部办公厅印发的《“互联网+调解仲裁”2020行动实施计划》（人社厅发〔2018〕83号）文件精神，下大力解决常德市劳动人事争议仲裁工作信息化程度低、软硬件设施老化的问题。经市院积极争取，常德“智慧仲裁”项目于2020年3月正式开工，历时4个多月，共投入420多万元，建成“三庭三室”，仲裁业务用房面积210余平方米，实现仲裁庭审手段智能化、现场感知立体化、数据传输网络化、办案方式远程化、业务管理信息化，仲裁办案更加透明、高效、便捷、规范，常德市仲裁工作迈入信息化时代。

【首次仲裁庭审网上直播】 根据“劳动关系‘和谐同行’能力提升三年行动计划”，组织开展“巡回仲裁庭进企业”主题活动，将仲裁服务送入企业园区、居民社区。常德市仲裁庭审开启线上模式。11月中旬，由市院牵头，巡回仲裁庭在武陵区被诉企业审理一起劳动争议案件。庭审首次利用“智慧仲裁”移动庭审设备，实现网上直播、全程公开，企业员工、社区居民、全市仲裁工作人员通过手机观看庭审过程。

（汪业军）

消防救援

【概况】 常德市获评湖南省2020年度安全生产和消防工作考评先进市州。市消防救援支队连续三年获得全省消防救援队伍先进支队党委班子和全面建设先进支队。推出湖南省“最美公益普法集体”临澧小红帽消防宣传服务队等先进典型。

2020年，市领导先后12次带队检查消防安全、调研消防工作，副市长汤祚国专题讲授消防安全课。市政府常务会先后4次研究消防工作，出台常德市《消防工作约谈制度》《消安委成员单位工作职责》《消安委成员单位述职制度》《加快推进消防执法改革工作任务分解表》等文件。消防工作全面纳入政府、纪委、安委监督和绩效评估、平安建设、文明创建、安全生产和消防工作考核，消防安全责任落实落地。

部门联动。与各部门落实会议联席、执法联动、火患联治等措施。依托市安委、市消安委平台，定期调度消防工作，部署消防安全专项整治三年行动等重点任务，联合制定《常德市消防车道联合治理执法工作机制》等5个文件，开展消防安全联合执法190余次，下发督查通报32期，警示约谈800余人，指导3100余家单位落实“三自主两公开一承诺”。全市新立重大火灾隐患126家、销案140家，其中省消安委交办的36家隐患单位全部整改销案，重大火灾隐患立案、销案数均排名全省第一。

火灾防控。强化人防队伍、物防基础、技防措施，全市172家派出所对1.8万家“九小”场所全面管理，1.2万名火灾高危弱势群体落实消防安全包保。基础消防设施建设。新增市政消火栓862具、独立式烟感报警器10280个。智慧消防监管模式。943家社会单位、1165栋高层建筑和74家火灾高危单位接入智慧消防系统，消防安全从传统监管向智能监管转变。全市共发生火灾1012起，直接财产损失631万元，火灾四项指数全面下降，未发生较大及以上火灾。

救援力量。推进“专业队+常备队”消防救援力量建设模式。组建高层灭火、水域救援、抗震救灾、抗冰救灾等专业队伍。联合社会力量，探索危化事故处置、工程机械救援、森林火灾扑救等救援队伍联建模式，指导建成149个乡镇专职消防队和1504个村级志愿消防队。

消防任务。全市消防救援队伍共接处警3315起，出动车辆4778辆、指战员29831人次，抢救被困人员394人，抢救财产价值1833万元，先后成功处置“1·18”茶庵铺镇319国道19吨液化石油气罐车侧翻、“5·4”湖南鹰鲲油墨化学品仓库爆炸、“8·6”临澧县荣邦废旧物资有限公司废料仓库火灾等灾害事故，完成赴四川乐山抗洪增援任务。

服务水平。出台便民政策、拓宽办事渠道、优化行政效能，落实防疫要求，全力服务全市经济社会发展。出台消防工作优化营商环境便民利企举措十条，开通“互联网+政务服务”等平台的消防业务线上受理，实行社会单位“三自主两公开一承诺”管理和“双随机一公开”检查，落实精简审批、轻责免罚、一企一策等服务措施，效能提速，服务提质，常德在全省消防优化经济环境民调中排名靠前。

消防宣传。打造进企入户、媒体推介、在线直播等“立体化”宣传阵地。组建消防宣传服务队13支，开展上门消防宣传4.2万余次，培训社会单位5000余家，发放家庭防火宣传资料100余万份。建立支队“中央厨房”融媒体工作站，在《人民日报》《新闻联播》《焦点访谈》等国家主流媒体推介常德消防工作。结合抗洪抢险演练等任务，开展网络直播，在线观看68万人次，总流量达200万人次。

2020年1月18日，市消防救援支队处置“1·18”茶庵铺镇319国道19吨液化石油气罐车侧翻事故　（周　龙　摄）

保障能力。融入国家安全发展示范城市建设大局，夯实消防事业保障基础。全市投入车辆装备经费3800万元，15台执勤车辆、33艘消防舟艇、1.5万件（套）装备投入执勤，3台抢险救援车、5台消防宣传车以及通信指挥车、供液车、淋浴车、宿营车完成招投标。武陵区芷兰、芙蓉、育才，鼎城区桥南，柳叶湖区白鹤5个小型消防救援站投入执勤；临澧消防二站全面建成并投入使用；武陵东郊消防站主体封顶；柳叶湖“四站合一”项目主体动工；桃花源消防站、桃源消防二站工程启动招投标。

【处置“1·18”茶庵铺镇319国道19吨液化石油气罐车侧翻事故】 1月18日23时21分，常德市消防救援支队指挥中心接到报警，桃源县茶庵铺镇319国道往沅陵方向一辆液化石油气罐车发生侧翻，现场有人员被困。常德市消防救援支队全勤指挥部迅速出动，立即调派桃源大队1台水罐车、1台抢险救援车、1台行政车、15名指战员，特勤中队1台防化洗消车、1台大型水罐车、12名指战员，战勤保障大队1台照明车、2名指战员前往救援，同时联合应急、公安、交通、医疗等相关部门赶赴现场处置，全力抢救伤员，经过16个多小时连续作战，成功处置该起事故。

【支援乐山抗洪抢险】 8月19日晚，常德市消防救援支队根据上级调令，38名消防指战员调动6台车辆、携带300余件（套）消防救援器材，疾驰1200余千米奔赴四川乐山执行抗洪抢险增援任务。8月19日至9月5日期间，突击队夜以继日，连续作战，共抽排积水27.37万吨，清理道路9.58千米，清淤1674立方米，清理杂物21.5吨，组织消杀70035平方米，得到当地党委、政府的充分肯定和群众的广泛赞誉。

（周佳篪）

交警

【概况】 2020年，全市公安交警部门统筹推进交通安全和疫情防控“两个大局”，确保全市道路交通安全形势持续稳中向好。交警支队牵头主导的交通问题顽瘴痼疾集中整治工作综合考核排名全省第二，获得优秀等次和省政府真抓实干奖励；公安交管工作在全省交警系统绩效考评中排名全省第一，获评全省交警系统优秀警队建设优秀单位、思想政治工作成绩突出集体；在省总队举办的大练兵比武中，支队获得事故现场勘查比武一等奖等6个奖项。先后涌现出“全国平安卫士”曾祥富、“湖南省最美政务民警”杨慧、国庆交通安保二等功晏凡林等先进典型。全年共发现和纠正违规违纪苗头16起，警示谈话12人次，辞退协辅警8人。

事故预防。农村地区道路交通安全“路长制”模式全面推行，农村交管信息系统推广应用全省领先。开展顽瘴痼疾集中整治和县域警务风险防控，聚焦“人车路企政”等核心交通要素，全面开展安全隐患排查整改。全年交通事故四项指数同比全面下降，死亡事故同比减少39起，死亡人数实实在在减少48人。

交通秩序。固化优化“路长制”管理，继续实行高峰期勤务、护学岗勤务、恶劣天气勤务、铁骑勤务、节点勤务和景区勤务。开展交通组织提升工程，大力挖掘道路通行潜力，积极盘活现有停车资源，根据交通流量和拥堵特点，综合运用单行、借道左转、循环交通等办法，确保城区总体路网运行顺畅，停车规范有序。市城区交通延迟指数仅为1.3左右，在全国属于拥堵较轻水平；全市未发生一次长时间、长距离、大范围的交通拥堵。

交管服务。全市公安交管部门大力推进交管“放管服”改革措施的落实落地；加强警企、警社、警邮、警保等合作，充分利用社会资源，把公安交管服务送到群众的家门口。全面推进“互联网+交通管理服务”，把现有窗口服务延伸到互联网和手机，让老百姓足不出户就能把业务办好。交通管理“放管服”42项业务权限实行下放，135项业务推行网上办理，“网上办、社会办、自助办”占比超过50%，真正实现交管业务办理便捷、高效、利民。

交通宣传。组织开展“122”“七进”“美丽乡村行”等系列主题宣教活动192场次，执法微直播6场次，推送重点驾驶短信提示510万余条。重点交通违法“大曝光”40期，曝光违法企业31家，典型案例4起，违法驾驶人52名，隐患车辆213台。评选常德首届“交通安全文明大使”10名，在市级主流媒体上开设专栏专版，推出“一盔一带”等系列深度报道。

【获省政府真抓实干奖励】 2020年，市县两级政府成立交通问题顽瘴痼疾整治领导小组，抽调专人合署办公，政府牵头，部门联动，实现隐患路段整改率100%、变型拖拉机补检注销率100%、马路市场取缔搬迁率100%、交通违法查处覆盖率100%“四个100%”的工作目标，交通问题顽瘴痼疾集中整治考核位居全省第二，全年未发生较大及以上道路交通事故，受到省政府真抓实干奖励，是全省4个获此殊荣的市州之一。

【柳叶湖大队违法教育处罚中心获评省级“巾帼文明岗”】 柳叶湖大队违法教育处罚中心成立于2016年8月，由9名女性组成，主要负责交通违法处理、满分教育学习和法治宣传工作，年均处理交通违法91700余起，展示“交通管理是服务，群众满意是目标”的交警窗口服务形象，成立后取得“服务零投诉”“执法零违纪”的好成绩，2020年被省妇联评为“巾帼文明岗”。

【曾祥富获评“全国平安卫士”】 曾祥福为常德交警支队直属四大队二中队民警。他始终牢记自己的第一身份是共产党员，从警34年，辛勤耕耘着道路的平安与畅通，生动诠释“对党忠诚、服务人民、执法公正、纪律严明”的总要求。曾祥福在工作中想为敢为、勤为善为，将工作当成艺术来创作，执勤时自创“口哨交通指挥五部曲”交通疏导方法，用小口哨解决交通疏导的大难题，被群众亲切地称为“口哨哥”。2019年，曾祥福获评“全国最美基层民警”；2020年，获评“全国平安卫士”。

（田坤靖　刘道国）

司法行政

【概况】 2020年，常德市司法行政系统聚力服务发展、良法善治、司法为民、安全管控、队伍建设“五大重点”，为统筹推进疫情防控和经济社会发展工作，决胜全面建成小康社会、决战脱贫攻坚提供有力的法治保障。常德司法行政工作蝉联全省第一，常德市司法局获评“2020年国家统一法律职业资格考试工作表现突出单位”“第二届全国应急管理普法知识竞赛优秀组织单位”。

依法治市。积极构建良法善治

社会环境，及时提请召开市委全面依法治市委员会第二次会议和四个协调小组会议，全面依法治市工作驶入“快车道”，稳居全省第一方阵。大力推进法治政府建设工作，组织召开全市法治政府建设示范创建工作推进会，印发《常德市2020—2021年法治政府建设示范创建活动实施方案》，扎实开展党政主要负责人履行推进法治建设第一责任人职责及法治政府建设督察。完善全面依法治市总体布局，组织开展重点课题调研工作，有力推动法治常德建设进程。科学编制市政府2021年度立法计划，完成2部地方性法规草案、1部市政府规章。统筹推进涉及机构改革、营商环境、野生动物保护等规范性文件专项清理，全市共清理相关文件2203件。审核各类文件2164件，其中规范性文件188件。审查市本级政府合同137件，合同标的额29.28亿元。参与上水纠纷等疑难复杂法律事务处理，为政府节省财政资金近5000万元。深入推进行政执法“四项制度”落实落细，全市1.6万余名行政执法人员完成全员法治三期轮训，常德市被司法部确定为行政执法监督工作联系点。“七五”普法各项任务全面完成，全省青少年法治宣传教育周在常德举办，“文艺普法”优秀作品登上全省普法盛典，创新普法精品读本《宪法里的常德故事》获司法部推介，国、省终期验收成功。

维护稳定。市属监所连续多年实现“四无”“六无”目标，武陵监狱通过全省监狱系统首批“无违禁品监狱”创建预审验收，5月23日，《湖南日报》头版以《铺就充满温情的回归之路》为题，对市强戒所社区戒毒康复工作进行专题报道。学习宣传贯彻《中华人民共和国社区矫正法》，依法持续推进完善社区矫正机构，持续加强智慧矫正、远程探视系统使用；常态化开展安置帮教“五个一”，刑满释放人员重点对象接返率、核实率、衔接率、回执率均达到99%以上，全市社区矫正、安置帮教两项工作名列全省第二。深入开展扫黑除恶专项斗争。人民调解领域不断拓展，调解各类矛盾纠纷3万余件，调解成功率达98%以上，无一起民事纠纷因调处不到位转化为治安案件、刑事案件。常德市医调工作获得“2018—2019年度全国平安医院表现突出集体”荣誉称号，且得到中央政法委、国家卫健委等十部委联合表彰。全市未成年人观护帮教基地、全省青少年法治宣传教育基地落户新安学校，多部门协作的预防青少年犯罪、保护未成年人健康成长工作迈上新台阶。

优化营商环境。坚持“宣传帮企”。不断加大运用新媒体开展法治宣传的力度，利用“法治常德”抖音账号、“沅澧普法”微信公众号、“法治常德”电视专栏、《常德日报》“给你说法”专栏、H5页面等新兴媒介，积极开展以案释法、便民咨询等服务，提高法治宣传针对性。坚持“服务助企”。持续开展“法律服务进园区”，围绕“律师法律服务进园区，为企业提供更加便捷、优质、高效的法律服务”主题，组织市本级16家律师事务所、241名专职律师对经开区、高新区357家企业持续开展法治护航、法治体检、法治解忧三大法律服务活动，着力合法经营、守法经营、依法维权的法治氛围。深入推进法律服务“减证便民”和中介服务环境集中整治活动，实现首批23项公证业务“一件事一次办”，部分公证事项实现在线办证平台“一次都不用跑”，将公证机构的执业区域由原来的机构所在地扩大到全市范围，进一步开放和规范公证中介服务市场。重点抓司法鉴定行业清理整顿工作，采取机构自查、实地核查的方式，共核查发现5个问题并限期整改落实。

【原则通过政府规章草案和法规草案】 2月25日，市委副书记、市长曹立军主持召开市政府第48次常务会议，会议审议《常德市城市绿化管理办法（草案）》。市政府全体领导出席该次政府常务会议，市委编办、发展改革、财政、自然资源规划、司法行政、住建、林业、农业农村、城管执法等13个部门主要负责人、政府法律顾问、相关专家学者、新闻工作者列席会议，市司法局党组书记、局长王鳌对规章草案作起草审核说明。会议原则通过该政府规章草案。7月16日，常德市人民政府代市长邹文辉主持召开市政府第54次常务会议，会议审议《常德市大气污染防治若干规定（草案）》和《常德市农村村民住房建设管理条例（草案）》。市政府全体领导出席该次政府常务会议，市直相关部门主要负责人、政府法律顾问、相关专家学者、新闻工作者列席会议，市司法局局长王鳌对两部法规草案作起草审核说明。会议原则通过《常德市大气污染防治若干规定（草案）》和《常德市农村村民住房建设管理条例（草案）》。

【“司法公正常德行”活动】 4月1日，市司法局召开“司法公正常德行”活动动员大会，对2020年“司法公正常德行”活动进行专题部署。会议明确，市司法局将紧扣开放强市产业立市发展战略，结合市人大常委会“提高依法治理能力，助推经济社会发展”司法公正常德行活动主题，深入开展“公共法律服务能力提升年”“护企暖企”“案件质量评查”三大活动。

【市第四次律师代表大会】 4月11—12日，常德市第四次律师代表大会在共和酒店召开。常德市委常委、政法委书记黄清宇出席会议并讲话，省律师协会副会长薛宏志到会致辞。会议由市司法局党组书记、局长王鳌主持。大会听取并审议通过《第三届常德市律师协会理事会工作报告》《第三届常德市律师协会理事会财务工作报告》，选举产生新一届律师协会理事41名、常务理事17名。湖南云济律师事务所主任杨迪清当选第四届常德市律师协会会长，邹晓邦、周德芳、罗畅、黄道田、高锋、黄琦6名律师当选副会长。

【市司法鉴定协会第二次代表大会】 6月28日，常德市司法鉴定协会第二次代表大会在常德市德华宾馆召开。常德市司法鉴定协会第二届会员代表及特邀代表共55人参加会议。大会回顾总结第一届常德市司法鉴定协会班子工作；审议通过第一届常德市法鉴定协会理事会工作报告、财务工作报告；选举产生新一届常德市司法鉴定协会领导班子并研究部署今后一段时期的常德市司法鉴定工作。

【市委全面依法治市委员会守法普法协调小组第一次会议】 7月13日，市委全面依法治市委员会守法普法协调小组第一次会议在市委常委扩大会议室召开。市委副书记朱水平主持会议并讲话。会上审议并原则通过《中共常德市委全面依法治市委员会守法普法协调小组工作细则》《中共常德市委全面依法治市委员会守法普法协调小组成员单位工作职责》《2020年常德市普法与依法治理工作要点》。

【通过省“七五”普法终期考核验收】 9月27—29日，省“七五”普法终期验收第七检查组组长李宇先带领省“七五”普法检查组一行到常德，就“七五”普法工作进行考核验收。常德顺利通过验收。

（胡　晶）

军　事

常德军分区

【概况】 2020年，常德军分区全面建设始终保持全省第一方阵，民兵学习宣讲新时代民兵政治工作常德模式、基干民兵集中轮训新时代民兵军事工作常德样板、基层武装部星级达标新时代阵地建设常德经验、市长接老兵回家新时代拥军常德品牌等不断亮化深化，影响全省、辐射全国。军分区政治工作处、军分区保障处、武陵区人民武装部、鼎城区人民武装部、汉寿县人民武装部以及刘贵平、喻志高2人受到省军区表彰，何毅被军委国防动员部表彰为国防动员系统练兵备战先进个人，焦盛洋被军委国防动员部评为新闻宣传工作十佳个人，王建生、张飞、周祖新、熊星炜、张勇、毛培文、刘运怀、杨星霞、廖志勇受到省军区表彰。

政治建设。注重思想引领，坚定看齐追随，从严正风肃纪，始终保持正确政治方向。坚持以理论武装打牢根基。开展20次党委中心组带机关理论学习，官兵职工投身强军兴军的思想根基不断夯实。坚持以务实措施指导实践。制订强化军分区部队党组织政治功能和组织力措施。坚持以宣传造势增强氛围。持续开展民兵学习宣讲活动，组织“民兵大学习、奋斗新时代”第3季活动，举办常德市第四届“爱我国防”演讲比赛，出台《关于建立“常德市远程服务现役军人和支援保障战斗力之家”的具体措施》，全社会关心支持国防建设的氛围愈加浓厚，常德市蝉联“全国双拥模范城”称号。

练兵备战。积极响应统帅号令，加速推进国动援战、保障打赢能力提升，确保随时有效遂行使命任务。推进动员备战新深化。紧盯支援保障需要，组织专武干部和民兵新质力量群众性练兵比武活动，武陵区民兵网络分队代表队在全省比武中排名第三。拓展基干民兵集中轮训成果，完成师团机关、专武干部、基干民兵3类人员训练任务。建强应急应战新力量。推进深化民兵调整改革圆满收官。7月，鼎城区民兵应急连代表湖南省接受军委国防动员部点验拉动考评，位列全国第一。

国防动员。围绕夯实国防动员准备，修订国防动员专项任务方案。修订完善征兵“五率”（报名率、上站率、合格率、择优率、退兵率）考评办法，完成新兵征集任务。围绕抓基层打基础，全面推开基层武装部星级达标考评，承办召开全省现场推进会，推介武陵、鼎城和汉寿抓正规化建设经验做法。经严格认定，全市基层武装部全部达标。

服务发展。战疫情。在全省第一家向全市民兵发出倡议书，第一个以党政军联名形式发出动员令，参加市县乡村四级联防联控，创新组织“双联双产”活动，全线推开“您在前线打胜仗、家中事情交给我”主题活动，民兵走进工厂企业、田间地头助力复工复产，广受地方党委政府和人民群众赞誉。战汛情。各级按属地原则，组织普通民兵全员上堤排险，全程参与涔水、安乡保卫战，在封堵管涌等急难险重任务中发挥生力军作用。助脱贫。立足疫情、汛情特殊背景下全面建成小康社会的目标要求，军分区各级先后41次到10个扶贫点村走访入户、植树种苗、义捐义诊，共筹集项目及扶贫资金1350万元，帮扶的10个村844户2741人全部脱贫摘帽。

基层建设。注重标准引领。开展“对表一流标准、规范工作运行”教育整治活动，坚持思想先行、领导带头，狠抓补差补弱，创新模式机制，全面推行任务清单、问题清单、需求清单，建立要情日报、周计划列表、月任务台账及重要工作季督办反馈机制，形成9项主要业务工作流程图。把纪律规矩挺在前，敢于唱黑脸、经常拉袖子、时时出出汗，监督执纪趋紧趋严。严格把牢财务准线，规范财经管理工作，推动保障工作有法可依、有章可循。

【全省基层武装部全面建设星级达标工作推进会】 6月22—23日，全省基层武装部全面建设星级达标工作推进会在常德召开。省军区副政委出席会议并讲话，省军区动员局局长主持。

（刘　鑫）

驻常德某预备役团

【概况】 2020年，驻常德某预备役团按照“矢志追随铸忠魂、聚焦打赢强战力、改革转型听号令、夯基筑本固阵地、从严治党正风气”工作思路，凝神聚力、担当作为，各项工作有序展开、稳步推进。

2020年7月，结合常德汛情实际，勘察5个重要险情地段，结合师方案，先后3次修订团抗洪抢险预案，组织物资、车辆、装备装载和人员电话抽点演练，进一步提高部队应急能力。全年组织7类11批次训练。完成师专业训练试点任务，梳理汇编试点资料2套。9月，参加师共同基础课目比武，16人次取得单项和总评前三，占表彰总数的35.6%；年终考核个人总评均在良好以上，优秀率78.1%，其中师抽考课目优良率均为100%。

【正规化建设】 坚决贯彻依法治军、从严管理，提高部队正规化建设水平。针对疫情防控和整组工作先后制定5项管理措施，形成教育提醒、自查检查、整改落实闭合回路；落实管理情况周讲评、月通报、季分析，积极构建良好管理生态。坚持依法从严治军，牢牢兜住安全底线。扎实开展“军车交通安全月”“安全警示月”等活动，从严执行“禁酒令”，做好动态监管和危险源隐患排查，定期开展安全综合检查和专项整治，通过组织6次安全大检查和4次保密专项检查，查摆解决9类15个具体问题，消灭安全隐患。

（彭启楠）

人民防空

【概况】 2020年，常德市切实加强人民防空综合防护体系建设。人民防空规划编制。《常德市人民防空建设第十四个五年规划》完成初稿。市城区人民防空工程建设控制性详规编制全面启动。完成防空袭方案、《人民防空专业队训练教材》编制，制定《2020年常德市人民防空工作要点》《2020年常德市人民防空通信执勤训练计划》。加大人民防空工程建设力度。加强工程质量监督管理。严把五方责任主体责任，落实台账跟踪管理，加大不合格工程整改力度，进一步提升工程质量。加快人民防空指挥通信系统建设。防空警报器维护管理到位，“4·4”全国哀悼日、“11·1”试鸣日效果良好。开展人民防空演练。

安全生产工作。启动常德市城市建设和人民防空领域安全生产专项三年整治行动，制定《常德市城市建设和人民防空领域安全生产专项三年整治行动工作方案》，明确整治时间、整治重点和整治工作要求，召开全市安全生产专项整治三年行动工作部署会，讨论和制定下发具体的工作计划和路线图。各区县市召开城市建设和人民防空领域安全专项整治三年行动工作推进会开展安全生产月和应急演练。制定《市住建局（市人民防空办）2020年“安全生产月”和“安全生产沅澧行”活动方案》，紧紧围绕“消除事故隐患，筑牢安全防线”主题，组织人民防空专业队开展阀门井泄露应急演练，与市直机关工委联合开展“安全生产月”暨防空防灾宣传教育活动日常考核。制定下发《2020年安全生产工作要点》和《2020年安全生产执法计划》，在全市住建（人民防空）系统开展安全生产和消防工作日常考评工作。全年共开展人民防空行业督查巡查活动40多人次。

【行业整治】 成立市住建局（市人民防空办）人民防空系统腐败问题专项治理和人民防空行业整治工作领导小组，制定《常德市人民防空行业整治工作方案》《全市人民防空系统深化行业整治工作方案》《深化全市人民防空系统行业整治工作措施》等一系列行动方案，先后3次召开全市人民防空行业整治工作推进会，4次召开局（办）党组会专题研究部署，有效促进工作落实。通过查询规划部门的报建台账和财政非税收入的收费台账，市、县两级对2013年以来的所有人民防空项目进行全面清理，建立起清晰的项目台账和整改清单。

【法治建设】 法治宣传。结合“5·12”“11·1”等重要节点，依托人民防空法治宣传志愿者队伍开展2次人民防空法治宣传活动，发放法治宣传资料6000余份，接受群众咨询200余人，有效普及人民防空法律法规政策。法治培训。11

月17—19日，组织全市人民防空系统执法骨干举行全市人民防空行政执法培训班。依法审批。以行业整治为契机，强化人民防空工程报建、设计、审查等重点环节的把关工作。

【宣传教育】 围绕庆祝中国人民防空创立70周年主题，重点抓好人民防空宣教阵地建设。完成投资40万元的市武陵区第一小学开放式人民防空宣教基地建设，施工建设投资50万元的紫菱小学开放式人民防空宣教基地。投资280万元、200平方米的常德军分区LED人民防空国防宣传大屏年底前建成并投入使用，成为全省最大的室外国防人民防空宣传教育电子载体。重点抓好人民防空宣教“五进”。投入45万元，购买9台“多功能人民防空国防宣教一体机”，分别进机关、学校、企业安装。依托市防空防灾宣传基地，全年为4000余名机关干部和学校师生开展防人民防空教育，提升群众防空防灾意识。在湖南教育电视台国防频道、省人民防空网站、红网、常德电视台、《常德日报》、常德融媒等媒体推送报道50余篇。重点抓好宣传活动。5月12日，分别开展两场以“防灾减灾知识普及”为主题的大型宣传活动，发放宣传品4800余份，到场观摩群众达2300余人。11月1日，在安乡县城东小学开展一场大规模宣传活动，发放人民防空宣传材料6000余份。

（吴荣衡）

交通·邮政·通信

交通运输管理

【概况】 2020年，市交通运输局通过全国文明单位复查。市交通运输综合行政执法支队陈志刚获评“全国脱贫攻坚先进个人”。桃源县个体货车司机龙兵被评为“全国交通运输系统抗击新冠肺炎疫情先进个人”，参加习近平总书记考察湖南座谈会；市交通运输局周利被评为“湖南省抗击新冠肺炎疫情先进个人”。

交通建设投资。全年完成交通投资89.45亿元，为年度目标任务的116%。安慈高速石门至慈利段建成通车，“县县通高速”全面实现，官新、炉慈高速开工建设，益常高速复线具备开工条件。干线公路建设。新改建干线公路100千米，沅澧干线4号大道河洑互通至桃源火车站段、8号大道临澧烽火至县城段、2号大道澧县段567标、S301壶瓶山至大金竹公路A2标、三角堤至西湖镇、S322西湖镇至柳林嘴、S233临澧合口大桥至石门高桥（临澧段）等公路建成通车。水运项目建设。澧水石门至澧县、沅水常德至鲇鱼口航道整治工程完成施工招投标，具备开工条件；启动《常德港总体规划》修编，市政府与深圳盐田港集团签订战略合作框架协议。农村公路建设。农村公路提质改造254千米，建设自然村通水泥路1411千米，全市“组组通”全面实现。改造农村危桥88座，完成安保工程1358千米。

交通运输服务。运输保障。新冠肺炎疫情暴发，市交通运输局党组果敢决策，全省率先暂停客运班线，牵头设立疫情检查卡口，累计检查车辆36.4万台次、筛查旅客82.9万人次，牢牢守住湖南“北大门”，全市未发生一起通过公共交通工具传播病例。严格落实“一断三不断”，坚决执行“三不一优先”，切实保障防疫应急物资和重要生活物资运输。复工复产阶段，及时撤除公路检疫点，全面恢复公共交通，全力推动运输业强势复苏，全年公路水路货运量、货物周转量同比增长6.1%、0.4%。公交都市创建，新增调整优化公交线路12条，新购置新能源公交车200台，市城区公交线路新能源车辆实现全覆盖。市政府出台《关于优先发展公共交通创建公交都市的实施意见》，公交优先发展长效机制日益完善。出租车行业管理。推进科技监管，市城区巡游出租车智能监控平台和1116台车载终端设备整体升级；组织开展巡游出租汽车服务质量再提升行动，行业服务质量提升，市民投诉率同比下降90%。

“四好农村路”建设。农村公路“建、管、养、运”协调发展。临澧县入选全国深化农村公路管理养护体制改革试点县、“四好农村”路全国示范县，澧县创建“四好农村路”省级示范县，全市农村公路经常性养护率县道以上达到100%、乡道达到94%、村道达到85%以上。干线公路管理养护迎国检获得好评。安乡代表常德接受国评取得佳绩。完成干线公路预防性养护442千米、大中修工程65.29千米，路容路貌及配套设施等问题得到改善，公路服务水平和形象提升。公路治超全省领先。全市累计检测货运车辆66.3万台次，查处超限超载车辆5800余台次，超限超载率控制在1%以内。城乡客运一体化。临澧城乡客运一体化省级示范县创建达标，工作经验被《湖南日报》内参、省委改革办向全省推介，央视《新闻联播》、央视《晚间新闻》重点报道。

安全生产管理。全市未发生一起较大以上交通安全生产责任事故，市交通运输局、市道路运输服务中心获评全市平安建设先进单位；“隐患清零”工作考核位居全省第一方阵，常德有7个区县市进入全省前50名。交通安全生产专项整治三年行动、交通问题顽瘴痼疾集中整治、非法码头渡口专项整治、普通铁路安全环境整治、“三无船舶”整治等扎实开展。累计出动执法人员14.6万人次，检查生产经营单位12806家（次），立案调查8155起，责令停产停业305家，暂扣或吊销证照1184个，取缔关闭安全隐患点147处。石龟山大桥老桥、下南门渡口、大西门渡口、桃源枢纽锚地等重大安全隐患整改消除。完成高风险路段整治473处、撤除农村公路违法建筑或占道作业点段59处，查处非法营运车辆585台次。完成渡口码头标准化改造46处，清理取缔非法码头渡口91个、“三无船舶”276艘。整治普铁安全隐患302处，完成铁路人行便道建设16处、普铁栅栏缺口封闭20处。发现处理安全风险4800余起；全市1215台危险货物运输车辆、1561台公交车辆100%完成智能视频终端安装。

交通行业治理。综合执法改革。市县两级推动交通运输综合行政执法体制改革，成立交通运输综合行政执法机构并挂牌，完成执法人员划转。承接省管干线航道航政执法、高速公路路政执法职责。推行“双随机、一公开”工作机制，交通运输行政执法体制机制日益完善。政务服务水平。深化“放管服”改革，下放行政审批事项1项、取消5项，精简证明材料30%以上。推行政务服务“全项一次办、全程高速办、审批无差别”，全年完成政务服务事项2.3万件，行政审批时间整体压缩2/3。环境污染防治。重点项目建设工地扬尘管理实现全覆盖；大力实施I/M站制度，建设汽车尾气检测维修M站22家；改造628艘船舶生活污水处理装置，成立5家船舶污染物接收企业，建设6处船舶污染物收集点，完成8个码头环保设施改造。

2020年12月31日，沅澧干线4号大道河洑互通至桃源火车站段完工通车

（罗朝荣 摄）

【安慈高速石门至慈利段通车试运营】 2020年12月30日，安慈高速石门至慈利段建成通车试运营。结束石门县境内无高速公路通过的历史，标志着湖南省在“十三五”收官之际实现“县县通高速”。安慈高速公路是湖南省规划的“七纵九横三环”高速公路网的重要组成部分，线路全长121.311千米，途经安乡、临澧、澧县、津市、石门、慈利6个县市，其中：石门至慈利段长38.5千米，设石门、苗市、慈利三个收费站。该项目是由中国铁建投资集团、中铁十五局、中铁十八局组成的联合体，负责项目的投融资、建设管理和运营维护。项目全线于2017年5月动工建设。

【沅澧干线4号大道河洑互通至桃源火车站段完工通车】 该项目是“四纵四横”沅澧干线4号大道的重要一段，起于桃源县陬市镇常张高速河洑互通，经长乐村、毛家桥村、南岳村、南峪村，止于深水港学堂坪。项目总投资10.38亿元，全长28.08千米，按一级公路标准建设，路基宽度32米，设计时速80千米/小时。项目于2017年2月开工，2020年12月31日完工通车。

【沅澧干线8号大道临澧烽火至县城段完工通车】 该项目是“四纵四横”沅澧干线8号大道的重要一段，项目起于临澧县烽火乡辛家湾，连接二广高速临澧互通，经蒋军村、伍家堰村、薛家坪村，止于临澧县城关镇梅溪村。项目总投资7.6亿元，全长10.212千米，按一级公路标准建设，路基宽度32米，设计时速80千米/小时。项目于2019年4月开工建设，2020年12月完工通车。

【S233津市澧水二桥完工通车】 项目起于津市澹津村，经津市货运码头西侧，跨越澧水，经洞庭庙，止于津市金鱼岭。按一级公路标准建设，全长6.129千米，其中澧水二桥1543.982米，桥宽21.5米，北岸接线0.51千米，南岸接线常4.075千米，路基宽度21.5米，设计时速80千米/小时。项目于2015年12月开工建设，2020年10月完工通车。

（王明志）

公路建设养护

【概况】 2020年，根据《常德市公路建设养护中心职能配置、内设机构和人员编制规定》，原常德市公路管理局承担的行政职能划入市交通运输局相关内设机构，行政执法职责划入市交通运输综合行政执法支队，更名为常德市公路建设养护中心，为市交通运输局管理的正处级公益一类事业单位。市公路路政支队成建制撤销，整体划入市交通运输综合行政执法支队。2020年，全市公路工作（综合）获全省先进。

【公路建设】 2020年，全市共有16条国省道干线公路大中修项目65.29千米。经对常德G241、S237、S303线大中修工程进行随机抽检考核，抽取芯样经过实地测量，全部满足设计标准。

【公路养护】 全面完成“十三五”全国干线公路养护管理评价工作，常德市抽检线路为S512线安乡县21.085千米。公路日常养护。完成坑槽挖补30165平方米，清挖水沟124250米，路肩清理456685米，清除遮挡物544处，更换标志标牌346个，修复钢护栏1174米，修补标线110723米，补栽里程碑、百米桩1243个；强化小修工程标准化、规范化、机械化处置，共修复局部破损板块174540平方米，断角处治33289平方米，处治裂缝89247米，清灌缝603699米，面层修补21400平方米，超额完成省局年初下达目标任务，路况优良路率达到94.55%。

【公路安全】 2020年，全市改造危桥88座，其中国省干线13座，农村公路75座，总投资13536万元；实施安防工程项目共516个项目隐患里程1358千米，总投资额25644万元。2020年全市公路系统交通问题顽瘴痼疾专项整治共排查出道路通行安全隐患1803处（其中干线公路隐患650处，农村公路隐患1153处），整改销号1799处（其中干线公路销号646处，农村公路销号1153处，整改完成率99.7%）。公路治超管控。共检测货运车辆613978台次，站点查处超限超载车辆3256台次，卸载货物103072.2吨，交警计分17001分，运管吊销证件120起，利用不停车检测系统查处超限超载车辆2242台次。

2020年10月28日，市公路建设养护中心走进“市长热线”直播间

（章佳权 摄）

【路政管理】 路域环境建设。清除“顽瘴痼疾”，排查安全隐患72处，下达《责令消除违法行为通知书》58份，控制新建违法房屋41起，拆除非公路标志牌块377块，拆除违法棚屋处36处，清割跨公路横幅283条，清除违法路障978处，清理堆物放料577处计1380立方米，取缔摆摊设点67处，整治马路市场113处，查处路损案件83起，案件查处率达100%，结案率100%。

（章佳权）

道路运输管理

【概况】 2020年，市道路运输服务中心树立行业典型——“最美货车司机”龙兵。组织参加2020湖南交通运输行业职业技能竞赛，获得客运竞赛团体二等奖、货运竞赛团体三等奖。

疫情防控。2020年，新冠肺炎疫情暴发，市道路运输服务中心突出重点环节，严格落实各级疫情防控相关要求，层层压实责任，重点在客运站场、城市公共客运行业、冷链物流企业以及全行业人员，开展全市道路运输行业疫情全面排查与联防联控，督促企业做好进口冷链食品新冠病毒风险监测工作。坚守防疫一线。从大年初二（2020年1月26日）开始，全体工作人员取消春节等节假日休息，下沉到客运站场、出租、公交行业，始终坚守一线，参与并督促企业严格落实防疫防控相关措施。确保“三个目标”。紧紧围绕“确保疫情不通过交通运输工具或客运站场集中扩散传播；确保全市道路运输系统干部职工和道路运输企业从业人员零感染；确保疫情防控工作不因我们的不担当、不作为、推诿扯皮、消极应付、失职渎职而被问责”的目标，确保全行业防疫防控工作扎实有效。

道路运输安全。以“隐患清零”行动为抓手，结合道路运输安全“顽瘴痼疾”、突出问题集中整治行动、安全生产专项整治三年行动、“企业安全生产主体责任年”“强执法防事故”等专项行动，整章建制实现安全监管工作常态化、制度化、规范化。2020年，全市道路运输行业共接受上级交办隐患344个，检查发现安全隐患306个，交办合计650个，累计销号650个，停班处罚车辆61台，罚款处罚运输企业48家，处罚金额58800元，停业处罚运输企业1家，下发安全整改交办函53份，督查通报12份。全市两客一危车辆“超速、凌晨2时至5时异动、疲劳驾驶”三项违规仅58起，较2019年下降87%，全市道路运输行业继续保持较大以上安全生产零事故的良好态势。2020年上半年全省“隐患清零”考核中，常德市位名列全省第5名，连续3年处于第一方阵。

【公交客运管理】 常德市城区出租车疫情防控取得完全胜利，管理部门出台相关政策促进复工复产。鼓励经营者免除2020年2月当月（单班）承包费，3月当月承包费减免收取比例不低于50%；同意出租汽车车辆使用年限延长6个月；协调相关部门争取有关政策及时惠及行业。以2017年印发《常德市网络预约出租汽车经营服务管理实施细则（暂行）》为基础，结合实际修订《常德市网络预约出租汽车经营服务管理实施细则》（常交发〔2020〕8号），标志着常德市对网约车的规范管理升级到新水平。组织完成市城区出租汽车监管平台和1116台巡游出租汽车智能终端设备集中升级更换工作，提升数据传输的效率和质量，实现人脸识别、视频可追溯、大数据分析等功能，进一步提升监管效能和出租车服务质量水平。

【公路客运管理】 统筹安排，做好保障人民群众疫情期间春运出行工作。1月10日至2月18日，受疫情影响全市客运量大幅度下降，同期相比客运量下降86.7%，共投入客运车辆2832辆，完成道路客运量210万人次，未发生一起严重较大责任事故。完成许可前置工作，积极推动“新客规”实施落地，精简流程提高效率，容缺受理行政许可前置工作，全年共受理许可办件200余件，办结率100%。旅游（包车）备案审核工作。备案审核人员采取全天候模式，全年审核包车牌5000余趟次。信访投诉处理。按时回复常德市人民政府网反映涉及客运的帖子共28条，受理投诉28起，办结28起。接听市民投诉来电30余次，及时跟踪督办投诉件30余起，受理市人大代表建议1份，政协委员提案2份。行业安全监管。旅游客运市场安全监管。落实旅游运输企业安全生产主体责任，对全市旅游客运企业进行安全隐患排查不少于5次，指导客运站抓好安全风险防范，深入排查隐患，确保客运站“三不进站、六不出站”制度落实。

【货运市场管理】 12月4日，启动危险货物运输车辆智能终端安装，多次召开智能终端安装调度会，按照《常德市危险货物运输车辆智能监管终端安装工作实施方案》扎实推进安装工作。12月26日，完成全市1211台危货运输车辆的智能终端安装。完成四川成都新希望集团捐赠30吨消毒液物资的货物运输保障。落实疫情运输保障工作，强化冷链运输企业常态化疫情防控。组织运输企业参加全省危货安全知识竞赛，获得线上行业参与率第一名、优秀组织奖，线下比赛第三名。

【维修市场管理】 启动汽车排气污染治理建设IM站工程。依托汽车维修电子健康档案系统，建好M站平台和21家I站。实现M站和I站之间的信息共享和数据交互，实现对大气污染物排放超标车辆“检验—维修—复检”的闭环管理。11月16日，举行常德市机动车排放检验与维修制度（I/M站制度）启动仪式。市交通运输局、市道路运输服务中心组织召开相关会议，落实常德市康泰公司为汽车污染治理M站监管平台，并签订相关协议。12月1日，全面启动监管平台实施监管，全市22家M站与省局监控平台联网对接实施监督，实施闭环管理。推进汽车维修电子健康档案系统建设。定期检查维修企业汽车维修档案建设情况，实行档案电子化管理，鼓励维修企业信息化升级，做好企业ERP软件与汽车维修电子健康档案系统对接工作；健全工作管理机制，将系统对接情况、维修数据上传情况等纳入企业质量信誉考核和诚信企业推荐考核内容；完善系统建设功能，方便车主掌握车况，查询汽车档案、对维修服务进行评价或在线投诉，以及维修企业信息共享汽车维修记录管理等信息。

【驾培市场管理】 实施考试新规，配齐考试设备，对从业资格应用能力考试的方法和流程进行全面梳理完善。全年共考试各类从业资格申请人员5000多人次，未发生一起考试问题。行业日常管理监督。继续开展“双随机、一公开”监管抽查工作。扎实开展全市道路运输安全生产专项整治三年行动。深入澧县、津市等县市驾培机构进行服务质量、安全生产的检查。与市交警支队联合下发《违规驾培机构实行约谈和暂停报名受理规定》，双

2020年1月8日，益阳、常德两市出租车行业管理工作交流会　（李文龙 摄）

方加强协作，共同构建联席会议机制、联合检查机制、信息互通机制，推进驾培平台和驾考平台对接，联合加强驾培行业规范管理。行业服务能力。配合市交通运输局建立规范便民的驾培行业行政许可工作程序。针对机构改革和职能调整后的实际情况，深入基层开展调查研究，探讨驾培和从业资格管理工作存在的问题和改进措施。参加全省机动车驾驶员理论教学竞赛，常德2人获得二等奖。12月，参加省运管局组织的业务培训。

【龙兵获“十大最美货车司机”称号】　2月11日，新冠肺炎疫情防控形势严峻，武汉封城，常德市桃源县个体货车司机龙兵毅然报名常德微善风联盟运送爱心物资去武汉，2月12日，龙兵瞒着亲友赴武汉。一个多月内11次驰援武汉，运送爱心物资。9月17日，在湖南省长沙市召开的基层代表座谈会上，习近平总书记与30名基层代表齐聚一堂，听取“十四五”规划编制的意见建议。常德市个体货车司机代表龙兵与习近平总书记分享他在疫情期间11次驰援湖北的经历，被习近平总书记称赞“没有从天而降的英雄，只有挺身而出的凡人”。12月30日，龙兵被交通运输部、公安部、中华全国总工会联合评选为全国10位最美货车司机。

（王　玲）

民航运输

【概况】　2020年，民航运输方面，湖南机场股份有限公司常德桃花源机场分公司共完成旅客吞吐量96.58万人次，同比减少12.69%，运输起降10562架次，同比增长2.29%，完成货邮吞吐量524.4吨，同比增长45.42%，其中旅客吞吐量在全国机场（不含港澳台）中排名第88位，上升12位。抓好复工复产，优化北京、广州、深圳航班时刻，恢复厦门、青岛等6个航点，新增南京、惠州等4个航点，执飞航线16条，周航班持续保持200架次以上，全年累计航班放行正常率90.09%。充分发挥通航优势促进运通融合，深化与蔚蓝航校的合作，将老航站楼整租给蔚蓝航校，盘活资产，蔚蓝航校承租后扩大经营，保障学员机务实训，实现“双赢”。充分发挥净空条件良好的优势，积极保障公务机与急救飞行。蔚蓝航校通航训练飞行、厦航运输飞机训练飞行以及其他飞行共计55743架次，增收774万元。

疫情防控。下发《新型冠状病毒感染的肺炎疫情防控工作方案》，成立分指挥部，为疫情防控工作提供组织保障。先后编制下发8个管理性文件和5份《安全警示》，对安全生产、防疫工作流程、处置预案、员工管理、物资管理、信息报送等方面都做出详细规定。持续落实“红外测温、人工复核”的测温机制，坚持入口出口健康码查验、人物消杀，强化“人物同防”，人工值机、自助值机和安检待检区域，均设置“一米安全间隔黄线”，值机柜台、安检查验柜台和廊桥口均摆放消毒洗手液，加密航站区域消杀频次，对旅客通道每天进行五次全面消毒，全天候开启航站楼空调通风系统，进行通风换气。常德机场联同常德市疾控中心、市第四医院、各驻场单位，共300余人同心抗疫，获“湖南省抗击新冠肺炎疫情先进集体”荣誉称号。

【安全生产】　以落实安全管理责任为主线，狠抓责任制的落实，开展为期3个月的机坪专项整治、廊桥风险评估专项活动和为期2个月的安全生产专项整顿，成功处置1起廊桥异常下沉不安全事件，完成飞行区土质不平整隐患整治。全年共开展各类应急培训53次、应急演练42次，修订《常德桃花源机场综合应急预案》《大面积航班延误处置预案》《除冰雪预案》和《常德桃花源机场防汛应急预案》，11月12日，成功开展“战隼2020”航空器应急救援综合演练，提高机场防范化解风险能力。大力宣传“三个敬畏”入脑入心，举办1次主题演讲比赛及征文活动。5个班组先后参加常德市首届评审和湖南省评审活动，获得“市优”和“省优”的好成绩。开展岗位技能比武，全年共开展技能比武34次，227人次参赛。推进空管ACDM系统安装、ADS-B升级和Ⅲ类安检职业鉴定培训机构项目工作，成立一支30人的专、兼职消防救援队伍，定期开展训练，缓解专职消防人员不足的现状，为消防等级6升7级工作做准备。以“抓作风、强三基、守底线”安全整顿工作为抓手，召开作风建设工作动员会，制定完善负面清单共438条，对违规违章行为持续保持高压态势。持续落实社会治安综合治理，持之以恒开展反恐维稳、扫黄打非、禁赌禁毒工作，加强与地方信息通报，完善联防联动机制，提高机场防范风险、化解矛盾的能力。

【品质提升】 制定《常德桃花源机场2020年“民航服务质量品牌建设”专项行动工作方案》，细化46条具体措施，创新项目，细化服务举措，打造“常来常往”旅客服务与“温馨”安检通道等服务品牌。强化服务资源配备，自助机由2台增设至4台，启动“手机值机”服务，旅客可通过关注航享e+公众号、南航公众号等即可迅速完成手机在线值机，提升旅客出行体验。进一步推进“无纸化”乘机，全年无纸化乘机率为46%，同比增长64%。优化服务流程，为特殊旅客服务提供优先渠道，针对老年人和孕妇等特殊旅客推出“优先过检卡”，加速过检，避免人员聚集，开通军人值机到登机环节全程快行无忧，持续为医护人员提供“绿色通道”，华夏航空“一票到底”业务，执行轮椅旅客“舱门到车门”爱心陪护，提供前移服务指引，对晚到旅客加强服务指引，减少旅客走错登机口；服务具体细致入微，为无人陪伴的老人、儿童等需要协助的旅客制定专属“爱心贴”，为需要御寒的旅客免费提供爱心毛毯，提升旅客满意度，增强品牌影响力。

（鲁晓涛　胡　妮）

铁路运输

【概况】 2020年，受新冠肺炎疫情影响，常德火车站共完成运输进款1.7亿元（同比2019年减少19%），发送旅客243.4万人（同比2019年减少15%）。

【安全基础】 整章建制。形成安全生产责任制、逐级负责制、责任追究制、干部值班制。车站先后根据季节性特点和不同时期的要求，建立和健全现场作业控制办法和应急预案，制定《常德站春运实施组织方案》《常德站“十一”黄金周运输组织方案》《常德站2020年新老兵运输工作措施》等，细化《常德车站管理办法》，做到分工明确，加强行车和客运各岗位的联防互控。车站定期组织职工学习《铁路旅客运输服务作业标准》，规范岗位劳动纪律、作业纪律，明确岗位责任，通过实行班组竞赛机制，提高职工竞争意识，推动各班组的规范管理。加强职工教育，提高职工安全意识。车站采取听讲座、看录像、宣传板报、点名会、完工会等方式，及时将上级各项安全文电精神传达到每位员工，确保全体干部职工“安全第一”的思想不动摇，牢固树立安全生产的紧迫感、危机感和责任感。抓问题整改。车站在先后开展的各项安全检查活动中，认真查找安全隐患，要求全站职工人人进行反思发言，对“两违”人员做到绝不姑息，除严肃批评教育外，严格执行经济考核制度，明确整改责任人、整改措施、整改到位时间。保证站改工程安全。为确保站改期间铁路运输安全，车站加强和施工单位的联系与协调，定期召开联席会议，认真落实防范措施。贯彻落实“预防为主　防消结合”的消防方针。车站细化《常德火灾扑救应急预案》措施，于11月17日和省消防协会协同举办消防知识讲座和现场扑灭火情的演练。落实集团公司、市政府疫情防控要求。做好进出站人员测温工作，确保测温设备正常、测温人员到位、测温一个不漏，做好发热旅客的应急处置工作。按照指引做好车站消毒、通风工作，特别是加强把手、扶手和座椅等重点区域消毒；做好车站一体化管理和职工个人防护工作，督促干部职工做好个人防护。

【服务质量】 建立分析总结机制。车站指定分管站长及专人负责服务质量分析，督促服务质量问题的实时处理和办结，要求每起求助实行分析追踪落实制度，还原事件、分析落责、并提出有效实用的避免措施，同时做好岗位管控。整章建制加强引导。及时根据现场作业调整情况更新车站《岗位作业指导书》，明确服务项目和文明用语，要求各岗位客运人员严格遵守服务质量规范，执行标准、文明用语、微笑服务。确保客运服务设备设施正常使用。客运服务设备设施的正常使用是旅客的基本需求，对于车站客运服务场所使用的设备设施，引导、广播、电梯、售票自助机、站场卫生、厕所保洁、饮水机、照明等客运设备设施，车站建立“快速报修响应通道”，对于岗位人员在使用过程中、盯控人员在巡视中发现的故障、问题及时反馈，充分利用工作微信群对客运设备进行实时报修，要求维保单位及人员必须快速响应答复。充分发挥党内服务品牌引领作用。通过奖励为旅客提供优质服务的职工，提高干部职工的参与度和认同感。利用各班组收集的帮扶旅客照片、视频素材，在车站公众号等平台进行发布，营造浓厚的服务旅客氛围，打造“温馨服务”品牌，以点带面，放大品牌服务效应，提高旅客的认可度和关注度。

【应急处置】 制定应急预案，做好应急准备。结合实际制订设备故障列车大面积晚点、旅客大面积积压滞留、实名制售票验证突发紧急情况、站车火灾爆炸事故、突发事件宣传处置等多个应急处置预案，为应对各种突发状况提供制度保证。应急人员准备。车站与供电、工务、电务等铁路单位联合成立设备设施应急抢险队，按应急方案配备相关值班人员，确保能在接到抢险任务后第一时间赶到现场开展抢修作业；组建以党员、团员为主的应急突击队，作为车站发生大批旅客滞留及其他突发群体事件时的应急力量，同时在暴雨、冰雪等恶劣天气时成立应急小分队，24小时待令，确保列车运行畅通有序。

（靖如洁）

海事与航运

【概况】 2020年，市水运事务中心突出监管重点，强化水上安全管理，主动作为狠抓航道管理、船员管理，全力打好水污染防治攻坚战，加强图纸审查和建造检验，把好船舶源头关。贵树林被湖南省交通运输厅评为“十佳船员”。

安全监管。“一湖两水”（洞庭湖、沅水、澧水）非法码头渡口整治和隐患治理。2020年，成立领导班子，印发《常德市人民政府办公室关于印发〈常德市非法码头渡口专项整治工作方案〉的通知》（常政办函〔2020〕13号），对全市“一湖两水”非法码头渡口整治工作进行部署，全年共完成非法码头渡口清理取缔103个，规范提升类码头渡口任务完成12处，146处规范提升类码头渡口正在推进；加强巡查，及时查处违法违规行为。在节假日及每季度，在全市重点渡口开展水上交通安全生产检查，严格落实部门安全监管责任。市城区全年共出动执法人员1500余人次，检查渡口117次、水上水下工程20次，对1799艘运输船舶实施现场监督检查。共下达安全隐患整改通知书20份、责任整改通知书55份、工作意见函24份，对3起渡运违法行为进行行政处罚，责令船舶停产停业5起，扣留船员适任证书4起。

行业管理。危货水路运输和港口作业安全监管。全面强化危险品运输动态管控，督促危险品运输船舶严格落实船舶进出港报告制度和危险品装卸报告制度。督导常德市2家水路危货运输企业建立安全管理体系，企业内部船舶视频监控系统全覆盖。汛期水上交通安全。主汛期期间，市水运事务中心每日2次向辖区水上从业人员发送汛期预警信息，日均发送1216条。防汛应急Ⅱ级响应，严格落实领导带队24小时值班制度，所有非值班人员处于备战状态。沅水常德城区水位达到37米且水位继续上涨后，及时组织清港，在二广高速公路大桥以下康家吉水域划定临时锚泊地，加强汛期船舶停泊管理。“一湖两水”非法码头渡口整治和隐患治理。2020年，市水运事务中心成立专门领导班子，提请市政府印发《常德市人民政府办公室关于印发〈常德市非法码头渡口专项整治工作方案〉的通知》（常政办〔2020〕13号），对全市“一湖两水”非法码头渡口整治工作进行部署，全年共取缔非法码头渡口清理103个，规范提升类码头渡口任务完成12处，146处规范提升类码头渡口工作推进。

污染防治。开展船舶和港口污染突出问题整治。2020年，常德市登记在营的货运船舶全部完成生活污水防污染改造，油水分离器加装工作按规定加装到位，至年底有4家船舶污染物移动接收企业和6处船舶污染物固定收集点。

【船舶管理】 验船人员克服新冠肺炎疫情、雨期频发的困难开展检验工作。全年共完成图纸审查24套，完成建造检验14艘，4951总吨，2845千瓦。完成营运检验1543艘，816422总吨，367917千瓦，8628客位。船员培训考试。邀请长沙金舟船员培训中心、益阳扬帆船员培训学校举办二、三类船员培训班1期，培训学员139人；基本安全培训班5期，培训学员389人。整理船员档案1652盒，归档4000本。整理船舶登记档案1500件。船舶进出港报告。全年船舶进出港报告合计30284艘次。在新的进出港报告系统中，年注册申请船舶261艘，审核通过192艘。

【航道管理】 执行《内河通航标准》，对马凌航道、柳叶湖、穿紫河旅游航道、新渐河航道、柤水航道等200余千米航道的重点养护，做到一月一巡查，对重点浅滩和库区进行观测和记录；对辖区内重点航段，特别是柳叶湖、穿紫河、白马湖、秦溪旅游航道水域进行巡航检查，对300余座航标进行检查和维护，确保灯光明亮、标位正确。严格按《内河航道维护技术规范》要求加强对重点通航水域的巡查、疏浚、抢通，对航标和安全标牌每月进行检查。

（陈吕乔）

邮政管理

【概况】 2020年，全行业克服新冠肺炎疫情影响，抓早抓实抓细复工复产，邮政快递业率先企稳回升，实现逆势增长，全年邮政业务总量和业务收入分别完成17.81亿元和11.89亿元，同比分别增长34.03%和18.06%；快递业务量和业务收入分别完成0.38亿件和4.75亿元，同比分别增长49.55%和42.31%，远超GDP和服务业增加值增速。在疫情严重期间，邮政公司为湖南康普制药有限公司三赴武汉“火神山”医院运输价值365万元医疗物资共1416件。

能力建设。营商服务效能。深化“放管服”和快递许可审批制度改革。许可申请核查平均办结时间缩短到4.8个工作日，较上年降低4.2个工作日，分支机构平均办结时间缩短到8.6个工作日，较上年减少7.2个工作日，全部事项实现网上办理，减税降费达到1262.16万元。基础设施建设。大力推进邮政设施强基工程，履行行业审查监管责任，推动布放智能快件箱180组，占地14.67公顷的常德邮件处理中心迁址扩容工程正式启动。规划智能投递设施建设，研究制定市城区老旧小区改造任务中关于智能快件箱的投放办法。协同发展新动能。开展快递业务“日增叁万”竞赛活动，创造更多动力源，引导市场要素加速优化。快递企业集群抱团，对接现代制造、电子信息、生物医药等产业，创新开展项目性打捆、供应链服务。规划建设专业快递物流园区，对邮政快递企业收寄常德市电商产品揽件量及揽件量增长率达标的提供奖励等内容纳入市政府《智慧电商规划初步思路》。行业人才技能。推进快递从业人员职业技能培训“246”工程和快递工程技术人员职称评审工作，全市开展技能培训累计140人次，获批初级职称3人。行业绿色发展建设。行业生态环保纳入地方治理体系，开展绿色网点建设试点，全面推动邮、快件包装规范化、标准化、减量化、可循环化，全面完成“9792工程”重点指标，全面完成绿色邮政三年行动21项指标，新能源车辆达到50辆，邮政绿色化、减量化、可循环水平明显提升，快递企业瘦身胶带使用比例达到91%、电商快件不再二次包装比例达到94%、循环袋使用比例达到91%，新增绿色回收装置202个。

民生福祉。农村地区通邮。全市邮政投递服务覆盖1513个建制村，为确保直接通邮不收缩不反复，加强已实现直接通邮建制村监管，规范指导，对全市104个建制村直接通邮情况进行检查，实现一村一点邮政综合便民服务全覆盖、村村通邮的目标。建制村投递日打卡率保持在98%左右，周打卡率保持在95%以上。“快递进村”。制定常德市“快递进村”工程三年行动方案，明确“快递进村”工程目标，将快递末端服务延伸到各行政村，全年完成快递进村397个，汉寿县在33个村级服务中心设立邮政综合服务平台。“邮快合作”。指导市快递协会、市邮政公司签署常德市邮快合作框架协议，引导全市快递企业积极参与全市基层公共服务“一门式”建设，全市共4个乡镇、29个村基本实现“邮快合作”。引导快递企业对接电信、农业、供销等部门，加强产业配套协作，石门县承接柑橘运输项目达75.3万件，带动农业总产值2000余万元，拉动就业总计968人。末端违规收费。对乡镇快递末端服务违规收费不掩盖、不护短、出重拳，持续保持高压监管态势，通过采取约谈、督促企业履行全面管理责任、开展联合整治、落实“邮快合作”模式、依法从严惩处、列入失信黑名单等6项措施，纠歪风、顺民心，全年共立案处罚违规收费7起，纠治违法企业网点11家，处置违规收费线索116条。社会监督与申诉平台。大力推广“社会监督员”APP，及时处理社会监督员所反映的相关问题，全市8名邮政社会监督员，共监督网点680个，走访邮政、快递用户2194人，反馈问题17个，提出建议5条。依托申诉受理平台，探索建立“前端预警、限时响应、按日提醒”工作机制，申诉处理实效缩短20天，同比下降67%，全年共受理申诉124件，其中有效申诉18件，为消费者挽回损失3.52万元，消费者对邮政管理部门申诉处理工作满意率达100%，快递服务有效申诉率同比下降47%。快递员权益保障。2020年，常德市交通邮政物流工会辖下成立2个邮

2020年11月13日，市邮政管理局开展“暖峰行动”慰问一线快递员

（倪思文 摄）

政快递业基层工会，分别为常德市申通快递有限公司工会、常德市快递企业工会联合会，共吸纳会员490人。联合市总工会、市交通邮政物流工会开展“暖峰行动”，慰问邮政、顺丰、京东、申通、圆通、中通、韵达、百世、极兔9家企业140名快递员、6名家庭困难快递员，发放慰问金及慰问物资共3.1万元；联合基层党支部开展党建共建主题党日活动，“双十一”期间走进企业一线，关爱快递员群体，送上慰问物资1万元；开展文明创建活动，深入中通分拨中心慰问全市快递行业“自立自强示范户”先进典型。

依法治理。安全治理。争取地方政府专项经费支持，加强部门履职能力和行业服务能力建设，积极推动市邮政业安全中心运行。深入开展安全生产专项整治三年行动，妥善处理桃源县百世公司因拖欠员工工资及债务纠纷导致停工停产应急事件。完成春运、疫情防控、全国两会等重要时期或重大活动寄递渠道安全保障工作。开展实名收寄专项整治，2020年12月，常德市实名率达到99.69%。普遍服务与机要通信监管。针对邮政普遍服务标准执行松软问题开展乡镇邮政局所专项检查，发现问题173个，件件跟踪整治到位。落实分级监管，全市29个乙级网点升级为甲级网点，2个丙级网点升级为乙级网点。加强机要通信运行情况监控、邮政专用标识车辆管理。做好邮票发行监管工作，组织开展《庚子年》《众志成城抗击疫情》《华佗》等题材邮票监督专项检查。

【常德邮政“十三五”】 行业实力。全市邮政业务总量从2016年6.9亿元增至17.81亿元，年均增速30%。快递业务量从0.15亿件增长至0.78亿件，年均增速33.31%。城乡居民人均使用快件量超过50件。五年期间，全行业累计投资10亿元，初步形成泛湘西北快递邮件物流枢纽中心和电商企业产业孵化基地，打造集快递、仓储、配送、运输和信息于一体的全景供应链服务。市级申通、圆通、韵达等分拨中心成立，常德邮政处理中心、中通智慧电商物流园落户常德经开区，智能分拨中心、仓储配送中心、自动化分拣设备顺势而生，县级企业抱团发展，快递集群规模式发展初步显现。产业融合。全市邮政快递业深度融合各大经济板块，对接农村电商、特色小镇、农产品加工业、电商、医药等产业，携手合作，一体发展。警邮合作、税邮合作全面推行，服务现代农业成效明显，打造“玉臂藕”“汉寿小龙虾”“沧浪一品”和“石门柑橘”“武陵鸭蛋”等优质“快递+”农业项目。电商产业。电商快递量突破3020万件，累计服务贫困户7289户。民生事业。全市建制村直接通邮率为100%、全市乡镇实现100%通快递、县城党报当日见报达到100%。“快递入区”工程。建成快递末端公共服务站点85个，快件智能箱投递占比达到23.45%，企业网点标准化达到94.77%，离地设施铺设比例达到94.77%。76个乡镇空白补建网点全面完成补建、运营，末端网点违规收费得到有效整治，通过转变经营观念，强化品牌合作，整合末端网点，极大减少末端运营成本。行业治理。寄递渠道安全监管“绿盾”工程加速推进，数字监管日渐形成，全市邮政快递企业完成就地安检设施全面落地，45台安检机构筑起慧眼生力的“技术围栏”。市城区504台快递三轮车完成上牌、保险、外观改造，树立破解邮件投送“最后一千米”难题新典范。寄递渠道安全齐抓共管联动机制常态运行，属地监管进一步强化，形成“工作联动、信息共享、案件联处”工作局面。市快递协会加速成长，成为政府、企业和消费者之间的桥梁和纽带，市邮政业安全中心、市交通邮政物流工会相继成立，全面履行邮政业安全监管、应急管理和保障从业人员合法权益。

（肖梦怡）

邮政经营

【概况】 2020年，中国邮政集团有限公司常德市分公司全年实现业务收入7.38亿元，完成进度99.27%，排全省第4位。普遍服务网点乡镇覆盖率100%，四项基本业务100%开办。机要通信万无一失，实现连续30年质量全红。助力三大攻坚战成效显著，服务乡村振兴战略三年任务圆满完成。疫情防控彰显担当，开通医疗物资运输绿色专线，3次挺进武汉运送药材。积极推进绿色邮政建设，“窄胶带”“绿色包装箱”和“双推荐”推广使用率均达到100%。

2020年，常德邮政被评为“全省邮政先进企业”称号，连续三年获此殊荣。企业荣膺“中国邮政抗击新冠肺炎疫情先进集体”称号、“常德市内部治安保卫工作先进单位”，常德分公司党委荣膺“中国邮政集团有限公司先进基层党组织”称号。常德分公司市公司副总经理陈明君被中华全国总工会授予“全国优秀工会工作者”称号。马生获评“全国邮政最佳投递员”；田雨翰获评常德市2020年“学习强国学习达人”；吕美珍获评集团“明星营销员”；徐蓉、龚继红获评“湖南邮政优秀共产党员”。

【经营发展】 2020年年底，全市综合便民服务站点2090个，全市已实现“一村一点”邮政综合便民服务全覆盖，构建起“覆盖城乡、功能齐全、惠及民生、政府满意、多方共赢”的邮政综合服务平台。常德市农业农村局与常德市邮政分公司签署战略合作协议，各县公司与常德市54家新型经营主体签订服务协议，标志着“惠农合作项目”在常德全面启动。常德市邮政分公司与汉寿县人民政府签订《惠农合作项目框架协议》，积极探索“政府主导+三级联动+基地孵化+协同发展+扶贫助农”的惠农模式。8月19日，时值第三届“中国医师节”，常德市邮政分公司联合常德市第一中医医院共同举办《华佗》特种邮票首发式。

【能力支撑】 9月29日，中国邮政集团有限公司常德邮件处理中心项目暨全市2020年三季度重点建设项目集中开竣工仪式在常德经开区举行。常德邮件处理中心拟将建设为泛湘西北最大的快递邮件物流枢纽中心和电商企业产业孵化基地，打造集快递、仓储、配送、运输和信息于一体的全景供应链服务。中共常德市委书记、市人大常委会主任周德睿，市委副书记、市长邹文辉；湖南省邮政分公司党委书记、总经理杜卫红，党委委员、副总经理唐成文等出席常德市2020年三季度重点建设项目集中开竣工仪式。湖南省邮政分公司与常德市人民政府签署战略合作协议，常德市委副书记、市长邹文辉，副市长汤祚国；湖南省邮政分公司党委书记、总经理杜卫红，党委委员、副总经理唐成文等出席签约仪式。双方将在城乡便民服务，服务“三农”，普惠金融，物流产业、地区文化产业发展等方面开展合作。

（赵　青）

电信

【概况】 2020年，电信常德分公司完成年度生产经营任务，获得省公司“2020年度业绩考核先进单位”称号，年度综合评估第四名。

经营业绩。收入预算。超额完成省公司下达的收入任务，完成认购收入的103.69%，同比增幅10.84%；完成利润指标，总资产报酬率、收入利润率、效益效能基础管理指标全省领先。市场份额。收入份额，全省排名第3；移动用户份额全省排名第1；宽带用户份额全省排名第1。规模发展。各类业务发展量综合全省排名第2。在销售活动中聚焦重点市场，实施以店包村、以店包片，拉动业务增长；强化政商校与渠道协同，通过协同办公、渠道协同占领市场、撬动友商在政商市场，通过竞合在高校市场取得突破。

履行央企责任，疫情防控、脱贫攻坚、普遍服务任务全面完成，5G建设全省先进，客户满意度居全省前列。履行社会责任，全年完成两批次工信部普遍服务项目，所辖8个县分公司均完成当地扶贫任务。常德分公司在全市范围内共结对帮扶16个村514户贫困户，派驻村干部6人、结对帮扶干部95人。截至2020年年底，累计投入帮扶资金182.35万元、帮助引资96万元，消费扶贫38.5万元，扶贫捐款11.54万元，有效参与到结对帮扶点村的道路硬化、安全饮水、教育助学、健康扶贫、住房安全、养殖生产、文化卫生等多个领域。

全年稳妥推进光网能力建设、基础网络和重点项目建设，网络发展精确管理全省第一，5G网络建设大会战中获得“先进单位”荣誉称号；持续推进网络运营全流程，打好宽带攻坚战，认真组织开展云网质量客户感知提升工作，挖掘现网能力和强化无线网络优化；进一步加强队伍建设，以客户感知为导向，做优装维服务、综合化维护和政企支撑。全年完成10多次各种重大活动的应急通信保障，配合市政府进行新冠病毒防疫数据提供、民兵点验、人防专业队挂牌及国动数据收集等工作。2020年人均薪酬增幅较2019年增长4.4%。选拔总监34人、其他1—2级专业人才73人。省公司三季度NPS（净推荐值）及满意度调查，各项指标位居前列，投诉处理满意率全省排名第一，客户经营指标全省领先。突出发展DICT（智能分布式数字监控核心服务器）项目，有7个项目被评为省公司重点项目，在党政、医疗、水利、政务、5G工业互联网应用等领域取得突破。

基础管理评估全省排名第一。强化业财融合，智慧财务运营进一步深化，全面完成企业预算目标，财务效益指标、基础管理全省领先。人力部门加强干部队伍、核心员工队伍建设，全面完成省公司下达的各类用工总量计划，完成退休人员社会化管理工作。依法治企，坚持“三重一大”决策流程，加强内控审计工作，规范采购管理。严守安全底线，做好安全生产和网络信息安全工作，未发生任何安全生产责任事故和涉及维稳的突发事件。

【5G智能家居组网走进房地产交易展示会】 6月23—27日，常德市30多家在建在售优质优价精品楼盘企业在房地产交易展示会参展。常德分公司在展会现场打造中国电信5G智慧家居体验馆，为广大市民提供智能家居组网装修布线参考指南、智慧家庭、千兆5G、千兆宽带、千兆WiFi体验，打造品质生活。

【开通首个5G SA基站】 7月1日20时37分，常德分公司经过前期精心筹备和精细安装调测，首个5G SA基站在市分公司西分局开通。现场测试下载速率平均1215兆比特每秒，上传速率平均249兆比特每秒。

（廖华国）

移动通信

【概况】 2020年，中国移动通信集团湖南有限公司常德分公司认真贯彻落实市委、市政府和省移动公司的决策部署，完成全年各项目标任务，经营业绩考核排名全省第三，通过全国文明单位复查，被评为“湖南省脱贫攻坚先进集体”，获湖南移动“铸盾2020”网络安全综合整治竞赛一等奖、无线网络竞赛二等奖、5G网络建设劳动竞赛优秀奖等多项表彰。

助力疫情防控。新冠肺炎疫情期间，公司为全市12万多名党员和集团单位成员发送疫情防控宣传视频彩铃，累计免费发送防疫短信1000多万条，有效助力疫情防控知识宣传。为常德市第二人民医院、第四人民医院等医疗单位赠送“和对讲”终端，为医疗人员提供有力通信支撑保障。扶贫攻坚。2020年完成44个扶贫村4G网络建设及47个扶贫村宽带网络建设；共捐赠扶贫资金97万多元；通过食堂供销等方式购买贫困村产品，消费扶贫近40万元。加强安全生产管理，全年未发生安全生产责任事故。

【市场经营】 5G业务发展。不断优化公司5G业务资费产品，加强资费产品与用户需求匹配，赋予套餐更多权益，满足不同消费者消费需求；结合5G手机礼包优惠活动，进一步降低5G手机使用门槛；加快5G行业应用拓展，加速企业信息化进程，与湘佳牧业、经投泰达、汉寿妇幼保健院等深入合作，打造5G+智慧农业、智慧小区、智慧医疗等项目标杆。融合产品驱动。加快智慧家居体验厅改造进度，打造智慧家庭专区，重点落实以平安系列为核心的泛家庭智慧产品推广。和包及惠生活业务。拓展几千家本地和包商户，助力湖南省总工会特别慰问消费券发放使用。通过和包业务配合政府做好智慧城市建设、乡村旅游点等项目接入，助力信息化服务升级。推出惠生活业务，整合餐饮、休闲、娱乐等行业优秀商家资源，为用户提供多种类生活优惠券及产品，搭建具有常德特色的权益综合体。

【网络建设】 公司积极顺应国家信息化建设方略，致力5G基础建设，全年投资4.6亿多元，规划建设1000多个5G基站，5G精品网络测试各项指标均为优秀。快速推进重点工程建设项目，继续加强4G网络建设，建成4G基站9000多个，实现市县城区、乡镇、交通干线、景区的全面覆盖及绝大部分行政村的4G网络覆盖；加快家宽网络建设，全市家宽建设小区/片区共7000多个，行政村通达率达到94%以上。强化网络信息安全与通信保障，全力配合公安部门开展“断卡”专项行动，严厉打击治理网络新型违法犯罪；顺利完成桃花源文化旅游节、临澧县消费节、全省产业项目建设推进现场观摩会、澧县葡萄节、石门县柑橘节等大型活动通信保障。

2020年5月16日，工作人员开展移动网络基础建设 （常德移动公司 供图）

【客户服务】 始终秉承“客户为根服务为本”的理念，建立健全服务质量管理体系，改善客户全方位服务体验，客户服务满意度各项指标位居全省前列。聚焦短板问题，提升客户响应能力，缩短排障时间；创建客户问题跟踪闭环解决机制，提升客户满意度，每月26—28日开展“全球通星动日”活动，打造全球通客户优质服务体系；持续开展“总经理接待日”活动，公司总经理在营业厅接待客户，认真倾听客户建议和心声，对客户提出的套餐资费、5G业务等方面的问题，答疑解惑。

（黄　炜）

联合通信

【概况】 2020年，中国联通常德市分公司固定资产总值达14.63亿元，员工400余人，累计完成投资近1亿元，全网用户超过百万。

【网络通信保障】 落实常德市信息通信基础设施能力提升三年行动

计划。2020年，聚焦5G、4G、传输网、千兆光网、客服接入工程五大板块，移动网络全年共完成672个5G基站、479个4G基站以及165栋楼宇室内覆盖建设；宽带网络共新建工程项目13期，完成37个新国标小区千兆网络接入，完成202个村组宽带网络通达。建设完成后移动网络人口覆盖率达99.03%，城区宽带网络覆盖率达95.26%。完成常德马拉松、柳叶湖汽车拉力赛、万达广场直播带货活动、二广高速交警业务、石门柑橘节、汉寿蔬菜节等重大活动通信保障。

【智慧常德建设】 发挥混改优势，担当数字常德新征程“三个者”：做好5G、工业互联网、大数据中心、人工智能平台等新型基础设施的建设者；做好人工智能、区块链、云计算、大数据技术能力的赋能者；做好行业综合应用解决、产业技术创新的实践者。利用5G网络优势，在公共服务管理、交通出行、电网管理、公共安全等多个领域，以智能化的应用提升资源利用效率，优化城市管理和服务，改善市民生活质量，推动智慧城市可持续发展。常德联通分别与汉寿县人民政府、武陵区人民政府、津市市人民政府、鼎城区人民政府签订战略合作协议，构建5G网络信息基础设施体系，推动物联网、云计算、大数据、智慧医疗、智慧警务、智慧交通、智慧旅游等各领域的集成应用。参与智慧常德顶层设计，稳步推进常德本地云数据中心建设。依托中国联通5G+工业互联网赋能智能制造、大数据赋能产业转型，依靠云计算赋能万企上云，助推产业数字化升级。

【服务惠民举措】 响应国家“提速降费”号召，开展老用户免费升级100兆、升级智家设备的活动，新用户免费送出“沃家神眼”，竭力打造“智慧社区”“平安乡村”。全面下调宽带资费、优化套餐结构，构建高速、安全、平价的新一代通信产品体系，助力民生改善；落实骚扰诈骗电话治理工作，全面规范市场经营活动，强化实名制管控，坚决打击黑卡等违法违规行为，有效规避不法分子骚扰诈骗风险。

（李　佳）

通信设施

【概况】 2020年，中国铁塔股份有限公司常德市分公司（以下简称常德铁塔公司）拥有员工50人，下设综合部、财务部、通信发展部、运营维护部、行业拓展部、物业中心5部门1中心，在区县设立10个工作机构。常德铁塔公司作为大型国有通信铁塔基础设施服务企业，积极参与地方经济建设，特别是在国家“加快5G等新一代信息基础设施建设”战略发展的大背景下，积极作为，努力推动常德5G建设，做好信息通信保障。

【5G建设】 4月，常德铁塔公司被正式纳入常德市国土空间规划委员会成员单位。5月，常德市明确5G建设“铁塔统筹、政府支持、开放共享、服务社会”原则，建立常德市5G网络建设暨产业发展工作联席会议制度。市住建局等多家单位明确开放公共资源，支持5G建设。《常德市规划区通信基础设施专项规划（5G专篇）暨三年行动建设规划》获得政府正式批复。公司与武陵区、汉寿县、桃源县和澧县县政府签订战略合作协议。协助运营商降本增效成效显著。5G建设实现“零”场租、“零”转供电。大力推动转改直和超高场租整治工作。完成转改直135站，为客户节省年化用电成本230万元。完成39个超高场租站址的谈判。2020年累计承接电信、移动5G建设需求1506个站址，完成交付1435个站址，交付率达到95.28%。累计获取塔类需求1078个、室分需求117个。累计起租物理站址6303个，订单总数达到11851条，塔类租户总数达到10238个（电信2911个、移动5231个、联通2096个），塔均租户数1.65。三家共享站址739个，占比11.72%；两家共享站址2207个，占比35.02%；一家独享站址3357个，占比53.26%。建立三级协调机制，解决居民因辐射等问题阻工5G建设的难题，攻克111个疑难站址。

【应急通信保障】 常德铁塔公司积极响应政府号召，坚守在抗疫第一线，承担起应急通信保障的重任。全年出动应急保障人员7308人次、保障车辆3654台次、油机15602台次，圆满完成桃花源旅游节、石门柑橘节、端午节龙舟赛、全民趣味马拉松赛、全省5G网络验收测试、全国城市规划大会、省交通厅交流会等重大活动和2020年春节冰雪灾害、汛期雷雨灾害和抗震抢险等重大自然灾害的应急保障工作。

【智慧共享】 公司充分发挥铁塔高位监控的优势，积极参与环境监测、秸秆焚烧、水利监控、林业监控和道路监控等信息化建设。2020年，在澧县成功完成全省首个全覆盖秸秆禁烧高位视频监控项目落地。利用铁塔高位优势，积极参与“长江流域十年禁捕”工作，为生态环境保护作出应有的贡献。

（谢　驰）

旅　游

综述

【概况】　2020年，常德旅游业面临严峻复杂的发展形势，年初受新冠肺炎疫情影响，全市旅游业受到严重冲击，市县文旅广体部门、广大旅游企业在市委、市政府的坚强领导和上级文旅部门的精心指导下，强化责任、主动作为，一边抓抗疫、一边抓生产，旅游业逐步摆脱疫情影响，6月开始各项指标由负转正，常德旅游经济复苏较快，实现抗疫情和保发展的年度预期目标。

2020年，全市共接待国内外游客5482.49万人次，为2019年的90.22%；实现旅游总收入479.53亿元，为上年度同期的92.01%。常德市在省政府真抓实干督查激励措施考核中，旅游总人次和旅游总收入两项指标得分排名全省第一。

【红色旅游】　2020年，市文旅广体局组织《革命老区振兴发展规划》资料收集和调研工作；完成《2016—2020年全国红色旅游发展规划纲要》常德实施情况自评工作。开展《湘鄂川（渝）黔革命根据地红色旅游发展规划》常德调研工作。推动大水田长征主题公园、红二军团指挥部旧址、林伯渠故居等项目申报长征国家文化公园重点项目。支持东方红文博园、赵必振研究基地、朱务善纪念厅等项目成功申报湖南省红色旅游文化专项资金。推荐林伯渠故居、翦伯赞故居、赵必振研究基地申报全国红色旅游发展典型案例。组织参加2020中国红色旅游博览会，布展“名人故里　英雄之城”常德馆，制作常德红色旅游手册，大力宣传推广常德红色旅游产品。

【旅游扶贫】　2020年，桃源县枫树乡维回新村和津市市青苗社区创成全国乡村旅游重点村，维回新村全村人口2296人，全村旅游年收入1.19亿元，青苗社区通过乡村旅游发展，使73.6%的建档立卡贫困户成功脱贫。石门县薛家村获“2020年全省文化和旅游扶贫示范村”称号，文化和旅游业带动全村356人就业。组织全市等级景区及星级乡村旅游区（点）开展“国家扶贫日”活动，花岩溪举行旅游扶贫展销会，日销售金额近10万元，枫林花海设立旅游扶贫商品专区，为贫困群众提供117个免费摊位。组织参加全市脱贫攻坚摄影展，报送文化旅游扶贫摄影作品70余幅，其中《桃花源记》摄影作品反响强烈。市财政下发150万元，重点支持乡村旅游扶贫开发及联系点乡村振兴、扶贫项目建设。

（李　晴）

旅游区及景点建设管理

【概况】　国字号顶尖品牌实现突破，桃花源旅游区创成国家AAAAA级旅游景区，柳叶湖旅游度假区创成国家级旅游度假区；全域旅游示范区建设扎实推进，澧县、津市市创成湖南省全域旅游示范区；等级景区创建成效明显，卡乐星球景区创成国家AAAA级旅游景区，大关山景区、玖源景区、丁玲故居景区、老祖岩景区、湘联“非遗”文化旅游景区创成国家AAA级旅游景区；乡村旅游村、点建设全省领先，桃源县维回新村、津市市青苗社区创成全国乡村旅游重点村，石门县薛家村、安乡县梅家洲村、津市市大关山村、临澧县高桥村、澧县乔家河社区创成湖南省乡村旅游重点村，德云农庄、相如山庄、大关山旅游区、玖源农业观光旅游区、仙鹅滩旅游区、涔怀庄园创成湖南省五星级乡村旅游区（点）。开展市级乡村旅游发展专项资金项目申报工作，安排150多万元资金支持乡村旅游重点村、旅游区（点）发展；开展星级乡村旅游区（点）复核工作，向社会公布结果；组织开展“乡村旅游面对面”线上培训。

【检查指导】 结合高等级旅游储备资源调查工作，到鼎城、桃源、柳叶湖、桃花源、津市、汉寿、西湖等区县进行现场调研和检查，全面掌握全市高等级旅游资源现状。组织专家开展等级景区复核检查，对景区建设管理存在的问题提出指导意见，促进等级旅游景区标准的有效实施。向部分区县文旅广体局下达整改通知书，要求限期整改有关问题。推动旅游景区安全生产。指导市城区旅游景区开展国家安全示范城市创建工作，向各区县市局印发安全生产和防范地质灾害的有关文件，对有关景区的安全生产情况进行检查，排查等级旅游景区地质灾害隐患和玻璃栈道项目经营安全情况，现场督导各区县市旅游行政主管部门和旅游企业落实安全生产责任。推行景区预约。按照文旅部、省文旅厅的统一部署，在全市旅游景区推行预约游览方式，实现预约、错峰、限量的要求，全市等级旅游景区基本落实到位。强化疫情防控工作。现场督导疫情期间市城区旅游景区的关停情况，督促区县局检查辖区内景区（点）关停情况，对全市景区（点）疫情影响情况进行调查。全面推进全市旅游景区健康码查验工作，全市旅游景区从业人员注册健康码，督促各景区设立健康码宣传点和查验点。落实市委、市政府关于关心关爱抗疫一线医务人员的精神，督促全市35家等级旅游景区落实对常德市一线抗疫医务人员10年免票政策。加强旅游景区社会稳定管理，完成旅游景区涉疫社会稳定风险隐患摸排，督促相关景区积极化解社会矛盾。常德市等级旅游景区未出现一起确诊疫情，也未因疫情影响而出现不稳定问题。

（李　晴）

旅游市场开发

【概况】 2020年年初受新冠肺炎疫情影响，一季度全市旅游景区人气不足，旅行社等相关企业处于半歇业状态。常德城市旅游联盟充分发挥引领和纽带作用，联合组织促销小分队赴省内的长沙和张家界、江西（萍乡、新余、宜春）、湖北（襄阳、荆门、宜昌、潜江、荆州）、重庆、贵州（遵义、贵阳、铜仁）、广东（广州、深圳、珠海）、东三省（沈阳、长春、哈尔滨）等地拜访重点旅行社，加强常德资源整合和产品策划，实施精准营销策略，取得较好的市场成果。3月23日常德旅游景区正式对外开放，3月28日柳叶湖迎来疫情之后的首个旅游团队；5月旅行社团队游客量呈井喷式增长，当月突破4万人大关；7月15日跨省游开通，湖北、江西、贵州、广东、广西等省外市场团队陆续抵达。截至12月10日，纳入到常德城市旅游联盟的旅游景区（点）组织接待团队游客共22.66万人次，是2019年团队游客总数（8.9万人次）的2.57倍，较2019年同期增长155%，门票收入近700万元。

【品牌推广】 1月2日，《中国推介》首页推介常德桃花源。桃花源旅游管理区党委书记、管委会主任伍彩霞以第一人称视角在《中国推介》上推广桃花源之美，展示中国形象和文化魅力。4月，桃花源、枫林花海、老西门、常德河街、卡乐星球以及石门夹山、龙王洞等景区（点）在长沙地铁1号、2号线和4号线地铁站发布95块灯箱宣传广告，在4号线上发布1列柳叶湖旅游度假区品牌形象和核心产品全景列车广告。5月19日起，桃花源旅游品牌形象亮相全国两会期间的北京地铁国贸站广告橱窗；在长沙地铁站内进行的“5·20”主题宣传，博得市民、乘客和游客的热切关注和参与。5月3日起，央视多个频道报道常德桃花源旅游接待盛况，成为常德文化旅游品牌推广的先锋。7月20日“归田园居　书香茶韵”桃花源夏令营品牌项目推广活动正式启动。7月起，柳叶湖旅游度假区在长沙地铁4号线、北京高铁南站和北京地铁国贸站电子显示屏开展品牌推广传播。9月，积极参加文旅部组织的“心灵四季　美丽中国”线上旅游推广活动，在“文旅中国”客户端、中国文化传媒网等平台展示常德桃花源、柳叶湖及城市旅游品牌形象。12月25日，常德市委副书记、市长邹文辉带队前往湖南广播影视集团深入洽谈常德文旅品牌推广战略合作事宜。桃花源旅游管理区与湖南广播影视集团签署合作意向书。

【拓展客源】 应对新冠肺炎疫情影响，5月17日，组织各区县重点景区和旅游企业举办2020“常德人游常德”系列推介活动启动仪式暨常德河街专场推介活动，全面启动复苏常德本地游市场；10月18—22日，组织桃花源、柳叶湖等重点景区赴贵州、重庆两地开展旅游产品推介和新市场拓展活动，与两地重点旅行商签订合作协议，成立常德旅游专线营销机构。11月3—10日，在“锦绣潇湘任你游”走进珠三角文化旅游推广周活动之际，组织常德城市旅游联盟、常德市旅行社协会以及桃花源、柳叶湖等重点景区，在广州、珠海及深圳三地开展“常德旅游产品推介会”。12月4—10日，在“锦绣潇湘任你游”走进东三省旅游推介活动之际，组织桃花源、柳叶湖等重点景区和旅游企业赴沈阳、长春、哈尔滨三个城市开展常德旅游推介活动，与三地重点旅行社进行交流座谈，拓展新客源市场。12月23日，举办湖南省旅行社协会第四届理事会暨2020年柳叶湖国家级旅游度假区旅游推介会，柳叶湖旅游度假区与全省14个地州市旅行社协会进行现场签约，进一步激活省内旅游客源市场。12月16日，桃花源旅游管理区在桃花源盛典演艺公司举行长沙、常德、张家界三地旅行社营销工作答谢会，为2021年桃花源品牌推广的渠道营销工作助力。

（李　晴）

重大旅游节庆活动

【参与“2020中国旅游日”系列活动】 积极响应复苏与振兴全省文旅市场号召，5月19日，桃花源旅游管理区承办“2020中国旅游日”湖南宣传活动及湖南首届“非遗”购物节等系列活动，全省14市州文旅同行集结桃花源，共同为“湖南人游常德”助力。副省长吴桂英出席活动并宣布开幕，省文化和旅游厅厅长陈献春致辞，湖南省委宣传部副部长、省文明办主任、省文化和旅游厅副厅长肖凌之发布湖南十大文旅地标，桃花源旅游管理区榜上有名。

2020年5月19日，副省长吴桂英宣布2020中国旅游日湖南宣传活动暨2020桃花源文化旅游节在常德桃花源开幕　（刘伯源　摄）

【参与2020湖南（国际）文化旅游产业博览会】 6月19日，2020湖南（国际）文化旅游产业博览会暨文化和旅游装备展在湖南国际会展中心开幕。副省长吴桂英宣布开幕，省委宣传部副部长、省文化和旅游厅党组书记禹新荣致辞，省文化和旅游厅党组成员、副厅长高扬先出席。全国100余家投资金融机构、386家展商、200余家采购商参加盛会。博览会上，常德展馆突出“桃花源里　诗画常德”主题，通过景区景点图片布景、“非遗”文化内涵讲解、旅游宣传片展播、宣传资料发放、文旅产品体验、特色节目表演、现场节目互动等，全面展示“桃花源里的城市——常德”品牌形象及文旅新业态发展成果等内容。文旅产业博览会上，常德喜获“最佳组织奖”和“最佳展台奖”2项大奖，并在2020湖南文化旅游商品大赛中摘得2银1铜。

【2020常德“非遗”电商购物节】 7月3日，在常德河街春秋广场举行2020常德“非遗”电商购物节启动仪式。该项活动由常德市文化旅游广电体育局和常德市经投集团主办，常德市“非遗”保护中心、中腾云卓文化发展有限公司和老河街商业经营管理有限公司承办。常德市委常委、市人民政府副市长涂碧波，省文化和旅游厅“非遗”处处长颜喜、“非遗”处二级调研员向蓉蓉，市委宣传部副部长宁毅刚，市文化旅游广电体育局党组书记、局长杨俊以及局系统和相关文化旅游企业负责人共400多人参加启动仪式。

（李　晴）

城乡建设与管理

综述

【概况】 2020年，常德市住房和城乡建设局各项业务工作扎实稳步推进，城乡环境基础设施建设获得省政府真抓实干表彰奖励，防洪救灾被评为全省先进单位，疫情防控被评为全国住建系统先进单位，城镇棚改受到国务院真抓实干表彰激励。新型城镇化、城乡环境基础设施建设、建筑业管理、工程项目审批制度改革、建设工程招标与稽查、智慧住建建设、城建档案管理等工作获得省住建厅考核先进。

【新型城镇化建设】 常德市以《湖南省新型城镇化规划（2015—2020）》为指导，以“泛湘西北现代化区域中心城市”为定位，按照统筹空间、规模、产业三大结构，统筹规划、建设、管理三大环节，统筹生产、生活、生态三大布局，统筹政府、社会、市民三大主体的要求，着力提高新型城镇化水平，规划实施情况总体良好。截至2019年年底，全市城镇化率达到54.45%，比2018年提高1.4个百分点。其中城镇人口314.2万人。市城区发展骨架扩展到130平方千米，建成面积从82平方千米增加到100平方千米，人口增加到接近100万人，基本达到国家Ⅱ型大城市标准（100万人~300万人）。

【建筑业转型升级】 2020年，全市建筑施工企业积极应对疫情，全力组织复工复产，3月底全市建筑工地复工率达到100%。全市建筑业企业完成建筑业总产值465.9亿元，同比增长10.2%，增速高出全省平均增速0.4个百分点（全省增速为9.8%），全省并列第三。建筑业企业税收28.2亿元，同比增长17.8%。建筑业产值和税收在常德市经济社会发展中占据重要地位。2020年，全市共有9家企业完成建筑业资质升级，其中1家升级建筑施工总承包一级，3家升级建筑施工总承包二级，6家升级市政公用工程施工总承包二级。常德市共有具备建筑业施工资质的企业765家，其中施工总承包一级资质的企业26家。全市建筑施工企业从业人员总数约14万人，成为常德市吸纳社会就业的重要行业。2020年，市建设项目获评“全国AAA级安全文明标准化工地”2个，“芙蓉奖”2个，“省级优质工程”8个，“省质量标准化示范观摩工地”5个，“省安全标准化示范观摩工地”9个，“芷兰杯”41个，“市优质结构工程奖”45个，“市级质量管理标准化观摩工地”16个，“市级安全生产标准化观摩工地”86个。在全省住建行业职业技能大赛建筑工程质量检测竞赛中，常德市代表团获得团体第2名和个人第1名的优异成绩。

【“放管服”改革】 常德市住房和城乡建设局牵头强力推进工程建设项目审批制度全流程、全覆盖改革，在市县两级政务大厅设立专区，建立“一窗受理、集成服务”制度，实现“一网通办”和“不见面审批”，办理时间全面压缩至100个工作日以内（最短40个工作日），改革成效位居全省前列。优化窗口。常德市在工程建设项目审批综合服务窗口设置上提出“四专”总体思路，即设置专区、专窗，明确专人、专责，在市民之家政务服务大厅二楼设置“常德市工程建设项目审批制度改革服务专区”，实行审批系统与实体窗口相得益彰的“一窗受理、集成服务”。强化培训。适时开展常德市工程建设项目审批管理系统暨市政公用服务平台操作业务培训，邀请湖南省工改办专家到常德现场讲课，市直单位和区县市（管理区）审批管理人员和平台入驻人员近500人参加培训，参训率达100%，提升相关工作人员对管理系统的应用熟练度，提升审批服务窗口服务效能。细化任务。全年业务办理量1474个，均按要求实行一体化平台及业务系统网上办理，积极引导建设单位从网上服务端申报，并通过“好差评”系统进行评价监督；未出现红黄牌情况（建筑业企业资质核准事项承诺时间压缩为10个工作日，一体化平台调整有延迟）；中介服务事项办理172个，均按要求在业务系统网上办理。除审批系统应用外，常德市工程建设项目审批制度改革还在区域评估成果运用、规划统筹协同推进、中介服务规范管理等方面持续发力，在疫情防控常态化的大背景下，紧跟紧盯改革总体目标，落实落细各项工作任务，跑出常德“加速度”，进一步优化营商环境，深化“放管服”改革，为常德经济高质量发展注入生机活力。2020年，市住房与城乡建设局被省住建厅评为全省工作突出单位，3人被评为全省工作突出个人。

（吴荣衡）

城乡建设与治理

【概况】　树立“项目即产业，项目即发展”理念。始终将城建项目建设摆在拉动投资增长和带动经济发展的重中之重的地位。2020年，市本级城建项目共安排78个（其中预算项目57个、PPP项目5个、自筹项目1个、下放区里项目15个），总投资149.2亿元，其中2020年计划投资55.6亿元，市财政安排资金21.9亿元。截至年底，开工项目63个（部分项目仅要求完成前期），开工率80.8%，完成投资47.24亿元，占全年计划投资的84.93%。实行“四抓四促”措施。通过抓新建、促开工，抓续建、促完工，抓前期、促提速，抓进度、促质量，尽力消除疫情影响。建设桥、芷兰学校、育才路、人民路等四座人行天桥顺利竣工，甘垱机埠等一批民生项目建设迅速，朝阳路北延、黄爰路、双桥路等产业配套项目实施顺利。强化“三清单一机制”调度。建立任务、责任、目标清单，实行调度和督导机制，规范网上工改系统运行，高铁广场及配套工程全部开工，人民路东延线、黑臭水体治理等一批环保督察项目进展有力，太阳大道西延线、合兴路等项目顺利开工，一批重点项目难点问题取得突破性进展，保持市本级城建项目平稳有序推进的良好态势。

【城乡环境基础设施建设】　乡镇污水设施提前全覆盖。90个乡镇污水处理设施全面建成，全市127个建制镇提前实现乡镇污水处理设施全覆盖，建设配套管网1199.97千米，全部实现通水试运行。市城区污水提质增效扎实推进。完成长港和邵家垱片区排水综合治理非开挖修复和皇木关污水处理厂、市污水净化中心扩容提质。严格实施新城区雨污分流审查，污水直排口全部消除，市城区黑臭水体消除比例达到100%。开展排水专项整治，管网私接、乱接、混接得到有效遏制，市城区污水处理系统效能显著提升，为完成环保销号奠定基础。

【生活污染突出问题整改】　大气污染防治严格管控。对全市所有在建工程项目工开展5000余次检查，每月汇总全市施工现场扬尘防治工作检查情况，对扬尘防治工作落实较好的相关责任主体给予通报表扬，实施信用信息加分，通报表扬项目132个；对扬尘防治工作落实不到位的相关责任主体实施通报批评，实施信用信息扣分，通报批评项目105个。黑臭水体整治全面完成。2018—2020年常德市县级城市黑臭水体项目共有48个，其中2018年21个、2019年13个、2020年14个。通过定期不定期调度督导整治进度，全部完成整治。

【城镇老旧小区改造】　常德市从2019年开展老旧小区改造工作，至2020年年底共改造小区493个（纳入中央补助计划491个，其中2019年233个、2020年258个），惠及居民56482户，改造体量居全省前列。2019年项目全部完工，完工率100%；2020年项目开工260个，开工率101%，完工97个。2020年省民生实事考核任务121个，省重点老旧小区改造项目建设投资任务为7亿元，实际任务完成率分别达到100%、161.4%。

【污水处理及整治】　完成县级及以上城镇生活污水处理厂提质改造。2017年至2020年，全市县级及以上城镇生活污水处理厂处理能力需由38万吨/日扩建到50.5万吨/日，结合《湖南省住房和城乡建设厅关于加快“一湖四水”区域城镇生活污水厂提标改造的通知》文件精神，2020年，完成全市11座县级及以上城镇生活污水处理厂提标改造，全部达到一级A出水标准。其中，考虑市城区未来城市发展情况及污水处理厂运行现状，推动实施市城区皇木关污水处理厂、常德市污水净化中心（柳叶湖污水处理厂）5万吨/日扩建工程，完成主体工程，皇木关污水处理厂通水试运行。启动污水处理江北城区提质增效工程。该项目总投资约15亿元，积极推进排水系统功能性排查及初步设计项目，2020年完成甘垱、船码头、柏子园、夏家垱、尼姑桥、建设桥、粟家垱、楠竹山片区的初勘，完成排水管道潜望镜检测548.2千米、管线探测818.9千米、管道清淤检测110336.5米。

（吴荣衡）

村镇建设与管理

【概况】 依据中共中央、国务院和湖南省《乡村振兴战略规划》，常德市坚持稳中求进工作总基调，牢固树立新发展理念，落实高质量发展要求，按照产业兴旺、生态宜居、乡风文明、治理有效、生活富裕的总要求，紧紧围绕产业振兴、人才振兴、文化振兴、生态振兴，统筹推进村镇经济建设、文化建设、社会建设和生态文明建设，建立健全城乡融合发展体制机制和政策体系，积极构建智慧产业体系，加快推进治理体系和治理能力现代化，重点围绕村镇污水治理、农村危房改造、传统村落保护、新型城镇化等工作，推动村镇建设工作开创新局面。

【农村危房改造】 完成农村4类重点对象危房改造清零任务。2020年，聚焦“人不住危房、危房不住人”目标要求，深入开展住房安全性鉴定、存量危房改造任务、突出问题整改“三个清零”活动，严格落实挂牌督战和巡查督导，农村危房改造工作扎实推进，实际改造完成5994户，包括2019年存量任务2178户，因农户意愿变化、自然灾害导致房屋受损等新增2944户，远超省住建厅所定年度指标任务872户，累计发放危房改造补助资金17258万元，实现农村4类重点对象危房改造任务全面清零。

【农村住房建设】 创新农村危房改造工作方法和补助方式，推广成本低、工期短、效果好的农房加固改造方式，减轻贫困户建房负担。全面加强农村建房质量安全监管，突出农村危房改造质量安全管理，以农房质量安全为重点，组织开展年度绩效评价工作。加强农村工匠管理和培训，指导各地建立农村建筑工匠协会。推广应用装配式建筑，推动农房建筑节能工作。塑造建筑风貌特色，彰显风格独具的吸引力。找准定位，借助地方典型的建筑符号，使用具有地方或民族特色的建筑材料，着力创造出具有时代特点和地域特征的乡镇特色风貌。传承历史文脉，培育文化软实力。理清历史文脉，彰显个性魅力，充分保护、发掘、弘扬乡镇在自然、经济、历史、文化等方面的特色，提升知名度和文化软实力。融入现代元素，培育可持续发展能力。注重生态环境建设，优先考虑乡镇发展的环境承载能力，突出“节能、节水、节地、节材”，实现建设资源的有效利用和经济与生态的可持续发展。

（吴荣衡）

自然资源规划

【概况】 2020年，常德市推进总体规划、专项规划、详细规划，全面启动国土空间规划体系建设三年行动，谋划“三级三类”国土空间规划编制工作，构建《常德市国土空间总体规划（2020—2035年）》“1+1+5+10”框架体系，完成《常德城东新区城市设计及控制性详细规划》等多个规划编制成果；创新开展“助力规划编制、助建美丽乡村”驻村规划师志愿服务活动，招募259名志愿者，覆盖141个乡镇、街道和1631个村庄，完成150个“多规合一”实用性村庄规划和50个镇、630个村规划编制工作，在全省率先实现村庄规划全覆盖。统筹山水林田湖草进行全域全要素规划管控，划定生态保护红线、永久基本农田、城镇开发边界三条控制线，基本完成全市生态保护红线评估调整工作，上报生态保护红线面积为33.06万公顷，占全市国土面积的18.19%，做到“功能不降低、面积不减少、性质不改变”。以“多规合一”协同审批平台为主线，实施“一家牵头、并联审批、限时办结”，2020年受理项目216个，办结率100%，满意率100%。全年平台项目入库率全省第二，检测通过率全省第一。

【《常德市国土空间总体规划（2020—2035）》编制工作】 5月18日，常德市召开国土空间规划编制工作动员会，市委副书记、市长曹立军参加会议并讲话，副市长尹正锡作工作报告。会议明确，从2020年起，常德市全面启动国土空间规划体系建设，编制完成常德市及县市国土空间规划大纲、总体规划，划定“三区三线”，完成“多规合一”，进而编制重要专项规划和乡镇村庄规划，逐步建立法规政策体系、技术标准体系和技术支撑体系，形成全市国土空间开发保护“一张图”。

【“助力规划编制、助建美丽乡村”驻村规划志愿服务活动】 5月29日，常德市“助力规划编制、助建美丽乡村”驻村规划志愿服务活动正式启动，259名驻村规划师在常德规划展示馆集合，分赴全市127个乡镇，指导编制能用、好用、管用的“多规合一”镇村规划，为美丽乡村建设、农村产业发展等出谋划策，为推进乡村振兴战略实施提供智力支撑。常德在全省率先全面启动驻村规划志愿服务活动。259名驻村规划师均系自愿报名参加志愿服务活动的志愿者，有202人来自市自然资源规划系统，有39人为高校师生，另有18人是热心公益的社会力量。下到镇村后，驻村规划师采用“屋场会”“夜话会”“诸葛会”等形式，向基层领导干部和村民宣传规划，讲解规划，引导村民树立规划意识，收集规划“诉求”，帮助村民实现规划梦想。协调对接当地党委政府、规划设计单位、村组群众、在外工作的乡贤和相关技术专家，为镇村规划编制“问诊把脉求良方”，并在完成规划编制后继续开展“售后服务”，对规划实施建设提供技术支持和日常工作指导。2020年，各区县市（管理区）编镇村规划成果，在各级政府网站公示，广泛征求群众意见和建议。截至2020年12月底，全市完成150个高质量的“多规合一”实用性村庄规划编制，并落实2020年为民办实事工作任务，完成50个镇（乡）、630个村的规划编制。

（唐家新）

城市管理与综合执法

【概况】 2020年，常德市城市管理和综合执法局（以下简称市城管执法局）以“打造最美城管人，扮靓醉美常德城”为目标，统筹推进各项职能业务工作。市城管执法局被表彰为全市平安建设先进单位、安全生产先进单位，在“强基础、转作风、树形象”专项行动中，被住建部表彰为“表现突出单位”。常德火车站广场管理处纪检员莫丽华被住建部表彰为全国住房和建设系统抗击新冠肺炎疫情先进个人。

城市日常管理。围绕市容市貌管理开展“绣花行动”。常态化做好道路清扫保洁、洒水降尘工作，定期对城区道路进行清洗，切实提升人行道精细化管理水平。市城区机械化作业率达93.23%。全面推进城市家具的维护管理，对全市765个休闲座椅、412座公共站台和“两车围栏”定期进行全面巡查和局部整修，确保城市家具完好率和整洁度100%。实施“日巡夜查”制度，推行“一线工作法”，局系统干部职工走街串巷，及时发现和整改城市管理方面的问题。全年市城区累计督导整改城市管理问题380多个，市容市貌管理水平稳步提升。打造优质营商环境，推行涉企行政审批事项“一窗受理、集成服务”，实现企业办事“最多跑一次”。全面启动“一件事一次办好”服务，实现“刷脸办事”。行政许可申请办结率100%、满意率100%。高效完成疫情防控、文明创建、拥军优属等重大宣传工作，共设置大型立柱广告宣传牌约90块次，面积达1.76万多平方米，完成全市公交站台、公共自行车站亭公益广告发布860多块次，面积达3100平方米。对临街悬挂横幅标语实施“零容忍”，清理整顿违规条幅、破损广告、活动立牌1.4万多条（块）。

污染防治。围绕大气污染防治开展“蓝天行动”。强化对运输企业和车辆的监管、考核，升级监控系统，严厉管控建筑垃圾。运用“五罚”（区级罚分、公司罚权、车辆罚停、司机罚学、平台罚款）手段，有效遏制建筑垃圾运输尘土飞扬问题。依法打击露天焚烧垃圾行为，杜绝露天烧烤和夜市占道经营，完成市城区第一批2226家四个灶头以上餐饮服务单位餐饮油烟在线监控系统建设。做好各类垃圾处置。开展《常德市城乡生活垃圾管理条例》学习宣传，积极推进生活垃圾分类试点，实现市城区公共机构生活垃圾分类全覆盖，武陵区芷兰街道基本建成生活垃圾分类示范片区。全市建成乡镇生活垃圾中转站206座，强力推进德山、汉寿、桃源、石门垃圾焚烧发电项目建设，启动餐厨垃圾处理厂建设和桃树岗垃圾填埋场三期封场工程。完成市城区5个建筑垃圾资源化利用企业的规划选址，核准的2家资源化处置企业投入生产，2020年资源化利用率达41.3%，位于全省前列。

共享交通工具管理。围绕共享单车管理开展“清爽行动”。针对共享单车乱停乱放现象，按照“定基数、建平台、请帮手、办协会、抓考核”十五字工作思路，创新共

2020年疫情防控期间，城管队员每日为火车站广场公共厕所进行消毒作业

（艾　娜 摄）

享单车管理方式。完成公共自行车监控系统建设，每月定期做好日常巡查管理考核工作，共享单车摆放井然有序成为新常态，得到群众交口称赞。《人民日报》新媒体、人民网、凤凰网、今日头条、《常德日报》等主流媒体宣传报道，长沙、岳阳、益阳、南宁、襄阳等地城管部门先后到常德参观学习。

灯饰管理。核准路灯和亮化基数，实际功率路灯核减7.28%，亮化核减2.68%。自查自纠过度亮化工程，确保工作常态化。对管辖范围内的7万多盏灯杆量身定制“身份证”，在每一根灯杆上面都张贴蓝色铭牌，实现城市照明设施精细化管理。加强路灯设施设备维护，确保“亮灯率、设施完好率”达标。

疫情防控。抗击新冠肺炎疫情行动中，做好废弃口罩回收管理，增设集中收集桶833个，实现市城区公共场所全覆盖。强化废弃口罩无害化收运处置，全年累计安排单独运输车辆3817辆次，清运率100%，处理废弃口罩等特殊有害垃圾10.88吨。做好重点区域消毒杀菌，环卫作业场所、设备设施每天消杀不少于2次。全力做好环卫工人自身安全防护。采购防护物资，编印防疫知识手册，加强防疫知识教育培训。

扶贫帮困。多方筹措资金200多万元，支援石门县白云镇、澧县甘溪镇太青村以及对口帮扶的鼎城区花岩溪高峰村等20个扶贫和乡村振兴示范点村进行道路修建、路灯建设，照亮贫困山村脱贫致富之路。

制度建设。协调常德市人民政府办公室印发《常德市城区生活垃圾分类工作实施方案》（常政办发〔2020〕9号），对2020年至2025年垃圾分类工作任务进行逐年明确。修订《常德市城区建筑垃圾运输管理工作考核奖惩办法（暂行）》（常城管〔2020〕23号），加强对运输公司、车辆及驾驶员的管理和考核。发布《关于公布常德市城市管理和综合执法局“证照分离”改革举措和监管措施的通知》（常城管〔2020〕92号），强化政务服务审管衔接。

依法行政。强化宗旨和服务意识，倡导“721工作法”（7分服务、2分管理、1分执法），坚持疏导与防堵、教育与惩戒相结合，“暖心服务”“柔性执法”成自觉行动。严格落实“行政执法四项制度”（实行执法公示制、推进执法全过程记录制度、开展重大行政执法决定法制审核制、强化执法决定说明理由制度），加大执法典型案件曝光力度，全面规范执法行为。

调研慰问。1月22日，副市长尹正锡带领市住建局（市人防办）、市城管执法局、市住房保障中心等单位负责人，为春节期间城市管理一线干部职工送去新春慰问。4月8—9日，省住建厅副巡视员彭国安带领城建处、村镇处等相关工作人员，到常德调研指导生活垃圾治理工作。调研组充分肯定常德市治理工作成效。

设施抢修。5月4日晚，常德市城区遭遇强对流灾害天气，东南城区突降冰雹，狂风暴雨损坏不少户外广告设施。经工作人员连夜排查，共损坏大型立柱广告牌12处，围栏倒塌35处，墙体广告破损60多处，未造成人员伤亡。随即，市城管执法局协调鼎城、经开区城管部门，集中组织专门力量进行紧急抢修，全力守护人民群众生命财产安全。

回应市民关切。12月10日，市城管执法局党组成员、副局长刘振华带领城市管理综合行政执法支队和局机关相关科室负责人，走进“市长热线”接话接访直播间，现场解答听众反映的各类诉求。2020年，城市管理监督指挥中心累计受理公众举报案件1419条，其中“12319”热线举报221条，微信举报391条，“12345”市长热线交办件528件，常德论坛网站投诉57条，市长信箱交办件9条，红网投诉1条，发送信息专报212条。公众举报案卷均结案。

生活垃圾分类。8月19日，全市城乡生活垃圾一体化管理工作交流会在汉寿县召开。市城管执法局班子成员、调研员和各区、县（市）城管负责人参加会议。组织观看汉寿城乡生活垃圾相关设施，开展座谈交流，部署创建省文明行业和《常德市城乡生活垃圾管理条例》知识考试等工作。11月30日，常德市城区生活垃圾分类工作动员会暨业务培训会在工人文化宫召开。市城管执法局党组书记、局长李雨初解读《常德市城区生活垃圾分类工作实施方案》，各市直单位（含医院、学校）和“四区”分管负责人等参加会议。12月21—23日，省住建厅委派的湖南省2020年城市生活垃圾分类评估组对常德市生活垃圾分类工作考核评估，给予充分肯定。市城管执法局获得省生活垃圾分类先进单位示范项目引导奖励资金450万元。

生活垃圾处理设施建设与管理。3月30日，省住建厅指出常德市临澧县、石门县、澧县、安乡县、津市市5家生活垃圾填埋场存在28个问题。市城管执法局立即要求相关区县市对照问题制定整改方案，聘请专家进行方案论证。9月27—28日，省住建厅副厅长刘年来一行对常德市填埋场问题整改和桃源县生活垃圾焚烧发电厂建设调研督导并在桃源召开反馈会议。市政府副秘书长彭家明，市城管执法局党组书记、局长李雨初和党组成员、副局长刘振华，以及相关区县的分管领导、城管局长（书记）参加。7月、11月、12月，市城管执法局先后对填埋场专项督导。12月28—29日，省住建厅专家组到常德检查验收，高度认可常德市工作，同意销号。

【建筑垃圾运输企业核准】 5月14日，市城管执法局举办建筑垃圾运输企业核准证颁发仪式暨4月建筑垃圾管理考评工作会议。会上为首批核准的14家建筑垃圾运输企业颁发《常德市建筑垃圾运输企业核准证》。通过举办颁发仪式，通报管理情况，明确有关事项，规范城市建筑垃圾运输管理工作。

【聘请城市管理社会监督员】 5月21日，市城管执法局召开常德市城市管理社会监督员会议，聘请张国民等16名社会人士担任城市管理社会监督员，旨在加强社会监督，促进城管系统作风建设，让社会更准确的了解、宣传和支持城市管理工作。

【常德市共享单车促进会第一次代表大会暨共享单车管理工作调度会】 5月29日，常德市共享单车促进会第一次代表大会暨共享单车管理工作调度会召开。市城管执法局党组书记、局长李雨初，局二级调研员尹言正，公共设施科，城市“四区”城管局、环卫中心负责人，市公安局武陵分局公安城管治安执法大队大队长、市共享单车促进会名誉会长黄劲，三家共享单车企业（青桔、哈啰、永安行）代表参加会议。会上，审议通过《常德市共享单车促进会行业自律若干问题管理规定》《常德市共享单车促进会财务管理规定》，较好地规范和推动共享单车健康发展。

【城市管理“十佳十差”社区评选活动】 2020年，对城市“四区”（武陵区、鼎城区、常德经开区、柳叶湖旅游度假区）95个社区进行季度考评，每季度在《常德日报》、常德融媒等媒体上公布，评为“十佳”的奖励10万元，评为“十差”的扣罚1万元，推进城市管理考核考评向基层延伸。

（杨　帆）

海绵城市建设

【概况】 2020年，在海绵城市建设示范区原定总面积41.2平方千米的基础上，结合“城市双修”，将海绵城市建设由中心城区试点区域向各区县市城区及乡镇等非试点区域扩展延伸。2020年，完成华南光电仪器厂家属区生活污水收集工程、陈家碈片区污水治理人民路东延线支管工程等。2020年年底，常德市海绵城市实际建成区达44%以上，市中心城区海绵城市建成区达标总面积达到48.49平方千米，全省排名第一。完成《常德市海绵城市建设自评报告》编制工作。

维管考核。组织开展每月三暗一明的“五区”市政设施城管考评工作，全年开展48次96人次考评，发现各类设施损坏等问题200余件，有效督促各区市政设施的管养工作水平提高。市本级市政三项维护管理。2020年车行道维护沥青砼量为4152.65立方米，人行道板维护量为45406.5平方米，排水管网清淤量为34978吨，排水管修复量为120米，排水井盖及雨水盖板更换量为1099个。迎接国家文明城市测评期间，组织市政公司完成68条主次干道市政设施整改约933处。内河水体维护考核。组织开展30次穿紫河、白马湖水系水面保洁考核工作，确保水体整体效果。海绵在线监测设施维管。道路海绵设施维管。做好气候适应型城市基础性工作。收集整理全市创建气候适应型城市试点基础资料，12月召开住建部组织的常德、珠海、西咸新区试点城市的线上技术交流及总结汇报会，全市发改、住建、自然资源与规划、气象、海绵中心、海绵办等15家单位参会。

城市排水。截至2020年年底，中心所管辖泵站40处，临时抽排点4处，一体化污水处理设施3处。推行泵站台账电子化，进一步完善“云控通”水位在线监测系统，确保能真实准确掌握泵站水位实时状况。加强设备设施维护，对城区44座泵站进行冬修和定期维护保养，设备完好率达95%以上。加强泵站运行调度。全年各雨污水泵站、生态滤池合计运行总时间15.28万小时，总排量为2.7亿立方米。加强生态滤池维护管理力度。2020年，采用政府购买服务形式对生态滤池维护累计作业面积约12万平方米。完成岩坪、刘家桥、窑港泵站的移交工作，以及皇木关新雨水、罗新沟、二十里铺一体化污水处理设施的移交工作。

城市节水。节水宣传活动。组织市节水办开展第29届“全国城市节约用水宣传周”系列宣传活动，举办“节水知识线上有奖答题”、公共建筑节水宣传等活动。常德市居民用水实行阶梯式水价、非居民用水实行超定额累进加价制度，江北城区计划用水率达100%。根据省水利厅、住建厅《关于公布省级重点监控用水单位名录的通知》要求，确定常德市重点监控用水单位名录，予以公布。地温空调综合整治。制定《关于对市城区地温空调进行综合整治的实施方案》，对市城区宾馆、机关、企事业单位地温空调进行全面普查，对37家地温空调取水单位下达整改通知并督促落实整改。疫情期间二次供水管理，确保水质达标及设施安全。疫情期间，市节水办积极督促各物业公司对二次供水设备区域实行封闭式管理，要求认真做好二次供水泵房、水池（箱）的清洗、消毒和水质检测工作，积极动员老旧小区进行二次供水设备改造。工地临时排水管理。市节水办巡查近60个在建项目临时排水情况，通过多部门联动，督导其及时办理临时施工排水许可

2020年6月4日，城市排水防涝应急演练　（市海绵城市建设服务中心 供图）

证，确保规范排放。

【污水处置】 市城区污水处理厂运行、污泥处理处置监管。严格审核污水处理服务费报告、污水处理厂运行数据与污泥磅单，利用常德市污水处理管控调度平台对市城区污水处理厂进行日常监管。2020年，江北城区两座污水厂共处理9725.77万吨污水，产生1.497万吨50%及以下含水率的污泥。市政管网污泥处理厂共处理污泥3.8559万吨。排水监测。根据第三方水质检测机构每月检测结果，常德市污水净化中心、皇木关污水处理厂、德山污水处理厂出厂水均符合一级A排放标准。

【城市排涝】 管网维护管理。督导市市政公司、武陵区及柳叶湖旅游度假区全面加强排水管网及设施的常态化维护，确保管网畅通，提高排水能力。排水防涝项目建设，通过对金丹实验学校等积水点开展系统整治，市城区应对强降雨等极端天气的气候适应能力不断提高。汛前科学分析，明确重点抢排点位，细化调度及抢排方案，严格落实24小时巡查值守责任制，开展多次应急演练。分别于3月、4月组织抢险排涝队员100余人次进行应急车辆设备操作培训和实战演习比武，演练科目包括应急电源设备接线和发电、潜水泵的安装和使用、排涝水带的铺设和连接等。6月4日，组织市排水处应急设备及应急队员参加由市委书记周德睿任总指挥长的常德市“沅水2020”城市防内涝演练。与气象部门密切联动，雨前预先排水腾空管网和机埠调蓄池，提前安排好应急抢排物资和设备。2020年汛期内，中心组织市排水处、市市政公司等单位，先后对西郊花园、夏家垱3期以及金凌花园等内涝点及时进行应急排水。6月13日至14日的暴雨天气中，与市消防救援支队紧密联动，调集5车26名指战员，对朗州北路、建设东路、北站巷、西郊花园、两师两校处等城区低洼地段进行全面排查和应急抢险。全年应急排涝抢险52次，出动应急人员2032人（次），出动应急车辆67台（次），后勤保障车145台（次），潜水泵抽排时间690台（时），排水量27.6万立方米。

【污染防治】 江北城区污水提质。长港片区和邵家垱片区截污工程两项污水提质增效项目，通过实施片区排水管网的功能性排查、结构病害非开挖修复及雨污分流改造等，实现对两个片区排水管网的综合治理，项目实施后可实现片区内雨污分流。污水处理。市城区皇木关污水处理厂及常德市污水净化中心均在实施扩建工作，扩建完成后市城区污水处理厂处理能力将由28万吨/日扩至38万吨/日。黑臭水体整治。市城区纳入全国城市黑臭水体整治平台的12个黑臭水体项目全部完成销号工作。

【项目建设】 重点城建项目建设。罗湾大桥改扩建工程于6月顺利通过工程竣工验收。各棚改及安置小区配套道路项目按计划快速推进，其中：永安巷工程完成竣工验收；黄家巷、阳华巷工程施工中；兴民街、金家坪路、丹阳路（洞庭大道入口段）改造工程办理前期手续；2020年大中修项目完工80%。杨柳堤机埠水系改造工程已完成75%；蓄家垱污水泵房进水管完成75%。内涝卡点整治。2020年，中心对市城区积水点全面摸底和系统整治，完成邵家垱、长港、船码头等机埠调蓄池清淤、东溪路铁路桥泵站出水通道建设、青年路与紫缘路交叉口安全岛排水改造、恒大盲管接入、五岔荷花池清淤筑坝、赵家硚泵站与常德大道排水管网连通维护、赵家硚泵站拦水坝改造、金丹实验学校积水点改造、沾天湖污水提升泵站至沿山路DN600管道清淤修复、朗州路铁路桥（腰路铺）泵站出水管改造等10个工程；督导完成碧桂园朗州府排水管网改造、尼姑桥机埠恒大调蓄池连接箱涵、建设东路红庙街排水管改造、太阳大道至柳泉路区域排水通道建设等项目；申报完成2020年第二批城区积水点应急改造项目5个。

（华　双）

城市环境卫生

【概况】 2020年5月，根据市委编委《关于常德市城市管理事务中心“三定”方案有关事项的通知》精神，市城市管理事务中心完成中心党委、纪委的换届工作，通过换届选举产生新一届的中心党委委员和纪委委员。

环境卫生考核。对“一城五区”（高新区从5月1日起纳入）的环境卫生作业督导共组织日常暗检86天次，明检考核27天次，发现各类问题1094件，通过打电话、下督办函、现场指导等形式督促整改，整改率90%以上。新冠肺炎疫情期间，第一时间制定下发《常德市环卫行业疫情防控工作方案》、编撰《常德市环卫行业新型冠状病毒肺炎疫情防控手册》，多渠道广泛筹措疫情防控物资，及时下发到全市各环卫作业单位。中心管理人员下沉到各作业单位，指导一线环卫工人做好自我防护，督导各区环卫部门做好废弃口罩回收和生活垃圾的日产日清工作。有效应对汛期，紧绷防汛弦，防止城市内涝，指导各区环卫部门及时对城市道路雨水泄水口的泥沙、垃圾进行疏通、清理，确保排水畅通。

环卫基础设施建设。列入省“两供两治”项目的桃树岗生活垃圾填埋场封场治理工程全面竣工，新建的芬顿工艺渗滤液处理系统调试达标，处理量达到100吨/天，符合设计标准。6月2日，桃树岗垃圾填埋场生态修复工程正式开工建设，对桃树岗垃圾填埋场周边17.07公顷区域进行污染治理，进一步改善周边人居环境。11月底，工程完成除F区外的建设任务，完成区域进入维护期，F区的建设工作根据三期封场工程进度适时进行。6月15日，白鹤山殡仪馆垃圾中转站项目开工建设，该项目是全市第一座景观式垃圾中转站，主要承担白鹤山殡仪馆内生活垃圾无害化收集转运工作，12月底完成项目建设任务。11月1日，桃树岗垃圾填埋场三期封场工程开工建设。项目将于2021年6月底前完成主体工程，总体形象进度达到90%。生活垃圾焚烧发电置换工程总投资2.98亿，是全市生态文明建设重点工程，项目于2019年12月26日开工，计划2021年5月底投入试运行。

脱贫攻坚。全年先后投入扶贫资金33万余元，7次组织中层骨干前往扶贫点鼎城区花岩溪高峰村。积极开展消费扶贫，回购贫困户家中剩余农产品，网上购买扶贫产品，截至2020年年底，中心负责的20户贫困户全部脱贫。

【生活垃圾无害化处理】 德山生活垃圾焚烧发电厂是市城区生活垃圾终端处置的主要设施。严格落实驻场监督，精准计量，督导企业安全生产，确保生活垃圾日产日清，处理排放达标。不定期前往企业对渗滤液处理、飞灰预处理、烟气排放等情况进行监督检查，确保环保达标。全年焚烧处置发电厂生活垃圾43.72万吨，垃圾无害化处理率达到100%，城区生活垃圾实现日产日清。桃树岗生活垃圾填埋场是市城区唯一的生活垃圾填埋场，分三期建设，一、二期库区完成封场，三期库区正实施封场，仅飞灰专区承担德山生活垃圾焚烧发电厂飞灰及医废残渣的填埋处置任务。全年飞灰及医废残渣填埋处置约4万吨。渗滤液处理系统运行平稳，2020年共处理渗滤液31285吨，处理后通过检测，水质完全达标。3月6日，市城区餐厨垃圾应急处置正式启动，中心安排专人负责驻场监督，确保餐厨垃圾处置规范、项目正常运行。截至2020年年底，餐厨垃圾收运范围覆盖“一城四区”三个灶头或15桌以上餐饮单位643家、投放专用桶1662个、投入专用收运车辆12台，日收运处置量达70吨。

【常德市庆祝湖南省第二十五届环卫工人节系列活动】 10月26日，常德市举行庆祝湖南省第二十五届环卫工人节暨优秀城市美容师表彰大会，全市环卫行业50名一线环卫

2020年12月29日，市城市管理事务中心检查组在德山生活垃圾焚烧发电厂督导企业安全生产 （周 苗 摄）

工人被评为“优秀城市美容师”，受到表彰。在全市一线环卫工人中遴选、表彰50名“优秀城市美容师”，推选9名“战疫·最美环卫人”、2个“战疫·先进集体”、2个“战疫·优秀班组”参加省级表彰。组织环卫技能比武，参加2020年湖南百万职工技能大比武住建行业（保洁员）职业技能大赛，常德代表队在省级比赛中获团体三等奖和个人二等奖。

（关　毅）

自来水供应

【概况】　2020年，常德市自来水有限责任公司实现计费用水量6883.86万立方米，实现经营产值2.6亿元，利润总额80万元，全年累计扩延DN75以上供水管线53千米，新增用户1.3万户，全年管网压力合格率达到99.5%，实现出厂水水质综合合格率达99.97%，管网水水质综合合格率均为99.93%，较好完成各项预期指标。公司被授予全国安康杯竞赛优胜单位、湖南省供水行业先进单位，城东营业所青年突击队被授予“常德市青年文明号集体”荣誉称号，客户服务部、科瑞管道维修公司被授予湖南省供水行业先进集体，档案室周飞被共青团中央评为“全国优秀志愿者”，员工谈朝辉家庭被常德市妇联评为市级“抗疫最美家庭”，城东营业所彭莉钧获市级“芙蓉百岗女星”荣誉称号，水质监测站陈思思被评为市级“青年岗位能手”，客户服务部曹菁被授予省供水行业热忱服务优秀个人，团委龚群星被市文明办评为2020年最美志愿者。

疫情防控。2月13日，常德市新型冠状病毒感染的肺炎疫情防控指挥部驻司疫情防控工作联络员陈志兵到公司现场指导复工复产及疫情防控工作。2月20日，市委组织部联络员管理办公室、干部二科科长高中子一行到公司督导检查驻企联络员指导企业防疫和复产复工情况。疫情期间，公司先后出台9项疫情防控制度文件，建立摸排登记、监测消毒、物资储备等全方位疫情管理台账；发动党员志愿者深入防疫一线，分类分级落实防控措施；强化疫情工作考核问责，不定期对各部门进行督导检查。通过多措并举，公司疫情防控平稳有序，无一疑似病例、无一医学观察人员、无一违反疫情防控的行为和人员。同时，积极兑现惠企措施，减免中小微企业房租43万元，对疫情期间297家欠费企业实行不停供。坚决落实严控疫情、服务不降标，强化设备巡检和值班值守，确保正常供水。坚持24小时水质实时有效监测，加大检测频率，确保出厂水质。疫情期间供水热线24小时不间断运行，增设微信座席，加强线上服务，及时为用户解决故障报修，指导客户充值缴费。建立疫情期间24小时应急抢修队伍，全力保障人民群众的安全正常用水。

安全生产。2020年，公司更新改造设备34项，出台《供水调度标准》，编制《安全生产专项整治三年行动方案》，制定《安全生产点检表》《重大节假日特护期安全检查表》等规范流程。针对疫情和高温期可能出现的原水藻类暴发状况，制定疫情防控期水质安全保障方案和原水藻类暴发预防处置方案，在汛期和供水高峰期，加大对水源水、出厂水、管网水的监测频次，坚持每月对城区周边加压泵站开展水质督察，稳步实施水质在线监测项目建设，搭建“水质实验室平台”。

项目建设。6月24日，市自来水有限责任公司子公司沃特公司与城投天城公司在市城投集团正式签署给水工程建设战略合作协议。截至2020年年底，沅北水厂迁建项目累计完成投资9200万元，设计评审，土地征拆均完成。区域性加压泵站建设进展顺利。芦荻山加压泵站竣工通水；经开区南区泵站施工进度完成90%；高新区加压泵站11月正式开工，2021年5月完成建设任务；柳叶湖白鹤山泵站完成工程招投标。智慧水务二期项目建设落地，新建管网监测点56个，实现压力、流量、水质的在线实时监测和调度平台一体化监控。开发表箱定位、抄表处警轨迹、拍照报警等手机移动端功能，极大改善提升工作的便利度和高效性。金色晓岛、龙吟水榭、泓鑫城市花园3个供水服务示范小区建设大力推进。多个便民惠民应用上线运行。新建城东自助服务终端营业厅，开展24小时自助缴费、查询和业务办理。完成100台圈存机具的投放，基本覆盖市城区全部IC卡小区，真正实现IC卡用户就近缴费。

优化营商环境。2020年，公司以简化用水报装流程为切入点，实施用水报装服务流程再造，“获得用水”从申请到通水仅3个业务环节，报装业务办理时限由原来的15个工作日压减至5个工作日。建立标准化、模块化的供水方案，制定《给水工程技术标准及实施导则》和《标准图集》，工程费用确认更快捷，收费标准更透明。11月26日，常德市自来水有限责任公司邀请市优化经济发展环境第六监督组到公司召开2020年优化经济发展环境工作座谈会。会议听取监督员对市自来水公司优化营商环境的工作意见和建议。会议由市自来水公司党委书记、董事长曾杰主持，副总经理王愚鲑和相关部门负责人参加会议。根据市人大评议优化经济发展环境工作要求，公司制定总体工作方案，从服务态度、服务手段、服务流程等环节开展全方位自查，逐一加以改进。针对9个交办问题清单，制定28

项整改措施，采取“清单制+责任制”方式逐项抓整改落实，有效解决部分区域水压、个别老旧小区户表改造等老大难问题，积极推动二次供水管理不规范等棘手问题。12月16日，公司党委书记、董事长曾杰带领办公室、客户服务部、供水管理部、管网工程管理部、水质监测站负责人到常德人民广播电台新闻频道参加市长热线接话接访活动，与广大听众零距离接触，向常德市民介绍城市供水情况，解答市民关心的供水相关问题。

服务质量管理。2020年，公司修订服务指南和服务标准化手册，全面落实一次性告知，完善服务指示牌标识，做到制度公开、流程透明。立足服务细节，深入开展网点、热线达标工作，组织员工深入学习营商环境相关精神和新流程、新要求，严格落实首问负责制，全面落实“最多只跑一次”的服务承诺。强化网络舆情和诉求管理，明确专人值守处理政府网络诉求，确保做到每件诉求得到有效落实。坚持做好“上门服务”，专项服务成常态，深入园区、社区、企事业单位开展走访服务，收集供水问题66条，并逐条进行整改。积极开展“水质检测进家庭”便民服务活动，免费上门为用户提供水质22项常规指标的检测服务，真正让用户体验“放心水、优质水、满意水”。

经营管理。分步落实公共管网及小区供水管网改造，与老旧小区改造相结合，实施朗州北路等经常爆管主管的更新改造，推进龙吟水榭、公路局宿舍、金色晓岛、泓鑫城市花园等老旧小区管网改造。引入竞争机制，采取自行检漏、委托检漏相结合的方式，提升检漏效率。完成太阳山小水厂主管网及移交道路给水管网共计25千米测绘；建立营销、服务、设施维护“三位一体”的综合服务管理体系。分批改造老旧小区计量器具，优化网格化服务职能和监督考核体系，强化外包服务监管，落实日对日抄表管理考核，开展营业抄收专项治理，坚决杜绝以水谋私、估抄漏抄行为。各子公司不断完善企业治理结构，加强内部挖潜，推行“走动式”管理。沃特公司调整内部机构设置，持续打好对审催收、业务拓展、整章建制三大攻坚战，彻底清理历年老账。物业公司狠抓公司大院疫情管控，坚持上门登记排查，强化消毒及卫生管理，确保大院防控安全，并有序启动大院业主物管费的收取。科瑞公司实现处警抢修大融合，成立大处警服务中心，服务质量再上台阶。2020年5月4日下午5时，位于龙港路的DN1400出厂水管突发爆裂，裂口长1米，江北城区管网压力骤降，严重影响居民生活用水。公司立即启动供水干管抢修应急预案，开展应急抢修工作。公司董事长曾杰、总工程师朱继斌第一时间赴现场指挥抢修。开挖、抽水、切割、焊接、堵水、冲洗、水质检测等抢修工作有序开展，经过14小时奋战，完成破损干管修复，恢复正常供水。

供水管线日常检修　　　　（市自来水公司 供图）

企业改革。2020年，公司“三项制度”改革全面提速，对涉及776人的薪酬体系整合优化，完成专业技术（技能）人员职称评聘，制订完善制度25项，修订出台《劳动用工管理制度》，完善《员工奖惩管理办法》，制定三年培训规划和培训库建设方案、公司绩效考核与评价管理考核办法。对标各类风险点、隐患点，开展三个经济实体经责审计和公司招投标管理、德山分公司内控质量、城乡一体工程项目的现场审计；针对检查发现的新老问题，明确相关部门全力做好工作整改，严控责任风险；建立服务商、品牌供应商等入围库；针对招投标实施中的具体问题，制定出台《招投标管理补充规定》，强化招投标流程管控。

脱贫攻坚。2020年，市自来水有限责任公司围绕“一超过两不愁三保障”脱贫标准，深入开展扶贫政策宣传，聚焦弱劳动力户、因病因灾收入锐减户制定帮扶方案，开展“一对一”精准帮扶，强化工作责任和保障措施，全年前往扶贫点澧县曾家河社区开展入户走访8次，落实帮扶资金近65万元，产业扶贫20万元。有力保障对口32户贫困户在脱贫路上不落一人。

调研慰问。1月20日，市委书记、市人大常委会主任周德睿，市政府副市长汤祚国、杨成英、李忠等市领导到常德市自来水有限责任公司沅北水厂慰问节日期间坚守岗位的供水一线工作人员，同时开展安全生产检查。省政协到常德调研饮水安全。4月23日，省政协副秘书长胡颖、省政协委员许世飞及相关专家教授一行12人组成的课题组到常德调研饮水安全。课题组察看碧桂园二期给水项目，对常德在保障饮水安全方面所做的工作给予肯定。

【供水行业年度工作会议】 8月11日，省城乡建设行业协会供水分会常德片区2020年度工作会在常德柳园锦江酒店召开。常德地区12家自来水公司及部分厂家代表共50余人参加会议，会议由省城乡建设行业协会副会长、供水分会副会长、常德市自来水有限责任公司董事长曾杰主持。

【承办全省供水行业“熊猫杯”羽毛球团体选拔赛】 8月14日，全省供水行业“熊猫杯”羽毛球团体赛常德片区选拔赛在常德市锦途体育球馆举行。比赛由常德市自来水有限责任公司承办，共设立男单、女单两个单项，每个单项前5名选手代表常德片区参加全省供水行业“熊猫杯”羽毛球团体赛。

【省住建厅“城镇供水规范化管理”专项考核】 10月21日，省住建厅委派长沙市住房和城乡建设局、长沙供水有限公司，在常德市住房和城乡建设局配合下，对市自来水公司“城镇供水规范化管理”进行专项考核检查，各项指标考核结果均合格达标。

【全省取水计量、水源防护区专项考核】 2020年是《取水许可和水资源费征收管理条例》修订的第三年，常德市自来水有限责任公司迎来史上最严格的取水考核。截至2020年12月3日，公司完成由长江委、省水利厅牵头的取水计量、水源防护区专项考核迎检工作。

（周　飞）

燃气供应

【概况】 2020年，市城区完成次高压环网、丹溪路次高压管线建设，江南城区天然气输配系统升级为次高压—中压两级系统，形成较完善的环状管网。

建设投入。提速增量，基本建成较完善的燃气输配系统。“十三五”期间，共完成投资12.76亿元，建成常德“五县一市”天然气输气管线，在全省率先实现管道燃气“县县通”。2020年，市城区燃气设施建设计划投资9068万元，完成9088万元，总完成率100.22%。其中常德中石油昆仑燃气有限公司计划投资8568万元，完成善德大道—桃花源路等3项次高压管道建设工程，完成城区红旗路（建设路—高专路）等142项道路中压管道建设工程，实际完成投资8568万元，投资计划完成率为100%。常德市鼎城九申管道燃气有限公司计划投资500万元，完成江南大道等10项中压管道建设工程，实际完成投资520万元，投资计划完成率为104%。

【供气规模】 “十三五”期间，积极响应常德市委、市政府“开放强市产业立市”号召，配合政府推进“煤改气”及推广使用清洁能源工作，在燃气报装费用、用气价格给予大力支持，减免费用达2500余万元。新增天然气用户210329户，较“十二五”末增长61.7%。每年均超额完成省政府、省住建厅下达的“为民办实事”和“两供两治”任务，气化率居全省前列。

【调度保障】 督促昆仑燃气公司进行技术升级和服务升级，推广物联网表和自助缴费机。现用物联网气表无须带卡激活，只要检测合格，用户足不出户、扫描二维码就能进行手机缴费，操作简单，方便迅捷。2020年中石油A10系统投入使用，配备自助缴费设备42台，并增加非居民用户的缴费功能。疫情期间，实行欠费不停气，居民机械表用户欠费1565户，欠费约45万元；非居民机械表用户欠费206户，累计欠气费近500万元；物联网远程表用户欠费后由后台开阀保障用户正常使用；IC卡表用户欠费后由维修员上门激活保障用户正常使用；4个液化石油气企业克服困难，共采购液化石油气496吨，保证疫情期间燃气的稳定供应。

（吴荣衡）

园林绿化

【概况】 截至2020年年底，常德市城市建成区绿地率达到39.51%、绿化覆盖率达到44.51%、人均公园绿地面积达到14.9平方米。公园绿地面积1157.84公顷，防护绿地面积250.55公顷，广场用地面积50.27公顷，附属绿地面积1820.52公顷，区域绿地面积957.87公顷。新增绿地面积106.17公顷。全年种植草花500余万盆。

城市园林绿化建设。2020年的项目建设以提质改造、增花增色、增绿为重点。改造穿紫河三闾桥绿地、紫桥社区公园、市第一人民医院院内绿化、滨湖公园部分景观、屈原公园部分老旧设施等，改造面积约3万平方米。在穿紫河柳叶湖风光带、滨湖公园、屈原公园、船码

表11　　2019—2020年常德市城市园林绿化统计表

地区名称	类型	公园绿地面积（公顷）	建成区绿地面积（公顷）	建成区绿化覆盖面积（公顷）	建成区面积（平方千米）	城区人口（包含暂住人口，万人）	公园绿地服务半径覆盖的居住用地面积（公顷）	现状居住用地（平方千米）	公园个数	门票免费	人均公园绿地面积（平方米）	公园绿地服务半径覆盖率（%）	建成区绿化覆盖率（%）	建成区绿地率（%）	公园免费开放率（%）
常德市	2019年	1116.91	4130.83	4666.88	105.11	74.96	2899	33.99	15	15	14.9	85.3	44.40	39.30	1
	2020年	1157.84	4237.05	4773.05	107.24	77.72	2931.02	34.92	15	15	14.9	85.3	44.51	39.51	1

表12　　2019—2020年度常德市城市（县城）园林绿化基层情况表

指标名称	计量单位	2019年		2020年		增减		增长率（%）	
		城区	其中：建成区	城区	其中：建成区	城区	其中：建成区	城区	其中：建成区
绿化覆盖面积	公顷	4666.88	4666.88	4773.05	4773.05	106.17	106.17	2.27	2.27
绿地面积	公顷	4130.83	4130.83	4237.00	4237.00	106.17	106.17	2.57	2.57
合计中：公园绿地	公顷	1116.91	1116.91	1157.84	1157.84	40.93	40.93	3.66	3.66
防护绿地	公顷	250.55	250.55	250.55	250.55	0.00	0.00	0.00	0.00
广场用地	公顷	50.27	50.27	50.27	50.27	0.00	0.00	0.00	0.00
附属绿地	公顷	1755.28	1755.28	1820.52	1820.52	65.24	65.24	3.72	3.72
区域绿地	公顷	957.82	957.82	957.82	957.82	0.00	0.00	0.00	0.00
公园绿地服务半径覆盖的居住用地面积	公顷	2899.35	2899.35	2931.02	2931.02	31.67	31.67	1.09	1.09
居住用地面积	公顷		3399.00		3492.00				
公园个数	个	15	15	15	15	0	0	0.00	0.00
其中：门票免费公园	个	15	15	15	15	0	0	0.00	0.00
公园面积	公顷	834.00	834.00	834.00	834.00	0.00	0.00	0.00	0.00
其中：水域面积	公顷	45.00	45.00	45.00	45.00	0.00	0.00	0.00	0.00
绿道长度	千米		38.00		38.00				

头盖板工程绿地结合绿地现状及原规划，按春夏秋冬四季增加观花观叶等特色景观植物，做好绿地增色增花增香，打造特色，提升绿地品质，共栽植色叶及观花植物约5000株。新建仙源社区公园、黄家巷道路绿化、人民路临高职院北门增绿项目绿地3处，新增绿地面积约2.6万平方米。为迎接省产业项目现场会在常德市召开，按照市委、市政府要求，完成常德大道至丹溪路“两线”提质改造工作。积极推进常德大道两厢提质改造工作，完成项目立项和初步方案设计评审。

绿地精细化养管。全面开展精细化养管年活动，进一步明确养管标准，落实养管责任，园林绿地养管水平显著提高。精细化养管，以打造“精、细、雅、洁”的城市环境为目标，制定精细化养管实施方案、养护月历、考核办法、考核标准。加强城市园林绿化养管工作的指导、考核。形成一城五区、江北城区市属绿地养护管理周暗检、月明检的常态化考核机制，通过考核，使绿化养护效果得到明显提升。加强绿化监管巡查，严厉制止损绿毁绿行为，通过对占绿损绿毁绿现象进行多次摸底调查并上报城市管理和综合执法部门请求执法，损绿毁绿的现象得到较好的遏制。推进“路长制”建设，探索推进园林绿化监督管理体制机制从单一科室向全员参与监管转变的原则，结合绿地养护实际，对公园绿地和道路绿地养护监管实行分片分干、责任到人机制。通过深化“路长制”工作制度，激发园林系统干部热爱园林、关心园林、献身园林的工作热情，激励园林系统干部全身心投入城市园林绿化管理实践。

城市增色增花工作。2020年圆满完成地栽草花、撒播花卉、花境、景点制作等任务，花卉栽培技艺、园林植物造景制作水平明显提高。江北城区花化亮点纷呈。完成道路分车带、交通渠化岛、公园、广场绿地等草花栽植500万盆，全年完成柳叶湖环湖路撒播花卉3万平方米，武陵大道、柳叶大道、洞庭大道等主次干道花化亮点频现。景点制作增光添彩。为丰富市民生活，营造祥和喜庆的节日氛围，春节等节假日在市城区主要出入城口、道路节点、广场绿地进行植物造型景点布置，全年完成武陵阁、宏大、火车站等造景摆花11处。花境运用推陈出新。通过使用草本花卉与宿根花卉相结合，营造市委、柳叶东路、迎宾路等地特色花境400多平方米，展现出植物自然组合的群体美，丰富城市园林景观效果。

公园管理。通过对园内秩序的严格管理，加大文明游园的宣传，电动车及摩托车入园现象基本制止，宠物入园及园内垂钓现象明显减少，园内野钓和私自捕鱼情况专项整治收效明显。通过对公园的老旧设施提质改造、滨湖公园“增花增色”提质改造、屈原公园西大门提质改造、修复园内人为踩踏裸露地块、因地制宜铺设小游路等工作，极大改善和丰富园内景观，公园管理人性化服务水平不断提高，市民满意度明显上升。根据政府会议精神，对永安公园、白马湖公园、丁玲公园、穿紫河公园进行统筹管理，逐步推进4处公园的绿地、景观、设施、秩序全面提质规划。

园林科研。为提高园林植物废弃物处理能力，对处理生产线进行升级改造，引进昆山合纵生态科技有限公司植物废弃物处理设备，新设备极大地提高工作效率，优化发酵工艺，为有机基质生产提供科学、高效的技术方案，充分发挥园林废弃物处理厂作用，推进园林植物废弃物处理综合利用研究，实现成果转化，全年共收集处理园林植物废弃物2500余车，完成发酵1200立方米。持续开展全市园林植物病虫害防治指导，及时发布8期病虫害通报，对主城区近1600株柳树雌株树干开展药剂防治杨柳飞絮实验的推广应用。加强宿根花卉、观赏草、藤本植物、色叶树等植物引种实验及推广应用，使用新技术培育新植物，助推园林绿化事业科学发展。开展园林科普宣传，通过常德园林科技信息网及时发布行业信息，积极跟上行业信息大流，《紫薇花期调控》项目按照计划实施完成，2020年二次开花效果良好。

【园林绿化法规建设】 通过立法调研考察，撰写调研考察报告，确定城市园林绿化立法思路和草案基本框架，组织专家学者和从业人员召开座谈会，听取意见建议。2月25日，市政府第48次常务会议审议《常德市城市绿化管理办法（草案）》。该办法于2020年5月1日正式生效。

【“公益建绿兴绿”活动】 3月9日，市园林服务中心持续推进公益建绿活动，再次向机关企事业单位、社会团体及广大市民发出倡议，积极组织中心全体党员干部职工带头认种一棵树、认建一片林，带头发出倡议，做建绿兴绿的倡导者、带动者和实践者，将“给绿”的双向运动凝成一股共同的力量。经过连续三年不懈的努力，公益建绿兴绿活动初见成效，截至2020年年底，共有30多个单位积极响应，在穿紫河公园沿线、柳叶湖环湖道沿线共建成公益林16处，共栽种树木3000多株，增加绿地1.3万平方米。

【国家生态园林城市创建】 2020年，制定《常德市创建国家生态园林城市实施方案》，启动国家生态园林城市创建工作；各项城市园林绿化规划、建设及管理工作坚持目标导向、问题导向原则，以国家生态园林城市创建指标及要求为基本遵循，对紫桥社区公园、仙源社区公园提质改造，进一步找差距、补短板、强亮点，取得积极成效。

（罗　斌）

住房保障

【概况】 2020年，全市棚改计划完成13778户，实际开工46个项目、14255户，开工率103.46%，累计完成投资39.77亿元，城镇棚改总量全省第一，出色完成年度计划任务。2020年年初，常德市城镇棚改工作受到国务院真抓实干激励表彰，获得奖励资金7425万元。全市公租房建设开工4834套，开工率100%。全年发放租赁补贴16533户，发放金额3791万元，发放率100.2%。

高位推动。市委、市政府始终把保障性安居工程列入重要议事日程，在精简会议、压减文件的背景下，多次召开市委常委会、市政府常务会议专题研究部署保障性安居工程建设，坚持每年召开全市性保障性安居工程工作会议，开展总结表彰，强力动员部署。市政府主要领导和分管领导经常性调度督导保障性安居工程工作，研究解决推进中的重要问题。

【推进棚改】 针对老百姓诉求和房屋实际情况，市城区采取引入社会资本等方式提前启动部分棚改项目，下达棚改确认书17个项目、5551户。坚持棚改工作周报制度和两周签约为零督办制度，加强工作推进的督导，定期组织自然资源和规划、发展改革、财政等部门举办联席会议，积极协调项目报建、征拆补偿、产权办证等棚户区改造中遇到的问题，切实将实事办实。严格执行工程建设标准，确保工程品质，在已建设项目中，建设桥一村、二村、长胜桥、临江棚改B05、B06地块等棚户区改造项目获得省厅年度考评优良项目，改造后群众的满意度、获得感显著增强。

【惠民利民】 坚持高起点规划，高标准设计公租房，学习借鉴公租房建设管理新经验，融入现代公租房管理模式，实行智能小区管理，将人脸识别、信息化管理相结合，完善生活服务及休闲娱乐设施。在严格落实上级征拆补偿政策的前提下，结合具体实际，对征收补偿方案进行再优化，惠民利民。津市等地对住房困难家庭实行住房困难补助加大帮扶力度。武陵区落实定期回访制度，收集棚改户意见，不断改进工作方法，积极帮助拆迁对象寻找过渡用房、协助办理契税减免手续，为拆迁户提供回购房、商品房集中购房、公寓楼住房和二手房房源选择、联系学校、医院等，赢得群众好评。

（吴荣衡）

房地产业

【概况】 2020年，常德市在进行普通住宅价格干预时，坚持以往限定最高签约价的做法，着重引导开发企业强化项目评估，合理确定价格区间，避免出现价格虚高后的大折扣降价，造成房价大起大落，同时对个别降价幅度较大的项目进行约谈，要求其科学制定价格策略，稳定市场预期，避免因房价跌幅过大造成市场恐慌和群体性事件。

2020年全市完成房地产投资339.98亿元，同比增长4.6%，其中市城区房地产投资192.03亿元，同比增长6%，在下行环境下，房地产投资增速整体处于增长态势。全市房地产税收50.98亿元，同比下降6.6%。市城区房地产税收30.71亿元，同比下降7%，税收总额有所下滑。

供需配套。从供给侧和需求侧着手，双管齐下稳房价。在供给侧，主要是从两个方面抓保障市场供应。年初联合五部门下发《关于应对新冠肺炎疫情支持行业企业发展的措施》（常建通〔2020〕7号），适当降低预售门槛，尽快形成有效供应。供给侧持续推进惠民商品房上市工作。由市住房保障服务中心牵头调度，将安置房剩余房源以惠民商品房形式多批次投放市场，盘活闲置资源，平抑住房价格，截至10月中旬，完成惠民商品房销售516套，销售面积59202平方米，销售金额2.65亿元。需求侧重塑市场信心。按市政府“扩内需、促消费”的工作方案要求，组织开展“魅力常德·品质生活2020——常德房地产四优系列评选暨亿元优惠补贴购房季”活动。市财政局、市住建局联合下发《关于应对新冠疫情在市江北城区短期实施购房补贴的通知》，对房交会期间购房并按要求缴纳契税的购房者，按照其实际缴纳税额以50%的标准进行补财政贴，运用政府层面的政策利好提振房地产市场信心。优惠补贴期，常德市江北城区共计成交商品房9003套，成交面积92.34万平方米，成交金额73.23亿元。

强化监管。抓检查整治促公正。定期开展执法巡查，对违规行为“零容忍、严打击”，重点查处违规预售、虚假宣传等行为，协助开展房地产领域非法集资宣传，开展房地产开发领域的扫黑除恶工作。抓平台建设促公开。逐步推动商品房销售公示系统普及，在售项目销售现场设置电子屏，公开推送项目房源情况、价格情况、实时销售情况等信息，保障消费者的知情权，促进信息对等，形成公开透明的价格预期。强化商品房预售资金监管。加强研究出台《常德市商品房预售资金监管办法》，更加关注对房产开发项目的资金监管，避免开发企业建设过程中资金链断裂形成楼盘烂尾风险。强化房地产开发企业信用信息管理。出台《常德市住建行业信用信息管理办法》，进一步强化对房地产开发企业在日常经营行为的信用评价，且将加大对信用信息成果的运用，将评价结果与预售门槛、预售资金监管、企业资质升级等业务挂钩，促进开发企业规范经营行为，遵守房地产市场秩序。

【编制规划】 按照工作要求，认真开展常德市“十四五”住房发展规划编制工作，进一步摸清人口和住房底数，分析住房需求结构变化，科学确定住房发展目标，调整优化住房供应结构，充分发挥住房发展规划对房地产市场的指导作用，加快建立多主体供给、多渠道保障、租购并举的住房制度。

【2020年常德房地产展示交易会】 6月23日，2020年常德房地产展示交易会在万达广场开幕。由常德市住房和城乡建设局（市人防办）主办，常德日报社、常德市房地产业协会联合承办。常德市30多家在建在售的优质优价精品楼盘、金融咨询及相关配套企业在房交会上参展亮相。与往届相比，让利幅度更大、房源品类更多，为市民提供政策咨询服务。为期5天的房交会，同步启动房地产行业“四优”系列评选和亿元优惠补贴购房季活动。至10月8日的亿元优惠补贴购房季活动期间内，房交会组委会与各相关楼盘联合推出每套3000元～30000元不等的额外优惠补贴政策，市民可通过扫码了解网上电子优惠券详情。6月23日至10月8日，在常德市江北城市规划区内购买新建商品房的市民，财政按照购房合同金额实际缴纳契税额的50%给予补贴。

（吴荣衡）

散装水泥和墙体材料革新

【概况】 2020年，常德市有水泥生产企业14家，其中水泥粉磨站9家，共完成水泥生产量约1153.6万吨，散装量813.73万吨，散装率达70.5%。全市预拌砂浆生产企业19家，预拌砂浆供应量127.9万吨。获得“湖南省新型墙体材料产品认定证书”的新型墙材企业29家，新型墙材总产量约13亿块标砖，使用率达90%，处于全省第一方阵。

2020年，先后承办新型墙体材料产品认定首次认定企业7家，非首次认定企业5家，认定通过率为100%。推行“互联网+政务服务”事项办理流程的再优化，工作的规范化、标准化、便利化程度得到进一步提升。

2020年，率先在全省建成常德市室内装饰建设工程项目招投标全流程电子化系统，与常德市公共资源电子交易服务平台无缝对接，先后完成室内装饰招投标项目6个，招标金额约3700万元。协助市工信局举办“常德市家居建材推广博览会”，成交金额达1亿元。着力室内装饰工程标后监管，实现全年无投诉无违法违规行为。

【绿色建材发展】 推动绿色建材发展，淘汰落后产能，先后淘汰落后产能14家，全力打赢蓝天保卫战。澧县永乐环保砖厂、柳叶湖新鑫建材等6家墙材企业先后取得“国家二星级绿色建材评价标识证书”。截至2020年年底，全市共有8家墙材企业、5家预拌砂浆企业取得绿色建材标识证书，位居全省第一。

【执法检查】 针对建筑工地违规使用袋装水泥、现场搅拌砂浆及“散改包”等“顽疾”问题，制作《共谋绿色生活　共建美丽家园》宣传手册，先后开展执法检查200余次，发放宣传资料3000余份，下发整改通知书40余份，行政处罚1家企业，罚款1.02万元；及时办理“市长热线”转接事项10余起，群众回访满意度100%。常德市散墙办连续8年获被省工信厅评为“全省工信系统规范行政执法示范单位”。

（黄晶晶）

规划建筑设计

【概况】 常德市规划建筑设计院有限责任公司原名常德市规划建筑设计院，为归口市自然资源和规划局管理的自收自支事业单位。2020年，在省、市经营类事业单位改革工作领导小组及市国资委的领导下，稳妥推进转企改制工作。2021年2月，市经营类事业单位改革工作领导小组、市自然资源和规划局、市国资委，签订三方移交手册，常德市规划建筑设计院有限责任公司正式由市自然资源和规划局移交市国资委监管，成为国有独资企业，原有职能无变化。常德市规划建筑设计院转企改制工作全面完成。

为积极应对市场环境变化及新冠肺炎疫情影响，成立“百日攻坚战”工作领导小组，领导班子齐上阵，紧密围绕“一批重点规划、一批难点项目、一批热点平台”，主抓业务拓展与欠款清收。全年共签订合同162项，其中建筑合同38个，规划合同45个，市政合同29个，测绘项目50个，合同金额3574万元，全年完成总收入4262万元，超年初计划22%，经营业绩稳步增长。

2020年，选派33名优秀规划师加入“双驻”志愿服务队，倾力服务规划落地实施，年底被评为年度驻村组织优秀单位，王腊云、胡兴被评为优秀驻村规划师；编制全市各区县近30项村庄规划以及西洞庭片区、桃花源片区10余个市领导点村的规划编制工作；倾力参与国土空间规划“双评价”“三区三线”划定等工作。

【服务城市提质】 顺利完成常德大道两厢环境整治规划编制，完成六家溶路、芙蓉北路工程设计等设计工作。严格按照海绵城市建设的目标要求，完成朗州路铁路桥泵站、甘垱雨水泵站等改造工程。

【服务民生项目】 严格按照经济社会发展和城市发展战略的要求，全力服务市城区公共交通有关专项规划和人民防空工程总体规划编制工作。完成市体育公园、体育中心的改造工作。将“以人为本”贯穿规划始终，编制常德市消防救援事业发展“十四五”规划。完成柳叶湖旅游度假区复基小学等一批大型民生项目的设计工作。

（吴贤清）

建筑勘测设计

【概况】 2020年，市建筑勘测院被评为2020年度常德市建筑行业优秀勘察设计单位，成为《湖南省绿色建筑评价标准》2020版参编单位。杨斯凯、庄乐、庞姣娥、王鹏被评为优秀设计师。市建筑勘测设计院组织编制的常德市西湖管理区西洲乡黄泥湖村村庄规划项目获2020年省优秀案例三等奖、市优秀案例二等奖，常德市柳叶湖旅游度假区郑家河、梁山、肖伍铺片区村庄规划项目获2020年省优秀案例优胜奖、市优秀案例二等奖，常德市武陵区丹洲乡长湖村村庄规划项目获常德市2020年度村庄规划优秀案例三等奖。

2020年，全年新签勘察设计合同249项，新签合同产值4000多万元，实际入账3500多万元（含历年结转资金），上缴利税250多万元，其中：土建设计项目92项，合同产值2399.5万元；市政项目26项，合同产值675.67万元；景观规划项目61项，合同产值808.65万元；岩土勘测项目48项，合同产值493.81万元。完成常德丰华悦园，万寿郡，丹霞苑二期，常德市工人文化宫易址新建项目设计，青年路东延线工程（常德大道－东溪路）勘察，常德市农村人居环境整治试点镇村规划（十镇十村）等一批重点工程。

中心工作。落实安全生产责任。为加强安全生产管理，将原来办公大楼和野外安全生产分开管理整合为集中管理，成立安全生产领导小组，制定安全生产实施方案，全面落实安全生产组织领导，对勘察施工现场和办公大楼的水、电、气的使用严格按照要求采取不定期检查6次，杜绝和遏制安全责任事故的发生，全年安全生产态势平稳，全年未发生一起安全事故。强化综治维稳，开展扫黑除恶专项斗争。加强单位与社区的联动，全年组织参加社区平安创建活动12次50多人次，发放民意调查表100多份，强化社会治安防范和管理。全年未发现问题线索不报等违反组织纪律和组织原则的不严实现象。关爱职工。院工会认真做好职工生育及病痛住院人员的走访慰问，对长年患病的职工及困难职工家庭在春节前都做到入户慰问，全年共慰问职工10多人次，慰问金1.5万元。为全体职工办理大病互助，为全体女职工购买“两癌”保险，将组织温暖送到职工心坎。

人才培养。组织本院设计人员、管理人员对新新规范、标准、图集及新的管理方法进行学习、培训。参加“湖南省施工图管理信息系统5.0版暨BIM审查地市州巡回讲坛常德培训班”、第五届（HD）湖南绿色设计周活动、湖南省绿色建筑专题培训、湖南省建设科技与绿色建筑行业峰会，湖南省建设科技创新技术交流暨新技术应用现场观摩、湖南省施工图审查若干政策解读及常见问题剖析剖析培训班、《湖南省多功能灯杆技术标准》宣贯培训。克服疫情影响，不定期组织建筑师进行内部专业学习，完善学习制度，丰富学习内容，增强设计师口头表达、图纸表现的综合能力。鼓励职工参加技术职称和各类注册考试。2020年，共组织40多名专业技术人员参加建筑、结构、岩土、电气、暖通、造价及规划注册师考试和评审。梁凤通过注册公用设备工程师（暖通空调）考试，潘邑伟、张波、顾容通过注册道路工程师考试，潘邑伟通过注册造价工程师考试。王培林、左文海分别通过高级工程师、高级经济师评审。实时掌握行业新动态、新技术、新标准，2020年度共购买新规范、标准、图集289册。

【业务拓展】 加强管理。院领导定期工作碰头，及时掌握正在进行中的项目经营情况和进展，提出工作中需解决的问题。加强设计收费力度，年初出台加强设计收费管理暂行办法，设计收费同管理人员绩效挂钩。拓展业务范围。争取本市设计项目，将业务扩大到周边石门、汉寿、津市、澧县、临澧等县城。澧县、石门成立设计分院，拓宽业务范围；充分挖掘社会资源，收集和提供业务信息，开拓业务，全年自接项目达168项。

【质量建设】 按照湖南省房屋建筑工程施工图BIM审查试点工作要求，8月1日起，全省建筑甲级勘察设计企业全部纳入BIM审查试点，试点企业须选取本单位房屋建筑工程项目总数的10%及以上申报BIM审查。与常德市建设主管部门和建设单位多次沟通，确定常德市工人文化宫易址新建项目实施BIM审查工作，通过施工图审查，是市勘测设计院首个BIM设计项目，常德市首个BIM示范项目。加大对新技术应用，建筑节能、绿色建筑、再生能源、海绵城市等理念的贯彻宣传。2020年，共完成常德市工人文化宫易址新建项目、常德市第一幼儿园、桂花御园、金色瑞城、万寿郡、莲池新城、东城国际、紫金湾小区、白马公馆等绿色建筑咨询项目9个。鼓励设计人员积极主动创优。根据业主的要求、项目的难易、新工艺新材料的运用以及科技含有量，有针对性进行项目创优储备。2020年，推选常德市经泽柏林国际、常德市工人文化宫易址新建项目参加湖南省第二届绿色建筑设计竞赛，常德市经泽柏林国际项目获得铜奖。强化勘察设计各阶段技术人员的质量责任意识，进一步加强校审制度，让技术能力强、经验丰富的技术骨干、注册人员作为审核人员，规定3年以上工作经验的技术人员才能具备校对资格。对违反强制性条文或存在安全隐患，或设计深度不合格的项目，总工办不予签字出图。对违反强制性条文处罚制度进行重新修订。完成工程勘察、工程测量、城乡规划、风景园林、市政行业（给水、排水）等7个资质延续换证，完成注册建筑师、注册结构师等延续注册工作，完成施工图管理信息系统单位及个人数字证书的延期工作。建立项目回访制度。对近两年部分设计项目开展回访活动。由院班子成员牵头，设计室主任、项目负责人、设计人员参与，进企业、下工地，广泛征求建设方、企业负责任人对设计质量、设计服务等方面的意见和建议，院纪检将收集的意见建议进行全面梳理和反馈，服务意识提高，业主信息反馈满意率达85%以上，外部形象、市场信誉不断提升。

【“转企改制”】 经营类事业单位改革。改制后，常德市建筑勘测设计院转制为原已成立的常德市建筑设计院有限责任公司，该公司已注册登记。8月，开始资产清查及评估，年底完成。选举董事、监事、聘任经理层班子，起草新公司章程。资产处置。土地使用权类型为行政划拨，依照市政府的相关会议精神，市建筑勘测设计院办公用地由划拨变为协议出让方式（免除土地出让金），供应改制后的新单位。人员社保。7月29日，常德市经营类事业单位改革领导小组出台常经事改发〔2020〕4号文件《关于常德市建筑勘测设计院改革方案和改制人员安置方案的批复》，12月18日，市经营类事业单位改革领导小组分别出台经营类事业单位改革工作调动会专题会议纪要及关于经营类事业单位转制聘用人员养老保险待遇问题处理备忘录等文件，明确转制聘用人员自改革之日起参加企业职工基本养老保险，执行企业社保政策各项规定。退休时养老金待遇采取“就高不就低”的原则，分别按照机关事业单位养老保险和企业职工养老保险政策计算养老保险待遇，若机关事业单位养老保险待遇高，则差额部分由财政统筹解决。

（左文海）

中国常德诗墙

【概况】 2020年，中国常德诗墙入选第一批“湖南省华侨文化交流基地”，诗墙公园被命名为湖南省社会主义核心价值观建设示范点。全年共接待重宾35批次，共530人次；接待外地旅游大巴76批次，共2318人次。7月29日，第20次市委常委会议决定“将常德诗墙管理处调整为宣传文化部门管理”。12月1日，市委常委议事协调会议专题落实市诗墙管理处移交工作，明确自2021年1月1日起将市诗墙管理处的管理部门由市住建局（市人防办）调整为市委宣传部。

扶贫攻坚。作为临澧县修梅镇观音洞村扶贫后盾单位之一，深入点村调研，派2名骨干同志入驻点村工作组，15名干部为扶贫帮扶责任人。全年完成5万元扶贫资金，帮扶责任人8次深入点村，实地了解生产生活情况，帮助落实扶贫政策。作为柳叶湖度假区白鹤镇郑家河社区乡村振兴的后盾单位之一，给予资金支持3万元，为社区阅览室捐赠诗墙丛书。联合常德市歌舞剧院先后前往观音洞村和郑家河村送文化下乡，助力脱贫攻坚和乡村振兴。

疫情防控。2020年新冠肺炎疫情暴发，诗墙迅速制定疫情防控方案、紧急预案和一系列排查表，采购适量防疫物资；对值班亭、旅游公厕等公共区域加强通风换气，配备洗消设备，每天进行消杀；加强单位干部职工出行管理；通过提示牌、广播、LED显示屏、微信工作群等方式及时宣传防疫措施，增强防护意识；在诗墙公园发放防疫宣传册，加强疫情防控宣传；参与社区防疫值班，向奋战在疫情一线的社区工作人员献爱心；积极做好疫情防控常态化工作。

【文化活动】 承办“同心战疫·文明花开”社会主义核心价值观主题书画展，共展出作品227件，其中战疫书法作品80幅、画作13幅、篆刻4件，社会主义核心价值观书法作品130幅。全年共有249个单位和支部、4955人参观展出。联合常德广播电台开辟《读诗的少年》栏目，全年共录制48期诗词节目和48期诗墙背后的故事。诗墙文化研究，全年出版《中国常德诗墙》刊

2020年10月23日晚，“致敬英雄”中国常德诗墙诗歌朗诵大会

（常德诗墙管理处 供图）

物2期。与卫门口小学等合作开展以红色教育为背景的主题教育活动，通过讲座形式让诗墙文化进入社区等，开启诗墙文化“走出去”的新方式。面向市民和游客征集第二届“心动诗墙”摄影作品，扩大诗墙影响力。建设“有声诗墙”，完成平台建设和600多首诗词音频录制，制作诗词二维码，将诗墙从单一的物理形态转变为结合互联网技术、声像技术的复合体。游客通过关注诗墙微信公众号，进入微信小程序云上游诗墙。举办“武陵石韵”奇石展，以武陵山脉的天然观赏石为主，丰富诗墙文化，8000余人参观。升级诗墙小剧场，开办朗诵兴趣班、书法公益培训班。举办“鼎帖杯”常德市书法篆刻作品展，以书法展为课堂邀请老师现场教学，提高学员书法鉴赏力。

【公园维护管理】 3月，集中对排云阁入口、抗洪纪念碑广场、锁心桥、化石林等处栽植草花、灌木，摆放游道花箱，打造草花景观景点10处，花化面积从400平方米增加到865平方米。绿化养护完成7次灌木全面修剪和8次草坪修剪，补植绿化苗木近5万株，对植物虫害多次喷药防治。撒播草种近1万平方米，树木涂白1000多株。改善春申阁面貌。春申阁外墙墙漆大面积脱落，仿古门窗破损严重，9月，粉刷外墙墙漆，维修更换仿古门窗，检查更换屋面琉璃瓦，11月底竣工。从游客视角入手，改造公园无障碍通道。提升市民和游客游园体验，针对公厕设施老化、破坏严重等情况，11月，对排云阁旅游公厕进行升级改造。更换部分景观灯和长廊灯。组织对绿化养护人员进行绿化养护知识和操作技能培训。规范管理收费人员队伍，工作人员统一着装、礼貌待人、文明服务。四阁停车场上缴收入135.4万元。对诗墙“四阁”加大巡查力度，全年安全生产“零”事故。

【城区防汛】 全年历经2次洪峰，诗墙2次清场关闸，2次开闸清淤。汛期内24小时轮流值班，确保闸门安全，做到水退一尺、清淤一尺，公园工作人员每天凌晨5时至晚上7时，对诗墙淤泥及树木悬挂物、垃圾等进行清理。汛后及时完成苗木补损和毁损设施维护。

（向 迪）

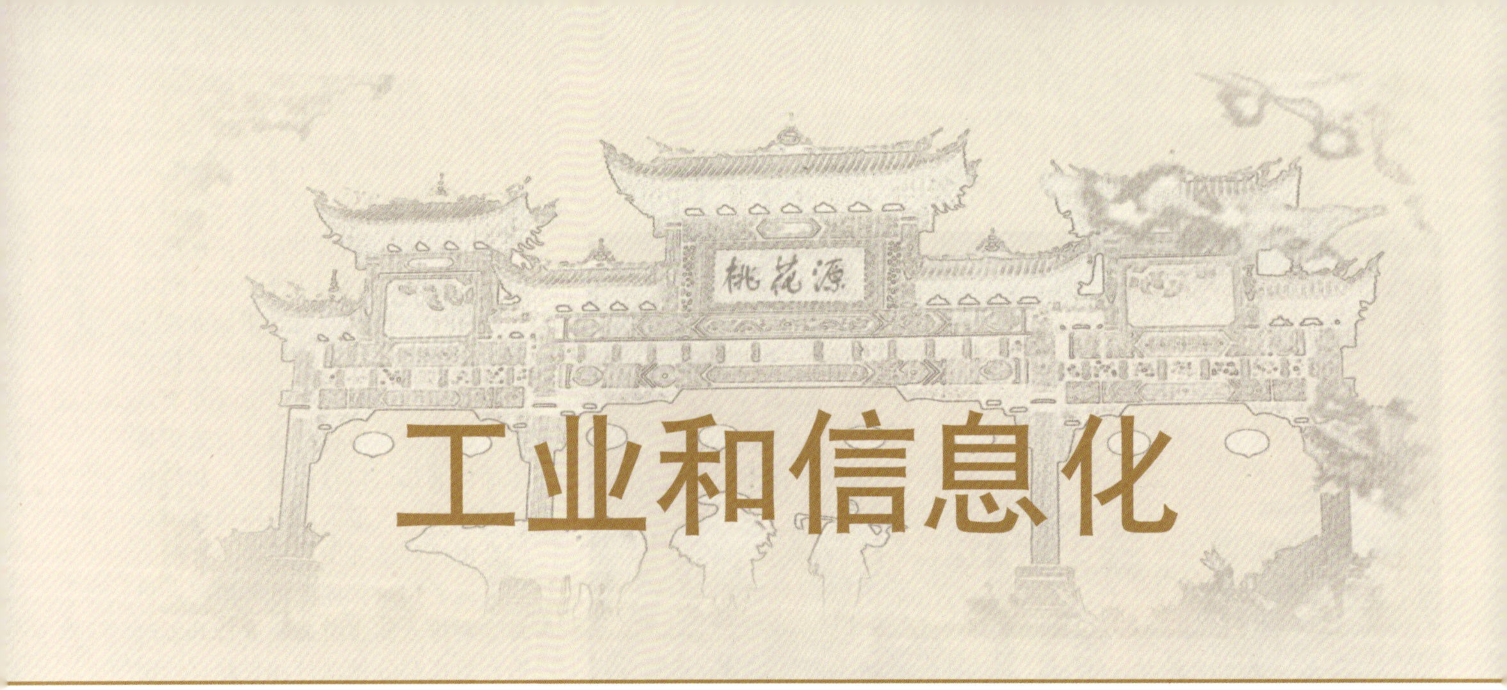

工业和信息化

综述

【概况】 2020年，面对宏观经济和新冠肺炎疫情的双重考验，全市上下一手抓疫情防控、一手抓复工复产，稳住工业经济的基本盘。全市规模工业增加值增长4.6%，总量全省第3，是全省两个持续正增长的市州之一；工业企业实缴税金384亿元，坐稳全省第2；工业固定资产投资增长17.6%，全省同组排名第2；工业用电量61亿千瓦时，增长2.7%。在省政府真抓实干表扬激励中，常德市和鼎城区获评“落实制造强省建设等政策措施成效明显的市、县市区”，常德排名全省第2；安乡县获评“清理拖欠民营企业中小企业账款的市、县区”。

产业发展。对接全省新兴优势产业链，明确工程机械、烟草、健康食品、生物医药、新材料、新能源、人工智能与电子信息等新兴优势产业链，生物医药与健康食品成为第2个千亿产业集群；烟草产业实现产值606亿元，装备制造产业完成产值666.1亿元、增长22.6%，电子信息、新能源等产业分别增长11.6%、27.8%，产业格局由“一烟独秀”向“多极牵引”转变。

企业发展。新入规工业企业205家，新增国家级小巨人企业6家、省级小巨人企业21家；常德卷烟厂实现产值563.1亿元，中联建起产值突破百亿、达到123.6亿元，恒安纸业产值迈过50亿、达到50.5亿元，成为常德工业的压舱石、定海针；飞沃科技成为全市首个国家制造业“单项冠军”，中联建起、太子化工获评全省制造业“单项冠军”，湘佳牧业在深交所中小板成功上市。

项目建设。积极克服疫情、雨情等不利影响，狠抓台账调度、跟踪服务，新开工、新投产亿元以上工业项目116个、100个，均超年度目标、创历史新高。全省产业项目建设推进现场观摩会在常德市召开，武陵酒扩建、中联建起二期、津市甾体激素制剂等大一批项目开工建设，烟厂易地技改、嘉士利食品、中联恒通、杰新纺织、国宗铝业等大一批项目实现投产。争资争项。共争取到位省级以上项目资金2.74亿元，超过年度计划30.2%，其中洞庭药业、中联农机、中锂新材分别争取国家专项资金3866万元、1973万元、1301万元，制造强省、税收增量奖补、中小企业扶持等省级资金争取额位居全省前列。

园区发展。2020年，全市园区规模工业总产值和增加值分别增长8.8%、7.5%；完成基础设施投入113.5亿元，新建成标准化厂房204万平方米。常德经开区在全国218个国家级经开区中排名提升58位、首次跻身百强，石门经开区、桃源高新区、常德经开区、常德高新区4个园区综合评价进入全省30强，其中石门经开区实现园区综合评价全省10强“零的突破”。常德市科技企业孵化器晋升国家级科技企业孵化器，新增2个省级新型工业化产业示范基地、3个省级特色园区。

转型升级。积极推动数字化、网络化、智能化、绿色化发展，与华为合作建成常德工业互联网创新中心，2000个5G基站建设提前完成，实现8063家企业上云、496家企业上平台，飞沃科技成为全国工业互联网试点示范企业，中车新能源等4家企业获评全省上云上平台标杆企业；常德牌水表、金康光电入围湖南“数字新基建100个标志性项目”；中联建起、冀东水泥获评国家级“绿色工厂”，新金顶建材获评国家级“绿色设计产品”；飞沃科技、粤港模科获评省级工业设计中心；重大产品创新项目综合考评全省第一；超额完成“十三五”节能降耗任务。

暖企行动。编印《常德市工业企业复工复产融资需求》《全市规模工业企业帮扶解困台账》《应对新冠肺炎疫情支持企业复工复产扶持政策汇编》，对企业实施精准服务、个性帮扶；实行疫情期间用电用气补助政策，全市239家工业企业共获得补助641.2万元；兑现“个性化奖励”政策，54家工业企业共获奖励2278万元，单个企业最高奖励300万元；针对企业需求不足、销售不振的问题，举办“推介品牌、拓展市场”系列活动10场，参与企业近800家次；组织企业家培训班9期，培训超1300人次。

防疫复工。面对突如其来的新冠肺炎疫情，牵头落实全市防疫物资保障工作，按照“宁可备而不用，不可用而无备”的要求，全球采购物资，广泛发动捐赠，扩大本地生产，科学调配管理，保障全市防疫物资供应，驰援省里、援助海外。坚持超前谋划、科学调度，按照“一名分管领导、两名中层骨干”的模式，组建11个企业复工复产帮扶小组，指导各区县市和园区复工复产，派出8名科长驻厂服务，着力打通产业链供应链，全力保障工业园区、重点企业防疫物资供应，3月1日前规模工业企业基本复工复产，3月5日前在建项目基本全面复工，总体进度全省居前。

工业影响力。工业经济运行监测、中小企业运行监测、中小企业“上云上平台”、重大工业节能监察、防疫物资保障、非法改装和大砘小标车辆专项整治等工作得到部省级肯定；工业高质量发展经验被省政府办公厅《政务要情与交流》专刊推介；防疫物资保障工作经验得到省委、省政府高度肯定，全市重点项目和企业率先在全省实现全面复产，工作经验得到国务院专家督查组高度肯定，新华社《内参》专稿推介；清欠工作在国务院大督查期间，作为常德典型线索上报省政府办公厅；市中小微企业过桥资金融资做法，获得省委常委、副省长谢建辉的签批肯定，向全省推介；人民网、学习强国、《湖南日报》等重要平台推介常德经验近二十篇。

【常德市中小企业公共服务平台运营】 2020年，常德市中小企业公共服务平台正式揭牌运营，设置综合部、创新创业部、融资服务部、交流合作部、信息咨询部、运行监测部、法律法规部、人才培训部等8个服务部门，利用“背靠政府、面向企业、对接市场”的优势，找准“政企桥梁、企业娘家、服务标兵”的定位，着力为全市中小企业提供“一站式、一条龙”服务。2020年，常德市中小企业公共服务平台引入36家省、市级核心服务机构进驻，成功创建国家中小企业公共服务示范平台。

（邱　杰）

表13　　2020年度常德市税收百强工业企业一览表

序号	企业名称	所在区县市
1	湖南中烟工业有限责任公司常德卷烟厂	市城区
2	中联重科建筑起重机械有限责任公司	鼎城区（常德高新区）
3	石门海螺水泥有限责任公司	石门县
4	湖南特力液压有限公司	鼎城区（常德高新区）
5	湖南洞庭药业股份有限公司	常德经开区
6	湖南华电常德发电有限公司	常德经开区
7	常德市三一机械有限公司（含三一汽车）	常德经开区
8	湖南武陵酒有限公司	常德经开区
9	临澧冀东水泥有限公司	临澧县
10	常德金鹏印务有限公司	市城区
11	康普药业股份有限公司	汉寿县
12	常德烟草机械有限责任公司	市城区

续表13

序号	企业名称	所在区县市
13	葛洲坝石门特种水泥有限公司	石门县
14	大唐石门发电有限责任公司	石门县
15	湖南中联重科混凝土机械站类设备有限公司	汉寿县
16	湖南中联重科工程起重设备有限责任公司	汉寿县
17	湖南飞沃新能源科技股份有限公司	桃源县
18	湖南欣龙非织造材料有限公司	津市市
19	五凌电力有限公司凌津滩水电厂	桃源县
20	湖南常德南方水泥有限公司	鼎城区（常德高新区）
21	湖南重庆啤酒国人有限责任公司	澧县
22	湖南临澧南方新材料科技有限公司	临澧县
23	中国水电顾问集团桃源开发有限公司	桃源县
24	湖南恒安纸业有限公司	常德经开区
25	澧县新鹏陶瓷有限公司	澧县
26	康哲（湖南）制药有限公司	澧县
27	湖南海利常德农药化工有限公司	常德经开区
28	长安石门发电有限公司	石门县
29	常德达门船舶有限公司	市城区
30	常德中石油昆仑燃气有限公司	市城区
31	湖南中联重科车桥有限公司	津市市
32	中材常德水泥有限责任公司	桃源县
33	常德中联重科液压有限公司	常德经开区
34	常德芙蓉烟叶复烤有限责任公司	鼎城区（常德高新区）
35	晟通科技集团有限公司常德分公司	桃源县
36	湖南金健药业有限责任公司	常德经开区
37	湖南新合新生物医药有限公司	津市市
38	临澧鑫众钙业有限公司	临澧县
39	国网常德供电公司	市城区
40	湖南武陵机械制造有限公司	鼎城区（常德高新区）
41	金健米业股份有限公司	常德经开区
42	胜美达电机（常德）有限公司	常德经开区

续表13

序号	企业名称	所在区县市
43	湖南常德南方新材料科技有限公司	鼎城区（常德高新区）
44	湖南三江电力有限责任公司	石门县
45	湖南平安医械科技有限公司	澧县
46	湖南德山酒业有限公司	常德经开区
47	湖南龙行天下运动用品有限公司	桃源县
48	石门县金长城建材有限责任公司	石门县
49	常德芙蓉大亚化纤有限公司	武陵区
50	湖南永康医疗器械有限公司	临澧县
51	常德中材混凝土有限公司	桃源县
52	桃源县云雾洞石材有限公司	桃源县
53	湖南迪文科技有限公司	桃源县
54	常德力元新材料有限责任公司	常德经开区
55	湖南新澧化工有限公司	澧县
56	湖南安福环保科技股份有限公司	临澧县
57	常德市鼎城武陵水泥有限公司	鼎城区（常德高新区）
58	常德市巨龙建材制造有限公司	桃源县
59	常德纺织机械有限公司	常德经开区
60	常德市德源混凝土有限公司	常德经开区
61	湖南湘佳牧业股份有限公司	石门县
62	临澧金华天机械制造有限公司	临澧县
63	湖南金康光电有限公司	常德经开区
64	常德市荣程机械有限公司	鼎城区（常德高新区）
65	湖南省湘澧盐化有限责任公司	津市市
66	常德市佳鸿机械有限责任公司	鼎城区（常德高新区）
67	三金集团湖南三金制药有限责任公司	常德经开区
68	葛洲坝易普力湖南二化民爆有限公司	石门县
69	常德市联嘉机械有限公司	鼎城区（常德高新区）
70	常德迪格机械制造有限公司	鼎城区（常德高新区）
71	澧县嘉峰锌业有限公司	澧县
72	湖南响箭重工科技股份有限公司	鼎城区（常德高新区）

续表13

序号	企业名称	所在区县市
73	湖南凯斯机械股份有限公司	安乡县
74	湖南中泰特种装备有限责任公司	临澧县
75	湖南运达绿色包装股份有限公司	澧县
76	常德定海管桩有限公司	桃源县
77	湖南常盛玻璃有限公司	临澧县
78	三一筑工（临澧）科技有限公司	临澧县
79	湖南嘉业达电子有限公司	澧县
80	常德市鼎城盛祥混凝土有限公司	鼎城区（常德高新区）
81	常德美华尼龙有限公司	临澧县
82	常德市芙蓉实业发展有限责任公司	市城区
83	湖南德沅众创制造有限公司	常德经开区
84	临澧顶春混凝土有限公司	临澧县
85	津市鸿科建材有限公司	津市市
86	常德翔宇设备制造有限公司	常德经开区
87	湖南泰利恒友科技开发有限公司	西洞庭
88	常德益翔实业有限公司	澧县
89	湖南鸿鹰生物科技有限公司	津市市
90	湖南高德建材有限公司	常德经开区
91	湖南常德牌水表制造有限公司	鼎城区（常德高新区）
92	湖南康尔佳制药股份有限公司	汉寿县
93	常德站成鞋业有限公司	桃源县
94	邓权塑业科技（湖南）有限公司	西洞庭
95	桃源县天胜建材厂	桃源县
96	湖南桃源辣妹子食品有限公司	桃源县
97	常德市嘉惠液压机械有限公司	常德经开区
98	常德瑞齐隆科技发展有限公司	鼎城区（常德高新区）
99	湖南安德丰新能源科技有限公司	石门县
100	常德市天鹏混凝土有限公司	鼎城区

电业

【概况】 2020年，国网常德供电公司下辖11个业务支撑机构、1个省管产业单位、11个县级供电公司、68个乡镇供电所、10个供电服务站，服务客户241.3万户。全口径用工数量4993人。

全社会用电量。2020年，常德市全社会用电量128亿千瓦时，同比增长2.58%。全行业用电分类中，第一、二、三产业用电量分别为2.56亿千瓦时、62.85亿千瓦时、23.28亿千瓦时，分别同比增长7.84%、2.78%、2.40%；其中，工业用电量为61.14亿千瓦时，同比增长2.72%。城乡居民用电量为39.30亿千瓦时，同比增长2.05%。2020年，常德电网最高负荷达279万千瓦，较2019年增长8.39%。

脱贫攻坚。将脱贫攻坚纳入干部预警和绩效考核，编制电力扶贫督查巡察问题清单，逐项落实整改责任，公司纪委全面开展扶贫领域专项检查。深入实施扶贫攻坚专项行动，投入资金1.03亿元，涉及145个贫困村电网改造；全面落实各类扶贫措施，落实易地扶贫搬迁电价政策；结算光伏扶贫电费403.07万元，支付补贴59万元；扎实开展驻村帮扶，帮助9个贫困村256户结对贫困户脱贫，消费扶贫279.23万元，开展“教育+就业”扶贫，定向招录贫困考生15名。配合完成国家扶贫普查，1名扶贫干部获“常德市最美扶贫人物”，1名扶贫干部获“国家电网公司服务脱贫攻坚先进个人”。

【电力供应】 在新冠肺炎疫情、特大洪涝灾害、迎峰度夏度冬电力紧缺等困难面前，公司圆满完成市委、市政府部署各项活动的保电任务。公司1个集体、3名个人在应急保电工作中获得国家电网公司党组点名表扬。截至2020年12月31日，公司安全生产4248天，实现连续第11个安全年目标。

【电网发展】 市委、市政府大力支持电网发展工作，召开全市电网建设推进会，印发《关于进一步支持电网发展的通知》，出台6大类31项具体措施。市政府与国网湖南省电力有限公司多次会商，形成《关于推进常德电网建设和电力发展的合作备忘录》。市县两级电网建设协调领导小组，不断优化电力建设环境。2020年，公司电网建设工程均实现“应开必开”“应投必投”，完成电网建设投资30.39亿元。加快各区县农村电网改造升级工作进度，完成省、市重点民生实事工程。全年共安排农网改造资金9.63亿元，进一步加大对桃源县农网改造的投入，全年完成投资1.5亿元。

【优化营商环境】 主动服务常德市开放强市、产业立市战略，扎实推进客户办电减环节、压时间、降成本。建立优化营商环境常态工作机制，明确26项工作举措，联合工信局开展“千家用电企业大走访”，为1000多家重点用电企业实行上门服务、专家问诊；严格执行疫情期间优惠电价政策，全年累计降费约1.42亿元，高、低压业务办理时限分别压减至23个、1.85个工作日。推广传统能源向清洁能源转型，2020年，完成替代电量10.18亿千瓦时。服务新能源汽车发展，建成国网充电桩216个，总功率达8598千瓦，接入车联网充电桩957个。深挖电力数据价值，编发“电力复工指数”53期，为市委、市政府全面掌握经济发展情况提供有力支撑。

（周　军　马筱宏）

卷烟

【概况】 2020年，湖南中烟工业有限责任公司常德卷烟厂（以下简称常德卷烟厂）离退休人员黄汉杰获“烟草行业离退休干部先进个人”称号；常德卷烟厂离退休办公室获“烟草行业离退休干部先进集体”称号；常德卷烟厂工会委员会获“常德市基层工会工作优秀单位”，技术改造办公室获常德市“工人先锋号”；常德卷烟厂离退休人员王佐臣、孟祥政、蔡桂廷、周远怀获“中国人民志愿军抗美援朝出国作战70周年”纪念章；常德卷烟厂员工胡刚获“常德杰出工匠”称号，曾庆刚获“常德工匠”称号；常德卷烟厂员工袁建华获“全国劳动模范”称号；常德卷烟厂技术改造办公室获“工业和信息化系统抗击新冠肺炎疫情先进集体”称号。

防疫复产。2020年，常德卷烟厂统筹协调，同步推进防疫复产工作，严格落实公司、政府疫情防控相关要求，扎实做好2万余名员工及家属，464家、1万余名相关方人员的新冠肺炎疫情防控工作。成立厂党委新冠肺炎疫情防控工作领导小组，建立网格化排查模式，累计排查100万余人次，收集各类信息5万余条。坚持常态化疫情防控，强化防控监督检查力度，建立三级监督巡察机制，全年开展厂级监督抽查87次，相关方专项抽查98次，通报101次，实现“零感染”阶段性目标。成立新冠肺炎疫情防控期复工复产指挥部，建立复工复产工作体系，科学制定复工复产总体制度方案及23项子方案。积极寻求地方党委政府政策、物资、技术支持，在湖南中烟公司系统中，率先启动技改复工、做好复产准备，实现生产经营"高效能"。全年生产计划完成率100%，市场货源供应及时率100%，创下日产7892箱的历史最高纪录。

重大建设。2020年，常德卷烟厂继续推进重大建设，各大项目按期完成建设任务。易地技改项目主要建安工程实现竣工，完成各类工程质量整改1312项，转入全面试生产。搬迁调试全面完成，共完成制丝带料调试167次，利旧设备搬迁300余台，节约搬迁费用约1500余万元，有效填补搬迁造成的产能损失15万箱。转新配套持续完善，聚焦规范引领，系统梳理新工厂部门管理职责，完善各类管理、技术、工作标准，修订完善标准文件121个。

生产配套。2020年，常德卷烟厂完成1组双十中支烟设备、1组细支烟设备改造工作，设备自主保障能力不断强化。扎实推动新工厂物流设备管理转型，加强新设备技术吸收，切实提升设备维护响应和服务保障能力，非烟物资周转率高达20.93次，同比提升34.34%。推动新能源管理系统建设，2020年单箱卷烟燃料动力直接费用同比下降1.8%。

工艺质量管控。2020年，常德卷烟厂对标湖南中烟工业有限责任公司"全面质量管理提升年"三年活动总体要求与部署，全面运行"三级工艺管控模式"，开展工艺要素巡查79万余次，识别关键控制点近2000项，推动工艺质量管控体系全面升级，获公司二、三季度的质量龙虎榜榜主。强化转新过程质量管控，完成69台套卷包、成型、发射机组产品质量全要素综合评价，优化改进问题190项，新工厂质量过程管控能力进一步增强。承接公司"岗位质量风险防控体系建设"重点工作任务，优质完成36个关键岗位质量防控手册编制，获公司联合考评第1名。

精益管理。2020年，常德卷烟厂聚力精益管理标杆工厂建设目标，持续推进精益管理三年规划纲要落实落地。大力推进标杆流程、标杆机台、标杆班组建设，系统识别、梳理、实施流程优化项目13个，完成卷包、制丝SOPS手册76份、目视化定置标准3套，标杆引领不断强化。开展全员精益改善，围绕工艺质量问题、关键成本弱项、设备技术难关等方面，发布全员改善提案311条，经验案例155条。开展精益项目攻关，完成各类改善推广课题92项，累计挖潜8000余万元。

2020年2月28日，常德卷烟厂新工厂制丝线顺利完成芙蓉王（蓝）首次工艺联调（谭佳亮 摄）

【许达哲考察常德卷烟厂】 7月25日，湖南省产业项目建设推进现场观摩会在常德举行，省委副书记、省长许达哲在常德卷烟厂考察易地技改项目建设情况。

【常德卷烟厂第十一届八次职工代表大会暨第九届三次工会会员代表大会】 4月29日，常德卷烟厂第十一届八次职工代表大会暨第九届三次工会会员代表大会，以网络直播的方式召开，全厂员工通过各种形式积极收看会议。

【工厂易地搬迁】 6月3日，常德卷烟厂原二车间召开设备搬迁启动大会，正式拉开转新搬迁帷幕。6月4日，该车间卷包23#、24#机组开始拆解搬迁，9月底工厂易地搬迁工作结束。

【主题文化活动】 10月22日，常德卷烟厂在新工厂举行品牌感恩季主题文化活动。常德市委书记、市人大常委会主任周德睿，市委副书记、市人民政府市长邹文辉及相关市领导，湖南中烟工业有限责任公司党组成员、副总经理刘兴，党组成员、副总经理、工会主席龚道国，该厂全体厂领导以及员工代表参加活动并共同见证启新仪式。

（周乐易）

烟草机械

【概况】 2020年，常德烟草机械有限责任公司（以下简称常德烟机公司）以"五个更加注重"（更加注重新发展理念、更加注重"稳"

2020年9月17日，iTOS烟机智能管理系统发布活动在常德举行 （李一村 摄）

字当头、更加注重改革创新、更加注重严格规范、更加注重提升软实力）和“五个工作着力点”（加强党建谋发展、战略引领谋发展、优化机制谋发展、规范管理谋发展、激发活力谋发展）为重点，以坚实措施抓实疫情防控，以坚决行动做好服务支撑保障，以坚定信心完成全年目标任务。全年实现产品销售收入18.05亿元（现价，不含税，下同）、税利3.24亿元。公司摄制的《扶贫“答卷”》获第三届烟草行业党员教育电视片观摩交流活动三等奖；公司选送的《缩短卷接机组厂内调试周期》《提高铸铁件面铣削效率》《提高小轴类零件高频淬火质量合格率》3项QC成果在湖南省第41次QC小组成果交流发表会上获一等奖；公司团委被共青团常德市委授予“2019年全市共青团工作红旗单位”称号。常德烟机员工王永幸获“第20届全国青年岗位能手”称号；杨志获“湖南省劳动模范”称号。

【两大新产品通过国家局鉴定】 ZJ116B型（10000支/分）细支卷烟高速卷接机组和ZJ119型（12000支/分）卷接机组先后于9月、10月顺利通过国家局鉴定。标志着常德烟机公司完成每分钟7000～14000支完整分布的系列化卷接产品，将有效满足行业卷烟工业企业的装备需求。

【iTOS烟机智能管理系统正式发布】 9月17日，常德烟机公司iTOS烟机智能管理系统发布会举办，中烟机械集团公司、国际国内知名专家、全国十六家中烟工业公司（含中烟实业）及所属卷烟工业企业共计130多位嘉宾参加活动。iTOS以实体烟机为载体，以“一机一档、智能维保、专家服务、智能感知、智能诊断、智能分析”六大功能支撑用户智慧工厂，通过PC终端、移动终端和机台终端为卷烟企业提供智能设备和智能服务，是常德烟机实现“制造”向“服务制造”转型发展的历史性跨越。

【公司获省技能大赛多项荣誉】 10月30日，在2020年湖南技能大赛暨第九届全国数控技能大赛湖南选拔赛上，常德烟机公司员工冯广、戴俊豪获数控程序员（数字化设计与制造）双人赛职工组一等奖，被授予“湖南省技术能手”“湖南省青年岗位能手”称号，王永幸获加工中心操作调整工（五轴联动加工技术）单人赛职工组二等奖，公司获大赛组委会颁布的参赛单位团体二等奖。

【石门一中受助学子参观厂区】 11月18日，石门一中受常德烟机公司销售、配件党支部多年资助的18名学子获邀参观公司厂区。受助学子第一次参加社会实践活动，活动期间受到热情接待，通过实地参观了解常德烟机产品、文化和发展史，切身认识当代科技发展。全国五一劳动奖章获得者符国强和全国青年岗位能手王永幸现场对学子进行讲授与鼓励。

（杨立婕　何　茹　姜明乐）

纺织机械

【概况】 2020年，常德纺织机械有限公司主要生产高速经编机、双针床经编机及产业用布的多轴向、双轴向经编机等6大系列60余种型号。主导产品特里科高速经编机、双针床拉舍尔经编机被科技部列为“国家火炬计划项目”。产品除在国内市场销售名列前茅，远销美国、墨西哥、阿根廷、西班牙、土耳其、日本、韩国、印度尼西亚、印度等20多个国家和地区。2020年实现营业收入2.9亿元，同比增长32%，新产品贡献率达80%以上。2020年，公司党委获评中国恒天集团先进基层党组织公司，员工韩昌勇获“湖南省劳动模范”称号。

8月26日，公司承担的“E2528/3A-280型经编机”科技创新基金项目顺利通过中国恒天集团专家组验收。

社会责任。2020年1月，新冠肺炎疫情暴发。为保证员工的身体健康和生命安全，公司多管齐下，紧急筹措防疫物资，组织党员干部职工210人次参与48天的社区疫情防控值班值守。7月9日，公司防汛工作领导小组相继接到上级防汛指挥部“紧急集结”的命令，先后派出员工50余人次投入到善卷垸大堤防汛24小时轮班值守，巡查河堤险情。

【考察调研】 为深入了解常德纺机定点扶贫工作及防疫期间复工复产情况，4月17日，常德市委常委、市委秘书长、市直机关工委书记罗先东与市委副秘书长胡祖国、张帆、黄修林等一行到常德纺机进行考察调研，常德纺机党委书记、总经理陈鹏陪同并组织座谈交流。5月20日，公司党委书记、总经理陈鹏，副总经理张烨携公司营销中心、研发部等部门负责人一行到访浙江海宁经编产业园区开发有限公司，与经编产业园区领导进行座谈交流。8月31日至9月3日，经纬纺机总经理毛发青、副总经理候顺利一行在常德纺机董事长库冠群、党委书记、总经理陈鹏等陪同下，对江浙海经编市场进行走访和调研。

【职业技能竞赛】 9月5日，2020年常德经开区第一届产业工人技能大赛钳工/焊工职业技能竞赛在公司举行，选手胡建军、李德胜分别获钳工竞赛一、二等奖，选手李杰、杨焕分别获焊工一、二等奖。9月16日，2020年常德市职业技能竞赛暨常德市第一届产业工人技能竞赛在公司举行，选手李杰获得焊工竞赛一等奖，胡建军获得钳工竞赛二等奖，李德胜获得钳工竞赛优胜奖。

【改制改革】 10月15日，常德纺织机械厂改制为有限责任公司，由全民所有制企业改制成为一人有限责任公司，常德纺织机械厂更名为常德嘉园纺机企业管理服务有限公司。

（宋喜娥）

云锦纺织

【概况】 湖南云锦集团股份有限公司成立于2001年，下设常德、衡阳两个生产基地，拥有纱锭20万枚、高速喷气织机300台、员工1500余人，公司装备先进，自动化程度高，是省级高新技术企业、省级农业产业化龙头企业、省级技术中心企业、中国新型纤维牛仔纱特色产品生产基地，获“全国五一劳动奖状”等多项荣誉称号，培养出全国劳模和五一劳动奖章获得者、全国党代表、全国工会代表、省劳模、省五一劳动奖章获得者、市劳模等多名优秀员工代表。10月10日，中华全国总工会、应急管理部、国家卫健委联合下发表彰文件，集团公司前纺车间甲班获2018—2019年度全国“安康杯”竞赛优胜班组奖。10月27日，集团公司被中国棉纺织行业协会评为2019年全国棉纺织行业竞争力排名第56名，连续多年入选全国棉纺织行业竞争力百强企业且排名稳定。11月26日，集团公司党总支副书记、工会副主席潘友桂获“湖南省劳动模范”荣誉称号。湖南省总工会下发文件，集团公司获“2019年度湖南省劳模工匠师徒‘结对子’活动优秀组织奖”，机电车间员工宋奇峰、胡澎获评“2019年度湖南省劳模工匠师徒‘结对子’活动优秀师徒对子”。

【业务培训】 公司始终注重人才队伍的建设，采取“请进来、走出去”的方式，多次举办各种类型的培训活动，聘请外部讲师培训专业技能，组织管理骨干外出参观学习行业优秀企业，为公司发展锻炼队伍，培养人才。10月20日，由常德国家经济技术开发区园区发展中心主办、经开区企业联合会和企业家协会承办的2020湖南省中小企业经营管理人员培训重点项目“创造高收益的阿米巴经营模式”培训活动在集团公司举行。

【社会责任】 2020年，公司积极参与扶贫等社会公益事业。作为市委、市政府定点帮扶后盾单位，公司参与过桃源县牛车河村、安乡县同春村、石门县岩塌村的帮扶工

2020年6月20日，常德市非公有制经济组织综合党委爱心企业助力石门脱贫攻坚，云锦集团公司党总支参与捐赠 （云锦集团 供图）

作，发挥自身优势，采取产业引导、爱心捐赠、安置剩余劳动力在集团内就业等多种爱心帮扶形式，获得有关部门和帮扶对象的认可，认真践行企业的社会责任。

（易 剑）

恒安纸业

【概况】 2020年，湖南恒安纸业有限公司（以下简称湖南公司）资产总额达48.4亿元。全年累计完成原纸生产任务21.02万吨，完成全年计划23万吨的91.39%；成品生产任务累计完成2371.02万自然件，同比2019年的2328.13万自然件增长1.84%；实现营业收入34.31亿元。在2020年新冠肺炎疫情防控中，克服原材料供应、物流运输、销售等难题，在恒安集团六大造纸基地中，盈利能力连续名列前茅。

【安全生产】 2020年，湖南公司的安全生产工作主要围绕合法合规与行为纠偏相结合的模式下开展，摸索一套适用、接地气的管理机制；着重以换人、换点开展交叉巡查，避免“审美”疲劳，提高发现问题的能力和系统整改、管理能力，车轮式排除安全隐患，杜绝安全事故的发生。建立隐患排查对应输出月度、专项排查指引表；建立共享实时跟踪表；公共疑难杂症现场办公，项目制分解滚动跟踪。注重安全成果的维护，人车分流画线、上下班各路口由车间委派交通劝导员、隔离闭锁、每天清单巡查、每月第三方设备完好性检查等。

【产品质量】 推行产品品质QC小组活动、专案改善、清洁生产、自主检验、双百活动、质量微缺陷改善等举措，对原纸手感及异味两项

心相印–云感系列产品

心相印–茶语丝享系列产品

专项改善方面。手感方面：组织手感能力测评，提高手感测评能力；加大手感测评频次、稳定工艺、不合格分析改进。异味方面：组织异味能力测评，提高异味辨识能力；严格把控浆板来料、仓储、投产前质量情况，同时加大原纸、成品仓储情况，减少因仓储物流等环节引起的异味。

【精益管理】 始终坚持精益管理、6S管理、优化流程、持续改善，以安全生产为重心，深化改革，注重体系管理、成本控制等方面进行提升，经营实现“多、快、好、省”。继续大力开展生产线长“小老板”心态氛围管理活动及提案改善活动，通过“逐级签订生产KPI绩效考核指标”、每月分析直接人工成本、制造费用、管理费用和单品单位克重控制等一系列举措，进一步控制生产成本。

（尹正碧）

湘澧盐化

【概况】 2020年，湖南省湘澧盐化有限责任公司（以下简称湘澧盐化）全体员工战胜突如其来的新冠疫情和罕见的汛情，克服市场竞争加剧、生产技改交织作业等系列困难，五大技改项目相继建成投产，生态盐新品成功面市，差异化战略迈出关键步伐。“十三五”期间，

投资总额超过3亿元，为“十四五”开局奠定坚实基础。2020年，在生产与技改对接停产14天、汛期封航影响调运、一炉一机运行170天的情况下，生产盐硝产品81.34万吨，完成预算的86.99%；销售盐硝产品82.08万吨，完成预算的87.8%；吨产品综合能耗108千克标煤，与预算持平；吨散盐生产成本192.35元，比预算上升0.38%；实现营业收入3.04亿元，上缴税款892万元，全年基本实现盈亏平衡，在岗职工人均工资增加0.25万元，增长4.4%。公司被湖南省自然资源厅评为“湖南省绿色矿山”，被轻盐集团评为“抗疫先进单位”，被湖南省质量协会评为湖南省市场质量信用等级AAA级企业。

【第一届十三次职代会暨2019年表彰大会】 4月9日，湘澧盐化第一届十三次职代会暨2019年表彰大会召开。党委副书记、工会主席刘春华主持。全体与会代表听取党委书记、执行董事宋海作题为《打好收官战、奋进新征程、凝心聚力创造高质量发展新业绩》的工作报告、《湘澧盐化2019年财务决算和2020年财务预算情况的报告》《湘澧盐化2020年经济责任制考核方案说明》《湘澧盐化第一届十二次职代会提案落实情况的报告》《一届十三次职代会提案征集、审查、立案情况的报告》《湘澧盐化2019年中层管理人员考核和民主测评情况的通报》。会议对公司双文明单位、目标管理先进单位以及标兵、优秀骨干给予表彰。

【雪天盐业小包食用盐出口非洲市场首发仪式】 8月7日，雪天盐业小包食用盐出口非洲市场首发仪式在湘澧盐化小包装厂举行。公司党委书记、执行董事宋海，党委副书记、总经理黄勇，副总经理宋淑平及生产管理部、营销公司、包装储运部单位负责人参加仪式。首发仪式举行，标志着雪天盐业正式进入非洲市场，也为湘澧盐化小包盐出口拉开帷幕，是雪天盐业积极响应国家“一带一路”倡议和做好“六稳”工作、落实“六保”任务的具体实践。2020年湘澧盐化公司共向非洲市场销售小包食用盐产品6000多吨。

【退休人员社会化管理移交工作】 根据湖南省委、省政府、省国资委、地方政府以及省轻盐集团印发的国有企业退休人员社会化管理相关文件精神，按照上级统一部署，湘澧盐化公司于2019年年底启动退休人员社会化管理移交工作。公司退休人员社会化管理移交涉及人数1429人，党员423名，移交任务繁重，是常德市涉及人数最多的省属企业。为统筹推进该项工作，公司成立退休人员社会化管理工作领导小组，加强组织领导，并将退休人员移交工作中的档案清理整理移交、党组织关系移交、资产移交、统筹外费用处理等具体工作，分解到各相关部门，明确工作职责和目标任务。根据常德市国资委要求，公司人力资源部接到档案整理任务后，抽调人员，集中人力，利用3个月时间，对所有涉及移交人员档案全部重新清理、整理、建档、装盒。1429份退休人员档案、529份其他档案全部移交指定存放机构。

【钙镁离子释放剂采购项目框架协议签约】 9月22日，湖南省湘澧盐化有限责任公司与湖南诺顿生物科技有限公司举行钙镁离子释放剂采购项目框架协议签约仪式，湘澧盐化党委书记、执行董事宋海与诺顿生物总经理曾绍军在湘澧盐化司务会议室共同见证并签约。诺顿生物是湘澧盐化绿色生态颗粒盐项目投产前签署的重要客户，双方将以合作为契机，充分发挥各自优势，诚信相待、互利共赢、共同成长，大力拓展医用软水盐业务。

【全国首条独立食盐生产线正式投产】 11月26日，由雪天盐业主办的全国首条井矿盐零添加独立生产线竣工暨生态食用盐发布仪式在湘澧盐化举行。湖南省市场监督管理局特殊食品安全监督管理处副处长周坤，津市市委副书记、市长黄旭峰，国际食品科学院院士、博士生导师饶平凡，湖南省轻工盐业集团党委副书记、总经理李志勇，党委委员、纪委书记刘东生，雪天盐业股份公司总经理徐宗云，副总经理王哈滨、陈全胜、财务总监李瑛，湘澧盐化党委书记、执行董事宋海等共同参与，为新生产线竣工揭幕。仪式同时在线直播，吸引近30万人观看。11月30日晚，雪天盐业董事长冯传良压轴出场，做客知名主持人马可的淘宝直播间，献上直播带货首秀。自2018年A股上市，雪天盐业坚持领跑战略，依托创新驱动和品质领先，品牌营销始终走在行业前端。冠名“雪天盐”号高铁专列、雪天盐被评为中国烹饪协会比赛指定用盐、品牌形象广告登录CCTV-1和CCTV-7等央视频道、牵手《妻子的浪漫旅行》《中餐厅》《婆婆妈妈》等头部综艺、召开云客户大会等一系列引领创新活动，积极助力雪天盐业开拓全国市场。

（樊　欣）

中联混凝土

【概况】 湖南中联重科混凝土机械站类设备有限公司于2013年10月在中联重科汉寿工业园注册成立，以中联重科股份有限公司以站类事业部为主体是中联重科下属专业从事站类产品研发、制造及安装的全资子公司。2015年获得高新技术企业认定，2018年顺利通过高新技术企业复评，2018年5月通过湖南省安全生产标准化二级企业复评，子公司于2020年11月荣获全国文明单位称号。2020年，站类子公司有员工436人，2020年实现产值22亿元，上缴税收超过7000万元。

【获评全国文明单位】 2020年11月20日，湖南中联重科混凝土机械站类设备有限公司被评为第六届全国文明单位，公司将以此为契机，继续巩固文明创建成果，打造文明特色，坚持文明建设与生产经营相结合，不断开创公司文明建设新局面。

（刘　威）

中联液压

【概况】 常德中联重科液压有限公司（以下简称常德液压公司），位于国家级常德经济技术开发区德山大道321号，为中联重科股份有限公司的全资子公司，注册资本2163万元，总资产超6亿元，占地总面积13万平方米。公司拥有国际先进的柔性卧加生产线、车铣复合线、装配自动化线及检测和试验设备，具备年产40万件（套）液压元件和液压系统的生产能力。中联液压公司是工业液压阀及液压系统设计开发、制造、销售和服务一体的专业化厂家，具有近四十年液压元件与液压系统研发与生产历史。主导产品为中高压、大流量手动、液控、电液比例多路阀、平衡阀等液压元件，产品主要为中联重科配套，专业应用于工程起重机械、混凝土机械、环卫机械、农业机械、土方机械、消防机械、高空作业机械、应急装备等。中联液压公司是“国家高新技术企业”，先后获评“常德市十佳优秀企业”“常德市推进新型工业化先进企业”“湖南省制造强省重点企业”等称号。公司拥有各类专利技术50项以上，其中发明专利30项以上，通过ISO9001：2015质量管理体系认证。公司自主研发的组合比例阀为国家火炬计划项目，获“湖南省机械工业科技进步三等奖”；高性能负载敏感抗流量饱和组合比例操纵阀及其液压系统项目获得“湖南省科技进步三等奖”；负载敏感抗流量饱和组合比例操纵阀关键技术研究项目获“常德市科技进步一等奖”；高端节能平衡阀及其控制系统的研发及产业化获得“常德市科技进步二等奖”。

【考察调研】 12月8日，常德市开放强市产业立市流动现场会期间，市委书记、市人大常委会主任周德睿，市委副书记、市长邹文辉等市委、市政府领导带领各区县党政主要负责人、市直部门主要负责人组成的考察团考察常德液压公司，了解液压阀智能制造项目的投产情况。考察团一行在常德液压新工厂园区参观柔性生产线、车削中心、装配线、立体式仓库，听取总经理宋春阳以及解说人员的情况汇报。周德睿对已初具雏形的智能工厂表示称赞，认为智能产线达到国际先进水平，体现中联重科的实力；指出要抓住机会，快速实现智能制造目标，成为标杆企业。

【联合办学】 1月8日，中联重科股份有限公司与常德财经机电职院（筹）共建中联产业学院签约及揭牌仪式在常德财经机电职院（筹）举行。双方建立战略合作关系，并在常德财经机电职业技术学院（筹）智能制造系挂牌“中联产业学院”。市政府、市教育局、市发改委、市财政局、市人社局相关领导，中联重科股份有限公司相关负责人出席仪式。5月，常德中联重科液压有限公司与常德财经机电职业技术学院共同为中联产业学院中联1班授牌。11月，共同为中联产业学院中联3班授牌。

（赵圣文）

中联建起

【概况】 2020年，中联重科建筑起重机械公司产品涵盖平头塔式起重机、锤头塔式起重机、动臂塔式起重机、施工升降机四大系列，并诞生众多明星产品——创吉尼斯世界纪录的全球最大平头塔机和世界最长臂架塔机（110米），以及超大型系列D5200、D2500、D1500塔机。优良的性能、广泛的应用，使得中联重科建筑起重产品销售收入、市场占有率、出口等主要经济指标均居行业前列，产品远销美国、阿联酋、印度等近百个国家和地区，参建港珠澳大桥、科威特国际机场、哈萨克斯坦世博会等多项世界级项目工程。在公司“产品4.0”战略的推动下，中联重科建筑起重机械公司搭建国际一流、国内领先的塔机智能工厂，持续推进产品的智能升级。

【塔机智能工厂】 中联重科塔机智能工厂位于常德，占地49.33公顷，总投资金额17.7亿元，分两期建设，一期建设投资7.8亿元，项目整体完工后预计规模产值高达100亿元。智能工厂集智能产线、智能物流、智能检测、智能管控、智能决策于一体，具有流线化、柔性化、自动化、智能化、绿色化等特点，是全球最先进、最高效、最环保的塔机制造工厂。拥有12条自动化生产线，1万多个传感器、100多台工业机器人、35台无人搬运小车RGV和AGV、16套数控加工中心等先进设备，集成MES控制系统，生产效率、信息化管理水平大幅提升。

（黎以强）

华南光电

【概况】 2020年，湖南华南光电（集团）有限责任公司（以下简称华南光电）各项工作取得重大突破进步。进一步完善法人治理结构。公司持续完善法人治理体系，实现加强党的领导和完善法人治理结构的统一，发挥党委把方向、管大局、保落实的作用；明确各决策主体的职责权限和议事规则。逐步增强市场开拓能力。紧跟“一带一路”建设步伐，缅甸、老挝、刚果（金）等海外市场多线并进。综合技术改造项目完成验收并投入使用。加快改革步伐。公司被确定为国家第三批混改试点单位；完成“四能”改革目标；完成“三供一业”等企业办社会剥离移交；完成国资委的“处僵治困”和“压减”工作目标，完成对“北京华新光讯、杭州华达”两家参股子公司的清理；非主业机电公司砂铸、塑压、汽车零部件业务实现整体退出。开展抗疫。坚持生产经营与疫情防控两手抓。打赢疫情防控人民战争、总体战、阻击战，科学系统策划复工防控工作方案，落实各项防疫举措，有效应对疫情对公司生产经营的冲击。

2020年，公司坚决贯彻党中央决策和兵器装备集团公司党组部署，全面完成兵器装备集团公司下达的目标任务：全年实现营业收入53534万元，同比增长20.45%；利润总额377万元，同比增加3937万元；经济增加值1420万元，同比增长3981万元，在岗员工年均收入7.8万元，同比增长19.3%。公司获2019年度“湖南省守合同重信用企业”和“常德市守合同重信用企业”称号。获“2018—2019年全国‘安康杯’竞赛优胜单位”称号。公司员工刘仁超2019年被评为兵器装备集团和常德市“优秀共产党员”，2020年获“湖南省劳动模范”称号。9月4日，常德市技能提升行动调度会组织召开，会上通报表彰全市92名高技能人才。华南光电信息技术公司王志强被评为“常德杰出工匠”，科技质量信息部杨建伟被评为“常德工匠”，精密制造公司沙建新被评为常德市“技能大师工作室领衔人”。

【华南光电智能体温筛查系统为抗疫贡献科技力量】 2020年2月，公司自主研发测温精准、功能强大的智能体温筛查系统，为抗疫阻击战贡献科技力量。该系统由智能双光谱热成像人体测温摄像机+黑体组合而成，可以实现快速人脸定位和人体测温，达到±0.3℃测量精度，广泛用于车站、机场、园区、学校、医院等人流密集的出入口，提供市内非接触式的快速精准测温，被湖南省教育厅推广使用。

【庆祝建厂50周年暨全面完成年度目标任务誓师大会】 5月8日，公司庆祝建厂50周年暨全面完成年度目标任务誓师大会举行，会上全面回顾华南光电50年光辉历程，分析公司面临的形势、机遇和调整，对全面完成年度目标任务进行动员。5月举办《华南故事》第四辑发布会、庆祝建厂50周年成果展、5618米徒步走等系列厂庆活动。

【当选湖南省人工智能协会第一届理事会副会长单位】 4月11日，湖南省人工智能协会第一次代表大会在长沙召开，湖南省人工智能产业的企业代表、专家代表、个人会员代表共谋智能制造发展之策、共展美好未来。会上，公司当选湖南省人工智能协会第一届理事会副会长单位，公司党委书记、董事长万毅被聘任为湖南省人工智能协会第一届理事会副会长。

【“湖南省智能光电信息装备工程技术研究中心”在公司长沙基地成立】 5月6日，由公司牵头组建的“湖南省智能光电信息装备工程技术研究中心”在长沙基地成立。该工程中心的申报历时一年多时间，从2019年年初开始启动，先后经历项目申报、文案审查、技术答疑、现场审核等程序，于2019年12月获得批复，2020年4月完成中心发展规划审查并获得授牌，编号2019TP2026。工程中心成立，与公司前期建成的湖南省光电信息集成与光学制造技术重点实验室遥相呼应，形成技术研究与先进制造双平台，以产、学、研相结合为基础，紧跟先进智能技术趋势，为公司增强智能光电信息装备产业的核心竞争能力和发展后劲、培育光电信息新兴产业、促进产业结构调整升级和地方经济发展提供有利条件，为公司在智能光电领域技术和产品的可持续发展奠定坚实基础。

【华南光电第三次党代会召开】 7月14日，中国共产党湖南华南光电（集团）有限责任公司第三次代表大会召开。会上选举产生公司新一届党委委员和纪委委员。

【通过湖南省职业技能等级认定试点工作评审】 11月14日，公司顺利通过湖南省职业技能等级认定试点工作评审，标志着公司具备自主开展职业技能等级认定工作的资质，所颁发的职业技能等级证书与国家职业资格证书具有同等效力。

（罗　莎）

飞沃科技

【概况】 湖南飞沃新能源科技股份有限公司（以下简称飞沃科技），以“为中国做好一颗螺丝钉”为企业使命，专注于高强度紧固件研发与制造，并提供紧固系统解决方案，应用于风电、工程机械、轨道交通、船舶、石油、电力、航空航天等工业领域，至2020年年底，公司风电叶片预埋螺套产品已占据全球市场份额的70%以上，成为该部件全球细分市场最大的供货商。2020年，公司实现销售收入近12亿元人民币，同比增长120%，出口创汇1800余万美元，同比增长10%，税收贡献近7000万元。先后获得工信部“智能制造试点示范企业”、工信部“专精特新小巨人企业”、工信部“双创试点示范平台”、工信部“两化融合管理体系贯标试点单位”、工信部制造业单项冠军、工信部工业互联网试点示范项目等荣誉。

【国家调研工作组到公司调研防疫复产工作】 3月14日，国家调研工作组到飞沃科技调研中小企业复工复产工作，飞沃科技董事长张友君热情接待。调研组深入飞沃科技厂区，实地查看企业疫情防控情况，了解员工返岗、企业生产运行、员工生活保障以及企业在疫情期间存在的问题和困难。董事长张友君向国家调研组汇报飞沃科技抗疫复产工作的开展情况。在各级政府“一手抓防疫、一手抓复产”的指挥领导下，飞沃科技上下一心，全力推进防疫复产工作，整体态势良好。2月6日复产，复产员工达到1325人，复工率100%，各项防疫工作有序开展。生产能力稳步提升，订单交付基本满足客户需求。

【入选“第五批全国制造业单项冠军”示范产品名单】 12月25日，工业和信息化部、中国工业经济联合会公布第五批全国制造业单项冠军示范企业和产品，飞沃科技以“风电叶片预埋螺套产品”榜上有名。全国制造业单项冠军企业（产品），是指长期专注于制造业某些特定细分产品市场，生产技术或工艺国际领先，单项产品市场占有率位居全球前三名的企业。飞沃科技将在“专特优精”发展道路上持续发力，专注创新和质量提升，致力于研发技术和工艺技术水平的提高。

【入选“2020年工业互联网试点示范项目”名单】 12月28日，工业和信息化部信息通信管理局公布“2020年工业互联网试点示范项目”名单，飞沃科技凭借“基于工业互联网的高强度紧固件智能制造工厂”榜上有名。工业互联网作为新一代信息技术与制造业深度融合的产物，日益成为新工业革命的关键支撑和深化“互联网+先进制造业”的重要基石，对未来工业发展产生全方位、深层次、革命性影响。飞沃科技将继续在制造业互联网新模式、新业态变革与推动中，发挥引领作用，推动飞沃科技向高端智能制造业转型升级，以及推动互联网在制造业的普及与应用。

（龚　琦）

武陵酒业

【概况】 湖南武陵酒有限公司，坐落于常德德山，厂区总建筑面积4.6万平方米，员工400余人，国家级品酒师、省级品酒师、高级酿酒师等各类专业技术人员50余人。历经半个多世纪的发展，已成为一家集产品系列化、包装系列化和生产标准化的大型酒类生产企业。产品主要有酱香武陵酒——武陵上酱、武陵中酱、武陵少酱、武陵上酱年份酒系列、武陵王系列、极客武陵系列。在常德市委、市政府开放强市产业立市政策的指引和支持下，占地面积33.33公顷，酿酒超过5000吨的技改基地，2020年开始启动建设，一期2000吨投产。2020年，公司产值69784.1万元，营业收入45762.97万元；纳税总额14077.49万元。

【支援抗疫】 2月3日，湖南武陵酒有限公司（衡水老白干集团企业）将价值509万元的消毒液捐赠给常德市新型冠状病毒感染的肺炎疫情防控指挥部，为常德市防疫工作启动初期最大的单笔捐赠，市人民政府副市长、市新型冠状病毒感染的肺炎疫情防控部物资保障工作组总负责人汤祚国出席捐赠仪式。常德驰援武汉的一线医务人员输送紧缺物资，武陵酒业第一时间联合常德公益组织“微善风”，开通武陵酒爱心直通车。武陵酒捐赠价值10万元的物资，各界友人捐款77514元，收到超4万元的物资捐赠。3月5日早上，所有物资装车完毕，当天15时送达武汉。

【武陵酒新厂建设项目开工】 5月19日，总投资15亿元的武陵酒新厂建设项目开工仪式在常德经开区举行。常德市委常委、市委秘书长罗先东宣布项目开工，常德军分区政委董亮，常德市人民政府副市长汤祚国，常德市政协副主席陈位民，常德市政协副主席、市工商联主席张业梅，常德市人大常委会党组成员谭弘发，常德经开区党工委书记李育智，区党工委副书记、管委会主任邹如龙，河北衡水老白干酒业股份有限公司党委书记、总经理王占刚等参加开工仪式。武陵酒5000吨酱酒酿造生产线的建设，将打造成一流生态工业园。

（王秋凤）

洞庭药业

【概况】 湖南洞庭药业股份有限公司是上海复星医药集团的成员企业，国内精神科药物和化学止血药领域的领先企业，氨甲环酸原料药全球主要供应商之一。2020年，公司总资产10亿元，注册资本1.1亿元。公司是国家高新技术企业，拥有省级企业技术中心，省精神药物工程技术研究中心。氨甲环酸通过美国FDA认证，出口到30多个国家和地区。精神科药物的影响力不断加强，成为国内精神科行业的引领者。2020年正式启动原料药中间体以及化妆品发展战略，进入三引擎驱动模式。

【项目管理体系】 建立项目绩效管控体系，开发项目经理能力（KESI）评估模型，开发项目优先级评估模型，建立项目经理序列，打通公司研发项目经理的职业发展路径与晋升通道。组建公司“项目管理标准化委员会”，结合项目管理平台的使用逻辑，实现药品研发项目生命周期中的各阶段以及所有内容的标准化。

（聂其军）

德山酒业

【概况】 2020年，德山酒业坚持推进“人才强企”发展战略，培养出一大批技术人才。其中获湖南省级劳模荣誉1人、湖南首届酿酒大师荣誉1人、省五一劳动奖章荣誉2人、市五一劳动奖章荣誉1人、湘酒优秀工匠荣誉2人、常德杰出工匠荣誉2人、常德工匠荣誉3人、挂牌2个常德市技能大师工作室。

【向阳获“湖南省劳动模范”称号】 11月26日，湖南省委、省政府召开2020年湖南省劳动模范和先进工作者表彰大会。全省498名劳动模范和先进工作者受到表彰。德山酒业向阳获“湖南省劳动模范”称号。

【举办“德酱十五年”联盟商品鉴联谊会】 10月22日，以“酱遇德山质敬时光”为主题的德山酒业“德酱十五年”联盟商品鉴联谊会在常德柳园锦江酒店举行。国家著名酿酒大师、德山酒业技术顾问吴信群现场推介。“德酱十五年”在传统大曲酱香的基础上创新，具有酱香突出、优雅细腻、味醇丰满、酒体醇厚、回味悠长、空杯留香持久的风格特点，酒体更加绵柔、醇厚、爽净、顺滑。2019年，“德酱十五年”获湘鄂赣渝闽桂滇粤酒类行业优质产品“金质奖”。

（曾　翔）

粤港模科

【概况】 湖南粤港模科实业有限公司是一家全球独创的，以模块化理论创新、技术创新、产业模式创新与商业模式创新为方向，致力推动制造业绿色发展，引领制造业快速实现数字化升级转型的模块化新材料高新科技企业，是湖南省重点建设项目、湖南省“五个一百”重大产业项目、国家知识产权优势企业，入选国家发改委重点建设项目库，也是“中国改革开放40年创新力企业”奖章获得者（全国获奖企业共40家）。公司成立于2017年1月5日，注册资金6亿元，项目总投资估算为45亿元。常德市高新区管委会为模科产业园项目预留土地66.67公顷，规划用地27.53公顷，第一期10公顷于2018年建成投产，第二期7.73公顷正在筹建之中。粤港模科属于常德高新区2017年招商引资重点企业，计划在2023年实现IPO，2025年实现百亿规模产业园。

模科现代化产业基地建有现代化电子生产车间、产品老化车间、产品展示大厅、研发实验室以及环境宜人的综合办公楼。公司引进世界先进的生产线、专业的检测设备，为产品品质提供强有力的保证。

【重视知识产权】 粤港模科高度重视知识产权工作，其模块化产品拥有独特的新理念、新技术，依托自主知识产权，对产品进行深度的专利布局。2020年年底，专利申请量达442件，其中国际专利33件、发明专利62件、实用新型155件、外观设计192件；形成7个层次的专利池。获得授权专利369件，其中获得专利合作协定6件（美国、日本、澳大利亚、俄罗斯、乌克兰、埃及），获得发明专利证书22件，实用新型专利证书152件，外观设计专利证书189件。全球商标注册布局，商标申请量为214件。申请国内13个商标194件，国际2个商标10个国家20件。获得授权商标198件，其中国内商标181件、国际商标17件。

【产业特色】 模块化新材料采用再生环保类木塑复合材料组成，共分为六大类标准件模块，支架、框体、色彩、连接、电路、功能（电子机械）。2020年，产品应用覆盖电子电器、家装公装、家具办公、科教益智、装饰建材、文旅景观、智慧家居、全民双创8大行业。公司依托模块化技术平台，跨界、融合、创新、发展，打造全球最大的自主创新“数字化模块新材料产业集群”；响应“双创升级”的国家战略，提升创新创业的层次与内涵，构建数字化工业互联网新生态作为长期平台型发展战略。

（姚荣华）

常德远大

【概况】 常德远大建筑工业有限公司（以下简称常德远大）是由长沙远大住宅工业集团股份有限公司、常德天智投资发展有限公司、湖南经发展文化旅游投资有限公司、常德鼎力投资开发有限公司四方出资组建，是常德市唯一一家集研发设计、工业生产、运营服务为一体的混凝土结构装配式建筑生产企业。公司总投资约5亿元，占地18公顷，坐落在常德高新技术产业开发区。2017年5月3日公司建成投产，建有高标准厂房7万平方米，投产5条自动化PC生产线和2条钢筋加工生产线，年产能建筑面积200万平方米。2018年9月，凭借领先的产业示范效应，常德远大被授予“湖南省装配式建筑产业基地”和“2018年度湖南省装配式建筑行业优秀企业”称号。2019年，常德远大被认定为“高新技术企业”，获评“常德市规模工业企业增长卓越奖”。

【企业项目】 常德远大相继实施“城投·蓉国新赋”“市委党校宿舍楼”“中南珑悦商品房开发”“旭辉国际新城”“中南海棠集商品房开发”等多个项目。实施建筑面积近100万平方米，其中城投·蓉国新赋项目是湖南省重点建设项目，也是全省最大的装配式建筑住宅项目。依托远大住工五大技术平台，导入远大住工PC-CPS智能制造系统，实现从技术到管理的全面贯通。

常德远大建筑工业有限公司坐落在常德高新技术产业开发区

（常德远大 供图）

（邓小清）

国力变压

【概况】 2020年，常德国力变压器有限公司注册资本5084.37万元，占地面积5万多平方米，员工176人。公司年变压器生产能力300万千伏安，电气成套设备年生产能力3000台，年销售规模可达4亿元。拥有省级变压器工程技术研究中心和省级企业技术中心，建有变压器实验室，与沈阳变压器研究院股份有限公司、中南大学、湖南大学以及国内外其他科研院所开展全面的产学研合作。公司创新团队56人，被评为“常德市重点创新团队”。

【主要产品】 公司通过科技成果转化，形成110千伏级及以下油浸式、干式、特种、新能源、箱式变压器及高低压成套开关设备六大系列300多个品种的产品，申请并获得各类专利28项，主持和参与制定各类标准6项。公司是国家电网公司、南方电网公司规模招标入围企业和合格供应商，产品遍布全国二十多个省、市、自治区，远销亚洲、非洲、欧洲等十多个国家和地区。

【产教融合】 公司承担多项国家和省级科研项目研发任务，成功申报湖南省战略新兴产业科技攻关与重大科技成果转化项目、湖南省制造强省专项资金重大产业项目、湖南省100个重大科技创新项目，获得政府部门的大力支持。公司与湖南文理学院加强校企合作，共同建立产教融合基地，标志着双方合作迈进实质性一步。公司在申请设立湖南省院士专家工作站，提升企业自主创新能力，引进、培养高层次技术人才和管理人才，提高技术创新成果转化效率和水平。

（黎进才）

园区经济

综述

【概况】 2020年，常德市有工业园区11个，其中国家级园区2个，分别是常德经济技术开发区、常德高新技术产业开发区，常德市是继长沙、湘潭之后，全省第三个同时拥有国家级经开区和国家级高新区的市州；省级园区8个，分别是桃源高新技术产业开发区、汉寿高新技术产业园区、津市高新技术产业开发区、澧县高新技术产业开发区、石门高新技术产业开发区、临澧高新技术产业开发区、安乡工业集中区、西洞庭工业集中区；市级园区1个，为武陵区工业园。全市工业园区开发建设用地面积67.01平方千米、建成工业用地面积35.31平方千米。

2020年，全市工业园区总体形势较好，凸显出强力支撑作用，稳住全市工业经济的基本盘，为常德市入选全国工业稳增长和转型升级成效明显市（州）、获得国务院督查激励提供有力支撑。全市工业园区完成规模工业产值2164.9亿元，同比增长8.8%，省级以上园区规模工业增加值增速7.5%（不含烟厂），分别高于全市平均水平3.6个、2.9个百分点。全年园区完成基础设施投入113.5亿元，新建成标准化厂房204万平方米；新增规模工业企业148户。

【工业项目】 全市工业园区积极应对新冠肺炎疫情影响，抓牢抓实工业项目建设。新引进项目。全市工业园区新引进亿元工业项目212个，其中10亿元以上工业项目15个。新开工项目。全市工业园区新开工亿元工业项目110个，占全市新开工亿元工业项目总数的94.8%。其中，10亿元以上工业项目7个，常德经开区武陵酒扩建项目、银华智慧产业园项目、智能电子产业园（三期）、自动化食品加工产业链项目，常德高新区中联施工升降机产业园（二期），汉寿高新区智能终端5G配套产业园（二期），津市高新区甾体激素制剂项目等一批重大项目落地开工。新投产项目。全市工业园区新投产亿元工业项目96个，占全市新投产亿元工业项目总数的96%。其中，10亿元以上工业项目3个，常德经开区中车常德工业园项目、嘉士利华中区产业链项目，津市高新区热电联产项目等一批重大项目投产见效。

【产城融合】 坚持把工业园区作为工业发展的重要载体和承接产业转移的主要平台，全力提升园区承载力。实施雨污分流改造，全市工业园区实现污水管网全覆盖，具备污水全收集、全处理能力。推进“六有”园区建设，半数省级及以上园区基本实现有超市、有生活小区、有医院、有健身娱乐场所、有宾馆、有影院等“六有”配套，常德高新区大型生活配套园封顶，园区承载能力进一步增强。推进标准化厂房建设。全年园区新建成标准化厂房204万平方米，其中常德经开区27万平方米的中车新能源、7.2万平方米的杰新纺织，桃源高新区3.2万平方米的国宗铝业，澧县高新区3.2万平方米的亚瑞特运动品，安乡集中区2.1万平方米的凯斯机械等一批标准化厂房投入使用。

【园区实力】 在国家级经开区的考核排名中，常德经开区首次进入全国百强；在2019年度全省园区综合评价中，全市工业园区整体排名全省第四，共有8个园区实现进位，4个园区进入全省30强，石门高新区、桃源高新区、常德经开区、常德高新区分列第10位、第14位、第18位、第28位，实现全省10强、20强“零的突破”，百位后园区清零；2019年，石门高新区、桃源高新区、津市高新区获得全省园区产业高质量发展奖励；新增2个省级新型工业化产业示范基地、2个省级特色园区。

（张　涛）

园区年度情况介绍

【常德经济技术开发区】　常德经济开发区先后被授予“国家高新技术产业基地园区”“湖南省承接产业转移示范园区”“湖南省综合性高新技术产业基地”等称号。园区有规模以上工业企业、规模以上服务业、限额以上批发零售餐饮企业、有资质的建筑房产企业等“四上”企业294家，逐步形成智能装备制造、新能源新材料、生物医药与食品三个主导产业和新一代信息技术、商贸物流两个特色产业的“3+2”产业体系。2020年，园区完成地区生产总值143亿元，同比增长5.2%；完成规模工业总产值445亿元，同比增长2.5%；规模工业增加值增长6.1%；完成固定资产投资203.7亿元，同比增长11.6%；完成进出口总额9.16亿美元，同比增长19.5%；新增规模工业企业23家；新增限上三产企业19家；新增高新技术企业21家。商务部综合评价排名第95位，省园区综合评价排名第18位，获得省政府表彰激励，推动园区高质量发展、推动主导特色产业发展、推动开放强市产业立市战略、稳外贸稳外资促消费及招商引资和科技创新5项经济发展工作获市政府表彰激励。

（张　友）

【常德高新技术产业开发区】　常德高新技术产业园区前身为2006年成立的常德鼎城经开区，2012年升级为省级高新区，2017年2月正式获批国家级高新技术产业开发区。核心区战略规划面积62.8平方千米，建成区面积15平方千米。辐射带动武陵移动互联网产业园、汉寿高新产业园、西洞庭生物科技产业园，形成“一区三园”协同发展。产业布局以智能装备制造、光电信息等为主导，新材料、生命健康为特色，形成“三主两特”发展格局。园区是科技部“科技服务业区域试点园区”“国家现代装备制造高新技术产业化基地”“国家级科技资源支撑型双创载体”、国家级科技企业孵化器、科技部“百城百园”行动实施园区，2020年在全省制造强省大会作典型发言，获2020年度省政府真抓实干表彰激励。2020年，园区共有注册企业1097家，其中工业企业439家、规模以上工业企业132家，高新技术企业62家，产值过亿元的企业58家，税收过千万元的企业11家、其中过亿元的2家，三个“500”强（中国企业500强、中国制造业500强、中国民营企业500强）企业3家，建成标准化厂房100万平方米。2020年，园区主要经济数据呈现向好态势。GDP增速8%，全市第一；技工贸收入602亿元，增速19.3%，全市第一；规模工业总产值308.9亿元，增速13.5%，全市第一；规模工业增加值完成73.01亿元，增速12.2%，全市第一（居全省前列）；财政收入11.2亿元，增速37.9%。

（刘　君）

【澧县高新技术产业开发区】　湖南澧县高新技术产业开发区于2003年3月经湖南省人民政府批准为省级开发区，后由湖南省发改委正式确定名称为“湖南澧县经济开发区”，2019年2月转型升级为湖南省高新技术产业开发区。澧县高新区地处湘鄂边界、湖南省对接长江经济带、打造洞庭湖生态经济圈的战略要地。核准面积7.43平方千米，园区水电路等基础设施完善，学校、医院等公益设施配套，澧水风光带、翊武公园、瑞高星级酒店等建成后，人居环境大为改善。园区主导产业包括生物医药与健康食品、新型建材与家居；特色产业有纺织服装。2017年获评“湖南省科技企业孵化器”“湖南省中小微企业创新创业基地”、2018年成功获批省级众创中心、2019年6月获批常德市新型建材产业园、2019年12月获批省级绿色园区。2020年，园区有规模以上企业74家，2020年实现规模工业总产值171.43亿元，同比增长1.18%；完成固定资产投资25.6亿元；累计完成基础设施投入10.5亿元；东区创新创业园实现标准厂房入驻率100%。2019年省级园区综合评价排名实现进位15名，2019年省级高新区绩效评价排名16位，前进9名。

（唐　智）

【临澧高新技术产业开发区】　临澧高新技术产业开发区原名临澧县太平工业经济开发区，是常德市首批建立的省级开发区，2018年被市政府确定为常德市新材料临澧产业园。2020年1月，湖南省人民政府批准成立临澧高新技术产业开发区。园区规划总面积6.19平方千米，建成面积近5.9平方千米，初步形成“一区两园”的发展格局。“一区”即核心规划区，重点建设智能制造新材料产业园、节能环保产业园及生物医药产业园，“两园”即新安绿色新材料产业园、四新岗建材产业园，其中新安绿色新材料产业园重点发展石灰石精深加工研发新材料，四新岗建材产业园重点发展新型建材。2020年，落户园区的企业达到337家，规模工业企业101家。2020年园区新增规模工业企业13

户；园区实现规模工业总产值101.34亿元，同比增长12%；完成规模工业增加值22.33亿元，增速7.6%；累计完成基础设施建设投入10.5亿元；标准化厂房建成面积21.25万平方米。

（姜弋凡）

【石门高新技术产业开发区】 湖南石门高新技术产业开发区，是全省50家重点园区之一、省级绿色园区、省首批产城融合示范区，规划控制面积8.92平方千米，开发面积4.18平方千米，在2020年公布的全省134家产业园区综合评价中排名第10，开发区连续4年被评为全市园区工作先进单位。2021年1月，省政府以“湘政函〔2021〕1号”文件正式明确石门经开区创建为省级高新区。该区辖宝峰创业园、三江新材料产业园、海螺建材工业园3个工业园，基本建成以新材料、电子信息为主导产业、以农副食品深加工为特色产业的“两主一特”综合型开发区，成为县域经济发展的重要增长极。2020年，园区91家规模工业企业实现规模工业总产值227.9亿元，同比增长9.63%，其中，新材料、电子信息、农副产品深加工“两主一特”产业总产值144.4亿元，同比增长14%；增加值同比增长7.6%；新引进亿元工业项目15个，新开工亿元工业项目9个，新投产亿元工业项目7个；累计完成基础设施建设投入10.5亿元。

（陈　睿）

【汉寿高新技术产业园区】 汉寿高新区前身为湖南汉寿经济开发区，成立于1992年5月，是最早的省级经济开发区之一。2008年，被确立为全省10个承接产业转移发展加工贸易重点工业园区和常德工业走廊组成部分。2013年4月，经省人民政府批准，正式更名为“湖南汉寿高新技术产业园区”，2014年，被确定为湖南省“飞地经济”试点园区。2017年2月，经国务院批准，成为常德国家高新技术开发区的重点拓展区。园区批复规划面积9.52平方千米，建成面积7.2平方千米，企业员工约1万人。园区形成装备制造、生物医药、精细化工等特色产业，正积极培育电子信息、健康食品加工、新材料等新型战略性产业。2020年，园区被评为省级新型工业化产业示范基地、常德市真抓实干成效明显园区。中小企业服务平台被工信部授予国家级中小企业公共服务示范平台称号。2020年，园区入驻工业企业135家，其中规模工业企业102家，拥有中联重科、康普药业、太子化工、徕木电子、兴昂鞋业等一批优势骨干企业。2020年，园区实现地区生产总值72亿元，同比增长10.8%；完成规模工业产值241.2亿元，同比增长13.1%；完成规模工业增加值50.6亿元，同比增长12%；完成基础设施投入10.5亿元，新建成标准化厂房14.3万平方米。

（王文倩）

【津市高新技术产业开发区】 津市高新区于2005年年底启动建设，2012年获批省级工业集中区，2015年获批省级生物医药新型工业化产业示范基地，2016年转型为省级高新技术产业开发区。同年获批国家火炬津市生物酶制剂及应用特色产业基地，2018年授牌为“常德市生物医药与健康食品产业园”。2020年获批“湖南省生物医药特色产业园”。规划面积18.96平方千米，建成面积近9平方千米。园区位于长株潭城市群、武汉城市圈和成渝经济区三大板块辐射交会之地，东临澧水，为湖南六大良港之一，拥有湘西北地区唯一的县级海关工作站和公用保税仓，是澧水流域物流集散中心。园区形成以生物医药、健康食品、装备制造为主导、盐化工为特色的“三主一特”产业格局，是全球最大的酶制剂生产和出口基地、最大的猪鬃生产和出口基地、亚洲最大的甾体药物原料药及中间体生产和出口基地、全国品种最全、规模最大的车桥生产基地。2020年，园区118家规模工业企业完成产值292.4亿元，同比增长9.55%；完成规模工业增加值57.03亿元，同比增长7.5%。新增入规企业11家；高新增加值38.9亿元，增速18.6%，占GDP比重21.4%；新开工亿元工业项目12个，新投产亿元工业项目11个；建成标准化厂房12.4万平方米。

（易松柏）

【桃源高新技术产业开发区】 桃源高新技术产业开发区是省级高新区，2019年在全省国家级和省级园区中排名14位，在117家省级园区中排名9位，且连续7年获省级先进园区称号。高新区由漳江片区、陬市片区、盘塘片区组成，总体规划面积15.8平方千米，建成面积7.1平方千米。经过十多年发展，园区基本形成“两主两特”优势产业，即电子信息、铝材精深加工及新材料两大主导产业，智能机械制造、天然富硒农产品精深加工两大特色产业。2020年，园区有199家企业入驻，其中规模以上工业企业99家、高新技术企业23家。2020年，高新区完成规模工业总产值154.4亿元，增长19%；工业企业入库税金2.1亿元；新开工亿元以上工业项目10个，新投产12个；累计完成基础设施10.5亿元；建成标准化厂房14.2万平方米，园区累计建成标准化厂房近百万平方米。2020年获得“湖南省园区产业高质量发展园区”称号，成功申报省级“双创”示范基地、省级示范物流园区。

（任　俊）

【安乡工业集中区】 安乡工业集中区坐落在美丽的松滋河畔，位于湖南、湖北两省，三市、八县的交界处，南邸洞庭、北枕长江，地处长株潭两型社会试验区、武汉城市群、成渝经济圈的节点位置。安乡工业园2001年开始创建，2012年11月经省人民政府（湘办发〔2012〕187号）批准设立为省级工业集中区，更名安乡工业集中区。园区远期规划面积20平方千米，完成控制性详规12.9平方千米，开发总面积4.9平方千米。自创建起，县委、县政府按照“高起点规划、高标准建设、高水平管理、高速度发展”要求，累计投入30多亿元，配套建设50万平方米标准化厂房，万吨级污水处理厂及千吨级深水码头；不断完善水、电、气等基础设施，建成“四纵三横”海绵路网。集中区发展以长岭洲大桥为轴，形成“一区两园，一河两岸”（河西鲸港生态工业园、河东深柳工业园）总体格局。截至2020年年底，集中区入驻规模以上工业企业62家，完成规模工业产值93.8亿元，税收逾6000万元，集聚装备机械制造、农副产品精深加工为主打，鞋帽服饰、新型建材与化工、电子信息、包装印刷等为特色的产业集群，2020年成功创建省级农业科技园区和市级特色产业园。

（刘　文）

【西洞庭工业集中区】　西洞庭工业集中区与西洞庭管委会实行“两块牌子、一套班子”运作，其前身系于1955年建立的国营西洞庭农场，因地处洞庭湖西畔而得名，全区人口来自全国23个省205个区县市、分属11个民族，文化开放包容。2001年在原国营西洞庭农场基础上设立县级管理区，为市政府派出机构，比照县级人民政府行使职能职权。2009年8月经常德市人民政府批准设立的市本级食品工业园，2012年10月正式获批省级工业集中区，2014年更名为西洞庭生物科技产业园，2017年3月获批国家级高新技术区——西洞庭生物科技产业园，园区规划面积33平方千米，其中首期开发面积16.4平方千米。西洞庭按照市委、市政府决策部署，大力实施产业立区战略，以生物科技、健康食品为主导、包装为特色的两主一特产业布局初步形成。园区先后获批为国家现代农业示范区、省级工业集中区、国家农业科技园、国家高新区西洞庭生物科技园、国家农村产业融合发展示范园、装配式建筑试点城市。2020年，全区有63家规模以上企业，全区实现地区生产总值40.81亿元、完成固定资产投资42.87亿元，技工贸总收入117.36亿元，同比增长15.08%。完成规模工业总产值105.45亿元，同比增长11.02%，规模工业增加值21.01亿元，增长6.6%，工业用电量完成6821.12千瓦时，同比增长4.05%。

（吴　滔）

【武陵区工业园】　常德市武陵区工业园成立于1992年，总规划面积为3.767平方千米，分为一、二期园区。其中，一期园区位于常德大道以东、青年东路延伸线以南、石长铁路以西、人民东路延伸线以北片区；二期园区位于常德大道以西、双拥路以南片区。2015年被省经信委批复为全省第二家省级移动互联网产业园和省中小微企业创业创新基地，2016年，被省科技厅认定为省级科技企业孵化器；2017年3月，被国务院认定为国家级高新技术产业园武陵移动互联网产业园；2018年2月被省园区办、省工商局批准为湖南省（常德）广告文化创意特色产业园。2020年12月被省发改委批准为湖南省（武陵）互联网文化创意特色产业园。园区基本形成以移动互联网、广告文化创意、智能制造为主的产业集群。成功培育出以360守望、广州秒乐、携康医疗、北电正光、创游网络、华彩伟业等为代表的一批龙头企业。截至2020年年底，常德市武陵区工业园共引进各类企业303家，其中规模以上工业企业30家、高新技术企业10家、武陵移动互联网产业园企业132家。2020年，园区实现技工贸总收入82.43亿元，同比增长9.16%；其中，智慧产业实现产值68.3亿元，占园区总产值比重83%。规模工业实现产值23.4亿元，同比增长7.5%；全年固定资产投资完成4.4亿元，占年计划的110%；标准化厂房建成1.6万平方米，标准化厂房使用率达到100%。

（刘思琪）

农业·林业·水利

农业农村工作

【概况】　2020年，全市农业农村工作积极应对疫情灾情影响，深入推进“三品”工程，农业农村经济发展保持良好增长势头。全市实现农业总产值831亿元、增加值496.6亿元，增速均为4.3%；农民人均可支配收入达到17957元、增长8.9%，增幅连续三年位居全省同方阵第一。打造优势千亿产业、落实粮食安全责任制等获得省政府真抓实干表扬激励，农村人居环境整治三年行动获全省先进，实施乡村振兴战略、粮食生产分别排名全省优秀市州第一。

稳产保供。粮食“双增”。全年粮食总面积58.86万公顷、总产372.39万吨，同比增加3.11万公顷、13.98万吨，面积和产量继续位居全省第一，常德拥有市级以上粮食加工企业112家，实现粮油加工年产值486亿元。恢复生猪产能。全市生猪出栏384.79万头、存栏290.67万头，均超额完成省定任务，实现生猪产值247亿元以上。新建、改扩建500头以上的规模猪场226家，年出栏万头以上的规模猪场84家，其中已投产31家、在建31家。复养成功率达到99.1%。主导产业发展。油菜收获面积29.64万公顷、总产59.2万吨，均居全省第一，实现产值30.78亿元；蔬菜播种面积14.64万公顷，产量645.6万吨，实现产值93.67亿元；水果面积9.98万公顷，产值34.7亿元；其中柑橘面积8.53万公顷、增0.53万公顷；优质茶园2.47万公顷，总产4.5万吨、总产值16.4亿元；中药材种植面积1.39万公顷，实现产值7亿元；全市养殖面积8.17万公顷，总产量达46万吨，实现总产值127亿元。防灾救灾。2020年自然灾害频发，有害生物危害较重，市、县农业部门积极应对。主动与气象部门紧密对接，做好灾害预测预报工作。因地制宜，突出技术指导和分类指导，提前印发相应的救灾补损技术意见及防灾救灾紧急通知，安排指导组分片区进行预防及补救指导工作。保险理赔。全市发放农保理赔面积2.69万公顷，资金总计10685.92万元，占应赔付比例的100%，最大限度减少粮农损失，稳住农户种粮信心。

农业产业。经营主体培育壮大。2020年，全市共有农业加工企业5886家（不含烟草），其中规模以上企业566家；全市国家级龙头企业6家，省级龙头企业91家、市级龙头企业265家。新增国家星级农庄3家、省级星级农庄18家，全市已注册农民合作社7231家、家庭农场9106家。产业发展。全市农产品加工业实现营收1725亿元（不含烟草），增速14.1%；休闲农业接待2493.22万人次，增速4.42%；营业收入41.49亿元，增速5.11%。健康食品产值达803亿元，税金达5亿元，超额完成考核任务。常德品牌效应。14家粮企新授牌使用“常德香米”区域公用品牌，“常德红茶”“常德甲鱼”“常德米粉”等区域公用品牌获得国家地理标志登记保护或证明商标；湘佳牧业主板上市，“两品一标”认证有效数达323个，5个产品获得中国中部农博会金奖。

乡村振兴。示范片区。成功打造桃花源、太阳谷、石门秀坪、鼎城草坪、临澧修梅等示范样板。黄山头镇获批国家农业产业强镇示范镇，西湖牧业小镇入选全省首批特色产业小镇，成功申报全国“一村一品”示范村2个、省级休闲农业示范村2个。人居环境。持续开展村庄清洁行动，发动农民群众投工101万人次，清理生活垃圾和生产废弃物53.8万吨，配备农村环卫保洁岗位、农村生活垃圾得到处理的行政村比例均达到100%，农村人居环境整治三年行动获评全省先进。农村改厕。完成卫生厕所改（新）建任务户厕125757座、公厕121座，超额完成省定任务。一类县无害化卫生厕所普及率达90%以上，二类县卫生厕所普及率达85%以上。美丽乡村。成功创建全域推进县1个、全域推进乡（镇）12个。创建省级精品乡村7个、省级美丽乡村示范村10个。澧县乔家河村被评为中国美丽休闲乡村。

禁捕退捕。全市10个水生生物保护区均于2020年1月1日零时起全面禁捕，8个任务区县市全面完成退捕任务。精准识别对象。坚持不漏一船、不漏一户、不漏一人，严格识别程序，做好签字背书、留图留影，先后开展三次“回头看”，精确核定全市退捕渔民3448户，渔船3729艘。全面禁捕。按照“应收尽收”原则，全面回收拆解专业渔民和持证兼业渔民的渔船网具，实现清船清网、“四无四清”。全市共清理违规网具23214张（顶），处置涉渔“三无”船舶6148艘。落实政策。全面实行“四包一”的包保模式，参加社保补贴政策2434人；通过职业指导、职业培训、岗位援助、政策扶持等服务，鼓励自主创业，适当给予税费减免、担保贷款支持，已转产就业2417人。严打非法捕捞。全面开展打击非法捕捞专项整治三年行动，集中开展联合行动828次，水上巡查里程7.7万多千米，查办涉渔违法违规案件153件。

农民收入。加大产业扶贫工作力度，让广大农民参与现代化进程，共同分享现代化成果。扶贫项目。严格落实扶贫专项资金，60%以上用于产业扶贫，2020年，安排产业扶贫财政专项资金2.5亿元，实施产业扶贫项目1218个，争取省级重点产业扶贫资金3660万元。基础设施。成功申报现代农业特色产业园省级示范园5个、省级优质农副产品供应基地2个，新建高标准农田3.44万公顷，新建优质农产品标准化生产示范基地30个，面积达2.47万公顷以上。联结模式。重点推行“村集体+新型经营主体+贫困户”的产业扶贫“常德模式”，全市共有187家龙头企业、1544家专业合作社、310个家庭农场带动贫困户加入产业发展。具有产业发展能力和意愿的贫困户52884户，100%与新型农业经营主体建立利益联结机制。央视集中报道常德产业扶贫模式。

质安监管。坚持产管并举，考核农业标准化生产覆盖率超过80%，监测合格率保持在98%以上，连续18年实现农产品质量安全“零事故”。健全体系。健全市县乡村组五级监管网络，和以市级检测机构为龙头、县级检测中心为骨干、乡镇检测室为基础、基地速测点为补充的农产品质检体系，2021年被确定为全省首个国家农产品质量安全市创建单位。强化监管。严格落实基层监管人员包片联点责任制，推行网格化监管，9个乡镇监管站创建省市级示范站，累计达63个，22个村通过安全治理体系建设试点验收，汉寿、津市检测机构年内通过“双认证”。8家中央投资县级检测机构“双认证”累计达6家，通过率75%，远高全省平均水平。开展专项整治“利剑”“百日”行动，立案查处32起，移送司法1起。全程追溯。全面推进“两证+追溯”全覆盖，全市370家主体纳入农产品“身份证”管理并实行赋码标识，1089家主体纳入国家平台管理，市级以上龙头企业、区域公用品牌、“一县一特”“两品一标”产品实现全覆盖，1564家生产主体实施合格证制度。

内外循环。统筹利用国际国内两个市场、两种资源，加强双循环体系建设，全链条打造外向型农业产业体系。进一步对接粤港澳大湾区“菜篮子”建设，39个粤港澳大湾区“菜篮子”蔬菜基地认定面积0.22万公顷，总产9.78万吨左右，产值约10亿元，其中约7万吨销往粤港澳大湾区；大湖水殖、湘佳牧业等19个畜牧水产基地积极从产业规模、基地建设、品牌特色等多领域重点发力，取得初步成效。全市1—12月出口农产品6.15亿元，进口总额6775万元。推进优质农产品出村进城，拉动消费升级。举办沅澧共庆2020“中国农民丰收节”暨消费扶贫优质农产品产销对接会，签订各类合作协议65个，累计签约7亿元。举办常德市优质农产品产销对接（消费扶贫）暨线上年货促销活动，近300家常德本土企业的1200多种优质农产品参展，线上线下销售额达2000万元。发展农村电商，加快培育消费新增长点。积极推动“供销e家·智慧民生”“农筹惠”等农产品电商平台建设，全市乡村电商服务站点覆盖率达90%以上，建成省级电商扶贫小店4334家，农产品电商零售额达19亿元，“直播带货”“云上消费”成为常德农业产业发展新动能。

农村改革。激活农村发展的内生动力，巩固和完善农村基本经营制度改革，保持农村土地承包关系长期稳定不变。土地确权颁证。全市流转耕地面积25.21万公顷，增加13.05万公顷；占耕地总面积的55.89%，增幅19.39%。经营权抵押贷款试点成效显著，发放贷款830笔、金额5.07亿元。常德市获评“全国农村承包地确权登记颁证工作典型地区”，农村土地纠纷调解仲裁考评连续4年位列全省第一。集体产权制度改革。全市共有集体资产88.08亿元、集体土地159.21万公顷，确认集体经济组织成员473万人，建立农村集体经济组织2109

个，汉寿县率先成立农村集体产权交易中心，成交金额725.6万元。农房建管。组建联审联批办公室，提供建房审批“一站式”服务，探索县乡村三级巡查制度。桃花源汤家山农宅改革创造常德经验，着力将汉寿洲口、武陵芦荻山、澧县复兴等示范乡镇打造为全省样板工程。农业综合执法改革。组建市农业综合行政执法支队。

植保植检。大面积防治。2020年，全市农作物病有害生物总体表现为中等发生。主要农作物病、虫、草、鼠发生面积436.93万公顷次，防治面积583.17万公顷次，分别比上年减少0.89%、7.67%。减轻病害损失。全市挽回粮食损失38.47万吨、油菜3.62万吨、皮棉0.68万吨、柑橘6.57万吨、蔬菜6.38万吨；共组织草地贪夜蛾应急防控作业12次。植物检疫。严格按农业植物检疫操作规程抓好产地检疫和调运检疫签证工作。市、县两级植物检疫机构对988.51公顷农作物种子、苗木、繁殖材料生产基地进行产地检疫，未发现有国内植物检疫性有害生物和危险性有害生物，签发“全国农业植物产地检疫合格证”95份，签发调出种子种苗、繁殖材料、植物及植物产品“植物检疫证书”531份。

农技推广。技术示范。2020年，全市累计争取补助资金775万元，建设高标准示范基地15个。其中临澧县围绕千亿产业发展，成功引进袁隆平院士“三分地养活一个人”粮食高产绿色优质科技创新工程示范基地。市县两级大力开展机收再生稻“四防一增”高产高效技术示范、稻油轮作“三化”技术示范，均取得良好成效。其中，桃源县、临澧县、石门县再生稻百亩示范片两季亩产均在1000千克以上，桃源县高达1090.38千克；全市再生稻种植已达2.65万公顷，较上年增加0.38万公顷。围绕主导产业制定发布农业主推技术104项，科技示范主体应用主推技术到位率达98.7%。农技体系建设。加强乡镇农技站规范化建设，全市共创建国家级五星服务乡镇农技站8个，省级五星服务乡镇农技站18个。推广农民田间学校，开展技术培训，创建省级农民田间示范校25所，7所正申报省级农民田间学校省级示范校。基层农技队伍。全市共推荐50名基层农技人员参加学历提升，其中高起专12人、专升本28人，农业硕士10人；为提升农技推广服务能力，组织全市1654名基层农技人员参加全省5天以上的脱产培训；定向培养基层农技特岗人员81个，其中本科9人、专科72人。

2020年，常德市被中央农村工作领导小组办公室、农业农村部表彰为“全国农村承包地确权登记颁证工作典型地区”。常德市农业综合行政执法支队被农业农村部表彰为全国农业综合行政执法示范窗口。市农业农村局彭杰被国务院第二次全国污染源普查领导小组办公室表扬。市农业农村局甘信斌被农业农村部通报表扬。

【常德市2020年优质农产品产销对接暨首届农产品电商PK赛】 1月7日，常德市2020年优质农产品产销对接暨首届农产品电商PK赛在常德河街春秋广场开幕。活动共有5个展区，分别是“新时代、新农村”摄影大赛获奖展区，2019年度十大农产品品牌展区，区县市主题馆展区，电商竞赛区和产销对接区。产销对接展区共有160多家常德本土企业、1000多个优质产品现场展示展销，全部经过市场监督管理部门抽检审定，部分企业已经进入湖南省农产品“身份证”管理信息平台，可以现场扫码追溯。电商竞赛区，8家农产品电商代表进行现场销售PK。开幕式上通报“常德香米”“金健”“鑫湘汇”“仙湖甲鱼”“澧州葡萄”“临澧黄花鱼”“灵犀茶油”“德人牧香”“童胖子”“天地农耕山茶油”“君和”“郑太农业”“弘富源”13个农产品品牌为“2019年度常德市十大农产品品牌”，并现场授牌。

【市委农村工作会议】 3月9日，市委农村工作会议召开，深入学习贯彻习近平总书记关于“三农”工作的重要指示批示精神，落细落小落实中央、省委农村工作会议精神，全面总结2019年农业农村工作，分析研判新形势，安排部署2020年工作任务，进一步稳住“三农”基本盘，为深入推进开放强市产业立市、全面建成小康社会奠定更加坚实基础。市委书记、市人大常委会主任周德睿出席并讲话。市委副书记、市长曹立军作主题讲话。市委副书记朱水平主持会议。副市长龚德汉宣读全市2019年实施乡村振兴战略和农业农村工作考评结果。

【沅澧共庆2020“中国农民丰收节”活动】 9月24日，常德品牌·中国品质——沅澧共庆2020“中国农民丰收节”暨消费扶贫优质农产品产销对接会活动在柳叶湖旅游度假区郑太有机农场开启。市委书记、市人大常委会主任周德睿宣布庆丰收系列活动启动。市委副书记、市长邹文辉出席活动并讲话。活动主要有中国太阳谷有机农业峰会、庆祝2020“中国农民丰收节”系列活动、区县市分会场庆“中国农民丰收节”、消费扶贫优质农产品产销专场对接会以及线上直播带货和线下展销等。当天现场签署消费扶贫专区建设合作、粮食产业示范区框架协议，丹洲茂林农业生态产业园、特色食材直供合作框架协议，扶贫产品产销对接框架协议。

【市农业综合行政执法支队组建】 2020年7月29日，中共常德市委机构编制委员会关于根据常德市农业综合行政执法支队职能配置、内设机构和人员编制规定的相关通知（常编发〔2020〕7号），明确市级执法支队负责武陵区农业领域重大行政执法案件调查处理，承担常德经济技术开发区、柳叶湖旅游度假区农业领域综合行政执法职责。支队设6个大队。2021年2月，正式组建市农业综合行政执法支队，行使兽医兽药、动物卫生监督、生猪屠宰、种子、农药、化肥、饲料、农机、农产品质量安全、渔业等执法职责。积极推进县级改革。武陵区、桃源县全部改革到位，其他区县市的农业行政综合执法改革积极推动中。

（陈 弘）

乡村振兴

【概况】 2020年，常德市农业农村局全面实施乡村振兴战略，全力补齐全面建成小康社会短板弱项，各项工作取得明显成效。

示范建设。深入推进“4+9”乡村振兴示范片建设，以点带面全域推进乡村振兴。示范片区。黄山头镇获批国家农业产业强镇示范镇，西湖牧业小镇入选全省首批特色产业小镇，壶瓶山镇获评省级特色文旅小镇，成功申报全国“一村一品”示范村2个、省级休闲农业示范村2个。成功打造桃花源、太阳谷、石门秀坪、鼎城草坪、临澧修梅等示范样板。美丽乡村。成功申报全域推进县1个、全域推进乡（镇）12个，申报创建省级精品乡村7个、省级美丽乡村示范创建村10个。澧县乔家河村被评为中国美丽休闲乡村。深入推进桃花源汤家山村农宅合作社试点，探索一批可复制、可推广的经验。长效机制。采取联建联帮、共建共享、同筹共建等多种方式，落实投入保障机制，投入各类资金4亿元。创新美丽乡村市级授牌村动态管理模式，推动实现“创牌与保牌齐抓、建设与管理并重”。

农业产业。严格落实粮食生猪生产任务，深入推进“三品”工程，农产品质量和效益实现“双提升”。稳产保供。全面完成2019年度3.333万公顷高标准农田建设任务，启动2020年3.447万公顷建设任务。全年粮食播种58.86万公顷。油菜、蔬菜、水果、茶叶种植面积和产量继续稳居全省前列。经营主体。湘佳牧业成功实现主板上市。全市有规模以上农产品加工企业581家，国家级龙头企业6家、省级91家；成功申报现代农业特色产业园省级示范园5个，申报省五星级农庄8家、四星级10家；注册农民合作社7231家、家庭农场9106家。品牌创建。大力推广使用“常德香米”地理标志。“常德红茶”“常德甲鱼”“常德米粉”等新获国家农产品地理标志登记保护，新增“两品一标”认证87个，新入选粤港澳大湾区“菜篮子”基地30个。

基层治理。坚持党对“三农”工作的全面领导，党在农村的执政基础持续巩固。党的领导。建立县乡村三级书记抓党建促乡村振兴责任机制，择优选派1484名“第一书记”和3579名驻村工作队员。396个贫困村优先实现“五化”对标创建，15项政务服务事项实现乡村站点网上办理。人才支撑。选派省、市、县三级科技特派员330名，储备45岁以下、大专以上学历的后备力量4323人，新增农民大学生1033名、新型职业农民1万多名。平安乡村。完成“一村一辅警”和城市快警建设，2265个村（社区）“雪亮工程”全面建成，无上访村（社区）占比达94.2%。文明新风。所有村（社区）修订完善村规民约、居民公约，组织开展“十佳”评选，充分发挥村规民约“立规矩、正民风、促公益”作用。

【乡村环境】 禁捕退捕。8个任务区县市全面完成退捕任务，精确核定全市退捕渔民3430户，渔船3729艘，实现清船清网、“四无四清”。人居环境。深入开展农村人居环境整治三年行动，所有行政村配备农村环卫保洁岗位，建成乡镇生活垃圾中转站206座，清理生活垃圾和生产废弃物53.8万吨。改（新）建农村户厕12.6万座、公厕121座。污染治理。1053个行政村完成农村环境综合治理整县推进工作任务、占任务数110.8%，实施综合整治的任务村生活污水处理（有效管控）率达70%以上，生活垃圾无害化处理率达80%以上，饮用水水源达标率100%，畜禽养殖粪便综合利用率达80%以上。

【基础建设】 基础设施。建成自然村通水泥路5860千米，提质改造农村公路4009千米。农村饮水安全巩固提升工程累计投入3.8亿元，建成15个万吨规模以上的水厂，惠及农村人口12.3万人。自然村4G网络覆盖率达98.5%。农村改革。全市流转耕地面积25.21万公顷，占耕地总面积的55.9%，经营权抵押试点贷款金额达5.1亿元，汉寿县率先成立农村集体产权交易中心。农村土地纠纷调解仲裁考评连续4年位列全省第一，获评“全国农村承包地确权登记颁证工作典型地区”。乡村公共服务。改造乡镇寄宿制学校316所、乡村小规模学校62所。乡镇卫生院标准化建设达标率95%以上。建设基础养老服务设施1205个，特困人员集中供养率达59%。

（陈 弘）

种植业

【粮油作物】 粮食。2020年，全市粮食播种面积58.86万公顷、同比增长5.58%，总产372.39万吨、同比增长3.9%。其中早稻播种面积18.16万公顷、同比增长20.74%，单产365.71千克、同比减少4.01%，总产99.6万吨、同比增长15.9%；中稻与一季晚稻播种面积15.41万公顷、同比减少17.75%，单产517.76千克、同比增长1.57%，总产119.67万吨、同比减少16.46%；双季晚稻播种面积19.37万公顷、同比增长22.08%，单产412.22千克、同比减少0.46%，总产119.76万吨、同比增长21.52%。旱粮播种面积5.92万公顷、同比减少3.07%，单产375.33千克、同比增长12.2%，总产33.35万吨、同比增长8.76%。

油菜。2020年，全市春收油菜面积29.64万公顷、增加0.81万公顷，单产133.2千克、增加2.34千克，总产59.2万吨、增加2.64万吨。油菜籽销售价格较2019年持平，销售均价在5.2元/千克，总产值30.784亿元、增加1.354亿元。油菜轻简化栽培技术逐步得到推广应用、全程机械化推广初见成效。实施稻油水旱轮作1.15万公顷，全面完成项目任务面积。2020年稻油水旱轮作试点任务1.41万公顷，全部实施到位。

【主要经济作物】 蔬菜。蔬菜播种面积14.64万公顷，产量645.6万吨，总产值93.7亿元，分别比2019年增加0.24万公顷、12.6万吨、5.7亿元，增幅为1.6%、2%、9.7%。辣椒、菜薹、芥菜、藠果、大白菜、南瓜、莲藕等规模种植呈扩张趋势，外销渠道顺畅，产业链条基本完善；受疫情影响，蔬菜价格得到提升，蔬菜种植专业合作社受益明显，用于基础设施改善的资金增加，全市设施蔬菜生产得到恢复。

水果。水果面积9.98万公顷，产量105.7万吨，产值34.7亿元；其中柑橘面积8.53万公顷（新建0.53万公顷），增加0.53万公顷；总产75万吨，比2019年增加31.5万吨，产值13.2亿元，与2019年对比基本持平；价格高开低走，均价1.7元/千克、减少1.3元/千克。其中蜜橘收购均价为1元/千克～1.6元/千克，对比2019年降低0.8元/千克～1.2元/千克，橙类3.2元/千克～4元/千克，对比2019年降低0.6元/千克以上。葡萄面积稳定在0.35万公顷，总产10.8万吨，阳光玫瑰价格稳定，在12元/千克～15元/千克、增3元/千克～5元/千克，产值14.9亿元、增3.5亿元；桃、李、梨：面积0.29万公顷，总产量3万吨，总产值1.8亿元，基本持平；西甜瓜：0.68万公顷，产量16.3万吨，平均价格2元/千克～2.5元/千克，产值3.6亿元，同比基本持平；其他水果草莓、猕猴桃、枇杷、无花果等高效水果面积在0.13万公顷左右，产量0.6万吨，产值1.2亿元。

棉花。全市棉花生产面积4.04万公顷，比上年减少0.74万公顷，平均单产籽棉210千克左右，比上年减少30千克，主要原因是受天气的影响，苗期低温阴雨，生长期高温干旱，导致桃小，棉花衣分率下降，9月长期的低温阴雨又造成棉花烂桃，品质下降，部分棉农甚至放弃采桃；总产籽棉12.8万吨，比上年减少4.4万吨，总产值约7.1亿元，比上年减少3.2亿元。棉花籽棉收购价格约为6元/千克～7元/千克，与2019年基本持平，销售较顺畅。

茶叶。全市茶园总面积2.47万公顷，对比2019年增加0.07万公顷，其中投产面积2.04万公顷，良种茶园1.47万公顷，无性系良种率为59.5%，有机茶认定面积0.12万公顷。2020年全市茶叶总产量为4.5万吨，总产值16.4亿元，同比2019年分别减少0.2万吨、0.4亿元，减幅4.2%、2.4%。其中名优茶产量为1.72万吨，相比2019年增加0.24万吨，增16.2%。据调查，2020年茶叶产值下降的主要原因是大宗茶生产量大，而安化黑茶集团、省茶叶进出口集团均以出口创汇为主业，国外疫情泛滥，出口受阻，下游订单锐减，导致生产黑毛茶、普通绿茶的企业无订单即无法开工生产。

【其他经济作物】 中药材在常德市发展迅猛，2020年种植面积1.39万公顷，对比2019年增加0.75万公顷，产值7亿元，对比2019年增加2.9亿元；甘蔗、苎麻、花卉、蚕桑、烤烟等种植面积共1.02万公顷、产值4.78亿元，面积基本保持稳定。

（陈　弘）

养殖业

【概况】 2020年，全市养殖业总产值达416.9亿元，占第一产业总产值的50.1%，占比同比增长4.7%。全年生猪存栏290.67万头、出栏384.79万头，分别超额完成省定任务的21.1%和14.9%；牛存栏41.66万头，出栏17.09万头，牛肉产量达1.97万吨；羊存栏141.69万只，出栏185.02万只，羊肉产量3.05万吨；家禽存栏6105.21万羽，出栏9729.99万羽，家禽产量14万吨，禽蛋产量39.08万吨；水产品产量达46.36万吨。各项生产数据均同比上升。“常德甲鱼”获国家农产品地理标志登记证书。湘佳牧业上市。常德市获评“湖南省动物疫病防控绩效考核优胜市州”和“全省长江流域重点水域禁捕退捕工作优秀市”；津市市获评“全省畜牧水产工作先进市”和“全省长江流域重点水域禁捕退捕工作优秀县”；汉寿县禁捕退捕工作获评“2020年真抓实干督查激励县”；鼎城区获评“全省长江流域重点水域禁捕退捕工作优秀县”；安乡县获评“中国渔政亮剑2020专项执法行动先进集体”和“全省生猪稳产保供工作先进县”。

（贺　亮）

【畜禽生产】 2020年，全市牛存栏41.66万头，出栏17.09万头，牛肉产量1.97万吨；羊存栏141.69万只，出栏185.02万只，羊肉产量3.05万吨；家禽存栏6105.21万羽，出栏9729.99万羽，家禽产量14万吨。

（朱珍珍）

【生猪生产】 全年生猪存栏290.67万头、出栏384.79万头。生猪生产调度。将全年335万头生猪出栏、年底240万头生猪存栏及13.5万头能繁母猪存栏任务数分解至区县市。将国务院、部委、省委、省政府等出台的优惠政策编印成册，下发至每个规模养殖场（户）。及时收集、整理、上报生猪生产数据，科学研判形势，与统计局、国调队沟通衔接，统筹协调好生猪统计归口工作，保证数据一致、真实可靠。项目建设进度。引进正大、正邦、现代农业、唐人神、克明面业、兴疆牧歌、鑫广安、牧原等大型养殖企业到常德建场。全力支持本土湘佳牧业、惠生农科、华乐牧业等龙头企业新（改、扩）建一批标准化现代养殖企业，安排专家指导中小规模场有序复养。2020年，全市500头以上新、改扩建规模猪场226家，成功复养的中小规模场1541个，复养成功率96.07%，复养成功场发展生猪57.5万头。

（王　宇）

【畜禽屠宰】 落实生猪屠宰环节两项制度，打击私屠滥宰。对全市屠宰场进行全面清理审核，重新颁证27家，关停屠宰场点34家，存有A类屠宰企业14家、B类生猪屠宰企业27家。以集中屠宰、品牌经营、冷链流通、冷鲜上市为方向，提高屠宰现代化水平。惠生农科、华乐食品、临澧得益3家A类屠宰企业通过全省生猪屠宰示范场创建评选。兽医兽药。全市动物防疫员编制516个，在编人员449人，其中50岁以上260人，占57.9%；大专以上学历279人，占62%；专业技术人员314人，占70%。全市官方兽医785人，其中县级官方兽医336人，乡镇（街道）官方兽医449人。兽药抽检合格率100%。

（邓全保）

【养殖环境整治】 养殖标准化示范创建。全年创建国家畜禽养殖标准化示范场1家，省级畜禽养殖标准化示范场2家，部级水产健康养殖示范场8家，养殖尾水治理省级示范点1家，水产养殖减量用药省级示范点2家，水产种质提升省级示范基地2家。畜禽粪污资源化利用。全市661个大型规模场、1422个规模养殖场粪污处理设施装备配套率均达100%，畜禽粪污综合利用率达91.86%。畜禽粪污资源化利用整县推进项目。桃源、石门、鼎城、汉寿、澧县5个中央项目县共建设项目1493个全部完工；临澧、津市、安乡3个省级项目县除安乡纳入2020年中央整县推进项目建设外，临澧、津市基本完成。养殖环境污染整治。调整养殖环境整治工作领导小组，对中央、省环保督察交办，以及中央环保督察“回头看”、洞庭湖生态环境保护专项督察期间涉及养殖环境整治的信访举报件进行现场督办，定期调度整改情况，跟踪整改进度，确保整改到位、办结销号。

（贺　亮）

【动物防疫体系】 疫情监测排查。全市对生猪养殖场、屠宰场、无害处理中心（收集中心）、家禽养殖场、农贸市场、活禽批发市场等重点场所共采集抗体监测样品4706份、病原学检测样品36051份。市水生动物疫病监控中心项目基本完成建设。春秋两季动物免疫。全市全年共组织调拨口蹄疫疫苗192万毫升、禽流感疫苗5839万毫升、小反刍兽疫苗22.7万毫升。高致病性禽流感、口蹄疫、小反刍兽疫等3种强制免疫病种免疫数量分别为6996.92万羽、459.79万头、71.45万头，应免畜禽免疫密度均达到100%。动物卫生监督执法。落实生猪调出备案审核监管，完成325辆运输生猪及其产品的车辆备案及动物检疫证章换新工作。全市“点对点”调出省92批次、65803头生猪。全市共办理违反《中华人民共和国动物防疫法》案件共94件，其中一般程序案件42件，结案34件，共罚款22.5万元。全市共开展流动执法行动5408次，出动执法人员17486人次，巡查养殖场、屠宰场、农贸市场等27555次。“百日专项行动”期间共检查生猪57163头次，共查处生猪110头次，其中无检疫证生猪头数73头次，无耳标生猪头数37头次。

（刘文泽）

【产品质量监管】 专项整治。结合“双安双创”（国家食品安全示范城市创建和农产品质量安全县创建）、“3・15”农资打假宣传等，开展“瘦肉精”、兽用抗菌药及兽药残留、生猪屠宰监管、水产品兽药残留及非法投入品、生鲜乳质量安全、农资打假、饲料安全生产等专项行动，发放宣传资料9927份。指导区县市业务主管部门与养殖业投入品生产、销售企业（门店）和规模养殖场签订“畜禽水产品质量安全承诺书”9771份。抽检监测。配合农业农村部、省业务主管部门到常德市共抽检畜禽水产品545批次。市本级共抽检样品2749批次，其中定量分析1949批次，定性分析800批次，畜禽水产品、兽药、饲料抽检检测合格率均达到100%。全市551家兽药生产企业、经营企业基本完成生产、销售信息上传，实行电子系统化的兽药信息可追溯管理。对接粤港澳大湾区。印发《粤港澳大湾区“菜篮子”工程平台实施方案的通知》，联合农业农村和海关部门，主动对接服务，执行“一个标准供应，一个平台运作，一个体系监管”的运作模式，大湖水殖、湘佳牧业、华乐食品、三建水产、惠生农科、三尖农牧、河洲生态、兴唐兴蜂业等8家畜禽水产企业涉及13个生产基地和4个加工企业通过认定。

（周学军）

【禁捕退捕】 精准识别建档。全市先后开展3次“回头看”，核定退捕渔民3448户，其中持证专业捕捞渔民1107户，无证专业捕捞渔民95户，持证兼业捕捞渔民78户，其他持证捕捞渔民1431户，无证兼业捕捞渔民737户。按照“应收尽收”原则，全面回收拆解专业渔民和持证兼业渔民的渔船网具，核定全市退捕鱼船3729艘，回收捕捞船证2708本，处置涉渔“三无”船舶6148艘。打击非法捕捞。全面开展打击非法捕捞专项整治三年行动，大力推进“清江行动”“亮剑2020”等系列整治行动，严惩各类涉渔犯罪行为。2019年7月至2020年12月，全市集中开展联合行动828次，水上巡查里程7.7万多千米，检查水生生物保护区2629次，扣押、收缴渔具4879套件，清理违规网具23214张（顶），扣押、收缴渔具4879套件，捣毁非法渔获物交易点3个，下达责令改正通知书160份；查办涉渔违法违规案件153件，立案侦办刑事案件62起，采取刑事强制措施62人。营造宣传氛围。通过组织中心志愿者巡河，沿岸张贴发放《农业农村部关于长江流域重点水域禁捕范围和时间的通告》《常德市重点水域禁捕通告》《关于严厉打击非法捕捞犯罪行为的通告》和《致全市休闲垂钓爱好者的一封信》等，以及在《常德日报》开设“禁捕退捕进行时”专题栏目，就禁捕退捕工作答记者问等多种形式广泛宣传关于长江流域禁捕的政策精神，让“长江流域十年禁渔”规定家喻户晓、深入人心。

（梁　丹）

林业

【概况】 2020年，全市林业围绕生态保护、生态修复、生态惠民三大重点领域，各项工作稳步推进。全市林地面积83.05万公顷，森林覆盖率达48%，活立木蓄积量4356万立方米。全市湿地面积19.07万公顷，占国土面积10.5%，其中，纳入保护面积13.67万公顷，保护率71.66%。林业产业总产值达353.14亿元，同比增长5.4%。2020年，常德市林业局获第二届“生态中国湿地保护示范奖”。全国9家单位获此荣誉，常德市林业局是长江中游省市唯一获奖单位。通过“国家森林城市复检”专家实地调研检查。

2020年，遭遇新冠肺炎疫情，全市林业快速反应，封控持证野生动物人工繁育场所372家、人工繁育野生动物4650.64万条（头、只），出动执法车辆2324台次，巡查人员9632人次，发现行政案件线索27条、立案4起，收缴野生动物263只（头、条）。野生动物人工繁育退养工作。2020年全市9个县市区、5个市直管理区、贺家山原种场共15家单位全额拨付补偿资金，资金补偿拨付率和动物处置率为100%，完成全市禁食野生动物退补工作任务。自然保护地整合优化。按照“保护面积不减少、保护强度不降低、保护性质不改变”的总体要求，常德市于2019年12月全面启动全市自然保护地整合优化工作，全市自然保护地由整合优化前的5类35处、批复总面积253342.23公顷整合优化为2类32处、总面积205183.68公顷。生态环境问题整改。涉林73项突出生态环境问题全部按要求完成整改销号任务，未发生一起自然保护地负面舆情。

绿色发展。推进国土绿化。2020年完成人工造林1.09万公顷、封山育林1.71万公顷、退化林修复2.77万公顷、森林抚育的面积5.18万公顷。提升森林功能。认真落实《湖南省国有林森林质量精准提升工程实施规定（试行）》总体要求，建立省级示范基地6个、市级示范基地30个、林业项目示范林100片，完成森林提质0.32万公顷。打造生态廊道。制定《常德市生态廊道建设总体方案》，构建以“一湖两水”主要交通干道为骨架的省级生态安全屏障，临澧县、津市市沿二广高速两侧开展增绿扩量333.33公顷，鼎城区、桃源县、石门县沿黔张常、石常铁路两侧开展增绿扩量266.67公顷，累计更新油茶林1.67万公顷。建设现代庭院。常德市经省林业局认定的绿色村庄数量达1186个，绿色村庄占全市乡村比例的70%。全民义务植树。全市参加全民义务植树活动人数达347.49万人次，尽责率达95%，完成植树1201.19多万株。

湿地保护。《常德市西洞庭湖国际重要湿地保护条例》于2020年1月1日颁布实施。完成洞庭湖生态环境专项整治三年行动计划工作任务。2020年，全市欧美黑杨全面“清零”，累计清除0.81万公顷，完成湿地修复1.43万公顷。石门仙阳湖国家湿地公园试点建设通过验收。湿地本底资源调查工作加快推进。湿地影响不断扩增扩大，利用世界湿地日、世界野生动植物日、爱鸟周等，组织志愿者开展野生动植物保护宣传进社区、进校园、进市场、进企业，全面提升市民湿地保护意识。

资源保护。林木。严格执行地方政府保护发展森林资源目标责任制，实行森林资源动态监测月统计制度。2020年度全市共采伐林木361820立方米，发证4303份。林地。严把使用林地审核关，审批征占用林地203起，面积627.6789公顷，收缴森林植被恢复费9012.5007万元。森林防火。启动森林防火三期项目建设，总投资1828.57万元。2020年全市共发生森林火灾1起，过火面积4.33公顷，受害森林面积0.92公顷，森林受害率0.001‰（低于省指标0.9‰），火灾发生率0.1次/10万公顷（低于省指标20次/10万公顷），未发生重特大森林火灾，无人员伤亡，是受害程度最小的一年。疫病。全市林业有害生物发生面积1.633万公顷，发生率2.26%；林业有害生物防治面积1.634万公顷，其中无公害防治面积1.44万公顷，无公害防止率88.21%，超88%的考核目标值，开展松材线虫病春秋季调查和松树枯死木除治工作，普查松林面积12.4万公顷。古树名木。全市古树名木3328株，挂牌保护率100%。林业执法。全市共立林业行政处罚案件333起，结案290起。统计期内各类林业行政案件行政处罚292人，共罚款近1198万元，没收非法所得2.7492万元，没收木材180.81立方米，没收幼树或苗木1.0352万株，没收野生动物133只，补种树木12724株。

林业产业。2020年林业总产值达353.14亿元，同比增长5.4%，其中第一产业产值107.83亿元、第二产业产值143.36亿元、第三产业产值101.94亿元。大力支持龙头企业，共争取各种产业项目发展资金达6080万元。面对新冠肺炎疫情，加快产业结构调整和转型升级，周记工贸、湘大环保由单一的烤火架、餐桌向办公、生活家具多产品生产转型。加大新产品的研发，跃宇竹制家具和工艺品、食艺食品的芦笋等供不应求。常德茶油地理标志品牌申报通过国家知识产权局资料和形式审查，泥头山、润农、天地农耕成功加入“湖南茶油”公共品牌，支持跃宇竹业在河街建设“竹里馆”，协调常德电视台拍摄林业产业专题片，加大对林业产业的宣传报道，扩大全市林业产业工作影响。

发展环境。提升行政审批质量。全年共办结行政审批服务事项55件，其中野生动物人工繁育证3件、植物检疫证48件、林木种子生产经营证1件、建设项目临时占用林地3件，收缴罚没收入10.6万元、植被恢复费59.5万元。所有审批项目群众满意率100%。编制“十四五”规划，完成征求意见稿。提高林业信息化水平。围绕“保障”和“应用”两大工作主题，真抓实干，完成电子政务外网转网，升级改造视频会议，提质改造森林防火视频前端系统。开展科研创新和基地建设。2020年度申报省级林业科技创新项目9个，申报省级推广项目5个。

【森林防火职能调整】 2020年，市林业局成立森林防火科。与市应急、公安等部门沟通衔接，先后召开3次森林防火工作移交协调会，起草移交工作方案并报市政府批准同意。组织召开林业系统森林防火专业培训班，加强森林防火基础知识、森林火灾的预防、森林火灾的扑救等相关知识培训，先后累计培训170多人次。

【长江湿地保护网络年会暨湿地管理培训班】 11月4日至6日，2020年长江湿地保护网络年会暨湿地管理培训班在湖南省常德市举办。国家林草局湿地管理司司长吴志民，湖南省林业局党组书记、局长胡长清，常德市市长邹文辉，世界自然基金会北京代表处副总干事周非出席会议并讲话。国家林草局、世界自然基金会、长江流域12个省市区林业局及网络成员单位有关同志和专家学者参加会议。会议宣读凝聚社会合力、共护长江湿地的《常德宣言》。长江湿地保护网络成立于2007年，网络省份包括上海、江苏、安徽、江西、湖南、湖北、重庆、四川、贵州、云南、西藏、青海12个省（市、区），共有湿地总面积为2510.48万公顷，占全国湿地总面积的47%。

【全省造林绿化现场会在常德召开】 12月10日，全省造林绿化工作现场会在常德召开，湖南省林业局党组书记、局长胡长清出席会议并讲话。省林业局局相关处室、局直各单位主要负责人，桑植县、江永县人民政府负责人，各市州林业局、单独设立林业局的县市区林业局负责人参加会议。桑植县、江永县人民政府被授予国家草原自然公园试点建设单位牌匾，常德市林业局等5个单位作典型发言。会议期间，与会代表参观常德市省级生态廊道建设、森林抚育等现场。

（朱益帜）

水利

【概况】 2020年，市水利局获评全省文明标兵单位、全省防汛救灾先进集体，“省政府真抓实干督查激励”河湖长制、“小水电”清理整改等工作先进单位（市州排第一）。

防汛抗灾。2020年汛期，常德市遭遇24轮强降雨、3次较大洪水过程，发生堤垸水库险情296处。7月初至8月上旬，长江、沅水、澧水“三水碰头”，湖区维持超警水位达32天，高峰时有31个堤垸1090千米堤防同时超警，超警堤长、时长均为21世纪以来第一位。市水利局做好会商研判、工程调度、技术支撑、值班值守等工作，先后打赢涔水保卫战、安乡保卫战和沅水保卫战，未溃一堤一垸、未垮一库一坝、未因灾死亡一人，实现“五个确保”（确保遇设计标准内洪水时，不溃一堤一垸，不垮一库一坝，保证重要城镇和交通干线的安全；确保遇超标准洪水时，保证城市、大中型水库、重点堤垸和重要交通干线安全；确保暴雨山洪发生时，避免群死群伤；确保遇中等程度干旱时，生活、生产和生态用水安全；确保遇严重干旱时，生活用水基本有保障）目标。

水利工程。工程体系。2019—2020年度，克服疫情不利影响，狠抓复工复产，全市共完成水利建设投资30.11亿元，建成各类工程197处。2020—2021年度，针对汛期暴露出的短板问题，计划投入42.19亿元，建设水利工程174处，其中国省投108处28.93亿元、自筹66处13.26亿元，主要包括水毁工程修复、堤防安全建设、水库除险加固、重点区域排涝能力、主要支流治理、中小河流治理、水土保持修复建设等工程。强化工程质量和安全生产管理，水利安全生产实现零事故，没有出现一处豆腐渣工程，西毛里湖排涝泵站新建、蒋家嘴水闸除险加固、善卷垸防洪大堤综合整治等工程获评“湖南省水利建设优质工程”。规划编制。编制“十四五”水安全保障规划、2020—2035年水安全规划、水利基础设施空间布局规划、水资源配置规划、超标准洪水防御方案、河湖岸线保护利用规划等重大规划，特别围绕重点垸堤防加固、重点蓄洪垸安全建设、洞庭湖三口综合整治、大中型灌区现代化建设、重点河湖生态保护修复、水资源调配等方面，拟定“十四五”规划项目盘子1000亿元左右，其中谋划重大水利项目39个、资金512亿元。争资争项。2020年全市共争取上级水利资金15.53亿元，市本级征收河道采砂资源费1亿元。

河湖面貌。河湖长制。2020年，全市各级河湖长共开展巡河巡湖13.4万次，全面完成省级下达的河长制重点工作任务21大类3002处，整改销号上级交办河湖问题19处，排查整治河湖“四乱”（乱占、乱采、乱堆、乱建）问题58处，完成小水电清理整改销号146座，加强入河排污口监管，创建“美丽河湖”171处，全市省控及以上考核断面水质合格率、县级及以上饮用水水源地水质达标率均为100%。河道采砂。在沅、澧水流域开展“春雷行动”“夏季风暴”专项整治行动，出动日常巡查执法人员1.18万人次，市、县两级共处理水行政处罚案件77件。制定出台《常德市河道砂石资源开采管理暂行规定》，实施采砂船清理专项行动，打造国有平台公司统一运作经营的“汉寿样板”。污染防治攻坚战。整改省河湖保护治理暗访问题片、长江经济带突出问题警示片、环保督察及“回头看”反馈问题，开展“洞庭清波”专项行动，实施珊珀湖等重点水域环境综合整治，水环境得到持续改善。

民生水利。饮水安全。全面完成省、市重点民生实事任务，投入1.89亿元实施农村饮水安全巩固提升工程66处，全市现行标准下贫困人口饮水安全问题全面解决。大水厂建设。覆盖30万人的安乡县黄山头水厂、15万人的安乡县同兴水厂、13万人的临澧县天露泽水厂等工程全面完工。移民后扶工作。2020年全市共争取到位移民资金3.09亿元，完成22个重点移民村整村推进、1065名移民避险解困试点等项目。完成2018年、2019年第一批共38个重点村考核验收。定点扶贫。作为鼎城区十美堂镇庆复村的扶贫后盾单位，全年筹资225万元，实施沟渠疏浚、产业建设、电力改造等扶贫项目，该村共8户17名贫困人口全面脱贫。乡村振兴。为联点单位西湖管理区裕民村筹集落实资金650万元，完善水利、交通基础设施，帮扶发展果蔬产业，推进宜居村庄建设，该村通过省“精品乡村”创建工作验收。

水资源管理。继续实施水资源消耗总量和强度双控行动，严格控制年度用水计划指标，重点对王家湾等5个灌区、湘澧盐矿等5家高耗

2020年2月5日，澧县小渡口泵站建设项目正式复工　（市水利局 供图）

水企业实行用水总量控制，2020年全市用水总量较2019年下降1.3亿立方米，万元GDP用水量下降6%，万元工业增加值用水量下降5.64%，农田灌溉水有效利用系数达到0.55。节水型社会建设。全面完成市、县水利局节水机关及武陵区、津市市县域节水型社会达标建设任务。完善水资源调配体系，建立健全丰水与枯水季节水量调度保障体系，实施汉寿沧浪河河湖连通、津市水系连通、洞庭湖北部片区补水等工程，增强水资源配置能力。严格水资源论证和取水许可管理，完成全市2193个取水工程登记核查、整改提升工作。

优化服务。进一步下放市级行政审批权限，优化行政审批流程，实现审批事项“最多跑一次”，全年共办理审批业务27件，全部按承诺时限3天内办结，没有出现群众投诉和不满意情况。办理建议提案19件，见面率、回复率、满意率均为“百分之百”。及时回应处理舆情和群众诉求520多条。

【湖南省江垭和皂市水库管理处揭牌】 11月20日，湖南省江垭和皂市水库管理处举行揭牌仪式。湖南省水利厅党组书记、厅长颜学毛，澧水公司党组书记、董事长文柏海共同为湖南省江垭和皂市水库管理处揭牌。水利部长江委、湖南省水利厅、澧水公司、相关市水利局、相关县政府及水利局单位代表参加。江垭水库和皂市水库是湖南两个大型水库，分别位于张家界慈利县和常德石门县，是重要的防洪骨干工程，在澧水流域乃至全省的防洪体系中具有举足轻重的地位，同时也是重要的水源工程，水库库容分别为17.4亿立方米和14.4亿立方米，在全省大型水库中居第四位和第六位，水质常年维持在Ⅱ类水以上，山清水秀，生态良好。省江垭和皂市水库管理处为省水利厅直属正处级事业单位，前身为1999年成立的湖南省江垭水库管理处，2016年增加皂市水库管理职责后更名为省江垭和皂市水库管理处，负责两座水库管理工作。

【开展小水电清理整改】 2020年，常德市持续强力推进小水电清理整改工作，分别于4月27日、9月16日、10月12日召开全市小水电清理整改工作推进会、调度会。11月16—20日，常德市开展小水电清理整改复核工作。根据水利部办公厅《关于印发长江经济带小水电清理整改验收销号工作指导意见的通知》（办水电〔2020〕109号）和《湖南省小水电清理整改工作实施方案》（湘水发〔2019〕4号）精神，抽取35座电站（15座退出类电站中抽取5座、131座整改类电站中抽取30座）进行现场复核。截至11月15日，全市15座立即退出类电站全部完成县级验收销号，完成率100%；131座整改类电站，已经完成整改131座、县级验收销号131座，综合完成率100%。11月4—6日，省小水电清理整改督查组对常德市进行专项督查；11月20日前，市小水电清理整改联席办组织市联席会议成员单位，按20%以上比例完成了35座电站（5座退出类、30座整改类）的实地复核和其余112座电站（退出类11座、整改类101）的清理整改资料复核。

（代　敏）

农田建设管理

【概况】 2020年，全市共争取上级农田建设财政资金83540万元，其中：中央财政资金49065万元、省级财政资金34475万元。争取高标准农田建设项目14个，建设高标准农田3.444万公顷。

土地平整351.33公顷，土壤改良3.13万公顷，修建塘堰611座，小型拦河坝32座，农用机电井9座，泵站144座，衬砌渠道754.78千米，排水暗管1.26千米，渠系建筑物6704个，建设高效节水灌溉面积0.3万公顷，修建田间道路565.73千米。其年度项目工程效益：新增水田面积4.17万公顷，新增和改善灌溉达标面积2.66万公顷，新增和改善排水达标面积1.37万公顷，增加农田林网防护面积0.2万公顷，年新增主要农产品生产能力：粮食4024.72万千克，棉花5.5万千克，油料402.54万千克，项目区直接受益农民年纯收入增加总额8527.7万元。

强化规划。坚持规划先行，将高标准农田建设与全市国土空间、水资源利用、乡村振兴等规划相衔接，与产业扶贫、农村人居环境整治、现代农业园区建设相契合，统筹推进，发挥最大效益。与产业发展相结合。坚持项目实施与地区优势产业相结合，同规划、同建设、同利用，确保建一片、成一片、助力产业发展一片。与环境整治相结合。积极开展生态型高标准农田建设，配套建设生态渠道、生态堰塘、透水混凝土作业道等生态防护系统。同时采取推广种植绿肥、有机肥替代化肥、秸秆还田等措施，推进耕地质量提升，改良土壤。

项目管理。严格项目选址。按照省厅文件要求，准确把握“集中连片、规模开发、整体推进”的原则，认真抓好选项立项与规划设计。招投标依法依规。从明确招标范围、招标主体、标段划分原则、招标责任主体入手，切实抓好农田建设项目招投标工作。统一规范评审工作。精心选取职业道德好、专业基础强、实践经验丰富的农田水利、工程造价、耕地质量保护、环境保护等方面的专业人员组成市农田建设项目评审专家库，做到严格评审。开拓监督新渠道。由市农业农村局委托具备相应资质的第三方专业机构组成监督巡查组对各县市区项目建设单位及设计、施工、监理等各方在履行法定责任和义务的情况进行综合检查。

【高标准农田建设】 2020年4月，常德市召开关于开展2020年高标准农田建设项目规划设计培训会议，对2020年农田建设项目前期工作有关政策进行解读，项目勘测、规划设计、上图入库、工程概预算编制等相关要求进行讲解。11月5日，全省高标准农田建设现场推进会在常德召开。总结湖南高标准农田建设工作，交流高标准农田建设经验。会议采取“现场观摩+会议”的形式召开，观摩团通过听取汇报、观看展板等方式现场观摩桃源县陬市镇高标准农田建设项目区、桃源县枫树乡高标准农田建设项目区高标准农田建设情况。打造高标准农田示范片区。2020年，在桃源县陬市镇的酒铺岗村，枫树维吾尔族回族自治乡的大马山村、金凤桥村，投入资金2400万元，打造万亩全省领先的高标准农田示范区。

（陈　弘）

农村经营管理

【概况】 农村土地承包管理。第二轮土地承包到期后再延长30年试点工作。2020年，在鼎城区石板滩镇常水社区、澧县梦溪镇彭家厂村组织开展第二轮土地承包到期后再延长30年试点工作，完成政策宣传、入户摸底、方案制定、公示公开等基础性工作。确权颁证。全市确权成果数据库按照国家标准全部提交；签订承包合同115.9万份，签订率99%；颁发土地承包经营权证113.2万本，颁证率97%，完成土地档案整理114.6万本，扫描入馆113万本，入馆率99%。11月，常德市被中央农办、农业农村部表彰为“全国农村承包地确权登记颁证工作典型地区”。土地流转。县级基本建立土地流转服务中心和信息平台，乡（镇）建立土地流转服务站，村（居）配备土地流转信息员，及时发布土地流转信息，促进流转双方有效对接。截至12月底，全市流转耕地面积25.21万公顷，占耕地总面积的55.89%。调解仲裁。9个区县市均建立农村土地纠纷调解仲裁体系，形成县、乡、村层层有人负责的组织机构和工作体系，均按“一庭三室”要求标准完善办公场所，工作条件及装备器材已基本配备。2017—2020年常德市农村土地纠纷调解仲裁考评连续4年位列全省第一。抵押贷款。汉寿县作为全市农村土地经营权抵押贷款工作“领头羊”，抵押贷款规模迅速扩大，澧县试点进展顺利，安乡实现零的突破。全市共发放农村土地经营权抵押贷款830笔，金额5.07亿元。其中汉寿县794笔，4.47亿元；澧县34笔，5417万元；安乡县2笔，金额550万。

农民合作社及社会化服务。示范创建。截至12月底，全市注册农民合作社7231家（2020年新增110家），入社农户约44万户，农户入社率30.5%。全市共有国家级农民合作社示范社35家、省级示范社127家、市级示范社287家、县级示范社381家。全市有8家合作社被省委农村工作领导小组表彰为湖南省“千企帮村万社联户”产业扶贫突出贡献合作社；9家农民合作社被评为全省“百佳农民合作社”；湖南锦绣千村合作社理事长在全省农业产业化发展推进会上作典型发言。服务主体。共组织3家合作社参加第二十二届中国中部（湖南）农业博览会；对83家农民合作社开展贷款贴息审核，按要求核准贴息额度145.47万元；组织区县市新型经营主体与市邮储集团开展金融、物流等一揽子项目业务对接，现场签约60家农民合作社和家庭农场；疫情期间新型经营主体积极开展复工复产，其中《湖南常德：4800余家农民专业合作社复工》被《人民日报》转载推介。改革试点。主要探索三种农宅合作模式：自主经营模式。归园居农宅合作社自主吸纳8个经营户统一规范运营，对成员户外实施统一观改造和低值耗材统一采购。合作建房模式。以合作社为平台，流转8户资格权统一打造擂茶产业车间以及建设3栋民宿。流转利用模式。为流转闲置农宅制作21栋闲置农宅招商手册。8月，协调桃花源管理区与桃源县农商行举行农宅贷签约仪式，向3户农户发放第一笔贷款12万元。托管服务。澧县、汉寿、临澧开展农业社会化服务试点工作，完成试点任务面积4.8万公顷，促进服务带动型适度规模经营，以生产托管、机械作业为主的农业社会化服务模式得到进一步发展，农户亩平节本增效10%。组织试点县开通中国农业社会化服务平台账号开展服务主体录入管理。鼎城、澧县、汉寿、临澧4个农业社会化服务试点县开通县级管理账户，63个服务组织纳入主体库管理。

集体产权制度改革。资产清查及集体经济组织建立扫尾。5月，完成2018年度和2019年度资产清查及系统数据录入。截至年底，全市共有集体资产总额88.08亿元，其中经营性资产17.29亿元；共有集体土地总面积159.21万公顷，其中农用地总面积143.282万公顷。全市有2106个村（社）共建立农村集体经济组织2109个（常德经开区有2个村社分别建立2个、3个集体经济组织），全部完成登记、赋码、颁证、挂牌和银行开户、公章雕刻工作，村（社）党组织书记通过法定程序担任村级集体经济组织负责人。集体经济组织成员身份确认“回头看”。为充分保障妇女、儿童、政策性移民，超生子女、无子多女户、未迁出户口的出嫁女、入赘男、后期迁入且已取得户口并对集体做过贡献的等特殊群体的利益，防止出现“两头占”和“两头空”现象，组织化解成员身份确认中出现的矛盾纠纷和信访事件，全市共确认集体经济组织成员4729965人。资产股份合作改革和流转交易市场建设。在各地集体经营性资产较多、群众有意愿的地方开展改革，股改工作基本完成。全市有169个村（社）开展股改，占改革村社总数的8.01%。指导汉寿县与土流网合作，率先成立集体产权交易中心，共有7个乡镇19个村的集体资产挂牌248笔，面积555.898公顷，成交187笔，成交面积484.45公顷，成交金额725.6万元。鼓励各地与建设银行、邮储银行合作，通过统一的集体资产管理系统，实现资产管理和交易。集体经济发展。临澧县通过采取资源开发型、物业租赁型、资产盘活型、乡村旅游型、产业带动型、联合发展型等多种形式，积极推进农村“三变改革”，壮大农村集体经济。常德经开区石门桥镇八斗湾村从促进鲍家湾片土地征收补偿资金保值增值的实际情况出发，成立八斗湾村鲍家湾股份经济合作社，创办东升产业园和常德市源德汽车租赁有限公司，提供租赁服务，实现年收入310多万元。

【家庭农场发展培育】 2020年，全市纳入名录系统管理各类家庭农场9106家（2020年新增3054家），其中创建省级示范家庭农场114家，市级示范家庭农场190家，县级示范家庭农场240家。家庭农场产业覆盖面广，从事种植业的6642家，养殖业1681家，种养结合712家，其他行业71家。全市家庭农场劳动力总数53208人，其中家庭成员劳动力39662人，常年雇工劳动力13546人。经营土地面积8.67万公顷，场均9.52公顷，土地流转面积6.49万公顷。年销售农产品总值为221869元，场均25.57万元，农业生产投入总值108201万元，拥有注册商标的家庭农场146个，通过农产品质量认证的家庭农场123个。规范管理。规范名录管理。以区县市为主体完善名录管理，把符合条件的种养大户、专业大户纳入家庭农场范围。示范引领。同步开展省、市、县三级示范评定和创建。临澧县艺龙家庭农场入选第二批全国家庭农场典型案例初选对象，9家省级示范家庭农场纳入省委、省政府表彰名单，共创建市级示范家庭农场100家。总结提升。通过开展调研，对全市家庭农场情况进行总结分析，落实名录系统数据更新，做好家庭农场全国抽样调查，提炼典型经验形成调研报告。探索创新。11月，全市首家家庭农场联盟——常德市小蜜蜂家庭农场联盟在鼎城成立，6家从事种植、养殖的家庭农场以小蜜蜂品牌为核心寻求联合发展，完善产品类型，促进标准生产。

【农民维权和负担监管】 继续将农民权益维护和农民负担监督管理工作纳入党委政府绩效考核和党风廉政建设考核的重要内容，出台《农民负担监管工作要点》和《农民负担监督管理工作考评方案和考评记分细则》。通过编印政策读本、发放负担卡等形式开展惠农减负政策宣传，全市共编印惠农政策读本2000份，发放《农民负担与惠农补贴监督卡》110万份，入户率达到100%。6—7月，开展惠农重点项目落实情况的工作检查，共检查10个区县市（含小区）27个村（社）和部分新型经营主体，就资金拨付、使用、管理、账务规范等环节存在的问题进行交办。10—11月，会同市发改委、市教育局对全市农村中小学秋季教育收费情况进行检查，对学校食堂管理、课外活动开展、教辅资料征订和家委会管理等方面存在的问题交办整改，农村村民建房审批过程中乱收费乱摊派问题得到纠正和查处。落实惠农补贴备案制度，将惠农资金拨付的类型、数量、标准等基础数据上报备案，确保惠农资金运行安全。落实“一卡通”制度。落实农民负担及惠农补贴“公示制”，将惠农补贴的项目、标准、政策要求、监管部门信息和补贴到户明细情况等面向社会公示。

【农村宅基地管理】 各区县市成立农村村民建房管理工作领导小组或建立联席会议制度。鼎城、桃源、临澧和石门由政府主要领导任组长。各乡镇（街道）成立以乡镇长（街道办主任）为组长的工作领导小组，制定实施方案、联审联批制度、事中事后监管制度、议事规则等相关工作机制。全市共组织相关培训190场（次），培训人员5600人次。桃源县、临澧县和鼎城区将农村村民建房工作纳入对乡镇的绩效考核。宣传发动。各地主要通过广播、微信、标语、画册、流动宣传车以及进村入户宣传等多种形式，宣传农村宅基地改革和规范村民建房的相关法律法规及政策。10月，以“我市农村村民建房宣传月”为重点，利用“村村响”广播进行政策宣传。截至年底，全市各级共张贴横幅标语4300多条，发放宣传图册90多万份，出动宣传车辆1200多台次。桃源县杨溪桥镇蔡家塘村发挥村规民约的作用，引导群众逐步树立“先申请、后建房”观念，形成良好的舆论氛围。工作保障。人员保障。石门县、临澧县增设宅基地管理股，桃源县采取增加编制、划转人员和人员招聘等方式组建宅基地审批管理队伍，县、乡两级新增加人员27名。工作经费。鼎城区安排专项经费100万元、汉寿县安排80万元，武陵区芦荻山乡投入9万元用于农村村民建房管理工作，津市白衣镇安排2万元用于农房建设的宣传工作。阵地装备。全市50%以上乡镇党委政府就农村村民建房管理工作专门安排调剂办公场所，添置购买电脑、空调、办公桌椅、档案柜等必要装备器材。鼎城区、桃源县和津市市为每个乡镇配发激光测距仪。规范管理。调查摸底。各地结合房地一体确权登记颁证工作，摸清乡镇土地资源及其利用情况、宅基地规划布局和农房总量。联审联批。明确乡镇联审联批办公室具体负责办理村民建房审批日常工作。优化流程。各地均建立村民申请村级受理乡镇审批的工作机制，明确申请条件、审批程序、办理时限，为农民群众提供“一站式”服务。截至年底，全市共审批农村宅基地2710宗。探索创新。在探索方便群众方面，澧县和鼎城制定《农村村民建房资料清单》，发放到村；在探索监管方面，桃源县建立县乡村三级巡查制度；汉寿县依据《中华人民共和国城乡规划法》由乡镇执法拆除2宗违建农房。

（陈光华）

农业机械化

【概况】 截至2020年年末，常德市农机总动力突破661万千瓦，全市主要农作物综合机械化水平达到69.5%，其中水稻生产综合机械化率达81.53%。常德市农机事务中心被评为全省2020年度“市州农机事务工作先进单位”。

2020年，全市农机部门积极动员部署，依托县、乡、村三级联动机制，开展农机安全监管工作。推进拖拉机安全顽瘴痼疾整治。全市摸排出存在隐患的2945台变型拖拉机全部完成整改。变型拖拉机注销8335辆，存量为2880辆，牌证核减比例达到74%。开展农机安全宣传。开展“农机安全生产月”和“农机安全生产沅澧行”活动，积极营造“人人关注安全，人人参与安全”的社会氛围。农机监理队伍主动配合公安交警等部门开展联合执法，全年开展联合执法1165次，查处拖拉机违法违规行为4989次，下达问题整改通知书4312份。创建“平安农机”。2020年全市创建“平安农机”示范乡镇11个，“平安农村”示范村69个，“平安农机”示范合作社22个，汉寿县成功创建全国平安农机示范县。优化服务。全年累计注册登记农机具3385台，核发拖拉机、收割机驾驶证1090人，年检农用机械8809台，推广安责险保单1335单。市农机事务中心农机监理科余志勇获评2020年度全国农机安全监理示范岗位标兵。

抗灾救灾。2020年春，全市农机部门在做好疫情防控的同时，全力做好农机企业复工复产和春耕备耕保障工作。全市452家现代农机合作社、72家农机产销企业全部如期复工复产，投入春耕准备，早稻机械化生产工作有序开展。鼎城区推出的线上租赁“共享农机”，得到央视新闻频道宣传推介。7月，面对历史罕见的连续阴雨天气，针对穗上长芽等严峻形势，市农机事务中心响应市委、市政府号召，全力以赴组织全市农机部门干部职工深入基层、田间地头广泛动员农机合作社、农机大户抓晴天，抢阴天，起早摸黑当好天，调集收割机6500余台（套）、烘干机1500余台（套），投入抢收抢烘；在抗灾救灾期间，动员全市农机生产、经销企业开展全天候24小时服务，确保机具、零配件供应和维修服务；督促各区县市农机事务中心组建服务小分队，下沉一线开展服务；动员各级农机监理部门抓好安全生产，广泛开展安全宣传、安全巡查，确保333余万公顷中晚稻颗粒归仓。

水稻种植机械化。全市实施早稻集中育秧机插秧作业补贴，水稻机抛秧作业补贴试点，抓插秧机、抛秧机累加补贴和购机贷款贴息等扶持政策，推广水稻机插、机抛秧，加大补短板力度，取得明显成效。4月12日，全省春季农业生产暨农机装备转型升级现场推进会在汉

2020年4月13日，新款植保飞机和喷雾喷杆式植保机正在进行作业演示

（市农机事务中心 供图）

寿县召开，会议现场对水稻大棚育秧、机插秧、机抛秧等机械化生产环节进行演示，副省长隋忠诚对其给予高度评价。12月2日，市农机事务中心主办中联重科水稻有序抛秧机演练推广暨粮食生产调度会，现场推广演示中联重科新型水稻有序抛秧机，得到省市领导肯定。2020年全市共推广高速插秧机175台，抛秧机238台，水稻机插秧面积18.98万公顷，机抛秧面积1.97万公顷，机械化种植水平达36.88%。

农机合作社。2020年，常德市积极探索茶叶、林果、蔬菜机械化生产特色合作社建设，鼓励现有农机合作社做大做强，强化扶持能够为周边农户提供全程机械化作业、农资统购、技术培训、信息咨询、农产品销售对接的全程机械化综合农事服务中心。加强跟踪指导，扎实推进现代农机合作社提质升级。全年全市扶持创建现代农机合作社12家（每家奖补15万元）、现代农机合作社示范社7家（每家奖补30万元）、湖南省全程机械化综合农事服务中心3家（每家奖补100万元）。市农机事务中心、市财政局在市辖区范围开展星级合作社评选，评选出星级合作社3家，每家奖励10万元。

【农机推广服务“331”机制】“331”机制即：省市县财政列支3亿元开展农机作业补贴、购置累加补贴和贴息贷款，撬动农机购置资金30亿元，推动全省实施农机购置补贴10亿元。2020年湖南省农机购置补贴增加农机品目，提高部分补贴比例偏低机具的补贴额度，继续实施农机报废更新补贴。机具累加补贴。市财政对市直各区购买的中联重科PL-60带秸秆粉碎装置的收割机给予3000元累加补贴，对汉寿科祥生产的牵引式秸秆粉碎还田机给予5000元/台累加补贴，机抛秧机累加补贴1万元/台。大部分区县市对插（抛）秧机械在中央、省级补贴基础上再进行累加补贴3万元～5万元，桃源县补贴力度达6万元，对作业达66.667公顷以上的再补2万元，澧县对全县秸秆粉碎还田作业补贴8元/亩。购机贷款贴息。省农信担对购机贷款给予50%的贴息。市财政对2020年全市购置抛秧机的农户、农业经营主体按5万元/台贷款额度实行全额贴息。截止到2020年12月31日，全市共使用农机购置补贴资金18903.95万元，补贴各类农机具14719台（套），受益农户7893户。

【全省农机试点项目】 2020年，全市共争取到项目14个。其中：水稻机抛秧作业补贴试点县为鼎城、安乡、澧县、汉寿（全省20个，常德市4个）、田土宜机化改造补贴试点项目县为石门、津市（全省25个，常德市2个）、水稻深翻耕作业补贴试点县为桃源（全省15个，常德市1个）、机械化同步深施肥作业补贴试点县为安乡、临澧（全省10个，常德市2个）、全国平安农机示范县为汉寿（全省5个，常德市1个）、蔬菜特色产业机械化示范项目为汉寿（全省1个，常德市1个）、钢架大棚补贴试点县为鼎城、汉寿、石门（全省40个，常德市3个）。上述项目部分验收，部分有序推进，发挥示范引领作用。

【农机推广和技术培训】 2020年全市开展新机具演示评价39场，共有112个型号机具通过演示进入湖南省补贴目录。共组织各类培训班100期，培训人员7800人。5月28日，全省水稻机插秧作业技术比武常德市获二等奖。8月27日，在第三届全国农业行业职业技能大赛（农机修理工）湖南省选拔赛中常德市代表队获团体第一名，常德市孙连明代表湖南参加全国比武大赛并取得较好成绩。

（周家安　杨子华）

脱贫攻坚

【概况】 2020年，面对收官政治大考和疫情灾情影响“加试题”，全市上下紧紧围绕“一保两防”目标，坚持以脱贫质量“回头看”为总抓手，统筹推进“战贫”“战疫”“战灾”，全力防范返贫致贫，不断巩固提升脱贫成果，取得明显成效。贫困人口脱贫退出任务全部完成，“两不愁三保障”政策落实问题实现动态清零，没有发生因疫因灾返贫致贫，贫困户总体上稳收增收。国家普查现行标准达标率、明显改善率均达100%，省脱贫攻坚绩效实地考核各县市区均为满分，石门县委书记郭碧勋等6名个人、市扶贫办等4个集体被推荐为全国脱贫攻坚先进个人和单位。

圆满收官。市委、市政府高频调度、逢会必讲，主要领导“三走访三签字”全年任务半年完成，扶贫开发领导小组或办公室实行工作一旬一调度。出台应对疫情冲击“九条意见”，出台“五个一点”开发万个扶贫公益岗位的意见，制定支持扶贫车间发展“十条措施”，实行就业扶贫“双台账”管理，等等。开展脱贫质量“回头看”，市县乡村纵查到底、部门之间横查到边，每个村都建立分类摸底台账，不漏一户一人。针对疫情冲击影响，实施增加公益岗位、建设扶贫车间、发展产业基地、低保扩面提标等举措，在资金投入上加大倾斜力度。特别是在解决住房安全问题上，经费都由县级统筹解决，不增加乡村负担，有效解决无力整改、片面整改的问题。

政策落实。坚持以“十大问题清零”为重点，实行逐村逐户查、分类分项改、精准精细帮，将问题全部整改到位。教育助学。对所有贫困户3～23岁人口、“档外五类对象”6～15周岁学生建台账、找去向，全市贫困家庭学生没有一个失学辍学。基本医疗。集中整改新生儿、新嫁娶人员医保参保，“四类慢性病”漏签漏管等问题。全面核查“一站式结算”“先诊疗后付费”情况，防止问题反弹。住房安全。“六类对象”住房危险性鉴定或质量安全签订全覆盖，所有危房应改尽改。全面解决住房功能不配套、漏风漏雨、人畜共住等问题。安全饮水。采取安装净水设备、近距离打井等措施，解决个别饮水安全问题。易地搬迁。出台易地搬迁群众十项保障措施，全面排查整改搬迁入住、设施配套、拆旧复垦、后续帮扶、稳定脱贫等问题，易地搬迁入住率、拆旧率、复垦率均达到100%。社会保障。开展低保提标扩面行动，全市纳入低保或特困供养人员的贫困人口达到6.88万人。残疾人办证。开展残疾人人人办证行动，贫困人口符合评残标准的实行100%办证。扶贫小额信贷。超额完成年度扶贫小额贷款任务，彻底解决贷非所用、贷而不知、户贷企用等问题。务工交通补贴。历年所有外出务工贫困人口一次性交通补贴，由县乡两级实行应补尽补。基础数据。对婚嫁未迁户口等6类情况，逐一研究解决办法。开展国扶信息系统、疫情务工系统、劳务协作系统数据比对，确保完全匹配。

稳收增收。全力以赴抓好就业扶贫、产业扶贫、消费扶贫，确保贫困群众持续稳定增收。就业扶贫。通过开设务工直通车、开发万个公益性岗位、创办扶贫车间、对返乡回流暂未就业人员实施“一人一策”就业帮扶等措施，实现14.04万贫困人口务工就业，有劳动能力且有就业意愿的就业率达到100%。产业扶贫。强力整改“空壳社”比例大、合作社运作欠规范等问题，有能力有意愿的贫困户全部与新型农业经营主体建立利益联结机制，全市187家龙头企业、1544家合作社、310个家庭农场参与产业扶贫，带动贫困群众近30万人，年人均增收1000元以上。消费扶贫。推进专柜、专区、专馆建设，开展消费扶贫月活动，全市投放消费扶贫专柜2300多个，建立线上线下消费扶贫专馆24个，开设消费扶贫专区15个，建成常德消费扶贫电商运营中心，扶贫产品销售额达10.94亿元，完成年度任务的121.9%，累计带贫益贫78.75万人次。

责任落实。乡村两级摸底。在“回头看”中由乡村基层逐户逐人盘底子，做到问题应报尽报、尽报免责、不报问责。行业部门佐证。所有行业部门政策落实情况，向乡村两级提供到户到人的佐证资料，基层上报的问题清单由部门确认。帮扶干部到户。帮扶干部根据市致结对帮扶责任人四封公开信的要求，扎实开展“一算五帮”，即算收入、帮就业、帮销售、帮转产、帮救助、帮兜底，把政策落实、收入达标、满意度提升等工作抓到位。

合力凝聚。干部攻坚。加大扶贫一线干部使用和关心力度，2020年市县两级提拔重用扶贫干部50多人，极大地激励扶贫干部一线建功立业的热情。外部助力。继续评选130名全市“最美扶贫人物”，积极引导社会各界开展助学、助医、助居、助业等扶贫济困活动。内生动力。大力开展“精神扶贫”，全面推行屋场会；大力开展脱贫攻坚“自立自强示范户”“最美脱贫户”等评选表彰活动，举办脱贫攻坚先进事迹报告会，获得社会各界热烈反响。

考察调研。3月22日至23日，省委常委、省纪委书记、省监委主任傅奎到石门县、澧县、安乡县调研督导脱贫攻坚、疫情防控和春耕生产工作。4月13日至15日，省委副书记乌兰到常德市调研脱贫攻坚工作。5月2日至4日，省委副书记、省长许达哲到常德市常调研经济社会发展、脱贫攻坚等工作，深入到多个乡镇了解基层运转、脱贫攻坚情况。7月7日，省委书记杜家毫到脱贫攻坚联点督查联系点石门县调研。晚上，杜家毫接连召开两场座谈会，听取当地脱贫质量“回头看”问题整改及脱贫攻坚普查准备工作情况，领办群众反映强烈的突出问题信访件。省委常委、省委秘书长张剑飞参加调研。

【脱贫攻坚普查】 7月19日至8月10日，按照国家脱贫攻坚普查工作部署，692名普查人员对桃源、石门两县脱贫攻坚成效进行普查。普查工作突出真实性、一致性和可查证性，对县、行政村、建档立卡户普查信息数据的采集审核上传，两县42769户普查对象生产生活状况“明显改善”率100%。

【“十大专项行动”】 全市按照边查边改思路，组织开展危房改造清零、残疾人人人办证、易地搬迁后续扶持、档外五类对象“三保障”摸排、基础数据信息匹配、产业就业扶贫提升、一户一策精准帮扶、扶贫领域风险化解、慢性病签约服务全覆盖、扶贫项目和资金规范管理等“十大专项行动”，抓好突出问题整改，全力确保5月30日前实现问题清零、未脱贫户基本具备脱贫条件、“档外五类对象”没有致贫风险。

【评选表彰脱贫攻坚先进典型】 10月16日，2020年常德市“最美扶贫人物”“自立自强示范户”表彰暨脱贫攻坚先进人物事迹报告会在市文化馆举行。活动表彰杨俊等130名常德市“最美扶贫人物”，孙昌文等100名常德市“自立自强示范户”，以及7名湖南省“最美扶贫人物”。

（张可军）

农民教育培训

【概况】 2020年，全市共开展各类培训1796期，培训农民14.5万人次，其中农教系统开展培训145期，培训农民1.2万人次。市农教办举办市级示范性培训班14期，培训农民1266人，为乡村振兴提供人才支撑。农民体协组织机构、职能进一步理顺，农民体育健身活动开展得有声有色，乡村活力进一步增强。

高素质农民培育。举办新型经营主体带头人培训班331期，培训2.1万人次，其中按照国培计划培训高素质农民5836人（线上培育3000人、线下培育2836人）。重点培训种养大户、农业经理人、家庭农场主、农民合作社理事长和农业企业负责人等新型经营主体带头人。市农教办办好市级示范性培训班9期，安排35万元资金以联合办班的形式对培训工作开展较好的县区进行以补代奖，引领和督促各地的农民教育培训工作。开展“农广助农”项目培训。根据全市农业产业特色发展和培训需求，市农教办积极争取省“农广助农”产业培训项目，全市共争取省“农广助农”项目培训资金近100万元，重点围绕“常德甲鱼”“澧县葡萄”“澧县中药材”“安乡稻虾”“安乡淡水鱼”“临澧黄花鱼”“石门柑橘”等优势特色产业开展培训，共举办培训班8期，培训新型农业产业带头人500余人次，为推动常德市农业高效益发展提供有力的人才支撑。

扶贫产业培训。围绕扶贫产业培训，采取多种途径和形式，开展农业主导产业、特色产业和职业技能等实用技术培训。全市举办实用技术培训班及讲座1096期，培训农民9.2万人次，其中扶贫产业培训570期，培训4.2万人次，职业技能培训、移民培训、乡村振兴重点村建设等培训526期，培训5万人次，助推脱贫攻坚。

【培育文明乡风】 开展综合素质教育培训。各地在新型经营主体带头人和实用技术培训课程中开设思想道德素质课程，桃源、临澧、石门、安乡等地专门开展法律法规、思想道德素质、诚信文化及环境整治等综合素质教育讲座。市农教办在西湖管理区举办乡风文明示范性培训班。积极引导农民移风易俗、遵纪守法。组织开展农民特色体育赛事活动。围绕“美丽乡村健康跑”农民丰收节健身活动，组织广大农民群众开展一些趣味和健身相结合的特色体育赛事活动，凝集人心，强健体魄。安乡、澧县、临澧、石门等地开展农民特色体育赛事活动4次15场次，2000余名农民群众参与其中。进一步理顺常德市农民体育协会变更年检与机构设置。开展农村人居环境整治培训。围绕农村人居环境整治培训，大力开展环境保护、思想道德、诚信文化、政策法规等素质教育培训，提升农民文明素养。全年举办专门农民素质教育培训369期，培训农民3.2万人次，全市在开展各类培训时，均相应开设素质教育课程。

【农村党员带头人培训】 围绕党建引领，促业务提升，市农教办和澧县农教办分别与组织部门联合举办农村党员带头人培训班2期，共200余名农村党员参加培训，培训班坚持党建与业务培训相结合，既突出党员党性教育，又突出产业技能培训，充分发挥农村党员致富带头人的示范引领作用。

（梅莉敏）

农业产业化

【概况】 2020年，围绕“开放强市、产业立市”、打造“生物医药和健康食品千亿产业”的战略部署，稳步推进各项工作，取得一定成效。省级“双创”大赛上，常德市4名选手获优胜奖，市农业农村局获优秀组织奖；湖南省首届红茶比赛上，石门县茶祖印象徐洋洋成绩排名第五，桃源县君和野茶詹伟成绩排名第十一，市农业农村局获优秀团体奖。千亿产业考评全省第一。落实湖南省农业农村厅《关于印发〈湖南省农业农村厅2020年真抓实干督查激励措施实施办法〉的通知》（湘农发〔2020〕35号）文件要求，对常德市打造优势特色千亿产业情况进行考评，获全省第一（连续2年）。

农产品加工业。2020年，全市共有农业加工企业5886家（不含烟草），其中规模以上企业566家，国家级龙头企业6家、省级龙头企业91家、市级龙头企业265家。全市农产品加工业实现营业收入1725亿元（不含烟草），同比增长14.1%。休闲农业。全市休闲经营主体890个，全年休闲农业接待2493.22万人次，同比增长4.42%，营业收入41.49亿元，同比增长5.11%。健康食品产业。全市健康食品产业产值达803亿元，税金达5亿元，超额完成产业立市产值800亿元、税金4.03亿元的考核任务。烟叶高质量发展。2020年全市种烟0.391万公顷，生产烟叶750万千克，超额完成年初确定的生产任务。实际收购烟叶672.5万千克，计划完成率99.6%，排名全省第六。

开展调研。为摸清全市企业、农庄等发展过程中存在的问题，探索未来常德市乡村产业发展新模式、新思路，积极主动配合开展各项调研工作。3月，配合省林勘院实地调研常德市油菜、中药材、水果、水产、茶叶、辣椒6大产业发展现状，为编制省6大千亿产业规划提供素材；6月，配合省工商联摸底常德市农民工返乡留乡就业情况，为“三农”发展增添动能；8—11月，对全市水果、蔬菜、油菜加工龙头企业运行情况进行调研，为编制特色产业规划奠定基础；承办市政协常委会重点提案——关于促进乡村特色产业发展调研，并在市政协会议上汇报；10月，承办市工商联休闲农业发展调研任务，赴陕西省袁家村实地调研，汲取经验，为休闲农业发展提供新方向。

复工复产。2020年年初，统筹疫情防控和企业复工，及时对企业复工情况、主要困难进行摸底上报。通过开展“双百”对接活动、将休闲农庄纳入和包支付、收集线上推广小程序宣传资料等工作，助力龙头企业、休闲农庄回暖复工。收集情况的同时，及时梳理各项优惠政策，汇总下发至企业、农庄，主动配合各级各部门兑现落实各项优惠政策。聚焦企业实际需要，配合相关单位统计企业信贷需求，开展银企对接活动，帮助企业树信心、稳预期。

宣传休闲主体。为推动常德市乡村旅游发展，打响休闲农业与乡村旅游名号，不断梳理常德市现存的较具规模的休闲经营主体，搜集原始素材，制作常德市休闲农业与乡村旅游推介视频，在常德品牌·中国品质——沅澧共庆2020“中国农民丰收节”暨消费扶贫优质农产品产销对接会活动现场公映。制作《常德市休闲农业与乡村旅游精品推介指南》，发至市直单位、局属各科室、各区县市、农庄等，为全市休闲经营主体引流。积极与常德职业技术学院进行政校企合作，建立常德市休闲农业专业人才培养机制，开设专门培训课程。

【市级“双创”选拔赛】　为进一步选拔农业专业人才，推动全市农村“双创”工作，根据常德市农业农村局与共青团常德市委员会联合下发的《关于举办“农行杯”第四届湖南省农村创业创新大赛暨第七届“创青春”湖南省青年创新创业大赛选拔赛的通知》（常农发〔2020〕19号）要求，2020年首次举办市级“双创”选拔赛，共21个项目参赛，遴选7个项目，其中推荐4个项目（成长组2个，初创组2个）参加省级“双创”大赛，4个项目获优胜奖。

【对接资本市场】　按照《湖南省人民政府关于深入推进农业“百千万”工程促进产业兴旺的意见》（湘政发〔2018〕3号）“实现3年内每个县市区至少完成1家涉农企业股份制改造，并在省区域性股权交易市场挂牌”的要求，积极发动常德市农业企业完成股份制改造，全市已有13家企业完成股份制改造，其中2018年2家、2019年8家、2020年3家。2020年消灭空白县，实现每个县市区至少一家企业在省区域性股权交易市场挂牌的要求。

（陈　弘）

农业科学研究

【概况】　2020年，常德市农林科学研究院（以下简称市农科院）完成国家、省和市级等各类科研课题的阶段任务34项，相关成果获湖南省科技进步奖一、二、三等奖各1项、常德科技创新奖二、三等奖各1项、专利授权3项、软件著作权2项、专著1部；1人获评享受国务院政府特殊津贴专家。发表学术论文23篇，省级地方标准通过湖南省质量监督管理局立项审核12项，新申报省级地方标准26项；华薯11号、常香油1号等8个农作物新品种完成审定或登记，创新各类技术措施近40项。

基础建设。6月1日，市委副书记、市长曹立军到市农科院调研。市政府常务会、市委常委会先后研究市农科院发展建设有关事项。市农科院着手开展相关建设。对科研基地、院落等区域开展环境整治。完成田间灌排渠道、田间硬化机耕路、部分透视围墙等建设，2020年7月开工，12月完成验收。高标准农田建设，完成管网铺设。建设科研与孵化楼。6月，成立市农科院建设领导小组，委托市建筑设计院进行园区整体规划设计（含科研与孵化楼）。

科技示范与推广。示范基地。2020年，围绕全市乡村振兴工作，集中精力在桃花源管理区黄土坡村、西湖管理区裕民村、郑太有机农场、安乡县安福村建立乡村振兴集中示范片4个，重点开展水稻、油菜、柑橘、葡萄、蔬菜等作物成熟技术示范。“农科专家沅澧行”科技服务。分作物组建6个专家服务团队，开展“农科专家沅澧行”及技术培训150余次，培训人员3800余人次，涉及企业、合作社100余个，推广新品种、新技术30余项，为社会新增经济效益过亿元。科技特派员。选派28名科技特派员，对接服务企业近20家，协助企业建立核心示范基地133.333余公顷，累计派出人员100多人次，培训基层农技骨干280多人次，发放技术资料2000余份，在“湘教云”、微信工作服务群等平台与企业基层农技人员、大户等互动300余次。技术服务。组织开展西洞庭朝鲜蓟茶的调饮研究和品牌推广工作、参加2020年中华茶祖节等工作、协助开展“2020年首届常德红茶手工制茶大赛”等

2020年9月22日，“湖南省农业科学院常德分院”授牌仪式，湖南省农业科学院党委委员、副院长许靖波研究员（右）授牌，市农业科学院院长杨鸿接牌

（龚　鸣　摄）

工作。

【“院企合作服务三农”座谈会】　5月28日，常德市人民政府主办、市农科院承办“院企合作　服务三农”座谈会在柳叶湖柳园锦江召开。市农科院党委书记朱发仁作“强化院企合作，助推乡村振兴”工作汇报。计划通过5年努力，实现“选派100名科技人员，服务100家企业，助力打造10大农业品牌”的目标。以科技特派员、“六三”工程、示范基地建设、“农科专家沅澧行”等切入点强化院企合作，为农业产业发展、乡村振兴作出更大贡献。

【首届中国·太阳谷有机农业峰会暨“常德品牌·中国品质”院士专家常德行活动】　9月22日，常德市人民政府主办、常德市农林科学研究院等单位承办的首届中国·太阳谷有机农业峰会暨“常德品牌·中国品质”院士专家常德行活动在柳叶湖畔召开。中国工程院院士、中国农业大学教授康绍忠在中国太阳谷有机农业峰会上，作“依靠科技创新驱动，促进我国农业绿色提质增效”的报告；中国工程院院士、中国科学院亚热带农业生态研究所首席研究员印遇龙院士助手李瑞博士作“生态养殖模式的现状与趋势”的报告；湖南省农业科学院党委委员、副院长许靖波研究员，作题为“从科技创新促常德有机农业发展”的主题发言；中国中医科学院中药研究所研究员、国家中药材产业技术体系岗位科学家巢志茂，作题为“从健康中国话有机”的主题发言。专家们科学分析常德有机农业面临的挑战与机遇，对常德有机农业的发展方向提出建议。

（袁振中）

棉花科学研究

【概况】　2020年，湖南省棉花科学研究所（以下简称棉科所）全年获资助项目60项，共计项目到账经费860.03万元。1个棉花品种通过国审，2个品种通过省审，获湖南省科技进步奖2项，颁布地方标准4项、行业规程4项；授权国际发明专利1项；发表SCI论文2篇（累计影响因子12.305）、CSCD论文4篇。连续五年被评为湖南省农业农村厅系统平安建设先进单位，获评湖南省农业农村厅系统文明标兵单位。

科研平台建设。2020年，有科技部“国家杂交棉研究推广中心”（全国唯一）、农业部“国家棉花改良中心常德分中心”（国家首批3个之一）、农业部国家现代农业产业技术体系“洞庭湖棉花试验站”等3个国家级科研平台，“湖南省棉花工程技术研究中心”“湖南省百合工程技术研究中心”及“湖南省现代农业产业技术体系”油菜环洞庭湖试验站、旱粮湘北试验站和中药材湘北试验站等省级科技创新平台。

科研项目。2020年获资助项目60项，其中国家级科研项目26项，省市级项目34项。“十四五”期间继续承担转基因重大专项、国家重点研发计划、国家现代农业产业技术体系“洞庭湖试验站”、国家支撑计划等国家级重大项目。

科研成果。审定3个棉花品种，其中副研究员彭凡嘉选育的杂交棉新品种湘X1251通过国家审定、副研究员陈浩东选育的优质棉湘C176和彭凡嘉副研究员选育的湘X1067通过湖南省审定。彭凡嘉主持申报的“适宜机采的短果枝棉花种质创新和应用推广”和助理研究员李彩红主持申报的“棉花绿色轻简高效栽培关键技术创建与应用”分别获省科技进步三等奖。研究员张雪林参与发表SCI论文1篇（影响因子9.038），研究员赵瑞元、研究实习员刘冰蕾参与发表SCI论文1篇（影响因子为3.267）；4个品种获植物新品种保护权；3项新技术、新模式获认定推广；颁布地方标准4项、行业规程4项，新申报地方标准3项、行业规程6项；授权国际发明专利1项、申请专利5项。

人才培养。先后派遣管理人员及科研干部3人赴省农业农村厅、中棉所跟班学习。研究员赵瑞元获评二级岗位专家，贺云新获评湖南省农业农村厅“十佳农业人”，陈浩

2020年8月27日，湖南“农广助农”工程棉花产业高素质领军人才培训班在常德举行　（朱春生 摄）

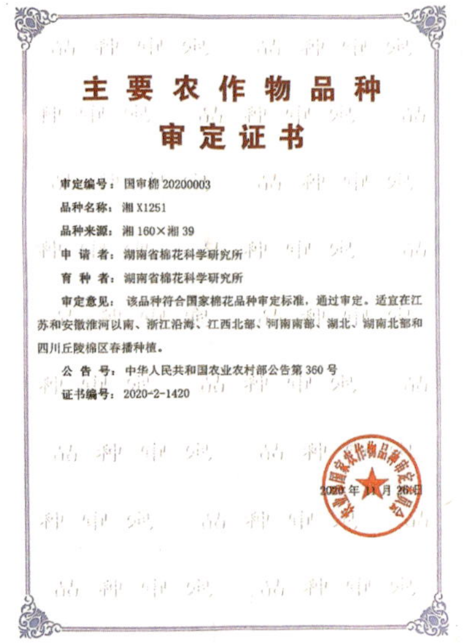
主要农作物品种
审定证书

审定编号：国审棉20200003
品种名称：湘X1251
品种来源：湘160×湘39
申 请 者：湖南省棉花科学研究所
育 种 者：湖南省棉花科学研究所
审定意见：该品种符合国家棉花品种审定标准，通过审定。适宜在江苏和安徽淮河以南、浙江沿海、江西北部、河南南部、湖北、湖南北部和四川丘陵棉区春播种植。
公 告 号：中华人民共和国农业农村部公告第360号
证书编号：2020-2-1420

2020年11月26日

湘X1251于2020年通过国家审定

东获评“常德市青年五四奖章”和“常德市沅澧创新人才”，李彩红获评“常德市三八红旗手”，朱春生获评湖南省农业农村厅系统优秀党务工作者，袁颖、王洪获评湖南省农业农村厅系统优秀共产党员，棉花研究室党支部获评湖南省农业农村厅系统先进党支部。肖才升、陈浩东、朱海山、钟慧等4人获评湖南省农业农村厅系统文明创建先进分子。

【学术交流】　先后邀请中国工程院院士喻树迅、院士刘仲华、中棉所所长李付广等国内知名专家18人次到所进行学术讲座。派遣科研人员参加中国棉花学会等国家级学术会议并作学术报告。组织科研人员30余人次到中棉所、浏阳河集团、各产棉大县等处学习考察和调研。与浙江农林大学、江苏联发集团三方开展“柬埔寨植棉项目”合作，派高级农艺师杨春安常驻柬埔寨，开展棉花新品种筛选与示范推广工作。

【科技服务】　服务全省粮食生产和重金属镉污染治理工作，组建专家团队开展早稻集中育秧督导、早稻面积核查，开展长株潭安全利用区“淹水法”示范推广督导核查。棉花研究室党支部组建科技服务专家队，前往安乡县大湖口镇中意村、鼎城蒿子港镇和中河口镇示范区开展“科技助三农”活动。与省农广校合作举办“棉花产业高素质领军人才培训班”，常德市鼎城区74名棉花产业领军人才参加培训。

【科企合作】　国审杂交棉新品种ZHM19与湖北利众种业科技有限公司合作开发。中药材课题组依托紫苏产业园项目，与湖南申友农林投资有限公司合作开发紫苏油、紫苏茶、紫苏香包，打造紫苏系列产品，延伸拓展紫苏产业链。旱粮课题组与湖南长峪铺农业科技发展有限公司、汉寿聚农种养专业合作社等企业达成合作协议，落实澧县枳壳、桃源金银花、津市博落回、唐家铺林下粮（以及油菜、紫苏）等多个试验示范基地。

（王　洪）

贺家山原种场

【概况】　2020年，湖南省贺家山原种场完成国家、省、科企联合体等水稻新品种区域试验和高低温抗性试验等试验，参试品种1277个，1个水稻品种通过省品种委员会审定，发表农业科技论文6篇，获得市级以上科技奖励1项，5人晋升为副高职称，1人晋升为正高职称。落实防控责任，投入抗疫资金和物资150多万元。《湖南省贺家山原种场岗位设置实施方案》获省农业农村厅、省人社厅批准，按方案完成岗位设置工作。创建2020届期省直文明单位。

科技创新与成果。7个水稻组合参加2020年湖南省水稻联合品比试验，C两优178参加湖南省水稻区域试验初试，贺两优108参加2020年湖南省水稻区域试验续试和生产试验。3月，两优88通过湖南省品种审定委员会审定，并完成江西引种试验。9月，水稻两系不育系贺21S

通过专家现场评议。11月，《高产广适两系杂交晚稻组合D两优71和D两优311的选育与示范推广》项目获得2019年度常德市科学创新奖三等奖。

【产业结构调整】 中华鳖种苗养殖、优质蔬菜、优质稻+再生稻等千万元级产业产值稳中有增。黑斑蛙养殖、水产养殖、水稻原良种、稻田+龙虾等产业总体保持稳定。引进福鑫农业服务有限公司，完成投资400多万元，开展高档优质富硒稻米加工和粮食烘干，推进农业产业链延长。开展化肥减量行动，种植绿肥紫云英近200公顷。

【重点项目建设】 投资4370多万元的省道513线贺家山段公路建设项目全线开工建设。投资2200多万元贺家山涝区工程正式启动。7.6千米自然村通水泥路建成投入使用。引进常德海维天然气有限公司，全场500多户开通管道燃气。

（黄国军）

金健米业

【概况】 2020年，金健米业股份有限公司大米产量51.45万吨，同比增长32.8%；面制品产量12.7万吨，同比增长21.1%；油脂产量24.94万吨，同比增长21.4%；累计实现工业总产值70.96亿元。

抗击疫情。新冠肺炎疫情暴发后，公司快速反应、迅速行动，在强化疫情防控举措，确保员工生命安全和身体健康的基础上，认真贯彻落实上级党委政府“稳生产、保供应”的部署要求，积极组织复工复市，全力做好粮油供应和粮食安全保障相关工作。《中国食品安全报》以“米面油奶全产能供应——金健米业发挥上市国企主力军作用”为题、《中国粮油市场报》以“金健米业：良心守护，打造放心好粮油”为题，对公司进行全面报道。

营销网格。疫情暴发后，传统渠道产品销售受到重大冲击的不利局面，公司全力拓宽销售渠道，构建线上线下营销网络新格局。加大新零售业务拓展，进一步深化与湖南兴盛优选电子商务有限公司的战略合作，全力提升湖南核心市场销量，积极拓展湖北、江西、广东等重点市场，启动陕西、河南、福建等市场布局。全年实现新零售销售5.21亿元，同比增长181.2%。加快渠道下沉，加大相关核心市场和空白市场的开发力度，积极推进传统渠道精耕与提质，有力提升传统网点形象与销量。公司紧跟各级工会组织因新冠肺炎疫情出台的“稳定经济社会运行，引导积极消费”的举措，加大团购特渠开拓力度，营销公司团购特渠销量同比增长60.5%；探索尝试直播带货、微信小程序等新的产品营销方式，为持续扩充销售规模积累经验。

【宣传推广】 推进“品牌经营”战略，作为提升企业影响、拉动产品销售的重要手段。优化调整品牌宣传方案。提升社区门禁广告、车身广告、终端陈列、新媒体传播等途径的宣传投入比重，使品牌宣传更加精准、更具效果。开展30场“品质生活，金健奉献”全国巡演，取得品牌宣传与产品销售的双重效果。参加各级各部门组织的各类展示展销会及评选活动，获得“中国粮油品牌”“中国百佳粮油企业”“省工业新兴优势产业链生态绿色食品产业链重点企业”等荣誉，金健产品多次斩获博览会金奖。

【新品开发】 2020年，公司组织2次科技创新项目的立项与验收评审，对“延缓大米陈化方法的研究”“软质牛轧糖系列产品的研究”等12个项目进行立项评审；完成“浓香茶籽油新品研发”等16个项目的现场验收；参与一系列国家级、省市级重大专项的研究开发，获得发明专利授权书2份、实用新型专利授权通知书13份、发明专利受理通知书36份。公司进一步理顺新品开发机制，加大相关新品的开发与上市力度，推出蓝版泰国茉莉香

2020年8月26日，“洞庭鱼米香　湖南好粮油”——高质量发展的湖南粮食产业“媒体三湘行”活动走进金健米业

（金健米业 供图）

米、湄河香餐饮甄选香米、原味低钠挂面、茶橄调和油、三鲜因子纯香菜籽油、冰淇淋酸奶等一批市场反应良好的新品。

【质量安全】 2020年，公司通过压实主体责任，全面实施安全标准化管理，组织落实安全生产月活动，加强极端天气减灾防灾预防，开展安全生产培训与检查，有效夯实安全生产管理责任，全年没有发生三级及以上安全事故；通过制定全年质量控制重点，加大工厂尤其是合作厂飞行检查等举措，有效防范质量安全事件的发生。全年在各级职能部门700余次抽查中，未发现严重不合格项。公司顺利通过四标一体化管理体系、诚信管理体系、两化融合管理体系等认证。

（舒栋成）

大湖水殖

【概况】 大湖水殖股份有限公司（以下简称大湖水殖）成立于1999年，2000年6月在上海证券交易所上市，作为全国首家以“水面权益资本化”模式上市的公司，被誉为“中国淡水鱼第一股”，是全国最大的淡水鱼上市公司，农业产业化国家重点龙头企业、国家高新技术企业、全国“万企帮万村”精准扶贫行动先进民营企业、全国新农村建设百强示范企业、国家扶贫龙头企业。2020年，大湖集团党委被评为创省级“标杆引领”建设基层党组织及中共常德市商会联合委员会2020年度先进基层党组织。公司在做好疫情防控与复工复产的同时，组织员工和下属企业踊跃捐款捐物，积极配合驰援常德市及安徽、武汉等地疫情防控，慰问防疫一线工作人员，捐款捐物共计900万元。

公司发展大健康产业，聚焦“健康产品+健康服务”，旗下有“大湖”牌有机水产品、“德山”牌白酒系列产品、药品保健品和康复护理医院运营管理的健康医疗服务。并购长三角区域非公医疗最具规模的康复护理机构——东方华康医疗管理有限公司，进一步加快公司大健康产业发展战略的实施。2020年，大湖水殖实现营业收入1.6亿元，净利润达到2300万元，并组织参加2020年中国非公医协全国康复医学学术年会，成为2021年中国非公医协康复医学学术年会承办单位。

【品牌营销】 2020年，公司销售范围覆盖华东、华中、华南、华北及西南多个区域。积极拓展多种营销模式，发力新零售：B端方面，开发38家代理经销商、1563家特许经营餐饮酒店；C端方面，公司与沃尔玛山姆会员店、盒马鲜生、厦门元初食品、OLE精品超市、天虹商场、京东等大型商超、新零售及电商平台广泛合作，在直营旗舰店销售。公司旗下德山酒业始建于1952年，2020年有“德酱”“御品德山”“秘藏德山”“德山大曲”“滴水洞”三大香型五大系列产品。“德山”商标被国家认定为中国驰名商标。2020年德山酒业全面打通线上+线下营销全渠道，次高端战略单品德山德酱、滴水洞酒等均实现大幅增长。成立政商拓展中心、开通天猫、京东的线上旗舰店，通过抖音、拼多多等线上平台，针对家庭的个性化消费需求，开发简包装白酒、小瓶酒等系列产品更加适合家庭消费。线上销售增长1.5倍以上。2020年，公司多个基地被成功认定为粤港澳大湾区“菜篮子”生产基地。“大湖”商标为中国驰名商标，“大湖”品牌荣膺“中国农产品百强标志性品牌”“2020年度中国农业十大杰出品牌”“湖南农业优势特色产业30强”等多项大奖。进军海外市场，开展出口业务，公司甲鱼远销香港地区，以及出口越南等国家共11批次。

【净水渔业】 从2008年起，大湖股份倡导人放天养，自然生长，组建大湖水环境治理股份有限公司，发展净水渔业。2020年，公司的王家厂水库、皂市水库、铁山水库水质保持在Ⅱ类，西毛里湖、东湖等水体水质保持在Ⅲ类。2020年，大湖水环境治理公司将生物修复技术、治理模式、实践经验推广到岳阳南湖，取得2008年南湖蓝藻暴发以来最好的治理效果。

【科技创新】 公司建有国家级鱼类良种场、湖南省水产工程技术研究中心等6个研发平台，与中国水产科学研究院、中科院水生生物研究所等科研院所建立长期稳定的产学研合作关系。2020年，开始建设实施淡水鱼百亿尾苗种育繁推一体化体系工程建设项目，该项目建成达产后可形成年产优质淡水名特优苗种100亿尾以上的生产能力，每年新增社会产值100亿元以上。通过该项目，公司将不断推进种苗科技的发展，继续推广三倍体湘云鲫、湘云鲤，“抗病草鱼”等独有品种，完善中国冠鲤、吉鲤等项目的科研工作，推进淡水渔业育种产业化应用，打造中国淡水渔业种苗科技的硅谷，为淡水渔业的高质量发展提供新的动能。

【龙头带动】 依托行业形成的完整产业链优势，采用“公司+基地+农户”模式，努力发挥龙头带动作用，通过“产业链”带动、“种苗”带动、“品牌”带动，进行产业扶贫，并以提供鱼类种苗和技术服务以及合同订单、向农户采购鱼种等方式，使3.6万多农户进入大湖股份的产业链。公司成立大湖股份祖亮慈善基金会，支持参与社会公益慈善事业，对各种公益事业累计捐款达3500多万元，先后荣获第二届常德慈善奖、第三届湖南慈善奖最具爱心企业。

（袁 瑜）

佳沃农业

【概况】 佳沃农业开发股份有限公司主要从事优质海产品的培育、贸易、加工及销售，牛羊肉及其副产品的渠道运营，品牌食品营销业务，在以三文鱼为代表的优质动物蛋白海产品上游稀缺优质资源方面拥有实质性掌控能力。公司采取产业化经营模式，主要通过境外智利控股子公司Australis开展三文鱼的培育、加工、销售；通过境内控股子公司国星股份开展狭鳕鱼、北极甜虾、格陵兰比目鱼等的贸易、加工及销售；通过境内控股子公司浙江沃之鲜，开拓牛羊肉等及其副产品的渠道运营；通过子公司佳沃食品研发、设计、推广、销售健康、营养、美味的方便速食产品。2020年，公司实现营业总收入45.25亿元，较上年同期增长32.01%。

疫情防控。2020年新型冠状病毒肺炎疫情暴发，公司积极响应政府号召，在力所能及的范围内支持疫情防控，为支持抗击新型冠状病毒肺炎疫情工作，保障广大抗击疫情工作人员安全、健康的食材供应，主动支援抗击新型冠状病毒疫情工作，捐赠价值约230万元的海鲜等冻品食材到湖北省抗击疫情的前线，为降低重点疫区食材物资减轻压力。

【三文鱼产品】 2020年，旗下智利三文鱼子公司位列世界前十大三文鱼企业，三文鱼收获量、销售量均突破十万吨。全球水产饲料巨头Biomar发布“2020年智利年度前10大三文鱼育肥场”的行业分析报告，披露2020年智利三文鱼养殖效率排行前十的育肥场，考核指标包含饲料转化率、收获均重等，其中，公司旗下子公司Australis表现优异，共有6个育肥场入围并包揽前3名，其中5个位于11区，1个位于12区，位于11区的Smokes5育肥场的饲料转化率水平为1.01，为行业最优的饲料转化率水平，显著优于行业内其余三文鱼养殖公司。7月，智利子公司Australis在智利第十二区Punta Obstrucci ó n渔场所收获的批次三文鱼获得智利水产监管当局（Sernapesca）颁发的全周期健康安全养殖证书，该证书的认证进一步体现Australis在养殖方面的专业技术和优势地位，增强产品竞争力，并为后续Australis向广大客户及消费者提供更加优质三文鱼、开展更高质量大规模养殖奠定基础。

【产业升级】 2020年，面对疫情防控、行业终端需求低迷、运力紧张、成本上升等复杂多变外部环境，公司积极采取应对策略，紧抓产业升级大机遇，大力夯实上游养殖核心资产，强化销售渠道等举措，持续增强公司核心竞争力，确保公司总体资产管理运营的稳定性和安全性，积极应对因新型冠状病毒肺炎疫情市场变化所带来的诸多挑战。公司通过巩固上游稀缺优质资源掌控能力、紧抓产业升级大机遇、强化销售渠道运营及拓展C端消费、积极推进股权融资等举措，巩固自身对海产品上游稀缺优质资源的掌控能力，提升公司三文鱼增值产品的研发、加工能力，强化扩大市场占有率和行业地位，优化公司资产负债结构，全方位支撑公司未来更好地把握食品消费升级的战略机遇。

（杨振刚）

商　务

综述

【概况】　2020年，全市商务系统统筹疫情防控和商务发展，稳住外贸外资基本盘，推动消费回暖，开放型经济发展稳中向好。在《湖南省人民政府办公厅关于对2020年度真抓实干成效明显地区予以表扬激励的通报》中，常德市被评为落实开放崛起“五大行动方案”有力，稳外贸、稳外资措施有力和招商引资工作排名全省前列成效明显的市（排第2），获奖励200万元。在国家和省级商务部门开展的试点工作中予以倾斜支持。常德市商务局获评全省商务工作先进单位，汉寿县商务局、临澧县商务局被评为全省商务工作先进单位，澧县商务局被评为全省商务工作（内贸）先进单位，津市市商务局被评为全省商务工作（外贸）先进单位，石门县商务局被评为全省商务工作（招商引资）先进单位，桃源县商务局被评为全省商务工作（外经）先进单位，临澧高新技术产业开发区被评为全省商务工作先进园区，武陵区商务局被评为全省商务系统稳外资考核优秀单位。

抗疫保供。新冠肺炎疫情暴发后，全市商务系统干部职工主动作为，抗疫保供，助力复工复产。市商务局建立健全工作机制，检查商场超市农贸市场3000多次，当场解决实际问题1.2万多个；成立应急保供小组，500多名党员、10多个协会组织和社会各界1000多名志愿者奔赴保供一线，保障市场开放，监测市场动态；全力推动商务领域复工复产复市，出台“商务五条”，实行干部联点服务企业制，为企业解决物流不便、原材料供应困难、用工不足以及防疫物资匮乏等问题。

稳外贸。2020年以会议调度、通报调度、重点企业及区县市园区实地走访调度等多种形式，加强调度督导各区县市完成省商务厅提出的区县市“外贸1231行动”（每个区县市自建或对接一个融资平台、推动20家以上企业“破零倍增”、新增进出口额3000万美元以

2020年10月21日，市商务局举行“2020常德商务大讲堂”

（市商务局 供图）

上，全省实现新增外贸总量达100亿美元）。全市大力实施稳外贸“六大行动”（“融资行动”“挖掘行动”“破零行动”“创新行动”“全员服务行动”“业绩引进行动”），以对企精准服务和银企密切对接为牵引，大力推动常德产品出口，有效稳住外贸基本盘。

投资提质。开展“云洽谈”“云磋商”活动，深化网络招商、基金招商、驻点招商、产业链招商等招商形式，全年引进亿元以上重大项目275个，10亿元以上项目42个，亿元以上工业项目203个，全部重大项目总投资额1498.81亿元，合同外资23130万美元，合同内资1482.61亿元；新引进三类500强投资项目24个，其中首次落户湖南企业2个；新备案境外投资企业4家，对外实际投资较2019年增加560万美元，对外承包工程实现零的突破。在沪洽周上，常德市获得项目数全省第二，引资总额全省第一的成绩。落实省级签约项目到位资金“倍增计划”，2020年，招商引资55个省级签约项目资金到位率42.25%，全省排第3位。

扩内需。面对疫情冲击，采取多种手段稳市场、促消费。建设电商园区，打造电商孵化基地，促进直播电商、社交电商、社区电商等电商新业态发展。在餐饮、名优特产、汽车、旅游、金融、家装、房地产等领域开展系列促消费活动，提振市场信心，回暖消费。在全市中心城区关闭活禽交易宰杀。

【市中心城区全面关闭活禽交易宰杀】 8月12日，市司法局、市商务局、市农业农村局、市市场监督管理局、市城市管理和综合执法局、市公安局联合发布《关于全市城区关闭活禽交易宰杀的通告》（以下简称《通告》）。《通告》要求常德市中心城区于2020年9月1日前关闭活禽交易宰杀。8月13日，《全市城区关闭活禽交易宰杀工作方案》正式出台。9月1日，当天关闭的场所涉及市中心城区32家农贸市场和1家活禽批发市场。同时，常德市中心城区内（常德市城区高速环线以内区域）农贸市场、超市、门店、宾馆、餐饮饭店、机关企事业单位食堂等场所，不得从事包括鸡、鸭、鹅、肉鸽、鹌鹑等活禽交易宰杀。市场销售和使用单位应当查验入市禽产品的检疫检验凭证、标识后方可销售、使用，建立采购索证索票制度，严禁使用、销售无检疫检验证明的禽肉产品。鼓励活禽定点交易屠宰企业发展连锁经营电子商务等新型流通业态，实行冷链配送，促进流通方式转变，鼓励原活禽交易和宰杀经营户转变经营方式和范围。各县市（管理区）城区，由各地人民政府根据当地实际情况确定禁止活禽交易宰杀区域范围，于2020年12月31日前组织关闭。

（卜 帅）

招商引资

【概况】 2020年，全市新引进亿元以上项目314个，完成全年目标任务的142.7%。新引进“三类500强”企业投资项目29个，完成全年目标任务的145%，其中首次落户湖南的2个；新引进10亿元以上产业项目39个，完成全年目标任务的130%；新引进亿元以上工业项目212个，完成全年目标任务的141.3%。全市实际到位市外境内资金971.23亿元。全市新引进项目履约266个，履约率达84.7%；新引进项目开工223个，开工率达71%。

高位推动促招商。市政府主要领导每月带队外出招商，先后赴深圳、北京、广州等地考察拜访25家知名企业、高校及科研机构，考察对象涵盖世界500强、中国500强及相关领域行业龙头企业。加强调度促招商。坚持月调度、季通报、半年督查、年终考核制度，全年编写《招商引资工作简报》9期，召开招商引资工作调度会和项目评审会8次，有力推动全市的招商引资工作。强化考核促招商。将项目的履约率、开工率、投产率作为重点考核内容。武陵区、澧县等地将招商引资任务分解至科局和乡镇，自上而下开展全员招商。

【夯实基础】 理顺体制机制。市级层面成立招商引资工作领导小组，加强与驻外招商中心的联络，加强对区县市（管理区）招商工作的统筹、协调及考核。完善“两库”建设。客商库，建立常德籍在外知名人士信息库；项目库，分批次对外发布138个重点招商项目。优化营商环境。安乡县出台《招商引资项目准入评审制度》《招商引资项目跟进管理办法》等系列文件。汉寿县严格按照招商合同约定，兑现财源奖补扶持资金14337.76万元，奖补扶持项目36个。

【创新举措】 搭建平台。4月8日，市招商促进中心牵头在全省率先举办网络招商推介会，主流媒体对活动进行同步直播，当天全网点击量突破315万次。2月26日，常德经开区与市招商促进中心共同举办首场网络集中签约活动，24.8亿元项目“跨屏”落户常德经开区。全市有30个项目通过“云签约”实现跨屏落户。举办活动。组织参加省政府举办的2020湖南—长三角经贸合作洽谈周，常德市纳入集中签约的项目34个，总投资额478.4亿元，分别排名全省第二、第一。市人民政府与商务部投资促进局联合举办2020中国生物医药健康产业发展大会，强生、雅培、罗氏、美敦力等120多家国内外知名医药企业参会，16个项目现场签约。广开渠道。各区县市（管理区）积极参加省政府、省商务厅及省商务服务中心组织的湖南与广州、深

2020年6月21日，2020常德地产招商推介会　（市招商促进事务中心 供图）

圳、厦门、西安等地投资贸易磋商会，宣传常德城市形象，扩大常德的知名度和影响力。

【聚焦产业】　加强产业链招商研究。市招商促进中心组织干部撰写十大产业链招商调研报告，分析常德市产业优劣势，梳理出常德市各产业重点招商对象，提出精准招商建议。生物医药产业强势崛起。常德经开区、津市市、汉寿县等地抢抓生物医药产业发展机遇期，大力发展生物医药产业，2020年全市共引进亿元以上生物医药产业项目39个。装备制造和电子信息产业。常德高新区、汉寿县携手中联系企业，着力发展装备制造产业；桃源县按照“龙头带配套”的发展思路，依托迪文科技以商招商，壮大电子信息产业链条。

（李卓霓）

国内贸易

【概况】　2020年，全市完成社会消费品零售总额1428.8亿元，总量全省第4，同比下降2.4%，增幅全省第2，排位第3（有并列）。全年批发业商品销售额601.38亿元，同比增长4.2%，增速全省第5；零售业商品销售额1118.89亿元。同比增长1.2%，增速全省第一；住宿业营业额29.4亿元，同比下降15.9%，增速全省第二；餐饮业营业额19.33亿元，同比下降5.5%，增速全省第二。全市24个湖南老字号，其中中华老字号1个。2020年，先后8家企业被评为湖南老字号，突破历史记录，排名全省第一，为常德品牌建设做出突出贡献。

【商圈提质】　规划建设“商圈+商业综合体+商贸中心”的三级商业体

表14　2020年度常德市商贸流通企业前10强一览表

单位：千元

序号	企业名称	所属区县	年营业收入
1	湖南省烟草公司常德市公司	武陵区	7582738
2	益丰大药房连锁股份有限公司	鼎城区	3353324
3	中国石化销售有限公司湖南常德石油分公司	武陵区	2806444
4	湖南丰彩实业发展有限公司	澧　县	2577118
5	中国石油天然气股份有限公司湖南销售常德分公司	武陵区	1127528
6	常德烟机配件经销服务有限责任公司	武陵区	756478
7	常德盛美盈顺电器销售有限公司	武陵区	674037
8	湖南金健米业营销有限公司	常德经开区	654767
9	中海博赢国际贸易（湖南）有限公司	石门县	528488
10	常德市美宝行汽车销售服务有限公司	武陵区	471511

系。武陵阁商业步行街入选综合型试点步行街，常德河街入选特色型试点步行街，成为全省唯一同时入选2条街的市州，排名全省第一。探索电商基建，建设常德经开区电商企业加速器和武陵互联网产业园两大电商园区，打造“常德品牌　中国品质”生活馆暨乡村产业电商孵化基地；建成“西湖青年电商创业孵化基地”；临澧获评全国电子商务进农村示范县。

组织活动。先后配合组织常德购物节、常德美食节暨金融服务节、常德婚博会、常德汽车博览会、常德优质农产品暨常德网上年货节等活动，刺激带动全市消费。组织企业参加节会展会，9月18—20日，组织102家优质食品餐饮企业参加中国国际食品餐饮博览会，其中湖南博邦农林科技股份有限公司签约达1.3亿元，常德获得优秀组织奖，得到省政府通报表扬。

安全生产。面对商务系统线长面广的经营体系，狠抓安全生产、疫情防控、食品安全工作，严格按照责任包保制度执行，开展马路市场专项整治和二手车行业专项治理，狠抓商务领域安全生产和常态化疫情防控工作，未发生安全生产责任事故、新冠肺炎疫情事故、食品安全事故。获得全市服务业、食品安全、安全生产、信用体系建设等先进。牵头关闭全市中心城区活禽交易宰杀，各大超市、农贸市场均有冷鲜禽类制品销售，供应充足。

（卜　帅）

对外贸易

【概况】　2020年，全市实现进出口总额158.4亿元，总额全省第十，同比增长19.9%，增幅全省第五。

外贸队伍。2020年全市实现“破零”企业75家，“倍增”企业33家，外贸实绩企业达到210家，部分医疗防护物资生产企业“破零”。由3家外贸综合服务平台公司（常德浩通供应链管理有限公司、常德启源供应链管理有限公司、常德市三屹进出口贸易有限责任公司）建成7家园区外贸综合服务中心，服务覆盖所有县市区。

完善政策。7月，专项调研开放型经济发展情况，实地走访座谈29家外贸型企业，并赴长沙、衡阳、郴州、岳阳等地学习外贸发展、口岸平台建设等方面经验，力争制定出台常德市开放型经济新政策并扩大扶持范围、提高奖补标准，市级开放性经济资金总量将从3000万元增加到2021年的5000万元，增量部分主要用于扶持外贸。督导各县市区落实《全省商务系统“两稳一促”担当作为激励办法》，具有外贸业绩考核任务的13个县市区已制订出台外贸政策文件。

服务企业。市县两级商务部门驻园区下企业，开展精准服务、联点服务、靠前服务，全市15家重点外贸企业“一企一策”联点帮扶全覆盖，问题销号率100%；举办多场签约活动和银企对接会，全年共协助58家外贸企业落实11.76亿元融资需求。2020年12月31日，常德财鑫供应链有限公司开业，与9家银行签订103亿元的授信协议，与10家外贸

表15　　2020年度常德市自营出口企业10强一览表

单位：万美元

序号	单位名称	出口额	所属区县
1	湖南海利常德农药化工有限公司	7408	常德经开区
2	湖南嘉力亚新材料有限公司	5233	桃源县
3	胜美达电机（常德）有限公司	3532	常德经开区
4	常德达门船舶有限公司	3040	常德经开区
5	湖南联科科技有限公司	2870	常德高新区
6	湖南中联重科建筑起重机械有限责任公司	2831	鼎城区
7	湖南洞庭药业股份有限公司	2810	常德经开区
8	湖南新合新生物医药有限公司	1862	武陵区
9	石门鲜农农业科技有限公司	1662	石门县
10	湖南飞沃新能源科技股份有限公司	1612	桃源县

企业签订4.58亿元的放款协议。引导企业参加经贸活动，全年全市共97家（次）企业参加境内外展会或经贸活动，广交会、进博会、加博会等重点展会都由专人负责发动报名、带队参展参会。

【开拓市场】 召开防疫物资出口调度会、农产品出口座谈会，推动常德市产品出口。鼎城区弘富源蔬菜1100多万美元全部自营出口，增长300%；常德高新区中联建起公司出口约3200万美元起重机到韩国、卡塔尔、意大利等37个国家；中车新能源汽车公司2020年全年出口沙特、科特迪瓦19台客车166万美元，创出常德市整车最高出口额；联科科技开展跨境电商业务，外贸业绩达2870万美元；石门县获评国家外贸转型升级基地（柑橘），全年5家企业出口柑橘约2000万美元，同比增长18%。

【开放平台】 2019年12月9日至2020年1月29日，桃花源机场实现临时开放，开通至泰国曼谷包机航线。桃花源机场空运口岸被省人民政府作为“十四五”时期拟申报的四个口岸项目之一（排第一）报送国家口岸办，争取纳入国家口岸发展“十四五”规划。8月，盐关码头海关监管场所延期复核整改通过长沙海关验收。11月4日，常德市与深圳盐田港签订战略合作框架协议，大力发展常德水运，提高口岸效能、扩大口岸影响。常德盐关水运口岸集装箱吞吐量累计完成17691标箱，略低于2019年。

（卜　帅）

电子商务

【概况】 2020年，常德全年电商交易额445.06亿元，网络零售额79.27亿元。

电子商务园区建设。鼓励支持各区县市建设电商园区，截至2020年年底，市城区初步形成“三核多点”特色新格局（“三核”：以常德经开区、高新区、武陵区移动互联网产业园为核心；“多点”：以国邮港跨境电商创业孵化园、市互联网暨电商产业园、常德市创业孵化基地、鼎城区创业孵化基地等为点构建常德市电子商务企业集聚协同新格局），形成特色鲜明、产业链清晰、服务体系完善的电子商务产业带；其余各县（市）均建成电子商务（创业）园区，为常德市电商企业发展提供良好的环境和氛围。

对接节会展会。5月20日，组织区县市25家电商企业对接本地生产企业，常德市223家生产型企业数百种产品成功上线销售；6月10日，组织全市16家工业企业参加“万企融网闯国际”对接会；6月21—23日，组织石门县、汉寿县商务部门及相关企业赴义乌参加2020年中国国际电子商务博览会暨数字贸易博览会；9月15—17日，组织14家电商企业参加湘博会子活动——娄底电商节；10月15—16日，杨成英带团参加中国（西安）电子商务博览会；10月21日，市商务局在天际喜来登酒店举办2020常德市电子商务沙龙活动，各部门及企业代表共60余人参加。

电商企业复工复产。建立全市重点电商企业重点名录，积极解决企业遇到的困难，推动85家重点电商企业复工复产；2月20日，发布《常德市商务局关于推广生活必需品配送到家（小区）的倡议书》。防疫期间，常德市线下同城配送业务的日均销售额达500万元。电商扶贫。市商务局和市扶贫办联合印发《关于做好2020年全市电商扶贫专项行动有关工作的通知》（常商发〔2020〕26号），为各区县市制定目标任务，支持引导区县市商务部门参加各类电商活动，充分利用各大电商平台的优势，超额完成省厅布置的任务。参与拼多多与市人民政府战略合作前期工作。市商务局多次与拼多多联系人对接，并与市工信局、市农业农村局合作，发动全市第一批生产型企业（81家）入驻拼多多；11月30日至12月1日，拼多多副总裁狄拉克一行4人到常德考察调研，在市政府参加战略合作座谈会。

【直播电商产业】 鼓励常德市电商企业在淘宝、抖音、快手、拼多多等多个电商平台开展电商直播带货工作，促进电商直播日常化；指导市网商协会在常德经开区电商加速器投资建立电商直播中心，供多家企业同时直播带货；5月，指导金健米业举办“鱼米之湘好滋味”抖音直播带货活动；8月3日，多部门联合打造的常德品牌中国品质生活馆暨常德市乡村创业电商孵化基地正式运营，市委副书记、市长邹文辉揭牌；8—9月，指导澧县举办首届“锦绣黄桃”电商节、第十五届葡萄节暨创业创新直播带货大赛，指导石门县举办电商扶贫农产品展销活动。

【跨境电商产业】 常德市跨境电商尚处在起步阶段。为推动跨境电子商务产业发展，市商务局召开跨境电商产业发展推进会、与阿里巴巴国际事业部的跨境电商发展对接会、常德市跨境电商平台与园区建设研讨会，起草推动全市跨境电商产业发展、建设市级跨境电商产业园、打造市级跨境电商综合服务平台等多个政策文件，计划申请以市政府办的名义印发，助力常德市跨境电商实现突破性发展。常德经开区于2020年11月初向市人民政府提交《关于支持常德经开区建设“常德市跨境电商产业园”的请示》，获得市领导批准。

【农村电子商务】 依托淘宝、拼多多、兴盛优选、供销E家、邮乐购等农产品电商平台，常德市大力推进县、乡、村三级农村电商服务站点建设，打通“工业品下乡”和“农产品进城”双向流通渠道。截至2020年年底，全市行政乡、村电商服务站点覆盖率达到90%以上，贫困村村级电商服务站点覆盖率达到95%以上，建成省级电商扶贫小店4317家。2020年5月，市商务局印发《常德市商务局关于开展村级电商服务站整合进村（社区）综合服务平台的工作方案》，推动1779个村级（社区）电商服务站整合进村部。6月，临澧县获评全国电子商务进农村综合示范县。

【重要活动】 3月30日，市商务局召开全市医疗防护用品生产企业出口产品认证工作座谈会。市商务局、市市场监管局、常德海关、市产业立市办、人民银行常德市中心支行等单位负责人，21家有意出口的医疗防护用品生产企业代表，浩通、启源、三屹等3家外贸综合服务平台公司代表，南德和通标等2家认证中介公司代表参加。4月10日，召开农产品进出口工作调度会。市商务局、市农业农村局、市市场监管局、市政府金融办、市工商联、市贸促会、市产业立市办、常德海关、中国人民银行常德中心支行、市农投公司、市外贸协会、市网商协会等部门和单位负责人及全市13家农产品出口或拟出口企业参加会议。5月6日，市商务局、市政府金融办召开外贸企业融资需求对接会。市工行、农行、中行、建行、农发行、交通银行、兴业银行、邮储银行、华融湘江银行、长沙银行和省农商行常德办事处等11家金融机构负责人参加会议。5月24日至26日，省商务厅党组书记、厅长徐湘平到常调研“两稳一促”工作（稳外贸、稳外资、促消费）。调研组前往临澧县、石门县、桃源县、常德经开区和常德高新区等地，考察常德中车新能源、福泰物流、中泰特装、杨氏果业、湘佳牧业、白云山林场、飞沃新能源等9家企业和桃花源机场临时航空口岸，召开座谈会，听取常德市商务和开放型经济工作汇报，听取企业的意见建议。6月1日，“全城消费 福满常德”常德购物节在常德万达广场启动。6月12日，“全城消费 福满常德”常德美食文化节暨金融服务节活动启动仪式在大小河街·春秋广场开幕。6月24日，市商务局、中国工商银行常德分行举办稳外贸、稳外资“春融行动”签约会，工商银行常德分行、人民银行常德中心支行、中国银行保险监督管理委员会常德监管分局、常德财科融资担保有限公司、湖南德诚担保有限公司、常德市善德融资担保有限公司等金融机构负责人，全市部分重点外贸外资企业负责人参加会议。7月20日，全市开放型经济工作调度会在常德国际大酒店召开。市商务局和市招商促进事务中心全体班子成员和科室（中心、部）负责人，市产业立市办、市开放型经济和招商引资工作领导小组部分成员单位分管负责人，各区县市和市直六区人民政府（管委会）分管负责人和商务招商主管部门负责人以及省级园区分管负责人100余人参会。8月6日，长沙海关口岸监管处对盐关水运口岸海关监管场所延期复核整改进行验收。8月18日，常德市召开跨境电商产业发展推进会。9月18—20日，2020中国国际食品餐饮博览会在长沙国际会展中心举办，常德市共有102家优质食品餐饮企业在展会上亮相。10月21日，常德市商务局在喜来登多功能会议厅举行“2020常德商务大讲堂”。市商务局机关干部、市开放型经济领导小组成员单位、“三外”企业和内贸流通企业负责人150余人参加培训。当晚举办2020常德市电子商务沙龙活动。市政府办、市人大民侨外委、市财政局、财鑫金控，各区县市商务局、企业代表共60余人参加，共同探讨和交流电商新模式和新趋势。10月26—27日，省商务厅在常德市开展“两稳一促”工作督导并组织召开座谈会；27日，考察常德高新区的湖南响箭重工科技股份有限公司、中联重科建筑起重机械有限责任公司、湖南联科科技有限公司以及常德经开区的常德中通智慧电商物流园、湖南恒安纸业有限公司、常德中车新能源汽车有限公司等企业。11月5日，杉杉商业集团和衡阳杉杉奥特莱斯派员到常德市考察。11月5—10日，第三届中国国际进口博览会在上海现场举办。常德市共65家企业报名参会，在按组委会要求办理完毕核酸检测等防疫措施后，实际到会102人。常德市9家企业与参展外商共达成13项采购进口意向协议，涉及3000多万美元的材料加工装备、水果、坚果、茶叶、酒、化妆品、洗涤用品等商品及技术服务。11月24日，市商务局召开全市开放型经济暨拼多多常德优品馆启动仪式筹备工作调度会。12月11日，省商务厅厅长徐湘平一行到常德市考察调研常德财鑫金控集团、常德国际农产品交易中心和河街电商“生活馆”等。12月31日，常德财鑫供应链有限公司正式开业，现场举行签约仪式。

（卜 帅）

供销合作

【概况】 2020年，常德市供销合作总社落实中华全国供销合作社第七次代表大会会议精神，围绕乡村振兴和开放强市产业立市战略，依托模范机关创建带文明单位创建、带基层社改革发展、带社办企业做大做强、带协会规范发展、带精准扶贫的“一建五带”，党建引领，供销社综合改革，完成各项目标任务，被湖南省深化供销合作社综合改革领导小组评为2020年深化供销合作社综合改革工作突出单位。

基层组织体系。2020年争创全国百强县级社2个（武陵区供销合作社、桃源县供销合作社），全国基层社标杆社7个（安乡县安全乡供销合作社、鼎城区石公桥镇供销合作社、鼎城区尧天坪镇供销合作社、汉寿县丰家铺镇供销合作社、汉寿县龙潭桥镇供销合作社、桃源县双溪口镇供销合作社、武陵区丹洲乡供销合作社），全国农民专业合作社示范社7家（安乡县湖南湘珊瑚果蔬种植专业合作社联合社、汉寿县新洲中药材种植专业合作社、澧县常德富盛绿色水稻种植专业合作社、临澧县亚特农猕猴桃专业合作社、石门县优酿养蜂专业合作社、桃源县田间大叔蔬菜专业合作社、西洞庭区紫湾农机水稻专业合作社），省级规范化县级社3个（鼎城区供销合作社、临澧县供销合作社、津市市供销合作社），升级改造乡镇薄弱社15个，建成规范化村级社10个（安全乡汤家岗村级供销社、龙潭桥镇愈家桥村供销社、聂家桥乡堤北村供销社、蒋家嘴镇袁家湾村供销社、佘市桥镇新兴社区供销社、太浮镇陈二铺社区供销社、合口镇陈湖村供销社、新安镇杉龙岗村供销社、烽火乡南田村供销社、修梅镇赵家巷村供销社）。“十三五”期间，共建成乡镇社124个，实现全覆盖，村级社1483个，覆盖率93.2%，规范化村级社39个，组建农合会136个，市县乡三级农合会体系全面建成。

【为农服务】 以土地托管服务为重点，依托46家农业社会化服务公司和132个乡镇农业社会化服务中心，托管土地面积13.6万公顷，流转土地面积7.27万公顷，服务农民近60万户。生产、供销、信用“三位一体”综合服务在全省率先开展，发展成员8000多户，服务12万余农户。对接“供销e家”电商平台和“扶贫832”平台，构建市、县、乡、村四级电商运营服务体系，线上销售额达18.3亿元。全市供销社系统服务的茶叶、食用菌、蜂蜜、黄花鱼等特色产业，综合产值保持两位数增长。

2020年12月2日，临澧县望城街道看花村供销社惠农综合服务点
（市供销合作总社 供图）

【社办企业】 积极参股控股涉农企业，全市供销社社办企业发展到83家，其中省级龙头企业9家、市级龙头企业10家，业务涉及农业社会化服务、农村电商、特色产业、物流配送、农产品加工生产、资产管理等多个领域。社办企业规范运行，建立健全企业管理制度，完善企业内部监督体系，加强对社办企业专项资金的监督检查，推进企业依法经营、合规管理、防控风险。

【茶叶产业】 按照主攻红茶的发展思路，大力打造“常德红茶”特色名片，推动全市茶叶产业高质量发展。2020年，全市茶园总面积达到2.35万公顷，较上年增长2%，干毛茶总产量5.1万吨，较上年增长6%，其中红茶产量1.7万吨，较上年增长13%，茶业综合产值突破“百亿”大关。“常德红茶”获国家农产品地理标志认证和2020湖南茶叶“精准扶贫十大区域公共品牌”，石门县获2020年度全国茶叶生态建设十强县和2020湖南茶叶“十大精准脱贫先进县”，“澧峰”常德红茶、“石门银峰”“石门小红茶”获第五届亚太茶茗大奖“特别金奖”。

（杨　淳）

石油销售

【概况】 2020年，中国石化销售股份有限公司湖南常德石油分公司（以下简称中国石化常德石油分公司）在营加油站共151座，便利店126家，油库2座。全年成品油经营总量40余万吨，同比增长2.9%。其中，直分销同比增长23.9%，非油品销售同比增长111%。完成加油站整体改造1座，综合改造8座，落实政府置换站2座；开启自主征地新建加油站项目1项，县域油气综合站建设项目1项。作为成品油行业会长单位，多次协调其他经营主体，维护市场稳定和公平竞争，协助政府开展“打非治违”行动，净化市场环境，有效助力市场良性健康发展。加快政企联营，2020年通过“多部联合、多级联动”成功和4家县级政府签订战略合作协议并成立合资公司，域内首座联营加油站“汉寿军刘站”建成试营。

责任担当。作为常德地区成品油主要供应商，中国石化常德石油分公司一直以服务客户为宗旨、以服务地方经济为己任，坚守“爱我中华、振兴石化”“为美好生活加油”的初心使命，坚持履行奉献清洁能源和绿色产品、助力脱贫攻坚等社会责任。中国石化常德石油分公司全面推行绿色企业行动计划，在全市范围供应国六标准油品。2020年，中国石化常德石油分公司及下属县（直属）公司积极响应国家扶贫号召，投身精准扶贫活动，对定点扶贫单位开展“一对一”精准扶贫走访慰问帮扶工作，切实做到真支持、真帮扶。

【安全管理】 作为油品销售危化企业，中国石化常德石油分公司始终将安全生产放在首位，始终坚持“生命至上、安全发展，预防为主、综合治理，领导承包、全员履责”的安全方针，努力健全安全生产责任制，开展安全生产标准化，强化隐患治理改造，强抓监督检查，从严目标考核。公司始终秉承“诚信规范、合作共赢”的经营理念，坚持“信誉第一、客户至上”的服务宗旨，对油品及商品的采购、储存、运输、销售等各个环节严格把关，确保出库和加油站销售的油品100%合格，易捷便利店商品无质量问题。未发生任何形式的安全质量环保事故或事件。

【企地合作】 中国石化常德石油分公司与多个驻地政府签约合作。2020年下半年，中国石化湖南石油分公司分别与汉寿县人民政府、石门县人民政府、桃源县人民政府签订战略合作协议，以央企资本、技术、品牌要素推动地方经济社会发展，以地方资源、市场、政策优势推动央企可持续发展，政企合作得到深化拓展。中国石化常德石油分公司与汉寿县现代农业投资开发有限责任公司、石门县经济建设投资发展有限公司、桃源县城市建设投资开发有限公司、澧县城市建设投资开发有限公司，签订联营合作协议，以联营公司为平台，充分利用各自的经营资源及政策优势，着重在能源供应板块实现油、气、电、氢的全面发展。

（黄 景）

金　融

综述

【概况】　截至2020年年底，常德市共有银行机构32家，其中政策性银行1家，大型银行7家，股份制银行7家，城商行2家，农商行8家，村镇银行6家，专营机构2家；共有银行业机构网点708个，从业人员8979人。全市共有保险机构41家，其中寿险机构24家，财险机构17家；共有代理机构45家，专业中介机构24家，兼业代理机构21家；共有保险公司网点309个，保险专业中介机构网点47个，非银邮类保险兼业代理机构网点21个，保险营销人员32986人。全市共有融资担保行业公司8家，从业人员327人，小额贷款公司15家，从业人员126人，典当公司11家，从业人员71人。

企业上市。2020年，湘佳牧业上市，填补常德市中小板上市公司空白。飞沃科技向深交所递交创业板上市材料；云港生物、佳鸿机械、宏旺环保、奥力金属、绿盟农业、丝念食品等六家企业在省股交所挂牌，向上争取多层次资本市场构建补助527万元。45家企业进入“省重点上市企业后备资源库”，家数位居全省第三。2020年年末，全市共有A股上市公司6家，数量居全省第5；新三板挂牌企业8家，数量居全省第3；湖南省后备上市企业资源库企业45家，数量居全省第3。

金融创新。率先成立企业续贷受理中心，重点推动无还本续贷业务，对疫情防控和复工复产企业做到应续尽续、应续快续，获央视《新闻联播》和人民日报推介。辖内银行业金融机构无还本续贷余额29.65亿元，较上年同期增加21.1亿元。利用金融科技手段，发掘政务数据在金融领域应用场景，打造常德特色化的综合金融服务平台——常德金融超市。常德金融超市于2020年12月26日上线运行，为全市中小微企业融资提供便利。

金融稳定。纳入全省绩效考核的陈案化解率达到92.3%，位居全省前列。2家关注类农商行退出关注类序列。在投资、寄卖等重点领域开展扫黑除恶“行业清源”行动，6件涉嫌高利贷、套路贷和暴力催贷线索以及5件涉嫌非法集资线索移交公安机关立案侦办；向市场监管部门移交23件涉嫌违法宣传、无照经营的相关线索；200余家投资、寄卖市场主体纳入经营异常名录，656家注销、吊销、关门歇业退出市场。

金融生态。2020年，市金融生态办组织7个县市开展县域金融生态评估，深入开展信用区域、信用主体建设，全市信用乡镇、信用村、信用社区分别达到33个、512个、135个，居全省前列。全市社会信用环境不断改善，信用城市排名全省第三。常德市金融生态建设工作在全省人民银行系统年度考核中获得第一名。

【常德金融超市服务平台】　12月有26日，由市政府金融办主办、财鑫金控集团运营的常德金融超市正式上线运行，“全天候”为企业和个人提供线上金融服务。金融超市按照“统一建设、区县共享、部门参与、分步实施”的原则推进，通过开发“综合金融服务”和“征信服务”两个子平台，上线信贷、担保等金融产品，建成集政银企信息沟通、政策查询、线上放贷、增信服务、信贷风险补偿等多项微企业，均可注册使用该平台，一键发布融资需求，直接对接所有接入平台的金融机构。在上线现场，金融超市运行不到5分钟，就上线4笔企业融资申请，授信金额200万元。2020年年末，金融超市已有26家金融机构入驻，共上线105个金融产品。

（李宗柯　文　静　向　娟）

中国人民银行常德市中心支行

【概况】　2020年，中国人民银行常德市中心支行按照“稳中求进、务实创新”的工作思路，继续围绕“强履职促发展，防风险保平安，争先进创一流，扬正气增和谐”的工作目标，各项工作成效显著。获得各类集体荣誉60项，个人荣誉43项，8项工作经验在上级行会议交流，212项工作被新闻媒体和上级行内刊推介，7项工作得到上级领导肯定批示。积极响应常德市委、市政府开放强市产业立市战略，金融支持稳企业保就业的做法分别被总行金融市场司和长沙中心支行《简报》采用。

【服务实体】　认真贯彻落实党中央、国务院和上级行关于金融支持疫情防控、复工复产和稳企业保就业的重大决策部署，积极落实稳健的货币政策，有力推动地方经济社会高质量发展。用好用活用够政策工具，信贷政策支持再贷款再贴现同比多放21.8亿元，专项再贷款运用居全省第二，发放专用额度合格贷款10.3亿元。积极落实两项直达工具，全年对12家法人机构发放延期工具2870万元，对符合条件的9家法人机构发放信用支持计划2.74亿元，两项工具发放量位居全省市州第一。联合常德市政府有关部门举办“暖春行动”园区行暨政银企对接会15场、签约149亿元。深入开展“行长结对专项行动”，结对企业扩至710家，放贷79.5亿元。联合常德市总工会推出“战疫劳模贷”专属信贷产品，《工人日报》头版报道。引导银行机构及时开展贷款定价基准转换、适当降低贷款利率。首倡并协助常德市政府设立续贷中心，建设金融超市，推动政府性融资担保公司减半收费。据测算，全市金融系统累计为企业让利近12亿元。截至2020年年末，全市各项存款余额3614亿元，比年初新增313亿元，均居全省第三；各项贷款余额2513亿元，居全省第四，比年初新增410亿元，居全省第三。湘西北片区货币信贷工作座谈会在常德召开，长沙中心支行行长张奎到常德经开区调研给予好评。缓解小微企业“首贷难”经验获长沙中心支行副行长侯加林肯定性批示。

2020年8月4日，2020年常德市金融生态建设工作推进会

（中国人民银行常德市中心支行　供图）

【风险防控】　坚决贯彻落实党中央、国务院和上级行打好重大风险攻坚战的战略部署，加强沟通汇报、调研督导、措施协同，有效凝聚共识，压实责任，守住底线。出台《贯彻落实〈打好防范化解重大金融风险攻坚战实施方案〉工作方案》，向常德市委、市政府提出金融风险防控9条措施及建议，均被采纳。督导银行机构加强与平台公司、债管办对接，通过“六个一批”措施缓释债务171亿元，新发债务融资工具120.2亿元，协助发行境外债1亿美元，引导银行机构降息，为平台公司节省融资成本1.34亿元，常德市平台公司贷款未发生不良、债务未出现违约。加强金融生态建设，工作考评位列全省第一，《2020年金融稳定报告》被评为全省二等奖。出台并落实《高风险机构监管专员管理制度》，实现高风险机构清零，工作做法在长沙中心支行2次专业工作会议上交流。完成常德市所有银行网点存保标识启用，存保动画宣传视频被长沙中心支行微信公众号推介。牵头成立常德市打击治理跨境赌博金融监管工作组，联合常德市公安局、银保监分局印发《进一步规范银行卡业务办理工作的通知》，压实金融机构主体责任。联合常德市公安局建立非法出租、出借、买卖银行卡账户惩戒机制。开展支付结算服务风险排查整治活动、打击电信网络新型犯罪专项行动、“断卡行动”，指导金融机构对存量账户进行系统筛

选、重点摸排，对可疑账户实行资金交易控制。涉赌涉诈风险排查工作得到长沙中心支行督查组肯定。

【金融服务】 始终坚持金融为民理念，优化金融服务与管理，有力提升金融供给质效。调查研究。大湖水殖扶贫案例被总行《金融扶贫案例集》收录，金融支持海绵城市案例被长沙中心支行工作会议参阅材料收录。深入推进移动支付便民工程建设，云闪付新注册用户绑卡数、累计注册用户数均居全省市州第一，做法在全省交流、得到市领导肯定批示。获邀在总行LEI动态交流会发言，科技司领导点名表扬。穿紫河街道现金服务示范区作为全省唯一代表，被推荐为总行级示范区。在全省率先开展货币真伪鉴定单位建设试点，获中国钱币学会、长沙中心支行领导充分肯定。编制系列宣传片《国库那些事儿》被省分库转发推广，国库统计分析经验全省交流。农户信用信息系统在常德市推广，成功利用系统实现全省农村信用体系对建档立卡贫困户全覆盖，做法全省交流。不断改进涉汇企业服务，积极协助4家企业解决债转股等难题，获得企业广泛好评。金融消费纠纷诉调对接机制成功建立，违规金融广告治理成效明显。公平公正开展4家机构执法检查，依法依规处罚2家机构，征信专项执法案卷获全省二等奖。

【金融管理】 着力完善治理体系，提升治理能力，进一步规范金融运行秩序。组织召开常德市行长联席会、2020年常德市金融管理工作会议等，传导监管从严的压力。受理光大银行常德分行、长沙银行高新区支行的开业申请，促进新设机构依法合规开业经营。完成对15家银行、13家证券、38家保险机构的综合评价，评价结果全市通报并抄送监管部门、被评价单位上级部门。根据形势变化，组织对银行机构的评分细则、评分标准进行适当修改，将县域法人机构纳入综合评价范畴，提升评价的科学性和覆盖面。开展信贷政策导向效果评估、银行间市场业务专项评估，确保金融机构信贷投向和业务发展符合政策要求。落实农行县级三农金融事业部考核、非县域法人金融机构普惠金融定向降准考核、县域法人机构将新增存款一定比例用于当地贷款考核，对达标机构释放政策红利。召开反洗钱工作联席会议，建立会商议事规程，全力推动洗钱定罪宣判。累计对67家义务机构开展反洗钱分类评级，对14家法人金融机构开展反洗钱和反恐怖融资评估，提升监管的针对性和有效性。协助公安机关破获假币犯罪案件1起，抓获犯罪嫌疑人1名。

（刘　勇）

银行保险监督管理

【概况】 监管工作。截至2020年年底，辖内银行业资产、负债规模分别达4107.73亿元、4014.14亿元，分别同比增长12.2%、12.3%；各项存款、贷款余额分别为3429.63亿元、2512.89亿元，分别同比增长9.55%、19.5%；新增存款、贷款分别为298.9亿元、410.1亿元，新增贷存比达137.2%，新增贷款超过新增存款，且新增贷款金额位居全省13个地市第2位；实现经营利润47.08亿元，同比增长3.88%；不良贷款率为2.08%，较年初下降0.39个百分点；法人机构拨备覆盖率为161.59%，资本充足率保持在11.86%的稳健水平。辖内保险业实现原保险保费收入116.15亿元，同比增长5.52%，其中财险、寿险保费收入分别为35.69亿元、80.45亿元，同比分别增长1.14%、7.58%；赔付支出48.6亿元（含退保），同比增长5.75%，其中财险、寿险赔付支出分别为22.88亿元、25.72亿元。

疫情防控。银保监分局第一时间贯彻落实上级指示批示，组织辖内机构、金融职工积极参与公益捐赠和防疫志愿服务工作。督导银行保险机构加强科技应用，优化非接触式服务渠道，确保疫情期间金融秩序不乱、服务不断。督促银行保险机构摸排辖内涉及疫情防控相关企业的金融需求，实行名单制管理，主动逐户对接，按照特事特办、急事急办的原则，全力满足相关单位和企业卫生防疫、医药用品制造及采购、公共卫生基础设施建设等方面的合理融资需求。全市银行机构为生活物资类企业、医疗物资类企业发放贷款7.3亿元、15.2亿元。全市保险机构在不增加保费的情况下，将部分意外险和疾病险责任范围，扩展至含新冠肺炎导致的身故、伤残和重疾赔付，为全市抗疫一线免费提供保险保障331.35亿元，其中为医护人员提供保险保障181.6亿元。

脱贫攻坚。截至2020年年底，常德市银行业累计发放扶贫小额信贷22.15亿元，惠及贫困户5.86万户，有贷户余额4.25亿元，不良率0.07%，“户贷企用”问题全部整改完成。常德市保险业推进“扶贫特惠保”工作，实现常德市建档立卡贫困人口全覆盖；开展“稳定脱贫责任保险”试点，覆盖建档立卡贫困户4.8万户，为收官之年的脱贫攻坚工作加上“保险阀”。

支持经济。常德银保监分局推动金融支持复工复产，通过企业实地调研、重点机构逐一督导和同类机构集中座谈“三合一”工作方式，深入机构和企业一线调研督导金融支持复工复产工作70余次。开展“百行进万企”活动，推动银行机构与2385家小微企业深度对接，提供贷款96.71亿元，推动保险公

2020年5月22日，常德银保监分局团委组织青年干部前往对口扶贫联系点——澧县王家厂镇双庆村组织开展“送金融知识下乡 助力精准扶贫”活动

（常德银保监分局 供图）

司为1410家企业提供安全生产责任险，保额166亿元。争取省级行关注支持常德社会经济发展，促成7家大型银行省分行在常德先后召开24场项目对接会，现场签约项目324个，意向融资432.13亿元。

【惠企政策】 联动常德市金融办、人民银行常德市中心支行成立湖南省首家企业续贷中心，累计发放无还本续贷贷款37.21亿元。“信易贷”工作走在全省前列。帮助2024家企业获得信用贷款23.6亿元，帮助10.3万名常德市民获得个人信用贷款136.8亿元。落实临时性延期还本付息政策，累计对6142家企业（含个体工商户、小微企业主）办理延期还本付息，涉及贷款本金100.93亿元，利息9736万元。降低企业信贷融资成本，辖内普惠型小微企业平均贷款利率6.05%，比年初下降0.46个百分点。对32家机构开展规范融资收费降低企业融资成本专项督导，全年共督促银行机构对企业客户减费让利1.82亿元。

【防范化解金融风险】 维护房地产市场发展。开展常态化房地产金融监测分析，督促落实“房住不炒”定位，引导机构合理配置房地产资金供给，在保障保障性住房建设、个人首套房和改善性住房的资金需求的同时，压缩房地产开发贷款，常德市房地产开发贷款余额较年初下降175.74亿元，降幅居全省前列。缓释地方政府性债务风险。支持银行保险机构按照“六个一批”原则缓释地方政府性债务融资风险，保障金融债权，确保不发生系统性、区域性金融风险。债委会机制。年内推动新组建3家债权人委员会，其中1家企业为抗疫物资生产企业。累计组建7家债委会，用信余额19.95亿元，弱化风险2.49亿元，续贷5.39亿元。处置债委会企业天鹰建设的到期债务问题，承建的中车产业园、S240道路、汉德大道等省级重点项目交付使用。属地监管职能。重点关注机构安乡农商行脱困化险，不良率降至3.54%，监管指标较年初好转；津市农商行2020年脱离高风险状态，不良率降至2.67%，资本充足率达14.49%；临澧农商行从重点关注名单出列。支持头部农商行提质增效，增强风险抵补能力，指导汉寿农商行完成利润转增资本3000万元，常德农商行发行6亿元二级资本债获监管批准。整治市场乱象。市场乱象整治“回头看”，全年开展现场检查3项，涉及4家机构。规范车险市场秩序。针对违规支付手续费、销售人员垫付手续费、违规开展异地车险业务等突出乱象“露头就打”，特别对在新车领域提高自主定价系数损害消费者利益的行为进行遏制，常德地区车险实际费率低于全省平均水平十余个百分点。保持案防高压态势。开展案件（风险）信息全面摸底排查，针对常德农商行违规发放贷款案件，以及桃源、汉寿2家农商行未按监管规定报送案件信息予以行政处罚。全年共完成行政处罚25件，罚款344万元，处罚人员15人次。推进纪法衔接，将7件银行保险机构党员受行政处罚信息通报其所在党组织。

【服务金融消费者】 金融资源配置。2020年，平安银行常德分行、光大银行常德分行正式开业；推进“一县两行”收官，完成对安乡村行筹建监管初审；推动银行机构下沉网点，城商行新设县域一级支行1家，村镇银行设立乡镇支行1家。金融知识宣传。指导全辖银行保险机构紧密围绕活动主题，结合疫情防控工作要求，开展银行业保险业“3·15”消费者权益保护教育宣传周活动和9月金融知识普及月联合宣教活动。成立“联合宣教”督导小组，抽查10家银行保险机构进行现场督导。辖内银行保险金融机构共1060个网点33658人次参加宣传活动，共发放线下宣传手册和线上宣传材料58.71万份，活动触及消费者231.79万人次。

（向 娟）

农业发展银行常德市分行

【概况】 2020年，农业发展银行常德市分行全年各项贷款累放106亿元，占全省系统累放额780.57亿元的13.57%，全省系统排名第2位。至年末，全行各项贷款余额达到378.27亿元，较年初增加51.01亿元，增幅达15.59%，位居全省系统第二位和全市国有银行第一位。发挥粮油信贷主办行作用，累放各类粮棉油贷款26.05亿元，支持粮油收购67万吨，占全市粮食市场收购份额63.23%。全年累计审批各类中长期贷款项目29个、金额115.2亿元；累计投放中长期贷款项目34个，金额75.3亿元。其中农业农村现代化贷款日均余额26.1亿元，全省第一；投放生猪产业链贷款3.95亿元，全省第一；投放服务“长江大保护”贷款35.02亿元，排名全省第二。积极支持各类小微企业发展，年末全行普惠小微企业贷款余额10276万元，较年初净增6134万元，净增额全省第一。“十三五”期间支持石门易地扶贫搬迁、9个区县棚户区改造、珊珀湖治理、中车标准化厂房等一大批市县重点项目，为推动常德农业农村优先发展、服务乡村振兴贡献政策性金融力量。

经营绩效。各项存款余额52.07亿元，较年初净减15.52亿元；存款日均余额68.42亿元，较年初增加2.83亿元，增幅4.31%，居全省第二位。实现FTP利润4.25亿元，全省排名第二，完成上级行下达FTP利润计划的162.35%。

【融资成本】 坚持“减费让利、反哺三农”的服务宗旨，让利农业农村，大幅降低企业融资成本。免除业务咨询、资产评估、抵押手续、网银汇划等费用，1—12月新发放贷款平均利率4.29%，较同期减少77BP。存量贷款比全市金融系统平均利率5.3%少0.75个百分点，2020年度帮助地方经济建设节约融资成本将近2.5亿元，为缓解客户财务压力作出贡献。

【社会担当】 积极支持疫情防控和复工复产。大年初四（2020年1月28日）投放全市首笔疫情防控贷款，全年累计发放疫情应急贷款4亿元。对受疫情影响暂时遇到困难的31家实体客户、15亿流动资金贷款，通过无还本续贷、展期、延期还本付息、调整还款计划等多项措施助力企业复工复产。聚力脱贫攻坚收官战。“十三五”期间累放扶贫贷款108亿元，其中2020年累放精准扶贫贷款24.1亿元，挂牌督战点石门县支行累放15.1亿元，在全省51个贫困县投放第一，脱贫攻坚主力模范作用更加突出，连续6年获得常德金融扶贫一等奖。

（周　萍）

工商银行常德分行

【概况】 截至2020年年末，中国工商银行股份有限公司常德分行设13个部室、5个直属中心，下辖12个一级支行、24个二级支行，共计36个营业网点。在职从业人员935人，离退休员工411人。财富管理中心5家，贵宾理财中心20家，金融便利店11家，离行式自助银行36家，自动柜员机172台，智能银行36家。

2020年，中国工商银行股份有限公司常德分行课题组调研成果《新时代国有金融企业思想政治工守正创新研究》一文获总行推荐，为全省唯一入选中国金融业党的建设与思想文化建设调研成果库文章。纪委办《加强基层纪检干部队伍建设研究——以湖南常德分行纪委开展创新实践为样本》党建课题调研获省行三等奖；9—10月间、各党支部踊跃开展“党课开讲啦”活动，德山支行党总支书记谭燕的党课《不忘抗疫初心，牢记金融使命》获湖南省分行三等奖，三岔路支行党总支书记杨文娣的党课《不忘初心跟党走　牢记使命立新功》获湖南省分行优秀奖。常德分行机关党支部被评为湖南省分行“先进基层党组织”，杜方时、刘和平被评为湖南省分行退休干部“优秀共产党员”；全年评选出郭丽平等10名“五心女员工”，表彰陈泽红等6个2019年度常德分行“最美家庭”，三岔路支行韩忠利家庭被评为2019年度总行、省行“最美家庭”；石门支行营业室被省行授予2020年度“巾帼文明示范岗”荣誉称号；德山支行谭燕被总行、省行授予2020年度“巾帼岗位标兵”称号。

盈利水平。全年实现拨备前利润7.69亿元，同比增加0.36亿元；实现净利润4.26亿元；实现中间业务收入2.12亿元，同比增加0.145亿元；经营绩效和业务发展考评等级为A-，系统内排名全省第八位，经济增加值排名第三位。

资产质量。全行不良贷款额为0.53亿元，较年初下降2.29亿元，不良贷款率为0.22%，较年初下降1.06个百分点，系统内排名第一；全年累计清收处置不良贷款3.51亿元；信用卡不良余额0.628亿元，较年初下降1.426亿元，降幅69.4%，信用卡不良率8.13%，较上年下降13.08个百分点，不良贷款实现额、率双降，完成省分行下达的不良贷款余额控制计划。

【存贷业务】 全年实现各项存款余额359.95亿元，较年初增长17.35亿元，同业占比23.12%；各项贷款余额245.51亿元，较年初增长26亿元，同业占比26.93%；人行定向降准口径贷款余额14.4亿元，较年初增长3.03亿元；银监普惠口径贷款余额13.38亿元，较年初增长3.11亿元；金融精准扶贫贷款4.734亿元，较年初增加0.48亿元，银监普惠涉农贷款5.85亿元，较年初增长1.26亿元；全年积极稳妥推进政府化债项目共21个，金额32亿元。坚守服务实体经济本源，积极防范化解金融风险，全面完成人民银行和银保监会“两增两控”普惠金融工作目标。

【转型业务】 个人全量客户全年新增6.3万户，个人金融资产总额295.72亿元，较年初净增18.4亿；本外币理财产品发行总额85.1亿元，代理基金销售3.51亿元；代理销售个人保险1.24亿元，全省系统内第一。全市净增融e行客户17.47万户，同比增长90.56%；融e行月均动户14.85万户，同比增长19.44%；法人手机银行年动户5133户，企网年动户10026户，全省系统内排名第四，第三方绑卡月均交易卡数46.17万张，融e购月均动户1.02万户，同比提升29.54%，完成率93.1%；融E购电商平台精准扶贫80万元，融e购金融交易额0.91亿元，全省排名第五。为湖南财经机电职业技术学校、芷兰中学上线“智慧校园”，石门县第三中学、金叶大酒店上线“智慧云食堂”，安乡县第一中学上线“云食堂+银校通”；临澧房地产管理局维修基金缴纳项目正式投产，系全市首例住房维修基金项目。积极参与“智慧政务”取得与武陵区财政局合作非税网上缴费项目独家代理权，在市政府政务云平台之下通过API嵌入工行聚合支付，收缴武陵区义务制学校学杂、代收费，幼儿园托管费，新增42个B端客户、5万余名C端客户，交易额1000余万元，与石门县政府签订战略合作协议。累计开展12场融e购积分抵现充话费、兑商品活动，兑换服务客户1482户，成功兑换积分45583万分。ATM硬件正常运行率超过99%，全省第五；顺利完成全辖35个物理网点柜面70条专线和35个离行网点的线路上收工作，柜台终端用户合规率满分，防病毒客户端病毒码升级率99%。

（黄　贺）

农业银行常德分行

【概况】 2020年，中国农业银行股份有限公司常德分行获评全省农行“春天行动”综合考核第一名，被农总行评定为第五届中国农业银行文明单位，获评“湖南省金融扶贫专项竞赛先进单位”。辖内武陵支行被省分行评定为第五届中国农业银行湖南省分行文明单位。

截至2020年年末，各项存款时点余额496亿元，净增44亿元，各项存款日均余额486.6亿元，净增26.9亿元。其中，个人存款年增量38.5亿元，同比多增10.6亿元，四行增量份额33.5%，排名全省第一。各项贷款余额276亿元，净增52亿元，同比多增18.6亿元，存量增量排名四行第二，年末存贷比达到55%，提升7个百分点。全年实现营业收入14.4亿元，实现拨备前利润10.1亿元，实现拨备后利润7.1亿元，实现净利润5.2亿元。

全年围绕基础设施、民生工程等重点项目，着眼常德本土装备制造、新材料与新能源、有机食品等主导产业，与常德经济技术开发区、常德高新区等7家园区签订战略合作协议；与405家规上企业建立合作关系，渗透率50%；为93家园区规模以上企业发放贷款36.9亿元。全年新营销重大项目27个，金额73.11亿元，成功支持安慈高速、鼎力实业、桃源高新区标准化厂房及澧县河道采砂等重点项目，全年共投放贷款41亿元。2020年年末，全行存贷比达到55.66%，比2019年年末提升6.11个百分点，高于四大行平均增幅0.73个百分点。在系统内，常德农行贷款净增规模排全省第二，仅次于长沙。

【普惠金融】 创新服务模式，落实行长结对服务中小企业三年专项行动和“百行进万企”融资对接工作，积极打造和应用好银政、银担、银保、银税等四大平台，推广

2020年4月1日，常德市人民政府、农业银行湖南省分行战略合作签约仪式

（陈　伟　摄）

三大模式解决中小微企业融资难、融资贵的问题。开展“进百园万企，助力中小微”三年攻坚行动，创新推出“小微e贷”“链捷贷”等线上免抵押信用产品，对小微企业实现零收费，大力推广无还本续贷，坚决执行应延尽延、不断贷、不压贷，为59家小微企业办理延期还本付息，总额达6.9亿元，破解小微企业“融资难、融资贵”难题。年末，全行普惠型小微企业贷款余额26.3亿元、年净增额7.8亿元，增速42%，超过银保监会的监管标准。降低贷款利率，小微企业加权利率4.35%，比2019年下降39个BP，并且减免各类收费为小微企业直接让利接近1400万元。

【涉农扶贫】 加大涉农贷款投放，扶贫重点县贷款净增7.7亿元，精准扶贫贷款净增3.86亿元，带动贫困人口1.8万人。创新信贷产品，结合各县域特色资源创新“农资贷”“柑橘贷”“红茶贷”“木材加工贷”等特色e贷产品，年末惠农e贷余额8.25亿元，年度净增4.01亿元。延伸服务网络，全行惠农通有效机具2490台，共办理金融性交易202.5万笔、金额17.38亿元。消费扶贫。消费扶贫556万元，超额完成年度任务，被省人行、省总工会评为年度金融扶贫专项竞赛先进单位。

【战略合作洽谈暨签约仪式】 2020年4月1日，农行湖南省分行与常德市人民政府举行战略合作洽谈暨签约仪式。中共常德市委副书记、市长曹立军，农行湖南省分行党委书记、行长陶伟梁出席并见证签约仪式。常德市副市长尹正锡和农行湖南省分行党委委员、副行长谭敦宇代表双方签署战略合作框架协议。农行常德分行与常德经投集团等8家重点企业签订银企全面合作协议，提供总额72.3亿元的信贷支持。

（车忠心）

中国银行常德分行

【概况】 2020年，中国银行股份有限公司常德分行（以下简称中国银行常德分行）取得年度机构绩效考核全省排名第二位，机构考评A+的好成绩。2020年年末，中国银行常德分行全辖共有网点27个，其中二级分行1个，直管县支行6个，县支行辖属支行7个，城区经营性支行13个。全辖在岗员工501人。2020年，中国银行常德分行实现业务净收入50108万元，增幅10.16%；实现拨备前利润34145万元，增幅16.75%；实现净利润23283万元，增幅8.79%。

企业文化。2020年，中国银行常德分行邀请原行长杨松枝以“不忘初心，砥砺前行，我们的未来一片光明”为题上一堂行史课；成立足球、篮球、羽毛球、瑜伽、园艺、桌游六大协会，实现县域机构及市区“职工之家”全覆盖，丰富员工业余文化生活；组织开展“赋能项目”“千寻计划”“呈现青春”等交流培训与竞赛，调动青年员工干事创业的激情与热情；组织开展“五四正年华、青春对你说”“聆听真心话、头脑大风暴”“奔涌吧，后浪”等主题团日活动，增强团组织凝聚力，丰富青年员工精神文化生活。

客户队伍。2020年，中国银行常德分行全辖客户总量699235.42户。其中，个人有效客户较2019年新增49362户。加强市县支行上下联动，加强与住建局合作，跟紧建设者项目资金代发，拓展个人客户。通过银医项目、银校项目、园区项目等特色业务揽入代发项目，扩大基础客户群体。对全辖重点客户上下游客户的梳理，做好对各级重要部门，机构源头营销，围绕政府和财政展开工作。

【存款业务】 2020年年末，中国银行常德分行本外币客户存款时点余额为201.75亿元，新增20.52亿元，其中人民币客户存款时点余额为199亿元，新增20.4亿元。中国银行常德分行本外币客户存款日均余

2020年7月7日，由汉寿县政府金融办与中国银行汉寿支行联合主办的“普惠金融惠三湘 百场千户暖民企”中国银行专场融资对接会

（中国银行常德分行 供图）

额为194.83亿元，新增7.76亿元，其中人民币客户存款日均余额为192亿元，新增8.5亿元。

【贷款业务】 2020年年末，中国银行常德分行人民币各项贷款余额为106.96亿元，较年初净增投放19.25亿元，增幅达21.95%。其中：公司类贷款余额37.11亿元，较年初净投放6.40亿元；个人类贷款余额69.84亿元，较年初净投放12.85亿元。关注类贷款和不良贷款余额均有所下降。全行本外币关注类贷款余额2491.92万元，关注率0.23%，较年初下降0.01%；全行本外币不良贷款余额3497.12万元，不良率0.33%，较年初下降0.06%。

【中间业务】 2020年，中国银行常德分行实现中间业务净收入7665万元，较上年增加664万元，增长9.49%。其中：公司板块和个金板块分别实现中间业务实现收入1157万元和6394万元，其他业务非利息收入114万元。

（喻梦茜）

建设银行常德分行

【概况】 中国建设银行股份有限公司常德分行（以下简称常德分行）辖属支行27家、营业网点34个、从业人员613人。截至2020年年底，常德分行一般性存款时点余额500.13亿元，比年初新增53.22亿元；各项贷款余额321.79亿元，各项贷款新增65亿元，实现中间业务收入40166万元，实现账面利润104883万元。

抗疫服务。创新信贷产品“订单融”，为外贸企业提供信贷资金1150万元。联同建信人寿常德服务团队为医护人员赠送抗疫保险，总保费17.96万元，总保额达5.4亿。为322位小微企业主送出免费保险，累计保额达13024万元。发动全行588名员工募捐抗疫资金8.55万元。

【银企对接】 开展“千名行长走访万家企业”活动，对接企业需求，走访园区企业超800家，采集信贷需求近80亿元；参加各类政银企对接会，与多家大中型企业进行现场合作签约，助力区域市场经济加速回暖。

【聚焦民生】 聚焦交通道路、城镇建设、装备制造、环境治理、农林渔牧、教育医疗等重点民生领域，为相关重点项目累计投放贷款163笔，全年实现信贷投放165亿元。大中型制造业贷款余额14.65亿元，比年初新增4.69亿元，同比增幅50.73%，涉农贷款余额63.59亿元，较年初新增17.16亿元，扶贫贷款6.6亿元，较年初新增3.64亿元，同比增幅22.97%。积极置换地方政府隐性债务10.54亿元。

【普惠金融】 全年普惠金融贷款实际新增14.01亿元，贷款余额43.27亿元。针对受疫情影响的小微企业，采取调整贷款还款期限、实行无还本续贷、加大信贷投放等方式，为小微企业纾困解难。全年为472户小微企业办理无还本续贷，金额5.96亿元，延期贷款累计户数253户，累计金额2.12亿元，对7212户企业减免各类费用金额达1287.76万元；为1369户企业减免利息让利达2534.57万元，对新发贷款利率下降50个基点，对新投放贷款累计降息8250万元；截至2020年年底，贷款综合融资成本水平4.62%，比年初降低0.54个百分点。兴建“金融水利工程”，构建2284个“裕农通普惠金融服务点”，覆盖所有行政村，全年累计为36.37万名乡村居民提供金融服务。

【智慧政务】 在全省率先上线城乡居民社保缴费，助力政府实现“一门式”公共服务全覆盖；全面推广“湘匠通”实名制工资发放系统，累计为1.74万名农民工客户发放工资2.79万笔，金额11.1亿元；对接全市（含县城、乡镇）自来水供应公司，搭建水费线上缴纳平台，缓解乡镇地区“缴费难”问题。

（屠家宁）

交通银行常德分行

【概况】 2020年，交通银行股份有限公司常德分行（以下简称常德交行）积极服务全市实体经济，统筹推进疫情防控和经营管理工作。截至2020年年末，常德交行本外币资产余额93.00亿元，人民币各项存款余额82.89亿元，人民币各项贷款余额64.75亿元，不良贷款余额737万元，不良率0.11%，实现经营利润2.31亿元，共有营业网点7家，员工87人。

企业与机构业务。落实“六稳”“六保”要求，围绕省分行与常德市政府签订的战略合作协议，全力做好疫情防控、金融支持复工复产和服务实体经济工作。2020年，支持疫情防控和企业复工复产贷款累计投放14.15亿元。围绕基础设施建设、制造业等领域，加大重点项目储备和投放，支持中车、中联恒通等一大批优质园区企业。其中，制造业贷款余额2.93亿元，较年初新增5.88%。普惠金融业务。依托交总行科技赋能普惠产品升级，充分发挥线上产品利率低、效率快优势，推进小微、三农等普惠金融重点领域业务发展；加强定价管理，规范收费行为，减免抵押登记费、押品评估费等，有效缓解重点领域、重点客群“融资难、融资贵”难题。至2020年年底，普惠两增口径贷款余额3.8亿元，较年初新增1.23亿元；新发放贷款加权平均利率为4.62%，较年初下降1.16个百分点，其中，“线上抵押贷”产品年利率仅3.85%。产业链金融业务。聚焦“支付结算+贸易融资”，深化与重点企业及其上下游的合作关系，增强服务实体经济能力。2020年服务产业链网络8个，达标链属企业105家，产业链金融重点产品融资余额1.88亿元。

【个人金融业务】 管理的个人金融资产（AUM）和个人存款业务。以“金融资产+数据资产”双轮驱动为目标，2020年AUM突破40亿元，较年初新增5.94亿元。个人贷款业务。优化流程，成立个贷业务处理中心，实现最快三天放款。2020年个人金融资产取得新突破，净增9.07亿元，交行系统内排名全省第一；惠民贷有效提款客户净增3194户，信用卡活卡新增1679.8户。

【风险管理】 开展受疫情影响授信业务风险排查。为受疫情影响较大的客户提供展期、无还本续贷、调整计息周期、调整还款计划等纾困措施。持续推进“压逾期、控不良”清收工作。采取“一户一策”策略，加强清收和处置力度。强化合规经营。持续开展案防教育，定期组织专项排查。加强贸易融资、保险销售等合规管理，狠抓员工日常行为管控，保持“零案发率”。开展2020年案件防控“五大领域”专项治理行动。加强反洗钱管理，认真履行反洗钱工作各项义务，持续提升反洗钱质效。

（朱　瑞）

邮储银行常德市分行

【概况】 截至2020年年末，中国邮政储蓄银行常德市分行全辖共有8家一级支行，166个营业网点（其中自营网点34个），全行员工543人。2020年，邮储银行常德市分行实现收入57913万元，超产6163万元；较2019年同期增长11632万元，增幅25.1%。实现利润31034万元，超产5734万元，同比增加7974万元，同比增幅34.6%。全市个人储蓄存款期末余额433.39亿元，本年净增32亿元，其中自营机构个人储蓄期末余额81.16亿元，年净增4.93亿元；公司存款余额35.89亿元，年净增3.83亿元。各项贷款余额145.20亿元，较年初增加15.78亿元，增幅12.20%。

【助力复工复产】 加大金融支持新冠肺炎疫情防控，助力复工复产，全年累计投放贷款10.29亿元，加大小微企业、三农、消费客户展期、延期还款和停息力度，累计风险缓释6笔，共3420万元，展期3100万元，延期还款3514万元。在疫情影响下，针对中小微企业流动资金不足情况，全面推动无还本续贷业务发展，积极支持中小微企业复工复产。2020年，邮储银行常德市分行无还本续贷结余5.49亿元，全年累计投放5.76亿元，有效解决企业过桥资金难问题。

【普惠金融】 助力乡村振兴，全市开展“服务百个乡村、普惠万家农户”信用村建设专项行动。以辅贷和惠农为切入点和突破口，顺应城乡融合趋势，加大对现代农业、特色农业的支持力度，打造涉农产业链合作模式。2020年，邮储银行常德市分行涉农贷款余额达66.46亿元，净增3.91亿元。扶持小微企业发展，普惠型小微企业贷款新增1.51亿元。大力支持民营经济，精准扶贫贷款余额2.89亿元，较2019年新增457万元。

（王彦文）

省农信社常德办事处

【概况】 2020年，湖南省农村信用社联合社常德办事处内设综合科、业务指导科、内控科3个职能部门，按照省联社统一部署，先后设立会员制的网络管理中心、审计大队、资产管理中心、风险预警中心4个机构。辖内有法人农商银行8家（常德、津市、临澧、石门、汉寿、桃源、澧县、安乡）；有营业网点299个，占全市银行网点总数的42.59%，其中支行（营业部）220个，分理处73个，储蓄所6个；有从业人员3142人，占全市银行从业人员的39%，其中正式员工3017人，留用工18人，业务岗位劳务派遣工107人，在职员工平均年龄38.6岁，拥有大专及以上学历者2846人，占员工总数的90%，拥有各类专业技术职称人员1467人，占员工总数的47%。

业务经营。存贷主业。全市农商行各项存款余额867.14亿元，较年初增加85.36亿元，增长10.92%；各项贷款余额527.22亿元，较年初增加80.67亿元，增长18.07%。存、贷款总量和增量均居全市金融机构第一。质量效益。全市农商行贷款不良率2.3%，拨备覆盖率161.59%，贷款拨备充足率144.85%，到期贷款收回率99.1%；实现总收入48.81亿元，实现经营利润16.48亿元；缴纳各项税金4.8亿元。转型业务。当年净增手机银行有效客户14.16万户，营销ETC 49036台，发行信用卡8688张。电子银行替代率90.39%、社保卡金融应用激活率91.33%。

金融服务。“做小做散”，引导信贷供给向农村农户、社区居民、民营小微等倾斜。年末，涉农、小微企业贷款余额分别为270.81亿元和205.03亿元，当年新增

22.43亿元和28.44亿元。围绕市场主体，主动做好金融服务，积极开展政银企洽谈会、招商引资项目集中签约等活动，持续开展行长服务中小企业结对服务和行长“园区行”活动，落实服务责任，简化信贷流程，加大金融支持力度，全年累放各项贷款563.29亿元，切实发挥金融对实体经济的“输血”“造血”功能。做好防疫抗疫、复工复产金融服务，认真落实服务疫情防控20条措施，创新“企业复工贷”等专项产品，支持企业复工复产发放贷款35.17亿元，为企业减免利息及其他成本2955万元。积极支持生猪产业复产稳产保供，当年净增生猪养殖贷款541户、1.49亿元。发挥扶贫小额信贷杠杆作用，积极扶持茶叶、柑橘、甲鱼养殖等特色农业产业链，扶持农业龙头企业，带动和引导贫困农户开展特色种养，提高收入。截至2020年年末，累计向建档立卡贫困户发放扶贫小额信贷19.78亿元，惠及53412户贫困户，精准扶贫贡献度居全市银行业首位。

【创新转型】 坚持农商银行办在老百姓家门口的理念，把“金融服务送到田间地头”，大力推进辖内农户、商户走访，扶持农村新型经营主体、村（居）集体经济，争取评级授信全面覆盖。年末，累计客户评级74.29万户，客户授信53.5万户、292.12亿元，有余额贷款客户17.69万户，达到全市户籍总量的9.89%，基础客户进一步夯实。融入基层治理，进一步创新共建共创模式，联动地方党组织，开展银医合作，启动智慧医院建设；签订银校战略合作协议，推进教育与金融融合发展；率先参与全国试点县“医共体”改革项目建设；参与县基层公共服务（一门式）全覆盖建设工作；完成全国“智慧公交”试点项目建设，助力绿色出行，获央视CCTV-1新闻推广。聚焦服务乡村振兴战略，围绕县域特色产业，创新推出“乡村养殖贷”“茶叶特色贷”“葡萄丰收贷”“鲜鱼养殖贷”等30多项特色信贷产品，大力推广“常德快贷”，累计签约授信8.09万户，签约金额87.55亿元，累计用信145.27亿元，用信余额40.39亿元，强化涉农金融和创业消费支持力度。持续推进科技转型和系统研发，积极对接市政府“金融超市”项目，打造线上农商银行金融产品专柜。指导推动法人行开通国库集中支付电子化业务，建设微信公众号业务预约系统，实现贷款业务审批线上操作功能。

【治理效能】 防控化解各类风险，出台脱困化险工作方案、后段压降不良贷款工作行动方案、不良贷款自主现金清收集中攻坚行动方案和风险分类管理办法，强力推进“风险化解”工作，实现临澧、安乡农商银行问题机构“出库”的目标，完成土地资产资金变现15070.6万元，土地收储方式变现1亿元。管控不良贷款，强化对清非压降工作的督导、考核、处置力度，开展不良贷款自主现金清收攻坚行动，实现不良贷款量率“双降”。提高新放贷款到期收回率，强力推行“六条红线管贷”政策落地，优化信贷资产结构和质量。基础管理达标升级，投入资金736万元，对133个营业网点的物防和技防设施设备实行标准化改造，组织开展“春节、中秋、国庆”期间安全保卫督导检查、夜间安全突击检查等行动，开展常规安全检查41次，全辖299个营业网点实现安全稳健运行。抓牢防案控案工作，层层压实案防安防职责，加强案防安防教育培训，强化审计、安防、预警三项监督，开展“案件治理100天行动”问题整改回头看，从严开展案件风险排查，重点针对信贷领域开展信贷业务、小额信用贷款风险、大额不良贷款函证等专项检查6次，对查出的问题从严从重问责追责。

【品牌形象】 参与抗疫捐赠、助学捐赠、扶贫捐赠、助残捐赠等公益活动60多个，捐赠金额754万元。开展“送知识送温暖”活动，开展“金融夜校”等群众性宣讲活动740场次，主动慰问基层困难群众、困难党员4000人次，慰问费用150万元。员工“三级走访”，改造升级66家营业网点，员工工作生活环境得到明显改善。推选辖内8家党支部为第三批“湖南农信示范党支部”，评选市级农信之星71人，推荐省级“农信之星”10人。开展员工技能培训、业务专业培训、赴外省交流学习，开展“1+3”读书活动，围绕重点课题开展调研，提升员工的工作能力和专业素养。开展全市农商银行反洗钱知识竞赛等，参加人民银行组织的“存款保险竞赛”获湖南省银行业金融机构存款保险业务竞赛决赛团体二等奖和1名个人一等奖、3名二等奖。

（曾 徽）

常德农村商业银行

【概况】 截至2020年年底，常德农村商业银行辖机构网点75个，包括1个营业部、41家支行、33家分理处，员工864人；总资产286亿元，存款规模233亿元，贷款规模183亿元；全年累计投放各类贷款184亿元，全年实现净利润3亿元，上缴税金2亿元。

发展质效。存贷主业。年末存贷款余额分别为233.41亿元和182.83亿元，增幅分别为10.87%和14.39%，存贷款总量均居市本级银行机构第2位。年末有余额贷款客户5.1万户，较年初增加0.66万户；年末涉农、小微企业贷款余额分别为62.17亿元和94.33亿元，当年新增3.04亿元和14.78亿元，实现涉农贷款“持续增长”和普惠型小微企业贷款“两增两控”目标；电子银行替代率、社保IC卡激活率分别为90.01%、92.02%，较2019年度提升3.7和0.85个百分点。资产质量。新资本充足率、贷款拨备覆盖率、当年到期贷款收回率分别为11.79%、174.21%和99.48%，表内不良“量率”分别为3.26亿元和1.78%，较年初下降0.66亿元和0.68个百分点；收回表外不良贷款1.52亿元。盈利能力。净利润、利润总额分别为3亿元、4.07亿元，上缴税金2亿元。

抗疫服务。新冠肺炎疫情期间，疫情防控和金融服务两手抓。全行员工坚守岗位、共克时艰，为客户免费提供现金消毒、旧钞换新等服务；依托线上线下渠道满足城乡居民正常支付结算需求，延长应急支付时间，确保各医疗单位防疫资金顺利到位；持续加强防疫知识正面宣传，坚定抗疫信心；出台《关于金融服务抗疫复产的实施意见》，推出20条硬核举措，开辟“防疫信贷绿色通道”，按照“利率最优、流程最简、效率最高”要求，落实“特事特办、急事急办”；第一时间入驻“常德市企业续贷受理中心”，专人受理企业无还本续贷申请；通过下调利率、展期续贷、减免利息等纾困惠企，支持疫情防控、民生稳定和经济社会发展；疫情发生的第一时间向常德市红十字会捐款100万元，行党委、团委组织员工捐款13.08万元；主动和当地社区（村委会）对接，加入志愿者服务活动，自发为出行不便的群众采购生活及防疫物资。12月8日，常德农商银行青年志愿队被共青团湖南省金融工作委员会授予“湖南省金融系统抗击新冠肺炎疫情青年志愿服务先进集体”荣誉称号。

【金融普惠】 推出民营小微企业适用的园区担保贷，农村居民和农村市场主体适用的乡村振兴系列贷、“美丽乡村”政银担贷，城乡居民和个体创业者适用的创业小贷、美青梦想贷。开通城区不动产抵押登记代理业务，实现社保卡即时制卡，布放征信查询机、智慧柜员机等便民设备，配合村组做好基层公共服务（一门式）全覆盖工作，提高客户体验和服务效率。累计投入帮扶资金68万元，对石门县雁池乡大路口村开展结对帮扶，帮助18位贫困户如期脱贫，贫困户满意率达到100%。开展“行长结对服务中小企业”“暖春行动”“两进两促”“百行进万企”“信贷支持千亿产业”等专项活动，服务实体经济，被评为“常德市金融生态建设工作先进单位”“常德市行长结对服务中小企业三年专项行动先进单位”“常德市普惠金融服务专项竞赛活动先进单位”，获“2020年度银行业金融机构支持地方经济二等奖”。

【风险防控】 严格控制增量风险，落实“红线管贷”机制、等级管理机制、尽职免责机制和授权管理机制，引导支行前置风险管理。多方化解存量风险，开展“压不良、控风险”专项行动，制定一户一策的风险化解措施，对不良贷款和抵债资产进行多元化处置。严肃处理涉案违纪，巩固“案件专项治理100天行动”成果，抓好信贷、柜面、资金等领域突出问题整改。对案件相关责任人进行追责问责，开展对案发责任人贷款及全行大额贷款案防风险排查，保持从严治行态势。持续完善公司治理，加强关联方穿透管理，开展市场乱象整治“回头看”，治理的规范性和有效性增强。巩固安防成果，29家农村达标网点实行远程值守，监控线路全部升级，实现各网点通信有效隔离。

（夏　丽）

民生银行常德分行

【概况】 截至2020年年末，中国民生银行股份有限公司常德分行全辖共有2个营业网点、1家社区支行、1家自助银行，正式员工48人。2020年度，年度综合考评在全省系统内经营机构名列前茅，获核心负债业务拓展等多项先进集体称号；获评中国民生银行总行风险管理先进集体；获中国民生银行总行工会第二届挂牌“职工小家”称号。

截至2020年年末，各项存款日均余额38.11亿元，同比净增10.14亿元，增幅36%。其中：单位存款日均余额32.21亿元，同比净增9.18亿元，增幅40%；储蓄存款日均余额5.9亿元，同比净增0.96亿元，增幅19%。各项贷款余额34.16亿元，全面完成监管部门下达的普惠型小微企业贷款年度信贷计划。全年缴纳各项税费1552万元，增幅8%。

【金融服务】 提供针对性政策支持，不盲目抽贷、断贷、压贷，妥善处理临时性逾期业务，制定对受疫情影响客户的续贷、减免、重整等一系列相关优惠政策。建立评审快速响应机制。充分运用联网信息及后台数据，尽可能地减少现场环节，引导客户采用线上融资方式签署授信合同，申请授信提用；通过线上面签调查、资料电子化、外部数据验证、远程视频等方式优化调查审查。

【风险管控】 严格依法合规经营，贯彻落实监管部门和上级行要求，开展法治民生教育，深化法治民生建设；强化全面风险管理，加强合规建设，突出道德风险和操作风险防范，增强员工处置突发事件的能力，通过培训、演练、宣讲、安全提示等形式，多管齐下提升全员安全防范意识和能力，严防各类风险事件的发生。全年未发生一例安全事故和重大违规违纪事件。截至2020年年末，该行各项贷款逾期率0.59%，各项贷款不良率0.62%。

（杨 琴）

兴业银行常德分行

【概况】 2020年，兴业银行股份有限公司常德分行较为出色地完成全年各项指标任务，年度综合考评系统内排名第一。业务规模。截至2020年年末，该行各项存款余额57.16亿元，各项存款日均66.62亿元，较年初增加8.94亿元；各项投融资余额105.75亿元，较年初增加20.84亿元，增长24.54%。客户基础。2020年年末，对公客户2506户，个人客户102095户，授信客户295户，客户群体逐渐扩大。资产质量。2020年年末，账面不良贷款余额3912.07万元，较年初减少11.59万元；不良贷款率0.77%，较年初下降0.02个百分点。非正常类资产余额和占比呈现“双降”。经营效益。2020年实现账面税前利润2.12亿元，同比增长1.13%。

【业务发展】 优化负债结构。2020年年末，该行个人存款余额较年初增长2.3亿元，零售负债业务占比38%，较年初增长10个百分点，储蓄日均、个人存款日均、综合金融资产日均指标均超额完成全年任务。“商行+投行”转型。该行充分利用投行产品专业优势，2020年落地表外资产项目共计30.57亿元。主要围绕常德经投、城投两大平台公司，取得债券承销业务突破，承销金额22.5亿元，同时通过自营与理财非标保持对平台企业的资产投放规模。服务实体经济。通过进一步加强与区域内担保公司、园区平台的合作，新增担保公司担保中小微客户28户，金额10767万元，截至2020年年末，该行法人普惠小微企业贷款余额21296万元，较年初新增6444万元，增长43%。重点开展个人经营贷投放，加强与收单机构、商会协会、市场管理方合作搭建业务平台，全年投放经营贷54笔，金额8076万元。企金资源助力零售渠道建设。通过公司小微企业贷款内部转换个人经营贷款4笔，金额500万元；通过对公授信业务落地工资代发开卡312户；利用企金渠道提供信用卡驻点开卡场次共10次。通过零售客户经理外拓营销全年累计新开公司户124户，其中理财客户45户，在全行新开户占比28%，零售客户经理办理企金业务积极性不断提升。

【风险管控】 还款跟踪管理。适应企金信贷资产风险分类规则调整要求，明确风险、业务、运营三个条线协同配合的客户还本付息管理机制，确保2020年该行未新增企金临时逾欠客户。做细做实零售逾期催收，面对疫情下零售资产质量管控压力，及时下发资产质量管控重点名单，初步形成月初提示、月中跟踪、月末重点督导的工作机制，全面提升客户经理逾期催收意识和成效，全年累计收回零售不良贷款411.66万元。加强政信类业务日常管理，严格执行平台公司账户余额监控，提前落实政府背景业务还本付息资金安排，杜绝政府背景业务出现逾期、欠息等负面情况。已正常收回平台公司融资本金96131万元。贷后检查。针对特殊客户群体开展专项现场贷后检查，2020年完成企金双线贷后检查96笔，涉及客户42户，累计检查敞口金额60.73亿元，并根据检查掌握的情况，对21个客户进行风险预警提示。全年办理展期客户4户，金额共计51170万元；借新还旧客户2户，金额840万元；连连贷客户1户，金额150万元；退出授信客户5户，敞口金额3630万元；压缩客户6户，压缩敞口692万元。不良资产清收处置。该行积极适应总行主动暴露、加快处置不良的管控要求，坚持守土有责，通过加强与不良项目借款人、担保人的沟通力度，密切跟踪还款资金来源，清收处置取得较好效果。截至2020年年末，该行累计现金清收不良贷款1101.64万元，配合上级行特资部对外转让不良资产1800万元，核销不良贷款113.23万元。强化反洗钱履职，落实反洗钱合规管理要求。完善反洗钱管理制度，根据内外部管理要求，该行修订三份反洗钱相关管理制度。强化客户身份识别，全年新增完成受益人识别客户共426户。配合人民银行开展反洗钱合规管理工作，组织参与反洗钱知识竞赛并获得人民银行可疑交易报告质量三等奖；配合人民银行日常监管工作，包括反洗钱宣传、反洗钱形势调研等，取得监管部门广泛认可。强化账户管理，防范涉案风险。严格落实公安、人民银行及总分行下发的涉案账户及关联可疑账户排查和控制要求，全年累计对2019年以来开立的1631户对公账户开展排查，及时对排查发现的可疑账户采取不收不付、只收不付或暂停非柜面交易等有效管控措施。落实“谁开户谁负责”要求，严格新开户的尽职调查、账户审核以及非柜面业务开通管理，配合人民银行、公安等部门“断卡”行动，积极开展反电诈宣传教育工作。内控检查。2020年，该行累计开展“乱象整治回头看”、信贷服务收费等监管要求检查共8次，开展公司担保类业务排查、一手房按揭项目排查等业务排查共5次，按照年初检查计划自行开展啄木鸟员工异常行为、反洗钱履职等检查14次。

（汪怡然）

光大银行常德分行

【概况】 2020年1月8日，中国光大银行常德分行正式对外营业，下设办公室、公司业务部、零售业务部、风险管理部、计划财务部5个一级部门和分行营业部，在职员工29名。截至2020年12月末，各项存款余额11.2亿元，各项贷款余额10.3亿元，新增对公客户174户，新增个人客户3985户。

【对公业务】 聚焦服务实体经济。根据光大银行行业政策、信贷政策，对公条线搜集整理形成6大类280多个重点营销客户名单，开展逐个营销。常态化走访常德经开区和常德高新区，助力园区内企业发展，截至12月末，共向两个国家级园区投放11笔贷款，金额5.19亿元。积极支持医疗卫生行业防疫抗疫，实现医疗卫生行业投放4笔，金额2.6亿元。紧跟政策，加大对小微企业、民营企业及制造业企业支持力度，全年累计走访企业90多家，完成国标普惠贷款投放6笔，金额2226万元。助力平台转型。与常德市6家优质平台客户开展合作，灵活运用信贷产品，以项目融资、债券投资、流贷、租赁项下信用证、质押等方式实现平台类客户投放16笔，金额21.22亿元。全力配合常德市政府化解隐性债务3笔，金额3.46亿元。

【零售业务】 开展客户活动。春节前夕联合所在小区物业公司开展小年夜户外联欢活动，参与人数300多人次；疫情期间，开展线上元宵猜灯谜、厨神争霸赛等活动；疫情解禁后在网点开展老客户回馈答谢会、“六一”活动等；在德景园育英小学开展金融知识进校园活动，协办该学校书法比赛等。阳光服务。突出财富管理特色，通过加强人员培训、环境打造、流程优化等措施，提高客户的满意度，打造服务品牌，为常德老百姓提供最优质最专业的阳光服务，助力居民生活消费、财富增长。消费者保护活动。以网点为主阵地，积极组织开展“普及金融知识，守住‘钱袋子’”宣传活动、“2020年常德市存款保险宣传活动”等，宣讲金融知识，提高防范意识。

（周梓航）

平安银行常德分行

【概况】 平安银行股份有限公司常德分行（以下简称平安银行常德分行）2019年12月18日试营业，2020年4月23日正式开业，是平安银行在湖南地区设立的第三家二级分行，下设营业部、综合金融拓展部、零售贷款部、办公室4个部门。截至2020年年末，共有员工34人，其中正编26人，外包8人。本科及以上学历33人，占比97%；党员7人，占比20.3%；平均年龄29.3岁。

截至2020年年末，AUM余额8.54亿元，各项存款余额为6.03亿元，其中对公存款4亿元，个人存款2.48亿元。对公贷款余额20亿元，零售贷款余额5.02亿元，其中住房按揭贷款1.98亿元、个人经营性贷款1.47亿元、个人其他贷款1.57亿元；个人客户29700户，财富及以上客户447户，其中钻石客户53户、私行客户11户；全年实现净利润576.49万元。2020年长沙分行开门红竞赛中，常德分行取得综合排名培育期支行第一、贷款第一、存款与AUM第二的好成绩。

12月4日，平安集团党委书记、副总经理陈克祥带队拜访常德市委书记、市人大常委会主任周德睿、市政府常务副市长罗毅君。常德市行政审批服务局、市场监督管理局、市财政、自然资源和规划局、市交警支队、武陵区委区政府等相关单位负责人参与座谈，平安智慧城市联席总经理胡玮、平安银行常德分行行长李思颖等陪同。

【开业仪式】 4月23日，平安银行常德分行采取线上线下相结合的方式举行开业仪式，线下开业仪式通过抖音APP全程直播。开业仪式的举行标志着平安银行常德分行正式入驻常德。

（彭友宝）

人保财险常德市分公司

【概况】 2020年人保财险全市系统实现生效保费151392万元，同比-0.88%，低全省系统（省均增速为11.14%）12.02个百分点，低市场增速（1.32%）2.19个百分点。全年累计支付赔款102655万元，同比增长20.11%，高于保费增速20.99个百分点。综合成本率93.26%，同比上升3.13个百分点，其中赔付率69.03%，同比上升6个百分点，费用率24.23%、同比下降2.85个百分点。全年上缴各项税收10991万元，其中车船税7491万元。

防疫复工。通过市卫健委及时主动向常德市参与抗疫一线的医护人员及家属捐赠负责新冠肺炎病毒责任的保险，其中医护人员每人保额50万元，其家属每人保额25万元。在常德经开区对15家大型企业试办疫情防控综合责任保险，助力企业复工复产。针对已投保雇主责任险的83家中小微企业，免费增加法定疫情感染赔偿责任，系统性为中小微企业提供复工复产风险解决方案。

脱贫攻坚。全年市县两级机构为脱贫攻坚和乡村振兴工作捐赠资金达80万元，扶贫特惠保支付赔款达600余万元。

【农业稳价保供】 继2019年积极协助政府参与非洲猪瘟疫情处置，公司赔付育肥猪及能繁母猪保险赔款达3000万元之后，2020年围绕“菜篮子”“米袋子”工程，大力开展育肥猪保险、能繁母猪保险、水稻保险，做到应保尽保。针对大型种养集团和新型农业生产主体的保险需求，积极试办产量保险、价格指数保险、收入保险及特色种养业保险等，丰富供给，稳价保供。

【理赔服务】 主动对接社会发展过程中政府管理释放出来的保险需求，大力开展各类民生保险、社会治安保险、社会救助保险和商业健康医疗保险。重点突出疫情相关理赔服务，努力配合政府职能部门做好疫情防控期间基本医保、大病保险、医疗救助等经办服务和民生保险理赔服务。3月22日、5月4日，桃源县两次发生大面积“雹灾”，造成农房大面积受损，根据保险合同，两次赔付450多万元。7月，石门山区因暴雨发生大面积山体滑坡造成重大财产损失，公司一次性赔付271万元。9月下旬到10月，洞庭湖区发生长时间大面积寒露风灾害，造成晚稻大面积减产，有些地方颗粒无收，公司及时赔付7260多万元。2020年共处理车险交通事故案件4.1万多件，其中交通事故致伤致残1.2万多人，死亡224人。

（沈海宏）

人寿保险常德市分公司

【概况】 2020年，中国人寿保险股份有限公司常德市分公司（以下简称公司）累计保费收入25.73亿元，同比增长6.03%，其中：长险新单保费5.24亿元，同比增长5.2%；首年期缴保费5.15亿元，同比增长5.2%；十年期及以上保费2.93亿元，同比增长-0.77%；长险首年标保2.68亿元，同比增长2.15%；保障型业务2.08亿元，同比增长16.89%；大短险保费2.24亿元，同比增长10.94%。2020年，公司医疗经办业务项目累计补偿7950人次，补偿金额4565万元；大病保险项目累计补偿11398人次，补偿金额6728.31万元。2020年，公司办结各类理赔案件52464万件，已决赔付金额总计19466.86万元，同比增长-0.05%，其中：意外伤害保险赔付金额1975.83万元；寿险赔付金额4672.49万元，一年期以内及一年期健康险赔付金额12818.54万元。

【计生失独家庭救助】 公司携手常德市计划生育协会，共同推进计生失独家庭救助项目。2020年，公司累计为318户因重大疾病、伤残、家中主要劳动力身故等原因致贫的失独特困家庭提供救助共108.68万元。

【“扶贫保”工程】 公司发挥保险主业优势，为脱贫攻坚注入综合金融力量。“扶贫特惠保”产品，为建档立卡贫困户提供意外伤害、自然灾害导致的意外保障以及大病保险补充保障。2020年，公司累计为65802位建档立卡人员提供保险保障，着力解决因意外事故、疾病和灾害致贫、返贫等问题，进一步增强贫困人口抵御风险的能力，累计为贫困人口赔付227.73万元。健康扶贫“一站式”结算。公司全年累计为安乡、临澧、石门三个县域139.28万人提供健康扶贫“一站式”结算服务，年内完成7010万人次“一站式”赔付结算，赔付金额共1605.94万元。“民生升温”战略。2020年，公司累计为124666名城乡低保及特困供养人员提供保障，赔付金额共1588.63万元，赔付率达86.3%。

（王严薪 杜 军）

太平洋寿险常德中心支公司

【概况】 2020年，太平洋寿险常德中心支公司新保期交保费收入8.75亿，同比负增长3.06%，系统内全省排名第三；理赔款支出1.25亿元（含退保金）。

2020年，太平洋寿险常德中心支公司共缴纳税收385.9万元，其中缴纳增值税232.5万元，城市维护建设税14.3万元，印花税2.9万元，个人所得税97.6万元，缴纳教育费及地方教育费附加10.9万元，缴纳残疾人保障基金7.3万元，缴纳水利基金2.6万元，缴纳工会经费2.6万元，房产税14.9万元，土地使用税0.3万元。全年理赔案件7761件，理赔获赔率98.1%，为更多保险责任范围内的家庭送去保险保障。

【扶贫工作】 作为后盾单位参与扶贫工作，2020年扶贫支出9万元，其中向桃源县茶庵铺镇湖塘村扶贫捐赠8万元，向汉寿县教委捐赠1万元。

（毛卫东）

太平洋产险常德中心支公司

【概况】 2020年，中国太平洋财产保险股份有限公司常德中心支公司（以下简称中支）通过党委研究任命中支机构副经理（主持工作）2名，部门副经理（主持工作）1名，见习副经理4名。全年实现保费收入42172.8万元，同比增长16.09%，市场份额占比11.82%，市场排名第四，同比提升1.53个百分点。中支实现考核利润4035万元，实现常德中支连续19年盈利记录。持续推动成本管控，降本增效。通过推进打假降责、追偿、实物抵扣、专修等措施减损超1915万元，充分发挥出理赔保障服务水平和减损增效的职能作用。9家支公司构实现保费收入31532万元，同比增长11.87PT。

助力抗疫。2020年新冠肺炎疫情期间，中支为常德市公安一线基层战线捐款7.6万元；为战斗在一线的扶贫干部、公交公司、东风社区等赠送紧缺物资折合人民币7715元；为桃源县文昌中学等13所学校捐赠口罩2万元；支持安乡县安保大垸农业基础设施改造工程100万元；为抗疫一线的驻村扶贫干部、抗疫前线的医护人员及家属、公安干警及辅警捐赠保险保障52亿，涉及19989人次。

【业务发展】 非车条线累计实现保费收入12683万元，同比增长109.57个百分点，市场份额占比12.22%，市场排名提升2个位次。稳农险。2020年度常德中支农险较艰难环境下，全省遴选保费规模第一，在巩固遴选保费的基础上拓宽商业农险业务的发展，全年实现保费收入6835万元，较2019年同期相比略有增长。车险续保。车险累计续保率达到75.05%，同比增长3.24个百分点。全民保。湖南全民保于2020年9月正式发布，中支累计为近十万名常德人民送去医疗保障，大大减轻下岗职工、残疾人、农村低保户等低收入弱势群体的医疗费用重担。

【精准扶贫】 2020年，组织开展送温暖、献爱心、扶贫帮困活动。为桃源县、安乡县贫困村扶贫捐赠8万元，并送去米、油等慰问物资；为安乡三中、汉寿县教育基金会等捐赠4万余元资助40余名贫困学生。前往扶贫帮困联系点安乡县大湖口镇潭子口村开展“扶贫送温暖，服务进乡村”党日活动。与村部党员一起分别走访调查10个贫困户，积极与村干部及当地扶贫专干商讨精准扶贫。

（陈冬元）

平安产险常德中心支公司

【概况】 2020年，中国平安财产保险股份有限公司常德中心支公司（以下简称平安产险常德中支）辖9个营业网点：中心支公司营业部、澧县支公司、石门支公司、安乡支公司、汉寿支公司、桃源支公司、临澧支公司、鼎城支公司、德山支公司，中心支公司营业场所位于常德市武陵区南坪街道办事处白马社区龙港路421号。共有员工119人，其中，中支本部64人，澧县支公司17人，石门支公司8人，安乡支公司6人，桃源支公司7人，汉寿支公司8人，临澧支公司4人，鼎城支公司3人，德山支公司2人。

2020年，累计营业收入44389.72万元，同比增长15.72%；累计净利润4790.33万元，同比增长35.48%。2020年累计申报缴纳各项税金5515.92万元，同比增长9.65%；累计代扣代缴车船税3779.83万元，同比增长9.99%。

2020年，累计保费收入46559万元，同比增长5%，其中：车险保费收入36332万元，受费改影响，同比下降4.56%；财产险保费收入（剔农）3158万元，同比增长41.36%；意健险保费收入3420万元，同比增长43.94%；农险保费收入3649万元，同比增长114.27%。已决赔付金额总计22951.37万元，同比增长15.48%，其中：车险已决赔付金额19041万元，同比增长12.55%；财产险（剔农）已决赔付金额1576.72万元，同比增长63.8%；意健险已决赔付金额642.55万元，同比下降9.07%；农险已决赔付金额1691万元，同比增长31.34%。支付代理人手续费7547.1万元，相较于2019年同期增长1.73%。

疫情防控和支持复工复产。2020年，平安产险常德中支向疾控和医护人员无偿提供专属风险保障。人均保额50万元。若医护和疾控人员确诊感染后，其家庭成员确诊受其感染导致致残、身故，平安产险也将提供最高50万元的救助补偿金。免费对个人客户线上发放E生平安·疾病守护金产品。针对法定传染病（含新冠肺炎），每份提供10万元保障金，同时提供E生平安·疾无忧，E生平安·百万医，E生平安·津贴宝等产品，以上保险产品保障范围均包含新冠肺炎。开通绿色理赔通道。针对感染新冠患者推出五大人文关怀政策，分别是：取消药品限制、取消诊疗项目限制、取消定点医院限制和取消免赔额。受疫情管控影响，疫情期间车险事故发生较少，公司利用该空档集中清理前期积压案，加快企业客户理赔金结算，减轻企业和个人客户的经济压力。支持小微企业发展。2月，共免费送出小微企业复业保850份，单个企业保额为100万元，每人提供最高10万元的救助金，总保额达8.5亿元，为企业员工筑起多重保障，减轻企业和员工负担。2020年，为常德23399个企业或小微企业客户提供1018亿风险保障。“十三五”期间，平安产险常德中支累计各项赔款支出达8.86亿，为本地区民生提供风险保障，支持体经济发展。为客户赠送安全驾驶礼包，加强客户关怀，提前续保避免客户脱保上路。2月12日，平安产险常德中支党支部组织党员干部捐款活动，向常德市第二人民医院捐款10100元。3月18日，组织党员干部捐款，会同中国平安湖南地区其他专业公司捐款，通过采购津市润农茶油物资近100万元驰援武汉。

【业务开展】 2020年，为积极应对费改，主动调整经营导向，相对降低车险考核权重，提升非车考核权重。调整业务结构，发展非车险业务，聚焦责任险、意外险，开发推广民生险种，推广小微企业保险，参与责任险（安全生产责任险、消防责任险、环境污染责任险），意外险、扶贫特惠保业务。为1751家企业/个体工商户提供19.98亿元的安全生产责任保险保障，为31.6万名学生提供16.7亿元的校园责任险保障，为1279家企业/个体工商户提供98.8亿元的财产保险保障。2020年车险业务下降4.56%，非车业务同比增加62%。创新产品，开发满足客户个性化需求的产品，在业内首推“小微乐享”及“无忧”系列产品，推动大众创业万众创新，为小微企业主提供创业保障；推出合家欢（家财保险）、金色夕阳（老年人意外）、家政服务人员意外险，复工保等新兴保险产品。2020年，为12514户小微企业提供5518344万元的保障，为支持小微企业抗击疫情复工复产提供强有力的保障。综金赋能服务。作为平安金融集团在常德的单位，利用平安金融集团旗下寿险、养老险、银行、证券、租赁、信托、医疗、智慧城市等各专业子公司的资源、形成综合金融合力发展保险事业，为广大客户提供全方位金融服务，进一步提升平安的品牌影响力。2020年12月，平安集团党委书记、副总经理陈克祥一行到常德考察，推进智慧城市建设。民生农业保险。2020年，实现全市各乡镇网点覆盖，农险保费收入3649万元，同比增长114.27%。简化服务流程，重点推进“三极理赔服务”（极快、极暖、极爽）。2020年，常德中支累计赔付22951万元，同比增长15.48%。其中，赔付100万元以上的大案6件，50万元以上的大案25件，10万元以上的大案152件。实现客户线上承保理赔，全面推行保单全流程线上化，通过远程传输、自动核保加快承保时效；在车险理赔服务方面，运营AI智能图片识别技术，拍摄图片后直接一键导出定损结果，实现一键定损，在触点环节可提升客户感受；农险理赔运用无人机、AI农保手持终端，遥感数据监测等科技化手段优化承保理赔时效。通过“平安好车主”APP、“平安好生活”APP、“团E宝”APP、“理赔好帮手”APP等线上化工具，建立完善的保险生态及承保理赔服务，实现远程操作。防灾防损。参与市内大型运输企业的防灾演练，安全知识竞赛活动，为承保的运输企业提供有效的防灾防损服务，参加常德高速交警快处快赔警务演练，与高速交警、路政、施救等多部门对简易高速交通事故在警务站进行快速处理，促使车主理赔方便快捷。

脱贫攻坚。2020年，平安产险常德中支协销扶贫农产品近9万元。承保汉寿、石门、桃源、澧县农业保险，共承保农户92496户，提供保障12.6亿元，涉及品种有蔬菜、玉米、葡萄、油茶、柑橘。农险赔付金额1492万元，赔付户数2338户，涉及34个乡镇75个村。为“扶贫保”项目联结的贫困户赠送“防贫惠农保”。2020年常德中支承保桃源县“防贫惠农保”，承保人数达28406人，赔付金额达136.7万元。支持抗疫和教育扶贫，累计捐款近70万元。其中为常德市教育基金会捐赠5万元；石门县捐赠扶贫资金4万元，为石门县希望学校捐赠25万元；为桃源捐赠扶贫资金1万元；为汉寿捐赠扶贫资金5万元，为汉寿县教育基金会捐赠2万元；为澧县捐赠扶贫资金及物资17.288万元，为澧县教育基金会捐赠资金5万元。平安产险在石门县、澧县、汉寿县等对口帮扶4个贫困村，援建帮扶石门县太平镇平安希望学校1所。2020年8月，平安产险常德中支争取到集团“三村工程”对口安乡、澧县3个乡镇4个贫困村卫生室医疗器械和物资升级捐赠。

【内控管理】 内部自查自纠。每季度完成一次自查自纠上报。按照分公司要求，2020年共完成行政类印章、证照、采购、资产、信息安全等自查自纠4次，完成财务业务数据真实性自查自纠4次，完成人事工作自查自纠4次，完成反洗钱自查自纠4次。稽核检查汇报。2020年7月，集团稽核监察部根据后台抽样数据，对中支公司2019年至2020年6月的财务业务数据进行稽核检查，对总经理贺仕喜进行任中审计。2020年12月，对2020年常德中支反洗钱工作中的承保理赔的客户身份资料保存工作核实检查。2020年，市银保监局对平安产险常德中支现场监管检查。积极防范非法集资，打击扫黑除恶，按时向银保监汇报扫黑除恶线索。2020年，常德中支共受理理赔投诉42件，及时处理理赔投诉结案量42件。受理客户市长信箱投诉1件。

（刘湘华）

人保寿险常德中心支公司

【概况】 中国人民人寿保险股份有限公司常德中心支公司（以下简称人保寿险常德中支）是中国人民保险集团旗下的寿险公司在常分支机构，2006年10月进驻常德市场，2007年1月正式开业，下辖8个县级公司（石门、澧县、津市、安乡、鼎城、汉寿、桃源、临澧）。2020年，全市有内勤员工66名、在职销售人员1679人、外勤营销人员2000余人，业务范围涉及人寿保险、健康保险、意外伤害保险等。全年实现保费收入3.627亿元，在全市寿险行业中市场份额占比4.51%。在人民银行常德中支2019年度证券业、保险业金融机构综合评价中，评定为A级。

2020年实现保费收入3.627亿元，其中，首年新单期缴保费7441万元，短险保费798万元，续期保费收入1.99亿元。

社会担当。2020年，人保寿险常德中支通过“特惠保扶贫保险产品”为石门县、鼎城区的3.18万建档立卡贫困人口提供保额超过81亿元的风险保障，对符合理赔条件的1100余名贫困人口支付赔款120多万元，切实解决因疾病、自然灾害、意外等原因造成的致贫、返贫问题。为石门扶贫点村——新铺镇农家坪村捐赠有机肥15吨，金额为 1.26万元；为石门县教育基金会捐赠2万元。疫情期间，中支党委组织3支基层志愿队伍，积极配合当地社区落实居民区的疫情防控举措。借助“人保管家APP”“康乐保”赠险等线上工具，向一线抗疫工作人员、当地居民做好疫情期间公司利民政策宣传。公司通过线上平台办理个人理赔业务，开通理赔快速访问通道。简化理赔单证，应急期间所有医疗险均可暂缓提交票据原件，先行赔付。对于疑似或确认客户，公司在获知信息后，将主动安排理赔服务专员为客户的理赔需求进行全程指导和辅助。针对新冠病毒肺炎，推出六项理赔服务承诺。公司全体内勤员工参与捐款活动，其中为湖北捐款10434元，向石门县红十字会捐款11168元，共计捐款21602元，践行央企应有的社会责任担当。

【理赔服务】 围绕集团卓越保险战略和总公司“大个险”战略，扎实推进“磐石计划”和“温暖工程”。在理赔服务方面，将线上理赔和线下理赔二种方式相结合，进一步优化服务方式。2020年发生理赔案件共计1652件，涉及理赔金额共计1110.08万元，出险支付时效为42.4天，申请支付时效为1.35天，理赔服务客户满意度大幅度提升。

【风险管控】 2020年是“风控合规基础建设年”，公司对标监管规则和《关键风险岗位内部控制规范》，聚焦引发监管处罚的关键领域和突出问题，围绕“三端一合”精准施策，持续开展重点领域和关键环节的针对性检查和深度治理，推动形成三级联动、条块互动、治理滚动的长效机制，加快适应“强监管、严监管”越往后越严的新形势，切实提升风险管控水平。

（邓　雁）

富德生命人寿常德中心支公司

【概况】 2020年，富德生命人寿保险股份有限公司常德中心支公司（以下简称常德中支）地址位于常德市武陵区穿紫河街道办事处贾家湖社区洞庭大道1143号东润大厦1栋401号，201号东部。公司辖综合性县支公司4家（石门、澧县、临澧、桃源）。常德中支设置有8个职能部门（个险营销部、个险培训部、银保部、团险部、保费部、营运部、财务部、人事行政部）。银保和全市银行合作渠道达168个，遍布全市各县（区、市）及乡镇（街道）；开办面向社会团体和个人分红、养老、医疗（重大疾病）、意外伤害、子女教育等所种类险种系列共100多种保险产品。2020年年底，全市系统有内勤员工57人；银保、保费服务人员达47人；业务代理队伍规模近1364人。2020年原保费收入3.94亿元，其中新单业务规模保费为1.26亿元，团体业务收入为0.026亿元，期缴业务保费为0.83亿元。

精准扶贫。“小海豚一对一帮扶系统”是面向富德全系统内勤员工搭建的一个公益平台。通过该系统，爱心志愿者可便捷获取困境儿童的基础信息和帮扶需求，即时完成在线认领。帮扶系统于2020年4月在寿险OA内网上线，11月在E富通APP上线，PC端和移动端数据模块

2020年12月24日，富德生命人寿常德中支2020年小海豚计划公益活动在桃源文成希望小学举行

（富德生命人寿常德中支 供图）

实现联动更新。7月24日，临澧支公司工作人员受富德保控志愿者徐文渊委托，对胡某某帮扶慰问，送去1500元助学金及一批学习用品；7月，富德保控综合创新中心志愿者程磊为常德周某某捐赠2000元助学金以及课外书籍和玩偶等。

反洗钱工作。2020年8月，合规岗姚琴参加人民银行常德中心支行举办的反洗钱知识竞赛活动获得个人奖三等奖，并获得总公司优秀专职合规人员奖。按照年初计划超任务完成反洗钱培训和宣传工作，全年中支自主开展和参与的培训共27场，涉及人数2888人次，参与线上和线下考试人数480人，平均分90分以上；自主开展和联合参与宣传活动13次，受众人数2258人次，发放宣传资料1388份，全面提高员工和公众的反洗钱识别能力，遏制洗钱风险。

【公益活动】　2020年，常德中支开展小海豚计划“爱的留声机”（赠送小霸王学习机）活动。10月17日至11月8日，常德中支本部、石门、澧县、临澧机构志愿者分别为26位孩子送去学习机。共有志愿者35人参加送达活动。12月24日，富德生命人寿常德中支2020年小海豚计划公益活动在桃源陬市镇文成希望小学举行。富德生命人寿湖南分公司行政部经理钟华、富德生命人寿常德中支总经理佘文清以及由常德中支营销总监高羚带领的10位志愿者与220位在校师生共同参加活动。为201位学生送上精心准备的温暖包（小海豚书包+望远镜+地球仪）。公司为学生每人捐赠一件带绒冬季卫衣、一份保额为5.1万元的意外和新冠肺炎的保险保障共1025万元。

【客户服务节活动】　7月25日，富德生命人寿常德中支第十四届客户节大型健康养生讲座活动在常德国际大酒店举行，100多位客户参加活动。

【两省联动快赔】　12月17日，富德生命人寿常德中支快速完成一笔120万元的意外身故理赔，是自常德中支成立后的最大一起赔案。苏先生乘坐的小车在青海省囊谦县附近214国道上与一辆重型罐车相撞发生车祸，因抢救无效，当场死亡，富德生命人寿高度关注并立即介入核实事故经过。因在非保单签署地发生车祸事故，公司快速成立该案件专项工作小组，湖南分公司和青海分公司快速联动，青海分公司工作人员第一时间赶到事故发生地，走访公安局交警部门及其他相关人员，并告知客户家属理赔所需的详细资料。在处理完苏先生所有身后事后，苏先生的妻子李女士在代理人的陪同下，到常德中支柜面提交理赔资料，经公司审核，苏先生事故属实，符合条款约定保险责任，按照《富德生命康健无忧A款重大疾病保险》条款约定，给付身故保险金20万元，给付身故利息315.62元和按照《富德生命安行无忧两全保险（2017版）》条款约定，给付身故保险金100万元，给付身故利息1578.08元。公司于当日完成该案件的理赔结案，很快便做出赔付1201893.7元的理赔决定。

【特色增值服务体系和“1234”特色理赔】　2020年，以线上线下客户服务活动相结合，持续强化投诉事件处理，设立专职咨诉岗。按照总公司要求推出“带息理赔”服务举措，并提供“1234”特色理赔服务，即“500元以下1天内给付、及时报案的住院客户2天内探视、资料齐全的理赔客户3天内给付、预付理赔客户4天内赔款到家”。为满足不同客户需求，公司陆续推出各类快捷理赔服务。运用创新技术，实现营运服务全流程移动化。2020年常德中支总体结案2826件理赔案件，共赔付2205.6万元，较2019年增长10%。其中医疗结案2626件，赔付586.75万元，赔付额度较2019年增长20%；重疾结案102件，赔付869.48万元，较2019年增长40%；意外和疾病身故结案98件，赔付749.39万元，较2019年增长62.9%。

（向思洁）

方正证券

【概况】　方正证券股份有限公司常德武陵大道证券营业部（以下简称营业部）是方正证券在常德市的一级A型营业部。2020年，方正证券在鼎城、石门、汉寿、临澧、慈利、柳叶湖的六家二级营业部为本营业部的托管营业部。截至2020年年底，营业部员工54人，经纪人13人。营业部主要业务构成为证券经纪业务，2020年，营业部客户股票、基金、债券总交易额934亿，比上年提高36.5%；总佣金收入5565万元，比上年提高27.6%。继上年度科创板成立，创业板也于2020年8月24日起实施注册制。创业板注册制改革是中国资本市场全面注册制改革的重要一环。营业部高度重视注册制相关工作，协助交易所和公司总部做好交易系统测试工作，通过各种途径做好投资者知识教育、风险提示和存量创业板客户权限开通等工作。

【成立方正证券常德柳叶湖证券营业部】　9月28日，在常德市金融办和柳叶湖旅游度假区的支持下，公司与柳叶湖旅游度假区管理委员会签订合作协议，落户柳叶湖基金小镇，成立方正证券常德柳叶湖证券营业部。

（胡　颖　佘　毅）

国泰君安证券

【概况】 2020年，国泰君安证券常德人民路营业部实现营业收入1480万，营业利润975万元。营业部立足服务常德经济发展大局，从券商经纪业务和机构业务入手，促进客户资产配置转型。营业部利用总部和分公司各条线在专业上的优势，开发常德本地及周边地区的投行、资管、同业、债务融资业务机会，助力营业部收入结构多元化和服务地方经济多元化。

2020年3月23日，国泰君安证券人民路营业部“无人值守爱心站”

（国泰君安证券常德人民路营业部 供图）

【“无人值守爱心站”活动】 3月14日，国泰君安证券常德人民路证券营业部准备开展“无人值守爱心站”活动。3月23日至27日，在营业部门口摆放无人值守的糕点、茶饮等供城管、快递服务人员、送餐服务人员、环卫工人等提供免费茶饮。

（侯绍剑）

财政·税务

财政

【概况】 2020年，全市地方一般公共预算收入187.86亿元，同比增长2.36%，总量和增幅分别居全省第3位和第6位。其中，地方税收收入123.63亿元，增长2.43%；非税收入64.23亿元，增长2.22%，地方一般公共预算收入中非税占比34.19%。全市一般公共预算支出618.84亿元，增长1.69%。

服务发展。支持企业。疫情期间，及时出台支持中小微企业应对疫情稳定发展的落实措施，对相关企业给予专项补贴或政策支持；协调政府性融资担保机构保留规模50亿元的担保授信，对中小微企业融资年担保费率统一降至0.5%；支持16家疫情防控重点保障企业获得金融机构专项优惠贷款约4亿元，获得中央财政贴息资金600万元，贴息后企业实际融资利率仅1.45%。推进开放强市产业立市。市级预算安排11.55亿元，其中安排8.48亿元支持工业及园区发展、科技创新、文旅产业、现代农业、品牌战略等，安排3.07亿元支持开放型经济、航线发展、交通建设等。帮助企业缓解融资难题。出台《关于加强政府性融资担保体系建设支持小微企业、“三农”和战略性新兴产业发展的通知》（常财发〔2020〕3号），进一步完善担保体系、做实“4321”再担保机制、降低融资成本，为政府性融资担保机构发展提供政策保障。支持财鑫金控集团，为866户企业提供融资服务189.2亿元，同比增长43%。支持办理25笔、2.48亿元过桥资金，支持科技担保公司为45家企业办理担保贷款1.72亿元；实施政府采购线上融资服务，帮助企业获得政府采购合同线上融资3900多万元。

“三大攻坚战”。防范化解政府性债务风险攻坚战。市财政局债务管理科被评为2020年度全省财政工作先进集体，2021年1月19日，常德市在全省财政工作会上作为3个地级市代表之一作债务管理工作经验交流发言。强化考核监管，考核结果与平台公司班子成员绩效薪酬、主要负责人任免使用直接挂钩；将区县市防化债工作纳入全市统一管理，对发现的问题及时通报并督促整改，并将考核和整改落实情况报市委、市政府，传导压实防化债工作责任。强化市级平台公司资金保链，2020年市级平台公司融资综合成本比2019年年底降低1个百分点，缓释隐性债务110亿元以上。加强政府债券发行，全市共新增政府债券101.93亿元，其中一般债券23.17亿元，专项债券78.76亿元；市级新增政府债券37.55亿元，其中一般债券5.63亿元，专项债券20笔31.92亿元，支持推进高铁广场、市第一人民医院等项目建设。脱贫攻坚决胜战。市级安排5900万元支持打赢脱贫攻坚战，在全市财政系统开展脱贫质量“回头看”交叉检查，对项目公示公告、账务资料等方面存在的63个问题进行督促整改。运用政府采购政策支持消费扶贫工作，全市预算单位共采购贫困地区农副产品2200多万元，在全省率先完成消费扶贫采购任务。污染防治攻坚战。市本级安排污染防治、生态环保资金5.2亿元，重点支持污水及黑臭水体整治、垃圾处理、秸秆禁烧，以及鼎城区石板滩镇废弃矿坑治理等。报请市政府分别与怀化市、张家界市签订沅、澧水流域横向生态保护补偿协议，指导区县市完成协议签订工作，实现全市流域横向生态保护补偿机制全覆盖。完成全市2批次共16个物种、313家陆生野生动物养殖户的退出补偿审核工作，共落实补偿金额7410万元，其中市级分担补偿资金2223万元。拨付长江禁捕退捕中央、省级资金3.75亿元，支持做好全市3343户退捕渔民安置保障工作。

保障民生。保障防疫资金。坚持把支持疫情防控作为财政部门压倒一切的政治任务，迅速建立应急专项资金审核审批机制，开通资金支付绿色通道，建立“先采购、后备案”的紧急采购内控机制，确保应急专项资金安全高效使用。2020年，市本级共拨付抗疫资金1.33亿元，重点支持医疗设备和防控物资采购、公共救治中心建设、医院运行亏损补助、疫情防控人员补助、患者医疗救治费用等。支持保就业、稳就业。市本级拨付就业资金5052万元、职业技能提升专项资金6263万元；为264家企业发放稳岗返还补贴2382万元，稳定岗位3.05万个；发放失业补助资金295万元，惠及3300多人。扩大创业担保贷款对象范围，适当提高贷款额度上限，放宽申请条件，支持市本级及市辖区发放创业担保贷款2.3亿元，兑现贷款贴息资金615万元，促进创业就业。保障各项社保待遇发放。企业养老金实现“16连增”；城市、农村低保月人均补助水平分别提高到391元、246元，特困人员基本生活标准分别提高到8760元/年、6000元/年；计划生育独生子女伤残家庭和死亡家庭特别扶助标准分别提高到700元/月、850元/月；残疾人困难生活补贴和重度残疾人护理补贴统一提高到70元/人·月，各项社会救助政策稳步提标。启动价格临时补贴9次，为困难群众发放补贴8244万元，惠及近200万人次。支持教育事业。拨付学前教育资金8105万元，支持市一幼分园建设、民办普惠园奖补等，促进城区新增学前教育学位6798个；拨付4.23亿元，重点支持荷花中学、武陵区一完小等新建学校项目，市一中、二中等城区学校提质改造，农村学校建设三年行动计划，以及乡村学校特殊岗位津贴等，推动新增学位2万多个，加快化解“大班额”问题；拨付1.93亿元，用于湖南幼专二期工程建设、常德财经机电建设等重点项目建设，及职业教育产教融合、特色专业设置奖补等，促进职业教育健康发展。

2020年10月29日，财政部金融司副司长洪日南一行到常德调研政府性融资担保工作（市财政局 供图）

支持医疗卫生事业。大力支持医疗机构基础设施建设，筹措资金11.14亿元用于支持市第一人民医院、第一中医医院和康复医院项目建设；市级拨付9670万元用于市辖区基本公共卫生服务配套补助及市直公立医院药品零差率补助；加大对基层医疗卫生机构的投入，安排全市行政村卫生室运行经费补助168万元、村卫生室标准化建设补助200万元。支持文体事业。市本级拨付4885万元支持市博物馆完成陈列布展并重新开放、新老体育馆提质改造、数字化图书馆和文化馆等公共文化基础设施建设，支持举办常德柳叶湖马拉松、第六届市直机关运动会等大型文体赛事，促进公共文化服务均等化。

财政管理。预算管理改革。严格落实过紧日子要求，报请市政府出台市级过紧日子10条具体措施，全年共压减专项支出1.64亿元，统筹单位基本支出结转结余资金3000多万元，严格控制一般性支出，调整用于急需领域。深入推进专项资金清理整合，归并设立综合性“大专项”，2021年部门预算中事业运行类项目压减10%；对事业发展类项目实行零基预算管理，改变项目预算“基数+增长”的编制方式。深入推进预算绩效管理，市本级绩效管理实现“四本预算”全覆盖，资金管理额度35.12亿元，扎实开展绩效运行“双监控”，对26个关注度高的项目（单位）开展第三方重点评价，评价金额13.5亿元；进一步强化结果应用，收回挤占、挪用、违规使用的财政资金2232万元，在2021年预算编制中调整和压减财政资金3.61亿元。政府采购管理改革。推进电子化政府采购平台建设，对市公共资源交易中心组织实施的政府采购项目全部启用电子化交易；在全市范围正式上线湖南省政府采购电子卖场，市县政府采购限额标准以下的货物、服务、工程均在电子卖场进行交易，有效提高采购透明度和采购效率，降低采购成本，全市共1934家采购单位完成线上交易4.96万笔，成交金额6.98亿元。全年市本级共完成政府采购合同金额9.4亿元，其中本地产品合同金额6.77亿元，节约财政资金948万元。财政投资评审改革。稳步推进投资评审“管办分离”改革，对市本级部分60万元以下项目委托造价咨询机构实行评审，集中主要精力做好重点项目评审，全年共完成评审项目1128个，评审金额108.38亿元，审减金额21.78亿元，综合审减率21.1%；滚存结余项目448个，比2019年年底下降31.71%；强化变更管理，优化变更申报审批流程，共处理投资变更事项44项，涉及金额2246万元，比2019年分别下降71.24%、71.72%。国有资产管理。落实市政府向市人大常委会报告国有资产管理情况制度，首次亮出常德市行政事业性国有资产“账目”。拟定《市直行政事业单位国有资产处置管理办法》，厘清各部门国有资产处置职能职责边界。进一步完善国有金融资本管理，制定《财鑫金控审批报备事项清单》等，对全市国有金融企业开展产权登记。做好县级财政运行监控，确保“三保”支出不出问题。

【政府采购上线电子卖场】 5月6日，全市全面启用湖南省政府采购电子专场，政府采购限额标准以下的货物、服务、工程均在电子卖场交易，实现市场行情可查、商品价格可比，解决采购慢、价格高等问题。2020年，全市共有2308家单位开通账号，1938家单位线上成交，累计成交50767笔、成交金额6.42亿元。

【政府性融资担保工作】 10月29日，财政部金融司副司长洪日南到常德调研政府性融资担保工作，高度肯定常德市政府性融资担保工作取得的成效。截至2020年年底，全市共有政府性融资担保机构7家，注册资本总额为55.3亿元，累计完成融资担保额为562亿元，在保余额为150.9亿元。

（雷志祥　夏　智　李德志）

非税收入征收管理

【概况】 2020年，市财政事务中心获“湖南省市州非税收入征收管理先进单位二等奖。”全市共完成全口径非税收入325.03亿元，同比增长9.62%；市本级共完成全口径非税收入完成127.19亿元，其中，纳入公共财政预算33.66亿元，纳入政府性基金预算管理91.65亿元。

【非税收入征收】 强化市直单位非税收入管理绩效评估和非税收入执收工作评估考核，对2019年度12家先进单位进行通报。2020年办理各类征收业务283项，收缴资金50465万元，受疫情影响比2019年减少23487万元，减少31.76%。全年征收国企独生子女父母奖励金共61批次，筹资207.5万元。2020年征收城市污水处理费6500万元。2020年处置市公安局武陵分局、市交警支队、市市场监督管理局等单位移交的罚没物资14批次、20022件（台、根、份），上缴市财政罚没物资变价处置收入86.53万元。

（万思宏）

【票据管理】 票据年检。对2019年度299家用票单位财政票据购领使用和管理情况进行年检，2020年度年检合格296家，合格率99%。为市第一人民医院等8家市属医疗单位及市公用资产经管理有限公司等票据用量较大单位开展上门年检服务。检查财政医疗票据309.97万份、定额收据1.24万本，现场抽查各单位票据存根保存情况，查看票据使用及资金管理是否合规、票据制度及台账登记是否健全，进一步促进单位票据管理。票据领用。全年共新增23家购票单位，共入库财政票据2699万份，发放县市区2305万份。为业务量少的单位代开票据195笔，上缴财政资金1719.6万元。

（李成培）

【非税收入信息化建设】 服务校园。全面推进市直学校手机缴纳学费工作，完成学校学生档案管理系统与非税收入征管系统数据库对接；实现21所学校手机缴纳学费工作。缴费服务。推荐有关部门使用微信、支付宝、银联等多种支付渠道，开通缴款书、缴款码两种缴款模式。

（朱文伟）

国库集中支付核算

【概况】 2020年，市本级累计受理预算单位支付申请22.61万笔、支出核算资金总额223.89亿元，支付核算资金总量同比增加近1.5倍，超历史完成国库集中支付核算任务，实现“零失误、零差错”。全年对215家市直单位175158笔网上支付业务实时监控、检查，对13755笔银行专户支付业务逐笔核查。全年共形成8篇数据翔实、分析精准的整体支出分析评价报告。每季度出具《国库集中支付情况分析报告》。

【“放管服”改革】 5月，启动国库集中支付“放管服”改革；6月，下发《关于实施市本级国库集中支付“放管服”改革的通知》（常财办发〔2020〕22号）文件，7月1日起实施。截至2020年年底，市直国库集中支付授权支付比重提高到40%左右，取消授权支付网审环节，实现200多家市直部门的财政资金支付“最多跑一次”或“一次都不跑”。“放管服”改革经验被《中国财经报》《湖南日报》《常德日报》专门报道。

【国库动态监控系统完善】 1月，上线“国库集中支付信息手机短信推送平台”，全年共推送短信21874条，涉及金额108.46亿元。推动市本级国库动态监控系统建设，调整动态监控流程，完善动态监控预警规则，实现授权支付直达，出台《市本级国库集中支付动态监控违规事项核实及处理办法》。预警规则由原来的30条增加到49条，截至2020年年底，共预警38520条，预警金额11.38亿元。

【实拨资金账户监管】 1月，对特设账户体系实行网上“半电子化”管理。在集中支付软件上加挂管理模块，银行存款专户实现网上申报收支、核对余额、汇总数据，利用信息化手段强化实拨资金账户的支出安全，市本级共有43家单位开设的94个实拨资金账户纳入监管。

（叶艳涛）

住房公积金管理

【概况】 2020年，全市共归集住房公积金46.88亿元，归集额同比增长7.33%。发放住房公积金贷款22.92亿元，贷款发放额同比减少4.62%。提取住房公积金30.75亿元，占同期归集额的65.6%，提取额同比降低10.09%。截至2020年年底，全市住房公积金缴存总额达350.6亿元，贷款总额达227.84亿元，提取总额达205.76亿元。

应对疫情。窗口疫情防控。市住房公积金中心党组第一时间成立疫情防控领导小组，及时筹备医用口罩、消毒液、测温仪，定时对单位全面消毒，做好体温检测、消毒及登记造册。及时发布疫情防控期间办理业务的倡议书，做好防护、排查、监管并及时汇报信息，实行“现场业务预约制”与“窗口人员隔座制”，确保干部职工及办事群众安全。社区志愿活动。深入社区开展疫情防控宣传和值守，参加“学雷锋”等抗疫志愿活动。派员帮助企业镇守厂房，为包保小区上门排查、参与值守，前往生活超市帮助消毒杀菌、测体温。积极为新冠疫情捐款捐物。阶段性支持政策。受新冠肺炎疫情影响的企业，可阶段性缓缴住房公积金或降低缴存比例。对房产开发企业放宽楼盘备案条件，主体工程完成1/3即可办理公积金备案。全市共有36家企业申请缓缴住房公积金，涉及职工6178人。放宽条件使全市350栋房屋进入住房公积金备案。

业务工作。归集。将上年度奖金、中餐补贴纳入缴存基数，促行政事业单位补缴。通过问卷调查、召开座谈会促单位调基提标。上门走访督促村居干部缴存提标。疫情期间通过微信、电话、快递等无接触方式促企业建制。疫情缓解开展进企业、进社区、进楼盘宣传活动，促企业职员、网格员、协警建制。加强与工商、税务部门联系，及时掌握新开设企业情况，上门宣传促建制。联系教育局，与教育部门联合行文出台民营教育机构建缴住房公积金的政策效果显著。及时回应职工诉求，开展民营企业上门宣传活动，为建制打下基础。贷款。更新完善《贷款业务指南》，制定《贷款业务风险防控指南》，严格贷款审核和担保机构考核。恢复异地贷款业务，全市全年办理异地贷款218笔，发放贷款7288.6万元。新增两家商业银行开展组合贷款，为888个家庭发放组合贷款，其中公积金贷款部分2.9亿元，商业银行贷款2.11亿元。抓好贷款回收，全年共回收贷款14.05亿元。抓好担保代偿，担保公司对43人次进行代偿，代偿金额32.19万元。截至12月底，贷款逾期率为0。贷存比为95.33%，较2019年度年下降5.07个百分点。提取。对提取操作办法进行完善与规范。拟定组合贷款还款提取政策方案。对提取业务及时核查，加强对异地购房提取的管理与复核，筑好

2020年6月12日，桃源县住房公积金管理部深入基层开展征信知识宣传

（市住房公积金中心 供图）

提取“防火墙”。对违规提取、骗取公积金实行“零容忍”。

【客户服务】 窗口服务。继续推行标准化服务，开展服务竞赛。全面实现“一件事，一次办”“最多跑一次”“只进一扇门，就能全办成”。深入“放管服”改革，与不动产中心实现电子证照互认，直属、武陵管理部已申请到不动产登记系统端口及密钥，真正实现“一窗受理、一站办结”。西湖管理部、西洞庭管理部5月起全面开办业务。直属管理部迁址服务。远程服务。推进住房公积金业务网上办、掌上办。推行“开发商网厅”，前移业务受理程序，方便楼盘和客户申报贷款。“政务一体化”平台离退休提取业务办理成功运行。中心官网及“手机公积金”APP网上服务范围不断扩充。在市民之家自助服务终端开通住房公积金查询功能。对政务服务下沉工作涉及公积金的38项业务进行梳理，推进在线融合办理。上门服务。为因病、因孕客户主动上门办理住房公积金业务。对部分团购房业务、位置较远的楼盘贷款业务实行上门集中面签服务。

【安全保障】 完善制度。汇编制度7类61个。制定《住房公积金资金管理办法》《住房公积金资金风险预警办法》，修订《资金调度管理制度》《定期存款管理制度》《网上银行业务管理制度》《信息安全综合管理制度》等。科学设置岗位，确保不相容岗位相互分离、相互制约、相互监督。建立资金预警机制，提前做好应急预案。巡察审计。配合市委第一巡察组对市住房公积金管理中心党组开展政治巡察，对巡察发现的四个方面16个问题进行整改落实。对国家审计署长沙特派办审计问题整改到位。接受市审计局对市住房公积金管理中心党组书记梅宏、主任钱盛霞任期经济责任审计工作，根据审计报告要求部署整改。对直属、武陵、鼎城、经开区4个城区管理部开展2020年管理部原负责人任期经济责任审计及内部常规稽核工作。做好“双查”工作，及时督促整改。实行审计整改“销号”机制，促使审计成果高效转化。信息技术。按要求采购机房维保服务。引进网络安全运维专业工程师，加强中心机房和云中心机房服务器和网络的日常安全管理。开展网络信息安全突击检查，规范操作管理，消除安全隐患。开展三级等保测评，提升网络安全防护水平。参加全市2020年度网络攻防演练，获全市第三名。被评为“智慧常德建设工作优秀单位”。

【社会事业】 脱贫攻坚。全力争取扶贫防汛资金，多次派人到扶贫点村开展扶贫工作。为扶贫对象联系务工单位，帮扶困难家庭实现问题整改清零目标。平安建设。参加社区平安创建、综合治理等活动。开展志愿者服务活动100余次。依法治市。全面落实依法治市、扫黑除恶、法治建设、优化经济环境等各项任务。以案释法，对全体干部职工进行宪法及《民法典》等法律法规的培训。举办干部职工忠诚于宪法宣誓活动。组织普法学习和考试，努力提高中心依法行政水平。全面开展“3·15”消费者权益保护日、“6·14”信用记录关爱日宣传活动。开展法治宣传，向群众普及法律知识，切实保护广大住房公积金缴存职工的合法权益，为促进法治社会建设发挥积极作用。

（张道贤）

税务

【概况】 2020年，全市累计组织入库总局口径税收232.21亿元，同比增收4.46亿元，增长1.96%。其中：省市县三级地方税收入库142.66亿元，同比增收3.96亿元，增长2.86%；市县两级税收入库125.30亿元，同比增收4.57亿元，增长3.78%。市本级税收入库52.25亿元，同比增收1619万元，增长0.31%，市本级税收（剔烟）入库30.84亿元，同比增收1.26亿元，增长4.27%。

服务经济。针对市政府推出的支持中小企业稳定发展的十条政策措施，迅速出台“稳企十条”涉税部分实施办法。开展“用心用力用真情、全员全程全覆盖”政策服务，全力帮扶支持企业。全市累计新增减税降费10.34亿元，助力5.1万户市场主体复工复产，相关工作获得国家复工复产调研组的充分肯定。驻企防疫联络员郭金桂助力企业复工复产事迹被多家主流媒体报道，被评为“湖南省新冠肺炎疫情防控最美志愿者”。利用大数据优势，加强政策运行情况的动态跟踪，开展企业复工复产情况调查分析和经济税源分析，向省局和市县两级党委政府报送税收分析100余篇，获得党政领导批示19篇。

【依法治税】 2020年，全面落实法治政府建设实施纲要和依法治税工作规划，深入推进行政执法“四项制度”，积极运用法制化解机制解决税费争议案件7起。市税务局税费争议化解等工作作为典型经验在迎接“七五”普法省检中被推介。在全省率先成立联合稽查党委，提升税务稽查协同打击能力，共查补入库各项税款及滞纳金3.56亿元。打造税警协作“合署办公”新架构，落实打虚打骗专项行动联席会议制度，有效遏制涉税犯罪行为。创新“顺藤摸瓜”工作机制，有力推动扫黑除恶工作。

2020年4月3日，市税务局举办“减税费优服务 助复产促发展”税企座谈会
（市税务局 供图）

【纳税服务】 深化“放管服”改革，开展“战疫情促发展 服务全面小康”便民办税春风行动，推行“非接触式”办税缴费服务，发票等高频率业务“非接触式”处理量占比达到79.07%，居全省第一。推出“预约办”“错峰办”“延期办”“容缺办”“快速办”服务和“一件事一次办”举措。全市办理延期申报26户，为127户企业容缺式办理延期缴税3.97亿元。合理压缩税务注销办理时限，适用一般程序税务注销业务平均办理时间1.42天，较上年减少0.81天。全市出口退税平均天数进一步压缩至一个工作日内，办理速度全省第一。通过“银税互动”活动，向1389户次企业提供税收信用贷款11.25亿元。市局在全国纳税人满意度调查414个样本城市中位列全国第40位，名列全省第一。常德代表湖南参加全国营商环境评价，纳税指标竞争力强，市局在全市迎接国家营商环境评价工作会议上作为唯一代表介绍经验做法。

【电子税务建设】 广泛宣传和引导纳税人缴费人选择电子税务局办理税费业务，全市建立电子税务局远程辅导微信群322个，566名业务骨干第一时间提供在线咨询服务，辅导纳税人线上解难。2020年，全市通过电子税务局办理纳税申报3864532户次，电子申报率一直保持在98.75%以上，稳居全省前列。全面推行“纳税人领购发票、代开发票通过电子税务局线上受理，全市一个窗口统一出件、邮政上门服务、政府统一买单”的“E路办税”模式，2020年，全市2843户纳税人利用“网上领、免费邮”方式领购发票19.8万份。加大增值税电子发票公共服务平台推广力度，做好宣传推行工作，分类指导纳税人操作，全年共发售电子发票410.94万余份。在全省率先上线“互联网+不动产交易纳税申报系统”且运行平稳。

（李 硕）

国有资产经营与监管

国有资产监管

【概况】 截至2020年12月底，市属国有企业资产总额3752.4亿元，所有者权益合计2042.7亿元，实现营业总收入205.9亿元，实现利润总额25.3亿元。先后获得2019—2020年度市州国资监管工作先进单位、全省国有企业退休人员社会化管理工作先进单位、全省市州国资委财务快报工作先进单位、全省全民国防教育工作先进单位等荣誉。

党建业务深度融合。城发集团以党建带创建，桃花源景区列入预备名录仅用1年成功创建国家AAAAA级旅游景区；德源公司以党建带项目建设，为常德中车项目加速，开创产业项目当年建成投产见效的先河。脱贫攻坚与文明创建同频共振，先后为扶贫点村、乡村振兴示范点村筹措资金近700万元，解决产业发展、交通出行等难题，在市直机关第六届运动会中取得七项冠军，获得比赛成绩和精神文明双丰收。

疫情防控和复工复产。积极协调物资保障，累计筹集发放医用口罩105万多个、医用酒精225吨、84消毒液8.3吨，排查人员37065人。全体国资人始终坚守在定点救治医院、德山公共卫生救治中心项目工地、居民小区、交通运输、定点酒店、供水和道路抢修现场等抗疫一线，湘雅常德医院派出35名白衣战士驰援武汉抗疫一线47天。积极落实疫情期间租金减免工作，及时出台《关于疫情期间减免部分国有资产出租租金的通知》《关于进一步落实新冠肺炎疫情期间租金减免政策的通知》，对承租国有房屋的小微企业和个体工商户直接免除3个月租金，2929.96万元，其中为337家中小微企业减免租金1644.76万元，为1120户个体工商户减免租金1285.19万元。广泛开展“国企品牌‘惠’进万家”品牌推广活动和“践行国企担当、促进乡村振兴”农副产品集中采购活动，组织市属国有企业700多种商品上“线”出“镜”，带

2020年4月30日，“国企品牌 ‘惠’进万家”——常德市属国有企业品牌推广活动启动仪式
（市国资委 供图）

动房产、医疗、旅游、茶叶、交通等销售共计54292.248万元。

国资国企监管效能。聚焦监管职能转变，大力打造效益国资、法治国资、阳光国资、数字国资。坚持以风险管理为导向、合规监管为重点，做到“四个强化”：强化统一监管，实现经营性国资监管全覆盖；强化分类监管，按照公益类、功能类、竞争类三个类别实施分类改革、分类发展、分类监管、分类定责、分类考核；强化分层监管，按照《常德市国资委出资人监管事项清单》推行责任清单管理，分层明确职责，规范权利和义务；强化授权监管，结合功能定位、治理能力等实际情况，因企施策实施分类授权。制定《常德市市属国有企业违规经营投资责任追究实施办法（试行）》，管控风险源头；坚持纪检监察、巡视巡察、审计监督同向发力，对企业巡视巡察、审计、遗留问题的整改处理跟踪问效，充分释放监管效能。

【国企改革发展】 坚持以理顺职能、理顺资产、理顺体制为重点，以清理规范、注资增信、转型发展、科学监管为路径，实施市属国有企业整合转型，探索形成国企整合转型的常德经验，在全省推介。采取市场化交易、非公开协议转让与无偿划转相结合的方式，对部分市属国有企业进行收购、兼并、重组，组建城发集团、经投集团、财鑫金控、德源公司4大企业集团。企业数量大幅压减，市级一级企业压减11家、保留10家。城发集团所属公司从37家压减至25家，经投集团所属公司从21家压减至14家，财鑫金控集团所属公司从27家压减至11家。政企关系不断理顺，政府权力清单、责任清单、负面清单和履职流程逐渐完善，权责边界进一步厘清，国有企业逐步发展为自主经营、自负盈亏、自担风险、自我约束的市场主体，德源棚改公司等5家子公司实现率先转型。国有资本不断壮大，整合后，城发集团资产增加200多亿元，成为全省第二大区域国有企业；财鑫金控集团资产总额突破百亿元，综合实力显著增强，创新建立“金融超市”网上平台，利润总额同比增长40%以上。大力推进国有企业退休人员社会化管理工作，纳入常德市国有企业退休人员社会化管理移交范围的47家企业、17315名退休人员、5080名党员的签约移交、党员组织关系接转、人事档案移交等工作全面完成。

【防范系统性风险】 严防债务风险，严控融资规模和债务总量，优化融资结构，降低融资成本。截至2020年12月，市本级平台公司新增融资加权平均成本较上年下降1.03个百分点，期限较2019年延长1.35年，隐性债务余额较上年下降5.94%，未发生一起债务违约事件。城发集团全年融资到账180多亿元，综合成本4.5%；德源公司提前兑付16亿元“18常德德源债”，开创全市企业债券提前兑付先河，节约成本约3亿元。坚守廉政底线，严格落实“两个责任”，切实保障国有企业持续健康发展。严守安全生产和生态环保底线，压实企业主体责任，推进安全发展、绿色发展。路桥集团连续八年实现安全生产零事故，并获评全省2020年度农村公路施工企业先进单位。

【优化环境】 致力打造最优营商环境，持续开展优化营商环境专项行动，推行限时办结、公开承诺、政务公开等制度，精简办事流程，优化管理服务，连续3年获得全市优化经济环境工作先进。组建市长热线工作专班处理来电来信来访，用“诚心”积极回应并妥善解决群众诉求，全年办理信访、市长热线交办件300余件，连续多月在全市市长热线工作排名并列第一。聚焦改善民生环境，自来水公司实施水质在线监测，全年水质综合合格率达到99.9%以上；市政公司在雨季汛期、文明创建等重要时期应急出动3000多人次清淤管网、维护行道、城市排涝，保障城市干净通畅；欣运集团所属客运站在全省2020年“群众满意客运站”暗访调查中全部合格。

（岳金环）

城发集团

【概况】 2020年，常德市城市发展集团有限公司（以下简称常德城发集团）全年总资产规模达1400亿元，增长4.77%，总负债规模630亿元，其中政府性负债132亿元，减少6.24%，总负债率45%；实现营收57亿元，利润6亿元，经营性现金流入86亿元；融资到账208亿元，投资57亿元。

项目投资。在完成续建项目和新上项目的同时，主动调整投资方向，加大流动性项目投资开发力度。全力建设新河北、太阳大道、滨西路西延等一批市政及蓉国新赋、新坊、新河苑、十里外滩等一批房产开发项目；落地江南吾悦广场、芙蓉学院转设、桃花源体验型宾馆、虎坪通用机场立项及沅水六桥等大型投资项目前期。推行项目标准化、产品手册化和管理信息化；建立现场安全档案，开展常态隐患排查，落实公司安全责任制；接顺业务内循环，拓展建筑供应链，加大房产自营销。全年投资57亿元，完成开盘9个，实现销售面积32.1万平方米，销售收入20.4亿元，夺取2020年常德市房地产销售面积和金额双料冠军。

优化发展。债务管理。优化债务结构、企业“三表”和规划资本倍增。隐性债务余额比上年下降8.8亿元，下降6.24%。融资管理。建产品抽屉、拓融通渠道、增企业信用。融资到账208亿元，新融综合成本4.8%，比上年下降87BP，第四期美元债，票面利率3%，创历史新低。国际信用城投恢复“BBB-”，城发评为“BBB-”。财务管理。与中行合作，开发跨银行的资金账户管理系统，13家银行的150多个账户实现银企直联和实时管理，使资金、资产和业务互联互通，打开财务信息化管理窗口。产业发展。巩固基础产业，立足城市发展、营运、服务、交通建设、能源、出行、景区提质，开展项目经营和内循环。拓展支撑产业，与复星合作污泥处理，参与城市环保；与区县合作矿砂生产，进军建筑材料；与新城控股合作综合体开发，学习产城融合；与中旅集团合作景区运营，激活旅游经营；聘请高教团队转设办校，发展应用教育；招标软件商集成数字城发，进军数字经济等。探索发展产业，制订产业资本五年双倍增计划，成立双倍增领导班子，外聘资本运作团队，设立中科天智有限合伙企业，开展对上市主体专业培训辅导，储备一批成长成熟项目，完善股权投资基础制度等等。

改革创新。激发改革存量活力。城发整合转型分纵横两个阶段实施，对内部职能与二级公司进行横向整合；对三级公司与要素进行纵向整合，平稳落细改革。通过共同努力，创新确立经营资本的定位、“一体两翼”的布局、扁平赋能的职责，压减公司30%，增加资产200多亿元，优化配置六大业务模块，两类产业生态，为转型升级奠定坚实的基础。激发经营增量活力。科学制订“五档五等”考核办法，精准预算年度目标，倾斜安排经营力量，加紧关键时点督察，加强绩效挂钩力度；利用集团资金和业务规模优势，对标业内一流企业与央企，开展贸易咨询，设立贸易公司，完善贸易风控，开发计采平台，拓展供应链金融，明晰贸易战略战术。通过常年重视经营管理，超预期完成供应链贸易过10亿元以上，总承包30亿元以上，营收5亿元以上公司4家，上10亿元2家。激发创新变量活力。制定数字化五年行动方案，集成主数据、HR、NC等10个软件管理系统，推出“掌上城发”基础版，逐步将业务场景信息化，建立数字企业，进军智慧城市。

【市城投集团境外主体信用重回投资级】 2020年，国际信用评级机构惠誉国际评级将常德城投主体国际信用评级从“BB+”上调至投资级“BBB-”。授予常德城投的“BBB-”级国际信用级别是湖南省内除省会外地级市国有企业中最高国际信用级别，城投集团是常德市唯一一家国际信用级别投资级的企业。

（谢秀红）

【沅江隧道管理中心及配套路网调研会】 9月24日，常德市委副书记、市长邹文辉，副市长尹正锡率相关职能部门负责人一行前往沅江隧道管理中心及隧道出口沿线路网调研。市城投集团党委书记、董事长周枭，西城新区分公司党支部书记余晓斌参加调研并现场讲解。邹文辉对沅江隧道的建设与运营给予充分肯定。沅江隧道自2019年10月16日通车，大大缓解江北中心地块交通压力，提质扩容江北、江南城市路网结构。2020年8月，日均通行车辆达3.5万辆。

（胡　戈）

【14家银行集体签约入驻外滩金融街】 11月26日，常德城投·十里外滩金融街与14家进驻银行签约战略合作发布会在城投·十里外滩营销中心举行。签约入驻的14家银行是：中国工商银行、中国建设银行、中国农业银行、中国银行、中国邮储银行、兴业银行、中国民生银行、光大银行、华夏银行、广发银行、华融湘江银行、长沙银行、渤海银行、常德农商银行。双方就外滩金融街区CBD商业中心的未来发展趋势进行深入交流，表示将携手并肩，致力于将金融街打造为金融经济全业态覆盖的CBD中心，成为继常德市北部新城的财富中心、万达商业圈的金融中心之后的第三个常德市的金融聚集区。城投·十里外滩项目是常德市委、市政府、鼎城区委区政府与市城投集团重点打造的“一江两岸，协调发展”城市升级项目，是湖南省内已开工建设的最大单体棚户区改造项目之一，位于常德中轴，将建成集商务办公、新型产业、特色商业、绿色人居、文旅休闲等多元业态为一体的滨江CBD。

（郑江晖）

经投集团

【概况】 “十三五”时期，常德市经济建设投资集团有限公司（以下简称经投集团）累计完成投资256亿元，相继完成柳叶湖环湖国际马拉松赛道、穿紫河水系治理和两厢开发、建设桥片区改造等重大项目，拉通太阳大道、月亮大道、建设东路等一批主要道路桥梁。一大批重点经营项目相继开放运营，从锦江酒店到湘雅常德医院，从郡德学校到卡乐星球，从致远乐路口到柏林国际，集团文旅、医疗、教育、地产、酒店服务等重点产业从无到有，从有到优，渐成规模。严格落实上级要求，持续优化公司治理体系，公司数量从53家整合到

14家。获得的国家级荣誉有全国海绵城市试点、全国公交都市试点、全国最美医院、全国三八红旗手；省级荣誉有全省抗击新冠疫情先进集体、先进个人、全省优秀小贷公司、全省建筑工程芙蓉奖、全省水利建设优质工程奖等。

2020年，经投集团全年实现经营收入82.8亿元，同比增长2.83%，其中，自营收入占比达50.33%，市场化水平稳居全市同类企业前列。实现利润8.11亿元，上缴税金2.69亿元。业务范畴不断拓展。德江监理、正平招标努力拓展多元经营，相关业务取得重大突破；双赢公司咨询监测分别实现提质升档，获得多项国家部委和省级表彰；经万和公司取得电梯经营和维保资质。经营质效。湘雅常德医院以新技术助推医疗服务扩面提质，年营收突破5亿元大关；郡德学校再度扩招，在校学生突破1800人，开办第二年成功创建“市级文明校园”；卡乐星球开园当年获评国家AAAA级旅游景区；常德河街获评全省改造提升特色步行街试点单位。各单位狠抓成本管控，经营质效得到明显提升。

疫情防控。经投集团成立疫情防控领导小组，迅速组织储备大批防疫物资，承担全市集中定点收治医院、湖北来客定点接待酒店、德山公共卫生救治中心项目建设等任务，湘雅常德医院奉命派遣35名医护人员支援武汉金银潭医院47天，集团各单位1700余人投入到抗疫一线，保障城市安全运转。湘雅常德医院刘安娜获“抗击新冠肺炎疫情全国三八红旗手”，湘雅常德医院和市二医院2家单位分别获全省先进集体和先进党组织，3人获省先进个人；经投地产等3个集体获“常德青年五四奖章集体”、范爱德等4人获“常德五一劳动奖章”。

公司整合。“城市运营商”定位。对建筑施工、地产开发、咨询服务、房产经营等板块重点整合，将涉及的9家公司重组为4家，实现相近业务的整合。确保稳妥推进重组。在新设公司分别成立整合转型工作筹备组，明确小组职能职责，实行组长领导下的组员负责制，确保股权划转、人财物移交及组织构架与人员“三定”等工作按要求积极稳妥过渡。致力于各自主营业务产业链、创新链、价值链的提升，助推“生命经济生态系统”加速完善。

债务风险化解。严守不发生系统金融风险的底线，全力做好融资化债工作，实现债务总额下降、融资成本降低、债务期限延长、债务结构优化的目标。融资部会同经华、经晟公司相关人员，集中力量，重点攻关，创下债券发行措施创新“四个第一”、单项成本“四个最低”的纪录。

项目建设。全年47个项目累计完成投资31.65亿元，基本完成年度计划。高铁枢纽站北广场4月9日开工建设。建设桥扩卡、朝阳路北延、公交站场等项目交付使用，沾天湖南环、年寿路、泉水路等一批项目开工建设；金禹水投青年路东延、人民路东延基本按预期推进；经投地产、华厦房产棚改项目紫河明珠、柏林国际、东城悦府、东城御府等在建项目进展顺利，利民巷、贾家湖、建民巷、杨家巷二期等前期工作加快扫尾。婚庆园二期完成主体。

国企责任。大力扶持小微企业和个体工商户积极复工复产，有效化解疫情冲击。累计减免租金690万元。公交公司优化线路布局，开辟定制专线，推行地铁式发班，把公交开到园区企业门口。集团各联点帮扶责任人先后6次前往点村开展结对帮扶工作，走访帮扶农户81户，因地制宜确定帮扶措施。全年累计提供帮扶资金40万余元，通过消费扶贫12.57万元，利用集团优质医疗、教育资源相继开展医疗扶贫、教育扶贫，为全面脱贫奔小康提供助力。着力化解惠民商品房（公寓楼）交房办证、卡乐星球用地等备受社会关注的遗留问题。长期困扰卡乐星球项目办证经营的原上水集团破产案得到初步解决，项目用地及配套设施等价值22亿元的资产完成确权划转。

【常德高铁枢纽站站前广场开工建设】 4月9日，常德高铁枢纽站站前南北广场项目开工仪式在常德高铁枢纽站北广场（金牛路与沾天湖南环路交会处）举行，常德高铁枢纽站南北广场正式开工建设。常德高铁枢纽站站前南北广场项目位于常德市武陵区北定南路以西、沾天湖南路以南、朝阳路以东、常德大道北侧地段，是常德高铁枢纽站房重要配套项目。项目主要包含进站匝道及落客平台工程、北广场工程、南广场工程、地下车库联系通道工程、土方及防护工程五个部分。总建筑面积为28.45万平方米，总投资约18.3亿元。

【常德卡乐星球被评为国家AAAA级旅游景区】 12月31日，湖南省文化和旅游厅公示17家国家AAAA级旅游景区名单，常德卡乐星球榜上有名。卡乐星球欢乐世界主题公园位于常德市柳叶湖旅游度假区，是国内首个岛上主题乐园，由深圳华侨城文化旅游科技集团有限公司和常德市经济建设投资集团有限公司共同建设运营，总投资约17亿元，占地面积约42.8公顷。

（李锡波）

财鑫金控

【概况】 2020年，面对疫情肆虐、经济下行等复杂严峻的内外部形势，常德财鑫金融控股集团有限责任公司（以下简称财鑫金控集团）攻坚克难、真抓实干，各方面工作取得新的成绩。财鑫金控集团总资产达到114亿元，管理总资产249亿元，实现经营总收入7.31亿元，全年累计为1000多户中小微企业、“三农”及“双创主体”提供融资服务189.2亿，较好地完成主要经济指标，其中，提供融资担保170.4亿、发放贷款16.7亿、进行投资2.1亿，代偿率为2.49%，代偿回收率为42%。集团旗下子公司财鑫担保被评为全省“优秀融资担保机构”，财科担保被评为“融资担保创新机构”“2020年度融资担保行业支持地方经济一等奖”，财鑫典当被授予“2020年度典当行业支持地方经济一等奖”，双鑫小贷、鑫达小贷、国鑫典当被湖南省金融监督管理局评为“全省分类监管评级A级”，双鑫小贷被评为“2020年度小额贷款行业支持地方经济一等奖”，鑫达小贷被省小贷协会授予“最佳社会贡献奖”，省促进中小企业发展工作领导小组对常德市过桥资金的运营管理模式和经验在全省推介。

金融服务。各金融服务单位充分发挥自身优势，创新服务理念，改进服务方式，提升服务水平，提升直接融资占比，把更多的金融活水引入实体经济，为帮扶中小微企业融资、促进产业发展做出积极贡献。缓解融资难题。全面下沉业务。在全市各区县设立办事处，选派32名业务骨干常驻一线，为企业解决融资难题。业务下沉后，累计完成融资担保支持1045笔，共51.6亿元，业务量同比增长35.6%，业务发生笔数同比增长38.22%，金融服务的覆盖面越来越宽。特别是在疫情期间，第一时间响应企业需求，全方面为企业纾困解难，助力企业复工复产跑上快车道，共为近300家企业提供融资支持超30亿元。持续创新业务。在优化原有业务产品的基础上，创新推出“茶叶担”“暖心贷担”“税联担”等担保产品，支持企业545户，累计业务总量达到20.63亿元。利用旗下双鑫小贷、典当公司快速便捷的贷款优势，打造“小贷+担保”“典当+担保”的联动模式，为企业提供与贷款担保相匹配的短期融资服务，满足企业在银行融资安排中的周转资金需求、短期应急的生产经营性资金需求等；拓展平台业务。积极主动帮助化解平台债务风险，大力开展发债担保业务，2020年支持市本级平台公司融资17.87亿元，主动购买平台公司债券18.69亿元。帮助企业降费减负。率先制定实施“六条措施”，对疫情期间到期的所有存量项目进行全续保、努力做到应续尽续、能续快续，不抽贷不压贷，为企业解难题。对于受疫情影响无法按期归还小贷、典当等贷款本息的，合理采取延期还贷，并免除相关罚息及违约金；减半收取担保费及小贷、典当贷款利息，担保费率仅为0.5%，处于全国最低水平，并免收评审费、保证金。积极协调合作银行，将“三农”、中小微企业贷款利率控制在同期基准利率上浮比例不超过10%；降低准入门槛，放宽准入条件，灵活设置反担保措施，明确规定300万元以下保证措施不能超过三条，缓解实体经济因缺少抵押物或抵押物不足值导致融资难等问题。疫情期间，各公司共为全市企业降费减负或减租达2100多万元。组织开展“金融服务进园区”和优质服务月活动，主动靠前服务，让企业感受到财鑫温暖。活动期间共对接走访企业218家，累计促成融资15.9亿元。原工投公司、原农投公司领导班子带队走访企业，开展上门服务活动，为企业宣传惠企政策，“一企一策”提供融资方案，最大限度帮扶企业度过疫情难关。拓宽融资渠道。依托自身资源优势，强化外部合作，拓宽企业直接融资渠道，促进本土产业发展。搭建更多平台。联合多家银行金融机构、担保机构，整合政务数据资源，先后设立资本市场服务基地，上线常德金融超市，开业挂牌常德财鑫供应链有限公司，三个平台在服务常德市产业、推动公司发展上将发挥极为重要的作为。拓展渠道。根据常德市产业基础，从生物医药、智能制造、新材料等不同领域先后完成设立10只股权投资基金，基金累计总规模41.41亿元。集

2020年9月27日，财鑫金控集团整合转型工作启动会（财鑫金控集团 供图）

团成功发行2020年非公开公司债券（第一期）5亿元，年利率仅5.1%，低于当期市场利率130个BP。导入更多项目。积极探索“金融资本+产业资本+特色园区”的招商新模式，吸引外地有技术、有产品、有市场但缺乏资金的优质战略新兴产业项目向常德转移，共导入大道新材、麦普奇、醇健制药、德雷贝尔、源卓光电、东营昆宇等项目7个，并持续跟踪，给予融资担保资金支持。

产业投资。投资效益。财鑫私募全年完成自主投资1.4亿元，产业子基金投资3.24亿元，取得投资收益4400万元；中科芙蓉在全年股价高点减持中富通股票5735.96万元，全年完成收入6769万元；中科农投基金，投资项目江苏协和电子，按当前市价计算，实现浮动盈利近1000万元；畅安科技实现产值2168万元，超出目标任务26.41%。武陵秀峰公司着力研发武陵红茶叶新品，举办“武陵红”之夜新品发布会，2020年完成营收近400万元。投资能力。设立粤港澳大湾区办事处，先后与达晨财智、越秀基金、东方富海、中金资本、华盖资本、民生证券等投资机构进行实质性合作，并开始自主对外托管市场化基金——津鑫医疗器械一期基金。本地投资。公司深入挖掘本地资源，扶持常德市初创企业快速成长。对金富力新能源股份公司、响箭重工等16家本土企业开展股权投资5.68亿元，带动外部机构投资10.57亿元，为全市重点项目中车项目、热市温泉项目、大唐司马项目提供融资担保支持4亿多元；其中，金富力新能源公司、飞沃新能源科技公司进入上市辅导，响箭重工、云港生物完成股改进入辅导，精为天拟赴香港上市，准备境外上市申报资料。园区服务。通过提供多元化、保姆式的服务，积极帮助园区企业解决实际困难，为经营困难企业减免房租，为科技型企业申报科技奖项，为符合条件企业争取政府补助资金，为解决企业员工就餐问题启用新食堂等等。

资产运营。国资经营。完成德山五交化资产征拆和经营户、住房的腾房安置工作，启动青峰接待处资产征收，全年共完成资产拆迁补偿、房屋土地租赁、股权分红等收入2548万元，同比增长44.8%。德华宾馆克服疫情和改革困境，全面稳定和恢复生产，完成营业总收入1523.52万元。鸿运港务公司圆满完成盐关口岸海关监管场所的迎检保牌任务及环保改造，实现总收入749万元。项目建设。常德财富中心一期项目建设全面收尾，克服疫情影响加大营销力度，大地保险、住房公积金中心、工商银行、德益环保、文宇网络等已入驻或正在装修，长沙银行常德分行、中国人民财保、财信金控和南方水泥常德总部等意向客户正在洽谈；二期工程项目加速推进，基成完成正负零以下工程建设，完成投资约3000万元。财信资管。与省财信金控集团达成合作，共同出资设立财信资管（常德）公司，组建方案获省财政厅批准。

【风险防控】 风控体系。严格执行项目尽调、项目评审、风险等级分类、保后监管、动态预警、责任追究等一系列风险防控制度，建立完善业务运行、基金操作等制度，为各区县办事处配备专职风险管理员，参与每一个项目的全过程实施监督，建立风险管理工作信息平台，每月召开重点项目调度会，每季度形成一份风险管理报告，进一步强化风控管理。担保体系。财鑫担保、财科担保分别与省再担保公司签订协议，合作授信额度达50亿元，在落实省再担保风险比例分担资金上实现新突破，全年分担到位资金近千万元，截至12月末，公司向省担保报送备案业务共641笔，金额18.62亿元，占全省业务总量1/4，获得省级担保费补贴500万元。风险对冲。在小额贷款、典当贷款、债券担保增加收入的基础上，通过强力推行风险清收、争取上级奖补资金、计提风险拨备等措施对冲风险，确保风险动态平衡，促进公司稳步发展。2020年共争取各类奖补资金达3000多万元。通过设立资产保全部，对清收项目进行分类管理，加强工作调度和考核奖惩，全年共清收清欠执行回款和资产共2.62亿元，超出年度计划一倍多。

【问题整改】 4月至8月，市委第五巡察组对财鑫金控集团进行巡察，针对巡察反馈的3大方面24个具体问题，公司党委召开专题民主生活会深挖问题根源，制定整改措施，11月底前完成相关整改工作，巡察组移交的11条线索全部办结，顺利通过市纪委监委、市委巡察办的督导检查。原工投集团、农投集团针对市审计局2017—2019年度经济责任审计报告中指出的问题，迅速制定整改方案、明确整改措施、规定整改期限、建立整改台账，并逐一结零销号，审计整改工作全部完成并验收合格。

【整合转型】 按照市委、市政府关于市级平台公司整合转型工作部署，9月30日，财鑫金控集团、市工投集团、市农投集团三家公司整合转型工作正式启动。集团整合转型委员会认真研究制订整合转型工作实施方案，从3家公司抽调专人成立6个工作小组，强力推进，共召开委员会专题调度会7次、碰头会及小组会若干次，财鑫金控集团以市场化方式收购市国资委所持工投集团、农投集团100%股份。对新财鑫金控集团进行重新定位，制定未来三年发展规划，按照时间节点完成3家公司资产、业务、财务、人员及管理体系的整合和融合，优化管理架

2020年10月22日，由德源公司投资建设的常德中车制件车间成立暨正式投产仪式（德源公司 供图）

构，完善制度体系，金融服务、产业投资、资产运营三大业务板块基本成形，集团实现规模效益和竞争优势、资产总量和质量的双提升。

【企业管理】 公司改进和完善人力资源管理、薪酬绩效考核工作，健全人事管理制度，更好地用制度管人管事。年初对31名中层骨干全面免职，组织重新竞聘上岗，新选任34名优秀员工为中层骨干。对一线员工进行双向选择，实现人力资源的合理配置，组织3次专岗人员公开招聘，补充急需人才，优化人才队伍结构。设立信息技术部，搭建线上业务平台，启用智能办公OA系统、无纸化会议系统，提高办事效率。加强财务预算、资金、人员和审批权限管理，将各子公司财务纳入集团管理体系，委派财务人员，形成比较成熟的财务管理体系。加强内控管理，设立内审法务部，工作成效比较明显。全年共开展财务收支审计4次，专项审计3次，发现问题165处并要求相关单位完成整改；业务审计16次，对不良项目追责9.06万元，工程项目审计10个，审减132.6万元，其他审计2次，审减64.07万元。

（徐慧娟）

德源公司

【概况】 2020年10月30日，德源公司整合转型工作委员会召开整合转型工作第一阶段总结会议，标志着德源公司横向整合工作任务在全市率先全面完成。

【常德中车制件车间正式投料试产】 10月22日，常德中车制件车间正式投料试产，开创产业项目当年建成当年投产见效的先河。常德中车新能源汽车扩能项目于2018年11月正式启动，由德源公司投资建设，中车项目主体工程建设比预期提前4个月完成。该项目总投资40亿元，共建设4条新能源汽车生产线，全面达产后，年产能将达到2万台，产值超过100亿元，新增近万个就业岗位的产能规模。

【常德经开区百兆瓦级多电源融合技术实验验证平台开工】 5月18日，德源公司负责建设的常德经开区百兆瓦级多电源融合技术实验验证平台项目开工。常德市委副书记、市长曹立军，市委副书记朱水平、常德市人民政府副市长汤祚国、常德经济技术开发区党工委书记李育智、常德经济技术开发区管委会主任邹如龙等领导出席。

【常德工业互联网创新中心正式启用】 6月4日，德源公司建设的常德工业互联网创新中心正式启用。常德市委书记、市人大常委会主任周德睿，市委副书记、市长曹立军，常德经开区党工委书记李育智，华为技术有限公司高级副总裁尹绪全等出席。

（张 娟）

生态环境

综述

【概况】 2020年，全市上下坚持以习近平生态文明思想为指导，坚决打好打赢污染防治攻坚战，全力推进突出生态环境问题整改，持续改善生态环境质量，各项目标任务较好完成，取得明显成效。省污染防治攻坚战考核位居全省第一名，“十三五”生态环境保护工作实现圆满收官；省控考核评价断面水环境质量改善明显，全面推进河长制湖长制和“小水电”清理整改等工作成效明显，均获省政府真抓实干表扬激励；市生态环境局被国务院评为第二次全国污染源普查表现突出集体，被生态环境部评为全国固定污染源排污许可全覆盖工作表现突出集体；西洞庭管理区获评省级生态文明建设示范县（市、区）。4月7日，生态环境部发文，对全国生态环境信访工作表现突出的先进集体和先进个人通报表彰，市生态环境局澧县分局获先进集体称号；市生态环境局环境投诉中心义建国获评先进个人。

（俞开海）

【自然生态保护】 生态环境状况等级保持良好。全市林地面积83.05万公顷，森林覆盖率48%，活立木蓄积量4371万立方米、同比增长4%。纳入保护的湿地面积13.67万公顷，湿地保护率71.66%；完成湿地修复1.43万公顷、岸线修复14.5千米。生态保护红线面积调整为3306.56平方千米，占国土面积18.19%。自然保护地整合优化为2类32处、总面积20.51万公顷。5个国家和省重点生态功能区生态环境质量状况良好。

（陈 晖）

【土壤环境管理】 落实受污染耕地安全利用面积1.19万公顷、严格管控类耕地种植结构调整0.06万公顷，分别占2020年省里下达任务的102.5%和103.8%，均超额完成任务。扎实推进危险废物“大调查、大排查”工作，进一步摸清危险废物底数，危废监管力度进一步增强；完成第五轮涉镉污染源排查，全市20个涉镉污染源全部整改销号。

（李沅知）

【水环境质量】 23个省控及以上考核断面水环境质量全面达标、优良率95.7%，水质综合指数同比改善11.41%、排全省第1，其中Ⅱ类20个、Ⅲ类2个（柳叶湖、西毛里湖）、Ⅳ类1个（蒋家嘴断面，总磷平均浓度0.06毫克/升，满足≤0.1毫克/升考核要求，其他指标均优于Ⅲ类）；沅、澧“两水”干流断面水质均保持在Ⅱ类；13个县级及以上饮用水水源地水质全部达标。

（赵 军）

【大气环境质量】 市城区环境空气质量优良天数310天、优良率84.7%，同比增加33天；$PM_{2.5}$、PM_{10}年均浓度分别为41微克/立方米、50微克/立方米，同比分别下降14.6%、16.7%，特别是创下$PM_{2.5}$单日最低浓度2微克/立方米（10月3日）、连续161天（5月20日至10月27日）保持优良天数的历史最优纪录；环境空气质量综合指数3.58，在全省6个通道城市中（长沙、株洲、湘潭、常德、岳阳、益阳）排第1名，在全省排第7名；综合指数改善幅度排全省第3名、在全国168个重点城市中排第14名；纳入省考核的7个县市空气质量首次全部达到国家二级标准。

（岳 健）

【噪声环境质量】 2020年，常德市城区40条主要道路共布设监测点位100个，监测路段总长度89.6千米，范围包括武陵区江北城区、鼎城区武陵镇和常德经开区。常德市城区主要道路交通噪声平均等效声级69.4分贝，道路交通噪声强度等级为二级，道路声环境质量处于“较好”水平，符合国家声环境质量标准要求。常德市城区共布设区域环境噪声监测点位279个，网格大小为500×500（米）。2020年常德城区区域环境噪声平均等效声级为58.8分贝，区域环境噪声总体水平为三级，声环境质量一般。

（马骁骋）

2020年6月5日，2020年“六五”环境日湖南主场活动在常德举行

（市生态环境局 供图）

【固体废物处置】 2020年，全市一般固废工业固体废物综合利用量约280万吨，处置量约5万吨，共计约285万吨；全市工业危险废物处置量约为7.9万吨，其中生活垃圾飞灰处置约4.4万吨，危险废物（包括医疗废物）无害化处置率达到100%，主要是生活垃圾焚烧飞灰、冶炼废渣、煤焦油渣等。2020年，全市持有危险废物经营许可证单位10家，危险废物利用能力为21.5万吨/年，可收集、贮存、处置、利用的危险废物类别有废矿物油、废铅酸蓄电池、氰废渣、医疗废物等；医疗废物处置能力为3600吨/年。

（胡万富）

【污染物总量控制】 “十三五”减排目标任务全面完成，二氧化硫、氮氧化物、化学需氧量、氨氮、万元GDP二氧化碳排放比2015年分别削减24.1%、18.3%、11.2%、14.8%、18%。

（岳 健 赵 军）

【环境风险状况】 2020年，全市未发生较大及以上突发环境事件。严格固体废弃物、危险废物、医疗废物废水安全管控，完成第五轮涉镉污染源排查，全市20个涉镉污染源全部整治到位。核与辐射安全可控，辐射环境总体安全。

（高 扬）

生态创建

【概况】 2020年，常德市36项生态文明建设指标和6项基本条件均达到湖南省生态文明建设示范市创建要求，环境空气质量和水环境质量均完成上级考核目标，生态环境状况为优，林草覆盖率达到48.01%，国家重点保护野生动植物保护率达到100%，单位国内生产总值能耗较2015年下降16%，县级以上饮用水水源地优良比例为100%，公众对生态文明建设的满意度达到91.83%，完成创建省级生态文明建设示范市申报资料编制及工作，为创建验收打下基础。

【生态文明示范县镇村】 打造一批国家级、省级生态文明建设示范县，桃源县、石门县成功创建第三批国家生态文明建设示范县，津市市、西洞庭管理区成功创建第一批和第二批湖南省生态文明建设示范县，桃源县茶庵铺镇创建“绿水青山就是金山银山”实践创新基地经验获得省推荐。组织开展第一批市级生态文明建设示范镇村创建工作，鼎城区草坪镇和汉寿县岩汪湖镇金盆岭村等4镇3村获得命名。

【生态文明建设宣传】 6月5日，结合“六五”环境日宣传活动举办常德市生态文明建设成果摄影大赛及展览，对全市生态文明建设成果充分展示，人民群众对生态文明建设的满意度、参与度不断提升。

（陈 晖）

环保督察

【概况】 2020年10月23日至11月6日，省第四生态环境保护督察组对常德市2018年第一轮省环境保护督察整改情况开展“回头看”，同时针对西洞庭湖生态环境保护开展专项督察。其间，督察组转办、交办、督办的152件信访投诉件（其中转办150件、交办1件、督办1件）。截至12月底，2017年来中央和省交办常德市的91个突出生态环境问题，除去8个持续推进外，已整改完成80个，余下的鼎城石板滩石煤矿坑整治涉及中央层面3次交办，正抓紧整改；交办的1166件群众信访举报件，已办结1141件。

【落实整改】 紧盯重点。对整改难度大、投入资金多、群众反映强烈的重点难点问题，由市委、市政府挂牌督办。鼎城石板滩石煤矿坑综合治理问题，主要领导多次专题研究部署、多次现场督导调度，多次到国家部委和省直有关单位寻求技术支持，确定“污水治理+矿坑回填+生态修复”的治理思路，将按工程进度全力推进。分类施策。对矛盾复杂、需持续整改的问题，明确时间节点和阶段性目标，挂图作战、稳步推进。安乡珊珀湖水环境治理问题，通过“全面禁投、环湖截污、多点活水、重点清淤、生态修复”等措施，累计投入6.3亿元，依法收回大湖水面养殖使用权，全面完成工程建设项目，湖水水质逐步好转，由治理前的劣V类稳定改善到当前的Ⅳ类。跟踪问效。探索建立突出生态环境问题整改责任体系，对上级交办暂未完成的整改任务，逐一明确市、县两级牵头督导领导及责任部门、责任人，全面压实整改责任。为确保所有交办问题按期销号，从11月开始市整改办坚持一日一调度一通报一排名，全市整改销号进度明显提升，除需持续整改任务外，其他基本完成。对已完成整治的及时向社会公开，自觉接受监督，争取群众认可。

（刘仕稳）

环境科技与产业

【概况】 2020年，长江生态修复驻点工作成效显著，驻点团队对常德市多项环境管理工作提供科学技术支撑，获得国家长江生态环境修复联合研究中心致函感谢。有序开展常德市29家企业的清洁生产审核工作及1家环保实用技术项目申报。组织开展利用环境保护标准依法依规推动落后产能退出工作。环保产业发展强劲，2020年常德市54家环保产业总产值达到64.66亿元，较2015年增加18.66亿元。

【长江生态环境保护修复常德驻点跟踪研究工作交流与推进会】 8月24日，由中科院生态环境中心牵头的长江生态环境保护修复常德驻点跟踪研究组（以下简称驻点跟踪研究）、常德驻点跟踪研究领导小组办公室、常德市生态环境局在常德市生态环境局组织召开驻点跟踪研究中期工作交流与推进会。郑天龙博士代表驻点跟踪研究组做驻点跟踪研究阶段工作进展与常德市控源重点及对水环境质量改善作用的汇报，驻点跟踪研究组各成员单位代表就衔接长江中心任务与地方关键问题和需求、驻点跟踪研究工作着力点等分别发言。会议对相关问题进行交流和讨论。

（罗　玲）

环境质量监测

【概况】 2020年，全市共设置水环境质量监测断面60个，国控及省控空气监测网点17个，“千吨万人”集中式饮用水源地167处，按要求进行环境质量监测。完成13座长江经济带水质自动站的建设及2个县级饮用水源地水质自动站的建设、1个国家级水质自动站的升级改造。

【环境空气质量自动监测站点检查维护】 常德生态环境监测中心根据季度质控工作需要环境空气质量自动监测站点开展仪器设备运行情况检查。2020年3月24日，新冠肺炎疫情期间，工作人员需要到石门县党校监测点检查。位于石门县党校主教学楼顶的环境空气质量自动监测站属于湖南省省控环境空气质量考核站点之一，是湖南省乃至国家生态环境质量自动监测网内的重要组成站点之一。负责生态环境质量自动监测事务的工作人员带着防护服前往该站点，换好防护服与运维人员认真展开质控检查。新冠肺炎疫情期间，常德生态环境监测中心处理30余个阻碍国控和省控及市控生态环境自动监测站点运行的问题。

（罗　玲）

污染防治攻坚

【概况】 2020年，坚持以污染防治攻坚战“夏季攻势”为抓手，建立常德化联点督导制度，聚力打好打赢蓝天、碧水、净土保卫战，让常德天更蓝、水更清、土壤更安全、环境更优美。省污染防治攻坚战“2020年夏季攻势”明确常德市的7个方面413项治理任务较好完成。在全省的年中点评、全年总结会上，市委副书记、市长邹文辉，副市长尹正锡代表常德市作典型发言。

【蓝天保卫战】 出台《2020年蓝天保卫战考核办法》《常德市特护期应急减排方案》《常德市臭氧污染防治管控指南》《市城区33个乡

镇环境空气质量考核办法》等规范性文件，探索建立“以时保日”、分类管控、预警预判、定期会商、污染源清单、网格化管理、第三方巡查、市城区臭氧防控等管控调度长效机制，深入开展工业炉窑、挥发性有机物、机动车尾气、非道路移动源、餐饮油烟、扬尘、油品、“散乱污”企业、禁烧禁燃禁炮等9大专项整治行动，推动环境空气质量持续改善。为进一步强化大气污染防治的精准、精细程度，市生态环境局专门明确6名处级干部主抓蓝天保卫战，设立“指挥部调度群、预警预报技术群、督查督导工作群、单位内部调度群”等微信工作平台，精准调度到时、到企业、到工地、到主要因子，建立半小时快速响应处置反馈机制，环境空气质量监测体系和管控能力进一步提升。

【碧水保卫战】 坚持以“一湖两水”水生态环境问题整治为重点，全面推进农业面源污染防治、城乡生活污染治理等十大重点任务和珊珀湖、安乐湖、冲天湖三大片区集中整治，西洞庭湖呈现出“鸟多、鱼多、草多、水好”的良好自然湿地生态。坚持“一源一档、一源一策”精准整治，严格项目审批，严禁污染饮用水水体活动，严格水体生态保护，2020年累计整治饮用水水源地保护区环境问题90个，全市370个集中式饮用水水源地保护区得到有效保护。深入开展工业园区污水处理设施整治专项行动，10个省级及以上工业园区污水管网不完善、污水集中处理设施不能稳定达标运行等问题基本解决；坚持“周调度、月通报”，实时掌握全市27家污水处理厂运维情况，及时预警督办，确保稳定达标运行。

【净土保卫战】 聚焦土净地肥，积极推进土壤污染综合防治先行区建设，全力加快土壤修复，石门雄黄矿治理修复经验被央视《美丽中国》栏目专题报道。严格土壤污染风险管控，严格管控类受污染耕地全部登记管理到丘块并退出粮食生产，建设用地受污染地块均做到先治理后收储。严格固体废弃物、危险废物、医疗废物废水安全管控，完成第五轮涉镉污染源排查，全市20个涉镉污染源已全部整治到位，有效切断污染物进入周边农田和水系的途径。

（俞开海）

环保法治与宣传

【概况】 2020年，市生态环境局获评全市法治政府建设示范单位创建先进单位。积极开展执法百日竞赛活动，执法能力和办案水平进一步提升。2020年全市共立案办理环境违法案件207件、罚款1512万元，在全省生态环境执法大比武中获集体三等奖。

【环保法治】 2020年，颁布施行《常德市大气污染防治若干规定》等地方性法规，制定出台《常德市“三线一单”生态环境管控基本要求暨环境管控单元生态环境准入清单》《常德市土壤污染防治管理办法》《常德市生态环境损害赔偿制度改革实施方案》《常德市公众举报生态环境违法行为奖励办法（试行）》等文件，在全省率先挂牌设立市中级人民法院驻市生态环境局法院联络室，建立纪检、生态环境、法院、检察院、公安、水利、交通运输、农业农村等执法联动机制。

【环保宣传】 2020年，广泛开展宣传引导，持续开展环保“五进”活动，积极营造“集中采集、一次发声、多点发力、全网传播”的高效传播格局，新媒体宣传持续保持全国前列，策划并撰写的西洞庭生态恢复典型报道《欧美黑杨砍伐之后》获2020年第三十届中国好新闻一等奖，举办2020年“六五”环境日湖南主场活动，活动相关视频点击突破千万人次，创该类活动传播之最，省生态环境厅对常德市生态环境局承办该活动给予高度肯定和表扬。污普工作圆满收官，常德市生态环境局获国家和省通报表扬。

（王兴初　黄道兵）

经济管理与监督

市场监管

【概况】 2020年，常德市场监管部门秉持“向市场要活力，让监管出效益”的创新理念，保持定力，攻坚克难，各项工作稳步推进。全市获省政府“深化商事制度改革、推进质量强省和知识产权强省工作成效明显”真抓实干督查激励，人力资源市场专项整治行动被总局、人社部评为先进，常德市开展的“我身边的食品安全守护者”主题短视频大赛，被中国市场监管报评为“2020年度市场监管新闻传播优秀创意案例”。食品安全、质量工作、知识产权工作、广告工作、消费维权在全省考核中排名第一。汉寿县、临澧县、津市市、西洞庭管理区获市政府2020年度市场监管工作真抓实干督查激励。

市场主体情况。实施市场主体增量行动，大力推行“四减四放宽”，出台助推民营经济发展28条措施和《常德市市场主体增量行动实施方案》，全市市场主体达35.24万户，同比增长17.67%。其中企业68043户，本年新增11642户；个体工商户284343户，本年新增41264户。

企业信用监管。完善企业经营异常名录、“黑名单”管理制度。市本级共列入经营异常名录468户，列入严重违法失信名单96户，共修复企业信用67户次。年报工作连续4年全省领先，2020年企业年报率96.01%。全市30余家企业负责人参加信用修复培训会议，切实做好《常德市信用修复办法》的宣传工作，指导企业加强自身诚信建设，营造浓厚的社会诚信氛围。

反垄断工作。开展妨碍统一市场和公平竞争的政策措施清理工作，清理涉及市场主体经济活动的规章、规范性文件、政策措施706件，修订8件、废止9件。

市场监管执法。全市各级市场监管部门以解决人民群众最关心、最直接的食品药品安全问题为着力点，先后组织开展疫情防护用品专项行动、学校及周边食品安全整治、食品安全“护老”行动、全市酒类专项执法行动、打击野生动物违规交易专项执法行动、药械化专项行动、成品油检测、冷链食品整治、医疗广告专项整治等一系列专项治理工作。全市全年共查办各类案件3767件，案值1.1亿余元，罚没1.6亿余元。常德“1·3”陈某耀等人销售有毒有害食品案被国家市场监管总局挂牌督办案件。

消费者权益保护。消费维权工作机制更加完善，委员单位之间积极联动，不断推进消费维权志愿者队伍建设，形成维权合力。深入开展基层消费维权工作调研，认真分析研究“12315”行政执法体系建设中存在的突出问题，积极推进全市“12315”行政执法体系建设。实施预付式消费专项整治，着力解决消费痛点、堵点问题。全市共办结消费者投诉举报36772件，办结率98.8%，为消费者挽回经济损失1317.37万元。

生物医药、常德米粉和广告产业发展。围绕“一千双百”目标（“十四五”期间实现生物医药产业产值过千亿、常德米粉和广告产业产值均过百亿），推动产业发展。生物医药产业，完成产值208.5亿元、税收8.1亿元，同比分别增长104%、152.8%。常德米粉产业，出台产业发展指导意见，发布团体标准，构建米粉原辅材料生产、流通和消费全过程质量安全溯源体系。广告及关联产业，年营业额近38亿元。

市场监督管理信息化建设。完成“智慧市场监管”软件平台功能开发，以电子证照数据为基础，合理抽取监管对象，优化行政资源配置，简化监管执法工作流程，实现食品领域不同风险分级、不同信誉等级的企业监管全覆盖。推进“智慧市场监管”软件平台数据共享，至年底已归集整理省局、省财税办、市委编委办等9家单位的数据资源目录207个，汇总信息资源数据总量1060.58万条。

特种设备安全监管。印发《常德市特种设备“四个一”管理办法》，完善工作机制，压实企业主体责任，推动特种设备使用单位自觉履行特种设备法律法规规定的各项义务。开展重点工程建设工地特种设备和大型游乐设施专项整治，开展“强执法防事故”行动，实行每台设备“一编码、一定检、一包保、一档案”试点，做到特种设备定期检验全覆盖、定检率100%。全市特种设备生产单位48家，特种设备32136台。

产品商品质量安全监管。重点对成品油、烟花爆竹、食品相关产品、学生儿童用品、安全帽、电取暖器等实施专项整治和风险监测。全年抽检重点产商品1074批次，合格率94.41%。

标准化管理。全市全年共立项地方标准制修订33项，新增省级农业标准化示范区4个、工业标准化试点2个、服务业标准化试点4个。常德市成功成为全国首批基本公共服务标准化综合试点的三个地州市之一。

计量管理。全市法定计量检定机构9家。全市市级社会公用计量标准达到56项，区县级社会公用计量标准平均达到10项，授权建立的社会公用计量标准10项，全市社公标总量达133项，检定、校准项目数量逐年增长，量值溯源体系覆盖率达到95%以上。全年检定各类强检计量器具17万余台（件），合格率98%。

【认证管理】 对检验检测机构、有机产品认证和认证机构在常的认证活动开展“双随机、一公开”监督检查工作。针对私营检验检测机构“小、散、弱”，从业人员专业技术能力不足的情况，引导企业强强联合，优势互补，提供“一站式”优质服务。对防疫用品生产企业进行检查，重点检查不具备合法资质的机构违规开展相关认证活动、虚假认证、买证卖证、认证严重失实、伪造冒用、非法买卖认证证书和标志、认证价格违法等行为，同时积极引导、帮扶企业选择合法合规认证机构进行相关认证。

【食品安全监管】 在全省率先实现食品安全工作“四纳入”“四写进”（即纳入“十四五”规划、纳入社会综合治理、纳入绩效考核、纳入政府真抓实干督查激励，写进市委、人大、政府、政协工作报告）。深入推进示范城市创建，全面实施“4812”工程。持续推动“三小”综合治理，整治学校及周边食品安全，开展食品安全“护老”行动。

【药品安全监管】 严格按照《药品不良反应报告和监测管理办法》《医疗器械不良事件监测和再评价管理办法》等规定，切实做好全市药物警戒与药品不良反应监测工作。组织“全国安全用药月”宣传活动，其间开展“寻找身边最美药师”活动、药品检验开放日活动、执业药师进社区活动、市场监管部门抗疫宣传活动，开展假冒伪劣药品销毁行动，严厉打击违法行为。在生产流通领域开展药品、医疗器械和化妆品专项整治，保障群众用药安全。

【质量工作】 大力推进质量强市战略，完善政府质量工作考核体系，在全省率先探索建立首席质量官制度；加速政府质量奖培育，对近200家企业质量管理代表进行宣传贯彻培训。积极储备发展动能，2020年共表彰“常德工匠”23名、“常德杰出工匠”10人、“常德技

2020年10月28日，2020年“全国安全用药月”“全国医疗器械安全宣传周”暨《化妆品监督管理条例》宣传贯彻活动常德片区启动仪式

（市市场监督管理局 供图）

能大师工作室”11个、鲁班奖1个、全国技术能手1名、获省政府特殊津贴技能人才1名，发放奖励106万元。

【价格监管】 2020年，开展对防疫物资及生活必需品销售环节价格督查，制定发放《价格提醒告诫书》，加大市场价格巡查力度，确保疫情防控期间口罩、酒精等防疫用品及粮、油、肉、蛋价格的稳定。推动国家降低工商业电价优惠政策落实落地，开展转供电收费情况检查，发现涉嫌电价违法转供电主体52家，立案处罚6家，没收9.95万元，处罚金额11万元，清退电费479.7万元。电力部门认真执行省规定的阶段性价格政策，及时将电价降到位。电力部门为全市14.88万户非高耗能用户降费11113.75万元，其中一般工商业用户降费5471.81万元，为企业降低成本、稳住经济基本盘提供重要支撑。开展涉企优惠政策检查，落实对全市非高耗能企业电费降价5%的政策，每月可为全市企业节约电费1000多万元、燃气费用220万元。加大市场价格专项整治，严肃查处扰乱市场价格秩序的热点价费问题，全市全年价格执法案件立案470件，共收缴入库838.23万元。

（彭 飞）

烟草专卖

【概况】 2020年，实现主营业务收入75.79亿元，同比增长4.01%。实现税利23.25亿元，同比增长3.2%。销售烟叶684万千克，落实种植面积0.36万公顷，收购烟叶672.5万千克，同比增加6.3%，计划完成率99.61%，收购均价24.8元/千克，户均收入10.81万元（含补贴）。《基于“紫菱云精准监管服务平台”的卷烟零售户管理体系构建》课题获“第二十一届湖南省企业管理现代化创新成果一等奖（省部级）”。

2020年3月15日，市烟草专卖局在澧县采用环保方式集中销毁假冒卷烟、烟叶烟丝等制假原辅材料 （市烟草专卖局 供图）

【烟叶生产】 稳控规模。及时打开复产绿色通道，加强宣传发动，新增烟农174户，实现自2013年以来烟农户数首次回升。落实种植面积。合同签订电话核查全覆盖，跟踪反馈狠抓核实，采用无人机航拍测亩进行现场测量。规范合同管理。严格执行“一户一签、集中面签”，使用“紫菱云烟区”APP人脸识别功能确保种植主体真实性。推进高端原料定制开发。开展“烟叶质量提升年”活动，实施网格管理，落实高端原料开发关键生产技术，建设高端卷烟原料开发示范区，落实高端原料定制化开发面积0.36万公顷，计划单收单调烟叶6.8万担。开展磅组管理试点，加强磅组管理，实现“一个对接、两个完善、三个建设”，严把中心库二次验级关口，提升收购效率。完善配套设施，推进现代农业建设。完成烟基建设投入资金4074.93万元、安排项目3885个的47%；建立责权明晰的三级烟基管护网络；扎实推进烟农合作社建设，桃源金祥合作社被省农业厅评为“2020年农民合作社百强联合社”；建立合作社技术服务及经营管理团队，提升组织管理水平；推广绿色防控和地膜回收技术，开展病虫害统防统治。防大灾抗大病保烟农收入。建立健全应急响应机制，尽力减少烟农灾损。灾后及时启动勘灾定损，主动寻求社会捐赠、工业捐赠和上级灾损救助资金，保证烟农大灾之年基本生活保障。

【专卖监管】 2020年，常德市烟草专卖局依法依规加强专卖管理，始终坚持“建机制、设卡口、布网络、强打击”的工作方针和“打源头、端窝点、破网络、抓主犯”的工作要求，提请市委、市政府将烟草市场综合治理纳入平安建设工作考核，推动烟草领域信用信息融入“信用中国（湖南常德）”和“国家企业信用信息公示系统”，持续巩固与相关职能部门的联合协作机制，始终保持打假打私高压态势。开展烟草市场专项执法行动、无证户专项清理行动、“春雷10

号”“3·15”“国庆、中秋”等专项行动，安排部署今冬明春全市2020“冬季”烟草市场专项执法行动并狠抓落实，提高市场净化率。提高依法行政管理水平。深入推进“放管服”改革，落实“互联网+政务服务”，启动政务服务下沉。3月15日国际消费者权益日，常德市烟草专卖局在澧县采用环保方式集中销毁假冒卷烟1300余万支、烟叶烟丝等制假原辅材料3090千克，价值1200余万元。

（杨开明　朱思诺）

自然资源管理

【概况】 2020年，常德市获省政府自然资源领域真抓实干表扬激励（排第一），常德市自然资源和规划局被省自然资源厅评为2020年度落实重点工作综合先进单位（排第一）。

发展保障。增减挂钩三年行动提前收官，年内确认增减挂钩指标0.18万公顷，两年共确认指标0.51万公顷，节余指标全省第一。用地报批效果显著，全市批回建设用地213宗0.13万公顷，市本级批回58宗542.4公顷，确保常益长高铁等一大批重点项目落地开工建设。农拆、城拆、控违拆违融为一体，“春雷行动”“夏日风暴”“冬季攻势”三大“百日会战”常态运行，全市完成征地1000公顷，拆迁5283户164万平方米；市本级完成征地503.73公顷，拆迁3593户110万平方米。构建地产招商推介会和网络招商推介平台“1+1”模式，稳地价、稳房价、稳预期，全市供应土地3124宗0.31万公顷，成交总价款305亿元；市本级出让土地45宗280.53公顷，成交总价款109.4亿元，完成土地出让净收益60.5亿元，超额完成“10060”土地出让目标任务。民生用地应保尽保，净地供应严格落实，工业用地弹性出让，“标准地+承诺制”试点先行，节约集约用地程度不断提高。

资源保护。深入贯彻落实习近平生态文明思想，层层压实耕地保护工作责任，耕地数量、质量全省第一。秉承“绿水青山就是金山银山”的生态理念，将矿业绿色发展纳入对区县市绩效考核指标体系，作为领导干部自然资源资产离任审计重要指标；严控采矿权新设，不准开的坚决不开，能关停的坚决关停，要治理的坚决治理，注销127宗采矿权，关停32家石煤矿山，扎实推进砂石土矿专项整治，强力督导鼎城区石板滩石煤矿区生态修复治理工作。公开曝光典型案件8期39起，查处一起、公开一起、警示一片；全面完成违建别墅问题清查整治专项行动，上报违建别墅项目15宗50栋，拆除34栋、没收16栋，全部整改到位；大力推进“月清三地”工作，闲置土地处置率95.6%，批而未供土地处置率55.54%，月度违法用地处置率100%，三项工作排名全省前列。

民生服务。重点落实隐患点警示标志设立、隐患点监测、“两卡一案”发放和避险演练等工作，连续五年“零伤亡”。石门县雷家山地质灾害隐患点2020年7月6日发生特大型山体滑坡，“人防+技防”及时监测预警到位，14户33人成功避险“零伤亡”，被部、省评为典型范例，防治经验被省委、省政府表彰推介。强化不动产登记市县一体化，全面启动“交地即交证”“交房即交证”改革，规范办证流程，压缩办证时限，切实保障群众权益。按时按质完成96.25万户农村宅基地和集体建设用地房地一体确权登记颁证工作，权籍调查100%、登记颁证100%，评价结果全省第一。强力推进集中化解房地产办证信访突出问题专项行动，化解问题楼盘128个，办证1.78万户（套），化解率71.11%，超额完成省定目标。深化“放管服”改革，推动基层公共服务（一门式）全覆盖，推行政务服务改革及政务服务事项规范化、标准化、颗粒化建设，简流程、压环节、缩时间，全年共办理行政审批和服务事项1076件，按时办结率100%，满意率100%。

基础工作。全面完成全民所有自然资源资产清查第一批试点工作。切实强化国土空间生态修复，穿紫河生态治理和综合开发入选自然资源部全国第二批生态产品价值实现案例。积极申报全域土地综合整治试点项目，汉寿县岩汪湖镇、桃源县架桥镇项目进入全省20个试点“笼子”。强化自然资源调查监测，完成国土三调统一时间更新调查工作。全面完成全市测量标志普查、市本级高程基准转换参数核验和1∶500～1∶2000基础测绘成果更新工作。建立卫星技术应用中心，开展城市监测、自然资源和应急监测18次，开展省市两级科研课题5项。统筹抓好地理空间数据提供和地图管理服务，全年对外提供数据200批次，推广典型应用46个，全市测绘服务总值突破1亿元。智慧常德时空大数据平台建设项目被自然资源部批准为国家试点。“多测合一”改革走在全省前列，各项工作进展顺利。全面整合信息化事项，高标准启动自然资源规划信息化建设。严格执行重大行政决策程序、合法性审查制度、局领导出庭应诉制度，法治建设制度化、规范化，切实维护群众切身利益。强化法治教育，开展法治讲堂活动，法治水平和能力切实加强，市局被省厅评为“七五”普法先进单位并推荐至自然资源部参评。新闻宣传。地灾防治被央视、新华社、《人民日报》等主流媒体报道；《小颜驻村记》被学习强国推介；闲置土地处置、“三全”活动、问题楼盘化解、不动产登记、桃花源宅基地

“三权”分置改革等工作被中国自然资源报刊多次宣传。规划展示馆更新改造全面完成。

【常德市卫星应用技术中心批复建立】 2月10日，省自然资源厅印发《关于同意建设常德市卫星应用技术中心的批复》，同意常德市自然资源和规划局建设常德市卫星应用技术中心。常德市卫星应用技术中心是省自然资源厅首批批复建立的4个市级卫星应用技术中心之一。常德市卫星应用技术中心充分利用卫星遥感数据来源更广、效率更高的优势，通过卫星遥感数据开放共享和数据应用发掘等方式，积极作为、主动服务，为全市各级政府部门、各行业单位、社会公众提供精度更高、实时性更强、应用面更广的卫星遥感产品服务。

【“大地情杯”第一届技能大比武】 4月29日，常德市自然资源规划系统“大地情杯”第一届技能大比武活动启动仪式举行。技能大比武活动为期2个月，以“练兵比武强技能、优化服务树新风”为主题，设测绘技能、不动产登记业务、讲解技能、执法办案技能四个比武项目，每个项目分理论知识比武和专业技能比武。各项目按总成绩分别设一等奖、二等奖、三等奖、“最佳组织奖”。对获得各项目技能比武第一名且符合条件的选手分别授予“常德市技术能手”“常德市五一劳动奖章”“常德市青年岗位能手”和“常德市巾帼建功标兵”荣誉称号。

【新建商品房“交房即交证”改革】 6月13日，常德市新建商品房“交房即交证”改革启动仪式正式启动，副市长尹正锡为10位业主现场颁发不动产权证书。“交房即交证”是市自然资源和规划局深化“放管服”改革、优化营商环境的重要举措。为从源头上解决群众购房后办证难的问题，市自然资源和规划局积极作为，争取部门支持，主动对接房企，启动“交房即交证”改革工作，最大程度前置不动产权籍调查环节、提前做好登记预审工作，减少企业和群众的等待时间，让购房者在领取新房钥匙的同时领取不动产权证书。

【智慧常德时空大数据平台建设项目】 6月18日，智慧常德时空大数据平台项目正式启动。智慧常德时空大数据平台建设是智慧中国、智慧湖南建设重要组成部分，是智慧常德建设基础和先行。项目实施对加快常德市信息化进程、完善城市配套功能、提升政府服务和监管能力、提高政府决策水平具有重要意义。项目将建成智慧常德统一权威时空大数据中心，智慧常德时空信息流通枢纽与应用集散地，智慧常德应用产业链与生态圈基础，智慧常德市县一体化应用模式。

【“魅力常德城市花园”2020常德地产招商推介会】 6月21日，在长沙举行的“魅力常德城市花园”2020常德地产招商推介会上，常德35宗356.4公顷位置好、环境好、配套好、价格好的“潜力股”土地集中亮相。其中，北部新城12宗116.4公顷，西部城区13宗113.4公顷，城东新区2宗42公顷，中部城区2宗6.6公顷，常德经开区2宗45.33公顷，常德高新区4宗32.67公顷，都是精挑细选、重点推出的优质地块，位置好、环境好、配套好、价格好。为常德市第二次举办地产招商推介会，是首次走出常德推介优质地块。2019年常德市城区举办的常德市首届地产招商推介会上，常德推出23宗地块，最终吸引美的置业、金科地产、长房集团、湖南轨道置业等多家房企到常德投资开发。

【石门县南北镇潘坪村雷家山特大型山体滑坡“零伤亡”】 7月6日16时52分，石门县南北镇潘坪村雷家山突发大型山体滑坡地质灾害，瞬间塌方约300万余立方米，直接毁坏1座小型电站、省道522线约1千米、350千伏安高压电杆二根、茶园及玉米地一百余亩，掩埋民房5栋，冲走生猪、山羊数十头，造成直接经济损失约2000万元。常德市、石门县、南北镇三级联动，在北斗高精度地灾监测预警系统6月24日13时45分、6月30日17时29分、7月6日14时11分，先后3次发布橙色预警，全力组织受威胁居民全部撤离，通过人防和技防，常住人口33人成功避险，实现“零伤亡”。

【常德市本级不动产电子证照应用试点项目通过评审】 7月23日，省不动产登记中心组织有关专家对“湖南省不动产电子证照应用研究项目”进行验收评审，顺利通过专家评审。该项目由常德市自然资源和规划局、常德市不动产登记中心试点承担。评审会上，常德市自然资源和规划局党组成员尹东风作为项目承担方代表从不动产登记电子证照项目的实施、应用、推广等方面汇报。专家组在听取项目建设情况后，认真审阅项目资料，经质询与讨论，认为该项目符合国家有关电子证照的相关规定，具有较强的指导性和可操作性，并肯定常德市在不动产电子证照推广应用方面做出的努力和取得的成绩。常德市本级在2018年12月启动不动产登记电子证照前期验证及数据深度整理工作，主要目标是实现不动产登记与金融部门的“无缝对接”，推广应用不动产登记电子证照。2019年2月22日在长沙银行常德分行举行电子证照上线仪式，率先全省推广和应用电子证照。截至2020年年底，生成不动产权电子证书302564张，不动产登记电子证明231091张，实现办事群众在手机客户端自助查询登记结果和管理不动产，形成以“互联网+金融+不动产登记”为特色的不动产登记常德品牌。

【洞庭湖片区用地审查报批业务培训】 8月4日，湖南省自然资源厅洞庭湖片区用地审查报批业务培训会在常德市召开，常德、岳阳、益阳三市自然资源和规划局业务人员就建设项目用地预审和规划选址、建设项目用地审查报批、审查报批有关问题的处理进行培训、交流。省自然资源厅党组成员、副厅长黄立作动员讲话，副市长尹正锡致辞。

【桃源县梨树垭村村庄规划获全省一等奖】 12月20日，在株洲市举办的湖南省国土空间规划学会2020学术年会上，常德市自然资源和规划局选送的《常德市桃源县龙潭镇梨树垭村庄规划（2020—2025年）》，以综合评分排名第一的成绩获湖南省第一届国土空间规划优秀案例评选一等奖。梨树垭村位于常德市桃源县龙潭镇北部，地处武陵山余脉，自然风光秀美，是全国乡村旅游扶贫重点村，是市自然资源和规划局的对口扶贫点村。为助力梨树垭村全面打赢脱贫攻坚收官战，常德市自然资源和规划局、桃源县政府将其列入2020年村庄规划省级试点村，并委托省建筑设计院与桃源县规划勘测设计院组建联合编制团队，将梨树垭打造成集“油、茶、林、果生态种植农业，溪、谷、云、宿户外观光旅游”为一体的农旅型村庄，补齐村庄生产生活配套设施短板，以解决实际需求和问题的导向，以促进可持续绿色发展为目标，运用“三生融合”“精明收缩”“共同缔造”三大理念，围绕“用途管制、存量挖潜、产业发展、农民建房、资产盘活、近期建设”等九个重点，形成梨树垭发展振兴的一本蓝图。在规划编制过程中，设计团队深入基层，聆听村民诉求，制定规划宣传手册，建立微信工作群，通过抖音、快手等村民喜闻乐见的方式，使用卫星影像图、动漫读本、手绘图等形式加强村民对规划的理解，征求意见并进行规划宣传；初步成果出来后，组织村组代表多次审议规划成果，确保村民深度参与规划编制过程，充分体现村民主体地位。

（唐家新）

审计监督

【概况】 2020年，常德市审计机关全年共完成审计项目420个，查出主要问题金额846.22亿元，其中违法违纪问题金额5.05亿元，移送处理108件，提出建议1080条，采纳率达到100%。

国家重大政策措施落实跟踪审计。完成对西洞庭、桃源、常德经开区、临澧等四个季度的重大政策跟踪审计。审计查出超标准支付职业技能班培训费、复工复产和相关项目建设超出预审及可研批复范围进行施工等方面的问题，并针对相关问题提出整改建议。西洞庭、桃源通过审计后建章立制，相继出台《西洞庭管理区新型冠状病毒感染肺炎防疫物资管理办法》《桃源县复工复产政策兑现“一件事一次办”窗口设置运行工作方案》等。

财政审计。谋划财政预算执行审计，审计范围涵盖财政预算执行审计全口径的4项预算，对6家预算执行单位的审计全部结合经济责任审计同步实施，财政专项资金审计关注市财政重点监控的116个专项的绩效，对财政和部门的存量资金及政府性债务情况实行全面清理。编发《审计要情》15篇，其中11篇得到市委主要领导批示批转；向市纪检监察机关移送重大违纪违法案件线索33起、涉案152人。向市政府及政府主管部门提出审计建议54项，由相关部门出台各项规范性制度和文件20余项，为全市整章建制提供决策依据。

经济责任审计。贯彻落实《党政主要领导干部和国有企事业单位主要领导人员经济责任审计规定》的新规执行。全年实施135个经济责任审计项目，涉及被审计领导干部160人。审计查出违规金额16921万元、管理不规范金额328072万元。关注市重点领域、重点地区、重点岗位领导干部守法守纪守规尽责情况。

固定资产投资审计。审计政府投资建设项目，涉及项目投资额322523万元，核减投资额49097万元，市本级向纪委移送招投标和工程质量问题案件线索4起。完成投资审计转型，退出工程造价初审关口，杜绝“以审代结”。

民生资金审计。开展新冠肺炎疫情防控资金和捐赠款物专项审计，重点关注疫情防控资金和捐赠款物使用情况。组织完成对普惠性幼儿园、全市低保资金、全市扶贫资金、全市医疗保险基金等专项资金审计。针对医保部门工作人员涉嫌失职渎职的行为和协议医疗单位套取医保基金的问题进行严肃查处。实现对教育、医疗、社保、涉农、扶贫等民生领域审计监督的常态化。推进惠民政策落实与宏观机制健全。

自然资源资产审计。组织实施桃花源风景名胜区管理局和石门县畜牧水产事务中心2个部门，以及9个乡镇党委书记、乡镇长的自然资源资产离任审计，综合考虑能全面反映常德市在自然资源资产和生态环境保护方面可能存在的问题类别，为常德市的生态环境保护工作提供参考依据。

国企国资审计。加大对国企国资

审计力度，对欣运集团、工投集团、农投集团、交投集团、文旅投集团等13家集团公司进行审计。共发现企业改革发展、财务核算、债务管理、风险管控、公司治理、工程项目、廉政建设7个方面的共性问题109个，查出问题金额56亿元。制定下发《完善国有企业和国有资本审计监督机制的意见》，为服务全市国有企业深化改革、整合转型，助推国企健康持续发展起到积极作用。

【信息化建设】 出台《常德市审计数据资源管理办法》，全市审计机关实施数据采集不再需要等待项目实施，数据采集的独立性增强，实现电子数据全方位采集。在总体“智慧审计”1—3期建设的基础上，加强四期建设项目的前期调研工作，使“智慧审计”项目建设日趋完善。

【内部审计】 贯彻落实《常德市内部审计工作规定》《常德市内部审计人才库管理办法》，强化内部审计业务指导和监督。改进内审工作方法，拟定《常德市内部审计全覆盖实施方案》。开展对市直六区和市国资委及其所属平台公司、国有企业的内审工作开展业务指导和监督，督导完善内审机构、合理调配审计人员。重点实施内部审计带班指导，对柳叶湖管理区审计局、常德市教育局等单位开展项目带班指导，增强内审人员业务水平。完善市级内部审计人才库，新建一支内审队伍，充分发挥内部审计人才库作用。

（徐　锐）

公共资源交易

【概况】 2020年，市公共资源交易中心完成交易项目3826个，成交金额673.02亿元，居全省第二位，同比增长4.6%，为财政增收节支16.07亿元，收取交易服务费1.12亿元。

抗击疫情。2020年，新冠肺炎疫情暴发，市公共资源交易中心班子高度重视，成立新冠肺炎疫情防控工作领导小组，确保疫情防控各项措施落实到位。根据全市复工复产统一部署，提前谋划，全面部署，有序推进全市项目进场交易。及时恢复项目受理，确保全市重点项目、民生项目和疫情防控必需项目进场交易。2月8日，交易中心发布《关于恢复项目受理和进场交易的公告》，明确各类项目受理时间和进场交易要求，鼓励交易主体通过线上办理业务。交易中心与各招标单位、中介机构、行政监管部门沟通联系，合理安排项目进场交易场地，确保各类项目有序进场。交易中心积极参与公立医疗机构医用耗材及检验试剂集中采购招标工作。高效落实交易服务费减免政策，切实为交易主体减负。为切实减轻企业负担，中心根据省发展和改革委员会、省公共资源交易管理委员会办公室《关于印发〈优化公共资源交易服务精准稳妥推进复工复产的若干措施〉的通知》（湘发改公管〔2020〕195号）文件精神和省公共资源交易中心要求，经市公共资源交易管理委员会办公室同意，对2020年4月1日至6月30日期间的所有开评标项目，免收交易服务费共265万元，切实减轻企业负担。全力推行线上办理，实现“零跑腿”。不断完善新业务综合管理系统，适应交易主体需求，完善系统功能，提升运行效率，实现所有业务受理环节的线上进行，只需使用认证的CA证书，交易主体足不出户在线上完成项目受理的全部流程，大大提升工作效率，降低交易成本。实行CA证书的线上办理和激活，开通CA证书线上办理和激活通道，交易主体可通过线上提交资料的形式完成CA证书的办理和激活。开发不见面开标系统。投标人可以直接在网上完成开标环节，不需要再到现场开标，节省时间和成本，减少现场人员聚集。

专项整治。对标全省工程建设项目招投标专项整治工作要求，提高政治站位，坚决完成专项整治工作任务。填报数据。为贯彻落实全省工程建设项目招投标突出问题专项整治工作会议精神，配合省审计厅做好全省公共资源交易大数据分析工作，报送2017—2019年的2229个工程建设项目资料，参与填报中介代理机构141家，涉及投标单位10573家，评标专家打分信息53901条。工程建设项目全流程电子化。依托自主开发的业务综合管理系统，积极主动对接最新下发系统。对接省里下发的23套电子招标文件范本，涵盖45个评标办法，覆盖发改、住建、交通、水利、工信等行业。2020年，市住建局监督的房建市政施工及监理项目共上线112个，市交通局监督的施工及监理项目共上线20个，市水利局监督的施工及监理项目共上线73个，市发改委监督的工业货物、服务及总承包项目共上线108个，所属范本上线后的电子标占比为均100%。配合市公管办对行政监管部门招投标文件审核的评估工作。根据市公管办工作部署，安排一位分管领导和两个业务部室部长加入评估工作小组，配合开展招标文件审核工作。

脱贫攻坚和乡村振兴。派驻优秀年轻干部到澧县王家厂镇双庆村开展驻村帮扶，每年筹集扶贫资金15万元；班子和中层骨干结对贫困户，全力帮扶贫困户脱贫。2020年，结对的16户贫困户已全部达到脱贫指标，实现脱贫。全力落实乡村振兴措施，积极与桃花源汤家山村、桃花源村对接，参与美丽乡村建设，推进建设项目落地，宣传本地农业品牌，落实办点资金20万元。

【改革创新】 全面推进公共资源交易领域改革，以信息化建设为着力点，充分利用“互联网+”技术，推动公共资源交易进入新阶段。率先完成全省排污权网上交易试点工作。2019年常德市被明确为全省排污权网上交易试点地区，制定《常德市公共资源交易中心排污权交易试点工作方案》，明确具体工作任务和责任人。2020年10月，完成下发系统对接部署。12月17日，常德市首张排污权网上交易电子成交确认书签章成功。常德市成为全省率先完成排污权网上交易的地州市，为排污权网上交易的全省推广提供常德经验。大力推行电子保函运用。中心主动对接金融机构和相关行政主管部门，联合省内外相关担保机构、软件公司共同开发常德市招投标电子保函系统。系统于2020年1月上线试运行，有效解决投标企业以往采用现金担保方式普遍存在的现金投入量大、回收周期长、沉淀过多等问题，切实降低企业投标成本。2月19日，常德市开具第一张招投标项目电子保函。全年共开出电子保函410笔，为企业提供担保资金2.29亿元，推行力度位列全省第二。自主开发不见面开标系统。为进一步做好疫情防控工作，提升服务效率和群众获得感，自主研发不见面开标系统。11月9日，首个采用不见面开标系统开标的项目顺利完成，标志常德在全省率先实现公共资源交易不见面开标。完成常德市首次公立医疗机构医用低值耗材及检验试剂集中采购招标，有效降低医用低值耗材采购成本，让老百姓得到实惠。推进全市国土交易改革。与市自然资源和规划局联合下发《常德市国有建设用地使用权拍卖挂牌出让操作细则》，自主开发国土竞价系统，全市国土交易进一步规范，交易服务更加透明高效。

【优化营商环境】 始终把优化营商环境作为服务工作的着力点，不断提升服务能力，优化服务形式，提升服务质量，树立良好服务形象。依托信息化建设成果，充分利用线上业务受理系统，实行“流程再造”，变项目资料多级核验为一次性核验，精简流程，提升服务对象获得感。严格落实评标评审专家场内行为评价制度，联合行政监管部门对违规行为实行季度通报，2020年度通报279人，专家迟到、缺勤率明显下降。严格执行《中介代理机构场内交易行为评价暂行办法（试行）》，推动将评价结果纳入信用评价体系，2020年度对代理机构16起违规行为进行公示。落实优化营商环境指标填报工作，积极协调市发改、住建、交通、水利等行政监管部门，完成招标投标指标填报工作。开展省级文明标兵单位、模范机关创建工作，不断优化服务环境，提升服务水平，增强单位文化软实力，以创建成果推动服务质量迈上新台阶。

（郑　霞）

特殊食品监管

【概况】 2020年，常德市有特殊食品（保健食品、婴幼儿配方奶粉、特殊医学用途配方食品）生产企业1家，保健食品经营单位5000多家，全年检查生产经营主体5397户次，对发现的问题已全部责令整改。

【食品安全监管】 加强保健食品生产企业安全监管，每季度对湖南省德海制药有限公司进行现场监督检查。配合省局开展保健食品生产企业体系检查，对检查中发现的问题，已督促企业整改落实到位。开展食品安全“护老”行动暨保健食品行业清理整治。全市开展执法行动2722次，出动执法人员8988人次，检查食品生产经营户10925个，其中检查保健食品生产者1个，经营者2966个。下达责令整改书317份，责令整改386户次，规范引导办证164个，查扣问题食品98.5千克。共查办食品保健食品行政处罚案件186件，罚款及没收违法所得87.6万元。移送公安机关食品违法案件2件，刑拘19人。

【食盐监管】 加强食盐生产企业安全监管，每季度对湖南省湘澧盐化有限公司开展现场监督检查。督促食盐生产企业开展安全自查，及时主动报告自查情况，生产企业自查报告率达100%。进一步规范未加碘食盐供应和管理，实行未加碘食盐指定供应点制度，在市市场监管局门户网站对常德市未加碘食盐供应网点进行公示。开展食盐质量安全专项整治。2020年6月起，以食盐定点生产企业、定点批发企业、跨区经营单位、商超集贸市场等为重点，着力开展专项检查和专项抽检，深挖细排市场乱象和潜在风险，严厉打击假冒伪劣、虚假宣传、转卖转批、碘含量不达标、未经批准销售未加碘食盐等违法违规行为，规范食盐生产经营行为。

（彭　飞）

海关缉私

【概况】 2020年，常德海关共审结报关单2024票，同比增长6.9%；监管货运量24.2万吨，同比增长19.1%；税款入库1.8亿元，同比增长2.2%；设立加工贸易备案手册20份，备案金额2.9亿美元，加工贸易实际进出口值1.3亿美元，同比增长7.3%；审批减免税证56份，免税货值3720.2万美元，减免两税共3348

万元。进出境货物检验检疫3334批次，货值20.6亿元，其中进出境动植物及产品835批次，货值3.3亿元，食品及化妆品1307批次，货值6.2亿元，工业品1197批次，货值1.1亿元。签发各类检验检疫证书证单2015份，电子底账2818条，签发原产地证书460份，金额3152.2万美元，为企业减免进口国关税156.2万美元。

综合监管。业务改革。探索企业资质管理“一线集中受理，二线专业评审”管理方式，建立“考核评审二线专业队伍”，实行前期准入与后续监管联动，共取消3家无出口业绩供港澳蔬菜基地资质。行政审批制度改革。完成将所有海关行政相对人注册登记和备案纳入平台办理工作。落实“多查合一”改革，以查发问题为导向，扎实开展好稽核查工作。探索开展“多事合一”“指令叠加”“结果互认”“并批核查”“多查合一”等模式，将同一区县企业的稽核查与评审考核、检验查验、抽样监测等外勤统筹，对同一企业或同一片区若干企业适当期限内的稽、核查指令进行叠加，与近期实施的执法作业结果进行互认，实现一次外勤覆盖多项执法活动，减少对企业的执法频次和行政成本，实现“出一次门，办多项事”。巩固压缩整体通关时间成果，大力推广进口货物“两步申报”“两段准入”等新型通关模式，指导企业对进口货物先进行简单的概要申报，货物放行后再办理完整申报、缴税等手续，对于非必须在口岸进行检验检疫的货物转目的地海关开展检验检疫，2020年，进口两步申报率达62%。长沙关区进出口整体通关时间分别为40.04小时、2.49小时。

服务地方发展。2020年，常德海关深入贯彻落实中央“六稳”“六保”经济政策，依托常德市优质农副产品资源，充分利用粤港澳大湾区“菜篮子”工程平台，指导辖区农副产品生产加工企业巩固并开拓国际市场，提升国际影响力，2次组织召开粤港澳大湾区菜篮子平台建设协调会议，为辖区相关企业详细解读供港澳蔬菜、水果、水产品种养殖基地考核评审各项指标要求，对有意向企业安排海关联络员“一对一”上门指导开展基地备案评审工作。帮扶关区医疗物质出口企业，举办或参与2场出口医疗物质政策宣讲培训；积极向上级反映企业汇总征税因疫情带来的困难，帮助盛速达缓交200万元税款；帮扶指导旭鸿达公司建设国内结转型出口监管仓，为企业每年节省物流成本150万元；指导帮助恒安公司完成长沙关区首家高级认证企业两步申报免担保备案；指导帮助站成鞋业、龙行天下两家公司开展长沙关区首家以企业为单元加工贸易监管业务。优化完善常德海关政务服务“好差评”系统功能，加大对企业和群众宣传力度，促进海关政务服务提质增效。积极扶持外贸企业复工复产，在湖南关区率先出台《常德海关应对疫情稳定外贸发展若干措施》；推进业务办理全流程网络化办公模式，专人、专线24小时为企业解答各类业务问题，实现各项业务办理“零见面”；对辖区重点外贸企业开展“一对一”精准服务；及时收集整理境外国家和地区因疫情影响对中国输出产品、物流的限制性措施和要求，制发新冠肺炎疫情境外管控措施情况信息9期，供辖区企业进出口企业参考。设立防疫物资出口绿色通道，通过微信群、告示栏等方式第一时间宣介防疫物资出口政策，以实际行动支持和推动常德市企业复工复产，进一步释放辖区防疫物资生产企业产能，帮扶企业顺利出口，促进常德市外贸稳定增长，全年常德市防疫物资生产企业共出口防疫物资超1.1亿元。开展调研走访活动，对辖区130余家重点企业开展深入调研，了解企业复工复产及受疫情影响情况，收集企业生产经营和进出口环节遇到的困难问题，建立问题清单，按照限时办结原则一一予以解决，对辖区42个重点外贸企业全部安排海关联络员，有针对性开展“一对一”精准服务，为企业畅通业务办理渠道。

【检验检疫】 2020年，常德海关积极做好外来物种防范、疫情防控及各类风险监测及监督抽检等工作。根据工作实际及时制定疫情防控措施，切实把疫情防控的各项措施落实落细落小；做好助力企业服务工作，实施旅检业务、复工复产业务运行日工作报告制度；切实做好口岸疫情防控。1月20日至29日疫情防控期间，桃花源机场共监管航班12架次，监管进出境旅客1609人，发现武汉籍、有武汉停留史及体温超标和咳嗽症状进出境旅客5例，该5名旅客均排除疫情感染；切实做好防控物资通关保障，疫情期间快速验放6批次自泰国捐赠入境的防控物资，共21.2万个医用口罩；协助市政府快速通关防疫物资19批，货值324.4万元。规范口岸及周边53个外来有害生物布控点监测工作，建立疫情防控紧急处置预案；加强进口集装箱检疫处理，提高沙漠蝗虫等高风险外来有害生物关注度；“地毯式”“云科普”，对辖区内21家进口动植物产品企业开展外来入侵物种防控知识线上宣传；高风险产品强化监管，召集15家进口粮食企业开展外来入侵生物防控培训，强调装卸、运输、储藏、下脚料处理等环节疫情防控，密切跟踪进口粮食路径，在卸货点进行现场监管；非传统商品“全覆盖”防控，针对进口棉花等具有防疫风险的非传统动植物产品，邀请总关动植物检疫专家共同参与查验，严防疫情传入。实蝇监测布点53个，收集样品鉴定22次，监测发现柑橘大实蝇、柑橘小实蝇等检疫性外来有害生物若干，其中柑橘大实蝇为常德关区首次发现。出境水生动物疫病监测。完成大闸蟹（白斑病）、小龙虾（白斑病和螯虾瘟）、甲鱼（蛙病毒感染）等13份采送样工作。供港澳陆生动物疫病监测检出伪狂犬病病毒GE抗体阳性7头份。做好食用农产品和饲料安全风险监控工作，进出境食用水生动物安全风险监控抽送样14份，出境食用陆生动物安全风险监控抽送样5份，非洲猪瘟防控抽送样36份。做好进出口食品化妆品安全监督抽检及风险监测工作，进出口食品化妆品安全抽样检验抽送样8份，出口动物源性食品安全风险监测抽送样58份，供港蔬菜专项抽送样8份。

【打击走私】 深入推进“国门利剑2020”行动，加强与市打私办的沟通联系，及时互通打私信息，牵头组织进口冻品储存行业清理整治、进口保税商品及跨境电商市场清理整治、成品油走私“守卫”专项清理整治等联合执法行动。全年共实施进出口查验186单，查获2单；办结稽查作业10起，查发6起，稽查补税202.39万元；办结各类后续核查作业70起，查发15起；其中移交缉私案件线索2起。办理行政案件10起，其中一般案件3起，“两简”案件7起；缉私分局刑事立案3起，移送审查起诉案件3起（含2019年立案案件2起），起诉6名犯罪嫌疑人，入库罚没收入1.16万元。有针对性的加大对防疫物资进出口的风险研判，核查3批进口防疫物资，行政立案1起。2020年，常德市打击走私综合治理考评位居全省前列。

（齐晓阳）

文化市场综合执法

【概况】 2020年5月，常德市文化市场综合行政执法支队挂牌成立，依法统一行使文化、文物、出版（版权）、广播电视、体育、电影、旅游市场等综合性文化市场领域的行政处罚权、行政检查权、行政强制权，承担武陵区、鼎城区、常德经开区、常德高新区、柳叶湖度假区综合性文化市场领域的行政执法职责，承担市本级“扫黄打非”有关工作。

全年全市共出动执法人员20282人次、执法车辆4668台次，检查各类文旅广体包括出版、电影市场3万多家次，责令整改1038家次，处理各类经营场所违法违规事件437件，立案并实施行政处罚388起。其中实施停业整顿129家，查办大案要案12起；巡查文物保护单位3680处次，处理文物保护方面违法违规事件3件，查办文物保护方面行政违法案件1起。

【文旅市场监管与执法】 全年全市各级文化市场综合行政执法机构严格实行最低检查频度制度、坚持执行应急出勤制度、践行“双随机一公开”制度、推行行政处罚公示制度、厉行网络执法监督，全年检查文旅场所3万余次，处理各类投诉举报案件51件，查办该类违法违规案件并实施行政处罚299起，其中网吧案217起、娱乐案61起、演出案1起、旅游案11起。

【出版物市场监管与执法】 开展对实体市场、网络文化市场、网络出版市场、网络视听市场的“清源”“秋风”“护苗”“固边”“净网”“剑网”“春雷”等专项行动，对擅自从事出版发行业务和发行非法出版物的违法行为进行严管重罚。全年检查出版单位、涉嫌经营地卫设施的店铺、设置广播电视前端的经营场所、电影放映单位、网络文化经营单位达3000多家次，查办该类违法违规案件91起，其中出版（版权）案66起（国家交办案1起，省厅备案4起）、广播电视案7起、电影案10起、网络文化案7起、网络视听案1起，收缴非法出版物547本（册），取缔非法经营游商地摊5家。

（彭亚琴）

科学技术与科技服务

科技

【概况】 2020年，全市科技创新工作突出创新能力、科技企业、科技平台和科技人才队伍建设，重点完成“研发投入100亿元、申报高企100家、产学研合作100项、培育科技人才100名、在孵企业毕业100家”五大年度工作任务。全年全社会R&D（Research and development研发）预估：61.03亿元，R&D经费投入强度（预估）1.63%，149家企业获得高新技术企业认定，评选“沅澧创新人才”100名，签订产学研合作项目128个，科技企业孵化器毕业企业106家，科技金融为全市43家企业提供54笔科技担保贷款1.73亿元。市科技局被评为“全国科普工作先进集体”“湖南省科技统计工作先进单位”。

构筑创新高地。重点支持常德国家高新区发展，2020年高新区认定高新技术企业25家，总数达到61家。推动县级工业园区升级为省级高新区，努力实现省级高新园区全覆盖。安乡获批省级农业园区。澧县获批创新型县市。2020年获批省级工程技术研究中心（重点实验室）9家、众创空间2家。按照相应政策给予配套190万元；市本级新认定工程技术研究中心9家、众创空间5家。截至2020年年底，全市拥有省、市级工程技术研究中心（重点实验室）和省、市级众创空间分别达到31家、58家、9家和16家，数量质量都在全省前列。

助力企业。以“四个一”（即一库、一池、一担保、一基金）体系为支撑。加强与长沙银行科技支行、农商行、华融湘江、兴业、邮储银行合作，修改《常德市科技型中小微企业信贷风险补偿资金管理办法》，加大全市科技风险补偿资金池，常德高新区出资500万元，全市增加科技贷款风险资金池达4700万元。2020年，为43家企业提供54笔担保，金额17240万元。新型研发机构建设。支持中开院常德创新孵化基地建设，建成潇湘（常德）科技要素大市场。推进“三院三中心”为重点的新型研发机构建设工作，在全市着力推动甾体药物协同创新研究院、常德中科多源电力融合技术研究院、农业大分子研究中心、人工智能与生物医药研究中心建设。自然科学与基础理论研究。2020年，湖南省自然科学基金常德联合基金共立项12个，给予资金扶持148万元，吸纳社会其他资金近200万元。12名高校、院所专家教授与常德市9家企业建立产学研合作关系，加速科技成果转化落地，解决企业在生产中遇到的问题。面向企业需求，积极组织相关专家考察、调研，探讨问题症结，协助解决难点问题。聚焦企业技术瓶颈，关注可能产生引领性成果，凝练提出制约产业发展核心技术背后的基础科学问题。科技奖励工作。提名湖南文理学院、湖南常德牌水表制造有限公司等7个单位的项目申报省科技进步奖，7个单位通过初评，4个单位通过行业评审；探索开启社会力量设立科技奖的新模式，首届“常德科技创新奖”评定完成，共评出20个奖项，一、二、三等奖奖金分别为20万元、10万元、5万元。常德市在全国市州中率先由社会力量设立科技奖的创新举措，得到科技部、省科技厅高度认可。首届评奖激发科技人员的创新热情，在6月召开的湖南省科技创新奖励大会上，常德市14个项目获得表彰，获奖项目位居全省前列。技术合同认定登记。2020年全市共登记技术合同574

项，实现技术合同成交额35.1亿元，同比增长41.44%，仅次于长株潭，全省排名第四，保持快速增长势头。根据《常德市人民政府办公室关于印发〈2019年常德市新型工业化（园区发展）考核奖励办法〉的通知》（常政办函〔2019〕28号）要求，“对企业与高校、科研院所或企业开展技术开发和技术转让，经技术合同认定登记的，成交额排全市前10名的企业，按其核定成交额的2%给予奖励，每家企业最高奖励不超过20万元”。2020年1月，根据市推新办关于该项奖补数据的收集通知，对全市企业技术合同认定登记和实际成交额情况进行全面收集和整理，对企业申报资格进行严格审查、申报材料按照技术合同成交额、开具发票金额、银行往来账款情况与原件进行全面核实，筛选出全市前10名企业，该项奖补资金计54.5万元。

科技报告工作。推进科技报告制度建设，制定出台《常德市科技报告制度建设实施方案》，设立科技报告专项经费，建立与省科技报告服务系统互联互通的市科技报告管理服务工作平台。召开全市科技报告与双创新动能培训会，邀请中信所和省信息所的专家，就科技报告和企业创新能力提升进行专题讲座和辅导答疑。

科技服务脱贫攻坚。扩大急需紧缺专业技术人才选派培养规模，选派一大批专业技术过硬的农业科技工作者充实到贫困村一线进行重点帮扶，加大对科技扶贫的投入力度，助力乡村振兴；建立前资助、后补助和绩效奖励相结合的补助模式，探索运用财政科技资金引导社会资金投入贫困地区科技企业、科技项目，逐步建立多元化科技扶贫投入体系。2020年，市委人才办安排50万元科技特派员人才专项，市财政科技计划安排农业科技特派员专项资金150万元，以不同方式用于各级农业科技特派员及特派员团队的生活补贴和工作津贴，助用于开展技术服务和专业技能培训和科技创新项目支持；选派科技人员及科技特派员团队到贫困村驻点帮扶，建立扶贫点村专家服务微信群。组织湖南文理学院、湖南应用技术学院、常德农林科学院等专家教授团队，先后到安乡县安福村、桃源县杜家坊村、临澧县四新岗镇雨台社区等贫困村开展科技咨询和服务，现场指导推广种植新技术，解答技术难题，引导科技特派员专家团队与贫困户建立点对点的服务对接，实时帮助解决贫困点村的技术需求，使贫困群众尽快脱贫致富，巩固扶贫成果，防止脱贫返贫；加快发展农业新业态新模式，各区县市先后组织多场各种形式的“村播带货”销售活动。汉寿县科技局牵头，合同县委组织部等单位，在罐头镇开展“村播带货”，现场销售黄桃1500件，价值近20万元，带动农民科技致富，解决劳动力就业，促进村级产业发展；澧县科技专家服务团成员张亮在城头山镇开展“村播带货”服务活动，通过拼多多网络平台宣传销售澧县农户蜂产品，助力脱贫攻坚，助推乡村振兴；临澧县委组织部、县科技局等单位在刻木山乡举办第三届脆蜜桃采摘节暨“村播带货”大赛，全县30多名本土主播参与脆蜜桃直播大赛，当天实现订单销售20多万元；石门县组织省市县科技专家，利用石门柑橘节，进行“村播带货”，助推柑橘销售，助力科技扶贫和乡村振兴。新冠肺炎疫情期间，各级科技特派员和科技专家服务团建立微信群，开展微信平台科技咨询和指导服务活动。全年共组织各类技术培训和讲座达到20多次，参加培训人数达到300多人次。通过与科研院所的紧密结合，村民2020年的“阳光玫瑰”卖上好价钱，水稻在极端天气条件下获得稳产。关键是村民的观念发生根本性转变，生产积极性越来越高，极大地激发其内生动力，巩固脱贫攻坚的成果。

科技战疫。防疫期间，迅速制定《常德市科技局关于落实〈常德市应对新型冠状病毒感染的肺炎疫情支持中小微企业稳定发展的十条政策措施〉的实施细则》，为13家孵化器补助资金70万元。加快立项支持，启动疫情应急专题项目申报，全市17家企业、科研单位承担22个科研项目，3月，予以300万元支持。组织全市科研单位、企业申报国家、省疫情应急专题项目9项，获得资金支持逾千万元。助力复工复产。选派局机关骨干力量入驻“双联”对口企业、金鹏印务等高新技术企业，协助金朋医疗器械有限公司办理相关手续迅速提高产能。为企业、医院募集防疫物资20多万元，解决复工复产难题19个，高企复工复产率达到100%。

【高新技术产业】 鼓励企业加大研发投入，加快转型升级，落实高新企业认定奖补制、研发投入一票否决制。采取上门服务方式，指导企业申报研发投入奖补，为133家企业争取奖补资金2483万元，奖补企业数量和资金总量同比分别增长80%、45%。对研发投入不达标的企业，不推荐申报中央、省、市各类科技计划项目及创新平台。举办第三届常德市创新创业大赛活动，吸引全市109家企业报名参赛。推荐43家企业角逐2020中国·湖南创新创业大赛总决赛，引航生物科技有限公司获得成长企业组二等奖，另有8家企业获优秀奖，取得常德近三年参加省创新创业大赛最好成绩。组织2020年度“高新技术企业培育服务季”常德分会活动，全市200余家企业代表参加培训。在常德高新区举办第三届高新技术交流会，通过交流帮助企业家发掘创新技术、激发创新热情。2020年，全年共申报并通过认定的高新技术企业149家，高新技术企业总数达到365家，高企总数增长85家。全年高新技术产业增加值479.4亿元，同比增长16.6%。

【产学研合作】 举办“智汇洞庭·科创常德”津市体外诊断产业专场活动，12个相关产业合作项目完成签约。将“教授博士沅澧行”活动引向纵深，活动由湖南文理学院拓展到常德高职院、市农林科研院等大中专院校和科研院所。围绕常德市机械制造、电子信息、新材料、节能环保等产业，组建29个创新团队开展服务对接，每个团队采取“1+N”的模式积极为产业解决各种技术需求。全市102家企业、园区与市外62家名校、名院、名所开展技术合作，签署产学研合作协议78个，产学研合作实际交易额达到7300万元。市第一人民医院与中科院院士彭孝军在肿瘤精准诊疗领域成立院士指导研究室、与国家生物靶向诊治国际联合研究中心成立国家生物靶向诊治国际联合研究中心常德研究院。用好市级科技创新资金抓手，重点支持电子信息与人工智能、新材料、生物医药等科技创新项目。指导平安医械等3家企业获得国家“科技助力经济2020”重点专项支持，推荐申报省高新技术产业科技创新引领计划和重点研发计划等专项76项，争取省级以上科技项目资金5463.73万元。省“5个100”重大科技创新项目发展来势明显优于一般企业，2020年完成投资7.43亿元，研发经费投入1.34亿元，申请专利69项，销售收入9.74亿元，实现税收0.35亿元。

【农业科技创新载体和平台建设】 常德“星创天地联盟云”平台正式上线。由市“长林水产”等8家国家级星创天地牵头，组织全市38家国家、省、市级星创天地组建“星创天地战略联盟”，探索打造农业产业化联合体，为探索星创天地建设新模式。7月29日，“星创联盟云平台”正式挂牌成立并投入运营。截至2020年年底，全市共有各级星创天地51家。其中国家级星创天地8家、省级星创天地13家、市级星创天地30家；积极申报省级星创天地。择优推荐6家市级星创天地向省科技厅申请备案，通过省厅组织的专家评审，有3家星创天地获得省级星创天地认定；安乡县获批省级农业科技园区。农业科技特派员选派。全市省、市、县三级共有275名农村科技特派员，21个团队奋斗在农村一线，助力农村科技发展和脱贫攻坚。省级农业科技特派员23名、省派科技副县长4名。湖南农业大学、湖南农业科学院等10个高等院校和科研院所省派科技特派员23人。其中12人派驻石门县，主要从事食品科学与加工、柑橘改良栽培等产业；11人派驻澧县、桃源、安乡等县，主要从事作物栽培、淡水养殖、蔬菜种植等产业。4名科技副县长分别派驻临澧县、桃源县、安乡县、武陵区；市级农业科技特派员50名（个）。根据常德市茶叶、油茶、粮食、水产养殖等特色产业发展的实际需要，确定邓子牛等50名（个）具有较高科技素质、有实践经验的专业技术人员作为市级农业科技特派员，其中个人特派员30名、特派员团队12个、法人特派员8个。分别派驻各个县市区、湖南德人牧业有限公司等上百家单位和企业开展技术服务和科技咨询；县派农业科技特派员202名。2020年度，各区县市选派农业科技特派员202名。其中武陵5名、鼎城30名、汉寿25名、桃源18名、临澧30名、澧县28名、津市11名、石门37名、安乡18名。

【科普服务】 7月30日，2020年全国科普讲解大赛湖南常德赛区在市科学技术馆学术报告厅举行。“常德市科普讲解大赛”是2020年常德科技活动周的重大活动之一。大赛以“科技战疫创新强国”为主题，旨在全社会广泛普及科学知识，营造良好的创新文化氛围。市科技局积极引导科普阵地建设，鼓励省级科普基地申报工作，对获得省级认定的科普基地给予奖励政策。截至2020年年底，全市共15家省级科普基地，数量位居全省前列。科普基地常年向公众开放，其中博物馆类

2020年7月30日，2020全国科普讲解大赛湖南常德赛区大赛　（江一舟 摄）

基地（含博物馆、科技馆、动植物园、自然保护区、公园等）和青少年活动场所类基地每年开放天数不少于200天；科技类实验室等研究基地要根据公众需求和自身工作安排，定期或不定期地向公众开放，每年开放天数不少于100天。各类基地对青少年实行优惠或免费开放的时间每年不少于100天（含法定节假日）。2019年，市科技局启动市级科普基地建设，2020年首批五家市级科普基地在普及科学知识、倡导科学方法、传播科学思想、弘扬科学精神方面发挥示范作用，推进国家创新型城市建设。全市各中小学在科技部门和教育部门的指导下，积极开展科普阅读、校园科技节等活动，学生踊跃参加市、区青少年科技创新大赛，获得国家、省级奖项。实施提高社区居民科学素质行动，以“社区科普益民计划”“创建科普示范社区”等为载体，建立社区科普工作联动机制。搭建科普知识宣传平台。加强科普讲解员队伍的能力建设，培养优秀的讲解员队伍，为公众普及科学知识，弘扬科学精神，惠及众人。

【引航生物获2020年湖南创新创业大赛总决赛成长组二等奖】 10月28日，“长沙银行杯”2020中国·湖南创新创业大赛总决赛举行，常德市湖南引航生物科技有限公司的“兽药抗生素氟苯尼考中间体的生物酶法合成技术的开发及产业化”参赛项目获省创新创业大赛总决赛成长组二等奖。

【常德市科技报告与双创新动能培训会】 9月24日，市科技局召开常德市科技报告与双创新动能培训会，邀请中国科学技术信息研究所、湖南省科学技术信息研究所的专家，就科技报告和企业创新能力提升进行专题讲座和辅导答疑。

【2020年常德市科普讲解大赛】 7月30日，2020年全国科普讲解大赛湖南常德赛区在市科学技术馆学术报告厅举行，常德市内各科普场馆、科普基地、中小学校、湖南文理学院等单位的16名选手参赛。现场评出一等奖1名、二等奖2名、三等奖3名。

（吴　军）

市科学技术馆

【概况】 常德市科学技术馆是财政全额拨款的公益一类正科级独立事业单位。馆舍坐落在风景优美的白马湖文化公园内，建筑面积约1.2万平方米，使用面积约7000平方米，其中展厅面积约5600平方米，包括3个主展厅、临展厅、青少年科技创新活动室、科普大讲堂、天文台和VR体验厅，展教设备157件（套）。常设展厅每周三至周日上午9时至下午4时免费对外开放，展厅内有定时讲解服务。主要职能是负责科技馆日常运营管理；制定工作规划，编制科技馆经费预算；负责科技馆资产管理、维护，展教设备开发以及更新换代方案制定；开展以观摩、演示、动手操作等为主要形式的科普展教活动；举办各类科技知识、科技成果展览；开展各类青少年培训实验活动；组织或承办各类青少年科技竞赛活动；组织或承办冬（夏）令营等青少年科普实践活动；开展形式多样的馆校结合，科普活动下乡、进社区、进机关等活动；组织科普讲座，承办科普学术交流等活动。2015年12月开馆，先后获得国家级荣誉：被纳入“2018年全国科普日予以表扬活动名单”，获评“2020年全国科学实验挑战赛优秀组织单位”；省级荣誉：“湖南省科普教育基地”“第11届湖南省青少年机器人竞赛优秀组织奖”“湖南省科学技术普及基地”“湖南省文明窗口单位”。

科普活动。2020年在全民抗疫非常时期，市科技馆全馆上下坚守科普阵地，积极利用网络平台开展科普教育活动，打造“永不闭馆的科技馆”。2020年6月18日恢复开馆，为避免人流过于密集和减少交叉感染风险，在疫情防控期间实行参观人流管控，全年共接待游客10.3万人次。市科技馆充分利用馆内资源优势开展各类科普志愿服务活动。2020年开展《全城搜寻科学战“疫”小达人》线上征集活动；“科科来了”变身“云讲堂”，结合疫情科普热点，以生动的动画与有趣的图片形式深入浅出地向公众普及新型冠状病毒的相关知识，号召公众注意卫生，科学防疫；科普实验教学由线下转为线上，“科学汇”系列之《纸巾可以递水？这很科学！》等29期作品通过一个个微视频向观众传播科学知识，引导大家居家学科学。一系列线上活动累计受众约8000人。恢复线下培训后，公益课程不断创新优化，趣味电子、小小机械师、小小程序员、科技起跑线等培训课程广受欢迎，2020年市科技馆全年共完成线下科普培训59场次，直接受益577人。2020年组织大型公益类科普活动2次：8月在桃花源景区开展常德市青少年科普夏令营活动，活动共3期，每期3天，共90名青少年参加；11月在白马湖公园内举办主题为《探秘古代科技》的户外亲子科学越野赛，户外亲子活动共250组家庭参加。9月至12月，组织科普志愿队伍深入学校和基层14次，直接受益3万人次。2020年开展关爱留守儿童活动7场，受益人数120人，为全市留守儿童持续有效地接受科学启蒙教育提供有力保障。

【场馆升级】 2020年5月启动场馆升级改造工作，10月27日在常德市发改委立项。截至2020年年底，完成市场调查、方案征集、项目立项等工作。常德市科学技术馆计划2020年至2023年完成整个场馆的升级改造工作。

【科普大篷车】 2020年9月至12月，科普大篷车深入各个区县市，集中开展14次展品展览教育、科普剧表演，直接受益3万人次。科普剧表演小组自创科普剧《魔幻泡泡秀》在2020年青少年科普夏令营、2020年全国科普日常德主场活动中做开场表演。

【“互联网+科普”】 2020年“互联网+科普”平台建设工作。经过在线预约参观、科普活动户外大屏、社区小区、线上媒体的推广宣传，在短时间内，科技馆全网粉丝共增加1.2万余人。建设完善“科普常德”微信平台“市科技馆”栏目，在科技馆官网、公众号、微博的基础上新建5个官方平台，打通常德市媒体12家互联网媒体1家。其中“科普中国”APP、“学习强国”APP、常德市人民政府官方网站、中共常德市委宣传部官方网站、常德文化旅游广电体育局官方网站、“今日头条”APP等渠道都是首次进入该馆宣传范畴。

（张 纯）

知识产权

【概况】 2019年4月，知识产权工作从市科技局转至市市场监督管理局。2020年，开展发明专利规上企业“破零”行动，每万人有效发明专利达到3.65件，同比增长29.89%，增长率一类地区第一。“临澧黄花鱼”“常德香米”“常德米粉”获国家地理标志证明商标，全市国家地理标志证明商标总数达11件。新增省级中小学知识产权教育示范学校1所、省级试点学校2所，数量居全省第三；新增临澧高新区、津市高新区2个省知识产权综合服务分中心，分中心总数量达到4家；新增完成知识产权贯标企业11家，2家企业获得2019年度湖南省专利奖三等奖。探索无须担保的知识产权质押融资新模式，全市质押融资总额达2.4亿元，同比增长60.5%。深入开展“双打”“铁拳”等知识产权专项行动，积极开展“双随机、一公开”检查和知识产权代理机构“蓝天”行动，将非正常专利申请和恶意囤积商标、抢注商标等行为纳入“黑名单”予以从严打击，营造良好营商环境。全年共查处知识产权侵权案件174起，罚没入库180.03万元。

【专利获奖】 2020年4月20日，湖南省知识产权局公布2019年度湖南省专利奖获奖名单，常德市湖南新合新生物医药有限公司的“倍他米松中间体或其类似物的制备方法”发明专利与康普药业股份有限公司的“一种挥发油收集装置”实用新型专利获省专利三等奖。

【知识产权日座谈会】 4月26日，常德市召开第20个世界知识产权日座谈会。副市长杨成英出席会议并讲话。全市发明专利申请量2389件，同比增长48.66%，增长率在全省一类地区名列第一。发明专利授权量273件，同比增长33.17%，增速全省第一。全年质押融资额1.38亿元，同比增长77.1%。全市地理标志保护产品15个，数量全省第一。

（彭 飞）

气象服务

【概况】 2020年，常德市气象局为生态文明建设、政府防灾减灾、群众生产生活提供准确及时的气象预报和服务，围绕做好灾害性天气和各项社会活动保障气象服务，做好各项技术准备、完善各种规章制度和业务流程。常德市气象局被评为“全国气象部门创建模范机关先进单位”，2人入选全省气象部门“坚定理想信念践行初心使命”先进模范人物，1人获2020年全国气象部门“优秀共产党员”称号，4人获2020年湖南省气象部门“优秀共产党员”称号，安乡县气象局支部委员会获2020年湖南气象部门“两优一先”先进党支部。“学习强国”平台和红网媒体刊发市局党组书记、局长李东阳党建工作采访文章，题为《党建业务双轮驱动当好管天护民的瞭望者》。

助力乡村振兴。完善农村气象灾害防御体系，稳步推进基层防灾减灾“六个一”标准化建设，各县（区）局完成项目建设。深入开展乡村振兴和脱贫攻坚气象服务。农村气象防灾减灾能力建设纳入《2020年常德市实施乡村振兴战略实绩考核评分细则》。鼎城油茶、澧县优质稻、石门柑橘试验研究顺利展开。完成2013—2018年度各县（区）局三农项目验收，获得省局专家组好评。

防雷安全监管。制定《2020年常德市气象部门防雷安全监管“强执法防事故”行动方案》，组织防雷监管执法巡查105次，出动执法人员330人次，检查易燃易爆生产经营单位68家，发出整改通知书12份，完成整治12起，整改率达100%。查处违法违规施放气球活动56起，整改率达100%。

【防灾减灾】 2020年6月下旬至7月初的强降水过程，由于气象部门提前发布暴雨和地质灾害预警，创造中华人民共和国成立以来石门县南北镇雷家山最大规模山体滑坡“零伤亡”奇迹，中央电视台《焦点访谈》《新闻直播间》及《湖南日报》《常德日报》等各级媒体重点报道，防灾避险、成功气象服务经验被广泛推介，1人被省防汛抗旱指挥部评为防汛救灾先进个人。9月沅水流域秋汛，密切监视、精准预判，先后取得涔水保卫战、安乡保卫战的全面胜利。2020年，全市共发布预警信号329次，短信488661人次。其中暴雨预警信号216次（蓝色9次、黄色77次、橙色102次、红色28次），雷电预警信号69次（黄色59次、橙色10次），大雾预警信号13次（黄色3次、橙色10次），高温预警信号12次（黄色6次、橙色6次），雷雨大风预警信号9次（蓝色3次、黄色6次），冰雹预警信号6次（橙色），大风预警信号4次（蓝色）。通过移动云MAS服务，联合市自然资源和规划局发布地质灾害气象风险等级预警20次，短信13240人次；发布降水实况40次，短信10520人次。

【应急服务】 2020年汛期，市局共启动5次应急响应，2次进入防汛救灾气象保障服务特别工作状态。共向市委、市政府、市人大、市政协、市防汛办、市安委办、市应急管理局、市水利局、市农业农村局、市教育局、市民政局、市自然资源和规划局、市生态环境局、市住建局、市林业局、市交通运输局等部门和单位发送"气象信息快报"47份，发布"重大气象信息专报"13份。主要包括中长期预报，一周天气预报，重要过程影响预报及降水实况通报。

【专业专项气象服务】 针对不同行业的需求，研发气象服务产品，提供全方位的特色气象服务。常德市气象台与农业、林业、水利、电力、交通、环境、国土资源、烟草等多个部门开展合作，研制开发电力精细化预报预警服务系统、山洪地质灾害预报预警系统、交通预报服务系统、空气质量预报系统、森林火险预报系统等多个系统或平台，拓展气象服务领域，取得较好效果。其中常德市气象台携手市国土资源局共同研发的《基于多时空降水探测的气象地质灾害预报预警系统》获常德市科技进步一等奖。为市海绵办做好江北城区排水防涝工作，及时提供常德市城区降水实况24期。为市交警部门做好交通管理工作，提供一周天气预报35期。为市生态环境局做好空气质量相关调度和管控工作，提供未来一周空气污染扩散条件预报225期，抓住有利时机，组织7支人工影响天气作业队伍在空气污染时段于全市49个人工影响天气作业点开展蓝天保卫战流动增雨作业工作，增加降水量和降水时长，改善空气环境质量，取得较好的生态效益。

受疫情影响，2020年早稻备耕备种迟，常德高度重视粮食生产，春播面积增加、春播进度提前，早稻播种受疫情影响较小。4—9月，及时制作各种情报服务产品67期，特别是7月16日制作早稻收割期间连阴雨灾害天气预报，及早提醒种植业主全力使用稻谷烘干设备，不靠天晴、不等天晴，抓住阴雨天气早稻收割，80%以上的农户得以上交湿谷，有效避免早稻过熟、霉变、发芽等现象发生，服务效益特别显著。各县区气象局均按双季早稻、双季晚稻、柑橘、油菜周年农业气象服务方案开展气象为农直通式服务，每周一、周四向2660名现代种植业主手机发送服务短信。

【公共气象服务】 市局气象台在电视天气预报中先后增加空气质量预报、紫外线指数、雨伞指数及旅游景点及周边旅游城市的天气预报，同时在气象短信中增添生活小常识、农业气象常识等，在天气咨询据电话"96121""96221"中增加上下班预报、一周天气展望等。2020年主汛期6—9月，市局气象科技服务中心共发布重大气象专题微信20期，全市"96121"拨打量44.6万余人次，开展气象短信服务约715.8万人次。其间联合省气象服务中心，针对石门、桃源开展气象预报预警信息的全网精准靶向发布，2次共发布预警短信40多万人次，取得较好效果。2020年年初针对新冠病毒防控和复产复工，向市防疫指挥部提供专题服务2期；强化与道路交通安全委员会的联系，每周滚动制作未来一周天气，共45期；2020年春运期间，每周2次滚动制作春运专题，共13期；针对清明祭扫习惯，提示市森林防火指挥部做出科学部署，减少清明火灾发生；针对高考、端午节小长假、中秋国庆假期的专题服务，准确预报假期强降水影响时段，服务考务工作，服务公众假期出行；为创建国家生态园林城市、柳叶湖度假区创建国家级旅游度假区提供城市热岛分析材料，加强重污染天气监测预警预报业务与会商制度，特护期每日2次、其他时间每日1次制作未来一周空气污染扩散气象条件预报共460期，不定期参与会商5次，参与污染过程成因分析报告撰写3次。参与环境监测站址选址工作，为蓝天保卫战、大气污染防治工作做出应有贡献。

【气象现代化】 积极协调全市气象灾害防御工作，6月2日，市人大主持召开《关于我市气象灾害防御工作情况报告的审议意见》研究处理情况督办会；6月22日，市局党组书记、局长李东阳受市人民政府委托，在常德市第七届人民代表大会常务委员会第三十一次会议上报告《常德市人民代表大会常务委员会关于我市气象灾害防御工作情况报告的审议意见》研究处理情况。开发实时报警平台，对国家站、区域站数据实现缺报报警和数据质控提醒。澧县气象局与长沙梦图科技有限公司联合开发的澧县智慧化专业气象服务平台投入使用。积极推进桃源国家观测站搬迁工作，通过县委常委会纳入县政府统筹规划。大力提升蓝天保卫战作战能力，石门、安乡等县局购置作业车辆和火箭炮系统。

2020年4月1日，全市7个国家地面气象观测站实现全面自动化业务运行。全市农气测报总基分（含土壤水分站）22309.2分，观测、发报和报表错情均为0.0。国家自动站传输及时率99.99%，可用率99.98%；区域站骨干站传输及时率99.64%，可用率99.71%；考核站传输及时率99.71%，可用率99.77%。完成观测体系外审工作，市气象局自主研发的气象装备及网络综合监控报警系统（“机器人”系统）获外审专家高度评价，石门县气象局被推荐为中国气象局“重大气象服务先进集体”。

（王阳阳）

防震减灾

【概况】 2020年，常德市地震局在全省市州防震减灾工作考核中获先进单位，排名第一；石门县、临澧县地震局获全省县市区防震减灾工作综合考核先进单位；安乡县地震局获全省县市区防震减灾工作综合考核优秀单位。2020年7月，中宣部“学习强国”平台、红网《百名书记话党建》栏目中分别以“在干事创业中凝聚力量殷殷守护脚下这片土地”为题对常德市地震局党建工作与业务工作深度融合取得佳绩的情况进行专题报道。

切实当好市委、市政府参谋助手，推动防震减灾工作列入各级政府重要议事日程，市政府召开地震易发区房屋设施加固工程、地震安全大检查、区域地震安全性评价等专题会议。下发《常德市2020年防震减灾工作要点及考评办法》，将36项工作任务分解落实并进行百分制考核。完成防震减灾“十四五”专项规划编制，在全市应急规划篇中设立专章，为全市防震减灾事业编制发展蓝图。机构改革中，常德市地震局人员编制数从机构改革前的14名增加到17名，内设科室从4个增加到5个。

公共服务。武陵区北正街恒大华府小学等7所学校被评为“2020年度常德市防震减灾科普示范学校”。其中5所被评为省级示范学校，占全省2020年表彰总数的1/6。安乡县安障乡沙湖口村等4个社区被评为2020年湖南省综合减灾示范社区。参加湖南省第三届防震减灾知识网络竞赛，全省个人成绩前30名中常德市有19人次获奖，占比63%。防震减灾示范创建工作在常德市创建国家安全发展示范城市中取得宝贵加分。

【监测预报】 全年完成台站建设项目2个，新建台站项目1个，走在全省前列。全国最深的地震观测科研深井（3450米）观测项目落户常德。每个区县市建立3个以上骨干宏观观测点，全市建立骨干宏观观测点32个。组织开展2次地震会商业务培训班，扎实提高会商水平。

【抗震设防】 全市累计完成建设工程抗震设防确认事项80余件，网上办件率达100%。对全市1630项建设工程进行抗震设防标准自查，其中学校、医院类项目1349项，均按要求进行抗震设防，设防率100%；开展在建工程抗震设防要求事中事后监督检查20次。耗资430万元的常德市北部新城地震小区划项目收官。发放《常德市农村抗震民居设计示范图集》至全市近3000个行政自然村，推广应用农村民居抗震技术，建成38个省级抗震农村民居示范点；抗震农村民居累计超30万户。

【防震减灾现代化】 坚持“走出去、引进来”战略，先后与湖南省文理学院、湖南省地质调查院、中国地质调查局武汉调查中心等单位签订战略合作协议，在常德市及周边区域地质调查、防震减灾、灾情评估、非常规能源开采地震安全、规划重建等方面开展合作。投入资金近30万元购入无人机及流动观测仪等相关设备，经过专业培训，提高地震现场工作能力。编制比例尺为1：25万的常德市地图、常德市地形图、常德市卫星影像图、常德市地质图和常德市地震区划、震中位置、矿产开采点、地质灾害点、人口分布图等常德市防震减灾应急系列图集。

【地震活动】 2020年，全市地震活动水平偏弱，共发生ML（震级）2.0级以上地震1次，即2020年1月7日汉寿2.3级地震，震区无人员伤亡和财产损失情况。

【全国最深地震监测井落户常德】 12月29日，常德市地震局与湖南省地震局、中国地震局地球物理研究所、中国地质调查局武汉地调中心在长沙签署《合作意向书》，标志着目前全国最深地震监测井项目正式落户常德。项目建设地点位于临澧县太浮镇八仙村境内，处于太阳山断裂与澧水断裂交汇的临澧凹陷处，观测条件极佳。该项目以中国地质调查局武汉地调中心页岩气地质调查钻探深井（3450米）为平台，以湘北地质地震灾害综合调查与防震减灾监测技术示范为先导，开展湘北、湘中及邻区地质地震综合调查、地壳运动监测与区域地壳稳定性评价、非常规能源安全生产、地震监测和防震减灾等合作，实现地质调查成果向防震减灾应用转化，促进地震观测技术和数据在地质调查中的应用，支撑服务长江经济带安全与发展。

（周小红　卢　洋）

教育

综述

【概况】 2020年，全市有各级各类学校1780所，教学点182个。其中普通本科院校1所（湖南文理学院），普通专科院校1所（湖南幼儿师范高等专科学校），高等本科职业院校1所（湖南应用技术学院），高等专科职业院校2所（常德职业技术学院、湖南高尔夫旅游职业学院），成人高校2所（常德电大、津市电大），普通高中45所，普通初中和九年一贯制学校233所，中职学校42所，普通小学424所，特殊教育学校9所，登记注册幼儿园1020所。共有在校学生80.6万人，其中学前教育14.1万人，义务教育45万人（小学30.9万人、初中14.1万人），高中阶段教育12.3万人（普通高中7.6万人、中职4.7万人），特殊教育1122人，普通高校5.7万人，成人高校3.4万人。共有在职教职工6.4万人，其中专任教师5万多人。共有各级各类民办教育机构797所，在校人数17.1万人。2020年全市基础教育教职工58011人，其中专任教师46017人；中职教育教职工3428人，其中专任教师2696人；普通高等教育教职工4337人，其中专任教师3211人。

教育成效。全市教育系统取得疫情防控、教育脱贫攻坚、新增公办园位、化解大班额等方面成效，实现“十三五”教育规划圆满收官。常德市成为全省唯一连续2年（2019年、2020年）获省政府真抓实干教育工作激励的市州，多项教育工作被中央电视台、《人民日报》、新华社、《湖南日报》等主流媒体专题报道，有20余篇经验材料被省委教育工作领导小组专刊《湖南教育快讯》推介。学前教育迅猛发展，城镇小区配套园治理任务全面完成，新建改扩建农村公办园30所，新增公办园位13704个，完成省定任务的140.28%，公办园在园幼儿占比达49.9%，“一乡镇一中心公办园”全面实现。鼎城区草坪镇芙蓉学校、澧县二中、临澧县晟德学校、安乡县金海学校、汉寿县西湖小学等一批学校建成招生，消除义务教育大班额476个、普通高中大班额201个，义务教育大班额全面清零。投入2.9亿元，全市建成教师周转房1024套、塑胶运动场40个，改扩建学生食堂面积2.4万平方米。改造乡镇寄宿制学校104所、乡村小规模学校23所，新建多媒体教室1344间。石门县、桃源县、澧县农村学校建设投入均超过3000万元。临澧县、汉寿县、石门县3所特教学校建成招生，实现特教学校区县市全覆盖。全年资助学生30多万人次、2.5亿多元，全市无一名学生因贫失学，完成教育脱贫攻坚各项任务。加快推进高等教育、职业教育提质升级，大学城“两升一引”工作有序推进，湖南文理学院实现省内一本招生，芙蓉学院转设、常德财经机电职业技术学院申办取得重大进展。建设桃源县职业中专新校区。职业教育“四大赛”成绩突出，学生技能竞赛连续8年位居全省前三，公共基础课普测成绩位居全省第二。深化校企合作、产教融合，将职业院校开展校企合作、为本地企业输送人才纳入年度目标考核，全市职业院校与近400家本地企业建立合作关系，为本地企业输送毕业生近2000人，培训职工2万多人次，职业教育吸引力和服务地方经济发展能力明显增强。教育治理。全面落实公、民办学校同步招生，不断简化进城务工人员随迁子女入学程序，严格规范招生行为，保障入学公平。稳步推进民办学校分类登记，加强校外培训机构监管和治理。在107所学校开展校内课后服务试点，有效缓解中小学生“三点半放学难题”，切实减轻师生、家长负担。构建教育部门、学校、年级、班级、家长五级疫情防控网络，工作经验被省教育厅专题推介。扎实推进平安校园建设，不断完善校园安防体系，大力整治校园及周边环境，校园安全事故发生率持续下降，市教育局连续6年获评全市安全生产和综治工作先进单位。加大人才引进力度，全年引进教育部直属师范大学公费师范生13人、研究生129人，全市补充新教师2288人。新增正高级教师17名、省特级教师16名。教育部中小学名校长领航工程谢英校长工作室正式授牌成立。市本级投入1200万元设立市级偏远乡村学校特殊岗位津贴，220万元重奖第四届翦伯赞教育突出贡献奖获得者，芷兰实验学校原校长黄克勤被评为全国先进工作者，石门县栗子坪教学点负责人卓德刚被评为全省首届教书育人楷模。深入开展“师德师风建设年”活动，出台新时代师德师风建设实施办法，组织师德师风先进事迹巡回报告，与市纪委市监委联合在市一中、桃源县漳江小学设立师德师风建设观察点，持续开展不正之风专项整治，组织处理教师41人，党纪政务处分20人，从严管理队伍，树立教师良好形象，师德师风建设的“常德经验”被《湖南日报》专版推介。制定出台区县市人民政府（管委会）履行教育职责评价办法及评价细则，扎实开展评价考核，教育优先政策进一步落实。推进消除义务教育大班额、增加公办园学位、芙蓉学校建设、农村学校建设三年行动等省市民生实事项目督导评估，有力确保各项重点工作圆满完成。组织春秋季开学、幼儿园办园行为、疫情防控等专项督导，开展中小学教师减负清理督查，涉及中小学校和教师的督查、检查、评比考核事项和宣传创建等活动大幅减少。澧县代表全市通过县域义务教育基本均衡发展国家复查评估验收。坚持“五育并举”“三全育人”，学生学业成绩、科技创新、体艺竞赛、拔尖人才培养位居全省前列。市四中获评全国少先队工作改革示范校。全市创建全国足球特色学校（含幼儿园）18所、篮球特色学校5所、排球特色学校6所。芷兰实验学校再次获得全省校园足球总决赛初中乙组冠军，石门县五完小夺得第三届“中国足球小将”冠军挑战赛季军。举办全市中小学机器人大赛，4人入围全国机器人及创客项目展示交流（全省仅10人），参加第24届全国发明展览会获1金4银4铜。2020年高考再获佳绩，继2019年包揽全省文理科最高分后，再次收获全省文科最高分，清华北大上线人数创历史新高。常德市一中高中语文教师舒蕾获省五一劳动奖章；常德市特校校长龙明忠获评全省先进工作者。常德市芷兰实验学校黄克勤获评全国先进工作者。

【教育人事】　教师招聘。全市年内共聘用新教师2288人。其中市直学校公开招聘教师3次，补充教师124人。采取入高校现场考核面试方式，共签约聘用全日制硕士研究生39人、教育部直属师范大学公费定向师范生13人，其中签约北师大硕士研究生6人。教师表彰。召开庆祝第36个教师节暨第四届翦伯赞教育突出贡献奖表彰大会，评选翦伯赞教育突出贡献奖获奖教师及团队22个、师德标兵153名、优秀青年教师100名、优秀支教教师47名。开展职业学校教师职业能力比赛、班主任基本功大赛，认定“双师型”教师54人，每人奖励1万元。教师资格认定、注册。春季中小学教师资格认定工作从6月10日开始，秋季中小学教师资格认定工作从10月15日开始。市本级高中（含中职）教师资格认定工作共开设湖南文理学院师范学院、芙蓉学院和市政务中心（市民之家）服务平台三个办证受理点，共通过认定839人。全市教师注册共注册合格1817人，注册暂缓或不合格78人，其中市本级共注册合格108人，注册暂缓或不合格5人。教师支教。2020年，常德市共选派“三区”支教教师92名，分赴张家界、石门、古丈三地支教；共选派24名教师到西藏、新疆开展支教工作，其中参加第九批组团式援藏中期轮换教师3人，参加“援藏援疆万名教师支教计划”教师5人，市本级对口援助西藏隆子县中学6人，参加教育部万名教师援疆计划10人。根据市直学校和县市区学校结对支教方案，市直学校年内采取送教下乡、结对交流方式，共派出110名教师到相应农村学校支教。乡村学校特殊岗位津贴发放。12月14日，市教育局会同市财政局联合印发《常德市乡村学校特殊岗位津贴专项资金管理暂行办法》（常财发〔2020〕6号）。文件规定：以各县（市、区）县城（城区）为中心，交通距离在50千米以上的特别贫困地区和偏远地区学校的在编在岗教师，按人均500元/月的标准核算特岗津贴总额，由各县（市、区）依据学校边远程度和岗位特点实行差别化奖励，重点向村小和教学点倾斜。

（陈　劲）

【财务与发展规划】　2020年，在疫情的影响下，全市教育经费总投入约106亿元，比上年增长约3亿元。为进一步保障学校的运转，全市所有高中公用经费标准均已提高到生均1000元、普惠性民办幼儿园生均公用经费800元，高于省定标准300元。市本级学校新增师均补助每人每年3000元，增加780万元。全市共落实中央、省级义务教育保障新机制资金5.54亿元，全市新增1200

万元专项经费按每人每月500元标准给予特别贫困地区和偏远乡村学校的教师生活补助。消除大班额。2020年，全市继续通过新建和改扩建中小学校扩充学位、整合闲置教育资源、严格招生政策等举措，精准施策，共消除义务教育大班额476个，义务教育大班额实现“清零”目标；普通高中大班额201个，超额完成省里下达的目标任务。武陵区、石门县消除大班额工作被湖南教育电视台专题报道。常德市是全省消除大班额工作完成较好的市州之一。省重点建设工程。2020年，全市重点推进4项省重点建设工程。其中，义务教育薄弱环节改善与能力提升工程累计完成投资约14.55亿元，改造学校589所（含教学点185所），校舍面积32.5万多平方米，采购设施设备21万台（件、套）、图书47万多册；乡村小规模学校和乡镇寄宿制学校建设工程累计完成投资约6.1亿元，改造乡镇寄宿制学校104所、乡村小规模学校23所，建设校舍面积46.2万平方米，采购设施设备12649套；教育现代化推进工程累计完成投资13025万元，新建和改扩建项目32个，建设建筑面积69220平方米；芙蓉学校建设项目累计完成投资30992万元，其中鼎城区草坪镇芙蓉学校项目建成投入使用，澧县芙蓉学校项目、汉寿县太子庙镇芙蓉学校项目、石门县蒙泉镇芙蓉学校项目和太平镇芙蓉学校项目完成主体封顶。市本级学校基建项目。市一中提质改造工程中学生生活中心1号楼、2号楼完成主体建设；市三中新建高中教学楼完成并投入使用；市五中教学楼主体完工；市七中新建宿舍投入使用；市一幼分园建设、市荷花中学新建工程顺利开工并完成部分主体建筑。

（管传明）

【大中专毕业生就业管理】　截至12月底，共接收从全国各高校转入的毕业生档案9221份，转出档案4444份，党员档案转出192份。对转出的档案，通过中国邮政速递物流投递的当天寄出，通过机要投递的当周寄出。为约300名考研究生的毕业生办理成绩复印和政审，为约150名毕业生办理改派手续，为约100名毕业生办理存档证明，为上千名毕业生及家长提供电话咨询及档案查询服务。2020年，受疫情和毕业生人数增加影响，市内6所高校毕业生初次就业率有所下滑，但总体保持稳定。常德市内6所高校2020届毕业生人数共15392人，较2019年增加846人，增率为5.82%，创历史新高。初次就业人数12066人，初次就业率78.39%，低于常德市2019届初次就业率（88.49%）10.1个百分点，略低于全省2020届平均初次就业率（79%）0.61个百分点。

教育部直属师范大学免费师范毕业生的签约与跟踪服务工作。积极开展教育部直属师范大学2020届公费师范毕业生的引进签约工作。通过电话、微信积极与毕业生逐个联系，进各高校与学生面对面交流沟通等，在常德本土生源少、需求结构存在矛盾的情况下，2020年签约教育部直属师范大学公费师范毕业生13名。完成2020届省公费定向毕业生的任教岗位安排与履约管理工作。做到毕业生人人有任教岗位和编制，对违约毕业生及时进行违约处理。

（童才慧）

【教育基金】　2020年，市教育基金会全年筹措基金1849.62万元，服务教育事业支出710.3万元，年底存量基金7298.3万元，社会筹资总量和市本级基金存量均迈上新台阶。召开六届三次理事会议。5月19日，市教育基金会召开第六届三次理事会议。2020年教育公益项目。5月26日，市教育基金会召开2020年教育公益项目座谈会，区县市教育基金会秘书长和专干参加会议。市教育基金会副理事长兼秘书长金旺喜具体介绍2020年工作计划和公益活动安排。即以强队伍、扶贫困、帮弱项为公益重点，开展八项助教助学活动：即评选奖励第五届“乡村红烛奖”获奖教师500人、师德标兵150人、优秀青年教师100人、优秀支教教师50人；资助特困教师50人；走访慰问优秀教师和困难教师100人；资助市级学科带头人65人；资助贫困学生1200人；帮助部分农村薄弱学校和民办职业院校改善办学条件；奖励2020年度评估认定的部分市级示范性家长学校；资助1个市本级教师培训项目。

（罗余平）

学前教育

【概况】　2020年，全市共有学前教育机构1017所，在园幼儿144266万人，学前三年毛入园率达到88%。全市共有公办园402所，在园幼儿71984人，占总在园幼儿数比为49.9%；共有民办幼儿园615所，在园幼儿72282人；公办园和普惠性民办园在园幼儿占比为84.69%。全市幼儿园园长945人，专任教师7757人，保育员5080人，卫生保健人员485人。园长及专任教师中专科以上学历有7413人，本科以上学历1244人。

学前教育普惠行动。3月，市教育局先后出台《分解落实2020年“学前教育普惠行动”建设任务》《2020年“学前教育普惠行动”建设考核指标》等文件，全市继续实施学前教育普惠行动，共创建普惠性幼儿园46所，增加普惠园位7000个。11月23日至25日，由市人民政府教育督导室牵头，联合相关部门成立4个督查小组，对省、市重点民生实事项目建设评估验收，均为合格。其中公办幼儿园30所，新建项目7所，改扩建项目23所，计划投资7837.15万元，实际完成投资7837.15万元；普惠性民办幼儿园16所，计划投资3792.7万元，实际完成投资3792.7万元。通过开展普惠行动，普惠性幼儿园覆盖率显著提升，办园行为普遍规范，保教质量明显提高。

小区配套园治理。7月9日，市教育局联合市住建局制定下发《关于进一步推进城镇小区配套幼儿园治理工作的通知》（常教通〔2020〕50号），要求各区县市全面梳理2019年治理工作，进一步推进2020年治理任务，对尚未完成治理任务的配套幼儿园，加快治理进度。市政府多次召开会议，专题调度市城区在建小区配套幼儿园治理工作，明确整治工作职责及完成的时间节点。各区县市积极推动小区配套园回收工作，安乡县投入2000万元，回收小区配套园举办安乡县第二中心幼儿园，解决周边6个小区幼儿就读问题。2020年年底，全市城镇小区配套园治理任务全部完成。

支持普惠性民办幼儿园发展。7月27日，市财政局和市教育局修订《常德市学前教育发展资金管理办法》，进一步支持普惠性民办幼儿园发展，提高市城区普惠性民办幼儿园的生均公用经费补助标准，由500元/生·年提标到800元/生·年；新建普惠性民办幼儿园奖补标准由2万元/班提高到3万元/班。市发改委、市教育局联合确定全市普惠性民办幼儿园最高收费限价标准，保障普惠性民办幼儿园正常运作和稳定发展。8月21日，市教育局、市财政局、市发改委联合出台《常德市普惠性民办幼儿园认定及管理的指导意见》（常教发〔2020〕6号），扎实推动普惠性民办幼儿园发展。各区县市相应制定符合地方实际的认定工作方案，并对辖区内所有普惠性民办幼儿园按照新标准开展重新认定工作。2020年年底，全市共有普惠性民办幼儿园374所，在园幼儿50682人，普惠覆盖率达84.69%。

学前教育教研活动。以名师工作坊为载体，以点带面，推动全市学前教育教研的发展。通过工作坊研修网、微信公众号等线上研修平台，坊主讲座、专题研讨、现场观摩、点评互动、研修反思、专家引领等线下研修活动，开展结对帮扶活动，建立结对帮扶机制，提升各级各类幼儿园保教质量。充分利用省、市级示范幼儿园的优质教育资源，发挥在教育教学管理、科研、师资培训等方面的指导、示范和辐射作用。活动有109所省市级示范园结对113所农村薄弱园，并签订帮扶协议。开展全市幼儿园班级大型主题建构游戏案例征集活动，共评出获奖作品40个，其中一等奖15个、二等奖15个、三等奖10个。开展全市学前教育随笔征文活动，共有71篇学前教育随笔参加评选，共评出一等奖20篇、二等奖25篇、三等奖26篇。

调研督查。6月16日，配合市人大开展市人大常委会视察市城区学前教育工作，视察武陵区实验幼儿园、乐享幼稚园、柳叶湖金泉世纪幼儿园和鼎城区实验幼儿园，了解市城区学前教育的发展现状。7月20日至22日，市政府督查室、市教育局组成联合督查组，对各区县市学前教育工作进行一次专项督查，对各区县增加公办园学位工作、城镇小区配套幼儿园治理工作以及“一乡镇一公办园”全覆盖工作现场督查。9月14日至16日，市教育局组成4个督查组，对全市学校及幼儿园秋季开学工作检查，重点督查幼儿园园务管理、办园行为和疫情防控工作等。6月至10月，市人民政府教育督导室开展全市幼儿园办园行为督导评估工作，对全市339所幼儿园从办园条件、安全卫生、保育教育、教职工队伍、内部管理等五个方面进行定性分析、定量评价，评出优秀、良好、合格、基本合格（待合格）等次。10月19日至21日，为使全市学前教育事业得到持续而有质量的发展，建设好起引领、示范、辐射作用的示范性幼儿园，对全市的10所幼儿园评估。重点从办园条件、保教队伍、园务管理、保教质量进行评估考核。

【增加公办幼儿园学位】 4月16日，市教育局制定《常德市增加公办幼儿园学位实施方案（2020—2021）》，通过新建、改扩建、回收、盘活闲置教育资源等方式，计划新增公办园学位12200个。2020年，全市累计增加公办园学位13704个，完成年度总任务140.28%，其中通过新建增加3196个、回收小区配套园增加420个、盘活公办资源增加10088个，超额完成全年总任务，实现乡镇公办中心幼儿园全覆盖的目标任务。

【开展庆“六一”活动】 5月28日，在“六一”儿童节来临之际，市政府副市长涂碧波在市教育局局长唐汇诰等的陪同下到武陵区实验幼儿园、武陵区春蕾幼儿园、柳叶湖东江幼儿园慰问。各地幼儿园开展“欢庆‘六一’”的主题活动，形式有文艺会演、亲子体育活动、亲子游艺会，邀请家长走进幼儿园，了解幼儿园的教育理念、教育方式和教育特点，深入理解《指南》中提到的“幼儿在游戏中学习，在交往中成长”的精神。

（伍伟华）

基础教育

【概况】 2020年疫情期间，全市教育系统开展“停课不停学”网络教学活动。市教育局印发《关于进一步做好继续延迟开学期间学校教学工作的指导意见》，提出分学段的教学建议，利用常德市智慧教育云平台，开设“教育战疫情、停课不停学”专区，为全市师生免费提供多种教学、学习支撑平台和课程资源。开通服务热线，组织专业心理教师录制心理辅导微课，及时为全市教育工作者、学生及家长提供心理咨询、教学服务。各地各校根据线上教学状况，深入研究课程安排、教学进度、教学环节和学生学习心理，不断改进方法，提高教学实效。复学后，各地各校根据“双休变单休”，每天增加一课时的要求，深入研究复学前后的教学衔接，及时检测线上学习效果，研究教学内容和教学进度，有针对性地调整和完善教学计划，努力做到线上线下教学的有效对接。

大班额化解任务。截至2020年9月底，全市共消除义务教育存量大班额476个，实现“清零”目标；共消除普通高中大班额201个，任务完成比例为138%，大班额比例控制在7%以内。武陵区、石门县消除大班额工作被湖南教育电视台作为优秀典型专题报道。

义务教育校内课后服务。常德市义务教育校内课后服务被列为2020年全市民生实事项目。共有105所市城区和县城义务教育阶段学校开展校内课后服务工作，超额完成目标任务。西洞庭管理区对农村小学实施校内课后服务的由管理区财政拨款，不收取学生费用。9月23日、24日，《湖南日报》市州观察头版分别对西洞庭管理区和汉寿县校内课后服务开展情况进行报道。

中小学心理健康教育。为深入贯彻《关于加强新时代学生心理健康教育的意见》精神，加强学校心理辅导室建设，不断强化学生心理健康教育，市教育局出台《关于加强新时代学生心理健康教育的若干举措》，共创建市级中小学心理健康教育特色学校23所，省级特色学校3所。12月3—4日，举办全市中小学心理健康教育专题培训班，共培训学校心理健康教育负责人、专（兼）职心理健康教育教师210余人。

中小学科技创新教育。举办全市中小学科技辅导员培训班，共培训全市青少年科技教育组织工作者及科技教师150余人；成功举办2020年中小学机器人大赛，与市科协联合举办“首届全市青少年创意编程与智能设计大赛”，有力促进学生科技素养提升。组队参加第41届湖南省青少年科技创新大赛，常德市53个项目参赛，共获得一等奖13项、二等奖16项、三等奖16项。

【普通高中新课程新教材教师培训】　8月1—7日，市教育局采取集中培训和网络研修相结合、专家报告与研讨交流相结合的方式，对全市14个学科共1957名教师进行培训。让2020年秋季高一年级教师了解普通高中各学科课程标准修订的主要变化、各学科教材的编写思路、教学指导及实施建议和教材重点难点解析等。

【普通中小学招生改革】　5月19日，市教育局印发《关于进一步规范普通中小学招生入学的实施办法》，召开全市规范普通中小学招生工作会议，对新的招生政策专门解读，提出具体要求。对全市普通高中招生统一下达招生计划。武陵区、经开区等区县市加大招生平台建设力度，利用招生报名平台统一组织义务教育阶段学生线上报名、审核、录取，实现招生工作零投诉。全市普通中小学招生秩序良好，未出现大班额，也未出现大面积社会舆情。

（李　军）

表16　　2020年常德市特殊教育学校基本情况表

学校	投资（万元）	占地面积（平方米）	学生人数（人）	教师人数（人）
常德特校	16700	56695	439	113
津市特校	464	26013	131	46
桃源特校	820	8313	119	34
安乡特校	469	5200	197	30
汉寿县启智学校	610	21312	20	6
临澧特校	400	7772	93	7
石门特校	200	10599	21	5
合计	19453	122364	1093	242

特殊教育

【概况】 2020年，全市共有7所特殊教育学校，分别是：常德市特殊教育学校、津市市特殊教育学校、桃源县特殊教育学校、安乡县特殊教育学校、汉寿县启智学校、临澧县杨岗特殊教育学校、石门县特殊教育学校。其中常德市特殊教育学校（以下简称常德特校）是全市的特教中心，全年共组织区县市7所特校开展9次师资培训，参训人员500人次。

2020年常德市新增特殊教育学校3所，分别是汉寿县启智学校、临澧县杨岗特殊教育学校、石门县特殊教育学校。三所学校均是在原普校的基础上改扩建而成。汉寿县启智学校于2020年11月30日正式开课，2021年1月8日举行揭牌仪式；临澧县特校于2019年11月17日举行揭牌仪式，2020年8月31日正式开课；石门特校于2020年11月26日举行揭牌仪式，11月28日正式开课。

德育活动。在课改背景下，常德特校分段开展主题活动，益智低段开展跳蚤市场；益智中段开展唱红歌、拍美照等活动；益智高段开展“历史人物我来说”系列活动；学前部举办亲子自制玩教具大赛。津市特校开展书画比赛、手工比赛、防疫小卫士评选、宪法小卫士评选等校园文化艺术活动。桃源特校围绕“自强、自立、感恩”，先后开展“感受春天”“感受秋天”“十一三”少先队活动、走向社区实践活动、爱心团队联谊等活动。汉寿县启智学校突出“乐学”教育特色，积极优化孩子们生活和学习的环境，让孩子们的学习活动在潜移默化中进行，努力把学习变成孩子的自觉行为。

送教上门。桃源县教育局以桃源特校为依托，成立特殊教育指导中心，2020年共有22名教师为11名重度残疾学生累计送教80余次，合计240课时。

办学成绩。2020年，全市特教教师参加国家级、省级论文、教学案例与教学设计、在线集体备课大赛，共70多篇次获奖；在常德市中小学生绘画、摄影作品比赛中共有26幅作品获奖，3人被评为优秀指导教师；在全国语文教师“四项全能”竞赛中，1人获一等奖；在全国教育教学信息化交流展示活动中，2人获一等奖；在市中小学综合实践活动教学竞赛中，聋人教师王丹娣获二等奖。12名老师被评为湖南省特教系统先进个人和抗疫先进个人；共有4项省级在研课题。常德特校12名职教学生到洗车行就业；津市特校学生朱炎妍代表常德市残联参加第三届全省残疾少年儿童艺术基本功比赛获一等奖；津市特校、桃源特校、安乡特校被评为湖南省教育学会特殊教育学会系统先进单位；常德特校被评为常德市综合治理先进单位、市直教育系统年度考核先进单位。

【聋儿语训康复】 常德特校共12名幼儿通过聋儿语训进入普通幼儿园接受融合教育，4人进入普通学校或者幼儿园随班就读。桃源特校康复部系该县唯一定点康复机构，2020年招收17人，全年总训时间大于6个月，每周5天，每天3小时，完成及时率100%、家长满意度93%、家长政策知晓率94%，在省第三方机构评估中得分95，等级为“优”，被省残联康复机构星级评定为三星。

【课程改革】 常德特校2019年3月启动培智教育课程改革，成立课改工作小组和导师工作室，聘请华中师大教授为顾问。2020年全校公开课110多节，教师人均听课30多节次，举办课改集中研讨10次，教授讲座6次，老师分享会8场。形成19册5000多页的纸质教学资源，开发电子版教学资源超过1000多G。

（朱永祥）

【特殊教育学校建设】 根据省教育厅等6个部门《第二期特殊教育提升计划实施方案》要求，2020年，常德市30万人口以上的临澧县、石门县、汉寿县共投入资金1812.77万元，完成临澧县杨岗特殊教育学校、石门县特殊教育学校、汉寿县

2020年11月26日，石门县特殊教育学校正式挂牌成立　（市教育局 供图）

启智学校建设，共招聘35名教职员工，招收55名残疾学生，为100多名残疾学生开展送教上门工作。三所学校于2020年11月底开学，完成特殊学校建设任务。其中，临澧县杨岗特殊教育学校是全省22所督办特教学校中第一个挂牌成立、第一个建设完成、第一个正式招生的特殊教育学校。

（李 军）

职业教育与成人教育

【概况】 2020年，常德市有各类职业学校31所，其中高专院校1所（湖南幼儿师范高等专科学校）、高职院校2所（常德职业技术学院、湖南高尔夫旅游职业学院）、中职学校28所。全市各级各类职业学校开设专业68个，基本覆盖一、二、三产业。2020年秋季，全市中职教育共招生注册19813人，普职分流比稳中有升。相较于上年，学校数、在校生和毕业生数都相对稳定，办学规模在全省处于中等水平。坚持以立德树人为根本，以服务经济社会发展为宗旨，以提高质量为核心，规范办学行为，推进阳光招生，强化教育教学管理，加强校企合作，深化产教融合，各项改革稳步推进，教育教学质量显著提升，“四大赛”（学生技能竞赛、“文明风采”竞赛、创业规划大赛，教师职业能力竞赛）成绩继续名列全省前列，常德市再次受到省政府真抓实干激励奖励，成为唯一连续2年受到省政府真抓实干督查激励奖励的市州。

阳光招生。为整顿全市职业教育招生秩序，相继出台《常德市教育局常德市人力资源和社会保障局关于印发〈2020年常德市中等职业学校阳光招生工作实施方案〉的通知》（常教通〔2020〕29号）、《常德市教育局常德市人力资源和社会保障局关于下达2020年常德市中等职业学校招生计划的通知》（常教通〔2020〕41号）等文件，统一编印下发《2020年常德市中等职业教育招生报考指南》，全市实现中职招生“三统一”（统一计划、统一宣传、统一录取）。全市中职招生秩序良好，未发生买卖生源行为。全市中职学校招生注册1.8万人（包含技工学校，不含非全日制学生），完成计划的95%。常德市招生工作经验先后在2020年湖南省市州教（体）育局职成科（处）长座谈会、全省中等职业学校阳光招生工作会上作典型发言。

公共课普测。根据省教育厅《关于做好2020年全省中等职业学校公共基础课普遍测试工作的通知》（湘教通〔2020〕98号）要求，6月下旬全市组织中等职业学校二年级在籍学生公共基础课普遍测试。全市26所中等职业学校参加全省中等职业学校公共基础课普遍测试，各项指标都有明显提高。应考人数11427人，实考人数11415人，参考率99.90%，平均分为77.71分、合格率为92.71%、优秀率为30.44%，位居全省第二位。临澧县职业中专学校合格率为92.71%、优秀率为30.44%。常德市和临澧县职业中专学校受到省厅通报表彰。

产教融合。按照市委、市政府《关于进一步加强新时代教师队伍建设和深化产教融合的实施意见》要求，各职业学校加大与企业特别是本地企业校企合作的力度。全市中职学校与398家本地企业进行对接与合作，召开校企对接座谈会127场次，安排2939名学生到本地企业实习，为本地企业输送毕业生1985人。学校创新并优化培训方式，锻造并优化师资团队，提炼并丰富培训资源，充分发挥职业教育在促就业和再就业方面的作用，学校服务社会的能力不断增强。全年全市职业学校举办各类职工培训327场次，培训职工20497人次。

对口升学。2020年，全市中等职业学校毕业生10554人，6638人报名参加对口升学和职业院校单招考试，录取人数6319人，录取率95%，占毕业生人数的60%。桃源职业中专、澧县职业中专、湘北职业中专3所学校本科录取人数分别超过100人，桃源职业中专被本科院校录取288人，其中一本院校录取人数达88人。

基础能力建设。狠抓国家、省、市职业教育重点项目建设，各区县市按照每个县市办好一所示范性公办中职学校的要求，加大学校建设投入力度，全市职业学校办学条件得到较大改善。常德财经机电职业技术学院筹建工作得到省教育厅正式批复。石门湘北职业中专正式立项第三批省级卓越校建设项目。常德财经机电职业技术学院、石门湘北职业中专入围全省中高职五年制贯通培养试点学校，两校依托省内示范高职高专院校，开展面向初中毕业生开展“3+2”分段中高职贯通培养试点。湘北职业中专学校正式立项第三批湖南省卓越中职学校建设项目。截至2020年年底，全市有国家改革发展示范校3所、国家重点中职学校10所，省级示范中职学校10所，省卓越中职学校3所。各地各校抢抓机遇，加强规划布局，争取政府投入，推进中职学校标准化建设。石门县出台《关于促进石门教育高质量发展的若干意见》，临澧县出台《关于发展职业教育的实施意见》，对全县职业教育发展做出布局和规划。桃源县职业中等专业学校总投资近5亿元的新校区建设工程进展顺利，将在2021年秋季开学前搬进新校区办学。常德财经机电职业技术学院（筹）投入1.2亿元完成北校区建设。常德技师学院（常德工业学校）投入1300万元，完成学生宿舍二期工程建设。石门县湘北职业中专学校完成新校区建设后，

2021年争取以色列贷款500万美元用于实训设备采购。澧县职业中专筹措资金近700万元，全面加强学校教学、实习实训场所的维修改造。汉寿县职业中等专业学校先后投入近1300万元，用于改造校园道路、地下管网及添置实训实施设备。津市职业中专学校新校区建设启动，大部分建设项目完成招投标。

社区教育。各地积极整合社区教育资源建设，丰富社区教育内容，大力抓好品牌项目建设。常德市“戏韵鼎城”等社区教育品牌项目在全省产生较大影响，获得国家级、省级“终身学习活动品牌”荣誉称号。2020年10月，在津市毛里湖镇青苗社区举办以“推进全民学习，振兴乡村文化”为主题的常德市“全民终身学习活动周”总开幕式。各地相继组织各具特色、丰富多彩的全民终身学习活动。

开放教育。全市电大系统聚焦主业，狠抓学历教育招生和教学工作。2020年开放教育招生5541人（其中农民大学生招生896人），位居全省前列，连续多年超额完成省校下达的招生任务，在籍学历教育学生超过1.3万人。

函授站管理。2020年，全市有高校成人教育函授站16个，共有学员3745人（仅含17级、18级）。按照省教育厅的要求，市教育局认真组织函授站教育教学年度考核与评估，开展对函授站日常教学工作的检查，函授站办学行为越来越规范。

【技能竞赛】 组织参加各级职业院校技能竞赛，连续8年位列全省前三。11月，组织开展全市职业学（院）校技能竞赛，有18个代表团、28所职业院校的435名选手报名参赛，共评选出7个团体奖、13个优秀组织奖、192个单项奖；经市赛选拔，推荐常德市选手参加省赛和国赛。2020年，全市中职学校选手参加省赛获一等奖26个、二等奖45个、三等奖59个，获团体二等奖，仅次于长沙市和衡阳市。常德财经机电职业技术学院（筹）、常德技师学院、桃源县职业中等专业学校成功申报承办2021年度全省中职学校学生技能竞赛的赛点工作。黄炎培创业规划大赛取得省赛二等奖3个、三等奖3个的好成绩。常德财经机电职业技术学校（筹）、常德技师学院（常德工业学校）、桃源县职业中等专业学校成功申报并高标准地完成2021年全省职业院校技能竞赛的承办工作。

【“1+X”证书试点工作】 2020年，按照省教育厅推进中等职业学校“1+X”证书制度试点工作要求，稳步推进“1+X”证书制度试点工作，积极申报第三批“1+X”证书制度试点。常德市试点学校有：常德财经机电职院（筹）、安乡职专、澧县职专、桃源职专、湘北职专。年底，召开“1+X”证书制度试点现场研讨会，邀请湖南现代物流职业技术学院物流管理学院院长曾明出席活动，分享“1+X”证书制度试点工作推进的案例《基于物流管理“1+X”证书的产教融合创新团队建设探索》，并对常德市试点工作提出指导性意见和建议。进一步完善相关育人机制，探索适合常德经济社会发展的试点模式。

【教师职业能力比赛】 6月至10月，2020年教师职业能力和教学能力比赛、班主任基本功比赛、专业技能比赛和思想政治教育教学能力比赛等四个比赛陆续开展。经市级初赛筛选，推选优秀作品（中职组）参加省赛。在省赛中，常德市有61件作品获奖，其中有7个一等奖、20个二等奖、34个三等奖，在省赛中团体总分排名第二。安乡县职业中专学校严鑫、李丹、陈丹三人小组参加国赛获三等奖。

（艾　玲）

教师培训与师范教育

【概况】 2020年，全市共培训中小学幼儿园教师10395人次。其中：“国培”项目3458人次；“省培”项目149人次；“市培”项目2972人次；全员远程培训3816人次。2020年10月底，组织各县市区教育局分管局长及培训机构主要负责人参加在广西北海开展的“研培一体”为主题的培训管理者高端研修班；11月中上旬，组织各县市区教育局师训股长和进修学校校长到广东佛山参加以“信息技术2.0能力提升”为主题的培训管理者高端研修班。市教育局对市级培训专家150多人分两批组织高端培训：利用“国培”项目组织70名培训专家到清华大学培训，通过市培项目对其余的培训专家进行专题培训。指导澧县“国培计划”项目县遴选推荐申报工作，2020年澧县被确定为第六批“国培计划”项目县。

校长培训。2020年5月，分别组织小学校长50名、初中校长50名开展任职资格培训，下半年分别组织优秀中学校长40名、小学校长40名赴南京、重庆参加高端研修班。

骨干教师及学科培训。2020年上半年和下半年，分别组织市级中学学科带头人40名、市级小学学科带头人40名，市级中学骨干教师50人、市级小学骨干教师50人赴江苏、成都、云南等地参加高端主题研修。市培项目聚焦短板学科组织骨干教师培训，分别有高中音乐和美术，初中语文和英语，小学音乐与体育等小学科300余人参加专业培训学习。

新高考改革培训。为适应改革形势和要求，在市级培训项目中，组织全市高中学校校长、骨干教师100多人，举办湖南高考改革政策解读及志愿填报研讨专题培训班。

全员远程培训。2020年继续开展全市中小学及幼儿园教师全员远程培训和网络研修工作，共培训3816人次。“十三五”期间，通过分类、分层、分岗开展全员远程培训，全市共计培训40493人次。

【市级教师工作坊坊主研修】 组织开展工作坊坊主赴外地主题高端研修活动，通过借助网络研修平台，依托学科专家和骨干教师，在一定区域内开展学科研修常态化活动，逐步探索建立“用得好、辐射广、共成长”的骨干引领全员的常态化教师研修机制。年底完成首届27个市级教师工作坊届度考核工作，遴选认定43个第二届教师工作坊坊主。

【信息技术应用能力提升工程2.0培训】 根据新一轮信息技术工作要求，制定常德市信息技术2.0实施工作方案。组织全市信息技术2.0培训团队研修。市教育局与市教育基金会联合举办市直学校骨干教师信息技术2.0提升培训，培训市直学校800多人。石门县作为全省13个整体开展信息技术2.0试点的县市区进行有效的探索，其成功经验在全省经验交流会上作典型发言。

【公费定向师范生年度招生录取工作】 2020年，全市各类公费定向师范生招生计划共1227个，其中省级项目计划827个、市级项目计划400个。比2019年增加公费定向师范生培养计划279个，增幅高达29.4%。

（谭 敏）

湖南文理学院

【概况】 湖南文理学院是一所综合实力较强的全日制公办本科院校，先后被确定为国家“产教融合工程应用型本科规划高校”、新增硕士学位授予立项建设单位、湖南省“双一流”高水平应用特色学院、湖南省本科一批录取高校。2020年，学校校园占地面积186余公顷，校舍建筑总面积61.5万平方米；图书馆藏纸质图书239.7万余册，电子图书211万余种；教学科研仪器设备总值3.11亿元。学校有16个教学院、1个独立学院，64个本科专业，涵盖文、理、工等十大学科门类。学校面向全国31个省（市、自治区）招生，在校全日制本科生2.4万余人。

2020年，获省教育工会“教职工思想引领工作先进单位”。开展“青马工程”“青年大学习”等学习教育活动，获得“湖南省青马在线2019—2020年度优秀工作单位”、2020年度全国“三下乡”暑期社会实践活动优秀单位称号。联合驻地公安、交警等部门开展周边环境综合整治，扎实做好维稳综治工作，营造良好的校园环境。获评“省平安单位”“省平安高校”“省大学生军训工作先进单位”和“省高校征兵工作先进单位”称号。脱贫攻坚。学校为对口扶贫点张家界市永定区龙阳村，累计整合、投入扶贫资金达2837万元。2020年，全村144户贫困户人均纯收入超过9000元，脱贫攻坚战取得全面胜利。学校举办“湖南省教育扶贫工作研讨会”，校长受邀参加中国教育扶贫研究中心专家委员会会议并做主题报告，受到国务院扶贫办、教育部领导的肯定，应邀组建研究团队承担《中国教育扶贫蓝皮书（2020）》湖南省篇章撰写工作。打赢疫情阻击战。坚决做好疫情防控常态话各项工作，全校3万余名师生员工中无确诊病例或疑似病例。学校张昊等学生拍摄的防疫实录短片《抗疫》作为素材被《人民日报》以《3分钟记录疫情下的中国城市》为题采用报道，获评湖南省“青媒奖”最佳文化产品。

【教学与学生工作】 办学层次大跨步提升。2020年学校被调入湖南省本次第一批次招生高校，实现升本以来办学层次跨越式提升。根据艾瑞深中国校友会网2020年排名显示，该校排名第388位。在2020年Webometrics网站世界大学国际影响力排名中，该校在全省本科院校中名列第12位。一流专业和课程建设。学校全面对接国家一流本科专业和一流本科课程建设的“双万计划”，积极推进新工科、新农科、新文科建设，建成新农科专业2个，新工科专业1个，国家级一流本科专业、国家级特色专业等国字号专业7个；省级“十三五”专业综合改革试点专业3个；省级一流本科专业21个。有41门课程获得省级一流课程认定，涵盖5类一流课程，综合水平处于省内同类高校前列。学科大赛再创历史最好成绩。在省级以上大学生学科竞赛中，共获得325个奖项，其中国家级一等奖9项、二等奖10项、三等奖13项，省级一等奖72项。第六届中国国际“互联网+”大学生创新创业大赛中，该校作为湖南省唯一入围国赛的地方高校，在总决赛中勇夺银奖、铜奖。在第45届国际大学生程序设计竞赛（ICPC）亚洲区域赛（上海）上获银奖，在湖南省所有参赛高校中名列第一。2020届毕业生初次就业率为85.02%，排名全省高校第四位，有就业意愿建档立卡贫困生实现100%就业。1名毕业生当选“青春正当时，三湘追梦人”湖南省高校大学生就业创业优秀典型人物。获2020年就业创业工作“一把手工程”督查先进单位。

【学科与科研工作】 以“双一流”建设为抓手，进一步提升学校核心竞争力。学校顺利完成“双一流”学科建设年度检查和中期验收，进一步加强内涵建设。狠抓“双一流”建设绩效评价。打破院系壁垒，根据“双一流”学科建设需求，立项建设20个校级创新团队，强化学科队伍建设。投入“双一流”建设资金7000余万元，改善学科条件。科研水平成果增长。全校申报各级各类项目700余项，国家项目、省部级项目立项数均稳居同类院校前列，项目层次和质量不断提升，类别不断增加。积极推进教师融入、参与国家重大重点研发项目，获批国家级重大重点项目子项目3项。项目申报渠道进一步拓宽，从过去单一的常规项目拓展到国家部委、省各厅局，以及各级学会等其他项目类别，获批同类院校唯一一项国际（地区）合作与交流项目。该校签订各类横向合同260余件，进账经费6490余万元，获得省科技厅非政府研发资金237万余元，省市区三级专利资助金60万元。全校发表学术论文500余篇，其中高水平论文150篇。出版著作27部，其中国家级出版社出版著作11部。共获得科技成果奖6项，获得省科技成果奖5项、省社科成果奖二等奖1项。专利和专利群进一步优化，该校共取得知识产权证书348件，其中发明专利授权103件。实现专利权转化重大突破。新增1个省重点实验室。以该校为依托单位的省重点实验室数量达到5个，在全省新建本科高校中位居第一。服务地方经济社会发展。2020年该校落实“教授博士沅澧行”活动，共派出200多名教授、博士，覆盖常德市14个区县市、小区，签订意向性合作项目83个，其中正式项目54个，合同经费达2134.1万。发挥“科创助理”的积极作用，为派驻单位提供决策咨询、项目服务、科技指导等服务。特别在疫情期间，利用专业知识指导防疫抗疫、推动复工复产。扩展湖南文理学院在常德地区特别是在企业家中的影响力，充分发挥湖南文理学院在服务地方经济发展中的智库作用，助力常德市“开放强市、产业立市”战略的实施。

【管理与改革】 对照学校“十三五”发展规划，梳理“十三五”期间的建设成绩，分析“十三五”建设期间学校目标任务完成情况，总结学校的办学经验和存在的问题。启动“十四五”发展规划的编制，由学校党委副书记、校长龙献忠主持，全体校领导及相关部门负责人参加，针对不同群体，召开6场专题座谈会，通过“我为文理学院‘十四五’发展规划建言献策”活动向全校广大师生员工、校友和社会各界人士积极征集1000余条宝贵意见与建议，为学校未来发展提供思路。转设工作。完成《关于湖南文理学院芙蓉学院转设办学的合作协议》和《湖南文理学院芙蓉学院转设方案》。常德市政府与该校联合起草的《关于芙蓉学院转设的请示》上报至省政府。该校芙蓉学院转设工作得到省教育厅的肯定和认可。继续深化实施校院两级管理改革。根据学校高水平发展需要，将学校整体年度目标内化为各单位年度目标，签订目标管理任务书。结合学校中心工作，适时调整目标管理考核细则。强化目标管理考核，将目标任务完成情况和年终绩效分配直接挂钩，加大奖惩力度，将考评等次与单位个人奖惩尤其是班子成员的奖惩和个人考核、聘任与职务调整直接挂钩。开源节流并重，积极筹措盘活办学经费。争取到各类专项资金8236万元。清理往来款1300余万元，统筹盘活量资金3000多万元。坚决落实过“紧日子”要求，厉行节约办一切事，实现不必要的项目支出坚决取消，新增项目支出从严控制，大力压减一般性支出20%以上。加快校园建设步伐。完成学生公寓综合楼和综合实习实训大楼两个重点项目的建设。做好老校区教工宿舍区棚改项目调研、资料收集等前期工作。完成老校区的重新规划设计，未来着力打造容量扩充、布局合理、环境宜人的全新的老校区。提升人事管理水平。通过线上线下相结合方式，全年引进教授博士23名。

（岳浩然）

湖南幼儿师范高等专科学校

【概况】 2020年，学校完成招生计划，招生2583人。毕业生初次就业率78%，实现教育部、教育厅要求不低于70%的工作目标，在全省普通高校就业创业工作“一把手工程”督查中获得专家好评。

教育教学。完成2020版专业人才培养方案的编制工作，22个专业一次性全部通过省教育厅的合格性评审，小学教育、学前教育、美术教育3个专业获优秀等级；专业技能考核标准与题库评价美术教育、现代教育技术、语文教育、小学教育、学前教育5个专业获优秀等级；毕业设计抽查评定为优秀等级。承办湖南省高职高专院校教育类专业人才培养方案与技能考核标准专题研修班。开展教学改革研究，获得省级教改项目立项4项，校级教改项目立项14项，获准开展湖南省第三批“1+X”（数字媒体交互设计）职业技能等级证书试点工作。参加各类竞赛，在第六届师范生教学技能竞赛中获奖数目居专科院校之首；湖南省职业院校技能竞赛，获二等奖3个、三等奖3人，学校荣获高职组组织奖；第六届大艺展活动，选送26件作品，25件作品获奖，分别获得艺术表演、艺术作品、美育改革创新优秀案例三个类别一等奖12个、二等奖5个、三等奖8个；第五届普通高校青年体育教师课堂教学竞赛活动中获优秀组织奖，个人获一等奖1个、二等奖1个。

科研业绩。批准立项课题34项，包括省哲学社会与社科基金项目1项，省教育科学规划课题6项、省教育厅科学研究项目11项、常德市教育研究立项1项、常德市社科联项目13项，常德市科协项目2项。在全市科普讲解大赛中，学生吴周洲获一等奖第一名，张婷获三等奖。

师资队伍。招聘编制内工作人员92人。组织教师参加国家级、省级项目培训近80人次，完成常德市教育局"双师型"教师推荐工作。完成2020年职称评审相关工作，评审通过教授7人、副教授19人、讲师21人。在湖南省职业院校教师技能竞赛中，获教育体育大类一等奖第一名、第二名；外研社"教学之星"大赛中，学校获高职组一等奖。

培训工作。完成国培、省培、市培等各类培训33期，开设培训班45个，培训4562人次。全市中小学教师发展中心工作稳步推进，组织开展工作坊集中总结与成果展示活动，对2018年市教育局组建的学科名师工作坊的建设情况进行督促与检查，进一步扩大学校影响力。2020年，学校首次作为自学考试考点，完成3000余名学生的自考组织工作。

【教学技能竞赛获奖】 11月21日，由湖南省教育厅主办、衡阳师范学院承办的"湖南省普通高等学校第六届师范生教学技能竞赛"在衡阳师范学院举行，湖南幼儿师范高等专科学校共有5名选手参加比赛。小学教育组（本专科同组），赵颖获二等奖，苏固邦获三等奖；学前教育组（本专科同组），余丹妮、汪培培获二等奖，王倩获三等奖，得奖率100%，居湖南省同类师范院校首位。

（童　蕾）

湖南应用技术学院

【概况】 2020年，湖南应用技术学院有东、西两个校区，规划总面积143公顷，实际已建设用地59.62公顷（已办理土地使用证），固定资产总值约60340万元，馆藏纸质图书106.7万册。设有农林科技学院、机电工程学院、设计艺术学院等9个二级学院（部），开设有园林、水产养殖学、机械设计制造及其自动化、物联网工程等21个本科专业，以及数字媒体艺术设计、计算机网络、商务英语等13个专科专业。2020年有全日制在校学生12651人（其中本科生9985人），自有专任教师575人，外聘教师178人。自有专任教师中具有硕士及以上学位的341人，占比59.3%；具有高级职称的178人，占比30.9%；双师型教师153人，占比26.6%。学校教育教学、实验实训、文化体育、生活设施一应俱全，建有校内实验（实训）室186个，创新创业工作室47个，校内外创业孵化基地6个；教学用计算机3000多台，宽带网络、WiFi覆盖全校。办学以来，培养大、中专毕业生4万多人，短期培训专业技术人员3万多人，学生就业率达96%以上。学校先后获得"中国民办高等教育优秀院校""全国民办教育先进集体"等荣誉称号300多项。《中国教育报》《人民日报》海外版、《湖南日报》等国家级、省市级新闻媒体相继对学校专题报道，被誉为"应用型、创新型人才培养的摇篮"。

教育教学。2020年，获批湖南省教研教改课题立项18项，立项校级教研教改课题31项；获批省级课程思政教研课题12项；立项校级思政课程13项。通过开展教师课堂教学竞赛、专家听评课、教案检查评比、奖励优秀教师等举措强化教学督导，课堂教学人才培养质量提高。2020年度，该校参加大学生学科竞赛共获省级一等奖2项、二等奖3项、三等奖10项、优秀组织奖1项、团体三等奖1项。疫情期间，371名教师组织8633名学生完成313门课程网络远程教学，实施线上督课督学、双向反馈交流等措施，保证线上教学质量。2020年，该校169人参加考研，上线97人，上线率达57.3%，录取73人，录取率达75.2%，教育教学质量稳步提升。省普通高等学校2020届优秀毕业生和创新创业优秀毕业生评选中，有79人获评普通高校2020届优秀毕业生、8人获评创新创业优秀毕业生。15项获国家级双创项目，31项立项省级双创项目，校级立项79项。获湖南省第六届"互联网+"大学生创新创业大赛三等奖2项，2个项目进入国赛。新获批常德市大学生创新创业孵化基地。

科技工作。学校先后与西洞庭管理区、常德高新区企业对接，与常德国家高新区、常德国家农业科技园区等签订产学研合作协议，有力促进地方经济发展。获各类科研项目立项79项，获准立项的项目包括湖南省教育厅科研项目30项，其中重点项目5项、优青项目6项；湖南省社会科学成果评审委员会课题2项；湖南省教育科学研究工作者协会课题20项，其中重点课题5项；常德市社会科学联合会课题23项；常德市科协项目3项。

队伍建设。2020年新增省级青年骨干教师4人，师德师风先进个人18人，授予校内双师型教师称号41人。引进各类人才325名，其中高学历人员188名（博士6人），高级职称人员96名。实施"青年骨干教师研修计划"，青年教师整体的教学水平、学术水平、科研能力进一步提升。

关爱师生。学校及时跟进国家

和地方政策，完善教职工收入合理增长机制，利用节日开展送温暖慰问活动、为全校教职工体检、组织户外拓展活动，增强教职工归属感和学校凝聚力。学校为2453名贫困学生畅通绿色通道，办理生源地助学贷款累计1954.32万元，奖励和资助学生2627人，累计1134万元。

基础建设。2020年，东、西校区新建9栋4.7万多平方米的教学楼，新建2栋8580平方米的宿舍楼。完成校园道路白改黑工程和环境美化改造；新购入用于机房升级和改善办公条件的计算机500余台，完成一批多媒体教室和物联网实验室设备更新和升级换代；投入经费470多万元新建机电传动原理实验室、嵌入式实验室、通信实验室等实验（实训）室，实践教学条件有较大改善。

【招生就业】　2020年度，录取本科2796人，到校2775人，报到率99.24%；专科1016人，到校986人，报到率97.04%；专升本学生360人，到校338人，报到率93.89%，在同类高校中均名列前茅。2020届毕业生共有2213人（本科生1235人、专科生978人），截至2020年8月31日，毕业生就业率80.39%，高于全省高校平均就业率。学校对59名2019年毕业的建档立卡学生实行校级领导及各部门领导“一帮一”帮扶，保证有就业意向的学生100%就业。为13名2020届湖北籍毕业生申报创新创业补贴共19.5万元。

【迎评促建】　2020年，学校通过成立教学督导专家委员会，召开全校本科教学工作合格评估誓师大会，明确责任分工，定期检查专项工作组评估完成情况，不断完善评估管理制度、健全评估奖惩制度对教学进行全面督查等，本科教学工作合格评估工作取得阶段性成效。顺利通过“林学”“机械电子工程”“英语”“环境设计”4个学士学位授权学科专业评估。

【继续教育】　2020年度，自考本科新生报名、注册310人；完成6000多科次自考报考与组考工作；完成625人高考报名、体检、送考工作；办理自考本科毕业证832人；函授教育取得重大突破，成教函授注册新生2958人，成教函授报名、报考1900多人。

（潘艳艳）

常德职业技术学院

【概况】　2020年，常德职业技术学院占地71.33公顷，建筑面积36.56万平方米。完成新教学实训楼、五号学生公寓施工及学院小型新建改建维修任务。篮排球场改造项目有序推进。教学科研仪器设备总值1.34亿元，馆藏纸质图书90.6万余册。设有护理系、医学系、基础医学系、药学系、农业与经济管理系、机电系、土建系、国际教育系、公共课部、思想政治理论课教学部、培训部、继续教育学院、图书馆、现代教育技术中心（信息化办公室）等教学教辅机构。拥有1个二甲直属附属医院和1家司法鉴定中心；建有高职教育研究所、常德市桃花研究所、常德市济世药物研究所等研究机构。2020年，有全日制高职在校生约1.4万人。有教职工1175人（含附属医院），其中专任教师有593人；有高级职称219人，其中正高职称教师35人；具有博士、硕士学位教师369人。在《湖南省高等职业教育质量年度报告（2020）》中，学院进入湖南省高职院校教学资源20强，排名第13位。2020年，学院大学生创新创业孵化服务中心成功孵化3个项目，创新创业孵化基地被省教育厅认定为“湖南省高校大学生创新创业孵化示范基地”。该校司法鉴定中心通过省级资质认定（CMA）现场评审，获得湖南省市场监督管理局颁发的“检验检测机构资质认定证书”，司法鉴定中心被司法部评为全国公共法律服务工作先进集体。

疫情防控。学院高度重视疫情防控工作，成立新冠肺炎疫情防控工作领导小组，根据全国省市疫情防控要求，结合学院实际，制定“一案九制”。拨付110余万元专项经费全力保障疫情防控工作。免费给全院师生防控物资。对全院师生员工信息和健康情况精确摸排，排查人员达到1.6万多人。5月21日，学院在全省率先实现全面复课、复学、复工。

驻村帮扶。对学院扶贫点村竹儿岭社区原有的建档立卡户进行数据清理，建立贫困户结对帮扶台账。已脱贫124户脱贫户进行“回头看、回头帮”。学院累计送去帮扶资金、物资约10万元，销售农副产品累计超过15万元。通过结对帮扶，截至2020年10月底，126户398人已全部高质量脱贫。

社会服务。开展各类行业企业培训和在校生培训125个班次，培训学员8069人次。招收自考新生102人、成人教育专科招生406人、联合办学专升本招生309人，为105名继续教育考生办理毕业相关手续。组织职业技能鉴定301人次。完成全省社会培训评价组织及职业技能等级认证试点单位的申报工作。国家医考基地完成国家医师资格实践技能考试5913人的组考工作。

招生与实习就业。2020年，学院共计招收各类新生4639人（其中定向培养基层农技特岗学生110人）。落实全院2021届毕业生4113人的毕业实习安置工作，实习生安置率达100%。3838名2020届毕业生有3326人就业，就业率86.66%。374名2020届毕业生享受求职创业补贴。

师资队伍建设。引进硕士研究生55名，开展形式多样的教师培训318人次。7名教师被评选为常德市“双师型”教师，4名教师成功申报为湖南省青年骨干教师培养对象。药学专业教师团队立项为2020年湖南省职业院校专业教学团队，园林技术团队为培养建设团队。学院教师获2020年湖南省职业院校教师职业能力竞赛一等奖3项、二等奖5项、三等奖6项。

科研成果。2020年，学院各级各类课题（项目）立项105项，进校经费共55.7万元，配套经费合计40.8万元。学院教师公开发表学术论文529篇；获授权实用新型专利51项、外观专利1项、计算机软件著作权4个；专著、编著、译著3本；制订省级地方标准3个、各级协会团体标准45个。湖南省花协将“常德桃花国家种质资源库”建设纳入“十四五”规划。学院成立的“常德职业技术学院教授、博士沅澧行”团队已经和5家企业达成合作意向并签署项目合作协议。由学院教师组成的技术推广和技术指导团队分别与相应的公司、企业签订合作协议，实施技术推广和技术指导。

【课程教学改革】　制定32个三年制高职专业（含方向）2020级人才培养方案，完成2个农技特岗班人才培养方案的制定。新增2个招生专业。认定3门省级在线开放课程；立项2门省级在线精品开放课程；预防医学省级专业教学资源库建设完毕。学院教师主编的教材《内科护理》《药物检验基本技能》被认定为2020年湖南省职业教育优秀教材。预防医学专业通过湖南省教育厅新增专业合格性评估。2020年学院“1+X”试点已有12个试点证书。

【智慧校园建设】　新建254间智慧教室；搭建智慧教室网络系统；数据中心管理平台完成学院各类网站系统数据治理；完成学院公共场所无线网络全覆盖；完成学院火灾自动报警联网监控管理系统和智慧教室云桌面系统的互联网端口映射与开放；完成学院整体信息发布平台的升级，建设全媒体网站群管理平台。2020年，被中央电化教育馆评为全国职业院校数字校园建设样板校。

（韩　琴）

湖南高尔夫旅游职业学院

【概况】　2020年，学校统筹推进疫情防控和教育教学工作，围绕办学规模上档次、人才培养上质量、教育管理上水平、校园全力保平安，完成年度各项工作和目标任务。6月12日、11月11日，《中国教育报》和《常德日报》分别以《在“淬炼”中重生》和《守正创新打造民办职业院校“新高地”》为题，对该校所取得的成绩专题报道。2020年，招收各类新生3514人，全校在籍生达10200人，提前实现万人高校目标。省厅组织的两年一次的“就业创业一把手工程”顺利通过。2020年，在就业形势极端严峻的情况下，该校毕业生就业率达73.76%，超过国家平均就业率3.76个百分点。

疫情防控。面对突如其来的新冠肺炎疫情，学校秉持生命至上、师生至上理念，全力做好学校疫情防控工作。为尽最大努力减少疫情对教育教学的负面影响，学校果断作出“停课不停学、停课不停教”的总部署，实现疫情防控和教育教学任务如期完成的双胜利。2月10日，出台《疫情防控期间教学组织实施方案》，1月31日至2月7日，组织全体教师在线直播培训，加强日常线上管理，师生考勤坚持日报、周报和月报制度。2月17日至5月18日，全校共有148名教师参与线上教学，共有6873名学生参与线上学习，截至5月15日，累计线上学习者达656180人次。

教学教研。做好疫情防控下的教学工作，全年共完成教学课时46423节，学生到课率达98.56%，教师平均听课30节。学籍管理。2020年注册高职新生2258人，注册五年制大专部和中职部新生1105人。实践教学。全年共2614人参与顶岗实习，全校共建立校企合作企业93家，比上年增加11家。一年一度的田径运动会于11月初成功举办。专业设置调整。采取撤停并转等方式停设两个专业。2020年，全校已建成8大类共27个专业。备战省市赛事。全年共参加省市21个赛事项目，参赛选手达100多人次，均获得较好名次。5月15日，召开建校以来第一次高规格的教学工作大会，下发系列教育教学规范性文件。教学科研。修订完善科研工作管理办法，全年立项厅级及以上课题19项，参与编写教材4部，发表省级以上论文80篇，获科研论文奖13次，获专利14个。教师郑青主编的《高尔夫技术初级教程》入选2020年湖南省职业教育优秀教材。高尔夫教育学院幼儿发展与健康管理专业获省“1+X”试点项目。中职部文化普测率达99%，优秀率达84%，位列全市第三名。

发展规划。11月10日，市发展改革委向市政府办回复，将湖南高尔夫旅游职业学院升本建设项目纳入到常德市“十四五”规划重大项目库。11月12日，市政府以常政〔2020〕64号文向省人民政府呈报《常德市人民政府关于同意湖南高尔夫旅游职业学院变更校名的请示》。12月7日，市政府以常政〔2020〕70号文向省人民政府呈报《常德市人民政府关于湖南高尔夫旅游职业学院变更举办者的请示》。

教育保障。2020年，学校制定《湖南高尔夫旅游职业学院党委会与学校董事会监事会日常沟通协调制度》《学校党委与行政联席会议制度》《学校党委与学校董事会学校行政“双向进入，交叉任职”制度》《学校实施定期组织党员及教职工代表等听取校长报告以及学校重大事项情况通报制度》。对学校主要领导的分工重新调整，对校领导班子成员职责进行科学界定。深入实施人才强校战略。降低教师流失率，稳定基本教师队伍。面对民办高校教师流失率高顽症，学校通过提供事业平台、提高薪酬待遇、拓宽关爱教师渠道等举措，稳住教师群体。通过多种途径引进教师59人，全校教师已达401人。完善人事相关制度，提高中层以上干部履职水平。学校出台《中层以上干部管理若干规定》《中层干部选拔任用管理办法》《绩效考核方案》。全校硕士研究生教师已达62人，讲师以上职称的64人，博士学位和副高以上职称38人。

院部工作。经贸管理学院强化校企深度合作，取得实质性进展，成功签约“京东智物流学院”，与东莞百正税务事务所成功举办“百正会计班”。旅游管理学院积极打造学习型学院。2020年下学期，启动学生早读计划；以赛促学、以赛促教、以赛促改成效显著，全年共获一等奖1项、二等奖1项、三等奖12项、优胜奖5项。高尔夫教育学院的高尔夫球运动与管理专业教学团队成功申报为省级教学团队项目。信息与工程学院大胆调整专业设置，在原来两个老牌专业的基础之上成功开设6个专业，并为2021年开设室内设计专业做好前期准备工作。五年制大专部努力践行“科学管理一体化、立德树人根本化、文化引领传承化和创新创意信息化”的治院理念。中职部实施标准化、规范化建设成效明显。马克思主义学院克服思政课教师编制不足，学院成立时间不长，经验不足等困难，较好地完成全校思政课、心理健康教育、军事理论、哲学与人生等课程的教育教学任务。

【校领导接待学生日活动】 6月4日，学校举行第一次校领导接待学生日活动。校长彭克勤，党委书记罗新湘和其他校领导，与各院部的140多名学生代表现场对话，现场接受并解答学生的提问186条，赢得学生的支持与赞赏。

【教师节联欢会】 9月10日，学校工会和教师工作部举办“立德树人，奋进担当”庆祝第36个教师节联欢会。表彰校“十佳教师”“青年教师教学标兵”“文明教师家庭”。宣传典型和先进事迹，提高典型教师和优秀学生的感染力、教育力和影响力。

（杨跃靖）

常德广播电视大学

【概况】 2020年，常德广播电视大学（以下简称常德电大）开放教育招生5541人，位居全省前列，超额完成省校下达的招生任务。该校连续11年超额完成校任务，在籍学历教育学生13211人。2020年，被教育部全民终身学习活动周领导小组、中国成人教育协会授予“2019年全民终身学习活动周优秀组织奖”，被省教育厅授予湖南省“老年教育示范性学习体验基地”，被省文明办授予“文明标兵校园”，被省电大授予“优秀分校”。

教学服务。坚持疫情防控和教育教学“两手抓两不误”，坚持教师上网课，重点开展录直播课程网上学习，实行市县联动的授课机制。在全市电大系统推进思政课教学，选优配强思政课教师、辅导员，加强思政课教师队伍建设，形成以政治辅导员为首，管理教师、课程辅导教师、论文指导教师为辅的全员育人机制。2020年，全校教师在省级及以上刊物公开发表论文5篇，课题立项4项，结题2项。新建“数字化学习与体验中心”和“学生一站式服务大厅”，将数字化与教育教学深度融合，构建“互联网+教育教学+管理服务”一体化模式。

乡村振兴。全体党员干部6次前往扶贫点村进行结对精准帮扶，组织党员教师去学校开展捐书助教活动。在农民大学生日常教学工作中，做好考核评优，克服疫情不利影响，落实农民大学生“学知识+强能力+懂技术+交朋友”的四维培养模式和“专家+学员+基地”的实践教学模式等创新性举措，持续推进线下教学。

终身教育。常德市连续8年被中国成人教育协会授予全民终身学习活动周优秀组织奖，2020年，常德电大指导津市市承办全市全民终身学习活动周开幕式，社会影响较大。为加强地方非物质文化遗产的传承和发展，校本部新建常德丝弦、澧州大鼓、桃源木雕3个非物质文化遗产体验基地。连续多年开展的各项评选活动，促进区县市社区教育学习阵地标准化建设，建成一批老年教育学习体验基地。校本部社区教育品牌项目辐射和影响力进一步增强。“百堂好课进社区”品牌探索分级教学模式，“百堂好课进企业”的内容和形式不断丰富。完成全市教师50300名教师的学分登记工作，登记率、积分率位于全省前列。市中小学教师信息技术应用能力提升工程2.0骨干团队培训，为2021年全面推开能力提升工程2.0打下良好基础。完成251人规模的省培项目“高中教师新课程新高考网络研修”（S206）、273人规模的乡

2020年10月11日，“百堂好课进企业”启动仪式（常德广播电视大学 供图）

村教师专业适岗培训、1148人规模的信息技术应用能力发展测评。开展各类社会化培训考试，助力行业水平提升，开展2086人规模的全市行政执法人员执法资格考试、烟草公司培训考试、健康管理师培训、安保人员培训、安乡县科级干部政治理论考试等。2020年完成面向基层培训与考试近3000人次。做好干部在线教育支持服务，组织“疫情防控与应急管理能力提升”专题培训班、学习贯彻中共十九届四中全会精神专题培训班等专题网络培训班。常德市干部网络教育培训学院学员参学率、结业率居全省前列。

【线上教学】　2020年，常德电大推进线上教学，直播课和录播课全年共播出75门、212场，参加学习的学员达7778人，参与率76.8%。3月1日正式启动线上教学，4月22日举行线上新生开学典礼，23日进行线上新生入学教育。全市电大系统实行市县联动的授课机制，定期向县级电大发布直播课、录播课授课信息，要求市县两级电大的学员参与直播课、录播课学习。

（周梦圆）

湖南广播电视大学津市分校

【概况】　湖南广播电视大学津市分校（以下简称津市电大分校）是湖南省唯一县级计划单列市分校（副处级）。2020年，学校有在编教职工24人，其中专任教师19人；高级职称11人，中级职称13人；硕士研究生1人，本科学历22人，专任教师中有15人获得相关专业工种技师或高级职业资格证书，占专任教师78.9%，学校还有外聘教师近30人。学校主要承担成人高等专本科教育、非学历教育培训及社区教育、全民终身教育等教学指导服务工作。开设有开放教育本科5个专业，专科10个专业，以及奥鹏远程教育其他多个本科专业。有在籍学生1821人（其中专科1527人、本科294人），2020年毕业生382人（其中专科53人、本科329人）。

2020年，学校春秋两季共招收学生817人，占津市总人口数32.68‰。按人口比例计算居全省电大系统招生比例第一，招生对象约70%为本地区学生，通过两年半的系统学习，获得专、本科学历，大多能够服务于津市市经济建设和社会发展。

【教育教学】　2020年津市电大分校专、本科毕业生近400人。专、本科学生考试合格率均在90%以上。严格执行教学计划，实践教学力争取得实效，毕业论文撰写、指导、评审过程完整，要求严格，学生网上学习平均点击率、平均时长位列全省前茅，重视教师面授教学特别是思政课教学，多名教师网上教学行为发生率在全省名列前茅，历次省电大教学检查均给予较高评价，教育教学质量在全省电大系统居于前列方阵。学校精准实施“农民大学生培养计划”。2020年完成招生任务（常德市委组织部下达任务数为每年45人）。在农民大学生中，村支“两委”成员、农村后备干部、科技致富带头人占90%以上，农民大学生成为津市市农村脱贫致富的重要力量，该项目成为津市市教育“精准扶贫”的重要抓手，为“教育扶贫”工作做出较大贡献。2020年10月，学校2018级“农民大学生培养计划”行政管理（村镇管理方向）本科班学生郭存华，在国家开放大学关于开展新冠肺炎疫情防控表彰活动中，被国家开放大学授予“抗击新冠肺炎疫情先进个人”称号（湖南仅2人）。2020年11月，第六届中国国际“互联网+”大学生创新创业大赛省校选拔赛中，学校报送的“特色水果药山红桃产业扶贫推广项目”获三等奖。

【社区教育】　通过学校推动和指导，全市社区教育活动呈现新的面貌，全市社区学校和社区学习中心数量明显增加。工作重点由城区辐射到乡镇、社区。10月26日，学校承办的2020年常德市全民终身学习活动周总开幕式暨津市市全民终身学习活动周启动仪式，在津市市毛里湖镇青苗社区落幕。全市各社区覆盖率达95%。

（邓朝华）

社会力量办学

【概况】 2020年，全市有各级各类民办学校1534所，其中高等学校2所、普通高中学校6所、职业中学17所，义务教育阶段学校19所，幼儿园588所，校外培训机构902个。在校学生总数306536人，其中大学生22569人，普通高中学生5497人，职业高中学生16699人，义务教育阶段学生40687人，在园幼儿81062人，在培训机构参加培训的140022人次。教职工24694人，其中专任教师14528人。学校资产总价值834942万元。

疫情防控。市县两级教育行政主管部门召开疫情防控专题会部署疫情防控工作，全市各民办教育机构按照市里疫情防控的统一要求，积极做好防疫物资的采购工作，制订疫情防控方案与应急预案。各学校按照市教育局规定的开学时间分批开学，主动做好疫情常态化防控工作。市教育局联合卫健委等部门先后2次深入各县市区和市直民办学校开展疫情防控专项督导检查，全年全市各民办教育机构没有出现新冠肺炎感染者。

办学行为规范和办学条件改善。规范民办学校的招生行为，多次深入学校调查，积极处理回复市民投诉10余起，对违反招生规定的行为责令及时整改。买卖生源等行为得到有效遏制。针对省里出台的民办职业学校校园面积不少于4公顷，办学规模不低于1200人的办学标准要求，召开市直民办职业学校主要负责人会议商量对策，想法改善办学条件，部分学校积极行动，海乘职业学校已经征地准备迁址新建。民办职业学校校企融合，利用企业资源提升学校办学实力和水平，工艺美校等学校通过与企业联合办学，学校办学条件得到明显改善，招生情况也明显好转。开学工作检查，邀请教科院专家对民办学校的开课设节、实习实训进行检查指导。

社保财政补助和民办教育发展专项资金的申报审核。完成市直民办学校上报的教师社会保险财政补助和市本级民办教育发展专项资金原始凭证的审核，按程序由财政审核发放到学校。

【校外培训机构治理】 2020年，全市两次对培训机构开展专项治理。暑期治理。市教育局下发《关于做好培训机构治理工作的通知》，对暑期培训机构的治理进行部署安排，提出工作要求。暑期治理检查的重点是：无证办学、安全工作、收费与财务管理、疫情常态化防控、公办学校教师到培训机构兼职等。8月，市教育局社管办、师德师风办、纪检组等科室联合，对县市区的培训机构暗访检查，对发现的问题及时交办、整改。10—11月开展培训机构整治。整治的重点是培训机构使用的教材及教师授课是否符合要求，分全面自查、集中整改、重点抽查三个阶段，且重点抽查比例不低于总数的30%。从市县两级教育行政主管部门抽查的情况看，整治整体情况较好，没有发现大的问题。全市校外培训机构通过持续治理，办学行为逐步规范。少数培训机构依然存在收费与资金管理不规范、部分教师没有教师资格证、公示内容不全等情况。

【民办学校分类登记】 2020年年底，全市有各级各类民办学校共1534所，完成分类选择登记的1324所，其中选择非营利性417所，选择营利性907所，没有分类选择登记210所。

（刘新春）

学校体育卫生与艺术

【概况】 2020年，常德市六中、桃源县七中、鼎城区江南中学、武陵区紫菱小学、临澧县二中中心小学被认定为“2020年全国青少年校园篮球特色学校”。常德市一中、常德市五中、临澧县丁玲学校、武陵区第一小学、常德经开区桃花山小学、安乡县深柳镇城东小学被认定为“2020年全国青少年校园排球特色学校”。开展全市学校体育科研论文评审活动，188篇教师论文分获一、二等奖，论文质量有所提升。5月18日至21日，在市二中、市六中组织市直初中毕业生体育中考，考试项目为50米跑和掷实心球，合格率达90%。8月26日至27日，在湖南文理学院举办210名教师参加的中小学啦啦操骨干教师培训班。

食品安全管理。深入开展学校校园及周边食品安全“护苗”行动，不断提高学校食品安全保障水平。获评2020年度全市食品安全优秀单位。5月1日至5日，联合市食安办、市市场监督管理局对市直学校食品安全卫生开展专项检查，印发督查通报，列出问题清单，督促相关学校整改落实到位。5月6日至9日，市市场监督管理局、市教育局、市卫生健康委组成3个联合暗访督查小组，对全市学校校园及周边的食品安全和饮用水安全工作暗访督查，共检查学校和学校供餐单位51个。

学校卫生工作。新冠肺炎疫情防控。印发《常德市教育系统新型冠状病毒感染的肺炎疫情防控工作方案》《常德市教育系统新冠肺炎疫情事件应急预案》《常德市新型冠状病毒感染的肺炎疫情响应期间学校复课防控指引》《关于进一步加强外市返常师生员工健康管理的紧急通知》等文件通知，健全全市教育系统应对新冠肺炎疫情体制机制。精准摸排师生健康状况和异常情况，累计上报摸排信息两万余条，坚持“日报告”“零报告”制度，每天汇总全市教育系统疫情防控异常情况并及时上报市防指和省教育厅。印发《关于开展新冠肺炎疫情防控工作专项督查的通知》，成立12个督查组，由局领导带队，对各地各校疫情防控调度、宣传引导、检查检疫、人员值守等工作进行常态化督导，切实压紧压实工作责任。5月12日至15日，联合市疫情防控指挥部组织两个督查组深入各区县市，对43家托幼机构新冠肺炎及其他传染病防控工作现场督查。5月28日至6月3日，对各区县市校外培训机构疫情防控工作进行专项督查。举办两期培训班，4月1日，组织举办市直教育系统疫情防控培训班，10月14日组织举办市城区学校秋冬季疫情防控培训班。其他校园卫生工作。持续开展儿童青少年近视眼综合防控工作，印发《关于进一步加强儿童青少年预防近视知识宣传教育等防控工作的通知》，打造近视防控“升级版”。组织开展健康体检，9月至11月，委托常德职业技术学院附属第二医院，对市直学校29652名学生进行健康体检，并对体检健康状况分析报告分析统计。加大传染病防控力度，联合市卫健委印发《关于做好学校和托幼机构冬春季传染病防控的通知》，督促各地各校有效遏制流感、水痘、诺如病毒感染等传染病疫情的发生和蔓延。11月10日至12日，联合市红十字会举办市城区学校校医培训班，近100名校医参加培训。

【青少年阳光体育运动联赛系列活动】 9月23日至25日，全市中小学生乒乓球、羽毛球比赛在鼎城区举办。10月21日至23日，市第十三届中学生田径运动会在安乡一中举行，区县市及市直学校共692名运动员参赛，19人次打破赛会纪录。11月25日至27日，举办全市高中生排球比赛和市直初中生排球比赛。12月16日至18日，举办全市高中生篮球比赛。

【校园足球活动】 2020年，常德市第五中学、澧县一中、临澧县第二完全小学等17所中小学校获评全国足球特色学校，武陵区实验幼儿园获评全国足球特色幼儿园。2020年，全市有全国足球特色学校117所，特色幼儿园7所。市教育局受省教育厅委托，组织全省小学生代表队参加全国夏令营活动，入选总营9人。武陵区教育局承办全省小学生足球夏令营活动，举办全市中小学生校园足球联赛总决赛。参加省比赛和全国夏令营活动成绩突出，芷兰实验学校获得全省初中组总决赛乙组第一名，武陵区获全省夏令营小学组混合组一等奖，女子组二等奖，男子组二等奖；经开区获小学组男子组一等奖，女子组三等奖。武陵区紫菱小学张煊赫参加全国夏令营活动，入选总营最佳阵容。

【美育活动】 戏曲进校园。临澧县实验小学、汉寿县龙阳小学、武陵区北正街小学、武陵区育英小学、武陵区工农小学、武陵区金丹实验学校等6所学校获评省戏曲进校园特色小学。组织开展全市小学戏曲课堂教学竞赛活动，纪芸等10名教师获得全市一等奖，高玲等11名教师获得二等奖，纪芸等6名教师教学视频报送省教育厅参加全省教学竞赛。书法绘画摄影。6月至8月，组织开展常德市中小学生绘画、摄影作品比赛活动，共1294件优秀作品参加全市评审，共有853件作品获奖（其中一等奖作品135件、二等奖作品271件、三等奖作品446件）。9月至11月，组织举办全市中小学师生“在战‘疫’中成长”主题书法作品大赛，共1073幅参与全市比赛，共评出一等奖87幅、二等奖115幅、三等奖150幅、优秀奖150幅，出版《在战“疫”中成长常德市中小学师生书法大赛优秀作品集》。中学生独唱、独奏、独舞比赛。7月20日至21日，举办全市中学生独唱、独奏、独舞比赛，共有420名中学生参与比赛，共评选出一等奖119名、二等奖120名、三等奖159名。推荐18名高中生代表常德参加全省高中生“三独”比赛，4人获得一等奖、3人获得二等奖、11人获得三等奖，王春雄等7名教师获得优秀指导教师奖。中学生班级合唱比赛方面。9月至11月，组织开展全市普通中学成建制教学班合唱比赛活动，常德市第七中学等11所学校合唱作品分别获得高中组一、二、三等奖，澧县九澧实验学校等16所学校合唱作品分别获得初中组一、二、三等奖，张冀等16名指导教师被评为优秀指导教师，裴玲等8名班主任获班主任组织协作奖。在全省班级合唱比赛中，常德市教育局、澧县教育局、桃源县教育局获全省优秀组织奖，常德市七中、澧县九澧实验学校等6所学校分别获得全省一、二、三等奖，王玲、陆雯等12名教师分获优秀指导教师、班主任协作奖。

（李 俊）

教育科学研究

【新高考应对策略研究】 2020年3月3—13日，对全市23所普通高中疫情期间“停课不停学”情况全面督查，下发督查通报。年初启动强基计划招生政策及对策建议课题研究。暑期，组织专家对两次考试试题与高考真题进行比对分析，形成近5万字的《常德市高三协作考试、模拟考试试题与高考真题相似度比较分析报告》。7月中旬，举办“常德市新高考政策解读与职业生涯规划教育”专题研讨班。10月，组织全市高三年级各学科教师近800人参加教学研讨会。组织开展高考模拟试题征集活动，共收到套题130余套，散题1000多组（道）。对高考9大学科，每科精编2套试题供各校使用。根据试题的原创性与高考试题的相似度进行优质试题评选，共评出套题一等奖43套、二等奖45套、三等奖49套；散题一等奖90个、二等奖90个、三等奖104个。

【教育质量监测】 1月，组织全市高三协作考试。3月底协助基教科组织全市高三模拟考试。5—6月，完成初中学业水平考试命题、评卷、质量分析报告等工作。11月6日，傅广生受邀在湖南省2020初中学业水平考试命题培训与研讨会上作题为《严守程序确保质量切实做好初中学业水平考试命题工作》的经验交流。

【教学研究与视导】 3—5月和9—10月，组织中学教研员对全市部分高中、市直所有初中学校进行全方位教学视导，共听课500多节，召开座谈会300多场次，参与座谈的教师约1200多人。组织小学教研员先后视导市直及县区学校20所，推门听课135节次，查看教案280余份，抽查学生作业1000余本，座谈20场。中教室作学术报告、讲座35人次，开展学科教学研讨活动18科次。小教室参加省级现场教学研讨活动3次，三位选手分别获省级赛课一等奖。职教教学视导。5—6月，为贯彻落实《中等职业学校公共基础课程方案》和公共基础课课程标准，促进全市中等职业学校开齐、开足、开好公共基础课程，常德市教科院组织开展全市中等职业学校公共基础课教学视导。视导课程为思想政治、语文、历史、数学、外语、信息技术、体育与健康、艺术、物理、化学等10门公共基础课程。先后视导中等职业学校（含高职院校中职部）27所，推门听课185节次，查看教案243本，抽查学生作业1500多本，组织召开座谈会27个。视导组通过听课评课、现场察看、查阅资料、座谈反馈等形式，集中了解全市中等职业学校公共基础课课程设置、课程实施及管理、课程评价、课程资源及师资队伍建设等情况，达到调查了解、指导交流与促进提高的目的。

【课题研究与项目申报】 全年立项省级规划课题18项（重点资助2项、一般资助6项），立项总数和资助项目均位于全省前列；省教育科学研究工作者协会课题14项，其中重点5项；省教育学会课题14项，其中重点4项；市级教育科学规划课题30项；市社科课题3项。设立12项专项调研项目，其中科技创新发展专项6个、学科教研专项3个、新高考研究专项3个，争取市科技局专项资金20万元。5月27—28日，在武陵区第一小学举办常德市教育研究立项课题主持人培训班，培训教师250余人。10月，组织常德市第十二届优秀教育研究成果评审，共评出优秀成果118项，其中一等奖22项、二等奖33项、三等奖63项。职教教学改革研究项目申报。5—6月，完成2020年湖南省职业院校线上教学优秀案例征集，精品课程、专业教学资源库、教学改革研究项目申报及专业教学团队遴选等工作，获评全省职业院校线上教学优秀案例4个，立项湖南省职业院校精品课程20项、省级专业教学资源库1项、湖南省职业教育教学改革研究项目12项，推荐的9个专业教学团队为湖南省职业院校立项建设的专业教学团队。

【心理健康教育和信息技术教育研究】 11月21日，在湖南幼儿师范高等专科学校举办常德市心理学会2020年度学术年会。12月16日，组织“疫后心育”教学设计征文活动，共评选出68个中小学心理健康教育优秀教学设计。2月11日，发布《共战疫情，同迎春天——致全市中小学生的一封信》。11月23—24日，承办省教科院在常德网管员学校举办的湖南省信息技术教研员会议。11月25—26日，在市第十一中学举办常德市中小学信息技术教学研讨会。

【组织参加中等职业教育教研骨干培训】 8月17日至20日，市教科院组织全市中职教研骨干参加中国职业技术教育学会主办的“全国职业院校专业带头人、教研组长和骨干教师教育教学能力提升高级培训班”。培训对象为全市各县市区职教教研员、常德市第七届中等职业教育教研联组主持人及组长等，共计30人。培训内容有职业教育最新政策及发展形势分析、职业院校教研活动的设计与组织实施策略、教师教学能力比赛备赛策略等。

（王治璎　张国平　黄克勤　张　璟　肖焕之　廖学春　周昌文）

文化·新闻·体育

文化

【概况】 2020年，常德文化艺术工作坚持以人民为中心的创作导向，培育和弘扬社会主义核心价值观，广泛动员和组织各类艺术创作团队积极开展艺术创作，文化艺术作品精彩，活动有影响，氛围更浓厚。

艺术创作。组织全市音乐创作笔会、曲艺（小戏小品）创作笔会、舞蹈创作笔会，指导、选拔优秀文艺作品创作，按照制定的三年艺术创作规划，紧扣文艺抗疫、全面小康、庆祝中国共产党成立100周年等重要主题组织艺术创作。文艺工作者用艺术鼓舞士气，抗击疫情，共创作各类抗击新冠肺炎主题文艺作品796件，在“艺抗疫情·云游湖南”主题文艺创作和征集活动中上报作品300多个，左波创作的雕塑作品《特殊时期》、市歌舞剧院创作的歌曲《你安好我无恙》等多个文艺作品获得省文旅厅的奖励。从2023个节目中选拔130件新创作品参加常德艺术节市级巡演，其中汉剧高腔大戏《蒯伯赞》、常德花鼓戏《七里坳》、常德荆河戏《花开詹家岗》3台新创大戏登上舞台。对小戏《出发之前》《谷酒飘香》《后果很严重》《司法所长姚一九》《橘子红了》，小歌剧《那条路》，音乐剧《拨动情弦》，常德丝弦《不屈的吼声》，舞蹈《雕·匠心》等集中创作力量予以指导扶持。组织常德丝弦《陈毅拜师》《昭君出塞》、说鼓《审八斤》、渔鼓《法（读biang）门寺》、鼓盆歌《扶贫佳话》等5个作品参加全国曲艺牡丹奖的角逐，武陵区宋暮云、杨羹华获得牡丹奖新人奖提名，澧县鼓书《法门寺》获得牡丹奖文学奖提名。常德画院贺长安创作的《岁月留痕之汉剧高腔重镇常德》，作为湖南唯一美术作品入选2020年戏曲百戏（昆山）盛典“戏曲百戏百人百画”作品展。

惠民服务。常德艺术节暨“百团大赛”从3月启动，10月下旬结束，共有1132个文艺团体报名参赛，2.1万余名演职人员参演，编排节目2023个，演出203场，现场观众达110万人次，开闭幕式网络直播点击达32万人次。配合“全城消费福满常德”常德6月消费节，文艺院团在常德河街、德国小镇等场所定期定点开展演出活动，汇聚人气，拉动消费。积极开展“送戏曲进万村、送书画进万家”和“戏曲进校园”两大惠民演出活动。2020年全市共完成“送戏曲进万村、送书画进万家”演出670场，“戏曲进校园”演出110场。组织承办“金声玉振”湖南省第三届篆刻作品巡展（常德站）。

2020年，常德市文化产业发展指导办公室围绕市委、市政府开放强市产业立市战略，务实开展各项工作。2020年，全市拥有各类演艺团体达1658家，从业人员3万人以上；各类培训机构213家，拥有广告传媒524家，网络科技、网吧648家，娱乐厅、KTV157家，为社会创造直接就业岗位近10万个。文化产业增加值166.6亿元，约占GDP 4.58%；体育产业总产出120亿元，从业人数27375人。

【《常德市戏曲曲艺普及读本》获省级奖】 6月8日至9日，2020年湖南省社会科学普及主题活动周启动式及第十届湖南省优秀社科普及读物颁奖仪式上，常德市文化艺术研究所主编的《常德市戏曲曲艺普及读本》获奖。社科普及读物奖经个人申报、单位推荐、专家评审和结果公示，共认定15本（套）读物为第十届湖南省优秀社科普及读物。常德是湖南省两个开展地方戏曲进校园的试点城市之一（另一个是长沙），市委、市政府高度重视“戏曲进校园”工作，为有效贯彻落实《国务院办公厅印发关于支持戏曲传承发展若干政策的通知》《关于戏曲进校园的实施意见》等文件精神，2018年8月，以常德市文旅广体局、常德市教育局和湖南文理学院为指导，常德市文化艺术研究所主编的《常德市戏曲曲艺普及读本》正式启动，2019年8月，该书由中国戏剧出版社公开出版。该读本概述中国戏曲、湖南戏曲，分别介绍常德汉剧、荆河戏、常德花鼓戏、常德丝弦、鼓盆歌等常德戏曲曲艺，是常德市第一本系统介绍地方戏曲曲艺的普及教材。《常德市戏曲曲艺普及读本》是湖南省内第一本公开出版的戏曲普及读物，向常德市中小学发行7万多册，两年内全面覆盖常德市中小学校。

【2020年常德艺术节暨“百团大赛”】 10月29日，2020年常德艺术节暨“百团大赛”闭幕。湖南省文化和旅游厅党组成员、副厅长张帆，常德市委副书记朱水平，市委常委、市委宣传部部长康重文，市人大常委会副主任杨新辉，副市长周代惠，市政协副主席傅绍平出席闭幕式并为获奖团队颁奖。2020年常德艺术节暨“百团大赛”涵盖专业舞台艺术展演、群众文化节目展演、美术书法摄影作品展览、文创及“非遗”产品展示四大主体活动，包含美术、书法、摄影、戏剧、曲艺、歌舞等10多个艺术门类。自2020年3月启动，全市共1123个文艺团队参赛，21000多名演职人员参演，创作产生2023个文艺节目和400余件美术书法摄影作品。经专家评审，评选出专业舞台艺术类新创大戏优秀剧目奖3个、一等奖6个、二等奖7个、三等奖10个、优秀奖8个；群文舞台艺术类一等奖14个、二等奖16个、三等奖27个、优秀奖33个，优秀民间文艺团体30个；美术书法摄影类一等奖15件、二等奖36件、三等奖60件、优秀奖189件。颁奖晚会上，表演节目涵盖民乐合奏《炫动江南》、原创歌剧《那条路》、群舞《西海谣》等。

【全市组织创作抗疫歌曲】 全市文艺工作者积极投身“艺抗疫情·云游湖南”主题文艺创作和征集活动，上报文艺作品393件，雕塑作品《特殊时期》、歌曲《你安好我无恙》《逆风而行》《有时》等多个文艺作品获得省文旅厅的奖励，推荐在“学习强国”上展播。

【常德市5件作品入围中国曲艺牡丹奖】 第十一届中国曲艺牡丹奖大赛，湖南省共选送11个曲种23部作品参加大赛初评，湖南省共有10件作品入围，其中常德丝弦《陈毅拜师》《昭君出塞》、说鼓《审八斤》、渔鼓《法（读biang）门寺》、鼓盆歌《扶贫佳话》5件常德作品入围，杨羹华入围大赛新人奖，鼓书《法门寺》获得牡丹奖文学奖提名。

（李　晴）

市文化馆

【概况】 常德市文化馆是财政全额拨款的公益一类事业单位。馆舍坐落在白马湖文化公园内，面积约1万平方米，是集小型剧场、艺术教学辅导培训、美术书法摄影展览、非物质文化遗产展示、文化娱乐、公共文化资源整合调配于一体的城市标志性建筑。每周一至周六的9时至17时免费对外开放。其主要职能是：组织策划承办各类艺术展示、展览、比赛、演出等，举办各类公益性艺术辅导培训、讲座，普及科学文化知识，开展社会教育，提高群众文化素质；指导群众业余文艺团队建设，辅导和培训群众文艺骨干；组织并指导群众文艺创作，开展群众文化工作理论研究；收集、整理、研究非物质文化遗产，开展非物质文化遗产普查、展示、传承、保护活动；指导传承人开展传习活动。组织的比较有社会影响力的活动有：常德市群众文艺演出百团大赛、常德鼓书大王擂台赛、武陵欢歌·白马湖大型广场文化活动、“百团大赛大舞台”惠民演出活动、外来务工子女免费艺术培训班、中老年免费艺术培训班、艺术常德大讲堂、馆办团队下基层文艺演出、馆办刊物《艺术常德》等。

【文化活动】 2020年，市文化馆在抓好新冠疫情常态化防控的同时，积极开展惠民艺术活动和培训，全年开设各门类免费艺术培训班27个，举办美术书法摄影展览9场，开办基层业务骨干培训班2期，举办艺术常德大讲堂10场，在文化馆剧场组织演出45场，在常德河街鸳鸯走马楼举办曲艺演出16场；承办2020年常德艺术节暨“百团大赛”演出12场，武陵欢歌广场文化活动9场，馆办文艺团队下基层惠民演出暨群众文艺作品推广10场，开展对外艺术交流2次，组织各类创作笔会和创作活动5次，编辑馆办刊物《艺术常德》4期。各类培训和服务惠及群众100多万人次。

（李　晴）

常德博物馆

【概况】 常德博物馆位于常德市武陵大道南段282号，成立于1993年，2014年12月启动改扩建工程，2020年5月18日重新对外开放。建筑面积1.1万平方米，展厅面积5267平方米。馆内文物藏品12077件（套），其中一级文物83件（套）。展览包括基本陈列《常德历史》，专题展《常德根艺》《常德民俗》《常德名人》《常德名胜》。常德博物馆于2004年被公布为全省爱国主义教育基地，2009年被评为国家二级博物馆和国家国防教育示范基地。2020年，该馆充分利用本地文化资源优势，坚持社会教育和业务工作相结合，坚持“展览为民”“活动为民”“学术为民”的服务理念，成为广大市民尤其是青少年接受爱国主义教育的重要场所。

【陈列展览】 2020年的展览以“德行千载，史蕴常德”为主题，包括基本陈列《常德历史》，专题展《常德根艺》《常德民俗》《常德名人》《常德名胜》，全面展现常德本土的历史文化。2020年1月，采取移动展板的形式推出《瑞鼠吐宝——庚子鼠年新春生肖文物图片联展》，并将展览义务送到学校、社区、农村，开展10多场巡展活动。7月，推出《珍藏记“疫”致敬英雄——常德市抗疫见证物暨疫情防控展》，为开馆后面向社会推出的首个临时展览。

【宣传教育】 春节期间开展“我们的中国梦湖湘文化进万家”写春联送福字活动；围绕“国际博物馆日”“文化和自然遗产日”，举办专家导赏、义务讲解、免费发放宣传资料、组织文化志愿者培训等活动；7—8月，与FM105.6常德综合广播联合举办2期小小讲解员社会教育活动。在常态化疫情防控条件下，全年接待观众约15万人（次），其中零散观众约11万人（次），单位团体297个，约4万人。

【志愿服务】 全年共举办6期志愿者培训，培训近100名志愿者，义务提供讲解、咨询、引导、摄影等服务，共服务602次，总服务时长1605小时；成立志愿者工作委员会，选举出志愿者委员会委员；继续开展志愿者招募工作，全年招募志愿者30多名；加强对志愿者的管理，完善常德博物馆志愿者在“湖南志愿服务网”注册工作。

（李　晴）

市图书馆

【概况】 常德市图书馆是财政全额拨款的公益一类事业单位。馆舍占地0.9公顷，建筑面积7524平方米，主要职能是图书采编与储藏，图书资料借阅和图书馆学研究。总藏书量70.85万册，可移动文物12472册，共8个服务窗口对外开放，具体开放时间为每周二至周日的上午9时至12时，下午1时至5时（报刊阅览室开放时间为8时15分至17时）。年接待读者86.12万人次，书刊文献外借人次12.96万人次，外借书刊40.44万册次。在第六次全国县级以上公共图书馆评估定级中被评定为“国家二级图书馆”；2017年被授予“湖南省青少年党史国史教育活动先进集体”称号；2017年、2018年获第36、37届“全省少年儿童系列读书活动组织奖”；2019年获“第38届全省少年儿童庆祝新中国成立70周年系列读书活动先进集体奖”；2020年度获得“全省文化旅游系统标兵集体”“湖南省公共图书馆参考咨询联盟2019—2010年度先进单位”“2020年湖南省图书馆业务培训班暨业务知识竞赛活动优秀组织奖”等荣誉。

【阅读活动】 2020年，市图书馆一手抓好新冠疫情常态化防控，一手抓阅读，先后在全市范围内开展趣味手工课堂、专题讲座、经典诵读、知识展览等形式多样的阅读活动共170余场，参与人次多达2万余次。开展成人品牌阅读活动“书友讲堂”6场，每场140余人次参与；开展少儿品牌阅读活动“常悦课堂”34场，每场参与量2000人次；走进社区、机关、学校、乡村开展“四进”活动10次，送去图书10138册；开展“德育课堂”“正面管教”等课堂37讲；开展“影视展播”“常图视野”等展览45期；新建桃川万寿宫分馆及流通点共6个。在疫情闭馆期间，市图书馆开展的“战‘疫’有我，共盼春来”系列主题活动，在16所市县区学校和2所省内外学校征集作品共350余篇在线上展览。

（李　晴）

新闻出版

【概况】 2020年，常德市新闻出版行业严格进行年度核验，年检过程中，严格按照年检工作要求，审查各单位报送的数据资料。完成2019年度重新核发连续性内部资料准印证工作。需重新核发连续性内部资料准印证98种，其中，重新核发连续性内部资料85种，注销连续性内部资料13种。开展新闻单位驻地方机构2018年、2019年核验以及“新闻单位驻地方机构许可证”换发工作。全市有10家新闻单位驻地方机构完成核验换证工作，全部核验合格。

发行企业年度核验。全年有260家发行企业参与年度核验。其中，出版物批发企业6家，零售企业254家（含网上书店31家），通过率100%。经年度核验和产业统计，2019年发行企业260家，资产总额17462.36万元，利润总额2812.94万元，从业人员2042人。

印刷年度报告和产业统计。截至2020年3月23日，应参加年度报告印刷企业206家，实际参检企业202家（其中出版物印刷企业、内部资料性出版物印刷企业29家；排版、制版、装订专项印刷企业2家；包装装潢印刷企业66家；其他印刷品印刷企业103家；专营数字印刷企业2家）；未参检企业1家；注销3家，年检率98.1%，合格率100%。经年度报告和产业统计，2019年印刷企业202家，资产总额共计316185.54万元，销售收入共计265179.96万元，从业人员4808人。年印刷总产值5000万元以上印刷企业达9家，国家印刷复制示范企业1家。

【“书香常德”全民阅读活动】 2020年，市委宣传部、市新闻出版局、市教育局、团市委等部门联合下发《关于开展2020年“书香常德”全民阅读活动暨第六届常德阅读节的通知》，策划常德阅读节、全民阅读“七进”等十余种大型全市性读书活动。常德市被省委宣传部、省新闻出版局选为“书香湖南”全民阅读电视宣传片取景地之一，全省仅3个地市。常德阅读节被评为第三届“书香湖南”全民阅读品牌项目。组织开展2020“新时代乡村阅读季”活动。其中，临澧县佘市桥镇文家店社区农家书屋管理员宋庆莲获评2020年“乡村阅读榜样”，全国仅21名，全省仅1名。宋庆莲作为湖南省唯一的专家评审代表，参加中央宣传部组织的“农民喜爱的百种图书”终评会。

（谭玄梓）

常德日报传媒集团

【概况】 2020年，常德日报社在《人民日报》上稿3条、《湖南日报》上稿7条，在《人民日报》客户端、新华社客户端上稿200多条，在学习强国上稿705条。《“击掌校长”张晓春的掌心温度》被《人民日报》客户端、学习强国、新华网、环球网等60多家平台转发，24小时内阅读量突破6100万人次。新闻短视频《女大学生中奖1.4万个鸡蛋，1万个捐赠家乡常德》话题冲上新浪微博全国热搜榜前10位，24小时内阅读量破1.5亿，获百万网友点赞。林毅参加湖南省第八批专业技术人才援藏，焦阳获评湖南省抗击新冠肺炎疫情先进个人。在职党员为防疫工作捐款14489元，退休党员捐款2850元。

平台上稿。2020年，常德日报社安排专人对接新华社、湖南日报社编委会和各级宣传部门，严格对标对表，确保对标全覆盖、宣传不缺位。加大对外推介常德的力度，促进对上上稿。要求《常德日报》《常德晚报》严格按照中央和省、市的要求进行宣传、报道和信息发布，坚决防止导向偏差影响新冠肺炎疫情防控大局。尚一网对中央主要媒体刊发的重要文章，特别是关于习近平总书记的重要报道，确保2小时内在“尚一头条”刊发。截至2020年年底，尚一网共在首页头条位置刊发关于习近平总书记重要报道1700余条。常德融媒开辟专题专栏，利用各种外发平台传递常德声音。户外传媒严格把好政治关，实现大屏播出零差错。

【媒体融合】 2020年，常德日报集团实施自2007年媒体分体运作以来的重大变革，对原来的五大媒体平台实行深度融合，将常德日报、常德晚报、尚一网、常德融媒的前采部门整合成融媒体中心、要闻部、党群政法新闻部、经济新闻部、城建新闻部、文教新闻部、医卫新闻部、社会民生新闻部、农村新闻部、言论和副刊部、区县市新闻部等部门，将后端编辑部门整合成日报编辑部、晚报编辑部、尚一网/融媒编辑部、视频视觉部。通过体制和机制创新，强化扁平化管理，实现组织架构重置、采编流程再造，打造面向“报、网、端、微、户外”五位一体的“中央厨房”，深入推进产品融合、渠道融合、平台融合、生态融合，形成资源集约、结构科学、差异发展、协同高效的全媒体传播体系。

2020年11月8日，常德日报社举办庆祝记者节登山活动　（陈　欢　摄）

【专题策划】 抗疫报道策划。2月初是疫情最紧张的时候，报社精心策划，派出采访小分队，冒着雨雪天气和被感染的风险，7天行程1300多千米，深入到常德与湖北交界的7个乡镇，采访21个村居140多名村镇干部群众，报道湘鄂两省边界地区共同抗击疫情的举措和感人事迹，在《湘鄂边战“疫”直击》专栏中鲜活呈现。《常德日报》开设《紧紧依靠人民群众、坚决打赢疫情防控阻击战》《坚定信心、同舟共济、科学防治、精准施策》等10多个专栏。6月30日推出《守护湘西北·常德抗击新冠肺炎疫情纪实特刊》，着力反映各级党委政府按照习近平总书记重要指示精神，紧急部署、科学决策、迅速行动，广大党员干部勇于担当、积极作为，全市人民同舟共济、同心战疫，同时集中展示各行各业在经济与社会统筹发展中的有益探索与成绩。《常德晚报》开设《让党旗在防控疫情斗争第一线高高飘扬》等栏目，推出《治愈率62%的“常德经验”》等深度稿件，推出《大疫之下》系列报道共10篇，从餐饮、种植、快递、养殖、茶产业等多角度反映疫情之下的常德经济现状。常德融媒通过海报、短视频故事、抖音、MG动画等多种形式进行深入报道，剪辑相关新媒体视频产品293个。其中《纸短情长！常德人员和武汉居民楼隔空‘对话’暖哭了》《进驻武汉两周，常德白衣战士从前钱发来‘视频家书’》获中国经济媒体“战疫”短视频大赛优秀奖。疫情防控期间，《常德日报》累计刊发疫情防控知识、政策宣传、公益广告专版121个，《常德晚报》刊发专版69个，尚一网、常德融媒开辟《疫情防控在常德》专栏，刊发相关新闻报道，普及防疫科普知识。“开放强市产业立市”报道策划。先后在7月24日（全省产业项目观摩和推进会当天）、12月7日（全市开放强市产业立市流动现场会当天）推出2个产业立市特刊。围绕“收好官、守底线、抓产业”，策划推出微视频《乘风破浪的常德园宝》，以拟人、自述体文案加旁白的方式，生动展示园宝的诞生和发展前景。“决战脱贫攻坚、决胜全面小康”报道策划。开设《决战决胜脱贫攻坚》《走向我们的小康生活·寻找最美笑脸》等专题专栏。2020年是决战决胜脱贫攻坚的收官之年，报社策划《脚印——讲述50位基层扶贫人物的故事》大型年度报道。记者紧紧围绕“脱贫攻坚”这一主线，深入实地采访，以文图和小视频等多种形式，讲述50位优秀驻村扶贫干部倾情帮助贫困户发展产业、改善生活、移风易俗，最终成功脱贫的动人故事。该组报道于4月3日起在《常德日报》、尚一网、常德融媒、集团微信矩阵、今日头条号、抖音号、企鹅号、百家号、人民号、学习强国号等平台上陆续推送。《常德宣传》2020年第5期头条推介报社脱贫攻坚主题宣传工作做法和经验。10月16日，《常德日报》推出“决战决胜脱贫攻坚”主题特刊，刊发市委书记、市人大常委会主任周德睿和市委副书记、市长邹文辉的署名文章《向夺取脱贫攻坚战全面胜利发起总攻》，推出《决胜沅澧奔小康》《不让一个人掉队》等深度报道。乡村振兴报道策划。5月4日，报社策划推出《我们村里的年轻人》系列报道。该系列报道瞄准“助力乡村振兴、贡献青春力量”的时代主题，深入乡村，通过一批优秀年轻人的生动讲述，展示新时代扎根农村或返乡创业的青年群体在落实振兴乡村战略中的生动探索和实践，与时代同命运、共发展，实现共同富裕的创举。市文明委2019年牵头评选表彰一批常德市首届最美新乡贤，为提升农村精神文明建设水平、充分发挥新乡贤在农村精神文明建设中的价值引领作用、在全市形成“立乡贤、学乡贤、做乡贤”的浓厚氛围，2020年，常德日报社推出《最美乡贤》系列报道，展示20位新乡贤风采，传播新乡贤文化，引导广大干部群众见贤思齐、崇德向善。专题报道策划。4月28日，由市委宣传部、市文化旅游广电体育局、常德日报社联合主办的“发现常德之美”影像征集活动正式启动，从踊跃投稿的近万件影像作品中，人们感受到常德前进的磅礴力量。5月，报社充分发挥主流媒体的影响力和公益性，策划“全城嗨购玩转常德——扩内需促消费”系列宣传及活动，为市委、市政府的中心工作宣传造势。《常德日报》开辟《扩内需促消费》专栏，推出近10个主题专版，为扩内需促销费营造良好氛围。发掘“常德元素”。推出《湖南屋脊上晒幸福》《卓校长来了》《动车闹热汤家溪》《种粮大户娄言明的责任与担当》《一名农业科技特派员的“寻宝”之旅》等一系列鲜活的报道和视觉专版。策划开展“我身边的食品安全守护者”主题短视频大赛，与梨视频联合推出抗击疫情“常德回忆录”5集系列短视频，为4名驻常德全国人大代表拍摄系列短视频《北京来电》，进一步扩大集团新媒体版块的影响力。

（陈　泳）

广播电视

【概况】 2020年，常德市广播电视台设有FM97.1交通广播、FM105.6综合广播、FM93.1音乐广播3个广播频率，新闻综合频道、公共频道两个电视频率，常德全媒等6个媒体平台。办有《常德新闻联播》《新闻在线》《常德品牌》《文明常德》《记录常德》《影像常德》《美好

2020年8月3日，市委副书记、市长邹文辉（左三）在常德河街为常德品牌中国品质生活馆揭牌（市广播电视台 供图）

常德》等电视栏目和《常德新闻》《市长热线》《校园广播网》《元气满满上班路》《阳光专线》《榜样》《乐游常德》《常德大玩家》等广播栏目，节目覆盖常德辖区9个县市区和周边地区，覆盖人口1500多万人。2020年，台党组确定为“机制建设年”，推进内容生产的供给侧结构性改革，讲好常德故事，讲常德好故事，继续强力推进内修气质、外修颜值的“双修工程”。被评为全省广播电视公益广告二类扶持播出机构。

防疫宣传。2020年，抗击新冠肺炎疫情战役，市广播电视台做到响应级别、投入力量、外宣上稿、原创爆款等四个“史无前例”。正月初一（2020年1月25日）启动新闻应急一级响应，全台上下工作人员包括140名采编播人员奋战一线，“常德全媒”APP正月初二（1月26日）正式上线，通过大屏小屏全媒体发布，分战役之初、市民宅家之后、复工复产之时进行宣传。2月15日，推文《风一程雪一程为君送一程》点击量超过159万。5条稿子在央视播出，100多条稿子在湖南卫视、湖南经视播出。

内容生产。加速推进媒体融合，坚持移动优先策略，在占据传播制高点上想深做实。“常德全媒”APP在疫情防控关键时刻上线，全年发稿1.5万条左右，推送短视频1000多条，2月18日入驻央视频和央视新闻移动网。常德全媒微信号长期占据全市龙虎榜影响力第一名。重大主题报道对标对表。播发电视新闻6000多条，出色完成全国两会、全省两会、疫情防控等重大报道任务，策划推出《在习近平总书记重要讲话指引下》《新时代新作为新篇章》《决战决胜脱贫攻坚》等系列和专栏。服务民生。组织开展蹲点式调研报道，先后到全市35个扶贫点村、扶贫车间、工矿企业等地采访，推出“走向我们的小康生活”“寻找最美笑脸”等报道。4月1日起，三个广播频率实行24小时全天候播出，《市长热线》音视频同步直播，全年80家上线单位，平均每场点击量超过10万，音频收听人次突破1000万。在追求社会效益上，台党组印发《市广播电视台2020年公益广告宣传工作方案》，市广播电视台被省广播电视局评为公益广告二类扶持机构，继续保持市州台领先地位。

对上宣传。2020年，市广播电视台全媒中心新设通联重点部，加快建立健全市、县级单位、社区、镇村的通联网络，全力打通中央、省级媒体发稿大动脉。全年在央视发稿113条，其中《新闻联播》11条，实现历史性突破。全年在湖南卫视发稿702条，时长16831秒，位列全省第三。主持人陆海静讲述的《一张申领42年的身份证》在2020年全省“好记者讲好故事”比赛中获一等奖，代表湖南参加全国比赛。27件作品获2019年度湖南新闻奖、湖南广播电视奖、播音主持奖、信息节目奖、论文奖，其中一等奖4件、二等奖7件、三等奖16件。

发力产业。为破解经营困局，在拓宽产业发展上求突破。“两馆一基地”揭牌开馆。8月3日，常德品牌中国品质生活馆、常德市消费扶贫生活馆、常德市乡村产业电商孵化基地在常德河街开馆，市长邹文辉揭牌。项目线上线下已成型。成功执行一系列重大活动。9月23日，策划执行“常德品牌·中国品质”沅澧共庆2020“中国农民丰收节”大型全媒体直播《一起来“丰”吧》，采用“1+4”联动进行直播，展示常德全面小康建设、乡村振兴的大场景。11月15日，承办全市统一战线“讲述常德故事”活动，全国政协副主席、民革中央常务副主席郑建邦出席并颁奖。运营承办2020常德柳叶湖马拉松赛，得到市委、市政府和组委会高度评价。常德全媒对赛事进行微直播，点击量300多万，新华社现场云、央视频、中国旅游TV等34家媒体平台参与德马直播推流总点击量1735万，承办武陵山片区广电传媒协作体年会，9家成员台近百人观摩采访报道德马，宣传常德。重大宣传片。围绕市委、市政府中心工作和阶段性重点工作，发挥常德高端影像制作优势，策划制作高标准的各类专题、宣传片40部，累计总时长约320分钟。全省项目建设现场会推介片《潮涌洞庭》、柳叶湖宣传片《你是我的眼》等大片得到各界高度评价。

【公益宣传】 市广播电视台专题调度全年公益广告工作，印发2020年公益广告宣传工作方案，广电主播先后就“防疫抗疫”“常德青年”“常德妇女”“禁毒”“不忘初心传廉声”“我和祖国共成长”等专项工作拍摄原创公益短片或开展诵读活动，充分展现常德广电主播的良好形象和媒体的责任担当。2020年，市广播电视台被省广播电视局评为公益广告二类扶持机构，原创视频公益广告《守护“粮”兴》《心有所信方能行远》分获电视类一、三等奖，原创音频公益广告《拒绝舌尖上的浪费》获广播类二等奖，继续保持市州台领先地位。

【经营创收】 2020年全台收入8376.45万元，其中，媒体经营收入2965.97万元，财政收入1480万元，产业和资产租赁收入3930.48万元。在新冠肺炎疫情和商业广告严重下滑的叠加影响下，在移动互联网的猛烈冲击下，市广播电视台通过拉通活动和直播发力产业，通过深耕文旅开拓市场，通过制作大片争取效益等一系列措施弥补损失，确保全年目标任务完成。

【安全播出】 4月1日起，通过广电大厦楼顶备发射机实现电台三套广播频率24小时不间断播出，在机房安装50千伏安稳压电源和备用功放器；更换电视高清硬盘播出系统的备视频播出服务器和二级存储设备以及太阳山FM93.1和FM97.1共用天馈系统；打通电台与融媒平台媒资共享接口；关停8频道模拟电视发射；做好电台播出、总控、发射机维护检修工作和电视播控、上载设备维护检修工作以及光缆线路、传送设备维护检修工作，确保全年广播电视节目安全优质播出、传送和覆盖，保证直播节目、栏目播出安全。

（吴雅琴）

调频转播

【安全播出】 2020年，中央广播电视总台、湖南广播电视台、常德广播电视台三级广播电视媒体26套节目转播发射工作任务，总播出功率达到129千瓦，广播电视无线信号直接覆盖资、沅、澧水流域中下游地区；洞庭湖平原、澧阳平原、湖北省江汉平原南部地区；周边张家界和怀化部分地区、贵州、重庆部分地区能收到，覆盖人口近1500万人。

【技术改造】 2020年主要进行供电改造，由1个变压器供电变为2个变压器供电，实现双高压回路一万伏变压供电和双柴油发电机供电模式，真正实现高可靠供电，供电项目全省领先。采购测试仪器，维修方式和维修手段更有保障。

【全面数字电视】 2020年12月31日24时，随着常德电视台新闻频道八频道模拟电视无线转播设备关停，标志着模拟电视的时代落下帷幕。电视转播工作正式全面迈入数字电视时代。利用数字电视新技术，中央和省级大部分电视节目、市级电视节目实现二十四小时播出。常德调频转播台被湖南省广播电视台覆盖传输中心评为管理先进台站。

（王洲帅）

图书发行

【概况】 2020年，新华书店常德分公司营业收入完成年计划的113%。全年发行《习近平谈治国理政》第三卷、《读有所得》等政治理论读本30多万册（套）。为全市1300多个农家书屋补充配发中共十九大相关学习辅导读物、农作物种植、畜牧养殖、医药卫生等图书，将图书配送到各农村书屋并将书籍上架。新华书店常德分公司被常德军分区评为“双拥书店”；石门县分公司获中央宣传部办公厅、

2020年5月12日，新华书店常德分公司开展文学照亮三湘——“书香政法·悦读人生”名家大讲堂活动

（周 哲 摄）

文化和旅游部办公厅、国家广播电视总局办公厅联合颁布的“第八届全国服务农民、服务基层文化建设先进集体”之“农家书屋和基层图书发行单位先进集体”称号。

【教材发行】 贯彻落实国务院关于义务教育阶段学生全部享受免费教科书的政策，做好义务教育阶段免费教材发行工作，兑现“课前到书，人手一册”服务承诺，做好教材的余缺调剂工作，解决学校因学生增减而产生的课本余缺，保障全市50多万名中小学生课前到书。

【门店管理】 提升门店服务标准，各公司学习和对照《全国新华书店实体门店服务标准》细则自查自纠，整改落实到位。门店内外营销活动。店外开展“名家讲座”“书香校园”和节假日营销活动，店内全市各级门店每月组织各种营销活动，助推全民阅读，营造良好的阅读氛围。校园书店。全市共建设校园书店23家，基本满足几十万名师生购书需求。

【产业创新】 公司通过深化体制机制改革加快产业调整，大力开展卖场升级改造，创新网点延伸模式，搭建线上营销推广平台，实现“线上品种齐全、线下精品突出+阅读体验”的线上线下融合发展模式，积极推动传统书业向数字化、网络化转型，在突出主业的基础上推动企业多元化转型升级。

（陈　思）

文物考古

【概况】 2020年，开展全市工业园区文物影响一般性评估工作，向省文物局提交全市共7个区县工业园区文物影响评估报告文本；组织各区县开展第八批国保单位的核准工作；组织完成2017—2018年文物保护专项资金使用情况自查自纠数据上报工作；组织完成2017—2019年各区县市文物保护项目评审工作；完成2021年国保、省保文物保护专项资金申报工作；完成石门天主教堂、桃源宋教仁故居、津市雌雄井市级文物保护单位的经费下拨工作；2020年湖南（金秋）文物博览会上，常德市相关单位参与的有9个案例入选为“湖南文物保护利用创新发展百佳案例”；《临澧伞顶盖旧石器遗址》《澧县孙家岗遗址》《常德南坪墓群》3个考古项目获“十三五湖南十大考古新发现”。

【文物安全和执法检查】 开展文物消防安全和文物建筑火灾隐患排查整治等工作。对澧县文庙、津市虎爪山遗址、太和观等重点文物保护工程进行监管与现场督察。联合东湖巷街道办、城管、公安等部门开展拆除违规利用常德市古城墙土地种植农作物的文物执法行动。通过市局印发《常德市文化旅游广电体育局关于加强文物行政执法工作的通知》，与市公安局联合制定《全市打击文物犯罪专项行动工作方案》，建立联合执法巡查制度和执法协同机制。全年无重大文物安全事故发生。

【省文物部门在常德考古发现】 澧县鸡叫城遗址考古发掘。鸡叫城遗址位于常德市澧县涔南镇鸡叫城村（原复兴村），属洞庭湖区澧阳平原东北部，是一处新石器时代城址，为全国重点文物保护单位。2020年3月下旬至5月上旬，将北区未完成探方发掘至底。在既有工作的基础上，通过对城墙和早期环壕的解剖，进一步厘清鸡叫城从环壕聚落发展为城的过程和年代，为日后长期的考古工作构建时间框架。汉寿县老坟山遗址考古发掘。老坟山遗址位于常德市汉寿县株木山乡全赋村，属沅水二级台地，为丘陵地貌。该地点分布有战国至西汉时期的墓群，因常益长铁路项目建设，湖南省文物考古研究所联合汉寿县文物局对项目红线范围内涉及的墓群区域开展抢救性考古发掘工作。2020年6月6日对其进行抢救性发掘，至2020年8月24日结束。该遗址的石器工业出现小型化的趋势，石片石器工业与砾石石器工业共存，根据埋藏地层与所处地貌分析，遗址的时代为更新世晚期，其文化面貌与邻近的澧县乌鸦山遗址较为接近。老坟山遗址为汉寿县首处经科学发掘的旧石器遗址，丰富“澧水文化类群”的文化内涵，为探讨沅水流域旧石器文化特点，区域内古人类生态适应性策略的演变提供重要的材料。汉寿老坟山墓群考古发掘。汉寿老坟山墓群位于常德市汉寿县株木山乡云台村。墓群分布在撇洪河东侧的台地上、面积约64万平方米。因常益长沙铁路项目建设，湖南省文物考古研究所联合汉寿县文物局对项目红线范围内涉及的老坟山墓群区域开展抢救性考古发掘工作。截至2020年9月6日，项目主线区域墓葬发掘结束，其中以战国中晚期墓葬为主。老坟山墓群的发掘是沅水下游地区楚墓又一次较大规模的发掘，也是汉寿楚墓最大规模的一次发掘。津市苗儿岗遗址考古发掘。苗儿岗遗址位于湖南省常德市津市市毛里湖镇樟树村12组，澧水右岸一个当地人称苗儿岗的岗地上。该山冈东临澧水，南北皆为水塘，是一个较为独立的地貌单元，面积约7.3万平方米。2019年10月中旬至2020年1月，为配合安乡至慈利高速公路工程建设，经国家文物局批准，湖南省文物考古研究所对苗儿岗遗址位于项目施工红线范围内部分区域进行考古发掘。出土遗物具有典型彭头山文化特征，大致为彭头山文化晚期。该发掘是继澧县彭头山、八十垱遗址、临澧杉龙岗遗址发掘之后对澧水流域又一处彭头山文化遗址的大面积揭露，是首次在澧水南岸区域发现彭头山文化遗存。澧县孙家岗遗址考古发掘。孙家岗遗址位于湖南省西北部，澧阳平原之西近武陵山余脉处，是一处新石器时代末期至夏代早期的遗址，总面积超过22万平方米，规模较大，文化堆积丰富。该遗址是国家文物局“考古中国”重大研究工程专项课题“长江中游文明进程研究”的田野工作地点之一，湖南省文物考古研究所已连续多年对该遗址开展主动性田野考古工作。2020年，随着墓地现存墓葬基本发掘完毕，孙家岗遗址田野工作的重心从墓地转移至居址生活区。截至12月上旬，年度田野考古工作进度过半。汉寿县核拓普二期项目考古发掘。2020年10月10日至29日，湖南省文物考古研究所受湖南省文物局委托，组织汉寿县文物局业务人员组成核拓普二期项目文物调查勘探队。

（李　晴）

体育

【概况】　2020年，在市委、市政府支持下，常德市紧抓全民健身上升为国家战略的重大机遇，深入贯彻国家《全民健身计划（2016—2020年）》和《“健康中国2030”规划纲要》。大力实施全民健身工程，广泛开展全民健身活动，人民群众精神文化生活日益丰富，全民健身事业得到持续、快速、健康发展。2020年，在做好疫情防控的前提下，积极组织开展各项活动，共参加省级以上全民健身活动2次，承办省级以上全民健身活动2次，举办全市全民健身活动10余次，进一步丰富市民的业务生活。

【常德市第六届市直机关运动会】
常德市第六届市直机关运动会于10月30日在常德市体育中心举行，运动会由常德市人民政府主办，市直属机关工委、市文旅广体局承办，共55支代表队2700余名运动员参赛，设置广播体操、男子篮球、乒乓球、羽毛球、围棋、男子五人制足球等比赛项目。

【2020常德柳叶湖马拉松赛】
2020常德柳叶湖马拉松赛事于12月13日在白马湖公园起跑，赛事是由中国田径协会技术认证，湖南省体育局、常德市人民政府主办，湖南省田径协会、常德市文化旅游广电体育局、常德市武陵区人民政府、常德柳叶湖旅游度假区管理委员会承办。受疫情影响赛事限定运动员5000人参加，其中马拉松项目限报2000人、半程马拉松项目限报2000人、欢乐跑项目限报1000人，限省内选手，即身份证号“43”开头的中国公民。赛事比赛路线在2019年基础上进行调整，出发点在白马湖文化公园，经柳叶大道、柳叶湖环湖专用赛道等，至终点柳叶湖游客集散中心。

【2020年常德市全民健身迎春大联欢活动】　1月16日，“健舞飞扬”2020年常德市全民健身迎春大联欢活动在常德市河街春秋广场举行，活动由常德市委宣传部、常德市文旅广体局指导，常德市全民健身服务中心主办。全市1000多名广场舞、曳步舞、瑜伽、武术表演者参与，为新年全民健身掀起新篇章。

【“挑战星期六·全民健身嗨起来”系列活动】　在新冠疫情逐渐得到控制，并取得相关部门的批准下，由常德市实施全民健身计划指导委员会指导，常德市文旅广体局主办，常德市全民健身服务中心承办，组织开展“挑战星期六·全民健身嗨起来”群众体育系列活动。旨在将一些群众喜闻乐见、参与度广的一些体育项目纳入其中，包括“挑战星期六·我是大魔王”“挑战星期六·全民健身嗨起来”之最美乡村行、“挑战星期六·武陵论剑争霸赛”等系列活动，活动的开展得到广大市民的大力支持，进一步推动全民健身事业的发展。

【2020“全民健身日”湖南分会场活动暨第二届亲水健身节】　8月7—8日，2020“全民健身日”湖南分会场活动暨第二届亲水健身节活动在常德举行，主会场设在沅江诗墙公园（抗洪英雄纪念碑），分会场设在市体育中心和万达广场。活动由湖南省体育局、常德市实施全民健身计划指导委员会主办，常德市文旅广体局承办，常德市全民健身服务中心执行，涵盖广场舞、曳步舞、太极拳、武术、拉丁舞、瑜伽、健身健美、千人横渡沅江游泳比赛、网球邀请赛、轮滑比赛、市民免费体质检测、科学健身宣讲等，共有2000多名省内健身爱好者参与，活动得到省、市领导的高度评价。

【中国新能源汽车拉力赛环洞庭湖（常德站）比赛】　10月14—15日，由湖南省人民政府、中国汽车摩托车运动联合会主办的中国新能源汽车拉力赛环洞庭湖（常德站）的比赛在常德柳叶湖举行，共有200多名车手、裁判员、工作人员、媒体记者和领导嘉宾参与活动。常德市全民健身服务中心为具体执行单位，配合省组委会完成前期调度、后勤接待、赛道安保、组织领导嘉宾及车手参观常德市博物馆等工作，为赛事的成功举办保驾护航，最终常德赛段在环洞庭湖站赛事中获得“最具人气赛区奖”。

【全民健身挑战日·健康湖南e起来（常德站）活动】　11月8日，由中华全国体育总会、湖南省体育局联合主办，常德市文旅广体局承办，常德市全民健身服务中心执行的全民健身挑战日·健康湖南e起来（常德站）的活动在常德市体育中心举行。设有广播体操、广场舞、太极拳、啦啦操、柔力球5个集体项目展示和挑战垫球王、挑战拉丁王、挑战投篮王等10个单项挑战项目。11月29日，单项挑战王和啦啦操队组成的常德代表队参加在衡阳举行的全省总决赛，共获得1金2银1铜的成绩。

【第六次国民体质测试及各类公益培训】 2020年，受疫情及场馆改造影响，对1209人开展包括跆拳道、青少年明目功、围棋、武术和排球等项目的公益培训，含二级社会体育指导员378人，对3206人进行国民体质测试。

【市体育中心及体育公园提质改造】 常德市体育中心提质改造项目于2019年9月正式启动，至2020年10月结束并正式对外开放。新上笼式足球、板式网球等多个健身场地，升级改造室外乒乓球场、室外篮球场、全民健身路径、智能健身器材等。根据国家体育总局对大型体育场馆开放的有关要求，坚持免费低收费开放，满足市民健身需求。常德市体育公园的提质改造于2020年10月正式启动。

（李　晴）

青少年体育赛事

【省级赛事】 8月22—23日，2020年湖南省市际青少年击剑邀请赛（常德站）暨常德市青少年击剑锦标赛在柳叶湖决云国际击剑运动中心举行。比赛共有全省5个市州代表队，共65名运动员参加比赛。

【市级赛事】 10月30日至11月1日，2020年常德市青少年乒乓球锦标赛暨第五届“新苗杯”少儿乒乓球比赛在鼎城区体育馆举行。共有来自全市各县市区18支代表队，运动员、教练员、领队共246人参加比赛。11月21—22日，2020年常德市青少年阳光体育运动联赛武术、拳击比赛分别在湖南文理学院体育学院体育馆和市体育运动中心德泰泰拳搏击俱乐部举行。武术比赛共有9支代表队，172名运动员、教练员、领队参加。拳击比赛共有9支代表队，143名运动员、教练员、领队参加。12月5—6日，2020年常德市青少年羽毛球、网球冬季训练营暨调研赛分别在锦途体育馆和市体育中心网球场举行。共有全市各县市区165名青少年羽毛球、网球爱好者参加冬季训练营暨调研赛，有力加强青少年体育后备人才培养。

（李　晴）

省级以上重大体育比赛

【概况】 9月15—18日，在浙江绍兴举办的全国田径锦标赛中，常德籍运动员廖孟雪、童曾欢分别获得女子100米银牌和女子200米银牌，与队友获得女子4×100米接力铜牌。9月22—30日，在陕西宝鸡举办的全国射击冠军赛中，常德籍运动员刘锐以589环（38中）的成绩获女子25米手枪项目金牌。11月10—14日，在浙江丽水举办的全国皮划艇静水锦标赛中，常德籍运动员周玉获得女子单人皮艇500米金牌和女子四人皮艇500米金牌。11月15—20日，在上海举办的全国赛艇锦标赛中，常德籍运动员张亮获得男子单人双桨2000米金牌和男子双人双桨2000米金牌；常德籍运动员李树文、张志瑜与队友一起获得男子四人单桨2000米银牌。10月27日至11月3日，在福建莆田举办的全国射击锦标赛中，常德籍射击运动员刘锐、杨帆与队友一起以1741环的成绩获女子25米手枪项目团体金牌；刘锐以582环（30中）的成绩获女子25米手枪银牌。

常德市共组队参加2020年湖南省青少年锦标赛田径、游泳、射击、篮球、排球、足球、乒乓球、羽毛球、网球、摔跤、柔道、跆拳道、举重、跳水、武术、拳击、攀岩、高尔夫、皮划艇、赛艇、击剑等21个项目的比赛，共获得金牌48枚、银牌52枚、铜牌64枚、总分2039分，完成年初既定工作目标。

【张亮打破陆上赛艇马拉松世界纪录】 6月6日，常德籍中国赛艇领军人物张亮挑战有滑轨陆上赛艇30～39岁年龄组男子马拉松世界纪录，以2小时19分20秒8大幅度刷新世界纪录，超过当前所有陆上赛艇男子马拉松的世界纪录，张亮成为全世界陆上赛艇马拉松划得最快的人。国家体育总局党组书记、局长苟仲文为张亮颁发奖牌。

（李　晴）

卫生健康

综述

【概况】 2020年，市卫生健康委员会（以下简称市卫健委）获评全省抗击疫情先进集体和全省卫生健康工作先进单位，全市卫生健康系统共获得中央、省、市各类表彰激励44项。

新冠肺炎疫情防控。新冠肺炎疫情防控期间，全市卫生健康系统干部职工和医护人员夜以继日、接续奋战在医疗救治、院感防控、核酸检测、流调溯源、疫苗接种、应急处置第一线，同时间赛跑、与病魔较量，仅用28天实现全市无新增病例，仅用40天实现所有病例治愈清零，有力有效保障全市人民群众生产生活和经济社会秩序的加快恢复。全市共组织81名医务人员支援湖北抗疫，参与援鄂的市人民医院团队、市中医医院团队、湘雅常德医院团队，得到国家和湖北省的充分肯定。进入疫情常态化阶段后，全市卫生健康系统严格落实“三嵌入两闭环一纳入”防控策略，强化应急指挥体系、提升防控救治能力，守住医务人员零感染、院感事件零发生、确诊病例零死亡、境外疫情零输入的底线红线。整个疫情防控工作得到各级督查组的充分肯定，获得市委、市政府的高度评价，赢得人民群众的一致好评。市疾控中心等2个集体、李德辉等3名个人获中共中央、国务院表彰，市卫健委等17个集体、张恩等55名个人获省委、省政府表彰。

医疗卫生体制改革。按照“一年打基础、两年出成效、三年抓提升”的整体部署，聚焦“看病难、看病贵”问题，对标深化医改的阶段性目标任务，加大统筹协调力度，综合医改工作各项指标稳中向好，全市综合医改工作以全省排名第一的优异成绩，获省政府真抓实干激励表彰，市卫生健康委获全省卫生健康工作先进单位。公立医院综合改革。全市现代医院管理制度试点医院达26家，全面推进公立医院党的建设和医院章程制定，完善公立医院内部管理制度。启动医院绩效考核，研究制定二级公立医院绩效考核办法，市直医院和区县市公立医院均制定《绩效工资分配方案》，市第一人民医院、石门县人民医院在全国三级公立医院绩效考核中排位B+等次，石门县人民医院在全省县级医院中排名第一。医联体建设。按照“规划发展、分区包段、防治结合、行业监管”的原则，加快推进市医疗集团和县域医共体网格化布局建设，着力推进医疗联合体内部运行机制建设，推动医联体内落实“总额付费、结余留用、合理超支分担”的政策，市直医疗集团正在从松散型向紧密型医联体过渡。县域综合医改。以紧密型县域医共体建设为抓手，按照“县强、乡活、村稳、上下联、信息通、模式新”的思路，推动区县市医共体加快实现行政、人员、财务、质量、药械、信息系统“六统一”，提升县域医疗健康综合服务能力。临澧县在全国医共体宣传推进会上作典型发言。落实分级诊疗。各区县市结合实际制定患者“上、下、外”转诊目录，正确引导患者在医共体“内外双向”有序转诊，五大基本医疗卫生制度框架基本定型，重点人群、主要慢性病分级诊疗格局基本形成，很大程度上缓解“看病难，看病贵”的问题。2020年全市县域内住院就诊率达91.53%，基层诊疗占比达53.51%，高于全省平均水平，居民个人卫生支出占卫生总费用的比例下降到33.27%。

医疗服务能力。常德被定为4个省级区域医疗中心之一。基层服务。建制乡镇卫生院2名全科医生、村卫生室配置合格乡村医生实现全覆盖；全市建制乡镇卫生院标准化建设达标率、行政村卫生室标准化建设达标率、公有产权率均超过省平均水平，45岁以下乡村医生参加城镇企业职工基本养老保险率超过省考核指标达到94.81%，构建起覆盖城乡的“农村十五分钟、城市十分钟”的医疗服务圈，有效满足人民群众“有地方看病、有医生看病”的需求；行政村卫生室6000元运行经费按照省和市县1∶1比例配套的要求，市县配套到位459.9万元。常德市在全省卫生健康工作大会上围绕全面推进基层医疗服务能力建设作典型发言。医卫资源配置。市县两级公立医院全部提质升级，共建立国家级重点专科6个，省级重点专科45个，市级重点专科87个，基层医疗卫生机构基本达标，全市有医疗卫生机构5069家，各类医护人员35473人，床位4.28万张、执业医师1.78万名，千人床位数、医生数分别从5.51张、1.91名提高到7.32张、3.05名。健康常德行动。制定《健康常德行动实施方案》和《健康常德行动考核指标框架》，明确16个专项行动26项考核指标。信息化建设。智慧医院建设初具规模。全市33家二级及以上公立医院和210家基层医疗卫生机构完成电子健康卡环境改造，老百姓仅凭电子健康卡就能在市、县两级医疗机构就诊看病；建立智慧医疗信息化平台，86.96%的公立医院建立电子病历，居民健康电子档案建档率达87.16%。“互联网+医疗健康”有序推进。22家医院经过互联互通系统改造，普遍能提供分时段预约诊疗、智能导医分诊、候诊提醒、检验检查结果查询等线上服务；市直5家、县级9家公立医院成功接入全省预约诊疗服务平台，石门县、临澧县、澧县建立医共体内远程医疗会诊中心，形成省、市级医院与乡镇卫生院互联互通的格局。基础项目。2020年，全市有8个医院项目和7个普惠托育项目开工建设，获得中央投资计划下达资金1.24亿元；市第一中医医院、市妇幼保健院、市第五人民医院“建迁并”工程初具规模；市第一人民医院急救中心妇儿中心综合大楼完成“正负零”工程；市第二人民医院住院综合大楼主体工程基本完工；投资近3亿元的市公共卫生中心完成前期开工准备；全市财政预算安排1.5亿元分3年建设30个乡镇县域医疗副中心。医卫人才。2020年开展引才活动12场，引进博士生4名、硕士生123名，医疗队伍结构不断优化；将乡村医生不足的问题纳入民生实事，安排900万元专项资金，连续3年共培养300名乡村医生。各级各部门和社会各界高度关注卫生健康事业发展，真正形成尊医重卫的浓厚氛围。

医疗卫生服务管理。出台《常德市完善医疗卫生服务体系加强医疗卫生服务能力建设三年行动方案》，推进全市医疗卫生事业高质量发展；出台《常德市改革完善医疗卫生行业综合监管制度实施方案》，完成“十四五”卫生健康总体规划和各专项规划。优化服务。深入落实《常德市优化医疗服务流程改善群众就医感受十项措施》，推动改善医疗服务行动落实；持续实施优质护理服务，积极发展老年护理、康复护理服务，精准对接群众多样化康复需求；继续深入实施门诊病历通用、普及电子健康卡、检查结果互认、减少不必要的检查项目等十项具体举措，方便群众就医，杜绝过度医疗，减轻群众就医负担；支持鼓励社会办医，满足社会多样化的医疗服务需求。加强投入。2020年市财政共为7家市直公立医院安排经费14065万元，较同期净增加8939万元，投入项目包括定额补助4455万元、药品零差率补助1523万元、住院医师规范化培训补助150万元、贷款贴息补助7700万元及其他专项补助237万元；建立财政投入动态增长机制，市县两级投入61.27亿元，较2019年增长近十个百分点。

公共卫生和卫生应急。在扎实推进疫情防控的同时，全面落实基本公共卫生服务项目，扎实推进结核病、艾滋病、地方病和血吸虫病防治等攻坚行动；研究制定《推进医疗卫生和公共卫生高质量发展三年建设行动方案》，完成“五大中心”建设的前期谋划；加强慢病防控工作，完善慢病综合防控协调机制，津市市创建为国家慢病综合示范区，实现常德市国家级慢病示范区建设工作“零的突破”。市本级和“四区”财政预算共安排300万元专项经费用于市中心城区、外环境和城乡接合部病媒生物消杀工作，市病媒生物预防控制蝇类达标通过省级评审；桃源县、津市市通过国家卫生县城、卫生城市复审，新创2个“省级卫生镇”和3个“市级卫生镇”。

健康扶贫。全市建立1385个签约服务团队，组织6355名家庭医生签约常住居民230.68万余人；建档立卡的6.17万名四类慢病患者、5.58万名新增六类慢病患者、6.34万名其他慢病患者全部纳入管理、履约服务。对大病患者予以专项救治、及时救治，全市确诊33种大病总人数24246人，集中救治24190人，救治到位率99.77%。建档立卡贫困人口在县域内住院，一律实行“先诊疗后付费”和“一站式”即时结算。健康扶贫工作满分通过国省考核，市卫生健康委被评为全省行业扶贫、驻村帮扶、扶贫协作优秀单位。

中医药事业。中医药工作全面

推进、传承创新、成效明显，建成国家级中医重点专科5个、省级重点和特色专科20个、市级重点专科27个。进一步强化中医骨伤、肿瘤、皮肤、风湿病与疼痛等专科医疗联盟建设，形成中医药特色优势。2020年市财政投入1056万元中医药事业发展经费，“信中医、用中医、爱中医”的氛围日趋浓厚。通过全国基层中医药工作先进单位现场复评，继续保持“全国中医药先进市州”称号。

【卫生监督执法】 全年对1220家单位开展“双随机、一公开”监督抽检，全面完成国家“双随机”监督抽检年度目标任务；对6116家公共场所和448家农村集中式供水单位开展饮用水卫生监督检查；在全市范围内开展校园及周边食品安全“护苗行动”联合暗访督导检查，共监督检查学校1209所。截至2020年12月底，全市共开展监督检查18235户次，有效单位数14215户次，查处案件985起，监督检查有效单位数和案件数均排名全省第二，在全省卫监案例评审中，获得省级二等奖、三等奖案例各1个。制定监督执法“十个严禁”“十个不准”，开展“监督执纪在一线”活动，大力推行“一次性监督执法”模式，杜绝扰企执法、多头执法，工作经验在《湖南日报》等主流媒体刊载，综合监督工作居全省第三名。食品安全企业标准备案全部实行网上办理，风险监测点覆盖所有县市区。

【重点人群健康保障】 2020年，全市居民人均预期寿命达到77.98岁，市民健康素养水平达22.5%，均优于全省平均水平。完成孕产妇免费产前筛查27480人、农村及城镇低保适龄妇女“两癌”免费检查104957人，超额完成年度目标任务。母婴安全和儿童健康行动计划全面落实，婴儿死亡率从3.19‰降低至2.16‰，孕产妇死亡率从21.14/10万降低至13.49/10万。出生缺陷发生率持续改善，孕前优生目标人群覆盖率达100.18%，新生儿疾病筛查率为91.08%，成功救助4例先天性结构畸形患儿，为老百姓解决实际困难。推动婴幼儿照护服务发展，推进普惠托育中央投资项目建设，获得725万元中央预算内投资，全市公共场所配置母婴设施71处，配套到位率达100%，17家托育机构完成备案工作，7家托育机构申报“国家教育现代化推进工程普惠托育服务专项行动”项目获批。老年人健康服务体系不断健全，二级及以上综合性医院设立老年医学科的比例达47%以上，超过全省平均水平；推进“银龄安康”工程，提高老年人幸福感、安全感，在全省老龄健康工作会议上作经验交流。全市救治救助尘肺病农民工1390人次，超额完成年度救治任务。

（邓公情）

疾病预防控制

【概况】 2020年，常德市疾病预防控制中心获全国抗击新冠肺炎疫情先进集体、全国先进基层党组织、全国农村饮用水卫生监测十年工作突出单位、2004—2019年中国死因登记报告工作先进集体、湖南省文明单位、全省环境与健康工作先进集体、湖南省学生常见病和健康影响因素监测与工作市州级先进单位、2020年湖南省疾控系统宣传教育先进单位、2020年全省急性传染病监测工作先进集体。

疾控中心工作人员获全国抗击新冠肺炎疫情先进个人、湖南省抗击新冠肺炎疫情先进个人、湖南好人、新时代“最美逆行者”、最美疾控逆行者、支援湖北省黄冈市抗击新冠肺炎疫情工作表现突出个人、黄冈市荣誉市民、2020年度全省环境与健康工作先进个人、湖南省学生常见病和健康影响因素监测与干预工作市州级先进个人、2004—2019年中国死因登记报告工作先进个人、2020年湖南省疾控系统宣传教育先进个人、全省急性传染病监测工作先进个人、全省突发公共卫生事件和传染病信息报告管理工作先进个人、2020年度全省食品安全风险监测工作先进个人、全省消除疟疾行动计划中做出突出贡献的个人、2020年度湖南省巾帼建功标兵等荣誉。

疫情防控。新冠肺炎疫情初期，中心组建11个工作组，8个采样组，4支应急处置机动队全天候值守。指导全市防控工作，通过“全民动员、全员参与、全球采购”，累计采购700多万元物资和设备，在市新型冠状病毒肺炎疫情防控指挥部领导下，合理调度、科学安排防控物资的调拨、分配和监管，确保防控物资专物专用、相关人员职业防护需求，实现防疫人员零感染。第一时间精准识别和管控传染源，规范管控密切接触者，突出重点人群、重点场所疫情防控。全年全市累计报告新冠肺炎病例84例（含长沙市报告常德市2例），未报告死亡病例；报告无症状感染者16例；累计追踪密切接触者3108人。所有病例、无症状感染者、密切接触者均已痊愈或解除隔离观察。追踪境外返回常德人员1224人，发现无症状感染者1例。派员指导机场、码头、车站、交通卡口检疫工作，有效防止传染源输入和传播。起草并下发《新冠肺炎流行期间常德市生产企业复工复产防控指引》《新冠肺炎流行期间学校复课防控指引》《加强学校和托幼机构传染病防控工作有关意见》等，编发整理《疫情简报》和《疫情提示》86期，拍摄《常德市中小学校复课防疫专题

2020年2月22日，常德市疾控中心支援湖北黄冈流调检验队员出征

（郑伟峰 摄）

片》，下发市直各学校和全市各区县市。派驻疫情防控指导员对市直各学校、托幼机构开展“一对一”防控工作联络技术指导，现场督导300多次，指导各区县市复工复产复学工作。常态化疫情防控下，指导社区对属地涉外入常人员、国内中高风险地区入常人员等进行缜密的流行病学调查和相关信息核实，按照有关规定对入常非四类人员进行严格管控。指导公务员、医考护考、教师资格等各类考试考点及“德马”、少代会、公益招聘等各类会议、文化活动的疫情防控工作共60多场次，及时发现问题落实整改。对全市社区开展健康宣讲，为学校提供相关咨询讲座1万多人次。组织全市疾控系统开展农贸市场环境监测和冷链冷鲜食品经营环境监测。市本级开展针对流感样病例的新冠病毒核酸检测，累计监测1700多份样本。

急性传染病防控与应急处置。全年全市通过疫情网络直报系统共报告传染病疫情26481例，死亡85例；总发病率458.83/10万，较2019年同期降低15.56%；总死亡率为1.47/10万，较2019年同期降低21.27%；病死率为0.32%，较2019年同期降低6.76%。无甲类传染病报告；发病数居前五位的病种分别是手足口病、肺结核、乙肝、梅毒和流行性感冒；病死率居前三位的病种分别为狂犬病、艾滋病和乙肝。全市未报告登革热输入型病例。1至53周，哨点医院报告门急诊病例186937例，其中流感样病例（ILI）9752例，ILI比例为5.22%。市城区两家哨点医院共采送咽拭子标本2327份，已检测2327份，分离阳性毒株6株，其中MDCK细胞分离毒株6株，均为H3N2型，全市未报告暴发疫情。全市各级疾控部门采集并检测食品和外环境样品1250份，未检出霍乱弧菌。6月中下旬在武陵、鼎城、汉寿、安乡、澧县、西湖等多个活禽交易市场开展职业暴露人群血清和环境抽样监测，完成职业暴露人群30人的相关流行病学调查和血清标本采集任务，标本送至省疾控实验室检测结果均为阴性。共报告狂犬病2例（鼎城区、常德经开区各1例）；报告出血热病例90例；报告其他感染性腹泻病511例；报告发热伴血小板减少综合征病例1例（澧县）。以上疾病均呈散在分布，未发现扩散流行趋势。全市无人间鼠疫疫情报告，未发现大量死鼠等异常情况，亦未发现人禽流感、不明原因肺炎和SARS、MERS病例。

重大传染病防控。性病、艾滋病综合防治。按照住址统计，截至2020年年底，常德市累计报告HIV/AIDS4810例，现存活3481例，其中新报告艾滋病病例605例。全市55家艾滋病初筛实验室、239家艾滋病快速检测点全年完成141万人次HIV筛查检测，常住人口HIV检测率为24.3%。全市干预检测男男性行为者1456人次，确认阳性36人；干预检测暗娼17892人次，确认阳性1人；干预检测吸毒者人2932人次，确认阳性7人；干预检测性病门诊就诊者7896人次，确认阳性5人。全市男男性行为人群干预覆盖率92.8%、HIV检测率99.2%，暗娼干预覆盖率87.7%、HIV检测率87.3%，吸毒者干预覆盖率100%、HIV检测率94%。全市艾滋病自愿咨询检测门诊完成9279人次咨询检测服务，确认阳性118人。开展艾滋病哨点监测，完成吸毒人群400人份样本采集检测和问卷调查，HIV抗体确证阳性1人，梅毒阳性31人，丙肝阳性70人；完成暗娼人群800人份样本采集检测和问卷调查，HIV抗体确证阳性0，梅毒阳性9人，丙肝阳性5人；完成性病门诊男性就诊者400人份样本采集检测和问卷调查，HIV抗体确证阳性1人，梅毒阳性14人，丙肝阳性0；完成孕产妇人群HIV抗体检测3223人，确证阳性3人，梅毒抗体检测2499人，阳性4人。存活病例随访和CD4检测完成率99.4%、配偶检测完成率99%。全市正在接受抗病毒治疗患者3193人，抗病毒治疗率91.7%，对治疗满1年以上艾滋病病例2940人开展病毒载量检测，病毒抑制率为96.6%。结核病防控。全年全市共报告肺结核患者5293例，报告发病率为91.7/10万。因结核病死亡2例，报告死亡率为0.03/10万。共报告学校结核病聚集性疫情3起，共报告学生肺结核患者176例，其中确诊病例53例、临床诊断病例123例；共报告教师肺结核患者19例，其中确诊病例7例，临床诊断病例12例。强化结核病防治服务体系建设，多途径发现患者，规范治疗和管理患者，遏制耐药结核病的发生，加强学校结核病防控，把好入学体检关、症状筛查关、消毒通风关、宣教培训关、疫情报告关、密切接触者筛查关和休学复学关。

免疫规划。全年全市累计报告接种免疫规划疫苗90.39万剂（含本地儿童80.21万剂，流动儿童10.2万剂），报告接种狂犬病疫苗、流感疫苗等27种非免疫规划疫苗95.57万剂。国家免疫规划疫苗报告接种率均达到95%以上。报告AEFI病例307例，其中一般反应291例，异常反应15例，心因性反应1例，无疫苗质量事故和接种事故，开展调查16例，符合补偿条件并申请补偿2例，AEFI监测报告及时率、调查率、个案完整率等监测指标均达到100%。全市累计报告疑似麻疹（风疹）病例121例，无确诊病例，排除病例报告发病率为2.08/10万。报告AFP病例21例，报告发病率为2.32/10万，无流脑、乙脑病例报告，麻疹、AFP病例及时报告率、调查率、标本采集率等指标均达到100%。

【地方病与血吸虫病防控】 碘缺乏病防制。按照监测方案，在9个县市区开展盐碘、孕妇和儿童尿碘水平等内容的碘缺乏病监测工作。全年全市8～10岁儿童尿碘水平监测结果中鼎城区尿碘最高，武陵区最低。全市碘盐覆盖率为99.73%，各区县市碘盐覆盖率均在90%以上，碘盐合格率全市为93.85%，合格碘盐食用率为93.59%。妇盐碘水平监测结果显示，全市碘盐覆盖率为99.56%，盐碘合格率为95.2%，合格碘盐食用率为94.78%。疟疾防治。全市全年报告6例疟疾病例，均为国外输入性恶性疟病例，完成病例报告、调查、疫点处置等工作。对照消除疟疾标准进行自评，完成省级消除疟疾达标工作。血吸虫病防制。对市城三区流行乡村历史有螺环境及可疑环境进行查螺，共查螺190万平方米，未查出钉螺。对市造纸厂芦苇转运码头及芦苇堆放地等可疑有螺环境进行药物灭螺，灭螺面积为10万平方米。对居民监测，询检查病31306人，阳性303人；血检4618人、粪检303人，未发现阳性者。与鼎城区和桃源县血防办对接壤的河洑镇、高湾镇、中心村、市造纸厂等地，进行联合调查，提出共同防治措施，防止上游钉螺扩散到市城区，力保市城三区血防安全。完成桐林坪村查螺任务，共调查92100平方米，未发现钉螺。常住居民血检310人，流动人群血检205人，均未发现阳性；引进家畜粪检106头，未发现阳性。

【慢性病防控】 加强死因监测网报网审力度。全年全市死亡人数38828例，死亡率672.76/10万，身份证填写比例99.93%，多死因链填写完整性60.90%，审核及时率99.65%，死因编码正确比例98.70%。共报告3类慢性病11446例，其中肿瘤3464例、慢性阻塞性肺疾病4790例、心脑血管事件3192例。推动慢性病综合防控示范区创建。积极推动示范区建设工作。津市市建设为国家慢性病综合防控示范区，武陵区提交建设国家慢性病综合防控示范区申请。

【健康危险因素监测】 食品安全风险监测。全年共监测样品1263份，其中微生物及其致病因子监测173份，检出食源性致病菌41份，检出率30.83%；化学污染物及有害因素监测样品100份，监测污染物项目5大类54项，上报数据1959条；各区县市地方特色食品采样990份。全市181家食源性疾病病例监测报告医院共报告病例16712例，采集粪便标本185份，阳性标本14份，阳性率7.57%；共监测报告24起食源性疾病暴发事件。撰写风险预警信息，上报给市政府、市卫健委及市食安办。环境卫生和生活饮用水监测。对全市城乡饮用水进行抽检，监测各类样品423份，合格395份，合格率93.38%。监测市城区二次供水单位106家，监测样品316份，合格296份，合格率93.67%。监测集中式供水13家，监测样品43份，合格样品35份，合格率81.4%。监测管道直饮水27家，监测样品49份，合格42份，合格率85.71%。对市城区集中式供水水源沅江和备用水源桃源县黄石水库地表水开展2次水质监测，完成监测结果和污染源调查分析报告。完成市城区医疗机构监测51次，抽检样品551份，合格532份，合格率96.6%。抽检医疗污水样品4份，合格4份，合格率100%。抽测血液透析用水样品11份，合格10份，合格率90.9%。对全市27家餐饮具消毒单位进行抽样检测，共抽检样品786份，合格766份，合格率97.5%。抽检消毒产品和一次性卫生用品样品29份，合格29份，合格率100%。抽检一次性卫生用品生产环境质量样品15份，合格15份，合格率100%。监测公共场所单位共26家，监测公共用品用具样品491份，合格488份，合格率99.39%。室内空气质量监测20个单位，监测50点次，合格48点次，合格率96%。集中空调通风系统监测样品546份，合格537份，合格率98.35%。监测土壤样品6份，合格样品6份，合格率100%。对全市10所学校教室采光和照明随机监督抽查，4所学校采光系数不合格，采光系数合格率60%。病媒生物监测。全年检查距离12千米，发现鼠迹12处，路径指数为1.00。采用双层叠帐法布设72

帐次，捕获雌白纹伊蚊7只，帐诱指数0.19。通过路径法，行走距离30千米，调查水体数79处，阳性水体数19处，路径指数为0.63。采用勺捕法调查大中型水体120处，捞勺数1200勺，无阳性勺。采用目测法监测1670间房间，成若虫阳性房间数11间，侵害率为0.66%；蟑迹阳性间数9间，侵害率0.54%。采用笼诱法布笼64个，捕蝇70只，蝇密度1.09只/笼。采用目测法室内共监测115家单位，折合标准间1080间，阳性标准间22间，查获只数65只，室内有蝇房间阳性率2.04%，防蝇设施合格率92.24%；室外蝇类滋生地检查156处，阳性处数为6处，滋生地阳性率3.85%。

（杨　妮　翦君琴）

血吸虫病防治

【概况】　2020年，常德市血防工作成效显著，全市未发生急性血吸虫病病例。

查螺灭螺灭蚴。2020年，全市血防机构共查螺71174.19万平方米，为年初计划的103.7%；灭螺9481.52万平方米，为年初计划的114.5%；灭蚴1835.04万平方米，为年初计划的104.5%。

查病化疗。2020年，全市对所属疫区百姓进行免费检查和治疗，查病431086人次，为年初计划的103.8%；化疗83078人次，为年初计划的114.5%；对全市1211名晚血病人实施重点救助工作，其中救助晚血精准扶贫对象140人。家畜查病23107头次，化疗20556头次。

急性血吸虫病防控。2020年，各地进一步落实完善血吸虫病突发疫情预案，在重大节假日期间，全市各级血防部门安排专人值班，严格执行疫情周报告、零报告制度，抓好重点时间、重点地段、重点人群的防控工作，加大易感环境灭螺灭蚴，开展重点堤段设卡巡查，为防止居民接触疫水，全市设立防护哨卡26个，全部做到“五有”（有专人负责、有登记日志、有防护用品、有宣传资料、有哨卡标志），实现全市急性血吸虫病病例零发生。

健康教育。2020年，在抗击新冠肺炎疫情的同时举办不同形式的血防宣传周活动。利用宣传车、标语横幅、电视报纸手机等媒体，广播、给学生上课等方式，大力宣传血防知识、血防政策。通过一系列手段，全市疫区居民血防知识知晓率达90%以上、疫区学生血防知识知晓率达95%以上。

【省农业农村厅调研血防工作】　2020年6月中下旬，省农业农村厅副主任欧阳龙带队，对常德市动物血防工作进行督导调研与风险评估，具体对安乡、津市、澧县进行现场察看、座谈和考核。调研组认为，常德市动物血防工作领导重视、措施有力、成效显著，但也存在牛羊复养反弹等风险问题，要求常德市进一步加强动物血防工作，加大投入，争取把工作做得更好，通过国家达标验收。

【省达标考核验收】　8—10月，省血吸虫病防治领导小组组织达标考核组，对常德市陆续进行达标考核验收。考核组通过查资料、听汇报、现场核实、现场考试等形式对常德市澧县、桃源县开展考核。考核结果，常德市澧县达到国家血吸虫病传播阻断标准，桃源县达到国家血吸虫病消除标准。标志着全市达到国家血吸虫病传播阻断标准。

【湖区五省联防联控交叉检查】　11月13日，湖北省卫生健康委第二巡视员李权林一行6人，在湖南省卫生健康委副主任李俊华、常德市卫生健康委副主任蔡胜猛等陪同下，对常德市临澧县进行联防联控交叉检查。检查组查看新安镇中心小学血防展览馆和外洲血防智能预警哨卡，听取常德市、临澧县血防工作汇报。检查组认为，常德市血防工作卓有成效，全市整体达到国家血吸虫病传播阻断标准，临澧县血防宣教颇具特色。

（刘德山）

市第一人民医院

【概况】　2020年，市第一人民医院完成总诊疗153.96万人次（其中门急诊149.74万人次，体检4.22万人次）。出院病人10万人次，开展手术4.29万台，平均住院日8.99天。

多项重大合作科研项目落户市第一人民医院。2020年，先后成立彭孝军院士指导研究室、赵永祥博士后工作站，签约国家生物靶向诊治国际联合研究中心常德研究所，成立黄水清教授中医药学科研究工作组。通过与全国最高水平医疗科研团队开展交流协作，促进医院的人才队伍建设、临床医学创新能力、学科建设与发展。

疫情防控。第一时间成立新冠肺炎疫情防控指挥部，制定科学有效的防控方案，规范和优化发热门诊、预检分诊、CT检查、核酸检测流程，形成一张严密防控网。选派骨干支援市疫情防控指挥部，出色完成全市防控物资保障任务。选派包括院领导在内的18人组建最强医护专家团队，全面接管市定点救治医院。在全省率先开展高流量氧疗下俯卧位通气技术，一人一策精准救治，仅用37天时间，82名确诊患者全部治愈出院。支援湖北号召发出后，全院700余名党员主动请缨，30名勇士驰援武汉，争分夺秒奋战40天，治愈患者近200人。派出2名检验人员支援北京、新疆，奋战42天，检测核酸样本超万份。加强发热门诊、鉴诊分诊管理，密集开展疫情防控督导检查。在全市率先引进智能闸机、人脸识别体温监测一体机等先进防控设备，严格落实“一患一陪”和门禁管理，大幅提升核酸检测能力，严防院内疫情发生。有序推进新冠肺炎疫苗接种工作，接种率在90%以上。该院抗疫工作得到国家和省、市高度肯定，党委委员、副院长李德辉被党中央、国务院、中央军委授予“全国抗击新冠肺炎疫情先进个人”称号，院党委荣膺湖南省抗击新冠肺炎疫情先进集体和先进基层党组织，黄绍华等7人分别被评为国家、省、市抗疫先进个人。

（丁良恒）

【急救中心妇儿中心综合大楼奠基开工】 1月3日，市第一人民医院举行急诊中心妇儿中心综合大楼开工典礼，市委书记、市人大常委会主任周德睿宣布开工，市委副书记、市长曹立军主持开工仪式。急救中心妇儿中心综合大楼占地面积1.6公顷，建筑面积7.7万平方米。大楼建成后将与市第一人民医院第一、第二、第三住院楼及门诊大楼互联互通，将大幅提升医院应急救治水平，更好地为常德市乃至整个湘西北地区人民群众生命健康保驾护航。

（雷　云）

【引进全球顶级医疗设备】 6月19日，市第一人民医院引进的全球顶级医疗设备——美国GERevolution 256排512层超高端螺旋CT正式开机，为常德市首台投入使用的GE256排CT，也是湘西北地区最先进的CT设备。6月27日，市第一人民医院新引进的德国蔡司VisuMax全飞秒激光仪正式开机启动，为国际上最先进的角膜屈光手术设备，医院近视手术进入无刀、无瓣、微创新时代。10月15日，全球领先的112环数字光导uMI780PET-CT显像仪在市第一人民医院开机，为湘西北首台投入使用的数字化PET-CT，是国内最高端、最先进的PET-CT。

（黄瑞丰　欧阳文　吴梦琦）

【医疗集团第一次全体联盟成员单位负责人恳谈会商会】 1月10日，市第一人民医院医疗集团第一次全体联盟成员单位负责人恳谈会商会召开。会上，各单位相关负责人畅所欲言，积极献计献策，提出诸多建设性意见建议。作为牵头单位，市第一人民医院将把各项政策落到实处，真正实现区域医疗资源共享。市第一人民医院医疗集团将顺应改革大势，进一步落实人才下沉、技术下沉、病源下沉，提升能力、打造品牌、协作共赢。

（欧阳文）

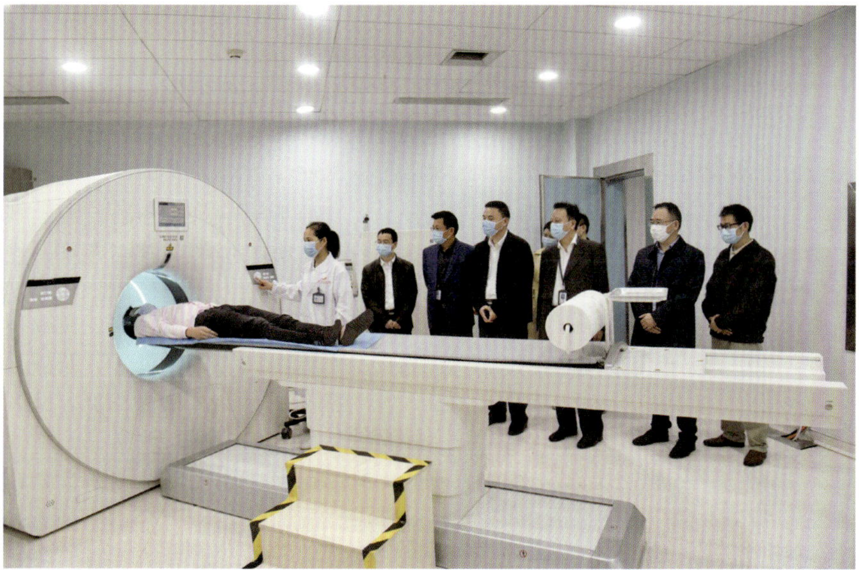

2020年10月15日，市第一人民医院启用湘西北首台数字化PET-CT

（欧阳文　摄）

【多项技术创湘西北首例】 湘西北首例颅内静脉取栓溶栓术。2月27日，一名持续头痛20天且视力模糊的患者入市第一人民医院治疗，于2月28日行急诊血管内介入手术治疗。经过4小时的急诊颅内静脉窦血栓取栓溶栓手术治疗，复查患者上矢状窦、左侧横窦、左侧乙状窦显影良好，头痛明显缓解。6月10日患者再次复查，无头痛，视力正常，无神经功能缺损症状。该技术填补湘西北地区空白，标志着市第一人民医院神经内科血管内介入治疗技术迈入新阶段。湘西北首例儿童全麻下经皮穿刺静脉输液港植入术。6月18日，市第一人民医院儿科成功为一名年仅4岁的急性白血病患儿，实施湘西北首例全麻下经皮穿刺静脉输液港植入术。该患儿有白血病基础疾病，血小板低于正常值，对手术的操作精细度要求很高。该技术仅在省内极少数三甲医院开展。医院儿科静脉输液技术迈入国内先进行列。湘西北首例ECMO辅助下急诊冠脉介入治疗。6月29日，一名已患急性心肌梗死3天、借助升压药维持血压的患者转入市第一人民医院，病情十分危急，已出现呼吸困难、无尿、全身青紫等心源性休克和多器官功能衰竭情况。重症医学科、心血管内科牵头组建多学科协作（MDT）团队，在第一时间进行会诊，决定尽快实施ECMO治疗并再通血管。6月30日，心血管内科介入团队与重症医学科团队紧密配合，仅用1小时完成该高风险手术。术后，该患者成功渡过心源性休克、感染、肾功能衰竭等难关，康复出院。市第一人民医院将ECMO技术首次成功应用到急性心肌梗死合并多器官功能衰竭患者的急诊介入治疗。湘西北首例光学干涉断层成像技术（OCT）指导下的冠脉介入手术。8月23日，市第一人民医院心血管内科介入团队为一名62岁的冠心病患者，成功实施湘西北首例冠脉腔内光学干涉断层成像技术（OCT）指导下的经皮冠状动脉介入治疗（PCI）手术。OCT又被称为“光学活检”介入医生的“第三只眼睛”。市第一人民医院冠脉介入治疗迈入精准治疗时代。

（龙治元　吴梦琦　杨　群　刘艳琼　欧阳文　覃佐岸）

【两项技术开省内先河】　开展湖南省首例Castor分支支架原位开窗技术。10月14日，市第一人民医院胸心血管外科团队再次突破技术瓶颈，独立开展Castor分支支架加原位开窗技术重建弓上分支动脉，在治疗主动脉弓部动脉瘤的同时降低患者术后出现脑缺血的可能。患者术后当天苏醒，第一天转回普通病房后即可下床活动，未见明显不良反应。该术式为全省首例，标志着市第一人民医院主动脉腔内治疗技术登上新台阶。实施湖南省市州级医院首例腹壁下动脉穿支皮瓣（DIEP）Ⅱ期乳房再造术。12月19日，湖南省市州级医院首例腹壁下动脉穿支皮瓣（DIEP）Ⅱ期乳房再造术在市第一人民医院成功实施。该手术将患者腹部的赘肉移植到胸部，既减肥瘦身，又重建有血有肉的乳房，为乳腺癌乳房切除的患者带来福音。腹壁下动脉穿支皮瓣（DIEP）乳房重建术是医院普通外科五病区在常规开展乳腺癌保乳术、背阔肌皮瓣乳房再造术及假体乳房再造术后，开展的又一新的术式，需要细致游离腹壁下动脉穿支皮瓣，并在显微镜下行游离皮瓣的血管吻合，难度高，风险大，对手术医生技术要求很高，代表着乳房重建的最高水平。

（张侠陵　刘友忠　欧阳文）

【9个临床重点专科通过评审】12月3日，湖南省卫生健康委发文对2020年湖南省临床重点专科评审的公示结果予以确认，市第一人民医院神经内科、神经外科、普通外科、护理4个临床重点专科继续获评为省级省临床重点专科，心血管内科、骨科、感染科、老年病科、临床药学5个临床重点专科继续获评为市级省临床重点专科。市第一人民医院评定的9个省临床重点专科经过材料申报、资格审查、书面审核和现场评审等程序，在科教研能力及专科技术水平等方面得到评审专家组的高度肯定，达到省内领先水平，顺利通过评审。

（彭　佩　潘晓琴　黄瑞丰　欧阳文　吴梦琦）

【获评“中国房颤中心”“中国胸痛中心”】　市第一人民医院分别于9月、10月通过国家房颤中心总部、胸痛中心总部认证，正式成为“中国房颤中心”“中国胸痛中心（标准版）”，也是成为湘西北唯一一家双双通过认证的单位。继成功获评“中国卒中中心”后，市第一人民医院心脑血管建设工作再次获国家级认证，标志着医院的心脑血管疾病学科建设进入国家先进行列。

【全面启动“预住院”模式】　8月5日，市第一人民医院全面启动“预住院”模式。预住院即预登记住院，是指针对疾病诊断明确、病情相对稳定，符合住院手术指征的择期手术患者，在病区暂时没有床位收治的情况下，通过办理预住院的形式，在正式入院前3天内协助患者在门诊完成术前检验检查等项目后安排正式住院，入院后可尽快接受手术治疗的过程。

（朱雨伦）

市第一中医医院

【概况】　2020年，市第一中医医院门急诊总量为63.9万人次，出院人次3.65万，手术量1.75万台次；病床使用率达93.7%，平均住院日9.65天。医院获批成为省级区域中医诊疗中心建设单位、省创伤中心建设单位、市级中医医院综合服务能力提升项目单位；成立国医大师熊继柏工作室；完成“十三五”省级中医重点专科的评审验收；正式引入ECMO（体外呼吸机）；启用最新数字化大平板血管造影机；小儿健脾颗粒等4个院内制剂全面推广，中药驱蚊包等院内产品广受社会好评。

疫情防控。落实国家、省、市新冠肺炎疫情防控工作精神，做好防疫“主战场”工作。派出援鄂医疗队。2月8日，医院派出以唐明杰、夏沛瑶、蒋含钰、蒋莉、孙慧、刘春园6名医护人员组成的医疗小组，加入省中管局组建的第三批国家中医医疗队驰援武汉。2月10日，医疗小组进驻武汉江夏区大花山户外运动中心方舱医院，随湖南中医医疗队负责“湘五”病区。该病区先后收治113例新冠肺炎患者，治愈97例，治愈率85.84%，实现病人“零转重”“零回头”、医护人员“零感染”，治愈率高于方舱医院平均水平17.4%，得到院士张伯礼的肯定。获评全国卫健系统新冠肺炎疫情防控工作先进集体，6名援鄂队员均获得“江夏区方舱医院先进个人”荣誉称号。3月10日，方舱医院休舱，6名医疗队员返湘。参与定点医院救治。累计派遣4批共13人进驻定点收治医院常德市第二人民医院。分别是刘威、游运舸、陈光勇、聂宇嵩、舒榆钦，郭雨晴、陈玉婷、张婧、李金蔓、刘琼、杨婷婷、曾郑兰、胡鹏。2月7日，定点医院防疫领导小组成立中医医疗专家组，刘威任组长，游运舸、陈光勇、舒榆钦为组员，负责全院新冠肺炎确诊和疑似患者的中医药治疗，以及全院医护人员的中医药防治工作。针对部分患者核酸检测结果阴阳交替的情况，刘威运用“正阳汤”治疗，最终使7名患者连续两次核酸检测为阴性，成功出院。该成功经验被国家中医药管理局官方微信报道，并被外省其他医院借鉴，用于指导类似病例的治疗。保障中药防疫汤供应。2月12日，医院成立新冠肺炎预防中药物资供应小组，发布《关于为复工企业免费提供预防新冠肺炎中药的通知》，为城区复工企业免费提供预防新冠肺炎汤剂（或配方颗粒）。在极短时间内完成武陵区、柳叶湖、德山经开区等地多个企业的防疫汤剂供应，为企业免费提供预防汤剂近33.7万付。医院被授予“湖南省抗击疫情先进单位”荣誉称号；刘威、唐明杰被授予“湖南省抗击新冠肺炎疫情先进个人”荣誉称号。

【诊疗技术】 创一科开展胫骨髌上髓内钉、皮肤缺损牵张术；创二科、手足科采用骨科3D技术；关节科开展髋、踝关节镜技术；内分泌风湿科开展中医禁食疗法；心血管科开展逆向PCI治疗及IVUS、旋磨诊疗技术，研发中药制剂“益气通脉颗粒”；脾胃肝病科引进肝纤维化弹性检查设备；肾病科建立腹膜透析换液室，研发尿毒症1、2号固膏；儿科新增矮身材、性早熟门诊；胸外科牵头成立肺结节联合门诊，提高肺结节诊疗水平；ICU引入ECMO技术；麻醉科开展自体血术中回收技术，新增麻醉门诊；急诊科开展床旁彩超FAST快速评估及彩超引导下深静脉穿刺置管；皮肤科新增毛发专科，引进皮肤镜、红蓝光、308激光；检验科建立分子生物室，可开展新冠核酸检测及其他病原体DNA检测。

（雍思航）

市第二人民医院

【概况】 2020年，市第二人民医院（以下简称市二医院）总收入2.43亿元，较2019年同期增长5312万元，增长28%；其中业务收入15767万元，较2019年同期下降2388万元，下降13%，药占比26.7%，较2019年同期下降1.1个百分点；耗材比27.35%，较2019年同期上升5.03%；服务性收入33.05%，较2019年同期增长1.82个百分点。病床使用率74.4%，较2019年同期下降9.5%；住院床日8.3天，较2019年同期下降9.5%；职工人均收入较2019年同期增长5%。2020年入出院诊断符合率97.25%，术前诊断与病理诊断符合率98%，开展手术及操作种类数量711种，C、D型病历比例47.5%，三、四类手术比例21.07%，住院患者微创手术比例44%；收治病种数2204种。11月6日，市二医院检验科医生芦善文为1名白血病患者捐献造血干细胞。12月12日，高分通过公安部信息安全等级保护三级2.0测评。挂靠市二医院的常德市放射质控中心在湖南省放射质量控制中心年度评比中获二等奖。医院基础建设加强，市二医院第一住院大楼于2020年年底竣工，2021年年初投入使用。

疫情防控。2020年，市二医院是常德市新冠肺炎集中定点救治医院之一。1月22日，市二医院百名党员请愿到抗击新冠肺炎疫情一线参与疫情防控工作；3月6日，市二医院抗疫主战场发布“清零”的阶段性胜利消息，共收治新冠肺炎确诊病例82例，其中危重症5例、重症6例，全部治愈出院，治愈率达100%。医院累计收治患者287人，完成湖南省卫健委、常德市委、市政府交办的“患者零死亡、医务人员零感染”两个既定目标。开展线上线下新冠肺炎疫情防护和院感知识培训，通过院科两级应急演练比武、教学查房比武、操作技能竞赛、科普知识竞赛及护理专科小组竞赛等多项活动，进一步增强疫情防控能力及诊疗水平，筑牢疫情“防护网”。新冠疫苗接种工作。市二医院承担武陵区、常德经开区、西湖管理区、西洞庭管理区、贺家山原种场、柳叶湖旅游度假区等区域发热和转院病人。3月12日全面复诊。2020年，发热门诊接诊318人，发热门诊留观80人次，核酸检测总人次6588人次，其中住院患者核酸检测3067人次。市二医院作为常德市重点人群新冠肺炎疫苗接种点之一，承担6000余人的接种任务。2月2日，湖南省省长许达哲通过湖南省远程平台连线常德市第二人民医院，听取常德市新冠肺炎疫情防控工作汇报，并对坚守抗战在一线的全体医务人员表示慰问。5月11日，常德市委书记、市人大常委会主任周德睿到常德市第二人民医院调研指导工作。11月18日，副市长周代惠一行到市二医院检查指导，重点查看发热门诊情况。因新冠肺炎疫情防控突出表现，市二医院获评“湖南省先进基层党组织”“湖南省抗击新冠肺炎疫情先进集体”“湖南省巾帼建功先进集体”“湖南省新冠肺炎疫情防控医师团队及护理工作先进集体”，院长屈贵顺获评“湖南省抗击新冠肺炎疫情先进个人”，副院长邹新强获评“湖南省抗击新冠肺炎疫情先进个人、记功人员”及“湖南省优秀共产党员”；谢梅芳获“湖南省新冠疫情防控护理工作先进个人”；王险夷、孙铭阳获“2020年度湖南省医师奖”。全年获集体及个人奖项20多项。

学科建设。继续走“大专科，小综合”的“市二医特色发展”道路，并依托7个市级重点学科，塑造2～3个省、市级有影响力的“拳头科室”。神经内科、内分泌科完成分科，感染科、输血科单独成科，建立心理咨询门诊，亚专科细化让专病得到专治。

新技术新项目。消化内科成功完成医院首例“内镜下食管静脉曲张套扎术+胃底静脉曲张组织胶注射术”；肿瘤科成功实施超声引导下PICC置管术；胸心血管外科成功开展多例非体外循环心脏不停跳冠脉搭桥术、心脏瓣膜置换术、双腔永久起搏器植入术、Bentall手术、胸腔镜下肺癌根治术；泌尿外科、乳甲/烧伤外科开展的腹腔镜新技术新项目，成功救治19例尿源性脓毒血症及急性梗阻性肾功能衰竭病人和2例肾外伤破裂患者；普外科ERCP、DSA引导下肠梗阻导管植入术、消化内科/临床营养科内镜下食管支架植入术，EMR/ESD，超声科新生儿头颅超声、右心造影术等技术填补市二医院乃至全市多项技术空白；神经外科成功抢救一例脑血管畸形出血并脑疝形成53岁男性患者；普外科为身患罕见马德龙病的男子成功切除枕部、颈后及右颌巨大肿块。成功开展经内镜食道腔内支架置入术，治愈85岁蔡某某食管癌。

科研课题。《幻象整合心理咨询技术对癌痛患者干预的理论与效果研究》《多模态超声心动图评估老年人非心脏手术围术期的临床应用》2项省级课题完成申报工作；《胸腰椎骨折治疗中脊柱外固定新技术的应用》结题。全年承办省、市、院级学术会议20余次，放射质控中心组织2次省级和2次市级学术会议；12月肿瘤科举办来自全国各省市13个医疗单位的领导和专家观摩交流活动。

门诊志愿服务。创新开展“一站式”“门诊志愿者”服务，召集行政职能科室全体人员组成门诊志愿者服务队，为广大病友提供优质、暖心服务，并专设“农村贫困人口九大疾病”和“一站式”爱心服务窗口，优化门急诊流程和简化救治报销手续，实现无缝隙服务，为百姓提供便捷服务。

公益救治惠民项目。市二医院设置100万元“专项救助基金”，用于补偿尘肺病农民救治的自费部分、生活费和交通费，2020年全年共收治病人129人次，补偿生活费和交通费等37380元；肿瘤慈善基金共救助5人，发放救助金1万元，切实减轻老百姓经济负担，深受患者好评。

医改工作。与湘雅医院、省人民医院建立技术合作关系；普外科与省人民医院肝胆外科的紧密性合作关系形成长效机制，全年专家教授到院坐诊和手术30余次，让病友在家门口即可享受“国内、省内”一流专家团队的诊疗服务。向上依靠“百年湘雅”的品牌，与湘雅常德医院共建骨科、脊柱外科联合病房，加速专科成长；向下建立紧密型医联体，下派驻点的医疗专家或管理专家，实现优质医疗资源下沉，解决基层群众看病难的实际问题。

【新冠肺炎定点救治】 1月21日，市二医院召开抗击新冠肺炎疫情动员大会、组建医院疫情防控指挥部、调配医务人员和各种物资。1月27日，根据市委、市政府的决定，市二医院成为常德市新冠肺炎定点救治医院，全市所有的新冠肺炎确诊病人和疑似病人都集中收治在该院。市二医院在一天内分流转运在院近两百名普通住院病人，迅速腾空三栋住院大楼，建立3个感染病区、11个感染病室，投入一线救治426人，指挥调度、后勤保障258人，举全院之力阻击新冠肺炎。常德市先后派出100余名医护人员到市二医院进行医疗救护。自接收第一例新冠肺炎病人至3月6日所有病人“清零”，在40天的时间里，市二医院发热门诊累计接诊976人次，累计收治住院患者287人，其中确诊患者82人，危重症患者11人，做到应收尽收、应治尽治，出色完成“患者零死亡、医务人员零感染”的目标任务，在市域范围内取得新冠肺炎疫情防控战疫的决定性胜利。

【通过三级综合医院预评审】 11月2日，市二医院召开三级综合医院创建工作“百米冲刺”攻坚大会。2021年1月21—22日，湖南省卫健委医政医管处副处长欧阳煜、省妇幼保健院院长刘景诗带队的医院等级评审专家组对二医院开展三级综合医院的预评审工作进行检查；反馈会上，专家针对医院管理、专科建设、人才队伍给予肯定。市二医院三级综合医院预评审工作通过。

【申报为省级安宁疗护试点医院】 5月，市二医院申报为省级安宁疗试点医院，安宁病房收治安宁疗护患者13例。11月10日，湖南省卫生健康委老龄处副处长周英球、湖南省肿瘤医院安宁疗护病房主任杨金凤、湖南省肿瘤医院消化泌尿科护士长黄芳、常德市卫健委相关领导及专家到市二医院开展安宁疗护标准病房建设调研工作。

（文　慧）

妇幼保健

【概况】 2020年，常德市辖区活产数37071人，发生本地户籍孕产妇死亡5例，孕产妇死亡率13.49/10万，低于省标16/10万的标准。全市机构产妇数34260人，艾滋病检测34260人，检测率100%；孕期艾滋病检测34127人，孕期检测率99.61%；梅毒检测34258人，检测率99.99%；孕期梅毒检测34127人，孕期检测率99.61%；乙肝检测34258人，检测率99.99%；孕期乙肝检测34127人，孕期检测率99.61%。全市免费产筛项目完成人数28078人，目标人群覆盖率102.4%，超额完成全年目标任务数。全市孕前优生检查完成人数66741人，目标人群覆盖率达100.18%，完成全年目标任务。全市完成“两癌”任务数104957人，占任务数101.92%，超额完成全年目标任务数。全市机构剖宫产率50.56%，较2019年同期增长0.48%。全市新生儿疾病筛查率为92.66%，新生儿听力筛查率93.3%。全市5岁以下儿童死亡率为3.99‰，婴儿死亡率为2.16‰，新生儿死亡率为1.11‰。全市孕产妇系统管理率96.84%，产妇早孕建册率98.52%。产后访视率97.7%，新生儿访视率98.39%。全市0至6岁儿童健康管理率96.29%，3岁以下儿童系统管理率94.11%，5岁以下儿童血红蛋白检测率82.21%。全市婚检率94.75%，疾病检出率12.35%。全市叶酸服用率97.99%，叶酸服用依从率94.32%。全市围产儿出生缺陷发生率67.03/万，活产出生缺陷发生率51.17/万。全市0至6岁儿童眼保健视力筛查率92.55%。全市出生证废证率0.16%。全市健康教育参与率96.66%，母婴保健核心知识知晓率87.77%。

2020年，市妇幼保健院门诊诊疗人次182136人，出院人次7103人，住院病人手术人次3325人，分娩量2352人，病床使用率75.1%，平均住院日6.4天。

总收入1.49亿元，其中业务收入1.35亿元，财政收入1222万元，其他收入147万元。在医疗业务收入中，药品收入2356万元，耗材收入606万元，检查收入1840万元，检验收入1620万元，治疗收入2936万元，其他收入4119万元。

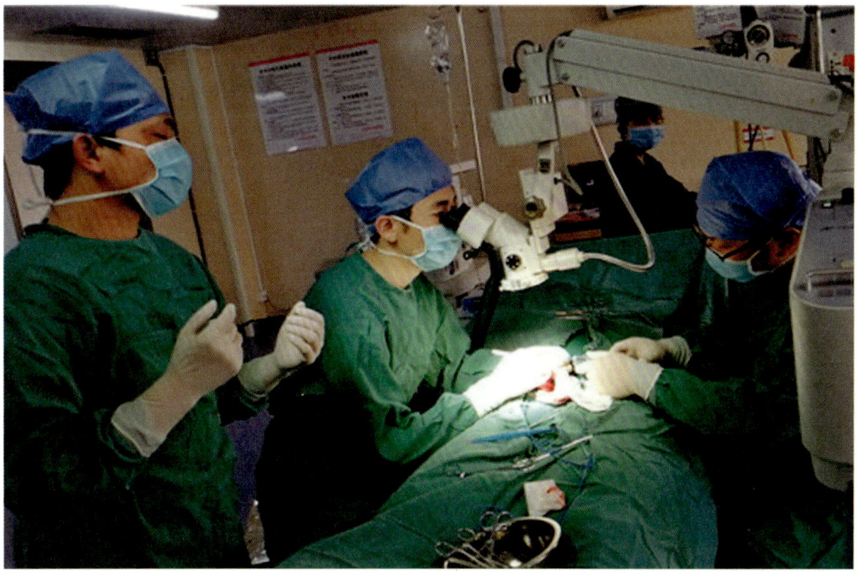
2020年2月24日，市妇幼保健院生殖中心完成常德市首例显微镜下睾丸切开取精（市妇幼保健院 供图）

各项医改相关指标全部达标，医疗费用增长幅度为9%（标准<10%）；医院药占比15.7%（标准<30%）；百元医疗收入（不含药品收入）中消耗的卫生材料13.9元（标准<20元）；医疗服务收入（不含药品、耗材、检查、化验收入）占业务收入比重56.7%（标准>35%）。

新冠肺炎疫情防控。严格按照市防控指挥部要求，全面加强院内疫情防控，保障院内防控安全。疫情期间，推行“云上妇幼”“智慧妇幼”“诊间缴费”，减少人员聚集。调整全市基层专干面访孕产妇和新生儿的工作模式和管理模式；加强对全市妇女儿童疫情信息监测，确保全市母婴安全。

内部管理。4月17日，召开五届二次职工代表大会，选举新一届职代会主席团成员，通过《医院工作报告》《医院财务报告》《绩效方案》等各项报告和方案；5月10日，召开全院动员大会，正式启动三级甲等妇幼保健院创建工作；8月，成立医院内部审计工作领导小组，依法依规开展内部审计工作；对全院所有电脑设备进行编号建档，合理利用和调配全院办公电脑，大幅度提高资产管理的效率；每月对耗材、器械库进行4次盘点；对价格高的耗材进行的清理、停用，控制耗占比；对设施、设备进行清理和成本效益分析；进行开源节流，全年水费同比下降15%、电费同比下降13.3%、气费同比下降35%，总费用同比2019年节约65万元左右。

功能布局。调整妇女保健科业务用房，改造2间妇科高档病房，儿科内建设PICU，9月正式投入使用；将原儿童重症监护科改建为急诊科；12月调整门诊业务用房，将口腔、眼耳鼻喉科室从儿童保健科调至一楼；新建中医门诊、中医药房和中医煎药房，12月30日中医科正式开诊。

学科建设。规范设置科室，共设置内设管理部门19个，四大业务部业务科室设置31个，9个医技科室，7个专科门诊；新开设急诊科、中医科、麻醉门诊、PICU、新筛门诊、糖尿病一日门诊、营养门诊、高危儿门诊等；新开展新生儿NO治疗、新生儿振幅整合脑功能监测、新生儿袋鼠式护理、家庭式护理等新项目；新开展精准妇科超声、新生儿早期筛查髋关节、肺、心脏超声、新冠肺炎核酸检测等新检验检查项目；9月3日，通过IVF-ET/ICSI/IUI（试管婴儿）校验评审，年度完成总周期238个，鲜胚移植成功率61%，冻胚移植成功率60%；10月10日，市妇幼保健院正式挂牌“常德市出生缺陷综合防治中心”“常德市出生缺陷防治质量控制中心”。

科教兴院。完成妇科、超声影像科、妇女康复科市科技局科技创新发展项目申报工作；超声影像科《四维彩超在常德地区胎儿十二指肠畸形筛查中的应用及其诊断价值》课题结题，发表SCI论著1篇；举办湖南省预防医学会出生缺陷专业委员会2020年度学术活动暨湖南省产前诊断适宜技术培训班、常德市第五期产前超声诊断规范化技术培训班、常德市妇幼系统临床输血知识专项培训班等多场学术活动以及各类保健线上培训。

信息化建设。新上线PACS和RIS系统、电子白板、门诊电子病历系统；启动电子病历四级的申报评审工作；全省试点项目——妇幼健康管理信息平台建设试运行；上线运行HRP系统提高医院管理效率，节约办公经费；将市妇幼保健院所有系统迁移到电信云中心，彻底解决医院系统安全等问题。

护理质量。优化护士队伍结构；建立健全三级垂直管理体系、全面落实护理质量PDCA持续改进；加强护理学科建设及护理培训力度；开展“你发现我改变活动”、微视频“我们的一天”、情节剧礼赞“白衣战士”“护理质量公开讲评赛”等系列活动。

医改工作。将物价工作整合到医保办，执行合理医疗；落实一类医疗服务价格，根据医保政策增加单病种的执行种类及价格调整；配合医保局完成市级统筹及DIP付费改革项目的相关工作；组织妇科、影像、病理科专家到武陵区丹阳、长庚、河洑、南坪、东江、永安、白马湖、俯坪8个乡镇（街道）为600余名妇女进行妇女病普查；全年共接受医联体内单位的门诊检验标本共1183个，病检标本3个；启动与常德市9个区县市妇幼保健院建立常德市妇幼健康联盟工作。与安乡县妇幼保健院正式开始合作；医院药占比15.7%（标准<30%）；百元医疗收入（不含药品收入）中消耗的卫生材料13.9元（标准<20元）；医疗服务收入（不含药品、耗材、检查、化验收入）占业务收入比重56.7%（标准>35%）。

【完成常德市首例显微镜下睾丸切开取精】 2月24日，市妇幼保健院生殖中心男科团队使用显微镜操作，成功为一位非梗阻性无精症患者实施显微镜下睾丸切开取精术，属常德市内首例。该手术由中信湘雅生殖与遗传专科医院副主任医师张欢主刀、市妇幼保健院生殖中心主治医师王云浩协助完成，历时2个多小时，手术顺利。

【国家卫生健康委妇幼司到院专题调研】 6月5日，国家卫生健康委妇幼司出生缺陷防治处调研员刘颖、财政部社会保障司卫生健康处副处长蒋义及主任科员陈科延、中国出生缺陷干预救助基金会秘书长薛敬洁一行，在省市财政、卫健委系统相关负责人的陪同下，到市妇幼保健院专题调研全国出生缺陷防治人才培训和出生缺陷干预救助项目实施情况。

【常德市危重孕产妇评审和新生儿死亡评审会议】 7月23日，市卫健委在市妇幼保健院召开2020年上半年全市危重孕产妇评审和新生儿死亡评审会议。各区县市卫生健康局妇幼股长、各区县市妇幼保健院分管副院长、保健科长、医务科长等相关人员；六小区妇幼健康工作分管负责人及相关医院产科主任、新生儿科主任及护士长；市直助产医疗卫生机构及民营助产医疗机构医务科长、产科主任、新生儿科主任等共120余人参加会议。邀请常德市危重孕产妇评审小组的相关专家共7名，对1例产后出血抢救成功的危重孕产妇案例仔细分析，总结病例抢救成功的经验。该会议通过评中促改、评中促学的形式，进一步提升全市医务人员的诊疗能力和救治水平。

【市城区预防出生缺陷日主题宣教活动】 9月12日，是中国预防出生缺陷日，常德市城区预防出生缺陷日主题宣教活动在市妇幼保健院举行。该活动由常德市武陵区卫生健康局主办，市妇幼保健院和常德市武陵区计划生育协会共同承办。活动现场，与会人员共同观看预防出生缺陷科普宣传片；市妇幼保健院医学遗传与产前诊断科表演科普知识情景剧表演《我相信你》；国家二级心理咨询师伍燕、院医学遗传与产前诊断科主任王琼分别以《0～3岁敏感期家庭解决方案》《出生缺陷的防治》为题进行预防出生缺陷知识讲座。活动设置咨询环节，市民踊跃提问，专家耐心解答，宣传优生优育及出生缺陷防治科学知识。

【湖南省妇幼健康联合体系列活动走进常德】 10月9—11日，由湖南省卫生健康委妇幼处副处长王璋华带队的专家组一行到市妇幼保健院开展妇幼健康联合体系列活动暨常德市出生缺陷防控体系能力提升活动。常德市出生缺陷综合防治中心、常德市出生缺陷防治质量控制中心现场授牌。“两中心”挂靠市妇幼保健院，在全市开展出生缺陷综合防治工作，负责全市出生缺陷防治项目的宣教、培训、督导；产前筛查与产前诊断、新生儿疾病筛查工作的检测、数据分析、高危人群管理、技术指导、技术规范的制定、适宜技术推广等工作。

【牵头成立湘西北妇产超声联盟】 11月28日，湘西北妇产超声联盟成立大会暨2020年全市产前超声诊断技术规范化培训班在共和酒店召开。湘西北妇产超声联盟共有31家医院加入，其中常德市妇幼保健院为理事长单位，常德市第一人民医院、常德市第一中医医院、湘雅常德医院、张家界市人民医院为副理事长单位，安乡县妇幼保健院、慈利县人民医院、常德市第二人民医院等26家为成员单位。通过建立管理、服务、责任与利益共同体，构建湘西北妇产超声专科同质化诊疗与分级诊疗模式，促进湘西北妇产超声专业技能提升。

【市妇幼保健院医联体指导单位揭牌】 12月18日，“常德市妇幼保健院医联体指导单位”揭牌仪式在安乡县妇幼保健院举行。作为常德市人民政府主办的集妇幼保健、医疗、教学、科研于一体的三级妇幼保健机构，市妇幼保健院将通过远程会诊、下乡义诊查房、人员培训和健康宣教的形式，加大对安乡县妇幼保健院的对口支援力度，提升基层服务能力，方便老百姓预防疾病、健康保健、就医治疗等，缓解当前基层妇女儿童保健及医疗技术服务方面存在短板的问题。

（金琳玲）

无偿献血

【概况】 2020年，全市共动员50189人次参加无偿献血，较2019年同比增长3.67%；采集总量为17.67吨，同比增长5.87%，采血总量首次突破17吨。其中，1930人次捐献机采血小板，机采采集总量为3580.5U，同比增长3%。全市千人口献血率为15.31‰，献血者满意度为99.4%，无偿献血总人次及献血总量均位居全省前列；提供医疗临床用血16.94万个单位，用血机构满意度达99%。全市保持自愿无偿献血比例达100%，医疗临床用血100%来自无偿献血的工作目标，2020年，常德市连续第7次获得“全国无偿献血先进市”荣誉称号。

质量体系建设。在保留管理评审、月质量分析会、不定期输血培训、年度临床输血座谈会的基础上，从仪器、试剂、抽样、质控等多方面下功夫，采用乙肝梅毒双联试剂，把好血液初筛关，大大降低血液报废率；加大与各兄弟血站、各医疗机构之间的沟通交流。9月，邀请株洲市中心血站内审专家到常德“传经送宝”，对血站质量管理体系进行交叉内审。送省临检中心检测合格标本合格率均为100%；参加国家卫健委临检中心的室间质评所有项目成绩合格；参加湖南省临检中心、湖南省CDC室间质评所有项目成绩合格，没有发生一例血液质量事故、重大质量投诉及安全与卫生责任事件。

疫情防控。2020年，新冠肺炎疫情暴发，常德市无偿献血工作“迎风逆行”，打赢全市血液保卫战，有力保障全市疫情期间医疗救治用血的需要和安全，为新冠肺炎疫情全面防控发挥积极作用。1月23日，面对突如其来的疫情，市中心血站紧急召开支委会启动应急预案，全体干部职工取消休假，启动24小时办公室坐班制，每天对420名固定献血者进行电话精准预约，实行“精准预约、精准防控、精准定点、错峰献血”；2月9日，服从市疫情防控指挥部的统一领导，全力以赴做好体温监测和健康指导工作；2月12日，常德市新型冠状病毒肺炎疫情防控指挥部紧急出台《关于在疫情防控期间认真做好无偿献血工作的通知》，全市各党政机关、事业单位积极响应号召，2月17日、18日，常德市五大班子率先组织献血，给全市上下起到示范带头作用，全方位激活无偿献血工作动力，不少献血者积极前往就近献血点献血，成为疫情期间的“热血逆行者”，为临床用血提供强有力

2020年6月14日，常德市庆祝第17个世界献血者日暨无偿献血表彰活动

（市中心血站 供图）

保障。

【省卫健委调研无偿献血工作】 3月24日，湖南省卫生健康委员会副主任、党组成员龙开超，医政医管处处长王若平等一行到市中心血站考察疫情期间采供血工作，重点了解疫情期间市中心血站所采取的各项有力措施、采供血保障等情况，考察血站献血服务中心等工作场所，与志愿者和工作人员交流，对志愿者在疫情期间逆行献血、开展志愿服务的爱心之举给予高度肯定。

【常德市七次蝉联全国无偿献血先进市】 2020年，常德市7次蝉联"全国无偿献血先进市"荣誉称号。12月25日，国家卫生健康委、中国红十字会总会、中央军委后勤保障部卫生局联合发布表彰决定，对2018—2019年度在无偿献血工作中作出突出成绩的地区、单位、部队和个人进行表彰奖励。常德市文朗斋等152人获全国无偿献血奉献奖金奖，蒋平莉等196人获全国无偿献血奉献奖银奖，尹波等807人获全国无偿献血奉献奖铜奖。常德市第四人民医院获全国无偿献血促进奖（单位），李淑进等10人获全国无偿献血志愿服务奖。

【省内首个主张开展采供血质量管理体系交叉内审】 9月14—15日，常德市中心血站邀请株洲市中心血站的12名质量内审专家到常德，对血站的质量管理体系进行交叉内审。审核组依据《血站质量管理规范》《血站实验室质量管理规范》《血站技术操作规程》等法律法规要求，以及血站现行的质量体系文件，对采供血所涉及的各项条款、各个环节进行全面的检查审核，评价市中心血站质量管理体系的符合性和体系运行的有效性。异地交叉内审采取"专业对口""科室对口"进行审核，开创省内先河，为两地提供相互学习、交流、探讨的平台。常德市中心血站学习株洲市中心血站在血液成分分离机制备中的一次性成浆先进技术，进一步促进采供血综合服务能力和科学管理水平。

【"世界献血者日"系列活动】 第17个"世界献血者日"主题是"安全血液拯救生命"，活动口号是"献血，让世界更健康"。5月，市中心血站着手准备"6·14"世界献血者日系列庆祝活动，先后召开3次专题会议进行推进。发动常德电视台、《常德日报》、《常德晚报》、尚一网、尚一户外传媒、巨鲸传媒、血站官网和官微刊发"世界献血者日"宣传海报、视频和相关知识，提前营造浓厚的无偿献血氛围。6月11—14日，全市开展一系列无偿献血主题活动，《常德日报》《常德晚报》分别设立半个专版展示活动的开展和献血者代表、献血志愿者代表风采；常德电视台对整个系列活动进行跟踪拍摄，并在《常德新闻联播》栏目及时报道。

（贺丽慧）

社会生活

人民生活

【概况】 2020年，常德全体居民人均实现可支配收入26263元，同比增长6.5%，其中：城镇居民人均实现可支配收入35469元，同比增长4.6%；农村居民人均实现可支配收入17957元，同比增长8.9%。

【城镇居民生活】 2020年，常德市城镇居民人均可支配收入35469元，同比增长4.6%。其中：四大类收入来看，城镇居民人均工资净收入16837元，同比增长5.1%；经营净收入7430元，同比增长2.4%；转移净收入8353元，同比增长5.3%；财产净收入2849元，同比增长5.9%；工资净收入和经营净收入增长是城镇居民增收的主要动力。

表17　　2020年常德市城镇居民四项收入增长情况表

指标	2020年（元）	2019年（元）	增幅（%）	占比（%）
工资性收入	16837	16019	5.1	47.47%
经营净收入	7430	7256	2.4	20.95%
财产净收入	2849	2690	5.9	8.03%
转移净收入	8353	7931	5.3	23.55%

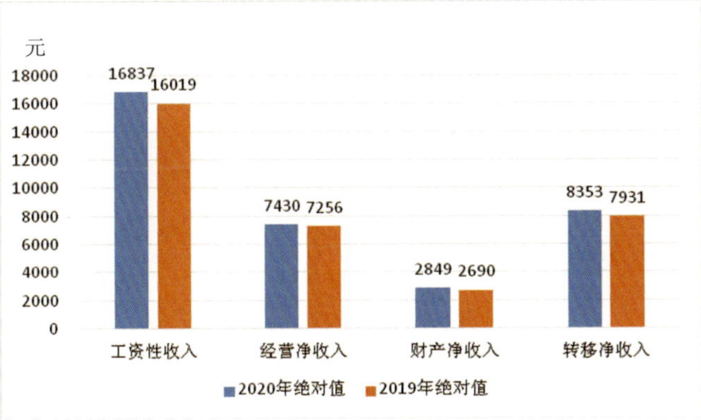

2020年常德城镇居民各项收入同比对比图

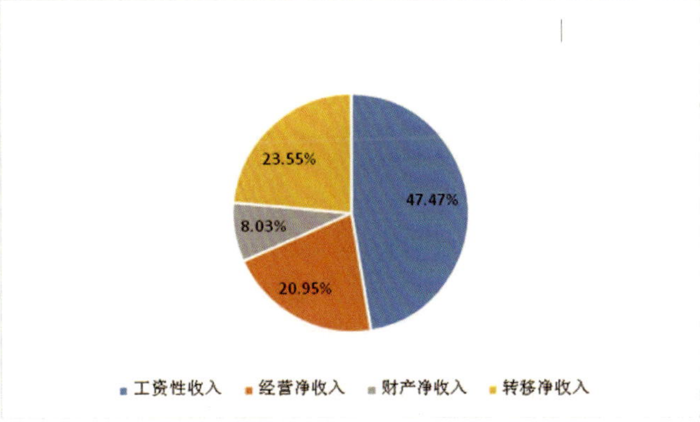

2020年常德城镇居民各项收入占比图

2020年，常德市城镇居民人均生活消费支出26990元，同比增长1.4%，其中交通通信支出同比增长8.7%；医疗保健支出同比增长6.1%；居住支出同比增长0.6%；食品烟酒支出同比增长1.3%；其他用品和服务支出同比增长3.3%；生活用品及服务支出同比增长1.9%；教育文化娱乐支出同比下降4%。

表18　2020年常德城镇居民消费构成分类情况表

指标名称	2020年绝对值（元）	2019年绝对值（元）	增速（%）
城镇居民人均消费支出	26990	26617	1.4
食品烟酒	7907	7806	1.3
衣　着	1998	1978	1.0
居　住	5094	5063	0.6
生活用品及服务	1611	1580	1.9
交通通信	3093	2846	8.7
教育文化娱乐	4647	4840	-4.0
医疗保健	2026	1910	6.1
其他用品和服务	615	595	3.3

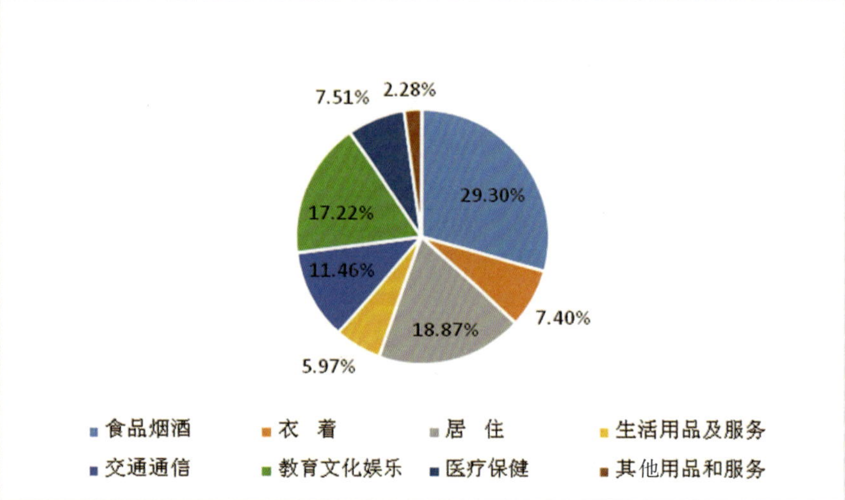

2020年常德城镇居民各项消费支出占比图

【农村居民生活】　2020年，常德市农村居民人均可支配收入17957元，同比增长8.9%。其中：工资性收入6470元，同比增长9.7%；经营净收入6916元，同比增长6.9%；转移净收入4366元，同比增长11.1%；财产净收入204元，同比增长10.4%。工资性收入和经营性收入增长是农村居民增收的主要动力。

表19　2020年常德市农村居民四项收入增长情况表

指标	2020年（元）	2019年（元）	增幅（%）	占比（%）
工资性收入	6470	5898	9.7	36.03%
经营净收入	6916	6470	6.9	38.51%
财产净收入	204	185	10.4	1.14%
转移净收入	4366	3931	11.1	24.32%

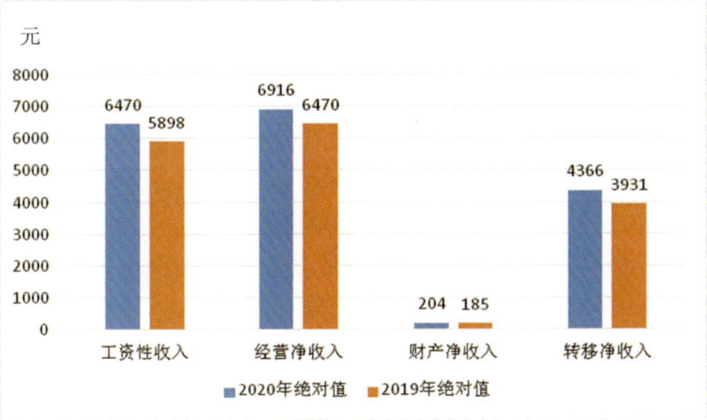

2020年常德农村居民各项收入同比增长图

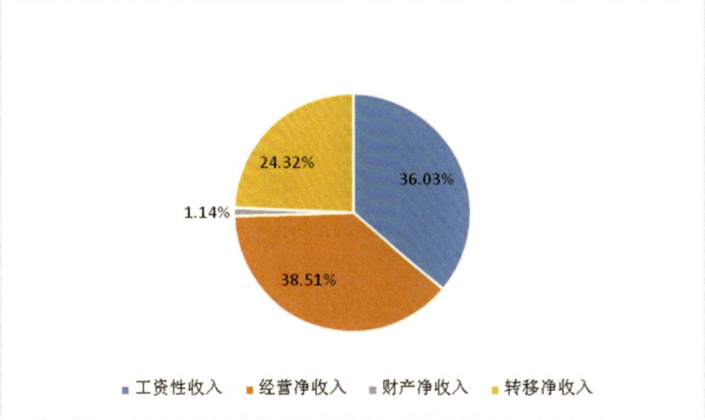

2020年常德农村居民各项收入占比图

表20　　　2020年常德农村居民消费构成分类情况表

指标名称	2020年绝对值（元）	2019年绝对值（元）	增速（%）
农村居民人均消费支出	17044	15782	8.0
食品烟酒	4925	4561	8.0
衣　着	900	864	4.1
居　住	4030	3669	9.8
生活用品及服务	1028	956	7.5
交通通信	1912	1766	8.3
教育文化娱乐	2121	2126	-0.2
医疗保健	1867	1607	16.2
其他用品和服务	261	234	11.6

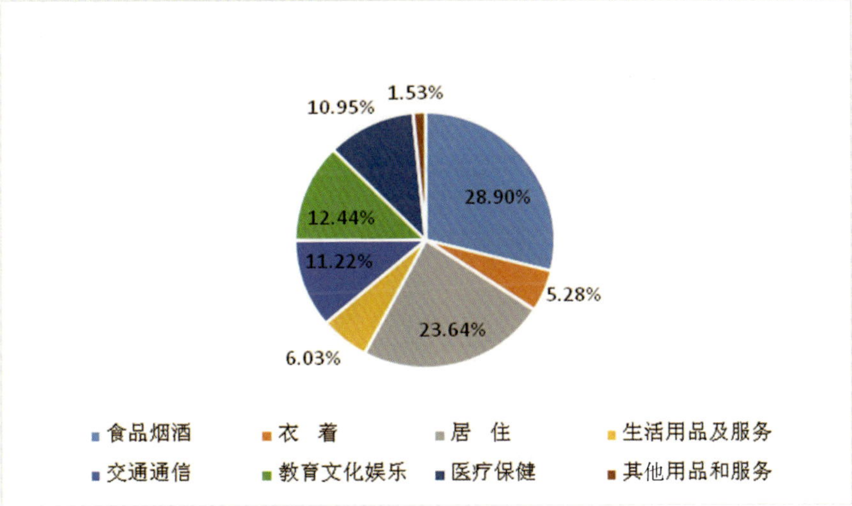

2020年常德农村居民各项消费支出占比图

2020年，常德市农村居民人均生活消费支出17044元，同比增长8%。其中，食品烟酒支出同比增长8%，衣着支出同比增长4.1%，居住支出同比增长9.8%，生活用品及服务支出同比增长7.5%，交通通信支出同比增长8.3%，教育文化娱乐支出同比下降0.2%，医疗保健支出同比增长16.2%，其他用品和服务支出同比增长11.6%。

（郑季蕙）

婚姻·家庭

【概况】　2020年，常德市加强婚姻登记机关规范建设，组织全市婚姻登记机关开展自查整改。开展婚姻业务培训，颁发婚姻登记员证书45本。推动婚姻登记机关等级创建，指导石门县、汉寿县等地做好婚姻登记机关等级创建，申报民政部AAA婚姻登记机关。积极争取全国婚俗改革实验区创建，澧县被选为全国婚俗改革实验区，为期3年。2020年，全市办理结婚登记28669对，离婚登记16921对。

【民政部调研婚姻登记和婚俗改革工作】　9月25日至26日，民政部社会事务司二级巡视员杨宗涛、省民政厅二级巡视员陈自力一行到常德市就婚姻登记等社会事务工作开展调研。调研组先后对澧县婚姻登记处、桃源县婚姻登记处现场察看、召开座谈会。对常德市婚姻登记工作中标准化建设、规范化管理、婚俗改革、信息化建设等工作进行重点指导，对该市婚姻登记工作给予充分肯定。对该市新时期婚姻登记工作提出新要求：提高对婚姻登记工作的重要性认识。人民群众的经济社会活动都与婚姻登记信息密切相关；提高婚姻登记信息化水平。推行电子扫描系统、智能化办公、历史档案全部电子化；加快婚俗改革试点工作。立足婚姻登记工作，创新婚姻家庭辅导、婚俗礼仪、婚俗文化、良好家风传承等方面工作。提倡婚事简办、新办，促进和谐社会发展。

（李帛霖）

人口家庭发展

【概况】 2020年，全市人口计划生育工作积极作为，7个区县市被评为全省优秀单位，优秀单位占比位列全省前列。全市符合政策生育率98.03%、出生人口性别比108.21，完成绩效考核指标，在全省工作会议上作典型发言。确认农村部分计划生育家庭奖励扶助对象206936人、计划生育特别扶助对象15672人、城镇独生子女父母奖励对象175706人、独生子女保健费发放对象21948人，落实特殊计划生育家庭“三个全覆盖”和“五优先”政策，各级财政共落实农村奖扶、计生特扶、城镇奖励等资金5.14亿元，独生子女死亡、伤残家庭特别扶助金（含生活补助）标准分别提高至每人每月850元、700元。严格落实“放管服”改革要求，下放部分工作权责，开展网上便民服务，将办结时限从10个工作日缩短至3个工作日。

【全市计划生育协会会长座谈会暨工作推进会】 8月20日，常德市召开全市计划生育协会（以下简称计生协）会长座谈会暨工作推进会，传达贯彻省计生协半年工作及项目工作会议精神，总结前段工作，研究部署下段工作。市委常委、市委统战部部长、市计生协会长陈华出席会议并讲话。武陵区计生协作典型发言，并进行工作交流。2020年，市计生协围绕健康常德建设，聚焦“六项重点任务”，各项工作有力有效推进。

（邓公情）

人力资源开发交流

【概况】 2020年，全市举办各类招聘活动349场，7717家企业参加，发布岗位信息26.6万个，求职人员18万多人次，达成就业意向5.69万人。

线上线下招聘活动。开展劳务协作和返乡就业服务。组织48名东莞技工回常对接，17人达成就业意向；组织24家企业赴张家界、古丈开展劳务协作，138人达成就业意向。线上平台招聘。全市举办线上招聘活动193场，有4491家企业参加，发布岗位信息15.89万个，线上求职人员12.2万人次，达成就业意向3.27万。线下点对点招聘。全市开展乡镇点对点招聘110场，组织1305家企业招聘，提供4.22万个岗位，进场求职人员2.82万人，达成就业意向1.27万人。重点企业用工服务。省重点防疫物资企业招聘。1月，为常德康怡医疗等4家生产口罩、消毒液的企业招工306人，确保防疫物资企业的复工扩产。省重点企业用工保障监测。对省151家重点企业和8家24小时监测医药企业开展用工保障，帮助招工5564人。市重点用工企业招聘。全市成立39个小分队开展企业用工服务，全市人社部门帮助重点企业招工1.77万人。“点亮万家灯火”系列招聘活动。高校毕业生网络招聘。在湖南文理学院、常德职业技术学院、湖南幼专举办校园网络招聘，参加单位186家，提供岗位2897个。民营企业招聘月活动。7月，市本级在欢乐城广场、常德高新区举办园区重点企业招聘，每周定期在网站、微信公众号、微信群发布重点企业招聘信息，全市共举办线上线下招聘活动30场，750家用人单位提供岗位1.89万个，达成就业意向3458人。退捕渔民招聘会。全市共举办26场退捕渔民招聘会，537家企业参加，提供岗位2.21万个，进场求职8797人，达成就业意向3204人；其中，退捕渔民及家属进场求职3207人，达成就业意向1501人。全市高校毕业生招聘会。9月12日，全市8个会场共组织281家单位参加，提供岗位1.26万个，进场求职4876人，达成就业意向1757人。参加省内外2020年秋季巡回校园招聘。组织26家企事业单位，分别赴湘潭大学、南华大学、长沙理工大学、湖南大学、武汉大学、华中科技大学参加2020年校园巡回招聘，6场校招会达成就业意向315人。其中，武汉大学和华中科技大学的硕士博士招聘，达成就业意向的博士6人、硕士85人、本科3人。人力资源公共信息平台建设。加强湘西北人力资源市场和智慧谷人力资源市场的管理考核，两个市场实行全免费公共服务，开设两个市场招聘专用微信公众号，与武陵区、鼎城区、经开区、高新区共用网络平台，收集整合市城区用工信息多平台发布；在桃源县设立分网站，与湘西北人力资源市场网实时同步更新和互通共享。

【人才补贴】 兑现企业用工服务奖补政策。全市发放用工服务奖补资金231.45万元，为常德康怡医疗等8家防疫物资企业发放一次性吸纳就业补贴80万元；为促进企业用工服务，鼓励区县市人社部门出资自建人力资源市场及网络平台，对于新建市场的桃源县和汉寿县，各给予一次性市场建设奖励10万元。落实人才“一站式”服务。2020年，共发放补贴资金132.6万元，其中，2019年审核通过的5名“三高”人才发放补贴资金19.8万元，2020年审核通过的34名“三高”人才发放补贴资金112.8万元。青年就业见习。加强全市见习工作的指导督促，规范市本级见习基地的管理，全市全年见习指标任务人数为900人，完成见习指标人数990人，完成目标任务的110%；其中市本级指标任务人数为295人，完成296人，完成指标任务的100%；市本级享受见习补贴的单位25家，享受人数282人，见习月份数1656个月，发放见习补贴255.02万元。

【人力资源档案管理】 做好流动人才特别是高校毕业生档案管理服务工作，全年共接收以毕业生群体为主的档案6070册，转出1453册；做好国企改制人员参保、续保、退休的档案查阅、复印等工作，为1577名国企下岗职工提供退休服务、为3850人提供档案查阅服务；为流动人才提供档案资料复印1.28万份，为9000名流动人才提供档案装订整理服务。库存流动人员档案总数达到8.1万册；流动人员档案信息使用省档案一体化平台规范管理，通过平台实现全省人才服务机构之间档案转递网上流转，简化档案转递程序，方便办事群众。代办非公有制单位人员职称427人，其中初级89人、中级211人、高级127人。

（丁　乔）

就业服务

【概况】 2020年，常德市创业孵化基地、常德市电商创业孵化园、湖南文理学院大学生创新创业孵化基地被评为省级优秀创业孵化基地。在全省就业扶贫工作现场会作典型经验交流发言。在第四届“中国创翼”创业创新大赛湖南省选拔赛中获优秀组织奖，“十年扶贫路，荒山出好油”和“沃博特——打造中国新型功能性肥料第一品牌”两个项目获优秀奖。

2020年，常德市失业保险参保人数33.4万人，完成全年目标任务的100.6%；全市开展职业技能培训70914人，完成全年目标任务的134%，其中贫困家庭“两后生”培训582人；全市农村劳动力转移就业142.87万人，其中新增转移就业3.88万人，完成全年目标任务的107.78%；全市新增发放创业担保贷款3.5亿元，完成全年目标任务的118%，直接扶持1816人创业，带动和稳定就业17552人；城镇登记失业率控制在3.11%左右。

稳岗政策。适当延长阶段性减免企业失业保险费政策实施期限，帮助全市7045家单位阶段性减免失业保险费4357.907万元。提前启动稳岗返还工作，放宽准入条件，提高返还比例，加大宣传力度，为全市1028家企业发放稳岗返还4020.606万元，稳岗76636人（包含为35家困难企业发放稳岗返还1794.89万元，稳岗3871人）。全面落实扩大失业保险保障范围政策，确保失业人员基本生活不受疫情影响。全市为7517名参保失业人员发放失业补助金837.02万元，为9654人（49851人次）发放失业保险金6593.0521万元。

【创新创业】 引进浙江主播优质前沿培训团队，通过举办创业训练营的方式，高质量开展网络主播培训，促进返乡务工人员、高校未就业毕业生等重点群体依托互联网就业创业；打造4000平方米的创客主播孵化基地，形成基地+主播+特色产品+物流的营运新模式。进一步做好孵化基地的管理服务工作，综合区入驻率达100%，服务得到进一步优化；全市共举办9期主播创业训练营，培养主播销售员300名，带动就业超5000余人，围绕地方农产品销售策划组织实施一系列主播带货活动，销售本地特色农产品超亿元；投入47万余元奖金举办2020年创新创业大赛，吸引全市600多个项目参

2020年7月10日，“直播助农我先行”桃源县首届“玉露脆梨”电商节开幕

（张　麒　摄）

赛，奖励“沃博特——打造中国新型功能性肥料”等26个优秀创业项目；开展全市创业带动就业示范典型推荐，全市推选85家创业带动就业示范效应好的创业典型，发放奖励奖金340万元，稳定就业500人，带动就业1万人以上；贷款帮扶撬动创业激情。全市共发放创业担保贷款3.5亿元，直接扶持1816人自主创业，带动吸纳就业人员17552人。

【就业扶贫】 启动百日攻坚行动，联点帮扶贫困劳动力13.9万名，以6项帮扶主题为重点，帮助常德市受疫情影响有就业意愿且有就业能力的未脱贫贫困劳动力全部实现就业。全面加大扶贫车间、各级扶贫基地和扶贫公益性岗位的建设力度，共建设就业扶贫车间187家，提供岗位1161个，吸纳就业11328人，其中贫困劳动力1692名，平均月收入达2025.93元。建设就业扶贫基地56个，提供扶贫专岗4267个，稳定吸纳841名贫困劳动力就业。开发扶贫公益性岗位10220个，较2019年增加9900个岗位。对未脱贫贫困劳动力、返乡回流贫困劳动力等重点对接、重点监测、重点服务、重点跟踪，全市完成贫困劳动力培训6898人。全市通过省平台办理各类补55750人次，补贴总金额达2929.8万元。

【重点群体就业】 开发防疫公益性岗位，安置就业困难人员622人。开发市本级公益性岗位352人，岗位补贴332.8248万元。完成全市建档立卡渔民信息采集4158人，上门开展岗位推荐668次，职业指导610次，公益性岗位安置232人，有就业意愿未就业的退捕渔民全部清零。以武陵区方家巷社区作为基层平台建设的试点，基本实现公共就业服务“马上办、网上办、就近办、一次办”要求。

【技能提升】 进一步扩大培训补贴范围，符合规定目录内职业（工种）培训补贴标准提高50%，全市开展焊工专项培训2152人。开展退捕渔民免费技能提升培训484人，发放培训补贴56.78万元，对有培训需求的渔民做到“应培尽培”。出台常德市“以工代训”具体实施细则，对全市受疫情影响的企业和新吸纳符合条件人员就业的企业发放以工代训补贴729人，补贴金额106.55万元。围绕大学毕业生和就业困难人员等重点群体，在全市开展“SYB创业培训+直播带货”培训，大力培养本土互联网营销师，共举办54期互联网营销师培训班，培养学员1757名。

（张　麒）

社会保险

【概况】 2020年，全市机关事业单位养老保险在全省改革中发挥示范引领作用，常德市获“全省经办管理服务工作优秀单位”，市社会保险服务中心（以下简称市社保中心）代表湖南省在全国介绍经验做法。

2020年，全市机关事业单位养老保险在职参保13.33万人、退休7.35万人，征缴基金20.91亿元、待遇支付39.08亿元，实现应保尽保；全市城镇职工基本养老保险在职参保79.2万人、离退休42.3万人，征缴基金74.25亿元、参保缴费率46.13%、待遇支付112.27亿元（含丧抚费3.99亿元）；全市城乡居民基本养老保险参保人数305.25万人，其中缴费人数209.87万人、享受待遇95.38万人，征缴基金5.75亿元、待遇支付12.31亿元。全市超额完成城镇职工基本养老保险基金征缴、同级财政补助、参保缴费率和城乡居民基本养老保险“全覆盖”4项省人社工作目标任务，多项指标位居全省前列。武陵区、临澧县分别完成基金征缴目标任务的401.25%、434.42%，走在全市前列。

职业年金。按照“分解任务、分工协作、先易后难、先急后缓”工作思路，多渠道向财政部门汇报衔接，完成历年累积的虚账记实业务。落实待遇计发任务，市社保中心率先启动职业年金待遇发放工作，全市职业年金缴费13.33万人、征缴年金9.09亿元，应享受待遇2.47万人，为2.08万人发放待遇0.75亿元，发放率84.21%。

征缴划转。根据国务院和省人民政府工作部署，持续巩固城镇职工基本养老保险省级统筹成果，有序开展参保单位和个人数据清理，妥善处理各类遗留经办问题，做好征缴职责划转税务移交各项准备，完成审核全市参保单位类型、缴费比例、征缴品目名称等工作，合力推进征缴职责划转，自2020年11月1日起全市城镇职工基本养老保险费和职业年金征缴职责划转税务的平衡过渡、业务正常运转。

降费减负。2020年，相继完成全市所有参保单位划型上报、详细核实参保单位信息、分类做好减免计划、指导企业办理相关手续等工作，全力支持和推动企业复工复产、减费赋能，稳住全市经济基本盘，全年累计为全市8356家企业减免养老保险费11.49亿元。疫情期间，先后制定企业缴纳养老保险费业务经办办法、操作办法，确保“减免缓”政策落地落实。

档案管理。2020年，将原市人社局西院服务大厅全面改造成为占地2000余平方米的社会保险档案管理服务大厅、1000平方米的档案库房，按照省级标准配备双面密集档案架、规范档案盒、灭火报警等设施设备，全面完成47家中央、省属驻常国有企业退休人员17151本人事档案整体移交等工作。

业务经办。衔接合作银行联系持卡人领卡，开通金融功能，完成待遇入卡转换登记手续。全市社会保障卡持卡人数539.4万人，占常住人员的93%，实现机关事业单位养老保险待遇入卡率达到95%以上，城镇职工基本养老保险待遇入卡率达到60%以上的年度目标。优化业务模块功能，方便参保对象在常德人社网上服务大厅办理机关事业单位、城镇职工、城乡居民基本养老保险39项主要业务，将个人网厅接入“我的常德”APP，实现养老保险业务“掌上可办”“触手可及”，全年各类网上业务办理30万人次，在全省率先开通微信缴费功能，为参保群众提供方便快捷的缴费服务，全年微信缴费和银行直缴超过10万人次。

退管服务。适应离退休人员社会化服务新形势新要求，规范业务经办，优化经办流程，提高办事效率，先后组织4期300余名全市乡镇（街道）、社区劳保专干待遇领取资格认证、养老保险政策业务培训，提升基层业务经办能力。运用“老来网”手机认证平台，为全市2000余名社保专干开通手机认证权限，方便社区认证和工作人员上门认证。批量导入联系电话7万多人次，实现市本级退休人员、在职参保人员短信提醒服务全覆盖。截至2020年年底，累计发送政策宣传、待遇调整、资格认证等各类提醒短信200万条，澧县社保中心被国家卫健委、全国老龄办授予2020年全国“敬老文明号”称号。

【养老待遇】 2020年是机关事业单位和城镇职工基本养老保险制度并轨后，第一次实现退休人员统一标准调整待遇，是常德市连续5年调整机关事业单位退休人员基本养老金，连续16年调整城镇职工基本养老保险退休人员养老金待遇，累计为47.6万名机关企事业单位、灵活就业身份参保退休人员调整基本养老金。2020年12月底前，全市完成城乡居民基本养老保险基础养老金“最低标准统一提高10元”的工作，2020年7月1日起，全市城乡居民基本养老保险基础养老金最低标准由103元提高到113元。

【行业扶贫兜底保障】 建档立卡贫困人口代缴。截至2020年12月，全市建档立卡贫困人口符合代缴条件的25191人，实际代缴人员25191人，代缴金额251.91万元，代缴率100%，享受待遇53706人。低保对象、特困人员代缴。全市低保对象、特困人员参加城乡居保人数119632人，应代缴71543人，实际代缴71543人，代缴金额715.43万元，代缴率100%，享受待遇48041人。未参保重度残疾人员代缴。全市核实2020年未参保的重残人员128人，符合代缴条件人员88人，代缴金额0.88万元。

【退捕渔民养老保险工作】 贯彻落实推进长江流域禁捕退捕工作系列指示要求，常德市承担退捕渔民工作任务的有鼎城区、汉寿县、桃源县、石门县、澧县、安乡县、津市市和常德经开区8个区县市。根据省中心9月10日核定下发数据：全市共有退捕渔民4161人，其中专业渔民2227人、持证兼业渔民166人、其他渔民1768人。参保4140人（城乡居保2800人、职保1327人、机保13人），不符合参保条件21人，符合参保条件退捕渔民参保登记率达100%。

【退役士兵养老保险接续】 全市各养老保险经办机构加强与退役军人事务局衔接协作，合力推动政策落地落实，全市退役士兵养老保险接续工作取得重大进展。

（李玉宝）

医疗保障

【概况】 2020年，市医疗保障局在“扎实开展突发公共卫生事件应急响应和公共卫生防治体系建设，推进公立医院综合改革、医保重点改革和‘互联网＋医疗’”真抓实干督查中全省排名第一；全覆盖参保缴费全省同组排名第一，全省医保系统政务信息工作排名第二。市医保局在全省医疗保障基金监管工作绩效考核中被评为优良等次，医疗保障基金核查和大数据中心被评为优秀执法机构。市医疗保障事务中心成功创建“省级文明标兵单位”，医保经办服务入选全省经办系统“精准优化服务”典型案例。4月15日，党组书记、局长曹慧代表常德市医保系统在全省医保系统党风廉政建设和反腐败工作会议上作题为《精准实施风险防控打造清新医保形象》的发言；10月16日，曹慧代表常德市医保系统在全省医疗保障领域聚焦民生保障专项治理工作推进会作典型发言。

2020年，全市参加基本医疗保险人数556.32万人，其中职工医保59.3万人、居民医保497.02万人，综合参保率96.4%（按2019年年末常住人口577.2万人计算）。全市职工医保基金收入17.8亿元，支出16.87亿元，当期结余0.93亿元；城乡居民医保基金收入39.26亿元，支出38.19亿元，当期结余1.07亿元，整体运行平稳。落实城乡居民医保门诊政策，各区县市均取消居民医保个人账户；全面推进城乡居民医保普通门诊统筹和“两病”用药保障政策，截至12月底，全市城乡居民共233.85万人次享受普通门诊报销待遇，基金支付共9201.25万元，任务完成情况位于全省前列；全面落实生育保险和职工医疗保险合并实施，实现参保人员生育保险待遇不降低、基金收支不失衡；落实89种特殊药品（谈判药品）医保政策，完善配套管理；落实资助参保、住院救助、门诊救助和困难退役军人救助政策，规范医疗救助资金管理，实现基本医保、大病保险和医疗救助等制度之间的互补衔接。正式启动市域内异地就医直接结算，常德市接入国家异地就医直接结算平台的协议医疗机构87家，结算工作开展顺畅。推进医保信息八项编码录入工作；开展医保电子凭证推广工作，全市875家医保定点药店开通使用，72.4万人成功领取医保电子凭证。

疫情防控。迅速落实疫情救治工作要求，建立患者救治、费用、结算"无障碍"机制。疫情期间，及时向定点救治医院预拨医保基金2600万元，下拨医疗救助资金1868.2万元，确保患者不因费用影响就医，确保医院不因支付政策影响患者救治。助力企业复工复产，医保减征缓征政策共惠及企业2530家、职工9.04万人，减征医保缴费6295.99万元。

医保扶贫。落实参保资助，确保全市建档立卡贫困人口基本医疗保险参保率100%。实施待遇倾斜，建档立卡贫困人口、特困人员在各级协议医疗机构住院的政策范围内费用报销比例提高10%，一、二、三级医疗机构分别达到100%、90%、80%。大病起付线降低50%，报销比例提高5%，全面取消建档立卡贫困人口大病保险封顶线。落实健康扶贫"一站式"结算。建档立卡贫困人口住院，县域内综合保障达到90%，经转诊的33种重大疾病县域外综合保障达到80%。

优化服务。深化"放管服"改革，将湖南省第一批"一件事一次办"涉及医保的三个事项进行优化、精简、提速；实现国家15项信息业务编码标准的落地使用，将40项公共服务事项纳入省"互联网+政务服务"一体化平台管理。持续精准优化服务，推进"一窗式受理、一次性告知、一站式办结和最多跑一次"的服务模式，加快内部审核流转，后台报账支付周期由15个工作日压减到7个工作日。开展"减证便民"工作，规章和规范性文件设定的证明事项，能取消的一律取消。疫情期间大力推行"不见面"服务，避免人员聚集，通过电话、微信等网络办理医保业务；实行首问负责制，扎实开展"人民满意窗口"创建。不断优化经济发展环境，邀请部分市人大代表、政协委员、优化经济环境监督员代表召开座谈会，听取代表们对市医疗保障工作的意见和建议，累计收到意见建议37条，高质量完成建议提案及信访交办任务。

依法行政。加强行政执法规范化建设，梳理制定全面推行医疗保障行政执法"四项制度""三个清单"。梳理全市医保局行政执法业务清单，细化执法事项，明确执法依据，统一医保执法取证、办案程序，规范执法文书。提升行政执法能力，加强执法人员行政执法培训，完善执法硬件设备。编制完成常德市医疗保障"十四五"总体规划，明晰工作目标、基本原则和发展方向。

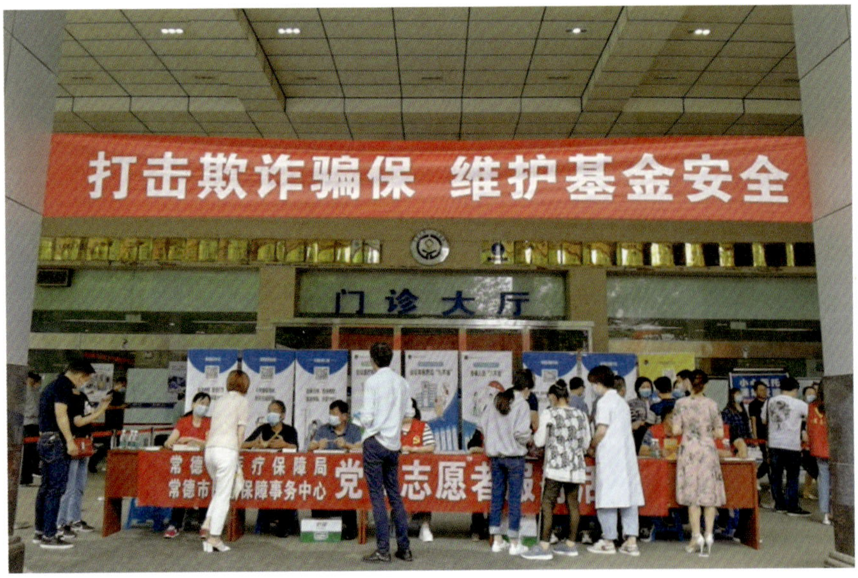

2020年5月26日，市医疗保障局、市医疗保障事务中心开展"打击欺诈骗保 维护基金安全"集中宣传月活动（王 浪 摄）

【医保基金监管】 强化监管宣传，发放宣传资料17.9万份，张贴海报1.7万张，网络媒体阅读3.6万余次，构建全社会关注并自觉维护医疗保障基金安全的良好氛围。提升监管能力，建立与审计、卫健、市监、发改等十部门的联合监管执法机制，建立医药机构定点准入和评审专家库、基金监管专家库、医保基金社会监督委员会，落实举报奖励激励制度。持续打击欺诈骗保，检查定点医药机构1764家，查处违规医药机构605家，处理处罚共1874.26万元，追回基金本金1724.39万元。12月24日，组织召开全市医疗保障系统"太和欺诈骗保案"警示教育大会，开展为期1个月的协议医疗机构"回头看"专项治理，把打击欺诈骗保活动引向深入。

【医保改革】 市级统筹。及时出台《常德市医疗保障市级统筹实施方案》（常政办发〔2020〕4号），联合财政、税务等部门下发《常德市医疗保障市级统筹基金预（决）

算与收支管理暂行办法》等配套文件，9月完成基金专项审计，按要求开设市级统筹基金账户，基本完成全市医保基金归集，10月1日全面实施市级统筹。支付方式改革。完善按病种收付费管理，在扩充市本级职工医保单病种至336种、实行“同病同城同价”的基础上，出台《关于进一步完善按病种收付费工作的通知》，调整市城区按病种收付费部分政策；积极配合“三医联动”医改工作部署，按照“总额预算、结余合理留用、以收定支、收支平衡”的原则，建立对县域医共体的激励约束机制。11月4日，国家医保局发布《国家医疗保障局办公室关于印发区域点数法总额预算和按病种分值付费试点城市名单的通知》，常德市入选区域点数法总额预算和按病种分值付费（DIP）国家试点，随后成立以分管副市长为组长的领导小组，与市卫健部门联合印发《常德市区域点数法总额预算和按病种分值付费试点工作方案》。药品耗材招采制度改革。开展公立医疗机构医用低值耗材和检验试剂集中采购改革，2020年6月中旬全面实施网上阳光采购，集中采购入围产品30814个，综合价格降幅为18.32%。落实国家和省市联盟集采药品带量采购及使用改革，集采药品平均降幅50%以上，最高降幅为95%以上，执行情况在全省排名第一。医疗服务价格调整改革。出台规范全市基层公立医疗卫生机构医疗服务价格的实施文件，2020年2月起执行新的医疗服务价格标准，二级以上公立医疗机构调整项目875个，基层医疗机构调整项目404个。价格改革后，医改控费考核指标得到提升，医疗服务收入占比由28.08%提高到31.56%，药占比由31.21%下降到28.44%，百元医疗收入耗材占比由20.9元下降17.86元，倒逼医疗机构规范诊疗和检查行为。联合卫健、财政等部门出台《常德市治理高值医用耗材改革实施方案》（常医保发〔2020〕21号），对全市13家医疗机构第一批国家高值医用耗材使用情况进行检查治理，降低虚高价格、规范医疗行为、加强监督管理，维护群众健康权益。

【设立市医疗保障基金核查和大数据中心】 11月18日，市委编委办下发《关于市医疗保障局所属事业单位设置调整事项的批复》，设立市医疗保障基金核查和大数据中心，为市医疗保障局所属正科级公益一类事业单位。主要工作任务是：承担全市医疗保险、生育保险参保数据和基金运行的监测分析工作，落实基金监管能力建设具体措施和基金核查专项行动，受理违法违规行为投诉举报并协助查处有关案件；承担全市医疗保障信息系统（含经办信息系统和国家信息系统常德终端）的维护、管理与安全防护工作，整合利用医疗保障大数据资源，推进“互联网+医保”服务和医疗保障信息化建设；承担全市医疗保险、生育保险的综合统计事务性工作，指导市属特定区域和各区县市填报有关数据，对全市统计数据进行初审把关和汇总上报；承担市医疗保障局交办的其他事项。

（张道玲）

工伤保险

【概况】 2020年，市工伤保险服务中心探索创新管理方式，实施工伤保险基金市级统收统支，严格落实中央减税降费优惠政策，支持企业复工复产，优化营商环境，提升服务效能。2020年，全市工伤保险新增参保人数9.44万人，累计参保人数达53.09万人；征缴工伤保险费17000万元，基金总支出30500万元，其中工伤保险待遇支出29100万元。全市工伤保险参保单位为12016家，农民工参保人数达到22.81万人。全市建筑施工项目参保1379家，参保人数14.56万人，征缴工伤保险费4820万元，建筑项目参保率95%以上。全市参保单位事故备案5103起，作出工伤认定4985起。

工伤保险覆盖。征缴扩面。2020年，全市在新冠肺炎疫情和经济下行困境的影响下，圆满完成年初下达的任务指标，实现征缴扩面稳中有升。全市新增参保人数9.44万人，累计参保人数达53.09万人，全市工伤保险参保单位12016家，农民工参保人数达到22.81万人，建筑施工项目参保1379家，参保人数14.56万人，建筑项目参保率95%以上。征缴职责划转。根据省人社厅、省税务局要求，征缴职责于2020年11月1日全部划转至税务部门，全市按要求积极配合税务部门完成参保单位、人员等相关数据的系统交接及核实工作。核实数据交接前存有预缴款参保单位相关信息，将其预缴款统一退还至参保单位，确保征缴职责划转有序完成。推进补充工伤保险。反复与商业保险承保机构研究，出台《补充工伤保险工作实施细则》，从制度上督促商业保险承保单位将补充工伤保险待遇发放到位，常德市市本级、武陵区、鼎城区、汉寿县、石门县开展补充工伤保险试点工作，2020年累计支付待遇232余万元，享受待遇279人次。开展工伤保险政策宣传。2020年全市全面推动工伤保险宣传工作，市本级开展工伤保险宣传季专项宣传，通过形式多样的宣传活动，将工伤保险政策送到参保企业和职工手中。

改革创新。2020年，由市人社局、财政局、税务局联合下发《关于落实工伤保险基金省级统筹有关工作的通知》，从2020年7月1日起正式实施。全市工伤保险工作管理实行“六统一”，即统一参保范围

2020年10月30日，常德市2020年工伤宣传进园区暨工伤预防精准式培训启动式 （市工伤保险服务中心 供图）

和对象、统一缴费基数和费率、统一基金收支管理、统一工伤认定和劳动能力鉴定、统一待遇支付标准、统一经办流程和信息系统。在具体实施过程中，常德市采取两种管理方式：对武陵区、鼎城区、西湖管理区、西洞庭管理区的工伤保险基金实行缺口责任统筹分担的管理方式，即基金统收统支、市级分账核算、缺口统筹分担；对汉寿县、桃源县、临澧县、石门县、澧县、安乡县、津市市等七县市的工伤保险基金实行缴拨管理方式，即基金统收统支、市级分账核算、缺口分级负责、结余返回留用。

【优化营商环境】 落实阶段性降低工伤保险费政策。符合降费条件的市本级、武陵区、汉寿县、澧县、津市市、安乡县、西湖管理区落实阶段性降低工伤保险费率政策，截至12月底，全市享受阶段性降低费率政策单位8170家，惠及参保人数34.61万人，全市为参保单位减负5093.99万元。落实阶段性减免工伤保险费政策。2020年，全市享受减免政策参保单位8974家（含建筑项目），参保人数29.32万人，全市减免工伤保险费14299.09万元。开展工伤预防工作。2020年10月30日，在市人社局的指导下，市本级在常德高新区开展工伤预防精准式培训，邀请专家就工伤预防工作对常德高新区160余家企业集中授课，深入常德水表厂和常德远大建筑工业有限公司现场指导。

【强化协议医疗机构管理】 2020年3月，市工伤保险服务中心研究出台《常德市工伤保险协议机构管理办法》和《常德市工伤保险协议机构考评办法》，建立起考评机制，通过明察暗访、智能系统抽查等形式，加强对协议机构的管理，对发现的问题进行通报并明确整改时限，对履责不到位的协议机构实行淘汰。2020年，根据年度考核情况，市本级取消6家协议医疗机构资格。

（王 龙）

殡葬服务

【概况】 2020年，常德市殡葬事务中心何平被民政部评为“全国民政系统抗击新冠肺炎疫情先进个人”，同时获常德市五一劳动奖章。

殡葬服务。有序恢复殡葬服务工作。严格遵照市防指和市民政局的相关要求，3月28日，对白鹤山殡仪馆、万金陵园实行有序开放，恢复殡葬服务工作。业务拓展。中心业务范围逐步覆盖各大城区医院和社区，与湘雅常德医院、市第一人民医院、市第二人民医院、市第一中医医院签订太平间托管协议。6月联合市卫健委下发《关于规范常德市医疗机构遗体管理工作的通知》。截至12月，市城区各医院太平间收发业务信息，送运白鹤山殡仪馆遗体350具，处理残肢、死婴共141具，协助处理无名、刑事、交通事故遗体共12具，外运遗体33具。特殊遗体接运部，遗体接运1532次；销售卫生棺1481副；协助公安机关收殓无名遗体51具。业务成效。白鹤山殡仪馆，全年火化遗体2945具，殡仪接待1660场，业务收入3167万元。万金陵园，全年墓穴销售1315座、骨灰落葬1393具、落葬礼仪705场次，业务总收入3850万元。

基础建设。重点建设项目。全年17项重点建设项目基本完工，其中德山殡仪馆一期工程基本完成，12月试营业。万金陵园新征的7.33公顷土地完成土地交接工作。完成“十四五”重点建设项目规划编制。“十四五”期间，重点建设规划项目是德山殡仪馆三期工程建设、德山陵园建设、白鹤山殡仪馆综合服务大楼建设、白鹤山殡仪馆骨灰堂建设、万金陵园扩容、万金陵园服务大楼建设6大项目，计划总投资2.34亿元，资金来源主要是争取上级项目资金，积极争取将上述项目列入发改部门立项项目、湖南省革命老区振兴发展规划重大项目和全市民政“十四五”重大项目之中。

殡改宣传。通过报刊、网络、

新媒体、横幅、盾牌、宣传车等形式进行广泛宣传。全年发送宣传资料1.1万多份、张贴宣传牌600多块。在《中国殡葬报》上发表文章4篇，市民政局网站共报送登载信息53篇，特别是在清明节期间，在《常德日报》上发表文章5篇，在《常德晚报》上发表文章4篇，在新闻头条上发表文章5篇，在市民政局网站上稿7篇。全年收到市长热线办、网上舆情问题共10个，均在第一时间进行回复处理，回复满意度达100%。做客市政府办公室热线访谈节目，及时回复市民关注的殡葬领域焦点问题。并在清明节、中秋节、春节等传统节日节点，以"文明祭扫，生态殡葬"为主题，大力宣传节地生态葬，倡导用鲜花、植树、网络祭祀等方式缅怀故人，文明殡葬理念深入人心。

扶贫工作。全年组织扶贫责任人到扶贫点村工作8次共120人次，对帮扶对象进行走访慰问、落实扶贫相关政策，发放慰问生活生产物资共计1.44万元，捐赠约2800元的抗疫物资，有效扶助群众做好疫情防控工作。扶贫援建资金17万元，驻村工作队经费3万元，解决村民道路硬化资金6万元。单位被市委、市政府评为全市驻村（对口）帮扶优秀单位。

支援武汉抗击新冠肺炎疫情。3月，收到湖南省民政厅的号召后，市殡葬服务中心党支部及时召开会议研究，从积极自愿报名的10名工作人员中选派何平、张黉一、张文杰、李明杰4人奔赴武汉支援。4名志愿者在武汉工作26天，超量完成省民政厅交办的工作任务，受到汉口殡仪馆、湖南省民政厅、常德市委、市政府和市民政局的高度肯定和赞扬。汉口殡仪馆为4人颁发奖励证书，省民政厅、省殡葬协会、市政府领导到单位召开慰问表彰会。何平作为代表参加省民政厅、市委、市政府召开的援鄂抗疫表彰会议，并在会上作典型发言。

【清明祭祀安全防护】 2020年清明节，正值全国上下新冠肺炎疫情防控的关键时期，为统筹做好疫情防控与群众祭扫服务工作，推出清明祭扫"线上线下"服务新模式，既满足群众的祭扫需求，又解决防止人员扎堆引发疫情扩散的问题。线上，开通网上祭扫平台，供群众免费网上虚拟祭扫或委托祭扫。线下，实行分区、错峰、限流、限时实地祭扫。并推出网上祭祀、代客祭扫、音乐祭祀等创新祭祀方式。倡导送鲜花、种植常青树等健康环保的祭扫方式，将文明祭扫新风送到千家万户。清明节期间，白鹤山殡葬馆、万金陵园共接待祭扫群众近10万人次，其中通过线上祭扫的达到4.5万人次，无一人发生交叉感染，没有发生一起人员踩踏、山林火灾、矛盾纠纷和交通拥堵事件，实现"文明祭祀、优质服务、平安清明"总体目标。

【惠民殡葬】 市民政局、市财政局联合出台《常德市城区城乡居民基本丧葬服务费用免除和节地生态安葬奖励实施细则》（常民发〔2020〕6号），从2020年1月1日起，实行惠民殡葬政策扩面，规定在白鹤山殡仪馆或德山殡仪馆办丧的，实行"遗体接运、遗体存放、遗体火化、骨灰寄存"四项基本丧葬费用减免，四项合计1260元，特殊群体在四项基本丧葬费用基础上减免普通纸棺、骨灰盒费用，合计1860元，对采取水葬和在万金陵园采取节地生态安葬的均给予1200元奖励费用，截至12月底，累计减免四项基本丧葬费用和特殊群体加送减免办丧费用和墓穴购置费用共计177万元，奖励节地生态葬和水葬费用11.64万元。

（杨 斌）

老龄工作

【概况】 截至2020年年底，全市60岁及以上人口达138.09万，占全市总人口的21.58%，65岁及以上人口104.25万，占全市总人口的16.29%。2020年6月29日，常德市"银龄安康工程"工作在全省老龄健康工作会议上作经验交流。农村互助式养老破解农村养老难题案例进入省积极应对人口老龄化重点案例范畴。

队伍保障。认真落实机构改革职能转换和积极应对社会老龄化问题，全市调整优化老龄委，卫生健康部门设立老龄健康科（股）室，配齐配强工作人员。基层老年协会发展壮大，2020年城乡覆盖率分别达到96%和93.3%。

老年维权。将老年人权益保障列入各级人大常委会监督重点和政府绩效考核内容，加强宣传和典型维权案例教育，及时做好老年人来信来访工作。全年处理老年各类维权案件23件。

老年服务。全面落实高龄老人补贴和基本养老补贴制度。出台《常德市新建住宅小区养老服务用房建设管理办法》，明确新建住宅小区需严格按照无障碍设施工程相关标准和规范配套建设社区养老服务设施。出台《常德市卫生健康系统关于解决老年人运用智能技术困难的实施方案》，在二级及以上综合医院开通老年人就医绿色通道，设立老年医学科，切实解决老年人就医就诊困难问题。

【银龄安康】 建立以乡镇卫生院为枢纽、以保险公司为依托、以村居干部为主体的"多位一体"分销网络，全力扩大"银龄安康"保险覆盖面。6月29日，常德市"银龄安康工程”工作在全省老龄健康工作会上作经验交流。2020年全市有16.9万名老年人参保，缴纳保费总额1752.2万元，其中7.95万名老年人自愿投保，占参保人数的47%。

【敬老活动】 充分利用老龄健康宣传周、敬老月宣传活动、敬老模范人物评选活动等，大力弘扬养老、孝老、敬老文化，普及老年人健康养老知识。市本级通过报刊、电视等在面上进行广泛宣传，在生活类报纸《常德晚报》、微信公众号刊登老年健康核心信息、阿尔茨海默病等老年人健康知识。在养老机构、医养结合机构开展义诊，通过发放宣传资料、开展文艺节目演出等形式宣传健康养老知识，共开展电视宣传104次、广播宣传503次、现场集中宣传289次、发放宣传资料13.5万份。走访慰问。各地各单位协会组织纷纷开展慰问活动。全年开展义诊580余次，慰问老人7600人，发放慰问金678万元。开展评选活动。全市开展敬老文明号和敬老模范任务评选活动。5家单位成功争创全国敬老文明号，8位敬老模范人物被评为全国先进。

（宋银清）

关心下一代工作

【概况】 2020年，常德市关工委获评“全国关心下一代工作先进集体”，任承忠、刘中秋、詹腊珍、章祖贵4名“五老”获评“全国关心下一代工作先进工作者”。市关工委编纂《“五老”同战“疫”，齐心抱花开》宣传手册，记录战“疫”中的“五老”精神。推进石门县薛家村省级留守儿童之家项目建设，争取项目资金100万元。衔接中国关工委实施的“爱心音乐教室”项目，为武陵区10所幼儿园争取到价值20万元的音乐教学器材。

重要会议。5月7日，市关工委工作全会在市委常委（扩大）会议室召开，会议传达学习中央、省委主要领导对关心下一代工作的批示，市关工委常务副主任曹儒国作工作报告，市关工委成员单位分别述职，市委副书记、市关工委主任朱水平讲话。市关工委副主任何英满、朱晓平、张新民参加会议。12月17日，市关工委主任办公会议在市委常委（扩大）会议室召开。会议传达学习中央、省委领导对关心下一代工作的批示和有关会议精神，汇报2020年工作开展情况和2021年工作思路，市直机关、市教育局、市企业关工委负责人表态发言，市委副书记、市关工委主任朱水平讲话。市政府副市长、市关工委副主任周代惠，市关工委副主任何英满参加会议。12月21日，市委常委会召开2020年第34次会议，听取关心下一代工作情况汇报。同意市关工委2021年工作思路，同意配齐配强市关工委领导班子力量，在原有4名离退休老领导担任副主任的基础上，增加2名离退休老领导担任市关工委副主任。

【省关工委到常德市调研】 5月13—15日，省关工委主任杨泰波、副主任武吉海一行到常德调研关心下一代工作。实地调研武陵区关工委“互联网+关心下一代”工作模式、武陵区第一完小、石门县逸迩阁书院、鼎城区玉霞街道关工委阵地建设及道德储蓄、飞鸽传书等活动开展情况，听取有关情况汇报。

【湖南省关心下一代教育示范基地授牌】 10月22日，湖南省关工委回复常德市关工委《关于申报湖南省关心下一代工作教育示范基地的请示》，同意石门县南北镇薛家村王新法党性教育基地、石门县逸迩阁书院、东方红博物馆、桃花源国防教育基地4家单位（机构）在坚持公益性的前提下作为湖南省关心下一代教育示范基地。

（邓　燕）

社会救助

【概况】 2020年5月11日，市社会救助服务中心（以下简称中心）以市民政局名义，联合政法委、公安等12个部门，下发《常德市生活无着的流浪乞讨人员救助管理服务质量大提升专项行动实施方案》，明确照料服务、救助寻亲、街面巡查和综合治理、落户安置、源头治理、干部队伍建设6个方面专项行动内容和步骤，进一步健全全市救助管理工作机制。5月27日，常德市生活无着流浪乞讨人员救助管理服务质量大提升专项行动部署会在共和酒店召开，分管副市长龚德汉对专项行动进行部署，提出“六个一”要求。即：抓好“一支队伍”；管好“一个源头”，建立好返乡人员信息台账；建立“一套标准”，包括消防、餐饮、住院治疗、农村精神病人治疗、重大事项反馈，都要有标准；落实“一个要求”，落实属地管理要求，坚持首问责任制；开展“一次行动”，要集中开展一次落户安置行动；建立“一项机制”，要趁这次专项行动建立起街面联合巡查机制。10月13日，流浪乞讨人员救助管理工作纳入常德市平安建设（综治工作）考评办法。11月12日至14日，中心主任卞德荣参加湖南省生活无着的流浪乞讨人员救助管理工作培训班，代表常德市就救助管理服务质量大提升作经验授课。

【关爱困境（留守）儿童】 “六一”儿童节前夕，中心在武陵区举办“相伴成长·爱在同行”为主题的困境未成年人、留守儿童庆“六一”大型圆梦活动。共走访收集到150名困境未成年人、留守儿童微心愿，链接近100家爱心单位、300多名志愿者。5月31日，150个孩子全部圆梦微心愿。活动视频《圆梦童心让爱并行》在“学习强国”平台上予以推介。9月中下旬，举办“浓情中秋·助力未来”关爱困境（留守）儿童主题游园会活动，活动设立线上金秋助学、金秋助梦和线下主题中秋游园会活动版块，以关爱、弘扬中华传统文化为主题，召集武陵区、鼎城区、柳叶湖旅游度假区的困境（留守儿童）于常德市科技馆开展，该活动共125人参加，链接40余家爱心单位，200余名志愿者、为60余名困境（留守）儿童送去关爱与支持。

【监护兜底】 2020年4月，中心接收鼎城区一名疑似遭受遗弃的4岁女童果果（化名）。按照儿童利益最大化的原则，中心积极与公安、街道、社区联系，解决果果的生活、监护等问题，并将其安置在幼儿园接受学前教育，充分履行民政救助部门的监护兜底责任。

【机构开放日活动】 6月19日，市社会救助事务中心举办以“提升服务质量，履行兜底职责”为主题的救助管理机构和托养机构开放日活动。根据疫情防控需要，中心主要采取报纸专版宣传和网络云直播的方式。主任卞德荣接受《常德日报》记者“提升服务质量，履行兜底职责”专访，就解答救助管理工作相关问题；部分市民、媒体记者参观救助管理各功能区域，常德全媒全程进行微直播，网络点击率达20余万人次，进一步提升常德市救助管理工作的公众知晓率和参与度。

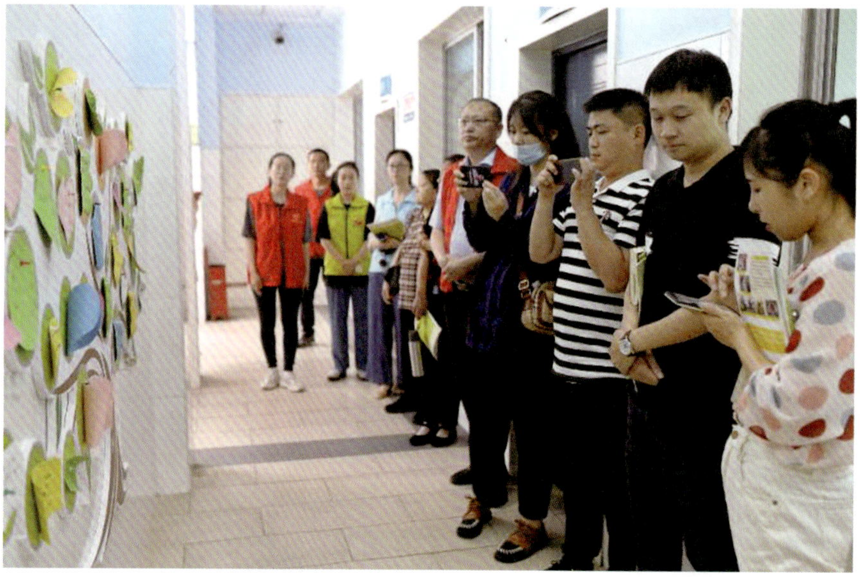

2020年6月19日，机构开放日，市民参观市社会救助事务中心功能区

（徐珊珊 摄）

【志愿者表彰】 12月20日，举办“协力前进　义路前行”小雨滴未成年人保护志愿者服务队2020年度线上表彰大会。表彰活动采用线上直播（抖音直播和网页直播）的形式进行。评选出优秀志愿者骨干、杰出志愿者、优秀志愿者个人共56人，优秀志愿服务团队、爱心单位、爱心组织、爱心企业共18个，对志愿者们取得的成绩给予肯定，进一步激发志愿者服务热情。

（刘　敏）

区县市·开发区·度假区·管理区

武陵区

中共武陵区委员会

书　记　莫汉桃

副书记　康少中　王先波

常　委　莫汉桃　康少中　王先波　李宗翰　余习琼　胡　杰　郭　建　邓慈陵　袁　文　刘贵平　向艳艳

武陵区人大常委会

主　任　姜胜国

副主任　鲁光凿　杨泽民　钱　攀　丁建国　龙一武

武陵区人民政府

区　长　康少中

副区长　胡　杰　陈有万　黄治军　陈帮辉　高　波　桑旦塔尔青　张　恩　朱　军　陈　维

政协武陵区委员会

主　席　汤劲翔

副主席　曾荣华　彭次君　尹治才　周俊峰　雷建雄

【概况】　武陵区地处湖南省北部，位于北纬28° 58'—29° 09'、东经111° 35'—111° 48'，土地总面积412.4平方千米（含德山、柳叶湖）。2020年，辖2个乡1个镇11个街道。辖区年末户籍人口61.51万人，城镇化率为90.06%；人口出生率6.5‰。

自然资源。年降水量1554.9毫米，水资源总量3.1023亿立方米，森林覆盖率5.99%，水质综合达标率100%，空气质量优良率84.1%。

经济综合。区本级完成生产总值419.2亿元，比上年增长4.1%；其中：第一、二、三产业增加值分别为3.2亿元、75.2亿元、340.8亿元，分别增长3.8%、5.5%、3.8%，三次产业结构比为0.8：17.9：81.3。全年全区一般公共预算收入完成203749万元，比上年下降4.71%，其中地方一般公共预算收入123501万元，增长0.8%；一般公共预算支出311434万元，比上年增长1.57%。

农业。农林牧渔业增加值46543万元，同比增长4.3%。耕地总面积4.31千公顷。主要产品产量：粮食2.91万吨、蔬菜6.86万吨、棉花363吨、油料1458吨，水产品13500吨，出栏生猪2317头，肉类301吨。有市级以上农业产业化龙头企业18家，其中省级以上10家；农民专业合作社5家，其中省级以上示范社2家。农业机械总动力229959.3千瓦，农业机械化水平为79.579%。

工业。区本级工业增加值27.2亿元，同比增长5.7%，其中规模以上工业增加值10.8亿元，增长6%。主要产品产量：大米91166吨、起重机1240.5吨、商品混凝土759362立方米。工业支柱产业有农副食品加工业产值11.3亿元；通用设备制造业产值4.3亿元；非金属矿物制品业产值4亿元。制造业增加值25.7亿元，增长5.7%，制造业产业主要产品产量：高低压开关板12942面、集成电路56272万块、电工仪器仪表24318台。区本级建筑业完成增加值47.9亿元，增长5.4%。

商贸服务业。全年区本级完成社会消费品零售总额320.2亿元，比2019年下降1.8%。完成进出口总额8159万美元，增长23%，其中进口323万美元，增长303%，出口7836万美元，增长20%；主要出口产品有橡胶用促进剂、硫化剂和防老剂、砻谷胶辊、鞋子。实际利用外资15086万美元，增长20%；实际引进市外境内资金65.3亿元，增长

13.82%。

旅游业。接待国内外游客1449.8455万人次，下降11.06%，其中接待入境游客1.0758万人次，下降96.49%；旅游收入126.796亿元，下降11.58%，其中入境旅游收入211.71万元（美元），下降96.53%。有国家A级以上旅游景区4家，其中国家AAAA级旅游景区1家。

固定资产投资。全年全区固定资产投资比上年增长12%。其中高新技术产业投资下降21.9%、基础设施建设投资下降11.3%、房地产开发投资增长9.2%、涉农项目投资增长47.5%。

科技、教育。全区有高新技术企业38家，其中新增11家；市级以上科技创新平台10家，其中新增加4家；申请专利799件，同比增长47.4%；授权专利482件，同比增长45.6%；签订技术交易合同229项，成交金额2.37亿元，同比分别增长19.3%、76.9%；高新技术产业增加值增长27.2%；市级科技计划项目立项21个。有区管中小学校45所，其中公办小学36所、公办中学4所、民办学校5所，小学适龄儿童入学率100%，小学升初中入学率100%。幼儿园105所，其中公办幼儿园35所、民办普惠性幼儿园51所、民办非普惠性幼儿园19所，公办园在园幼儿园占比42.6%，普惠园覆盖率达84%。

文化、卫生、体育。省级以上非物质文化遗产保护项目2个：常德米粉制作技艺、刘海砍樵传说，艺术表演团体277个，群众文化馆1个，公共图书馆1个，档案馆1个。全区拥有卫生机构539个，其中疾病预防控制中心1个、医院10个、卫生院3个，每千人口医生数3.2名、床位数650张。年末体育场地共1030处，其中新增24处。

社会生活。全区共有养老机构11家，其中民办养老机构9家、公办养老机构2家。城镇新增就业8350人，城镇登记失业率控制在4%以内。累计脱贫11347人，贫困发生率为0。农村劳动力转移545人。全区城镇居民人均可支配收入43351元、农村居民人均可支配收入31235元，同比分别增长5.4%、8.9%。

2020年，武陵区科学有效应对新冠疫情。在全市率先启动重大突发公共卫生事件Ⅰ级响应，迅速建立联防联控、群防群治工作机制，统筹做好排查管控、医疗救治、物资保障等各项工作，仅用21天实现本土确诊病例零新增，用38天实现确诊病例清零，牢牢守住“医务人员零感染、确诊病例零死亡、境外疫情零输入”的工作底线。穿紫河街道“红色娘子军”志愿服务队获评“抗击新冠肺炎疫情全国三八红旗集体”，杨军等5人获评全国、全省抗击新冠肺炎疫情先进个人。

【入选2020年中国百强区】 9月10日，《2020年中国城区高质量发展白皮书》发布，常德市武陵区入选“2020年中国百强区”榜单，排名第43名，仅次于长沙市雨花区，排名全省第二。榜单从经济实力、内生动力、消费活力和区域能级四个维度入手，分析18个核心指标和30余个支撑参考指标，最终形成百强榜单。武陵区连续第三年上榜全国百强区。

【全省首个飞地孵化器正式启动】 6月，全省首个飞地孵化器——上海·武陵飞地孵化器正式投入使用，该项目由武陵区委、区政府领导，是以扶持人工智能+、区块链+、跨境电商+、文化创意+、民用通航+等服务业为主的科技型孵化器。年底已有来自上海、北京等地的14家科技型企业和团队入驻。

【引进旭辉集团建设城东新区】 6月29日，2020湖南·长三角经贸合作洽谈周开幕，武陵区与全国500强企业旭辉集团签下总投资130亿元的城东新区建设协议。该项目是湖南省“沪洽周”云签约的第一大项目，也是唯一一个上百亿元的产业项目。8月18日，常德城东新区启动区项目——旭辉常德国际新城项目正式开工，标志着城东新区建设开启。该项目从签约到开工建设不到两个月时间，刷新武陵项目建设新速度，成为常德东部城区新地标、产业经济新亮点。

（曾　宇）

鼎城区

中共鼎城区委员会

书　记　朱金平
副书记　陈　远　王时雨
常　委　朱金平　陈　远　王时雨　王明东　瞿政前　雷建国　李　娟　宋雨泓　熊　辉　徐建新　王直华

鼎城区人大常委会

主　任　王少贤
副主任　刘运华　钟泽英　王志新　刘志平　李三葆

鼎城区人民政府

区　长　陈　远
副区长　雷建国　洪振坤　杨　凡　蒋宏武　钟科程　边巴次仁　杨　成　陈志刚

政协鼎城区委员会

主　席　韩才渊
副主席　涂国祥　罗旺甫　梁正凡　周伟建　蒋利荣　胡小芳

【概况】 鼎城区地处湖南省西北部，位于北纬28° 35'—29° 23'、东经111° 27'—112° 11'，土地总面积

2345平方千米。2020年，辖1个乡、17个镇、4个街道、1个农（林）场，年末户籍人口78.6万人，城镇化率为59.94%；人口出生率7.44‰，自然增长率-6.57‰。

自然资源。年降水量1331.1毫米，主要矿产资源为石灰岩矿、金矿。有国家一级保护动物5种、二级保护动物32种，国家一级保护植物3种、二级保护植物20种。森林覆盖率32.09%，水质综合达标率85%，空气质量优良率85.3%。

经济综合。地区生产总值384.8亿元，比上年增长4.7%；第一、二、三产业增加值分别为71亿元、124.5亿元、189.4亿元，分别增长4.3%、7.1%、3.3%，三次产业结构比为18.44：32.34：49.22。一般公共预算收入27.8亿元，增长8.9%，其中地方一般公共预算收入16.4亿元，增长6.7%；一般公共预算支出65.1亿元，增长3.3%。

农业。农林牧渔业增加值75.65亿元，同比增长4.5%。耕地总面积78.02千公顷。农业支柱产业：粮食、油料、养殖。主要产品产量：粮食63.5万吨、蔬菜55.95万吨、油菜籽8.43万吨，棉花9321吨，茶叶174吨，禽蛋6.16万吨，水产品6.11万吨，出栏生猪53.49万头、羊12.26万只、牛2.69万头，肉类8.08万吨。有市级以上农业产业化龙头企业39家，其中省级以上7家；农民专业合作社919家，其中省级以上示范社20家。农业机械总动力96.05万千瓦，农业机械化水平为86%。

工业。工业增加值83.1亿元，同比增长6.6%，其中规模以上工业增加值80.7亿元，增长7.2%。主要产品产量：湖南中联重科建筑起重机械有限责任公司生产的塔机完成123.64亿元的产量；湖南特力液压有限公司生产的液压油缸完成22.48亿元的产量；湖南武陵机械制造有限公司生产的机械配件完成13.86亿元的产量。工业支柱产业有装备制造产业，产值235.92亿元；医药健康食品产业产值46.79亿元；新型建材产业，产值35.42亿元。有工业园区1家，园区有工业企业439家，其中园区规模以上工业增加值73.01亿元，增长12.2%，高新技术产业增加值45.1亿元，增长29.4%。主要产品产量：湖南中联重科建筑起重机械有限责任公司完成产值123.6亿元，同比增长45.2%，成为全市非烟第一家百亿企业。建筑起重机械销售规模全球第一。全球最大单一塔机制造生产基地。大平头塔机、长臂架塔机、超大型系列D5200、D2500、D1500塔机。湖南特力液压有限公司完成产值22.5亿元，同比增长47.5%，是全国最大的液压油缸生产企业之一。东鼎动力是国内黑色材料发动机缸体缸盖出口量排名第一的企业。联嘉机械是湖南省最大的液压油缸活塞杆生产基地。瑭桥科技是省内排名第三的生产环卫机械系列装备的高新技术企业。建筑业增加值41.4亿元，增长9.7%。

商贸服务业。社会消费品零售总额194亿元，同比增长-1.8%（剔除物价因素）。进出口总额3.1亿元，增长33.7%，其中进口48万美元，增长33.7%，出口30952万美元，增长33.5%；主要出口产品品类有蔬菜、机械设备、医药物资、钻头、汽车检测仪、塔吊、智能手表等。实际利用境外资金20万美元，增长-42.8%；实际到位省外境内资金81.9亿元，增长23.5%。

旅游业。接待国内外游客453.8566万人，同比增长-32.24%，其中接待入境游客0.0296万人，增长-95.88%；旅游收入39.6915亿元，增长-32.62%，其中入境旅游收入0.021亿元，增长-98.72%；红色旅游经典景区分别有4个；国家A级以上旅游景区6家，其中国家AAAA级旅游景区以上1家。

固定资产投资。固定资产投资比上年增长17.8%。其中高新技术产业投资增长69.2%，基础设施建设投资增长4.7%，房地产开发投资增长27.9%。交通基础建设投资3.5亿元，增长-30%；农田水利基础建设投资1.39亿元，增长4.94%。

交通通信。境内公路通车总里程2823.6千米。电信公司电信业务总量1.44亿元（2015年不变价），增长1.42%；移动公司电信业务量2.25亿元（2015年不变价），增长2.3%。

2020年12月4日，常德市鼎城区国家现代农业产业园认定核查座谈会
（瞿三轶 摄）

邮政业务总量1.029亿元（2010年不变价），增长8.42%；快递业务收入1169万元，增长45.03%；快递业务量198.16万件，增长42.58%。建成5G基站144个，5G网络人口覆盖率58.6%，增长31%；电信5G用户24.22万户，增长4.06%，移动5G用户4.22万户。

科技、教育。有高新技术企业69家，新增22家；科学研究开发机构7家，新增长1家；取得省部级以上科技成果17项，专利申请1537件，同比分别增长-56.4%、53.09%；授权专利76件，增长72.73%；签订技术合同22项，成交金额6.45亿元，分别增长950%、207%；高新技术产业增加值增长20.12%；取得省级科技成果17项，专利申请1537件，分别增长-56.4%、53.09%，（发明）授权专利76件，增长72.73%。有学校74所，其中小学37所、普通初中32所、普通高中4所、普通高校1所，公办幼儿园39所；幼儿入园率100%，小学适龄儿童入学率100%，小学升初中入学率100%，高中阶段毛入学率97.8%。

文化、卫生、体育。全国、省级重点文物保护单位分别有1处（索县汉代城址）、1处（荣庄王墓），省级以上非物质文化遗产保护项目4个，专业艺术表演团体1个，民间艺术表演团体213个，文化馆1个、分馆23个，公共图书馆1个、分馆23个。有医疗卫生机构810个，其中疾病预防控制机构4个、区直医院4个、卫生院36个，民营医院8个，行政村卫生室213个，社区卫生室88个，个体诊所457个。病床3850张，每千人口医生数2.12名、床位数3850张。公共体育场地793个。

社会生活。社会福利机构3个。新增城镇就业5938人，城镇失业率为3.8%。累计脱贫4.31万人。农村劳动力转移0.54万人。城镇居民人均可支配收入38356元，农村居民人均可支配收入18743元，同比分别增长8.8%、9.2%。

疫情防控。面对突如其来的新冠肺炎疫情，鼎城区坚持科学调度、精准施策，迅速建立疫情防控“四级责任体系”，严格落实“四早”要求，织牢织密交通出入口、居住小区、公共场所三张防疫网，构筑疫情防控的“铜墙铁壁”。83万鼎城人民响应号召、积极配合，400余名医护人员3次请缨奔赴湖北一线，6000余名干部、9000余名志愿者、4万余名党员奋战在抗疫一线，实现江南城区、一线工作人员、一线医护人员、非输入性人员“零感染”。

脱贫攻坚。2020年，鼎城区突出工作重点、强力补齐弱势群体、政策落实、产业扶贫和就业帮扶4大短板，扎实开展脱贫质量“回头看”，各项政策全面落实，工作经验获市政府表彰通报，贫困人口人均收入达12774元，如期全面打赢脱贫攻坚战。

2020年，鼎城区创建国家现代农业产业园。省文科状元花落鼎城，区一中被清华大学授予优质生源校。全国少年线上体育嘉年华最佳赛区。常德市鼎城区公安局获“全国扫黑除恶专项斗争先进集体”荣誉称号。获评全省粮食生产标兵县、全省长江流域重点水域禁捕退捕工作优秀县。常德高新区获科技部“百城百园”行动实施资格，常德高新区获全省开发区节约集约用地一等奖，常德高新区获评全省经济运行监测协调工作先进园区。

【创建国家现代农业产业园】 鼎城区国家现代农业产业园于2019年6月入选，2020年12月23日正式认定为国家现代农业产业园，计划总投资112125万元。包括鼎城区5个乡镇和德山经开区、贺家山原种场，耕地面积2.33万公顷，粮油种植基地面积2.1万公顷。2020年，为全面推进产业园相关工作，产业园管委会理顺创建工作思路，派出一批人员外出学习交流，集中力量攻克重点难点。创新品牌推介和产品营销，建立全产业链的标准体系，积极参与“618”电商促销活动。创新利益联结机制，延伸产业链条，按照龙头企业+合作社+农户的模式，组建常德香米产业联合体，打造农旅结合基地。

【防汛保民】 2020年，沅澧两水、澌河同时超警戒和保证水位、五里溪水库超汛限运行，面对1998年来最为严峻的防汛形势，鼎城区防汛指挥部先后启动防汛三级应急响应464小时、二级应急响应86小时，全体成员严格值班值守，精准调度，顺利实现“五个确保”总目标，有效保障鼎城人民群众生命财产安全。

（陶继成）

汉寿县

中共汉寿县委员会

书　记	车世忠
副书记	周功表　刘　静
常　委	车世忠　周功表
	刘　静　朱正权
	朱进友　熊　毅
	何彦兵　喻志高
	王　君　朱向宇
	何　斌

汉寿县人大常委会

主　任	袁佑清
副主任	周政怀　王立芬
	饶　杰　骆韶宏
	陈　彦

汉寿县人民政府

县　长	周功表
副县长	朱正权　李功文
	宋万林　杨　戊
	郭民忠　吴　金
	曾　峰

政协汉寿县委员会

主　席　刘毅翔

副主席　刘启明　黄启顺　李明桂　余淑娴　叶新华

【概况】 汉寿县位于湖南省北部，北纬29°08'—29°46'、东经111°42'—112°18'。2020年，汉寿县辖15个镇、2个乡、4个街道办事处、1个国家级高新技术产业园区。土地总面积2021平方千米，其中耕地面积6.267万公顷。富藏花岗岩、黄金、石英砂、天然气等矿物，坐拥西洞庭湖、沅澧二水，森林覆盖率30.28%。截至2020年年末，户籍人口86.46万人，城镇化率为48.13%，人口出生率7.6‰，自然增长率1.82‰。

经济综合。全县实现地区生产总值316.3亿元，同比增长4.3%。其中：第一产业增加值57.4亿元，增长3.6%；第二产业增加值110.7亿元，增长6.1%；第三产业增加值148.1亿元，增长3%。三次产业构成比为18.2∶35.0∶46.8。完成一般公共预算收入15.25亿元，增长11%，其中地方一般公共预算收入9.15亿元，增长9.6%。

农业。全县农林牧渔业总产值101.4亿元，同比增长3.8%，新增绿色农产品认证15个、省级龙头企业3家，汉寿甲鱼获评农业农村部地理标志产品，完成“绿化龙阳”营造林1.53万公顷，承办全省春耕生产暨农机装备产业转型升级现场推进会，入选第二批国家农村产业融合发展示范园。

工业。完成规模工业产值297.1亿元，同比增长7.1%，实现规模工业增加值61.2亿元，增长7%，新增规模工业企业20家，总数达到151家。园区规模工业实现增加值50.6亿元，增长12%，占全县规模工业增加值的82.7%。获评全省新型工业化装备制造产业示范基地、全省工业数据云建设先进单位。

社会消费。完成社会消费品零售总额119.3亿元，同比增长-1.7%；引进内外资总额92.4亿元，增长13.7%，其中，外资到位11247万美元，引进省外境内资金63.5亿元。

旅游业。拥有国家AAAA级旅游景区1个：清水湖旅游度假区，国家AAA级旅游景区4个：西洞庭湖国家城市湿地公园、汉寿竹海国家森林公园、息风湖国家湿地公园、帅孟奇故居。清水湖野生动物园、万达广场完成主体建设，青山湖候鸟苑开园，承办第十一届洞庭湖国际观鸟节，“三园一线”旅游线路初见雏形。

固定资产投资。实施重点项目建设135个，争取上级各类资金44.2亿元，完成固定资产投资249.6亿元，同比增长20.9%。

交通。全县完成交通运输、仓储和邮政业增加值16.9亿元，增长1.1%；陆上交通可通过石长铁路、319国道、224省道和长常、长张、长吉、常岳、二广5条高速，南到两广，北达京冀，西至成渝，东抵沪杭。水路可通过沅澧二水直达重庆、上海。空中交通可依托毗邻不足30分钟车程的常德桃花源机场，直飞北京、广州、深圳、上海、昆明等地。全县公路里程2334千米，其中省道179千米、县道313千米、乡道804千米、村道1038千米。

高新产业。全县高新技术企业31家，完成高新技术产业投资23.6亿元，实现高新技术产业增加值39.17亿元，同比增长17.63%。

三大攻坚战。聚力风险防控，化解债务6.78亿元。聚力脱贫攻坚，792户2073名剩余贫困人口顺利脱贫，已脱贫人口无一返贫。整改销号中央、省环保督察回头看交办任务15项，完成“夏季攻势”整治任务49项，实施水环境整治项目292个，西洞庭湖保护区内欧美黑杨全部清零，改良和修复湿地6000公顷，退养珍珠1600公顷，关停“散乱污”企业16家，国控、省控水质断面达到年度考核要求，空气质量优良率96.7%。

【禁捕退捕工作】 从2020年1月1日0时起，在全县水生生物保护区水域禁止天然渔业资源生产性捕捞。最终审定退捕渔民1225户1515人。其中：持证专业渔民253户490人，无证专业渔民11户18人，持证兼业渔民49户95人，其他持证渔民830户830人，提前退捕渔民82户82人。退捕协议签订率、权证回收率100%。共回收拆解持证渔船1178艘，销毁渔具917吨，渔船拆解率100%。共处置“三无”船舶4649艘，其中：回收拆解858艘、打击销毁1031艘、标识登记及GPS监管2760艘。

【推进园区改革发展】 2020年，汉寿县深入推进开放强市产业立市战略，帮扶园区企业发展，激发园区发展活力，为县域经济高质量发展提供强力支撑。建立部门靠前服务园区机制，16个部门力量下沉、责任下沉、服务下沉，为园区企业提供“保姆式、保镖式、保安式”服务。深入推进“汉寿人用汉寿造”，每月举行一次本地企业产品推介会，政府性采购率增长50%，以政府采购带动消费本地产品。积极推行政企餐叙会、关爱企业家等惠企暖企活动，提升企业家获得感。全面实施园区一体化改革，完善区划调整，推动园镇深度融合。园区规模工业产值、规模工业增加值分别达到241.19亿元、50.57亿元，同比分别增长13.06%、12%，增速均排名全市第一方阵；园区规模工业企业入库税金2.76亿元，同比增长46.9%。在全省园区综合评价中跃升至第58名，排名前进30名。

（李勇波）

桃源县

中共桃源县委员会

书　记　　庞　波
副书记　　马吉云　陈支文
常　委　　庞　波　马吉云　陈支文　杜权华　张志红　唐海芳　陈会龙　彭　炜　高　扬　周　军　钟　黎

桃源县人大常委会

主　任　　魏岳林
副主任　　周福初　高世锦　江娟娟　刘正华　文继承

桃源县人民政府

县　长　　马吉云
副县长　　唐海芳　杨　松　任　立　杨智斌　汤赛男　严森柯　郭劲峰　熊世成

政协桃源县委员会

主　席　　童　婧
副主席　　王开美　向真金　熊　彬　范晏齐　朱建华

【概况】　桃源县地处湖南省西北部，位于北纬28°24'24"—29°24'08"、东经110°51'47"—111°36'41"。土地总面积4442.3平方千米。2020年，辖4个乡、22个镇、2个街道，年末户籍人口96.22万人，城镇化率42.76%。

自然资源。年降水量2174.6毫米，水资源总量47.01亿立方米，主要矿产资源有金、铅、锌、金刚石矿等14种，其中建筑石料用灰岩、建筑用白云岩、水泥用石灰岩保有资源量分别有3亿吨、1.5亿吨、0.4亿吨，方解石矿为桃源县特有矿产，保有资源量有833千吨。有国家一级保护动物5种、二级保护动物22种，国家一级保护植物7种、二级保护植物18种。森林覆盖率65.48%，水质综合达标率90%，空气质量优良率97.5%。

经济综合。地区生产总值429.83亿元，比上年增长4.1%；第一、二、三产业增加值分别为97.25亿元、135.02亿元、197.57亿元，分别增长4.4%、5.5%、2.7%，三次产业结构比为22.6：31.4：46.0。一般公共预算收入23.65亿元，增长4.7%，其中地方一般公共预算收入14.45亿元，增长4.5%；一般公共预算支出72.96亿元，增长1.9%。

农业。农林牧渔业增加值100.38亿元，同比增长4.5%。耕地总面积96.53千公顷。农业支柱产业：农业72.63亿元，增长4.2%，牧业83.92亿元，增长4%，渔业5.21亿元，增长7.1%。主要产品产量：粮食74万吨、蔬菜62.54万吨、茶叶1.02万吨，禽蛋12.8万吨，水产品3.57万吨，出栏生猪53.42万头、羊78.12万只、牛4.66万头，肉类9.39万吨。有市级以上农业产业化龙头企业42家，其中省级以上14家；农民专业合作社1072家，其中省级以上示范社7家。农业机械总动力104.93万千瓦，农业机械化水平为66%。

工业。工业增加值92.75亿元，同比增长6.6%，其中规模以上工业增加值增长6.9%。主要产品产量：发电量23.9亿千瓦时、水泥129.82万吨、饲料19.9万吨。工业支柱产业产值：富硒农副产品加工产业产值72.4亿元、先进装备制造产业产值43.4亿元、电子信息产业产值28.6亿元。有工业园区1家，园区工业增加值增长12.1%；其中园区规模以上工业增加值50亿元，增长6.8%。先进制造业增加值38.3亿元，增长7.1%，其中湖南飞沃新能源实现产值11.3亿元、湖南迪文科技实现产值14.4亿元、湖南龙行天下运动用品实现产值8.7亿元。建筑业增加值42.34亿元，增长1.6%。

商贸服务业。社会消费品零售总额172.27亿元，同比增长-3.3%（剔除物价因素）。进出口总额2.38亿美元，增长13.5%，其中进口0.02亿美元，增长13.6%，出口2.37亿美元，增长13.5%；主要出口产品品类：湖南嘉力亚新材料铝用碳素和预配阳极5233万美元、飞沃新能源风电叶片和预埋螺套1612万美元、湖南龙行天下运动鞋1527美元。实际利用境外资金2.2亿美元，增长20.09%；实际到位省外境内资金60.83亿元，增长24.15%。

旅游业。接待国内外游客1041.9万人次，同比增长-6.6%；旅游收入81.9亿元，增长-0.6%。有国家风景名胜区1个，国家、省级生态旅游示范区1个、2个；国家A级景区5家，其中国家AAAA级以上2家。

固定资产投资。固定资产投资比上年增长15.4%。其中高新技术产业投资增长0.1%，基础设施建设投资增长-12.7%，房地产开发投资增长27.2%。交通基础建设投资5.7亿元，增长-41.2%。

交通通信。境内公路通车总里程4456千米，增加19.04千米，高速公路116千米。电信业务总量1.76亿元（2015年不变价），增长0.8%。邮政业务总量1.13亿元（2010年不变价），增长0.2%；邮电业务总量6.68亿元，增长17.4%。建成5G基站91个。

科技、教育。有高新技术企业104家，新增14家；科学研究开发机构21家，新增3家；取得省部级以上科技成果12项，专利申请960件，同比增长67.25%；授权专利295件，增长17.06%；签订技术合同15项，成交金额2.83亿元，增长41.5%；高新技术产业增加值增长8.61%；具有核心竞争力科技创新项目3项。有学校154所，其中小学98所、普通初中45所、普通高中5所、中等职业学校5所、特教学校1所。公办幼儿园67

所。幼儿入园率85.02%，小学适龄儿童入学率100%，小学升初中入学率100%，高中阶段毛入学率93.8%。

文化、卫生、体育。全国、省级重点文物保护单位分别有2处、4处，省级以上非物质文化遗产保护项目4个，艺术表演团体191个，文化馆1个，公共图书馆1个，博物馆（纪念馆）3个，档案馆1个。有医疗卫生机构826个，其中疾病预防控制机构1个、医院11个、卫生院35个，病床5388张，每千人口医生数2.38名、床位数6.08张。公共体育场地1271个。

社会生活。社会福利机构37个。新增城镇就业5738人，城镇失业率为3.07%。累计脱贫5.67万人。农村劳动力转移0.75万人。城镇居民人均可支配收入33999元，农村居民人均可支配收入17671元，同比分别增长3.9%、9.5%。

2020年，桃源县经济总量跻身全省十强，粮食种植面积和总产量实现全省“双第一”，获评全国富硒农业示范基地、全国易地扶贫搬迁工作成效明显县、全省脱贫攻坚工作先进县、首批省级全域旅游示范区等称号，成功创建国家生态文明建设示范县，纳入国家重点生态功能区转移支付县。产油大县项目专家综合评审全省第一，节约集约用地工作获评全国先进。高新区获评省级园区产业高质量发展奖，成功申报省级“双创”示范基地。

【原桃纺片区整体开发加速推进】 桃源县原桃纺片区位于县城中区（老城区核心区域），该片区内有湖南杰新纺织印染有限公司（简称杰新纺织）和原桃源纺织印染厂（简称桃纺）20世纪60—70年代建设配套的生活区。原桃纺始建于1966年，1989年被评为国家大型二级企业，是当时常德地属企业仅有的两家大型企业之一。2001年5月，原桃纺改制，成立民营企业杰新纺织。随着城市化的进程，原桃纺片区因规划落后、基础欠缺等问题，已不适应新时代发展的需要。2016年10月，原桃纺片区开发正式启动，同年开始实施棚户区改造，2019年杰新纺织实现整体搬迁。2020年7月9日，杰新纺织二期厂房烟囱实施拆除定向爆破，该烟囱建于1988年年底，曾是原桃纺的标志性建筑。

（周　斌）

【入选“搬迁工作成效明显县”】 11月3日，国家发展改革委办公厅通报一批全国“十三五”时期易地扶贫搬迁典型案例，桃源县入选“搬迁工作成效明显县”，桃源县西安镇集镇安置小区入选“美丽搬迁安置区”。该县累计投入资金8.16亿元，建成集中安置点46个，易地扶贫搬迁3685户、12225人，搬迁总量占全市1/3。引导鼓励在外成功人士在24个贫困村建成38个就业扶贫车间，吸纳就业2000余人，其中搬迁户500余人，人均月工资达2000元以上。截至2020年年底，该县66个贫困村全部摘帽，19277户、56656名建档立卡贫困人口全部脱贫。

（陈　勇）

【世界品牌阿迪达斯国内最大生产基地落户桃源】 11月18日，由桃源县重点企业站胜集团旗下站成鞋业投资兴建的阿迪达斯桃源产业园投产开业，为世界品牌阿迪达斯在国内的最大生产基地。阿迪达斯桃源产业园是国内智能化生产程度最高的鞋类生产基地之一，该项目总投资近6亿元，共建设制鞋生产线48条，每年预期生产阿迪达斯运动鞋1000万双，实现年产值16亿元以上、税收1亿元以上，提供就业岗位6000个以上，将为桃源高质量发展注入强劲动力。

（翦少伟）

【获评“全国富硒农业示范基地”】 12月25日，桃源县创建“全国富硒农业示范基地”专家论证评审会召开，会上，中国农业技术推广协会授予桃源县“全国富硒农业示范基地”称号，该县成为全国第七个获此荣誉的县市。该县大力推进“硒+X”战略，基本形成“北部稻米、南部茶叶、东部果蔬、西部杂粮、中部油茶”的富硒产业集群，先后获得“中国十大富硒之乡”“中国硒乡”“中国富硒水稻之乡”等称号。据统计，2020

2020年8月1日，桃源县西安镇集镇安置小区　（桃源县政府办 供图）

年，该县富硒产业基地面积突破3.67万公顷，年产量达18.4万吨，销售收入50.3亿元，富硒产品达到26类83种186款，获得地理标志产品5个、有机食品认证32个、绿色食品认证17个、专利72项。该县获得由国家功能农业科技创新联盟授予的“全功能农业科技成果转化基地”称号。

（谢　斌）

【桃源一中校长燕立国成为享受国务院特殊津贴专家】　12月28日，经国务院批准，人力资源和社会保障部公布2020年享受国务院政府特殊津贴人员名单，桃源一中校长燕立国入选，成为享受2020年国务院政府特殊津贴专家。燕立国，桃源一中校长、党委副书记，正高级教师，中学物理特级教师，兼任湖南师大教育管理学硕士生导师、湖南省中小学教师发展中心“名师名校长”巡讲专家、湖南文理学院“国培计划”中小学校长培训授课专家。2014年获常德市首届蒯伯赞教育突出贡献奖，同年获得清华大学“新百年领军计划”资格；2018年加入教育部“国培计划”中小学名校长领航班；2019年被评为全国优秀教育工作者。多年教育实践中，燕立国提出“情感教育·生本课堂”教育教学理念，在课堂教学、社会实践、后勤服务等多个层面系统推进立德树人工程，为全省乃至全国基础教育改革树立标杆。

（杨远志）

临澧县

中共临澧县委员会

书　记　陈章杰

副书记　蒋颖群　丁克刚

常委　陈章杰　蒋颖群　丁克刚　毕金生　李智勇　贺吉敏　汪军华　朱荣华　李碧波　张　平　廖资水

临澧县人大常委会

主　任　李　颖

副主任　林宜泉　钟　音　黄新春　潘旭庆　于乾华

临澧县人民政府

县　长　蒋颖群

副县长　汪军华　陈　清　苏群英　李　强　蒋家杰　颜爱军　杨　刚　邓蕴琳（挂职）

政协临澧县委员会

主　席　高建平

副主席　郭祖福　蒋谟金　邹　航　廖孝波　杨富国

【概况】　临澧县地处湘西北，位于北纬29°17′—29°46′、东经111°24′—111°49′，土地总面积1203.88平方千米。2020年，辖2乡7镇3街道［含太平街道（筹）］，另设1个高新区。年末户籍人口43.88万人，城镇化率为44.83%，人口出生率6.41‰，自然增长率-0.84‰。

自然资源。年降水量1766.4毫米，水资源总量11.347亿立方米，主要矿产资源：石膏、石灰岩、陶瓷土。有国家二级保护动物穿山甲、水獭、虎纹蛙、锦鸡、猴面鹰5种，国家一级保护植物1种、二级保护植物15种。森林覆盖率42.15%，水质综合达标率100%，空气质量优良率96.2%。

经济综合。地区生产总值204.57亿元，比上年增长4.3%；第一、二、三产业增加值分别为37.09亿元、71.74亿元、95.74亿元，分别增长4.3%、6.6%、2.8%，三次产业结构比为18.13∶35.07∶46.08。一般公共预算收入11.89亿元，增长18.4%，其中地方一般公共预算收入6.37亿元，增长14.4%；一般公共预算支出41.6亿元，增长12.72%。

农业。农林牧渔业增加值39.26亿元，同比增长4.4%。耕地总面积44.767千公顷。农业支柱产业：水稻、油菜、柑橘。主要产品产量：粮食33万吨、蔬菜30.26万吨、柑橘12万吨、油料5.98万吨、烟叶4.98万吨，禽蛋3.55万吨，水产品1.9万吨，出栏生猪42万头、羊15.17万只、牛1.53万头，肉类6万吨。有市级以上农业产业化龙头企业26家，其中省级以上5家；农民专业合作社502家，其中省级以上示范社17家。农业机械总动力36.66万千瓦，农业机械化水平为68.5%。

工业。工业增加值51.41亿元，同比增长6.1%，其中规模以上工业增加值27.87亿元，增长6.8%。主要产品产量产值：石膏378万吨、水泥256万吨、纺织品4万吨，工业支柱产业有建材42.4亿元、装备制造25.3亿元、纺织18.2亿元。园区工业增加值30.8亿元，增长10%；其中园区规模以上工业增加值22.33亿元，增长7.6%。先进制造业增加值6.8亿元，增长15%，主要产品产量：临澧金华天机械制造有限公司生产的标准节2万节、湖南安福气门有限公司生产气门600万只及气门座圈700万只。建筑业增加值20.37亿元，增长7.9%。

商贸服务业。社会消费品零售总额82.17亿元，同比增长-2.4%（剔除物价因素）。进出口总额9419万美元，增长24%，其中进口6万美元，下降78.6%，出口9413万美元，增长23.6%；主要出口产品有：油茶、化纤、生活用纸五金制品等。全年引进内外资116.35亿元，增长14.64%，其中引进内资107.04亿元，增长13.88%，外资13300万美元，增长21.11%，直接利用外资242万美元。

旅游业。接待国内外游客395.32万人次，同比增长41.01%；旅游收入34.57亿元，增长46.68%。省级风景名胜区1个、红色旅游经典景区1个；国家A级景区5家，其中国家AAAA级以上1家。

固定资产投资。固定资产投资比上年增长20.7%。其中高新技术产业投资增长73.6%，基础设施建设投资增长48.1%，房地产开发投资增长23.7%。交通基础建设投资5.2亿元，农田水利基础建设投资5.75亿元，增长43.67%。

交通通信。境内公路通车总里程2606.7千米，增加151.3千米，其中高速公路23千米。电信业务总量2.05亿元，增长6.47%；邮政业务总量0.99亿元，增长21.76%。建成5G基站69个，5G网络人口覆盖率10%，增长20%；5G用户9万户。

科技、教育。有高新技术企业27家，新增9家；科学研究开发机构2家；取得省部级以上科技成果4项，同比增长33%；签订技术合同23项，成交金额2.3亿元，分别增长5.7%、55.8%；高新技术产业增加值增长28.5%；具有核心竞争力科技创新项目3项。有学校87所，其中小学62所、普通初中17所、九年一贯制学校3所、普通高中2所、中等职业学校1所、教师进修学校1所、特殊教育学校1所。公办幼儿园41所。幼儿入园率90%，小学适龄儿童入学率100%，小学升初中入学率100%，高中阶段毛入学率100%。

文化、卫生、体育。全国、省级重点文物保护单位分别各有5处，省级以上非物质文化遗产保护项目3个，艺术表演团体11个，文化馆1个，公共图书馆1个，博物馆（纪念馆）3个。有医疗卫生机构392个，其中疾病预防控制机构2个、县级医院3个、乡镇卫生院17个，开放病床2384张，每千人口医生数2.61名、床位数5.18张。公共体育场地1126个。

社会生活。社会福利机构18个。新增城镇就业4672人，城镇登记失业率控制在2.6%以内。累计脱贫2.85万人，贫困发生率为0。农村劳动力转移1.24万人。城镇居民人均可支配收入36289元，农村居民人均可支配收入19909元，同比分别增长4.5%、8.8%。

2020年，监澧县获评全国电子商务进农村综合示范县、全国政策性粮食库存数量和质量大清查先进单位、全省安全生产和消防工作优秀单位、全省平安建设先进县、全省促进就业先进县、全省农村村民建房工作先进县；新安镇被评为省级特色工业小镇，合口镇被评为省级农业产业强镇，修梅镇通过全省“美丽乡村建设全域推进示范镇”创建验收；修梅镇高桥村获评“国家森林乡村”，刻木山乡岩龙村入选第十批全国“一村一品”示范村镇。

【获评全国电子商务进农村综合示范县】 7月23日，商务部通过网上公示，临澧县获评全国电子商务进农村综合示范县，是常德市唯一申办成功县市。2020年5月，根据《财政部办公厅商务部办公厅国务院扶贫办综合司关于开展2020年电子商务进农村综合示范工作的通知》（财办建〔2020〕48号）精神，临澧县及早谋划、精心组织、狠抓落实，积极申报国家电子商务进农村综合示范县项目。2020年，临澧县已建成1个电商产业园、1个县级电商公共服务中心、94个村级电商服务站，其服务功能不断健全；“四通一达”等社会化快递在园区初步实现整合，乡镇配送网点基本实现全覆盖，物流配送效率不断提高。

【实现村村通公交】 8月16日，佘市桥镇川岗村开通城乡客运一体化客运班线，临澧县城乡客运一体化正式实现全县160个村（社区）全部通车。通过一段时间的试运营，不断调整优化客运线路，全县共开通32条城乡客运线路，包括县城区公交线路5条、城乡客运线路27条，已投入新能源客车160台，大大方便全县老百姓的出行。在实现城乡客运一体化同时，临澧县推出“65岁及以上老年人、伤残军警、二级以上残疾人、盲人乘坐公交车和城乡客运都免费，县内中小学生半价”的政策，全县近八万人享受到福利。临澧县响应湖南省交通运输厅价格惠民的要求，将整体票价在原基础上下降30%以上，起步价2元，6元封顶。离县城最远的刻木山乡，原来单程票价15元，调整后为6元，下降60%。

【31个重大项目集中开竣工】 9月29日，临澧县2020年重大项目集中开竣工活动在县经开区举行，31个重大项目集中开竣工总投资达54.88亿元。县委副书记、县长蒋颖群为竣工项目揭牌，并现场观摩部分开竣工项目。集中竣工的临澧智能制造新材料产业园等17个项目共完成投资26.92亿元，同步开工的顺德家具产业园等14个重点项目总投资27.96亿元，项目涵盖新材料、新能源、智能制造、现代农业、电子科技、城市物流、社会民生等诸多领域。

（胡雯娟　叶小平）

石门县

中共石门县委员会

书　记	郭碧勋
副书记	邓碧波
常　委	郭碧勋　邓碧波
	李金生　陈云谋
	张树国　张业勇
	张　凯　刘　颖
	李裕军　邱献兵
	林　勇　黄　蕾

石门县人大常委会

主　任	李金生
副主任	李世权　李　芳

康文化　杨生明
邱令华

石门县人民政府

县　长　邓碧波
副县长　张　凯　王汝国　龚云林　谭本军　黄晓坤　万勇平　刘力耕

政协石门县委员会

主　席　陈云谋
副主席　杨书凡　覃惠敏　胡中华　马业平　彭泽人　毛春辉　李　平

【概况】　石门县地处湖南省西北部，位于北纬29° 16'-30° 08'、东经110° 29'-111° 33'，土地总面积3970平方千米。2020年，辖3个乡、14个镇、4个街道，年末户籍人口66.12万人，城镇化率为47.49%，人口出生率6.88‰，自然增长率0.18‰。

自然资源。年降水量2387.3毫米，人均水资源12200立方米，人均用水量677立方米。已发现的矿种36种，已探明资源储量的矿种17种。有国家一级保护动物15种、二级保护动物60种，国家一级保护植物6种、二级保护植物27种。森林覆盖率71.6%，水质综合达标率100%，空气质量优良率91.8%。

经济综合。地区生产总值313.61亿元，比上年增长4.6%；第一、二、三产业增加值分别为52.11亿元、110.57亿元、150.93亿元，分别增长4.3%、6.7%、2.9%，三次产业结构比为16.6∶35.3∶48.1。地方一般公共预算收入111499亿元，增长11.2%；一般公共预算支出615934亿元，增长3.2%。

农业。农林牧渔业增加值91.02亿元，同比增长4.4%。耕地总面积48.56千公顷。农业支柱产业：柑橘、茶叶。主要产品产量：粮食301216.6万吨、蔬菜311139万吨、茶叶16021万吨，水产品1.2万吨，禽蛋2.57万吨，出栏生猪52.84万头、羊44.35万只、牛3.65万头，肉类7.53万吨。有市级以上农业产业化龙头企业35家，其中省级以上5家；农民专业合作社1031家。农业机械总动力73.31万千瓦，农业机械化水平为61.15%。

工业。工业增加值87.89亿元，同比增长6.5%，其中规模以上工业增加值增长6.8%。主要产品产量：水泥熟料525.27万吨、水泥563.07万吨、发电量52.49亿千瓦时。有工业园区1家，园区规模以上工业增加值57.27亿元，增长7.6%。建筑业增加值22.75亿元，增长7.8%。

商贸服务业。社会消费品零售总额122.57亿元。进出口总额0.9亿美元，同比增长31%，其中出口0.895亿美元。实际到位省外境内资金90.64亿元。

旅游业。接待国内游客655.7万人，旅游收入57.34亿元；国家A级景区4家，其中国家AAAA级以上1家。

固定资产投资。固定资产投资比上年增长19.3%。其中按经济类型分：国有投资增长0.1%；非国有投资增长25%；民间投资增长6.9%。按产业分：第一产业投资增长115%；第二产业投资增长29.1%；第三产业投资增长1.2%。工业投资增长28.1%。

交通通信。境内公路通车总里程3895.8千米。全年邮政部门业务总量8309.82万元，增长9.9%；三大运营商业务总量3.4亿元。建成5G基站53个。

科技、教育。全年专利申请818件，其中发明专利482件；授权专利183件，其中发明专利7件。签订技术合同7项，成交金额2.1亿元。全县中等职业学校及成人中专学校共3所，共招生1641人，在校生4559人，毕业生1112人。中学37所，其中高级中学5所，初级中学25所，九年一贯制学校7所。高级中学招生2977人，在校生9026人，毕业生3044人。初级中学招生5833人，在校生16705人，毕业生4931人。普通小学共招生5688人，在校生34436人，毕业生5551人。小学适龄儿童入学率和毕业生升学率均达到100%。幼儿园在园幼儿15404人。全县各类民办学校4所，在校学生3878人。

文化、卫生、体育。全县文化站22个，艺术表演团体7个。文化馆、博物馆和公共图书馆各1个。有医疗卫生机构549个，其中疾病预防控制机构1个、医院、卫生院31个，病床4880张。公共体育场地967个。

社会生活。新增城镇就业5231人，城镇失业率为2.96%。累计脱贫7.15万人，贫困发生率为0。全年农村外出就业劳动力（不含本乡镇）17.27万人，新增农村劳动力转移就业4845人。城镇居民人均可支配收入28316元，农村居民人均可支配收入14056元，同比分别增长2.3%、7.3%。

2020年，石门县获得全国电子商务进农村综合示范县、全国义务教育发展基本均衡县、国家级农村职业教育与成人教育示范县、全国妇幼健康优质服务示范县、全省首批居家养老服务体系建设示范县等荣誉。

【湖南湘佳牧业股份有限公司上市】　4月24日，湖南湘佳牧业股份有限公司在湘佳总部敲响深交所中小板的开市钟声，首次公开发行A股股票，成为石门县首家本土上市公司，是继金健米业、大湖股份、佳沃股份、益丰药房之后，常德第5家A股上市公司，是中国生鲜家禽第一股。湘佳股份首次公开发行募资6.46亿元，主要用于1250万羽优质鸡标准化养殖基地建设项目；年屠宰3000万羽优质鸡加工厂项目（一期）；补充流动资金和偿还银行贷款。湘佳股份旗下的鲜禽产品在湖南、湖北、重庆、北京、上海、广东等20多个省市100多座大中城市落地生根，与永辉、家乐福、沃尔玛、大润发、华润万家、中百仓储等大型商超集团和盒马鲜生、叮咚买菜、京东7FRESH等新零售企业以及徐记海鲜、蒸浏记等知名餐饮企业建立长远的战略合作关系，各类销售网点2300多家。

【2020第二十届湖南石门柑橘节暨文化旅游季】 10月17日，2020第二十届湖南石门柑橘节暨文化旅游季活动在湖南省常德市石门县开幕。10月1日至12月31日，到石门夹山景区、壶瓶山大峡谷景区、青山溪旅游度假区，实行旅游散客门票票价5折优惠促销活动；10月1日至11月15日，石门秀坪园艺场洲浒溪村等村（居）开展采橘游活动；携手央视《乡村大舞台》栏目组，秉持"让石门人民乐起来，帮一方水土富起来"主旨，紧扣乡村振兴战略主题，举办"石门品牌、中国品质"优势农产品展销会、吃橘大赛、"橘王"评选、千人激情"橙"跑、旅游季推广等8大系列活动。

【郑建邦回乡捐资助学】 11月14—15日，全国政协副主席、民革中央常务副主席郑建邦回石门考察，并出席湖南省郑洞国教育基金会2020年度园丁奖助学金颁发仪式，为获得郑洞国教育基金会园丁奖、助学金的203名优秀师生颁发奖学金。

（刘　威）

澧县

中共澧县委员会

书　记　　廖可元

副书记　　王兆铭　徐　桢

常　委　　廖可元　王兆铭　徐　桢　蒯　鹰　张元安　李　阳　江　毅　王　毅　杨　松　周　澧　李建华

澧县人大常委会

主　任　　冯文元

副主任　　淡光兴　刘　辉　赵长津　熊德蓉　向绪钦

澧县人民政府

县　长　　王兆铭

副县长　　蒯　鹰　罗先春　陈世杰　刘　黎　宋化丽　丁保国　杨　波

政协澧县委员会

主　席　　金贤松

副主席　　刘　欣　邓连琼　夏金梅　杨　钢　王先银

【概况】 澧县地处湖南省西北部，位于北纬29° 16'—29° 57'、东经111° 12'30"—112° 0'5"，土地总面积2075.43平方千米。2020年，辖15个镇、4个街道，年末户籍人口90.67万人，城镇化率为59.63%。

自然资源。年降水量1920.3毫米，水资源总量12.3696亿立方米，县境内已发现的矿产有30种，其中能源矿产2种，金属矿产1种，非金属矿产27种。有国家一级保护动物1种、二级保护动物20种，国家一级保护植物3种、二级保护植物12种。森林覆盖率32.95%，水质综合达标率82%，空气质量优良率96.72%。

经济综合。地区生产总值386亿元，比上年增长4%；第一、二、三产业增加值分别为58亿元、122亿元、206亿元，分别增长3.1%、6.1%、3.2%，三次产业结构比为15：31.6：53.4。一般公共预算收入19.85亿元，增长2.3%，其中地方一般公共预算收入12.54亿元，增长7.1%；一般公共预算支出60.88亿元，增长0.16%。

农业。全年农林牧渔业总产值110.8亿元，同比增长12.9%。主要农产品产量：粮食总产量51.5万吨、棉花总产量1.25万吨、油菜籽总产量9.07万吨、水果产量20.74万吨。全年生猪出栏53.3万头、家禽出笼834.9万羽。肉类总产量5.74万吨，其中猪肉产量3.92万吨，禽肉产量1.21万吨，牛肉产量0.21万吨，羊肉产量0.4万吨，禽蛋产量6.39万吨，水产品产量6.11万吨。有市级以上农业产业化龙头企业49家，其中省级以上8家；农民专业合作社1118家，其中省级以上示范社12家。农业机械总动力87.9万千瓦，农业机械化水平为70%。

工业。全年规模以上工业总产值317.5亿元，同比增长1.4%，其中规模以上工业增加值55.4亿元，增长6.5%。主要产品产量：饲料14.66万吨、大米33.45万吨、服装94.5万件、水泥15.73万吨、瓷质砖1440.92万平方米、啤酒96792千升、葡萄酒414千升、钢化玻璃411.3万平方米、中空玻璃177.9万平方米。有工业园区1家，园区规模以上工业增加值32.5亿元，增长6.4%。全社会建筑业增加值46.2亿元，增长6.1%。

商贸服务业。社会消费品零售总额179亿元，比上年下降1.6%。全年引进内外资总额113.37亿元，增长16.28%。其中全口径外资15175万美元，增长22.85%；引进内资102.75亿元，增长15.37%。

旅游业。接待国内外游客535.92万人次，比上年下降28.17%；旅游收入46.87亿元，比上年下降25.95%。全县共有国家级AAAA旅游景区2个（城头山旅游景区、彭山景区）、国家AAA级旅游景区3个（澧州古城、天供山景区、黄家套旅游景区）。

固定资产投资。全年固定资产

投资（不含农户）260.4亿元，比上年增长17.8%。分经济类型看，国有投资125.6亿元，增长57.6%；非国有投资134.8亿元，下降4.6%。分产业看，第一产业投资12.9亿元，下降8.2%；第二产业投资66.4亿元，增长13.9%；第三产业投资181.1亿元，增长21.8%。分投资方向看，工业投资66.4亿元，增长15.3%；民生投资33.9亿元，增长62.6%；高新技术产业投资59.5亿元，增长57%；房地产开发投资36.9亿元，增长15.1%；基础设施建设投资67.9亿元，增长33.9%。

交通通信。境内公路通车总里程2903.96千米，其中国道178.73千米、省道377.03千米、县道452.7千米、乡道813.02千米、村道1082.45千米。全年邮电业务总量5.65亿元，比2019年增长11.2%。其中，通信行业业务总量4.16亿元，增长2.5%；邮政业务总量1.49亿元，增长24.7%。

科技、教育。全年共有108家高新技术企业和高新产业企业，其中：高新企业22家，高新技术行业企业27家，高新产品产业企业59家，共实现高新技术产业增加值53.1亿元，同比增长10.5%；申请发明专利727件，增长286.7%；全年承担科研项目50项，项目总投入1038万元，增长27%，1项获得省市科技进步奖励；拥有工程技术研究中心3家、院士工作站1家。全县共有各级各类学校123所，其中小学88所、普通初中28所、普通高中3所、职业中学4所。公办幼儿园54所。幼儿入园率89%，小学适龄儿童入学率100%，小学升初中入学率100%，高中阶段毛入学率80%。

文化、卫生、体育。全国、省级重点文物保护单位分别有16处、5处，省级以上非物质文化遗产保护项目5个。全县有专业艺术表演团体8个、文化馆1个，公共图书馆1个，博物馆2个，纪念馆1个。有医疗卫生机构668个，其中医院10个、卫生院17个、专科疾病防治站3个、妇幼保健院1个、卫生防疫站1个、社区卫生服务中心46个，诊所、卫生室和医务室87个，村卫生室503个。全年有卫生工作人员4156人；有卫生技术人员3455人，其中执业医师1079人、注册护士1894人。各类医疗卫生机构拥有床位5191张，其中乡镇卫生院床位1822张。全县有体育运动场地235个。

社会生活。社会福利机构35个。新增城镇就业5908人，城镇登记失业率2.81%。累计脱贫4.5万人。援助农村贫困家庭转移就业14182人。城镇居民人均可支配收入33262元，同比增长4.7%。农村居民人均可支配收入19588元，同比增长8.7%。

2020年，澧县获评全国新型城镇化示范县城、中国阳光玫瑰葡萄标准化生产示范县、全国粮油生产全程机械化示范县、湖南省全域旅游示范区。

【全国阳光玫瑰葡萄标准化生产学术研讨会暨澧县第十五届葡萄节】 8月18—19日，全国阳光玫瑰葡萄标准化生产学术研讨会暨澧县第十五届葡萄节在澧县举行，上千名专家、嘉宾和游客共赴葡萄盛宴。活动由中国农学会葡萄分会、澧县人民政府主办，澧县农业农村局承办。举办开幕式、澧县葡萄阳光玫瑰品牌LOGO设计网络征集、集赞赢“阳光玫瑰”甜蜜礼盒、网红直播带货大赛、全国优质阳光玫瑰葡萄果品品质评选活动、全国阳光玫瑰标准化栽培学术研讨会等系列主题活动。中国农学会葡萄分会授予澧县“中国阳光玫瑰葡萄标准化生产示范县”称号，为中国农学会葡萄分会澧县工作站授牌。

【举办首届全民健身运动会】 8月20日，“万达广场·欢乐城杯”澧县首届全民健身运动会在澧县体育馆开幕。11月17日，在县体育馆举行闭幕式运动会。3个月期间，38个代表团的5000名运动员在拔河、篮球、气排球、游泳等12个体育单项比赛中展开角逐，进一步强化拼搏精神和团队意识，营造全民健身、热爱锻炼的浓厚氛围。

【被纳入全国率先基本实现主要农作物生产全程机械化示范县】 12月22日，农业农村部发布《关于公

2020年8月20日，澧县首届全民健身运动会开幕　　（梁先海 摄）

布全国第五批率先基本实现主要农作物生产全程机械化示范县（市、区）名单的通知》，认定北京市昌平区等161个县（市、区）为全国第五批率先基本实现主要农作物生产全程机械化示范县（市、区），澧县入选。

（周春燕　钟　刚）

安乡县

中共安乡县委员会

书　记	张　阳
副书记	陈　德　刘德平
常　委	张　阳　陈　德　刘德平　杜　强　吉海波　林红华　周　凯　余　梅　韩翼飞　辛　俊　李　柏

安乡县人大常委会

主　任	汤　平
副主任	胡盛勇　侯湘兰　潘能仲　向　勇　廖　洪

安乡县人民政府

县　长	陈　德
副县长	林红华　姜建渠　胡　岚　张益源　周宏林　蔡　广　罗立杰　曾晓希

政协安乡县委员会

主　席	章绍君
副主席	侯慧明　何国荣　谢铁城　唐志平　刘玉龙

【概况】　安乡县位于湖南省北部，北纬29°08'-29°45'、东经111°59′-112°18′，土地总面积1087平方千米。2020年，辖8个乡、4个镇，年末户籍人口52.83万人，城镇化率为42.09%，人口出生率5.88‰，自然增长率1.28‰。

自然资源。年降水量1818.5毫米，水资源总量370亿立方米。有国家一级保护动物2种、国家二级保护动物1种，国家二级保护植物4种。森林覆盖率11.63%，水质综合达标率95%，空气质量优良率92.9%。

经济综合。地区生产总值完成222.3亿元，同比增长3.9%。其中一、二、三产业增加值分别为44.4亿元、62亿元、115.9亿元，分别增长4.3%、5.3%、3.1%；三次产业结构比为20.0∶27.9∶52.1。财政总收入完成6.1亿元，增长2.3%，其中地方一般公共预算收入完成3.8亿元，增长4.1%；城镇居民人均可支配收入30318元，增长4%；农村居民人均可支配收入18105元，增长8.4%；一般公共预算支出完成377228万元，同比下降9.1%。

农业。农林牧渔业增加值47亿元，同比增长4.5%。耕地总面积52.3千公顷。农业支柱产业：谷物，蔬菜，渔业。主要产品产量：粮食34.5万吨、蔬菜34万吨、茶叶51吨，禽蛋2.2万吨，水产品13.7万吨，出栏生猪31万头。有市级以上农业产业化龙头企业30家，其中省级以上8家；农民专业合作社707家，其中省级以上示范社17家。农业机械总动力63.26万千瓦，农业机械化水平为84.1%。

工业。工业增加值29.24亿元，同比增长6.1%，其中规模以上工业增加值22.05亿元，增长6.2%。主要产品产量：晋煤金牛年产总氨15.57万吨；凯斯机械年产19.53万台工业缝纫机；毅力能源年产560.7万个锂电池，94.5万组电池组。工业支柱产业有绿色食品加工55.8亿元、环保建材19.3亿元、机械制造6.55亿元。工业园区企业73家，园区工业增加值18.4亿元，增长5%；其中园区规模以上工业增加值17.37亿元，增长5.5%。建筑业增加值27.2亿元，增长6.2%。

商贸服务业。全年完成社会消费品零售总额98.8亿元，同比下降3.1%。进出口总额3.4亿元，增长61%，其中进口0.3亿元，增长-69%，出口3.1亿元，增长181%；主要出口工业缝纫机、各类坚果、内衣等产品。实际使用外资资金33万美元；实际到位省外境内资金45.3亿元，增长22%。

旅游业。接待国内外游客246.73万人，同比增长-15.24%；旅游收入20.72亿元，同比增长-8.07%。红色旅游经典景区1个；国家AAA级旅游景区2家。

固定资产投资。2020年，安乡县固定资产投资比上年增长20.4%。其中高新技术产业投资增长18%，基础设施建设投资增长88%，房地产开发投资下降26.6%。交通基础建设投资9.886亿元，增长17.69%。

交通通信。境内公路通车总里程2120.17千米，其中高速公路23千米。电信业务总量0.71亿元，同比增长6.3%。邮政业务总量0.5亿元，同比增长10.8%；邮电业务总量0.74亿元，同比增长7.5%。建成5G基站48个，5G网络人口覆盖率1.24%，5G用户23856户。

科技、教育。有高新技术企业14家，新增4家；科学研究开发机构1家；签订技术合同3项，成交金额3.06亿元，同比分别增长0%、7.21%；高新技术产业增加值增长17.81%；具有核心竞争力科技创新项目17项。申报发明专利238件，较2019年同期增长385.7%；发明专利授权11件，同比增长22.2%；有效发明专利达49件，同比增长28.95%；有学校120所，其中小学17所、普通初中22所、普通高中3所、中等职业学校3所，公办幼儿园27所；幼儿入园率96.3%，小学适龄儿童入学率100%，小学升初中入学率100%，高中阶段毛入学率98.5%。

文化、卫生、体育。全国、省级重点文物保护单位分别有3处、3处，省级以上非物质文化遗产保护项目1个，艺术表演团体1个，文化馆1个，公共图书馆1个，博物馆（纪念馆）1个，档案馆1个。有医疗卫生机构29个，其中疾病预防控制机构1个、公立医院4个、私立医院4个、卫生院20个，病床2580张，每千人口医生数1.97名、床位数6.2张。公共体育场地1个。

社会生活。社会福利机构23个。新增城镇就业4568人，城镇失业率为3.9%。累计脱贫3.77万人，贫困发生率为0.33%。农村劳动力转移3615人。城镇居民人均可支配收入30318元，农村居民人均可支配收入18105元，同比分别增长4%、8.4%。

2020年，安乡县众志成城取得疫情防控重要战略成果，牢牢守住湖南的北大门；战胜1998年以来最大的汛情，守护群众的生命财产安全；突破珊珀湖治理的最后瓶颈，整治成效获得省市充分肯定；招商引资呈现出项目等厂房的火热场面；安全生产、拖欠民营企业中小企业账款清理2项工作获得省政府真抓实干激励奖励表彰。

【获评全省防汛救灾先进集体】 2020年，面对1998年以来最大的汛情，安乡县动员30多万人次日夜防守420千米一线大堤，连续奋战41天，处理各类险情153处，打赢防汛抗灾安乡保卫战。实现不溃一堤一垸、不垮一库一坝，不因汛情灾情伤亡一人的目标。安乡县被省防汛抗旱指挥部评为防汛救灾先进集体。

【获评省“芙蓉杯”水利建设十强县】 安乡县冬修水利建设计划总投入建设资金3.1亿元，加强堤防工程建设，针对汛期暴露出来的杨家河小垸、栗林河等堤防、防汛三石围子破损、蔡铺溪滑坡等防汛薄弱环节进行整治。加强涝区建设，对32处135台21370千瓦机电设施进行改造。加强重点中型灌区建设，有效改善全县农田排灌能力。加强农村饮水改善提质，推进城乡供水一体化建设进度。2020年，安乡县被评为全省“芙蓉杯”水利建设十强县。

（宋沛东）

津市市

中共津市市委员会

书　记	傅　勇
副书记	黄旭峰　覃歇民
常　委	傅　勇　黄旭峰　覃歇民　佘　斌　何朝辉　李景峰　吴拥华　叶春华　杜登全　徐兴宇

津市市人大常委会

主　任	王育平
副主任	李亚林　胡湘萍　邓开泉　蒋勇林　雷志华

津市市人民政府

市　长	黄旭峰
副市长	何朝辉　戴志刚　徐兴勇　陈顺勇　戴宏凯　易　榕　高　力

政协津市市委员会

主　席	姜正才
副主席	雷光键　董新满　阿　毅　梁文利　石　勇

【概　况】 津市市地处湖南省西北部，位于北纬29°11'30"—29°39'40"、东经111°46'—112°40'，土地总面积558平方千米，其中耕地面积2.217万公顷。2020年，津市市辖4镇、5个街道、1个省级高新区。年末户籍人口23万人，城镇化率64.88%，人口出生率5.68‰，自然增长率-1.19‰。

自然资源。年降水量1025.8毫米，水资源总量102.7108亿立方米。有国家一级保护动物1种、国家二级保护动物18种，国家一级保护植物1种，国家二级保护植物5种。森林覆盖率19.9%，水质综合达标率100%，空气质量优良率86%。

经济综合。2020年全市实现地区生产总值181.6亿元，同比增长4.5%。其中，第一产业增加值28.4亿元，增长4%；第二产业增加值76.3亿元，增长6.3%；第三产业增加值76.9亿元，增长2.8%。全市三次产业结构调整为15.7：42.0：42.3，第一产业比重提升2.1个百分点，第二产业比重下降0.2个百分点，第三产业下降1.9个百分点。一、二、三产业对经济增长的贡献率分别为11%、63.9%和25.1%，分别拉动经济增长0.5个、2.9个和1.1个百分点。工业增加值占地区生产总值比重为36.9%，高新技术产业增加值占地区生产总值比重为21.4%。全年财政总收入8.15亿元，下降1.2%。其中地方一般公共预算收入5.33亿元，增长9.6%；公共财政预算支出27.3亿元，增长3%。

农业。农林牧渔业总产值51.4亿元，同比增长4.1%。实现农林牧渔业增加值30.7亿元，增长4.1%。农作物播种面积4.49万公顷，其中粮食作物播种面积2.26万公顷，经济作物播种面积2.23万公顷，增长0.9%。粮食产量135997吨、油料产量31298吨、棉花产量3429吨、蔬菜产量96043吨、水果产量29815吨、茶叶产量138吨。全年完成养殖业产值18.1亿元，占农业总产值的54.7%；水产品产量2.9万吨，下降2.4%。出栏生猪42.91万头、牛0.45万头、羊2.44万只，出笼家禽255万羽。年末拥有农业机械32457台，比上年增加301台；总动力20.41万千瓦，比上年增加0.22万千瓦。年末实有耕地面积2.22万公顷。其中，水田1.364

万公顷，水浇地0.016万公顷，旱地0.84万公顷，常用耕地面积2.136万公顷。农村用电量2699万千瓦时，下降0.2%。农用化肥施用量5.26万吨，下降2.9%。全年开工各类水利工程13处，水利工程投入资金1.29亿元，水利工程完成土石方25.3万立方米，新增和恢复农田灌溉面积0.067万公顷。

工业。工业增加值比上年增长6.4%。其中，规模以上工业增加值增长6.7%。园区规模以上工业增加值增长7.5%。全年出产精制盐74.4万吨，下降12.2%；水泥111.2万吨，下降8.9%；车桥20.8万根，增长4.8%；纱9.5万吨，增长1.1%；饲料31.7万标吨，下降2.5%，化学药品原药1624吨，增长37.5%。全年建筑业增加值9.3亿元，增长5.6%。资质以上建筑业6家，建筑业产值9.5亿元，增长14.3%。

商贸服务业。全年社会消费品零售总额68.3亿元，同比下降1.9%。分地域看，城镇市场实现消费品零售额47亿元，增长2.8%，占社会消费品零售总额比重为68.8%，乡村社会消费品零售额21.3亿元，下降11%。78家限上企业完成社会消费品零售总额27.4亿元，增长14.4%。分商品类别看，粮油、食品类增长40.2%，服装、鞋帽、针纺织品类下降9.4%，化妆品类下降17.8%，家用电器和音像制品类增长1.7%，汽车类增长12.4%，石油及制品类下降25.5%，文化办公用品类增长21.9%。

旅游业。全年旅游总收入26.3亿元，同比增长26.2%。国内旅游人数301.2万人次，增长25.2%。境外入境人数1万人次。年末拥有国家旅游等级区（点）3家，星级宾馆1家，旅行社1家。

固定资产投资。全市固定资产投资比上年增长20.1%。按产业分，第一产业完成投资增长117.3%；第二产业完成投资增长34.6%；第三产业完成投资增长9.8%。按投资方向分，工业投资增长34.6%；高新技术产业投资增长0.7%；民生投资增长41%；生态投资增长30.1%；基础设施投资增长73.9%；房地产开发投资下降51.2%。按经济类型分，国有投资增长44.9%，非国有投资增长1.2%。全年房屋施工面积91.1万平方米，增长4.1%。房屋销售面积13.9万平方米，增长13%。

交通通信。全年交通运输仓储业邮电增加值9.2亿元，同比增长2.5%。全社会运输单位完成货运量542万吨，货物周转量12907万吨千米。全年客运量273.5万人，下降20%，旅客周转量9149万人千米，下降20%。境内公路全程总长534.55千米。其中，高速公路12.05千米，国道4.76千米，省道106.58千米，县道27.59千米，乡道167.98千米，专用公路1.69千米，村道213.9千米。全市年末汽车保有量21498辆，增长5.2%。本年新注册民用汽车1058辆。全年完成邮电业务总量2.36亿元，增长15.2%。其中，邮政业务总量0.91亿元，增长71.3%；电信业务总量1.45亿元，下降4.5%；年末移动电话用户19.9万户，下降3.5%；宽带网用户7.15万户，增长7.1%。

科技、教育。全年高新技术产业增加值38.9亿元，同比增长19.2%。年末拥有高新技术企业22家，省级工程技术研究中心9个。专利申请524件，其中发明专利339件。授权专利140件，其中发明专利17件。全年技术合同成交金额2.6亿元，增长192.9%。年末全市拥有各类学校33所，在校学生15734人，招生3780人，毕业学生3575人。其中：中等职业学校3所，在校学生662人，下降0.3%；普通高中2所，在校学生2326人，下降3.1%；初中学校9所，在校学生3856人，增长3.7%；普通小学18所，在校学生8629人，下降2.1%；特殊教育学校1所，在校学生130人，下降5.8%。小学适龄儿童入学率100%。幼儿园在园幼儿4910人，增长3.1%。各类民办教育机构56个，在校学生5902人，下降10.6%。义务教育阶段合格学校建设28所。

文化、卫生、体育。年末拥有艺术表演团体1个，群众文化馆1个，公共图书馆1个，博物馆1个，国家级非物质文化遗产保护名录1个，省级非物质文化遗产保护名录1个。群众体育活动进一步普及，经常参加体育锻炼人数19万人，年内开展全民健身项目24项次。城乡公共体育基础设施不断完善，年末拥有体育场地101个，其中运动场20个、游泳池2个、各种训练房23个。年末拥有医疗卫生机构总计200个。其中，医院、卫生院13家，妇幼保健院1家，专科疾病防治院1家，疾病预防控制中心（防疫站）2个，卫生监督所（中心）1个，社区卫生服务中心（站）14个，诊所、卫生所、医务室67个，村卫生室101个。全市卫生技术人员2125人。其中，执业医师和执业助理医师595人，注册护士819人，乡镇卫生院卫生技术人员207人，疾病预防控制中心（防疫站）卫生技术人员39人。医疗卫生机构共有床位1281张，其中乡镇卫生院拥有床位238张。

社会生活。2020年全体居民人均可支配收入30725元，同比增长6%。其中，城镇居民可支配收入37589元，增长5%；农村居民人均可支配收入18415元，增长9.3%。城乡居民人均消费支出24109元，增长3.9%。年末参加城镇基本养老保险职工人数6.46万人。全市基本医疗保险参保人数24.48万人。获得政府最低生活保障的城镇居民4318人，发放城镇居民最低生活保障费2234万元；获得政府最低生活保障的农村居民3804人，发放农村居民最低生活保障费1488万元。各类收养性社会福利单位床位数2491张，各类收养性社会福利单位收养人员数

2078人。

【年度工作获省政府表彰】 湖南省人民政府办公厅《关于对2020年度真抓实干成效明显地区予以表扬激励的通报》（湘政办发〔2021〕1号）中，津市市4项年度工作获通报表彰：2020年，推进“一件事一次办”改革、政府职能转变和深化“放管服”改革成效明显的市、县市区之一；优化营商环境第三方评估排名前列的县市区之一；开展农村人居环境整治成效明显的县市之一（优先推荐全国农村人居环境整治激励候选县，并增加1个省级美丽乡村示范创建村指标）；全省信访工作“三无”创建达标县市区之一。

【电动汽车充电基础设施建设项目签约仪式】 1月22日，津市举行电动汽车充电基础设施建设项目签约仪式。津市希望国网（湖南）电动汽车服务有限公司承建。该合作主要围绕新能源交通建设、新能源汽车应用两个方面进行。主要以绿色电动能技术为基础，建设公交、客运、旅游专用充电站和社会公用充电站等电动汽车基础配套设施，计划投资达2亿元，着力打造“山水田园绿色津市”，积极推动津市交通绿色化、智慧化。

【湖南如虹制药高端原料药及制剂生产基地建设项目落户津市】 9月3日，津市举行湖南如虹制药高端原料药及制剂生产基地建设项目签约仪式。该签约项目总投资约5亿元，计划建设年产1吨舒更葡糖钠、5吨雷贝拉唑钠及300吨药用尿素等生物医药产品生产基地。项目建设周期为18个月。

【津市中草药良种基地和有机农业示范基地建设项目签约仪式】 9月29日，津市举行中草药良种基地和有机农业示范基地建设项目签约仪式。津市市中草药良种基地和有机农业示范基地建设项目选址在药山镇和毛里湖镇，占地总面积0.067万公顷，项目总投资2.3亿元。建设内容包括药山中草药良种基地、毛里湖有机农业示范基地、中草药材料科研所（国家道地药材工程技术中心津市站）等。

【2020中国·津市首届体外诊断产业发展大会】 11月18日，2020中国·津市首届体外诊断产业发展大会召开。体外诊断行业领域的五位专家分别以《体外诊断产业发展趋势及挑战》《从二级市场看体外诊断行业》《呼气有谱，闻香识疾》《微流控技术在体外诊断产业中的应用展望》《从全产业链管理看肠道微生态临床实践》为主题进行演讲。现场集中签约仪式中，体外诊断产业大数据发展合作项目、介入类医疗器械项目、医用消毒医疗器械项目等12个项目签约。

（施若愚）

常德经济技术开发区

党工委书记	李育智
党工委副书记、管委会主任	邹如龙
党工委委员、管委会副主任	赵帮辉
党工委委员、纪工委书记、监工委主任	刘祖欣
党工委委员、管委会副主任	李厚元
党工委委员	杨丙武

【概况】 2020年，常德经济开发区下辖樟木桥街道、德山街道、石门桥镇。全年地区生产总值684亿元，比2019年增长10.53%。全年规模以上工业产值1010亿元，比2019年增长3.29%。

企业帮扶。坚持做大经济总量与培强骨干企业并重，突出帮联帮扶，助力企业做大做强。推动复工复产。全面落实国家、省、市各项企业减负政策，打好减负组合拳。出台《常德经开区关于应对新冠肺炎疫情全力支持企业复工复产的办法》，明确支持企业发展20条，兑现各类奖励扶持资金5100多万元，为企业减免税收6500多万元。开通“复工返岗直通车”，疫情期间免费为园区企业接回外地员工返岗复工，开展服务15趟次，接回返岗复工员工391人。举办“春风行动”“战疫情稳就业”等系列线上线下专场招聘34场次，成功招聘入职2000余人，为近300家企业缓解用工紧缺问题。落实驻企帮扶。印发《工委管委领导联系产业链和专业园区及重点项目工作方案》，工委管委7名班子成员分别联系7个产业链、10个专业园区和20个省市重点项目。印发《常德经济技术开发区部门联系企业安排表》，安排171名干部对所有规模工业企业、限上三产（物流）企业和在建项目开展驻企帮扶，帮助解决融资、用工、生产要素保障、政策争取、宣传推广等方面的实际问题。培优育强龙头企业。组织选拔优秀企业参加国家和省、市各类评选竞赛，金富力动力电池三元正极材料项目摘得全市创新创业大赛企业组特等奖和全省全市创新创业大赛企业组二等奖，晨晫智能科技荣获全省创客组二等奖。中联液压、金康光电、恒安生活用纸与常纺机4家企业获批省级“小巨人”企业。金富力和常德中车成功获批国家级“小巨人”企业，实现经开区成立以来园区企业申报国家级“小巨人”企业“零的突破”。

招商引资。共引进项目104个，签约金额282.38亿元，其中亿元以上10亿元以下项目35个，10亿元以上项目7个，引进3个500强项目。招商机制。确立驻点招商和分组招商相结合的招商机制，出台《招商合作中心责任分工及招商任务分解》，重新调整组织人员和架构、划定工作任务。发布《部门招商考核方案》，将招商引资任务分配到各区属单位，建立全员招商考核体系，营造全员招商的浓厚氛围。招商方式。大力开展网络招商，疫情期间利用互联网平台，线上签约嘉士利食品、世丰纸业等11个项目。深耕产业链招商，相继引进正源机械加工、远润通用设备制造等13个智能装备制造产业链项目，正易一次性卫生医用耗材等13个生物医药产业项目。推进专业园区招商，医疗器械产业园已引入曼纽科、金朋医疗等医药项目3个。开创资本招商，与深圳前海母基金、深创投以及省、市多家产业基金深化合作，最终通过股权等多种合作方式成功引进光宇储能电池项目，实现多支基金在常德市首次项目投资的突破，也为今后吸引其他优质项目的落地提供资金支持途径。招商决策。坚持高位推动，主要负责同志带队赴北京、上海、广州等地开展招商。进一步完善招商引资领导决策体系和项目引进评估机制，发布《关于调整招商引资项目评审方式的通知》，创新项目评审决策机制，分类讨论引资项目，有效保证项目落地的可行性，提升项目落地率。

项目建设。深化行政审批制度改革，继续推行项目“一站式服务”“一枚印章管审批”“一个干部跑手续”，推动项目建设提速提效。全年共推进产业项目81个，其中亿元以上产业项目47个。新开工亿元以上项目19个，总投资约63.4亿元，新投产亿元以上项目15个，总投资约91.8亿元。特别是投资40亿元、产值过百亿的常德中车产业园项目，从主体工程开工到试生产仅用时一年，刷新项目建设的“常德速度”，全面达产后将彻底改变常德经开区没有百亿企业的历史。5月，华为常德工业互联网创新中心正式上线运行，有力推动5G+工业互联网产业在常德智能制造产业的应用与快速发展，加速推进常德经开区“工业化、信息化两化融合”。7月，常德经开区电商企业加速器获批为常德市电商园；12月获批为省级众创空间。

改革创新。坚持自我革命，加快构建与高质量发展相适应的体制机制，全面释放改革红利。推进大部制改革。机构大部制，按照“企业化管理、市场化运作、专业化服务”的目标，组建形成“大经济”“大建设”“大管理”“大服务”的精简高效运行体系。人员聘用制，从工委班子副职开始，所有人员全部打破身份、择优竞争上岗。待遇绩效制，推行绩效工资，实行全员绩效考评，实现干部考核由“主观评价”向“量化考评”转变，薪酬管理由“铁工资”向“活薪酬”转变，充分激发干部干事创业热情，园区活力明显增强。推行“放管服”改革。推进能评、环评、安评等6项审批事项告知承诺制改革，持续深化“证照分离”“多证合一”改革，降低企业准入门槛。通过全程电子化办理营业执照1108户，通过网络自行申报领取电子营业执照1990户。免费为新开办企业刻制赠送首套印章280套，实现企业开办“零费用”。推进“工改系统”改革。梳理发改、规划等部门审批权责，通过省“工改系统”新增线上审批项目47个，该地区新增房屋建筑和城市基础设施工程项目已实现100%进网入库。全区大部制改革。根据中央、省、市关于推进园区改革的相关部署要求，常德经济技术开发区充分借鉴外地的先进经验，按照“企业化管理、平台化运作、专业化服务”的目标和“强化市场、弱化行政、突出主业”的原则，在全区大力推进大部制改革，从职能整合、机构精简、行政效率、体制弊端等方面着手。2020年4月9日，所有工作人员正式受聘上岗，完成人员、权责、资源的重新配置。

社会事业。坚持以人民为中心，全力保障和改善民生，切实维护社会大局稳定。脱贫攻坚。紧扣保脱贫、防返贫、防致贫目标，开展脱贫质量“回头看”，实现“三保障”问题清零、贫困户稳收增收，贫困人口实现全面脱贫。民生福祉。各级各类教育均衡发展，教育基础设施建设不断加强，康家吉幼儿园新建工程投入使用，石门桥镇中学和康家吉小学新建工程顺利推进。卫生服务水平不断提高，积极开展疫情常态化防控，确保全区新冠肺炎零感染、零确诊、零死亡。新城建设。沅江风光带、姚湖公园、孤峰公园改造后惊艳登场，长安路、崇德路、枫林路等10条道路建设有序推进。完成年度老旧小区改造计划513户，涉改面积近7.5万平方米。推进城管体制改革，推动实现城市管理网格化、精细化。大力开展控违拆违、护校安园、“人行道清爽”、餐饮油烟整治等专项行动，城区面貌焕然一新。生态环境。抓好中央和省督办交办的突出生态环境问题整改，实施“洞庭清波”专项行动，全面推进长江流域禁捕退捕，有序启动垃圾分类试点，大气质量、水环境质量、土壤环境质量稳步向好。社会大局。积极防范化解金融风险，切实遏制债务增量，化解债务存量，确保政府债务风险可控。深入开展平安园区、法治园区建设，纵深推进扫黑除恶专项斗争，深化“无上访村（社区）”建设，综合民调工作保持省、市先进行列。以创建“国家安全发展示范城市”为抓手，开展安全生产专项整治，安全生产形势持续向好。推进国家食品安全示范城创建，实现监督检测全覆盖、无盲区，筑牢食品安全底线。全面开展双拥模范城市创建，全社会拥军优属的氛围越发浓厚。实施“根治欠薪冬季攻坚行动”，切实守护民众薪资安全。

【打造一站式审批服务】 2020年，常德经开区政务大厅改造升级，进一步完善区政务大厅功能。新增综合、工商、公安、医保、燃气、自来水、有线电视7个窗口，新入驻事项29个。政务大厅共设窗口15个，窗口服务人员42名，提供审批服务事项74项，方便企业和群众，打造一站式审批服务。全面梳理区168项“一件事一次办”目录清单，明确事项适用依据，规范审批流程，取消不必要申报材料，一次性向服务对象告知所办理事项的条件、材料、程序、时限和需要补充获携带的材料等，及时在区政府门户网站进行公开公示。

【5G智慧物联网设备、装备制造等领域项目集中签约】 2月26日，常德经开区招商项目网络集中签约仪式举行。通过远程视频，常德经开区“连线”千里外的上海、广东、福建等地，完成11个项目的“云签约”，总投资24.8亿元。集中签约的项目，科技含量高、产业带动强、市场前景广，涵盖5G智慧物联网设备、食品加工、医疗器械、新能源、加速器等。7月28日，常德经开区13个重点招商项目集中签约，涉及装备制造、新能源新材料、生物医药、电子信息等领域，总投资121.8亿元。拉开常德经开区晋升国家级园区十周年系列活动的序幕。

【恒安生活用纸第六期项目签约】 11月6日，由恒安国际集团有限公司投资的恒安生活用纸第六期项目签约。湖南恒安纸业有限公司是中国最早的高档生活用纸企业，1997年落户常德经开区，是首批入驻德山的大型企业之一。公司成立23年来，始终专注家庭生活用品领域，逐渐成长为行业领军的民族品牌企业。1997年至2020年，公司销售收入增长20倍、盈利增长40倍，累计实现销售收入311.22亿元，上缴国地税收金额16.50亿元。

【中科常德储能与微电网产业园项目签约】 11月13日，常德经开区与富能宝能源科技集团举行中科常德储能与微电网产业园项目签约仪式。中科常德储能与微电网产业园项目计划投资75亿元，将建设具备设计、开发、制造4GWH储能系统集成能力的产业链基地，打造能够为多网合一提供全国领先、全方位多源融合微电网系统服务能力的综合基地。

【获批国家级省级“小巨人”企业】 2020年，湖南金富力新能源有限公司和常德中车新能源汽车有限公司获批国家级“小巨人”企业；湖南恒安生活用纸有限公司、常德中联重科液压有限公司、湖南金康光电有限公司和常德纺织机械有限公司4家企业获批省级“小巨人”企业。

（孙金菊）

常德高新技术产业开发区

党工委书记　杨学平
党工委副书记、管委会主任　曾　君
党工委副书记、纪工委书记、监工委主任　蔡　凯
党工委委员、管委会副主任　袁成宇
党工委委员、管委会副主任　刘霞初

【概况】 2020年，常德高新技术产业开发区获评全省“2020年度落实创新引领战略等政策真抓实干成效明显地区”称号、全省开发区2020年度节约集约用地一等奖。

主业发展。推进“千亿园区、工业新城”建设，实现技工贸总收入600.2亿元、工业总产值450.1亿元、规模工业总产值308.9亿元、地区生产总值101.3亿元，同比分别增长19.3%、13%、13.5%、8%；完成规模工业增加值73亿元、同比增长12.2%；完成一般公共预算收入11.2亿元、规模工业实缴税金8.8亿元、地方一般公共预算收入5.3亿元，同比分别增长37.9%、35.6%、32.5%。其中，地区生产总值、规模工业总产值、规模工业增加值三项指标增速全省、全市第一。

产业基础。项目招引。围绕完善和拉伸“三主两特”产业链，累计引进项目34个、合同引资额129.2亿元，其中亿元以上项目28个、10亿元以上项目4个，超额完成全年任务。项目推进。完成固定资产投资83.7亿元，同比增长17%，省重点建设项目完成投资占年计划的212%，市重点建设项目完成投资占年计划的112%，新开工亿元以上产业项目17个、新投产16个，现代装备制造配套产业园入驻配套企业42家。创新驱动。完成全社会R&D经费投入12.05亿元、同比增长33.8%，其中财政科技支出7569万元、同比增长97.1%。完成规上企业研发投入9.5亿元、同比增长17%。完成企业技术合同交易35个、合同交易额3.7亿元。申请发明专利671件、同比增长218.1%。新获批高新技术企业18家、总数达62家，完成高新技术产业增加值45.1亿元、同比增长29.4%。75家企业入库备案全国科技型中小企业、超全年目标任务5家。引进省部级科技带头人7人，高端科技人才15人，成功举办“常德高新区高新技术交流会”、湖南省创新创业大赛先进制造行业半决赛等大型活动。

营商环境。破解难题。项目审批实行“全程代理”，推进“最多跑一次”“一件事一次办”改革，行政审批提速50%以上，开创全市交

地即发“三证”先例。在线完成审批备案项目103个、投资额112亿元。保障要素。争取银行授信13.2亿元、放款3.3亿元，“银政担贷”提供流动资金1.6亿元，融资综合成本降低30%以上。减税降费1.8亿元、暂缓延期缴纳社会保险费税费4277万元、落实各类奖补1.6亿元、解决用工缺口4569人次。争取上级投资项目26个、金额2.4亿元。完善配套。完成基础建设投入22.7亿元，新建成标准化厂房36.9万平方米，建成生活配套园22万平方米、1372套公寓。

【全省产业项目建设推进现场观摩会】 7月24日，全省产业项目建设推进现场观摩会在常德举行，省委书记、省人大常委会主任杜家毫，省委副书记、省长许达哲等领导考察常德高新区湖南中联重科建筑起重机械有限责任公司和湖南装备制造配套产业园。

（罗 伟）

柳叶湖旅游度假区

区党工委书记 袁世平
区党工委副书记、管委会主任 方志炜
区党工委副书记、管委会副主任 汪泽云
区党工委委员、管委会副主任 雷志新
区党工委委员、管委会副主任 吴正清
区党工委委员、工会主任 游澜波
区党工委委员、管委会副主任 陈 虎
区党工委委员、纪工委书记、监工委主任 罗 炎
区党工委委员、管委会副主任 张志斌
区党工委委员、管委会副主任 孙云波

【概况】 2020年，柳叶湖旅游度假区辖1镇2街、28个村（社区），区划面积169.5平方千米，其中水域面积21.8平方千米。2020年，全区深入贯彻开放强市产业立市战略，按照“收好官、守底线、抓产业”要求，统筹推进疫情防控和经济社会发展，迈出高质量发展的坚实步伐。地区生产总值同比增长3.9%；一般公共预算收入9.78亿元，增长5.29%；接待游客210.1万人次，实现旅游综合收入12.39亿元，超额完成年度目标任务；城乡居民收入达到39761元和28076元，分别增长5.2%、9.4%。

成功创建国家级旅游度假区，农村承包地确权登记颁证工作受到全国通报表扬，获评全省扶贫领域腐败和作风问题专项治理工作一类单位，管委会机关获评省级文明单位；党委办公室、宣传思想、统战、全面深化改革、老干部等五项党委系统工作全部获全市优秀，是六区中唯一的“满堂红”；基层党建述职评议市直六区排名第一，文化发展、财政管理、城乡建设、自然资源规划、重点民生实事等五项工作获得市政府真抓实干表扬激励，获评全市平安建设优秀单位，河湖长制、质量工作、征地拆迁控违拆违等工作荣获全市先进，农村人居环境整治、城市管理、空气质量、城市文明程度指数测评等工作位居市城区第一。全区共105项工作获得国、省、市表彰（表扬）奖励，其中国家部委层面2项，省直单位层面13项，市委、市政府和市委办、市政府办层面21项，市直单位层面57项，个人奖励12项。

疫情防控。疫情防控期间，第一时间成立疫情防控指挥机构、建立三级联防联控责任体系、调配医疗卫生物资，以最快速度应对疫情挑战。实施稳企惠企系列政策，选派23名驻企联络员帮助41家重点企业复工复产，较早实现“四上企业”及项目建设工地全面复工。“全力守好‘自家门’，坚决打赢阻击战”的经验获得市委主要领导肯定。湘雅常德医院消化内科副主任医师曾小明、七里桥街道社区卫生服务中心副主任白先锋获评全省抗疫先进个人，湘雅常德医院获评全省抗疫先进集体，民建柳叶湖支部被民建省委评为抗疫先进集体。

品牌创建。完善配套设施，狠抓服务提质，优化政策扶持，强化工作调度，对标对表抓创建，多次赴国省文旅部门汇报，积极争取支持和指导，荣膺全省第二家国家级旅游度假区。服务水平。“1+14”游客咨询服务体系优化升级，游客服务中心和智慧旅游指挥中心正式运营；Y35环湖旅游公交线路正式开通，与Y26线路形成闭环；创新开展“优质度假酒店”“度假服务之星”评选活动，有效提升服务质量。品牌建设。2020年，获评“美丽中国优质人气名湖十佳”“湖南省文明风景旅游区”；卡乐星球入选国家AAAA级旅游景区，郑太有机农场入选“湖南省五星级乡村旅游点”“湖南省休闲农业与乡村旅游五星级企业”，太阳谷入选省级“同心美丽乡村”。宣传推介。出台新版旅游营销奖励办法，城市旅游联盟与省内外600多家旅行社联盟结营，深入江西、湖北、珠三角等多个地区开展旅游营销活动，在广州、重庆、贵州设立营销机构。成功举办国际马拉松赛、环洞庭湖汽车拉力赛、湖南省旅行社协会理事会系列活动，承办沅澧共庆2020“中国农民丰收节”暨消费扶贫优质农产品产销对接会等大型活动，旅游名气持续提高。

产业发展。项目建设。建立一个重大项目、一名领导牵头、一个专班服务的项目建设协调推进机制。卡乐星球正式运营，大唐司马城百戏街开街，国际会展中心、复基小学等项目加快建设。强力推进

征拆腾地，启动征拆项目24个，拆迁701户，出让土地125.93公顷，挂牌成交28.78亿元，有力保障项目用地需求。招商引资。金典美集健康综合体、玫瑰湾产业园、造梦师艺术中心等亿元产业项目成功签约落地，深圳食品谷常德产业园、钧明集团柳叶湖项目、新经济产业园、城市商业综合体等项目有望落地。柳叶湖清科基金小镇入驻基金和基金管理机构达92家，资金管理规模近243.9亿元，助力本地企业融资近20亿元，获评融资中国“2020年度中国最佳基金小镇”，金融服务模式被湖南卫视专题推介。优化营商环境。优化经济发展环境，推行“互联网+政务”服务，下沉26项公共服务事项，深化“证照分离”等商事制度改革，推行“一件事一次办”“一窗通办”，全年新增市场主体856户，同比增长30.3%，增速居全市前列。

城乡建设。城乡功能。柳常路、柳泉路、X013线、S311线等交通工程全面完工，沙港堤机埠、罗家湖机埠提质改造全面完成，万寿郡限价商品房、老旧小区改造等项目建设稳步推进。健全城市精细化管理标准体系，“智慧城管”高效运转，打造柳河路和环湖路两条高标准样板路，城市管理水平不断提升。重拳出击整治违法建设，拆除违法建设164宗，拆除面积1.56万平方米。污染防治。蓝天碧水净土保卫战扎实推进，建立大气污染巡查队伍，确保重点时段污染预防到位、管控到位，狠抓河湖长制管理，禁捕工作有效落实，垃圾分类试点有序启动。“夏季攻势”任务全面完成，市级交办的10个突出生态环境问题全面整改销号，如期完成太阳山石煤矿区生态环境治理任务，大湖水质始终保持在国家Ⅲ类标准以上，生态环境持续改善。乡村振兴。出台农业产业发展奖补办法，建成靳家湾绿色蔬菜基地、驮古堤柚种植产业园，29个蔬果品种获国家有机产品认证，3个品种获绿色产品认证，“常德柳叶鲫”成功申报国家地理标志证明商标，郑太农业获评“2020年度常德十大农产品品牌”。建成幸福屋场8个、美丽庭院380多户，村庄规划编制、农村房地一体确权登记颁证、无害化改厕高标准完成，城乡建设用地增减挂钩和“空心房”整治达到序时进度，郑家河社区获评省级美丽乡村精品村，太阳山社区获评省级美丽乡村，月亮社区获评市级美丽乡村，柳叶湖旅游度假区代表常德市高分通过省农村人居环境整治三年行动考评验收。

社会发展。脱贫攻坚。全年安排扶贫专项资金1110万元、扶贫小额信贷资金110万元，大力推进“优品扶农”，实行“线上”“线下”整合营销，全年销售商品1364万元，贫困群众获利53万元。危房改造、健康扶贫、教育助学等扶贫政策全面落实，满分通过省实地考核，1478名贫困人口全部脱贫。民生保障。新增城镇就业609人，农村劳动力转移就业335人，柳叶湖双创空间带动就业近200人，获评常德市创业孵化示范基地；建成戴家岗社区和柳叶恒苑居家养老服务中心，城乡低保、临时救助、特困供养等政策有效落实。社会事业。办学水平不断提升，新增公办幼儿园7所、公办园学位720个，市一中柳叶湖学校中考成绩再创辉煌，市一中上线率、录取率居城区公办学校第一。组建柳叶湖文学艺术联合会，东方红博物馆获评国家三级博物馆和市级爱国主义教育基地，白鹤镇获评“湖南省诗词之乡”。党管武装纵深推进，白鹤镇基层人武部五星级达标，全区11个村（社区）实现“站连一体化”。统战、民族、宗教、工会、共青团、妇联、残联等事业协调发展。

安全建设。落实安全生产“党政同责、一岗双责”，强化企业主体责任，开展“安全生产专项整治三年行动”，实施“强执法防事故”专项整治，落实国家安全发展示范城市创建任务，大力整治马路市场，抓好防汛抗旱工作，强化消防、食品药品、道路交通、特种设备监管，全年未发生重大安全生产事故和食品药品安全事故。深入推进平安柳叶湖建设，打好扫黑除恶“主动仗”，依法办结涉黑涉恶线索。强力推进基层社会治理现代化试点，经验做法全市推介。狠抓“无上访村（社区）”建设，全年化解矛盾积案15件，全区无赴省进京非访登记。加强法治宣传教育，规范执法行为，发挥人民调解作用，社会治安持续向好，群众安全感不断提升。

【“基金沅澧行”活动】 5月20日，由柳叶湖基金小镇服务中心牵头，联合常德市产业办、常德财鑫金控集团，共同组织的基金沅澧行活动正式启动。5月22日，举行基金沅澧行集中签约仪式，6家优质企业共募集股权投资金额1.85亿元。

【沅澧共庆2020“中国农民丰收节”暨消费扶贫优质农产品产销对接会】 9月23日，常德品牌·中国品质——沅澧共庆2020“中国农民丰收节”暨消费扶贫优质农产品产销对接会活动在柳叶湖旅游度假区郑太有机农场开启。活动主要内容有中国太阳谷有机农业峰会、庆祝2020“中国农民丰收节”系列活动、区县市分会场庆“中国农民丰收节”、消费扶贫优质农产品产销专场对接会以及线上直播带货和线下展销等。当天现场签署消费扶贫专区建设合作、粮食产业示范区框架协议，丹洲茂林农业生态产业园、特色食材直供合作框架协议，扶贫产品产销对接框架协议。全国知名农业专家学者、战略投资者、

2020年9月23日，沅澧共庆2020“中国农民丰收节”暨消费扶贫优质农产品产销对接会

（柳叶湖旅游度假区 供图）

采购商等参加活动。

【创建国家级旅游度假区】 1994年，柳叶湖被批准为省级旅游度假区。2004年，中国城市规划设计研究院、常德市规划局共同修编《柳叶湖旅游度假区总体规划》（2004—2020）。2010年，柳叶湖被评为国家AAAA级旅游景区。2012年，“柳叶湖创建国家级旅游度假区”在常德市第六次党代会报告中呈现，并连续六年作为市委经济工作报告、政府工作报告重要工作目标。同年，编制《湖南常德柳叶湖旅游度假区创建国家级旅游度假区规划》。2014年，常德市政府下发《常德市创建柳叶湖国家级旅游度假区总体方案》，多次调度创建工作。湖南省将柳叶湖创建国家级旅游度假区提质改造工程纳入全省“十三五”规划重点建设项目。柳叶湖旅游度假区明确湖泊休闲、主题度假、体育运动、主题娱乐、生态体验、文化观光、商务会展等七大功能定位，确立宜游、宜居、宜动、宜养的城市湖泊型旅游度假区的发展目标；打造精美度假产品，推出卡乐星球、常德欢乐水世界、常德河街等60多个旅游产品，度假设施不断完善。2019年，该区共接待游客312万人次，实现旅游综合收入18.46亿元，同比分别增长38.5%、26.46%，地区生产总值较10年前增长5.13倍；城乡居民收入分别较10年前增长7.5倍和6.4倍，各项指标数据均达到或超过同类度假区水平。2020年12月15日，文化和旅游部《文化和旅游部关于公布国家级旅游度假区名单的通知》公布柳叶湖旅游度假区为国家级旅游度假区。

（张 宁）

西洞庭管理区

党委书记	王启武
党委副书记、管委会主任	胡晓明
党委副书记、管委会副主任	彭海涛
党委委员、工会主任	刘建强
党委委员、政法委书记	曹吉飞
党委委员、纪委书记、监工委主任	陶 佟
党委委员、管委会副主任	郭 蕾
党委委员、管委会副主任	罗振军
党委委员、管委会副主任	汪继承
党委委员、管委会副主任	郑涵文

【概况】 2020年，西洞庭管理区辖1个镇、2个街道，土地总面积1.11万公顷，其中耕地面积0.69万公顷。年内气温最高37℃，最低-3℃；年降水量1807毫米。

经济发展。扎实做好疫情防控和经济发展统筹文章，全面落实稳企惠企政策，全力确保复工复产，推动经济企稳回升。全区实现地区生产总值37.88亿元、地方一般公共预算收入2.59亿元，分别同比增长5.3%、3.35%，地区生产总值增速位列全市第二；完成固定资产投资42.47亿元，同比增长18.1%，增速位列小区第一；实现规模工业总产值105亿元，同比增长11.02%，工业用电量同比增长4.05%，新增规模工业企业10家；农业总产值同比增长4.8%，农业规模化现代化步伐加快。城乡居民可支配收入分别增长5.7%和9.5%，位列小区第一、二位。

产业发展。招商引资。全年引进天鼎丰非织造布、锦龙新材、跃盈机械制造等亿元产业项目13个，引资总额达31.43亿元，尤其是总投资16亿元的东方雨虹天鼎丰非织造布项目成功落户，招商引资实现历史性突破，为打造“镇园之宝”奠定坚实基础。资产盘活。持续紧盯园区停产企业、闲置资源，盘活雨润食品、东阳软包、艾德防护、欣瑞二期等一批停产企业和闲置资产，盘活标准化厂房19.7万平方米、闲置土地近26.67公顷。产业项目。全年新开工邓权大口径管材、宸宇富基二期等12个亿元以上产业项目，实现宸宇富基一期、志远新材料等7个亿元以上项目投产，其中当年新引进的13个亿元产业项目中已有11个履约、9个开工、5个投产，新签约项目当年履约率、开工率、投产率均稳居全市前列。创新能力。引导10家企业实施技扩改，新增高新技术企业5家、小巨人企业2家，高新产业增加值达11.8亿元，同比增长127%；有效发明专利拥有量达60件，同比增长70%，人均有效发明拥有量位居全市前列。

三大攻坚。债务风险防控。严格落实化债计划，全年化债1.13亿元，对上争取政府债券额度和特别防疫国债1.05亿元，全年压减财政预算支出近亿元，实现债务总量和隐性债务持续保持双下降，同时民间创富非法集资积案得到有效化解。脱贫攻坚。通过做实“两业”扶贫，狠抓问题整治整改，实现问题全清零、政策落实全覆盖、贫困人口全脱贫，实现脱贫攻坚连续多年零信访，省市现场检查零扣分。省级生态文明示范区成功创建。坚持绿色发展理念，加速推进牛屎湖水环境生态修复、污水处理厂二期扩容提标等一批生态保护工程，持续开展秸秆禁烧、扬尘管控、企业达标排放等专项整治，实现上级交办问题全部提前整改销号，经三渠等一批水环境突出问题得到有效治理，空气和水环境质量得到明显提升，成功获批省级生态文明示范区。

城乡面貌。城市品质。通过深入推进城市建设三年行动，加快推进工人文化宫、人民西路提质、老旧小区改造等一批基础设施建设，尤其是完成沙河风光带等一批重大功能配套项目建设，城市功能显著提升。乡村振兴。围绕打造全市示范、全省标杆目标，继续统筹整合资金，持续实施经纬渠道清淤绿化、通村公路、涝区治理、农村污水处理站等一批基础设施工程，扎实开展“三面五清”村庄清洁行动，全力推进乡村振兴核心示范片建设，彭家洲万亩产业融合示范基地、毡帽湖美丽庭院渔民幸福屋场、紫湾钢结构装配式住宅小区初步建成，紫湾小区建设获住建部、省住建厅高度认可，示范效应逐步彰显，全市乡村振兴现场会在西洞庭管理区召开。

民生福祉。全面小康。通过强化要素保障，做好城乡融合发展文章，推动社会保障、义务教育、农村安全饮水、基层公共服务（一门式）、农村危房改造、农村通组公路均实现全覆盖，各项小康指标任务基本完成，城乡医保参保率、公办幼儿园在园幼儿占比、村级卫生室达标率分别达102%、82.7%和100%，均超额完成任务目标。民生实事。通过加大财政投入、狠抓工作落实，28项省市重点民生实事全面完成，尤其是农村学校免费课后服务、老旧小区改造、通村公路建设等民生实事工作经验获人民网、湖南卫视等中央和省市主流媒体宣传报道。社会大局。通过精准研判疫情防控形势，建立健全联防联控机制，深入摸排管控，确保疫情防控成果持续巩固；通过深入开展食品安全卫生城市创建，大力推进企业安全生产标准化达标创建，重点领域、行业安全隐患排查整治，实现安全生产零事故；通过深化扫黑除恶专项斗争，创新基层社会治理模式，搭建群防群治网络，确保社会大局持续和谐稳定，扫黑除恶工作连续三年排名小区第一，信访工作在全省“三无”区县创建中实现全省唯一的“四连冠”。社会事业。龙泉完小和中心幼儿园获评国家级足球特色学校，招飞工作获全省先进；人民医院新住院大楼正式投入使用，医疗卫生条件明显改善，打造区域医疗中心初见成效；社会保障体系进一步建立健全，就业形势持续向好，城镇登记失业率仅为3.3%。

【引进东方雨虹天鼎丰非织造布项目】 9月18日，总投资16亿元，占地约20公顷的东方雨虹天鼎丰非织造布项目正式签约落户西洞庭。该项目主要投资建设16条聚酯胎基布生产线、2条玻纤纱胎基布生产线，产品为各类工业无纺布（非织造布）/胎基布及相关原材料。项目达产年限为5年，达产后将年产8万吨聚酯胎基布产品和年产2万吨高强玻纤纱聚酯胎基布产品。

【多项工作获省市政府真抓实干表彰奖励】 2020年，西洞庭在区党

2020年5月22日，西洞庭管理区人民医院新住院大楼正式投入使用

（西洞庭管理区 供图）

委、管委的坚强领导下，真抓实干、担当作为、争先创优，信访“三无”创建工作获省政府真抓实干表彰；项目建设、招商引资、优化营商环境、放管服改革、市场监管及商事制度改革、创新型城市建设、乡村振兴、城乡基础设施建设、集约节约用地、民生实事、教育发展、河湖长制、落实省重大政策举措14项工作获市政府表彰奖励，数量居全市前列。

【获评“第二批省级生态文明建设示范县（区）”】 11月21日，湖南省第六届生态文明论坛永定年会公布第二批省级生态文明建设示范县（市、区）称号名单，常德市西洞庭管理区成功入选，全省仅13家，常德市仅1家。

【西洞庭管理区人民医院新住院大楼正式投入使用】 5月22日，西洞庭管理区人民医院新住院大楼正式投入使用。新住院大楼总建筑面积19123平方米，拥有病房165间，实际开放床位350张。投入使用后，将有效改善医院就医环境，提升全区人民就医体验。

【全市乡村振兴暨当前农业农村重点工作推进会】 5月11日，全市乡村振兴暨当前农业农村重点工作推进会在西洞庭管理区召开。常德市政府副市长龚德汉主持会议。与会人员参观彭家洲村汇美朝鲜蓟产业基地和家家红优质柑橘种植基地、紫湾集建区钢结构装配式农村规范建房示范点，通过实地察看、听取汇报等形式，详细了解并现场感受彭家洲村作为市委“4+9”乡村振兴示范片重点村在农村人居环境和高效农业产业上的新风貌、新亮点、新成效。西洞庭管理区在会上就乡村振兴工作作典型发言。

（丁　慧）

西湖管理区

党委书记	吴兴国
党委副书记、管委会主任	刘爱军
党委委员、管委会副主任	伍光勇
党委委员、管委会副主任	刘六林
党委委员、工会主任	吴鹏伟
党委委员、管委会副主任	张文辉
党委委员、纪委书记	王　亮
党委委员、管委会副主任	高家喜
党委委员、政法委书记	蒋　刚

【概况】 2020年，西湖管理区总面积70.26平方千米，辖1乡1镇。全年全区实现地区生产总值17.23亿元，同比增长4.5%，一般公共预算收入7125万元，增长10.4%；固定资产投资6.6亿元，增长16.7%；城乡居民人均可支配收入分别为35299元、21158元，增长5.5%、9.7%。

疫情防控和复工复产。新冠肺炎疫情防控。第一时间成立疫情防控指挥机构，全面加强对防控工作的领导。全区党员干部、医护人员、志愿者积极投身疫情防控一线，构筑严密防线，实现零确诊病例、零无症状感染者、零境外疫情输入。坚持常态长效，严格落实常态化疫情防控措施，严格管控外来人员和进口冷链食品，严格加强重点人群和重点场所管理，巩固疫情防控成果。实施援企稳岗，积极落实各项惠企政策，从区直单位选派14名驻企防疫联络员帮助企业复工复产，对326名返岗复工人员免费进行核酸检测，促进企业全面复工复产。充分调动专业合作社与种粮大户积极性，超额完成省市确定的早稻、中稻及一季稻种植任务。着力稳就业、扩投资、促消费、保民生，主要经济指标逐月回升。在经济下行压力加大的情况下，一般公共预算收入增长幅度超过10%，南新制药和猎豹建设两家企业税收过千万元，牢牢稳住经济发展基本盘。

三大攻坚战和全面建成小康社会。锁定全面脱贫目标，扎实开展脱贫质量“回头看”工作，全面完成剩余125户231名贫困群众的如期脱贫，综合贫困发生率降为零。产业扶贫全覆盖，发展脱贫带动能力强的特色产业，帮助贫困户持续稳定增收。打好污染防治攻坚战，大幅度优化生态环境。打好蓝天碧水净土保卫战，在全市率先完成污染防治攻坚战“2020年夏季攻势”整改销号任务。推进新北河及西东湖黑臭水体治理，实施污水管网升级改造，落实禁捕退捕工作，强化土壤污染管控和修复，生态环境得到全面优化。2020年，全区空气优良天数348天，优良率97.5%。打好防范化解重大风险攻坚战，守住债务底线。2020年，化解债务3606万元，完成年度化债任务。从严从紧管好财政支出，强化政府采购管理，降低行政运行成本，确保财政运行健康可持续。

项目建设和产业建设。重点项目。实施重点项目17个，完成投资4.4亿元，西柳公路、沿河大道、人民路西延线、西湖中心水厂第二期巩固提升工程、西洲乡污水处理厂、黑桥改造等项目完成，西湖水岸二期建设顺利推进。产业发展。牧业小镇获评省级农业特色小镇，德人牧业成为国家现代农业科技示范展示基地，上优食品公司被认定为省级农业产业化龙头企业和省级产业化联合体，投资过亿元的天心种业基本建成，稻虾生态园、精品果蔬园、芦笋产业园、名贵水产园等特色园区不断巩固。投资过亿元的仁瑞无纺建成投产，投资过亿元的燃气管材生产线项目一期建设即将破土动工，投资过亿元的优耐高新材料项目正式签约，上优食品、隆源包装等企业健康发展。城乡建设。建成一批环卫工人休息室、小型停车场，完成红旗、新桥等6个老旧小区改造和北圆盘改造，水果市场即将建成，城镇建设有新亮点。农贸市场管理日趋优化，镇区环境卫生、交通秩序、经营秩序常态长效。“一村一品”示范片建设成效明显。大力开展人居环境三大整治，城乡环境明显改善。

民生安全。社会事业。就业局势总体稳定，保障体系日益完善，城镇新增就业705人，发放各类社保3.29亿元，养老保险水平持续增长。坚持教育优先发展，西湖一中新教学楼投入使用，中心小学提质改造有序推进。改善医疗卫生条件，完成西湖人民医院部分改造和行政村卫生室标准化建设，核酸检测实验室投入使用，医疗水平和服务质量全面提升。开展城乡低保清理整改，提升低保救助标准，加大城乡特困供养人员保障力度，实现城乡低保一体化。社会文明建设。深入开展文明创建，开展“防疫有我，爱卫同行”“平安西湖”“消费扶贫进行时”“百店千人制止餐饮浪费”等志愿者活动。西湖镇创建成为国家卫生镇、省级文明镇，新创建市级文明标兵单位1家、市级文明单位2家、市级文明村6个。社会安全。开展基层社会治理现代化工作，各类矛盾有效化解，被评为2020年度省级信访工作“三无”区县市。成功防御澧水河道洪水，河长制工作被评为市级先进。坚守安全生产底线不动摇，集中整治交通领域顽瘴痼疾，开展整治文化旅游娱乐场所百日行动，没有发生较大及以上安全生产责任事故，安全生产和消防工作被评为市级优秀单位。

【首批“一站式”服务助力农民工返岗务工】 3月1日，西湖管理区首批“一站式”服务助力农民工返岗务工。2辆贴有“常德西湖务工人员返岗复工赴广州专车”标志的专

2020年6月28日，湖南仁瑞无纺制品有限公司开业

（西湖管理区融媒体中心 供图）

用大巴从西湖汽车站出发，专程运送辖区内38名农民工“点对点”免费务工专列，赴返岗之程。

【德人牧业旅游景区获批成为国家AAA级旅游景区】 4月13日，德人牧业旅游景区获批成为国家AAA级旅游景区，授牌仪式在德人牧业上优食品加工厂举行。该景区是西湖管理区第一个国家AAA级旅游景区。

【西湖天心种业4800头能繁母猪养殖基地建设项目开工】 4月28日，常德西湖天心种业有限公司4800头能繁母猪养殖基地建设项目在西洲乡黄泥湖村举行开工仪式。该项目位于西湖管理区西洲乡黄泥湖村二组，总占地面积35.33公顷，总投资1.2亿元，项目建成达产后，年销售优质种猪4万头、商品仔猪8万头，年均销售收入可达1.12亿元。

【湖南仁瑞无纺制品有限公司开业】 6月28日，湖南仁瑞无纺制品有限公司开业。该公司坐落于西湖管理区工业园内，其中，水刺无纺布与制品生产建设项目占地4公顷，建筑面积4.1万平方米，拥有4条国内先进的无纺布生产线、无纺布制品加工车间，投产后，每年可生产高等级水刺无纺布1.2万吨，年销售额可达1.2亿元。

【西湖西洲牧业小镇被评为“省级特色农业小镇”】 11月19日，在全省5家新增农业特色小镇名单中，西湖西洲牧业小镇榜上有名。该镇是常德市唯一的“省级特色农业小镇”。

（刘　佳）

桃花源旅游管理区

区党委书记、管委会主任　伍彩霞
区党委副书记、管委会副主任　邓弼友
区党委委员、管委会副主任　袁超云
区党委委员、管委会副主任　覃　斌
区党委委员、管委会副主任　龚　杰
区党委委员、管委会副主任　杨敏正

【概况】 桃花源旅游管理区地处湖南省桃源县城西南部15千米，位

于北纬28° 47′ —28° 49′ 、东经110° 25′ —110° 27′ ，土地总面积142.48平方千米。2020年，辖1镇1街道。

自然资源。年降水量2174.6毫米，森林覆盖率为45.3%，林木绿化率为47.8%。活立木蓄积量492638立方米，其中生态公益林1361.3公顷，蓄积量142098立方米，商品用材林5105公顷，蓄积量350540立方米。水质综合达标率100%，目标空气质量优良率89.9%。

经济综合。地区生产总值17.7亿元，比2019年增长3.6%；第一、二、三产业增加值分别为4.5亿元、4.1亿元、9.1亿元，分别增长4.4%、3.4%、3.3%。一般公共预算收入3.77亿元，一般公共预算支出3.73亿元。

农业。农林牧渔业增加值5.3亿元，同比增长3.2%。耕地总面积11.6千公顷。农业支柱产业：水稻、蔬菜、茶叶。主要产品产量：粮食2.52万吨、蔬菜2万吨、茶叶（或其他主要经济作物）0.3万吨，禽蛋0.3万吨，出栏生猪0.05万头、羊0.03万只。有市级以上农业产业化龙头企业4家；农民专业合作社42家。

商贸服务业。社会消费品零售总额5.34亿元，同比增长-2.2%。

旅游业。接待国内外游客195.97万人，恢复到2019年同期的64.96%；旅游收入8亿元，恢复到2019年同期的78.67%；国家级风景名胜区1个，旅游度假区1个（省级旅游度假区）；国家AAAAA级旅游景区1家。

交通通信。境内公路通车总里程258.371千米，增加30千米，其中高速公路15千米，普通公路15千米。

科技、教育。有学校5所，其中小学4所、完全中学1所（设有高中部、初中部），公办幼儿园2所；幼儿入园率93.2%，小学适龄儿童入学率100%，小学升初中入学率100%，高中阶段毛入学率95.2%。

文化、卫生、体育。全国、省级重点文物保护单位分别有15处、1处，艺术表演团体3个。有医疗卫生机构1个，其中疾病预防控制机构1个、医院1个、卫生院1个，病床100张，每千人口医生数1.8名、床位数2.6张。

社会生活。社会福利机构1个。新增城镇就业315人，城镇失业率为3.45%。累计脱贫1937人，贫困发生率为5.09%。农村劳动力转移237人。城镇居民人均可支配收入34634元，农村居民人均可支配收入18734元，同比分别增长5.3%、9.2%。

国际“洞天福地桃花源文旅康养”项目落户桃花源。10月13日，国际“洞天福地桃花源文旅康养”项目战略合作签约仪式举行。桃花源旅游管理区党委副书记、管委会副主任邓弼友，湖南尔维康养文化旅游有限公司董事长马昕出席仪式并签约。

桃花源农村承包地确权登记颁证工作获全国通报表扬。12月，中央农村工作领导小组办公室、农业农村部通报表扬全国农村承包地确权登记颁证工作典型地区，桃花源旅游管理区名列其中。

年度主要亮点。获评国家AAAAA级旅游景区、入选湖南基层改革探索100例，获评全省文明风景旅游区、湖南省2020年度风景名胜行业先进单位、2019年度森林公园管理十佳单位、全国农村承包地确权登记颁证工作典型地区、湖南省五星级乡村旅游区，获省级优秀河湖长、获2020年湖南文化旅游商品大赛银奖，获评湖南省旅游景区协会副会长单位、省级休闲集聚发展示范村、省级四星级农庄。

【桃花源成为拥军景区】 4月24日，常德市拥军服务联盟授牌启动仪式发布会在湖南常德桃花源主游客服务中心举办。桃花源景区被授予“常德市拥军服务联盟成员”牌匾。该联盟共26家拥军服务联盟成员，涵盖银行、景区、车队、妇儿中心、医药、通信、餐饮门店、书店、酒店、影院10个类别。拥军服务联盟成员为现役军人、退役军人、军人家属等相关群体提供多项优惠措施及服务，密切军政军民关系、增进军政军民团结。

2020年11月3日，桃花源旅游管理区汤家山村农宅试点改革“农宅贷”签约仪式
（李立明 摄）

【2020中国旅游日湖南宣传活动暨2020桃花源文化旅游节】 5月19日，2020中国旅游日湖南宣传活动暨2020桃花源文化旅游节在常德桃花源开幕。湖南省人民政府副省长吴桂英出席并宣布开幕。

【中国桃花源第二届擂茶文化节暨擂王挑战赛】 9月5日，中国桃花源第二届擂茶文化节暨擂王挑战赛开幕。擂茶文化节持续1个月，共分4场海选、1场总决赛。10月2日，三水湾生态园的彭琴获得金擂棒奖和1万元奖金，成为擂王。

【首届农民丰收节暨民俗文化艺术节农产品展销会】 10月1日至8日，桃花源举办首届农民丰收节暨民俗文化艺术节农产品展销会活动，活动旨在利用桃花源旅游资源带动贫困户致富，打赢脱贫攻坚战。

【晋升国家AAAAA级旅游景区】 12月29日，文化和旅游部发布关于确定21家旅游景区为国家AAAAA级旅游景区的公告，湖南省常德市桃花源旅游区晋升国家AAAAA级旅游景区，实现常德市国家AAAAA级旅游景区“零的突破”。

（毛　阳）

湖南常德国家农业科技园区

党工委书记　钱正龙

管委会主任　童胜春

【概况】 湖南常德国家农业科技园区（以下简称园区）是2015年2月经国家科技部批准建设的第六批国家农业科技园区，园区按照“一区三园六基地”进行总体布局建设。“三园”为核心区，总面积0.233万公顷，分别为农业科研与孵化园（位于常德西城新区，面积 0.02万公顷）、农产品精深加工与现代物流园（位于西洞庭管理区，面积0.11万公顷）、生态种养产业园（位于西湖管理区，面积0.103万公顷）。“六基地”为示范区，总面积2万公顷，即鼎城稻米深加工产业科技示范园、澧县油料加工产业科技示范园、津市生猪产业科技示范园、桃源蛋禽产业科技示范园、石门生态柑橘产业科技示范园、汉寿名优水产养殖科技示范园。2018年园区通过国家验收。2020年，常德园区通过科技部组织的综合评估。

【园区提质】 5月29日，市政府第53次常务会议对园区发展进行研究；6月1日，市委副书记、市长曹立军对园区建设进行考察调研并现场办公；6月9日，市委第13次常委会对园区迎接科技部综合评估及发展进行讨论研究。按照市委、市政府研究的意见，对农业科研与孵化园进行重新的规划和设计，科研孵化园科研中心建设进入规划设计阶段。促成常德市人民政府与深圳市人民政府签署深圳国际食品谷常德产业园战略协议。

【示范基地建设】 制定《常德国家农业科技园区示范基地管理办法》。新增郑太有机农业发展有限公司和添景花田智慧农业有限公司两家公司为园区示范基地。向财政申请产业发展引导资金，列入2021年部门预算，专项用于扶持园区企业发展。

【产学研活动】 5月13日，常德国家农业科技园区与湖南应用技术学院签署产学研合作协议，就深化科技成果转化、产学研合作进行座谈交流。6月，赴江苏淮安国家农业科技园区进行考察学习。

（谭建华）

人物

全国劳动模范

【覃道周】 男，土家族，1968年6月出生，湖南省石门县人，中共湖南省第十一届党代表，国家电网石门县供电公司宝峰供电所所长、党支部书记。先后被评为中国好人、湖南省劳动模范、国家电网共产党员服务队优秀队长。覃道周长期工作在石门壶瓶山，壶瓶山供电所成为全国学雷锋活动示范点、全国工人先锋号、全国先进基层党组织、五星级乡镇供电所。他和同事们定期上门为茶农、烟农解决用电难题，促进当地群众每户年增收5000元以上，为当地脱贫坚攻打下坚实基础。他首创阳光电力服务箱，下乡时义务为群众排除室内线路故障。2007年，开创便民服务，进山为群众捎带商品，出山为群众捎带山货。10多年，累计为群众捎带物资达14万多千克，覃道周获“电骡子”的美名。宝峰供电所打造园区专线，两年间在辖区里新装400多根电线杆，解决困扰3498户居民的“低电压”问题。2020年11月，覃道周获评全国劳动模范。

【袁建华】 男，汉族，1970年2月出生，湖南省汉寿县人，中共党员，湖南中烟常德卷烟厂一车间电气技术员，高级专家。先后获全国五一劳动奖章、湖南省劳动模范称号。他专注电气技术29年，深入研究并实践制丝、卷包、物流电控技术及智能制造、智慧工厂建设等领域，并在数字化车间上实现突破，运用优化算法成功解决复杂生产决策问题。获得核工业总公司部级科技进步三等奖、2次作为行业电气、自控专业的专家参与行业科技项目评审。作为领军人物，建立湖南省劳模创新工作室示范点，开展技术创新，2016年，该工作室被授予“湖南省职工（劳模）示范创新工作室”称号。先后在行业专业领域发表多篇学术研究论文，共获得国家专利7项，其中发明专利2项、实用新型专利5项，形成“智慧制丝线”“智能点检”等多项技术创意。在高速卷接包机组和高速成型机技术消化以及车间设备方面攻坚克难。2020年11月，袁建华获评全国劳动模范。

【邱宝珠】 女，汉族，1989年7月出生，福建省宁化县人，湖南三特机械制造有限公司技术质量部长，中级工程师。曾获全国五一劳动奖章、湖南省劳动模范称号，新时代湖南省农民工“六项全能”竞赛二等奖，拥有湖南省科技成果登记1项、发明专利7项、实用新型专利7项。邱宝珠从事机械制造行业工作10余年，身兼产品设计、模具设计、现场加工、学徒培训多项工作，连续多年被公司评为“最有价值的员工”。她主导设计的高耐磨性易拆卸工业油链填补国内该项技术空白。面对齿块模具难成型，出模成功率低的难题，她提出“二合一粗精锻同体”模具，使合格率达到99%以上；设计的先镗后钻工装，避免钻孔公差导致镗孔深度不一现象，保证链轨装配时橡胶圈的压缩量，最终延长履带链轨的使用寿命。与中南大学展开产学研合作，提高履带的使用期和稳定性。2020年11月，邱宝珠获评全国劳动模范。

【聂天喜】 男，汉族，1971年3月出生，湖南省安乡县人，中共党员，安乡县天喜水稻种植专业合作社理事长。2015年被评为湖南省劳动模范。作为主要参与人员，“油菜新品种选育及优质高产技术研究与推广”项目获2018年湖南省科技进步奖二等奖。他在生产经营创新上注重“三个坚持”：坚持适度规模经营。2015年起，连续5年每年种植水稻170.67公顷，每年生产优质稻谷1500吨左右。坚持生态种植。推广冬种绿肥、稻鸭共生、测土配方施肥、病虫害绿色防控等先进实用技术，减少农药、化肥的施用量，减轻面源污染，确保稻米质量安全。坚持品牌经营。种植余赤、红米冬粘等传统优质稻品种及“玉针香”等超泰优质稻品种，注册“天喜哥”“汤家岗”2个商标，实行线上线下销售。聂天喜在优质稻米开发、富硒稻米开发、特异稻种植、生态种养技术等方面走在全省、全市前列。2020年11月，聂天喜获评全国劳动模范。

全国先进工作者

【黄克勤】　男，回族，1963年6月出生，湖南省安乡县人，中共党员，中小学正高级教师，常德市第七届人大代表，常德芷兰实验学校驻校督学。黄克勤从事教育工作39年，先后获得“全国优秀教师”“全国创新名校长”、全国创新教育“先进工作者”等荣誉称号。他担任常德芷兰实验学校分管教学的副校长10年、校长8年，学校办学质量飞速跨越。2019年单科前万分之一人数列全省八强，居全省一流行列。该校组队参加全国第二届汉字听写大会等大赛，成绩位居全国第一方阵；参加第32届美国匹兹堡科技发明展，获创新发明优秀奖。学生参加第117届法国巴黎国际发明展，夺得中国青少年代表团获取的唯一一块金牌。学校获评全国科技创新十佳学校、全国知识产权试点学校。他开展教育教学研究，在省级以上期刊上发表论文30多篇，主编和编写专著3部，主持全国教育规划项目。2020年11月，黄克勤获评全国先进工作者。

【黄绍华】　男，回族，1963年1月出生，湖南省武陵区人，中共党员、农工党党员。常德市第一人民医院重症医学科主任。2007年获全国卫生系统先进个人，2009年被湖南省人事厅、省委统战部评为“我为富民强省做贡献”活动先进个人，授予一等功。黄绍华在常德市重大群体毒鼠强中毒事件、救治路边伤员不幸身负重伤、抢救河南大巴车起火事件重伤员等突发公共卫生事件中发挥重要作用。2020年，新冠肺炎疫情暴发，黄绍华任常德市新冠肺炎危重症患者救治小组副组长，全面负责新冠肺炎救治中心危重症患者治工作，具体负责组建临时ICU，接收常德地区所有重症新冠肺炎患者的救治。他连续24小时完成病房布局建设、院感流程制定和人员培训，并开始收治第一例重症新冠肺炎病人。他每天长时间待在ICU病房，利用既往经验，查找患者病理生理改变的规律，找出更有效的治疗方案，使ICU病房中所有危重症病人全部康复出院。2020年11月，黄绍华获评全国先进工作者。

全国三八红旗手

【刘安娜】　女，汉族，1985年11月出生，湖南省汉寿县人。湘雅常德医院重症医学科护士长。2020年春，新冠肺炎疫情暴发，湘雅常德医院援鄂，刘安娜为援鄂医疗队副队长、护理组组长。2月21日到达武汉，支援武汉市金银潭医院。刘安娜主动请战到金银潭医院南七楼ICU重症监护室，并长期坚守在重症病区内。小到病人的洗脸、吃饭、大小便，大到给病人打针、吸痰、血液净化，再到清洁病区、处理垃圾、搬运物资等，事无巨细，穿上防护服工作起来就忘了吃饭喝水。完成ICU的支援工作后，因之前优异表现，医疗队对刘安娜委以重任担任北五楼护士长。3月28日，作为坚守到最后一批的医疗队，刘安娜再次请战，带领着医疗队50名重症护理骨干，再次踏入危重症病房整建制接管南五楼ICU并担任护士长。她与队友兢兢业业奋战在红区，直至医疗队圆满完成支援任务。刘安娜获得金银潭医院、国家卫健委的高度认可，她所在团队的院感（医院感染）工作得到国家级院感专家的高度认可，金银潭医院院长张定宇授予她“金银潭医院荣誉职工”称号。2020年9月，刘安娜被全国妇联、国家卫生健康委、中央军委政治工作部授予“抗击新冠肺炎疫情全国三八红旗手”称号。

抗击新冠肺炎疫情全国先进

【李德辉】　男，土家族，1973年1月出生，湖南慈利人，常德市第一人民医院党委委员、副院长，主任医师，常德市感染学会主任委员。2020年1月，新冠肺炎疫情暴发，常德市组成以常德市第一人民医院为主，常德市第二人民医院为基础，其他医院配合的定点医院救治力量，集中全市最优秀、经验最丰富的383名医生和护士，又由呼吸科、感染科和ICU3方面10多名权威专家组成医疗救治组，全力救治患者。李德辉临危受命，成为医疗救治组组长，于1月27日晚进驻定点救治医院。作为医疗救治的总负责人，李德辉每天从早上7点工作到凌晨一二点，几天内建立医疗救治、院感、护理等三大方面的40多个制度和流程。李德辉带领医护人员，按照新型冠状病毒感染的肺炎诊疗方案标准，中西医结合，辨证精准施治。对发热病人和危重病人使用血必净治疗，危重病人实行“一人一团队、一人一方案”的救治措施，有力有效救治患者。至2020年3月6日，常德市82例新冠肺炎患者治愈出院，全市确诊病例动态清零，治愈率达100%，以“患者零死亡、医护人员零感染”的记录，实现新冠肺炎阻击战阶段性胜利。2020年9月，李德辉被党中央、国务院、中央军委授予“全国抗击新冠肺炎疫情先进个人”称号。

【谢朝梅】 女，汉族，1970年6月出生，湖南澧县人，中共党员，主任技师，常德市疾病预防控制中心检验科科长。2020年新冠疫情防控中，谢朝梅和检验科全体同志昼夜轮转，不顾个人安危，始终战斗在疫情一线。疫情高发期，她冒着高危风险，穿着密不透气的隔离服，在实验室一待就是好几个小时，与新冠病毒几乎是零距离接触。大年三十和初一，她都是在实验室度过的，整个春节没在家吃过一顿饭，把办公室当家，每天工作10多个小时。因为超强度工作，她累倒过，打完点滴后又接着工作。疫情期间，谢朝梅和团队检测新冠样品数万份，确证全市82例新冠阳性病例，结果精准，得到省市专家高度认可，为疫情有效处置提供重要依据，先进事迹先后被央视网、新湖南、学习强国、今日头条等媒体报道。2020年9月，谢朝梅被党中央、国务院、中央军委授予“全国抗击新冠肺炎疫情先进个人”称号。

【杨 军】 男，汉族，1977年11月出生，湖南常德市武陵区人。常德市武陵区芙蓉街道落路口社区党委书记。杨军从事社区工作22年，工作期间，因表现优秀、业绩突出，多次获得优秀共产党员、优秀党务工作者、先进个人等荣誉称号。社区被评为省文明社区、省侨务工作示范社区、全省和谐社区、省最美志愿者社区等。社区从2011年开始启动棚户区改造工作，杨军发挥党员志愿者模范作用，将支部建在网格上，党员带头签约，采取白加黑的方式逐户上门做工作，300余户灯泡厂棚改对象在3个月内全部完成签字腾房，社区的棚改小区也成为全省的棚改示范小区。在新冠肺炎防疫期间，针对小区封闭期间居民生活不便的问题，杨军与辖区内的顺丰、韵达等3家快递站商量，租赁3辆电动三轮车给社区志愿服务队使用，帮助社区居民配送物资。共配送有机蔬菜2.5万余千克，大米300余包，食用油600余桶。免费发放爱心企业捐赠的各类口罩7000余个，84消毒液1万余千克。广大居民由开始的烦怨到积极配合甚至主动参加防疫，形成联防联控、群防群治的浓郁氛围。2020年9月，杨军被党中央、国务院、中央军委授予“全国抗击新冠肺炎疫情先进个人”称号。

【常德市疾病预防控制中心】 常德市疾病预防控制中心（以下简称中心）共有112名工作人员，其中55名共产党员。2020年1月新冠肺炎疫情暴发，中心迅速启动公共卫生突发事件应急响应，组建11个工作组，全员进入战时状态。4支应急处置机动队全天候值守，确保哪里有疫情，就第一时间奔赴哪里。根据疫情防控最新方案要求指导全市防控工作，不断提高各项防控措施的准确性、有效性。在防疫物资紧缺的情况下，通过“全民动员、全员参与、全球采购”，确保相关人员职业防护需求，实现防疫人员零感染。科学防控。始终做到第一时间精准识别和管控传染源，36小时内完成2次核酸检测。规范管控密切接触者，突出重点人群、重点场所疫情防控。全市共追踪密切接触者3100多人，从中检测发现确诊病例26例、无症状感染者15人，有效阻止疫情扩散。对1100多名境外到常德人员实施闭环管理，最大程度减少境外输入风险。第一时间派员指导机场、码头、车站、交通卡口检疫工作，有效防止传染源输入和传播。统筹兼顾。合理安排技术资源，统筹推进各项工作。做好疫情发现处置，疫情形势研判，复产复学复业疫情防控指导。坚持每天一期防控指引，每三天一次专题风险评估，为指挥部决策当好参谋。根据国家防控指南，出台针对工厂、学校、社区、公共场所等一系列的防控指引，每天发布1篇疫情防控指南。向市直28家高校、中学、小学、幼托机构选派疫情防控指导员。通过各种渠道全方位、多形式的宣传防疫知识，不断增强广大市民自我防护意识和自我防护能力。甘于奉献。从1月中旬开始，应急处置队20多人连续工作60多天没有休息，每天加班加点到凌晨；高峰时期每天要分析、汇总2万多条信息，有人连续16天吃住在办公室。作为全市唯一具有新冠病毒核酸检测确认资质的检测机构，检验团队克服人手少、任务重、风险高的困难，先后检测标本7600多个，确认病例82例，无症状感染者16人，准确率达100%，2人对口支援湖北黄冈，获“黄冈荣誉市民”称号，所在团队在2020年3月被国家疾控局评为全国卫生健康系统新冠肺炎疫情防控工作先进集体，其中1人火线加入中国共产党。2020年9月，被党中央、国务院、中央军委授予“全国抗击新冠肺炎疫情先进集体”称号。

附 录

常德市人民政府
关于实施“三品”工程促进乡村产业振兴的意见

常政发〔2020〕3号

（2020年1月21日）

各区县市人民政府，常德经济技术开发区、常德高新技术产业开发区、柳叶湖旅游度假区、西湖管理区、西洞庭管理区管委会，市直和中央、省驻常有关单位：

为贯彻落实《湖南省人民政府关于推进农业“百千万”工程促进产业兴旺的意见》（湘政发〔2018〕3号）精神，进一步深化农业供给侧结构性改革，大力优化产业结构，推动产业提质升级，加快促进产业兴旺，现就实施“三品”工程（农产品品种改良、品质提升、品牌打造）促进乡村产业振兴提出如下意见。

一、明确总体要求

（一）指导思想。坚持以习近平新时代中国特色社会主义思想为指导，深入学习贯彻习近平总书记关于“三农”工作的重要论述，认真落实党中央国务院、省委、省政府和市委要求，以实施乡村振兴战略为统揽，以实施“三品”工程为主导，大力发展精细农业，构建现代农业体系，推动全市农业农村高质量发展，为开放强市产业立市构筑坚实基础。

（二）总体目标。力争通过3年努力，“三品”工程取得明显成效。全市主导产业良种率达到98%以上，种植集约化水平达到70%以上，主要农作物综合机械化水平达到72%以上，农业科技进步贡献率达到65%以上，品牌经济对农业经济的贡献率达到65%以上；培育常德香米、常德茶油、常德红茶、常德蔬菜、常德甲鱼、常德米粉六大区域公用品牌，建成3—5个省级特色产业小镇，建成一批“百亿产值、百万亩面积”的现代农业产业园区，推动粮食、茶油、红茶、水产、水果、蔬菜、畜禽等一批特色产业提质升级，建成常德生物医药与健康食品千亿产业。

二、加快品种改良

（三）优化产业结构。争取上级支持，扩大本级投入，加快对主导产业种苗进行改良、优选，推动农业产业向优质高效转型升级。粮食生产面积稳定在60万公顷以上，其中优质稻33.333万公顷以上，每年支持一批粮食生产面积33.333公顷以上（其中高档优质稻面积13.333公顷以上）、粮食产品优质率不低于40%的新型农业经营主体发展壮大。支持推广油菜全程机械化生产，大力发展经作林果及畜牧、水产养殖等特色农业机械化，加快推进油茶低改、茶叶低产园改造、水果品种更新及规范化栽培，支持石门柑橘、汉寿蔬菜、澧县葡萄、鼎城茶油等县域特色产业品种改良和基地改造，全市建成高档优质稻基地20万公顷、优质油菜基地20万公顷、优质油茶基地13.333万公顷、优质蔬菜基地6.667万公顷、优质水果基地2万公顷、优质鱼基地1.333万公顷、优质茶叶基地0.667万公顷以上。

［责任单位：市农业农村局、市财政局、市发展改革委（市粮食和储备局）、市林业局、市供销社、市畜牧水产事务中心、市农科院、市农机事务中心］

（四）建设园区基地。以西湖西洞庭国家现代农业示范区、桃源国家现代农业示范区和常德国家农业科技园区、澧县国家农业可持续发展试验示范区、鼎城国家现代农业产业园为平台，高标准建设一批优势特色产业园区基地。以科研单位为依托，建立粮、油优良品种集中展示（示范）中心。进一步加大粤港澳大湾区“菜篮子”供应基地建设力度。重点支持省级优质农产品供应示范基地（示范片）、省级现代农业特色产业集聚区（省级现代农业产业园）建设，力争全市建成现代农业特色产业园100个以上，园区面积达到6.667万公顷以上。争取上级“一县一特”“一片一特”产业发展支持，积极申报认定国家级农业示范园区、创建省级特色园艺产品优势区，抓好西湖西洞庭国家农业高新技术产业示范区申报创建。

［责任单位：市农业农村局、市发展改革委（市粮食和储备局）、市财政局、市商务局、市林业局、市科技局、常德国家农业科技园区管委会］

（五）打造特色乡村。加大特色产业乡镇建设力度，重点支持发展一批特色鲜明、基础扎实、发展潜力大的特色产业乡镇，力争建成3个以上国家级农业产业强镇、3—5个省级特色产业小镇。支持“一村一品”创建，对当年新获全国“一村一品”示范村镇的，按相关规定分别给予奖励。支持按“多规合一”要求编制彰显本村特色的村庄规划，以村庄规划促进市级休闲农业集聚发展示范村创建，对评定为市级休闲农业集聚发展示范村的按规定给予奖励。

［责任单位：市农业农村局、市财政局、市发展改革委（市粮食和储备局）、市水利局、市自然资源规划局、市林业局、市交通运输局、市商务局、市文旅广体局、市供销社、市畜牧水产事务中心］

三、推进品质提升

（六）坚持绿色发展。构建农业绿色产业体系，大力推进农业标准化生产，加强农业投入品管控和绿色生产技术应用，推动农药化肥使用量负增长。加强农作物秸秆综合利用，确保秸秆综合利用率达到85%以上。积极争取国家和省级支持，探索开展区域性残膜回收与综合利用。严格落实畜禽养殖禁养区的规范划定和管理工作，严格执行畜禽养殖场（养殖小区）准入制度。推进畜禽养殖废弃物资源化利用，实现病死畜禽无害化处理和资源化利用全覆盖。

［责任单位：市农业农村局、市发展改革委（市粮食和储备局）、市财政局、市水利局、市生态环境局、市科技局、市市场监管局、市畜牧水产事务中心、市农机事务中心］

（七）强化质量安全。推进“双安双创”，不断提升全市农产品质量安全和食品安全水平。加强农产品质量安全追溯体系建设，全面推行农产品“身份证”管理，2020年全市农业区域公用品牌、地方特色品牌、市级以上农业龙头企业全面实行“身份证”管理和赋码标识。推进农业企业诚信体系建设，加强信用信息管理，建立农产品质量安全信用奖惩联动机制，引导农业经营主体树立诚信文化理念，营造诚实、自律、守信的社会信用环境。加强县级机构检测能力建设，支持乡镇农产品质量安全监管机构标准化建设。加强农业执法监管，严格落实属地责任、部门监管责任和生产经营者主体责任。

［责任单位：市农业农村局、市发展改革委（市粮食和储备局）、市财政局、市市场监管局、市工信局、市商务局、市林业局、市畜牧水产事务中心］

（八）促进融合发展。推动农产品加工、休闲旅游、文化教育、生态康养等产业深度融合发展，积极培育农村新产业新业态。加大市级财政扶持力度，支持国家农村产业融合发展示范园的建设和创建工作，创建一批农村一二三产业融合发展示范县、农业产业强镇，建设一批国家级“三化一体”（标准化原料基地、集约化加工园区、体系化物流配送市场营销网络）和“三区互动”（园区、农区、镇或城区）的农村三产融合先导区。继续支持现代新型农业经营主体开展星级农庄创建。

［责任单位：市农业农村局、市财政局、市发展改革委（市粮食和储备局）、市教育局、市工信局、市文旅广体局、市商务局、市扶贫办、市林业局］

四、打造常德品牌

（九）壮大加工龙头。推进产业立市三年行动计划，打造农业产业化龙头企业集群和常德生物医药与健康食品千亿产业。支持龙头企业做大规模、提质升级，培育打造一批市级标杆企业。对年销售收入首次突破5亿元、10亿元、50亿元的龙头企业，新获得国家级龙头企业、省级龙头企业称号的农产品加工企业，以及在境内外证券市场实现首发申请上市的企业、新三板挂牌企业，按照相关规定给予奖励。力争通过3年努力，全市年销售收入过100亿元的龙头企业1家、过20亿元的龙头企业5家、过10亿元的龙头企业30家、过亿元的龙头企业200家。

［责任单位：市农业农村局、市林业局、市发展改革委（市粮食和储备局）、市市场监管局、市财政局、市工信局、市商务局、市政府金融办、市供销社］

（十）培育新型主体。加快培育各类专业大户、家庭农场、农民合作社等新型农业经营主体，着力构建现代农业新型经营体系。开展农民合作社规范提质行动，加强农民合作社示范社创建，扶持发展一批农业合作示范社、联合社，对新获评国家级示范社的给予重点扶持。到2022年，全市专业大户达到25000户以上，家庭农场达到8000家以上，省级以上示范性合作社超过150家。对参与全省“千企帮千村”产业扶贫活动且成效突出的经营主体给予一定奖励。加快农村电商发展，每年对通过网络平台线上销售农产品额度超过1000万元的个体电商、5000万元的企业电商，按规定给予适当奖励。

［责任单位：市农业农村局、市财政局、市发展改革委（市粮食和储备局）、市商务局、市林业局、市供销社、市畜牧水产事务中心、市农机事务中心、市农村经营服务站］

（十一）加强品牌建设。大力推进常德品牌行动，加大对常德香米、常德茶油、常德红茶、常德蔬菜、常德甲鱼、常德米粉六大区域公用品牌创建扶持力度。支持各区县市集中打造1—2个县域公用品牌，对新获认证的县域公用品牌按规定给予奖励。继续开展全市“十大农业特色品牌”评选活动，积极争创全省“十大农业特色品牌”，支持企业开展“两品一标”认证，对首次通过“两品一标”认证、当年获评全市“十大农业特色品牌”及全省“十大农业特色品牌”的，按规定给予奖励。落实开放强农行动，支持各地积极组织参加各类农博会、农展会，鼓励支持农业产业化龙头企业“走出去”。

（责任单位：市农业农村局、市财政局、市工信局、市商务局、市市场监管局、市林业局、市供销社、市畜牧水产事务中心）

五、强化保障措施

（十二）强化科技支撑。加强科技成果转化，每年遴选一批重大科技课题进行攻关，组织一批科技专家服务团队开展全产业链服务，对成效突出的团队予以奖励。加大新型职业农民培育认定工作力度，重点针对新型经营主体带头人、青年农场主、农业职业经理人和农村实用人才组织开展职业技能培训。鼓励和支持农业科技自主创新，支持龙头企业建设科技研发基地。对积极参与国家和省级创业创新大赛并获奖的企业，按相关规定给予扶持。积极推进农业物联网技术的示范应用，支持特色农产品优势区、现代农业产业园区和农业龙头企业率先开展物联网、大数据、云计算、信息服务平台等系统和平台的示范应用。推进“信息进村入户整省示范工程”、电子商务进农村综合示范，实现益农服务社行政村全覆盖。

［责任单位：市科技局、市农业农村局、市财政局、市人社局、市教育局、市发展改革委（市粮食和储备局）、市商务局、市林业局、市供销社、市农科院、市畜牧水产事务中心］

（十三）加大政策扶持。强化财政激励引导，进一步加大实施“三品”工程、支持优势特色产业全产业链发展投入力度。各地要将实施“三品”工程促进乡村产业振兴作为财政支农重点，整合相关涉农资金对区域重点产业发展给予支持。落实降费减负政策，切实降低农产品加工企业的市级成本性支出。强化金融保险服务，加大金融创新力度，提升金融精准服务水平，突出发挥农商银行服务“三农”主力军作用。积极推广应用农户信用信息系统，积极开展银企对接，推进农业信贷担保体系建设，建立涉农融资风险分担和补偿机制。推动农业保险扩面、提标、增品，降低农业生产经营风险。依法保障农业产业园区建设、特色农产品加工、乡村新产业新业态和返乡创新创业用地，新型农业经营主体所用生产设施、附属设施和配套设施用地，符合国家和省有关设施农用地规定的，按农用地管理。新增建设用地指标重点支持农村一、二、三产业融合发展。

［责任单位：市财政局、市工信局、市人社局、市市场监管局、市发展改革委（市粮食和储备局）、市农业农村局、市自然资源规划局、市政府金融办、市林业局、市税务局、人行常德市中心支行］

（十四）深化农村改革。创新政府购买服务方式，鼓励和引导社会力量参与农业社会化服务，加快培育各类社会化服务组织，深入开展农业生产托管等农业生产社会化服务项目试点。巩固农村承包地确权登记颁证成果，稳步推进农村宅基地管理制度改革和农村承包地“三权分置”改革，积极推进农村集体经营性建设用地入市和农村集体产权制度改革，鼓励有资产资源的地方开展股份合作制改革，建立健全县、乡、村三级农村产权流转交易体系，推动农村各类产权流转交易规范运行。持续深化全市供销合作社综合改革，建立完善新型供销组织体系、新型经营服务体系、新型农合会体系，打造好服务农业农村发展的“国家队”。

（责任单位：市农业农村局、市自然资源规划局、市商务局、市供销社、市林业局、市农村经营服务站）

（十五）加强组织领导。实施“三品”工程促进乡村产业振兴工作由市产业立市生物医药与健康食品专项小组统筹协调。常德香米产业、常德茶油产业、常德红茶产业、常德蔬菜产业、常德甲鱼产业、常德米粉产业分别由市农业农村局、市林业局、市供销社、市农业农村局、市畜牧水产事务中心、市市场监管局牵头负责，组建专门工作班子，制定发展规划及行动方案。发展改革、科技、工信、财政、自然资源规划、商务、金融、税务、电力等部门要加大政策和项目支持力度。各区县市要制定具体实施方案，对本地区实施“三品”工程负总责，抓好工作落实。将实施“三品”工程纳入乡村振兴实绩考核重要内容，由市农业农村局会同相关部门制定具体考核细则。对实施“三品”工程成效突出的区县市，在安排有关项目资金时给予重点支持。

［责任单位：市农业农村局、市林业局、市供销社、市畜牧水产事务中心、市市场监管局、市发展改革委（市粮食和储备局）、市科技局、市工信局、市财政局、市自然资源规划局、市商务局、市政府金融办、市税务局、国网常德供电公司］

常德市人民政府
关于印发《常德市应对新型冠状病毒感染的肺炎疫情支持中小微企业稳定发展的十条政策措施》的通知

常政发〔2020〕5号

（2020年2月5日）

为深入贯彻落实习近平总书记关于坚决打赢疫情防控阻击战的重要指示精神，全面落实党中央国务院和省委、省政府关于疫情防控工作的总体部署，减轻疫情对中小微企业（符合《中小企业划型标准规定》）的影响，支持企业恢复生产和稳定发展，结合我市实际，特制定以下政策措施。

一、强化物资供应保障。积极支持复工企业协调落实必要的防护物资，确保广大职工身体健康和生命安全（责任单位：各区县市人民政府〈管委会〉）。建立常德生产资料信息平台，促进产业链对接，消化企业产品库存，同等条件下鼓励企业采购本地原材料（责任单位：市工信局）。加强物流、通关服务，开辟运输、报关绿色通道，保障企业正常生产原材料需求（责任单位：市交通运输局、市公安局、常德海关）。组织开展“农超企”对接，重点保障企业生活物资需求（责任单位：市市场监管局、市农业农村局）。对疫情防护用品生产企业，按实缴税收地方留成部分由财政给予专项补贴，支持企业扩能转型［责任单位：市财政局、各区县市人民政府（管委会）］。

二、加大援企稳岗支持。疫情期间不裁员或少裁员（裁员率低于当地城镇登记失业率，下同）、符合稳岗返还条件的参保企业，经企业申请，最高可按60%比例返还企业上年度企业及其职工实际缴纳失业保险费。对面临暂时性生产经营困难且恢复有望、坚持不裁员或少裁员、符合稳岗返还条件的参保企业，可按上年度6个月的企业及其职工缴纳社会保险费的50%返还。积极组织“春风行动”，搭建线上线下招聘平台，依照政策加大技能培训补贴力度，解决企业“用工难”问题。加快落实创业担保贷款及财政贴息政策（责任单位：市人社局）。

三、引导降低房租成本。疫情期间，对承租国有资产类经营用房（厂房）的企业，第1个月房租免收，后2个月房租减半；对租用其他经营用房的，鼓励业主（房东）为租户减免租金，具体由双方协商解决（责任单位：市国资委、市机关事务局）。对在疫情期间为承租企业减免租金的创业园、科技企业孵化器等载体，依照相关规定予以政策扶持（责任单位：市科技局、市发展改革委、市工信局）。

四、依法减免企业税费。因疫情原因，企业生产经营活动受到重大影响并发生严重亏损，导致缴纳房产税、城镇土地使用税确有困难的，企业提出申请，可按其应缴实缴房产税、城镇土地使用税市县留成部分，最高按100%由财政给予专项补贴［责任单位：市财政局、各区县市人民政府（管委会）］。对受疫情影响较大的企业，及时辅导落实好普惠性减税等各项税收优惠政策（责任单位：市税务局）。对企业从上级部门获取的用于疫情防控的财政性资金，符合政策规定的部分作为不征税收入（责任单位：市税务局）。

五、依法延期缴纳税费。对因受疫情影响办理申报纳税困难的企业，由企业申请，依法办理延期申报。对确有特殊困难不能按期缴纳税款的企业，由企业申请，依法办理延期缴纳税款，最长不超过3个月（责任单位：市税务局）。对受疫情影响，面临暂时性生产经营困难，无力足额缴纳社会保险费的企业，经批准，可缓缴养老保险、失业保险和工伤保险费，最长不超过6个月［责任单位：市人社局、各区县市人民政府（管委会）]。

六、稳定企业信贷规模。成立常德市企业续贷受理中心，提高企业信用贷款比例和无还本续贷比例（责任单位：市政府金融办）。各银行业金融机构对企业贷款余额不得低于2019年年末水平；对受疫情影响出现暂时性生产经营困难的企业，不得抽贷、断贷、压贷；对受疫情影响较重的企业，到期还款确有困难的，予以展期或续贷；对盲目抽贷、断贷、压贷的，由监管部门依规查处（责任单位：人行常德市中心支行、常德银保监分局）。

七、实施贷款担保支持。设立总规模50亿元的中小微企业融资担保基金，实行担保费率减半。支持政府性融资担保机构降低担保门槛，开辟绿色通道，努力解决企业融资担保难问题。鼓励民间融资担保公司依法依规加大对本市企业融资担保力度，由受益财政对新增担保贷款给予奖补[责任单位：市财政局、市政府金融办、各区县市人民政府（管委会）]。

八、降低企业融资成本。各银行业金融机构适当下调企业贷款利率，用好疫情防控重点医用物资和生活物资生产企业优惠利率贷款政策，确保2020年普惠性小微企业贷款综合融资成本下降0.5个百分点。政府性融资担保机构对疫情影响期间到期的过桥资金计息方法由半月计（周计）调整为按日计；在政府性融资担保机构办理的过桥贷款，资金利率在现有利率基础上降低30%（责任单位：市政府金融办、市财政局、人行常德市中心支行）。

九、积极开展法律援助。对因受疫情影响停产、停工，无法按期履行合同的企业，可根据其需求提供不可抗力事实性证明。对因疫情影响合同履行产生法律诉讼的，以政府购买服务方式聘请法律顾问团队，为企业提供法律援助（责任单位：市司法局、市工信局）。

十、加强专业防疫指导。由企业所在地疫情防控指挥部和业务主管部门督促指导企业制定疫情防控工作预案，全面落实体温监测、清洁消毒、通风换气、垃圾处理等措施，提供防控工作要点，支持防控知识宣教，确保企业在有效防控疫情的前提下安全有序组织生产[责任单位：市疫情防控指挥部、市卫健委、市疾控中心、各区县市人民政府（管委会）]。

本政策措施自发布之日起执行，暂定执行3个月。中央、省出台的相关支持政策按照其规定执行。相关责任单位（排第一的为牵头单位）在本政策措施发布后3日内，制定并公布实施细则和操作流程。

常德市城市绿化管理办法

常德市人民政府令第14号

（2020年3月10日）

第一章 总 则

第一条 为了加强城市绿化管理，改善城市生态环境和居民生活环境，根据《城市绿化条例》《湖南省实施〈城市绿化条例〉办法》等规定，结合本市实际，制定本办法。

第二条 本市城市规划区、县城和建制镇规划区内绿化的规划、建设、保护和管理，适用本办法。

第三条 城市绿化应当遵循科学规划、生态优先、因地制宜、政府主导、全民参与的原则。

第四条 市和区县市人民政府应当把城市绿化作为城市建设的重要内容，纳入国民经济和社会发展计划，制定符合国家有关产业政策规定的措施，并将城市绿化所需经费列入本级财政预算，努力提高城市绿化覆盖率、绿地率和人均公园绿地面积。

市绿化委员会统一领导全市城乡绿化工作，组织开展全民义务植树和群众性城市绿化活动。

镇人民政府负责本辖区内的城市绿化工作。

第五条 城市绿化行政主管部门主管城市绿化建设、保护和管理工作，负责组织实施本办法，其所属城市园林绿化服务机构具体负责有关城市绿地的建设、养护、城市绿化科研等工作。

发展改革、自然资源和规划、住房和城乡建设、林业、生态环境、交通运输、农业农村、市场监督管理、水利、财政、公安等行政管理部门依据各自职责做好城市绿化工作。

第六条 单位和个人应当按照有关规定履行植树和其他绿化义务。鼓励单位和个人以投资、捐资、认养等方式，参与城市绿化建设和养护工作，因地制宜开展庭院绿化。

第七条 任何单位和个人有权制止、检举侵占绿地、损害树木花草及绿化设施的行为。

对在城市绿化工作中成绩显著的单位和个人，由市和区县市人民政府给予表彰和奖励。

第二章 规划和建设

第八条 自然资源和规划、城市绿化行政主管部门共同编制城市绿地系统规划，并纳入城市总体规划。

城市绿地系统规划应当根据城市总体规划确定的绿化发展目标明确绿地布局、绿化用地指标和控制原则，充分利用现有地理条件和历史人文条件，合理确定公园绿地、防护绿地、广场绿地、附属绿地和区域绿地，完善城市绿地系统在生态环保、休闲游憩、景观营造、文化传承、科普教育、防灾避险等方面的功能。

城市绿地系统规划报本级人民政府批准后，由城市绿化行政主管部门组织实施。其中建制镇的绿地系统规划，报县级人民政府批准。

第九条 自然资源和规划行政主管部门应当会同城市绿化行政主管部门根据城市总体规划、城市绿地系统规划，确定城市各类绿地范围的控制线（以下简称城市绿线），经依法批准后，向社会公布。

城市绿线不得随意调整。因城市规划调整或者城市建设等公共利益需要调整的，应当报原批准机关批准。

城市绿线范围内不得新建、扩建、改建不符合城市绿线控制要求的建筑物、构筑物和设施；已有的违反城市绿线控制要求的建筑物、构筑物和设施，应当依法迁移或者拆除。

第十条 常德市城市建成区绿化规划控制指标为：绿化覆盖率不低于40%，绿地率不低于35%，人均公园绿地面积不低于12平方米。

各类建设工程项目的绿地率按下列要求进行控制：

（一）新建居住区不低于35%，旧城改造区不低于25%；

（二）红线宽度大于50米的道路，不低于30%；红线宽度为40米至50米的道路，不低于25%；红线宽度小于40米的道路，不低于20%；城市园林景观道路不低于40%；

（三）行政办公及文化设施用地、教育科研用地、医疗卫生用地、社会福利设施用地、宗教设施用地、商业服务业设施用地、工业用地等的附属绿地按照有关规定确定绿地率的控制指标。

津市市、县城和建制镇建成区的绿化规划控制指标按照有关规定执行。

第十一条　城市绿化树种规划应当符合本地气候、土壤、水文等自然地理条件，以乡土树种为主，科学配置树木花草。

第十二条　城市绿地按下列规定确定建设单位：

（一）有关公园绿地、防护绿地、广场绿地、道路绿地等绿地建设，由城市绿化行政主管部门或者镇人民政府负责组织；

（二）生产绿地以及经营性专类公园等绿地建设，由生产、经营单位负责；

（三）现有居住区的绿地建设，由居住区管理单位或者机构负责；新建、扩建、改建的居住区绿地建设，由建设单位负责；

（四）单位附属绿地建设，由该单位负责；

（五）其他城市绿地建设，由投资的单位或者个人负责。

第十三条　城市绿化工程设计应当委托持有相应资格证书的设计单位承担，并按照本办法第十条规定落实绿地面积。

城市绿化行政主管部门对工程建设项目的附属绿化工程设计进行审查，应当对设计方案中绿地面积和布局、植物配置、道路广场、园林小品及水、电配套设施等是否符合国家城市绿化设计规范、技术标准及有关规定，提出书面审查意见。

建设单位应当按照批准的绿化工程设计方案进行施工。设计方案确需改变的，须经原审批机关批准。

第十四条　工程建设项目附属绿化工程应当与主体工程同步规划、同步设计并按期实施，在主体工程竣工后的第一个绿化季节内完成。

附属绿化工程应当纳入工程建设项目竣工验收。有关行政主管部门在组织工程建设竣工验收审查时应当通知城市绿化行政主管部门参加。附属绿化工程未与主体工程同步验收的，应当及时组织竣工验收。

绿化工程建设、施工单位应当按照绿化工程施工规范等加强工程质量、安全及植物检疫管理，并依法接受城市绿化等行政主管部门监督。

第十五条　城市内新设各种管线、交通设施等应当避让现有树木，保持安全净距；城市绿地范围内的地下设施建设，应当按照有关建设规范留有保证树木生长、绿地正常使用的空间和覆土层。

第十六条　单位院落、住宅小区，文化、体育、教育等公共场所和公共建筑物、构筑物，适宜采取立体绿化的，应当按照有关规范和技术标准实施立体绿化，并按照有关规定比例折算绿化面积。

城市主要道路两侧沿线单位，应当实施开放式绿化；现有实体围墙除特殊需要外，应当按照有关规定予以拆除。鼓励建设林荫停车场及绿化隔离带。

第十七条　公园绿地建设应当遵循布局合理、体现特色、设计规范、功能完善、景观协调、方便群众的原则，鼓励见缝插绿建设小微绿地，利用荒滩、荒地建设开放式公园和沿江沿河风光带。

禁止在公园用地范围内擅自新建、扩建、改建各类设施和场地，严格控制公园周边影响其景观和绿化功能的建设项目。

第三章　保护和管理

第十八条　城市绿化行政主管部门应当根据城市绿地系统规划要求，制定绿化养护规范，指导督促绿化养护管理单位落实绿化养护管理责任。

第十九条　推行城市绿化养护管理责任人制度。城市绿化养护管理责任人按照下列规定确定：

（一）政府投资建设的城市绿地，城市园林绿化服务机构、镇人民政府为养护管理责任人；

（二）单位或者个人投资建设的城市绿地，建设单位或者个人为养护管理责任人；

（三）公共场所、公共建筑附属绿地，管理单位为养护管理责任人；

（四）居住区附属绿地，业主委员会或者物业服务企业为养护管理责任人；

（五）建设工程范围内保留的绿地，在建期间建设单位为养护管理责任人。

前款规定以外的城市绿地、零星树木及未实行物业管理的居住区附属绿地由城市绿化行政主管部门或者镇人民政府确定养护管理责任人；前款第（一）项规定的养护管理责任人，对城市绿地实行委托养护管理的，应当依法通过政府采购方式确定具有相应资格的养护管理单位。

第二十条　城市绿化养护管理责任人应当履行以下职责：

（一）配备相应的养护管理人员；

（二）制定绿化养护管理制度和救灾减灾应急预案，采取相应安全防范及管控措施；

（三）按照绿化养护规范进行设施维护和绿化养护；

（四）及时劝阻损绿毁绿行为，并向城市绿化行政主管部门报告；

（五）法律法规规定的其他职责。

第二十一条　任何单位和个人不得破坏城市绿地，不得擅自改变城市绿化规划用地性质、占用城市绿地。因建设或者其他特殊需要临时占用城市绿地的，应当向城市绿化行政主管部门报批。

临时占用绿地期限一般不得超过两年；占用期满后，占用者应当恢复原状并及时归还。

第二十二条　城市园林绿化服务机构应当定期组织

修剪行道树。城市树木生长影响公共设施安全需要修剪的，相关单位应当征求城市绿化行政主管部门的意见，由城市园林绿化服务机构组织修剪。

树木已经死亡或者发生病虫害确无挽救必要以及影响其他树木生长、无迁移价值需要砍伐的，应当依法向城市绿化行政主管部门办理报批手续。

有关单位因抢险、救灾或者处理突发事故等紧急需要，可以先行修剪或者砍伐树木，但应当在险情消除后四十八小时内向城市绿化行政主管部门和绿化养护管理责任人报告。

除绿化养护管理责任人实施养护外，禁止其他单位和个人擅自修剪、砍伐城市树木。

第二十三条　禁止随意更换、迁移城市行道树。单位或者个人因下列情形需要迁移城市树木的，应当征求城市绿化行政主管部门意见：

（一）影响城市建设或者有关工程建设的；

（二）对人身，管线、交通等设施安全构成威胁的；

（三）影响居民居住安全的；

（四）其他需要迁移树木的情形。

第二十四条　古树名木养护管理单位或者个人应当加强古树名木的保护和管理，不得因养护管理不善致使古树名木受到损伤或者死亡。

严禁损毁、砍伐和擅自迁移古树名木。因特殊原因需要迁移的，按照管理权限报有关行政主管部门审查同意，并报同级或者上级人民政府批准。

第二十五条　城市绿化、市场监督管理行政主管部门应当加强城市公园内商业、服务摊点的控制和管理。

禁止违反公园用地规划建设商业、服务设施或者在公园内擅自搭棚、摆设摊点。

第二十六条　城市绿化行政主管部门应当建立健全城市绿化养护监督检查机制，开展城市绿地日常执法巡察活动，及时查处侵占绿地、损绿毁绿等违法行为。城市树木花草或者绿化设施受到损毁的，应当及时组织补植和修复。

第二十七条　在城市绿地禁止下列行为：

（一）损毁花草和绿化设施；

（二）搭棚、摆设摊点，停放车辆、堆放物品；

（三）挖坑、采砂、取土，倾倒、焚烧垃圾；

（四）开垦种植、放养畜禽；

（五）在非指定区域烧烤、垂钓和设置广告牌；

（六）投放、种植有害动植物；

（七）法律法规规定其他损害绿地的行为。

第二十八条　禁止下列损毁城市树木的行为：

（一）刮剥树皮、损害树根；

（二）利用树木盖房搭棚、架设电线；

（三）攀登树木、采花摘果、折枝剪条；

（四）在树木上刻划、钉钉、拴系挂物；

（五）法律法规规定其他影响、危害树木正常生长的行为。

第四章　法律责任

第二十九条　工程建设项目的附属绿化工程建设，其设计方案未经批准或者未按批准的设计方案施工的，由城市绿化行政主管部门责令停止施工、限期改正或者采取其他补救措施。

第三十条　违反本办法第二十一条规定，擅自占用城市绿地的，由城市绿化行政主管部门责令限期退还、恢复原状，逾期不改正的，给予警告，对单位可以并处500元以上3000元以下罚款，对个人可以并处200元以上1000元以下罚款；情节严重的，对单位处3000元以上30000元以下罚款，对个人处1000元以上10000元以下罚款。

第三十一条　违反本办法第二十五条规定，不服从城市公园管理单位管理的商业、服务摊点，由城市绿化行政主管部门责令停止违法行为，给予警告，可以并处200元以上2000元以下罚款；情节严重的，提请市场监督管理行政主管部门吊销营业执照。

第三十二条　违反本办法第二十四条规定，损毁、砍伐、擅自迁移古树名木的，由林业行政主管部门责令停止违法行为，给予警告，对单位可以并处300元以上3000元以下罚款，对个人可以并处100元以上1000元以下罚款；情节严重的，对单位处3000元以上30000元以下罚款，对个人处1000元以上10000元以下罚款。

违反本办法第二十七条、第二十八条规定，损毁城市绿地及树木花草的，由城市绿化行政主管部门责令停止侵害或者限期改正，给予警告，可以并处100元以上1000元以下罚款。

违反本办法规定损毁城市绿化设施、擅自砍伐城市树木的，由城市绿化行政主管部门责令停止侵害，给予警告，对单位可以并处100元以上500元以下罚款，对个人可以并处50元以上200元以下罚款；情节严重的，对单位处500元以上5000元以下罚款，对个人处200元以上2000元以下罚款。

第三十三条　城市绿化管理工作人员玩忽职守、滥用职权、徇私舞弊的，由有权机关依法给予政务处分；构成犯罪的，依法追究刑事责任。

单位和个人违反城市绿化管理相关法律法规及本办法规定造成经济损失的，应当依法予以赔偿；应当给予治安管理处罚的，依照《中华人民共和国治安管理处罚法》的规定处罚；构成犯罪的，依法追究刑事责任。

第五章　附　则

第三十四条　本办法自2020年5月1日起施行。

中共常德市委办公室　常德市人民政府办公室关于印发《常德市全面小康决胜年行动实施方案》的通知

常办〔2020〕7号

（2020年3月30日）

为深入贯彻落实省委、市委关于开展全面小康决胜年行动的决策部署，确保如期全面建成小康社会，制定本实施方案。

一、总体要求

以习近平新时代中国特色社会主义思想为指导，全面贯彻党的十九大和十九届二中、三中、四中全会精神，认真落实中央和省委、市委经济工作会议精神，坚持稳中求进工作总基调，坚持新发展理念，坚持以人民为中心的发展思想，深入推进开放强市产业立市，对标对表全面建成小康社会目标，聚焦短板弱项，实施精准攻坚，坚决打赢三大攻坚战，以“全面小康决胜年”为抓手，扎实推进“一脱贫三促进六覆盖”，努力实现农村贫困人口全部脱贫，促进经济增长、促进充分就业、促进安全稳定，推动义务教育、社会保障、农村安全饮水、基层公共服务（一门式）、农村危房改造、农村通组道路全覆盖，增强人民群众的幸福感获得感安全感，确保圆满完成决胜全面建成小康社会、决战脱贫攻坚各项目标任务。

二、工作安排

（一）实现农村贫困人口全部脱贫（牵头单位：市扶贫办）

1.工作目标：到2020年5月底，全市现行标准下农村贫困人口全部脱贫、贫困村全部出列，脱贫攻坚任务如期全面完成。

2.重点任务：（1）保持脱贫攻坚总体政策稳定，坚持摘帽不摘责任、不摘政策、不摘帮扶、不摘监管，稳定扶贫工作队伍，强化扶贫责任落实（市扶贫办牵头负责）。

（2）集中力量抓好剩余14361名贫困人口的脱贫，持续推进“问题清零”“厘清脱贫路径”行动，组织对脱贫人口开展“回头看”，加大兜底保障力度，确保基本政策落实不漏一项、不落一人（市扶贫办牵头负责、市民政局配合）。

（3）对特困贫困群体落实低保、医保、养老保险、特困人员救助供养、临时救助等综合社会保障政策，实现应保尽保（市人社局、市民政局、市医保局分别牵头负责）。

（4）强化产业扶贫、就业扶贫，大力实施扶业增收、政策保障、扶志扶智、基础设施、基础工作、党建促脱贫等六大提升工程，加大易地扶贫搬迁后续扶持力度［市委组织部、市发展改革委、市人社局、市农业农村局、市教育局、市住建局（市人防办）、市民政局、市水利局、市扶贫办分别牵头负责］。

（5）建立返贫监测预警机制，重点关注有致贫返贫风险的“边缘户”，将返贫人口和新发生贫困人口及时纳入帮扶（市扶贫办牵头负责）。

（6）推进对口支援古丈县扶贫协作，继续组织好“户帮户亲帮亲、互助脱贫奔小康”“自立自强示范户”评选等活动（市发展改革委牵头负责）。

（7）持续开展扶贫领域腐败和作风问题专项治理（市纪委市监委牵头负责）。

（8）配合做好脱贫攻坚督查、普查（市扶贫办、国家统计局常德调查队分别牵头负责）。

（9）研究接续推进减贫工作，建立解决相对贫困的长效机制，推进脱贫攻坚与实施乡村振兴战略有机衔接（市扶贫办、市农业农村局牵头负责）。

（二）促进经济增长（牵头单位：市发展改革委）

1.工作目标：持续推动经济高质量发展，2020年全市地区生产总值增长7.5%以上、规模工业增加值增长7.5%以上、地方一般公共预算收入增长4.5%以上、固定资产投资增长10%以上。

2.重点任务：（1）持之以恒推进产业立市三年行动，狠抓产业项目建设，做强产业园区实力，强化产业集群支撑，对接融入全省20条工业新兴优势产业链，培育一批新的产业链条，全年产业投资增长20%以上；突出招大引强，引进一批战略投资者、高精新项目和企业总部，力争新引进亿元以上产业项目200个以上、10亿元以上产业项目30个以上；扩大外经外贸，完善开放平台，实现进出口总额增长15%以上（市发展改革委、市科技局、市工信局、市商务局分别牵头负责）。

（2）打好污染防治攻坚战，突出抓好“一湖两水”系统联治，不折不扣完成中央、省生态环保督察及“回头看”和专项督察问题整改销号；紧扣污染防治攻坚战三年行动计划“收官”、土壤污染综合防治先行区建设验收的目标，坚决打好蓝天保卫战和碧水、净土保卫战；全面完成农村人居环境整治三年行动任务，扎实推进“厕所革命”“三面五清”、村容村貌提升、“空心房”整治、秸秆禁烧，提升农村“颜值”（市生态环境局、市农业农村局分别牵头负责）。

（3）坚持创新引领，全力争创国家创新型城市，鼓励全社会加大科技研发投入，加快新型研发机构和“双创”示范基地建设，推动重大科技成果转移转化实现更大突破，大力培育科技型中小企业，力争新培育高新技术企业50家以上，高新技术产业增加值增长10%以上（市科技局牵头负责）。

（4）促进产业融合发展、全面发展，大力发展现代农业、先进制造业和现代服务业，加速推进“两化”融合等，着力培育平台经济、数字经济、创意经济、共享经济，大力推动生产性服务业向专业化和价值链高端延伸，大力促进生活性服务业向高品质和多样化升级（市发展改革委、市农业农村局、市商务局分别牵头负责）。

（5）促进区域协调发展，加强城乡基础设施建设，加快农村水电路讯建设，推动交通、能源、水利、信息、物流、环保设施向农村延伸；研究出台相关政策措施，促进县域经济高质量发展［市发展改革委、市住建局（市人防办）、市农业农村局、市委财经办牵头负责］。

（6）营造透明公正便捷高效的营商环境，落实好减税降费政策，推进“一件事一次办”，打造放管服改革升级版，支持和引导非公有制经济发展（市发展改革委、市财政局、市工信局、市税务局、市行政审批局、市工商联、市优化办分别牵头负责）。

（三）促进充分就业（牵头单位：市人社局）

1.工作目标：2020年，城镇新增就业5.3万人，新增农村劳动力转移就业3.5万人，城镇调查失业率5.5%左右，城镇登记失业率4.5%以内，确保零就业家庭动态清零。

2.重点任务：（1）落实“促就业稳就业二十条”措施，加大创业支持力度，完善就业服务体系，突出抓好高校毕业生、下岗失业人员、农民工、退役军人等重点群体就业工作。

（2）落实稳岗补贴、技能提升补贴、社保降费等援企稳岗政策，完善创业担保贷款贴息和创业资金奖补政策。

（3）开展职业技能提升行动，政府补贴性职业技能培训5.3万人次，其中农村转移就业劳动者培训1.32万人次。

（4）做好返乡农民工就业创业工作，健全保障农民工工资支付长效机制。

（四）促进安全稳定（牵头单位：市委政法委）

1.工作目标：抓好政治安全、金融安全、生产安全、交通安全、社会治安安全、食品和药品安全、网络信息安全等，杜绝重特大事故，有效防范和坚决遏制各类生产安全事故，确保社会安全稳定，建成国家安全发展示范城市，申报国家食品安全示范城市。

2.重点任务：（1）开展维护国家政治安全系列专项行动，加强政治安全风险排查预警，严格落实意识形态工作责任制（市委政法委、市委宣传部牵头负责）。

（2）有效防范化解财政金融风险，严格控制隐性债务增量，积极化解隐性债务存量，禁止违法违规举债，推动融资平台公司转型发展；打击和处置非法集资，维护区域金融稳定（市财政局、市国资委、市政府金融办牵头负责）。

（3）落实安全生产责任，强化安全监管执法，深入开展事故隐患大排查大整治；综合做好森林火灾、水旱灾害、地质灾害等防灾减灾救灾工作，不断完善应急救援体系建设（市应急局牵头负责）。

（4）集中整治道路交通顽瘴痼疾，大力推进交通问题顽瘴痼疾集中整治行动，加大典型案例和风险隐患曝光力度（市公安局牵头负责）。

（5）健全立体化信息化社会治安防控体系，加强基层派出所建设，深化农村辅警和城市快警管理应用，全面抓好中央扫黑除恶督导问题整改，集中打击突出违法犯罪活动，推动扫黑除恶常态化长效化（市委政法委牵头负责）。

（6）抓好“双安双创”工作，严防严控食品和农产品质量安全风险，确保全面完成各项指标任务（市农业农村局、市市场监管局牵头负责）。

（7）实施网络内容建设工程，加快建立网络综合治理体系，抓好网络生态治理（市委网信办牵头负责）。

（五）推动义务教育全覆盖（牵头单位：市教育局）

1.工作目标：精准落实义务教育阶段家庭经济困难学生教育资助政策，决不让一个孩子因贫辍学失学，扎实推动义务教育优质均衡发展，全面提升教育质量，着力促进教育公平，加快推进教育现代化。

2.重点任务：（1）坚持教育优先发展，深入实施产业立市教育三年行动和农村学校建设三年行动，实现义务教育大班额全面“清零”，推动解决全市教育“城镇挤、农村弱”的问题（市教育局牵头负责）。

（2）统筹推进县域内义务教育城乡一体化发展，全面加强乡村小规模学校、乡镇寄宿制学校、义务教育阶段标准化学校建设（市教育局牵头负责）。

（3）抓好教师队伍建设，树立良好师德师风，着力减轻教师负担，提高乡村教师待遇，市财政每年安排专项资金设立乡村学校特殊岗位津贴（市教育局、市财政局、市人社局分别牵头负责）。

（4）持续深化新高考改革，进一步提高教育教学质量（市教育局牵头负责）。

（5）加快中小学学位建设，全面化解义务教育大班额，消除普通高中大班额167个（市教育局牵头负责）。

（6）大力发展公办幼儿园和普惠性民办幼儿园，普惠性幼儿园覆盖率达到80%（市教育局牵头负责）。

（六）推动社会保障全覆盖（牵头单位：市民政局、市人社局、市卫健委、市医保局、市税务局）

1.工作目标：提升基本医疗卫生服务水平，城乡居民医疗保险做到应保尽保，城乡居民养老保险实现法定人群全覆盖，稳步提高城乡低保标准和救助水平。

2.重点任务：（1）实施健康常德促进行动，开展公立医院建设三年行动，提升市、县两级医院综合服务能力；加快乡镇卫生院、行政村卫生室标准化建设，达标率分别达到90%以上、95%以上；深化医药卫生体制改革，做实城市医疗集团和县域医共体，推进分级诊疗和现代医院管理制度建设，切实缓解“看病难、看病贵”问题（市卫健委牵头负责）。

（2）城乡居民医疗保险做到应保尽保，加快医疗保障市级统筹，实现贫困人口基本医保、大病保险、医疗救助制度全覆盖；完善医保征缴工作机制，做实全面参保计划，巩固参保率；落实医疗保障待遇清单动态调整机制，做好基本医保、大病保险与医疗救助政策衔接，持续开展打击欺诈骗保专项行动，确保医保基金运行安全（市医保局、市税务局牵头负责）。

（3）继续推进全民参保计划，扩大各类社会保险覆盖面，降低社会保险费率，推进国家居家和社区养老改革试点（市人社局、市医保局、市民政局牵头负责）。

（4）提升城乡低保标准和补助水平，城市低保保障标准达到6600元/年，农村低保保障标准达到4200元/年，城乡特困供养人员基本生活标准分别达到8600元/年、5500元/年；新建区域性中心敬老院7所，新增床位数700张，新增护理床位560张；加强残疾人康复服务，实现0～6岁残疾儿童康复救助全覆盖（市民政局牵头负责）。

（七）推动农村安全饮水全覆盖（牵头单位：市水利局）

1.工作目标：推进农村饮水安全巩固提升工程，确保农村居民能够及时取得足量够用的安全生活用水。

2.重点任务：（1）抓好农村安全饮水项目的前期工作和组织实施，进一步提升农村自来水普及率、水质达标率（市水利局牵头负责）。

（2）巩固和新增农村通自来水人口12.29万人（市水利局牵头负责）。

（3）实施农村饮水安全提质工程47处，提高供水能力和保证率，改善饮用水水质，推动万吨以上规模大水厂建设（市水利局牵头负责）。

（4）加强农村饮用水水源保护，健全水质监测体系（市生态环境局、市卫健委牵头负责）。

（八）推动基层公共服务（一门式）全覆盖（牵头单位：市委组织部、市民政局）

1.工作目标：全面完成村（社区）服务中心建设，设立便民服务大厅，实现所有村（社区）服务中心均能提供“一门式”办理、“一站式”服务。

2.重点任务：（1）全面加强基层建设，不断完善基层组织体系，全面推行“党建引领、互助五兴”农村基层治理模式。

（2）持续加强智慧党建平台建设，全面完成村（社区）服务中心建设。

（3）积极推选班子坚强有力、制度建设规范、工作条件完善、治理成效显著的先进社区，争创全国全省“城乡社区治理和服务创新实验区”、全省“城市和谐社区”“农村幸福社区”。

（4）启动国家基本公共服务标准化综合试点。

（九）推动农村危房改造全覆盖［牵头单位：市住建局（市人防办）］

1.工作目标：全市4类重点对象（建档立卡贫困户、低保户、农村分散供养特困人员和贫困残疾人）的危房改造全部落实。

2.重点任务：（1）做好农村危房改造“回头看”排

查工作，及时整改消除安全隐患，确保房屋安全。

（2）原有4类重点对象的新增危房，全部改造到位。

（3）巩固农村危房改造成果，确保农村危房全部改造到位。

（4）加大对农村危房改造补助对象、补助标准、改造方式等基本政策的宣传力度。

（十）推动农村通组道路全覆盖（牵头单位：市交通运输局）

1.工作目标：全面实现全市25户以及100人以上自然村水泥（沥青）路“组组通”。

2.重点任务：抓好“四好农村路”建设，完成新改建农村公路1468千米，做好新改建道路工程竣（交）工验收，提升农村公路管护养护水平。

三、保障措施

（一）加强组织领导。建立市委、市政府统筹协调，市直部门分工协作，各区县市组织实施的工作组织领导机制。市委、市政府主要领导为第一责任人，相关市级领导根据分工各负其责，市直牵头单位制定实施专项工作方案，市直相关单位协同配合，区县市制定实施本地区工作方案，实行一项工作、一名领导、一个班子、一套方案的工作推进机制，确保全面小康决胜年行动顺利推进、取得实效。

（牵头单位：市委办、市政府办）

（二）强化要素保障。创新投入机制，加大财力倾斜，强化全面小康决胜年行动相关工作资金保障。全力做好相关项目用地、用水、用气等保障工作。优化项目审批流程，加快项目审批进度。

（牵头单位：市发展改革委、市财政局、市自然资源规划局）

（三）严格考核奖惩。将全面小康决胜年行动的“一脱贫三促进六覆盖”纳入区县市、市直单位重点工作绩效评估，对在全面小康决胜年行动中推进较快、成效明显的，予以通报表扬和奖励；对推进落实不力以及弄虚作假的，进行通报批评、约谈、挂牌督办等处理，并将结果纳入2020年度县处级领导班子年度考核内容。将各区县市和相关单位全面小康决胜年行动实施方案推进情况纳入全面小康工作考核，对区县市排名前2位，常德经济技术开发区、常德高新技术产业开发区、柳叶湖旅游度假区、西湖和西洞庭管理区、桃花源旅游管理区排名第1位的，予以奖励。

（牵头单位：市委办、市委组织部、市委财经办、市人社局）

（四）抓好宣传引导。制定宣传专项方案，全方位、多角度、立体式对全市全面小康决胜年行动进行宣传，激发人民群众参与全面小康决胜年行动的积极性和主动性。大力宣传全市全面建成小康社会取得的巨大成就和涌现出的先进典型。加强社会舆情监测和应对处置，形成良好舆论氛围。

（牵头单位：市委宣传部、市委网信办）

常德市人民政府
关于常德市重点水域禁捕的通告

常政发〔2020〕7号

（2020年7月23日）

为贯彻落实党中央关于加强生态文明建设的决策部署，保护渔业资源和生物多样性，维护水域生态平衡，根据《中华人民共和国渔业法》《湖南省渔业条例》《湖南省人民政府关于湖南省长江流域重点水域禁捕的通告》（湘政函〔2020〕8号）等规定，市人民政府决定在全市重点水域实行禁捕。现将有关事项通告如下：

一、禁捕水域和期限：《农业部关于公布率先全面禁捕长江流域水生生物保护区名录的通告》（农业部通告〔2017〕6号）公布的常德市10个水生生物保护区实行永久禁捕；常德市所辖沅江、澧水干流（除水生生物保护区外）水域实行十年禁捕，结束时间以省政府相关规定为准。

二、禁止事项：严禁电鱼、毒鱼、炸鱼；禁止所有生产性捕捞；禁止制造、销售和使用电捕设备、迷魂阵、拦江网、地笼等禁用渔具。

三、禁捕期内，因特定资源利用或科研调查、苗种繁育等需要捕捞的，实行专项管理，并依法由省级以上渔业行政主管部门审批。

四、任何单位和个人违反禁捕规定的，依照《中华人民共和国渔业法》《中华人民共和国野生动物保护法》《中华人民共和国刑法》等关于禁渔区、禁渔期和野生动物保护的规定进行查处。

拒绝、阻碍执法人员依法执行公务或以暴力威胁、伤害执法人员的，依法给予治安管理处罚；构成犯罪的，移送司法机关依法追究刑事责任。

五、本通告自发布之日起施行。

常德市人民政府
关于常德米粉产业发展的指导意见

常政发〔2020〕11号

（2020年12月30日）

各区县市人民政府，常德经济技术开发区、常德高新技术产业开发区、柳叶湖旅游度假区、西湖管理区、西洞庭管理区管委会，市直和中央、省驻常有关单位：

为加快常德米粉产业发展，推动常德米粉产业转型升级和供给侧结构性改革，满足城乡居民安全、多样、健康、营养、方便的消费需求，促进经济、文化、旅游、就业的深度融合，培育我市经济发展新的产业集群，现提出如下指导意见。

一、总体思路

按照“政府引导、市场运作、规范管理、示范带动、有序发展”的工作思路，以市场为导向，以企业为主体，以品牌价值为龙头，以提升产品和服务质量为核心，坚持保护与发展结合、继承与创新并举，做好常德米粉产业发展顶层设计，完善常德米粉产业布局；以生产标准化、管理规范化、经营连锁化、品牌特色化为重点，建立健全常德米粉标准化体系、溯源体系和质量监管体系，提炼常德米粉个性特征，发掘常德米粉历史文化价值，培育常德米粉品牌，推进连锁经营、网络营销等经营模式，扩大常德米粉市场占有率；加大常德米粉品牌的宣传力度，提升常德米粉的知名度和美誉度，提高常德米粉的社会认知度，形成政府支持、媒体关注、企业参与、公平竞争、协同推进的良好局面，推动常德米粉产业有序健康发展，把小特产打造成百亿大产业。

二、发展目标

2021年，完成全市鲜湿米粉生产企业销售整合，落实全程冷链配送及终端冷藏，统一品牌打造、市场拓展、技术研发；在长沙和北上广深等主要城市打造1000家常德米粉（含津市牛肉米粉）示范店，重塑常德米粉品牌形象；制定产业发展规划，启动常德米粉产业园建设，力争全产业链收入达到40亿元。到2025年，建成常德米粉产业园区和原辅材料生产基地，全国范围内“常德米粉”“津市牛肉米粉”经营店达5万家以上；建立覆盖全国主要大中城市的经营网络，基本形成生产加工、经营、物流配送、品牌推广的米粉产业链，全产业链总收入超过100亿元。

三、主要任务

（一）打造“常德米粉”特色品牌。支持市米粉行业协会结合常德米粉的独特工艺、自然和人文因素，提炼米粉质量特征，设计常德米粉形象标志。2021年制定“常德米粉”地理标志证明商标使用管理办法，实施商标授权使用管理。支持维权打假，提升品牌效益。

（二）建立常德米粉标准体系。2021年全面实施常德米粉团体标准，制定常德米粉餐饮店建设与服务规范、常德米粉餐饮店等级评定规范、常德米粉配送中心建设规范、常德米粉原材料示范基地认定办法等操作规范和常德米粉生产许可审查细则，逐步形成完善的常德米粉全产业链标准化体系，确保常德米粉口味的一致性、稳定性，形成鲜明的品牌特色。

（三）建设常德米粉产业基地。建设以研发、生产、产品检验、宣传展示、电子商务、快递物流、旅游观光等为主要功能的常德米粉产业核心园区，引导常德米粉产业链相关企业入园，建立一批常德米粉原辅材料生产基地，逐步实现产业集聚发展。

（四）促进常德米粉产业升级。

1.加大鲜湿米粉生产企业技术创新扶持力度。引导企业在传承传统工艺的前提下创新发展，支持对传统发酵工艺的改进和优化，推广应用既有利于节能减排又能提高产品安全性的新技术新工艺，引导现有鲜湿米粉生产企业入股米粉产业园，逐步淘汰现有高耗水高排放的鲜湿米粉生产线。

2.支持本地常德米粉实体店提档升级。市城区对照“一流标准、一流管理、特色突出、品牌彰显、知名度提升”的要求，加快推进现有米粉店提质改造，区县市积极培育发展餐饮特色街区，以项目建设带动米粉产业发展。开展米粉星级店评比活动，对星级店予以扶持，以星级米粉店带动全市米粉实体店品牌形象的全面提升。

3.优化常德米粉物流配送网络。整合区域米粉物流资源，改造提升原有的物流配送网络，引入全程冷链运输和销售模式，加快冷链物流体系建设，充分利用航空、铁路、公路等运输系统，让常德米粉走出常德、走向全国。

4.打造常德米粉产业联盟。积极引导米粉企业遵循市场原则，有序推进常德米粉产业联盟组建，依靠科技创新成果，充分发挥龙头骨干企业引导带动作用，整合优化资源配置，实现优势互补、合作共赢，全面提升常德米粉市场综合竞争力。

（五）拓展“常德米粉”营销渠道。积极引导常德米粉企业按照“七个统一”（统一店铺标识、统一店铺形象、统一原料供应、统一品种配方、统一加工工艺、统一营销模式、统一服务流程）开展品牌连锁经营，推广使用常德米粉及其配套产品，确保常德米粉产业链不断链。鼓励创业、再就业、扶贫对象等各类人员开店经营。支持米粉企业创新发展，鼓励企业开展产品研发，丰富产品种类。多渠道拓展市场，建立起线上线下相结合的营销网络，不断扩大销售规模。

（六）培育常德米粉龙头企业。培育一批米粉产业龙头企业。鼓励米粉生产企业发展自有品牌，开展技术创新，拓宽销售渠道，扩大竞争优势，通过并购重组、整合上下游企业、引资引智等方式做大做强。支持“常德米粉”“津市牛肉米粉”餐饮企业加强品牌建设和品牌管理，开展连锁经营，做大企业规模。对产业链上的龙头企业，给予重点扶持。

（七）加强常德米粉文化建设。从常德米粉文化传承着手，挖掘、充实、创新和宣传常德米粉文化。突出米粉的“常德”渊源和历史沉淀，讲好常德米粉故事。规划建设常德米粉文化美食街、常德米粉博物馆。举办常德米粉美食文化节，积极推进米粉文化交流。引导米粉企业、园区及相关产业配套基地与旅游融合发展，扩大常德米粉品牌影响力。

（八）加大常德米粉产业保护。加大常德米粉知识产权保护，加强对常德米粉生产经营企业的监管，依法保护米粉经营企业的合法权益。加强对鲜湿米粉的价格监督，严厉查处哄抬价格和低于成本价倾销等违法行为。

四、保障措施

（一）加强组织领导。市米粉产业发展工作领导小组要加强对全市米粉产业发展的组织、领导、规划、协调，定期召开领导小组会议，研究解决米粉产业发展中的困难和问题。领导小组办公室要充分发挥牵头作用，协调推进米粉产业发展。领导小组成员单位要按照各自的职责和任务，认真抓好贯彻落实。各区县市人民政府（管委会）要成立相应的领导小组，加强对本地区米粉产业发展工作的组织领导。

（二）优化营商环境。相关部门协同配合，优化行政审批流程，为企业提供优质公共服务。加强市场、价格、安全等方面的监管，严格执行米粉产业相关标准，依法打击劣质低价竞争行为，倡导优质优价，努力营造公平、有序的市场环境。

（三）完善支持政策。设立米粉产业发展基金，主要用于米粉产业推广和发展。加大税收、投融资、土地保障等政策支持力度，支持米粉产业链企业入驻园区，鼓励米粉产业进入多层次资本市场，重点扶持龙头企业上市。

（四）加大人才培养力度。鼓励米粉企业加强对员工的培训。鼓励各类职业培训机构为米粉行业培养管理、技术、服务人才，提高行业整体素质。开展米粉行业优秀人才评选活动和技能竞赛，推出一批生产标兵、优秀经理、烹饪名师和服务明星，表彰品德良好、管理先进、技艺精湛的优秀人才。

（五）健全监管体系。市、县两级相关部门要重点围绕食品安全、价格监督与反不正当竞争、知识产权保护、消费者权益维护等问题，建立健全多部门联动机制，加大日常检查和监督力度，严厉打击各类违法行为，维护生产者、经营者和消费者的合法权益。充分利用物联网技术和大数据技术，构建原辅材料生产全过程质量溯源体系。

（六）加大宣传力度。建立政府主导、主管部门负责、新闻媒体助力、社会各界广泛支持参与的宣传工作机制，通过主流媒体、网络、展会、论坛等多种形式、多种途径向外推介“常德米粉”，提高“常德米粉”的知名度和美誉度，为常德米粉产业的发展营造良好舆论氛围。

索 引

说 明

一、本索引把年鉴专题性条目的内容用主题分析的方法，按汉语拼音字母顺序排列，第一字相同，按第二字音序排列，以此类推。数字开头的标目则按数字0～9顺序排列。

二、标引词后的阿拉伯数字表示内容所在页码，数字后的拉丁字母a、b、c分别表示从左至右第一、二、三栏。

三、本年鉴“特载”“专文”“大事记”具体内容未作索引。

数字和字母

A

B

C

Y

Z